教育部人文社会科学重点研究基地
四川大学道教与宗教文化研究所项目

了生不惑

四川大学宗教学研究所
成立四十周年同仁文存

盖建民 主 编

周冶 朱展炎 副主编

巴蜀书社

图书在版编目（CIP）数据

了然不惑：四川大学宗教学研究所成立四十周年同仁文存/盖建民主编，周冶、朱展炎副主编. —成都：巴蜀书社，2020.12

ISBN 978-7-5531-1434-7

Ⅰ.①了…　Ⅱ.①盖…②周…③朱…　Ⅲ.①宗教—文集

Ⅳ.①B9-53

中国版本图书馆CIP数据核字（2020）第270373号

了然不惑：四川大学宗教学研究所成立四十周年同仁文存

LIAORAN BUHUO SICHUAN DAXUE ZONGJIAOXUE YANJIUSUO CHENGLI SISHI ZHOUNIAN TONGREN WENCUN

主编 盖建民　副主编 周冶 朱展炎

责任编辑	王　雷	
封面题签	陈　兵	
封面设计	张迪茗	
出　版	巴蜀书社	
	成都市槐树街2号　邮编610031	
	总编室电话：（028）86259397	
网　址	www.bsbook.com	
发　行	巴蜀书社	
	发行科电话：（028）86259422　86259423	
经　销	新华书店	
照　排	成都完美科技有限责任公司	
印　刷	四川五洲彩印有限责任公司	
版　次	2021年5月第1版	
印　次	2021年5月第1次印刷	
成品尺寸	210mm×285mm	
印　张	42.75	
字　数	1100千	
书　号	ISBN 978-7-5531-1434-7	
定　价	220.00元	

四川大学道教与宗教文化研究所简介

四川大学宗教学研究所由教育部批准创建于 1980 年 9 月，是中国高校系统第一个宗教学的专业研究机构，以道教学泰斗卿希泰先生为首任所长，继任所长为李刚教授。现任所长为长江学者盖建民教授，教授委员会主任为四川大学杰出教授詹石窗，副所长为周冶副教授。1999 年，批准为教育部人文社会科学重点研究基地，更名为四川大学道教与宗教文化研究所。

本所在四川大学历届校领导的高度重视和各级部门的大力支持下，经过几代学人的艰苦奋斗和不懈努力，取得了如下成绩：

1. 1980 年成为我国高校第一个宗教学学科的专业研究所；2. 1982 年成为我国高校第一个宗教学专业硕士学位授权点；3. 1990 年成为我国高校第一个宗教学专业博士学位授权点；4. 1992 年成为我国高校第一个宗教学省级重点学科点；5. 1999 年成为我国高校第一批教育部人文社科重点研究基地；6. 2002 年成为我国高校第一个宗教学国家重点学科点；7. 2003 年成为我国高校第一个宗教学专业独立的哲学博士后流动站；8. 2005 年成为我国高校第一个国家"985 工程"宗教与社会研究创新基地；9. 1982 年至今，拥有我国高校唯一的一份海内外公开发行的宗教学专业的全国中文核心刊物《宗教学研究》，入选 CSSCI 来源期刊，获得国家社科基金资助，为中国学术百强期刊；10. 1999 年以来，由卿希泰先生创始的《儒道释博士论文丛书》每年遴选出版优秀博士论文，现已超过 200 余部；11. 2019 年开始，承担国家文化大型工程《中华续道藏》编修任务。

本所现有中国道教、中国佛教、宗教学理论、西南少数民族宗教、基督教五个专业研究方向，以道教史研究、道教思想史研究为主要特色。截至 2020 年，全所共承担各级科研项目 380 余项，公开出版学术著作 330 部（含合著），发表学术论文近 2000 篇，有 70 多项科研成果获得国家和部、省级优秀科研成果奖 100 余次。

我所创所所长卿希泰教授主编的《中国道教史》（四卷本），被誉为道教研究中"一部里程碑式的著作"，先后荣获四川省政府优秀科研成果一等奖、教育部全国高校人文社科优秀成果一等奖、国家优秀图书奖和国家社科基金项目优秀成果二等奖。在卿希泰先生主持下，"《中国道教史》修订工程"列入教育部社科基地重大项目，全书增订本《中国道教通史》（五卷本）已由人民出版社出版，并入选"人民出版社 2019 年度十大优秀学术著作"。

其余代表性成果还有《中国道教思想史纲》《中国道教思想史》（四卷本）、《佛教心理学》《中国宗教思想通论》《道教文学史》《道教美学思想史研究》《道教医学》《道教金丹派南宗考论：道派、历史、文献与思想综合研究》《文化传播与仪式象征——中国西南少数民族宗教与道教祭祀仪式比较研究》《重玄之道开启众妙之门：道教哲学论稿》《〈净明忠孝全书〉研究：以宋、元社会为背景的考察》《相国寺——在唐宋帝国的神圣与凡俗之间》《明清之际道教"三教合一"思想论》《道教炼养心理学引论》《增注新修道藏目录》《唐前道教仪式史纲》《近代基督教在华西地区文字事

《工研究》等等。

全所现有在岗专职科研人员 34 名，包括正高职称 18 人，副高职称 11 人，中级职称 5 人，有 33 人具有博士学位。其中，四川大学文科杰出教授 1 人，四川大学讲席教授 1 人，新（跨）世纪优秀人才 2 人，国务院学科评议组成员 1 人，国家社科课题评审委员 2 人，中国宗教学会副会长 1 人，博士生导师 15 人。

自建所以来，本所立足学术前沿，因应国家战略急需，与国际高水平研究机构建立了广泛学术联系，成为国家宗教人才的重要培训基地和国家宗教政策咨询的智囊库。

在科研上，本所承担了一系列的国家级重点课题，如"六五"至"八五"的国家重点项目"中国道教史"、"七五"国家重点项目"中国原始宗教研究及资料丛编"、"八五"国家重点项目"马克思主义宗教理论与无神论研究"、"九五"至"十一五"的国家重点项目"中国道教思想史"，以及国家"十三五"重大文化工程《中华续道藏》工程、教育部重大攻关项目"百年道学精华集成"、国家社科特别委托项目"百年道教研究与创新工程"、国家社科基金重大招标项目"多卷本《中国寺观文化史》""百年道家与道教研究著作提要集成"等等。截至 2020 年，全所承担各类项目的总经费将近 7000 万元。其中，国家"十三五"重大文化工程 1 个，已到校经费 2060 万；国家社科基金重大招标项目 2 个，经费 160 万元；教育部重大攻关项目 1 个，经费 80 万元；国家社科特别委托项目 1 个，经费 30 万元；32 个教育部重点研究基地重大项目，经费 890 万元；1 个教育部跨世纪人才基金项目，经费 10 万元；6 个国家社科基金重点项目，经费 141 万元；横向经费 1625 万元。

本所主办的期刊《宗教学研究》是全国高校中唯一公开出版发行的宗教学专业学术期刊。本刊创建于 1982 年 8 月，并于 1985 年公开出版发行，自 1988 年起定为季刊，迄今已经发行 129 期。本刊坚持"以马列主义毛泽东思想为指导，立足宗教学学术研究前沿，推动有中华民族文化特色的宗教学学科的发展"的办刊宗旨，以"道教研究"为特色，涵盖佛教、基督教（含天主教）、民族宗教与西部边疆研究、宗教学理论与其他宗教研究，刊出了大量高质量的学术论文，尤其在中国本土宗教——道教的研究方面，为我国社科学界提供了许多一流的研究成果，成为我国道教研究的前沿阵地和重镇。本刊依托四川大学以及国内外高校和科研院所的学术力量，不断充实编辑和编务力量，提高编辑水平和刊物质量，在学术界赢得了良好声誉，受到广大专家学者的支持和厚爱。本刊入选《中文社会科学引文索引来源期刊目录》（南京大学）、《中文核心期刊要目总览》（北京大学）和《中国人文社会科学核心期刊要览》（中国社科院），2013 年获得国家社科基金资助。

本所学术交流活跃，自建所以来就积极展开对外交流与合作，至今已有十余个国家和我国港澳台地区的数百名学者前来我所交流、讲学、进修以及攻读硕士和博士学位；我所亦有百余人次前往十余个国家和我国港澳台地区参加国际会议、讲学、进修以及攻读博士后。与我所友好交往的大学与科研机构有：美国哈佛大学、波士顿大学、英国牛津大学、伦敦大学、法国高等研究院、加拿大 UBC 大学、日本东京大学、东北大学、澳大利亚墨尔本大学、韩国江南大学，以及我国的台湾辅仁大学、台湾"中研院"、台湾佛光大学、香港中文大学、香港浸会大学等。另外还有美国道教协会、中国台湾道教总会、中国香港道教联合会等团体与我所友好往来。

本所建有网站 http://daoism.scu.edu.cn 全面介绍本所情况。办公室电话：86—28—85412533。

目　录

道教研究

佛教研究

基督教研究

少数民族宗教研究

宗教美学研究

宗教学理论研究

书　评

道教研究

中国道教史研究的意义

卿希泰[*]

内容提要：道教是中华民族的传统宗教。道教在长期的历史发展过程中，对中国的思想文化和社会生活都产生了深刻影响。作者在长期研究中国道教史的基础上，就中国道教史研究的学术价值和现实意义、研究中国道教发展史的基本要求和主要目的、研究中国道教史的科学方法等问题提出了新的思考。作者认为，开展中国道教史的研究，对于全面弘扬中华传统文化、建设中华民族共同的精神家园、开展国际文化交流有着重大的学术意义和现实意义。

关键词：道教　道教史　道教研究　中华传统文化

我国是一个多民族和多宗教的国家。世界三大宗教（佛教、基督教、伊斯兰教）在我国的传播和发展，各自都有着漫长的历史。道教是中华民族固有的传统宗教，也有其长期发展的历史，并对我国整个的历史文化产生过重大影响。在考察道教历史的时候，有必要先就道教史研究的意义和目的、要求以及研究方法等问题，作一个简要的说明。

一、中国道教史研究的学术价值和现实意义

中华民族是由多种民族在历史的长河中经过相互交流和相互融合而形成的。在长期的社会发展过程中，各个民族对中华传统文化的形成和发展都有他们各自的贡献。因此，中华传统文化也是一个多元互补的文化。早在春秋战国时期，就有诸子百家的兴起，形成了"百家争鸣"的局面，推动了中华民族传统文化的发展和繁荣。在诸子百家中，最主要的有"九流十家"。班固的《汉书·艺文志》对此作了很详细的介绍和总结。在秦汉之际，法家和道家曾先后一度处于统治地位。后来，汉武帝重用董仲舒，"罢黜百家，独尊儒术"，但这个儒术已经不是孔子时候的儒术，而是以董仲舒为代表的吸收了阴阳家和道家等思想在内的宗天神学。随着佛教的传入和道教的产生，在漫长的封建社会中，便一直是儒、道、释三教一方面彼此相互对抗、相互斗争，另一方面又相互吸收、相互

---

* 作者简介：卿希泰（1927—2017），四川大学宗教学研究所创所所长、国家"985工程"四川大学宗教·哲学与社会研究创新基地首席专家、四川大学文科杰出教授。

融合，形成了中华传统文化的三大支柱。从中华传统文化的整个发展历史来看，三教之间的相互对抗、相互斗争是表面的、次要的，而相互吸收和相互融合则是实质性的、主要的。因此，我们可以毫不夸张地说：正是由于道教与儒、释之间既相互矛盾和斗争，又相互吸收和融合，才推动了整个中华传统文化的繁荣和发展。所以，要全面地了解中华传统文化，就必须对道教与儒、释均有一个全面的了解。

但是，长期以来，在我国却流行着一种模糊的观念，似乎儒家文化就可以代表整个中华传统文化，一说到中华传统文化，大家都把注意力集中在儒家文化身上。这是一种对待中华传统文化的学术偏见，虽然由来已久，但并不符合中国的历史事实，而且在学术上往往带来一些非常片面的看法，阻碍了我们全面地了解中华传统文化的历史及其发展规律，因而是非常有害的。

在这种学术偏见的影响下，过去很长时期，我们在中华传统文化的研究工作方面，都把重点仅仅放在儒家文化的研究上，无论是研究机构的设置、人员的配备，还是资金的投入、研究课题的分配等等，都很不平衡，只侧重儒家，而对道、佛二教的研究则很不重视，特别是对道教的研究，更是相形见绌，根本没有把它提到议事日程上来，以致有些名为"中国哲学史"的著作，实际上并未全面地探讨整个中国哲学思想发生和发展的历史，其中除了儒家的哲学思想之外，既看不到道、佛二教哲学思想的发生和发展，更看不到各少数民族哲学思想的发生和发展，与我们这个多民族和多宗教国家哲学思想发展的实际情况是不相符的。特别是我们的道教研究和某些外国学人的道教研究情况相比，还显得非常落后。在"文化大革命"以前，有些人还把道教研究视为"禁区"，从事这项研究的人不多，成果也很少。而在国外，道教研究在很早以前便形成了一个"热门"，他们从事这项研究的人比我们多，成果也不少。以致 1968 年 9 月在意大利佩鲁贾召开的第一次国际道教学术研讨会议和 1972 年 9 月在日本长野县蓼科召开的第二次国际道教学术研讨会议，在出席的各国众多代表中，都没有一个来自中国的学者，这是很不正常的，与我们作为道教文化故乡的身份也是极不相称的。当时在国际上甚至还流传着"道教发源在中国，研究中心在西方"的言论。

改革开放以来，这个情况才开始发生变化，道教研究才提上了国家的议事日程，研究课题列入了国家计划，建立了专门的道教研究机构，加强了人才的培养。现在研究队伍逐渐形成，并正在逐步发展和壮大，一大批研究成果已经陆续问世，引起了国内外的瞩目。"中国道教史"这个研究课题，就是列入经全国人民代表大会讨论一致通过的《中华人民共和国国民经济和社会发展第六个五年规划》之中的国家重点科研项目，并且还横跨了"七五"和"八五"规划。1983 年 4 月在福州召开的全国学术界落实全国哲学社会科学"六五"规划项目的代表大会上，任继愈先生当时作为全国宗教学学科规划领导小组组长，在开幕式的全体大会上谈到为什么要把这个研究课题列为国家"六五"规划的重点研究项目时，曾慷慨激昂地说："道教本来就是我国土生土长的传统宗教，可是，长期以来，是由我们国家提供材料，让外国人去出成果，这是国家的耻辱！民族的耻辱！这种状况再也不能这样继续下去了，我们一定要痛下决心，自己编写出自己的道教史来，为国家争光！为民族争光！"任先生的语重心长和大声疾呼，简直就像是对我们发出了一道向道教史研究进军的动员令，真是如雷贯耳，令我们听了以后非常激动，实在无法平静下来。我们必须竭尽全力，拿出高质量的研究成果，为国家和民族作出自己应有的贡献。中国学者自己研究撰写《中国道教史》，其意义的重大是不言而喻的。

开展中国道教史的研究，不仅从国际文化交流方面来说，它的意义是十分重大而迫切的，而且对于全面弘扬中华传统文化、建设中华民族共同精神家园来说，它的意义同样也是十分重大而迫切的。为什么这么说呢？可以从以下三个方面来说明这个问题。

第一个方面，由于道教本来就是中华民族的传统宗教，它是在神州大地的怀抱中诞生，由中华传统文化的乳汁养育而成，它在创建和发展过程中，吸收了不少中华传统文化作为它的营养成分，成为它的思想渊源的一部分，这里可以举几个主要的例证来说明。

1. 道家思想。道家与道教二者既有区别，又有联系。先秦道家，是以老庄为代表的一个哲学派别，而道教乃是东汉形成的一种宗教，二者并不是一回事。但是，道家思想乃是道教最为重要的思想渊源之一，道家哲学乃是道教的理论基础之一。道教创立的时候，奉老子为教主，以老子《道德经》为主要经典，并把它规定为教徒们必须习诵的功课。《道德经》的基本思想是"道"，并把"道"视为超时空的天地万物的根源，既有宇宙本体的意义，也含有规律的意义，其界属非常宽泛，"玄之又玄"，十分神秘，不同的人可以对它作出不同的解释。在《庄子·大宗师第六》中，更把"道"解释成："有情有信，无为无形；可传而不可受，可得而不可见；自本自根，未有天地，自古以固存；神鬼神帝，生天生地；在太极之先而不为高，在六极之下而不为深，先天地生而不为久，长于上古而不为老。"并谓："黄帝得之，以登云天；颛顼得之，以处玄宫；禺强得之，立乎北极；西王母得之，坐乎少广，莫知其始，莫知其终；彭祖得之，上及有虞，下及五伯。"① 这种以"道"为万古常存，得"道"以后便可以长生久视、成为神仙的思想，为后来的道教所吸取。道教的基本信仰也是"道"，它从宗教的角度把"道"说成是"神异之物，灵而有信"②，"为一切之祖首，万物之父母"③，并与神秘化了的元气学说结合起来，认为"道"是"虚无之系，造化之根，神明之本，天地之源。其大无外，其微无内"④，"无形""无名"，"有清有浊，有动有静"⑤，"万象以之生，五音以之成"⑥，宇宙、阴阳、万物都是由它化生的。道教还把老子也看成是由"道"化生的，这种思想在道教正式成立之前就有了。东汉明帝（58—75 年在位）、章帝（76—88 年在位）之际，益州太守王阜作《老子圣母碑》，其中便有"老子者，道也。乃生于无形之先，起于太初之前，行乎太素之元，浮游六虚，出入幽明，观混合之未判，窥清浊之未分"⑦ 的描述，把老子与道合而为一。道教继承并发挥了这一思想，把老子奉为神灵。道教的早期经典《太平经》中说："老子者，得道之大圣，幽明所共师者也。应感则变化随方，功成则隐沦常住。住无所住，常无不在。……周流六虚，教化三界，出世间法，在世间法，有为无为，莫不毕究。"⑧ 传为张陵所著的《老子想尔注》（一说为张鲁所著）中，也把老子作为"道"的化身，称"一者，道也"，"一散形为气，聚形为太

---

① （清）郭庆藩辑，王孝鱼整理：《庄子集释》第一卷，北京：中华书局，1961 年，第 246—247 页。
② （唐）司马承祯：《坐忘论》，《道藏》第 22 册，北京：文物出版社，上海：上海书店，天津：天津古籍出版社，1988 年，第 896 页。
③ （唐）史崇玄等编撰：《妙门由起序》，《道藏》第 24 册，第 721 页。
④ （唐）吴筠：《玄纲论》上篇《道德章第一》，《道藏》第 23 册，第 674 页。
⑤ 《太上老君说常清静经注》，《道藏》第 17 册，第 141 页。
⑥ （唐）吴筠：《玄纲论》上篇《道德章第一》，《道藏》第 23 册，第 674 页。
⑦ （清）严可均校辑：《全上古三代秦汉三国六朝文·全后汉文》卷三十二《王阜》，北京：中华书局，1958 年影印本。
⑧ 王明编：《太平经合校》，北京：中华书局，1960 年，第 10 页。

上老君"①。宋张君房《云笈七籤》卷一《道德部》之《总叙道德》引葛玄《五千文经序》说："老君体自然而然，生乎太无之先，起乎无因，经历天地终始，不可称载，穷乎无穷，极乎无极也。与大道而轮化，为天地而立根，布气于十方，抱道德之至纯，浩浩荡荡，不可名也。……堂堂乎为神明之宗，三光持之以朗照，天地禀之得生……故众圣所共宗。"② 其后南宋谢守灏所编撰的《混元圣纪》《太上老君年谱要略》《太上混元老子史略》等著作中也反复说道："太上老君者，大道之主宰，万教之宗元，出乎太无之先，起乎无极之源，经历天地，不可称载，终乎无终，穷乎无穷者也。其随方设教，历劫为师，隐显有无，罔得而测。然垂世立教，应现之迹，昭昭然若日月。"③ 又说："太上老君，乃大道之宗祖，三才之本根也……化生诸天，成就世界，莫知其大，强目曰'太'；莫知其高，强目曰'上'；首出无极，仰之曰'老'；宰而无我，主之曰'君'，故曰'无上三天玄元始三炁太上老君'焉。"④ 又说："太上老君，乃元气之祖，万道之宗，乾坤之根本，天地之精源。"⑤ 又引唐尹文操的话说："老子者，即道之身也，迹有内外不同，由能应之身或异也。"⑥ 并称他："秉生成之柄，镇造化之原，故在天为众圣之尊，在世为万教之主。谓之老子者，道之形也，应既不一，号亦无量，或三十六号，或七十二名。"⑦ 于是，老子与道在道教中便被神化为众生信奉的神灵。"道"是天地万物的根源，因而作为"道"的化身的太上老君，也就成为"混沌之祖宗，天地之父母，阴阳之主宰，万神之帝君"。这些说明哲学家老子与哲学范畴的"道"，在道教中已被神化为天上的神灵和信仰的信条，信道也就变成了信神，崇奉老子亦即崇奉天神。修道成仙思想乃是它的核心，其他的教理教义和各种修炼方术，都是围绕这个核心而展开的。这一宗教之所以命名为"道教"，也与它的基本信仰是"道"有着密切的关系。上述一切，都说明道家与道教的关系是十分密切的。道家虽是先秦以老庄为代表的一个哲学派别，但在东汉以后就为道教所继承和发展了，从道教产生之日起，研究老庄思想的，相当多的人都是道教徒，阐述和注释老庄的许多宝贵著作，都集中在道教典籍的丛书《道藏》之中。这些道教徒对老庄思想的阐述和注释，虽然不免带有一些宗教性的曲解成分，但其中也包含了不少精华，不可忽视。老子及其学说之所以在中华传统文化中占有极为重要的地位，产生如此广泛的影响，道家文化之所以能够成为中华传统文化的三大支柱之一，是与道教对它的继承和发展分不开的，如果没有道教的继承和发展，那么，老子及其学说在中华传统文化中的地位及其影响，将是另一回事了。正因为道教文化继承和发展了道家文化，它们之间具有如此密不可分的关系，所以人们习惯上常常把道教也称为道家。

2. 黄老思想。先秦道家学说后来演变为黄老之学。这种黄老学说起源于稷下道家，他们同时尊奉传说中的黄帝和老子为道家创始人。在战国时，虽然出现过"百家皆言黄帝"的局面，但首先把黄帝与老子联系在一起的，乃是道家庄子，这便是后来道家的黄老并称之所本。这一思想流派主张以道家的清静养生、无为治世为主，但又吸取了阴阳、儒、墨、名、法各家的部分内容，已不完

---

① 饶宗颐：《老子想尔注校笺》"载营魄抱一能无离"注，香港：香港苏记书庄，1956 年，第 13 页。
② 《道藏》第 22 册，第 4 页。
③ 《道藏》第 17 册，第 780 页。
④ 《道藏》第 17 册，第 793 页。
⑤ 《道藏》第 17 册，第 895 页。
⑥ 《道藏》第 17 册，第 805 页。
⑦ 《道藏》第 17 册，第 795 页。

全是先秦的道家，而是被称为黄老新道家。至汉初，文景以黄老之术治天下，治黄老之学者蜂起。黄老思想包含很多神秘主义因素，加之治黄老之学的学者中本来就有许多方士，他们以神仙长生思想和阴阳五行学说对这些因素作出宗教性的解释，使黄老之学与神仙方术相结合，而向神仙方术的方向发展。至东汉，进一步将黄帝、老子神秘化，又由着重尊崇黄帝转而推崇神化后的老子，逐渐形成奉老子为神明的黄老道，并与方仙道逐步合流，成为道教的前身。当时道教的一个派别太平道，其创始人张角，最初就是黄老道的信徒。

　　3. 儒家的伦理纲常思想。儒家伦理纲常的核心是"三纲五常"，这是封建社会中最主要的人际道德关系。所谓"三纲"，《白虎通义·三纲六纪》说："三纲者，何谓也？谓君臣、父子、夫妇也。"① 《礼记·乐记》称："然后圣人作为父子君臣以为纪纲。"唐孔颖达《疏》引《礼纬·含文嘉》说："君为臣纲，父为子纲，夫为妻纲"②，合称"三纲"。董仲舒在《春秋繁露·基义》中说："王道之三纲，可求于天。"③ 所谓"五常"，又称"五典"，《尚书·舜典》有"慎徽五典，五典克从"之语，西汉孔安国《传》谓："五典，五常之教。父义、母慈、兄友、弟恭、子孝。"④ 《尚书·泰誓》又有"狎侮五常"之语，唐孔颖达《疏》说："五常即五典，谓父义、母慈、兄友、弟恭、子孝；五者，人之常行。"⑤ 亦即"五伦"。《孟子·滕文公上》说："人之有道也，饱食暖衣，逸居而无教，则近于禽兽。圣人有忧之，使契为司徒，教以人伦：父子有亲，君臣有义，夫妇有别，长幼有序，朋友有信。"⑥ 故对五常的解释，最初各家略有不同，以后一般均认为是指仁、义、礼、智、信五种道德规范。董仲舒在《举贤良对策》中说："夫仁、谊（义）、礼、知（智）、信五常之道，王者所当修饰也。"⑦ 儒家用以配合"三纲"，与"三纲"合起来，统称"三纲五常"，或简称"纲常"。南宋朱熹说："其张之为三纲，其纪之为五常。"⑧ 又说："纲常千万年，磨灭不得。"⑨ 儒家把这种伦理纲常思想看作是维护封建社会秩序的最主要的道德体系，是天经地义的永恒不变的"天理"，谁也不能违反。这种伦理纲常思想，也为道教所继承和发展。在道书中，虽然很少提到"三纲五常"的名称，但却也宣扬这种伦理道德思想。道教在宣扬这些伦理道德的时候，往往和它的长生成仙思想结合起来，在民众中产生的实际效用比儒家更大。葛洪在《抱朴子内篇·对俗》中说："欲求仙者，要当以忠、孝、和、顺、仁、信为本。若德行不修而但务方术，皆不得长生也。"⑩ 《正一法文天师教戒科经》说：诸欲修道者，务必"臣忠、子孝、夫信、妇贞、兄敬、弟顺，内无二心"⑪，它特别强调"事师不可不敬，事亲不可不孝，事君不可不忠……仁义不可不行"⑫。道教的许多戒律，都有不少类似的规定。在《太上洞玄灵宝智慧罪根上品大戒经》中更把儒家的许多伦理

① （清）陈立撰，吴则虞点校：《白虎通疏证》上册，北京：中华书局，1994年，第373页。
② （清）阮元校刻：《十三经注疏》下册，北京：中华书局，1980年影印本，第1540页。
③ （汉）董仲舒：《春秋繁露》卷十二《基义第五十二》，光绪二年浙江书局据卢氏抱经堂本重斠刻线装本，第8页。
④ （清）阮元校刻：《十三经注疏》上册，第125页。
⑤ （清）阮元校刻：《十三经注疏》上册，第182页。
⑥ （清）阮元校刻：《十三经注疏》下册，第2705页。
⑦ （汉）班固：《汉书》卷五十六《董仲舒传》，北京：中华书局，1962年，第2505页。
⑧ 《晦庵先生朱文公集》卷七十《读史记》，同治求我斋本，第6册。
⑨ （宋）黎靖德编：《朱子语类》卷二十四《论语六·为政篇》，北京：中华书局，1988年，第597页。
⑩ 王明：《抱朴子内篇校释》，北京：中华书局，2007年，第53页。
⑪ 《道藏》第18册，第237页。
⑫ 《道藏》第18册，第232页。

道德规范都包括进去了，它说："与人君言，则惠于国；与人父言，则慈于子；与人师言，则爱于众；与人兄言，则悌于行；与人臣言，则忠于君；与人子言，则孝于亲；与人友言，则信于交；与人妇言，则贞于夫；与人夫言，则和于室；……与奴婢言，则慎于事。"① 这样，把处理人与人之间的各种关系的道德规范都讲到了，用忠、孝、慈、惠、悌、和、贞、信、慎等道德规范来调整各种不同的人与人的关系，比儒家讲得更集中、更全面，而且以"神"的威力驱使人们去奉行，这对维护封建社会的伦常和秩序，更容易发挥其特殊的作用。荀子提出"礼有三本"之说："天地者，生之本也；先祖者，类之本也；君师者，治之本也。无天地，恶生？无先祖，恶出？无君师，恶治？三者偏亡焉，无安人。故礼，上事天，下事地，尊先祖而隆君师，是礼之三本也。"②《太平经》还将这种伦理道德规范与它的"承负说"联系起来，主张为子当孝，为臣当忠，为弟子当顺。如果"子不孝，则不能尽力养其亲；弟子不顺，则不能尽力修明其师道；臣不忠，则不能尽力共敬事其君。为此三行而不善，罪名不可除也。天地憎之，鬼神害之，人共恶之，死尚有余责于地下，名为三行不顺善之子也"③。又说："子不孝，弟子不顺，臣不忠，罪皆不与于赦。令天甚疾之，地甚恶之，以为大事，以为大咎也。鬼神甚非之，故为最恶下行也。"④《太平经》不仅继承儒家旨趣，大肆宣扬天、地、君、父、师信仰的重要，而且还第一次将天、地、君、父、师合为一体⑤，这在当时的儒家经典中，尚未有如此整齐而简明的排列，而这正是后来社会上非常普遍奉行的天、地、君、亲、师信仰的由来，其影响甚为深远。陶弘景还"搜访人纲，究朝班之品序；研综天经，测真灵之阶业"，"捋其高卑，区其宫域"⑥，对神仙地位作了排列。这样，就把人间世界的品第等级搬到了神仙世界，使道教更好地为封建等级制度服务。由此可见，道教不仅把儒家的伦理道德思想吸收过来，而且还把它纳入了自己的思想体系，为维护封建社会的秩序发挥了更大的作用。

4. 墨家思想。章太炎先生早就指出过：道教思想是"本诸墨氏，源远流长"⑦。墨子提倡尊天明鬼，这种思想被道教所吸收，无须多加说明。此外，墨子还站在小生产者的立场上，提倡自食其力和互助互利。这些思想对早期道教经典《太平经》的影响，也是明显的。如墨子提倡："赖其力者生，不赖其力者不生"⑧，反对"不与其劳获其实"⑨，《太平经》亦强调"夫人各自衣食其力"⑩，反对"强取人物"⑪。墨子主张人与人之间应当采取"兼相爱，交相利"⑫ 的原则，认为"为贤之道"就是"有力者疾以助人，有财者勉以分人，有道者劝以教人"，只有这样，才可以使"饥者得食，寒者得衣，乱者得治"⑬；反之，"若至有余力，不能以相劳；腐朽余财，不以相分；隐匿良道，

---

① 《道藏》第6册，第887页。
② （清）王先谦撰：《荀子集解》卷十三《礼论篇第十九》，北京：中华书局，1988年，第349页。
③ 王明编：《太平经合校》，第405—406页。
④ 王明编：《太平经合校》，第406页。
⑤ 王明编：《太平经合校》，第135页。
⑥ （南朝梁）陶弘景：《洞玄灵宝真灵位业图序》，《道藏》第3册，第272页。
⑦ 章太炎：《检论》卷三《附录黄巾道士起义说》，《章氏丛书》第18册，南京：江苏广陵古籍刻印社，1981年，第25页。
⑧ （清）孙诒让：《墨子间诂·非乐上》，北京：中华书局，2010年版，第256页。
⑨ （清）孙诒让：《墨子间诂·天志下》，第215页。
⑩ 王明编：《太平经合校》，第36页。
⑪ 王明编：《太平经合校》，第243页。
⑫ （清）孙诒让：《墨子间诂·兼爱中》，第102页。
⑬ （清）孙诒让：《墨子间诂·尚贤下》，第70页。

不以相教"，那就会使"天下之乱，若禽兽然"①。《太平经》亦强调这种人与人之间的互助互利思想，主张有财物的人，应当"乐以养人""救穷周急"。它说："或积财亿万，不肯救穷周急，使人饥寒而死，罪不除也。"②《太平经》还主张：有道德的人，应当以道德教人，否则也是犯了"不可除"的弥天大罪。它说："人积道无极，不肯教人开蒙求生，罪不除也。……人积德无极，不肯教人守德养性，罪不除也。"③它也反对"智者"欺负"愚者"，"强者"欺负"弱者"，"少者"欺负"老者"。它说："或多智，反欺不足；或力强，反欺弱者；或后生，反欺老者，皆为逆。……与天心不同，故后必凶也。"④《太平经》的这些思想，显然都是对墨子有关思想的继承和发展。还有，道教的有些神仙方技和变化方术，也依托墨子。葛洪《抱朴子内篇·金丹篇》记有《墨子丹法》，《遐览篇》记含有变化之术的《墨子五行记》，称"其法用药用符，乃能令人飞行上下，隐沦无方"。葛洪还把墨子列入《神仙传》，说他外治经典，内修道术，精思道法，想象神仙，后得神人授书，"乃得地仙"。可见墨子在道教信仰中的吸引力也是不小的。过去许多学者认为墨家学说在秦汉以后就中断了，失传了。实际上，它并未中断，也并未完全失传。它到哪里去了呢？它被道教吸收进去了，它的许多内容，在被道教吸收以后，仍在社会上流传。

5.《易》学和阴阳五行思想。《易》本来就是一种卜筮之书，这种占卜之术，为后来的道教所承袭。《易经》里卦象的推演蕴含着变化的观念和朴素的辩证法思想，这些观念和思想在老子的《道德经》里作了很好的发挥。宋代学者邵雍就说过："老子知《易》之体者也。"⑤说明道家和《易》早有密切关系。东汉时候，道教的早期经典《太平经》，就是"以阴阳五行为家"。而魏伯阳的《周易参同契》，乃是假《周易》爻象的神秘思想来论述修仙的方法，对后世道教的影响甚大，被称为"万古丹经王"。此后，以《易》学和阴阳五行思想阐发道教的内外丹法的道教学者，更是络绎不绝。

6. 谶纬之学。阴阳五行思想起于先秦，汉代从董仲舒起，就开始以这种思想解经，逐步形成谶纬之学。西汉末至东汉初，谶纬之学盛行，儒生与方士合流，以阴阳五行推验灾异祯祥。这些谶纬思想，许多都为道教所吸取，在道书中，有些是直接从谶纬书中搬用过来，连文字都未作多少改变。如《河图纪命符》说的"天地有司过之神"以及每个"人身中有三尸"，"故求仙之人"均应"先去三尸"⑥等等，这类神秘的东西，几乎原封不动地被道书所引用。其他如《龙鱼河图》中关于天人相互感应和呼神（五岳神、四海河神、五官神）可以防病却鬼，《河图稽耀钩》与《河图帝览嬉》中关于星象预示吉凶之说，以及《河图括地象》与《尚书帝验期》中关于昆仑山是圣人仙人集聚之所，西王母为赐授仙经、指引修道之神等等，皆为道教所承袭。

7. 古代鬼神思想。在中国古代，人们将日月星辰、河海山岳和祖先视为神灵，并对它们进行祭祀和祈祷等崇拜活动，由此逐渐形成了天神、地祇和人鬼的神灵系统。道教承袭了这种神鬼思想，并不断将许多神灵纳入自己的信仰体系，成为道教崇奉的神灵。

---

① （清）孙诒让：《墨子间诂·尚同上》，第73—74页。
② 王明编：《太平经合校》，第242页。
③ 王明编：《太平经合校》，第241—242页。
④ 王明编：《太平经合校》，第695页。
⑤ （宋）张行成：《皇极经世观物外篇衍义》卷九，《四库全书》第804册，第187页。
⑥ ［日］中村璋八、［日］安居香山辑：《纬书集成》下册，石家庄：河北人民出版社，1994年，第1196页。

8. 巫术和神仙方术。古代殷人认为，卜筮可以决疑惑，断吉凶，巫师能交通鬼神，这种依仗巫术祈福禳灾的方式也为道教所吸收。战国以后神仙方术渐盛，神仙思想在《庄子》和《楚辞》里已屡见不鲜。稍后，在燕齐一带出现了鼓吹长生成仙的方士，利用战国时齐人邹衍的阴阳五行学说解释他们的方术，从而形成了所谓神仙家，即方仙道。传说崇尚方仙道的宋毋忌、郑伯侨等都向往神仙，"形解销化，依于鬼神之事"①。以后神仙家的神仙信仰和方术皆为道教所承袭，神仙方术演化为道教的修炼方术，方术之士亦逐渐演化为道士。

以上事实说明，道教的思想来源是多方面的，它对中国古代的许多传统文化都采取了兼收并蓄的态度，马端临称它是"杂而多端"。唯其如此，所以许多古代的文化思想，都汇集在道教之中，并借道教的经典留存下来，得以流传至今。这便是研究中国道教史，有利于全面弘扬中华传统文化、建设中华民族共同精神家园的一个方面。

第二个方面，道教在长期发展过程中，对我国古代的思想文化和社会生活的各个领域都产生过巨大而复杂的辐射作用，留下了深刻影响。其某些影响至今在中国人的生活方式和文化构成中仍然不可忽视。概括起来，主要有以下几个具体方面。

1. 从政治领域来看，道教的社会影响非常广泛。在我国漫长的封建社会中，一方面是上层统治者常常利用道教为巩固他们的封建统治服务，因而长期以来，道教受到过封建统治者的扶植，其中尤以唐玄宗、宋徽宗、明世宗等人最为突出。有的道教徒也直接参与了统治集团内部的政治斗争，为他们彼此之间的争权夺位出谋划策，在政治上和军事上起了重要作用；有的道教徒虽"身在山林而心存魏阙"，甚至还有"山中宰相"之称；有的以道教为终南捷径，担任朝廷重要官职，出入宫廷，辅佐王政，道教遂成为上层统治阶级的思想支柱之一。另一方面，农民起义的领导者，也曾利用道教作为组织形式，并利用道教经典中的某些思想作为他们发动起义的思想武器。汉末的黄巾起义，就是其中最著名的例证，此后利用道教起义的络绎不绝，甚至还建立了地方政权，统治一个地区达几十年，如汉末五斗米道的首领张鲁在汉中地区所建立的政教合一的政权，统治了巴、汉一带将近三十年，史称"民夷信向""朝廷不能讨"，在当时社会动乱、军阀混战的局面下，汉中成了人民避难的"乐土"，不少人都投奔到这个相对安定的地区。又如西晋时李雄在成都地区所建立的成汉政权，历六世四十六年（从西晋惠帝永宁元年起兵，至东晋穆帝永和三年为桓温所灭，即从公元301年至347年），主要也是靠天师道的支持。这个政权在天师道首领范长生的辅佐下，刑政宽和，事役稀少，甚得人民的拥护，"由是夷夏安之，威震西土。时海内大乱，而蜀独无事，故归之者相寻"②。在近现代的抗日战争中，许多道教徒还为保卫祖国、反抗日本侵略者而牺牲了自己的生命。所以，道教在下层群众中的影响，也是非常广泛而深刻的。由此可见，道教与中国的政治生活和社会生活，有着极其密切的关系。因此，不对中国道教史进行认真的研究，就不可能全面地了解中国过去的政治及其历史。

2. 从学术思想领域来看，道教在历史上曾产生过许多著名学者，如晋代的葛洪，南北朝的陶弘景，唐代的成玄英、李荣、王玄览、司马承祯、吴筠、李筌，五代十国的杜光庭、谭峭，宋代的

---

① （汉）司马迁：《史记》卷二十八《封禅书》，北京：中华书局，1959年，第1368—1369页。
② （唐）房玄龄等：《晋书》卷一二一《李雄载记》，北京：中华书局，1974年，第3040页。

陈抟、张伯端、陈景元、白玉蟾，元代的俞琰、杜道坚、张雨、雷思齐，明代的张宇初、赵宜真、陆西星，清代的娄近垣、王常月、李西月，当代的陈撄宁，等等，他们在各自所处的时代在思想文化方面都各有一定的贡献和重要的影响。特别是道教在长期发展的过程中，不可避免地与儒、释之间产生复杂的互动关系：一方面相互排斥，相互斗争，另一方面又相互吸收，相互渗透，从而促进了中国学术思想的内在融合与发展。譬如被称为儒学发展最高峰的宋明理学的形成，即是儒学家吸收了道、佛两家思想影响的结果。唐代道教学者司马承祯所倡导的守静去欲理论，本身既吸收了儒、释的思想，后来又为宋儒所吸取。北宋著名理学家周敦颐、邵雍等人的学说，都渊源于道士陈抟。早在南宋初，朱震在《汉上易解》中已具体指出了这种传承关系。当代著名学者蒙文通先生写过一篇《陈碧虚与陈抟学派》并《附：图南学系表》①，系统地论证了宋代理学家邵雍、周敦颐、程颢、程颐等人的学术思想都来源于道士陈抟，并指出陈抟对整个宋代的学术思想都有影响。南宋著名理学家朱熹，对道教经典也下过许多搜集整理和研读的功夫。他曾托名"空同道士邹䜣"为《周易参同契》作注，并对《阴符经》也作过考订。尝自谓"清夜眠斋宇，终朝读道书"，足见他对研读道教经典的勤苦用心。正是由于他把道教的宇宙图式论和守静去欲思想，同儒家的纲常名教和佛教哲学思想相结合，从而构成了他的客观唯心主义哲学体系。可以说，宋明理学乃是道、儒、释三家思想的结晶。所以，道教与儒、释之间的相互关系，也是一个很需要研究的重要课题。过去对于道教吸收儒、释的思想这一方面，已有不少人探讨指出过，但对于儒、释吸收道教的思想，特别是儒学吸收道教的思想这一方面，则揭示得很少，一些儒学家对此更是讳莫如深，宋代一些理学家们在这个问题上表现得特别突出，这就掩盖了学术思想的真实历史。我们要弄清楚中国学术思想特别是哲学思想的发展和演变，必须首先还原其本来面目。道家和道教都特别重视自然观的探讨，它们在这方面的许多观点都为后来儒学家所借鉴。道书中有关《老》《庄》《易》的阐释也很多，《易》《老》思想在道教中有其自身的特色，值得我们去发掘和整理。道教的大量戒律和劝善书，虽然都是以宗教神学为体系，但其中也包含了许多伦理道德的思想，不仅对道教的发展有重要意义，而且曾经产生过广泛的社会影响。事实表明，道教在中国古代思想史上占有相当重要的地位。我们要全面地了解中国传统的学术思想，探讨其发展规律，就有必要研究中国道教史。

3. 从文学艺术领域来看，道教对中国古代的文学艺术，也有非常深刻而突出的影响。道教信仰的理想，是长生成仙。这种神仙思想在文学领域中，成为文学的重要题材之一。古代以道教神仙为题材的作品，充斥于诗、词、歌、赋、戏剧、小说等各种文学形式之中，数量甚多，作者亦不少。魏晋南北朝的游仙诗，是抒写神仙漫游之情的一种诗歌，以郭璞为著名的代表，在《文选》中被列为文学体裁之一，以后不断有人为之。唐代道教兴盛，反映在诗歌中，以神仙思想为题材的作品相当多，涉道诗成为唐代诗歌门类之一。伟大诗人李白，"正是反映道教思想的杰出作家"②，其部分诗作堪称神仙诗门的代表，人们称他为"诗仙"，他也以"谪仙人"自居。李白晚年，就北海高天师受道箓于齐州紫极宫，正式成为道士。在宋代词作当中，反映道教活动题材的作品也是大量的，而且不少词牌的名称，其得名即来源于道教的神仙故事。例如，《凤凰台上忆吹箫》，因《列仙

① 载蒙文通：《古学甄微》，见《蒙文通文集》第一卷，成都：巴蜀书社，1987年，第369—382页。
② 范文澜：《中国通史》第4册，北京：人民出版社，1965年，第279页。

传》萧史与秦穆公女弄玉吹箫引凤故事而得名；《解佩令》因江妃二女解佩于郑交甫的故事而得名；《惜分钗》因道士杨通幽于蓬莱仙山见杨贵妃，取回金钗之半给唐明皇的故事而得名。从这类事例当中，可以看出道教对宋词的影响是广而深的。在元代戏曲当中，反映道教神仙人物的戏曲特别突出，文学史家称之为"道剧"，元代著名戏曲家马致远还被称为"万花丛里马神仙"。明代戏曲理论家朱权在《太和正音谱》中分元曲为十二种，"神仙道化戏"为其中之一，专门演述神仙度化和飞升的故事。例如，《张天师夜祭辰钩月》《张天师断岁寒三友》，皆是写张道陵的故事；《黄粱梦》，写钟离权度化吕洞宾；《岳阳楼》《城南柳》，写神仙人物吕洞宾的故事；《铁拐李》《蓝采和》《升仙记》等，都是写八仙的故事；《陈抟高卧》，是写道士陈抟的故事；《任风子》，是写马丹阳度人的故事。这类神仙道化戏的作品数量很多，影响很大。明代的神魔小说中，属于道教神仙人物故事的也有不少。除散见于"三言二拍"中的若干短篇之外，长篇以道士陆西星所作《封神演义》（一说为许仲琳所作）为最著名，此外，还有吴元泰的《东游记》、余象斗的《北游记》、邓志谟的《铁树记》《飞剑记》《咒枣记》等等。上面是就道教神仙思想对文学的影响来说的。道教对文学的影响，不仅反映在题材方面，而且也反映在文体上。如"步虚词"这种文体的来源，据《异苑》的记载，乃陈思王曹植游山，忽闻空中诵经声，清远遒亮。解音者则而写之，为神仙声；道士效之，作步虚声；文学家和道教学者又根据步虚声，进而作步虚词。唐吴兢《乐府古题解》谓："步虚词，道家曲也，备言众仙缥缈轻举之美。"道士斋醮赞颂时，常以道家法曲腔调，讽颂步虚词。还有一种文体叫"青词"，亦称"绿章"，这种文体为道教举行斋醮时，呈给天神的奏章表文，用青藤纸书朱字，故谓之青词。明代道教盛行，道士写青词，文人亦写之，明世宗时大臣争以青词邀宠，如顾鼎臣、夏言、严嵩、徐阶、袁炜、严讷、李春芳、郭朴等，皆先后以青词得宠，卒至入阁，以至有"青词宰相"之讥。此外，道教对中国书画、音乐等艺术形式均有重要影响。由于道教注重写经，而写经必须讲究书法，故道教对书法有着重要的贡献。据文献记载，两晋南北朝时许多奉道世家，同时也是书法世家。如《晋书·王羲之传》载："王氏世奉张氏五斗米道，凝之弥笃。"[1] 而王氏父子皆以书法著称。高平郗氏也是如此。郗愔是虔诚的天师道信徒，又"善隶书，与右军相埒"[2]。杨羲乃是道教上清派宗师，其书法亦工。《真诰》卷十九《叙录》在谈到他的书法时说："不今不古，能大能细，大较虽祖效郗法，笔力规矩并于二王。"[3] 并谓上清派的另一个宗师许翙的书法"乃是学杨，而字体劲利，偏善写经"[4]，又谓许谧"章草乃能，而正书古拙"[5]。梁代上清派的著名道士陶弘景，其父即"工草隶"，"而陶隐居亦善隶书，虽效王书，而别为一法"[6]。其他如唐之颜真卿，元之赵孟頫，均既是道教的信奉者，又是著名的书法家。道教对绘画也颇有影响，晋代的顾恺之，就是一个受道教思想影响较大的画家。他的《画云台山记》，即是记述张道陵于云台绝岩之上考试弟子的情景。唐代有"画圣"之称的著名画家吴道子，改名道玄，曾画有太上玄元皇帝之像。还有不少的画家，如唐之张素卿，元之马臻、方从义、张雨等，本身就是道士。道教重视醮仪，故亦重视

---

① （唐）房玄龄等：《晋书》卷八十《王羲之传》，第 2103 页。

② （宋）李昉等：《太平御览》卷六六六《道部·道士》，北京：中华书局，1960 年影印本，第 2974 页。

③ 《道藏》第 20 册，第 602 页。

④ 《道藏》第 20 册，第 602 页。

⑤ 《道藏》第 20 册，第 602 页。

⑥ （宋）李昉等：《太平御览》卷六六六《道部·道士》，第 2972 页。

音乐。随着道教的发展，道教音乐在吸取各个历史时期民间音乐之因素的基础上，逐步形成了自己独特的风格和体系，不仅源远流长，而且在历史上确实达到了较高的艺术水平，对中国古代音乐的发展有着重要的影响。如唐代把管理音乐的机关叫"仙韶院"，盛唐时乐舞的代表作《霓裳羽衣舞》等，都很明显地是受到道教音乐影响的结果。道教音乐是中华民族文化的一份珍贵遗产，需要我们搜集和整理。1981 年 8 月在韩国汉城举行的第 21 届国际民间音乐讨论会上，道教音乐被列为会议内容之一；1985 年 12 月在香港中文大学还专门举行了道教音乐的国际学术研讨会。可见道教音乐作为中国音乐艺术的一部分，受到了各国音乐研究者的重视。此外，有关道教的雕塑、石刻、建筑等等，都各具特色，道教对这些艺术形式的发展也曾产生过一定的影响，值得我们认真研究。例如，道教的崇尚自然的思想，就对这些传统艺术的审美倾向具有重大影响，为这些传统艺术的发展提供了取之不尽的精神源泉。因此，为了弄清楚道教对中国古代文学艺术的影响和作用，开展道教史的研究，也是非常重要而有意义的。

4. 从科学技术的领域来看，道教对我国古代科学技术的影响，也是不容忽视的。道教为了实现其长生成仙的理想，从其开创时起，便十分重视修炼方术，试图通过各种方术，来达到它所追求的目标。虽然这只不过是一种幻想，这个目标是不可能实现的，但在其长期发展过程中，通过各种修炼方术，客观上却在中国科学技术的有关领域积累了许多很有价值的材料，这对中国古代科学技术的发展有十分重要的意义。例如，丹鼎派的道士们，为了炼制出长生不死之药，积极从事炼丹活动，对各种丹术进行了认真的探讨。在这方面，他们所留下的著作甚多，《道藏》的洞神部众术类便集中汇集了这方面的资料。在这些资料里，虽然科学思想与神仙思想往往交织在一起，但其中合理的菁华是绝不能否认的。而且正是这种炼丹术的发展，为近代实验化学的产生提供了条件，可以说它是近代实验化学的前驱。汉末魏伯阳的《周易参同契》，借《易》道以明丹道，其中便含有丰富的科学思想，为我国古代化学、气功学、养生学留下了宝贵的遗产。在东晋葛洪的《抱朴子内篇》中，有关于物种变化的一些论述，还具体介绍了许多炼丹方法，对生物学和化学都是极为重要的贡献。儒家对医学本不重视，孔子曾以轻蔑的口气说："人而无恒，不可以作巫医。"① 道教则不然，由于它企求长生，故而对医学特别重视。许多道教学者往往兼攻药物学和医学，葛洪就曾明确指出，古之初为道者必须"兼修医术"②。他曾撰有《金匮药方》《肘后备急方》等医学专著，内容包括各科医学，其中有关于肺结核病、烈性传染病天花、狂犬病等的记载，是世界上最早的有关这些疾病的医学文献，在医学史上具有极其重要的价值。南北朝时候的陶弘景，也同样既是一个道教徒，又是一个医学专家，撰有《本草集注》7 卷，是一部系统整理《神农本草经》和全面总结南朝梁以前药物学方面成果的巨著，对隋唐以后的本草学研究产生了深刻的影响。他还撰有《药总诀》《肘后百一方》《效验方》等实用医药学的专著，这在当时也起过很大的作用。唐代道教学者孙思邈，更是这方面的杰出代表，他所撰的《千金要方》30 卷，其内容之丰富，规模之宏伟，为前此各种医著所不及，被誉为我国最早的一部临床实用的百科全书，具有很高的学术价值，对祖国传统医学的影响极其深远。可见，道教在医学、药物学方面的贡献，都是应当肯定的。道教的养生术与预

---

① （清）阮元校刻：《十三经注疏》下册《论语·子路第十三》，第 2508 页。
② 王明：《抱朴子内篇校释》，第 271 页。

防医学紧密结合，作为祛病延年的重要手段，在道书中的论述颇多，内容十分广泛，涉及导引、行气、服食、房中、按摩、居处、养性等等许多方面，其中包含的合理因素，值得我们认真发掘和整理。道教的内丹修炼方术，专讲人体内精、气、神的修炼方法，在宋、元时期，这种方术特别盛行，名家辈出，论著甚多，为我国气功学的发展奠定了很好的基础。总而言之，道教在我国古代科学技术的发展史上有它的独特作用，并给我们留下了大量科学技术方面的宝贵遗产，这在世界宗教史上也是罕见的，有待我们认真地总结。英国著名学者李约瑟（Joseph Needham，1900－1995）博士在其所编《中国科学技术史》中剖析道家道教对中国传统科学技术的贡献、影响及其意义时，也一再指出："它是一种哲学与宗教的出色而极其有趣的结合，同时包含着'原始的'科学和方技。它对于了解全部中国科学技术是极其重要的。"[1] 又说：这种哲学虽然含有"宗教神秘主义以及个人修炼成仙的各种因素，但它却发展了科学态度的许多最重要的特点，因而对中国科学史是有着头等重要性的"[2]。由于在这笔遗产里，科学与神学相互杂糅，因此，运用唯物辩证法的方法对它们进行科学的分析研究，汲取其精华，剔除其糟粕，这也是摆在我们科学史工作者面前的一个迫切的任务。

5. 从道德伦理的领域来看，道教所产生的社会影响也很突出。道教是一个十分重视伦理道德教化的宗教，它在长期发展过程中，积累了大量的戒律和劝善书，包括功过格等，其中包含了许多对当时的社会来说是合理的伦理道德思想。这些内容不仅对道教的发展有重大意义，而且对中国人的价值观念及生活方式等诸方面，都产生了广泛深远的影响。特别是它的各种劝善书，在社会上流传很广，深入到社会各阶层，士大夫也对它赞不绝口，为之作注者难计其数，其影响不可低估。对道教的伦理道德思想加以系统的整理和研究，对我们当前的伦理道德建设，也是很有意义的。

6. 从民族心理、民族性格这些领域来看，道教在这些方面的影响也是很大的。首先，道教以道为最高信仰，以得道为人生的最终目的，这种人生哲学培养了一代又一代的道教徒尊道重道和唯道是求的传统，历史上许多道教徒为了得道求道，抛弃人世间的一切物质享受和功名利禄，甘于恬淡素朴的生活，安贫乐道，刻苦磨炼，主动忍受一般人难以忍受的痛苦和折磨。这种传统，通过具有民族风格的宗教形式，长期传播于社会，对形成中华民族的心理素质和民族性格起了重大作用。历史上许多知识分子，特别是一些具有"隐士"风范的人物，莫不以安贫乐道、唯道是求作为自己的人生哲学，他们立身行事，本着"是道则进，非道则退"的原则，"淡泊以明志，宁静以致远"，视富贵如浮云。他们的言行，影响着一代又一代的社会风气。尽管他们所追求的道，与道教徒所追求的道，并不一定完全一致，但这种唯道是求的人生哲学的根源，与道教却有密切的关系。其次，道教以长生成仙为最终目的，因此，它竭力倡导重生、贵生、热爱现实的生活原则。葛洪在《抱朴子内篇》卷三《对俗》篇中说："求长生者，正惜今日之所欲耳，本不汲汲于升虚，以飞腾为胜于地上也。若幸可止家而不死者，亦何必求于速登天乎？"[3] 他确信人的寿命长短，不是上天所决定

---

① ［英］李约瑟著，何兆武等译：《中国科学技术史》第二卷《科学思想史》，北京：科学出版社，上海：上海古籍出版社，1990年，第33页。

② ［英］李约瑟著，何兆武等译：《中国科学技术史》第二卷《科学思想史》，第175页。

③ 王明：《抱朴子内篇校释》，第53页。

的，人们通过修炼可以达到长生不死。同书卷十六《黄白》篇中引《龟甲文》说："我命在我不在天。"①《老子西升经》亦称："我命在我，不属天地。"② 这些思想表明了道教长生不死信仰的特点，既与佛教悲观厌世的思想不同，又与儒家"死生有命，富贵在天"③ 的听天由命思想有很大区别，它是鼓励人们积极顺应自然，努力自己掌握自己的命运。这种思想经过道教的长期宣传，深入人心，不能不影响到国人的民族心理和民族性格，使人定胜天的信念成为中华民族的优良传统。再次，道教还奉行《道德经》里"知常容，容乃公"④ 的准则，主张宽容、谦让、虚怀若谷，反对自矜、自足、自大、自伐，这种精神集中体现为文化方面的兼收并蓄态度，可以融摄百家，像海纳百川一样，具有极大的包容性，没有儒家那种视自己为正统、别人为异端的排他性。这种文化心理的发扬，形成了中华民族开阔的文化胸怀，容易吸收各种先进文化以发展自己的民族文化，使中华民族的古老文化能够经久不衰，而且愈来愈繁荣昌盛。

7. 从民族凝聚力的形成和发展方面来看，道家和道教文化所起的作用就更为明显了。例如，我们大家都承认自己是黄帝的子孙，这个思想的渊源，就和道家与道教有极其密切的关系。我们知道，儒家的创始人孔子，是"祖述尧舜，宪章文武"⑤ 的，他并不谈论黄帝，也没有说自己是黄帝的子孙。儒家所信奉的最古的史书是《尚书》，或者叫作《书经》，儒学家说它是由孔子亲自整理而成的，当然可以代表儒家的历史观。这部书的开头第一篇是《尧典》，然后是《舜典》，可见儒家讲历史是从尧舜讲起的，这与孔子"祖述尧舜"的思想是完全一致的。然而道家讲历史，则是从黄帝讲起的，最著名的代表作品就是《史记》。《史记》的作者是司马迁，他是属于道家学派的学者。为什么这么说呢？有司马迁自己的叙述为证。据《史记·太史公自序》的记载，司马迁的父亲司马谈，"习道论于黄子"⑥。所谓"黄子"，《集解》徐广注说："《儒林传》曰黄生，好黄老之术。"《史记·儒林列传》记载了黄子在汉景帝时与儒林博士辕固生当着汉景帝的面为汤武是否受命的问题进行激烈的争辩，他坚决反对儒生的观点。可见，司马迁的父亲以及他父亲的老师，都是属于道家学派的学者。所以司马谈在《论六家要旨》中批评"儒者博而寡要，劳而少功"，批评"墨者俭而难遵"，批评"法家严而少恩"，批评"名家使人俭而善失真"，唯独对道家最为推崇，说"道家使人精神专一，动合无形，赡足万物。其为术也，因阴阳之大顺，采儒墨之善，撮名法之要，与时迁移，应物变化，立俗施事，无所不宜，指约而易操，事少而功多"⑦。至于司马迁本人，"论大道，则先黄老而后六经"⑧，讲历史，则"自黄帝始"⑨。《史记》开宗明义第一篇就从黄帝的本纪说起，认为尧舜都是黄帝的后代，与《尚书》所讲的历史完全不同。在《史记·封禅书》中又说："黄帝且战且学仙"，后来乘龙上天。所以黄帝历来是道家和道教所崇拜的人物，正统儒家对这些说法是很难接受的。因而历来总是"黄老"并称，从来还没有人把黄帝与孔子联系在一起而并称"黄孔"

---

① 王明：《抱朴子内篇校释》，第 287 页。
② 《道藏》第 11 册，第 506 页。
③ （清）阮元校刻：《十三经注疏》下册《论语·颜渊第十二》，第 2503 页。
④ 《道德经》第十六章。
⑤ （清）阮元校刻：《十三经注疏》下册《中庸》第三十章，第 1634 页。
⑥ （汉）司马迁：《史记》，第 3288 页。
⑦ （汉）司马迁：《史记》，第 3289 页。
⑧ （汉）司马迁：《史记》裴骃《集解序》引班固之言，第 1 页。
⑨ （汉）司马迁：《史记》，第 3300 页。

的。在道家和道教的著作中，往往大肆宣扬黄帝，为黄帝树碑立传。仅《庄子》一书的许多篇章，如《在宥》《天地》《天运》《胠箧》《大宗师》等等，都讲述过黄帝的事迹，更不用说后来稷下的黄老学派了。而道教更明确地以黄帝为"道家之宗"，所以道教典籍中有关黄帝的记载就更不胜枚举了。《道藏》第5册《历世真仙体道通鉴》卷一，就是以《轩辕黄帝》开头，该册第32—35页还另有《广黄帝本行记》，《藏外道书》第18册又收有《轩辕黄帝传》，其他托名黄帝所撰的道书也很多。至今道教所使用的道历，仍是以黄帝作为纪元开始的。相反，在正统儒家的经典中，谈到黄帝的时候则相对比较少。而他们所宣扬的那一套尧舜之道，普通老百姓对它的了解并不多，其影响甚微，不像黄帝的影响那样广泛。直到今天，广大同胞和海外侨胞不分男女老少，莫不以同是黄帝子孙而彼此心心相印，互相紧密地联系在一起，同呼吸，共命运。以黄帝为祖宗，这是家喻户晓的事。这个思想，形成了中华民族强大的凝聚力，"血浓于水"的这种民族感情比什么都珍贵，它是我们几千年来战胜一切困难、越过无数险阻、始终立于不败之地的精神武器，在今天仍然显示着它强大的生命力。

除了以上所讲七个领域之外，道教对民间的风俗习惯和民间信仰也有重要的影响，如崇拜三官、灶神、城隍神、土地神、财神、雷神、八仙、妈祖等，都和道教有密切关系，这里就不再详细讲了。

第三个方面，是道教与中国少数民族关系的问题。道教在其创建和整个发展过程当中，和我国的少数民族的发展是密不可分的。它不断吸收少数民族的宗教文化成分，并得到少数民族的信奉和支持，从而形成了比较进步的民族观。道教主张各民族在道法面前人人平等，不论是"生在中华，或生夷狄之中，或生蛮戎之内，或富或贵，或贱或贫"，只要"心修正道"均可"渐入仙宗"[1]。其超越死亡病痛，以长生成仙为宗旨的信仰，与氐、羌族群之间即存在着渊源关系。著名历史学家向达先生即认为："我疑心张道陵在鹤鸣山学道，所学的道即是氐、羌族的宗教信仰，以此为中心思想，而缘饰以《老子》之五千文。因为天师道的思想原出于氐、羌族，所以李雄、苻坚、姚苌以及南诏、大理，才能靡然从风，受之不疑。"[2] 又说："南诏本身属于羌族。""南诏之所以信奉天师道，因这原来是氐族和羌族的本来信仰。前蜀巴氐李氏族人于汉末就信奉张鲁的鬼道，李雄尊天师道人范长生，称为范贤而不名，并欲'迎立为君而臣之'，后乃加范长生为天地大师，封西山侯，其信仰天师道可谓至矣。"[3] 并称：又在晋代，"氐族苻氏（苻坚）以及羌族姚氏（姚苌）应该都是相信天师道的"[4]。著名的历史学家蒙文通先生则更为直截了当地说："天师道盖原为西南少数民族之宗教。"又说："五斗米道原行于少数民族。"[5] 这便说明天师道之创建和传播，均与西南地区少数民族的宗教信仰是密不可分的。不仅如此，根据一些考古发掘的资料证明，至迟在东晋末年，现今新疆维吾尔族先民聚居的吐鲁番地区（当时称"高昌"）便已盛行道教。北魏拓跋氏支持寇谦之对道教的改革，金代女真人中还产生了几位颇有影响的女真高道，元代蒙古的统治者还接纳全真高道的进

① 《太上玄灵北斗本命延生真经》，《道藏》第11册，第346页。
② 向达：《唐代长安与西域文明·南诏史略论》，重庆：重庆出版社，2009年，第150页。
③ 向达：《唐代长安与西域文明·南诏史略论》，第150页。
④ 向达：《唐代长安与西域文明·南诏史略论》，第147、149页。
⑤ 蒙文通：《古学甄微》，《蒙文通文集》第一卷，第316页。

言，促进道派间的合流，推动了道教的兴盛。以上表明少数民族先民不仅共同创建了道教，还共同推动了道教的发展，而道教对少数民族政权的巩固，亦发挥过重要的作用。近现代，一些少数民族的传统宗教逐步道教化，一些少数民族产生了由道教与当地传统宗教结合而成的道教流派形式，一些少数民族虔诚地信奉道教①。

少数民族信奉文化形态相对较高的道教，有助于推动自身社会经济文化的发展，并在信仰的层面上缩小了各民族相互之间思想观念的差异，培养了共同性和认同感，逐渐清除族界意识和防范心理，促进思想文化及民族实体的相互融合，从而增强了中华民族的向心力和凝聚力。

以上三个方面的情况说明，道教思想曾消化吸收了中华民族的各种传统文化成分作为它的营养，同时又曾渗透到我国社会生活的许多方面和意识形态的许多领域，对包括少数民族在内的中华传统文化皆发生过极为深刻的影响。鲁迅先生在 1918 年 8 月 20 日《致许寿裳》的信中曾说："前曾言中国根柢全在道教，此说近颇广行。以此读史，有多种问题可迎刃而解。"② 可见道教文化在中华传统文化中占有极其重要的地位。因此，开展中国道教史的研究，对于全面弘扬中华传统文化、建设中华民族共同精神家园的重要理论价值和现实意义，也就不难明白了。

改革开放以来，由于我国经济的蓬勃发展和国际地位的日益提高，具有五千年文明史的中华传统文化，以及这 传统文化"根柢"的道教文化，也越来越受到人们的关注。究其原因，乃是由于西方文化所暴露出来的一些弊端，给当前人类社会造成了许多严重的灾难，而道教文化的一些合理思想，却是拯治这些弊端的良方。试举例说明如下。

第一，道教奉行《道德经》里"知常容，容乃公"③ 的准则，这个准则集中体现在文化方面的兼收并蓄的态度，主张宽广能容，虚怀若谷，尊重不同文化，善于向不同的文化学习，认为应该像海纳百川一样融摄百家之长，以不断地丰富自己。道教没有英国著名汉学家李约瑟（Joseph Needham，1900－1995）博士指出的西方文化那种"自以为是"的"精神优越感"，"认为只有他们自己的文明才是唯一具有世界性的文明，而对其他人们的社会文化思想和传统一无所知，所以，觉得理所当然地应该把他们自己的思想意识和传统习惯（无论在法律、社会民主或政治体制方面）都强加给其他人民"④。而且，随着世界经济向全球化的方向发展，西方世界的某些人极力主张，在文化发展的方向上，也应当单一化、一元化，即让他们把自认为是整个世界最完美的文化推向世界各国。这与联合国教科文组织起草的《文化多样性公约》（2004 年 7 月）的精神是相违背的。和他们的说法和做法相反，我们认为，随着世界经济向全球化的方向发展和各国人民相互往来的日益增多，在文化发展方面，也必将走向各种文化的相互沟通、相互对话、相互交流、相互学习、共同发展，从而形成一个"百花齐放"的多元文化的世界。虽然彼此之间的矛盾和斗争仍然是不可避免的，但同时也应该和需要彼此之间的相互汲取和相互补充。因而，未来的人类文化，应是多元的，而不是一元的，这也符合道教文化所主张的那种"宽广能容"的精神。只有这种文化精神，才能具有一种

---

① 参见钱安靖：《道教与少数民族》，载卿希泰主编：《道教与中国传统文化》第十一章，福州：福建人民出版社，1990 年，第 440—472 页；张桥贵：《道教与中国少数民族关系研究》，成都：四川大学出版社，1998 年。
② 鲁迅：《鲁迅全集》第 9 册，北京：人民文学出版社，1958 年，第 285 页。
③ 《道德经》第十六章。
④ ［英］李约瑟著，劳陇译：《四海之内》，北京：三联书店，1992 年，第 1 页。

开阔的文化胸怀，经常汲取不同文化的合理因素来进行自我更新，充满勃勃生机，可以经久而不衰。

第二，在对待人与社会和人与人的相互关系问题上，道教从《道德经》的"道生之，德畜之"①这一思想出发，认为"道者，天也，阳也，主生；德者，地也，阴也，主养；万物多不能自生，即知天道伤也"②，主张"凡事无大小，皆守道而行，故无凶；今日失道，即致大乱"③。这个"道"，就是指相生相养之道、"道生""德畜"之道，既是"天道"，又是"人道"，是天与人的合一，也就是社会的公共准则。

怎样才能相生相养，既符合所谓的"天道"，也符合所谓的"人道"，或符合社会的公共准则呢？道教对此反复地指出：天地间的一切财物，都是"天地和气"所生，属于社会公有。它说："物者，中之有"④，"此中和之财物也"⑤，"中和有财，乐以养人"⑥，不应当为少数人所独占，为少数人所私有，更不能以此为资本，去敲诈别人和掠夺别人。它主张每个人都要有济世度人的社会责任感，强调在社会生活当中，每个人都要遵守社会的公共准则，要友善地对待他人，在人与人之间要实行互助互爱，要"悯人之凶，乐人之善，济人之急，就人之危"⑦。有财物的人，应当"周穷救急""有财相通"；有道德的人，也应当以道德教人，不能仅仅是洁身自好。它还认为，"天道助弱"⑧，"天之道"，是"损有余而补不足"⑨的。所以，它反对"智者"欺负"愚者"，"强者"欺负"弱者"，"少者"欺负"老者"，认为这是"与天心不同，故后必凶也"⑩。它强调，为人君父者，应当实行人人平等而又公平的原则，认为"天地施化得均，尊卑大小皆如一，乃无争讼者，故可为人君父母也"⑪。如果每个人都按照道教文化的这些思想办事，就可以处理好人与人之间的各种社会关系，使整个社会和谐有序；也可以处理好国与国之间的相互关系，使大国和小国、强国与弱国、富国和穷国都能和平共处，整个世界也自然就会得到安宁，实现人类的社会和谐。

第三，在个人生活准则上，道教认为，人生的最高价值就是得道成仙。当然，长生不死、即身成仙，仅仅是道教的一种信仰，实际上是难以实现的。但道教从这样一种信仰出发，在个人生活准则上，强调要尊道贵德，唯道是求。为了求道，必须保持恬淡无欲、清静素朴的思想，教人"抑情养性"，不为名利等外物所累。它要求人们"不汲汲于富贵，不戚戚于贫贱"，"不以物喜，不以己悲"，不为个人的私欲而心神不安，始终保持一种"知足常乐"的高尚情操，养成一种开朗旷达的胸怀，"遇人无忤，与物无争"，以崇尚节俭为荣，以攀比奢侈豪华为耻，明确主张"见素抱朴，少

---

① 《道德经》第五十一章。
② 王明编：《太平经合校》，第 218 页。
③ 王明编：《太平经合校》，第 21 页。
④ 王明编：《太平经合校》，第 246 页。
⑤ 王明编：《太平经合校》，第 242 页。
⑥ 王明编：《太平经合校》，第 248 页。
⑦ 《太上感应篇》卷三，《道藏》第 27 册，第 20—22 页。
⑧ 王明编：《太平经合校》，第 703 页。
⑨ 《道德经》第七十七章。
⑩ 王明编：《太平经合校》，第 695 页。
⑪ 王明编：《太平经合校》，第 683 页。

私寡欲"① 和 "去甚，去奢，去泰"②。这与当前社会上那种拜金主义、享乐主义、个人主义普遍泛滥的社会风气是截然不同的。在我国，目前有一些人在商品经济大潮的冲击下，头脑发昏，只晓得金钱第一，享受第一。为了金钱和享受，可以不顾一切，甚至包括出卖自己的良心和人格。这种人在整个社会中虽然只占少数，但如不加以制止，任其泛滥，就可能使整个社会的道德沦丧，歪风邪气蔓延滋长，与道教文化所倡导的个人生活准则背道而驰。相反，如果人人都按照道教文化所倡导的个人生活准则办事，做到 "是道则进，非道则退"，就可以使整个社会风气大大好转，人们的思想素质也会大大提高，并把人们从金钱的奴役下解放出来，使人们摆脱追求个人名利的精神枷锁，更好地发挥每个人的聪明才智，体现人的真正价值，从而促进社会的协调发展。

第四，在对待人与自然的相互关系问题上，道教文化的基本出发点乃是 "天人合一" 的思想。道教从这一思想出发，提出了 "天、地、人，本同一元气，分为三体"③，"元气有三名，太阳、太阴、中和。形体有三名，天、地、人"④。这天、地、人三气应当相互协调，"相爱相通，无复有害者"⑤，方能 "并力同心，共生万物"⑥ "一气不通，百事乖错"⑦。道教的这种思想，首先是承认宇宙间的万物都有其合理性与平等的存在地位，主张让宇宙间的万物任性自在，自足其性，得其自然之存在与发展，人当无为，勿加干预。《太平经》说："凡物自有精神，亦好人爱之，人爱之便来归人。"⑧《抱朴子内篇·塞难》认为 "天道无为，任物自然，无亲无疏，无彼无此也"⑨，因而主张至人 "任自然……存亡任天"⑩。清人闵一得《阴符经玄解正义》亦称 "万物自生，岂劳人力也哉？"⑪不仅如此，这种思想还认为人也是自然的一部分，强调 "道法自然"⑫，"自然之道不可违"⑬，因而主张人应当爱护自然，保持与大自然协调相处的和谐关系，顺应大自然本身的客观规律办事，不应当把自己凌驾于万物之上，觉得似乎自己对天地万物的所有征服改造都是合理的、必要的，以征服者的态度无情地去掠夺自然，反自然之道而行之。这些想法和做法必将作茧自缚，必然会危害人类自身，导致自然界对人类的无情惩罚。今天人类所面临的环境污染、物种灭绝、资源枯竭、各种自然灾害的频繁发生以及环境难民的不断增加等等，就是这种惩罚的反映。再不悔改，整个人类就有可能被大自然开除出 "地球村"。由此可见，道教这种道法自然、顺应自然的思想，乃是从对自然界和人类社会的深刻认识中总结出来的，是符合自然界和人类社会的发展规律的，是一个古今中外都概莫能外的普遍真理，应当是人类行为的共同准则，在新世纪里也必将闪烁巨大的光芒。

由此可见，道教文化中确有不少的合理思想，对于当代的现实生活具有十分重要的意义，有的甚至还可以说是一种匡救时弊的救世良方。所以，加强对道教历史文化的研究，取其精华，去其糟

---

① 《道德经》第十九章。
② 《道德经》第二十九章。
③ 王明编：《太平经合校》，第 236 页。
④ 王明编：《太平经合校》，第 19 页。
⑤ 王明编：《太平经合校》，第 148 页。
⑥ 王明编：《太平经合校》，第 148 页。
⑦ 王明编：《太平经合校》，第 18 页。
⑧ 王明编：《太平经合校》，第 251 页。
⑨ 王明：《抱朴子内篇校释》，第 124 页。
⑩ 王明：《抱朴子内篇校释》，第 142 页。
⑪ 胡道静等主编：《藏外道书》第 10 册，成都：巴蜀书社，1994 年，第 300 页。
⑫ 《道德经》第二十五章。
⑬ 《黄帝阴符经》，《道藏》第 1 册，第 821 页。

粕，对于国家发展、社会稳定、人民幸福，对于推进世界和平，建设全人类的和谐社会，都是具有非常重要的现实意义的。

二、研究中国道教发展史的基本要求和主要目的

道教以"道"为最高信仰而得名，相信人们经过一定修炼可以长生不死，得道成仙。道教以这种修道成仙思想为核心，神化老子及其关于"道"的学说，尊老子为教主，奉之为神明，并以老子《道德经》为主要经典，对其中的文辞作出宗教性的阐释。道家思想便是它的思想渊源之一。与此同时，它还吸收了阴阳家、墨家、儒家和包括谶纬学的一些思想，并在中国古代宗教信仰的基础上，继承了方仙道、黄老道的某些思想和修持方法。它是在东汉中叶产生的，伴随着漫长的封建社会的发展而发展。其发展的历史，与封建社会的历史进程交织在一起，必然会受到封建社会的政治和经济等各个方面的制约；但作为一种宗教，它一旦产生以后，其发展过程便有它自己一定的相对独立性，有其本身的发生、发展和演变的客观规律。我们研究道教发展史的主要目的和基本要求，就在于必须以客观的态度和科学的方法，实事求是地分析道教之所以产生的社会历史条件和思想渊源，并紧密结合各个历史时期的整个社会政治和经济等实际状况，来探求道教本身的发生、发展和演变的客观规律。为此，首先就必须排除关于道教起源的各种神话传说，以及许多的臆测，"把悬挂在天国的宗教问题还原为现实的社会政治问题"；同时也不能完全以封建王朝的朝代变更来替代道教发展过程中自身的演变阶段，因为这样的分段，也很难恰当地如实反映道教自己所具有的一定的相对独立性，并揭示出其本身发生、发展和演变的客观规律。在此基础上，我们还应该以高度的自觉性来探讨当今的道教如何与社会主义社会的发展相适应的问题，从而为弘扬道教文化尽自己最大的努力。

根据以上的基本要求和主要目的，本书（编者按：指《中国道教史》）遂将道教发生和发展过程依据其各个不同阶段的不同特点，从张陵创教起到中华人民共和国成立前为止，区分为四个时期；中华人民共和国成立以后，道教的发展又进入了另一个崭新的时期。既然时期的划分，既应考虑到整个中国社会在政治、经济等各个方面的变化，也应如实反映道教本身的发生、发展和演变的客观规律，因此，在说明各个时期的具体划分时，就应紧密结合各个时期中国社会在政治、经济等各个方面的各种变化，并在此基础上，阐述道教在其发展过程中各自不同的特点和状况。按照这一准则，现将各个时期的划分及其主要特点和基本状况扼要介绍如下。

（一）道教的创建和改造时期

在东汉张陵创教之前，道教的形成有一个酝酿过程，一般仅把它看作是道教的前史，并不计算在道教发展史的时间之内。从张陵创教开始，到魏晋南北朝为止，属于道教的创建和改造时期。这个时期的主要特点，是民间的比较原始的早期道教逐渐分化并向上层化的方向发展，使与当时农民起义相结合的民间早期道教逐步被改造并转化为维护封建统治阶级利益的上层化的道教。

东汉张陵创立的五斗米道和张角创立的太平道，都是早期比较原始的民间道教派别，主要是在下层群众中流传，都受到道教早期经典《太平经》中部分反映农民群众愿望和要求的思想影响，并

与农民群众反对封建的经济剥削和政治压迫相结合，为农民起义者所利用。东汉末年，太平道发动了黄巾起义，五斗米道亦与之东西相应，后来还在汉中建立了政教合一的地方政权。封建统治阶级对这种民间的道教，采取了镇压限制与利用改造相结合的两手政策。太平道遭到残酷镇压而失败，从此销声匿迹。张鲁的汉中政权亦被收降，张鲁及其道民被令北迁。不久，张鲁逝世。五斗米道虽在北方得以传播，但由于失去了统一领导，陷入组织涣散、纪律松弛、思想紊乱的状态。道教内部便逐渐分化，一部分向上层发展，接受统治者的利用和扶植，有些道教徒还站在维护封建统治的立场上对民间道教进行改造。东晋时，葛洪系统总结和阐述了战国以来神仙方术的理论，在《抱朴子内篇》中建立了一套成仙的理论体系，丰富了道教的思想内容，并为道教构造了种种修炼成仙方法，对后来道教的发展有较大的影响。他攻讦民间早期道教，诋毁农民起义，提出以神仙养生为内、儒术应世为外，将道教的神仙方术与儒家的纲常名教相结合，宣扬道教徒要以儒家的忠孝、仁恕、信义、和顺为本，否则，虽勤于修炼，也不能成仙，这就为上层化的道教奠定了理论基础。于是，士族阶层参加道教的人日益增多，出现了许多天师道世家。这些上层士族人士参加道教以后，必然把他们的思想和要求也带到道教中来。反映这类思想的上清、灵宝等道教派别遂相继出现，并迅速得到发展。

道教在上层化的同时，民间仍然传播着通俗形式的道教，并不断发动反抗统治阶级的起义。西晋时，道士陈瑞首先在巴蜀犍为地区发难。继之而起的李特、李雄所领导的流民起义，亦与天师道有密切关系。他们在天师道首领范长生的支持下在成都建立了成汉政权，凡历六世四十七年，至东晋穆帝永和三年（347）方被桓温所灭。和天师道有一定渊源的李家道，三国时从蜀中传到江南，并在江南地区广泛传播。从东晋初年开始的李弘起义，与这个道派有一定关系。在晋代，杜子恭一派的天师道，在江南也颇有影响。东晋末，孙恩、卢循利用天师道派组织发动了起义，并提出了"诛杀异己"的口号，诛杀了士族中"世奉张氏五斗米道"的道徒王凝之。这表明虽同为道教信徒，也会因阶级利益不同而互相对抗，可见这时道教内部在改造过程中存在着激烈斗争。对民间早期道教的成功改造，是在南北朝的时候。北魏太平真君年间（440－450），嵩山道士寇谦之在崇信道教的北魏太武帝和司徒崔浩的共同支持下，自称奉太上老君的意旨，"清整道教，除去三张（张陵、张衡、张鲁）伪法"，制订乐章诵诫新法，"专以礼度为首，而加之以服食闭炼"，"佐国扶命"，代张陵为天师，被称为北天师道。在南朝刘宋，则有庐山道士陆修静，"祖述三张，弘衍二葛（葛玄、葛洪）"，搜罗经诀，尽有上清、灵宝、三皇各派经典，遂"总括三洞"，汇归一流；又依据封建的宗法思想和制度，并吸收佛教修持仪式，广制斋戒仪范，以改革五斗米道，"意在王者遵奉"，被称为南天师道。道教的教规、仪范经过寇谦之和陆修静的修订之后，便逐步定型。在此基础上，陶弘景继续吸收儒、释两家思想，充实道教的内容；构造道教神仙谱系，叙述道教传授历史，主张三教合流，对以后道教的发展影响甚大。道教经过南北朝的改造之后，其教理教义、斋戒仪范等都大大地得以充实和健全，改变了早期比较原始的状态，逐步成熟起来，并由民间的宗教转化为上层化的为封建统治服务的宗教。

（二）道教的兴盛和发展时期

自从民间道教被改造成为上层化的为封建统治服务的道教以后，道教就一直受到封建统治者的崇奉和扶植。隋唐到北宋，道教便进入了兴盛和发展时期。其特点主要表现在，这个时候道教的社会地位大为提高，道士的人数大增，道教的组织更加强大，道教的宫观不仅遍布全国，而且它的规模也日益壮观。特别是这个时候道教学者辈出，道书数量益增，并汇编成藏，正式刊行，修持方法及其理论也有重大发展。道教理论的空前繁荣，是唐宋时代道教的一个显著特点。

隋唐至北宋，国家基本上是统一的，虽然有过五代十国的分裂，但为时不长。中国封建时代的经济，在唐宋时代也较为繁荣。经济的发展为整个文化的发展提供了有利条件。一方面，从道教本身来说，魏晋南北朝与儒、释之间的大辩论，促使道教加强教理的研究，并进一步吸收儒、释各家的思想来充实自己的理论；道教内部也在各个道派间形成了以茅山宗为主流的局面，南北不同的学术流派亦互相交融，从而使它的教理向纵深和细密的方向发展。另一方面，由于唐宋时代的许多封建统治者都奉行崇道政策，利用道教来为巩固其统治地位服务，由此也促进了道教理论的发展。如唐代统治者自称是老子后裔，尊之为"太上玄元皇帝"，令两京及诸州普遍建立玄元皇帝庙，又"令道士女冠隶宗正寺"，视道士为宗室。宋真宗称其始祖赵玄朗为道教尊神，封为"圣祖上灵高道九天司命保生天尊大帝"，并加封老子为"太上老君混元上德皇帝"。宋徽宗还自称是"神霄帝君"下凡，示意道箓院上章，册封自己为"教主道君皇帝"。唐宋统治者在大力提高道教地位的同时，还大力提倡对道书的研究，并采取一系列措施来加以推动。例如，设立道举制度，规定贡举人皆须兼习道经，并把《老》《庄》《文》《列》定为"真经"，作为"明经"科内容之一进行考试；又置崇玄学和玄学博士，并配置生员，定期宣讲道经，令百官群僚观礼；规定士庶均须家藏《道德经》一本，不断派人收集和整理道书，加以缮写或刊印，颁布天下，以广流布，便于学者研习；对道士的学业进行培训和考核，不才者勒令还俗；他们还亲自召开和主持道教与儒、释的讨论会，又亲试"四子"举人和带头为道经作注，等等。上之所好，其下必甚。所有这些措施，不能不造就一时的风尚，使对道经的研究蔚然成风，道书的造作日益增多，道教的理论大为发展，著名的道教学者也相继出现。如唐之孙思邈、成玄英、李荣、王玄览、司马承祯、吴筠、李筌、施肩吾，五代十国时的杜光庭、彭晓、谭峭、闾丘方远，北宋时的陈抟、张伯端、陈景元、贾善翔等，都是道教史上或学术史上有较大影响的人物。他们或者创作论著以阐述自己的学说，或者通过整理注释其他道教经书以发挥自己的思想，研究范围相当广泛，成就也是多方面的，在道教的教理、历史、修持方法和医学、药物学、养生学以及哲学思想、政治思想、军事思想等许多方面，都作出了贡献，其中不少著作不仅对当时道教思想的发展有重大意义，而且对中国古代学术文化的发展也有相当的影响。隋唐时候，道教的外丹方术特别盛行，出现了不少的炼丹家和丹书。但由于统治者和士大夫服丹致死者较多，服食者与炼丹道士皆吸取教训，此后遂转向内丹方术的研究。北宋张伯端作《悟真篇》，从理论上总结了当时内丹修炼的成就，为南宋以后的金丹道派所继承和发展。

（三）道教的宗派纷起与融合和继续兴盛发展与变革时期

南宋以后至明代中叶，封建统治者对道教仍然继续支持，道教也仍然继续发展。但由于出现了南宋偏安，形成与金、元南北对峙的局面，民族矛盾异常尖锐，在这种形势下，道教内部也随之宗派纷起和进行变革，并互争教会的领导权，从而形成了与上一阶段显著不同的特点。在南方，除旧有的龙虎天师、茅山上清、阁皂灵宝等三山符箓派仍然受到南宋统治者的尊崇而外，自称独得异传而先后别立宗派者也甚多，如神霄派、清微派、天心正法派、东华派、净明派等，多系从三山符箓派分化而来，但都各有不同的变化。还有所谓金丹派南宗者，奉张伯端为祖师，专主内丹修炼之说，在这点上与全真道有些相似，后来归入全真。这些派别大多倡导道教与儒、释的三教同源一致，大量融合儒、释思想，特别是以援引、融摄理学思想为其特色，这与当时南方理学思想的影响越来越大有关。在北方，则有金大定七年（1167）由王重阳创立的全真道，亦认为三教同源，尤以更多地援引、融摄佛教思想为其特色。这个道派在过去原有道派的基础上进行了一系列的改革，可称为道教发展史上的一个革新派。此外，还有金熙宗天眷（1138－1140）初萧抱珍创立的太一道，皇统二年（1142）刘德仁创立的大道教，后称为真大道教，皆曾一度在北方流传，盛极一时，但历时不久，即衰落下去了。唯有全真道，由于受到元代统治者的支持，经久兴盛不衰。天师道为了与新起的全真相抗衡，遂与上清、灵宝、净明等各符箓派逐渐合流。到元成宗大德八年（1304），三十八代天师张与材被授为正一教主，主领三山符箓，符箓各派遂统一为正一派。此后，道教遂正式分为正一和全真两大宗派，在明代继续流传。明代统治者对道教特别是正一道十分重视，尤以明世宗为甚，自号"玄都境万寿帝君"，亲自斋醮，任命邵元节、陶仲文等道士担任朝廷官职，深入宫廷，参与朝政，使政教发生了更为密切的关系。其时道教的社会地位之高，影响之大，前所未有。明代统治者对道教经书的整理也十分重视，正统十年（1445）和万历三十五年（1607）所编纂的正、续《道藏》，共5485卷，对道教经书的保存和传播，起了较大的作用。南宋以后，特别是明代，道教的各种劝善书逐渐盛行，元代反映道教神仙人物的戏剧为数不少，元末明初宣扬道教法术的神魔小说也日益增多，道教义学较为兴盛，是这个时期道教活动的又一特点。

（四）道教社会地位日益低下，道教组织日益分裂，道教进入逐渐衰落的时期

明中叶以后，也就是明嘉靖至万历以后，随着封建社会内部资本主义因素的萌芽和商品经济的发展，启蒙思想和市民运动日益兴起，封建社会进入了它的逐步衰落时期，处于一个缓慢解体的过程之中，到了一个所谓"天崩地解"[①] 的时代。正如毛泽东同志所说："中国封建社会内的商品经济的发展，已经孕育着资本主义的萌芽，如果没有外国资本主义的影响，中国也将慢慢地发展到资本主义社会。"[②] 作为长期依靠封建统治者的崇奉和扶植而发展兴盛的道教，也随着它的社会地位的逐步低下而不得不逐渐走向衰落。因此，从明代中叶以后，特别是经过鸦片战争使整个中国社会沦为半殖民地半封建社会以后，到中华人民共和国成立之前，道教逐步进入了一个派别丛生、内部四分五裂而不断走向衰落的时期。这一时期的主要特点是，道教逐渐失去封建统治者的有力支持，其社会地位逐步下降。明世宗以后，明穆宗鉴于世宗崇道过甚，对道教采取了打击和压制的措施。神宗时虽略有好转，但仍抑制甚严，到他的晚年至明熹宗、思宗时，明代的统治已进入末世，阶级矛盾和民族矛盾均十分尖锐，内外交困，国力衰弱，明统治者已自顾不暇，更无力顾及道教。清代统治者"起自关外，承袭萨满教传统，对道教不感兴趣"[③]，对它采取了抑制政策。清初顺治、康熙、雍正三朝，从笼络汉人的需要出发，对道教虽仍沿明例加以保护，但到乾隆时，即一再加以贬抑，禁止正一真人差遣法员往各地开坛传度，限天师率领龙虎山的本山道众。及宣宗即位，内忧外患已日趋严重，便立即于道光元年（1821）敕令张天师"停其朝觐，着不准来京"[④]，从此断绝了清王朝与

① （清）黄宗羲：《南雷文定》前集卷一《留别海昌同学序》，民国《四部备要》本，第12页。
② 毛泽东：《毛泽东选集》第二卷，北京：人民出版社，1952年第2版，第620页。
③ 任继愈主编：《道藏提要》，北京：中国社会科学出版社，2005年第3版，第8页。
④ （清）刘锦藻：《清朝续文献通考》卷八十九《选举考六》，上海：商务印书馆，1936年，第1册，第8494页。

道教的一切联系，"听其自生自息于天地之间"①。辛亥革命后，"真人"封号亦被取消。但是道教在上层的地位日趋衰落的时候，民间各种通俗形式的道教仍很活跃。以各种宗教互相融合为特点的民间宗教和秘密结社有二百余种，虽然派别繁多，思想渊源也极其复杂，政治观点和政治态度亦很不一致，但其中有些派别在思想上乃至组织上，同道教仍有一定的关系，属于变相的道教。如清初出现的八卦教，便属于这类组织之一，后来的义和拳，也和道教有一定的关系。这类通俗形式的民间道教以及民间秘密组织虽然在民间很活跃，但他们始终各自不断分裂，山头众多，无法形成一股统一而强大的社会力量。道教的命运总是和国家与民族的命运紧密地联系在一起的，道教的兴衰和国家与民族的兴衰是分不开的。"皮之不存，毛将焉附?"② 特别是鸦片战争以后，由于当时中国社会外受帝国主义的侵略和掠夺，内有封建军阀的割据，整个神州大地烽火连天，社会动荡不安，广大人民处于水深火热之中，民族生存已经危如累卵，在国运如此式微的情况下，尽管教内也有少数有识之士为振兴道教曾企图组建一个跨宗派的全国统一的道教协会组织并作过一些努力，但始终未能实现，这便是这个时期道教的另一个基本特点。随着道教活动的重点从上层转向民间，它对少数民族宗教信仰的影响也越来越大，许多少数民族宗教信仰的道教化，亦是这个时期的一个显著特点。

以上便是从道教产生之后到中华人民共和国成立之前的道教发展史的分期和各个时期的基本特点。

（五）道教在中华人民共和国成立后的新生和改革开放以来的全面发展

1949 年 10 月，中华人民共和国成立。历尽苦难的中国人民从此摆脱了帝国主义、封建主义和官僚资本主义的反动统治，整个中国社会的性质，在政治、经济、文化等等各个方面均发生了翻天覆地的大变化，古老的中国焕发出耀眼的青春光彩，从而也不能不直接影响到整个道教的面貌。在中国共产党的领导下，人民政府实行了宗教信仰自由政策，对道教界上层爱国人士和下层广大教徒采取了团结的方针，尊重他们的宗教信仰和宗教感情，并在思想上给予关心和教育，在生活上给予帮助和照顾，在政治上让他们与各界人民一样享有参政议政的平等权利，为繁荣祖国共襄国是，广大教徒皆衷心拥护人民政府的宗教政策，以主人翁的态度与全国人民一道投入了社会主义建设的行列，使道教从过去日益衰落的困境下走出来获得了新生，古老的道教也开始"旧貌换新颜"，并为适应社会发展的需要，在经济生活、政治思想和政治态度以及宫观管理体制等各个方面均发生了许多重大的变化。特别是历史上第一个跨宗派的全国道教组织——中国道教协会，也由此诞生，改变了过去道教内部那种四分五裂的状况，形成了与过去四个时期均不相同的一些基本特点，从而使道教发展的历史进入了一个崭新的历史时期，翻开了道教历史的新篇章。虽然在"文化大革命"的十年动乱中，由于林彪、"四人帮"等反革命集团肆意推行极"左"路线，践踏国家宪法，破坏党和政府的各项方针政策，使道教也遭受了严重的挫折和打击。但在党中央先后粉碎了林彪、"四人帮"等反革命集团，确立了改革开放的路线以后，于 1978 年 12 月召开了党的十一届三中全会，提出了全面地拨乱反正，落实宗教政策，并于 1982 年 3 月专门就宗教问题制定了中共中央《关于我国社会主义时期宗教问题的基本观点和基本政策》，认真总结和汲取了中华人民共和国成立以来党在宗

---

① （清）黄钧宰撰：《金壶七墨·浪墨》卷七，见《笔记小说大观》第二编，台北：新兴书局，1975 年影印本，第 7 册，第 3999 页。

② （清）阮元校刻：《十三经注疏》下册《左传·僖公十四年》，第 1803 页。

教工作中的历史经验，全面阐述了党对宗教问题的基本观点和基本政策，从而成为党和政府正确对待和正确处理我国社会主义历史条件下宗教问题的纲领性文件，同时也是宗教界和学术界共同的行动指南。在这个承前启后、继往开来的重要文件精神的指引下，中国道教协会的各项工作均步入正轨。在中国道教协会的统一领导下，全国有关各省市的地方道教协会均先后陆续建立，并高举爱国爱教旗帜，积极参与社会政治生活：不少道教徒被选为中央或地方的各级人民代表大会的代表或常务委员会的委员；还有不少的道教徒被选为中央或地方的各级人民政治协商委员会委员或常委，共同参与国家管理和社会主义现代化的建设；建立宫观管理制度，努力办好教务活动；恢复传统的"传戒"与"授箓"仪典；大力发展宫观经济，促进道教"自养"事业的发展；创办全国或地方的各种道教学院，加强道教内部各类人才的培养；创办道教文化研究所以及全国或地方的各种道教专业的学术期刊，为加强道教的理论研究和弘扬道教文化开创了新局面；与学术界相互交流合作，共同探讨有关教理教义的各种理论问题，并共同举办全国性的和国际性的各种学术研讨会议，不仅使内地的道教出现了许多新气象，而且加强了各种对外交流，扩大了道教对我国港、澳、台地区和海外的影响力，推进了道教文化的向外发展，迎来了百年来道教发展的黄金时期。

改革开放以来，我国的道教研究工作也被提上了党和政府的议事日程，并采取各种有力措施从各个方面加以大力推进。先后在中国社会科学院系统和高等学校系统建立专门的道教研究机构和硕士与博士学位的授权点，面向国内外公开招收道教研究专业的研究生，使具有高等学历和高等学位的专门人才不断地、成批地从这些机构培养出来，分配到全国各地；并在全国有组织、有计划地开展道教学术文化的研究工作，各类道教研究的学术成果不断地、成批地涌现出来，数量甚多，所涉及的范围也非常广泛，从而使道教的学术文化也得到了前所未有的蓬蓬勃勃的大发展，受到了海内外广大同行学者的高度关注；在我国港、澳、台地区和海外均有不少学者前来进修、访问或攻读道教专业的硕士或博士学位，还有更多的专家学者应邀前来参加我国各单位所召开的有关道教文化的各种学术会议；我国的道教学者也经常应邀前去港、澳、台地区和海外访问、讲学和参加各种有关道教文化的学术会议，海内外各种道教文化学术交流活动之频繁，出席的专家学者人数之众多，研讨议题之广泛，均达到了前所未有的局面。以上表明"道教发源在中国，道教研究中心在西方"的说法已经过时，这也是这个时期道教发展史上的一个重要特点。

本书将按照以上分期方法依次分卷叙述，每个时期各为一卷，一共五卷，并将道教在港、澳、台地区和世界各地的传播与研究的内容列入本书的第五卷之中。

三、研究中国道教史的科学方法

要做好任何一件事情，都必须懂得如何去做的方法，如果不懂得方法，无论如何也是做不好的。所谓"工欲善其事，必先利其器"，就是说的这个道理。所谓的"器"，也就是方法。方法既是一种工具，也是一种武器。工具要力求精良，武器要力求锐利。只有这样，才能有利于做好我们的工作，完成我们的任务，达到我们的目的。科学研究，也是如此。特别是研究道教史，这是一项艰巨而复杂的任务。

首先，道教史研究所涉及的知识范围非常广泛，涉及许多学科，不仅涉及许多社会科学的学科，还涉及许多自然科学的学科，而且和多种学科也相互交叉。

其次，道教经历的时间比较长，从张陵创教时起，至今已有1800多年的历史；若从它的前身方仙道和黄老道算起，那就几乎把整个封建时代都包括进去了。

再就是道教研究需要阅读的文献资料非常之多，仅是《道藏》所收的道书就有几千卷，在《道藏》之外还有更为大量的文献资料也需要考察，对于研究者的治学能力有较高要求；而且其内容又往往是精华与糟粕杂陈，科学与谬误交织，加之过去我国对它的系统研究不够，积累下来的有价值的资料比较少，基础比较薄弱，可以说它还是一块正待开垦的处女地。

由于存在着这种艰巨性和复杂性，所以方法论的问题就显得特别重要。没有一个正确的方法论作指导，在这样复杂的问题面前，就可能沉埋在文献故纸的海洋里，迷失方向；只有依靠正确的方法论作指导，才能帮助我们走上正确的道路。在这里，最正确最根本的方法，就是马克思主义的唯物辩证法，恩格斯把这种方法称作是"我们最好的劳动工具和最锐利的武器"①，毛泽东同志称它是我们工作中"应该借助"的"望远镜和显微镜"②，这个方法也就是一分为二的两点论的方法，它的最本质、最核心的东西，就是从实际出发、实事求是，对于具体的情况作具体的分析。毛泽东同志指出："列宁说，对于具体情况作具体分析，是'马克思主义最本质的东西、马克思主义的活的灵魂'。"③ 又说："马克思主义叫我们看问题不要从抽象的定义出发，而要从客观存在的实际出发，从分析这些事实中找出方针、政策、办法来。"④ 从实际出发、实事求是，对具体问题作具体分析这一马克思主义的原则，是"放之四海而皆准"的，对于道教史的研究当然也是完全适用的。为什么在道教史研究工作中需要以这个原则作指导呢？下面我们就联系道教史的具体实际来说明这个道理。

一切宗教，在本质上都是唯心的，道教自然也不会例外。就它的整个思想体系来说，本质上也是唯心的，是客观现实在人们头脑中的虚幻的和颠倒的反映。但是，当我们分析历史上某一个具体的道教徒或某一部具体的道教著作时，就不能仅仅停留在"抽象的概念"上，不能"从抽象的定义出发"，对于具体的问题还需要从具体的实际出发，进行实事求是的具体分析，否则就不能给出恰当的科学的结论。因为任何事物都包含有内部矛盾，都是矛盾的统一体，都是对立的统一体，是复杂的，不是单纯的。古代历史上的一个人或一部著作，其思想内容大体也是如此，往往比较复杂，包含着对立的成分，其中既有正确的合理的因素，也有错误的糟粕的东西，二者互相交织在一起。这就需要我们对它采取科学的态度进行具体分析，看它的思想哪些是正确的，哪些是错误的，正确与错误究竟各占多大比例，即使绝大部分是错误的，只有很少部分是合理的，也应当把正确与错误区分开来，而不能笼统地一刀切。这才符合唯物辩证法思想，这才叫作从实际出发、实事求是，对于具体问题的具体分析。如果不是从实际出发，不实事求是地对于具体问题作具体分析，而只是从抽象的定义出发，按照"是——是""否——否"的方法办事，认为"所谓坏的就是绝对的坏，一切皆

① 《路德维希·费尔巴哈和德国古典哲学的终结》，中共中央马克思恩格斯列宁斯大林著作编译局编：《马克思恩格斯选集》第四卷，北京：人民出版社，1972年，第239页。
② 毛泽东：《中国革命战争的战略问题》，《毛泽东选集》（合订本），北京：人民出版社，1967年，第196页。
③ 毛泽东：《学习和时局》，《毛泽东选集》（合订本），第893页。
④ 毛泽东：《在延安文艺座谈会上的谈话》，《毛泽东选集》（合订本），第810页。

坏；所谓好的就是绝对的好，一切皆好"①，不是否定一切，就是肯定一切，而不按照一分为二的两点论的方法看待问题，那就不可能对历史上的宗教人物和宗教著作进行恰如其分的合理的分析和评价。

以早期道教经典《太平经》的研究为例。这部书并不是一时、一地、一人的作品，其内容是十分庞杂的，其中有许多互相矛盾的言论，反映了不同阶级和阶层的思想，既有维护封建统治阶级根本利益的言论，又有揭露并批判豪门贵族黑暗统治的言论，也有部分反对封建残酷剥削和财物私有、主张自食其力和救穷周急等反映人民群众愿望和要求的言论；在它的宗教神学的体系里，还往往折射出唯物主义和辩证法的光芒。我们在研究它的时候，首先就应当从这本书的这样一个实际出发，尊重原来的本来面目，实事求是地对这些互相抵触的思想进行全面梳理和具体分析，这样才有可能给出科学的结论和合理的评价。有些人不从这本书里客观存在的实际出发，仅仅抓住其中维护封建统治阶级利益的部分言论，便把它随意鼓吹膨胀起来，从而一概否定和抹杀其他方面的合理思想，其结果便是以偏概全，以主观代替客观，以随心所欲代替实事求是，以致得出荒谬的结论。例如，他们把《太平经》中所有的"此财物乃天地中和所有，以共养人也。此家但遇得其聚处，比若仓中之鼠，常独足食，此大仓之粟，本非独鼠有也；少（小）内之钱财，本非独以给一人也；其有不足者，悉当从其取也。愚人无知，以为终古独当有之，不知乃万户（户）之委输，皆当得衣食于是也"② 等等这类明显地主张财物公有、反对私人独占的言论，认为只不过是代表中、小地主和非当权派的大地主的"共同要求"，而并不反映当时农民群众的愿望。这就违反了从实际出发、实事求是，对具体问题作具体分析的科学方法。因为在封建社会里，一切地主阶级，不管是当权的还是不当权的，也不管是大的还是小的，其共同特点，就是靠占有土地以剥削农民为生，怎能设想他们的"共同要求"是自动放弃其所独占的财物，主张他们的私有财物是用以共养众人的，凡有不足者都可以到他们那里去取用呢？这种"善良"的所谓中小地主和非当权派的大地主，事实上古今中外是不会有的。同样，他们还把《太平经》中主张人人应当"各自衣食自力"的言论，说成是仅仅代表封建地主的要求而并不反映当时农民群众的愿望。这样一来，依靠自己劳动为生也成了封建地主阶级的"共同要求"了，封建社会里农民与地主两个阶级的本质区别和阶级对抗，也不见了。这只能是对《太平经》的一种曲解，也反映了持这种观点的人对中国封建社会历史实际的愚昧无知。由此可见，我们在研究某些宗教著作的时候，如果不能从实际出发、实事求是地对具体问题作具体分析，不按照唯物辩证法的"两点论"的方法办事，而是按照"是—是""否—否"的形而上学的方法办事，不承认《太平经》这一早期道教经典中，也有反映当时农民群众愿望和要求的合理因素，就会得出不太恰当的结论。

对于历史上某些道教人物的评价也是如此。以东晋时候著名的道教人物葛洪为例，他是士族上层道教理论的奠基人，是两晋时候道教向上层化方向发展的一个关键人物，在道教历史上有着重大的影响。他站在维护封建统治阶级利益的立场，对民间道教抱有非常仇视的态度，把他们视为异端，称之为"妖道"，因为他们不"以忠孝、和顺、仁信为本"，常常为农民起义所利用，并评价他

---

① 毛泽东：《毛泽东选集》（合订本），第789页。
② 王明编：《太平经合校》，第247页。

们"诳眩黎庶，纠合群愚，进不以延年益寿为务，退不以消灾治病为业，遂以招集奸党，称合逆乱……威倾邦君，势凌有司"[①]，主张对他们进行镇压和禁止。葛洪早年曾经参与镇压石冰领导的农民起义。从这些方面来看，他的政治立场的确是反动的。然而，并不能因此就否定他在中国学术思想发展史上的重要地位，也不能因此就抹杀他的著作中所包含的一些合理因素。他所阐发的社会进化论思想和知人善任思想还是很有价值的，特别是其中有关古代化学和古代医学的材料，至今仍然是中国科技史上的宝贵遗产。绝不能因为他是道教信徒或上层道教的狂热鼓吹者，就把他这些合理的东西也一概加以否定，认为"毫无价值"，"没有研究的必要"。在这种思想的影响下，长期以来，对于葛洪与鲍敬言究竟是"今胜昔"还是"昔胜今"的一场辩论，没有作出公正的评价，往往过分赞扬鲍敬言的"昔胜今"的复古主义思想，而过分贬低葛洪的"今胜昔"的社会进化论思想。这样一来，就不能实事求是地、如实地反映葛洪这个人的客观实际。葛洪这个人，既有反动的一面，也有进步的一面。他既站在维护统治阶级利益的立场，力图使道教向上层化的方向发展，为道教建立了一套成仙的理论体系，鼓吹长生成仙的宗教思想，同时又在化学、药物学、医学等许多自然科学方面作出了重要贡献。对于同一个人来说，是不是互相矛盾呢？是的，是互相矛盾的，但这种互相矛盾，正是葛洪本身的实际情况。因为葛洪本身具有双重身份，他既是一个虔诚的宗教家，又是一个科学实验家。就前一方面说，他信仰神仙，是长生成仙的狂热鼓吹者，是唯心主义者；就后一方面说，他又尊重客观事实，尊重客观规律，倾向唯物主义。双重身份反映出的思想，不免前后左右互相矛盾，这就是他的实际事实。葛洪思想，就是这样一个矛盾的统一体。因此，我们在研究葛洪的时候，就应当从这样一个客观实际出发，进行实事求是的具体分析，一分为二地看待问题，这样才能全面认识葛洪以及类似人物的本来面貌，予以恰如其分的评价。如果只是抓住某一个方面而否定另一个方面，企图把本来是很复杂的事情简单化，结果就会离开历史的复杂的真实性，犯主观片面的错误，违背唯物辩证法。

在研究道教史的时候，不但对某些人物或某些著作的研究需要贯彻从实际出发、实事求是，对具体问题作具体分析的原则，对于一个具体道派的研究，也应贯彻这一原则。一般说来，在阶级社会里，宗教往往是为处于统治地位的统治阶级服务的，是他们用以维护其统治地位的重要工具。但在分析一个具体的宗教派别时，就不能从这样一个抽象的概念出发，停留在抽象的概念上。在历史上，"每个不同的阶级都利用它自己认为最适合的宗教"[②]。这是因为社会的阶级斗争，也必然反映到宗教内部来。宗教之间的斗争，也是社会阶级斗争的反映。因此，对于具体的宗教派别和宗教观念，也应当作具体的阶级分析。有一些民间的原始的宗教派别，在历史上也曾经为被统治的下层劳动群众所利用，发挥过一定的积极作用。奴隶社会的奴隶，封建社会的农民，都曾经通过宗教的形式来表达他们争取解放的意愿；在他们反对阶级压迫和民族压迫的斗争中，都曾利用过宗教组织作为他们实现自己的阶级团结和民族团结的纽带和斗争的旗帜。早期资产阶级革命，也是在宗教的旗帜下进行的，其中最著名的，就是西欧所谓的宗教改革运动。可见，在过去，在世界各国的封建社会中，各个阶级之间的斗争，社会上进步势力和反动势力之间的斗争，常常是披着宗教的外衣，在

---

① 王明：《抱朴子内篇校释》，第173页。

② 中共中央马克思恩格斯列宁斯大林著作编译局编：《马克思恩格斯选集》第四卷，第253页。

一种宗教观念反对另一种宗教观念的口号声中进行的。恩格斯曾经指出："中世纪把意识形态的其他一切形式——哲学、政治、法学，都合并到神学中，使他们成为神学的科目。因此，当时任何社会运动和政治运动都不得不采取神学的形式；对于完全受宗教影响的群众的感情来说，要掀起巨大的风暴，就必须让群众的切身利益披上宗教的外衣出现。"① 中国的情况和西欧中世纪的情况略有不同。中国的宗教在社会上的势力没有西欧中世纪那么强大，宗教思想对社会的影响也没有西欧中世纪那么深，但是不同阶级都曾利用他们自己认为适合的宗教这一点，却是相同的。道教在历史上，既长期被封建统治者所利用，同时在很多时候不少民间的道教派别又为农民起义者所利用。在为封建统治服务的上层道教中，又有不少人在文化和科学方面对社会做出了有益的贡献。而且道教和道教的各种派别，并不是一成不变的，而是发展变化的；其成员结构，不仅有上下层之分，各个成员的具体情况，往往也不尽相同。对于所有这些不同的情况，都应当联系当时的历史条件，实事求是地对它们进行具体分析，才能揭示隐藏在宗教观念背后的社会的内容，区分不同宗教派别的本质，从而对它们进行正确的评价。

我们在研究道教发展史的时候，还常常碰到道教与中国古代自然科学的关系问题。一般地说，宗教与自然科学在本质上是不相容的，在西欧中世纪的时候，不少著名的自然科学家如哥白尼（Nicolaus Copernicus，1473—1543）、布鲁诺（Giordano Bruno，1548—1600）、伽利略（Galileo Galilei，1564—1642）等均曾受到过宗教的迫害，他们为维护科学真理均同宗教进行过针锋相对的斗争。但对于我国历史上的道教，却不能如此简单地不加分析地看待，而应当从道教这样一个具体的实际情况出发，实事求是地、一分为二地对它进行具体的分析。就它所追求的长生不死、即身成仙这个最终目标来说，也应抱这样一种具体分析的态度。虽然有生必有死是一种自然规律，所以不死成仙只是一种幻想，是不可能实现的，但它所追求的长生不老，却有一定的合理之处。因为一个人的生命的长短，与他所生活的社会环境、自然环境和医疗保健水平，以及他本人是否善于养生等等各个方面均有非常密切的关系。随着这些方面的不断进步和发展，人们的平均寿命也在不断延长，古人常说"人生七十古来稀"，而今 70 至 80 岁的老人已并不稀罕，90 至 100 岁的人也逐渐地增多了，甚至一百多岁的老人也有不少。所以，随着社会的进步和科学技术的发展，人们所追求的长生不老还有向前拓展的可能。据有关报导，现今有些科学家已发现人体的长寿基因和导致衰亡的基因，并试图通过基因改编和纳米技术以及器官替换等方式，来诊断和治疗人体疾病，追踪早期癌症并及时予以治疗等，从而使人类的生命得以大大延长。世界著名科学家雷蒙德·科兹威尔（Raymond Kurzweil）著有《奇点迫近》（The Singularity is Near）一书，预言不久的将来科学家们将最终实现"长生不老"的梦想。由此可见，道教所追求的"长生不老"这一最终目标，是具有合理的科学价值的，与当代科学技术的发展目标是一致的。再从道教本身的发展历史来看，过去许多道教徒，为了实现"长生久视""即身成仙"，在"我命在我不由天"的精神鼓舞下，便积极从事各种修炼活动，如相信外丹服食者，便积极从事炼制各种"长生不死"之药；相信内丹修炼者，便积极从事人体精、气、神的各种修炼，而探讨医学养生和防病治病，则彼此都是共同的。通过他们的长期实践，积累了许多很有价值的科学材料，对我国古代许多科学技术的发展均产生了深刻的影响。

---

① 中共中央马克思恩格斯列宁斯大林著作编译局编：《马克思恩格斯选集》第四卷，第 251 页。

他们所留下的各种有关著作，都是具有一定科学价值的宝贵遗产。如果仅以他们是道教徒，其世界观是宗教唯心主义的，就一概抹杀他们在科学技术方面的贡献，不承认这个事实，这也违反从实际出发、实事求是，对具体问题作具体分析的原则，这种态度的本身，就是违反科学的，因此，也就不能对道教与自然科学的关系问题给出正确的结论。

总而言之，马克思主义的唯物辩证的方法、一分为二的两点论的方法，是我们研究道教发展史的最根本的方法。因此，我们在研究道教史的时候，应该而且必须以这种方法为指导，才能在复杂的事物面前，按照事物的本来面目去认识它们，"从迷离混沌的状态中发现规律性"。当然，由于道教发展史的研究，乃是一种跨越诸多领域的学术研究工作，因此，我们除了必须坚持这个最根本的方法作为总的指导原则之外，同时还应该借鉴和吸纳其他学科的各种有效的具体研究方法，如中国哲学、宗教学、历史学、文献学、史讳学、考古学、人类学、社会学、伦理学、语言学、民族学、文化地理学、文化比较学和经典解释、田野调查、有关出土文物的研究以及相关的各种自然科学及其实验技术等等，力求多角度、多层次地来探讨与说明和"中国道教史"相关的各种问题，以便我们能够从不同的观察角度对中国道教这一"杂而多端"的非常复杂的社会现象和文化现象有一个更清楚的认识。再者，我们在坚持古为今用、洋为中用的原则下，还应该尽可能地吸取和借鉴古今中外一切适用的相关优秀成果及其宝贵经验，在前人的基础上努力把道教文化的研究工作推向前进，为全面弘扬中华传统文化、建设中华民族共同的精神家园而努力奋斗！

道教奉神的演变与神系的形成

石衍丰*

  道教树立和信奉的诸神体系，是随着道教发展的历史过程，逐步形成和完善的。如果从东汉顺帝时（126—144）道教从组织上建立算起，大约经历了八百多年，在宋代才有一个较为定型的道教神系。道教诸神的源起多端、兼收并蓄、神系庞杂、层次不清是它的特点。本文试图在这方面做点探索。

  在我们对道教奉神进行研究、探讨时，许多原始资料使我们坚信，是"人创造了神，绝非神创造了人"，"神由人起"，这个"人""并不是抽象的栖息在世界以外的东西"，而是随着社会的变化、历代王朝更迭的具体需要而有所变异。各封建王朝的贵族和道教神学家们，在具体的国家、社会情况下，制造了这个庞杂而又相互矛盾的道教神祇系统。其实质只是崇拜世俗帝王的一种折光反映而已。这是我们在研讨道教诸神时，应该坚持的历史唯物主义和实事求是的基本观点。

  道教奉神的传统，是与道教发展同步的。战国、秦汉之际的方仙道崇奉黄帝，和当时诸子百家争言黄帝、托黄帝而著述有关。两汉之际的黄老道则从崇奉黄帝逐步向崇奉老子过渡，这和当时宫廷上层的"诵黄老之微言，尚浮屠之仁祠"，"宫中立黄老、浮屠之祠"，以及明帝、章帝之际（58—88）益州太守王阜作《老子圣母碑》和桓帝延熹八年（165）陈相边韶作《老子铭》等神化老子有关。因此在道教初创时的五斗米道，就以老子为教主，奉老子为太上老君，《老子想尔注》[①] 中有"一者，道也"，"一散形为气，聚形为太上老君"；同时又崇拜天地水三官，即"请祷之法，书写病人姓名，说服罪之意，作三通。其一上之天，著上山；其一埋之地；其一沉之水，谓之三官手书。使病者家出米五斗，以为常"[②]。至于太平道，丁培仁《太一信仰与张角的中黄太一道》[③] 一文认为是崇奉中黄太一。《三国志·魏书·武帝纪》："昔在济南，毁坏神坛，其道乃与中黄太一同。"潘眉《三国志考证》说："太乙者，天之贵神。黄巾张角自称黄天，此中黄太乙，当即黄巾之美号。"梁陶弘景《真灵位业图》第四左位有"太一中黄"神。与黄老道、五斗米道、太平道同时代的《太平经》，它从另一个侧面反映了两汉时所崇奉的神祇情况。《太平经》的神学是建立在中国原始宗教、董仲舒的"天人感应""谶纬灾异"神学和战国以来的神仙说基础之上的。它以天、地、

---

  * 作者简介：石衍丰，四川大学道教与宗教文化研究所荣休教授。

  ① 《老子想尔注》有张道陵、张鲁等所作之说，是当时用宗教眼光解说《道德经》的。清末于敦煌莫高窟发现六朝写本。今人饶宗颐先生有《老子想尔注校笺》。

  ② （晋）陈寿：《三国志》卷八《魏书·张鲁传》注引《典略》，北京：中华书局，1982年。

  ③ 丁培仁：《太一信仰与张角的中黄太一道》，《宗教学研究》1984年第5期。

人三统共生为神学指导思想，认为天者主生，地者主养，人者主治理之。它是以天、皇天为最高神。不过，从"天道至严，不可妄为，天居上视人"① 和"皇天虽神圣，有所短"② 这种记载来看，其中包含着由于天居上可视人间而畏天和皇天也不是完美无缺、神圣不可触犯的观点，说明其尚有原始宗教思想的残余。《太平经》中又以"太上皆神""太上之君有法度""九君者，则太上之亲也"③ 提出了崇奉"太上"的观念。"太上"具体是指哪一位神呢？许多道教经典所见的"太上"有点像是天、皇天之代名词，而后出道教尊神及其经典，几乎都要冠以"太上"二字。如陆修静在《太上洞玄灵宝授度仪》中有太上玄元、太上大道君、太上老君三者连在一起出现的情况，应该看作是陆修静心目中的三位尊神，后来演化为道教最高神"三清"。在梁陶弘景的《真灵位业图》中冠以"太上"之神者有七个左右，其他道教经典冠以"太上"者就更难以计数，在许多道经中对"玉皇大帝"也要冠以"太上"二字，标为"太上昊天玉皇大帝"。这是由于道教神学认为：道教"三洞"经书是"天书、云篆"，多系由"三宝君"在"三清境"流演所出的宗教之说，因此道教经典名称多冠以"太上"二字。总之，"太上"是指道教神系中的最高层，而"太上"所指确系道教最高神之居境。宋代以后，道教诸神中冠以"太上"者主要是"三清"中的"太上大道君、太上老君"和"玉皇"，其他就很少了，从侧面反映了道教神系的最终形成。由此可见，"太上"对道教神系的影响是深远的。《太平经》中还有"上帝"之称，它既是中国古代宗教"天帝"的同义语，又为道教诸神所吸收，如"玉皇上帝""九天上帝"等。《太平经》中还提及"九皇""九君""九神""百神""群神"等，它们对道教神祇系统都是有影响的。《太平经》中亦有"俗念除去，与神交结，乘云驾龙，雷公同室，躯化而为神，状若太一"④ 的记载，它说明《太平经》的作者和汉王朝一样是崇奉太一的。而《太平经》又以"状若太一"来描述道教修持成仙、升虚若神的状态。综上所述，《太平经》中虽然没有一个确切的、固定的神祇系统，但它所树立和崇奉的神对道教神系的形成与演变确有承上启下的作用。

魏晋南北朝时期，道教诸神由于起源上的师承不同，各派在奉神上也互有异同。从五斗米道延续到魏晋时的"民家为靖，师家为治"的宫观建筑格局中，"治"的建筑中心是"崇虚堂""崇玄台"；"靖"的设置则要求"清虚""精肃"，只设"香炉、香灯、案章、书刀四物"，构成"常若神居"之状⑤。这个神仍然是"一散形为气，聚形为太上老君"的道、一、虚、玄而已。在晋代流传的仙经中有关于太上老君形象的记载："老君真形者，思之，姓李名聃，字伯阳。身长九尺，黄色，鸟喙、隆鼻、秀眉长五寸，耳长七寸，额有三理上下彻、足有八卦。以神龟为床，金楼玉堂，白银为阶，五色云为衣，重叠之冠，锋延之剑，从黄童百二十人。左有十二青龙，右有二十六白虎，前有二十四朱雀，后有七十二玄武，前道十二穷奇，后从三十六辟邪，雷电在上，晃晃昱昱。"⑥ 这是首次在道教经典中从形象上描绘太上老君，太上老君成为道教的大教主了。对此，同时代的道教神学理论家葛洪却有不同的看法。他认为："浅见道士，欲以老子为神异，使后代学者从之，而不知

---

① 王明编：《太平经合校》，北京：中华书局，1960 年，第 256 页。
② 王明编：《太平经合校》，第 102 页。
③ 王明编：《太平经合校》，第 594 页。
④ 王明编：《太平经合校》，第 306 页。
⑤ 石衍丰：《道教宫观琐谈》，《四川文物》1986 年第 4 期。
⑥ 王明：《抱朴子内篇校释》，北京：中华书局，2007 年，第 273 页。

此更使不信长生之可学也。何者？若老子是得道者，则人必勉力竞慕，若谓是神灵异类，则非可学也。"① 当然葛洪并不一定是反对以老子为道教教主，只是由于这和他宣扬的"长生不老，神仙可学"的观点相抵触，因此才反对以老子为神灵异类。这点小小的分歧，也可表明"神由人起"的客观性。北魏寇谦之的天师道崇奉太上老君，寇谦之享"天师之位"，受"清整道教"之命，得《云中音诵新科之诫》20 卷，均借"太上老君"之名。《魏书·释老志》载："道家之原，出于老子。其自言也，先天地生，以资万类。上处玉京，为神王之宗；下在紫微，为飞仙之主。"② 这个"自言"，是对葛洪和"浅见道士"间的老子是"神灵异类"还是"得道之尤精者"③ 分歧的总结。在这里，老子已经成为神宗、仙主合而为一的太上老君了。除崇奉太上老君之外，《魏书·释老志》"又言二仪之间有三十六天，中有三十六宫，宫有一主，最高者无极至尊，次曰大至真尊，次天覆地载阴阳真尊，次洪正真尊，姓赵名道隐，以殷时得道牧土之师也"。这个道教神系代表了北魏天师道的供奉系统。而南朝刘宋陆修静则有"太上玄元、太上大道君、太上老君"以及"元始天尊"等为其信奉的最高神。梁陶弘景撰定的《洞玄灵宝真灵位业图》，是对道教神和仙的首次排列，共有五百多位，许多外国学者称之为"道教的曼荼罗"。它分七个中位，每个中位又有左位、右位等。其第一中位虚皇道君应号元始天尊，第二中位上清高圣太上玉晨玄皇大道君（为万道之主），第三中位太极金阙帝君（姓李，壬辰下教太平主），第四中位太清太上老君（为人清道上下临万民），第五中位九宫尚书（姓张名奉字公先，河内人），第六中位右禁郎定录真君中茅君（治华阳洞天），第七中位酆都北阴大帝，似仿"天子七庙，三昭三穆"而来，具有道教"三清"尊神的雏形，尚未最终确定。它代表了南朝陆修静、陶弘景灵宝、上清派的崇拜系统。而北周时《无上秘要》卷五十排列的道教诸神是"虚无自然元始天尊，无极大道太上老君，高上玉皇，十方已得道大圣众至真诸君丈人，三十二天帝，玉虚上帝，玉帝大帝，东华，南极，西灵，北真，灵宝至真，明皇道君，玄中大法师，天师君……"。这个排列一是突出了"元始天尊"，奠定了其为各派最高神的地位；二是将"十方得道"的"大圣、至真、诸君、丈人"排在显赫的地位，在一般天帝之上。这种排列宋以后是少有的，显示了"仙真"在魏晋南北朝时期道教神系中的重要地位，与当时"太上老君"是"神宗仙主"的神学思想相呼应。《隋书·经籍志》记载："道经者，云有元始天尊，禀自然之气，冲虚凝远，莫知所及……以为天尊之体，常存不灭。每至天地初开，或在玉京之上，或在穷桑之野，授以秘道，谓之开劫度人。……所度皆天仙上品，有太上老君，太上丈人，天皇真人，五方天帝及诸仙官……"在这种排列中，太上老君不仅在道教神系中地位次于元始天尊，而且是元始天尊"所度"之"天仙上品"，完全是一种师徒关系了。这是经过一个复杂的相互矛盾的过程形成的，所以唐李少微注《度人经》引《龙蹻经》曰："元始有十号，一曰自然，二曰无极，三曰大道，四曰至真，五曰太上，六曰老君，七曰高皇，八曰天尊，九曰玉帝，十曰陛下。"④ 这可以看作是对《太平经》以来道教最高神不同称呼的一次总结和规范，其用意是树立"元始天尊"为道教最高神的地位。总之，魏晋南北朝时期，道教初步形成了以元始天尊为最高神的神仙系统。

---

① （晋）葛洪：《神仙传》，载丁福保编纂：《道藏精华录》，民国上海医学书局排印本。
② （北齐）魏收：《魏书》卷一一四《释老志》，北京：中华书局，1995 年。
③ （晋）葛洪：《神仙传》，载丁福保编纂：《道藏精华录》。
④ （宋）陈景元编：《元始无量度人上品妙经四注》卷二。

隋唐以来，唐代皇室积极提倡道教，唐太宗以老子李耳为"朕之本系"，特别提高老子在道教中的地位。唐高宗、唐玄宗多次奉老子为"太上玄元皇帝"，在部分道观中也曾以老子为主神，所以也称朝谒玄元皇帝老子为"朝元"。如洛阳北邙山老子庙的壁画也称《朝元图》（按道教习惯"朝元"应为朝谒元始天尊或"三清"）①。尽管如此，据唐初卢照邻《释疾文》记隋开皇二年（582）益州所建至真观"观中先有天尊真人像，大小万余躯，年代寝深，仪范凋缺，沈沈宝座，积万古之埃尘"②，又据《洞玄灵宝三洞奉道科戒营始》"置观品"所载规模宏大的宫观建筑是以"天尊殿（堂）"为中心③，由上述两例可推想唐初仍延续南北朝时期以"元始天尊"为最高神的传说。在《龙角山记》的《庆唐观碑铭》和《重修三清殿记》中记载了所修三殿，其一曰老子殿（玄元殿），次曰三清殿，次曰三皇殿。它既反映了唐代奉神器重老子，同时又表明唐代重视供奉"三皇"（天皇、地皇、人皇），至今四川青城山存有的唐代"三皇"石刻雕像可以佐证。唐末杜光庭撰《道门科范大全集》中介绍进行斋醮所请之神为：虚无自然元始天尊，无极大道太上大道君，大圣祖高上大道金阙玄元天皇大帝太上老君，十方已得道大圣众至真诸君丈人，三十六天帝君，玉虚上帝，玉帝大帝，东华，南极，西灵，北真，玄都玉京金阙七宝玄台紫微上宫灵宝至真，明皇道君，玄中大法师，三天大法师，上清日月九曜，南辰北斗星君，三官，五帝，九府，四司，斗牛道德诸君，无鞅圣众……这里所列的神和仙，虽与我们上引北周《无上秘要》所列神系差别不大，但其突出区别是元始天尊与太上老君之间增加了"无极大道太上大道君"，从而构成了道教最高神"三清"。"三清"是隋唐以来道教奉神系统的最重要的特色。

宋代是道教庞杂的神仙体系最后形成的时期，其神仙体系也成为后世通行的道教神系之基础。下面我们介绍宋代以来道教奉神的几种情况。一是北宋贾善翔在《太上出家传度仪》中所列神系："三清上圣十极高真，玉皇大天帝，紫微天皇大帝，紫微北极大帝，后土皇地祇，圣祖天尊大帝，元天大圣后，三十二天帝君，十神太乙神君，十一曜星官，天地水三官，南北二斗星官，四方二十八宿星官，四圣真君，三元真君，玄中大法师，经籍度三师，正一真人，五岳圣帝，诸副佐命大洞仙官，三十六洞天仙官，七十二福地，三十六靖庐，二十四化仙官等等。四渎源王，四海九江水帝，龙王地府，酆都北帝，出家弟子本命星官，宫观里域真官，天曹地府一切威灵。"二是南宋金允中《上清灵宝大法》卷三十九记载有做斋醮谢真灵三百六十位，若事体从简则为一百六十分位，包括虚无自然元始天尊，太上道君洞玄灵宝天尊，太上老君洞神道德天尊，太上昊天玉皇上帝，中宫紫微北极大帝，勾陈星宫天皇大帝，后土皇地祇，南极长生大帝，太一救苦天尊，东华上相木公青童道君，白玉龟台九灵太真金母元君④，五灵五老天君，九天生神上帝，三十二天帝，日，月，北斗七元，二十八星君，五方五帝，三官帝君，四圣真君，玄中大法师，三天大法师，灵宝三师，太极左仙翁……三界大魔王，五帝大魔王，十方飞天神王，三元真君，酆都大帝，扶桑大帝，东岳天齐仁圣帝，旸谷神王，六天宫主宰真灵，十王真君，雷公电母，风伯雨师，天仙，地仙，飞仙，

---

① 参见王逊：《永乐宫三清殿壁画题材试探》，《文物》1963 年第 8 期。

② （清）董诰等纂修：《全唐文》卷一六七，北京：中华书局，1983 年影印本。

③ 石衍丰：《道教宫观琐谈》，《四川文物》1986 年第 4 期。

④ 山西永乐宫三清殿的《朝元图》就是"六御"加东王公、西王母八个主像组成。详见王逊：《永乐宫三清殿壁画题材试探》，《文物》1963 年第 8 期。

神仙，真人神人兵马，五岳五帝靖庐治化洞天福地兵马，某郡城隍，某县城隍等等。三是《道门定制》卷三在其所谓"九皇御号"（即"三清"和"六御"）以下为玉虚上帝众真，三宝帝君，九天上帝，三十二天帝，圣母之君众真，四极真王，三元帝君，三皇五老帝君，十一大曜真君，十神太一真君，北斗、南斗、东斗、西斗、中斗星君，三界五天大魔王，二十八宿星君，十二宫尊神，三山真君，三天大法师众圣，五岳真君，五岳圣帝，十山真君，二十四化仙官，天翁天母众神，扶桑大帝，酆都大帝，土地真官众神，社稷众神等等。

对上述三种宋代以来道教神仙的排列，我们拟概括为以下十个层次，目的是便于我们了解道教奉神体系和仅供我们分析研究时参考。道教神系的最高层是以"三清"为主神的 9—11 位天帝。其中"三清"和"四御"是道教诸神中最前面的七位天帝，《道法会元》中称"七宝"，通常在这七位天帝之后还有两位，是南极长生大帝、东极青华大帝，与"四御"合在一起。在《道门科范大全集》卷二十四中又有"昊天六御宸尊"之称，即"三清"加"六御"，在《道门定制》卷二中又有"九皇御号"之称，这就是最高层九位天帝的来历。由于《上清灵宝大法》和永乐宫三清殿的壁画又增添了东王公、西王母，和"六御"一起塑造了《朝元图》的八个主像，由此，我们认为道教神系最高层是 9—11 位天帝。不过需要指出的是，据道教神学家的见解，东王公、西王母只是后天仙真，并非先天真圣，与其他天帝是有区别的。以上是道教神系中主要的天神。第二层是诸天帝，如九天上帝，五灵五老天君，三十二天帝等。第三层是日、月、星辰，如十一曜真君，十太乙，五斗星君，二十八宿星君等。第四层是三官，三元，四圣等。第五层是历代著名传经法师，如玄中大法师，灵宝三师，三天大法师等。第六层是雷公，电母，龙王，风伯，雨师等。第七层是五岳、诸山神及靖庐治化洞天福地仙官。第八层是北阴酆都大帝，水府扶桑大帝及他们的附属诸神。第九层是各种功曹，使者，金童，玉女，香官，役吏等。第十层是城隍，土地，社稷之神等。在这里，我们要特别指出，道教神系中的"仙"和"神"严格地说是不同的，"仙"是由人修行"得道"而成，所谓"后天仙真"，"神"则是"先天真圣"。"仙"是道教神系中的重要组成部分，在其奉神系统中也体现了这一点，如在最高层的 9—11 位天帝中，老子就是兼神宗与仙主二任于一身的太上老君；又如东王公、西王母，也为后天仙真，前已指出。在第二层中，唐杜光庭《道门科范大全集》所列"十方已得道大圣众至真诸君丈人"也属后天仙真，但却列在"三十二天帝"之前，可见宋代之前很重视"得道"之仙真。据此，我们可以认为道教是一个祭天帝、敬仙真、祀百神的神祇体系。若从每个层次具体分析，又可分为神、仙、神和仙三种类型：所列全属"神"类的有三、六、八、十四层；所列全属"仙"类的有五、九两层；所列既有"神"又有"仙"的有一、二、四、七四层。这些就是宋代以来通行的道教神系的概况。

我们叙述了道教奉神的演变与神系形成的概况，下面再对道教主要诸神（三清、四御、六御）的一些演变及其内因做一些探讨。

"三清"含义包括两个方面。一方面，"三清"是指天神所居之胜境，亦称"三境"，全称是玉清圣境（在清微天）、上清真境（在禹余天）、太清仙境（在大赤天）。三清胜境的系统是大罗天、三清天、四种民天（四梵天）、无色界四天、有色界十八天、欲界六天，共为三十六天。另一方面，"三清"又指三位天神，即元始天尊，又称玉清大（上）帝、妙元上帝等；太上大道君，又称灵宝天尊、道君天尊、上清大帝、妙有上帝等；太上老君，又称混元老君、道德天尊、降生天尊、太清大帝、至真大帝等。"三清"天神的系统是在三清境下设左、中、右三宫，太清仙境有九仙，即上仙、高仙、大仙、玄仙、天仙、真仙、神仙、灵仙、至仙；上清真境有九真；玉清圣境有九圣。真、圣之号亦以上、高、大、玄、天、真、神、灵、至为次第。

"三清"称呼始于六朝。与陶弘景同时代的沈约（441—513）是南梁文学家、史学家，其诗《酬华阳陶先生》说："三清未可觌，一气且空存"，其《桐柏山金庭馆碑》有"夫三清者也，若夫上元奥远，言象斯绝，金简玉字之书，元霜降雪之宝，俗士所不能窥……"的描述，可见他所提到的"三清"是"三清境"。而陶弘景所撰《真灵位业图》，虽然对神和仙编列了七个中位的庞大系统，仍然没有明确"三清"是哪三位天神。南梁孟安排所撰《道教义枢》卷二引《太上仓元上录经》云："三清者，玉清、上清、太清也。"这里仍然不能认为这个"三清"是指"三清神"，而只能是指"三清圣境"而已。至于该书中的"洞真法天宝君住玉清境，洞玄法灵宝君住上清境，洞神法神宝君住太清境"[①]，在这里是将"三洞"和"三清境"相搭配，并提出了天宝君、灵宝君、神宝君，一般习惯认为此即"三清神"，事实上这是后来的说法。如唐武宗时，先为元始天尊、太上大道君、太上老君，后为"玉清大有天宝君，上清玄妙灵宝君，太清太极神宝君"[②]。在金大定七年（1167）建造的"中都十方天长观"中的飞玄阁"以秘道藏，兼奉三天宝君"（清微天宝君、禹余灵宝君、大赤神宝君），可见"三宝君"并不完全等于"三清神"。只有在南宋金允中《上清灵宝大法》卷二十二中才明确"三尊之号，在经中只称元始天尊、太上大道君、太上老君。其别号则曰天宝君、灵宝君、神宝君。以三境之名而称之，则曰玉清、上清、太清；以三洞之书而名之，则曰洞真、洞玄、洞神。如此而矣"[③]。综上所述，我们认为"三清"的称呼始于六朝，但"三清"作为道教最高神是否也始于六朝，因资料不足，难下断语。那么"三清"作为道教最高神是怎样形成的呢？刘国钧先生在《老子神化考略》中指出："盖道教派别繁多。汉武之间虽然并起，川陕之三张固推老子以自重。三吴（指江浙一带）之二葛，则以灵宝为主文。灵宝经者，元始天尊以授太上道君，道君后遣天真皇人以授帝喾……沿至葛孝先、郑思远之徒，师资相承，蝉联不绝。……此皆于老子之外，别以元始天尊为教主者……其后晋室南迁，天师道之势随之而来，与三吴固有传说相靡相荡，双方皆不能无所去取，于是有老子师太上玉宸大道君之说。而太上大道君乃元始天尊之弟子，师承既明，统绪自著，于是两派乃渐合而为一。"这一看法，是有一定道理的。由于灵宝派崇奉的最高神是元始天尊，上清派崇奉的最高神有元始天王、太上大道君，天师道崇奉的最高神是太上老君，"三清"的形成和确立，正是这三派融合妥协的结果。至于"三清"之间的关系，正如前面所述，它们之间是用师承关系联系在一起的。唐末，杜光庭由于唐王朝尊老子为远祖，特别推崇老子，甚至将"三洞"经文杜撰为出自太上老君，但他仍然无法否认"三清"间的师承关系。如他说："道不可无师尊，教不可无宗主……道君为老君之师，天尊为道君之师……"[④] 另外，还有"说经教主元始天尊，抱送玉帝道君天尊，流演圣教降生天尊"[⑤] 之说，是从"三清"的分工不同来讨

① 《正统道藏》第 41 册，台北：艺文印书馆，1977 年影印本，第 33168 页。
② （宋）蒋叔舆编撰：《无上黄箓大斋立成仪》卷十五。
③ 《正统道藏》第 52 册，第 42195 页。
④ （五代）杜光庭：《道德真经广圣义》卷二。
⑤ 《高上玉皇满愿宝忏》，《正统道藏》第 5 册，第 3696 页；《玉皇宥罪锡福宝忏》，《正统道藏》第 5 册，第 3684 页。

论他们之间的关系的。此外，五代闽主所供奉的"三清"为宝皇大帝、天尊、老君①。

"四御"是位次于"三清"的四位天帝。

一为玉皇大帝，又称昊天金阙至尊玉皇大帝、玄穹高上玉皇大帝，全称为昊天金阙无上至尊自然妙有弥罗至真玉皇上帝，传为总执天道之神。玉皇之名刘宋时已经出现，陆修静有"在佛为留秦（即过去七佛之一拘留秦，亦名拘留孙），在道为玉皇"②之说。宋真宗于大中祥符八年（1015）上玉皇大帝圣号为太上开天执符御历含真体道玉皇大天帝，宋徽宗又于政和六年（1116）上玉皇尊号为太上执符御历含真体道昊天玉皇上帝。

一为中央紫微北极大帝，传为协助玉皇执掌天经地纬、日月星辰、四时气候之神。

一为勾陈上宫天皇上帝，传为协助玉皇执掌南北极与天地人三才，统御诸星，并主持人间兵革之事。

一为后土皇地祇，为执掌阴阳、生育、万物之美、人地山河之秀的女神。古代奉祀作男像，唐武则天之前已出现女像，宋真宗潘皇后在嵩山建殿，奉后土玄天大圣后像。徽宗政和七年（1117）上地祇徽号：承天效法光大后土皇地祇。尔后，后土皆为女像。③

又有谓"四御"即四极大帝之说，北方曰北极紫微大帝，总御万星；南方曰南极长生大帝，总御万灵；西方曰太极天皇大帝，总御万神；东方口东极青华大帝，总御万类。

"四御"的出现，从文献资料看，我们目前所掌握的有《修真十书》卷七《丹诀歌》"九九道至成真日，三清四御朝天节"和《道藏辑要》柳守元《三坛圆满天仙大戒略说》中的赖我"三清道祖，玉帝至尊，五老四御，九极十华以及古圣高真递传妙道"。在现实的宫观中，北京的白云观有四御殿，其布局为二层楼式，上为三清殿，下为四御殿。就这几条资料和南宋以来道教神祇的排列来看，似乎是在南宋时才有"四御"之称的。但"四御"所指神祇，从上引两条资料中亦可看到其歧义：即《丹诀歌》"三清四御"相连，与南宋宣和年间神祇系统的排列相吻合；而柳守元所排列的"四御"的次序，又与"四御即四极大帝"之说相吻合。

具体来说，《上清灵宝大法》所列宣和（宋徽宗年号）年间颁布的神仙系统，先是"三清"，后为"玉皇、北极、天皇、后土"，其后又列"南极长生大帝、东极青华大帝"，前面所列四位似乎为"四御"。而南宋留用光传授的《无上黄箓大斋立成仪》的排列是"玉清上帝，上清大帝，太清大帝，昊天至尊玉皇上帝，勾陈星官天官大帝，紫微中天北极大帝，东极太乙救苦天尊，南极长生大帝，后土皇地祇"。又南宋宁全真传授的《灵宝领教济度金书》中的排列为"元始天尊妙元上帝，灵宝天尊妙有上帝，道德天尊至真大帝，下为玉皇，北极，天皇，东极救苦，神霄长生，后土"。这两种排列法，在"三清"之后完全构成了上（玉皇）、下（后土）、中间四方的"六合"状态。这种排列法，一是中间的"四方"是四极大帝，是"四御"的一种解释；二是构成了"六合"状态，道教亦有称"昊上六御宸尊"④者，连同"三清"又称之为"九皇御号"⑤，在宁全真的传授系统中

① （宋）司马光：《资治通鉴》卷二八二《后晋纪三》，北京：中华书局，1956年。
② 《三洞珠囊》卷二。
③ 参见李养正：《道教概述》，载《道协会刊》1980年第5期。
④ （五代）杜光庭：《道门科范大全集》卷二十四。
⑤ （宋）吕元素集成，（宋）胡湘龙编校：《道门定制》卷二。

又设"七御座"①，即增加"东极青玄上帝"或"南极朱陵大帝"。这些排列上的差异，都是由于道教神学家们传授系统的不同所致，可见，"神由人起"是客观存在的。

以上我们扼要地介绍了道教奉神的演变与神系形成的一些线索，从中可以看到，两汉魏晋南北朝的道教诸神，由于师传不同，所奉神和仙亦有差异，但逐渐趋向统一，道教神系初步形成，基本确立以"元始天尊"为最高神；隋唐五代形成并确立以"三清"为最高神的道教奉神系统；宋代以来是道教庞杂神和仙体系的最后形成时期，其所形成的神系成为后世通行的道教奉神系统之基础。

---

① 《正统道藏》第 12 册，第 9044、9097 页。

道教与中国古代科技

丁贻庄 *

　　道教的基本目的是长生不死，即身成仙，深信通过个人修炼就能达到这个目的，因此从开创时起，便十分重视现世的个人修炼。同时，道教又继承了道家仰观俯察、顺应自然的优良传统，在其长期发展过程中，始终与中国古代科技紧密联系，并在各有关领域，执着地追求长生成仙愿望的实现。

　　虽然这个愿望是不可能实现的，但长期的宗教实践却在客观上，在中国古代科技的有关领域，积累了丰富的经验，独放异彩，举世瞩目，这是世界宗教史上罕见的现象。为此，英国李约瑟博士曾指出："道教的思想从一开始就有长生不死的概念。……这种不死的思想对科学有难以估计的重要性。"虽然这种评价有些过誉，但对我们研究道教科技史来说，却有极大的启迪作用。

　　道教在中国古代科技的哪些方面，有着哪些成就？以下就其大要介绍。

一

　　李约瑟博士指出："道教对自然有刻深的兴趣。""深深地感到变和化的普遍性，这是他们最深刻的科学见解之一。"成书于 2 世纪初、号称"万古丹经王"的《周易参同契》，借《易》道以明丹道，是道教神仙家研究人体延年益寿方法的最早内修专著。该书不仅涉及哲学史、道教史、《易》学，而且更多地涉及天文、历数、科技等自然科学领域。它还含有丰富的科学思想，不仅在我国科技史上直接为医学、化学、气功学、养生学留下了宝贵遗产，而且渗透到数学、仿生学等方面。它的合理思想使世界上一些著名科学家如莱布尼兹、玻尔等从中受到启发。此外，成书于 4 世纪初的《抱朴子内篇》中即已指出，"变化者，乃天地之自然"，并以"高山为渊，深谷为陵"说明地形的变化，以"云雨霜雪，皆天地之气也，而以药作之，与真无异也"，揭示了"人定胜天"的主观能动性的最大限度发挥；特别是该书还指明了物种进化的事实，并嘲笑了那些"不信骡及駏驉是驴马所生，云物各自有种"的愚人。众所周知，达尔文确立物种进化论乃是 19 世纪的事，而道教中人却早在 1600 年前就孕育了物种进化思想，诚属难能可贵。

　　* 作者简介：丁贻庄，四川大学道教与宗教文化研究所荣休教授。

二

李约瑟博士指出："炼丹术纯是道教的原始科学。"我国炼丹术是在古代矿冶业的基础上发展起来的。道教创立后，神仙道教的倡导者葛洪因见到黄金的稳定性和抗腐蚀性，积极主张服食金丹以长生成仙。葛洪系统总结了东晋以前的炼丹成就，成为道教炼丹史上承先启后的人物。他的论著也成为人类文化史上最早的炼丹文献，素为中外化学史学者所推崇。葛洪之后约400年（即至8世纪），我国炼丹术始经阿拉伯传往欧洲，成为现代实验化学的前驱，这是道教对世界化学的特殊贡献。

炼丹术在唐代曾盛极一时，但由于不少帝王、大臣服食丹药后丧命，炼丹术遂走向穷途。但其中有用的知识却为丹道医家提供了条件，推动了我国原始化学制药工艺的进步。有的丹药用于痈疽有奇效，长期成为中医外科主药，如当今广泛使用的红升丹（氧化汞类，拔毒生肌）、白降丹（氯化汞类，杀菌防腐）皆由古炼丹遗法衍化而来。一些边远山区的少数医家手中，尚有"玄门四大丹"，相传亦系古法所秘制。

三

李约瑟博士指出："初期的医药学和道教的关系也极密切。"这可从以下两方面说明。

（一）道教学者兼医学家对传统医学的贡献

东晋葛洪和南梁陶弘景的医著《肘后备急方》（4世纪初）和《肘后百一方》（6世纪初）均为魏晋南北朝时期重要的备急方书。书中关于医方的收集整理以及极富祖国传统特色的内、外科救急经验是该时期医学的最大成就。书中重视病因分析和阶段性症状描述，探索鉴别症状的客观指标以及注意饮食、起居、调摄方面的实践经验，极大地丰富和提高了该时期的临床医学内容。书中关于肺结核病、烈性传染病天花、急性黄疸性肝炎、狂犬病、青蒿治疟等的记载，是世界上最早的医学资料。唐初（7世纪）杰出医学家孙思邈集唐以前医学之大成，其巨著《千金要方》30卷，收方五千余种、针灸一千余条，被誉为"我国最早的一部临床实用的百科全书"。他还在卷首论述了医学伦理观和各项医德规范，体现了崇高的医德修养，对传统医学产生了深远影响。9世纪时，该书传到日本、朝鲜，推动了亚洲医学的发展。

（二）关于本草学的贡献

陶弘景在本草学方面的整理、总结、补阙、注释、分类上的成就，为后世本草学的蓝本。明代李时珍的巨著《本草纲目》（16世纪）就大量引用了陶弘景在《本草经集注》《名医别录》等论著中的论述。孙思邈更注重针药并用，辩证用药。为了提高药效，他主张自种、自采、自炮炙，讲究药物的贮藏和保管，认真鉴别药物品质和疗效。由于上述卓越贡献，后世称他为"药王"。

四

李约瑟博士指出：道教认为"只有用这种或那种方法使肉体不朽，才能使生命长存"。所谓"这种或那种方法"，实际上就是道教所强调的养生（养性）法和在更深层次上触及人体生命奥秘的内丹修炼法（即今气功）。

（一）养生

东汉两晋南北朝是道教养生学的奠基时期。其间，道教在传统医学关于精气神学说、阴阳五行学说、天人一体、预防医学及神形关系的基础上，根据宗教的需要，汲取和改造了其中的实用部分，从理论上阐发了内修精、气、神的重要。这一理论的确立，从原则上把道教养生与一切外炼筋、骨、皮的传统健身体系严格区别开来，对道教养生学的发展深有影响。此时期养生术的主要内容有《太平经》中关于"守一"的系统论述，有《抱朴子内篇》中关于导引、行气、食气、辟谷、吐纳、胎息、服饵、房中（性医学）以及明目、聪耳诸术的系统记载。至南北朝时期，道教养生无论在理论或实践上都有进一步的提高，体现为《养性延命录》二卷的问世。该书博采道、儒、医三家之说，又全面总结了该时期的养生实践，着重记录了"存想""握固""六字诀""叩齿""咽津""干浴（摩手令热，揩拭身躯）"等养生术的新发展。

唐代，道教养生进一步与预防医学结合起来。《千金要方》指出："五脏未虚，六腑未竭，血脉未乱，精神未散，服药必活。若病已成，可得半愈。病势已过，命将难全。"故主张："小有不好，即按摩按捺，令百节通利。""凡人自觉十日以上康健，即须灸三数穴，以泻风气。"它将养性作为延年益寿的重要手段，广泛论述了居处、按摩、存想、调气、服食、杂忌、房中等方面。主张治病先用食疗，"食疗不愈，然后用药，药食两攻则病逃矣"；最有意义的是将延年益寿与预防老年疾病结合起来，并细致剖析了老年人的心理、生理、病理和体态特征，系统阐明了老年病学、生活保健与行气导引、运动等的重要，首创具有我国特色的古代老年医学体系，为当今老年医学的发展奠定了基础。

中唐司马承祯（639－727）受老、庄养气炼形思想影响，又融儒、佛、道三家于一体，指出"神仙之道，以长生为本；长生之要，以养气为根"；强调只要在"气"字上狠下功夫，凡人即可成仙，长生久视。因而他按修道阶次，本着由简至繁、由易至难的原则，提出了"五渐""七阶"的"安心坐忘法"。"存想"原是上清派典型的内修法，司马承祯将它作为五渐的核心，而"坐忘"则是"存想"的深化，是该派内修法的发展。如果说"存想"阶段是"忘物有我"的话，那么"坐忘"则是一种"静坐"功夫中的"物我两忘"的所谓虚无静寂的神仙境界。实质上这是内修中在深度入静后，由人的心理、生理交互作用而在心理上产生的一种特殊感受。

唐末五代出现了道教养生向内丹修炼过渡的痕迹，其标志是精于内修精、气、神的钟（离权）吕（岩）内丹派的出现。世人多质疑钟离权其人的真实性，但笔者认为：既然后世能塑造出这一人物，想必存在以他为基础的人和事，而这个人很可能就是该时期道教中具有深厚内丹理论和实践修养的修炼家，从这个角度说，钟吕内丹派的修炼功夫仍值得认真研究。可以说，钟吕内丹派的出现，为宋、金、元时期道教内丹术的兴盛准备了条件。

（二）内丹修炼

宋、金、元时期道教的内修功夫在前代的基础上，进一步提倡炼养阴阳、混合元气，倡导性命双修之说，缘《参同契》而专主内丹。在这 500 余年过程中，名家辈出，论著甚多，是道教修炼开辟新路径的时代。这些名家中有宋初陈抟（10 世纪）。陈氏曾就《易》理研究内丹，著《指玄篇》81 篇。陈氏又得《先天图》于麻衣道者，从吕岩得《无极图》。陈氏居华山时，曾将《无极图》刻在石壁上，以"方士修炼之术"提出了内修的三个层次，即：炼精化气，炼气化神，炼神还虚。相传陈抟有惊人的"睡功"，"大困三十六载，小困一十八春"，虽属夸张，但可见其功底之深厚。"睡功"实是"卧功"的一种，以后发展为当今之内养功。

北宋张伯端（11 世纪）著有《悟真篇》，与《参同契》齐名，被誉为"内丹经之祖"。张氏附会《道德经》《阴符经》中的一些思想阐述丹功修炼法则。他以顺则生人、逆则成丹之理，在陈抟三个层次的基础上，正式确立了以炼人体精、气、神为主的道教大小周天三步功法（即炼精化气是小周天，炼气化神是大周天），其后又发展为道教的主要内丹修炼法。在修炼步骤上，张氏主张先命后性、性命双修。由于张氏居南方，故称之为道教丹法南宗。不久，南宗又分为清修和阴阳两派。

北宋末年，我国呈现南宋、金、元鼎立之势。金初大定年间（12 世纪中期），王重阳在北方创全真派，倡道德性命之学。王氏主张通过"识心见性""知汞通铅"，使神气交结，全真成仙。他认为"性命"本人之所有，但后天情欲滋长，本性逐渐消失，要恢复本性，达到精、气、神的混而为一，必须扫除情欲。因而他在《重阳立教十五论》中，提出了 15 条措施，强调修炼性命是修行的根本，但却更强调炼性的方面，这正是全真派主张先性后命、性命双修的特点。由于王氏居北方，故称之为道教丹法北宗。两宗在性、命问题上虽有先后之别，但三步功法却同出一辙。

金、元时期，全真派盛极一时。元代后期，全真嫡系陈致虚（14 世纪）兼受两宗师承，遂融两宗理论撰《金丹大要》。此后两宗虽并于全真门下，但仍各行其是，如明嘉靖年间（16 世纪）有陆西星创丹法东派，清咸丰年间（19 世纪）有李涵虚创丹法西派，但都主阴阳；而全真龙门嫡系伍冲虚、朱元育等又主清修。

明、清之际，道教内丹修炼有由博返约的趋势，以伍（冲虚）、柳（华阳）派较有影响。伍以"精、气、神为正药"，称"三步功法"为"三关修炼（初关、中关、上关）"，并以简明言辞对宋、元时期的古奥丹经予以注释、总结、定型。特别是柳氏在其《金仙证论》中，在"小周天药物直论""小周天鼎器直论"两章，集中对传统内丹的虚玄术语予以明确解释，最为后世所称道。

明清两代，社会上出现了大批具有道教养生思想的养生专著，较有影响的有明冷谦的《修龄要旨》（15 世纪），书中有十六段锦、八段锦导引法等内容。16 世纪后期有周履靖的《赤凤髓》（共 72 幅画），描绘了古人四肢、头部、体躯的动功，其中《五禽戏图》《八段锦导引诀》以动功、内功相结合的锻炼，别具一格。稍晚有高濂的《遵生八笺》，其中《延命却病笺》以导引、行气为主，介绍了一些"坐功法""按摩法"，此书并于 19 世纪末被译成英文出版。17 世纪初，又有陈继儒的《养生肤语》，论述了导引在养生和治病上的作用。清代，18 世纪末有曹廷栋的《老老恒言》，19 世纪初有陈修国的《平人延年要诀》和稍晚黄克楣的《寿身小补》，黄著还被译成法文出版。明清时期养生专著的大量出现，是在新的历史条件下，道教传统养生术的中兴和普及。这些论著又出自传统医家，说明道教养生既奠基于传统医学之上，在历经沧桑之后，又"百川归海"复流入传统医学的汪洋大海之中。

综上所述可以看出：道教的养生和内丹修炼自始至终经历了一个由简到繁，再由繁入简的曲折过程。早期的养生，根据形神关系积累了一套简便易行、行之有效的使人体能抗衰防老的自我保健、自我调节的理论和实践。随着在"气"字上狠下功夫，围绕性命之说，在炼精化气（通三关，通任督）及炼气化神（通奇经八脉）阶段，有可能是在更深的层次上，触及了与人体精、气、神有关的生命奥秘，这是应深入探讨的大问题。

当前，医学科学日益发展，人民生活水平日益提高，抗衰防老的医学前景已展现在我们面前。传统医学中凡属自我保健、整体调节以及非药物、非手术的防治疾病方法，我国的养生学、气功学、老年医学、预防医学、食疗学等都将成为带头学科走向世界。在这至关重要的问题上，道教科技各有关领域都将为我国和世界医学科学作出应有的贡献。

《南宋初河北新道教考》的几点补正

曾召南[*]

《南宋初河北新道教考》，是我国已故著名史学家陈垣先生关于宗教史方面的开创之作。他以丰富的碑刻、文献资料为依据，经过深入地梳爬整理，对南宋初新出现的全真、大道、太一等教派的发生、发展历史，作了较为系统的描述，把金元时期道教史的一个重要侧面展现在人们面前，至今仍有很大的学习和参考价值。然而再渊博的学者也难以穷尽浩如烟海的典籍，任何博大的著作也难免有疏漏和不足之处。《南宋初河北新道教考》自然也不能例外。本人不避浅陋，愿就其所述全真道掌教生平和传授问题，提出几点补正，是否妥当，希望广大学者不吝指正。

金元时期，包括全真道在内的道教各派，均设有掌教，以统领各派的大政。研究各派掌教的生平和传承，自是了解那段时期各派历史的重要课题。《南宋初河北新道教考》对此作了深入的考察，提出了许多创造性的论断，特别是对全真道掌教生平和传承的考察，更显其学术功力。应当指出，最早研究这个问题的不是陈垣先生，而是清末全真道士陈铭珪。他在所著《长春道教源流》卷六中，对此作了如下论述："考姚燧《长春宫碑》，（尹）志平而后掌教者为李志常、张志敬、王志坦、祈（当作"祁"）志诚、张志仙。志仙掌教在元贞初……其事实无考，不知化于何年。继志仙者，当为孙德彧。据邓文原撰碑（按，指所撰《孙公道行碑》），其掌教在仁宗延祐元年，英宗至治元年羽化。德彧而后，继之者，当为孙履道……履道事实亦无考，不知化于何年。履道而后，继之者当为苗道一。……其事实亦无考，不知化于何年。疑终元之世矣。"[①] 这里给全真道掌教的传承勾勒出了大致的轮廓，有开创性意义，但所述很不完全。陈垣先生在《南宋初河北新道教考·全真篇下》"末流之贵盛"节中对之作了重要的纠正和补充，并在《全真篇》之首，列出《全真教历任掌教表》。经过他的考证，全真道历任掌教的传承依次是：王喆—马钰—谭处端—刘处玄—丘处机—尹志平—李志常—张志敬—王志坦—祁志诚—张志仙—苗道一—孙德彧—蓝道元—孙履道—苗道一（二次接任）—完颜德明。至此，这个问题算是基本清楚了，但是仍有一些疏漏，现作如下补充。

一、继张志仙之后掌教的到底是谁

据上引《长春道教源流》卷六，陈铭珪认为：继张志仙之后掌教的是孙德彧，开始掌教时间在

＊ 作者简介：曾召南，四川大学道教与宗教文化研究所荣休教授。

① 《藏外道书》第 31 册，成都：巴蜀书社，1994 年，第 110 页。

仁宗延祐元年（1314）。陈垣先生在《南宋初河北新道教考》中，对此提出不同意见，认为继张志仙之后掌教的是苗道一，而非孙德彧。理由是从陕西耀县（今耀州区）、甘肃秦州、山东掖县（今莱州）等处均获得《至大加封七真圣旨碑》拓本，"碑末均称：'右付玄门演道大宗师掌教、凝和持正明素真人苗道一收执，准此。'至大三年二月日"①。不错，从苗道一所拥有的"玄门演道大宗师掌教"头衔看，他确是掌教；掌教的时间在至大三年（1310），又先于孙德彧的延祐元年（1314），因此继张志仙掌教的当是苗道一，而非孙德彧。

但是最近我见到两块碑刻资料，又证明在苗道一之前还有一任掌教，名叫常志清，即是说，继张志仙之后掌教的还不是苗道一，而是常志清，在常志清之后才是苗道一。此二碑为《道家金石略》所收，其一名《东华紫府辅元立极大帝君碑》，由邓文原撰文，张仲寿书，赵孟𫖯篆额。碑记马钰所建昆嵛山东华观及元朝皇帝封赠东华帝君等事。末署"大元国皇庆元年岁在壬子□月十五日，玄门演道大宗师大明□□天阳真人常志清立石"②。第二碑名《丹阳真人归葬记》。碑在山东莱阳，由张仲寿撰文、书写和题额，记马钰生前事迹及归葬事。末署"大元国皇庆二年岁在癸丑正月十五日，玄门演道大宗师大明演教大阳真人常志清立石"③。此碑文中还有这样一段文字："大德丙午闰正月，提点宫事王志筌来谒长春主席天阳真人常公，备陈其事。曰：'志筌老矣，一旦溘先朝露，使师真遗梓□没，其罪弥大。'真人闻而惊曰：'信如是，非若之过，责在我矣！'亟致香币冠簪素服巾履，躬撰祭文以遣之。"④ 以上所记，有两点值得注意：一是碑末结衔中常志清的头衔；二是碑文中提到的年代和碑末之署年。下面分别分析之。

首先，关于常志清的头衔。一是"大明演教天阳真人"（据二碑综合得出）。此为元朝廷对其个人德行的封号，是当时许多著名道士都曾得过的封赠（只是封赠之字各不相同），可以略而不论。二为"玄门演道大宗师"。这是常志清在教内所任职务的头衔，最值得注意。考此头衔，在元代并非一般道士所能获得，而是全真道之掌教才能获得的专衔；而且并非个人自称，而是由皇帝敕封而来。据现存资料，全真掌教中，最早获得此头衔的是张志仙。此见《祁公道行之碑》的碑末署题："大元大德三年三月望日，玄门演道大宗师嗣教、辅元履道玄逸真人、掌管诸路道教事张志仙立石。"⑤ 又见《重修太初宫碑》，末署"大德四年岁次庚子九月壬寅朔……宣授玄门掌教大宗师、□元履道玄逸真人、管领□路道教所、同知集贤院道教事张"⑥。这是紧接常志清之前的一任掌教。在常志清之后的历任掌教又都获得过此头衔。如苗道一在武宗至大元年（1308）曾获得此头衔（说见下）。其后的孙德彧，在仁宗皇庆二年（1313）九月，也获得过此头衔，此见《元汉会文圣旨碑》，文曰："辅道体仁文粹开玄真人孙德彧，雅师清静，克宝俭慈……可授神仙演道大宗师玄门掌教真人、管领诸路道教所、知集贤院道教事。宜令孙德彧准此。皇庆二年九月日。"⑦ 继孙德彧之后掌教的蓝道元，不见封赠文字，估计也当获得过此头衔。其后继任的孙履道也是获得过此头衔的。此见

① 陈垣：《南宋初河北新道教考》，北京：中华书局，1962年，第71页。
② 陈垣编纂：《道家金石略》，北京：文物出版社，1988年，第738页。
③ 陈垣编纂：《道家金石略》，第741页。
④ 陈垣编纂：《道家金石略》，第740页。
⑤ 陈垣编纂：《道家金石略》，第700页。
⑥ 陈垣编纂：《道家金石略》，第705页。
⑦《陕西金石志》卷二十八《元汉会文圣旨碑》，《石刻史料新编》第1辑第22册，台北：新文丰出版公司，1982年第2版，第16766页。不过孙德彧在《大元敕藏御服之碑》中，又自谓延祐改元，始作"神仙演道大宗师"。

《吴文正集》卷九十之《封孙真人制》，文曰："以尔泰定虚白文逸真人孙履道，恬淡抱朴，谦冲葆光……可特授神仙玄门演道大宗师、泰定虚白文逸明德真人、掌管诸路道教所、知集贤院道教事。……宜令孙履道准此。"① 制文末未署年月，但据《河图仙坛之碑》所云吴全节于泰定元年荐孙履道做全真掌教，被泰定帝采纳推知，此制当撰于泰定元年（1324），即泰定元年孙履道接任掌教。继孙履道之后掌教的苗道一，见后文。继苗道一之后掌教的是完颜德明（元代最末一任掌教），也获得过此头衔，不过未见封赠制文，而见于多处碑刻末尾之署名，为"特进神仙玄门演道大宗师、重玄蕴奥弘仁广义大真人、掌管诸路道教所、知集贤院道教事"②。综上可见，从张志仙起，全真道历任掌教都是获得过此头衔的。这个头衔实际成了全真掌教的专称，也是全真掌教头衔的基本特征；而且都是由皇帝所封赠，绝非个人可以随意自称的。既然如上所述，常志清敢在《东华紫府辅元立极大帝君碑》等二碑之末，署上"玄门演道大宗师"这个只有掌教专用的头衔，难道还不能证明他是全真道之一代掌教吗？而且上举《丹阳真人归葬记》中，又称他是"长春主席天阳真人常公"，所谓"长春主席"，即指北京长春宫之主席。北京长春宫，在元代是全真道首脑机关所在地，其主席无疑是它的掌教。由此可见，拥有上述头衔的常志清，一定是全真道的一代掌教。

其次，碑文中提到的年代和碑末的署年。《丹阳真人归葬记》说："大德丙午闰正月，提点宫事王志筌来谒长春主席天阳真人常公，备陈其事。"表明大德丙午，即大德十年（1306），天阳真人常志清正做长春宫主席，即正做全真道掌教。那么，他是何年开始做掌教的？现在不见记载，我们只能作如下推断：他的前任是张志仙，张志仙掌教至何年，现也不见记载，仅从《重修太初宫碑》末之署年和题名，知大德四年（1300）仍由张志仙掌教。由此推知，大德五年（1301）至大德十年（1306）之间的某一年，是常志清任掌教之始年。再据《苗公道行碑》，武宗至大元年（1308）任全真掌教的已是苗道一，据此又可断定常志清掌教年的下限是大德十一年（1307）。因此，常志清在大德五年（1301）至大德十年（1306）间之某年开始掌教，大约在大德十一年（1307）离任。

但奇怪的是，据上引《东华紫府辅元立极大帝君碑》等二碑碑末之署题，常志清在仁宗皇庆元年（1312）和皇庆二年（1313）又曾出任掌教。须知他大约在大德十一年（1307）已离任了（紧接着的武宗至大年间已由苗道一任掌教），怎么又会在武宗至大年间之后再做掌教呢？这只能说明常志清是先后两次出任全真掌教：一是继张志仙之后，在成宗大德年间后半段任掌教；二是继苗道一之后，又在仁宗皇庆年间再次出任掌教。据此可以图表如下：

姓名	掌教年代	备注
张志仙	至元廿二年（1285） 至大德四年（1300）	掌教至何年不见记载，大德四年仍在任中，是见于记载的
常志清	大德十年（1306）	掌教起讫年不明，大德十年是见于记载的任职年
苗道一	至大元年（1308） 至至大三年（1310）	至大元年起掌教，至大三年仍在任中，都见于记载，但何年卸任不明

---

① （清）纪昀总纂：《景印文渊阁四库全书》第1197册，台北：商务印书馆，1986年，第836页。
② 《孙公道行之碑》，陈垣编纂：《道家金石略》，第788页。

续表

姓名	掌教年代	备注
常志清	皇庆元年（1312）至皇庆二年（1313）	此二年都是在任年
孙德彧	延祐元年（1314）至延祐七年（1320）	起讫年皆见记载

　　过去我们读《南宋初河北新道教考》，只知苗道一曾先后两次出任全真掌教，现在据上引二碑的分析，又惊奇地发现常志清也曾先后两次出任全真掌教，这在全真道教史上是非常奇特的现象。但遗憾的是，这样一个两次出任掌教的人，生平事迹却不见记载，这只好留待他日的发现了。

二、有关苗道一的生平和两次掌教问题

　　前面说过，陈垣先生之所以判定继张志仙之后掌教的不是孙德彧（延祐初掌教），而是苗道一，根据就是《至大加封七真至旨碑》碑末之掌教署名和署年。据此确可认定孙德彧延祐掌教之前，尚有一在武宗至大年间掌教的苗道一，从而证明苗道一掌教在孙德彧之前。在这里，陈先生除没见到苗道一之前有一代掌教常志清之外（如前节所述），对苗道一的生平和两次出任掌教问题，均叙述不多，也有待补充。

　　我在写《中国道教史》第三卷时，根据其孙陈智超在《道家金石略》中所增收的《苗公道行碑》，对此补充了三点：第一，据碑记，苗道一生于"至元初元甲子"，即至元元年（1264）。第二，该碑残缺太甚，多处文句不能连贯，但根据前后文意，初步断定他是祁志诚（号洞明子）之弟子。第三，据碑载："至大改元，授（苗道一）玄门演道大宗师、管领诸路道教商议集贤院（下缺）。"[①]断定其掌教之始年是武宗至大元年（1308）。

　　最近翻检碑石资料，又新发现一些碑文，可对上述问题作出印证和进一步补充：第一，《道家金石略》收有《永乐宫圣旨碑》。它包含两通封赠道士的圣旨，前为封赠苗道一师祖宋德方的（此处略而不论），后一通就是至大元年敕封苗道一做掌教的圣旨。略云："咨尔凝和持正明素真人苗道一，致虚守静，寡欲少私，于山中养素之时，得太上忘言之妙。……事朕北藩，其言应而如响。逮予南面，乃功成而不居。虽至人安所事名，而国家则亦宜礼。……特授玄门演道大宗师、管领诸路道教、商议集贤院道教事。余如故。宜令。准此。至大元年七月日。"[②]此圣旨碑与《苗公道行碑》相印证，证明苗道一任掌教确始于至大元年。第二，《陕西金石志》卷二十六收有《皇元制授诸路道教都提点洞阳显道忠贞真人井公道行之碑》（下简称《井公道行之碑》），内容是记述苗道一弟子井德用的生平。据记载，苗道一在第一次做掌教时，即收井德用为弟子。其中又说：井德用"系凝和苗真君高弟，披云宋天师嫡孙。"凝和苗真君，自然指苗道一；披云宋天师，即指宋德方（丘处

　　① 《孙公道行之碑》，陈垣编纂：《道家金石略》，第788页。
　　② 《孙公道行之碑》，陈垣编纂：《道家金石略》，第788页。

机弟子），他传有弟子祁志诚，由此进一步证明苗道一确系祁志诚弟子，以前据残缺的《苗公道行碑》所做的推测是不错的。第三，《井公道行之碑》的价值，还在于明确记载了苗道一第二次掌教之始年。陈垣先生的《南宋初河北新道教考》，是根据《元史·文宗纪》的两条记载来判定苗道一曾第二次做掌教及其任职时间的。他说："《元史》三三《文宗纪》：'天历二年十月癸卯，命道士苗道一建醮于长春宫。'未明著为掌教也。三四《文宗纪》：'至顺元年闰七月，铸黄金神仙符命印，赐掌全真教道士苗道一。'则明著为掌教矣。"① 意即苗道一在文宗天历二年（1329）或在至顺元年（1330）又再次出任掌教。他指出苗道一再次出任掌教是对的，但何年出任尚不能明确肯定。《井公道行之碑》提供了准确的出任时间，据此可对之作出补充。该碑云："天历改元（1328），文宗入承大宝，起凝和于覃怀，复掌教之二年，召委重化，玺书授（井德用）洞阳显道忠贞大师、领诸路道教都提点。"② "凝和"是苗道一之号，"覃怀"即古怀县，治今河南武陟县西南。意即文宗于天历元年入承大统时，再次启用当时住在河南武陟的苗道一做全真道掌教，第二年（天历二年）即命井德用为大师和道教都提点。

由此可以明确肯定苗道一之第二次出任掌教是在天历元年，《元史》卷三十三《文宗纪》所记命苗道一建醮于长春宫，虽未著明其为掌教，实是以掌教身份主领那次醮事的。

三、完颜德明掌教至何年

完颜德明的事迹，目前知之甚少。我们从《孙公道行之碑》的结题和署年中，知他在惠宗元统三年（1335）已出任掌教（何年开始掌教，不见记载；掌教至何年，也不见明确记载）。陈垣先生在《南宋初河北新道教考》中，举邵亨青《野处集》卷三之《潘炼师松庵序》，推测其可能掌教至至正年间。该序云："维扬潘炼师仲华，自幼为仪真瞿老师门人，掌教大宗师完颜公嘉其能循道戒……号之曰通真明义静德大师玄中子，命主领益都路峰阳山碧云宫香火。"陈垣先生据此说："掌教大宗师完颜公，即完颜德明也。""序未知作于何年，然邵亨青为至正间南士"③，断定大概在至正间完颜德明仍任掌教。

陈先生的上述推测是不错的。从惠宗元统三年以来，经至元，到至正年间，有多块碑刻的记载，皆可证明此点。如至元年间有《浚州长春观栖真堂记》，中云："北城之阳，观名长春，建于国初，实取我明应真君之号。今特进神仙玄门演道大宗师、重玄蕴奥弘仁广义大真人完颜公爱其山川秀爽，比年以来，烟装云驾，尝税于兹。"末署至元五年岁次己卯（1339）④。又有《重修岳云宫碑》，末署"岁次庚辰至元六年十一月长至日，安和大师知宫门提举□德显立石，宣授掌管诸路道门嗣教神仙重□□完颜德明"⑤。在惠宗至正年间，有上引《井公道行之碑》，记载苗道一弟子井德

---

①　陈垣：《南宋初河北新道教考》，第73页。
②　《陕西金石志》卷二十六《井公道行之碑》，《石刻史料新编》第1辑，第21册，第16734—16735页。
③　陈垣：《南宋初河北新道教考》，第74页。
④　陈垣编纂：《道家金石略》，第796页。
⑤　陈垣编纂：《道家金石略》，第799页。

用事迹。末署"至正八年岁舍戊子九月九日，门人奉元路大重阳万寿宫提点仁明弘义洞元大师焦德润、本宫提点洞和明道崇真大师杨德荣等建，特进神仙重玄蕴奥弘仁广义大真人、掌管诸路道教所、知集贤院道教事完颜德明"①，证明至正八年（1348）完颜德明仍在掌教任中。《陇右金石录》收有一块立石于至正二十二年的《陕西南山七真碑》，前刻世祖至元六年（1269）封北真七子为真人之诏；继为至大三年（1310）封东华和其余四祖为帝君诏，至大三年封丘处机和其余六子为真君诏，至大三年封丘处机十八弟子为真人诏。末署"掌管诸路□所、知集贤院道教事完颜德明，至正二十二年道士杨维庆立"②，证明至正二十二年（1362）完颜德明仍在掌教任中。此时距元之亡不过六年，完颜德明大概是最后一个全真掌教了。

---

① 《陕西金石志》卷二十六《井公道行之碑》，《石刻史料新编》第 1 辑，第 21 册，第 16734—16735 页。
② 《陇右金石录》（不分卷），《石刻史料新编》第 1 辑，第 21 册，第 16128—16131 页。

《道藏辑要》的编纂与增补

赵宗诚*

　　《道藏辑要》是清代编纂的一部重要的道经丛书，是道教典籍文化的缩影，是中华民族丰富多彩的珍贵文化遗产之一。对于《道藏辑要》的编纂者，曾有两种说法：一种说法认为是康熙朝彭定求所编。首先提出这种看法的人，是光绪朝校勘《重刊道藏辑要》的贺龙骧；另一种说法认为，是嘉庆朝蒋元庭所编，民国时期编纂《道藏精华录》的守一子首倡此说。我认为这两种说法，都各有其是，各有其非，都有片面性，实际情况是这两部分真实性的错综结合。

　　清初，康熙皇帝（1662—1722年在位）比较重视道教典籍，曾依据明本《道藏》，颁行《钦定道藏全书总目》。康熙八年（1669）"御赐藏经一藏凡724函"与盛京奉天府承德县太清宫，康熙五十二年（1713）"钦颁《道藏》"给浙江钱塘佑圣观。其时有彭定求者，儒道双修之士，《清史稿》卷四八〇有传说："彭定求，字勤止，又字南畇、长洲（今属江苏）人。父珑授以梁谿、高氏之学。又尝师事汤斌，康熙二十五年（1686）一甲一名进士①。授翰林院修撰，历官国子监司业、翰林院侍讲，充日讲起居注官，前后在翰林院才四年，即归里不复出。"退出政界还乡后，从事著述，有《高望吟》《阳明释毁录》《儒门法语》《南畇文集》等。彭定求亦好道书，曾经亲自校正明代全真道士、葆真子阳道生传本《真诠》三卷。他于康熙四十九年（1710）十月，撰《重刊真诠小引》，谓"先君早岁行《真诠》一书，奉为养生正宗"，表明其父亦重炼养之道，落款自题"泳真山人"，又在重刊《真诠》正文下题称"守纲道人"彭定求校正②。这位自称"守纲道人"的彭定求，又在明本《道藏》中，精选出道书200种，编成丛书，按二十八宿字号，分为28集。举凡道教重要经典，历代祖师、真人著作，修炼丹诀，科仪规戒，仙传谱记，悉有收录，实为《道藏》之节本。因为是从《道藏》选出重要道书编纂而成的道经丛书，故总名之为《道藏辑要》。

　　到了嘉庆（1796—1820）年间，有好道之士蒋元庭，在彭定求所编《道藏辑要》的基础上，增加明本《道藏》失收道经及其以后新出道书共79种，按各书内容，分别补进二十八宿字号的有关字集，现辑录如下（序号为本文作者所加）：

　　1.《元始天王大洞玉经》三卷，文昌帝君传本，附《洞经示读》。清全本存撰，氐集三；

　　2.《大洞玉经疏要十二义》三卷，魏元君疏义，钱嵘集注，氐集四；

　　3.《元始上帝毗庐遮耶说大洞救劫尊经》一卷，氐集五；

＊　作者简介：赵宗诚，四川大学道教与宗教文化研究所荣休教授。
①　《清史稿》卷三〇四载兵部尚书彭启丰云："祖定求，康熙十五年（1676）会试、殿试皆第一。"此此说早十年。

②　（清）彭定求辑：《重刊道藏辑要》鬼集六。

4.《太上道德经解》一卷，孚佑上帝全经解义，八洞仙祖分章合注，心集一；

5.《注太上道德宝章翼》二卷，宋白玉蟾章句，明程以宁疏，心集三、四；

6.《太上道德经释辞》二卷，明王一清释，心集九；

7.《太上老君说常清静经注》一卷，八洞仙祖合注，尾集一；

8.《太上黄庭内景经注》三卷，诸真合注，尾集二；

9.《太上黄庭内景经注》一卷，蒋国祚注，尾集二；

10.《太上感应篇笺注》一卷，清惠栋笺注，尾集四；

11.《太上感应篇集注》一卷，尾集四；

12.《高上玉皇本行集经阐微》三卷，箕集八；

13.《高上玉皇心印妙经注》一卷，八祖合注，箕集九；

14.《终南八祖说心印妙经解》，箕集九；

15.《高上玉皇心印妙经注》一卷，蜀抱真子注，箕集九；

16.《玉皇心印妙经注》一卷，玄谷帝君注，箕集九；

17.《先天斗帝敕演无上玄功灵妙真经疏解》一卷，唐吕岩疏解，斗集一；

18.《九皇斗姥戒杀延生真经》一卷，斗集一；

19.《九皇新经注解》三卷，唐吕岩注解，斗集三；

20.《玄宗正旨》一卷，唐吕岩传本，斗集四；

21.《浮黎鼻祖金华秘诀》一卷，广成子著，三国葛玄注，斗集四；

22.《金碧龙虎古文上经解》一卷，明彭好古解，斗集四；

23.《唱道真言》五卷，斗集五；

24.《黄帝阴符经注》一卷，唐张果注，元王道渊注，斗集六；

25.《黄帝阴符经注》一卷，苍涯氏注，斗集六；

26.《黄帝阴符经玄解》，清范宜宾注，斗集六；

27.《五百灵官爵位姓氏总录》一卷，斗集十一；

28.《玉枢宝经赞解》一卷，唐吕岩解，斗集十一；

29.《南华真经注疏》，明程以宁注，牛集九至十二；

30.《参同契阐幽》三卷，清朱元育撰，虚集一、二；

31.《参同契注》，元陈致虚注，虚集三；

32.《入药镜合解》一卷，五代崔希范著，元王道渊、李梦龙、彭好古合解，虚集五；

33.《铜符铁券》一卷，明彭好古集，危集三；

34.《太上灵宝净明宗教录》一卷，清胡德周、胡弘道编校，危集四；

35.《化书注》一卷，明王一清注，危集五；

36.《葛仙翁太极冲玄至道心传》一卷，清凝阳子纂辑，危集六；

37.《吕祖十六品经》三卷，附《吕祖本传》，室集一；

38.《孚佑上帝天仙金华宗旨》一卷，清屠乾元等辑，室集二；

39.《孚佑上帝同参经》三卷，室集三；

40.《孚佑上帝五经合编》一卷，室集四；

41.《吕祖文集》一卷，室集五；

42.《吕祖诗集》二卷，室集六、七；

43.《吕祖易说》二卷，壁集一、二；

44.《吕祖语录大观》一卷，壁集三；

45.《吕祖三宝心镫》，壁集四；

46.《吕祖微言摘要》一卷，壁集四；

47.《吕祖圣迹纪要》一卷，壁集五；

48.《孚佑上帝天仙金丹心法》二卷，八洞祖师合注，壁集六；

49.《至真歌》一卷，刘玄英撰，奎集一；

50.《金丹四百字注解》一卷，明彭好古注解，奎集二；

51.《悟真篇阐幽》三卷，清朱元育撰，奎集三；

52.《白海琼全集》六卷，宋白玉蟾著，明林有声编，娄集一至六；

53.《五篇灵文》，金王嚞注，清虚道人录，胃集二；

54.《孙不二元君法语》一卷，胃集七；

55.《孙不二元君传述丹道秘书》三卷，胃集；

56.《仙佛合宗语录》六卷，明伍守阳著，伍守虚校注，毕集一至三；

57.《天仙正理直论》一卷，明伍守阳撰并注，伍守虚同注，毕集四；

58.《天仙正理浅说》一卷，明伍守阳撰并注，伍守虚同注，毕集五；

59.《金丹要诀》一卷，明伍守阳著，毕集六；

60.《伍真人论丹道九篇》一卷，毕集六；

61.《养真集》二卷，清王士瑞撰，觜集九；

62.《玉诠》五卷，鬼集一至五；

63.《真诠》三卷，明阳道生传本，清彭定求校正，鬼集六；

64.《心传述证录》一卷，鬼集七；

65.《忏法大观》六卷，清张持真辑，柳集一；

66.《天枢上相诸葛忠武侯集》六卷，明诸葛羲辑，星集一至六；

67.《太极图说》一卷，宋周敦颐作，朱熹注，星集七；

68.《通书》一卷，宋周敦颐作，朱熹注，星集七；

69.《文帝孝经》，星集九；

70.《三界伏魔关圣帝君忠孝忠义真经》，星集九；

71.《清微宏范道门功课要》一卷，清柳守元撰，张集一；

72.《十戒功过格》一卷，清柳守元撰，张集三；

73.《警世功过格》一卷，张集三；

74.《三坛圆满天仙大戒略说》，清柳守元撰，张集七；

75.《初真戒律》一卷，清王常月著，张集七；

76.《中极戒》一卷，张集七；

77.《西川青羊宫碑铭》，唐乐朋龟撰，翼集一；

78.《华盖山浮邱、王、郭三真君事实》，宋玉笥山道士沈庭瑞述，翼集六；

79.《天下名山记》六卷，清吴秋士选注，汪立名校订，轸集一至六。

蒋元庭将这 79 种明本《道藏》失收道经及明《道藏》以后新出道书，增补进彭定求所编《道藏辑要》之内，仍保持《道藏辑要》的书名。经过此次增补，《道藏辑要》所包含的道书数，即为原有彭定求从《道藏》选出的 200 种，加上新补的 79 种，共为 279 种。蒋元庭并作《道藏辑要总目》列出 279 种书目的名称、卷数、作者及编入二十八宿某宿字集。此为蒋元庭本《道藏辑要》，是对原来彭定本《道藏辑要》的继承和补充。由于彭本《道藏辑要》世人罕见，赖蒋氏增补而得以保存下来，又因蒋本《道藏辑要》未说明以彭本《道藏辑要》为基础，故后人对《道藏辑要》的编纂者说法各异。

光绪朝贺龙骧认定，《道藏辑要》为康熙朝彭定求所编。但他看到的《道藏辑要》并不是选自明修《道藏》200 种道书的彭定求原本，而是增加了数十种明《道藏》外和新出道书的蒋元庭增补本，也就是藏于成都严雁峰家、为二仙庵道院重刊所依据的那一部。他在《重刊道藏辑要子目初编序》中说："我朝彭定求相公辑《道藏辑要》一书，为世称快，惜原本总目止载卷数，未列子目"，正是指的蒋元庭所作《道藏辑要总目》。可是，他并不知道蒋元庭增补《道藏辑要》的事（事实上，蒋元庭增补的《道藏辑要》本身，并未就蒋元庭与《道藏辑要》的关系做任何说明），而仍以为经增补的《道藏辑要》就是彭定求编纂的《道藏辑要》，所以，他在《钦定道藏全书总目序》中说："伏读圣祖仁皇帝（康熙）颁行《道藏全书总目》，悉依明本，盖详慎也。相国彭定求①所编《道藏辑要》出于颁行本者半，出于坊间本者亦半。虽坊本亦皆纯正精粹，然非《道藏》所有。"这里所谓"出于颁行本者"，即从明《道藏》选出的道经；所谓"出于坊间本者"，即来自民间刻印的、不属于《道藏》之内的道书。说二者各占一半，只是概数，实际前者占 2/3 多，后者不到 1/3。这又证明他所看到的《道藏辑要》正是蒋元庭增补本。贺龙骧对《道藏辑要》中"出于坊间本者"的道书，也未作详细审查，如其中有康熙以后的乾隆年间（1736—1795）惠栋所著《太上感应篇浅注》等新道书，竟然也未发现，而断定为康熙朝彭定求所编，于是就出现《道藏辑要》不可能是康熙朝彭定求编的矛盾，引起学者纷纷辩难。其根本原因在于，他只知道康熙朝彭定求编纂《道藏辑要》，而不了解其后有嘉庆朝蒋元庭增补的情节。

民国时期守一子则认定，《道藏辑要》为嘉庆朝蒋元庭所编。守一子编《道藏精华录》，收有《道藏辑要总目》，其解题称："是书嘉庆间（1796—1820）蒋元庭侍郎②辑，板存京邸，及送板南归，而先生又北上，卒于京，故外间传本甚少。"从内容来看，其中包含乾隆年间的道书，说编者属于嘉庆年间，是合乎情理的，但他没有详查，为什么不是全部辑自《道藏》，而是包含有不少《道藏》以外及新出道书的这部丛书，要取名为《道藏辑要》？这是由于他并不了解最初的《道藏辑

---

① 贺龙骧对彭定求，前称"相公"，此称"相国"，在《校勘道藏辑要书后》又称"相国彭文勤《道藏辑要》"，则彭定求又名文勤。查《清史稿》本传，彭定求，字勤止，官至翰林院侍讲。《清代职官年表》中亦无彭定求之名。不知贺氏所称"相国"是"相公"之误还是另有所指。

② 查《清史稿》无蒋元庭传，《清代职官年表》亦无蒋元庭之名。其人事迹不详。

要》，确实如贺龙骧所说，是清初彭定求从《道藏》中选出 200 种道书编纂而成，故命名为《道藏辑要》，而蒋元庭只是在彭本《道藏辑要》的基础上予以增补。因此，守一子把蒋元庭增补《道藏辑要》说成是编辑，如同贺龙骧把经蒋元庭增补的《道藏辑要》说成是彭定求所编一样，都有其失实之处。

《道藏》为道教典籍汇刻的大丛书，或称为道经总集。从道教出世以后，道教经书不断增多，由私人或政府组织编纂的各种名目的《道藏》，历代多有。然而真正流传下来的道教经籍大丛书，只有集前人之大成的明代《正统道藏》和《万历续道藏》，合称为明《道藏》。有清一代所谓《道藏》，系指称明《道藏》的专用名词。康熙帝颁行的《道藏全书总目》，就是完全依据的明本《道藏》。彭定求从其中选出 200 种编成道经丛书，故取名为《道藏辑要》。而蒋元庭在此基础上增补 79 种《道藏》以外及新出道书，仍保留《道藏辑要》的名称。于是《道藏》的内涵大为扩展，它不仅包含《道藏》内的道书，也包含《道藏》外的道书，凡是道经、道书的汇编，都可视为"道藏"。"道藏"的含义就成了广泛意义上的道教经籍之宝藏，而不是单指明《道藏》的专门名称。守一子有鉴于此，也将其所辑《道藏》内、外道书及新出道书 100 种编成的道经丛书取名为《道藏精华录》。

彭编、蒋补《道藏辑要》，随着时间的推移，又有发展。光绪（1875—1908）年间，四川成都二仙庵道院阎永和方丈等，在据严雁峰家藏蒋本《道藏辑要》全书重刻时，鉴于"时事日非"，"恐珠遗沧海"[1]，又增补重要道书 17 种于内[2]，亦按各书内容，分别续入二十八宿有关字集，即：

1. 《太上道元一炁经》一卷[3]，尾集一；
2. 《观音大士莲船经》一卷，斗集一；
3. 《孙真人备急千金方》，虚集十二续；
4. 《吕祖东园语录》一卷，壁集七续；
5. 《东园杂咏》一卷，壁集七续[4]；
6. 《张三丰真人全集》四卷，张三丰著，清李西月重编，毕集七续至十二续；
7. 《三宝万灵法忏》十二卷，清王守上编，柳集七至十二续；
8. 《太上灵宝朝天谢罪法忏》十卷，柳集十三续；
9. 《邵康节先生击壤集》，星集七[5]；
10. 《关圣帝君本传年谱》，又星集七；
11. 《文昌帝君本传》，崇德弟子纂述，续又星集七；
12. 《元皇大道真君救劫宝经》[6]，星集九；
13. 《文昌应化元皇大道真君说注生延嗣妙应真经》[7]，星集九；

---

① 见贺龙骧于光绪丙午年（1906）所撰《校勘道藏辑要书后》。
② 这是根据实际补入光绪丙午年（1906）成都二仙庵《重刊道藏辑要》正文的道书数目，《重刊道藏辑要总目》与《重刊道藏辑要续编子目》所列续收道书书目，同正文中实际新增道书略有出入，不能以之作为《重刊道藏辑要》新增道书的全部依据。
③ 《重刊道藏辑要续编子目》无此书目。
④ 《重刊道藏辑要总目》无此书目。该总目有《青羊宫二仙庵碑记》翼集一，而实际正文却未收入。
⑤ 《重刊道藏辑要续编子目》无此书目。
⑥ 《重刊道藏辑要续编子目》无此书目。
⑦ 《重刊道藏辑要续编子目》无此书目。

14.《文帝阴骘文注》①，星集九；

15.《太上玄门功课经》，张集一；

16.《汉天师世家》九卷（收明洪武至万历间对天师的有关诏旨）②，翼集七；

17.《青城山记》，清彭洵编，翼集十③。

同时，引人注目的是，阎永和等又收录清人贺龙骧编的有关道经书目5种及宋元以来有关道经书目18种，以备查考。这5种书目是：

1.《重刊道藏辑要总目》一卷；

2.《重刊道藏辑要子目初编》四卷；

3.《道藏辑要续编子目》；

4.《女丹合编总目》；

5.《女丹合编子目》。

所收宋元以来18种道经书目是：

1.《四库全书道家类简明目录》；

2.《四库提要道家总目》；

3.《四库提要道家类存目总目》；

4.《清（康熙）钦定道藏全书总目》；

5.《汉魏丛书道家书目》，清贺龙骧辑录；

6.《古今逸史四十种道家书目》，清贺龙骧辑录；

7.《汲古阁珍藏秘书道家书目》，清贺龙骧辑录；

8.《郡斋读书志道家书目》，宋晁公武撰；

9.《直斋书录解题道家书目》，宋陈振孙撰；

10.《历朝名选道书目录》，清贺龙骧辑；

11.《国朝坊刻道书目录》，清贺龙骧辑④；

12.《通志道家书目》，宋郑樵撰；

13.《文献通考道家书目》，元马端临撰；

14.《文献通考道术家书目》，元马端临撰；

15.《文献通考神仙家书目》，元马端临撰；

16.《续文献通考道家书目》；

17.《皇朝文献通考道家书目》；

18.《皇朝文献通考神仙家书目》。

---

① 《重刊道藏辑要续编子目》无此书目。

② 《重刊道藏辑要续编子目》无此书目。

③ 《重刊道藏辑要续编子目》还有《文昌帝君化书》（星集七续）、《太上无极大道三十六部尊经》、《太上无极大道延寿集福消灾宝忏》、《太上洞玄灵宝玉枢调元应显尊经》（翼集十续），而实际正文中并未收入。

④ 贺龙骧在本目录后加"按语"说："坊刻道书，邪正不一，弃取在人。考其书名，有见于《道藏辑要》者，有见于《道藏》全书者，有见于各种书目中者，有经二仙庵续入《道藏辑要》者。今将《道藏》未收、二仙庵未续各书目略录数部，以备将来选家择优续刻，庶免明珠散漫云。时光绪乙巳（1905）秋井研贺龙骧识。"

这样，四川成都二仙庵道院阎永和等，在蒋本《道藏辑要》的基础上，增补了17种道书和23种道经书目①，共为40种，名之为《重刊道藏辑要》。就是说，《重刊道藏辑要》包括彭定求编辑的《道藏》内经书200种②、蒋元庭增补的《道藏》外和新出道书79种，以及阎永和等再增补的新出道经与道经书目40种，总共为319种。其中蒋元庭与阎永和等增补的119种道经及有关道经书目是明《道藏》所没有的新增道经和书目。当代学者翁独健先生于1935年编《道藏子目引得》时，做了一件很有意义的工作：他将《重刊道藏辑要》书目同明《道藏》书目核对，清理出《道藏辑要新增道经目录》，共有114种道经和道经书目，作为《道藏子目引得》的附录，介绍给读者。我们根据这个《道藏辑要新增道经目录》与《道藏精华录》所收蒋元庭编《道藏辑要总目》，查对发现了蒋元庭本《道藏辑要》新增道经79种，阎永和等《重刊道藏辑要》新增道书（含道书书目）40种③，从而也就明白了彭定求当初编纂《道藏辑要》时，从《道藏》内辑出的重要道经为200种。

因此，有清一代编成的《道藏辑要》这部道经丛书，经过了清初彭定求的编纂和清中叶蒋元庭的增补以及清末阎永和等的再增补这样三次制作，才成为今天所见的《重刊道藏辑要》。《重刊道藏辑要》不仅集中保存了不少《道藏》以外的道教经书，而且，在明本《道藏》奇缺的那些年代，为道门内外阅读道教重要典籍，提供了方便，其历史功绩实不可没。即使在上海涵芬楼影印本《道藏》面世以后，《重刊道藏辑要》仍有其不可取代的价值。它至今犹流行海内外，以自己的特有风采，为弘扬中华道教文化作贡献。

---

① 这23种道经书目，并不属于《重刊道藏辑要》正文，因而未编入28宿字集内。

② 实际上，蒋本《道藏辑要总目》中的《玉清赞化九天演政心印集经》（箕集十）和《玉清赞化九天演政心印宝忏》（箕集十一）两部经书，在《重刊道藏辑要》正文及有关书目中未曾出现，应减去两种，为与蒋本原数呼应，姑仍其旧。

③ 《道藏子目引得》所附《道藏辑要》新增道经及书目114种中，经核查得知蒋本《道藏辑要》增79种，《重刊道藏辑要》增35种。这个35种比《重刊道藏辑要》实际新收经书少5种，即：孙真人备急千金方（虚集十二）；朝天谢罪法忏（柳集十三续）；邵康节先生击壤集（星集七）；关圣帝君本传年谱（又星集七，"引得"作为《关帝忠孝忠义真经》附录）；汉天师世家（收明洪武至万历间对张天师诰封、诏旨，翼集七）。《重刊道藏辑要》新增道经及道经书目就比"引得"所列多这5种，故实增40种。

道教历史发展经验及其现代启示

陈耀庭 *

内容提要：道教有几千年的历史。道教的历史发展和中华历史一样，经历过盛衰起伏、汹涌平静。道教历史发展的经验可以从多学科多角度进行总结。本文从宗教实体发展的角度阐述了以下观点：道教实体处理和社会环境之间的关系的经验是一个"顺"字；道教实体的建设和管理的经验是抓住一个"人"字；道教实体面对发展和进步了的当今社会和信众要胸怀一个"新"字。文章认为，道教作为中华文化的组成部分，只要坚持中国化的方向，适应中国社会发展的大环境，抓紧培养高层人才，严格管理道教实体的各项工作，以开放的心态欢迎各种新科技、新事物、新人才，就能长远保持其在中华文化中的一席之地，为中华民族的伟大复兴贡献自己的力量。

关键词：道教历史 发展经验 顺 人 新

本文所说的道教，是指产生于中国土地上的，有教义思想，有斋醮科仪，有养生功法，有几千年历史的一种宗教，而不是指停留在书本、大学课堂和研究机构中的道家哲学。道教在几千年以前的华夏土地上萌生，直到今天仍在中华大地上继续存在着，并且跟随华人的移居传播到了海外。道教有专职的教职人员，有千百万的信徒群众。道教一直影响着华人社会的当下的生活，以及可以预见的未来。

因为道教有几千年的历史，而这几千年的中华文明史是盛衰起伏的，有时波涛汹涌，有时风平浪静，所以，道教作为中华传统文化的组成部分，其发展道路也不是平平坦坦的。人们希望从道教历史发展的经验和教训中得到启示，以便在今天和未来的生活中，一方面继续保持大道弘传，获得修道信仰的成果；一方面继续弘扬中华传统文化，在民族复兴的伟大事业中贡献道教和道教徒的力量。

道教经典《阴符经》开卷就告诉我们："观天之道，执天之行，尽矣。"认识道教历史发展的经验，就是"观天之道"；吸收这些历史经验，驾驭当代道教的发展，就是"执天之行"。我们要做的，就是学道教历史发展的大道，执道教历史发展的牛耳。

---

* 作者简介：陈耀庭，1939 年生，原上海社会科学院宗教研究所所长，研究员。自 1983 年起至今，作者一直参与本所的学科建设和学术研究，同卿希泰等历任所长和本所学者有着深厚的学术交谊，情逾同事。

一、主观与客观：一个"顺"字

道教实体的生存与发展，首先要处理好自身与周围环境的关系。处理这一关系要注意一个"顺"字。

《阴符经》说："天地，万物之盗也；万物，人之盗也；人，万物之盗也。三盗既宜，三才既安。"道教的生存和发展离不开它的生存环境，因此，最重要的就是处理好同生存环境的关系。在这一关系中，道教自身是主观一方，而其生存和发展的环境则是客观一方。主观一方的生存发展离不开客观一方的环境条件，也就是人离不开天地万物。

从中国发展的历史来看，当社会处在动荡的破坏性过程中时，道教也就生存维艰、发展停滞。在20世纪中叶以前的一百多年里，中国社会剧烈动荡，民不聊生，各大名山道观香火凋敝，殿堂倾颓，道众修持难以为继。当社会动荡过去、民生得到恢复之时，道教以及它的神学思想就会重新振兴，发挥稳定社会、助力经济、安定民心、规范人伦的重要作用，而道教自身也会得到客观环境的支持，在比较宽松的氛围中获得发展的机会。这样一个主观与客观相辅相成的局面，就是近四十年里我们所看到的：中国社会重视传统文化，贯彻落实宗教信仰自由政策，而道教在这样的环境中高举爱国爱教的旗帜，与社会主义社会相适应，发挥着作为中华文化重要组成部分的功能。

在道教与社会环境的主客观关系中，道教能够把握的只有自己。葛洪的《抱朴子内篇》中的《黄白》篇引用了《龟甲文》中的名句："我命在我不在天，还丹成金亿万年。"这句话说的是内丹修炼的道理。其实，如果不仅仅把"我命"看作个人的生命，而是将它看作道教这个组织实体的命运，那么，这句话的意思就是：道教生存发展的命运，不在外部，而在道教自己。记得四十年前，道教在"文革"后开始恢复的时候面临着种种困难，已故的陈莲笙道长在他亲自撰写的《道教徒修养讲话》第五讲《我命在我》中就说道："'我'可以理解为大'我'和小'我'，国家民族的'我'，道教的'我'以及道士个人的'我'。""道教的命运在我们道教徒自己手里，这也是'我命在我'。""国运昌盛，社会稳定，道教的'命'自有天机。但是，对于我们每个道教徒来说，一定要作出努力，上对得起祖师，下对得起后辈，把发扬和继承的'命'牢牢掌握在自己的手中。"[1]

因此，道教生存和发展的关键在于"道教自身"。"道教自身"最重要的内容就是道教的信仰自觉达到怎样的水平。所谓道教的信仰自觉，分析起来，就是道教中人怎样认识自己，怎样认识道教信仰的内容，怎样认识道教组织的特点，怎样认识道教自身的社会功能，怎样认识道教的历史地位，特别是怎样认识自己同社会其他组织系统之间的关系，也就是道教和生存发展环境的关系。只有对道教信仰有了这样自觉的认识，道教的生存和发展才有希望。

辛亥革命以后，中国社会出现了巨大的变化，道教界提出了要适应这些变化的要求。南北道教界发表了两个文件表达道教适应社会变化的主张。

北京的《宣言书》说："道教为中华固有之国教，国体革新，道教亦应变制，此中央道教会之

---

[1] 陈莲笙：《陈莲笙文集》上册，上海：上海辞书出版社，2009年，第47、49页。

所由发生而亟欲振兴者也。"意思是，国家从王朝变成了民国，国体革新了，道教制度也应该变化。但是，为什么要变，怎样变，怎样才能适应社会环境的变化，全真派的先辈们还是不甚了了。

上海的《发起词》称："当此时代过渡，难御世界风涛，若无群策群力，何能斯振斯兴。"第六十二代天师张元旭则在成立会上的讲话中称："兹当民国初立，万事维新，国体现已更新，教务亦当整理。"这些话意思也是时代正在发生变化，道教也要重新整理，不然不可能抵御世界风涛。但是，世界有什么样的风涛，道教应该怎样适应世界风涛，正一派的先辈们也是不甚了了。

南北道教界先辈们当时没有接触先进的思想，对于中国社会环境发生的变化虽有认识，却极其肤浅。当时中国社会发生的变化是非常深刻的。这种深刻体现在三个方面：一是二千年封建帝制变化为民国体制；二是农业社会封闭的自然经济已经被先进的以洋枪洋炮为代表的工业经济冲垮了；三是中国从封建社会开始沦落成为半封建半殖民地社会。这种变化是深刻、广泛而持久的。道教这一根植于自然经济社会环境里的传统信仰，应该怎样适应新的社会环境，先辈们没有弄明白，也不可能弄明白。

北京的《宣言书》还说道："以符箓为道者，是道贼也；以服食为道者，是道魔也；以炼养为道者，是道障也。更有深林寂寥，瘤癣烟霞；蓬莱方丈，谬托神仙。理乱不知，黜陟不闻，于物与民胞毫无系念，自为计则得矣，如苍生何如，世界何尤。其甚者硁硁自守，顽石难移。"[1]先辈们在这里不加分析地全面否定道教各派的信仰文化，否定了道教思想和行为的全部内容，可是又提不出新的信仰内容和行为，这样就等于自我扼杀了历史的道教和当时道教发展的依据和前景。

上海的《发起词》也说道："盖寺院自光复以后，业产田庐常失自主权限。过去者，既已而斯；将来者，胡复可言。恒产恒业，将化为乌有；教徒教业，必自之涽沦。"先辈们的言论表明道教界当时关心的只是历史上留下来的"恒产恒业"，要求道教的宫观坛场不能丢失。但是，道教生存和发展的关键并非是一点教产，而是怎样处理得当和发生变化的社会环境的关系。先辈们的担心是小事，道教如何适应新的社会环境才是大事。道教如果得不到剧变后的社会的承认，那么，不止产业连同道教本身全部都会丧失殆尽的。

这些留下来的历史转折关头的重要文献资料，表明当时的道教界对于自己信仰自觉的水平以及对于社会变化的认识水平都是很低的。他们抓不住中国历史变革的根源和发展脉络，更不能认清道教必须跟上以及如何跟上社会发展步伐的道理。因此，民国初期南北两个道教组织都无力引导道教走上主动适应社会变化的道路，而且也无力引导和统摄道教成立一个代表自己实体力量的合法组织。

近几十年来对于道教实体发展的研究已经公认，客观的社会环境对于道教的生存和发展具有首要的决定意义，道教只有主动地顺应社会的发展和变化，才能够在中华传统文化中占有自己合理的地位，并获得生存和发展的机会。所以我们说，第一条历史经验就是要"顺"。"顺"的当代意义就是，在宗教信仰自由政策贯彻落实的社会环境中，拥护中国共产党的领导，拥护社会主义制度，坚持走道教中国化的道路，为中华民族的伟大复兴贡献道教的力量。

① 《道教会布告》，《藏外道书》第24册，成都：巴蜀书社，1994年，第472、474页。

二、组织与法治：一个"人"字

道教的生存与发展，其次要抓好道教信徒的发展和培养，以及加强自身组织的问题。处理这一关系，要注意一个"人"字。

宗教的各种组成要素中，起决定作用的是教徒，没有教徒就没有宗教。讲道教的历史发展，实际上就是讲信仰道教的人的历史变化。离开了信仰道教的人，离开了道教信仰的组织，就没有道教的神学思想和斋醮科仪、修持功法，当然也不会有洞天福地和仙观琳宫等等全部内容。

汤因比在《历史研究》中曾经说过："人类社会本身就是人和人之间关系的一个体系，人不仅仅是个个体，也是一种社会动物，因为他如果和其余的人彼此之间没有关系，他就完全无法生存。而一个社会，我们可以说，社会是人和人之间关系的产物，而他们的这种关系的产生是由于他们个人活动范围的一致。这种一致把许多个体范围结成了一个共同范围，而这种共同范围就是我们所说的社会。"[①] 这样一种对人和社会关系的认识，同样可以用来观察教徒和宗教的关系。教徒的数量多少和质量高低决定了宗教组织能够达到的水平以及驾驭各种社会关系的能力。因此，研究道教徒及其组织的发展对于探讨道教的历史就万分重要了。所以，我们说，第二条历史经验就是要抓好道教信徒的发展和培养以及自身的组织，也就是要抓住"人"的问题。

从 1949 年起，大陆地区的道教大概有三十年左右没有培养青年道士。因此，在改革开放以后，在落实宗教信仰自由政策过程中，恢复和振兴道教遇到的最突出问题是没有"人"，也就是缺乏年轻力壮的新生力量，缺乏青年道士。

中国的道教徒有两大类：一类是专职的道教徒，包括祭酒、道士、道姑、法师等；一类是普通的道教徒，指的是平时做工种田，而在节日和举行道场时才到道观中去祭拜神灵的普通信徒。中国道教徒的这种分类格局是中国古代先民的原始信仰状态的延续造成的。道教的普通信徒来源于古代社会原有的天神崇拜和祖先崇拜的信仰群众；专职的道教徒来源于古代社会执行先民的天神崇拜和祖先崇拜仪礼的职官或者民间的巫师。中国古代的祭祀活动是按照宗法制度的尊卑、高下、长幼区别，以宗法伦理程序确定的规模进行的。

东汉末年，有独立组织形式的早期道教建立，逐渐具备了作为宗教的各种要素。其中最重要的要素就是专职的宗教徒，以及独立于宗法制度之外的道教组织。早期道教的一派是正一盟威之道，入道者都要交五斗米。交米和不交米在形式上将信仰者同不信仰者区别了开来，也将道教徒同非道教徒区别了开来。早期道教的另一派太平道的道教徒头裹黄巾，身着黄衣，故世称"黄巾"，在衣着上将道教徒与非道教徒区别了开来。太平道的首领张角自称"大贤良师""天公将军"，弟张宝、张梁称"地公将军""人公将军"，各方都有首领称为"帅"。正一盟威之道的创教人张陵为"天师"，其子张衡、孙张鲁被尊为"嗣师""系师"，下设祭酒、鬼卒等职。所有这些神职人员都依信仰深浅和德行高下来区别。据《要修科仪戒律钞》卷十引《太真科》称："学久德积，受命为天师，

---

① ［英］汤因比著，曹未风等译：《历史研究》上册，上海：上海人民出版社，1966 年，第 267 页。

署男女祭酒二千四百人，各领户化民。"① 各神职人员都有自己的职能。

道士的培养和传承，历来是由各山各庙各宗派的前辈道士以收徒的办法，加上历朝历代颁发"度牒"来给予承认和数量控制的，千余年来一直如此。可是从辛亥革命以后，随着时代的发展变化，到各山各庙拜师学道的人逐渐减少。到1949年以后，寻师访道的青年人进一步减少。以致到改革开放以后，在道教发展进入恢复振兴期的时候，竟出现了人才奇缺的状况。道门中于是采用道教学院和道学班等新形式，以公开教学和拜师学艺相结合的新方法，加速培养了上千名青年道士和道姑。他们成了道教恢复振兴的主要力量，有的现在已经登上了道教实体组织的领导岗位。已故的陈莲笙道长在《关于中国道教文化的当代发展的三个问题》一文中提出过明确的要求，希望道教继续抓紧培养人才。他说："当代社会的竞争归根结底是人才的竞争，因此，我们要大力注意吸收人才、培养人才、起用人才和留住人才。"② 如今，培养的第一批青年道士也即将变成老人了，他们的接班人的选拔又成了道教生存和发展的迫切问题。

道教的组织在封建社会一直依附于郡县管理体制之内。道教虽然有许多道观，但是在历史上它们之间既没有横向的组织联系，也没有独立的自上而下的组织体系。管理道观的只有衙门的道会司，即朝廷无薪的道教管理部门。早期道教的太平道和正一盟威道曾经冲破宗法社会的结构模式，把不同地区和不同宗族的有共同信仰的道教徒组织在一起，建立了自己的独立的组织系统。太平道的张角"遣弟子八人使于四方，以善道教化天下，转相诳惑。十余年间，众徒数十万，连结郡国，自青、徐、幽、冀、荆、扬、兖、豫八州之人，莫不毕应。遂置三十六方，'方'犹将军号也。大方万余人，小方六七千，各立渠帅"③。太平道的"方"是类似于军事编制的组织形式。正一盟威道的组织称为"治"，史称张陵"统承三天，佐国扶命"，创立二十四治、十九静庐，其中以阳平治（今四川彭州）、应堂治（今四川绵竹）和鹤鸣山治（今四川大邑）等为最大。据刘宋陆修静的《道门科略》记载："天师立治置职，犹阳官郡县城府，治理民物，奉道者皆编户著籍，各有所属。令以正月七日、七月七日、十月五日一年三会，民各投集本治，师当改治录籍，落死上生，隐实口数，正定名簿，三宣五令，令民知法。"④ 因此，"治"就是天师执掌的行政编制的组织形式。

道教有了独立的宗教组织以后，立即显示了它作为社会力量的巨大作用。太平道起事时"天下响应，京师震动"，军事力量威震六州。正一盟威道以"治"代替宗法社会下的郡县，控制着地方的户籍，为后来张鲁的汉中政权奠定了组织基础。由此可见，早期道教的实体具有一定的军事、政治，以及经济力量。不过，在强大的宗法制度的社会组织体系面前，道教这个宗教实体面对着的必然是被改造的命运。

首先，朝廷禁止一切道教实体的存在。无论是葛洪还是寇谦之都肯定早期道教的扰乱社会稳定的作用，"诳眩黎庶，纠合群愚，进不以延年益寿为务，退不以消灾治病为业，遂以招集奸党，称合逆乱"⑤，"愚人诳诈无端，人人欲作不臣，聚集逋逃罪逆之人及以奴仆隶皂之间，诈称李弘"⑥。

① 《道藏》第6册，第966页。
② 陈莲笙：《陈莲笙文集》上册，上海：上海辞书出版社，2009年，第10页。
③ （南朝宋）范晔：《后汉书》第8册，北京：中华书局，1965年，第2299页。
④ 《道藏》第24册，第780页。
⑤ 《抱朴子内篇·道意》，王明：《抱朴子内篇校释》，北京：中华书局，1980年，第158页。
⑥ 《道藏》第18册，第212页。

魏晋以降，历代都禁止有独立的道教组织的存在。

其次，道教领袖被非宗教化。曹操拜张鲁为镇南将军，封他为阆中侯，邑万户，使其位次三公；又将张鲁的五个儿子及其主要祭酒等均封为列侯；其后，又将封侯后的张鲁及其家属等带回邺城定居，割断了道门领袖和普通教徒的联系。曹操还将有影响的方士聚而禁之。据张华《博物志》记载，曹操曾将有影响的方士全部集中于魏国，其中包括陇西封君达、甘陵甘始、上党王真、谯国华佗（字元化）、庐江左慈（字元放）等十六名。这些人道术种类繁多，都有一定的群众基础。曹操"本所以集之于魏国者，诚恐斯人之徒接奸诡以欺众，行妖慝以惑人，故聚而禁之"①。这样就从根本上瓦解了道教实体的组织结构，使其不可能成为对封建宗法制度有威胁的政治和军事力量。

魏晋两代一系列分化和瓦解道教实体的做法取得了成效，直到清廷被推翻，中国社会发生了根本性变化，道教希望有代表自己利益和为自己利益发声的组织，但是终因为主观和客观的原因未能如愿。直到 1957 年，跨宗派的中国道教协会成立，随后各地也都成立了地方性的道教协会，这样道教才有了代表自己利益的组织。实践证明，道教协会能不能发挥组织的作用，还有赖于其领导人员有没有信仰自觉，有没有为道教界服务的能力。这里也是一个"领导人才"的培养问题。特别是，近期无论是大陆地区还是港澳台地区的道教都有人提出，道教不能只是道士（专职神职人员）的道教，应该是道士和普通道教信徒共同的道教。因此，许多地方已经开始建立有组织的普通道教信徒的队伍，发挥普通信徒的力量，选拔普通信徒中的骨干，参与到道教组织以及各种道教慈善和文化活动中来。这一工作除了向当代道教提出了新的社团工作的要求以外，如何在普通信徒中发现、选拔和使用人才，又是新的"人才"问题。

近几十年来对于道教实体发展的历史研究已经说明，道教信徒人数的多少是衡量中国社会稳定和中华文化发展的标志之一。道教要有诚挚的领袖，这样的领袖人物的水平引领着道教发展的方向。道教组织的稳定和健全、活跃和规范对于道教的生存发展具有决定意义。道教必须不断壮大信徒人数，在中国有宗教信仰的人群中占有相当的份额，并且要拥有一支有高尚品德，有高深道学，有相当的社会活动能力，有吸引信众的魅力的宗教领袖队伍。只有有了制度健全和上下贯通的道教组织，才能完成道教在新时代理应承担的各项神圣使命。而要完成这一切，关键的关键是要有足够数量的人才。所以，我们说，第二条历史经验就是一个"人"字。"人"的当代意义就是，在宗教信仰自由政策贯彻落实的社会环境中，在道教的发展过程中，要扩大和组织信众队伍，要继续培养更多的道士，要选拔足够数量的不同层次的领袖人物，健全和强化自己的组织。只有这样，道教才能承担和完成自己的历史使命。

三、改革与守旧：一个"新"字

这四十余年的道教恢复和振兴过程，我们都是亲身经历的过来人。在此期间，各名山各宫观，我们也去了无数次了。总的感觉是，前十年一开始是尽量复古，然后逐渐适应现代物质变化的要

---

① （三国魏）曹植：《辨道论》，（唐）释道宣：《广弘明集》，《四部丛刊初编》第 110 册，北京：商务印书馆，2015 年，第 56 页。

求，于是，后来几十年出现了殿堂和园林继续古色古香，而办公和生活设施逐渐现代化的局面。总的感觉就是道教中"新"的东西越来越多。

其实，所谓发展变化就是新的取代旧的。已故陈莲笙道长的《道教徒修养讲话》第一讲里就说道："社会要发展，时代要变化。一代与一代的道士都不一样。我们这一代的道士和我们的度师就不同了，我们同天师初创道教时代的道士就更不同了。将来的道士和我们这一代比肯定会有更大的变化。我相信他们会更加进步，更加提高，更加有出息。"[1] 这段话告诉我们：一代总比一代"新"。顺应环境，适应发展，就要承认"新"，接受"新"，变化为"新"。

记得20世纪80年代初期，道教界人士到我国香港地区的道观参观访问，看到用电点亮的蜡炬和香，都不能接受，有的还上纲上线称那是欺骗神灵。可是，随着大陆地区对庙观等文物保护单位禁止使用明火的法规颁布，现在大陆各大道观都已经接受发端于香港等地的香烛坛场的现代布置。随着全民环保意识的增强，宫观的香烛和金银纸燃化都有了数量减少和烟雾消除的措施。

记得90年代初期，道教界到港澳台的道观参观访问，看到有的道观法务接待人员拿着砖头一样的"大哥大"，办公地点设置得像银行：一排玻璃柜台，一行行电脑和打印机，一台台电话和传真，总觉得过分排场。许多道长以为接待法务活动或者处理观内外事务，只要有一台电话，几张写字台，几把算盘，几支圆珠笔就可以了，不必如此排场豪华，以至于提出改进接待和办公条件的青年道士还被误解为华而不实和铺张浪费。可是，现在一些大中型道观都有了很现代化的办公和接待场所。

以上这些都是道教宫观在现代社会物质文明迅猛发展的大背景下，硬件建设方面发生的新变化。

在近四十余年里，道教的变化还体现在宫观管理上。前二十年，一些宫观在恢复过程中还沿用着旧的管理模式：库房的钥匙吊在一位道长的裤带上，财务报销权力在主管道长的签字上，财务账本在主管部门的塑料袋里，袋里就是一沓子现金和报销过的发票。万一有人来检查宫观财务，当家人交出来的就是一只塑料袋，连个流水账都没有。这种状况，随着青年道士的培养到位，随着财务制度和仓库管理制度的引进和建立，得到了根本的改变。现在的道教协会和大中型道观都有了和事业单位一样的财务科室和财务制度，配备了保险箱、电脑、点钞机、各种凭证管理设施等等。

在近四十余年里，道教的变化还体现在道士培养上。恢复道教的紧迫需要决定了当今道士的培养工作必须改变传统的拜师学道制度，而转变为公开的学院式教育和拜师学道相结合的方式。这样，既能解决缺少徒弟带的老道长的难题，又能利用现代教育的方法加快道士培养的速度。同时，还改变了原来只有北京的中国道教协会独家培养道教徒的方式，调动有条件的地方道教协会的积极性，在上海、衡山、武当山、青城山等地都批准成立了合格的大专以上水平的道教学院。这样的教育制度、培养方法，以及培养道士的规模，都是中国道教历史上从未有过的。

以上都是道教实体在现代社会管理和教育方法发展的大背景下，道教组织在这两个领域里发生变化的实例。这些是今天的人们踏进道教圈子的时候，都能看到和感觉到的道教的"新"气象。

不过，道教有些领域的革新变化，历来就是不大容易的。随着道教基本上得到恢复，开放了大

---

① 陈莲笙：《陈莲笙文集》上册，第29—30页。

小宫观，培养了青年道士，团结了相当数量的学术界人士以后，道教在教义思想、科仪活动和养生实践等方面，也产生了需要适应时代变化的呼声。但是，这些领域的适应性变化比起上述领域要困难得多。

就道教养生领域来说，在 21 世纪初曾经有过一个热潮，社会对道教养生表现出很大的兴趣。结果某些人利用网络，对某地某宫观某道长的养生功法刮起一阵批判风暴，拿一些查无实据的伪证，加上上纲上线的罪名，将该道长打下道教养生的阵地，直到十年以后的今天，道教养生和道教医药的弘扬和推广工作还是难以正常开展。当然，这场风暴也暴露了当代道教养生实践还没有同现代中西医的理论和实践相结合，道教养生推广工作还停留在师父说徒弟做的传统方法的弱点。种种教训说明，道教养生实践需要做大量的理论探索和实践检验的基础工作，走适应当代人习惯的中西医理论和实践结合的路子，用当代科技挖掘出更多像青蒿素那样的宝藏，使道教养生和医药实践融入当代社会，为造福中华和人类作出贡献。

就道教科仪领域来说，在 21 世纪初，当代道教信众出现了拜太岁的信仰要求，新加坡、中国香港和上海的道观敏锐地发现了这一新的信仰苗头，于是立刻利用编写太岁神传略、制定全新的因地制宜的祭拜方式、几年里连续出版《拜太岁》和《拜太岁二集》等推广书籍等多种方法，规范而有目的地全面铺开有关宣传。通过近二十年的努力，拜太岁这一道教新科仪终于得到了大陆道教、港澳台道教和海外各地道教界的普遍接受和承认，并且成为道教吸引当代中青年信众的一个增长点。

就教义思想的领域来说，在 20 世纪的最后十年里，道教界就有了构建现代化的道教教义思想的尝试。2000 年在庐山举行的中国道教文化研讨会上，中国道教协会的一位领导提出了"生活道教"的理念。他解释道："所谓生活道教，就是要在发扬爱国爱教、仙道贵生、慈爱和同、济世利人等优良教义思想的基础上，实现道教关爱现实、利益人群、传扬真道、福臻家国、修道成仙的价值理想。将道教信仰落实于生活，将道教精神圆融于生活，运用道教的智慧解决生活中存在的各种困惑，从而觉悟人生，升华人生，圆满人生。生活道教指的是生命形态的全部，包括物质和精神两个层面。"[①] 这个"生活道教"的理念，将传统道教的神学思想和宗教行为同当代社会和信众生活结合起来，为道教教义思想的变化打开了广阔的天地。但是，遗憾的是，由于当时中国道教协会的领导层对于教义思想的现代构建的意见并不一致，各地道教界领袖对于道教教义思想革新的迫切性的认识也各不相同，最后，"生活道教"的理念并没有得到响应，以致搁浅。如果将来要编写当代道教教义思想革新历史的话，从 2000 年到 2002 年，似乎可命名为"当代道教教义思想革新史的挫折时期"。

从 2002 年到 2015 年，道教教义思想现代重构的课题逐渐受到整个道教界的重视，可以称为"当代道教教义思想革新史的准备时期"。

这一时期的开始以 2002 年的香港和上海的两次会议为标志。

香港是一个现代化的都市。香港道教是典型的都市道教。香港回归以后，和大陆道教的关系日

---

① 张继禹：《践行生活道教，德臻人间仙境——关于道教与现实社会生活的探讨》，转引自张凤林：《正一道教当代发展之管见》，《江苏道教》2014—08—30。

趋紧密。香港道教敏锐地察觉到道教教义思想必须跟上时代的步伐，并将这一认识反馈给了大陆道教界。香港道教界在 2002 年 1 月由香港道教学院主持召开了"道教教义与现代社会国际学术研讨会"，会议全面研讨了当代道教如何适应社会发展的问题，包括：道教教义如何适应现代社会及文化需要；道教教义如何面对多元宗教信仰的处境；道教教义与现代善信生活的关系；道教教义与环境保护的关系；道教教义与现代宫观制度的关系，等等。道教研究前辈李养正先生评价此次会议"摆脱以往拘囿于古籍的研究方式，开始关注当代道教实际，阐明道教与新时代相适应，既是新时代对道教的客观要求，也是道教自身发展的客观要求，同时也着力探讨古老道教如何与新时代相适应的具体问题"①。出席这次会议的主要是大陆地区、港台地区以及法国、日本等国的学者，与会的道教界的有识之士大多只是旁听，提交论文的不多。从会议的论文看，大部分都还是概述性质的，但是，作为一次研讨会，应该说它具有开创性的意义，具有相当的号召力。

香港会议以后，大陆道教也于 2002 年 11 月在上海召开了"道教思想与中国社会发展进步研讨会"，以后又连续在泉州、衡山和南昌等地召开了三次同样名称的研讨会，集中研讨了道教教义思想的四个方面，并且连续公开出版了三本会议论文集。

2002 年 11 月在上海召开的第一次会议，回顾和总结了道教教义思想历史发展的经验和教训。

2003 年在福建泉州召开的第二次会议，集中探讨了道教教义思想中"道与神"的关系问题。

2004 年在湖南南岳衡山召开的第三次会议，集中讨论了"道教与伦理道德建设"的问题。

2008 年在江西南昌召开的第四次会议，集中讨论了"道教与社会经济发展"的问题。

这四次会议，累计发表了二百来篇道教各有关主题的研究论文。这些论文有的从哲学角度阐发传统道教思想范畴的新的时代意义，有的从历史学角度对历史人物作出了新的时代意义的评价，有的从文献学的角度对道教的重要文献提出了新的解释和分析。由于这些论文在研究范围上局限于学术界已经有所研究的成果，在研究方法上没有突破原来学科的局限，在研究结论上没有出现有影响的突破，因此对道教教义思想的重构并没有发挥实际的推动作用。但是，如此规模的连续举行四次的重要会议，给当代道教界的震动是很大的。道教教义思想重新构建的必要性和迫切性逐渐为道教界普遍接受和重视。

在这一时期，道教界内部有不少道长开始关心道教教义思想的革新问题，发表了许多有价值的文章。值得指出的是原中国道教协会副会长丁常云道长，一直在百忙中关心道教和社会关系的问题，发表了一系列文章。例如，在 2002 年上海会议上，丁会长发表论文《张宇初对道教教义思想的贡献及现代启示》，就是结合当代实际，研究历史上的高道及其著作的重要文章。在 2003 年衡山会议上，丁会长发表了论文《试论道教戒律的"道德伦理"及其现代意义》，从道教戒律的角度探讨道教伦理对现代社会的意义。此外，他还著有《道教慈善文化及其现代思考》《传承老子之道，共建和谐世界》《坚持中国化方向是当代道教发展的新境界》等文章。前不久，丁常云会长还将自己的文章结集出版，书名就是《道教与当代社会》。丁常云的研究和学术界研究的不同之处，就在于他始终以当代道教发展的要求为出发点，采用文献学和历史学的方法，从历史经验中寻找解决新问题的方向和方法，比起学术界从哲学或历史学角度的纯文献研究，更具有针对性和说服力。

---

① 李养正：《道教教义与现代社会国际学术研讨会论文集·序》，上海：上海古籍出版社，2003 年。

2002 年香港会议以后，香港道教学院继续以"道教教义与现代社会"为主题，利用自己的地理优势和治学长处，为道教教义思想的现代化继续作出自己的贡献。从理论建树来说，香港道教学院首创并支持在本院开设"道教神学概论"的课程，在学院成立二十周年时出版了《道教神学概论》一书。这个课程和著作，将道教教义思想明确定位为有神论思想，将道教神学和道教哲学明确区别，在海内外产生了广泛的影响。

正是由于港澳台地区和大陆道教共同的努力，道教教义思想的革新工作获得了道教界上下的普遍关注，并且获得了大多数道教界人士的普遍赞同。原来对这一工作持有怀疑态度和不支持的人已经不再对此提出非议或设置障碍。于是，在 2015 年中国道教协会第九次代表会议的工作报告中正式提出了构建道教教义思想的现代体系的工作项目，并获得了道教界人士的一致通过，同时也得到了学术界的一致支持。因此，可以认为，从 2016 年开始，道教教义的革新正式进入了"道教教义思想的现代体系构建期"。这一时期预计要五年时间。

如果道教教义的构建工作在五年内获得成功，那么这一新的构建成果就将使道教进入"道教教义思想的现代体系的贯彻传播期"，其任务是用新的现代构建的教义思想成果对当代道教信徒进行有组织有步骤的再教化，并且使这一成果全面地贯彻到当代道教实体的各个组成要素之中。这个过程的时间比起理论构建的时间恐怕会更加长一点。

我对道教教义思想的革新说得特别多一点，是想说明一个宗教的教义思想的革新，比起其硬件的革新要困难得多，碰到的阻力也大得多，需要的时间也长得多。特别是，要能够得到整个道教界的认可，并且贯串到道教界组织和人员的全体活动之中，得到贯彻执行，发挥教化的作用，那更不是一件轻而易举的事情。

有一点可以肯定，社会的变化必然会导致道教教义思想的适应性变化，不管需要多长时间，不管需要付出多大代价。道教随着社会变化，一定会抛弃旧的思想和某些不适应社会发展的活动方式，一定会有新的思想和活动方式来更替。这是绝无疑义的。因此，我把道教发展的历史经验的第三条归纳为一个字，那就是"新"。

道教艺术的符号象征

詹石窗*

内容提要：本文从符号学的角度对道教艺术进行探讨，指出道教艺术本身就是一个符号象征系统。作者区分了道教艺术的自然符号与人工符号之特性和功能，考察了具象符号与抽象符号在道教艺术中的不同表现及其象征意蕴。在此基础上，作者从道教艺术的审美功能上发掘了隐含于道教艺术中的人的精神，说明道教的生命意识在很大程度上就是通过符号象征来体现的。道教艺术之所以充满生命的气息和律动，正在于关注生命精神的运用；也正因如此，这种艺术形式才闪烁着独具魅力的美的灵光。

关键词：道教艺术　符号象征　生命意识　审美功能

道教艺术是中国传统艺术的重要门类。作为一个类概念，它统摄着许多不同的分支，对道教艺术进行划分，这是我们深入研讨其性质、特征、作用的前提。从其对思想内容的呈现或表达的"显示度"来看，道教艺术可以分为再现型道教艺术、表现型道教艺术、象征型道教艺术。再现型道教艺术，一般来说是通过模拟的方式对道教活动直接显示，它在总体上是一种"写真"。表现型道教艺术则在"描摹"艺术客体时有了一定的寄托，它的起点是再现，整个内容包含着再现的成分，但是它不是对道教活动过程的纯客观记录或反映，而是把道教活动既当作"艺术描摹"的对象，又当作艺术家心灵轨迹的"反映器"。在这里，艺术对象或曰艺术客体在艺术家心目中是二重化的。一方面，作为艺术对象的道教活动内容是艺术家"描摹"的原型物；另一方面，道教艺术家又要将自己对"道"的理解和其心灵观照感应注入其"摹本"里。于是，艺术对象不仅是一种"客体性"存在的物象，而且是"大道信息"的"运载车"。比表现型道教艺术更高一层的是象征型道教艺术。"象征"在道教艺术中占有极重要的地位，不认识象征，可以说是无法进入道教艺术殿堂的，也就不能向纵深处理解道教思想体系。

一、象征的符号性与道教符号象征的初步观照

黑格尔说过："'象征'无论就它的概念来说，还是就它在历史上出现的次第来说，都是艺术的

---

* 作者简介：詹石窗，哲学博士、名誉教育学博士，现任四川大学文科杰出教授。

开始。"① 换一句话讲，艺术一开始便是象征性的。按照黑格尔的观点，象征首先是一种符号，它与单纯的符号或记号不同，意义与表现意义的手段之关系不是一种完全任意构成的拼凑。在艺术里，意义与象征的联系是密切吻合的。

符号象征，作为美学研究的一大概念，将之引入道教艺术研究领域，这是我们理解道教艺术深层意义之必需。在人文思想史上，象征是一个被广泛应用的概念。在哲学、美学、文学、历史、社会学、心理学、人类学领域中，人们对"象征"作了多方面的讨论和种种规定。由于讨论的角度不同，人们对象征意义的理解也多有分歧。一般地说，所谓象征是指用具体事物表现某种特殊意义。黑格尔认为："象征一般是直接呈现于感性观照的一种现成的外在事物，对这种外在事物并不直接就它本身来看，而是就它所暗示的一种较广泛较普遍的意义来看。因此，我们在象征里应该分出两个因素，第一是意义，其次是这意义的表现。意义就是一种观念或对象，不管它的内容是什么，表现是一种感性存在或一种形象。"② 在这段话中，黑格尔把象征分为"意义"与"表现"两个因素，又从"表现"上升到"形象"。他运用抽象分析法，对象征的构成作了界定。通俗一点说，象征便是不直说本意，而以含蓄的感性存在物来暗示所要表达的意义。这样，象征也就有了隐喻性，可以造成一种朦胧的诗意美。故而，艺术家们大多喜欢运用象征的表现方式。

用于"象征"的代表一定意义的"外在事物"，既可以是存在于自然界的天然之物，又可以是人工创造的。事实上，作为艺术品，当它成为象征物时，不管它是对自然物的相似模拟或变形处理，本身便打上了人的精神烙印。当同一题材的某一形象与某一特定意义联系在一起时，这一形象便成了符号，成了这种意义的代表。因而，这种象征有别于一般的"外在事物"。现代"象征形式哲学"的代表人物卡西勒指出，一种象征形式应理解为一种精神能量，借它之助使一种精神的意义内容和一种具体的感性记号相连，并内在地属于此记号。在卡西勒看来，"象征不只是一种指示性记号，从一个领域指示另一个领域，而且是参与这两个不同领域的记号，即通过外部物质世界中的记号显示内部精神世界中的记号，或从可见物质世界中的记号显示内部精神世界中的记号。因而具有精神活动的人被其称作'象征动物'。因此作为一种记号观念的象征主要与它所'代表''暗示''含蕴'的精神内容有关"③。也就是说，象征不是独立性的存在，它以符号的形式出现，是沟通"能指"与"所指"的中介。只有当符号暗示了有别于自身的意义时，象征才是存在的。

从符号象征的视角来审视道教艺术便会发现，即使是那些以道教历史故事为主要根据进行创作的艺术作品，也往往是夸张和变形的，具有符号象征的意义。如道教教主太上老君的原型是先秦道家学派理论大师老聃，他的生平事迹载于司马迁的《史记·老庄申韩列传》。在司马迁笔下，有关老聃的相貌着墨并不多。但到了葛洪的《抱朴子内篇·杂应》，老聃的"真形"已相当具体："姓李名聃，字伯阳，身长九尺，黄色，鸟喙，隆鼻，秀眉长五寸，耳长七寸，额有三理上下彻，足有八卦，以神龟为床，金楼玉堂，白银为阶，五色云为衣，重叠之冠……雷电在上，晃晃昱昱。"④ 葛洪不仅描述了老子的"肖像"，而且作了环境的渲染。唐宋以来，老聃的相貌更带上了神秘的光圈。

① ［德］黑格尔（Georg Wilhelm Friedrich Hegel）著，朱光潜译：《美学》第二卷，北京：商务印书馆，1979 年，第 9 页。
② ［德］黑格尔著，朱光潜译：《美学》第二卷，第 10 页。
③ 李幼蒸：《理论符号学导论》，北京：中国社会科学出版社，1993 年，第 493 页。
④ 王明：《抱朴子内篇校释》（增订本），北京：中华书局，1980 年，第 273—274 页。

《混元皇帝圣纪》说："老君者，乃元生之至精，兆形之至灵也。昔于虚空之中，结气凝真，强为之容，体大无边，相好众备，自然之尊。上无所攀，下无所躅，悬身而处，不颓不落。着光明之衣，照虚空之中，如含日月之光也。或在云华之上，身如金色，面放五明，自然化出，神王力士，青龙白兽，麒麟狮子，列于前后。或坐千叶莲花，光明如日，头建七曜冠，衣晨精服，披九色离罗帔，项负圆光。或乘八景玉舆，驾五色神龙，建流霄皇天丹节，荫九光鹤盖，神丁执麾，从九万飞仙，师（狮）子启涂（途），凤凰翼轩。或乘玉衡之车，金刚之轮，骖驾九龙，三素飞云，宝盖洞耀，流焕太无，烧香散华，浮空而来……"①《混元皇帝圣纪》这段描述比起葛洪《抱朴子》关于老子的身形叙述又具体得多，环境渲染更带浓烈的宗教气氛。不过，《混元皇帝圣纪》这种充满想象力的老君画像仍是以葛洪《抱朴子》为本的。而《抱朴子》所言老子身形已隐伏着变的因子，老子脚下的"八卦"便是变化的总根源，八卦出于太极，太极涵阴阳，阴阳相感而八卦生。八卦会于中而成九宫，九宫之数以一、三、五、七、九为框架，所谓老子"真形"在整体上是"太极"，在数为一。一生二，二生三，所以老子额有"三理"；"三生万物"，万物各具木火土金水五行，故老子"秀眉长五寸"；五行各有阴阳，阴阳运化，天生地成，故《易》数变，一变而为七，故老于"耳长七寸"；七变而为九，故老子身长九尺②。由此不难看出，葛洪所描绘的老子真形那些数字是别有一番用意的。作为数码代号，一、三、五、七、九也是符号象征，暗示了宇宙间天地万物的演化序列。由于代表宇宙演化的"九宫"数蕴含着化生妙理，老子的身形也就有了多种变体，《混元皇帝圣纪》所描绘的正是其变体的表征。而老君之随从"九万飞仙"以及狮子、凤凰等等，若抹去迷离恍惚的宗教云雾，显露出来的也是宇宙演化的多彩多姿之气象。葛洪《抱朴子》及《混元皇帝圣纪》的老君真形在中国隋唐以来的许多绘画作品中得以具体化，像元代画家赵孟頫所绘老子像、泉州石雕老子坐像、太清殿壁画《老子讲道德经》《老子西出函谷关》的身形均具有这种特点，而讲经之时众弟子俨然而坐、四周云气缭绕之情形所象征的亦是宇宙的万千流韵。因此，从某种意义上说，老子身形图乃是道教关于宇宙演化观念的缩影。在这里，宗教信仰与宇宙发生论融而为一了。

太上老君题材方面的作品，我们更经常看到的是他骑青牛的坐像。这种坐像在许多道观中的壁画或雕塑作品里都可以见到。较早的有南宋晁补之的《老子骑牛图》、李奇茂的《老子骑牛图》，以及元代的《老子骑牛铜像》、明代《列仙全传》的《老子骑牛》插画等。在这些绘画里，牛已经成为陪伴老子的反复出现的意象。事实上，凡是在看老子遗迹传说的地方，有关"牛"的艺术品即十分突出。如陕西省周至县终南山脚下，唐朝曾在此建造了一座巨大的道观——宗圣宫，而今遗址中那石刻青牛以及系牛柏、系牛碑依旧昂然而立。在洛阳古城里，也矗立着巨大的青牛像。四川青城山巨型老君雕像之坐骑也是青牛。青牛与太上老君的形象已不可分离地联结在一起。从符号象征的意义上看，近千年来，青牛形象反复出现，这本身便是值得关注的艺术现象。《说文》谓："牛，大牲也，牛件也。件，事理也。象角头三，封尾之形。"③作为象形文字，牛取象于牛头，两角一头，

---

① （宋）张君房编：《云笈七籤》卷一〇二，《道藏》第 22 册，第 690 页。

② 关于"一变而为七"的数变见于《列子·天瑞篇》。"易变而为一，一变而为七，七变而为九，九变者，究也，乃复变而为一。一者，形变之始也，清轻者上为天，浊重者下为地，冲和气者为人；故天地含精，万物化生。"（杨伯峻撰：《列子集释》，北京：中华书局，1979 年，第 7—8 页）其即《易》"洛书九宫"数理。

③ （汉）许慎撰，（清）段玉裁注：《说文解字注》，上海：上海古籍出版社，1981 年，第 50 页。

合而为三。在道家学派的典籍里，"三"是个极重要的数字，万物生于"三"，三代表着天地人，一牛涵三，则牛乃是宇宙全体的象征。老子骑在青牛上表示的是道家对宇宙的整体把握。牛在古代又是星宿之一。《说苑·辨物》曰："所谓二十八星者，东方曰角、亢、氐、房、心、尾、箕，北方曰斗、牛、须女、虚、危、营室、东壁。"① 牛居于北方，在五行中属水。这个"水"正是道家最为崇拜的东西。《道德经》曰："天下莫柔弱于水，而攻坚强者莫之能胜。"② 又曰："上善若水。水善利万物而不争。"③ 青牛就是水牛。它象征的是道家对"水"的崇拜。牛在古人心目中，又与"紫色"相关。《晋书·张华传》记载："初，吴之未灭也，斗牛之间常有紫气。"④ 相传老子要过函谷关时，关令尹喜观星望气，见有紫气东来。今所见各类《老子骑牛图》均有紫气缭绕。紫气起于"斗牛"之间，那是一种天象，代表着吉祥。由此可知，道教艺术中的《老子骑牛图》，实凝聚着道家基本主张的"全息"。通过艺术传递出的信息，可知，道教也同样崇尚属性阴柔之物，而其宇宙论亦与先秦道家有很大的相似性，这是耐人寻味的。

二、道教艺术的象征符号及其隐意

作为道教艺术象征的符号是复杂多样的，可以用不同的标准对它们进行划分。在这里，笔者拟以"艺能"作为尺度来划分。所谓"艺能"，最早见于《史记·龟策列传》："至今上即位，博开艺能之路，悉延百端之学。"⑤ 后来，《后汉书·方术列传》等也应用了这个概念。中国古典文献中的"艺能"指的主要是自身所具备的学问技能。引而申之，"艺能"可以看作技艺能量。如果人将某种思想贯注于天然事物之中而没有改变其外形，那么这种事物虽然已被赋予"艺"的观念，但作为"载体"来说依旧可以看作是"自然"；如果人由于艺能劳动改变了事物的外观形态或将某种艺术观念化为一定的事物，那么这种事物就带有"人工"的特质。根据这个标准，我们考察道教艺术，也就有了自然符号与人工符号的区别。对这两类符号做一定的分析，有助于我们认识道教象征美学的底蕴。

自然符号就是赋予自然物象以特定意义的符号。这种情形在中国远古时期便已发生。道教信奉者们酷爱大自然，故山山水水、花草树木都被艺术化，具有符号象征的隐喻性，成为其修道情感的寄托。相传天师道鼻祖张陵入蜀之前曾于云锦山中炼丹，丹成而龙虎现，抬头一看，云锦山恍然有龙虎之形，故易名龙虎山。钱惟善《闻尊师为肖太定所作〈丹房寓隐图〉》云："结茅云里万尘空，辟谷相期伴赤松。昼夜常明羽人国，春秋不老药仙宫。飞腾舔药还鸡犬，蟠伏成形看虎龙。缩地壶天今有术，愿辞羁绊问《参同》。"⑥ 这首诗是因《丹房寓隐图》而作的。丹房之对面正是蟠伏的龙虎山。在道教炼丹术语中，龙虎是重要的隐语之一，用以代称丹药、气血、精气等。朱熹《周易参

---

① （汉）刘向撰，向宗鲁校证：《说苑校证》，北京：中华书局，1987年，第443页。

② 王卡点校：《老子道德经河上公章句》，北京：中华书局，1993年，第297页。

③ 王卡点校：《老子道德经河上公章句》，第28页。

④ （唐）房玄龄等：《晋书》第4册，北京：中华书局，1974年，第1075页。

⑤ （汉）司马迁：《史记》卷一二八《龟策列传》，北京：中华书局，1963年，第3224页。

⑥ 程关森：《龙虎山三绝》，南昌：百花洲文艺出版社，1991年，第18页。

同契考异》称：“坎离、水火、龙虎、铅汞之属，只是互换其名，其实只是精、气二者而已。”[1]　龙虎的意象又有阴阳之别。济一子为《吕祖沁园春》做注，认为“龙虎交会”指“龙雌虎雄，不交不成造化，二物相合，宝体生金”[2]。炼丹术中龙虎的这种隐语最初是从观察自然山形而得出的。张天师在云锦山以龙虎为法象来炼丹，这正是赋予自然山形以符号意义的例证。在观念上，这种法象虽已有“艺术”的因素，但其对象之客观形态却仍未被改变。

在道教信奉者心目中，道观园林中的山是仙境的象征。传说中的蓬莱、方丈、瀛洲三神山，那里神仙往来，逍遥自在，令人神往。仙山传说对于古代的崇道皇帝有极大的诱惑力。隋炀帝时京都洛阳所造的皇家园林，便有许多模拟性仙山。《资治通鉴》卷一百八十载，大业元年五月：“筑西苑，周二百里，其内为海，周十余里，为方丈、蓬莱、瀛洲诸山，高出水百余尺，台观宫殿，罗络山上，向背如神。”[3]　这个西苑里的“三神山”显然是假山，但它反映了道教以山为仙境的象征观念对世俗生活的重要影响。

道观园林以山为仙境，而花木则为“仙人”。“树有树神，花有花仙。”道人们笃信，当天机界临之际，树神花仙都会被感动而显现。道观园林依山形而设，重峦叠嶂假花木而奇。它们相映成趣，仿佛神仙便往来于其间。从性命修行的教理上看，道观园林的花木还象征着超凡脱俗，隐喻着驱邪益寿、青春常在。

道教园林艺术由于耗费了劳动力，它作为象征符号，也就打上了“人工”的烙印。事实上，随着艺能劳动的加大，人工艺术符号也丰富起来。从广义上看，道教音乐的曲线谱（又叫声曲折）、道教的舞蹈动作、道教戏剧的人物科步、道教的书法与绘画、雕塑与建筑都是人工符号，具有深刻的象征意义。在浙江省崇德县崇福寺西塔内有一尊西王母塑像，头部以象牙雕成，而衣冠、身躯则用墨色沉香木雕成。其头部低垂，肩部自然扭曲，姿态微妙。沉香木与象牙相辅为用，使得晶莹如玉的面部与凝重的神态得到巧妙的艺术对比。类似的西王母造像在许多壁画上也常可见到。这位女仙的形象暗示着道教关于阴阳和合的生成妙理。按杜光庭《墉城集仙录》所载，西王母又号金母，“乃西华之至妙，洞阴之极尊。在西道气凝寂，湛体无为，将欲启迪玄功，生化万物，先以东华至真之气化而生木公焉。木公生于碧海之上，苍灵之墟，以主阳和之气，理于东方，亦号王公焉。又以西华至妙之气化而生金母焉。金母生于神洲伊川，厥姓缑氏，生而飞翔，以主阴灵之气，理于西方，亦号王母。皆挺质太无，毓神玄奥。于西方眇莽之中，分大道纯精之气，结气成形，与东王公共理二气而育养天地，陶钧万物矣”[4]。按照这种解释，西王母与东王公乃是阴阳真气所生，她和东王公共同管理生养的问题。可见，西王母又是“生”的象征。知道了这一底蕴，就不难明白为什么在许多场合，西王母又成为注生娘娘的秘密了。西王母在古神话传说中本已存在，但早先她是“豹尾虎齿而善啸”的怪物。在道教中，西王母作为上等女仙以华贵夫人的形象出现。艺术家也是按照华贵夫人的形象来塑造西王母的，其主生乐养的观念与其慈祥面容亦相吻合。面对这一艺术形象，同一群体的成员都能悟出其所代表的理念，引起共鸣，产生崇拜举动。这正是此等艺术形象作为符

① 《道藏》第 20 册，第 122 页。
② 《藏外道书》第 11 册，第 894 页。
③ （宋）司马光：《资治通鉴》卷一八〇，北京：中华书局，1956 年，第 5620 页。
④ 《道藏》第 18 册，第 168 页。

号象征的精神力量之所在。西王母像是道教人工符号的一个小例子。若以此为媒介，仔细地考察道教艺术的众多作品，那就能在更大程度上发现它们作为人工符号承载信息的奇妙功能了。

为了进一步了解道教艺术的符号象征的特质与功能，我们还可以从存在形态上把符号划分为具象符号与抽象符号。

具象符号是一种具体的形象符号，它与"肖似性符号"既有共同点又有不同点。所谓"肖似"就是对客体的反映尽可能保持原貌，譬如张三之像或李四之像，明眼人一认即知它所代表的是谁。"肖似"不是原客体本身，但必须是对原客体的按比例的模拟。具象符号在一定层次上也是肖似的。在操作过程中，具象符号的创造有具体事物做范本或原型，但它不是简单地照搬原物。为了突出某一性质特征，具象符号往往会做变形性处理。在音乐上，就是对主旋律的变奏；在绘画、雕塑、舞蹈上，就是在某些方面变动其造型。例如，同是"老子骑牛像"，晁补之所画之牛两角上翘，两耳伸展，是一头壮牛；而元代"老子骑牛铜像"之牛乃牛犊，头低下，显得较温顺。具象符号中的造型变化，有作者个人爱好的因素，但也有群体意识的作用。生活于具体时代的道教艺术家因其艺术禀赋自觉或不自觉地将群体的道教精神融进了艺术作品之中。由于这种精神不是以直接的形式表达出来，而是通过艺术语言以暗示隐喻的形式出现，这就造成了具象符号与本意之间一定的距离感。然而，正是这种距离感呈现出了一种美的韵律。从这个意义上说，具象符号不仅是道教传达道体信息的载体，而且蕴含着积极象征的美学功能。

与具象符号相比，抽象符号与本意之间的距离就更远了。从哲学上讲，抽象本是与"生动的直观"相对而言的，它指在比较分析的基础上，从事物的许多属性中撇开非本质属性，抽出本质属性。应该说，抽象符号的形成在最终意义上也遵循这种"扬弃"原则。但是必须看到，抽象符号不是事物外观形态因素的简单"抽取"，而是经过一番"理念的玄想过程"。因此，并不是所有道教艺术品均有抽象符号功能，只有那些经过道教艺术家"玄想运作"的作品才具有抽象符号的功能。抽象符号的创制也可以有一个"内心描摹"的对象，但它与具象符号对原型的夸张变形处理不同，而要求对原型的曲折的、理念的转换。这种转换可以使本是声音的原物变成色彩，本是色彩的东西化为声音，立体的转换成平面的，斜的转换成正的。道教象征符号研究的最大难处是如何从图像上读出旋律，从色彩上听出声音。道教经典中有关抽象符号的声与形转换比比皆是。例如，道人们对"灵图"之来历功用的描述便体现了这一点。《云笈七籤》卷八十在谈到《洞玄灵宝三部八景二十四住图》时说："大运告期，赤明开光，三景朗焕，五劫始分。元始天尊与十方大圣至尊真神无极太上大道君、飞天神人、玄和玉女，无鞅之众，同坐南浮洞阳上馆柏陵舍中。清淡空泊，素语自然。灵音十合，妙唱开真。诸天欢乐，日月停轮。星宿默度，九天回关。河海静波，山岳吞烟。龙麟踊跃，人神欢焉。是时太上无极道君稽首作礼，上白天尊：今日侍坐，太漠开昏，无极世界，一切见明。法音遐振，泽被十方。"[1] 这段话是用以说明传授《洞玄灵宝三部八景二十四住图》的情景的。其中既描绘了南浮洞众仙会集的场面，又勾勒出了灵音回转的情形。文中对于音乐的描述虽然是渲染气氛的需要，但也表达了"二十四住图"这种抽象符号与曲乐进行转换的理趣。

在道教中，带有抽象符号意义的"灵图"甚多，而备受道门崇尚的当推《玄览人鸟山形图》。

---

① （宋）张君房编：《云笈七籤》卷八十，《道藏》第 22 册，第 569 页。

道人谓："无数诸天，各有人鸟之山，有人之象，有鸟之形，峰岩峻极，不可胜言。玄台宝殿，尊神所居，林涧鸟狩，木石香花，芝草众药，不死之津，长生之液，又难具陈。"[1] 由此看来，人鸟山系道人的存想仙境。按文中的描述，人鸟山的景观应是很具体的，有峰峦，有鸟兽，有殿堂。但是，真正画出来的却是如符一样的形状，整体上呈长方形，以粗笔曲线交叉而成，中间四小块纯属符笔法。道经释曰："妙气之字即是山容，其表异相，其迹殊姿。"[2] 这里的"异"和"殊"充分体现了道教艺术中的抽象符号与具体事物间的巨大差别。它不是形态的写真，但却是妙气神水的流泻，故谓之"真形"。

抽象符号的象征意义是具有多层性的，且随着环境的变化而有新的衍生。仍以《人鸟山形图》为例，它既是道教诸天胜境的"符征"，又是"天地人之生根，元气之所因，妙化之所用"[3]。照此说法，《人鸟山形图》又成了天地万物之根本的抽象或象征了，因为在中国的传统思维模式中，天地人三界代表着宇宙的全体。可见，在道教中《人鸟山形图》的象征意义已被无限地扩大了。这种意义的衍生是抽象符号所赋予的一项重要功能。

道教艺术的符号象征是中国传统象征哲学的结晶，更是道门玄想实践的产物。《易经》中的八卦便有符号象征的功能。道教在修炼实践活动中借鉴了《易经》的卦象思维，通过宗教的存想修持，不断丰富原有的神仙胜境，形成了多彩多姿的神仙传说，它们成为文人艺术家创作的源头活水。当文人艺术家以重复变奏的方式使神仙符号在不同场合再现时，象征意义就不断演变了。

三、道教艺术符号象征的生命律动与人的精神

道教艺术符号象征的审美指归与人的精神之高扬是一体化的。从表层上看，道教艺术的表现对象多是神仙幻境，似乎远离了人自身，但实际上道教艺术的符号象征所蕴含的是由深沉的生命体验所支持的强烈的自我意识。

英国诗人、大英博物馆东方绘画馆馆长劳伦斯·比尼恩（Laurence Binyon，1869—1943）在谈到中国的绘画艺术时指出："单单是秩序，以及对秩序的顺从，永远也不会使人的精神完全满足在那种精神里，欲望经常隐藏起来，经常受到压抑，然而却一直持续不断，超越自己；它变得面目皆非，它逃避，它扩张，它创造。在某种意义上说，这是对自身命运的对抗，而这种欲望可以通过渴望摆脱日常生活那种桎梏人的环境这样一种形式表现出来。这就是浪漫精神，在行动的天地里激发着为冒险而冒险的精神，而在想象的领域里则渴求着美：它醉心于怪异的、遥远的、奇迹般的、不能达到的东西；或者它采取一种有力而又持久的形式，一心想超越自身的局限，使自己与外界存在物同化，最后它达到升华而与宇宙精神、与无所不在的生命精神合而为一。"[4] 这种对欲望的曲折表

---

[1] 《道藏》第 6 册，第 696 页。
[2] 《道藏》第 6 册，第 696 页。
[3] 《道藏》第 6 册，第 696 页。
[4] ［英］劳伦斯·比尼恩（Laurence Binyon）著，孙乃修译：《亚洲艺术中人的精神》，沈阳：辽宁人民出版社，1988 年，第 20 页。

达，对自我的超越，在很大的程度上符合道教艺术的精神境界。搜奇猎异，逍遥八极，充满浪漫色彩，道教艺术正是以此为主要特色。这种色彩斑斓的外观铺排映射出一种对自我局限超越的需求。可以说，道教是一种最为关心生命价值的宗教。道教看到了人生的最大局限就在于生命的短促。为了改变这种局限，道教把眼光移向了浪漫的艺术世界，在这个世界里进行精心的营构。道教运用艺术形式对天界的咏叹，实际上是对自我生命的讴歌。在尘世中得不到的自我生命的永恒在艺术世界里得到了充分的满足，因为这时的自我已经与天地融为一体，万物的存在就是"我"的存在，宇宙的精神就是"我"的精神的本体。

在道教经籍《灵宝无量度人上品妙经符图》中收有《灵宝始青变化之图》《碧落空歌之图》《大浮黎土之图》，道人们对这三幅图的解释都体现了神仙圣境与生命理想的结合。例如对《灵宝始青变化之图》，作者称："天真皇人以紫笔记灵宝之气，交始青之气、变化之象也。主世间及天地鬼神之生道，能资蓄生气以抱魂，结炼以得真也。兆能有之，以青书竹帛之上，面西北服之，则生气归身，返老回婴。应运灭度，身经太阴，带服始青变化之图，始青帝君与兆同游逍遥太空也。"[1] 按照这种解释，《灵宝始青变化之图》是宇宙精气的写照，又是宇宙运化的法象。因为"灵宝"在道门中本是精气的另一种表示。陈观吾说："气谓之灵，精谓之宝。寂然不动，感而遂通曰灵；上无复祖，唯道为身曰宝。"又说："灵宝者，精气也。精气者，汞铅也。汞铅者，阴阳也。阴阳者，离坎也。"[2] 宇宙精气，有阴有阳，阴阳相感，变在其中，所以说这又是"变化之象"。作者认为将这种象征宇宙精气的"图"画在竹帛上，烧化和水服之，就能使"生气归身"。这个说法体现了宇宙精气与人体内气的对应，由此可见作者对人的生命的关注。

道教追求长生不死。为了达到这一目标，道教中人不遗余力，进行养生的实践活动，而这种充满生命意识的活动在很大程度上又是借助于符号象征来展开的。

天地广大，无所不容，宇宙自然，号称万有。尽管从局部看，存在物有各自的运动方式，但在全局整体上所有的事物又是互相配合、互相补充的。从这个意义上说，宇宙自然是和谐的。自然和谐，构成了宇宙的运动和发展，这也是道教艺术对美的最高追求。只要你迈入道教的洞天福地，几乎到处都可以看到黑白双鱼合抱的太极图，它已成为道教的基本标志。太极图看起来很简单，但却蕴含着道教宇宙观的全体，也是道教艺术审美观的浓缩。清人胡渭《易图明辨》卷三引明人赵仲全《道学正宗》云："古太极图，阳生于东而盛于南，阴生于西而盛于北；阳中有阴，阴中有阳，而两仪，而四象，而八卦，皆自然而然者也。"[3] 太极图中，阴阳之间存在着奥妙，阳进一分则阴退一分，阴进一分则阳退一分，阴阳相推互转，两者配合，体现了自然的和谐。太极图是道教的宇宙生成发展模式、养生的总法象，也是道教艺术的审美指归。绘画上的黑白构图，音乐演唱的步虚九宫旋绕步法都离不开这个"太极"。老子《道德经》说："万物负阴而抱阳，冲气以为和。"太极运化，阴阳两分，构成天地之大美。清人唐岱《绘事发微》曰："自天地一阖一辟，而万物之成形成象，无不由气之摩荡自然而成。画之作也亦然。古人之作画也，以笔之动而为阳，以墨之静而为阴，以笔取气为阳，以墨生彩为阴，体阴阳以用笔墨，故每一画成，大而丘壑位置，小而树石沙水，无一

---

① 《灵宝无量度人上品妙经》卷六十九，《道藏》第 3 册，第 1042 页。
② 《道藏》第 2 册，第 392 页。
③ （清）胡渭著，王易等整理：《易图明辨》，成都：巴蜀书社，1991 年，第 88 页。

笔不精当，无一点不生动，是其功力纯熟，以笔墨之自然合乎天地之自然，其画所以称绝也。"① 唐岱是就作画而言的，但却表明了太极阴阳和谐的重要意义。

道教中人通过一系列符号进行着生命的体验。例如有关《周易参同契》的解说著作中所画的明镜图、金乌玉兔图、法象图、寅申阴阳出入图、月体纳甲图、水火匡廓图等等，都具有指示内气修炼的意义。道人们对生命的关注在这些图里充分地体现出来。就是那些表示仙境结构的图像往往也具有人体内象的效用，例如《修真太极混元图》中的"三景之图"便是如此。作者在图下释曰："此乃大道之始，出乎自然，而居三十六天之上，本无形状，见于有象，上列三清，下分五太玉清圣境，元始所居；玉山上京之下而有上清真境，太上道君所居；其下有太清仙境，老君居之；而下有太虚之界，太虚之界内有太无之界，太无之界内有太空之界，太空之界内有太质之界，太质之界内有天地混沌之形，而分玄黄之色……"② 这里描述的"五太"居于"三清之下"，"三清"与"五太"层层相叠，构成了道教天上圣境的一种基本模式。这同时又是人体内景的法象，故《修真太极混元图》释曰："三清者，人之三田也；五太者，人之五行也。炼五行秀气而为内丹，合三田真气而为阳神。内丹就则长存，阳神现则升仙矣。"③ 在这里，三清圣境与人体三丹田对应起来，五太结构模式也与人体的五行统一起来。这就说明道教中人所描绘的各种天地景观其实就是生命内景的写照。道教的斋醮科仪也具有描摹生命之气运行轨迹的意蕴。科仪中的种种法器供品往往都被看成传递信息的工具，譬如"符节"便被看作"信"的象征。《太平御览》卷六七五引《列仙传》称："先道有三十七种色之节，以给仙人。"④ 在科仪举行过程中，"节"被悬挂于坛场上，作为同神仙交通的"符信"。它们在斋坛上的悬挂或安置，组合成一定的信息传递程序。当它们在手掌上有了相对应的位置时，行斋人之手实际上便成了浓缩的宇宙图式。在道教科仪中，主事者的手势动作具有特殊的象征暗示功能，尤其是"手印"更是如此。手印，又称印诀、掐诀、捻目等，系道人行法诵咒时以手结成的形态符号。《道法会元》第一百六十卷称："祖师心传诀目，通幽洞微，召神御鬼，要在于握诀。"⑤ 这个"诀目"系指"掐诀"的手势。每一个诀目都有一定的代表意义。行斋人之手无论是掌或指纹都有相应的象征意义，所谓北斗七星、十二时辰、九宫八卦、二十八星宿罗络于一掌之中便体现了这种旨趣。就拿指纹来说，道门以二、三、四指的九个关节纹为九宫八卦阵，中指中纹代表中宫，配上《洛书》之中数五，其余八纹代表乾震坎艮坤巽离兑八卦。另一种法式是以手指之劳宫穴为中宫，八卦分纳于掌上八个方位，这样手上每一个部位便有相应的代码意义。在古人的心目中，八卦往往代表了整个宇宙，具有无限包容性，因之便能产生丰富的符号语言效应。这样，随着手印的变换，道门中人便把符号语言转化成通讯语言，产生观念效应。由此不难看出，道教实际上是力图通过某种手势符号语言来沟通外界，甚至调动外界的"力量"以达到在现实世界所未能达到的生命完善和精神超越的理想目标，显示了道门中人强烈的自我生命意识。

劳伦斯·比尼恩在谈到道教与中国绘画的关联时说："大自然的生命并不是被设想为与人生无

① （清）唐岱：《绘事发微》，上海：上海人民出版社，1987年，第35页。
② 《道藏》第3册，第94页。
③ 《道藏》第3册，第94页。
④ （宋）李昉等：《太平御览》卷六七五，北京：中华书局，1960年，第3011页。
⑤ 《道法会元》卷一六〇，《道藏》第30册，第6页。

关的，而被看作是创造出宇宙的整体，人的精神就流贯其中。"① 事实正是如此。道教艺术之所以充满生命的气息和律动，正在于人的精神之作用。由于这种精神的"流贯"，道教艺术才闪烁着独具魅力的美的灵光。

（本文原载《中国社会科学》1997 年第 5 期，收入本书时略做调整）

---

① ［英］劳伦斯·比尼恩著，孙乃修译：《亚洲艺术中人的精神》，第 53 页。

论孙吴、东晋江南家族道教

李　刚 *

　　汉末太平道、五斗米道起自民间，或组织起义，或武装割据，其组织机构的领导成员都由家族内人士组成，太平道是"三张"兄弟，五斗米道是"三张"祖孙。后来魏晋时期，从道教的构成形式来说，则效仿太平道、五斗米道，以家族为主体而构成宗教组织，出现了所谓"李家道""帛家道""葛家道"等等。同时，又产生了不少信仰道教的世家，这些道教世家，围绕某个家族世代传承道教。孙吴、东晋的江南道教，是道教历史发展的一个重要里程碑，影响极为深远，表现出道教与大家族紧密关联的特色，形成了家族道教，借助这些门阀大族，道教登堂入室走进上流社会。可以说，以家族为中心的家族道教，是魏晋道教组织构成的一大特色，本质上是中国宗法血缘社会的独特产物。南北朝以降，随着宫观的出现，家族道教逐步朝着宫观道教演变，但宫观道教的内部组织结构仍然仿效世俗的家族结构，一直延续到今天。

　　西方学者所谓"教团道教"① 是按基督教的眼光来命名，如果一定要说道教组织，也就是以宫观为主体的一个个小山头组织，规模不大，互不干涉，互不统属。实际上，出生成长于中国宗法血缘社会的道教，其组织形式更类似于家族组织。汉末太平道、五斗米道的组织化程度较高，但曹魏时已在想方设法控制道教领袖人物，旨在破坏其组织的严密性。晋代产生的"李家道""帛家道""杜家道""葛氏道"等，依旧以家族名义来组织道教，然而规模已远不如太平道、五斗米道。而五斗米道演化为正一道，其组织系统以"治"为单位，天师后裔对于这些"治"已完全失控了，各"治"之间亦无统属关系，且规定道民不能在各"治"之间串连，组织的联系大为削弱。晋代以降世家大族进入道教队伍后，遂形成以门阀士族为主流的家族道教，张天师家族则在晋代隐而不显。要讨论孙吴、东晋的江南家族道教，则须先从其形成发展的文化背景——吴越文化说起。

　　* 作者简介：李刚，四川大学道教与宗教文化研究所荣休教授、原所长。

　　① 道教从一开始就实行师父带徒弟的形式来传播发展，教内以师徒关系作为纽带形成网络，师父以及徒儿之间虽无血缘关系，却颇为类似中国古代社会的家族组织，在法术的传授上则颇像工匠群体组织内的秘授技术，与西方宗教的"教团"组织模式，可以说是风马牛不相及。而中国高度中央集权的皇权政治，也决不会允许道教拓展"教团"模式的宗教组织，从而形成与皇权组织相抗衡的社会组织力量。故中国古代宗教政策明文规定，道教不得在宫观外发展组织，道士不得走乡窜巷，四处串联，因此它只能在宫观内以师父带徒弟的形式来传播发展，于是形成一个一个山头的宫观道教，互不统属，组织力量分散微弱。其与西方的"教团"组织相比较，的确是不可同日而语的。

一

　　《史记·秦始皇本纪》载：秦始皇"南登琅邪，大乐之，流三月。乃徙黔首三万户琅邪台下。复十二岁，作琅邪台，立石刻，颂秦德，明得意"。《集解》引《地理志》："越王勾践尝治琅邪县，起台馆。"又《正义》引《括地志》："密州诸城县东南百七十里有琅邪台，越王勾践观台也。"越王勾践在其都城琅邪建立"观台"，不知要观望什么，所引诸书皆未交代。《史记》称秦始皇也在此地"作琅邪台"，紧接着就叙述说："既已，齐人徐市等上书，言海中有三神山，名曰蓬莱、方丈、瀛洲，仙人居之。请得斋戒，与童男女求之。于是遣徐市发童男女数千人，入海求仙人。"① 似乎秦始皇作"琅邪台"，有在台上观望海上神仙的意图。很有可能，自古以来琅邪的神仙文化就颇为流行。《太平经》这本早期道教"神书"的问世，即与琅邪人宫崇有关。《后汉书·襄楷列传》载："初，顺帝时，琅邪宫崇诣阙，上其师于吉于曲阳泉水上所得神书百七十卷，皆缥白素朱介青首朱目，号《太平青领书》。"② 道教典籍《正一法文天师教戒科经·大道家令戒》也说："道重人命，以周之末世始出。奉道于琅琊以授于吉，太平之道起于东方。"③《老君说一百八十戒叙》亦称："昔周之末，赧王之时，始出太平之道、太清之教，老君至琅邪授道与干君。"④ 东汉之后，琅邪出了不少著名道士。三国时"有道士琅邪于吉"，往来吴会传教，"立精舍，烧香读道书，制作符水以治病，吴会人多事之"，后被孙策所杀。⑤ 琅邪算得上是汉魏南朝道教的风水宝地，热点地区，琅邪道士于吉到"吴会传教"，且"吴会人多事之"，可以看出当时道教在山东和吴越地区的传播途径，而其渊源可以追溯到远古时期吴越文化和齐文化的互动。琅邪地处山东，而山东与江南沿海地区自古海路畅通，文化面貌相近，关系密切。古文献中，会稽有三处，一在山东，一在辽西，一在江南。这三处的夏文化遗址，其中山东最早，因山东夏裔来到江南，把"会稽"的地名也带了过去。就是说会稽原在山东，越国王室本是夏裔，从山东经海路迁来。越王勾践迁都琅邪后，曾想迁葬琅邪，并已经采取一定的行动。勾践为何要迁葬琅邪？因为"鸟飞返故乡"，故乡情结使然。山东本属东夷地区，所谓古"东海"指山东及苏北连云港一带⑥。西周时，茅山两侧的文化面貌泾渭分明，西侧的宁镇地区是吴文化区，东侧的太湖地区是越文化区。到春秋晚期，茅山两侧的文化面貌已趋一致，融合统一而成吴越文化。吴越地区有羽人神话。传说古代中国有"羽民国"存在，大致方位在东南方。尤其是《吕氏春秋》将羽人、裸民相提并论，更是表明两地相近。而"裸民（国）"正是代指后来的吴国，"断发文身，裸以为饰"恰是吴越先民的习俗。《史记》形容越王勾践的相貌是"长颈鸟喙"，《吴越春秋》有"大越鸟语之人"的说法，说明羽人国大体在吴越这一方土地上。近年来，吴

　　① （汉）司马迁：《史记》卷六《秦始皇本纪》，北京：中华书局，1982年，第1册，第244、247页。
　　② （南朝宋）范晔：《后汉书》卷三十《襄楷列传》，北京：中华书局，1965年，第4册，第1084页。
　　③ 《正一法文天师教戒科经·大道家令戒》，《道藏》第18册，第236页。按："琅琊"即"琅邪"。
　　④ （宋）张君房编：《云笈七签》卷三十九《老君说一百八十戒叙》，《道藏》第22册，第270页。
　　⑤ （晋）陈寿：《三国志》卷四十六《吴书·孙破虏讨逆传》，北京：中华书局，1982年，第5册，第1110页。
　　⑥ 《三国志》卷三十《魏书·乌丸鲜卑东夷传》载：弁辰十二国"以大鸟羽送死，其意欲使死者飞扬"（第3册，第853页）。"东夷"的弁辰国葬礼，意欲使死者灵魂化为鸟人，飞升上天。"东夷"地区对鸟人或者说羽人的信奉，于此可见。则处于"东夷"地区的齐文化中很可能有羽人的习俗。

越地区的考古新发现，为进一步揭破羽人之谜提供了新资料。1976 年，浙江鄞县出土春秋战国时的青铜钺，正面有"羽人划船"的图像。1986 年发掘的浙江余杭良渚文化（约公元前 3300 年至前 2100 年）时期的墓葬中，出土了许多玉琮和玉钺等玉器，玉琮上的图像镂刻有戴羽冠的宗神，脚为三爪的鸟足。而简化的宗神图像的两侧雕琢着飞翔的神鸟，衬托了宗神在空中腾云驾雾的情状。最引人注目的是 1989 年江西新干大洋洲商墓的发现，其族属为古越民族的一支，令人尤为惊叹的是墓中有一件完整的玉羽人，高勾鼻、戴高羽冠。这些发现于吴越土地上的文物精品，恰好印证了文献中羽人生活在中国东南区域的记载①。如果把良渚文化玉琮上的"祖宗神"图像断定为羽人，则吴越地区的羽人神话有接近五千年的历史。且考古发现表明，从商到周代，这一羽人神话的传统在吴越地区并未断过。而羽人神话与后来产生的神仙具有千丝万缕的联系，直到现在道教仍把成仙称为"羽化"，留有羽人的胎记，前者可以说是启迪了后者②。特别值得引起我们注意的是，越王勾践的相貌被描绘为与羽人相关，晚年的他，又曾在琅邪建立了所谓"观台"，似乎是要观望东海中的神仙吧？越国王室本是夏裔，从山东迁到江南来。越王勾践又曾迁都琅邪，还曾想迁葬琅邪。这样的往返迁徙过程，势必带来齐文化和越文化之间的频繁交流，吴越的羽人文化向北传播到齐地，加上齐文化中本有的羽人习俗，而燕齐的神仙文化又向南传播到越地，这些都是文化互动中自然而然的事情。假如越王勾践在琅邪海边建立"观台"，其目的真的是要观望神仙的话，那么很有可能春秋末期或战国初期齐地的神仙文化已悄然兴起，而且浸润到江南吴越之地。换言之，战国时期的吴越文化可能已有神仙文化的内容。这样一来，我们就很好理解，为什么三国时期吴越之地的社会各阶层是如此热烈地接受山东琅邪传来的道教，东晋南朝时期吴越之地的道教突然就勃兴起来了，许多奉道的世家大族从齐文化圈琅邪迁徙而来，在这里不仅不被排挤，而且反客为主；特别是，江南吴越之地的道教随着隋唐的统一又传播到北方乃至全国，成为隋唐道教的主流。很显然，这是因为吴越之地有久远深厚的羽人文化、神仙文化传统，道教在这里简直就是如鱼得水，寻找到鱼跃龙门的惬意环境。

《汉书·地理志》称：吴"世传《楚辞》"，又说"吴粤与楚接比，数相并兼，故民俗略同"。而楚的民俗"信巫鬼，重淫祀"。划入楚地的汉中，则"与巴蜀同俗"。至于"属楚"的陈国，也"好祭祀，用史巫，故其俗巫鬼"③。由此看来，地处长江下游的吴越文化与长江中游的楚文化、上游的巴蜀文化彼此有比较接近的一面，即都信奉"巫鬼"，看重"淫祀"，而"巫鬼"文化恰好就是道教的来源之一。吴越文化的所谓"巫鬼""淫祀"的风俗习惯，成为自晋代起江南道教突飞猛进传播和发展的深厚文化土壤。

按《后汉书·第五伦列传》所载："会稽俗多淫祀，好卜筮。民常以牛祭神，百姓财产以之困匮，其自食牛肉而不以荐祠者，发病且死先为牛鸣，前后郡将莫敢禁。伦到官，移书属县，晓告百姓。其巫祝有依托鬼神诈怖愚民，皆案论之。有妄屠牛者，吏辄行罚。民初颇恐惧，或祝诅妄言，

---

① 董楚平、金永平：《吴越文化志》，上海：上海人民出版社，1998 年，第 49—52、62—63、224—227 页。

② 道经中留下明白无误的羽人痕迹。如《老君变化无极经》不断歌颂羽人："老君正法道自明……白发翩翩游天庭，羽翼开张毛衣成，五色斑斑如列星。""身生毛羽飞云行，上谒老君山中黄。游观南岳宿闲房，仙人王乔共邀翔。"（《道藏》第 28 册，第 372、373 页）《太上洞渊神咒经》卷十九形容说："上仙之人，修奉皆生羽翼，而能飞腾自在。"（《道藏》第 6 册，第 70 页）

③ （汉）班固：《汉书·地理志》，北京：中华书局，1962 年，第 6 册，第 1668、1666、1653 页。

伦案之愈急，后遂断绝，百姓以安。"① 其实，风俗习惯不是靠一纸行政命令就能"断绝"的，只能是第五伦在任时出点彩头，人走茶凉，"淫祀"之风自然会卷土重来。看看从孙吴到晋代江南的民俗那样一幅"惟专祝祭""祈祷无已，问卜不倦""转相诳惑，久而弥甚""淫祀妖邪，礼律所禁""然而凡夫，终不可悟"的画卷②，即可明白这一点。亦如我们在上文已经揭示的，由于吴越之地具有久远而深厚的羽人文化、神仙文化，故使得道教在此地的发展如鱼得水，获得可持续性。这是孙吴、东晋江南家族道教形成发展的文化背景。而论家族道教，则需从三国时的孙吴说起。

二

　　孙吴有化名于吉的道士在进行宗教活动，主要是以符水治病，其影响上达宫廷和军队将领，下及一般百姓与士兵，当政者孙策认定其扰乱人心，对治化"甚无益"，将其杀害。据《三国志·孙策传》注引《江表传》记载："时有道士琅邪于吉，先寓居东方，往来吴会，立精舍，烧香读道书，制作符水以治病，吴会人多事之。（孙）策尝于郡城门楼上，集会诸将宾客，吉乃盛服杖小函，漆画之，名为仙人铧，趋度门下。诸将宾客三分之二下楼迎拜之，掌宾者禁呵不能止。策即令收之。诸事之者，悉使妇女入见策母，请救之。母谓策曰：'于先生亦助军作福，医护将士，不可杀之。'策曰：'此子妖妄，能幻惑众心，远使诸将不复相顾君臣之礼，尽委策下楼拜之，不可不除也。'诸将复连名通白事陈乞之，策曰：'昔南阳张津为交州刺史，舍前圣典训，废汉家法律，尝著绛帕头，鼓琴烧香，读邪俗道书，云以助化，卒为南夷所杀。此甚无益，诸君但未悟耳。今此子已在鬼箓，勿复费纸笔也。'即催斩之，县首于市。诸事之者，尚不谓其死而云尸解焉，复祭祀求福。"③ 对此唐长孺先生说："于吉是宫崇师，宫崇上神书在顺帝时，距建安已五六十年。《志林》以为于吉年近百岁，不该加刑；近人疑为孙策所杀乃冒充的于吉。不管怎样，于吉自即干吉，孙策所杀者不管是否假托，其所奉必为干吉、宫崇、襄楷所传之《太平经》。由此可见，直到建安五年，吴会太平道仍然流行。如《江表传》所述，此后也仍'祭祀求福'。在道教中，干吉一直是被尊敬的神仙。"④ 他认定太平道已传入江南，黄巾起义之后的太平道在江南吴会地区仍然流行。

　　与孙策不同，其弟孙权对于神仙长生却情有独钟，黄龙二年（223），他"遣将军卫温、诸葛直将甲士万人浮海求夷洲及亶洲。亶洲在海中，长老传言秦始皇帝遣方士徐福将童男童女数千人入

---

① （南朝宋）范晔：《后汉书》卷四十一《第五伦传》，北京：中华书局，1965年，第5册，第1397页。葛洪高度赞美"第五公诛除妖道，而既寿且贵。"（王明：《抱朴子内篇校释·道意》，北京：中华书局，1985年，第172页）然而对葛洪来说，很不幸的是直到他的时代"妖道"依旧"转相诳惑，久而弥甚"。

② 王明：《抱朴子内篇校释·道意》，第172页。

③ （晋）陈寿：《三国志》卷四十六《吴书·孙策传》注引《志林》说："初顺帝时，琅邪宫崇诣阙上师于吉所得神书于曲阳泉水上，白素朱界，号《太平青领道》，凡百余卷。顺帝至建安中，五六十岁，于吉是时近已百年，年在耄悼，礼不加刑。"又，注引《搜神记》说："策欲渡江袭许，与吉俱行。时大旱，所在熇厉。策催促将士使速引船，或身自早出督切，见将吏多在吉许，策因此激怒，言：'我为不如于吉邪，而先趋务之？'便使收吉。至，呵问之曰：'天旱不雨，道途艰涩，不时得过，故自早出，而卿不同忧戚，安坐船中作鬼物态，败吾部伍，今当相除。'令人缚置地上暴之，使请雨，若能感天日中雨者，当原赦，不尔行诛。俄而云气上蒸，肤寸而合，比至日中，大雨总至，溪涧盈溢。将士喜悦，以为吉必见原，并往庆慰。策遂杀之。将士哀惜，共藏其尸。天夜，忽更兴云覆之；明旦往视，不知所在。"裴松之按语说："《江表传》《搜神记》于吉事不同，未详孰是。"（第5册，第1110—1111页）

④ 唐长孺：《唐长孺文存·太平道与天师道》，上海：上海古籍出版社，2006年，第748—749页。

海，求蓬莱神山及仙药，止此洲不还。世相承有数万家，其上人民，时有至会稽货布，会稽东县人海行，亦有遭风流移至亶洲者。所在绝远，卒不可得至，但得夷洲数千人还"①。孙权欲效仿秦始皇故事，入海求神仙及不死的仙药。其手下大臣吕蒙病重，"权自临视，命道士于星辰下为之请命"②。道教认定，星斗主宰人的生死，故有所谓"南斗主生，北斗注死"之说，紧急关头用仪式祈求星斗，或可得救。看来孙权很相信这一套，故命道士为吕蒙"请命"，祈望挽回其生命。这与其兄孙策对待道教的态度，显然大相径庭。孙权的好道，引得各地道士纷至沓来江南传道，江南道教势头逐步升温。

《抱朴子内篇·道意》提及"李家道"，认为"诸妖道百余种，皆煞生血食，独有李家道无为为小差。然虽不屠宰，每供福食，无有限剂，市买所具，务于丰泰，精鲜之物，不得不买，或数十人厨，费亦多矣，复未纯为清省也，亦皆宜在禁绝之列"。那么这"宜在禁绝之列"的"李家道"起于何时呢？葛洪答曰："吴大帝（孙权）时，蜀中有李阿者，穴居不食，传世见之，号为八百岁公。人往往问事，阿无所言，但占阿颜色。若颜色欣然，则事皆吉；若颜容惨戚，则事皆凶；若阿含笑者，则有大庆；若微叹者，即有深忧。如此之候，未曾一失也。后一旦忽去，不知所在。"神秘莫测的"八百岁公"李阿替人占卜，只凭借脸色行事，且百发百中，从未失手。不知何故，竟然玩起失踪。"后有一人姓李名宽，到吴而蜀语，能祝水治病颇愈，于是远近翕然，谓宽为李阿，因共呼之为李八百，而实非也。自公卿以下，莫不云集其门，后转骄贵，不复得常见，宾客但拜其外门而退，其怪异如此。于是避役之吏民，依宽为弟子者恒近千人，而升堂入室高业先进者，不过得祝水及三部符导引日月行炁而已，了无治身之要、服食神药、延年驻命、不死之法也。"为证明自己所说不虚，葛洪称："余亲识多有及见宽者，皆云宽衰老羸悴，起止咳噫，目瞑耳聋，齿堕发白，渐又昏耗，或忘其子孙，与凡人无异也。然民复谓宽故作无异以欺人，岂其然乎？吴曾有大疫，死者过半。宽所奉道室，名之为庐，宽亦得温病，托言入庐斋戒，遂死于庐中。而事宽者犹复谓之化形尸解之仙，非为真死也。"在葛洪眼里，"夫神仙之法，所以与俗人不同者，正以不老不死为贵耳。今宽老则老矣，死则死矣，此其不得道，居然可知矣，又何疑乎？若谓于仙法应尸解者，何不且止人间一二百岁，住年不老，然后去乎？天下非无仙道也，宽但非其人耳"。既然李宽"不得道"，非神仙之人，那么葛洪为何还要不惜笔墨谈论他？葛洪的回答是："余所以委曲论之者，宽弟子转相传授，布满江表，动有千许，不觉宽法之薄，不足遵承而守之，冀得度世，故欲令人觉此而悟其滞迷耳。"③试图让人们从执迷不悟之中清醒过来，但人们的信仰习俗，又岂是以葛洪的主观意志为转移的？这个叫李宽，由蜀入吴，被远近人们称为李阿、呼为"李八百"的道士，用祝水治病，偏偏能吸引避役的吏民，依附他为弟子者近千人，升堂入室道术较高的弟子学的是祝水三部符和导引行气。这些人再转相传授，一时徒众布满东吴，动有千许，显现江南符水道教的一支——"李家道"盛况空前。这一由蜀地传来江南的所谓"李家道"，是否与信奉五斗米道的李姓宾人有某种关系呢？李宽为何要由蜀地来到江南？史料阙如，不得而知。另据《太上洞渊神咒经》卷五所说："吴蜀之

① （晋）陈寿：《三国志》卷四十六《吴书·吴主传》，第5册，第1136页。
② （晋）陈寿：《三国志》卷五十四《吴书·吕蒙传》，第5册，第1280页。
③ 王明：《抱朴子内篇校释·道意》，第173—174页。

国，人多信道。"卷六也说："道炁日盛，盛在江南、汉蜀之中，三洞流布。"① 该经多次指出："世人积恶，不信道法。""世人不行道法，虐乱国土。""世人多不信道。""世人不信大法。""天下多恶人，不知有道。"② 但却称赞吴蜀之人"多信道"，江南、汉蜀两地的"道炁日盛"，足见江南、汉蜀两地的道风盛行。这种盛况，不能肯定是否和"李八百"在吴蜀两地的传播有关，但作者把江南、汉蜀牵扯在一起叙述，使我们可以看出两地的道教颇有关联。"李家道"这一名称，则凸显出家族道教的色彩，表明江南从东吴时起已有家族道教活动的影子。那么，东晋家族道教的情况如何呢？

三

西晋时期，按小林正美《六朝道教史研究》推测，天师道的信奉者仅在北方和蜀地，天师道似还没传到江南地区。在江南地区跋涉寻求仙书的葛洪，于东晋初建武元年（317）所著的《抱朴子》中，一点都没有涉及天师道，当是由于他没有和天师道教徒接触的机会。《抱朴子》以外，也没发现涉及西晋时期江南地区天师道的可靠资料。蜀地和北方的天师道教徒，也许有在西晋时期移住到江南地区者，但即使有也很少。江南地区天师道的实质性的宗教活动，始于以西晋末八王之乱为契机的北方贵族和流民的南渡，与此同时天师道教徒由北向南方的移住。江南出身的豪族中天师道的信奉者，都是东晋以后的归信之人③。史实也的确如此，由江南土著和乔迁士族构成的家族道教就是在东晋时形成的。

东晋初，当王敦谋划除掉"江东之豪"周札家族时，"时有道士李脱者，妖术惑众，自言八百岁，故号李八百。自中州至建邺，以鬼道疗病，又署人官位，时人多信事之。弟子李弘养徒灊山，云应谶当王。故敦使庐江太守李恒告（周）札及其诸兄子与脱谋图不轨。时（周）莚为敦咨议参军，即营中杀莚及脱、弘，又遣参军贺鸾就沈充尽掩杀札兄弟子，既而进军会稽，袭札"④。这个自称为"李八百"的"道士李脱"，从北方来到江南，也是"以鬼道疗病"，并且还以教内的"官位"署人，显而易见属于五斗米道传统，或即张鲁徒众。这个"道士李脱"同样是以师父带徒弟的方式来传播道教，其"弟子李弘"亦在"养徒"，系五斗米道那种家族道教典型的组织形式。有意取名

---

① 《太上洞渊神咒经》卷五、卷六，《道藏》第 6 册，第 19、20 页。
② 《太上洞渊神咒经》卷一、卷二、卷三、卷四，《道藏》第 6 册，第 2、7、11、15、16 页。
③ ［日］小林正美著，李庆译：《六朝道教史研究》，成都：四川人民出版社，2001 年，第 180 页。
④ （唐）房玄龄等：《晋书》卷五十八《周处传》，北京：中华书局，1974 年，第 5 册，第 1575 页。而《晋书》卷六十一《周浚传》则称：王"敦密使妖人李脱诬（周）嵩及周莚潜相署置，遂害之"（第 6 册，第 1662 页）。所述李脱的故事情节略有不同。与此相关的王敦作乱事件，详情参见唐长孺：《魏晋南北朝史论拾遗·王敦之乱与所谓刻碎之政》，北京：中华书局，1983 年，第 151—167 页。

"李弘"，目的是为了符应"李弘当王"的政治预言①，和汉末五斗米道一样具有浓厚的政治兴趣。为了站稳脚跟，又与江南的豪族拉帮结伙，图谋可持续稳定地发展，不幸最终成为侨居大族与江南豪族权力争夺战的牺牲品。按唐长孺先生的推测："东晋时期江南天师道似乎自两条路线传入，一是来自蜀中，但尚无确切证据；二是世奉五斗米道的侨姓如琅邪王氏等带着他们的世传宗教一起东渡。……李脱所传播的似是李家道和天师道的合流，可能与天师道在江南的传播有关。"②

另外，《晋书·明帝纪》提到：太宁二年（324），"术人李脱造妖书惑众，斩于建康市"③。这里所说的"术人李脱"，或有可能是另一托名者。无论是从蜀地来的李阿"李八百"，还是来自北方的道士李脱"李八百"，或自称"李弘"者，都以"李"为姓，是否企图标明自己为太上李老君之后，甚至径直以太上李老君的化身自居呢？竟然因此而形成葛洪所谓"李家道"，流传江南，声势浩大，为道教此后在江南的广泛传播、兴旺发达打下了群众基础。这时候的道教没有什么高深的宗教理论，以各式各样的法术及符水疗病的方法招徕信徒，道徒们热心于社会政治活动，主要是在下层群众中流传。

魏晋的战争乱象，既得利益集团和未得利益集团之间竭尽全力拼杀，既得利益集团内部凶残的争权夺利，这些刀刀见血的惨无人道局面交织在一起，包括皇帝在内的任何人都感觉到朝不保夕，生死无常。既然不知道哪天脑袋就掉了，那就及时行乐吧。然而行乐之余，酒醒之后，存在的空虚感、荒谬感依旧挥之不去，只好再把自己灌醉。于是享乐主义伴随着虚无主义的人生价值观风行一时，佛教讲"空"占了大便宜，在信仰的市场份额中比例越来越大。对于士族大家来说，尽管存在是虚无的，说"空"却是一种时髦，能聊以慰藉精神空虚。但及时享受人生，对于士族大家来说更显重要，故谈玄论道作为寻找生活乐趣的一种方式也不可缺少。长生不死的仙人，虽说未见实例，然借以自欺，却也能解除死亡焦虑，道教因此亦占有了自己的一席之地。按陈寅恪先生的见解：晋代"奉天师道之世家，旧史记载可得而考者，大抵与滨海地域有关。故青徐数州，吴会诸郡，实为天师道之传教区"④。西晋时，五斗米道在原来太平道活动的地方徐州琅邪郡已经流行，一些士族大家开始奉道，譬如司马氏、孙氏等。东晋时，门阀士族信奉道教的家族更多，出现所谓世世代代奉道的道教世家，如琅邪王氏、高平郗氏，另外又有北方的清河崔氏、京兆韦氏。通过道教世家及其

---

① 《老君音诵戒经》揭示："但言老君当治，李弘应出，天下纵横，返逆者众。称名李弘，岁岁有之。……称李弘者，亦复不少。"（《道藏》第18册，第211页）《元始无量度人上品妙经四注》卷四李少微注解称："圣君者，金阙后圣太平李真君也，讳弘，来劫卜为人主，故预称后圣君也。尹氏《玄中记》曰：'太上老君常居紫微宫，一号天皇大帝，一号太乙天尊，一号金阙圣君。天地万物，莫不由其造化焉。'"（《道藏》第2册，第240页）汤用彤《康复札记·"妖贼"李弘》列举史书中李弘的记载四条，指出："从公元322年到公元416年前数年，前后不到百年，东起山东，西至四川、陕西，南到安徽等地，均有人以李弘名义领导农民起义，正如《老君音诵戒经》所言：'称名李弘，岁岁有之。'"（汤用彤：《汤用彤全集》卷七，石家庄：河北人民出版社，2000年，第2—3页）唐长孺《史籍与道经中所见的李弘》，在汤用彤《康复札记》基础上，检索史籍，又得五条，时间下于隋末，地域更南及今河南、湖北，西北及于今甘肃成县，并揭示："道书中说李弘是老君许多化名之一，或者是老君转世，下为人主。"（唐长孺：《魏晋南北朝史论拾遗》，第208—210页）众多"称名李弘"者，都围绕着"老君当治，李弘应出"做文章，目的就是"应谶当王"，"下为人主"，故纷纷利用社会矛盾加剧的现实情况，借机举旗造反，这种情况一直延续到南北朝及隋末。

② 唐长孺：《魏晋南北朝史论拾遗·魏晋期间北方天师道的传播》，第223、224页。

③ （唐）房玄龄等：《晋书》卷六《明帝纪》，第1册，第160页。

④ 陈寅恪：《陈寅恪史学论文选集·天师道与滨海地域之关系》，上海：上海古籍出版社，1992年，第164页。胡适在给杨联陞的信中说："我对于寅恪先生的天师道与滨海地域的关系说，只认为可以说明一个时期的道教情形，不可看作普遍的'定论'。三张的道教起于巴汉，盛于巴汉，寇谦之是上谷人，而苻秦亡后，寇赞（谦之兄）被雍人千余家推为首领；谦之自己是华山道士，又是嵩岳道士。此皆与滨海地域无关。"（杨联陞：《杨联陞论文集》，北京：中国社会科学出版社，1992年，第18页）按：所谓"天师道"，这是当时学术界对南北朝道教的统称，其界定并不清晰，即使承认这一提法，"天师道"也不仅仅限于"滨海地域"。

相互之间的联姻，汉末出身于"寻常百姓家"的道教，摇身一变上升为"王谢堂前燕"，进一步渗透到士族上层社会的门庭，成为统治集团人物信仰生活中不可缺少的重要组成部分。以致余嘉锡在《世说新语笺疏·德行》中深深感叹："东晋士大夫不慕老、庄，则信五斗米道，虽逸少、子敬犹不免，此儒学之衰，可为太息！"① 可以得出这样的结论，东晋以降士大夫信奉道教的显著特色，就是一个个士族大家世代相传，形成家族道教，而各个奉道之家又结为秦晋之好，由此拓展了道教在门阀士族中的传播。道教对于宗法血缘制度的坚定不移的维护，也使得这些士族大家感到它是一种值得信赖的宗教，家族与道教的关系日趋紧密，世家大族以此信仰为纽带，从而进一步加固了家族共同体成员的凝聚力，以求在乱世中获得安全感，强化自我保护。宗教就是力量，道教给这些家族带来了生活下去的力量。下面，我们就来看看江南地区家族道教的风貌，其中既有从北方乔迁到江南的家族，也有江南的土著家族。

琅邪孙氏 《晋书·孙恩传》说："孙恩字灵秀，琅邪人，孙秀之族也。世奉五斗米道。"② 据此，陈寅恪先生揭示说："以'世奉五斗米道'之语推之，秀自当与恩同奉一教。"又有按语："琅邪为于吉、宫崇之本土，实天师道之发源地。伦始封琅邪，而又曾之国。则感受环境风习之传染，自不足异。孙秀为琅邪土著，其信奉天师道由于地域关系，更不待言。"③ 琅邪为早期道教的流行区域④，琅邪孙氏一族，世传五斗米道，即使永嘉南渡迁徙江南之后，依旧传习，而且这个家族的家传特点是把道教与政治紧密结合起来，利用传播道教去荣耀家族的光环，扩大家族的势力，达到自己家族的政治目的。

琅邪王氏 按陈寅恪先生的研究：琅邪王氏为五斗米道世家，其渊源可上溯至西汉王吉。据《汉书·王吉传》，王吉字子阳。上疏言得失，兴致太平。俗传其能作黄金。则王吉当时所处环境中作黄金的观念必已盛行，然后方能有此传说。又《真诰·阐幽微》称王吉积行获仙，不学而得。"天师道以王吉为得仙，此实一确证，故吾人虽不敢谓琅邪王氏之祖宗在西汉时即与后来之天师道直接有关，但地域风习影响于思想信仰者至深且巨。若王吉、贡禹、甘忠可等者，可谓上承齐学有渊源。下启天师道之道术，而后来琅邪王氏子孙之为五斗米教徒，必其地域薰习，家世遗传，由来已久。"⑤ 由此可见琅邪王氏家族与道教关系源远流长。据《新唐书·宰相世系表》说："王氏出自姬姓。周灵王太子晋以直谏废为庶人，其子宗敬为司徒，时人号曰'王家'，因以为氏。"后来，王氏一支王元避秦乱，迁于琅邪，后徙临沂。四世孙王吉，字子阳，汉谏议大夫。另一支王元之弟王威迁徙于太原⑥。可见王氏与传说中的仙人王子乔有关联，难怪太原王氏也好神仙之术。正如《潜夫论》卷九《志氏姓》所说：王子乔"仙之后，其嗣避周难于晋，家于平阳，因氏王氏。其后子孙

① 余嘉锡：《世说新语笺疏·德行》，上海：上海古籍出版社，1993 年，第 41 页。
② （唐）房玄龄等：《晋书》卷一〇〇《孙恩传》，北京：中华书局，1974 年，第 8 册，第 2631 页。
③ 陈寅恪：《陈寅恪史学论文选集·天师道与滨海地域之关系》，第 152、153 页。
④ （南朝梁）沈约：《宋书》卷三十《五行志一》载："宋明帝泰始二年五月丙午，南琅邪临沂黄城山道士盛道度堂屋一柱自然，夜光照室内。"（北京：中华书局，1974 年，第 3 册，第 882 页）由此或可推测，即便永嘉南渡迁走了一些道教家族，至南朝时琅邪地区的道教仍存在。
⑤ 陈寅恪：《陈寅恪史学论文选集·天师道与滨海地域之关系》，第 165—168 页。
⑥ （宋）欧阳修、宋祁：《新唐书·宰相世系表》，北京：中华书局，1975 年，第 9 册，第 2601、2632 页。

世喜养性神仙之术"①。神仙养性之术同样成为琅邪王氏的传家宝。琅邪王氏于东晋南朝侨居江南后，把这一传家宝发挥得淋漓尽致。《晋书·王羲之传》称他"性爱鹅"，因"山阴有一道士，养好鹅，羲之往观焉，意甚悦，固求市之。道士云：'为写《道德经》，当举群相赠耳。'羲之欣然写毕，笼鹅而归，甚以为乐"。此即著名的写经换鹅故事。羲之"又与道士许迈共修服食，采药石不远千里，遍游东中诸郡，穷诸名山，泛沧海，叹曰：'我卒当以乐死。'"与王羲之交往甚深的道士许迈，后改名为玄，字远游，句容人，家世士族，曾前往葛洪的岳父鲍靓处，探视其道法的"至要"："立精舍于悬霤，而往来茅岭之洞室，放绝世务，以寻仙馆。"又"采药于桐庐县之桓山，饵术涉三年，时欲断谷"，"好道之徒欲相见者，登楼与语，以此为乐。常服气，一气千余息"。"又著诗十二首，论神仙之事焉。羲之造之，未尝不弥日忘归，相与为世外之交。"② 由此可见，奉道世家在修道上密切联系，经常走动切磋。王羲之次子王凝之，在"世事张氏五斗米道"的王氏家族中最为痴迷，故当"孙恩之攻会稽，僚佐请为之备。凝之不从，方入靖室请祷，出语诸将佐曰：'吾已请大道，许鬼兵相助，贼自破矣。'既不设备，遂为孙恩所害"③。由此可见，奉道世家并不因为信仰相同其政治利益就一致。尤其可笑的是，王凝之面对孙恩进攻会稽时"不设备"，却入靖室请祷，声称："吾已请大道，许鬼兵相助，贼自破矣。"终为孙恩所杀害。这不由得让人想起楚灵王信巫祝之道，礼群神，面临吴国军队进攻时，还镇定自若地斋戒，"起舞坛前"降神，说什么："寡人方祭上帝，乐明神，当蒙福祐。"④ 楚灵王、王凝之这类显得十分荒唐的做派，当为远古时代所谓"神守国"的"神守"遗风。章太炎《封建考》在引《国语·鲁语》所说"山川之灵，足以纪纲天下者，其守为神"后，揭示出"神国无兵……以神守之，国营于机祥，不务农战"，"不守社稷，而亦不设兵卫"⑤。杨向奎先生也有论"神守国"的文章多篇，散见于诸多刊物中。吴锐将其整理，撮成一篇《论"神守国"》，证明在远古时代曾有所谓"神守国"，不设兵备，一旦敌人攻打进来，便祈祷神灵，依靠神灵保家卫国⑥。这种源远流长的"神守"传统，看来一直遗传给了王氏家族中最为信奉道教神灵的王凝之，故而不设防备，只等"鬼兵相助"，结果自然是下地狱。另外，关于王氏家族的王献之，余嘉锡《世说新语笺疏·德行》引宋米芾《画史》云："海州刘先生收王献之画符及神咒一卷，小字，五斗米道也。"王献之画符念咒，活脱脱就是个道士。而王献之每当生了病，也按道教"上章"之术治疗⑦。

高平郗氏 《晋书·郗鉴传》载：郗鉴子愔"事天师道"，"会弟昙卒，益无处世意，在郡优

① （汉）王符撰，（清）汪继培笺：《潜夫论笺》，北京：中华书局，1979年，第435页。关于太子晋，参见章太炎《太子晋神仙辩》。（章太炎：《章太炎全集·太炎文录初编》，上海：上海人民出版社，2014年，第32—33页）

② （唐）房玄龄等：《晋书》卷八十《王羲之传》，第7册，2100、2101、2106—2107页。唐长孺先生《魏晋南北朝史论拾遗·魏晋期间北方天师道的传播》揭示：琅邪的道教传统应当是太平道，天师道传入这一地区是较晚的事。至晚西晋时琅邪的天师道业已流行。（唐长孺：《魏晋南北朝史论拾遗·魏晋期间北方天师道的传播》，第221页）按：与王羲之交往的道士许远游，在《真灵位业图》中进入"地仙散位"，成为地仙。（《道藏》第3册，第278页）梁元帝《隐居先生陶弘景碑》称赞说："许远游者，乃云霄之胜宾，大虚之选客。"（唐欧阳询等编：《艺文类聚》卷三十七，上海：上海古籍出版社，1999年，上册，第659页）

③ （唐）房玄龄等：《晋书》卷八十《王羲之传》，第7册，第2103页。崇信佛法者也有此种情况。据《南齐书·王奂传》载："奂闻兵入，还内礼佛，未及起，军人遂斩之。"（第3册，第850页）兵来不是将挡，而是"礼佛"求救，难怪被"斩"。

④ （宋）李昉等：《太平御览》卷五二六《祭礼下》引桓谭《新论》，北京：中华书局，1960年，第3册，第2389页。

⑤ 章太炎：《章太炎全集·太炎文录初编》，上海：上海人民出版社，2014年，第111、112页。

⑥ 参见吴锐：《论"神守国"》，《齐鲁学刊》1996年第1期，第91—97页。

⑦ 余嘉锡：《世说新语笺疏·德行》，上海：上海古籍出版社，1993年，第40页。

游，颇称简默，与姊夫王羲之、高士许询并有迈世之风，俱栖心绝谷，修黄老之术"①。另据《晋书·何充传》记载："郗愔及弟昙奉天师道"，谢万讥之云："二郗谄于道。"②《世说新语笺疏·排调》亦称："二郗奉道，二何奉佛，皆以财贿。谢中郎云：'二郗谄于道，二何佞于佛。'"注引《中兴书》说："郗愔及弟昙奉天师道。"③ 谄于道的高平郗氏，与世事五斗米道的琅邪王氏有联姻关系，两大家族的道教信仰传统，就这样借助联姻得到了巩固，一代一代延续下去。据说，今人搜到一方《郗氏墓识》，是关于王羲之妻子郗璿的。《墓识》说，郗璿的娘家来自沛国武氏，并提供了王羲之八子一女的婚姻状况。其中第八子王献之，发妻为高平郗道茂（郗昙之女），后妻为司马氏司马道福，从中亦可知高平郗鉴之子女的婚姻情况，其长女的情况不详，次女郗璿，即嫁给王羲之④。另外据《世说新语笺疏·术解》记载："郗愔信道甚精勤，常患腹内恶，诸医不可疗。闻于法开有名，往迎之。既来，便脉云：'君侯所患，正是精进太过所致耳。'合一剂汤与之。一服，即大下，去数段许纸如拳大；剖看，乃先所服符也。"对此，余嘉锡的按语称：《真诰》称郗愔为许穆同学，是郗愔已入道受箓，同于道士。而许穆又示以郗愔神仙之诗，将谓飞升可望，固宜其信道精勤矣。奉天师道者，皆以符水治病。然亦有无病服符者。《真诰·协昌期篇》有"明堂内经开心辟妄符"，即用开日旦朱书，再拜服之，一月三服。郗愔所服，盖此类也⑤。郗愔信道过于"精进"，以至于服符过了头，不仅没有收到养精蓄锐、延年益寿之效，反而因此得了病。

陈郡殷氏　据《晋书·殷仲堪传》说："仲堪能清言，善属文，每云三日不读《道德论》，便觉舌本间强。""仲堪少奉天师道，又精心事神，不吝财贿，而怠行仁义，啬于周急，及玄来攻，犹勤请祷。"⑥ 其吝惜钱财去周穷救急，却不惜金钱贿赂神灵、事奉天师道的功利主义心态跃然纸上。陈郡殷氏也与琅邪王氏联姻。据苏绍兴考证，琅邪王临之（王彬孙）将女儿嫁给殷仲堪，仲堪族子殷景仁娶王谧之女，仲堪孙元素娶王僧朗女，元素子殷睿又娶王奂女为妻，而王奂的妻子又为殷睿族祖殷道矜之女，王、殷联姻持续了整个东晋南朝，可谓典型的世世代代通婚的道教家族⑦。

吴郡杜氏　《晋书·孙恩传》有所涉及：孙恩叔父泰，"师事钱唐杜子恭。而子恭有秘术，尝就人借瓜刀，其主求之，子恭曰：'当即相还耳。'既而刀主行至嘉兴，有鱼跃入船中，破鱼得瓜刀。其为神效往往如此。子恭死，泰传其术"⑧。杜子恭所传，还有"东土豪家及都下贵望"，其中即包括吴兴沈氏。据《南史·沈约传》记载："钱唐人杜炅字子恭，通灵有道术，东土豪家及都下贵望并事之为弟子，执在三之敬。"学通《左氏春秋》的沈警，家产千金，"内足于财，为东南豪士，无进仕意"，"累世事道，亦敬事子恭。子恭死，门徒孙泰、泰弟子恩传其业，警复事之"⑨。天

① （唐）房玄龄等：《晋书》卷六十七《郗鉴传》，第6册，第1803、1802页。
② （唐）房玄龄等：《晋书》卷七十七《何充传》，第7册，第2030—2031页。
③ 余嘉锡：《世说新语笺疏·排调》，上海：上海古籍出版社，1993年，第814页。赵翼《陔余丛考》卷三十四《张真人》谓："《世说》注，郗愔与弟昙奉天师道，此人间奉道教之始也。"（北京：中华书局，1963年，第3册，第746页）其说大谬且武断，对道教一知半解，以至与史实差之甚远。
④ 参见谭洁：《兰陵萧氏家族文化研究》，北京：中华书局，2013年，第173页。关于《郗氏墓识》的真伪，学术界目前尚有争议。
⑤ 余嘉锡：《世说新语笺疏·术解》，第708、709页。
⑥ （唐）房玄龄等：《晋书》卷八十四《殷仲堪传》，第7册，第2192、2199页。
⑦ 参见谭洁：《兰陵萧氏家族文化研究》，第173页。
⑧ （唐）房玄龄等：《晋书》卷一〇〇《孙恩传》，第8册，第2631—2632页。
⑨ （唐）李延寿：《南史》卷五十七《沈约传》，北京：中华书局，1975年，第5册，第1405页。

师道士杜子恭与乔迁士族和土著士族均有千丝万缕的关系，尤其注重走上层路线，在豪家贵望中传播其道术，影响广泛。杜子恭羽化后对后世修道的士族影响亦很深远。刘宋会稽山阴人孔灵产，"事道精笃"，"东出过钱塘北郭，辄于舟中遥拜杜子恭墓，自此至都，东向坐，不敢背侧"①，对杜子恭的崇拜，跃然纸上。杜子恭之子杜运、孙杜道鞠、玄孙杜京产及京产之子杜栖"世传五斗米道"。杜京产"少恬静，闭意荣宦。颇涉文义，专修黄老"。孔稚珪等曾于永明十年（492）表荐他"学遍玄、儒，博通史、子，流连文艺，沉吟道奥"②。杜京产之子杜栖，事迹入《南齐书·孝义传》。史载其"从儒士刘瓛受学。善清言，能弹琴饮酒，名儒贵游多敬待之"。"竟陵王子良数致礼接。国子祭酒何胤治礼，又重栖，以为学士，掌婚冠仪。"杜栖为当时出了名的孝子，"卒时年三十六。当世咸嗟惜焉"③。从杜栖身上，我们可以看出，那个时代的道教家族，对儒学礼教也很精通，是儒家伦常的忠实践行者，实为道与儒结合的典范，于此可窥道教与儒家的关系。杜氏一家，世代传播五斗米道，与累世事道的东土豪家沈氏往来密切，互相支持，互相唱和，在江南地区天师道的传播中发挥了重大作用。此正如小林正美《中国的道教》所揭示："江南五斗米道活动中扮演重要角色的是吴郡钱塘的杜氏。杜氏作为江南五斗米道信徒而展开活动始于东晋初的杜子恭，其后历经杜运、杜道鞠、杜京产、杜栖，代代延续。孙恩的叔父孙泰是仕于杜子恭的五斗米道信徒，诗人谢灵运幼年有寄居杜家的经历。上清派的许黄民晚年也是在杜道鞠处寄身。杜氏发挥了江南五斗米道信徒的宗教活动中心的作用。"④

泰山羊氏　泰山羊氏家族是否信奉天师道，史无明载。但泰山羊氏与琅邪王氏同处齐鲁，又世为婚媾，其思想信仰应当有相同处。可能在西晋末年至东晋时，泰山羊氏家族中已经颇有信奉道教的人物。可以确定的是，羊权是道教的重要人物。羊权字道舆，是羊陶之子、羊欣之祖，历官黄门侍郎、尚书左丞等，因笃好道术，后成为道教神仙人物。《世说新语·言语》记载了他与东晋简文帝的一次对话，对话中有"名播天听"之句，由此可知对话时间在简文帝司马昱做皇帝期间（371—372）。因此可以推断羊权大约生活于东晋穆帝至孝武帝时期。而且，从记载中可知羊权与简文帝关系密切，又因简文帝是笃信道教的，从而也可推测羊权与道教的关系。《真诰》卷一《运象篇》说："愕绿华者，自云是南山人，不知是何山也。女子，年可二十。上下青衣，颜色绝整。以升平三年十一月十日夜降〔厶厶〕[剪缺此两字即应是'羊权'字]。自此往来，一月之中，辄六过来耳。云本姓〔厶〕[又剪除此一字，应是'杨'字]，赠〔此〕[此一字本是'权'字，后人黵作此字]诗一篇，并致火浣布手巾一枚、金玉条脱各一枚。条脱乃太而异精好。神女语〔见〕[此本是草作'权'字，后人黵作'见'字，而乙上之]：'君慎勿泄我，泄我则彼此获罪。'"道教神女愕绿华不仅赠送羊权火浣布手巾一枚、金玉条脱各一枚，还有诗篇相赠，诗云："神岳排霄起，飞峰郁千寻。寥笼灵谷虚，琼林蔚萧森。〔｜〕[此一字被墨浓黵，不复可识。正中抽一脚出下，似是'羊'字。其人名权]生标美秀，弱冠流清音。栖情庄慧津，超形象魏林。扬彩朱门中，内有迈俗心。我与夫子族，源胄同渊池。宏宗分上业，于今各异枝。兰金因好著，三益方觉弥。静寻欣斯

① （南朝梁）萧子显：《南齐书》卷四十八《孔稚珪传》，北京：中华书局，1972 年，第 3 册，第 835 页。
② （南朝梁）萧子显：《南齐书》卷五十四《高逸传》，第 3 册，第 942 页。
③ （南朝梁）萧子显：《南齐书》卷五十五《孝义传》，第 3 册，第 965—966 页。
④ ［日］小林正美著，王皓月译：《中国的道教》，济南：齐鲁书社，2010 年，第 23 页。

会，雅综弥龄祀。谁云幽鉴难，得之方寸里。翘想笼樊外，俱为山岩士。无令腾虚翰，中随惊风起。迁化虽由人，蓄羊未易拟。所期岂朝华？岁暮于吾子。"① 此事又见《云笈七籤》卷九十七《萼绿华赠羊权诗三首并序》，且内容比今《道藏》本《真诰》有所增加。《序》中载萼绿华启迪羊权说："修道之士，视锦绣如敝帛，视爵位如过客，视金玉如瓦砾；无思无虑，无事无为，行人所不能行，学人所不能学，勤人所不能勤，得人所不能得。何者？世人行嗜欲，我行介独；世人学俗务，我学恬漠；世人勤声利，我勤内行；世人得老死，我得长生。故我今已九百岁矣！"又授羊权"尸解药，亦隐影化形而去"②。羊权遇萼绿华的故事成为诗人咏唱的题材。黄庭坚《效王仲至少监咏姚花用其韵四首》其二吟咏道："九疑山中萼绿华，黄云承袜到羊家。真诠虫蚀诗句断，犹托余情开此花。"③ 除此之外，羊玄之、羊同之、羊穆之、羊规之等皆以"之"命名，不避字讳。陈寅恪先生说："六朝人最重家讳，而'之''道'等字则在不避之列，所以然之故虽不能详知，要是与宗教信仰有关。王鸣盛因齐梁世系'道''之'等字之名，而疑《梁书》《南史》所载梁室世系倒误（见《十七史商榷》伍伍"萧氏世系"条），殊不知此类代表宗教信仰之字，父子兄弟皆可取以命名，而不能据以定世次也。"④ 如同琅邪王氏家族中王羲之—王献之—王靖之—王悦之等四代人都以"之"字取名一样，泰山羊氏家族以"之"字命名，可能也是信仰道教的一个标志⑤。其实我们可以肯定地说，这就是一个道教家族。羊氏家族的羊欣，乃是王献之的外甥、刘宋时著名书法家，史载其"素好黄老，常手自书章，有病不服药，饮符水而已。兼善医术，撰《药方》十卷"⑥，完全是道教信徒的做派。

兰陵萧氏　兰陵萧氏作为北方侨姓移民家族，与道教的关系，首先从名讳可见。齐高帝萧道成之父名承之，承之兄名奉之。承之三子，取名道度、道生、道成。另有萧道赐一支，即建立梁朝的萧衍之父名顺之，顺之兄名尚之，弟名崇之。这些名字正如陈寅恪先生指出的，与道教信仰有关。其次从联姻情况看，与萧氏家族联姻的家族名字也多具道教信仰特征，不少为琅邪临沂人，而琅邪正是道教传播的热点区域。萧道成与吴兴天师道家族沈攸之联姻，将长女（义兴公主）嫁给沈攸之第三子沈文和。最后，从萧氏家族与道士的密切交往及征用道士来看，据《南齐书·顾欢传》说：道士顾欢"事黄老道，解阴阳书，为数术多效验"。萧道成"辅政，悦欢风教，征为扬州主簿，遣中使迎欢。及践阼，乃至"。当顾欢上表请辞东归时，萧道成"赐麈尾、素琴"。永明元年（483），齐武帝萧赜"诏征欢为太学博士"，顾欢"不就征"⑦。《南齐书·褚伯玉传》载：吴郡褚伯玉，时人称之为"却粒之士，餐霞之人"，"孔稚珪从其受道法"。齐高帝萧道成"即位，手诏吴、会二郡"，以礼迎接褚伯玉，褚以疾辞。萧道成"不欲违其志，敕于剡白石山立太平馆居之"。褚伯玉羽化之

① ［日］吉川忠夫、麦谷邦夫编：《真诰校注》卷一《运象篇第一》，北京：中国社会科学出版社，2006年，第1页。
② （宋）张君房编：《云笈七籤》卷九十七《萼绿华赠羊权诗三首并序》，《道藏》第22册，第660—661页。按：《太平广记》卷五十七《萼绿华》亦引萼绿华此段话，云"出《真诰》"。（上海：上海古籍出版社，1990年，第1册，第288页）今《道藏》本《真诰》卷一《运象篇第一》则未见此段话。
③ 刘琳、李勇先、王蓉贵点校：《黄庭坚全集》正集卷九，成都：四川大学出版社，2001年，第1册，第206页。
④ 《陈寅恪史学论文选集·天师道与滨海地域之关系》，上海：上海古籍出版社，1992年版，第157页。
⑤ 以上参见刘硕伟：《两晋泰山羊氏家族文化研究》，北京：中华书局，2013年，第315—318页。
⑥ （南朝梁）沈约：《宋书》卷六十二《羊欣传》，第6册，第1662页。
⑦ （南朝梁）萧子显：《南齐书》卷六十九《顾欢传》，第3册，第930、929页。

后，孔稚珪"为于馆侧立碑"①。萧氏家族一方面具有道教信仰传统，另一方面又对佛教越来越感兴趣，最典型的莫过于梁武帝萧衍，于天监三年（504）宣布"弃道入佛"，从此以后，兰陵萧氏家族便由道教世家衍变成有名的奉佛世家②。

山阴孔氏　《南齐书·孔稚珪传》载：孔稚珪"父灵产，泰始（465—471）中，罢晋安太守。有隐遁之怀，于禹井山立馆，事道精笃，吉日于静屋四向朝拜，涕泗滂沱。东出过钱塘北郭，辄于舟中遥拜杜子恭墓，自此至都，东向坐，不敢背侧"。据说孔灵产"颇解星文，好术数"。齐"太祖辅政，沈攸之起兵，灵产密白太祖曰：'攸之兵众虽强，以天时冥数而观，无能为也。'太祖验其言，擢迁光禄大夫。以箦盛灵产上灵台，令其占候。饷灵产白羽扇、素隐儿"。孔灵产去世后，孔稚珪因"父忧去官，与兄仲智还居父山舍"③。可知孔灵产于禹井山所立道馆，为其后人所继承。不仅是道馆为其后人继承，孔灵产"事道精笃""依奉李老"的"衣钵"也传了下去。其子孔稚珪就表白自家"积世门业，依奉李老，以冲静为心，以表退成行，迹蹈万善之渊，神期至顺之宅"，声称自己"仰攀先轨，自绝秋尘，而宗心所向，犹未敢坠。……所以未变衣钵，眷黄老者，实以门业有本，不忍一日顿弃，心世有源，不欲终朝悔遁"④。会稽山阴孔氏家族"门业有本"之所"本"的就是道教，因此孔稚珪不会在信奉佛教的竟陵文宣王萧子良的训导下"一日顿弃"道教，转而全然改信佛教，毕竟这样做会令他"终朝悔遁"。孔稚珪的道法，除了家学渊源，还得到高道——吴郡钱塘人褚伯玉的传授。褚伯玉羽化后，孔为其在太平馆侧面立碑⑤。欧阳询《艺文类聚》卷三十七《隐逸下》即收录有孔稚珪《褚先生百玉碑》，其碑文铭曰："关西升妙，洛右飞英。凤吹金阙，箫歌玉京。绝封万古，乃既先生。先生浩浩，唯神其道。泉石依情，烟霞入抱。秘影穷岫，孤栖幽草。心图上玄，志通大造。"⑥会稽山阴孔氏道教家族，又与吴郡钱塘"世传五斗米道"的杜氏家族交往十分密切。据载，孔稚珪曾与他人一起"并致书"杜京产"以通殷勤"。永明十年（492），孔稚珪又曾与他人一起表荐杜京产"洁静为心，谦虚成性，通和发于天挺，敏达表于自然。……虽古之志士，何以加之。谓宜释巾幽谷，结组登朝"云云⑦。由此也可见当时奉道家族之间过从甚密、相互捧抬的一般状况。

丹阳许氏　《上清经》的降世，与丹阳许氏密切关联。《真诰》卷十九《翼真检第一》说："伏寻《上清真经》出世之源，始于晋哀帝兴宁二年（364）太岁甲子，紫虚元君上真司命南岳魏夫人下降，授弟子琅琊王司徒公府舍人杨某（杨羲），使作隶字写出，以传护军长史句容许某（许谧）并弟三息上计掾某某（许翙）。二许又更起写，修行得道。凡三君手书，今见在世者，经传大小十余篇，多掾写，真嗳四十余卷，多杨书。"⑧从道教神学的角度可以看出，这是神而非人的写作，通过能够"通灵接真"的中介——灵媒把神意传达下来。在道教神学看来，这场仪式之中，杨羲仅仅

① （南朝梁）萧子显：《南齐书》卷五十四《褚伯玉传》，第 3 册，第 926—927 页。

② 参见谭洁：《兰陵萧氏家族文化研究》，第 174—181 页。

③ （南朝梁）萧子显：《南齐书》卷四十八《孔稚珪传》，第 3 册，第 835 页。

④ （南朝梁）释僧祐：《弘明集》卷十一《文宣王书与中丞孔稚珪释疑惑并笺答》，上海：上海古籍出版社，1991 年，第 74 页。

⑤ （南朝梁）萧子显：《南齐书》卷四十八《高逸传》，第 3 册，第 927 页。

⑥ （唐）欧阳询等编：《艺文类聚》卷三十七《隐逸下》，上海：上海古籍出版社，1999 年，上册，第 659 页。

⑦ （南朝梁）萧子显：《南齐书》卷四十八《高逸传》，第 3 册，第 942 页。

⑧ ［日］吉川忠夫、麦谷邦夫编：《真诰校注》卷十九《翼真检第一》，第 572—573 页。

扮演了灵媒的角色。杨羲与许谧、许翙二许所写"三君手书"，并不表达人的思想，抄写的是神的旨意，显示的是神的"真迹"。李养正《道教经史论稿》认为："实际上《上清经》系由魏华存创始，而大部分是杨羲、许谧、许翙所共同撰作。他们在京都建业（今南京）和句容茅山中的雷平山（长史许谧的家宅与别墅）设立了乩坛，许谧为坛主，杨羲是乩手，又是记录，即所谓能'通灵接真'达神仙意旨的人。他们以扶乩为手法，托言'紫虚元君上真司命南岳魏夫人'下降，授以经法，实际上是杨羲所造作。"① 问题在于，当时是否已经产生了宋明以来流行的"扶乩"法造作道经，是否已有"乩坛"？这尚待证明②。但不管如何，《上清经》的造作，丹阳许家是参与了的，是在许氏的家宅中进行的，丹阳许氏对于上清经派的产生是立了大功的。关于杨羲与丹阳二许，据《真诰》卷二十说：杨羲，晋成帝咸和五年（330）九月生，似是吴人，来居句容。"幼有通灵之鉴"，与许迈、许谧年龄悬殊，"而早结神明之交"。由许谧"荐之相王，用为公府舍人自随。简文登极后，不复见有迹出"，以晋孝武帝太元十一年（386）去世。许谧，字思玄，儒雅清素，入为护军长史、给事中。一面入仕途，一面修行神仙术，"虽外混俗务，而内修真学"，于太元元年（376）去世。因为"遵行上道"，"挺分所得，乃为上清真人"。许翙，字道翔，小名玉斧，为许谧第三子。专心致志修仙，"修业勤精。恒愿早游洞室，不欲久停人世"。去世后，"度往东华，受书为上清仙公、上相帝晨"③。因传上清经建立功业，杨羲后获封为"嗣上清第二代玄师"，号称"上清真人金阙上保检仙司命东华道君洞灵显化至德真君"。许谧后获封为"嗣上清第三代真师"，号称"上清仙侯金阙侍晨左卿司命太元广德至仁真君"。许翙后获封为上清"四代宗师"，号称"上清仙公金阙右卿司命东华侍晨混化元一真人"④。

帛家道 葛洪说："乃复有假托作前世有名之道士者，如白和者，传言已八千七百岁，时出俗间，忽然自去，不知其在。其洛中有道士，已博涉众事，洽炼术数者，以诸疑难咨问和，和皆寻声为论释，皆无疑碍，故为远识。人但不知其年寿，信能近千年不雹耳。后忽去，不知所在。有一人于河北自称为白和，于是远近竞往奉事之，大得致遗至富。而白和子弟，闻和再出，大喜，故往见之，乃定非也。此人因亡走矣。"⑤ 揭露河北有人假冒仙人帛和之名招摇撞骗，发财致富。这个帛和，据葛洪《神仙传》说："帛和字仲理，师董先生行炁断谷术。又诣西城山师王君，君谓曰：'大

① 李养正：《道教经史论稿》，北京：华夏出版社，1995年，第124页。

② 王家葵《陶弘景丛考》第三章《真诰》指出：关于上清经的降授情形，陈国符认为是"扶乩降笔"，卿希泰《中国道教史》亦沿用其说。这种解释其实并不准确。王家葵说："与后世流行的飞鸾扶箕不同，降授无须凭借沙盘木笔诸器具，而是直接地口授笔录。""真灵所授之辞由附体者口述，为有声之音，旁观者皆能听到。""真灵附体之人能够见到诸真的举止、衣饰。""真人降授之时，虽灵附于所降之人，但决不借用尘浊之人的肉手来书写'三元八会'之书，'云篆明光'之章。"（济南：齐鲁书社，2003年，第127、128页）陈国符在《道藏源流考·上清经考证》中指称："《上清经》乃晋哀帝兴宁年间扶乩降笔。杨羲用隶字写出，以传许谧、许翙。"（北京：中华书局，2014年，第7页）许地山《扶箕迷信的研究》揭示说："扶箕"或写作"扶乩"，"乩"乃是俗写。"扶箕是一种古占法，卜者观察箕的动静来断定所问事情的行止与吉凶，后来渐次发展为书写，或与关亡术混合起来。""在中国典籍里与扶箕有关而最惹人注意的是陶弘景的《真诰》与周氏《冥通记》。""当时降灵的现象大概是附在请问者的身上，借他的手写出来。""《真诰》二十卷的内容最与现代扶箕语意相同的是诰里的诗与谈道的文字。书法不用真隶，而用行草，是因书写急遽所致。……受诰时未用器具，只以手执笔，随神灵旨意直书而已。""'诰'，也就是仙人的降笔。""近代扶箕可以回溯到唐时的'紫姑神'。"（北京：商务印书馆，1999年，第7—10页）扶乩究竟起源于何时，许地山似未有明确的结论。

③ ［日］吉川忠夫、［日］麦谷邦夫编：《真诰校注》卷二十《翼真检第二》，第592、587—589页。

④ （元）刘大彬：《茅山志》卷十《上清经箓圣师七传真系之谱》，《道藏》第5册，第597—598页。

⑤ 王明：《抱朴子内篇校释·祛惑》，第350—351页。王明校释："如白和者，白，宋浙本作'帛'。《神仙传》：帛和，字仲理，辽东人。《太平御览》六百六十一道部引《真人传》曰：马明生者，齐国临淄人也，本姓帛，名和，字君贤。参《神仙传·马鸣生》。是有两帛和。"

道之诀，非可卒得，吾暂往瀛洲，汝于此石室中可熟视石壁，久久当见文字，见则读之，得道矣。'和乃视之，一年了无所见，二年似有文字，三年了然，见《太清中经神丹方》《三皇文》《五岳图》，和诵之上口。王君回曰：'子得之矣。'乃作神丹，服半剂，延年无极，以半剂作黄金。"[1] 对此，任继愈主编的《中国道教史》认为：帛家道的起源，托始于仙人帛和。帛和当为三国时方士，到西晋时北方遂有道士伪托帛和之名传教。西晋时流传于北方的帛家道，最初大概也是一个由民间方士组成的小集团，以金丹经及《三皇文》《五岳真形图》等道书相传承。帛家道后来传入南方，江南士族多有奉此道者，如沛国刘氏、丹阳葛氏、许氏、周氏、晋陵华氏等，原来都曾信奉过帛家道[2]。至于西晋时流传北方的帛家道具体在什么时间传入江南，为何获得东晋江南士族的信奉，为何后来这些家族又放弃了帛家道，帛家道具体由哪个家族在操作，这些问题都因为史料不详而没有答案，留待今后新的史料发现。

葛氏道　据小林正美《六朝道教史研究》所说：葛氏道是福井康顺在《葛氏道的研究》（1953年）中最早开始使用的，后被众多的道教研究者所沿用。葛氏道始于三国吴的左慈，左慈后是葛玄、郑隐、葛洪、葛望、葛巢甫等，代代以葛氏一族为中心继承，虽说专在江南以吴为中心的区域活动，但到刘宋末，葛氏道似乎就消失了。消失的原因，可认为是天师道对葛氏道的融合，也许某些葛氏道道士因自己的经典、教理被天师道包摄，变为天师道教徒了，还有些人则进入上清派之流[3]。按小林正美的研究：葛氏道在传授仙经的同时，还传授不立文字的口诀，传授之时在山上设坛，进行与诸神盟约的宗教性质的仪式。所以师徒间的仙经传授是极为严肃的事情，也正因如此，师徒关系是非常牢固的。葛氏道没有形成教团组织，追求成仙的人们结成师徒关系，聚集到一起，在师父指导下以小组修行。师父与弟子的关系基本上是一对一的关系，就算一个师父的下面聚集了多个弟子，构成小团体的情况，师徒之间还是一种个人关系。这样的小团体在吴地分散活动，通过由师父传给弟子以金丹法为中心的一定的仙经和神仙术，从而共有相同倾向的神仙思想和神仙术。这样一群人形成了葛氏道，其核心人物，是从左慈到葛洪的数人。对道教的形成发挥了巨大作用的葛氏道，也在编撰完十卷本《太上洞渊神咒经》之后，于刘宋末期停止了独立的活动[4]。其实，在我看来，所谓"葛氏道"直接称呼为"葛家道"就好，这个"葛家道"与道教灵宝经派的产生有脱不了的关系。有关《灵宝经》的降世以及传授，《云笈七签》卷六《三洞经教部》整合各种道经的说法，讲述详尽："天尊曰：吾以延康元年，号无始天尊，亦名灵宝君，化在上清境，说洞玄经十二部，以教天中九真中乘之道也。"《云笈七签》引《玉纬》云："洞玄是灵宝君所出，高上大圣所传。按元始天王告西王母曰，太素紫微宫中金格玉书灵宝文真文篇目，十二部妙经，合三十六帙。"又引《四极盟科》之说："洞玄经万劫一出，今封一通于劳盛山。昔黄帝于峨眉山诣天真皇人，请灵宝五芽之经，于青城山诣宁封真君，受灵宝龙跷之经。又九天真王降于牧德之台，授帝喾灵宝天文，帝行之得道，遂封秘之于钟山。又夏禹于阳明洞天感太上命绣衣使者降授灵宝五符以理水，檄召万神，后得道为太极紫庭真人，演出大小《劫经》《中山神咒》《八威召龙》等经，今行于世矣。

①　胡守为：《神仙传校释·帛和》，北京：中华书局，2010年，第251页。
②　任继愈主编：《中国道教史》上卷，北京：中国社会科学出版社，2001年，第62—63页。
③　[日] 小林正美著，李庆译：《六朝道教史研究》，第36页注①、第13、6、20—21页。
④　[日] 小林正美著，王皓月译：《中国的道教》，第34—35、39页。

时太极真人徐来勒与三真人以己卯年正月降天台山，传《灵宝经》以授葛玄。玄传郑思远，思远以《灵宝》及三洞诸经，付（葛）玄从弟少传奚，奚付子护军悌，悌付子（葛）洪，洪即抱朴子也，又于马迹山诣思远告盟奉受。洪又于晋建元二年（344）三月三日于罗浮山付弟子安海君望世等。后从孙巢甫晋隆安元年（397）传道士任延庆、徐灵期，遂行于世。今所传者，即黄帝、帝喾、禹、葛玄所受者。十二部文未全降世。"① 这是宋代张君房整合前人的各种说法，从中可以看出，《灵宝经》的传播及灵宝经派的产生，与丹阳葛家这个江南道教家族紧密相关，葛家对此有不小的功劳②。此外，《三皇经》的传播也与葛家道相关，正如任继愈主编的《中国道教史》所说："三皇系经典，是在最初帛家道的《三皇文》三卷、《五岳真形图》一卷的基础上，经东晋南朝道士不断改编增益而形成的，葛洪及其家族对此经的传播起了重要作用，因此葛洪非常重视，认为该经是仅次于金丹经的重要道书。"③ 以《三皇文》《五岳真形图》为主的洞神《三皇经》，是所谓三洞真经当中问世最早的道经，可能为魏晋道士假托三皇名义所造作，其传播过程或与帛家道、葛家道的左慈、葛玄、葛洪之师郑隐、岳父鲍靓及葛洪本人有紧密关联，家族道教在道教经典传播过程中的重要作用由此可见，所谓"经派道教"其实是与"家族道教"密不可分的。

奉道的道教世家中，有的无意于仕途，放绝世务，以此为乐，尽情享受富足而逍遥的生活，有迈世之风，因共同爱好的缘分而结为世外之交；有的则热衷于仕途经济，孜孜于你死我活的争权夺利，觊觎着皇家大位。后者最典型的要数琅邪孙氏。早在西晋司马氏家族内部发生皇位之争的"八王之乱"时，孙氏一族中的孙秀即成为赵王伦的心腹宠臣，借用天师道为赵王伦夺取皇位出谋划策。《晋书·赵王伦传》载：赵王伦为宣帝第九子，武帝受禅，封琅邪郡王。惠帝元康六年（296），赵王伦被召入京，把持了禁军和朝政。"伦素庸下，无智策，复受制于（孙）秀，秀之威权振于朝廷，天下皆事秀而无求于伦。秀起自琅邪小史，累官于赵国，以谄媚自达。"而"伦、秀并惑巫鬼，听妖邪之说。秀使牙门赵奉诈为宣帝神语，命伦早入西宫。又言宣帝于北芒为赵王佐助，于是别立宣帝庙于芒山。谓逆谋可成"。永宁元年（301），赵王伦废惠帝自立。同年，齐王冏、河间王颙、成都王颖起兵讨伦，"及三王起兵讨伦檄至，伦、秀始大惧"，"拜道士胡沃为太平将军，以招福祐。秀家日为淫祀，作厌胜之文，使巫祝选择战日。又令近亲于嵩山著羽衣，诈称仙人王乔，作神仙书，述伦祚长久以惑众"④。最终孙秀被杀，赵王伦亦兵败伏诛。在延续达十六年之久的内战后，西晋也就玩完了。

到东晋末年，孙秀的族人孙恩可谓青出于蓝而胜于蓝，试图利用道教夺取皇位。这场夺权举动是在东晋王朝乔迁士族和土著士族矛盾以及侨居士族内部矛盾的基础上发生的，夺权虽然失败，但东晋王朝很快就垮台了。《晋书·孙恩传》记述其事说："孙恩字灵秀，琅邪人，孙秀之族也。世奉五斗米道。"恩叔父孙泰，"浮狡有小才，诳诱百姓，愚者敬之如神，皆竭财产，进子女，以祈福

---

① （宋）张君房编：《云笈七签》卷六《三洞经教部》，《道藏》第22册，第31、32—33页。关于《灵宝经》天降神授的故事还可参见《云笈七签》卷三《灵宝略纪》、《天尊老君名号历劫经略》，《道藏》第22册，第14—15、16—18页。

② 小林正美《六朝道教史研究》认为：《太上灵宝五符序》《灵宝赤书五篇真文》《灵宝经》，还有《三皇经》《太上洞渊神咒经》成于东晋、刘宋期的葛氏道之手，刘宋末以降，就再也未出现葛氏道系的道典。（第18、19页）

③ 任继愈主编：《中国道教史》上卷，第131页。

④ （唐）房玄龄等：《晋书》卷五十九《赵王伦传》，第5册，第1597—1603页。关于"八王之乱"，参见翦伯赞：《中国史纲要》，北京：人民出版社，1965年，第2册，第28—29页。关于赵王伦、孙秀信奉天师道的考证，参见陈寅恪：《陈寅恪史学论文选集·天师道与滨海地域之关系》，第152—155页。

庆"。"泰见天下兵起，以为晋祚将终"，又到了改朝换代的时候，于是趁机"扇动百姓，私集徒众，三吴士庶多从之"。当时朝士皆惧泰为乱，以其与会稽世子司马元显交厚，都不敢言。会稽内史谢轩发其谋，当权的司马道子诛之。"众闻泰死，惑之，皆谓蝉蜕登仙，故就海中资给。"孙恩逃到海上，"聚合亡命得百余人，志欲复雠"。及至司马元显"纵暴吴会，百姓不安，恩因其骚动，自海攻上虞，杀县令，因袭会稽，害内史王凝之，有众数万"。于是东晋八郡"一时俱起，杀长吏以应之，旬日之中，众数十万"。孙恩即"据会稽，自号征东将军，号其党曰'长生人'，宣语令诛杀异己，有不同者戮及婴孩，由是死者十七八。……其妇女有婴累不能去者，囊籧盛婴儿投于水，而告之曰：'贺汝先登仙堂，我寻后就汝。'"当初，孙恩听说八郡响应，告诉其下属："天下无复事矣，当与诸君朝服而至建康"，意谓黄袍加身。继而闻刘牢之临江，又说："我割浙江，不失作句践也"，意谓还可做越王。及至刘牢之已济江，乃称："孤不羞走矣。"于是"虏男女二十余万口，一时逃入海"。安帝隆安四年（400），恩"复入余姚，破上虞，进至刑浦"，后复还于海。等到"桓玄用事，恩复寇临海，临海太守辛景讨破之。恩穷感，乃赴海自沉，妖党及妓妾谓之水仙，投水从死者百数。余众复推恩妹夫卢循为主"①。卢循为司空从事中郎谌之曾孙，"娶孙恩妹。及恩作乱，与循通谋"。孙恩死后，卢循统军，继续谋取天下。但卢循姊大徐道覆却发觉循行事多谋少断，乃叹息说："我终为卢公所误，事必无成。使我得为英雄驱驰，天下不足定也！"其后，卢循为刘裕追讨，还保广州。最终战败而"自投于水"②。琅邪孙氏，为侨居江南士族的寒门，被陈寅恪先生称之为："妖寒之孙氏"③，社会地位不高，未能执掌军政大权。孙泰观望政治气候，眼见东晋社会各类矛盾日益激化，"晋祚将终"的局面，于是趁火打劫，联合三吴的土著"士庶"起来夺权。从孙泰能够"诳诱百姓，愚者敬之如神，皆竭财产，进子女，以祈福庆"来看，说明道教在民间社会具有深厚的群众基础，而孙泰试图夺取天下也正是利用了这一点。孙泰事败被杀后，孙恩继续其夺取天下的事业，并充分利用侨居士族高门与南方土著望族的矛盾，封署了一批南方的豪门望族为官吏，欲与"诸君朝服"而杀至建康，虽未建元立帝号，却已称孤道寡。卢循也让其部下感到他不是谋定天下的"英雄"。所以孙恩、卢循这些士族不过是利用道教来实现他们夺取天下、改朝换代黄袍加身的梦想，其观念形态依然是帝制时代的皇权思想，其结局终于难逃成王败寇的历史定数。对此，佛教方面攻击说："孙恩复称紫道，不以民贱之轻，欲图帝贵之重，作云响于幽宝，发妄想于空玄，水仙惑物，枉杀老稚，破国坏民，岂非凶逆？"④ 尽管这是出于佛教与道教争夺优先地位的需要，但所谓"欲图帝贵之重"，还是一语道破了孙恩、卢循利用道教起事的天机。史学界一度将孙恩、卢循

---

① （唐）房玄龄等：《晋书》卷一〇〇《孙恩传》，第8册，第2631—2634页。关于侨居士族和土著士族之间矛盾的详情，可参见周谷城《中国通史》上册第四章第四节《南方土著与侨民之冲突》（上海：上海人民出版社，1957年，第311—314页）。关于孙泰与司马元显的深厚关系，桓玄《讨元显檄》称："妖贼之兴，实由此竖。居丧极味，孙泰供其膳；在夜思游，亦孙泰延其驾；泰承其势，得行威福。"（清严可均校辑：《全上古三代秦汉三国六朝文·全晋文》卷一一九，北京：中华书局，1958年，第3册，第2142页）痛斥司马元显使得"妖贼"孙泰兴起，孙仗其势"得行威福"。

② （唐）房玄龄等：《晋书》卷一〇〇《卢循传》，第8册，第2634—2636页。据翦伯赞《中国史纲要》注解说：孙恩是琅邪孙秀之后，为寒族。孙恩本人有文集传世，见《隋书·经籍志》。卢循是范阳卢谌之后，本来应属士族，但南渡甚晚。那时晚渡士族照例不为一般士族所齿，所以卢循在南方，社会地位与寒族无异。卢循娶孙恩妹，可见孙、卢社会地位相同。（北京：人民出版社，1965年，第2册，第91页注①）由孙恩与卢循、卢循与徐道覆的关系可见，当时道教通过家族之间交往以及联姻等关系来发展传播，保持并进一步弘扬了五斗米道产生以来的那种家族道教传统。

③ 陈寅恪：《陈寅恪史学论文选集·天师道与滨海地域之关系》，第160页。

④ （南朝梁）释僧祐：《弘明集》卷八释玄光《辩惑论》，第50页。

起来造反定性为农民起义，很显然，这样一种定性是不准确的，不合史实。

从东汉末到东晋末的短短两百年中，以道教名义组织的起事如此之多，其中黄巾暴动和孙恩夺权竟危及东汉和东晋王朝的安危，迫使统治者不得不思考对策。而统治者所施行的宗教政策，反过来又对道教的发展走势产生了强烈影响，迫使道教不得不按统治者的要求实现自身的华丽转型，从而获得生存发展的机会。东晋道教能够实现这一华丽转型，与上层社会具有深厚文化知识底蕴的世家大族加入、形成家族道教是密不可分的。设想一下，如果没有这些世家大族的知识分子加入道教队伍，提升了道教的思想文化知识水平，升华了道教的信仰素质，使得道教通过这些奉道的世家大族联姻而在江南上流社会广泛传播开来，东晋道教要从"寻常百姓家"转型升华为"王谢堂前燕"，那是不可能的。所以我们认定，正是东晋世家大族的知识分子加入道教队伍，使道教拥有了"高贵"的新鲜血液，有了更高的知识文化水平和更丰富的知识生产方式，给道教队伍的成分带来了质的变化，在道教内形成了数量可观的"高道"，这才使得道教获得升华与转型发展的契机。换句话说，正是东晋道教领袖人物"高道"的思想文化、知识水平、信仰素质自身的转型升华，带动了整个道教界的转型升华。整个东晋时期，也正是上流社会的这些道教家族与统治集团达成了默契，和谐相处，并使道教成为统治集团的信仰工具之一，为统治集团的政治经济军事乃至日常生活服务，使得道教在东晋南朝的转型升华具备了良好的外部社会条件。总之，东晋道教能够从底层社会进入上流社会，由较低层次的神学思想文化上升到较高层次的神学思想文化，足以与儒、释鼎足而成三教之势，是与江南世家大族形成的高素质家族道教休戚相关的。

北京东岳庙七十六司之源流

朱越利 *

法国大作家维克多·雨果说："死亡是最伟大的平等。"而冥间审判是"最伟大的平等"的延续和深化。故而各宗教有所谓最后的审判、阎罗王审判等等，佛教的阎罗王正是在这一意义上也被意译为"平等王"。

各宗教都说，冥间审判的最大特点是公正无私，真正做到了"法律面前人人平等"和"法网恢恢，疏而不漏"。比如有人做违法或无德的事，多暗箱操作，同时在人前还要做出正人君子状。冥间审判则宣布说这些人虽然能躲过人间法律的惩罚，但逃不过死后下地狱的结局。比如有人遭人间法律误判而蒙冤，冥间审判则宣布说必定为这些人死后申冤，还以清白。

冥间审判还有一个特点是不仅高悬法律的利剑，而且负责道德审判。比如有人缺德却不违法不违规，法纪对他无可奈何，他自己也不在乎人间道德的谴责和蔑视。冥间审判则宣布说这些人必获恶报，必然要付出偿还道德欠债的代价，分毫不爽。对于有德者，对于一生做好事的人，冥间审判则宣布说这些人必获善报。

因此，冥审之说寄托着信徒追求平等自由、公平正义的愿望，可使弱势的善良信徒获得一定的心理平衡。对非信徒来说，也能够起到惩恶扬善的警示作用，如果作恶者的良知还没有完全泯灭的话。

北京东岳庙的七十六司就是展现冥间审判的。其神像造型生动，释文通俗易懂、贴近生活。明清时期，围绕着这些神像的宗教和民俗活动丰富多彩、如火如荼，就像在奸臣当道、贪官充斥的朝代，人们痴迷于清官戏一样。

北京东岳庙七十六司源远流长。本文仅梳理以《道藏》为主的文献资料，纵观北京东岳庙七十六司演进之源流。

一、司

泰山位居东方。两汉时人根据五行学说，将泰山之神视为掌管万物之始的大神，进而根据阴阳交代的自然现象，将泰山视为魂归之处。古人认为泰山冥府位于泰山脚下的梁甫山，以及位于泰山

---

* 作者简介：朱越利，四川大学道教与宗教文化研究所教授、博士生导师。

脚下的高里山与社首山之间。高里后称为蒿里。《徐世隆记略》曰："蒿里者，古挽章之名，田横之客伤横而作者也。汉李延年分为二曲，《薤露》送王公贵人，《蒿里》送士大夫庶人。后世以为人死精魂归于蒿里，有神主之。张华《博物志》、陆机《泰山吟》皆云人死其魂拘于蒿里。白乐天诗曰：'东岳前后魂，北邙新旧骨。'樊殿直《庙记》亦言：'人生受命于蒿里，其卒归于社首。'"①

魏晋南北朝的文学作品《列异传》、东晋干宝的《搜神记》、南朝宋刘义庆的《幽冥录》等称泰山神为泰山令、泰山府君，奉其为泰山冥府主神，描写了泰山神的官舍或宫室以及下属侍从、使者、狱吏等。

晋代梁甫山和蒿里山建有管鬼的祠庙。晋陆机《太山吟》曰："泰山一何高？迢迢造天庭。峻极周已远，层云郁冥冥。梁甫亦有馆，蒿里亦有亭。幽涂延万鬼，神房集百灵。长吟泰山侧，慷慨激楚声。"②

道经很早就讲述了泰山的鬼官。晋天师道经《女青鬼律》卷一曰："南乡三老鬼，俗五道鬼，姓车名匿，主诸死人录籍，考计生人罪，皆向之。此鬼在太山西北角，亦有官属。太山有召一还。"③ 三老鬼车匿听命于泰山，表明他是泰山冥府的下级鬼官。此鬼在泰山西北角，有自己的部下，使人很容易联想到他有自己的官署。后世道经和东岳庙中泰山冥府下级官署的设置当源起于此神话。

《女青鬼律》所述三老鬼在泰山西北角尚没有称为"司"的官署。司是多义字。其中一义，指官署。《管子·小匡》曰："十轨为里，里有司。"唐宋以后，尚书省各部的下级官署有的称为司。宋代提点刑狱司的职能众多，明清管理监狱的机关为司狱司。刘澄圆说：东岳庙七十六司阴间神官，"与阳间地方官责任相同"④。叶郭立诚评论东岳庙七十六司说："以人世政治组织加诸鬼神，造成想象中的冥间政府。"⑤ 这些论述皆很精辟。

大约自唐代始，道教神话中的罗酆山开始设立称为"司"的冥界官署，如唐《太上慈悲道场消灾九幽忏》卷八曰："酆都大帝主构二百四十司。"⑥ 道经和东岳庙中泰山冥府下级官署称为"司"，盖源于此。

但这样的"司"在唐代道经中尚不多见。唐以后，道经中天界或冥府的官署称为"司"者逐渐多。如宋《太上北斗二十八章经》中北斗七星君皆"内管三百六十星官、三百六十司、三千六百曹官"⑦。

---

① 《岱史》卷九，《道藏》第 35 册，第 738 页上中。
② （明）梅鼎祚编：《古乐苑》卷二十二。
③ 《道藏》第 18 册，第 239 页下—240 页上。
④ 刘澄圆撰：《七十六司考证》上卷，《北京大学中国民俗学会民俗丛书》第 46 辑，台北：东方文化书局，1971 年影印本，第 149 页。
⑤ 叶郭立诚：《北平东岳庙调查》，《北京大学中国民俗学会民俗丛书》第 46 辑，第 60—61 页。
⑥ 《道藏》第 10 册，第 70 页下。
⑦ 《道藏》第 11 册，第 362 页上—363 页下。

二、七十二司

北宋末南宋初的神霄派道士王文卿，在讲述神霄派雷法时讲到七十二司。其《雷说》曰："夫雷霆者，天地枢机。天枢地机名枢机二台，位列东西，总摄雷霆七十二司。"①《雷说》没有列出雷霆七十二司各司的名称。

南宋综合诸派科仪的《道门定制》卷九"更籍醮地府七十二司圣位"，列出了地府七十二司各司的名称。其曰："地府管诸司都金押案判官、地府管天下人生死案判官、地府管生死拘押推勘案判官、地府管天下人斋僧道案判官、地府管人修功德案判官、地府管人自看经案判官、地府管人三夏月斋戒案判官、地府管取天人案判官、地府管注生贵贱案判官、地府管死事案判官、地府管掠剩案判官、地府管增延福寿案判官、地府管官职案判官、地府管曹吏案判官、地府管陈词状公私案判官、地府管追罪人照证案判官、地府管瘟疫案判官、地府管宿业疾病案判官、地府管山林鬼神事案判官、地府管水府案判官、地府管飞禽案判官、地府管畜类案判官、地府管盗贼案判官、地府管一十五种善生案判官、地府管一十五种恶死案判官、地府管欺昧案判官、地府管行雨地分案判官、地府管无主孤魂案判官、地府管人平等案判官、地府管风雨案判官、地府管僧道案判官、地府管城隍案判官、地府管刑狱案判官、地府管触犯宅神案判官、地府管土地案判官、地府管精怪案判官、地府管魍魉案判官、地府管久疾失魂案判官、地府管枉死案判官、地府管索命案判官、地府管凉汗案判官、地府管行黄病案判官、地府管磨勘案判官、地府管放生案判官、地府管杀生案判官、地府管施药救人案判官、地府管善簿案判官、地府管恶簿案判官、地府管忠孝案判官、地府管奸逆案判官、地府管注财案判官、地府管注祸案判官、地府管胎生案判官、地府管卵生案判官、地府管湿生案判官、地府管化生案判官、地府管水族案判官、地府管长寿案判官、地府管催生案判官、地府管积贮案判官、地府管还魂案判官、地府管夭折案判官、地府管忤逆案判官、地府管劫掠案判官、地府管堕胎落子案判官、地府管鳏寡孤独案判官、地府管减促福寿案判官、地府管行毒药案判官、地府管阴谋行妒案判官、地府管引路案判官、地府管罔象案判官（鬼祟也）、地府管都察案判官。"②

《道门定制》前五卷为吕元素集成，《四库》本十一卷的后六卷、《道藏》本十卷的后五卷为吕元素弟子吕大焕所补③。吕元素字朴庵，西蜀道士。吕元素《道门定制序》撰于淳熙十五年（1188）④，宋魏了翁《江原县天庆观云层台记》称江原道士吕元素开禧三年（1207）杜门校藏书⑤，《道门定制》卷六吕元素尾题撰于嘉泰元年（1201）⑥，是知吕元素活跃于宋孝宗、宋光宗、宋宁宗时。吕大焕为其弟子，当与吕元素同时代或稍迟，《道门定制》卷九当编于嘉泰元年之后宋宁宗时

① 《道法会元》卷六十七，《道藏》第 29 册，第 215 页下。
② 《道藏》第 31 册，第 748 页上—749 页上。
③ （明）王圻：《续文献通考》卷一八五曰："吕元素《道门定制》十一卷。元素，西蜀道士。是书前五卷元素所撰，后六卷为其弟子吕大焕所补。"
④ 《道藏》第 31 册，第 653 页下。
⑤ （宋）魏了翁撰：《鹤山集》卷四十二。
⑥ 《道藏》第 31 册，第 717 页中。

或稍迟，道教科仪中醮祭地府七十二司圣位不迟于此时。

《道门定制》为吕元素及其弟子编辑当时已有的科仪而成，"地府七十二司圣位"的出现有可能更早。从神霄派号称雷霆七十二司来推测，颇疑地府七十二司之说盖成形于北宋。

《道门定制》卷九所说的地府七十二司，属于酆都。其所说大神"地府酆都大帝"，与五岳圣帝、四渎源王等并列①。其他冠以"地府"的小神，如地府察命童子、地府五帝考官、地府巨天力士、三天执罚大神、地府司命神君、地府司禄神君、地府司功神君、地府司杀神君、地府牛头狱卒吏等，总是紧紧追随于酆都神之后②。

日本学者小柳司气太说："按七十二司之名数由来，盖本于三十六洞天、七十二福地，或由泰山所封禅七十二君欤？"③ 在中国古代，七十二是一个多用数字，如七十二候、七十二地、七十二劫、七十二洞、七十二峰、七十二弟子、七十二黑子、七十二君、七十二贤、七十二经法、七十二戒、七十二相、七十二地煞等等，七十二司之名数当从众而来。

《道门定制》卷九所述地府七十二司颇有今日专业审判庭的味道，各司名称为后世道经和东岳庙中泰山冥府各司名称之源。

将冥府七十二司与泰山联系起来的记载，见于天心正法派邓有功《上清骨髓灵文鬼律序》，其曰："玉格仪式六十四条，若八卦生生无穷之象也。鬼律配玉格，正条一十六，合七十二，即气候所摄也。有所行邪，即付泰山七十二司，缺其一则法不全而司不正矣。"④

但《上清骨髓灵文鬼律》中没有列出冥官七十二司各司的名称，无法与《道门定制》卷九所述地府七十二司各司名称做对照。

北宋洞幽法师元妙宗编《太上助国救民总真秘要》十卷，其自序作于政和六年。邓有功重编《上清骨髓灵文鬼律》三卷，内容与《太上助国救民总真秘要》卷六基本相同，仅凭这一点无法判断二经孰先孰后，但可以判定邓有功是宋代人。

邓有功编《上清天心正法》七卷，其在自序中讲述了天心正法之传系。根据他的讲述，饶洞天于淳化五年（994）创天心正法，传至邓有功为第六代。淳化五年（994）至北宋末靖康元年（1126）共历132年。以此推测，邓有功当为南宋时人⑤。萧登福教授疑邓有功为宋徽宗时人，可备一说⑥。有人称此邓有功即邓子大，但根据不足⑦。

邓有功《上清骨髓灵文鬼律序》之后，东岳七十二司之说流传开来。元袁桷《东岳兴造疏》

---

① 《道门定制》卷九，《道藏》第 31 册，第 746 页下、750 页中下、752 页中。
② 《道门定制》卷三，《道藏》第 31 册，第 694 页上、中。
③ ［日］小柳司气太编：《白云观志》卷五《东岳庙志》，《藏外道书》第 20 册，第 606 页上。
④ 《道藏》第 6 册，第 909 页上。
⑤ 任继愈主编：《道藏提要》，北京：中国社会科学出版社，1991 年第三次修订本，第 248 页。朱越利：《道藏分类解题》，北京：华夏出版社，1996 年，第 111 页。
⑥ 萧登福撰：《正统道藏提要》，台北：文津出版社，2011 年，第 462、556 页。
⑦ 元刘埙介绍了比自己年长 30 岁的忘年交邓子大。其《隐居通议》卷九《邓月巢遗稿》曰："吾乡前辈邓子大有功，心事粹夷，诗材清婉。"刘埙引邓子大诗词数首，述邓子大生平曰："少举进士，累试礼部不中，以恩补迪功郎，为抚州金溪尉。得年七十以卒。后学尊称之曰月巢先生。"宝祐丙辰（1256）刘埙之兄被特召为史馆校勘，邓子大赠诗祝贺，刘埙又引此首。刘埙介绍的邓子大毫无道教色彩，邓子大的金溪尉身份与《上清骨髓灵文鬼律》重编者邓有功自署的"受上清大洞箓行天心正法臣"身份颇不合。吴受琚撰稿称，字有功的邓子大即《上清骨髓灵文鬼律》重编者邓有功，生卒年为 1210 年至 1279 年，为南宋时江西南丰人（胡孚琛主编：《中华道教大辞典》，北京：中国社会科学出版社，1995 年，第 135 页）。此介绍将两人混为一人。

曰："三十余里之太岳，七十二司之真官。"① 元《徐仙翰藻》卷十四灯联曰："神京万八千里四国来朝，泰山七十二司众生受度。"② 明《灵宝无量度人上经大法》卷五十五曰："五岳十山，七十二司，五岳缘吏，诸大地狱。"③ 明《法海遗珠》卷十三述占卜曰："米动：岳府七十二司城隍阴谴。"④ 明李昌祺《泰山御史传》曰："惟是泰山一府所统七十二司、三十六狱……"⑤

在东岳七十二司之说流传的同时，道教雷法派也宣说冥官七十二司，继续召请雷霆七十二司。南宋《九天应元雷声普化天尊玉枢宝经》曰："或地府三十六狱、冥官七十二司，有诸冤枉，致此牵缠。"⑥ 明《道法会元》卷八十六述上启诸神曰："五方妖雷使者、四圣雷神、神霄三十六司雷神、地祇三十六院雷神、七十二司杀伐官将、直季直节雷神、三五邵阳八灵八猖一切雷神。"⑦ 明张宇初《授法普说》述三一雷霆之道曰："总摄雷霆七十二司。"⑧

三、判　官

人们提到冥府，首先会联想到东岳或阎罗王。1924 年，顾颉刚说："东岳是中国未有阎岁王时的阎岁王……阎罗王未入中国之先，鬼是东岳管的，阎罗王入了中国，鬼是阎罗王管的；但东岳的势力还在，所以阎罗王做了东岳的层属。"⑨ 顾颉刚是大致而言。

东汉末年，印度佛教的地狱说传入中国。佛教传入中国，走中国化道路，将冥界"泥犁耶"（Niraya）翻译成"地狱"，即中国化的产物。萧登福教授说：六朝时期，各种佛经译本中的地狱说杂乱纷呈。有的译经比附中土的魂归泰山说而称地狱为"太山地狱"或"太山"。六朝时的阎罗王地狱说只是佛教诸种地狱说的一种，常居陪衬地位，阎罗王的地位比人还低。到了唐代，阎罗王才"演变为消灾拔苦，高高在上，为人所崇拜的偶像"⑩。

《徐世隆记略》曰："蒿里祠距岳庙西南三里许社首坛之左。自唐至宋，香火不绝，礼之者，入则肃然凛然，出则悚然，岂非世人如见真鬼神而然欤？吴道子画地狱变相于成都，观者咸惧罪修福，而市屠沽鱼肉者不集。况入比词（此祠），其不寒心而骇目者鲜矣！"⑪ 唐代之后，佛道二教的冥界神话融合更深。一方面，佛教的十殿阎王中有一位是泰山王；另一方面，泰山修建了阎王殿，

① （元）袁桷：《清容居士集》卷四十。
② 《道藏》第 35 册，第 492 页下。
③ 《道藏》第 3 册，第 613 页上。
④ 《道藏》第 26 册，第 801 页下。
⑤ （明）李昌祺：《剪灯余话》卷四。
⑥ 《道藏》第 1 册，第 758 页上。
⑦ 《道藏》第 29 册，第 354 页下。
⑧ （明）张宇初：《岘泉集》卷七，《道藏》第 33 册，第 247 页下。
⑨ 顾颉刚：《东岳庙的七十二司》，原载《歌谣》周刊 1924 年第五十号，今引自《顾颉刚民俗学论集》，上海：上海文艺出版社，1998 年，第 411—412 页。
⑩ 萧登福：《汉魏六朝佛道两教之天堂地狱说》，台北：台湾学生书局，1989 年，第 65—68、109 页。
⑪ （明）查志隆编纂：《岱史》卷九，《道藏》第 35 册，第 738 页上、中。

酆都庙中有阎王，"阎罗王做了东岳的层属"。还有的道经将十殿阎王改为十大王①。

唐代之前，在道教神话中，泰山神、九垒土皇、酆都北帝、水府、水帝、河伯、海神等也管鬼，管鬼的神灵很多，冥府遍布各地②。唐代之后，道教神话仍然如此。《道门定制》卷一说，除了泰山岱宗二十四狱和北都罗酆三十七狱，还有八卦五方九幽大狱、天地水府百二十司所在州县阴官冥府、王官之下阴阳水火风刀考官曹属等冥府③。

梁陶弘景纂《洞玄灵宝真灵位业图》曰："右鬼官，见有七十五职，名显者凡一百一十九人。"④《无上秘要》卷八十三"得鬼官道人品名"从结尾处开始倒录《洞玄灵宝真灵位业图》鬼官姓名曰："右件七十八人，并是鬼官之任。"⑤《真灵位业图》所述鬼官七十五职，属于陶弘景编构的道教神团最低等级第七级，这一级的主神是治罗酆山的酆都北阴大帝⑥。酆都为我国宗教神话中的冥界之一。汉以前小说有幽都之说。《山海经·海内经》说，北海之内有幽都山。《淮南子·坠形篇》高诱注说，幽都在雁门之北。六朝时期道经称之为罗酆山，又将鬼帝与酆都联系在一起。葛洪《枕中记》说，张衡、扬子云为北方鬼帝，治罗酆山。陶弘景《真诰·阐幽微》说，罗酆山在北方癸地。无论称幽都、罗酆，还是称酆都，无论指实，还是言虚，均将其地理位置放在北方。根据五行与其他事物相配的学说，水主北方，主玄冥，主冬季，主黑色，主潜藏，冥界酆都应位于北方。隋代突破了酆都应在北方的老框框，将今重庆市丰都县附会为酆都冥府所在地，南宋将北方的酆都鬼狱迁至茅山。但六朝以后的道经和其他文献，大都继续沿袭酆都在北方的神话，有时干脆称为北酆⑦。

《真灵位业图》说冥界主神的下属鬼神有七十五个官职，虽没有说官职的名称，却开后世道经和东岳庙中的冥界下属鬼神官职的先声。

隋代始设判官职。隋唐判官的职责是辅佐大臣，掌文书事务。唐中期以后，判官作为地方长官的僚属佐理政事，近于副使。宋代一些地方长官亦有判官协助处理公务，地位略低于副使。

宋代道经借用判官名称很普遍。如南宋《高上神霄玉清真王紫书大法》卷四曰："辨祟大判官四员：耿元、孙真、李用、张江。"卷九曰："左大判官林尊，右大判官段明。"⑧ 宋《上清骨髓灵文鬼律》卷下曰："诸应驱邪院行法官，并称都大，统摄三界邪魔事。初补右判官，次右大判官，次左判官，次左大判官。"⑨ 宋代以后的道经继续普遍借用判官名称。如明《高上大洞文昌司禄紫阳宝箓》卷中曰："文昌掌禄籍，判官主簿书。"⑩ 明《搜神记》卷二曰："颜真卿为北极驱邪左判官。"⑪ 道经中这些作为下属神的判官都是主神的助理，这符合人间判官辅佐长官理政的职务身份。

《道门定制》卷九所述地府七十二司都是辅佐地府酆都大帝的下级官署，各司鬼官皆称判官，

---

① 《无上黄箓大斋立成仪》卷五十三列有"泰素妙广真君秦广大王、阴德定休真君初江大王、洞明普静真君宋帝大王、玄德五灵真君五官大王、最胜耀灵真君阎罗大王、宝肃昭成真君变成大王、等观明理真君泰山大王、无上正度真君平等大王、飞魔演庆真君都市大王、五化威灵真君转轮大王"。《道藏》第9册，第689页上、中。

② 萧登福：《汉魏六朝佛道两教之天堂地狱说》，第101—108、359—387页。

③ 《道藏》第31册，第660页中。

④ 《道藏》第3册，第282页上。

⑤ 《道藏》第25册，第233页中—234页下。

⑥ 《道藏》第3册，第280页中。

⑦ 朱越利：《读〈茅山志〉札记五则》，《世界宗教研究》1998年第4期，第133—134页。

⑧ 《道藏》第28册，第591页上、629页上。

⑨ 《道藏》第6册，第916页中。

⑩ 《道藏》第28册，第512页中。

⑪ 《道藏》第36册，第260页下。

符合人间判官的助理身份。与人间判官和道经中其他一些判官不同的是，辅佐酆都大帝的冥间判官们都是审判官（法律和道德双重审判），人间的法官与之近似。地府七十二司判官颇有今日专业审判官的味道。

南宋留用光传授、蒋叔舆重修、明人续改的《无上黄箓大斋立成仪》卷五十三列数以北阴玄天酆都大帝为首的地府鬼官，其中有"地府六曹都大判官、地府掌受生十二库判官、地府阳曹院判官、地府阴曹院判官、察命都知司判官、地府掌籍掌算判官、地府司命司录判官、地府注生注死判官、地府注福注罪判官、地府诸司崔许李陈赵熊六大判官、地府诸司洪胡裴周陆屈六大判官、地府诸司夏侯判官、地府诸司凌刘郑邬惠五大判官、地府诸司董萧刁冯皇甫焦六大判官、地府注长命判官、地府掌受屈判官、地府注短命判官、地府注粮料判官、地府注食禄判官、地府注婚姻判官、地府注非灾判官、地府注察命判官、地府拘命摄魂判官、地府掌刑名判官、地府掌还魂判官、地府掌印信判官、地府汩没司判官、地府掌功德司判官、地府善簿司判官、地府恶簿司判官"①。其中应该也有一部分判官是冥间审判官。

判官的这种冥界审判官的形象，在宋代已经深入人心。南宋洪迈《夷坚丙志》卷一讲述的"南岳判官"故事说：建炎初台州教授李撼死后担任了冥界南岳判官。卷七讲述的"阴司判官"故事说：绍兴二十三年七月，湖州教授赵某死后担任了阴司判官。宋以后判官一职更是妇孺皆知，佛教地狱神话中也有判官，《西游记》《聊斋志异》等小说都绘声绘色地描写了冥界的判官。

四、掌

南宋初诞生了灵宝净明法，南宋净明道提出了七十四司之说。《灵宝净明天枢都司法院须知法文》曰："天枢都司者，天门司院上天喉舌之官，总领七十三司七录事司，谓之七十四司。稽考三界阴阳善恶，文字、经法、上下无不关牒如缘。合系都录。"②《太上净明院补奏职局太玄都省须知》"天枢都司局"曰："天枢都录系在世活人，管提举金书录事七人。有曹掾七人，承受发放七录事司公事。"接下来列出了七录事司长官、七录事司下属各司长官以及直属天枢都司的天枢转运使长官的姓名。第一至第七录事司分别管辖二十七司、八司、六司、八司、八司、八司、八司，共计七十三司③。

二经的文字可能有妄增、缺漏或错误，有些句子不甚通。其大意是说，天枢都司法院总领七录事司并直辖天枢转运使，共管辖七十四个司，总长官称为天枢都录。七录事司共管辖七十三个司。天枢转运使是第七十四司，负责转送其余七十三司各司文书。七录事司管辖的七十三个司统称为司，具体到各司则分别称为司、案、院、寺、簿、局、籍、典、使等。第四至第七录事司下属各司，《太上净明院补奏职局太玄都省须知》只列出判官封号和姓名，没有列出司名。

其他灵宝净明派经典普遍述及七十四司。如《太上灵宝净明洞神上品经》卷上曰："七十四司，

---

① 《道藏》第9册，第690页下—691页中。
② 《道藏》第10册，第495页上。
③ 《道藏》第10册，第604页中—606页上。

喉舌之官。都录、录事，纠察善良。"①《天枢院都司须知格》曰："七十四司判官、节员，奏文迟滞，文案不明，以轻重罪之。"②《太上灵宝净明秘法篇》下曰："又召天门七十四司判官也。"③《太上净明院补奏职局太玄都省须知》曰："诸司录事。"小字注曰："如七十四司小判官。"④

元代已经将七十四司与东岳相连。由宋入元未仕的黄公绍撰《荐妻水陆戒约榜》曰："泰山府君，管摄人灵之府。七十四司之主掌，百千万劫之流迁。"⑤

在元代编成的《灵宝领教济度金书》卷三"冥官醮左右班六十神位"中，北阴玄天酆都大帝和东岳天齐仁圣帝分列左右班首席，将地府、十方、九州、酆都、九幽、六道、名山洞府、城隍、土地等诸系冥神凝聚在一起，"七十四司案掾仙吏"排列其中。与以往不同的是，同系冥神分列左右班，各系皆如此⑥。这表明各系冥神已经组合成统一的大神系。

在《灵宝领教济度金书》其他几卷，七十四司直接属于东岳。卷七十四曰："或置对于东岱七十四司，或结证于北酆三十六狱。"⑦ 卷八十三、卷八十四、卷一二四、卷一七二反复述及"东岱七十四司""岱曹七十四司"或"东岱七十四司"⑧。

明《无上黄箓大斋立成仪》卷三十八曰："地府三司六曹、太山七十四司冥官考吏。"⑨

颇疑上述诸说中的数字"七十四"，受到净明道七十四司说的影响。

《道门定制》卷九"更籍醮地府七十二司圣位"所列七十二司名称中的动词皆用"管"字，《太上净明院补奏职局太玄都省须知》在叙述天枢都司法院七十四个司各司职权时，皆使用"掌"字。如曰："录算司，掌人物，主生死都数。""磨勘司，掌四天磨勘事。"⑩ 北京东岳庙七十六司名称中的动词也皆用"掌"字，与《太上净明院补奏职局太玄都省须知》同。

五、泰山脚下酆都大帝的七十五司

元代重修了蒿里山神祠，其中塑有酆都大帝神像及建有七十五司神殿，元徐世隆撰《修蒿里山神祠记》记其事。清岳浚等修《山东通志》卷二十一曰："高里山神祠在府城西南……有徐世隆碑记其神，称酆都大帝有七十五司，追捕生死，则皆由蒿里而附会之也。"明《岱史》卷九曰："森罗殿，左为阎王庙，在岳南三里蒿里、社首二山之间。有七十五司及三曹对案之神，神各塑像。俗传为地岳（狱）云。"⑪《岱史》卷九又曰："酆都庙，在岳之南麓升元观东，弘治十四年建，其神为酆

---

① 《道藏》第 10 册，第 602 页上。
② 《道藏》第 10 册，第 493 页上。
③ 《道藏》第 10 册，第 546 页中。
④ 《道藏》第 10 册，第 603 页中。
⑤ （宋）黄公绍：《在轩集》。
⑥ 《道藏》第 7 册，第 49 页下—50 页上。
⑦ 《道藏》第 7 册，第 376 页下。
⑧ 《道藏》第 7 册，第 409 页下、414 页下、572 页中、742 页上。
⑨ 《道藏》第 9 册，第 601 页下。
⑩ 《道藏》第 10 册，第 604 页下、605 页上。
⑪ 《道藏》第 35 册，第 738 页上。

都大帝，其左为阎王庙，嘉靖壬戌年，济南府同知翟涛重修，有记。"① 李钦《重修酆都庙记》曰："岱宗南麓有庙曰酆都，其神为北阴酆都大帝，配以冥府十王。其东为曜灵五阎王，而左右十司曹官列焉。"② 在蒿里、社首二山，酆都大帝担任主角，阎罗王屈居配角。

20 世纪初，法国学者沙畹（Edouard Chavannes）曾考察蒿里山森罗殿的七十五司神殿，于1910 年发表了《泰山——有关一种中国崇拜的专题论文》③。

元明时期酆都大帝神像的供奉及七十五司神殿的修建，意味着泰山从此与今重庆市丰都县、茅山一样，都是酆都冥府所在地，意味着泰山信仰与酆都神话、佛教地狱神话深度融合了。与此同时，道经和其他文献仍然大都沿袭酆都在北方的神话。

1939 年，叶郭立诚说：《真灵位业图》所谓鬼官七十五职，"是即冥中有七十六司之源起"④。元明时期泰山脚下蒿里山修建七十五司神殿，其数目有可能依据《真灵位业图》所说鬼官七十五职而来。

元至元二十一年（1284）和二十二年（1285）蒿里山新立《蒿里七十五司碑》和《蒿里七十五司神房志》两碑，载各司名称，早已残缺不全。1926 年，卢逮曾整理两碑记录的各司名称⑤。将两碑与《道门定制》卷九"更籍醮地府七十二司圣位"对照，可发现前者半数以上的司名与后者相同，将近半数的司名为新名，前者将后者所列"地府管胎生案判官、地府管卵生案判官、地府管湿生案判官、地府管化生案判官"四个司合并为"四生司"。此外，前者还增加了三个司。这些表明，蒿里山七十五司系承袭《道门定制》卷九"更籍醮地府七十二司圣位"而来，但司名改动较大。今将二者所述司名按原序编号（阿拉伯数字），列表对照如下：

《道门定制》卷九"更籍醮地府七十二司圣位"	《蒿里七十五司碑》和《蒿里七十五司神房志》
1. 地府管诸司都金押案判官	
2. 地府管天下人生死案判官	
3. 地府管生死拘押推勘案判官	
4. 地府管天下人斋僧道案判官	
5. 地府管人修功德案判官	40. 功德司
6. 地府管人自看经案判官	18. 看经司
7. 地府管人三夏月斋戒案判官	36. 斋戒司
8. 地府管取天人案判官	
9. 地府管注生贵贱案判官	28. 贵贱司
10. 地府管死事案判官	
11. 地府管掠剩案判官	29. 掠剩司
12. 地府管增延福寿案判官	62. 增福司

① 《道藏》第 35 册，第 737 页中。

② （明）查志隆编纂：《岱史》卷九，《道藏》第 35 册，第 737 页中。

③ Le T'ai chan. Essai de monographie d'un culte chinois，Paris：Annales du Musée Guimet 28，pp. 415—424，1910.（《吉美博物馆年鉴》第二十八卷，巴黎：1910 年，第 415—424 页。）周郢《泰山志校证》将有关部分译成中文（合肥：黄山书社，2006 年，第 392—394 页），可参阅。《泰山志》四卷，明嘉靖年间汪子卿编撰。

④ 叶郭立诚：《北平东岳庙调查》，《北京大学中国民俗学会民俗丛书》第 46 辑，第 60—61 页。

⑤ 周郢：《泰山志校证》，第 396—397 页。

续表

《道门定制》卷九"更籍醮地府七十二司圣位"	《蒿里七十五司碑》和《蒿里七十五司神房志》
13. 地府管官职案判官	
14. 地府管曹吏案判官	15. 曹吏司
15. 地府管陈词状公私案判官	26. 陈状司
16. 地府管追罪人照证案判官	30. 照证司
17. 地府管瘟疫案判官	
18. 地府管宿业疾病案判官	33. 疾病司
19. 地府管山林鬼神事案判官	43. 山林司
20. 地府管水府案判官	19. 水府司
21. 地府管飞禽案判官	9. 飞禽司
22. 地府管畜类案判官	
23. 地府管盗贼案判官	
24. 地府管一十五种善生案判官	
25. 地府管一十五种恶死案判官	
26. 地府管欺昧案判官	34. 昧心司
27. 地府管行雨地分案判官	
28. 地府管无主孤魂案判官	32. 孤魂司
29. 地府管人平等案判官	54. 平等司
30. 地府管风雨案判官	67. 风雨司
31. 地府管僧道案判官	13. 僧道司
32. 地府管城隍案判官	16. 城隍司
33. 地府管刑狱案判官	
34. 地府管触犯宅神案判官	
35. 地府管土地案判官	12. 土地司
36. 地府管精怪案判官	10. 精怪司
37. 地府管魍魉案判官	
38. 地府管久疾失魂案判官	58. 失魂司
39. 地府管枉死案判官	60. 冤枉司
40. 地府管索命案判官	
41. 地府管凉汗案判官	
42. 地府管行黄病案判官	
43. 地府管磨勘案判官	
44. 地府管放生案判官	20. 放生司
45. 地府管杀生案判官	23. 杀生司
46. 地府管施药救人案判官	39. 医药司
47. 地府管善簿案判官	
48. 地府管恶簿案判官	
49. 地府管忠孝案判官	

续表

续表

《道门定制》卷九"更籍醮地府七十二司圣位"	《蒿里七十五司碑》和《蒿里七十五司神房志》
50. 地府管奸逆案判官	
51. 地府管注财案判官	45. 财帛司
52. 地府管注祸案判官	
53. 地府管胎生案判官	74. 四生司
54. 地府管卵生案判官	
55. 地府管湿生案判官	
56. 地府管化生案判官	
57. 地府管水族案判官	
58. 地府管长寿案判官	35. 长生（寿）司
59. 地府管催生案判官	53. 送生司
60. 地府管积贮案判官	
61. 地府管还魂案判官	22. 还魂司
62. 地府管夭折案判官	
63. 地府管忤逆案判官	6. 忤逆司
64. 地府管劫掠案判官	
65. 地府管堕胎落子案判官	31. 堕胎司
66. 地府管鳏寡孤独案判官	55. 鳏寡司
67. 地府管减促福寿案判官	61. 减福司
68. 地府管行毒药案判官	8. 毒药司
69. 地府管阴谋行妒案判官	3. 阴谋司
70. 地府管引路案判官	
71. 地府管罔象案判官（鬼祟也）	
72. 地府管都察案判官	
	1. 举意司
	2. 速报司
	4. 恶报司
	5. 门神司
	7. 山神司
	11. 地狱司
	14. 子孙司
	17. 注福司
	21. 校量司
	24. 发汗司
	25. 促寿司
	37. 官员司
	38. 鬼魅司
	41. 忠直司

续表

《道门定制》卷九"更籍醮地府七十二司圣位"	《蒿里七十五司碑》和《蒿里七十五司神房志》
	42. 孝廉（顺）司
	44. 水怪司
	46. 银桥司
	47. 金桥司
	48. 刑戮司
	49. 逼（还）魂司
	50. 注死司
	51. 法外（水）司
	52. 枉生（死）司
	56. 走兽司
	57. 贫穷司
	59. 仁义司
	63. 送病司
	64. 投生司
	65. 丝蚕司
	66. 总统司
	68. 注禄司
	69. 五谷司
	70. 烧香司
	71. 驿客司
	72. 六道司
	73. 修庙司
	75. 勾顾（愿）司

六、东岳大帝直辖的七十五司

东岳神于宋时封为天齐仁圣帝，元世祖忽必烈至元二十八年（1291）封为天齐大生仁圣帝，增加"大生"二字。元《元始天尊说东岳化身济生度死拔罪解冤保命玄范诰咒妙经》称东岳神为元代封号，其撰于《蒿里七十五司碑》和《蒿里七十五司神房》两碑之后。

《元始天尊说东岳化身济生度死拔罪解冤保命玄范诰咒妙经》曰："七十五司案东廊西庑神"①，显然是在描述蒿里山神祠七十五司。该经劝人皈依顶礼东岳天齐大生仁元圣帝、四岳四天圣帝、东岳皇后、碧霞元君、东岳文武公卿及"岳庭七十五司冥官朝班官典"②，将七十五司判官直接隶属于

---

① 《道藏》第 34 册，第 732 页上。
② 《道藏》第 34 册，第 733 页中。

东岳大帝麾下。

元《东岳大生宝忏》亦称东岳神为元代封号。其所述科仪中，礼拜以东岳泰山青帝广生帝君、东岳天齐大生仁圣帝为首的众神，其中有"七十五司判官"；赞颂东岳天齐大生仁圣帝"设七十五司，以掌权衡"①。《东岳大生宝忏》亦将七十五司判官直接隶属于东岳大帝麾下。

《东岳大生宝忏》列有七十五司各司的名称，两司一组，各司长官称判官②。《东岳大生宝忏》所列七十五司各司的名称与《蒿里七十五司碑》大部分相同，而且亦列有"四生司"，只有小部分不同。二者的承袭关系不言而喻，文字可以互校。今将《东岳大生宝忏》所述司名按原序编号（阿拉伯数字），列表与《蒿里七十五司碑》和《蒿里七十五司神房志》对照如下：

《蒿里七十五司碑》和《蒿里七十五司神房志》	《东岳大生宝忏》
1. 举意司	41. 举意司
2. 速报司	42. 速报司
3. 阴谋司	44. 阴谋司
4. 恶报司	48. 恶报司
5. 门神司	57. 门神司
6. 忤逆司	58. 忤逆司
7. 山神司	63. 山神司
8. 毒药司	36. 毒药司
9. 飞禽司	68. 飞禽司
10. 精怪司	69. 精怪司
11. 地狱司	20. 地狱司
12. 土地司	7. 土地司
13. 僧道司	9. 僧道司
14. 子孙司	5. 子孙司
15. 曹吏司	14. 曹吏司
16. 城隍司	13. 城隍司
17. 注福司	26. 注福司
18. 看经司	38. 看经司
19. 水府司	37. 水府司
20. 放生司	25. 放生司
21. 校量司	17. 校量司
22. 还魂司	32. 还魂司
23. 杀生司	30. 杀生司
24. 发汗司	46. 发汗司
25. 促寿司	64. 促寿司
26. 陈状司	51. 陈状司

---

① 《道藏》第 10 册，第 1 页上、下。
② 《道藏》第 10 册，第 6 页上中。

续表

《蒿里七十五司碑》和《蒿里七十五司神房志》	《东岳大生宝忏》
27. 推问司	53. 推问司
28. 贵贱司	60. 贵贱司
29. 掠剩司	61. 掠剩司
30. 照证司	35. 照正（证）司
31. 堕胎司	70. 堕胎司
32. 孤魂司	19. 孤魂司
33. 疾病司	21. 疾病司
34. 昧心司	22. 昧心司
35. 长生（寿）司	4. 长寿司
36. 斋戒司	15. 斋戒司
37. 官员司	6. 官员司
38. 鬼魅司	75. 鬼魅司
39. 医药司	30. 医药司
40. 功德司	23. 功德司
41. 忠直司	33. 忠直司
42. 孝廉（顺）司	28. 孝顺司
43. 山林司	27. 山林司
44. 水怪司	62. 水怪司
45. 财帛司	8. 财帛司
46. 银桥司	2. 地府司
47. 金桥司	1. 天曹司
48. 刑戮司	43. 刑戮司
49. 逼（追）魂司	45. 追魂司
50. 注死司	47. 注死司
51. 法外（水）司	49. 法水司
52. 枉生（死）司	50. 枉死司
53. 送生司	
54. 平等司	54. 平等司
55. 鳏寡司	55. 鳏寡司
56. 走兽司	56. 走兽司
57. 贫穷司	59. 贫穷司
58. 失魂司	67. 失魂司
59. 仁义司	65. 奸邪司
60. 冤枉司	71. 冤枉司
61. 减福司	73. 减寿（福）司
62. 增福司	
63. 送病司	74. 送病司

续表

《蒿里七十五司碑》和《蒿里七十五司神房志》	《东岳大生宝忏》
64. 投生司	52. 索命司
65. 丝蚕司	10. 丝蚕司
66. 总统司	11. 总统司
67. 风雨司	16. 风雨司
68. 注禄司	3. 注禄司
69. 五谷司	24. 五谷司
70. 烧香司	40. 烧香司
71. 驿客司	34. 驿客司
72. 六道司	31. 六道司
73. 修庙司	29. 修庙司
74. 四生司	12. 四生司
75. 勾顾（愿）司	18. 勾愿司
	1. 天曹司
	2. 地府司
	27. 推问司
	52. 索命司
	65. 奸邪司
	66. 主祸司
	72. 盗贼司

此后，东岳七十五司之说也在道经中流传。明初《道法会元》卷二十二曰：恭望东岳天齐大生仁圣帝"特赐圣旨，行下贵府七十五司、二十四狱，及移文四岳名山、洞天福地、隍司宪治、里社神祠，但干考治拘囚之所，咸令照应"①。大致一样的祈祷又见于卷三十五、卷四十二、卷二〇九②。明《搜神记》卷一亦曰："至汉明帝封太山元帅，掌人世居民贵贱高下之分、禄科长短之事、十八地狱六案簿籍、七十五司生死之期。"③

明《无上黄箓大斋立成仪》卷五十六在以东岳泰山之神为首的五岳神、泰山属神之后列岳府七十五司判官④。其所列各司名称与《道门定制》卷九"更籍醮地府七十二司圣位"和《东岳大生宝忏》所列半数以上皆相同，但与《道门定制》卷九"更籍醮地府七十二司圣位"相同的更多。可知《无上黄箓大斋立成仪》卷五十六所列七十五司各司名称远承"更籍醮地府七十二司圣位"而来，同时承袭了蒿里山七十五司官署的数目。兹列表对照如下：

《道门定制》卷九"更籍醮地府七十二司圣位"	《无上黄箓大斋立成仪》卷五十六
1. 地府管诸司都金押案判官	岳府第一司主管诸司金押案判官

---

① 《道藏》第28册，第802页上。
② 《道藏》第28册，第881页上；第29册，第31页下；第30册，第311页上。
③ 《道藏》第36册，第257页上。
④ 《道藏》第9册，第721页下—723页上。

续表

《道门定制》卷九"更籍醮地府七十二司圣位"	《无上黄箓大斋立成仪》卷五十六
2. 地府管天下人生死案判官	岳府第二司主管天下生死案判官
3. 地府管生死拘押推勘案判官	岳府第三司主管生死拘押摧勘案判官
4. 地府管天下人斋僧道案判官	岳府第四司主管天下斋僧道案判官
5. 地府管人修功德案判官	岳府第五司主管天下修功德案判官
6. 地府管人自看经案判官	岳府第六司主管天下看经案判官
7. 地府管人三夏月斋戒案判官	岳府第七司主管天下三长月斋案判官
8. 地府管取天人案判官	岳府第八司主管天下取人案判官
9. 地府管注生贵贱案判官	岳府第九司主管天下注生贵贱案判官
10. 地府管死事案判官	岳府第十司主管天下勾生死案判官
11. 地府管掠剩案判官	岳府第十一司主管天下掠剩财物案判官
12. 地府管增延福寿案判官	岳府第十二司主管天下增延福寿案判官
13. 地府管官职案判官	岳府第十三司主管天下官职案判官
14. 地府管曹吏案判官	岳府第十四司主管天下曹吏案判官
15. 地府管陈词状公私案判官	岳府第十五司主管天下词状案判官
16. 地府管追罪人照证案判官	岳府第十六司主管天下勾追罪人照证案判官
17. 地府管瘟疫案判官	岳府第十七司主管天下行瘟疫案判官
18. 地府管宿业疾病案判官	岳府第十八司主管天下宿业疾病案判官
19. 地府管山林鬼神事案判官	岳府第十九司主管天下山林鬼神案判官
20. 地府管水府案判官	岳府第二十司主管天下水府案判官
21. 地府管飞禽案判官	岳府第二十二司主管天下飞禽案判官
22. 地府管畜类案判官	岳府第二十一司主管天下畜生案判官
23. 地府管盗贼案判官	岳府第三十三司主管天下贼盗案判官
24. 地府管一十五种善生案判官	岳府第二十四司主管天下一十五种善案判官
25. 地府管一十五种恶死案判官	岳府第二十五司主管天下一十五种恶案判官
26. 地府管欺昧案判官	岳府第三十司主管天下不欺昧案判官
27. 地府管行雨地分案判官	岳府第二十七司主管天下行雨地分案判官
28. 地府管无主孤魂案判官	岳府第二十六司主管天下无主孤魂案判官
29. 地府管人平等案判官	岳府第二十九司主管天下平等案判官
30. 地府管风雨案判官	岳府第二十八司主管天下风伯案判官
31. 地府管僧道案判官	岳府第三十一司主管天下僧道案判官
32. 地府管城隍案判官	岳府第三十二司主管天下城隍案判官
33. 地府管刑狱案判官	
34. 地府管触犯宅神案判官	
35. 地府管土地案判官	岳府第三十五司主管天下土地案判官
36. 地府管精怪案判官	岳府第三十六司主管天下精怪案判官
37. 地府管魍魉案判官	岳府第三十七司主管天下魍魉案判官
38. 地府管久疾失魂案判官	

续表

《道门定制》卷九"更籍醮地府七十二司圣位"	《无上黄箓大斋立成仪》卷五十六
39. 地府管柱死案判官	岳府第三十九司主管天下柱死案判官
40. 地府管索命案判官	岳府第四十司主管天下索命案判官
41. 地府管凉汗案判官	
42. 地府管行黄病案判官	岳府第六十二司主管天下行黄病案判官
43. 地府管磨勘案判官	岳府第七十司主管天下磨勘案判官
44. 地府管放生案判官	岳府第四十三司主管天下放生案判官
45. 地府管杀生案判官	岳府第四十四司主管天下杀生案判官
46. 地府管施药救人案判官	岳府第四十五司主管天下施药案判官
47. 地府管善簿案判官	岳府第四十六司主管天下善簿案判官
48. 地府管恶簿案判官	岳府第四十七司主管天下恶簿案判官
49. 地府管忠孝案判官	岳府第四十八司主管天下忠孝案判官
50. 地府管奸逆案判官	岳府第四十九司主管天下奸逆案判官
51. 地府管注财案判官	岳府第六十四司主管天下积财案判官
52. 地府管注祸案判官	
53. 地府管胎生案判官	岳府第五十二司主管天下胎生案判官
54. 地府管卵生案判官	岳府第五十三司主管天下卵生案判官
55. 地府管湿生案判官	岳府第五十四司主管天下湿生案判官
56. 地府管化生案判官	岳府第五十五司主管天下化生案判官
57. 地府管水族案判官	岳府第五十六司主管天下水族案判官
58. 地府管长寿案判官	岳府第五十九司主管天下长寿案判官
59. 地府管催生案判官	岳府第六十一司主管天下催生案判官
60. 地府管积贮案判官	
61. 地府管还魂案判官	岳府第六十五司主管天下还魂案判官
62. 地府管夭折案判官	
63. 地府管忤逆案判官	
64. 地府管劫掠案判官	
65. 地府管堕胎落子案判官	岳府第五十七司主管天下堕胎案判官
66. 地府管鳏寡孤独案判官	
67. 地府管减促福寿案判官	岳府第六十司主管天下促寿案判官
68. 地府管行毒药案判官	岳府第六十三司主管天下行毒药案判官
69. 地府管阴谋行妒案判官	岳府第五十八司主管天下阴谋行奸案判官
70. 地府管引路案判官	岳府第六十八司主管天下分引路案判官
71. 地府管罔象案判官（鬼祟也）	
72. 地府管都察案判官	岳府第七十三司主管天下都察案判官
	岳府第二十三司主管天下提点地狱案判官
	岳府第三十四司主管天下山鬼案判官
	岳府第三十八司主管天下门神案判官

续表

续表

《道门定制》卷九"更籍醮地府七十二司圣位"	《无上黄箓大斋立成仪》卷五十六
	岳府第四十一司主管天下推勘案判官
	岳府第四十二司主管天下行污案判官
	岳府第五十司主管天下所生贵贱案判官
	岳府第五十一司主管天下注福案判官
	岳府第六十六司主管天下速报案判官
	岳府第六十七司主管天下子孙案判官
	岳府第六十九司主管天下正直案判官
	岳府第七十一司主管天下苦楚案判官
	岳府第七十二司主管天下悯众案判官
	岳府第七十四司主管天下举意案判官
	岳府第七十五司主管天下速报司崇宁真君

七、七十六司

延祐六年（1319）元大都建东岳庙。明英宗正统十二年京师东岳庙两庑设七十二司。明刘侗《帝京景物略》卷二曰："东岳庙，庙在朝阳门外二里，元延祐中建，以祀东岳天齐仁圣帝。殿宇廓然……正统中，益拓其宇，两庑设地狱七十二司。"

京师东岳庙于康熙年间曾失火，后重建，乾隆年间曾修葺。清富察敦崇，生卒年不详，其著《燕京岁时记》一卷，初刊于光绪三十二年（1906）。其曰："谨按《日下旧闻考》，东岳庙乃元延祐中建，以祀东岳天齐仁圣帝。前明正统中，益拓其宇，两庑设七十二司，后设帝妃行宫。本朝康熙三十七年，居民不戒而毁于火。特颁内帑修之，阅三岁而落成。殿阁廊庑，视旧加饰。乾隆二十六年复加修葺，规制益崇。"又曰："庙有七十二司，司各有神主之。相传速报司之神为岳武穆，最著灵异。"[①] 乾隆年间潘荣陛著《帝京岁时纪胜》一卷，介绍朝阳门外东岳庙于明正统中两庑设地狱七十二司。富察敦崇和潘荣陛皆未说康乾时京师东岳庙两庑设七十五司或七十六司。

清韩又黎著《都门赘语》，刊于清光绪六年（1880）。其中韩又黎《东岳庙诗》咏东岳庙云："七十五司信有无，朝阳门外万人趋。也知善恶终须报，不怕官刑怕鬼诛。"可知至迟到光绪六年（1880）京师东岳庙已经增修为七十五司。

1917年刘澄圆著《东岳庙七十六司考证》二卷，其所列北平东岳庙七十六司名与《无上黄箓大斋立成仪》卷五十六基本相同，只多出第七十六司，表明前七十五司名来自《无上黄箓大斋立成仪》卷五十六。

刘澄圆《东岳庙七十六司考证》排序是东庑从北向南第一至三十八，然后西庑从北向南第三十

---

① （清）富察敦崇：《燕京岁时记》。

九至七十六①。今根据左昭右穆的顺序为刘澄圆所述七十六司另行排号（阿拉伯数字），列表与《无上黄箓大斋立成仪》卷五十六对照如下：

《无上黄箓大斋立成仪》卷五十六	刘澄圆《东岳庙七十六司考证》
岳府第一司主管诸司金押案判官	1. 东庑第一掌都签押司
岳府第二司主管天下生死案判官	2. 西庑第三十九掌生死司
岳府第三司主管生死勾押摧勘案判官	3. 东庑第二掌生死勾押推勘司
岳府第四司主管天下斋僧道案判官	4. 西庑第四十掌斋僧道司
岳府第五司主管天下修功德案判官	5. 东庑第三掌修功德司
岳府第六司主管天下看经案判官	6. 西庑第四十一掌看经司
岳府第七司主管天下三长月斋案判官	9. 东庑第五掌三月长斋司
岳府第八司主管天下取人案判官	10. 西庑第四十三掌取人司
岳府第九司主管天下注生贵贱案判官	7. 东庑第四掌注生贵贱司
岳府第十司主管天下勾生死案判官	8. 西庑第四十二掌勾生死司
岳府第十一司主管天下掠剩财物案判官	11. 东庑第六掌掠剩财物司
岳府第十二司主管天下增延福寿案判官	12. 西庑第四十四掌增延福寿司
岳府第十三司主管天下官职案判官	13. 东庑第七掌官职司
岳府第十四司主管天下曹吏案判官	16. 西庑第四十六掌曹吏司
岳府第十五司主管天下词状案判官	15. 东庑第八掌词状司
岳府第十六司主管天下勾追罪人照证案判官	14. 西庑第四十五掌追取罪人照证司
岳府第十七司主管天下行瘟疫案判官	17. 东庑第九掌行瘟疫司
岳府第十八司主管天下宿业疾病案判官	20. 西庑第四十八掌宿业疾病司
岳府第十九司主管天下山林鬼神案判官	19. 东庑第十掌山林鬼神司
岳府第二十司主管天下水府案判官	22. 西庑第四十九掌水府司
岳府第二十一司主管天下畜生案判官	21. 东庑第十一掌畜生司
岳府第二十二司主管天下飞禽案判官	18. 西庑第四十七掌飞禽司
岳府第二十三司主管天下提点地狱案判官	23. 东庑第十二掌地狱司
岳府第二十四司主管天下一十五种善案判官	24. 西庑第五十掌十五种善生司
岳府第二十五司主管天下一十五种恶死案判官	25. 东庑第十三掌十五种恶死司
岳府第二十六司主管天下无主孤魂案判官	26. 西庑第五十一掌无主孤魂司
岳府第二十七司主管天下行雨地分案判官	27. 东庑第十四掌行雨地分司
岳府第二十八司主管天下风伯案判官	28. 西庑第五十二掌风伯司
岳府第二十九司主管天下平等案判官	29. 东庑第十六掌较量司
岳府第三十司主管天下不欺昧案判官	32. 西庑第五十四掌欺昧司
岳府第三十一司主管天下僧道案判官	33. 东庑第十七掌僧道司
岳府第三十二司主管天下城隍案判官	34. 西庑第五十五掌城隍司
岳府第三十三司主管天下贼盗案判官	35. 东庑第十八掌贼盗司

① 刘澄圆撰：《七十六司考证》上卷，《北京大学中国民俗学会民俗丛书》第46辑，第149—194页。

续表

《无上黄箓大斋立成仪》卷五十六	刘澄圆《东岳庙七十六司考证》
岳府第三十四司主管天下山鬼案判官	36. 西庑第五十六掌山神司
岳府第三十五司主管天下土地案判官	37. 东庑第十九掌土地司
岳府第三十六司主管天下精怪案判官	38. 西庑第五十七掌精怪司
岳府第三十七司主管天下魍魉案判官	39. 东庑第二十掌魍魉司
岳府第三十八司主管天下门神案判官	40. 西庑第五十八掌门神司
岳府第三十九司主管天下柱死案判官	41. 东庑第二十一掌柱死司
岳府第四十司主管天下索命案判官	42. 西庑第五十九掌索命司
岳府第四十一司主管天下推勘案判官	43. 东庑第二十二掌推勘司
岳府第四十二司主管天下行污案判官	44. 西庑第六十掌行污司
岳府第四十三司主管天下放生案判官	45. 东庑第二十三掌放生司
岳府第四十四司主管天下杀生案判官	46. 西庑第六十一掌杀生司
岳府第四十五司主管天下施药案判官	47. 东庑第二十四掌施药司
岳府第四十六司主管天下善簿案判官	48. 西庑第六十二掌善报司
岳府第四十七司主管天下恶簿案判官	49. 东庑第二十五掌恶报司
岳府第四十八司主管天下忠孝案判官	50. 西庑第六十三掌忠孝司
岳府第四十九司主管天下忤逆案判官	51. 东庑第二十六掌忤逆司
岳府第五十司主管天下所生贵贱案判官	52. 西庑第六十四掌所生贵贱司
岳府第五十一司主管天下注福案判官	53. 东庑第二十七掌注福司
岳府第五十二司主管天下胎生案判官	54. 西庑第六十五掌胎生司
岳府第五十三司主管天下卵生案判官	55. 东庑第二十八掌卵生司
岳府第五十四司主管天下湿生案判官	56. 西庑第六十六掌湿生司
岳府第五十五司主管天下化生案判官	57. 东庑第二十九掌化生司
岳府第五十六司主管天下水族案判官	58. 西庑第六十七掌水族司
岳府第五十七司主管天下堕胎案判官	31. 东庑第十五掌堕胎落子司
岳府第五十八司主管天下阴谋行奸案判官	30. 西庑第五十三掌阴谋司
岳府第五十九司主管天下长寿案判官	59. 东庑第三十掌长寿司
岳府第六十司主管天下促寿案判官	60. 西庑第六十八掌促寿司
岳府第六十一司主管天下催生案判官	61. 东庑第三十一掌催生司
岳府第六十二司主管天下行黄病案判官	62. 西庑第六十九掌黄病司
岳府第六十三司主管天下行毒药案判官	63. 东庑第三十二掌毒药司
岳府第六十四司主管天下积财案判官	64. 西庑第七十掌积财司
岳府第六十五司主管天下还魂案判官	65. 东庑第三十三掌还魂司
岳府第六十六司主管天下速报案判官	66. 西庑第七十一掌见报司
岳府第六十七司主管天下子孙案判官	67. 东庑第三十四掌正直司
岳府第六十八司主管天下分引路案判官	68. 西庑第七十二掌引路司
岳府第六十九司主管天下正直案判官	69. 东庑第三十五掌子孙司
岳府第七十司主管天下磨勘案判官	70. 西庑第七十三掌磨勘司

续表

《无上黄箓大斋立成仪》卷五十六	刘澄圆《东岳庙七十六司考证》
岳府第七十一司主管天下苦楚案判官	72. 西庑第七十四掌举意司
岳府第七十二司主管天下悯众案判官	73. 东庑第三十七掌苦楚司
岳府第七十三司主管天下都察案判官	71. 东庑第三十六掌都察司
岳府第七十四司主管天下举意案判官	74. 西庑第七十五掌悯众司
岳府第七十五司主管天下速报司崇宁真君	75. 东庑第三十八掌速报司
	76. 西庑第七十六掌真官土地司

刘澄圆《东岳庙七十六司考证》各司名目中的动词用的是"掌"字，与净明经叙述天枢都司法院七十四个司各司职权时皆使用"掌"字相同。

刘澄圆对七十六司的论说，被抄写在木牌上，一一对应地悬挂于北平东岳庙两庑七十六司神殿前。日本学者小柳司气太曾来北平考察，1934年出版《白云观志：附东岳庙志》七卷。其中卷五为《东岳庙志》，卷六为《东岳庙七十六司考证》。小柳司气太说：石桥请人抄写两庑七十六司木牌上的论说，他又将石桥请人抄写的论说移录于自己的著作中，将七十六司名目从一排列到七十六，编为卷六《东岳庙七十六司考证》[①]。

从小柳司气太《东岳庙七十六司考证》排列的七十六司名目的顺序看，被石桥请去的抄手是从东庑最末一司（刘澄圆所录东庑第三十八掌速报司）开始向东庑第一司（刘澄圆所录东庑第一掌都签押司）逆顺序抄录，接着从西庑第一司（刘澄圆所录第三十九掌生死司）向西庑最末一司（刘澄圆所录西庑第七十六掌真官土地司）正顺序抄录。而且，在逆顺序抄录东庑木牌时，东庑第三十六掌都察司和东庑第三十七掌苦楚司却是正顺序抄录，东庑第三十四掌正直司和东庑第三十五掌子孙司却是正顺序抄录。

北平东岳庙两庑七十六司神像后来被毁。"1997年朝外大街改造指挥部决定修复东岳庙建筑。"[②] 新恢复的北京东岳庙七十六司，无论是各司名称还是排列顺序，皆与刘澄圆《东岳庙七十六司考证》所述完全相同，唯独第七十六司少了"掌"字。有人说："相传是因为该司地位级别较高，便不再用'掌'字。"[③] 此传颇为可疑。

今将当今的北京东岳庙七十六司各司名称根据左昭右穆的顺序另行排号（阿拉伯数字）[④]，与刘澄圆《东岳庙七十六司考证》的记载列表对照如下：

刘澄圆《东岳庙七十六司考证》	2013年3月16日的北京东岳庙七十六司
1. 东庑第一掌都签押司	1. 掌都签押司
2. 西庑第三十九掌生死司	2. 掌生死司
3. 东庑第二掌生死勾押推勘司	3. 掌生死勾押推勘司

①　[日] 小柳司气太：《白云观志：附东岳庙志》卷五、六，东京：东方文化学院东京研究所，1934年。《藏外道书》影印，第20册，第606页上—639页下。

②　茹竞华、刘辕：《论文物建筑修缮基础——东岳庙修缮纪实》，《中国紫禁城学会论文集》2004年第四辑，第74—84页。

③　陈巴黎：《北京东岳庙七十六司概述》，《中国道教》2000年第2期，第47页。

④　近几年我去东岳庙参加活动，常常经过东庑或西庑，有时陪同国内外学者专门参观七十六司。为了写本文，2013年3月16日我对北京东岳庙两庑七十六司重新考察一遍，纠正了一些文章抄录司名排列顺序的几处失误。

续表

刘澄圆《东岳庙七十六司考证》	2013 年 3 月 16 日的北京东岳庙七十六司
4. 西庑第四十掌斋僧道司	4. 掌斋僧道司
5. 东庑第三掌修功德司	5. 掌修功德司
6. 西庑第四十一掌看经司	6. 掌看经司
7. 东庑第四掌注生贵贱司	7. 掌注生贵贱司
8. 西庑第四十二掌勾生死司	8. 掌勾生死司
9. 东庑第五掌三月长斋司	9. 掌三月长斋司
10. 西庑第四十三掌取人司	10. 掌取人司
11. 东庑第六掌掠剩财物司	11. 掌掠剩财物司
12. 西庑第四十四掌增延福寿司	12. 掌增福延寿司
13. 东庑第七掌官职司	13. 掌官职司
14. 西庑第四十五掌追取罪人照证司	14. 掌追取罪人照证司
15. 东庑第八掌词状司	15. 掌词状司
16. 西庑第四十六掌曹吏司	16. 掌曹吏司
17. 东庑第九掌行瘟疫司	17. 掌行瘟疫司
18. 西庑第四十七掌飞禽司	18. 掌飞禽司
19. 东庑第十掌山林鬼神司	19. 掌山林鬼神司
20. 西庑第四十八掌宿业疾病司	20. 掌宿业疾病司
21. 东庑第十一掌畜生司	21. 掌畜生司
22. 西庑第四十九掌水府司	22. 掌水府司
23. 东庑第十二掌地狱司	23. 掌地狱司
24. 西庑第五十掌十五种善生司	24. 掌十五种善生司
25. 东庑第十三掌十五种恶死司	25. 掌十五种恶死司
26. 西庑第五十一掌无主孤魂司	26. 掌无主孤魂司
27. 东庑第十四掌行雨地分司	27. 掌行雨地分司
28. 西庑第五十二掌风伯司	28. 掌风伯司
29. 东庑第十六掌较量司	29. 掌较量司
30. 西庑第五十三掌阴谋司	30. 掌阴谋司
31. 东庑第十五掌堕胎落子司	31. 掌堕胎落子司
32. 西庑第五十四掌欺昧司	32. 掌欺昧司
33. 东庑第十七掌僧道司	33. 掌僧道司
34. 西庑第五十五掌城隍司	34. 掌城隍司
35. 东庑第十八掌贼盗司	35. 掌贼盗司
36. 西庑第五十六掌山神司	36. 掌山神司
37. 东庑第十九掌土地司	37. 掌土地司
38. 西庑第五十七掌精怪司	38. 掌精怪司
39. 东庑第二十掌魈魅司	39. 掌魈魅司
40. 西庑第五十八掌门神司	40. 掌门神司

续表

刘澄圆《东岳庙七十六司考证》	2013 年 3 月 16 日的北京东岳庙七十六司
41. 东庑第二十一掌枉死司	41. 掌枉死司
42. 西庑第五十九掌索命司	42. 掌索命司
43. 东庑第二十二掌推勘司	43. 掌推勘司
44. 西庑第六十掌行污司	44. 掌行污司
45. 东庑第二十三掌放生司	45. 掌放生司
46. 西庑第六十一掌杀生司	46. 掌杀生司
47. 东庑第二十四掌施药司	47. 掌施药司
48. 西庑第六十二掌善报司	48. 掌善报司
49. 东庑第二十五掌恶报司	49. 掌恶报司
50. 西庑第六十三掌忠孝司	50. 掌忠孝司
51. 东庑第二十六掌忤逆司	51. 掌忤逆司
52. 西庑第六十四掌所生贵贱司	52. 掌所生贵贱司
53. 东庑第二十七掌注福司	53. 掌注福司
54. 西庑第六十五掌胎生司	54. 掌胎生司
55. 东庑第二十八掌卵生司	55. 掌卵生司
56. 西庑第六十六掌湿生司	56. 掌湿生司
57. 东庑第二十九掌化生司	57. 掌化生司
58. 西庑第六十七掌水族司	58. 掌水族司
59. 东庑第三十掌长寿司	59. 掌长寿司
60. 西庑第六十八掌促寿司	60. 掌促寿司
61. 东庑第三十一掌催行司	61. 掌催行司
62. 西庑第六十九掌黄病司	62. 掌黄病司
63. 东庑第三十二掌毒药司	63. 掌毒药司
64. 西庑第七十掌积财司	64. 掌积财司
65. 东庑第三十三掌还魂司	65. 掌还魂司
66. 西庑第七十一掌见报司	66. 掌见报司
67. 东庑第三十四掌正直司	67. 掌正直司
68. 西庑第七十二掌引路司	68. 掌引路司
69. 东庑第三十五掌子孙司	69. 掌子孙司
70. 西庑第七十三掌磨勘司	70. 掌磨勘司
71. 东庑第三十六掌都察司	71. 掌都察司
72. 西庑第七十四掌举意司	72. 掌举意司
73. 东庑第三十七掌苦楚司	73. 掌苦楚司
74. 西庑第七十五掌悯众司	74. 掌悯众司
75. 东庑第三十八掌速报司	75. 掌速报司
76. 西庑第七十六掌真官土地司	76. 真官土地司

续表

小　结

　　北京东岳庙七十六司的源流，可以上溯到汉代魂归泰山蒿里之说。魂归泰山蒿里之说是以五岳信仰、天地崇拜、五行说、阴阳说、冥界说和鬼魂说等为基础的。北京东岳庙七十六司所体现的神学，还融合了道教酆都神话、佛教地狱神话、善恶报应说、儒家伦理思想等。

　　北京东岳庙七十六司的形式是以人世的政治组织加诸鬼神的产物。其面貌经历了长期自然演进的过程，融合了道教多个派别的元素。七十六司作为泰山冥府下级官署的设置当源起于《女青鬼律》卷一所述三老鬼神话，梁陶弘景纂《洞玄灵宝真灵位业图》开泰山冥府下级鬼官职的先声，七十六司称为"司"当源起于唐《太上慈悲道场消灾九幽忏》卷八所述罗酆山神话。宋代道经借用判官名称很普遍，宋《道门定制》卷九"更籍醮地府七十二司圣位"列出了酆都大帝所辖七十二司各司的名称并且各司长官皆称判官，宋天心正法派邓有功《上清骨髓灵文鬼律序》将冥府七十二司与泰山联系了起来。元明时期泰山修建酆都大帝管辖的七十五司，其数目有可能依据《真灵位业图》鬼官七十五职而来。元《元始天尊说东岳化身济生度死拔罪解冤保命玄范诰咒妙经》和《东岳大生宝忏》将七十五司判官直接隶属于东岳大帝麾下。明《无上黄箓大斋立成仪》卷五十六所列七十五司各司名称远承"更籍醮地府七十二司圣位"而来，同时承袭了蒿里山七十五司官署的数目。1917年北平东岳庙七十六司名与《无上黄箓大斋立成仪》卷五十六基本相同，只多出第七十六司，各司名目中的动词用的是"掌"字，与南宋《太上净明院补奏职局太玄都省须知》相同。1997年新恢复的北京东岳庙七十六司，与1917年相同，唯独第七十六司少了"掌"字。

　　在东岳七十二、七十四、七十五、七十六司的演进过程中，各司名称过半数相同，显示出一脉相承的轨迹；不足半数不同，表现出随机变通的特点。有的小东岳庙，只设立二十个司甚至几个司，因地制宜的特点更加明显。

　　元之后，道经中酆都大帝的下属判官也不尽是七十二司，如明《道法会元》卷二六二的"酆都考召大法"只有二十一司，即"追魂案判官王福、监生案判官班简、考掠案判官訾和、罪业案判官贾元、断刑案判官赵胜、主罪案判官张琪、受生案判官杨通、受牒案判官符朴、刀山案判官祝顺、剑树案判官李恭、注死案判官薛忠、执对案判官永真、注生案判官卢忠策、注禄案判官成珣、注病案判官黄寿、注算案判官周毕、注善案判官采伸、欠杀案判官程德、劫监案判官刘宝、放生案判官董杰、五道案判官郭愿"[①]。

　　元之后，除泰山和酆都冥署称为司、鬼官称为判官外，其他冥间也仍有称为司和称为判官者。如明《太上老君说城隍感应消灾集福妙经》说天下都城隍统辖的十八司曹案官是："主管天下人生死案判官、主管长生注命案判官、主管病症疾疫案判官、主管福禄延寿案判官、主管注生子孙案判官、主管立应见报案判官、主管看经修功德案判官、主管斋戒杀生案判官、主管勾押推勘案判官、主管磨看陈词案判官、主管风雨龙王案判官、主管追取遣送案判官、主管胎卵湿化案判官、主管恶

---

　　① 《道藏》第 30 册，第 603 页中、下。

鬼穷魂案判官、主管善恶报应案判官、主管亿劫魍魉饥鬼案判官、主管山林分野案判官、主管六房曹吏案判官。"①

（本文发表于北京"东岳信仰与北京东岳庙学术研讨会"，2013 年 5 月 7—8 日，又收入朱越利著《回首集》，四川大学出版社，2014 年版）

---

① 《道藏》第 34 册，第 748 页上、中。

何真公、周真公与南宋净明道团的演变

郭　武[*]

内容提要：学术界对于南宋净明道团的认识，存在许多错误。本文通过对该教团经典进行深入细致的考察，首先辨清了何真公、何守证与周真公的关系，并对《道藏》中净明道经的出现年代进行了重新考定，然后在此基础上揭示了南宋时期净明道团曾经发生过的一次重要变革。

关键词：何真公　周真公　南宋净明道团

一、前　言

南宋时期，在今江西省南昌市附近的西山曾兴起过一支道团。从元代《净明忠孝全书》的记载中，我们可知其领袖之一为何真公；又因其经典多冠以"净明"字样，故人们多称之为"何真公净明教团"。关于"何真公净明教团"，《净明忠孝全书》卷一有如下记载：

> 许真君以晋宁康甲戌岁于豫章西山升仙，尝留谶记云："吾仙去后一千二百四十年间，五陵之内当出弟子八百人，师出豫章河西岸，大扬吾教。郡江心忽生沙洲，掩过沙井口者，是其时也。"建炎戊申，仅七百年，兵祸煽结，民物涂炭，何真公等致祷真君，匄垂救度。既而降神渝川，谕以辛亥八月望当降玉隆宫。至期，迎俟，日中云雾郁勃，自天而下，由殿西径升玉册殿，降授《飞仙度人经》《净明忠孝大法》；真公得之，建翼真坛，传度弟子五百余人。消禳厄会，民赖以安[①]。

由这段文字，我们可以得知：1. 何真公教团乃是承许逊崇拜而来的；2. 该教团是在南宋初"兵祸煽结，民物涂炭"的社会背景下兴起的；3. 该教团有较大的规模，并有自己的宗教经典和活动场所；4. 该教团的活动方式属符箓道派的"消禳厄会"，并有着"民赖以安"的社会功能。此外，从这支教团留下的经典内容来看，其道教属性在各个方面均已显得很成熟，且其经、法已多采

---

　*　作者简介：郭武，山东大学特聘教授、博士生导师。
　①　《净明忠孝全书》卷一《西山隐士玉真刘先生传》，见《正统道藏》，台北：新文丰出版公司，1985年，第41册，第494页。

用"净明"字眼，并曾对元代刘玉净明道团产生过影响，故人们多将其视为"净明道"正式形成的标志①。

这支上承晋以来的许逊崇拜、下启元代刘玉净明道团的教团，在净明道发展史上占有非常重要的地位。然而遗憾的是，在已有的关于该教团的研究成果中，却存在许多不足，诸说相互矛盾，令人读之而不得其解。有鉴于此，笔者特细研净明道经典，就该教团的主要成员、经典及其演变等问题撰文如下，以求有裨于我们对道教历史的认识。不妥之处，祈望方家教正。

二、何真公与周真公

考诸《道藏》中有关经典，可知与南宋净明道团相关的人物名称有"六真"、丹阳子、何真公、何守证、周真公、方文、傅飞卿、杨文卿等。其中，对于理解该教团有重要意义而却又屡被学术界混淆不清者，则有何真公、何守证、周真公三者。关于何真公、何守证、周真公三者的关系，学术界的认识可谓五花八门：或完全回避不谈②；或不谈周真公，而以何守证为何真公弟子③；或不谈何守证，而以为周真公即何真公④；或以为周真公与何真公为二人，而何守证则为何真公弟子⑤；或以为周真公即何真公，而何守证为其弟子⑥；或以为何真公即何守证，而周真公为其师⑦。遗憾的是，诸家之认识竟无一正确。下面略述笔者之见。

首先应该明确的是，何真公与何守证乃是一人。学术界之多以何守证为何真公弟子，实皆是沿袭日本学者秋月观暎先生于 20 世纪 70 年代提出的误说。秋月观暎在《中国近世道教的形成——净明道的基础之研究》中认为：何守证自称为翼真坛副演教师，而何真公则为翼真坛的建立者，由此可推定何守证为何真公弟子⑧。这个推理表面上看起来似乎是合理的，因为何守证既然只是翼真坛的"副演教师"，则其上必还有"正演教师"，而何真公既然是翼真坛的建立者，则其为"正演教师"乃当然之事。但是，需要指出的是，秋月先生在这里实际上是将两种材料混在一起使用，颇有

---

① 关于净明道的产生时间，日本学者秋月观暎认为应在元代刘玉教团形成时，而中国内地学者则多主张应为南宋何真公教团出现时。详请参阅郭武：《关于净明道研究的回顾及展望》，《汉学研究通讯》2000 年第 3 期，第 372—383 页。本人以为："净明道"实乃崇奉"净明"之说的道派，既然南宋何真公教团之经、法皆冠以"净明"，则"净明"之说已经形成，而其有较大规模的教团组织及活动场所等，则崇奉"净明"之说的道派也已形成；更何况，该南宋教团的"净明"学说亦曾对元代刘玉净明道团有着影响，故视之为"净明道"形成的标志并无不妥。

② 如李养正著《道教概说》即仅据《净明忠孝全书》所提何真公来谈"何真公净明教团"，而未及其他经典所提何守证与周真公。李养正：《道教概说》，北京：中华书局，1989 年，第 162 页。

③ 如秋月观暎著《中国近世道教的形成——净明道的基础之研究》以为：何守证自称为翼真坛副演教师，而何真公为翼真坛的建立者，故可推定何守证为何真公弟子。［日］秋月观暎：《中国近世道教的形成——净明道的基础之研究》，东京：创文社，1978 年，第 121 页。

④ 如任继愈主编《中国道教史》虽引《净明忠孝全书》及《灵宝净明新修九老神印伏魔秘法序》文，但却无视这两部经书所言何真公与何守证，强行将宋南渡时祈祷许逊而建翼真坛的主角换为"周真公"。任继愈主编：《中国道教史》，上海：上海人民出版社，1990 年，第 569 页。

⑤ 如黄小石著《净明道研究》以为何守证乃何真公弟子，并将何真公、何守证与周真公并列而提。黄小石：《净明道研究》，成都：巴蜀书社，1999 年，第 51、66 页。

⑥ 如卿希泰主编《中国道教史》以为周真公又称何真公，而何守证则为周真公弟子。卿希泰主编：《中国道教史》第三卷，成都：四川人民出版社，1996 年，第 128 页。

⑦ 如章文焕著《中华人杰许真君》以为何守证即何真公，为翼真坛副演教师，而周真公则位居其上。章文焕：《中华人杰许真君》，台北：文盛计算机排版有限公司打印稿，1995 年，第 60、64 页。

⑧ ［日］秋月观暎：《中国近世道教的形成——净明道的基础之研究》，第 121 页。

"偷梁换柱"之嫌①。何守证自称为翼真坛副演教师之说，见于其所撰《灵宝净明新修九老神印伏魔秘法序》；而何真公为翼真坛的建立者之事，则见于元代《净明忠孝全书》中刘玉传记及语录。这两种材料并未同时出现，本不宜捏在一起来进行推断，因为其概念的标准及内涵可能已因时代的改变而有了不同。事实上，细读何守证撰《灵宝净明新修九老神印伏魔秘法序》可以发现：作为翼真坛"副演教师"的何守证确有其人，此人在《序》中被何氏称为"真师"等而未露姓名，系许逊等"六真"于建炎年间（1127—1130）降示"灵宝净明秘法"时命之为"训导学者师"者，又被视为"洞神仙卿"②；此人在建立翼真坛后，曾"说《气镜》《神印》二篇，证诸阙误，继委门人"，并命何守证撰序。再读《灵宝净明新修九老神印伏魔秘法》中《气镜》《神印》二篇，其文首皆冠有"丹阳子曰"字样，由此可知该"真师"号为丹阳子，实为净明道团于南宋初兴时的领袖③。这位丹阳子，在《太上灵宝净明玉真枢真经》中曾有出现，并在经中被描述为"学道于扶桑之宫，悟真于琼楼之城，受丰隆之正炁，后沆瀣之至精。回眄太空，接侍玉清，登洞神之庭，得玉真之经"④ 这样一位神人；这些文字虽多属夸张编造，但却印证了前述其被视为"洞神仙卿"之说。那么，此"丹阳子"会不会即是所谓"何真公"呢？答案是否定的，因为在该教团的《太上灵宝净明九仙水经》中，这位丹阳子曾露出其姓氏为"许"。该经文末曾录有这样一段文字：

> 丹阳许子曰：大哉海水之潮！于是取潮应之妙，究心三十年，得《水经》之道，述《水经》云耳⑤。

由此可以确知，"丹阳子"并非"何真公"。这个"丹阳许子"会不会是许逊呢？应该也不是，因为许逊在净明道经中一般被称为"高明大使""神功妙济真君"或"许真君"等。那么，"何真公"究竟是谁呢？笔者以为，此人实际上就是何守证。遍考元代以前所有净明道经，"何真公"一词实际上仅仅出现于《净明忠孝全书》刘玉传记及语录中，而《净明忠孝全书》编成时已距南宋建炎（1127—1130）约二百年了，其所述翼真坛的建立情况未必精确。再考《净明忠孝全书》所述何真公建翼真坛之情节，可知实是袭何守证撰《灵宝净明新修九老神印伏魔秘法序》而来；何氏《序》尚且未提及其师之姓名，刘玉等人当然就更不知了，故《全书》方有"何真公等"之言——

---

① 秋月观暎非但在这里将两种材料混在一起使用，且又作"追注"言：何守证即《许真君八十五化录》卷末孙元明跋所言"江淮隐士贾君守证"。查《正统道藏》本《许真君八十五化录》，孙元明所言"江淮隐士贾君"实名"守澄"而非"守证"，况其姓"贾"而非姓"何"，未知秋月先生为何将二人硬扯在一起。

② 《灵宝净明新修九老神印伏魔秘法序》原文为："（六真）乃命洞神仙卿为训导学者师……于是建仙坛名曰翼真。"从文义上看，"建坛"之人即该"洞神仙卿"。按："洞神仙卿"乃净明道之一种较高职位，如《太上灵宝净明飞仙度人经法》卷一《职品章第九》言："凡授飞仙度人宝法，阴注阳报，入职有三等：一曰入天枢局，一曰太玄都省局，又有洞神堂。"（见《正统道藏》第17册，第670—671页）《太上净明院补奏职局太玄都省须知》又有《洞神职制律格》记洞神堂仙真诸职位，分"洞神文郎"与"洞神武郎"两类；其中"洞神文郎"共九品，上三品为洞神真卿、洞神真文、洞神真翁，中三品为洞神仙卿、洞神仙僚、洞神参议，下三品为洞神参佐、洞神典事、洞神亚卿（见《正统道藏》第17册，第740—741页）。

③ 传说晋代许逊升仙时曾留下谶记言："吾仙去后一千二百四十年间，五陵之内当出弟子八百人，师出豫章河西岸，大扬吾教。郡江心忽生沙洲，掩过沙井口者，是其时也。"（同注①）清《济一子道书十七种》及清《逍遥山万寿宫志》中皆收有《（许旌阳真君）龙沙谶记》，完整地记录了许逊谶记的内容，其中有"当此时也，吾道当兴。首出者樵阳子也，八百地仙相继而出"之语，则主事者似当为"樵阳子"（见胡道静等主编：《藏外道书》，成都：巴蜀书社，1992—1994年，第11册，第663页；第20册，第792页）。不过，元以前净明道诸经中却从未出现过"樵阳子"之名，而《济一子道书十七种》则明确以"樵阳"为新建县地名、"樵阳子"为元代刘玉。

④ 《太上灵宝净明玉真枢真经》，《正统道藏》第41册，第465页。

⑤ 《太上灵宝净明九仙水经》，《正统道藏》第41册，第475页。

这一个"等"字，表明刘玉等人实已从《序》中读出尚有何氏之外的人参与了主建翼真坛事。所谓"真公"者，不过是道教徒对修道前辈的一种尊称，而未必是一个人的名字，如何守证称其师为"真师"，灵宝道徒称葛玄为"仙公"，俱属一类。刘玉等人既将职为翼真坛"副演教师"的何守证视为翼真坛的主建者之一，则尊称其为"真公"乃情理中事。如是，则所谓"何真公净明教团"的确切说法当改为"丹阳子净明道团"。

其次应该明确的是，何真公与周真公并非一人。这个问题，可从《灵宝净明黄素书释义秘诀》斥《炁镜》之篇"误人多矣"① 谈起。《灵宝净明黄素书释义秘诀》是方文与其师的问答记录，书中有方文之名而隐其师之名。而方文之师，则可从另一部方文请问之书——《灵宝净明院教师周真公起请画一》中，得知为周真公②。周真公所斥《炁镜》之篇，在署名何守证撰的《灵宝净明新修九老神印伏魔秘法序》中曾有提及，该《序》言"高明大使"（许逊）曾于南宋高宗辛亥（1131）八月降临玉隆宫，何守证之"真师"因此建立了翼真坛，并"说《气镜》《神印》二篇"③。此《气镜》篇，在《灵宝净明新修九老神印伏魔秘法》正文中有收录，全名《净明气镜篇》，内容为讲述如何修炼体内之炁而令之"与天地流通"，最终令"丹鼎成，黄芽生，庆云兴"④，实际上是一篇较为简单的阐述内炼方法之文。再考《灵宝净明黄素书释义秘诀》及其所释《灵宝净明黄素书》（全称《高上月宫太阴元君孝道仙王灵宝净明黄素书》）之内容，可知其所述乃一种较为成熟的内丹修炼方法，曾受《钟吕传道集》"五气朝元""三花聚顶"诸说影响（详下）。将其与《气镜》篇比较，可发现二者确然不同，《灵宝净明黄素书》之方法显然精致得多。由是可知，周真公在《灵宝净明黄素书释义秘诀》中斥《炁镜》之篇"误人多矣"乃事出有因。如此，可知周真公乃是与何真公等人意见不尽相同的另一人。此周真公并非方文等人伪托的子虚乌有者，而是实有其人的；《灵宝净明院真师密诰》有"天枢院录事"罗照先所录"净明院周演教真公等九祖六亲"之名讳及仙职，可证其人不虚⑤。以往学术界或忽视周真公的存在，或将周真公与何真公相混淆，不仅是错误的，而且还因此掩盖了周真公对南宋净明道团的一次重大革新（详下）。

再次应当明确的是，周真公乃是何真公之后的人物。考方文请问周真公诸经，如《灵宝净明院教师周真公起请画一》《灵宝净明黄素书释义秘诀》，可知其所问内容实为何守证传《灵宝净明新修

----

① 《灵宝净明黄素书释义秘诀》，《正统道藏》第 17 册，第 610 页。

② 任继愈主编《道藏提要》以为：《灵宝净明院教师周真公起请画一》系"方丈"（按：当为"方文"）与"六真"之问答，而"方丈"盖即周真公（任继愈主编：《道藏提要》，北京：中国社会科学出版社，1995 年，第 400 页）。胡孚琛主编《中华道教大辞典》亦持此说，但将书名误作《灵宝净明院教师周真公起请书》（胡孚琛主编：《中华道教大辞典》，北京：中国社会科学出版社，1995，第 412 页）。按：这种说法是错误的。此误系由错断该书卷首之文字所致。该书卷首称："方文上荷：六位真师既授以《净明真经》，经有奥义，合呵问玄微；庶几得承演教之意，一一详细批教，幸甚。"（见《正统道藏》第 17 册，第 570 页）此处"《净明真经》"系指《太上灵宝净明洞神上品经》（详下），而"演教"则指"净明院周演教真公"（见《灵宝净明院真师密诰》，《正统道藏》第 17 册，第 616 页）。这里，所引"上荷"后整段文字实皆为"上荷"之宾语；而若如《道藏提要》般读为"上荷六位真师"，则非但后面的"得承演教之意"不通，且"一一详细批教"的执行者也变成方文本人，与正文内容实为"方文拜问"不符。

③ 任继愈主编《道藏提要》以为《气镜》《神印》二篇系"何守澄（按：当为"何守证"）以其书叩问"，而许真君为其说之（任继愈主编：《道藏提要》，第 406—407 页），误。按：何氏《序》中称许逊为"高明大使"，而称己师为"洞神仙卿""真慈""真鉴""真师"等；说《气镜》《神印》二篇者，《序》中明言是"真慈"所为。此外，"叩问"者也并非何守澄（证），而是诸"新学九老法弟子"（见《灵宝净明新修九老神印伏魔秘法序》，《正统道藏》第 17 册，第 649 页）。

④ 《灵宝净明新修九老神印伏魔秘法·净明气镜篇》，见《正统道藏》第 17 册，第 652—653 页。

⑤ 李登详曾据《古今图书集成·神异典·神仙部》"周真人"条引《无为州志》言该周真人"枢密王公识之，后从许真君游，不知所终"，而证周真公实有其人。李登详：《宋高宗绍兴元年以前许逊传说与其教团发展研究（公元 239—1131 年）》，台南：成功大学历史研究所硕士论文，1999 年打印稿，第 174 页。按：此说不妥，因查江西历代建制并无"无为州"，且此"周真人"未必即是周真公。

九老神印伏魔秘法》及《太上灵宝净明洞神上品经》等。《灵宝净明黄素书释义秘诀》曾斥《灵宝净明新修九老神印伏魔秘法》之《净明气镜篇》，已如前述。而《灵宝净明院教师周真公起请画一》中方文所问，如"三五飞步，流纲之总""太上三清，空同赤耳""玉皇紫微，致远仲致"等，也都属《太上灵宝净明洞神上品经》之文字。《太上灵宝净明洞神上品经》文共三十五篇，分别就入道修己、奉教修真、佩服宝箓、三五飞步、回生起死、度脱六亲、救治百病、束缚百邪等三十五个问题进行阐发。《太上灵宝净明法序》托许逊言："吾尝著其末浅，作道经三十五篇行于人世，得者犹鲜。况此枢机，皆上圣秘箓，行之讵可忽乎。"① 这里所说的"三十五篇"，即是指《太上灵宝净明洞神上品经》，而所谓"况此枢机，皆上圣秘箓"，则是指《太上灵宝净明秘法篇》②。这两部经，皆属许逊等"六真"于建炎年间降示的"灵宝净明秘法"之一部分，为丹阳子、何真公教团所拥有。由方文曾问之于周真公，可知这两部经的出现时间应较早③，进而可知周真公等乃是何真公之后的人物。

至于其他与南宋净明道团相关者，如所谓"六真"及傅飞卿、杨文卿等，其身份在此时净明道团的经典中是比较明确的。"六真"曾于建炎年间"降神于渝川，出示灵宝净明秘法，化民以忠孝廉慎之教"④，实即丹阳子净明道团所奉"六师"，亦即：祖师太阳上帝孝道仙王灵宝净明天尊（日中仙王）、祖师太阴元君孝道明王灵宝净明黄素天尊（月中明王）、经师至孝恭顺仙王（谌姆）、籍师玄都御史真君（吴猛）、监度师三天扶教辅元大法师正一冲玄静应真君（张道陵）⑤、度师九州都仙太史高明大使至道玄应神功妙济真君（许逊）⑥。傅飞卿曾解《高上月宫太阴元君孝道仙王灵宝净明黄素书》，该经卷首署其职为"紫微右典者、少微都录、灵宝净明院司察右演教使"。按："灵宝净明院"一说，在元以前的净明道经中仅出现于与周真公有关的《灵宝净明院教师周真公起请画一》《灵宝净明院真师密诰》《灵宝净明院行遣式》诸经⑦，似为周真公时期净明道的职局设置；周真公之前净明道的职局设置，则仅有翼真坛、天枢局或天枢院（天枢都司法院）、太玄都省局、洞神堂等⑧。《灵宝净明院真师密诰》曾录周真公等"（灵宝）净明院法师三人"之三代六亲名讳及仙职，并言"教师位关传到杨文卿"；此处所谓"净明院法师三人"，疑即周真公、方文与傅飞卿。如是，则南宋丹阳子净明道团一系的传承当为：

① 《太上灵宝净明法序》，见《正统道藏》第 17 册，第 618 页。

② 按：《太上灵宝净明法序》本为《太上灵宝净明秘法篇》之序文，但在《道藏》中因错简而混入"三篇同卷"之《太上灵宝净明入道品》《灵宝净明院真师密诰》与《太上灵宝净明法印式》中。

③ 黄小石著《净明道研究》未察这两部经的内容曾被后来的《灵宝净明院教师周真公起请画一》《灵宝净明黄素书释义秘诀》等提及，而以"此时'净明诸法'已有'四十篇'之多"且"对忠孝的追求也比南宋净明道早期强烈一些"为由，断定其出"应在南宋后期灵宝净明较成熟的阶段"（黄小石：《净明道研究》，第 60 页），误。黄著之误，系由其主观地认为早期净明道团"担当了许逊崇拜的埋葬者角色"而致，详下。

④ 《灵宝净明新修九老神印伏魔秘法序》，见《正统道藏》第 17 册，第 649 页。

⑤ 黄小石著《净明道研究》以为"监度师三天扶教辅元大法师正一冲玄静应真君"乃指唐代张蕴（第 66 页），误。

⑥ 见《太上灵宝净明飞仙度人经法》卷一《识神章第三》。任继愈主编《道藏提要》以该经文中曾出现"三天扶教辅元大法师正一冲玄静应真君"等元代封号，而以其为元代刘玉等人伪托（第 407—408 页）。但事实上，该经之出现应较早，而元代封号则可能是后世好事者添入，详下。

⑦ 有关《灵宝净明院教师周真公起请画一》《灵宝净明院真师密诰》《灵宝净明院行遣式》诸经与周真公的关系，详见本文第三部分。

⑧ 如前述《太上灵宝净明飞仙度人经法》卷一《职品章第九》言："凡授飞仙度人宝法，阴注阳报，入职有三等：一曰入天枢局，一曰太玄都省局，又有洞神堂。"（见《正统道藏》第 17 册，第 670—671 页）有关这三等职局的详情，可参阅《天枢院都司须知令》《天枢院都司须知格》《天枢院都司须知行遣式》《灵宝净明天枢都司法院须知文》《太上净明院补奏职局太玄都省须知》诸经；诸经之出现时代，详见本文第三部分。

撺鋤→丹阳子（许氏）→何真公（守证）⋯⋯→周真公→方文→傅飞卿→杨文卿

这个传承谱系是否成立，有两个问题尚需回答：第一，何真公时期教团与周真公时期教团之间是否确有联系？第二，由何真公至周真公之间的传承究竟怎样？关于第一个问题，回答应是肯定的，因为从分属何、周时期的不同净明道经典所奉神灵来看，尤其是从两个时期的教团所奉祖师、经师、籍师、监度师及度师来看，其内容都是相同的。何真公时期教团所奉"六师"已如上述，而周真公时期教团所奉"六师"则见于署"净明院嗣演教师周真人编"的《灵宝净明院行遣式》，二者内容完全一致。这种一致的意义，若反过来从元代刘玉教团与南宋教团的"不一致"① 来认识，便可充分领会。关于第二个问题，即由何真公至周真公之间的传承，因史料缺乏，实不易作出回答。《灵宝净明院真师密诰》录周真公等"净明院法师三人"之三代六亲名讳及仙职，并言"教师位关传到杨文卿"，落款为"太岁巳酉三月十五日"②。"巳酉"当为"己酉"，查南宋间"己酉"有三，一为宋高宗建炎三年（1129），二为宋孝宗淳熙十六年（1189），三为宋理宗淳祐九年（1249）。建炎时"六真"方降授诸经，应不可能已传三代以上。淳祐距建炎时已一百二十年，以周、何两教团联系颇为紧密，及后来颇贬南宋净明道团的刘玉教团之重要成员黄元吉于元初即曾入净明道祖庭——西山万寿宫师事朱尊师与王月航③，并得"都监"西山玉隆万寿宫④来看，杨文卿嗣教似不太可能在此时。淳熙距建炎时仅六十年，无论是从周、何两教团的传承代数及联系程度来看，都很可能为杨文卿嗣教之时。如是，则何真公与周真公相隔并不远；至于二人是否直接传授，则很难判断。

从上述传承谱系，我们看不出其有什么特别之处。但如果将其与何、周两位"真公"所传经典结合起来看，我们则会发现南宋净明道团之性质曾发生过一次重大的变化。下面，再略考当时净明道团各种经典之情况。

三、南宋净明道团的经典

明正统《道藏》中所收冠有"净明"或"许真君"字样的经典，除元代的《净明忠孝全书》外，尚有《太上灵宝净明洞神上品经》《太上灵宝净明法序》《太上灵宝净明秘法篇》《灵宝净明新修九老神印伏魔秘法》《太上灵宝净明飞仙度人经法》《太上灵宝净明飞仙度人经法释例》《太上净明院补奏职局太玄都省须知》《太上灵宝净明玉真枢真经》《太上灵宝净明道元正印经》《太上灵宝净明天尊说御瘟经》《太上灵宝首入净明四规明鉴经》《太上灵宝净明九仙水经》《太上灵宝净明中

---

① 刘玉教团所奉诸师，除"祖师"日、月二帝君外，余为"道师"许逊、"经师"张蕴、"法师"胡慧超、"监度师"郭璞。详《净明忠孝全书》卷一，见《正统道藏》第41册，第485—497页。

② 《灵宝净明院真师密诰》，见《正统道藏》第17册，第616页。

③ 黄元吉师事西山万寿宫朱尊师与王月航之事，详见《净明忠孝全书》卷一《中黄先生碑铭》（《正统道藏》第41册，第497页）。关于朱尊师与王月航，《净明忠孝全书》《逍遥山万寿宫志》《南昌县志》《江西通志》等俱未详载其生平事迹。袁冀《元代玄教宫观教区考》曾考元初江西西山万寿宫属"玄教"统辖之教区（袁冀：《元史论丛》，台北：联经出版社，1978年，第175—196页），但从光绪《江西通志》卷一七八《仙释》言王月航曾"授（黄元吉）以旌阳清净之道"看，其当属净明道成员。

④ 详见《净明忠孝全书》卷一《中黄先生碑铭》所记诸儒赞言，《正统道藏》第41册，第498页。

黄八柱经》《许真君受炼形神上清毕道法要节文》《灵宝净明天枢都司法院须知文》《天枢院都司须知令》《天枢院都司须知格》《天枢院都司须知行遣式》《灵宝净明院行遣式》《灵宝净明院教师周真公起请画一》《高上月宫太阴元君孝道仙王灵宝净明黄素书》《灵宝净明黄素书释义秘诀》《太上灵宝净明入道品》《灵宝净明院真师密诰》《太上灵宝净明法印式》《灵宝净明大法万道玉章秘诀》等。任继愈先生主编《道藏提要》曾考这些经典多为宋元间作品，其说有很大的参考价值，但却也有不少可商榷之处①。黄小石先生著《净明道研究》亦曾述及诸经出现之先后，但由于其判断方法欠妥②，同样多有可商榷之处。弄清楚这些经典出现的时代先后，对于我们认识南宋净明道团有着重要的意义。故本文现再分何真公与周真公两个时期，对诸经略作考述。

在考述之前，有必要先说明一下笔者的判断标准。笔者之判断标准，主要是以经文中的何真公或其师丹阳子语、周真公或其弟子方文语作为两个不同的参照系，有周、方语者归为晚出，而有何真公或其师作正面阐述之语者则归为早出；经文中未出现双方名称者，则依其内容作推测。现依之考述如下。

1.《太上灵宝净明洞神上品经》。未署撰人，两卷，三十五篇。其内容曾多被周真公与方文在《灵宝净明院教师周真公起请画一》中问答时作为前人作品谈及③，故当为何守证时期作品。《太上灵宝净明法序》托许逊自称尝著"道经三十五篇行于人世"，此"道经三十五篇"当即指该《太上灵宝净明洞神上品经》。由该《太上灵宝净明洞神上品经》卷下《净明正印篇》云："念此净明经，兼行净明法，可消千灾，兼治万魔。"④ 可知其应与建炎年间"六真"所降"净明秘法"同行。

2.《太上灵宝净明秘法篇》。未署撰人，两卷。上卷为《逐日烧香行持法》及一些符箓，下卷为《灵书上篇》与《灵书下篇》。由上述《太上灵宝净明洞神上品经》卷下《净明正印篇》云"玄中科分三十五，复有《妙说》《灵书》三篇，可以寿千百，可以见鬼神"⑤，可知其当为与上述《太上灵宝净明洞神上品经》三十五篇同行的"净明秘法"之一种⑥，系于建炎年间由"六真"所降。

3.《太上灵宝净明法序》。未署撰人。本应为《太上灵宝净明秘法篇》之序，但在明正统《道藏》中错入"三篇同卷"之《太上灵宝净明入道品》《灵宝净明院真师密诰》与《太上灵宝净明法印式》内，且未见于卷首"三篇同卷"之目录。从该《序》中自称"自受法吴君，后学谌姆，复遇上圣传以此书"⑦，可知其系托许逊所作。由此，更可证其正文《太上灵宝净明秘法篇》系建炎年间

---

① 详见本文有关注释。

② 黄小石的判断方法，是先主观地认为"早期"净明道团抛弃了忠孝传统而与许逊崇拜"根本不同"，至后来则有另一"反对势力""恢复"了忠孝传统，然后依诸经是否有忠孝色彩来断定其先后。这种方法非但有其个人的主观"先验"性，且与南宋净明道团于建炎年间开始兴起时就"化民以忠孝廉慎之教"的事实不符，详下。

③ 如《灵宝净明院教师周真公起请画一》载方文言："六位真师既授以《净明真经》，经有奥义，合叩问玄微。"而其所问"经云……"之内容，实皆《太上灵宝净明洞神上品经》之文字。

④ 《太上灵宝净明洞神上品经》卷下《净明正印篇》。

⑤ 《太上灵宝净明洞神上品经》卷下《净明正印篇》。

⑥ 任继愈主编《道藏提要》以该经部分文字与《太上灵宝净明洞神上品经》相同而认为二者系"因后世流传既久而残阙，故有两种本子"（第406页），胡孚琛主编《中华道教大辞典》亦以为《太上灵宝净明洞神上品经》"又称《太上灵宝净明秘法》"（第410页），皆误。按：此误系因不明净明法乃多借灵宝法而来，而"灵宝法"之使用须有经、法相配。金允中《上清灵宝大法》卷十五云："灵宝之用，因经而出经法。"净明法亦如此，如《太上灵宝净明飞仙度人经法释例》言其法"以法述经意，因经明法理"。此外，《太上灵宝净明法序》言："吾尝著其未浅，作道经三十五篇行于人世，得者犹鲜；况此枢机皆上圣秘箓，行之讵可忽乎。"亦可证这两部经、法为不同性质之两种书，并非"传既久而残阙"所致的同书之"两种本子"。

⑦ 《太上灵宝净明法序》。

由"六真"所降。

4.《灵宝净明新修九老神印伏魔秘法》。前有序，署"翼真坛副演教师何守证撰"。中有《九老帝君神印总论》及《净明气镜篇》等，曾被后来的周真公斥为"误人多矣"①，显为何守证时期作品。

5.《太上灵宝净明飞仙度人经法》并《释例》。托"高明大使神功妙济真君许旌阳释"，合共六卷（含《释例》一卷）、四十一章，计《叙微》十章、《叙经》二十八章、《释例》三章。内容大致为借《太上灵宝度人经》阐释净明度人之法。由于该经《识神章》中曾出现元代对张道陵之"三天扶教辅元大法师正一冲玄静应真君"封号，故或以为系元代西山刘玉等人所造②。此说不无道理，但尚欠精确。笔者细读该经，发现其经法实多依《太上灵宝度人经》而立，并多取《太上灵宝度人经》经文为其"咒"（仅缺《太上灵宝度人经》之《元始灵书》上篇、下篇两段文字，但存有《元始灵书》中篇），由此可知其说尚多有早期净明道吸摄灵宝经法之色彩，与元代刘玉道团不同；更为重要的是，该经所奉"六师"乃与前述何、周教团相同，而与刘玉等所造《净明忠孝全书》不同③。是故，该经最初实应属早期净明道团中人所造；至于其中所出现的元代封号，则可能是后世好事者在编定时添入④。其改动痕迹，可从该经现存章数与《释例》所言不符看出，如《释例·自然玉字章》云："《叙微》一卷以象天，《释例》二卷以象地，合三十二章以象三十二天，《叙经》四卷以象四时。"⑤此说明显与上述《叙微》十章、《叙经》二十八章、《释例》三章之数有很大出入。若以《释例》所言计算，则该经原来的篇章数当为三十九，加上卷首诸章提要一篇，则其数与上述《太上灵宝净明洞神上品经》卷下《净明正印篇》云"净明诸法，总始终四十篇"⑥相合；如是，则其似当为与《太上灵宝净明洞神上品经》《太上灵宝净明秘法篇》同行的"净明秘法"之一种，可能即建炎年间"六真"所降"《飞仙度人经》"之"法"，属何守证时期作品。不过，现存的《太上灵宝净明飞仙度人经法》已经由后人改动过，却也是应当注意的。

6.《太上灵宝净明玉真枢真经》《太上灵宝净明道元正印经》《太上灵宝净明天尊说御瘟经》《太上灵宝首入净明四规明鉴经》。未署撰人，四经同卷。由经中渲染丹阳子成道经历，知其应为何守证时期作品⑦。

7.《太上灵宝净明九仙水经》《太上灵宝净明中黄八柱经》。未署撰人，二经同卷。由经中有丹阳许子语，知其应为何守证时期作品。

8.《太上净明院补奏职局太玄都省须知》。署"高明大使神功妙济真君许旌阳释"，一卷。内容

---

① 《太上灵宝净明法序》，见《正统道藏》第 17 册，第 618 页。

② 任继愈主编：《道藏提要》，第 407—408 页。胡孚琛主编：《中华道教大辞典》，第 411 页。

③ 《太上灵宝净明飞仙度人经法》所奉"六师"，见该经卷一《识神章第三》，具体为："祖师"太阳上帝孝道仙王灵宝净明天尊、"祖师"太阴元君孝道明王灵宝净明黄素天尊、"经师"至孝恭顺仙王、"籍师"玄都御史真君、"监度师"三天扶教辅元大法师正一冲玄静应真君。何、周教团与刘玉教团所奉"六师"之具体名称，详见上文。

④ 章文焕著《中华人杰许真君》亦持此看法，见第 61 页。

⑤ 《释例·自然玉字章》。

⑥ 《太上灵宝净明洞神上品经》卷下《净明正印篇》。

⑦ 任继愈主编《道藏提要》以《太上灵宝首入净明四规明鉴经》之"辞旨"多同刘玉语录而认为其"盖为刘玉所撰"（第856 页），误。按：其所谓推崇忠孝之类的"辞旨"，实际上在崇奉"忠孝廉慎之教"的何真公时期教团的经典中并不乏见，如《太上灵宝净明洞神上品经》卷下《修功成实篇》云："吾有《净明经》，诵之学忠孝，兼以炼形质，神明来赞助。"《净明灵宝符篇》又云："念我《净明经》，复行净明法，可以先行孝，次学炼身形。"等等。

为述太玄都省之官名、仙阶、仙职及符印式等。由所署许逊封号仅为"高明大使神功妙济真君"，而未如周真公编《灵宝净明院行遣式》中所惯称"九州都仙太史高明大使神功妙济真君"，推测其应为何守证时期作品。此外，该经内容多袭《天枢院都司须知令》《天枢院都司须知行遣式》等，并有《洞神职制律格》述"洞神堂"之职制，但却未涉署"净明院嗣演教师周真人编"之《灵宝净明院行遣式》，也可证其当为周真公以前作品。

9. 《许真君受炼形神上清毕道法要节文》《灵宝净明天枢都司法院须知文》《天枢院都司须知令》《天枢院都司须知格》。未署撰人，四篇同卷。由《节文》深受上清存神法影响及"天枢"在《太上灵宝净明洞神上品经》中屡被推崇来看，此四篇似应为何守证时期作品。其文多见于《太上净明院补奏职局太玄都省须知》①，且其修炼方法与后期的周真公等人所行内丹法不同，也可证此四经当为早出。

10. 《灵宝净明大法万道玉章秘诀》。未署撰人，一卷。前有"太阳玄宫昌明阁掌图籍小兆"序，但未署姓名。内容多为符法及占相之术，似应为何守证时期作品，待再考。

11. 《灵宝净明院行遣式》《天枢院都司须知行遣式》。二篇同卷。《灵宝净明院行遣式》署"净明院嗣演教师周真人编"，由所署教职看，此"周真人"当即周真公。《天枢院都司须知行遣式》未署撰人，内容曾见于上述《太上净明院补奏职局太玄都省须知》，似本应为与《天枢院都司须知令》《天枢院都司须知格》同编，但在明正统《道藏》中却错与《灵宝净明院行遣式》编为一卷。

12. 《灵宝净明院教师周真公起请画一》。未署撰人，一卷。由经名中有"周真公"名，及经文中有方文问语，可知为周真公时期作品。

13. 《高上月宫太阴元君孝道仙王灵宝净明黄素书》。署"紫微右典者、少微都录、灵宝净明院司察右演教使傅飞卿解"，十卷，前有《序例》一卷。内容多为内炼之法，并附有众多"真文"（符箓）。以周真公之前净明道职局设置多称"翼真坛"或"天枢院""太玄都省"等而不称"灵宝净明院"来看，该经应为周真公时期作品②。又，按该经编排格式看，所谓傅飞卿"解"，实仅为《序例》部分而未涉及正文，令人颇为不解；或者，可将其众多"真文"（符箓）理解为《黄素书》正文，而将其余文字理解为傅飞卿之"解"。

14. 《灵宝净明黄素书释义秘诀》。未署撰人，一卷。由内有方文问语，可知乃周真公时期作品③。

15. 《太上灵宝净明入道品》《灵宝净明院真师密诰》《太上灵宝净明法印式》。未署撰人，三篇同卷。由内列周真公等人世系，可知为周真公时期作品。

以上考述，虽并未能完全辨明所有净明道经之出世时间，但却可确证很多净明道经之出现先后。下面，我们主要依可以确证其出现先后的经典对这支教团的性质演变进行讨论。

---

① 如《天枢院都司须知令》实即《太上净明院补奏职局太玄都省须知》之《天枢都司局》部分。
② 任继愈主编《道藏提要》以为"盖为元代净明派道书"（第 401 页），误。
③ 任继愈主编《道藏提要》以为"盖为元代净明道士所作"（第 402 页），误。

四、南宋净明道团性质的演变

南宋净明道团性质的演变，可以从上述经典之内容变化中明显地看出。下面，笔者主要从"净明秘法"及"忠孝之教"两个方面来对之加以说明。为了方便比较，特分何、周两个时期述之。

（一）何真公时期净明道经的内容

许逊崇拜之赖以形成和发展的两个基本因素，乃"孝悌"与"神异"①。这两个因素，在南宋净明道团中显得尤为突出，如何守证称"六真"于建炎年间降示之"灵宝净明秘法"与"忠孝廉慎之教"，实皆与之有关。或以为何真公"对许逊崇拜进行了根本的改造，从而创立了与许逊崇拜根本不同的教派"，甚至"担当了许逊崇拜的埋葬者角色"②，这种看法是没有根据的。事实上，何真公等人非但未"埋葬"许逊崇拜，反而对之进行了弘扬，详如下。

何真公等人之未"埋葬"许逊崇拜，从其经典仍处处尊奉许逊便可一眼看出。如何氏撰《灵宝净明新修九老神印伏魔秘法序》，不仅言许逊等"六真"曾于建炎年间降示"灵宝净明秘法"及"忠孝廉慎之教"，而且言许逊曾单独于高宗辛亥（1131）降临玉隆宫，命何守证之师丹阳子建立翼真坛以"广延善知识"③。如此，则何真公时期净明道团之宗教经典与法术、宗教教团及其活动场所等实俱因许逊而来。不仅如此，何真公净明教团既奉许逊为"度师"④，则其入教仪式也当与许逊有关。所谓"埋葬"之说，不知据何而来？

至于何真公等人对许逊崇拜的弘扬，则可分"忠孝"与"秘法"两个方面来谈。

先说第一个方面。如前曾述，推崇"孝悌"乃是许逊崇拜赖以形成和发展的基本因素。对此，何真公等人非但未敢抛弃，反而加以了强化，如《太上灵宝净明法序》称："净明者，无幽不烛，纤尘不污，愚智皆仰之，为开度之门、升真之路，以孝悌为之准式，修炼为之方术，行持（为）之秘要。"⑤《太上灵宝净明洞神上品经》中推崇孝悌的言论更比比皆是，如：

> 净明诸法总始终四十篇，以孝为祖，以身为宗⑥。
>
> 念我《净明经》，复行"净明法"，可以先行孝，次学炼身形⑦。
>
> 倬倬孝弟〔悌〕，忠义不亏，虽无大药，亦可以悟法，名列巍巍。或行符咒水，给药度危，是为下品，皆未若吾以孝弟〔悌〕而服炁。事双亲，养一身，不尸解，即超真⑧。

---

① 许逊之"孝悌"与"神异"的形象，在六朝文献中即已有记载，至唐时更加发展。详请参阅李丰楙撰：《许逊传说的形成与演变——以六朝至唐为主的考察》，见李丰楙：《许逊与萨守坚：邓志谟道教小说研究》，台北：学生书局，1997年，第1—63页。
② 黄小石：《净明道研究》，第54、58页。
③ 《灵宝净明新修九老神印伏魔秘法序》。
④ 见《太上灵宝净明飞仙度人经法》卷一《识神章第三》。
⑤ 《太上灵宝净明法序》。
⑥ 《太上灵宝净明洞神上品经》卷下《净明正印篇》。
⑦ 《太上灵宝净明洞神上品经》卷下《净明灵宝符篇》。
⑧ 《太上灵宝净明洞神上品经》卷上《天官列次篇》。

以上明显是将"孝"作为其教徒行为的首务来谈的。值得注意的是，此时净明道经开始出现了对"忠义"的推崇，这是以往许逊崇拜所未有过的，这种变化，实与两宋社会常面临国破家亡之危机有着密切关系。不仅如此，此时的净明道经还开始对"孝悌"之类的社会伦常赋予浓烈的"神圣"（sacred）色彩，如《太上灵宝净明洞神上品经》云：

> 父母之身，天尊之身；能事父母，天尊降灵。欲拜星辰，友恭弟兄；兄弟之身，诸天真人。凡知此者，可以烧丹篆符，百鬼畏名。不知此者，未可入道以奉三清，夜叉食其肉，魔刹戮其神；虽有丹书万卷，未可以升真，符篆万筐，未可以役鬼神①。

在这里，凡俗的父母兄弟之身被视作了神圣的"天尊"与"诸天真人"之身，日常的孝悌伦常也因此成了具有宗教意义的行为方式。以往许逊崇拜推崇"孝悌"，多只将其视为得道成仙的一个条件，而非将这种行为本身直接地视为有"神圣"性质；自何真公等人以后，无论是周真公教团还是刘玉教团，都将"孝悌"及"忠义"之类的社会伦常本身视为"神圣"行为，这应该说是许逊崇拜在神学理论上的一种突破。这种突破，既是在继承许逊孝道原有学说之基础上取得的，同时也与当时儒家理学及佛教禅宗的影响有关。自北宋周敦颐游宦江西并居庐山讲学以来，儒家理学便以江西地区为活动中心而逐渐兴起②；而宋以后"新儒学"之较传统儒学不同的一个特点，即是从本体论的高度对社会伦常加以论证，将"三纲五常"等上升为能与宇宙本体相通的行为规范③。南宋以后净明道团将父母兄弟之身视为"天尊"与"真人"，赋予"孝悌"等日常行为以能通往终极"神圣"之意义，其做法与上述儒家理学的思路如出一辙，当是受到了江西大儒学说的影响。或以为宋代净明道"与理学关系似不深，受到的影响也不大"④，实为失察。此外，南宋净明道视"孝悌"等为具有宗教意义的行为方式，恐也与唐以来佛教禅宗所宣扬的"担水搬柴，无非妙道"之类说法的

---

① 《太上灵宝净明洞神上品经》卷上《入道真品篇》。

② 考察宋元理学之发展史，可知其始终与江西地区有关系，如理学开山鼻祖周敦颐虽为道州营道（今湖南道县）人，但一生却多活动于江西，先后在江西境内任洪州分宁县（今修水一带）主簿、南安军（今大庾）司理参军、知洪州南昌县等，晚年因喜爱庐山而要求迁南康军任职，次年解印入庐山北麓莲花峰下筑书堂定居讲学，后卒于该地。理学的开创者二程兄弟虽为河南籍，但自小即随其为官之父寓居（江西）南安军任所，时周敦颐恰任南安军司理参军，于是二程从父命受学于周敦颐（参阅周文英、罗溍先等编著：《江西文化》，沈阳：辽宁教育出版社，1998年，第161页）。至于将理学发展推至高峰的朱熹与陆九渊，则更与江西有不解之缘。朱熹本籍徽州婺源（今属江西）而生于建州尤溪（今属福建），曾于淳熙五年（1178）差知南康军，次年十月重建庐山白鹿洞书院并讲学于此。在此前后，朱熹曾多次游历江西讲学，如绍兴二十年（1150）及淳熙三年（1176），其曾两次回婺源省亲祭祖，并至该地钟山书院讲道义；乾道三年（1167），访张栻途经丰城，曾讲学于该地龙光书院，后又应门人熊世基、熊世琦兄弟之请撰《龙光书院心广堂记》；淳熙八年（1181），知南康军任满归家途经九江，又访该地濂溪书院并讲学于兹。其间影响最大者，当推淳熙二年（1175）五月在铅山鹅湖寺与陆九渊、陆九龄兄弟的论学，即史称"鹅湖之会"之事。此外，朱熹曾亲临讲学的江西书院还有余干县的东山书院与忠定书院、玉山县的怀玉书院与草堂书院、德兴县的银峰书院、丰城县的盛家洲书院等等（详请参阅方彦寿：《朱熹书院门人考》，上海：华东师范大学出版社，2000年，第1—30页）。陆九渊本为江西抚州金溪人，于宋孝宗乾道八年（1172）应试中选后返乡候职期间，远近闻风而来从师问学的人非常之多，陆氏因此辟出家宅东堂作为授徒之地，开始了为期三年"槐堂讲学"，"弟子属籍者至数千人"（见黄宗羲：《槐堂诸儒学案》按语，《宋元学案》卷七十七）。淳熙十三年（1186）后，陆九渊致仕后归乡闲居，又在江西贵溪应天山（象山）开始了为期五年的"象山讲学"。象山讲学期间，平日学徒常不下百人，而郡县礼乐人士也时常登山拜谒，五年中著籍于簿者超过数千人，可谓盛况空前。这些弟子，对于陆学的普及起到了重要的推动作用（详请参阅徐纪芳：《陆象山弟子研究》，台北：文津出版社，1980年，第67—72页）。

③ 陈来：《宋明理学》，沈阳：辽宁教育出版社，1991年，第14页。

④ 黄小石：《净明道研究》，第121页。

影响有关①。

至于"秘法"方面，何真公等人也对之进行了大力的发扬。传统的许逊崇拜虽曾渲染过许逊之神异法术，但却不过是一种笼统的说法而已，并没有具体化为可操作的方法。何真公等人则不同，其所传经典有关各种方术的说明不仅非常明确，而且有很强的系统性和可操作性，如前述《太上灵宝净明洞神上品经》曾分别就佩服宝箓、三五飞步、回生起死、度脱六亲、救治百病、束缚百邪等三十五个问题进行了具体的阐述。更为重要的是，这些方术系融合了诸多传统道派之学而来，具有兼摄诸家之长的优点。何真公等人称其所得"秘法"为"灵宝净明秘法"，由名称上看，已可知其与灵宝派当有联系，这一点早已为学术界所认识。不过，以往学术界对二者关系的辨析却不够深入，多只知以南宋净明道经典冠"灵宝净明"字样或其中杂有灵宝经文为据；近来张泽洪等先生撰文，始从道法科仪、人神名称、环境影响等方面对净明道与灵宝派的关系作了进一步的说明②。笔者曾详考《太上灵宝净明飞仙度人经法》，发现其内容纯系以灵宝派的《度人经》为蓝本演绎而来③；而其演绎之法，实也完全依"灵宝法"乃"以经中之文而为咒，因经中之字而为之符"④之说而来。具体而言，《太上灵宝净明飞仙度人经法》实是以《度人经》全文为纲，而参照金允中、工契真二本《上清灵宝大法》并廛入净明家言而阐发之⑤，或以《度人经》文为"咒"，或以《度人经》义为"法"⑥，这种方式，实即上述"灵宝法""以经中之文而为咒，因经中之字而为之符"的制作方法。也就是说，《太上灵宝净明飞仙度人经法》乃是以《度人经》为"经"，而以自身为《度人经》之"法"，这种配合方式，与上述《太上灵宝净明秘法篇》配《太上灵宝净明洞神上品经》而行的"因经而出经法"的做法是相同的。所以，说南宋净明道系从灵宝派脱胎而来⑦，甚至将其视为灵宝派之旁门支系⑧，并不过分。二者的这种联系，不仅与灵宝斋法自六朝以来即在道教中有着重大而深远的影响有关⑨，而且与灵宝派于北宋时在江西阁皂山的兴起有密切关系。

除了吸收灵宝派的经法之外，何真公等人还融摄了其他道派的一些修炼法及符法。隋唐以来，许逊孝道即与上清派有着深厚关系⑩，这种关系，令上清派有了机会对南宋净明道产生影响。近来

---

① 考净明道的活动中心——西山（逍遥山）之地理，可知其实在今南昌市外三十余里处，地处新建县西南部，东临南昌，西接奉新与高安，南毗丰城，北望永修与九江，与庐山（在九江）、龙虎山（在贵溪）、阁皂山（在樟树）、麻姑山（在南城）及临川、崇仁、修水、金溪等道教圣地和理学重镇距离很近，与佛教禅宗七祖行思开化地青原山（在吉安）、临济宗发源地杨岐山（在萍乡）、曹洞宗发祥地洞山（在宜丰）相去也并不远，故其在地理上是较易受到这些地方的文化影响的。

② 详请参阅张泽洪：《净明道与灵宝派——兼论与正一道法术的关系》，《道韵》2001年第九辑，第102—126页。并可参阅李远国：《论净明道法的沿革与特征》，《道韵》2001年第九辑，第1—21页。

③ 《正统道藏》洞真部本文类收有《太上洞玄灵宝度人上品妙经》六十一卷，卷一乃《度人经》本文，余六十卷则为后人增益。而该《度人经》本文则几乎全部见于《太上灵宝净明飞仙度人经法》，仅缺《元始灵书》上篇、下篇两段文字。

④ （南宋）金允中：《上清灵宝大法》卷十五。

⑤ 该经所参《上清灵宝大法》之情况，详请参阅任继愈主编：《道藏提要》，第408页。

⑥ 如《太上灵宝净明飞仙度人经法》卷一《昭应章第四》即以《度人经》文为"召神咒"，而《洞界章第五》又将《度人经》文"用为法"。

⑦ 如前述卿希泰主编《中国道教史》第三卷及任继愈主编《中国道教史》俱持此说。

⑧ 如 K. M. Schipper 即持此说，详 "Taoist Ritual and Local Cults of the T'ang Dynasty", In M. Strickman ed. , *Tantric and Taoist Studies in Honour of R. A. Stein*, vol. 3. Brussels：Institut Belge des Hautes Etudes Chinoises.

⑨ 有关南北朝至唐宋时期大量的道教科仪经典多袭古灵宝经而来之事，详请参阅王承文：《古灵宝经与道教早期礼灯科仪和斋坛法式——以敦煌本〈洞玄灵宝三元威仪自然真经〉为中心》，《敦煌研究》2001年第3期，第143—152页。

⑩ 有关隋唐许逊教团成员与茅山上清派的具体关系，详请参阅郭武撰：《关于许逊信仰的几个问题》，《宗教学研究》2001年第1期，第19—26页。

李远国先生曾撰文，考辨了南宋净明道之修炼法与上清派《黄庭经》及《大洞真经》的关系①，但其所探讨的范围仅限于周真公时期的"黄素法"（《高上月宫太阴元君孝道仙王灵宝净明黄素书》），而未及何真公时期诸经。事实上，在何真公等人所传经典中，我们不难发现上清派"存神"修炼法的影响痕迹，如《灵宝净明新修九老神印伏魔秘法·每日服气法》即属此类，其法为："每日早晨面东焚香，两手掐日君诀，叩齿九通，存想九老帝君太阳上帝在日轮中，日色紫赤九芒，霞光晖映太空，如日初出之状。"②《许真君受炼形神上清毕道法要节文》中又有《养神炼形护魂归一》之法，其法"中理五气，混合百神"，并可"九和十合，变化上清，千和万合，自然成真"③。不仅如此，何真公等人所崇"天枢院"实也与上清派有关系。《上清天枢院回车毕道正法》④谓"上清天枢院"乃辖中下界鬼神事之处，并曾述用印、符伏魔之法，其说即为何真公等人所本，如何氏曾称其"九老神印伏魔秘法"为"上清伏魔印章、受炼形神秘法"⑤。此外，从何真公等人尊张道陵为"监度师"并使用天师道"正一五雷法"⑥来看，其所用法术亦当受到了附近的龙虎山天师道之影响⑦。

总之，从何真公等人所传经典的内容来看，其说除宣扬忠义孝悌外，乃重以秘法为人禳灾解难。其之所以如此，应与前述该教团是在南宋初"兵祸煽结，民物涂炭"的社会背景下兴起，并有着消禳厄会、民赖以安的社会功能有关⑧。此外，他们的修炼方法多受上清派的"存神"影响，而较少有唐末五代以来兴起的内丹色彩。《灵宝净明新修九老神印伏魔秘法》中虽有《净明气镜篇》试图阐述如何修炼体内之气而令之"与天地流通"，最终令"丹鼎成，黄芽生，庆云兴"⑨，颇具内丹修炼之意味，但却显得尚不成熟，以致被后来的周真公斥为"误人多矣"⑩。后来的周真公对何守证教团之革新，也正在于修炼方法方面。

（二）周真公等对净明道学说的革新

周真公净明道团是承何守证净明道团而来的，这从前述二者所奉"六师"相同即可看出。此外，从周真公净明道团的经典中，我们还可以看出其依然推崇忠孝廉慎并肯定符箓法术之功用，这亦表明其与何守证净明道团在思想教义上实是一脉相承的。不过，周真公净明道团对忠孝廉慎及符箓法术的解释却有了新的内容。

周真公净明道团之推崇忠孝廉慎，可以从《高上月宫太阴元君孝道仙王灵宝净明黄素书》中看出，如该书《黄帝素书入道品》称："凡学《黄素书》者，要在于忠孝。忠孝之人，持心直谅，秉温恭，是非不能摇，淫邪不可入……则黄素之士以忠孝为本也。"⑪又称："凡学《黄素书》者，要在于廉慎。廉慎之人，无所贪欲，有所持守……然后有成也。"⑫只是，其在这里推崇"忠孝廉

---

① 详请参阅李远国：《论净明道法的沿革与特征》，《道韵》2001年第九辑，第1—21页。
② 《灵宝净明新修九老神印伏魔秘法·每日服气法》。
③ 《许真君受炼形神上清毕道法要节文》。
④ 《茅山志》卷九《道山册》曾著录《上清回车毕道箓》，疑即《道藏》中《上清天枢院回车毕道正法》。参阅任继愈主编：《道藏提要》，第398页。
⑤ 《灵宝净明新修九老神印伏魔秘法序》。
⑥ 《灵宝净明黄素书释义秘诀》。
⑦ 有关净明道与天师道的关系，详请参阅张泽洪：《净明道与正一道》，《江西社会科学》2001年第12期，第6—10页。并可参阅李显光：《许逊信仰小考》，《宗教学研究》1999年第3期，第12—19页。
⑧ 《净明忠孝全书》卷一《西山隐士玉真刘先生传》，见《正统道藏》第41册，第494页。
⑨ 《灵宝净明新修九老神印伏魔秘法·净明气镜篇》。
⑩ 《灵宝净明黄素书释义秘诀》。
⑪ 《高上月宫太阴元君孝道仙王灵宝净明黄素书·黄帝素书入道品》。
⑫ 《高上月宫太阴元君孝道仙王灵宝净明黄素书·黄帝素书入道品》。

慎"，实已不再是简单地将其视为一种世俗社会的伦理规范，而是强调实践这些社会伦理时所持的心态如持心直谅、无所贪欲等对于宗教修炼的作用，令"忠孝廉慎"具有了浓厚的宗教行为色彩。这是其与何守证净明道团的不同之处，因为何守证道团虽亦赋予"孝悌"以神圣意义，但却尚未将其纳入修炼范围。

至于符箓法术，周真公净明道团亦多用之，如方文曾言："太上五雷神法，乃真师遇华岳向玉洞灵安汪真君所传，今惟有五印真文，其余醮祭四维神法不全，并赤鹅等符未见，应千诀目，恐未真的。"并因此请周真公"颁示"。周真公则答曰："终不及今之正一五雷法，徒费心力。前日监度真师五雷乃其要也。"① 由此可知其曾传用"太上五雷神法"及"正一五雷法"。此外，《高上月宫太阴元君孝道仙王灵宝净明黄素书》中还录有"黄素真文"及"黄素十二符"等符箓一百余道，而《太上灵宝净明法印式》则录有"太上净明之印"及"净明法主之印"印式二款，《灵宝净明院真师密诰》也对符、咒、印的用法做过阐释。周真公净明道团的符文及法印，既有着一般符文法印的功用②，但主要却是用来配合修炼的，如《高上月宫太阴元君孝道仙王灵宝净明黄素书》卷二所录八十一道"黄素真文"即是用于"吐纳"时之观想，而"黄素合炁"符则是用于"闭炁止息"之时③，卷三所录"黄素十二符"更为"拔宅之阶级而超腾之要术"④。也正由于这个原因，其才有"凡欲学仙，必知真文"⑤之说。这种用符文配合修炼的做法，不仅何守证道团未曾有之，而且与宋代其他道派的做法也不相同。宋代道教虽有将内炼与符箓相结合之趋势，但却多只是将修炼内气作为画符作法之基础，尚少有反过来用符箓真文作为内炼之基础者。

周真公道团所行的内炼法也已与何守证等人不同。何守证等人的修炼法多受上清派"存神"法之影响，而周真公道团的修炼法虽仍有上清派影响之痕迹，但更多的却是受到了钟吕金丹派的内丹说之影响。《灵宝净明黄素书释义秘诀》曾载方文与其师关于修炼的问答，内容即为钟吕内丹诸法，如方文问："方文伏睹钟离真仙与吕真仙作《传道集》，说炼大药金丹事，有曰五炁朝元、三花聚顶……伏乞分明指示。"其师答道：

> 五炁，五脏之炁，合而朝于元宫。元宫谓下元，守下元之既固，然后达于中元，达于中元，故朝于上元，名曰三阳。花者，三阳之异名也。此元阳之运动，凝结为五，运用为三。如此之时，丹已成矣⑥。

---

① 《灵宝净明黄素书释义秘诀》。

② 如《高上月宫太阴元君孝道仙王灵宝净明黄素书》卷二《黄素真文》称："真文者，天地梵炁也，元始得之以先天地，道君行之以行道法，老君得之以度人。"《灵宝净明院真师密诰》中的符咒功用为："保我法子百病消亡，邪魔犯者立受其殃。"《太上灵宝净明法印式》则称："太上净明之印"用于奏牍，"净明法主之印"用于呼召鬼神。

③ 见《正统道藏》第 17 册，第 585—586 页。

④ 见《正统道藏》第 17 册，第 590—591 页。

⑤ 《高上月宫太阴元君孝道仙王灵宝净明黄素书》卷二。

⑥ 《灵宝净明黄素书释义秘诀》。

这些说法，明显是从《灵宝毕法》及《钟吕传道集》等钟吕系丹经而来①。不仅如此，《灵宝净明黄素书释义秘诀》还就辨水火、交龙虎、明丹药、晓铅汞、会抽添、转河车等炼丹要领进行了详细讨论，其说也颇近《灵宝毕法》与《钟吕传道集》之旨②。甚至，《灵宝净明黄素书释义秘诀》还对"三五飞步""丁义神方"等赋予了内丹修炼的含义。"三五飞步"本是一种召神役鬼的法术，《太上灵宝净明洞神上品经》卷下曾有《三五飞步篇》专释其用法③，"丁义神方"则本是一种驱瘟逐疫的秘法，李显光先生《许逊信仰小考》曾论及之④；但在《灵宝净明黄素书释义秘诀》中，二者却成了与内炼相关的东西。如该《秘诀》言：

> 此乃修丹之截法也。……三五飞步，不言三六四五，而曰三五，真人星也。真人星者，虚一己以为用，存身为真人。守三三数之成，真人星第三星也。能存真人，然后能变化。此非金口要诀、六丁玉女事。丁义是一人，常言金丹之术，本不姓丁名义，隐其名以丁义。丁者，火也，义者，亦火也。此火中火，以真火合凡火，此正火候之法⑤。

这种改符法为内炼的做法，实正是周真公道团对何守证道团的革新所在。周真公道团称其所行法有四，一为灵宝大法，二为黄素法，三为净明法，四为度人法，皆"日月二宫天尊"所传；又称："灵宝大法者，道之宗也；黄素法者，命之府也；净明法者，性之本也；度人法者，入道之门也。"⑥ 这段话颇值玩味。他们将"灵宝大法"作为"道之宗"，实表明传统的灵宝法乃其教道法的根本，这与其教脱胎于灵宝派有关；而将"度人法"作为"入道之门"，则表明其并不排斥前述何真公教团的《太上灵宝净明飞仙度人经法》诸救世度人之法，这与其系承何真公教团而兴有关。至于"黄素法"与"净明法"，则多属周真公等人增入南宋净明道团的"新法"，释如下。

所谓"净明法"与"黄素法"，实为修炼性、命之法。《高上月宫太阴元君孝道仙王灵宝净明黄素书序例》曾以性、命释"净明"与"黄素"，并言这两种法分别出于日、月二宫："黄，土之色，脾实主之；素，金（按：当为衍字）水之色，肾则主之。受命之初，脾肾为元炁冲炁之本，而胞胎孕育寄于母身，故黄素文交光则映于月宫。至于禀性受成，寔以父体，故净明宝法则以日宫太阳焉。"⑦ 对于这种修炼法，李远国先生以为其是受到了上清派重脾、肾之说的影响⑧；不过，李氏似

---

① 如《钟吕传道集》《论炼形》言："金液炼形，则骨朝金色而体出金光，金花片片而空中自现，乃五气朝元、三阳聚顶，欲超凡体之时，而金丹大就之日。……变金丹于黄庭之内，炼阳神在五气之中，于肝则青气冲，于肺则白色出，于心则赤光现，于肾则黑气升，于脾则黄色（起）。五气朝于中元，从君火以超内院。下元阴中之阳，其阳无阴，升而聚在神宫；中元阳中之阳，其阳无生，升而聚在神宫；黄庭大药，阴尽纯阳，升而聚在神宫。五液朝于下元，五气朝于中元，三阳朝于上元。朝元既毕，功满三千，或而鹤舞顶中，或而龙飞身内，但闻嘹亮乐声，又睹仙花乱坠。"《正统道藏》第7册，第487页。
② 《灵宝毕法》的丹法共分三乘，具体为：小乘安乐延年法，含匹配阴阳、聚散水火、交媾龙虎、烧炼丹药四门；中乘长生不死法，含肘后飞金晶、玉液还丹、金液还丹三门；大乘超凡入圣法，含朝元、内观、超脱三门（《正统道藏》第41册，第913—935页）。《钟吕传道集》则对内炼的一些重要术语进行了阐释，具体为：论真仙、论大道、论天地、论日月、论四时、论五行、论水火、论龙虎、论丹药、论铅汞、论抽添、论河车、论还丹、论炼形、论朝元、论内观、论魔难、论证验（《正统道藏》第7册，第459—497页）。其说之要旨，乃在于性命双修，详请参阅拙文《钟离权的生平思想与影响浅探》，《道韵》1997年第一辑，第28—76页。
③ 见《正统道藏》第17册，第459页。
④ 李显光：《许逊信仰小考》，《宗教学研究》1999年第3期。
⑤ 《灵宝净明黄素书释义秘诀》。
⑥ 《高上月宫太阴元君孝道仙王灵宝净明黄素书序例》。
⑦ 按：文中"金"字或为衍文。《高上月宫太阴元君孝道仙王灵宝净明黄素书》卷一言："黄者，土也；素者，水也。"
⑧ 详请参阅李远国：《论净明道法的沿革与特征》，《道韵》2001年第九辑，第1—21页。

未注意到《高上月宫太阴元君孝道仙王灵宝净明黄素书序例》中的其他内容，如该《序例》之《黄帝素书入道品》言：

> 凡学《黄素书》者，既得不变之道，而所以成就之者亦有法。何谓成就？知天地，知四时，知日月，知五行，辨水火，交龙虎，明丹砂，（合）药物，晓铅汞，会抽添，转河车，然后炼形之术、朝元之方、魔难之试、证验之悟无不周矣①。

这段文字，明显是在谈内丹炼命之法；其后有长篇释文，按《钟吕传道集》之意对天地、四时、日月、五行、水火、龙虎、丹砂、铅汞、抽添、河车诸词进行了解释。如其释"水火"言：

> 水火何以辨之？盖人之心肾，相去八寸四分，乃水火定位之比也。气液太源相合，乃水火交合之比也。心生液，自肺液降于心液，乃妇有家也。肾生气，自肾气行于心气，乃男有室也。或自上而下，或自下而上，二炁相合，故曰真火真水也②。

若将这段解释与《钟吕传道集》之内容进行对比，则可发现二者实质上是相同的，如《钟吕传道集·论水火》言：

> 人之心肾，相去八寸四分，乃天地定位之比也。气液太极相生，乃阴阳交合之比也。一日十二时，乃一年十二月之比也。心生液，非自生也，因肺液降于心液行；液行夫妇，自上而下以还下田，乃曰妇还夫官。肾生气，非自生也，因膀胱气升而肾气行；气行子母，自下而上以朝中元，乃曰夫返妇室。肝气导引肾气，自下而上以至于心。心，火也，二气相交熏蒸于肺，肺液下降，自心而来皆曰心生液，以液生于心而不耗散，故曰真水也。肺液传送心液，自上而下以至于肾。肾，水也，二水相交，浸润于膀胱，膀胱气上升，自肾而起者皆曰肾生气，以气生于肾而不消磨，故曰真火也③。

除了关于"水火"的认识外，《高上月宫太阴元君孝道仙王灵宝净明黄素书序例》关于龙虎、丹砂、铅汞、抽添、河车等的认识亦皆与《钟吕传道集》相同，兹不再赘引原文。需要说明的是，其之所以如此谙熟钟吕丹法，乃与吕洞宾弟子施肩吾及"南宗"五祖白玉蟾曾活动于西山有关。如《历世真仙体道通鉴》卷四十五《施肩吾》曾载："初，希圣〔施肩吾〕遇〔许〕旌阳授以五种内丹诀及外丹神方，后再遇吕洞宾传授内炼金液还丹大道，于是终隐西山。"④ 至于白玉蟾，其一生虽多云游天下，但从其所著《玉隆集》中曾专录《逍遥山群仙传》且多有实地考察之文看来，白氏当在

---

① 《序例》之《黄帝素书入道品》。
② 《高上月宫太阴元君孝道仙王灵宝净明黄素书序例·黄帝素书入道品》。
③ 《钟吕传道集·论水火》，《正统道藏》第 7 册，第 472—473 页。
④ 《历世真仙体道通鉴》卷四十五《施肩吾》。道教中施肩吾有二人：一为唐时号栖真子者，字希圣，睦州人，著有《养生辨疑论》一卷；一为宋时号华阳子者，亦字希圣，九江人，编撰有《西山群仙会真记》，并是《钟吕传道集》的传人。世以二人同名同字且皆曾隐居西山而多混淆之，丁培仁先生曾有详考（丁培仁：《道史小考二则》，《宗教学研究》1989 年第 3—4 期，第 7—13 页）。《历世真仙体道通鉴》卷四十五《施肩吾》前半段所述为唐栖真子事，后半段所述方为钟吕传人之施肩吾事。

西山隐居过较长时间并与许逊孝道中人有较多往来。白玉蟾乃金丹派南宗第五祖，亦属钟吕系传人，曾为施肩吾之《施华阳文集》作跋，对金丹派南宗的内丹修炼理论有巨大贡献①，且曾受过上清派的法箓，兼属神霄派中人，擅行"雷法"②；后来南宋净明道团之重内丹修炼，并获施肩吾所编《钟吕传道集》，且兼行"五雷法"，即当与曾为施氏文集作跋且兼属神霄派传人的白玉蟾在西山的活动有关。日本学者窪德忠著《道教史》曾猜测"对净明道影响最大的还得算金丹道"③，但并未说明因由，故引致秋月观暎之反驳④；若从上述情况来看，窪德忠的猜测是站得住脚的。

　　周真公教团之用以修性的"净明法"与用以修命的"黄素法"是结合使用的，如《高上月宫太阴元君孝道仙王灵宝净明黄素书序例》曾言："凡学《黄素书》者，务在调其心性。"⑤ 这与钟吕之"性命双修"的主张也是相同的。不过，若与元代尤重心性净明的刘玉净明道团相比，南宋周真公净明道团的修炼特色似更在于炼命之"黄素法"。周真公等人的"黄素法"之具体修炼过程，见于《高上月宫太阴元君孝道仙王灵宝净明黄素书》，从中亦可看出其乃属内丹炼命之法，如该书卷四言："素者养于下，黄者运于上，上下交际，真丹孕矣。"⑥ 又有《黄素篇》十二篇述"黄素法"修炼之机，篇篇皆与内丹修炼有关，如言：

　　　　欲识黄素道中机，黄素书中藏细微。子午相合得其时，自有真炁如烟飞。十二楼前路最危，昆仑山顶与天齐。借问行行路已知，黄素之中有深机。

　　　　丹中有丹铅有铅，丹铅本是日月根。日月两轮相对行，时时交偶向中田。熟念真经识自然，一嘘一吸生灵烟。同学高人何以仙？要在识于日月躔⑦。

　　上述文字，"丹铅"言内丹药物，"交偶"言龙虎交媾，"子午相合得其时"言采药时刻，"十二楼前路最危"言河车搬运，"一嘘一吸"言温养，"昆仑山顶"喻泥丸，所言明显皆属内丹方法。这种重视内丹的做法，令南宋净明道团开始从符箓派色彩极浓的道派向丹鼎派色彩较重的道派转变，在性质上发生了很大变化。不过，这种转变并不是很彻底，其修炼过程尚保留了对符箓的运用，并杂有吐纳、闭气、咒炁、辟谷诸术，如《黄素篇》云："欲知宝鼎藏何物，黄素真经具魂魄。中有宝符灵若神，可以佩往昆仑北。昆仑之北有仙梯，飞上玉晨人不知。"并示"黄素符"十二道，称其为"拔宅之阶级而超腾之要术"⑧；又有用于行吐纳、闭气、辟谷的"黄素真文""黄素合炁"符及《黄素外经》等⑨，还有教人于起床、着衣、饮食、登厕时用的诸咒炁法⑩，等等。周真公教团中出现这种与钟吕不尽相同的内丹方法，可能与其曾受多家传授有关。如方文言："方文自癸酉年，年始二十，见一西川李道人说汞事，拜采取之法。至庚子年，又见东京一陈道士传方文丹经铅汞

①　详请参阅拙文《白玉蟾对金丹派南宗思想的总结与发展》，《道教文化》1994 年第 9 期，第 24—37 页。
②　详请参阅拙文《白玉蟾生平事迹略考》，《道教文化》1995 年第 11 期，第 34—41 页。
③　[日] 窪德忠：《道教史》，山川出版社，1977 年。
④　[日] 秋月观暎：《净明道研究上的几个问题——〈道教史〉之质疑》，《东方宗教》第五十八号，1981 年。
⑤　《高上月宫太阴元君孝道仙王灵宝净明黄素书序例·黄帝素书入道品》。
⑥　《高上月宫太阴元君孝道仙王灵宝净明黄素书》卷四。
⑦　《高上月宫太阴元君孝道仙王灵宝净明黄素书》卷三《黄素篇》第四、第十。
⑧　《高上月宫太阴元君孝道仙王灵宝净明黄素书》卷三。
⑨　详见《高上月宫太阴元君孝道仙王灵宝净明黄素书》卷二、卷八。
⑩　详见《高上月宫太阴元君孝道仙王灵宝净明黄素书》卷六。

事。至癸卯年，又见河朔一王先生及京师庶道人，拜乡人王学士参同丹灶铅汞事及火候。去年任官崇仁，遇王绛州先生高弟传火丹之法甚详。"① 诸家之不尽相同的修炼法，显示了在唐宋以来道教革新潮流下内丹之术的勃兴。周真公等人可能并不是这些修炼法的发明者，但其将之引入净明道团中，却可算是对净明道的一种贡献。这种做法，对元代刘玉净明道团产生了很大影响；刘玉道团革除何真公教团过于浓厚的符箓法术色彩，而代之以忠孝内丹②，实际上并不是突如其来的，而是以周真公等人为其先驱的。

五、结　论

通过以上分析，我们可以对南宋净明道团得出如下新的认识：

1. 净明道经中出现的何真公与周真公并非一人，周真公乃是何真公之后的另一位净明道团的领袖。

2.《灵宝净明新修九老神印伏魔秘法序》的作者何守证实即《净明忠孝全书》所谓何真公，其职为翼真坛副演教师，其师为丹阳子。故以往学术界所谓"何真公净明教团"的确切称呼当为"丹阳子净明道团"。

3. 以经文中是否有何真公之师丹阳子语及周真公弟子方文语作为参照系，我们可对《正统道藏》中许多净明道经的年代作出新的判定。

4. 一些净明道经的文字出现大量相互重复的现象，并非"因后世流传既久而残阙，故有两种本子"，而是净明道仿灵宝法"因经而出经法"所致，其实乃"以法述经意，因经明法理"。这是净明道经、法制作的一个重要模式。

5. 何真公等人并未"埋葬"许逊崇拜，而是对之进行了弘扬。其对许逊崇拜的发展，受到了宋代理学及禅宗的深刻影响。

6. 周真公教团系承何真公教团而来，但二者在性质上已有了很大不同。何真公教团多受灵宝、上清及龙虎山天师道的影响，明显属符箓道派；周真公教团则多受钟吕金丹派等内丹道派的影响，开始有了较浓的丹鼎派色彩，而这种转变则是元代刘玉革新净明道的先声。

当然，本文并未解决所有关于南宋净明道团的问题，如何真公与周真公之间的传承关系究竟怎样？何、周教团为什么传嗣不久即告湮没？元代刘玉教团与南宋净明道团具体有什么样的关系？等等。这些问题，尚待今后进一步加以研究。

（本文原载台北《汉学研究》2001 年第 2 期）

---

① 《灵宝净明黄素书释义秘诀》。
② 详请参阅卿希泰：《净明道在元代的传承与更新》，《世界宗教研究》1992 年第 3 期。

道教是社会发展自然的产物

袁志鸿[*]

引　言

在中国宗教学会召开 2016 年的年会时，就"宗教与人类命运共同体"这个主题展开高层论坛的研讨。在人类社会的发展过程中，笔者认为道教有着至关重要的价值和意义。所以作为中国宗教学会的会员，笔者拟写《道教是社会发展自然的产物》一文，与学会其他成员分享笔者的认识。去年底川大道教与宗教文化研究所盖建民所长要笔者提供一篇文章为所庆出文集用，就找了这篇，不知妥否，请批评指正。

一、社会发展的需要产生了道教

战国时科圣墨翟的著作《墨子》中说："政之本，而儒者以为道教。"[①] 据说"道教"的名称在这里正式出现。相关史料记载墨翟约生活于公元前 468 年至前 376 年的春秋、战国之际，那么"道教"这个名称面世已经有 2400 多年的历史了。笔者研读道教史料认为：道教不是创立性宗教，而是在人类进步过程中，随着社会历史发展自然的产物。道教随着中国历史的发展一路走来，面对社会发展的现实，既是中国人尤其是信教群众精神生活的家园，更是服务社会的宗教。今天道教随着历史的脚步进入新时代，道教的信教群众仍然需要他，所以道教要紧随时代的步伐，需要不断地调整自身以适应时代和社会的进步。

（一）人是需要精神信仰的高级存在

人是有血、有肉、活着的有情感的高级存在，人是有灵魂、有思维的高级生命体，只要是活着的人，思维就时刻在进行着。面对世间万事万物的发展变化，人的大脑就会作出相应的判别和反应。我们的祖先在远古时期，随着人类对自然的接触，在心理上就有了敬畏、向往和对自然的崇拜。人类的个体之所以被称为"人"，是因为他是区别于其他物种而超然独立的存在，是经历无数磨难能够从蒙昧蛮荒走出来的特殊一族，是能够不断地成熟、有思想、善总结的天之骄子。在群体

---

* 作者简介：袁志鸿，中国道教协会副会长、北京东岳庙住持、四川大学道教与宗教文化研究所客座教授。

① 《墨子·非儒下》。

中人与人之间会互相影响，人的个体思维形成的认识自然地会在群体中传导，在这个发展过程中个体的思想认识和心理的反应自然地寻求相应的共鸣和认同，当达成共识也许就会成为习俗和文化而积淀传承，于是我们有了延续不断的历史。

随着人类社会的发展，人类追求物质文明的享受，但是更加需要精神文明的充实和提升。人类对物质财富不断的追求，只是显示了人比动物更多更高欲望心理的体现，而人类在超乎物质的精神层面对于精神文明的崇尚才真正体现出人的优雅和神圣的境界！理性而言，人基本的物质生活的需求应该有止境：冷暖随季，衣食住行，即或奢侈，不过如此。如若简朴，"日求一餐，夜求一宿"，夫复何求？但人类毕竟天生具有贪婪的欲望和本性，所以人类社会不仅需要规则和管理人行为的制度，更需要以文化道德从思想信仰上化导人的心性。宗教的产生最初也许只是古人对自然的敬畏、对美好的向往、对神圣的崇拜，但是古代的圣贤肯定更清楚明白宗教化导人类心性的作用和价值，所以宗教作为人类精神生活的家园和人的精神世界的需要，随着人类社会的薪火相传而传承发展。作为人类思想上的信仰，在古代华夏社会的历史中，早在"三皇"文明时期，原始宗教就已经成为祖先化导心理和管理群体的方式。

人生活在这个世界上需要精神的支撑，所以宗教信仰不是可有可无的存在，不仅在今天的文明时代，宗教对于真正的信教徒而言，是自然地融入生活的必需；就是人类历史至今的过程，在信徒的心目中，宗教就是庇佑人类自信地一路走来的依靠。主张"尊道贵德""道法自然""天人感应""天人合一"等理念的道教，首先使教徒在天地自然大化中，将自身作为自然的一员，生活得充实而不孤独；其次，道教徒对天地自然有服从规律、保护维护的责任。"尊道贵德"就是遵从大道的精神以积功累德，争取不断地接近大"道"之境界；"道法自然"就是服从事物发展的客观规律，不凭主观愿望办事；"天人感应""天人合一"，是承认人生活在天地自然之中不是孤立的存在，是强调人与天地自然为一体，能够感知天地自然的变化，主动地适应自然规律。

（二）道教在中华文化中的价值和意义

道教是自然而然产生的中国本土宗教，人们都知道在道教正式称名之前，许多的信仰形式都曾涌现。远古时代的自然崇拜包括了许多的内容，直至"三皇"时代渐显理性的"巫""傩"信仰，展示人类文明"黄帝问道广成子"的故事被道教引为教史的发端，所以黄帝被道教尊为"始祖"。细想起来黄帝有师父"广成子"，那么广成子也应该有师父，史学和道教肯定是有不同的说法，后世的道教称广成子为"玉虚宫元始天尊"门徒之首座。道教的神仙故事说：元始天尊座下有阐教 12 金仙，他们是：九仙山桃源洞广成子、太华山云霄洞赤精子、二仙山麻姑洞黄龙真人、夹龙山飞云洞惧留孙（后称成佛）、乾元山金光洞太乙真人、崆峒山元阳洞灵宝大法师、五龙山云霄洞文殊广法天尊（后称文殊菩萨）、九宫山白鹤洞普贤真人（后称普贤菩萨）、普陀山珞珈洞慈航道人（后称观世音菩萨）、玉泉山金霞洞玉鼎真人、金庭山王屋洞道行天尊、青峰山紫阳洞清虚道德天尊。在这里，"元始天尊"是黄帝之师广成子的老师，这虽然是道教信仰的说法，但这表明广成子之道法也有传承，说明道教的内涵是随着中华文化的发展不断积淀而成的。

道教称老子为"道祖"，是因为老子作《道德经》提出了大道、道德之思想理念，使道教获得了明确的立教思想理论基础。黄帝之后的修炼者追求仙方，目标是将自身修成高寿的神仙，世人称坚持这种形式的修炼者是"方仙道"，这都是从黄帝养生学术中获得的灵感。《黄帝内经》告诉人们，人的生活要与天地自然相协调、相统一，以求自然与人之和谐，达到"天人合一"的境界就能获得长生久视之道。到了老子的时代,他著《道德经》,提出"道德"的思想理念,以"道"为体,以"德"为用。大"道"观念诞生后,使道教更加具备了名教的核心,但社会将黄帝和老子的思想理论结合起来讨论,称修黄帝和老子学问的一族为"黄老道",这样不仅为道教的实际操作提供了延年益寿养生的模式,而且在理论上使道教具备了"道德"思想的理论依据。以黄帝和老子为代表的思想结合为同一体系,标志着道教在中国社会的践行正式形成,从而推动了道教至今源远流长的历史。

道教称黄帝为"始祖",认为伏羲、神农、黄帝是中华文化延续不断的源头,全国各地有伏羲庙、神农山、黄帝陵,还有许多"黄帝祠""三皇庙"等道教祭祀、纪念"三皇"时代文化的庙宇建筑。关于"五帝"时代的文化标志亦有多处,据《山海经》《水经注》记载:"尧之末孙刘累……累惧而迁于鲁县,立尧祠于西山,谓之尧山",位于河南省平顶山市鲁山县西伏牛山东段。尧禅位于舜,据说舜在南巡途中在苍梧之野仙逝,葬江南(今湖南永州)九嶷山;湖南岳阳市西南15千米的洞庭湖中有一座面积约100公顷的小岛,原名洞府山,据称舜帝二妃娥皇、女英逝后葬于此,后来战国屈原作《九歌》称"湘君""湘夫人",故后人将此山改名为"君山"以为纪念。"道祖"老子被称为"太上老君",古往今来各地建起了许多的"老君庙""太清宫",它们既是道教文化的标志,更是中华民族承继于祖先血脉的象征。老子思想与先其出世的黄帝思想文化结合起来,发挥出更为积极的作用。道教的功用不仅表现在信徒信仰和修身养性的价值,更在于其全方位地对中国传统文化内涵的丰富和滋养,从而对中国社会持续地产生积极价值。

道教提出"道法自然"的主张,认为人应该向大自然学习生存之道。人生存于天地之间,与自然相依赖,并且脱离不开自然对人类的供给和奉献,大自然是众生赖以生存的家园。人类应该维护自然生态,懂得有节制地使用大自然的资源,需要克服与生俱来的贪婪心态,不能无节制地开发索取,要感恩天地自然,懂得自然保护的道理。道教还利用"水"柔弱处下、无欲不争的客观现象,提出"上善若水",揭示事物发展"自然而然"的道理,并给执政者以治国理政的启示。此外,道教还在世界观、人生观等诸多方面为社会提供了丰富的思想滋养。道教的文化内涵滋养了一代又一代的中华儿女,直至今天仍然是许多人精神世界的活水源头。

二、历史过程中道教文化的调整、适应和继承

在社会历史发展的过程中,道教一直都是自觉不断地调整自身以适应社会发展需要。无论是从黄帝作为道教"始祖"宽泛的范畴去观察,抑或从"道祖"老子著《道德经》、"科圣"墨子为道教立名,还是后来的"祖天师"张陵、三张"太平道",道教都是在不断地调整、适应的过程中,革除自身弊端,继承大道精神,从而与社会相向而行,达到服务社会的目的。

(一)道教祖师奠定因应社会理论基础,历代高道在现实社会树立起调整适应的榜样

如果把黄帝时定义为道教的初始,那么初始的道教首先关注的是神仙长生之道。从传播至今的《黄帝内经》等典籍可知,虽然那时的修行人也重理论,但最重要的还是关注身体生理的问题,对生命"长生久视"之道最为关注。老子处于"礼崩乐坏"的春秋战国时代,所谓"春秋无义战",诸子百家既关心"王霸政治",也重视理论的争鸣和探讨。老子与孔子是同时代而年长者,是被儒

圣孔子视为老师的人物。

孔子曾经离开鲁国周游于齐国、宋国、卫国，由于夫子欣赏古周的礼乐制度，而对当时的社会形势缺少深入的研究，所以当他游说到陈国和蔡国之间的地方，曾被人围困七日七夜都无法生火做饭，这使这位当时已经被称为"圣人"的夫子很沮丧，于是他又返回父母之邦鲁国，鲁国仍然一如既往地善待他。孔子因为对周礼的关注，并且仰慕时任周守藏室史官的老聃"博古通今，知礼乐之源，明道德之要"，于是请示鲁国国君批准并获得资助之后，他在南宫敬叔的陪同下，一车二马一童"适周"访问老聃①。夫子与被世人称为"老子"的老聃见面了，他向心仪和尊重的这位长者说起心中的委曲和困惑：自己满腔的热情和善意，辛苦劳碌地周游列国去宣传周朝美好的"礼乐"，却不见用于社会。老聃对孔子说：你周游列国之间所讲的那些道理，"其人与骨皆已朽矣，独其言在耳。且君子得其时则驾，不得其时则蓬累而行"。作为同时代的长者，老聃真诚地向孔子表明自己的世界观和认识论：人不能食古不化，时代在发展，社会在变化，人也要与时俱进。"良贾深藏若虚，君子盛德，容貌若愚。去子之骄气与多欲，态色与淫志，是皆无益于子之身。"老聃在向孔子传授人生哲理和生活经验的同时，也对身为晚辈的孔子提出善意批评②。临别之时，老聃对孔子说："我听说富贵者送人以财，仁人者送人以言。我不是富贵的人，只是有'仁人'的称号，就送几句话给你。所谓：'聪明深察者而近于死者，好议人者也；博辩广大危其身者，发人之恶也。为人之子者，毋以有己；为人臣者，毋以有己。'"③ 老聃就是我们所说的老子，《史记》说："老子修道德，其学以自隐无名为务。"他因弟子"关令尹喜"之要求，"强为"著"上下篇，言道德之意五千余言"④。两位古哲圣贤的对话，实际就是那个时代关于现实社会之中生活的人，如何解放思想、积极适应时代发展进步的问题。

老子、孔子现在被分成道家、儒家，或曰道教、儒教之类，实际并没有什么意义，中国文化本来就是一体多面，老子、孔子的思想遗产都是滋养中国人精神家园的宝贵资源，道教奉老子为"太上老君"，孔子也是道教徒心目中尊敬的"圣人"。北京白云观中有"儒仙殿"（又称文昌殿）：中间供文昌梓潼帝君，两边左手供"大成至圣文宣王孔夫子"，右手供"亚圣朱熹"，在道教徒心目中他们都是神仙。过去赴京考功名的人都到白云观中拜"儒仙殿"，这是中国人信奉道教很自然的行为。孔子说："祭如在，祭神如神在。子曰：'吾不与祭，如不祭。'"⑤ 这种祭神理念和方式道教完全认同，"敬天法祖"是国人共同的主张，这其中也包括道教徒。道教要发扬"济世利人"的教义精神，首先要使自身存在并发展好，面对社会现实要因应变化，要调整好姿态以适应社会发展。道教在各个不同时代中，都有适应社会的良好表现：东汉末年统治者对社会疏于管理，致使社会动荡不宁，巴蜀之地"巫傩"盛行。张道陵出而建立"二十四治"的道教组织形式，以"天师"身份率领道教徒与巴蜀之众多的"魔王""鬼兽"进行斗争，遂振兴起"天师道"。他以道教整合巴蜀"巫傩"，使道教在当时社会环境下完成了新的转型。后来的天师道、上清派、灵宝派、三皇派等几个主要教派的形成，既有历史的渊源，也有对现实的适应。例如上清派的修持者从起初就没有政治诉求，而

---

① 《史记》卷四十七《孔子世家》第十七。
② 《史记》卷六十三《老子韩非列传》第三。
③ 《史记》卷四十七《孔子世家》第十七。
④ 《史记》卷六十三《老子韩非列传》第三。
⑤ 《论语·八佾》第十二章。

只是注重信仰和身体清修的方式。该教派起源很早，在社会中广泛传播是从魏华存这位女士开始的。魏华存又称"南岳魏夫人"，上清派称她为"道主""第一代太师"。魏夫人仙逝时，座下教法传人杨羲尚年幼，上清派得以在茅山传播开来，这其中与社会有许多的互动、转型、适应的史实，在上清派教史中有许多的记载。只有适应时代的发展而不断转型、适应的道教宗系教派，才能够获得生存和发展，否则必然会在历史的过程中被边缘化而无奈地退出历史舞台。今天道教有正一、全真两大以符箓和清修、入道和出家为区分的教派形式，都是经历无数次转型和适应的结果。

历史上道教有许多耳熟能详的人物，他们的成功都是在调整适应中完成的。秦汉时的张良，为先秦韩国贵公子，后韩国为秦所灭，他弟死不葬，以家财求力士，于博浪沙阻击秦始皇而失败。他得黄石公授予《素书》而研习，后组织义军并加入刘邦为首的军队，成为刘邦信任的智囊人物。刘邦说："夫运筹帷幄之中，决胜千里之外，吾不如子房！"东汉张鲁，是天师道第三代系师，在社会分裂、豪强割据的东汉末年，他整合当时被分割的"太平道"各支部众，壮大"天师道"力量，从而在汉中安享太平三十余年。但是推动国家疆土统一是有志者的事业，在这种前提下，宗教就要有痛苦的牺牲，系师张鲁在关键时刻做到了，他适应时势、率天师道归顺曹操就是例证。出于政治上的考虑，曹操对张鲁家族和部众加官晋爵，同时将其部众从汉中徙往北方，一直到第四代张盛天师携祖传经符、印剑等率众回龙虎山居住，天师道才艰难地在新形势下完成了转型。三国时的诸葛亮，本来是隐居隆中的修道之士，为刘备请为军师，后为蜀汉丞相，虽然毕生并未完成以蜀汉一统天下之大愿，但"鞠躬尽瘁，死而后已"，成为中国传统文化中智者和忠臣的代表人物。隋唐高道魏徵，青年时期，正处在隋炀帝当国的天下大乱年代，犹如波涛中的一叶小舟，他并不能把握自己的命运，但是这位杰出的道士，为唐王朝作出了杰出的贡献。魏徵"性又抗直"，"太宗与之言，未尝不欣然纳受"。唐太宗勉励魏徵说："卿所陈谏，前后两百余事，非卿至诚奉国，何能若是？"魏徵对太宗说："愿陛下使臣为良臣，勿使臣为忠臣。"魏徵解读忠臣、良臣的差异说："良臣使身获美名，君受显号，子孙传世，福禄无疆。忠臣身受诛夷，君陷大恶，家国并丧，空有其名。"李世民在宴筵中说："贞观以前，从我平定天下，周旋艰险，玄龄之功，无所与让。贞观之后，尽心于我，献纳忠谠，安国利民，犯颜正谏，匡朕之违者，唯魏徵而已。古之名臣，何以加之？"魏徵仙逝后，太宗痛悼追思说："夫以铜为镜，可以正衣冠；以古为镜，可以知兴替；以人为镜，可以明得失；朕常保此三镜，以防己过。今魏徵殂逝，遂亡一镜矣！"魏徵在史学上亦卓有成就：曾以"典章纷乱，奏引学者校定四部书。数年之间，秘府图籍，灿然完备"。他受诏撰周、隋、梁、陈、齐诸史书，"总加撰定，多所损益，务存简正"；为《隋书》作《序论》，于梁、陈、齐诸史书各为总论，"时称良史"；他还曾编定《类礼》二十卷，言论多见于《贞观政要》。有将魏徵与李靖、房玄龄列隋"止学"大师文中子王通门下者，实际上"止学"出于"老庄"，《道德经》和《南华真经》中均有较深的阐释。

（二）历代高道注重教义精神的继承和提升，始终秉持文化担当的责任和自觉

葛洪（284—364）字稚川，号抱朴子，著名的道教理论家、炼丹家、医学家。他在贫困家庭环境中成长，"性寡欲"，不尚交游，"为人木讷，不好荣利"，但年少时即十分好学。三国时被人称为"葛仙公"的葛玄是葛洪的叔祖，葛玄是道教中被尊奉为"四大天师"之一的人物，他后来"以其炼丹秘术授弟子郑隐。洪就隐学，悉得其法"。南海太守上党人鲍玄（又称鲍靓，字太玄），也是葛玄门下，他不仅善于炼丹养生神仙之内学，而且有"逆占将来"的神通。葛洪求学于其门下，不仅

深受器重，鲍玄还将女儿鲍姑也嫁给葛洪为妻。葛洪既获郑隐之学，又传鲍玄之业，得以博览群典，所以他后来炼丹养生，著书立说，兼综药学医术。葛洪在学术上达到的成就巨大，尤以他的著作《抱朴子》影响最为深远。据《晋书》记载，葛洪曾在自序中说："大凡内、外一百一十六篇。"但是现在所见只有内篇二十卷，外篇五十卷收入《道藏》太清部，若《晋书》史料记载无误，葛洪原著有四十六卷显然已佚。这部著作总结并继承了东汉以来的炼丹方术，并将他在长期亲身研炼丹药的实践中积累的丰富经验，融会贯通于这部著作的撰述之中，不仅对后世道教影响很大，并且为中国古代化学史、冶炼史等，提供并总结了弥足珍贵的资料和经验。葛洪也是一位成功的人物。史料记载：流民首领石冰在太安（302—304）中率众起义，吴兴（东晋时治所拥有今浙江和江苏许多地方）太守顾秘等兴兵讨伐，征召葛洪为"将兵都尉，攻冰别率"，首战获胜后，被迁升为"伏波将军"。后又在南方多年，参与广州刺史嵇含的军事活动。司马睿尚为丞相时，起用他为掾，并以其参加平息石冰起义的功劳，赐爵"关内侯"。咸和（326—334）初司徒王导召补州主簿，转司徒掾，迁咨议参军。与东晋时著名学者干宝感情深厚，干宝向朝廷推荐葛洪"才堪国史"，于是被"选为散骑常侍，领大著作"，但是他固辞不就。葛洪对于炼丹养生的神仙内学，拥有着一份执着的追求。他曾在平定石冰起义后，不求功赏，而径往洛阳，"搜求异书以广其学"；现在他又以新的借口，即"以年老，欲炼丹以祈遐寿"，闻交趾出丹砂，所以求为勾漏（今广西北流）令。帝以其资高不许，葛洪解释说："非欲为荣，以有丹耳。"携子侄至广州时，为刺史邓岳挽留不让离去，"表补东官太守，又辞不就"，"乃以洪兄子望为记室参军"。葛洪遂止于罗浮山中炼丹著述，悠游斯山。葛洪除了主要著作《抱朴子》外，另有《神仙传》《隐逸传》《良吏传》《集异传》各十卷、《移檄章表》三十卷、《肘后备急方》四卷、《碑诔诗赋》一百卷、《金匮药方》一百卷、抄录《经史百家言》三百一十卷，另有《抱朴子养生论》《大丹问答》《枕中记》《稚川真人校正术》《抱朴子神仙金汋经》《葛稚川金木万灵论》等文字内容散见于《道藏》之中。葛洪的《抱朴子》是道教的重要著作，他关于炼丹术的撰述，对后世影响很大，为中华民族的科技史写下了不朽的光辉篇章。他的养生理论，畅述运气为主的吐纳术和导引术等养生方法。他的医学著作中还记载了世界上最早治疗天花肺痨等疾病的资料，"青蒿素"的应用在葛洪的《肘后备急方》中就有记载。葛洪在著作中还将儒家的纲常伦理融入道教的教义思想，强调忠孝仁信为修道之本，使道教的教义思想更适应当时社会，更具有社会哲理的内涵，为深化道教理论作出了重大贡献。

南朝齐梁道士陶弘景，年十一即为司徒博士，读书善稽古训诂，通晓七经（各时代有所不同，汉代以《论语》《孝经》连同《诗》《书》《礼》《易》《春秋》为七经）大义；其外则好五行、阴阳、遁甲、天文、历算、山川、地理、医药、物产等等，一事不知则深以为耻。十七岁与江敩、褚炫、刘俣以才学知名，为（南朝宋）顺帝四友。二十岁前，当（南朝齐）高帝为相时，即任诸王侍读；但不善于官场经营之道，其后只以批阅公文为务。三十六岁时任"奉朝请"之职，在永明十年（492）上表辞职，隐茅山，自号"华阳隐居"。他性爱山水，遍历江南名山，每经涧谷必坐卧其间，吟咏盘桓不已，有时独游泉石之间，远望者以为是仙人。他为人谦谨，言无烦舛，少忧戚，无嫉竞；青年之时，善鞍马骑射，晚而不为；喜欢听吹笙，也非常喜欢松这个树种，所以在庭院中遍植松，每闻风吹松响即欣然为乐。梁武帝即位，欣赏陶弘景的智慧才华，曾邀他出山佐政，他因无心仕途，故而不允；但朝廷每有大事，梁武帝必派专使到山中咨询，因信使往返频频，所以时人称之为"山中宰相"。陶弘景在茅山开设道馆，招揽徒众，弘扬上清大洞经箓，使茅山成为上清派传道基地。他奉儒学道，又引佛入道，主张道、儒、释三教合流。在茅山的道观中，他设道佛两堂，隔日晨昏朝礼。他说："百法纷凑，无越三教之境。"他在茅山隐居四十余年，性好著述，珍惜光阴，老而弥笃。陶弘景研究经典方法严谨，是整理道书卓有贡献的道教人物。他曾于梁天监年间（502—519）撰《真诰》，今《道藏》太玄部有二十卷本，是道教上清派的重要著作。《洞真灵宝真灵位业图》将天上地下神真灵仙近七百名进行排列，是等级有序的道教神仙谱系，对道教信仰产生了重要影响。陶弘景著有《登真隐诀》《养性延命录》，以述养生之道。他最重上清派"聚精会神"之道，隐居茅山又行辟谷导引之法，所以说"年逾八十而有壮容"。陶弘景研究学问的领域非常广泛，甚至对兵法军事也有积极的研究。他不仅是著名的道教学者、道教上清派尊奉的第九代宗师，对道教卓有贡献；在社会历史进程中，他的卓越贡献还遍布于科学技术和文化艺术的诸多领域。他是医学家、药物学家、养生家、天文家、艺术家、炼丹家；他毕生著作二百余卷，门下受经法者三千余人。他整理《神农本草经》，补充本草学的许多研究成果和经验，撰成七卷《本草经集注》，首创以玉石、草木、虫、兽、果、菜、米、实为分类法。另撰有《药总诀》两卷、《补阙肘后百一方》三卷、《效验方》五卷；还重视自然地理和经济地理研究，著有《古今州郡记》三卷，制作《西域图》一张；天文学方面，他制造出精密的浑天象仪器，还检校五十家书历异同，撰成《帝王年历》、《天文星经》五卷、《天仪说要》一卷、《象历》一卷、《七曜新旧术》两卷等；他还从事炼钢、铸刀、铸剑、炼丹实验，对冶炼、铸造均有真切实践和成就，著述有关于从事炼钢、铸剑的著作如《古今刀剑录》《太清诸丹集要》《合丹药诸法节度》《集金丹黄白方》，等等；他善于鉴赏书法，自己的书法就自成一家，并有论述传世。

道士丘处机是道教"北七真"的重要人物。他不仅虔诚信奉道教，而且关注现实社会，慈心苍生百姓。他曾应金世宗召，为说延生保命及持盈守成之道，事后婉谢赏赐而辞别归隐。元太祖铁木真，自乃蛮命近臣札八儿、刘仲禄持诏求之。其时丘处机已经是70余岁高龄了，但为了天下苍生，丘处机毅然率弟子十八人往见。丘处机最闪光之处，在于他与元太祖铁木真的互动。成吉思汗与丘处机见面，最主要是政策上的诚恳咨询。"太祖（成吉思汗）时方西征，日事攻战，处机每言：欲一天下者，必在乎不嗜杀人。及问为治之方，则对以'敬天爱民'为本。问长生久视之道，则告以'清心寡欲'为要。太祖深契其言，曰：'天锡仙翁，以寤朕志。'命左右书之，且以训诸子焉。于是锡之虎符，副以玺书，不斥其名，惟曰'神仙'。"[①] 在那种兵荒马乱的岁月，丘处机与强势的元朝首脑保持良好关系，对实践道教"济世救人"的教义精神有着现实价值和意义。史料记载："时国兵（指元军）践蹂中原，河南北尤甚，民罹俘戮，无所逃命。处机还燕，使其徒持牒招求于战伐之余，由是为人奴者复为良，与滨（濒）死而得更生者，毋虑二三万人。"这种对生命的关怀和救助，受到社会上的广泛赞颂。清乾隆皇帝为北京白云观"丘祖殿"题写了"万古长生，不用餐霞求秘诀；一言止杀，始知济世有奇功"的楹联，深刻地表达了社会上下对丘处机社会功德的认可！

总之，"中国文化"在根本上多元一体，虽然后来人们用"道"或"儒"的标签来加以区别和划分，但中国文化中的"儒道互补"是主流。道教在历史过程中不断地转型、调整，以适应现实社会的发展。历代高道在社会实践过程中，以他们的行动诠释了各自对教旨的正信精神，以正言、正行为后世道教的前行树立起调整、适应的榜样，展示了道教在各个时代良好的形象。

---

① 以上引文，均见《元史》列传。

三、当代中国社会更加需要道教

道教是中国本土传统、固有的宗教，所谓"土生土长"就是本土文化性质，这就鲜明地表达了道教由外及里、自根至本无不散发着中国本色的气息。历史的年轮飞转至今，道教与世俗社会共同坚守传统的节日：春节、清明、夏至、端午、重阳节、冬至等等，这些都是中国社会传统的、优秀的也是道教的节日。道教包含了中国传统文化的诸多元素，在世界范围内说起道教，谁都知道这是中国传统固有的宗教。

（一）中国社会需要道教，道教有资源弘扬与发展

当代社会，道教拥有更多普适价值，应该被人们所认识。社会在发展，在不断地进步，但是人们可能忽略了，太阳每天仍然要在早晨升起来，月亮每天也必然是在晚上升起来，地球自西向东自转，同时围绕太阳公转，月亮是地球的天然卫星，而这一切对应的都是人，我们人现在最终还是要在地球上生活。《易经》说："一阴一阳之谓道。"（《易经·系辞上》）董仲舒说："道之大源出于天，天不变，道亦不变。"① 太阳、月亮、地球和世间万物（包括人）"天人合一"、相互关联，尤其是人脱离不了大化自然的影响。如此，中国传统文化的普适价值就永远存在，而作为传统文化重要组成部分的道教的普适价值就会永放光芒！为什么会有这种自信呢？因为道教的文化理念是中国的传统文化理念，也可以说中国传统文化理念中道教文化是重要组成部分。道教文化的内涵宽广深邃，是中国文化血浓于水的组成部分。道教文化讲"天人合一"，也就是与自然规律相统一，从客观的自然规律而言，人的行为不应该回避自然规律的约束，但是人也有主观能动性，是可以在合理的范围内利用自然规律对人类的宽容，以感恩的心态使用大自然对人类的恩惠，从而有效推动人类社会的前行和发展，在这个过程中道教有着积极的意义和价值。

道教是思想资源丰富的宗教，讲阴阳互动、阴阳平衡的思想理念。道祖老子说："道生一，一生二，二生三，三生万物。万物负阴而抱阳，冲气以为和。"② 一是无极，二是阴阳，三是阴阳的互动，由于阴阳的互动而产生万物。负阴抱阳是事物和谐相生的形态，万事万物又在阴阳互动下不断地打破均衡而发展，此类形态和模式反复地互动，和谐平衡又被打破，寻求新的平稳支点，达到均衡发展的效果。总之，事物不能停滞，阴阳必然互动，阴阳相互间的发展变化必须在合理区间，阴阳均不能发展至极限，否则物极必反，事物就会向相反的方面发展，这就是道教的"阴阳论"。治国理政的政治家讲究"治大国若烹小鲜"③。国家大事，牵一发而动全身，自然需要严谨、谨慎、慎重，不能有丝毫的粗心大意。中国共产党成立一百年时我国要全面建成小康社会，中华人民共和国成立一百年时要建成社会主义现代化国家，"两个一百年"是艰巨的指标，也是中国共产党和国家对人民庄严的承诺！党和国家要使人民群众在中国特色社会主义制度旗帜下，不断增强幸福感！所以党和国家从"十八大"许多重大举措的推动，正是"治大国若烹小鲜"的智慧。我国从事金融事业的商贸家也很了不起，美国次贷危机从 2007 年 8 月开始席卷美国、欧盟和日本等世界主要金融

---

① （汉）董仲舒：《举贤良对策》。
② 《道德经》第四十二章。
③ 《道德经》第六十章。

市场，但我们国家许多时候都能转危为安，笔者认为这其中也得益于我们中国人的"阴阳之道"。我们中国人骨子里讲沉稳、宁静、无为而治，面对复杂的金融形势，肯定是小心翼翼，"战战兢兢，如临深渊，如履薄冰"①，懂得"未雨绸缪"②的道理，而这些也都是道教思想理念的内涵。

道教是我们许多中国人赖以安身立命的精神家园，它不仅是精神上的寄托和心灵旅途的驿站，更是事业进程中的推动力，是文化资源储存地，是取之不尽的思想智慧的宝库！道教告诉人们说："合抱之木，生于毫末；九层之台，起于累土；千里之行，始于足下。"③万事开头难，人的一生要自己一步步地去行走，万丈高楼、九层高台，都要从筑基础开始。人生需要美好的梦，但首先要勇于起步，筑梦路上更需要一步步踏实的脚印。道教"恶杀好生"④，是慈悲慈善、尊重生命的宗教。道教反对不义战争，平等地看待一切生命的价值，反对任意践踏和消灭其他生命。因此有时人们纠结于一些细枝末节的琐事，比如道教有"全真、正一两派"，"饮食方面也有素食和肉食之差别"，实际上从生态系统方面认识就好理解了，"因为生物间有正常的生物链"。这个问题《阴符经》早有阐述："天生天杀，道之理也。天地，万物之盗；万物，人之盗；人，万物之盗。三盗既宜，三才既安。"道教是"以人为本"，主张人类相互的"社会关怀"，讲贵生、长生，提倡教徒要修神仙的宗教。《度人经》说："仙道贵生，无量度人。"即认为：人禀先天元气，脱胎于父精母血，来到人世间是万分之福缘，人对自身、对生命应该非常珍惜。所以人应该"重生乐生"，要修持养生。因天地的造化而有了人类，所以人要有"感恩之心"，要"行善积德"，多做"济世利人"的好事。道教认为：人要注重"修行"，在道教徒而言，"修"是修心、修行、修道；"行"是行善事，积功德。实际上社会中的普通人也要讲"修行"，"修"是不断提升情操，提升素养，修一身浩然正气，"行"是行正道，做正派正直"正人君子"。《太上感应篇》说："祸福无门，唯人自召；善恶之报，如影随形。""诸恶莫作，众善奉行，久久必获吉庆。"⑤道祖说："人法地，地法天，天法道，道法自然。"⑥道是天地万物的本源，天地万物遵循道的规律而生长衍化，从这个思路去理解，就连宗教尊奉的神灵意志也不能制约客观规律，而只有"无为"才是大道自然衍化的最终法则。春华秋实，风霜雨雪，万物同化，自然而然。在自然界中，万事万物充满着矛盾对立，但又以辩证统一方式而存在。我们中国人都知道阴阳消长反映着自然界事物发展变化的普遍规律，这就是道教崇尚自然变化的辩证法则。

（二）洗炼与清整、互鉴与提升、当代道教要与时俱进

道教主张尊道贵德、正己化人、普济社群、爱国爱教、矜孤恤寡、诚信友善、推诚万物、少私寡欲、热爱和平、清静无为、知止知足，等等。道教是品质优秀、内涵深邃、正在被世界认识、并将逐渐成为世界追尚的宗教形式。道教从来不将教义思想强加于任何人，信教群众对道教教义的接受和信奉，是完全凭自己感受自然而然的行为。道教作为中国的本土宗教也从来没有拒绝外来文化在中国的传播，因为道教认识到文化无国界，没有任何方式可以阻挡文化传播的力量，文化必然会在传播中不断地前行和发展，最好的方式一方面是薪火相续，在坚守、传承中整合。历史上，道教

---

① 《诗经·小雅·小雯》。
② （明）朱柏庐：《治家格言》。
③ 《道德经》第六十四章。
④ 《太平经》有"夫天道恶杀好生"句。
⑤ 详拙著《思问晓录》。
⑥ 《道德经》第二十五章。

有许多次这样的先例：魏晋南北朝之时，由于东汉至三国时期的衍变，加之魏晋以降教内久未整肃，在散乱的情态下，没有总领袖，使道教在总体上失去了发展的航标；于是道教信仰处于自然的传播状态，一部分向上提升，一部分则向下蔓延。向上者为贵族士大夫所利用，成为养生延命、长生久视的方式；向下者为普通百姓所接受，他们烧香拜神以求心灵之寄托。麻烦之处在于信仰如果没有规范和引导，则易于走向极端而为有野心和贪欲者所欺骗诱导，甚至走向歧途，致使积弊产生，影响声誉。这不仅为上层政治人物所警惕，亦为社会道德所反对，更为有良知的卫道者所不容。北魏嵩山著名道士寇谦之为拯救道教，挺身而出，力除时弊，将儒家的伦理道德观念引入道教义理，全面改革东汉以降道教的教义和制度，制定和提出教义理论和斋醮仪范。寇谦之对"天师道"的改革和"清整"，其重要意义在于：使北方"天师道"渐入正途，被清整后的道教，既为北魏上层所接受，又对后世道教影响巨大，人称经他整肃后的道教为"北天师道"。陆修静字元德，是南朝刘宋时的高道，著名的道教学者，道教上清派敬奉他为第七代宗师。宋元嘉末（453），他在京都建康（今江苏南京）卖药，宋文帝派左仆射徐湛诏其入宫讲道，后避太初（453）之难固辞而去，南游庐山，在瀑布结庐幽栖，所以后人又称陆修静为"庐山道士"。泰始三年（467）宋明帝请入京讲道，命司徒建安王尚书令袁灿设宴，请三教有名望的学者人物阐述各自的教义思想，相互辩难解析。陆修静坦然演讲道教的义理。明帝又敕于"延贤馆"集会讲道，陆修静升座演讲，剖析教义，论述深透。有王公向他发问：道教为什么不讲三世的问题？当时江南佛教兴盛，陆修静知道这是道教与佛学有关联的课题，遂应声答辩说："《老子》曰：'吾不知谁之子，象帝之先。'既有先，必有后；既有先后，必有中。《庄子》有'方生方死'之说，这都是讲三世。"宋明帝听陆修静讲道后对他更加敬重，遂于建康北郊天印山建"崇虚馆"，并将茅山"上清"诸经籍敕付陆修静研校整理。在建康北郊天印山，宋明帝还为陆修静筑传经宗坛，支持他弘扬道法。陆修静将皇帝敕予之"上清"诸经籍，以及自己长期所集之道经，加以整理校对。他认真地甄别真伪，集经戒、方药、符图等1228卷，分为"三洞"：即洞真、洞玄、洞神，这是对道经典籍最早的分类方式；提出道经整理过程的"三洞"概念，奠定了《道藏》分类的基础。泰始七年（471），陆修静撰定《三洞经书目录》，并以之上奏皇帝，说1228卷道经，"其1090卷已行于世，138卷犹在天宫"。客观地说，陆修静撰定的道教经书目录，为最早的一部《道藏》目录。陆修静对道教的贡献还在于，对应北魏道士寇谦之改革北方天师道的动作，提出自己相向而行的主张。他主张：修道者须洗心洁行，用礼拜、诵经、思神的方法，促使道教徒自省觉悟，渐达大道。他曾编辑道教斋醮仪范等书一百余卷，目的就是帮助并提供给教徒修道的方式和阶梯，这也是他改造南方道教的一种方式。寇谦之要"革除三张伪法"，陆修静则提出要"祖述三张，弘衍二葛"。寇氏"清整"道教有着重要的意义，陆氏的做法有破有立，有继承亦有发展，更有理论的高度、价值和继往开来的深层道理。实际上陆修静、寇谦之这两位宗师，"改造"或"清整"南北道教的目标，实乃殊途同归，都为道教的事业做着"正本清源"完善教义的努力，真有异曲同工之妙。其目的都是为了洗削吸附于道教自身的肌体赘疣，而适应社会的进步和时代的发展。后世称经陆修静"改造"过的南方道教为"南天师道"。

另一方面是交流互鉴，使传统的肌体吸收新营养，从而充实、丰富自身的内涵。先回顾全真教的历史：全真教形成于宋金之际，为北方兴起的三大道教派别之一。时有教宗王重阳祖师山东布教，获座下弟子马丹阳、谭长真、刘长生、丘长春、王玉阳、郝广宁、孙清静散人，共七位高徒。他高举"三教合一"的旗号，教人读《般若心经》《道德经》《清静经》《孝经》，不囿道教一家之学，遇儒则言儒学，遇释则言释，尤善以诗词歌赋形式宣扬教义而化导学人，他的著作《重阳全真集》《重阳教化集》《分梨十化集》中收入此类诗词歌曲千余首。他"凡接人初机，必先使读《孝经》《道德经》，又教以孝谨纯一，其立说多引六经为证。在文登、宁海、莱州，尝率其徒演法建会者五，皆所以明正心诚意、少思寡欲之理，不主一相，不居一教也"①。在创教过程中，他倡出家离俗，注重清静苦修，提出了全真道立教纲领性文献《立教十五论》，其中简述信徒入教必须持守出家、住庵、云游、打坐、行医等种种规范；认为道士当以识心见性为先，心地清静自然能超出三界。实际上重阳祖师的创教初意和实践就有微妙之变化。试想他初始的穴居独修，虽是静心深思悟道的需要，但也表现出他有引人隐修之思考，但实践证明：要弘扬教宗，隐修行不通。所以他接受"高人"指点，出潼关而离开陕西，前往山东去布道。王重阳开创道教之全真派，上承北宋钟吕内丹源流，借金初适宜的社会环境，在短短不足三年（1167 年 4 月至 1170 年初）的时间里，在社会中形成较大影响，培养出高素质弘道骨干，在教义理论、修持方法、组织形式等方面为全真教之传承奠定了基础，其中值得当代道教界深思研讨的内容很多。再回顾正一教的历史：元代正一派的形成，是道教整合三山符箓、在内部交流互鉴、提升南方符箓派的结果。忽必烈是元朝立国之后的皇帝，不仅优礼全真、太一、真大这三个北方道教的宗系，还以积极的姿态笼络亲善南方道教各符箓宗系，其中尤以天师宗系更为获宠。由于至元十一年（1274）夏四月朝廷遣使"持诏召嗣汉四十代（实际三十六代）天师张宗演赴阙"，至元十三年（1276）蒙古大军已平定江南，元世祖对张宗演说："昔岁己未（1259），朕次鄂渚，尝令王一清往访卿父（指三十五代天师张可大），卿父使报朕曰：'后二十年天下当混一。'神仙之言验于今矣！"因命坐赐宴，"特赐玉芙蓉冠，组金无缝服，命主领江南道教，仍赐银印"。十四年（1277）春正月"赐嗣汉天师张宗演演道灵应冲和真人，领江南诸路道教"；当张宗演还江南，"以其弟子张留孙留京师"。天师道经三十六代、三十七代、三十八代，直至四十一代六代传承，平稳地度过了元代这个历史阶段。天师掌教的过程，在道教史上有着重要的意义：首先，最重要的是在政治集团的支持下，有效地协调了"三山"乃至江南道教的教务，以天师道促进了南方道教符箓派的融合，为道教正一派的形成奠定了坚实的基础；其次是至元十三年（1276）张宗演率弟子入京，第二年还江南时"以其弟子张留孙留京师"，开创发展起道教的"玄教"宗系，对道教尤其是北方全真派后丘处机时代的整个道教形势是重要的提振和充实；第三是以斋醮科仪的方式，表达道教"道法自然""敬天爱民""济世利人"的主张，认为斋醮科仪"诚可格天"，能够产生"天人感应"的效果，从而有效地规范了道教科仪法事的形式。当时的天师掌教还积极地推动慈善事业，尤其是三十八代天师张与材"捐粟为义仓，以周贫乏"，既发扬了古代天师道设"义仓"帮困济贫的精神，也为其后道教关爱社会、热心公益慈善事业做出了学习的榜样。这其中最主要是：三十八代天师张与材，有功于元朝，所以"（大德）八年（1304）授正一教主，主领三山符箓"。元武宗即位（1308），"特授金紫光禄大夫，封留国公，锡金印"。元仁宗即位（1312），"召见嘉禧殿，赐金冠组织文金之服"。由天师道出而整合"三山符箓"，使南方散漫的符箓道教被整合为"正一派"，是道教事业的一大进步，直至当代仍有着可圈可点的积极意义。

中国本土道教发展到当下，既有许多优势，也有许多难题。优势是因为道教是中国本土宗教，自然有许多资源和固有的条件可以利用；难题也是因为道教是中国本土宗教，历史过程中有许多累

① 见刘祖谦：《重阳仙迹记》。

积和吸附于道教肌体的本不是道教的内容，一旦有什么风吹草动，那些负面的责任道教也得背上。道教今后需要花大精力和气力去梳理、去弄清楚哪些是道教应予清理、哪些又是道教需要保存的有价值的内容。当习近平总书记提出"宗教中国化"的课题时，道教界需要深入地学习，提高认识，要对历史温故知新，要善于借鉴先进，适应现实社会，在当代要与时俱进，向上提升，向前发展。道教本来就是中国文化的土壤里自然形成的宗教，是古来中国传统文化的"三大支柱"之一，当代中国社会道教仍然有着现实的价值和意义，同样是"人类命运共同体"框架中的宗教形式，道教仍然是生命力旺盛的常青树。

结　语

道教伴随着中国历史一路走来，继承传统，传承文化，在现实社会中不断地调整、转型、适应、与时俱进，是社会发展自然的产物，在中国社会历史发展过程中是中华文化自觉的传承载体。我们道教徒在当代社会，更应该清醒地认识到自己在"中华文化"中的义务、责任和担当。在"人类命运共同体"这个大课题下，道教兼有"出世"和"入世"的形式，"出世"即修长生躯体，养浩然正气，追求返真抱朴的自然；"入世"即关爱众生、济世利人，努力于功成身退的境界。总之，当代中国特色社会主义社会需要道教，道教不仅有丰富的文献经籍等诸多文化资源，在全国各地还有名山大川的道教宫观庙宇等景观资源，在社会民众中还有广大的道教徒和信教群众载体。最主要的是：道教传承至今，是信奉者的精神家园，是生生不息、生命力旺盛的参天大树！道教有厚重的历史和丰富的内涵，是人类世界大家庭、"人类命运共同体"的一种精神信仰，是不可或缺的宗教形式。

（本文原作于 2016 年，2020 年 3 月 18 日再发）

龙虎山法派考

张崇富*

内容提要：本文以道院为纲目，条分缕析，分别考述了道院与法派的关系，龙虎山三大法派紫微派、虚靖派和灵阳派的创始人、创派时间和法派传承，初步厘清了龙虎山法派的一些传承关系，并勾勒出龙虎山法派传承的大略情况。

关键词：道院　法派　紫微派　虚靖派　灵阳派

一、道院与道教法派的形成[①]

道教分派术语颇多，如"教"（如正一教、全真教）、"宗"（如茅山宗、阁皂宗，南宗、北宗）、"道"（太平道、五斗米道、李家道、帛家道等）、"派"（如混元仙派、精思院派、上阳子金丹大要仙派），甚为纷繁复杂。张伯端已对宋代纷乱驳杂的现象进行了批判，他说："曹溪一滴分千派，昭古澄今无滞碍。近来学者不穷源，妄指蹄洼为大海。"[②] 本文试图以龙虎山法派为例，以道院为切入点，研讨并厘清龙虎山三大法派（紫微派、虚靖派和灵阳派）的创始人、创派时间和法派传承。要讨论上述问题，道院和法派则是无法绕开的论题。那么，道教的道院和法派何时出现？道院的规制和功能为何？道院与道教的法派形成有何关联？本节将考其大略。

（一）"法派"一词出现的大体时间与具体内涵

"法派"一词始见于宋以来的道教文献，如《道法会元》中，"法派"一词已频频出现。《道法会元》卷一百一十"混沌玄书大法"专门载有该派的"法派源流"。此外，《道法会元》卷四十"清微传度牒检品"称："以后凡遇弟子某行持奏遣，冀遂感通。庶使名列雷班，职联三府，阐扬道法，

---

　　* 作者简介：张崇富，四川大学道教与宗教文化研究所、海外教育学院教授，博士生导师。
　　基金项目：本文为国家社科基金项目"《道藏通考》的翻译与研究"（项目编号：11XZJ006）；教育部基地重大项目"德国巴伐利亚国家图书馆藏瑶族道经的整理研究"（项目编号：14JJD73005）阶段性成果。

　　① 参见陈国符：《道馆考原》，载于陈国符：《道藏源流考》新修订版，北京：中华书局，2014年，第213—214页。"道馆（观）的兴起。宫观制度的初步建立。"载于卿希泰主编：《中国道教史》（修订本）第一卷，成都：四川人民出版社，1996年，第552—559页。［日］都筑晶子著，付晨晨译：《六朝后期道馆的形成——山中修道》，武汉大学中国三至九世纪研究所：《魏晋南北朝隋唐史资料》第25辑，武汉：武汉大学文科学报编辑部，2009年，第226—246页。

　　② （宋）张伯端撰：《悟真篇》之《读雪窦禅师〈祖英集〉歌》，参见王沐著：《悟真篇浅解》（外三种），北京：中华书局，1990年，第192页。《高上玉皇本行集经》中对"道""宗""派"的关系有所论述："道出于一教，或有异出于一者，宗也；或有异者，派也。自派求宗，异乃合一，又奚可差别哉？"《道藏》第1册，第712页。

济利幽明，法派流长，仙枝茂盛。"① 卷八十"欻火律令邓天君大法"云："祈祷登坛，先存神定意，焚香启奏昊天玉皇上帝，九天雷祖大帝，法派祖师仙灵，启白事意。"② 卷一百二十八"九州社令阳雷祈祷检式"载："昊天金阙玉皇大天尊玄穹高上帝玉陛下。恭望大道天慈，允今所奏。肆颁敕命，付雷霆三省，转闻神霄九宸，日月二宫，南北二斗，天罡河魁大圣，法派历代师真。"③ 卷一百九十五"混元一炁八卦洞神天医五雷大法"称："吁，此八卦内景之法，古今所未易闻也，自西蜀张公真人授受之。故其证验之效，只在片饷。续其法派，刘君致清，所行者加进修持，则应验无虚妄矣。"④

被认为撰作于宋末、刊行于元成宗朝的《灵宝领教济度金书》中记载，宋代应该有了专门供奉本法派祖师的"静默堂"，所谓"静默堂"，也就是当时所称的"靖室"："饰以幔帷，中设法师本派祖、玄、真师，经、籍、度师圣像，香花灯烛，供养如法。两傍设二高座，法师、都讲居之。余坛官及监斋以下，依序列坐两厢。凡坛内及坛前行事，并自静默堂出入，须择近斋坛处为之。"⑤《灵宝领教济度金书》卷二百二十七有专门的"审奏祖师官将醮仪（传度斋用）"，需"焚香上启，本派师尊，所部官吏"⑥。可见，宋代道教文献已经频繁使用"法派"一词。

道教"法派"的基本内涵为：

首先，从时间上来说，道教的法派应该是唐宋以来形成的道教内部的支派。据丁培仁教授的研究，宋代以来"法派"的法，当为方法、道法之义，故是侧重于道教内部来讲的。南北朝至北宋，道教以"经教"为特征。宋以来道教内部"法派"盛行⑦。

其次，道教"法派"的创派宗师，一般为名人或道法卓著的人物，如张继先（创虚靖派）。

再次，"法派"当有具体的"道院"为依托，多为本门法派所创建，为本法派的拜师、修道的场所。

另外，"法派"成熟的一个重要的标志就是字辈出现，如娄近垣所定的四十字的字辈。实际上，仅据《龙虎山志》的记载，紫微派、虚靖派和灵阳派中已现字辈之端倪。

（二）道院出现的时间

就目前所掌握的资料来看，道院当形成于唐代。唐代两京已经出现了很多道教的"院"，如合炼院、清虚院、望仙台院、灵符应圣院等。不过，最早提及"院"这种建筑类型的当属初唐的《洞玄灵宝三洞奉道科戒营始》⑧。该经认为道门的宫观乃"法彼上天，置兹灵观"，详细列举了殿、堂、院、楼、阁、房、廊、坛、坊、台等各种建筑类型。该经卷一"置观品四"称："布设方所，各有轨制，凡有六种：一者山门，二者城郭，三者宫掖，四者村落，五者孤迥，六者依人。皆须帝王营护，宰臣修创，度道士、女冠住持供养，最进善之先首，不可思议者也。造天尊殿、天尊讲经堂、

---

① 《道藏》第 29 册，第 22 页。
② 《道藏》第 29 册，第 300 页。
③ 《道藏》第 29 册，第 624 页。
④ 《道藏》第 30 册，第 234 页。
⑤ （宋）宁全真授，（元）林灵真编：《灵宝领教济度金书》卷一。参见《道藏》第 7 册，第 28 页。
⑥ 《灵宝领教济度金书》卷二二七。《道藏》第 8 册，第 126—127 页。
⑦ 丁培仁：《元前道派研究》，成都：四川人民出版社，2014 年，第 52 页。
⑧ 大渊忍尔（Ofuchi Ninji）依据该经的内部文本将其断为七世纪中叶的文献，吉冈义丰（Yoshioka Yoshitoyo）则基于对《上清金真玉皇上元九天真灵三百六十五部元录》的研究认为该经出现于 550 年前后。（［日］吉冈义丰，"*Sando hiido kakaigihan*"，pp. 39—45）。常志静（Florian C. Reiter）和蔡雾溪（Ursula—Angelika Cedzich）则断为初唐时期文献，本文从此说。参见 Kristofer Schipper and Franciscus Verellen：*The Taoist Canon：A Historical Companion to the Daozang*，Vol. 1, pp. 451—453.

说法院、经楼、钟阁、师房、步廊、轩廊、门楼、门屋、玄坛、斋堂、斋厨、写经坊、校经堂、演经堂、熏经堂、浴堂、烧香院、升遐院、受道院、精思院、净人坊、骡马坊、车牛坊、俗客坊、十方客坊、碾硙坊、寻真台、炼气台、祈真台、吸景台、散华台、望仙台、承露台、九清台、游仙阁、凝灵阁、乘云阁、飞鸾阁、延灵阁、迎风阁、九仙楼、延真楼、舞凤楼、逍遥楼、静念楼、迎风楼、九真楼、焚香楼、合药堂等，皆在时修建，大小宽窄，壮丽质朴，各任力所营。药圃果园，名木奇草，清池芳花，种种营葺，以用供养，称为福地，亦曰净居，永劫住持，勿使废替，得福无量，功德第一。"①

《洞玄灵宝三洞奉道科戒营始》"置观品"中提到了五种"院"，即说法院、烧香院、升遐院、受道院和精思院。其中仅受道院和精思院跟我们讨论的道院有关，可视为道院的前身。我们分别看看这些院的特点和功能。

说法院　属于道观中公共性的面向社会大众的场所，主要用于弘道和讲法，位置位于天尊殿左右两边。"科曰：凡说法院，皆在天尊左右，别宽广造，令容纳听众，得多为上，其中屋宇，皆依时取便。"

升遐院　放置死后的道士和女冠遗体的场所，一般位于宫观中比较偏僻的地方。"科曰：凡道士、女冠身亡，皆别置升遐院，须别立一院造堂一室，供器所须，皆备此院。"

烧香院　为死后的道士、女冠做法事的场所，一般位于升遐院旁。"科曰：凡道士、女冠死，法众同义，须相开度，宜近升遐院，造烧香院，安几席床座，一事已上，备此院内。"

受道院　是道士、女冠初入道时，进行斋戒、受持经戒符箓，亦是师徒共同举行入道仪式，以及"师"指导弟子修行的场所。受道院内置坛、对斋堂和静室，具内秘性，一般不对外公开。"科曰：凡道士、女冠入道，即须受持经戒、符箓，须别作受道院、造坛，及对斋堂、静室，缘法所须，皆备此院。"对斋堂是师徒在传法前共同进行斋戒的场所。《洞玄灵宝自然九天生神章经解义》卷之二称："所以古者传经，必先对斋，谓师已斋，弟子亦斋，故曰对斋，良由此也。苟或不然，则是缘心听法，其法亦缘，无由悟入。是必如此，然后启誓丹青。启誓者，告盟也。丹青者，如诸科所载，饮丹水以代歃血，断青丝以代割发是也。"

精思院　是"师"修道、居住和生活的场所，也不排除"师"于此处指导弟子修道的可能。一般位于清静偏僻之处，内置天尊殿、入静室、炼气处、浴室、药堂等，具内秘性，不对外公开。"科曰：凡精思院，本欲隔碍嚣氛，清净淬秽，须为别院，置之幽静，东西南北、远近阔狭，适时宜便。置天尊殿、入静室、炼气处、浴室、药堂，缘师所须，皆为备设，勿使阙少。"

本文讨论的龙虎山道院应当是兼具了受道院和精思院两者的功能和特点，即具备了内秘性、清静、师徒授道、修道功能和特点。这为后来道教法派的形成奠定了良好的物质和人才基础。

唐代的文献已经多次提到"精思院"和"道院"。

清代董诰等编《全唐文》卷七百十二"中岳体元潘先生传"曰：

中岳道士前有天师，次称潘先生。先生名师正，赵州赞皇人。少丧母，庐于墓侧，以至孝闻。先生真气内融，辉光外发，如隋珠荆玉，不假于饰，而人自宝之。隋大业中入道，王仙伯

---

① 《道藏》第24册，第745页。

尽以隐诀及得符箓相授。栖于太室逍遥谷，积二十年。但嚼松叶饮水而已。高宗皇帝每降銮辇，亲诣精庐，先生身不下堂，接手而已。及问所须，答言松树清泉，山中不乏。帝与武后共尊敬之，留连信宿而返。寻敕于所居造崇唐观，岭上别起精思院以处之①。

《全唐文》卷一百三十《天柱观记》曰：

寻发特表，蒙鸿恩继赐紫衣，焚修于此。其大殿之内，塑天尊真人，龙虎二君，侍卫无阙。其次别创上清精思院，为朝真念道之方，建堂厨，乃陈鼎击钟之所，门廊房砌，无不更新②。

唐代康骈《剧谈录》卷下曰：

政平坊安国观，明皇朝玉真公主所建，门楼高九十尺，而柱端无栱枓。殿南有精思院，琢玉为天尊老君之像，叶法善、罗公远、张果先生并图之于壁。院南池沼引御渠水注之，垒石像蓬莱方丈瀛洲三山。女冠多上阳退宫嫔御，其东与国学相接。咸通中，有书生云："每清风朗月，即闻山池之内，步虚笙磬之音。"卢尚书有诗云："夕照纱窗起暗尘，青松绕殿不知春。君看白首诵经者，半是宫中歌舞人。"③

张说《张燕公集》④《大唐五通观威仪兼观主冯仙师墓志铭并序》和唐代诗人薛逢《题春台观》均提及"精思院"。

此外，提及"道院"的唐五代文献还有《旧唐书》卷一百九十二："天宝中，李林甫杨国忠用事，纪纲日紊，筠（吴筠，？—778）知天下将乱，坚求还嵩山，累表不许，乃诏于岳观别立道院。"《旧唐书》卷一百八十二"高骈"（821—887）："吕用之，又荐暨工诸葛殷张守一，有长年之术，骈并署为牙将于府第，别建道院，院有迎仙楼，延和阁，高八十尺，饰以珠玑金钿，侍女数百，皆羽衣霓服，和声度曲拟之钧天，日与用之。"刘崇远《新开宴石山记》载："请道士廖德崇、刘守清、卢守和等别建道院，住持焚修。以南汉乾和十五年丁巳岁（957）八月二十三日起建，迄于南汉大宝元年戊午岁（958）十二月二十七日毕功。建置道场，设斋庆赞讫。"⑤

① 《全唐文》卷七百十二（北京：中华书局，1983年，第7317页）。《旧唐书》卷一百九十二《列传第一百四十二·隐逸》（北京：中华书局，1975年，第16册，第5126页），记录了唐高宗为潘师正（586—682）敕建精思观的史实："潘师正，赵州赞皇人也。少丧母，庐于墓侧，以至孝闻大业中。度为道士，师事王远知，尽以道门隐诀及符箓授之。师正清净寡欲，居于嵩山之逍遥谷，积二十余年，但服松叶、饮水而已。高宗幸东都，因召见与语，问师正山中有何所须。师正对曰：所须松树清泉，山中不乏。高宗与天后甚尊敬之，留连信宿而还。寻敕所司于师正所居造崇唐观，岭山别起精思院以处之。初置奉天宫，帝令所司于逍遥谷口，特开一门号曰'仙游'，门又于苑北面置寻真门，皆为师正立名焉。"《旧唐书》对潘师正的记录颇有讹误。此处"精思观"当为"精思院"之误。张君房《云笈七签》卷五"中岳体玄潘先生"和张雨《玄品录》卷之四"道品"中潘师正传，均改为"岭上别起精思院以处之"。

② （清）董诰等编：《全唐文》卷一百三十《天柱观记》，北京：中华书局，1983年，第7317页。

③ （唐）康骈撰：《剧谈录》卷下"老君庙画"条，上海：古典文学出版社，1958年，第46—47页。

④ （唐）张说撰：《益州太清观精思院天尊赞》。张说，字道济（667—730），参见《四库唐人文集丛刊·张燕公集》卷十二，上海：上海古籍出版社，1992年，第94页。

⑤ （南汉）刘崇远撰：《新开宴石山记》，见《全唐文》卷八百六十一，北京：中华书局，1983年，第9029页。

上述"精思院"和"道院"就是本文认为形成道教法派的重要场所。由于道院属于宫观中比较内秘的部分，地处偏僻，乃"师"修道和培养弟子的场所，故在唐宋之际，依托这些道院，道教逐渐形成了自己的法派。宋元之际邓牧（1247—1306）所编的《大涤洞天记》中记载了浙江洞霄宫的上清、精思、南陵三院派，而《重修龙虎山志》中则载有江西龙虎山的三派（紫微派、灵阳派、虚靖派）三十六院。这些法派依托道院，约形成于唐宋。其中精思院派在唐代已经形成，为朝真念道之方①。

浙江洞霄宫的上清、精思、南陵三院派②

法派	道院
上清院派	山隐、山素、岫隐、嵩隐、怡云、粟隐、清隐、谷隐、盘隐、壶隐、橘隐、悠然、闲隐、学隐
南陵院派	回紫、清虚
精思院派	怡然、碧壶

江西龙虎山的三派（紫微派、灵阳派、虚靖派）三十六院③

龙虎山法派	东十五院	西二十一院
紫微派	东栖真、精思院、华阳院、洞元院、元隐院	紫微东、紫微西（李仲冶创）、西栖真、清富院、迎华院、郁和院、洞观院、混成院、养素院
灵阳派	东隐院、崇东院、内十华、外十华、崇元院	达观院、高深院、凤栖院、明远院、深秀院（张希言创?）、太素院
虚靖派	玉华东、玉华西、三华院、仙隐院、中和院	崇禧院（李德光创）、内繁禧、外繁禧（李谨修创）、崇清院、佑圣院、真庆院

（三）道院的轨制

1. 位置。道院的位置一般不在宫观的中轴线上，位置比较偏僻，便于清静修道。《洞玄灵宝三洞奉道科戒营始》载："科曰：凡精思院，本欲隔碍嚣氛，清净淬秒，须为别院，置之幽静，东西南北、远近阔狭，适时宜便。"宋代彭百川撰《太平治迹统类》卷四载："凡宫观之制，皆南开三门二重，东西两廊，中建正殿，连接寝殿，又置道院斋坊，其观宇之数差减于宫。"④

————————————

① （清）董诰等编：《全唐文》卷一百三十，第7317页。《天柱观记》题记为唐光化三年（900）七月十五日，作者为钱镠（852—932），为唐末五代十国时人。

② （宋）邓牧编：《大涤洞天记》卷上"道院"条："在西麻后。古有三院：曰上清，曰精思，曰南陵。今分为十有八斋，中瞰一池，诸斋环向，池水盈涸往往亦关休咎。左应七斋一曰山隐，曰山素，曰岫隐，曰嵩隐，曰怡云，曰粟隐，则上清院派；曰回紫，则南陵院派。右应四斋：曰清隐，曰谷隐，曰盘隐，则上清院派；曰清虚，则南陵院派。正面七斋：曰壶隐，曰橘隐，曰悠然，曰闲隐，曰学隐，则上清院派；曰怡然，曰碧壶，则精思院派。选道堂在西应后，至元乙酉年重建。"《道藏》第18册，第144页。参见 Kristofer Schipper and Franciscus Verellen：*The Taoist Canon：A Historical Companion to the Daozang*，Vol. 2，p. 917.

③ （清）娄近垣辑：《重修龙虎山志》，清乾隆五年刊，道光十二年修补本，第111页。收录于龚鹏程、陈廖安主编：《中华续道藏初辑》第3册，台北：新文丰出版公司，1999年。

④ （宋）彭百川撰：《太平治迹统类》卷四，收录于《丛书集成续编·史部》第40册，上海：上海书店，1994年，第149页。

2. 内部设施。道院的内部设施齐备，提供了自足的修道和生活设施。《洞玄灵宝三洞奉道科戒营始》云："置天尊殿、入静室、炼气处、浴室、药堂，缘师所须，皆为备设，勿使阙少。"

3. 房间轨制。娄近垣《重修龙虎山志》中"大上清宫新制"称："宫之东为道院八，宫之西为道院十六。其旧有二新修者十二院，其已废而重建者十二院。每院门屋一间，正厅三间，左右单房共四间，后楼房三间，左右耳房各一间，周遭缭以短墙，各分院址内，新旧共二十四院，凡宫中之法官居焉。"① 从该轨制看，龙虎山有三十六道院，因此王兴权《上清正一宫碑》载，南宋理宗端平二年（1235）提及三十五代嗣师张可大，称"创道院数百楹"②，绝非虚言。

4. 供道观中"师"居住和修道。道院中"师"修道和生活区域当有不同的区隔。据《玄坛刊误论》"重论入靖品第二"："悟微子曰：若在官宅，即然。若在宫观，道士各居靖室，岂俟斋时，方更入靖，得无自鄙耶？先生（云光先生）曰：不然。道士所居靖室，是寝止之室，非入靖朝真之室。今宫观有精思堂、凝神堂、思微堂、存真堂者，即是入靖之所也。若就所居之室，即精思诸堂复设何用？悟微子曰：诚哉斯言，尔后敢不依禀。"③ 可知道院中有专门的靖室，非寝止之室，二者当界限分明。

下面，我们分别考述龙虎山三大法派（紫微派、灵阳派、虚靖派）产生的时间、法派创始人以及法派传承。

二、紫微派

紫微派所属道院④

龙虎山法派	东十五院	西二十一院
紫微派	东栖真、精思院、华阳院、洞元院、元隐院	紫微东、紫微西（李仲冶创）、西栖真、清富院、迎华院、郁和院、洞观院、混成院、养素院

（一）紫微派创始人和创派时间（洪微叟，宋嘉祐间，1056—1063）

洪微叟为紫微派开山法祖，创派时间应为宋嘉祐间（1056—1063），也就是洪微叟知上清观事期间。

洪微叟，号微叟。来自浙江紫微阁，宋天圣间（1023—1032）于龙虎山入道。曾任上清宫都监。宋嘉祐间（1056—1063），知上清观事，度弟子王道坚等。洪微叟的资料仅见于张宇初《诒善亭记》和《龙虎山志》。

张宇初《诒善亭记》中李仲冶讲述了紫微法派鼻祖洪微叟及其传承情况：

---

① （清）娄近垣辑：《重修龙虎山志》，第 104 页。

② （清）娄近垣辑：《重修龙虎山志》，第 552 页。

③ （后晋）张若海集：《玄坛刊误论》，《道藏》第 32 册，第 623—624 页。书成于五代后晋天福八年（943）。宋《崇文总目》《秘目》均著录作一卷，今《正统道藏》本收入正一部。

④ （清）娄近垣辑：《重修龙虎山志》，第 111 页。

吾山上清宫之寮院凡三十有六，其源同而支异，故毁而复兴者有先后焉。至正辛卯，宫灾越数年，延焰而毁者更新之。紫微李君仲冶，作旷逸堂于丁巳冬。己巳岁，复构亭堂之南，友人周君孟启为颜曰：诒善。仲冶揭扁于上，请记于予，曰："吾鼻祖都监洪公，始得于浙之紫微阁，因号曰微叟。宋天圣间（1023—1032），入道于吾山。嘉祐间（1056—1063），知上清观事，度弟子王太素（王道坚）等。时徽庙崇道益笃，太素尝侍天师虚靖君（张继先，1092—1127）领祠事于朝，宠赉有加，及易观为宫，赐田亩，蠲赋税，筑（阙）靖通庵成，而院亦就，因曰紫微者，示不忘也。派久益盛，五传为冲靖留公（留用光），道著孝光宁里间，宫赖以显重。"①

《重修龙虎山志》"法职附"称洪微叟为上清宫都监：

上清宫法员，其定额职掌旧无考证。其名之散见者，宋时则有留用光、薛应常为管辖；洪微叟为都监，王袭明为道正，郭保宁为监宫，郑保和、徐处尚为知宫，李元溢为副知宫，吕惟一为知观等职②。

紫微院实际上是王道坚修建的。具体时间是在宋崇宁四年（1105），王道坚在主持修建靖通庵的同时所修建。《重修龙虎山志》和《汉天师世家》均有记载：

（崇宁）四年复召……屡乞还，不许，问何所欲，对曰："臣所欲，上清观弊陋偏僻，众欲迁而新之，力所未能。"命江东漕臣，即山中度地迁建，赐田以食其众。复立庵于山之北，为天师修炼之所，御书靖通庵额赐之。有亭曰脩然，并建灵宝、云锦、真懿三观，改祖师祠为演法观，奉玉册，上祖师号，封为真君。十二月还山，凡父兄，皆赐爵有差。四方学者，率数千百人③。

由此可见，王道坚在紫微法派的创派过程中扮演了极为重要的角色。王道坚虽亦侍从张继先学道，但却不能将其归入虚靖法派，而是紫微法派的实际创始人之一。

（二）紫微法派谱系和传承

洪微叟→王道坚→王鉴义→ 　　　王洞章 　　　　　薛洞真（混成院）

　　　　　　　　　　　　　　↓ 　　　　　　　　↓

　　　　　　　　　　蔡元久、倪文简 　　王元质、薛元美、李元溢

　　　　　　　　　　　　　　↓

　　　　　　　　　留用光（嗣其教者为紫微派）

---

① （明）张宇初撰：《诒善亭记》，见《岘泉集》卷三，《道藏》第33册，第221页。
② （清）娄近垣辑：《重修龙虎山志》，第358—359页。
③ （清）娄近垣辑：《重修龙虎山志》"张继先"条，第183页。《汉天师世家》卷之三，见《中华道藏》，北京：华夏出版社，2004年，第46册，第353页。

↓

郭友谅、蒋叔舆

↓

朱遂、林尧夫、陈自诚、赵希火

　　王道坚（？—1131），信州贵溪人，上清宫紫微院道士，师从洪微曳入道，紫微法派第二代祖师。后亦就学于张继先天师，主持修建靖通庵和紫微院。在元明善编纂的《龙虎山志》及娄近垣编纂的《重修龙虎山志》记载的宋代"高士"中，王道坚均排名第一。徽宗政和（1111—1117）间赴召，馆于太乙宫，授为凝神殿校籍，与道士元妙宗一道参与了《政和万寿道藏》的校订和编纂工作。亦授太素大夫，号凝妙感通法师。

　　王鉴义，紫微法派第三代。生卒年不详，龙虎山道士，曾应召携弟子王洞章、王若时入京面圣。《龙虎山志》称其有弟子王洞章、薛洞真、王若时等①。

　　王洞章，紫微法派第四代。贵溪人，师从王鉴义。自幼警敏，博涉经史。工诗文，善琴弈。二十岁时，随师王鉴义入京，与王若时一道，御前度为道士。后敕授"冲和大师"。寿六十余而卒。有弟子蔡元久、倪文简。蔡元久居龙虎山，倪义简则随"冲隐大帅"王若时居衡岳②。

　　蔡元久，紫微法派第五代，生卒年不详。冲靖先生留用光之师。《无上黄箓大斋立成仪·留用光传》称："（蔡）元久，宣和间太素大夫、凝神殿校籍，王道坚三世孙也。"③

　　留用光（？—1206），生年不详，卒于南宋开禧二年丙寅元旦，字道辉，贵溪人，道貌奇古，师从蔡元久。《无上黄箓大斋立成仪·留用光传》云："少解悟玄学，受法于上清正一宫道士蔡元久。元久，宣和间太素大夫、凝神殿校籍，王道坚三世孙也。"④先后授左右街都道录，太一宫都监，赐号"冲静先生"。娄近垣《重修龙虎山志》称："嗣其教者为紫微派。"⑤张宇初《岘泉集》卷一又将留用光归入灵宝一系⑥。

　　蒋叔舆（1162—1223），紫微法派第六代。字德瞻，号存斋，师"冲静先生"留用光，尽得其传。尝汇集唐以前有关黄箓斋醮科仪编为《无上黄箓大斋立成仪》五十七卷（为明人增补）。该书为黄箓斋法，存不少古代斋仪。弟子为朱遂、林尧夫、陈自诚、赵希火等人⑦。此后，紫微法派的传承不明。

　　此外，《龙虎山志》载王袭明、吴兴顺、何其愚等皆为紫微院道士。

　　1. 紫微西院　朱觉庵→史隐居→李仲冶

　　紫微西院的创派之人为元明之际的李仲冶，其师祖分别为朱觉庵、史隐居。此后，该法派传承

---

　　①（清）娄近垣辑：《重修龙虎山志》，第239—240页。

　　②（清）娄近垣辑：《重修龙虎山志》，第239页。

　　③《宋冲靖先生留君传》载于《无上黄箓大斋立成仪》卷五十七，见《道藏》第9册，第728页。

　　④《宋冲靖先生留君传》载于《无上黄箓大斋立成仪》卷五十七，见《道藏》第9册，第728页。

　　⑤（清）娄近垣辑：《重修龙虎山志》，第243页。

　　⑥（明）张宇初撰：《岘泉集》卷一："灵宝始于玉宸，本之度人经法，而玄一三真人阐之，次而太虚徐君、朱阳郑君、简寂陆君，倡其宗者田紫极、宁洞微、杜达真、项德谦、王清简、金允中、高紫元、杜光庭、寇谦之、镏冲靖（留用光），而赵林白陈而下派益衍矣，是有东华南昌之异焉。"《道藏》第33册，第187页。

　　⑦《无上黄箓大斋立成仪》卷五十七，见《道藏》第9册，第728页。

不明。据张宇初《诒善亭记》《故上清宫提点了庵李公墓志》和宋濂《玄润斋记》的记载，紫微西院一系的传承特点为：兴修学田庄，儒道兼学，主张"博文以求道"。

朱觉庵，龙虎山紫微派道士，李仲冶师祖。卒于元至正十二年（1352）。曾修道于鬼谷山，元至元乙亥（1335），李仲冶专程前往向其请益。朱觉庵始倡"博文以求道"，建学田庄，授玄学培养后学。他说："学者之来，为求道也，不博以文，则道何由成？不有田以养之，则师弟子羞服百需之具，奚所取给而赖以不坏？"① 乃捐腴田若干亩为学田庄，该学田庄也就是"玄润斋"的前身，让其徒孙李仲冶主之。

史隐居，字由直，龙虎山紫微派道士，朱觉庵弟子，李仲冶之师。元至正甲辰（1364），史隐居继承朱觉庵师的遗志，又捐私田四百四十亩继续修学田庄。《诒善亭记》称："元戊戌壬戌（1238、1322），（紫微）院灾者二，隐居史公倡诸徒拟新之。尝以上世旷逸金公有光于院，宜揭号于堂，致存思焉。言未就而殁。"史隐居嘱托李仲冶续修学田庄，并重修紫微院②。

李仲冶（1316—1395），讳弘范，号了庵，紫微西院法派创始人。少年颖敏，十三岁，跟表兄金兰石学道于上清宫紫微院，受业史隐居。至元乙亥（1335），得部牒度为道士。遍读儒道之书，学识渊博。曾先后就学于当时大儒高道祝直清、金蓬头、蓬西州、朱觉庵、李存等人。理学方面造诣极高。一日，往金溪会黄殷士，讲学于半山，相与剧谈本心之说，一座尽倾，曰：此小鹅湖也。至正庚寅（1350），太乙天师张嗣德命掌符箓，至正辛卯（1351）上清宫灾，奉祖命新其院，立紫微西院法派。明洪武癸亥（1383），尝嘉号玄文真士。洪武辛未（1391），升宫之住持提点，时朝廷给印视六品。三年后，以疾辞。洪武乙亥十二月某日（1395），端卧而逝。生于元延祐丙辰（1316），享年八十岁。③

2. 混成院　薛洞真（混成院）→王元质、薛元美、李元溢

混成院在紫微法派中名气最著，高道辈出。混成院的创派和传承均不详。

薛洞真，紫微法派第四代。字远甫，贵溪人。禀性闲雅，寡言笑，美姿致。师事王鉴义，得授道法，与王洞章为师兄弟。绍兴年间知祈真观，以符药济人，活者颇多。宋乾道年间（1165—1173），授龙虎山上清宫副知宫，有弟子王元质、薛元美、李元溢。别筑室曰"混成"。可见薛洞真为紫微法派混成院的创派之人④。《神霄金火天丁大法·后序》称林灵素所属神霄一系："火师传与玉真教主林侍宸，林传与张如晦，后传陈道一，下付薛洞真、卢君野。次以神霄派脉付徐必大，徐亦不得其文，卢君化于剑江，将解，而枕中出其书以付玉。法传卢君，而派继徐君。"⑤ 认为薛洞真亦为神霄派传人。

此外，《龙虎山志》中提到混成院道士还有薛应常、方从义、卢大雅、周济世、何海曙、吴伯理等。

---

① （明）宋濂撰：《玄润斋记》，见《宋濂全集》，杭州：浙江古籍出版社，1999年，第1682页。

② （明）宋濂撰：《宋濂全集》，第1682页。其中"朱、史"二师，即朱觉庵、史隐居。

③ （明）张宇初撰：《诒善亭记》，参见《道藏》本之《岘泉集》卷三，《道藏》第33册，第221页。《岘泉集》卷三之《故上清宫提点了庵李公墓志》，参见《景印文渊阁四库全书·集部》，台北：台湾商务印书馆，1986年影印本，第1236册。参见（清）娄近垣：《重修龙虎山》，第272—273页。

④ （清）娄近垣辑：《重修龙虎山》，第240页。

⑤ （宋）刘玉撰（字清卿）：《神霄金火天丁大法·后序》，《道法会元》卷一九八，《道藏》第30册，第258—259页。

3. 洞玄院　曾贯翁→毛惟谦、危功远→刘耕隐→吴尚纲、毛叔达→林真士

紫微法派洞玄院的创始人为刘耕隐，创派时间为元代。传承谱系如下：

刘耕隐，身世不详。为曾贯翁先天观一系紫微派传人。度弟子吴尚纲、毛叔达等人。曾贯翁的弟子有毛惟谦、危功远等。金蓬头亦在先天观学道，金蓬头的弟子如李仲冶、方方壶等皆为紫微法派弟子。危素《先天观诗序》有记载。

张宇初《静复山房记》、张以宁《曲密之房记》均记载了刘耕隐创建洞玄院一事。

张宇初《静复山房记》曰：

> 吾山上清宫之洞玄院，居宫之奥，地僻而林水最幽。东则象山，峭巍其支，隆然特起，院据其会；西则琼林台郁然；前则雷坛丹井在焉。其重屋奥室，皆耕隐刘真人元盛时所建也。其徒吴尚纲辟堂之奥室，以静曰复命之旨，扁曰：静复山房①。

张以宁《曲密之房记》曰：

> 京师之崇真宫毛真人叔达与予好也，为其弟子长乐林真士请记其曲密之房。予坚辞请，不置，则问其制何居。曰：房在龙虎山上清宫洞玄院中，院造于其祖耕隐留（刘）公，而房尤号雄伟②。

吴尚纲，紫微派洞玄院道士，师从刘耕隐。为抚之望族，世以儒显。吴尚纲少颖秀，质纯而气清，志笃于自修。曾于龙虎山建"静复山房"。

毛叔达，一名毛遂良，紫微派洞玄院道士。师从刘耕隐，曾居京师之崇真宫，与朝之名卿大夫友善。曾请翰林学士危素为《先天观诗》作序，请翰林学士张以宁为其弟子林真士撰《曲密之房记》。

林真士，名庭挥，字汝玉，紫微派洞玄院道士。幼颖悟，嗜诗好琴而攻画。天师命其主福之紫极宫，兼怡山冲虚观，未就。后从玄教大宗师之命，住长乐东华宫佑圣观。曾于龙虎山建"曲密之房"。

4. 迎华院　徐处尚→徐元修、杨元善

徐处尚，紫微法派道士，贵溪人。精于术数，尝游岷山、峨眉间，以经字言人吉凶，颇有灵验。绍兴年间授龙虎山上清宫知宫，"居紫微方丈西南之别室，曰迎华"。有弟子徐元修、杨元善，绍兴年间亦授上清宫道正③。

5. 洞观院　蒋雷谷→颜福渊、吴嗣育

蒋雷谷，字同寿，元末明初贵溪人，紫微派洞观院道士。自幼羡道，及长，投洞观院，礼练太素为师，元教秘法悉得其传。后游蜀，得掌心雷法。明洪武初（1368），制授神乐观知观，寻升五音都提点。永乐初年（1403）还龙虎山。度弟子颜福渊、吴嗣育。

颜福渊，紫微派洞观院道士。明宣德九年（1434）被召入京，奏对称旨，授道录司左至灵。

① （明）张宇初撰：《静复山房记》，见《岘泉集》卷二，《道藏》第33册，第216页。

② （明）张以宁撰：《曲密之房记》，录入《翠屏集》卷四，参见《景印文渊阁四库全书·集部》，台北：台湾商务印书馆，1986年影印，第1226册。

③ （清）娄近垣辑：《重修龙虎山》，第241页。

吴嗣育，紫微派洞观院道士。身世不详。

此外，《龙虎山志》记载的洞观院道士还有李伯芳和段文锦。

李伯芳，紫微派洞观院道士。传道致一真人邵元节，后赠宏范真人称号①。

段文锦，紫微派洞观院道士。字素练，安仁人。道法显应，祈祷如响。成化间（1465－1487）赴召，廷对称旨，授龙虎山真人府赞教②。

6. 郁和院　刘思敬→章希平

刘思敬（1210—1291），庐陵人，紫微派郁和院道士。一说吉之青原人。少时落魄不羁，嗜酒，好长生术。及长游蜀中，从灵宝陈君受丹砂诀，遍历名山，年五十，始入龙虎山为道士，自号真空子。寻主郁和道院。炼铅汞为丹砂。元至元十八年（1281），奉诏赴阙，并进六甲飞雄丹治世祖足疾。居八年，乞还山，结八卦庵于琵琶峰之右，徜徉山水之中。元至元二十八年（1291）无疾而卒，享年八十一。所传丹经十二方，悉授弟子章希平等，行于世。至正年间，玄教宗师董真人荐上其事，制赠"凝妙灵应真人"③。大儒李存为刘思敬之书作序，宋濂则应方从义之请为其立传。

7. 精思院

罗日文，紫微派精思院道士。明嘉靖、隆庆年间人。道法为时推重，河南伊王召论道要，临还赠文以宠其行④。

8. 栖真院

张兴槎，紫微派栖真院道士，第三十五代天师张可大之侄。张可大生父张天麟曾摄教事，宋嘉定（1208—1224）中赐号"仁静先生"。张天麟次子为张宗清，张宗清生四子，其中二子张兴槎、张兴年俱入上清宫为道士。张兴槎居栖真院⑤。

9. 养素院

张兴年，紫微派栖真院道士，第三十五代天师张可大之侄，与张兴槎兄弟俩俱入上清宫为道士。清修雅操，时称竞爽。张兴年居养素院⑥。

（三）小结

据所见的文献，三派之中，紫微派在宋代最为兴盛，尤其是留用光的出现，使得该派盛极一时。从张宇初《岘泉集》和《龙虎山志》的记载可窥见紫微派在宋代的盛况。张宇初称："（紫微）派久益盛，五传为冲靖留公（留用光），道著孝光宁里间，宫赖以显重。"⑦《龙虎山志》所载宋代龙虎山上清宫重要法职几乎都由紫微派道士所把持："宋时则有留用光（紫微派），薛应常（紫微派）为管辖；洪微叟（紫微派）为都监，王袭明（紫微派）为道正，郭保宁（不详）为监宫，郑保和（不详），徐处尚（紫微派）为知宫，李元溢（紫微派）为副知宫，吕惟一（不详）为知观等职。"⑧其盛况可见一斑。

---

① （清）娄近垣辑：《重修龙虎山志》，第279页。
② （清）娄近垣辑：《重修龙虎山志》，第280页。
③ （清）娄近垣辑：《重修龙虎山志》，第250—251页。参见《宋濂全集·刘真人传》（同治退补斋本）。
④ （清）娄近垣辑：《重修龙虎山志》，第286页。
⑤ （清）娄近垣辑：《重修龙虎山志》，第246页。
⑥ （清）娄近垣辑：《重修龙虎山志》，第246页。
⑦ （明）张宇初撰：《诒善亭记》，见《岘泉集》卷三，《道藏》第33册，第221页。
⑧ （清）娄近垣辑：《重修龙虎山志》，第358—359页。

1. 紫微派的道法。紫微派所行道法，有内丹、外丹、雷法、斋醮科仪、祈旱祷雨、言人休咎等，几乎无所不包。如：王袭明精于内丹；刘思敬精通外丹，进六甲飞雄丹治世祖足疾；留用光、薛洞真、蒋雷谷分别精通天心雷法、神霄雷法、掌心雷法；留用光精通斋戒科仪，祷雨有验，与弟子蒋叔舆一起，汇集唐以前黄箓斋醮科仪编为《无上黄箓大斋立成仪》；徐处尚则精于术数，以经字言人吉凶，颇有灵验。这说明紫微派于道法的修习和行使方面开放包容，兼收并蓄，博采众长，并无门户之见。

2. 紫微派道士学养和才艺。紫微派道士入道之前几乎都是儒门弟子，诗书传家，多才多艺。入道以后更是儒道兼修，并行不悖。如蒋叔舆博览群书，于天文、地理、律历、音乐、医药，混元道学靡不深研；王洞章博涉经史，工诗文、善琴弈；林真士，幼颖悟，嗜诗好琴而攻画；道士方从义，工诗文、善古隶章草；吴伯理善诗文，得方从义之真传，善画枯木竹石，书法精于篆隶；而李仲冶为代表的紫微西院一系更是兴修学田庄，主张"博文以求道"，理学方面的造诣极深。

3. 紫微派道士与名人的交游。极高文化素养和才艺使得紫微派道士能够为当时的硕儒名卿所赏识，并与其交游酬唱。如毛叔达跟翰林学士危素、大儒李存关系友善，李存为刘思敬之书作序，宋濂则应方从义之请为其立传。李仲冶直接就学于大儒祝直清、李存等人，宋濂为其作《玄润斋记》。危素应毛叔达之请为《先天观诗》作序，翰林学士张以宁为其弟子林真士撰《曲密之房记》。此外，该派还编辑与名人大儒酬唱的诗文集付梓刊印，请名人作记、撰写碑文、墓志等，这些无疑是扩大道教影响的重要方式之一。

4. 紫微法派的传播区域。紫微法派的传播区域主要在南方。据文献记载，除了毛叔达曾居京师之崇真宫（北方）之外，紫微法派传播区域在湖南、浙江、江西、江苏、福建等地。如：倪文简随"冲隐大师"王若时居衡岳（湖南）；留用光传蒋叔舆于括苍（浙江）；蒋雷谷为神乐观知观（江苏）；林真士，天师命其主福州之紫极宫，兼怡山冲虚观，未就，后从玄教大宗师之命，住长乐东华宫佑圣观（福建）。

三、虚靖派

虚靖派所属道院①

龙虎山法派	东十五院	西二十一院
虚靖派	玉华东、玉华西、三华院、仙隐院、中和院	崇禧院（李德光创）、内繁禧、外繁禧（李谨修）、崇清院、佑圣院、真庆院

（一）虚靖派的创始人和创派时间

虚靖派的创始人为第三十代天师张继先，法派的名字得之于其赐号，创派时间在宋元祐七年至建炎二年（1092—1128）之间。由于张继先天师的巨大影响力，虚靖派广为传衍。

张继先（1092—1128），虚靖派开山法祖。字嘉闻，又字道正，号翛然子（意取无拘无束、自由自在）。宋徽宗崇宁四年（1105）赐号"虚靖先生"，元武宗至大元年敕封"虚靖玄通弘悟真君"，

① （清）娄近垣辑：《重修龙虎山志》，第111页。

元顺帝至正十三年敕赠"虚靖玄通弘悟真君"。祖天师张道陵、嗣师张衡、系师张鲁（三师）后，张继先乃是最为著名的天师之一。张继先于宋元祐七年（1092）十月二十日，出生于蒙谷庵（于今龙虎山上清宫西一里）①。幼年即神异非凡，九岁嗣教，三十六岁英年早逝，因此，张继先被誉为"神童天师"。此外，在他嗣教的二十七年时间里，因其出众的才华、高妙的道法以及跟皇室的密切关系，天师道由衰微走向兴盛。因此，张继先又被视为"中兴天师"。

（二）虚靖派的谱系和传承

1. 三华院　张继先→李德光、吴真阳→朱孔容……→月池翁→朱思本（字本初，号贞一）→毛永贞→薛毅夫→吴国琪、潘文信、盛元朴、许用和

虚靖派中三华院的名声最为昭著。"妙正真人"娄近垣亦是虚靖派三华院一系的传人。

吴真阳，虚靖派三华院第二代弟子，号混朴子，乃张继先天师的高足之一。先在龙虎山的三华院受道，并将张继先天师一系的龙虎山三华院的道法传统传到浙江四明山，并使之发扬光大。

《四明洞天丹山间咏集》中有关吴真阳和三华院传承的资料如下：

曾坚《四明洞天丹山图咏集序》曰：

> 宋龙虎山三华院吴君真阳号混朴子，从虚静张天师学，游历至此止焉。徽宗以凝神殿校籍召，不起。政和六年诏大其观，建玉皇殿，书其榜，而门曰"丹山赤水洞天"，封刘纲升玄明义真君，樊氏升真妙化元君，而混朴子授丹林郎。禁樵采，蠲租赋。高宗丞相张魏公知其徒孔容，因表混朴子为真人，许岁度道士一人，以甲乙传次。嘉熙初元，理宗祷嗣于会稽之龙瑞宫，竣事分金龙玉简藏焉。今毛尊师永贞由三华嗣主之②。

危素《白水观记》曰：

> 《四明郡志》则云：东北百三十里，涌为二百八十峰，中有三十六峰，东西南北各有门，由余姚言之，为西四明，则叔所未书者。宋虚静天师张公之门人吴真阳，学于龙虎之三华道院，号曰混朴子，来游是山，徽宗以丹林郎、凝神殿校籍召之，不起。封刘纲升玄明义真君，其配樊夫人封升真妙化元君。丞相张魏公与吴君门人朱孔容交，表为真人。孔容之后世以甲乙传次③。

鲁坚《石田山房诗序》曰：

> 余姚州南百里，曰"四明山"，神仙家丹山赤水洞天在焉。后汉上虞令刘纲尝修炼飞升于是。有观曰"祠宇观"，傍屋曰"石田山房"，则毛尊师永贞之所筑也。初三十代虚静张天师以道术授上清宫三华院混朴子吴真人，既得其传，居是山。宋徽宗闻贤召之，不起，即所居斥而

广之大，故祠宇之系出于三华，而三华世视祠宇则其所处之馆也。我仁皇时天下无事，玄教张吴二大宗师相继在朝，三华院有贞一先生朱本初，亦以博洽文雅见称于卿相间，毛君寔从之游。先生固爱之，二宗师尤器重焉，以教檄归领祠宇观事①。

吴真阳之后，三华派最为著名的是朱贞一、毛永贞和薛毅夫。

元朱思本（1272－1333），虚靖派三华院道士，字本初，江西临川人。著名诗人、地理学家。学道龙虎山中，从张仁靖真人张留孙扈直两京，又从吴全节居都下，后主席玉隆万寿宫。曾周游天下，考核地理，竭十年之力，著有《舆地图》二卷，刊石于上清宫三华院。有《朱本初贞一稿》传世。

毛永贞，虚靖派三华院道士，主持四明山祠宇观，增修宫观，纂集所代诗史。由其弟子薛毅夫携入京师，交托曾坚、危素编成《四明洞天丹山间咏集》。

薛毅夫，虚靖派三华院道士，字茂弘，贵溪人。少精敏，负奇气。读书万山中，穷日夜不已。有宾客慰其清苦，携白鹤来赠，薛毅夫甚爱之。一日鹤去，思之不能忘也，遂图之斋壁以为玩。后薛毅夫游京师，学道于朱本初，随朱本初代祠华盖，拜见蜀郡虞先生。先生与之论诗，爱其清新流亮，气韵高爽，翛然有出尘之思，叹曰："是非凭虚御风翱翔八极者不能道也。"因取杜工部咏薛少保画鹤诗意，名其斋曰鹤。薛毅夫的弟子有吴国珙、潘文信、盛元朴、许用和。

此外，《龙虎山志》中记载的宋代至清代的虚靖派三华院道士还有曹监临、邓景韶、周大经。周大经，字子篆，南城人，虚靖派三华院道士，"妙正真人"娄近垣之师。明习五雷正法，诸家符秘。任上清宫提点。好行其教于四方，度弟子数百人。江浙间道士之精于道法者，不问即知为大经弟子也。众弟子中潘元珪（允章）、丘从高（天山）和"妙正真人"娄近垣最为有名。②

娄近垣，虚靖派三华院道士。字朗斋，法号三臣，又号上清外史，江南松江娄县人。祖、父皆为道士。自幼随父学道，入龙虎山，师从上清宫提点三华院周大经，尽习其三洞五雷诸法及诸家符箓。"涉仙岩，升危楼，探幽洞"，得窥名山秘笈③。雍正十年（1732）封"妙正真人"。后娄近垣合并龙虎山紫微、虚靖、灵阳三派，开正乙法派，为正乙法派开山鼻祖。

此外，明代《继志斋集》"素牡丹诗序"中提到的上清宫道士邓如如，以及其师祖芝山俞炼师也是虚靖派三华院道士。

2. 崇禧院　崇禧院（李德光创）……→

黄崇鼎→黄复亨→张彦纲→孙景真

黄复亨→　　　　　李谨修（创外繁禧法派）

崇禧院的创始人为李德光。

李德光，安仁人。礼虚靖真君张继先为师，修炼于壁鲁洞，创崇禧观。随张继先北觐，徽宗问道称旨，敕掌河南路道教，改崇禧观为宫，升本宫提点，兼诸宫观事④。

① 《四明洞天丹山间咏集》，《道藏》第 11 册，第 103 页。
② （清）娄近垣辑：《重修龙虎山志》，第 289 页。
③ 参见《松江府志》卷六十三《方外传》，以及《松泾小志》卷六。
④ （清）娄近垣辑：《重修龙虎山志》，第 238 页。（明）张国祥辑《天启续修龙虎山志》亦称李德光创崇禧观，第 31 页。

　　黄崇鼎，虚靖派崇禧院道士，金溪人。宋度宗咸淳（1265—1274）中从三十六代天师入觐，敕掌杭州路御前西太乙官提点。元至元间（1335—1340），升冲素大师，主校文籍，加冲素端靖宏教大真人，兼领道教事①。

　　黄复亨，虚靖派崇禧院道士，曾任龙虎山上清宫提点，以起钟楼而著称。上清宫铜钟铭载：东隐院道士祝光义提议："昔提点黄公复亨为大钟建重屋而悬焉，其制宏壮工巧，我将缵黄公之功，若何?"众咸曰："善。"②

　　张彦纲，虚靖派崇禧院道士。因建道藏室于上清宫而闻名。大德十年（1306）制授崇文玄逸明道法师，杭州路西太一宫提点宫事。至大元年（1308）又改授杭州路宗阳宫住持提点。娄近垣《重修龙虎山志》将"张彦纲"误记为"余彦纲"，云"余彦纲，字叔纪，福建人，有文学。大德中作道藏室于上清宫，复买田以食其众，且备修葺"③有误。此"余彦纲"实为"张彦纲"。

　　孙景真，虚靖派崇禧院道士，字久大，贵溪人。学道于上清宫之崇禧院，师从张彦纲。后侍三十六代天师张宗演进京觐见元世祖。及还，祖师都录黄崇鼎筑真元宫，命孙景真主之。大德七年（1303）奉旨授通真凝妙弘道法师，真元宫提举知宫事。至元三年（1337）有旨加教门高士，复主真元宫。景真持己以约，遇物以厚，名不求闻而名自章。筑崇禧观，榆原真馆。至元五年（1339）病逝于真元宫，享年七十七④。

　　此外，张宇初《故上清宫提点朋山张公墓志》记载了崇禧院的另一传承谱系：孙公→张迪哲→董仲玑→上官某⑤。

　　张迪哲（1314—1389），虚靖派崇禧院道士。字如愚，号明山。福建长乐县人。十六岁入道。师事崇禧院山外孙公。善书法，于篆隶诸体，无不精通。明洪武十七年（1384）为龙虎山太上清宫提点。洪武二十二年（1389）卒，享年七十六⑥。

　　林靖乐，虚靖派崇禧院道士。字纯素，福建闽县人，儒道兼通。永乐初年赴召，授道录司左演法，加太岳太和山大圣南岩宫提点，都督武当事⑦。

　　3. 外繁禧　李谨修（创外繁禧法派）→王乐丘、陈自诚
　　　　　　　周成大

　　外繁禧法派由崇禧院道士李谨修所创。

　　李谨修，金溪人，南宋末崇禧院道士。宋度宗咸淳年间（1265—1274）授明远冲妙崇教法师，掌袁州。元至元初，赴召，授道录左正一，奉敕建繁禧观，升高士，兼领天下道教事。

　　此外，黄嘉佑亦是繁禧院道士。

　　黄嘉佑，虚靖派繁禧院道士。明宣德九年（1434）被召进京，奏对称旨，制授道录司左至灵⑧。

　　4. 佑圣院　朱焕文→胡叔直……→李颜则

　　① （清）娄近垣辑：《重修龙虎山志》，第248页。
　　② 上清宫铜钟铭。
　　③ （清）娄近垣辑：《重修龙虎山志》，第268页。
　　④ 《安雅堂集》卷十《孙高士碑》，娄近垣辑：《重修龙虎山志》，第268页。
　　⑤ （明）张宇初撰：《岘泉集》卷三。
　　⑥ （明）张宇初撰：《故上清宫提点朋山张公墓志》，《岘泉集》卷三，参见《景印文渊阁四库全书·集部》，第1236册。
　　⑦ （清）娄近垣辑：《重修龙虎山志》，第273页。
　　⑧ （清）娄近垣辑：《重修龙虎山志》，第279页。

佑圣院的创派和传承情况不详。

张宇初《故上清宫提举矩庵胡公墓志》记载了虚靖派佑圣院的一些传承情况。

胡叔直（1319—1392），虚靖派佑圣院道士。号矩庵，饶乐平梅浦人。幼颖敏嗜学，有出尘志。十五岁辞亲入龙虎山上清宫佑圣院，礼朱焕文为师。十八岁度为道士，弱冠卓立有誉，尤究儒玄百氏之言，善歌诗骈俪，为时所称。明洪武十七年，升上清宫提举，柔退谦畏。洪武二十三年，侍张宇初入觐，奏建上清宫，上嘉纳之。洪武廿五年十月十三日卒。生于延祐己未（1319）九月二十四日，享年七十四岁①。

李颜则，虚靖派佑圣院道士。字自勖，鄱阳人。曾受法于龙虎山佑圣院。洪武十五年（1382）诏天下府州县皆设司以隶从道，颜则以法术称于人，授玉山县（今属江西）道会。洪武二十年（1387），于玉山县二里许葺修福庆观②。

操克宏，虚靖派佑圣院道士。宣德九年（1434）奉旨入京，奏对称旨，授道录司左至灵③。

5. 仙隐院　薛太虚→曹大镛

虚靖派仙隐院的创派和传承情况不详。

据张宇初《故道录司演法朝天宫提点曹公墓志》记载可窥见仙隐院的一些传承情况。

曹大镛，虚靖派仙隐院道士。字希鸣，号冲阳子，别号光岳道人，余干人。幼聪慧，相貌奇古，父异之，命学道龙虎山，师事仙隐院薛太虚。凡道家仙经洞箓玄奥，靡不精究，道法精湛，善诗文，称誉于时。明洪武十五年（1382）充道录司右演法，曾任朝天宫提点。著述有《太上混元实录》传世④。卒于洪武三十年（1397）十一月十五日，享年六十七岁。

（三）小　结

龙虎山紫微派、虚靖派和灵阳派最后统合于清代"妙正真人"娄近垣，开创正乙派。《诸真宗派总簿》称该正乙派为天师张虚静真人所创。曾召南先生曾撰文认为该说法乃托古以自重，非历史事实⑤。本文则认为《诸真宗派总簿》的记录更接近于历史的真相，因为娄近垣对三派的整合绝非凭空而为，当我们明白了娄近垣为虚靖派三华院一系传人时，《诸真宗派总簿》的说法实际上并非无所依凭。这也就是本文的观点：紫微派、灵阳派二派，最后被整合进了虚靖派之中。娄近垣所创的正乙法派字辈为：近远资元运，久长保巨淳；道惟诚可宝，德用信为珍；秉敬宏丹箓，葆真启世人；鸿图赞景祚，圣泽振吕辰。事实上，其他法派有的字辈也被整合进该法派中来。如灵阳派毓秀院张希言弟子，徐元修、杨元善为"元"字辈⑥；紫微派第四代蔡元久、干元质、薛元美、李元溢为"元"字辈；吕惟一弟子吕保成、郑保和、李保纯是"保"字辈⑦；紫微派第五代传人留用光，是"用"字辈。

1. 虚靖派所行道法。就我们所见的文献记载，虚靖派创始人、第三十代天师张继先乃天生英

---

① （明）张宇初撰：《故上清宫提举矩庵胡公墓志》，《岘泉集》卷三，参见《景印文渊阁四库全书·集部》，第 1236 册。

② （明）张宇初撰：《岘泉集》卷三《福庆观记》。

③ （清）娄近垣辑：《重修龙虎山志》，第 279 页。

④ 《故道录司演法朝天宫提点曹公墓志》，《岘泉集》卷三，娄近垣辑：《重修龙虎山志》，第 276 页。参见《景印文渊阁四库全书·集部》，第 1236 册。

⑤ 《娄近垣及其与正乙支派的关系》，收入曾召南：《学步集》，参见《中国道教》1995 年第 1 期，第 29—31 页。

⑥ （清）娄近垣辑：《重修龙虎山志》，第 244 页。

⑦ （清）娄近垣辑：《重修龙虎山志》，第 236 页。

才，为内丹和雷法之集大成者，分别被神霄派雷法和天心派雷法奉为祖师，曾奉敕盐池斩妖、祷雨祈晴，无不灵验。曹大镛师事仙隐院薛太虚，凡道家仙经洞箓玄奥，靡不精究。"妙正真人"娄近垣之师周大经，明习五雷正法、诸家符秘。虚靖派道法亦是兼修并蓄，博采众长。娄近垣亦是多次在大光明殿统领诸法官。

2. 虚靖派道士的学养背景。虚靖派道士多博通经史，儒道兼修。虚靖派创始人张继先才华横溢，不仅诗文出众，还精通书法，善操琴弈棋。张继先的诗文被录入《三十代天师虚靖真人语录》。书法方面，《龙虎山志》卷六记载了张继先天师进京后，因书法精湛，受到了众人的追捧："（真君）雅善书法，尝书《道德经》以进御。一日，侍徽宗入寝殿宫，宫嫔竞以扇求书，真君以经语书之，皆密契其意，中举一握，稽首书曰：保镇国祚，与天长存。乃帝所御也。奉敕书茅山宣和御化导碑，时称其工。"《书史会要》补遗称："天师张继先封嗣汉三十代天师，亦能书，所书有宣和御制化道文在茅山。"朱本初则是元代著名地理学家和诗人，著有《舆地图》二卷及《朱本初贞一稿》传世。毛永贞则纂集历代诗史，编成《四明洞天丹山图咏集》。薛毅夫曾读书万山中，穷日夜不已。其诗歌清新流亮，气韵高爽，翛然有出尘之思。张迪哲善书法，于篆隶诸体，无不精通。胡叔直，幼颖敏嗜学，尤究儒玄百氏之言，善歌诗骈丽，为时所称。曹大镛，凡道家仙经洞箓玄奥，靡不精究，道法精湛，善诗文，称誉于时。黄介通儒雅两全，有诗集行世。上清宫道士邓如如有"素牡丹诗"。张彦纲，字叔纪，文才出众。娄近垣除兼通儒道之外，还能参透禅宗妙旨，并受道雍正皇帝的赞扬。雍正十年（1732）《封娄近垣上谕》中称："法官娄近垣……道法精通，行止端方……朕于闲暇召见之时，将禅宗妙旨开示提撕，近垣豁然觉悟，竟能直透重关，而于三教一源之理，更能贯彻，实近代玄门中所罕见者。娄近垣著封妙正真人……钦此。"可见，娄近垣学识渊博，能贯通三教。

3. 虚靖派道士与名人的交游。张继先在京羁旅期间，跟当时达官贵人多有交往。他的诗文对此亦有记载，如《次韵答赵尚书》《寄林太守》《内史来访》《答太守虞察院游仙岩诗》《书林管辖扇》《答池州太守书》《答真定府太守书》《答太守林公书》《答林灵素书》。除此之外，张继先还与当时的高道徐神翁、林灵素、王文卿等友善。朱本初跟虞集、袁桷、许有壬、柳贯等交游密切，朱本初去南昌玉隆宫赴任时，这些文豪重臣皆为他赋诗送别。薛毅夫则与曾坚、危素等友善，奉师命入京，请曾坚、危素为《四明洞天丹山间咏集》作序。娄近垣在京师时，王公贵人争相与其交往，"一时京华冠盖，竞与往还"[①]。

4. 虚靖派的传播区域。虚靖派的传播区域主要在江西、浙江、江苏、福建、湖北、河南、北京等地。如张继先弟子吴真阳在浙江四明山传播三华院派，石自方在洞霄宫传道。黄崇鼎，敕掌杭州路御前西太乙官提点。张彦纲曾任杭州路西太一宫提点宫事，至大元年（1308）又改授杭州路宗阳宫住持提点（浙江）。张彦纲还喜欢从福建同乡中选拔弟子。曹大镛任朝天宫提点（江苏）。林靖乐，永乐初年赴召授道录司左演法，加太岳太和山大圣南岩宫提点，都督武当事（湖北）。李德光，敕掌河南路道教（北方）。娄近垣及其法派主要活动区域为北京大光明殿、江西龙虎山和江苏玄妙观。

---

① 《龙虎山志》卷十三《艺文·诗四》后附的《知非赠言录·序》。

四、灵阳派

灵阳派所属道院①

龙虎山法派	东十五院	西二十一院
灵阳派	东隐院、崇东院、内十华、外十华、崇元院	达观院、高深院、凤栖院、明远院、深秀院（张希言）、太素院

（一）灵阳派创始人和创派时间（张思永，北宋）

灵阳派诸道院中最为著名的为达观院，达观院法派也就是后来备受宠渥、名震天下的龙虎山"玄教"一派。虞集《道园学古录》称："夫上清正一宫者道家之会归，而嗣汉天师张君之所治也。按《龙虎山志》，宫有堂五十以分处其徒众，达观其一也。命玄教大宗师之弟子世居之，而大宗师自神德真君以来，羽翼天朝，柱石道教，朔南相望，表里不二，继继绳绳之传，方未艾也。"据娄近垣《重修龙虎山志》，被龙虎山"玄教"一派奉为祖师的张闻诗、李宗老、张留孙、吴全节等人无一不在达观院授徒或入道②，故"达观院"一词几乎成为"玄教"的代名词。有鉴于此，本文推测灵阳法派的创派之人就是"玄教"初祖张思永，创派的时间大约在北宋。

"玄教"前八代祖师除了张闻诗和李宗老外，其余诸祖师生平均无可考。元明善《龙虎山志》和虞集《敕赐玄教宗传之碑》记载了"玄教"前八代祖师的信息。元明善《龙虎山志》中记载了八位祖师的封号：

> 赠张闻诗真人。张闻诗，可赠通真观妙玄应真人。追封张思永等真人。
>
> 可追封张思永为袭明体素净正真人，冯清一集虚演化抱式真人，冯士元广玄范化贞一真人，陈琼山象先抱一渊素真人，李知泰毓真洞化静复真人，胡如海宝慈昭德泰和真人，李宗老葆光至德昌玄真人。延祐元年（1314）四月日。③

虞集《敕赐玄教宗传之碑》曰：

> 宗传之初，由袭明体素净正真人张思永始得道龙虎山中，再传为集虚演化抱式真人冯清一，三传为广玄乾化贞一真人冯士元，四传为象先抱一渊素真人陈琼山，五传为通真观妙玄应

---

① （清）娄近垣辑：《重修龙虎山志》，第111页。

② （明）张国祥辑：《天启续修龙虎山志》，第31页；（清）娄近垣辑：《重修龙虎山志》，第250—251页，均称李宗老为达观院道士。（元）虞集撰：《道园学古录》卷二十五，吴全节"十三学道州路桂溪县龙虎山太上清正一宫之达观堂。堂之尊师李君宗老，尝有异征，得公而应焉"。《道家金石略·龙虎山仙源观记》载："初，公（徐懋昭）得度于大上清正一宫通真院之达观堂，其师曰通真观妙玄应真人张公闻诗，实开府大宗师辅成赞化保运神德真君之伯兄，且开府所从受道也。开府之弟子数十百人，传次之第，以徐公为首。"（第975—976页）娄近垣辑：《重修龙虎山志》载张留孙、吴全节、夏文泳等均为达观院道士。

③ （元）元明善辑：《龙虎山志》。载于王卡、汪桂平主编：《三洞拾遗》，合肥：黄山书社，2005年，第13册，第55—56页。

真人张闻诗，六传为毓真洞化静复真人李知泰，七传为宝慈昭德泰和真人胡如海，八传为葆光至德昌玄真人李宗老，大宗师实师之①。

元代陈旅《安雅堂集》卷八称大宗师张留孙："尝请于朝，追赠祖师七人皆为真人。始曰张思永，四曰张闻诗，皆吾族之达尊，而大宗师入道，讳闻诗者，复挈将之，凡若是者，吾之所不得不祀者也。"② 陈旅记述有误，当为祖师八人而非七人，张闻诗为第五祖，而非第四祖。明代王世贞《弇州四部稿》转述《玄教宗传碑》，称玄教始自张闻诗，而下及其徒陈义高，凡八人，皆赠真人③，错误非常明显：张闻诗并非初祖，陈义高亦不在八祖之列。故当以虞集《敕赐玄教宗传之碑》为是，从玄教八祖之说。

张思永的生卒年代虽不可考，但可据张留孙的年代上推，知其大略。张留孙生于南宋淳祐八年（1248），卒于元至治元年（1321）十二月壬子，享年七十四岁。按前八位祖师每人嗣教约二十年的时间上推，初祖张思永嗣教的时间大约在北宋元祐三年（1088）。因此称张思永于北宋创灵阳法派应当不会有大问题。

（二）灵阳派法派谱系和传承

1. 达观院　张思永→冯清一→冯士元→陈琼山→张闻诗→李知泰→胡如海→李宗老→张留孙→吴全节→夏文泳→张德隆→于有兴

初祖为张思永，第十三代传人于有兴之后，法派传承不明。

徐懋昭，灵阳派达观院道士。为玄教大宗师张留孙大弟子。元大德六年（1302）制授"葆和通妙崇正法师"，常州路通真观住持提点④。

毛颖达，灵阳派达观院道士，偕吴全节祀岳渎。大德十一年（1307）制授纯素弘道冲妙法师，上都崇真万寿宫提点。皇庆元年（1312）改授大都崇真万寿宫提点，正德宏仁静一真人，掌通教事。与马祖常、揭曼石、陈敬交友善，三人文集中皆有送毛真人还龙虎山诗⑤。

范文泰，灵阳派达观院道士，邵元节之师。

邵元节（？—1539），字仲康，号雪崖，贵溪人。灵阳派达观院道士。幼年父母双亡，遂于龙虎山上清宫达观院出家为道士，师从范文泰，后师事李伯芳、黄太初。嘉靖三年（1524）应诏入京，祷雨雪有验，授"清微阐教辅国妙济宁静修真凝元衍范志默秉诚致一真人"，统辖朝天、显灵、灵济三宫，统领道教，并赐金玉银象印各一，敕建宫府于城西，又遣中使建道院于贵溪，赐名仙源宫。因皇嗣无继承，上命元节修醮求乞。越三年，皇子叠生，上大喜，加拜礼部尚书，赐一品服，后乞归龙虎山，赐阐教辅国玉印。嘉靖十八年八月病逝，赠少师，用伯爵礼祭祀。谥"文康荣靖"，并追赠为真人，著有《太和文集》⑥。

---

① 陈垣编：《道家金石略》，北京：文物出版社，1988 年版，第 962 页；参见《虞集全集》，天津：天津古籍出版社，第 1014—1015 页。
② （元）陈旅撰：《安雅堂集》卷八《环溪堂记》，参见《景印文渊阁四库全书·集部·别集类》，第 1213 册。
③ （明）王世贞撰：《弇州四部稿》卷一百三十六《玄教宗传碑》，参见《景印文渊阁四库全书·集部·别集类》，第 1281 册。
④ 《龙虎山仙源观记》载"葆和冲妙崇正真人徐公懋昭"，参见《道家金石略》，第 975—976 页。（元）揭傒斯撰：《文安集》卷十一《常州通真观修造记》，参见《景印文渊阁四库全书·集部·别集类》，第 1208 册。
⑤ （清）娄近垣辑：《重修龙虎山志》，第 267 页。
⑥ （清）娄近垣辑：《重修龙虎山志》，第 281—282 页。

吴尚礼，余干（今属江西）人。灵阳派达观院道士。偕邵元节赴召。授道录司左至灵，升左正一。卒于京师[①]。

王时佐，号独峰，安仁人。灵阳派达观院道士。授道录司左正一，兼龙虎山天上清宫住持，寻升高士[②]。

方定相，号一山，余干人。灵阳派达观院道士。师事王时佐，跟随入觐。上爱其文雅，授道录司左至灵，升右演法[③]。

2. 崇元院　冯仁斋→傅同虚→李唐真

法派创始人和基本传承不明。张宇初《故神乐观仙官傅公墓志》载有冯仁斋、傅同虚、李唐真三代的传承，可从中了解崇元院法派的一些情况。

冯仁斋，龙虎山崇元院道士。身世不详，曾收傅同虚为徒。

傅同虚（1322—1400），字若霖，号同虚子，金溪人，生于元至治壬戌（1322）闰五月八日，卒于建文二年（1400），享年七十八岁。明初龙虎山崇元院道士，博通经史，擅长符法，精通科仪，能诗文，善鼓琴。九岁师从龙虎山崇元院冯仁斋入道，后从吴性安习洞玄法，又从戴复斋习天章灵宝法，祷有验。洪武五年（1372）随四十二代天师张正常入京觐见明太祖朱元璋，尝应制赋诗，讲《道德经》，修校道门斋科行于世。与当世名卿硕儒宋濂、朱孟辨等过从甚密，互以诗文酬唱。著有诗文《观光集》等。宋濂为之撰《同虚山房记》《傅同虚感遇诗序》《傅同虚像赞》。宋濂称誉傅同虚恬淡好读书，皦皦霞外，诚韵胜之士。其《傅同虚像赞》云："将求子于外兮，则炼精于三田；欲索君于内兮，则游神乎八天。是皆窥见夫粗迹，而未能畅达其真。玄高岑兮谷绵，白鹤舞兮蹁跹，岂非长跨于洞庭之野，吹琼管而招飞仙者耶？"[④] 张正常天师亦让傅同虚持《天师世家》，请宋濂作序，傅同虚曾为好长生之术的许从善请文，宋濂亦欣然应允。傅同虚先后被擢升为授洞玄文素贞靖法师教门高士，龙虎山太上清正一万寿宫提举知宫，神乐观提点，后任大上清宫住持提点[⑤]。

李唐真，为傅同虚弟子。曾请求四十三代天师张宇初为傅同虚撰写墓志铭。张宇初称李唐真清修笃厚，善继其师之志。此外，李唐真还曾担任玄学讲师，搜访遗缺文献，编成十卷本的《龙虎山志》[⑥]。

3. 明远院

法派创始人和传承不明。《龙虎山志》明确提到的明远院道士，仅张友霖和吴葆和两人。

张友霖，字修文，号铁矿。明初江西龙虎山明远院道士。曾于洪武五年（1372）跟黄象南、傅同虚一道奉诏至京，召授教门高士，后升提点，掌大上清宫诸宫观事。《千顷堂书目》卷十六记载，

---

① （清）娄近垣辑：《重修龙虎山志》，第 284 页。《明史纪事本末》卷五十二："五年以道士邵元节为真人，吴尚礼为左至灵。"

② （清）娄近垣辑：《重修龙虎山志》，第 285 页。

③ （清）娄近垣辑：《重修龙虎山志》，第 285 页。

④ （明）宋濂撰：《文宪集》卷三十，参见《景印文渊阁四库全书·集部》，第 1224 册。

⑤ 《傅同虚感遇诗序》，《芝园续集》卷一《宋濂全集》，第 1482—1483 页。（明）张宇初：《故神乐观仙官傅公墓志》，《岘泉集》卷三，参见《景印文渊阁四库全书·集部》，第 1236 册。娄近垣辑：《重修龙虎山志》，第 276 页。

⑥ （明）张宇初撰：《故神乐观仙官傅公墓志》，《岘泉集》卷三，参见《景印文渊阁四库全书·集部》，第 1236 册。

有《张友霖铁矿集》（明初龙虎山提点）传世①。

吴葆和，明初江西龙虎山明远院道士。洪武初年授道录司左至灵，兼朝天宫住持。张宇初《故道录司演法朝天宫提点曹公墓志》称：朝天宫提点曹希鸣去世后，吴葆和从中协调，使该哀讯闻于朝上。皇上为之嗟悼良久，御笔制文，并遣礼官于朝天宫祭祀曹公，送葬者竟达一千之多，时人以之为荣。

4. 凤栖院

法派创始人和传承不明。《龙虎山志》明确提到的明远院道士，仅王绍通和周应瑜两人。

王绍通，字用之，金溪人，为大司徒禹锡后人。龙虎山凤栖院道士，道法灵验。天顺年间（1457—1464）赴召，赐冠剑法衣，圣眷优渥。四十六代天师张元吉请王绍通还山论道，并待以师礼，授赞教兼掌真人府法箓都提点②。

周应瑜，字恒夫，江西龙虎山凤栖院道士。成化间（1465—1487）敕授赞教法箓都提点，赐号"明诚文节先生"。有诗文集《皆春集》行于世③。

5. 东隐院

法派创始人和传承不明。《龙虎山志》明确提到的东隐院道士，仅张道虚一人。此外，《上清宫铜钟铭》中提及另一位东隐院道士祝光义。

张道虚，南宋理宗、度宗时龙虎山东隐院道士，以道法著称。咸淳中（1265—1274）敕治钱塘盐精，制授都道录，不就，赐号"草亭先生"④。

祝光义，灵阳派东隐院道士，倡议上清宫道众重建提点黄复亨所建的上清宫钟楼，并力行之。

（三）小　结

玄教作为龙虎山灵阳派一系，"尊显独隆于他支。时真人者凡数十人，奉被玺书主宫观者尤不可胜记"⑤。灵阳派在元代的兴盛，为学术界所公认，此不赘述。

1. 灵阳派的道法。包括符箓、科仪、祈禳、雷法等。如张道虚，曾敕治钱塘盐精；吴全节曾祷旱雨至，有验；傅同虚，九岁师从龙虎山崇元院冯仁斋入道，后从吴性安习洞玄法，又从戴复斋习天章灵宝法，擅长符法，精通科仪，祷有验；邵元节嘉靖三年（1524）应诏入京，祷雨雪有验。

2. 灵阳派道士的学养。灵阳派道士亦是儒道兼修，多才多艺。如吴全节善诗文、草书，有诗文集《看云录》若干卷，《代祠稿》诗二百余篇。而据吴澄《吴文正公集·吴特进诗序》载，吴全节旧有诗稿不下千篇，凡所至之处，无不吟咏。江东四大儒之一李存谓其诗"和而庄，丰而安，婉而不曲，陈而不肆，其正始之遗音乎"。吴全节亲手编定灵宝斋法《灵宝玉鉴》，共为二十四门，凡十卷。《书史会要》称吴全节善草书，传世作品有草书《白云观歌》等。张友霖，著有《张友霖铁矿集》。李唐真还曾担任玄学讲师，搜访遗缺文献，编成十卷本《龙虎山志》。周应瑜有诗文集《皆春集》行于世。

---

①　（明）张宇初撰：《故神乐观仙官傅公墓志》，《岘泉集》卷三，见娄近垣：《重修龙虎山志》"张友霖"条，第272页。《明史》卷九十九称有《张友霖铁矿集》二卷。

②　（清）娄近垣辑：《重修龙虎山志》"王绍通"条，第278页。

③　（清）娄近垣辑：《重修龙虎山志》"周应瑜"条，第280页。

④　（清）娄近垣辑：《重修龙虎山志》"张道虚"条，第245页。

⑤　（元）虞集撰：《河图仙坛之碑》，《道园学古录》卷二十五，载陈垣编纂：《道家金石略》，第966页。

3. 灵阳派道士与名人交游。灵阳派道士与当世名卿硕儒的交游，在三派之中最为卓著。首先，玄教大宗师张留孙和吴全节地位无比尊崇，以及他们及其弟子长期驻京，尤其是在集贤殿中，跟当朝翰林学士关系密切，加之诗文酬唱，故而影响巨大。虞集称："至元、大德之间，重熙累洽，大臣故老、心腹之臣，莫不与开府有深契焉。"① 吴全节驻京五十多年时间，历元世祖、元成宗、元武宗、元仁宗、元英宗、元泰定帝、元天顺帝、元文宗共八朝，故交游达官文贤，数不胜数，如赵孟頫、吴澄、阎复等名人皆为其友，与吴澄、虞集、杨载、揭傒斯、袁桷等人相酬唱。元朝画家陈芝田曾为吴全节绘有十四幅画像并赞图，现被美国波士顿美术馆收藏。朱思本在京时间近二十年，主要代皇帝祭祀五岳四渎、名山大川，足迹遍天下，所至皆纪以诗。朱思本与名流范梈、虞集、刘有庆、欧阳应丙、柳贯等相互唱和，同享诗名，著有《贞一斋诗文集》，范梈称此书"如泉涌石窦日挹日新，如方幻晴峰愈变愈丽"。陈义高在玄教道士中较早走进京师诗坛，多与卢挚、姚燧、阎复、赵孟頫、程钜夫、留梦炎等唱和，有《秋岩诗集》传世。毛颖达与马祖常、揭曼石、陈敬交友善，三人文集中皆有送毛真人还龙虎山诗。

4. 灵阳派的传播区域。灵阳派的传教区域比紫微派和虚靖派更广。

（1）元代两京，即大都和上都。元世祖于至元十四年（1277）"乃诏两京（大都、上都）各建上帝祠宇，皆赐名曰崇真之宫，并以居公（即张留孙），赐平江、嘉兴田若干顷，大都、昌平栗园若干亩以给其用"②。

（2）地处长江、淮河之间，跨越安徽、江西、江苏、湖北等省的狭长区域，即所谓的"江淮荆襄路"。张留孙、吴全节和夏文泳均担任过"江淮荆襄等处道教都提点"。

（3）此外还有江苏镇江、浙江杭州、江西信州、湖南潭州、衡山、湖北荆州、襄阳等地，灵阳派达观院道士均在上述地区的宫观担任一定职责。袁桷《有元开府仪同三司上卿辅成赞化保运玄教大宗师张公家传》称："今嗣玄教为吴全节授特进上卿玄教宗师崇文弘道玄德真人，以真人佩银印者三人：曰夏文泳，江淮荆襄等处道教都提点；曰毛颖达，掌遁教事；曰王寿衍，领杭州开元宫。以真人制书命者三：曰余以诚，领镇江路诸宫观；曰孙益谦，领杭州佑圣观延祥观；曰陈日新，承诏兴圣宫。以玺书命者九：曰何恩荣，提点信州真庆宫；曰李奕芳，提点南岳庙兼衡山昭圣宫寿宁宫；曰张嗣房，提点潭州岳麓宫；曰薛廷凤、舒致祥、张德隆、薛玄羲、徐天麟、丁应松，皆奉两宫崇真祠事。"③

五、结　论

道院和法派某种程度上堪称道教的"硬件"和"软件"，道院的出现与法派的形成二者密不可分，亦是道教分派意识加强，并走向成熟与兴盛的重要标志。据现有的文献，本文认为道院的出现应该在唐代，最重要的证据为：唐代文献中已经记载了大量的精思院、道院和以院为名的道教建

① （元）虞集撰：《河图仙坛之碑》，载《道园学古录》卷二十五，《道家金石略》，第966页。
② （元）赵孟頫撰：《上卿真人张留孙碑》，《道家金石略》，第910—913页。
③ 陈垣编纂：《道家金石略》，第925页。

筑。由于道院属于宫观中比较内秘的部分，地处偏僻，乃"师"修道和培养弟子的场所，故在唐宋之际，依托这些道院，道教逐渐形成了自己的法派。《大涤洞天记》载浙江洞霄宫的上清、精思、南陵三院派和《重修龙虎山志》中记载的江西龙虎山的三派（紫微派、灵阳派、虚靖派）三十六院，就形成于唐宋之际。

本文着重梳理并考证了作为道院与法派典型案例之一的龙虎山的三派三十六院。由于历史上道士往往转益多师，再加上文献的阙如，这给法派的研究带来了相当大的难度。本文以道院为纲目，条分缕析，细读文献，逐渐厘清了龙虎山法派的一些传承关系，着力勾勒出龙虎山法派传承的大略情况。

龙虎山三大法派的基本情况如下：

1. 龙虎山三大法派的开山法祖均为宋人，故这三大法派均创建于宋代。法派的名字基本上得名于祖师名号。

（1）紫微派开山法祖为洪微叟，号微叟。创派时间应为宋嘉祐间（1056—1063），也就是洪微叟知上清观事期间。紫微法派中混成院最为著名。

（2）虚靖派开山法祖为第三十代天师张继先，赐号虚靖先生。创派时间在宋元祐七年至建炎二年（1092—1128）之间。虚靖法派中三华院最为著名。

（3）灵阳派开山法祖为张思永，创派时间为北宋。张思永生平不详，该法派得名的原因亦不详。灵阳法派中达观院最为著名。元代大名鼎鼎的"玄教"就出自灵阳法派达观院一系。

2. 粗略讲，龙虎山三大法派各有不同的兴盛期。大体而言，紫微派在宋代最为兴盛，灵阳派尤其是其中的达观院（玄教）一系在元代最为兴盛，虚靖派则在清代整合了紫微派和灵阳派变成了新的法派正乙派。

3. 三大法派在道法方面皆兼收并蓄，博采众长，无门户之见。故而三大法派对于内丹、雷法、祈禳、符箓、科仪、外丹等术，几乎无所不包，在师承方面亦是转益多师。

4. 三大法派的道士多修养极高，儒道兼修，多才多艺，有的还贯通三教（如娄近垣），与当时的硕儒名卿、达官贵人多有交游，不少人还留下了诗文集或书画作品传世。这些都很好地扩大了龙虎山天师道的影响。

5. 三大法派的传播区域主要都在南方。其中灵阳派因玄教的尊显，传播区域更为广阔，并向北传播。

重考平冈治

——以文本批评和田野考察为中心

胡　锐 *

内容提要：关于平冈治的治地所在，文献记载并不统一。目前一般以杜光庭的说法为准，即成都新津；在处理历史文献记载前后矛盾的问题上，则倾向认为这是由于平冈治屡有迁移所致。本文以对《道藏》、方志、题铭等相关历史文献的文本批评为基础，结合田野考察获得的新证据，认为平冈治的始治说、迁移说并不成立，杜光庭的"新津说"似为孤证，平冈治的治地一直在今夹江南安乡。

关键词：平冈治　迁移　新津说　夹江南安

引　言

　　平冈治为天师道二十四治之一。关于平冈治的地理位置，文献记载有出入，总括起来大致为两个地方：一个是以《无上秘要》和《三洞珠囊》为代表的"犍为郡南安县"，即今夹江；一说是以杜光庭为代表的"新津"。今人多从杜说，认为平冈治在成都附近的新津。但也有学者持不同意见，以王纯五先生为代表。他在《天师道二十四治考》[①] 中认为平冈治历代多有迁徙，始治在今雅安芦山县，后顺着岷江支流青衣江而下，迁至洪雅灵泉寺，后又迁至今夹江（即古犍为郡南安县），最后才迁徙到了位于岷江主道上的新津。王纯五先生的著作将天师道二十四治的研究向前推进了一步，颇受国内外学者好评，本文也从中以及其他学者的相关文章中获益良多。具体到平冈治的问题上，王纯五先生的结论被认为是解决了历史文献记载前后不一的矛盾，但由于缺乏直接证据，故该问题还存在进一步研究的空间。

---

　　* 作者简介：胡锐，四川大学道教与宗教文化研究所研究员。原文发表于《世界宗教研究》2016 年第 4 期。《人大复印资料·宗教》2016 年第 6 期全文转载。荣获四川省第十八次社会科学优秀成果三等奖。收入文集时略有修订。
　　① 王纯五：《天师道二十四治考》，成都：四川大学出版社，1996 年。下同。

一、始治说、迁移说辨析

关于平冈治的地理位置，道教文献记载有出入，兹按文献时间先后列表于下：

文献所记平冈治地理位置一览表

序号	文献名	内容
1	张辩《天师治仪》	第五平冈治主水，上治参宿，在犍为郡南安县……下八品。①
2	北周《无上秘要》	下五平刚治，上应参宿，昔李阿于此山学道得仙，在犍为郡界。②
3	王悬河《三洞珠囊》	平冈治，水，参星。第五平冈治，山在犍为郡南安县，去成都一百里。昔蜀郡人李阿于此山学道得仙，白日升仙也。治应参宿，道士发之，治王二十年。北有三重曹溪，南有持山为志。③
4	杜光庭《洞天福地岳渎名山记》	平岗化，五行水，节立秋，上应星宿，戊戌、丁亥人属，蜀州新津县西南四里，一名灵泉化。李阿翟君上升于此。④
5	张君房《云笈七籖》	第五平冈治，山在蜀州新津县，去成都一百里，昔蜀郡人李阿于此山学道得仙，白日升天。治应参宿，道士发之，治王二十年。北有三重曹溪，南有特山为志。⑤
6	李思聪《洞渊集》	第二十一，平罡治。上应参宿，下管水命人禄寿祸福。 平罡山治在犍为郡南安县，去成都一百里，北有曹溪三重，南犍为，《志》：昔蜀人李阿于此得道上升处。⑥

王纯五先生所认为的"迁徙说"，正是依据了上表六条材料中的前五条。他认为1、2、3条材料先将平冈治地记为"犍为郡南安县"，4、5条又记为"蜀州新津县"，故得出结论："可见，此治的地域前后有所迁徙。"⑦ 但他对"迁徙说"的探讨并不充分，一是缺乏对诸文本的详细比照和分析；另外，他整篇文章都没有提及和讨论上表第6条材料，即历史文献记载又从"蜀州新津县"变为"犍为郡南安县"的问题。所以，迁移说并没有完全解决历史文献记载前后矛盾的问题。

但王纯五先生以迁移说为基础，认为平冈治始治建于今四川省雅安芦山县，其理由如下（为方便阅读，笔者本人的意见置于括号内）：

1. 平冈治在"犍为郡"，"有的又记为平羌"，所以始治应在青衣江流域⑧。（王纯五先生将平冈治锁定在青衣江流域是有道理的。此前向达、蒙文通等学者亦论及张道陵的五斗米道受到西南氐羌族宗教的巨大影响，这一观点也得到了卿希泰教授的认同⑨。）

---

① 《道藏》第 32 册，第 223 页。
② 《道藏》第 25 册，第 65 页。
③ 《道藏》第 25 册，第 334 页。
④ 《道藏》第 11 册，第 60 页。
⑤ 《道藏》第 22 册，第 208 页。
⑥ 《道藏》第 23 册，第 847 页。
⑦ 王纯五：《天师道二十四治考》，第 259 页。
⑧ 王纯五：《天师道二十四治考》，第 259 页。
⑨ 卿希泰：《瓦屋山道教文化考察刍议》，《社会科学研究》2000 年第 4 期，第 76 页。

2. 引《水经注》，认为青衣江流域有青衣县，在青衣江源头，即今雅安芦山县，古为青衣羌国所治，后汉顺帝将青衣县改称汉嘉，并纳入犍为南安县，与材料1的《天师治仪》和材料3《三洞珠囊》中"在犍为南安县"的说法不矛盾，故此平冈治在青衣县（芦山县）①。（这与材料1、3虽无矛盾，但考辨历史，会发现这个证据比较勉强。因为正如"汉嘉"名字所表明的那样，这是汉王室对在芦山县青衣王子"心慕汉制，上求内附"②的嘉奖和鼓励——正是为了配合青衣王子的诉求，汉室才将青衣江上游的芦山县划入了青衣江下游的南安县，因为这里离汉政权中心更近。所以这一归属关系是带有强烈政治色彩的权宜之策，而非传统的文化和地理分野。划入南安的芦山被命名为"汉嘉"。但"汉嘉"不久即废，其与南安县的归属关系亦很快终结。历史文献中对青衣江上游的芦山和下游的夹江在地理上一直都有较为明确的区分。所以，在没有其他证据的支撑下，不宜直接在芦山和南安之间画等号。）

3. 平冈治古称"灵泉"，实为"灵山之灵泉"，汉嘉县（青衣县，今芦山）内正有"灵山"。古代"灵"与"芦"同声通假，所以芦山＝灵山＝灵泉＝平冈治③。（谓平冈治古称灵泉的说法，从目前文献来看是从杜光庭才开始的。此前道书从未提及。考虑到杜光庭的二十四化思想本身就是对此前传统的调整，且杜说之"灵泉"与王说之"灵山"尚有区别，故此这个证据也不宜直接采用。）

4. 芦山县今存有建安十年（205）《汉故领校巴郡太守樊（敏）府君碑》，言及"米巫凶虐，续蠢青羌"④。（此碑只能从侧面证明芦山有五斗米道，而不能直接证明这里曾是天师道的平冈古治。）

综上所述，王纯五先生并没有一个直接的证据证明平冈治始治在今雅安芦山县，上述几条推论也没有构成一个有说服力的证据链。

接着，综合"迁徙说"和"始治说"，王纯五先生继续推论，随着青衣江流域的羌人东进，平冈治有了第一次、第二次和第三次迁徙。其迁徙地先后分别为：1. "洪雅县灵泉寺"（王纯五先生没有考辨出具体的位置）；2. "古代犍为郡南安县的依凤岗"（今四川省乐山市夹江县）；3. "新津"⑤。

王纯五先生认为平冈治迁徙到"洪雅县灵泉寺"，主要是受清道光版《新津县志》的影响，其中认为平冈治在洪雅，而非新津："李阿真人墓，在（新津）县北五里平冈治。《旧志》云，'平冈治，李阿真人羽化处。'按李阿，汉时人，非宋时人也。明李宽所题《洪雅灵泉寺碑记》云：'灵泉寺，古所谓平岗治者，乃汉李阿真人修炼处。'据此则在洪雅而非新津矣。"⑥

但这条材料记述有误。事实上，明李宽所题的《灵泉寺碑记》，在清嘉庆《四川通志》、同治《嘉定府志》以及嘉庆《夹江县志》、民国《夹江县志》中均有提及，并录有部分或全文。但以上四种文献均谓李宽所题之《碑记》是为夹江千佛岩对岸的灵泉观所作，而非洪雅灵泉寺。如嘉庆版《夹江县志》"寺观"条即谓：

---

① 王纯五：《天师道二十四治考》，第260页。
② 《水经注》卷三十六。
③ 王纯五：《天师道二十四治考》，第260页。
④ 王纯五：《天师道二十四治考》，第260页。
⑤ 王纯五：《天师道二十四治考》，第259—264页。
⑥ （清）陈霁学纂修：道光《新津县志》卷三十八《寺观之伪》。

灵泉观，俗名千丘观。（夹江）县西北五里。与千佛岩对峙……详见古迹卷，有诗见《艺文》①。

再继续翻看此书"艺文"条：

明李宽《灵泉观记》……夹江十里许……灵泉出焉。有观临其上，同甘泉之润，计田千丘，故又名千丘。古所谓平冈治者，乃汉李阿真人修炼之所也②。

文献前后记述吻合，而且对比《夹江县志·艺文志》中记录的"明李宽《灵泉观记》"与清道光《新津县志》记述的"明李宽洪雅灵泉寺碑记"的引文，除了一个虚词以外，其余内容完全相合，说明它们有同一个文献来源。显然道光版《新津县志》中的内容是从嘉庆《夹江县志》或此前的其他志书中引用来的。

不独文献证据充分，在今天的夹江地图上，仍标有地名"千丘观"——这正是"李宽题记"和《夹江县志》中提到的灵泉观的另一个名字。千丘观附近还存有李宽题记中记述的其他平冈治古迹群（后文详述）。故，明李宽的《灵泉观记》实为"夹江灵泉观记"，而非"洪雅灵泉寺记"。

事实上，"洪雅灵泉寺记"是个不准确的提法，只有《新津县志》是这样记载的，其他文献记为"明李宽行记"③ "明李宽记"④ "明李宽（直接接正文）"⑤ 或"明李宽《灵泉观记》"⑥。至于道光《新津县志》将"夹江灵泉观"记为"洪雅灵泉寺"的原因，我推测是因为洪雅和夹江在地理位置上同属青衣江流域，是紧邻的上下游关系，大多数方志中二地都前后紧邻出现。此外，历史上这两个地方在行政划分上不时互为统属，如唐开元时夹江曾被并入洪雅，元代又将洪雅划入夹江，明代夹江又被划出，清代二者又同被纳入嘉定府。因此新津地方志作者可能习惯上未对二者的地名作严谨的区分。

综上所述，平冈治的始治说和迁移说都缺乏直接证据，推论过程也比较笼统⑦。重要的是，迁移说和始治说都是以杜光庭的新津说为定论进行反推后得出的结论，也许这个研究思路从一开始就值得反思。

二、杜光庭新津说考辨

谓平冈治治地在新津的说法始见于杜光庭《洞天福地岳渎名山记》中的"灵化二十四"。有国内外研究表明，杜光庭的"二十四化"思想体系，与此前传统大不相同，是对传统的一些明显偏

① （清）王佐纂修，（清）涂崧编辑：嘉庆《夹江县志》，2012 年标点校勘注释补图重印本，第 64 页。下同。
② （清）王佐纂修，（清）涂崧编辑：嘉庆《夹江县志》，第 233 页。
③ （清）常明等修，（清）杨芳燦、谭光祜等纂：嘉庆《四川通志》卷十七。
④ （清）常明等修，（清）杨芳燦、谭光祜等纂：嘉庆《四川通志》卷四十一。
⑤ （清）陈尧采纂，（清）文良修：同治《嘉定府志》卷五。
⑥ （清）王佐纂修，（清）涂崧编辑：嘉庆《夹江县志》卷十一。
⑦ 参见王纯五：《天师道二十四治考》，成都：四川大学出版社，1996 年；张泽洪：《洪雅瓦屋山道教与蜀中少数民族》，《宗教研究》2000 年第 3 期。

离，包括几个新的定位①。这种说法在一定程度上也暗含了治地"改变"之意。具体到平冈治的问题上，笔者认为这种观点体现得并不充分，也许杜光庭并不想"改变"或"重新定位"，而另有原因。兹先录杜光庭新津说如下：

> 平岗化，五行水，节立秋，上应星宿，戊戌、丁亥人属，蜀州新津县西南四里。一名灵泉化。李阿瞿君上升于此②。

如果将杜的这条材料，与其他几条道教文献进行比对，会有一些有趣的发现。首先我们将之与张君房的《云笈七籤》做一比照。后世持"新津为平冈治地"这一观点的学者，大都将杜说与《云笈七籤》并举，认为两大权威资料均持新津一说，从而得出平冈治在新津的结论。作为晚唐道教权威，杜光庭对后世的贡献和影响确乎极大。《七籤》在平冈治地理位置的问题上，确实沿用了杜说。但值得考究的是，《七籤》仅仅在平冈治的位置上套用了杜说，在地标、对应星野等重要问题上，《七籤》显然参考、采纳的是另一套文献体系。而在杜光庭新增加的上升仙人、别名、人属、季节等问题上，《七籤》则几乎无采用。详见下表：

杜光庭与《云笈七籤》观点对照表

出处	名	又名	五行	上应星宿	季节	人属	上升仙人	地标	地理位置
杜	平岗化	灵泉化	水	星宿	立秋	戊戌 丁亥	李阿 瞿君		蜀州新津县
七籤	平冈治				参宿			李阿	北有三重曹溪 南有特山为志	蜀州新津县

接下来，我们再将杜、《七签》这两条材料与王悬河《三洞珠囊》中的材料进行比较。我们发现，张君房辑录的二十四治的行文格式、语言、叙事顺序等，与王悬河的《三洞珠囊》"二十四治品"极为相似。尤其在确定平冈治治地最为重要的事实上："北有三重曹溪，南有特山"，《云笈七籤》一点也不含糊，与《三洞珠囊》一模一样。事实上，陈国符先生早就认为：

> 《七籤》卷二十八实系录自《珠囊》二十四治品，仅略有更动耳③。

具体对比参见下表：

《三洞珠囊》、杜光庭与《云笈七籤》记载对照表

出处	名	又名	五行	上应星宿	季节	人属	上升仙人	地标	地理位置
珠囊	平冈治		水	参宿	立秋	戊戌 丁亥	李阿	北有三重曹溪， 南有持山为志	犍为 郡南安县

---

① 参见赵宗诚：《杜光庭〈灵化二十四〉的一些特点》，《宗教学研究》1990 年 Z1 期；傅飞岚：《二十四治和早期天师道的空间与科仪结构》，《法国汉学》第七辑，北京：中华书局，2002 年。

② 《道藏》第 11 册，第 60 页。

③ 陈国符：《道藏源流考》，第 330 页。

续表

出处	名	又名	五行	上应星宿	季节	人属	上升仙人	地标	地理位置
杜	平岗化	灵泉化	水	星宿			李阿瞿君		蜀州 新津县
七签	平冈治			参宿			李阿	北有三重曹溪， 南有特山为志	蜀州 新津县

最后，我们将上述三条材料与稍晚于《云笈七籤》二十年左右的李思聪《洞渊集》比照：

四种文献对照表

出处	名	又名	五行	上应星宿	季节	人属	上升仙人	地标	地理位置
珠囊	平冈治		水	参宿	立秋	戊戌 丁亥	李阿	北有三重曹溪， 南有持山为志	犍为郡 南安县
杜	平岗化	灵泉化	水	星宿			李阿瞿君		蜀州 新津县
七签	平冈治			参宿			李阿	北有三重曹溪， 南有特山为志	蜀州 新津县
李	平罡治		水	参宿			李阿	北有曹溪三重 南犍为	犍为郡 南安县

可以发现的是，在关于平冈治的说法上，李思聪几乎没有拘泥于杜说新津在前、《云笈七籤》从杜说在后的现实，反而比《云笈七籤》更为彻底地回到《珠囊》秉持的传统。《天师治仪》《无上秘要》《三洞珠囊》以及《云笈七籤》中共同包含的平冈治地理位置的因素，在李思聪那里几乎都包含了：

> 第二十一，平罡治。上应参宿，下管水命人禄寿祸福。平罡山治在犍为郡南安县，去成都一百里，北有曹溪三重，南犍为。《志》：昔蜀人李阿于此得道上升处①。

然而，李思聪对平冈治的记述并非是对前代文献的杂糅一气。正如李思聪在向宋仁宗的进表中所言："前贤述作……罕究根源"②，因此他"寻绎弥广""采摭事实"，在他同僚的"状"和"劄付"中也证明了他对事实的重视③。传说他曾得一铜镜，可魂入镜中，遍游洞天海岳④。此说有些玄幻，但历史文献中存有他歌咏洞天福地的诗歌数篇⑤，可见传说亦非子虚乌有。他删去了平冈治"南有特山"这一地理特征，只保留了"北有三重曹溪"，并增加了一个更为明确的位置"南犍为"。同时，他还引用了地方志，证明"李阿得道上升处"是当地的传统说法。这些细致的修改和精确的定位，似乎表明他对这个地理位置更为确定，不排除他有更为直接的证据。另外值得注意的一点是，

---

① 《道藏》第 23 册，第 847 页。
② 《道藏》第 23 册，第 834 页《进洞天海岳表》。
③ 《道藏》第 23 册，第 834 页《进洞天海岳表》。
④ （明）董天锡纂修：嘉靖《赣州府志》卷十二。
⑤ 参见《宋诗纪事补遗》卷九十五、《南岳总胜集》卷上、《舆地纪胜》卷六十二、《方舆胜览》卷二十六等。

李思聪并没有武断地否定杜说，他采取了杜光庭对二十四治的排序方式，即将二十四治拉通排序，不分上治、中治、下治。可见他关于平冈治的说法不是盲目的，是通盘研究过前人的所有著述后得出的结论。

事实上，就新津本地而言，杜光庭的说法也受到很多质疑。康熙版《新津县志》中关于平冈治的记述相当简略，可谓草草。康熙之后、道光之前的新津志书称新津有"平冈山""平冈治"以及"平冈寺"。但在道光年间，地方社会在新修的志书中对这些说法均有不同角度的质疑。道光版《新津县志》疑古之风颇浓，志末有"辨伪"条，专纠前人之误。他们关于新津平冈治的观点总括如下：第一，新津有平冈山，但平冈山不是平冈治。二者在新津一南一北，绝无可能是同一物事①；第二，所谓新津平冈治的"平刚寺"为康熙五十八年重建②，源头不可考；第三，新津有平冈治一说无证据支撑，按明李宽所题《灵泉寺碑记》，此治应在雅安灵泉寺而非新津③（此处雅安灵泉寺之误见前文"迁移说"）。直到1949年后新编的《新津县志》，都直言关于平冈治在新津的说法待考："平冈治，今县城西北顺江村平冈村，有地名叫平冈治，有寺叫平冈寺，供奉道佛神像，但与《云笈七籖》述该处有三重曹溪、南有特山之地形不合，待考。"④

但杜光庭认为平冈治在新津，亦不是凭空指认。在杜光庭将平冈治定在新津之前，新津即存在一个古老的道教仙人传统：瞿君，也就是杜光庭"灵化二十四·平冈治"条目下"李阿、瞿君上升于此"中的瞿君，北宋《元丰九域志》记载新津有已废的瞿君祠遗迹，可见此地瞿君香火历史之久远。但瞿君本人在唐之前的传世文献中似乎并未得到太多的关注，确切地说，就目前可查资料来看，第一位具体记载瞿君的，大概要数晚唐的杜光庭⑤。杜光庭曾去过新津的"平冈治"（其中当然就包含了瞿君祠），并题写了诗歌⑥。可以想见他对当时的瞿君祠有深刻的印象，这可以部分解释他在平冈治的传统说法中增加了"瞿君飞升"的描述，这对他而言或许是个新的"发现"。他在《仙传拾遗》中对瞿君作了更加具体的描述：

> 瞿君者，南安人也，汉章和间隐居平冈山。今平冈化有龙岩山、系龙溪⑦。

但杜光庭对自己的发现似乎有所迟疑。他在对平冈治的记述中一方面删除了平冈治的传统地标"北有三重曹溪，南有持山"，另一方面却并没有增加他确认的"龙岩山、系龙溪"这一系列新的地标。要知道，杜光庭对二十四化的地标基本都没做什么说明，唯独对在新津的几个治有清楚的地标说明，如稠粳化山上的天池、石碑、丹鳌，本竹化的扫竹坛等等⑧。这显然跟他到新津的实地考察有关。

---

① （清）陈霁学、郑安仁纂修：道光《新津县志》卷五、卷四十，清道光十九年增刻本。
② （清）陈霁学、郑安仁纂修：道光《新津县志》卷十二。
③ （清）陈霁学、郑安仁纂修：道光《新津县志》卷三十八。
④ 四川省新津县志编纂委员会编纂：《新编新津县志》，成都：四川人民出版社，1989年，第912页。
⑤ 《庄子·齐物论》中提到一名为瞿鹊子的人物，但这似乎和后世所认可的汉代人瞿君并没有关系。
⑥ 王云五主编：《蜀中名胜记》卷七，上海：商务印书馆，1936年。
⑦ 《三洞群仙录》引《仙传拾遗》，《道藏》第32册，第260页。宋《崇文总目辑释》卷四载："《仙传拾遗》四十卷，杜光庭撰。"
⑧ 他对新津的平冈化虽然不是标准的地标说明，但"山有王人，长一丈三"这类说明也比其他地方的天师治更为具体。

问题是既然他到过平冈治，知道平冈治的地标，对新津其他几个治的地标都有说明，为何独独回避平冈治？他同样回避的还有平冈治对应的星宿。杜光庭对平冈治的星野定位非常模糊。与此前道书记载相比，杜光庭对二十四化上应星宿作了较大的改动。具体变动姑且不论，这里的重点是杜光庭的二十四化基本都对应了具体的星宿，唯独平冈治例外，做了相当模糊的处理。如：

> 漓沆化……上应尾宿
> 葛璝化……上应箕宿

但是：

> 平岗化……上应星宿①

这当然可以理解为传抄之误。但从严格的文本批判的角度，或许也应考究一二。新津的星野历代都很清晰，杜光庭本人也对天文有精深的研究，显然他并不是不知道新津的星野。反而是夹江的星野"历来俱无定论"②，《夹江县志》作者说："唐杜光庭记：'由岷山连峰接岫，千里不绝，阴阳之间，向背悬殊，有如太华，阴而雍，阳而梁，概曰岷山'，未知其何所指也。"③ 也许夹江就是杜光庭迟疑的原因？

如果查看志书，我们发现志书对他的"新发现"也是有保留的。上文提到的北宋《元丰九域志》在新津条目下只说新津有"瞿君祠"。《太平寰宇记》新津条下的记载比较具体，谓："瞿君祠在县东六里。《图经》：瞿君子鹊子，后汉犍为人，入峨眉山四十年得仙，乘白龙还家而去。乡人为置祠焉。今废。"④ 也就是说，这两本重要的地理志书，似乎都没有受杜光庭"瞿君飞升于平冈治"这种说法的影响。它们只肯定了瞿君在新津的家中上升，乡人为之置祠，但并没有说瞿君飞升的地方就是平冈治。反而更晚的志书引用杜说居多，如南宋的《舆地纪胜》："瞿君，夹江人。慕道修炼。后汉章和间隐居平岗山，后入峨眉山修道。乘龙还家辞亲友。系龙于山下，既别，遂乘龙升天。今平岗化有养龙潭、系龙溪、龙岩山。"⑤ 再后期的志书对杜光庭的新津平冈治说引用更多，但又在清代遭到质疑。

从道教文献方面来看，其对杜光庭"新发现"的附议者亦寡。即使是赞同了新津为平冈治地的《云笈七签》也没有采用这个说法，更不用说李思聪的《洞渊集》。《历世真仙体道通鉴》在《七签》《洞渊集》之后问世，其中辑录过一条瞿君的材料："瞿武，后汉人也。七岁绝粒，服黄精紫芝。入峨眉山，天竺真人授以真诀，乘白龙而去。今蜀州有瞿君祠"⑥，完全没有提及杜光庭的意见。

所有这些情况都指向一个方向，即大多数的文献认同的是瞿君、新津、飞升与系龙遗迹之间的

---

① 《道藏》第 11 册，第 59—60 页。
② （清）王佐纂修，（清）涂崧编辑：嘉庆《夹江县志·星野》，第 38 页。
③ （清）王佐纂修，（清）涂崧编辑：嘉庆《夹江县志·星野》，第 38 页。
④ （宋）乐史：《太平寰宇记》卷七十五《剑南西道四》。
⑤ （宋）王象之编纂：《舆地纪胜》卷一四六。
⑥ 《道藏》第 5 册，第 148 页。

关系，但并不认同瞿君与平冈治的关系，以及平冈治和新津的关系。换言之，它们认为瞿君确实是在新津飞升，但不承认瞿君飞升的新津是平冈治的所在地。

问题出在哪里？让我们再回头看看杜光庭《仙传拾遗》中对瞿君的描述："瞿君者，南安人也，汉章和间隐居平冈山。今平冈化有龙岩山、系龙溪。"[①]

稍加留意就会发现，第一句话说的是"平冈山"，而第二句则是"平冈化"。注意：《元丰九域志》《太平寰宇记》以及《舆地纪胜》都不约而同地强调的一个环节：瞿君乘龙还家，在家里飞升。也就是说瞿君的居住地，就是他的飞升地。按杜光庭所说，瞿君居于"平冈山"。问题的焦点在于：平冈山是不是平冈化？

事实上，"平冈山"是一个极为普通的山名，历史上被称为平冈山的山头不计其数。道光《新津县志》清楚地说明了新津确有平冈山，但平冈山并不是平冈治，李阿上升的地方才是平冈治——这几乎是所有志书判定平冈治的共识。严格区分"平冈山"和"平冈治"的做法并非个案，资县也是一例。资县位于四川，又称资州。《元丰九域志》《方舆胜览》等地理方志，多提及李阿曾修炼于资县的醮坛山[②]（注意，杜光庭也曾游历此地，并题诗）；并称资县也有"平冈山"，"位于资县西三里"[③]，"傅仙宗、崔中吉、崔逵居之"[④]。但平冈山和醮坛山是两座山，后者位于"资县二十里"[⑤]。同时，资县的平冈山也不是平冈治，李阿上升的地方才是平冈治[⑥]。明代曹学佺的《蜀中名胜记》卷八也提到过资县、平冈山、醮坛山、李阿、崔古吉、崔逵等相关记载，主要内容和观点与上述地理志的记载一样。这说明地理方志一直对"平冈山""平冈治"有清楚的区分。

但当代有研究似乎并没有注意到这种区分，甚至据此笼统认为资县也有平冈治[⑦]。其实，这正是将平冈山和平冈治误会为同一个地方所致。这或许也是杜光庭失误的地方。笔者认为杜光庭所写的"瞿君者，南安人也，汉章和间隐居平冈山。今平冈化有龙岩山、系龙溪"[⑧] 这两句话应是参考了两方面的素材：

第一句显然参考了瞿君生平的文献。具体什么文献，已不可考。但《太平寰宇记》卷七十五引用了更早期的一部志书《图经》，其中所说的瞿君以及新津瞿君祠的内容，与杜光庭的瞿君说有极高的相似度。由于《太平寰宇记》问世只稍晚于杜光庭的时代，故可推知这本《图经》或许与杜光庭在同一时代甚或更早，也许此《图经》是杜的文献来源，也许杜与该《图经》都参考了同一种文献。

后一句则是他亲自在新津考察后得出的结论。也就是说，瞿君生活、飞升的地方在"平冈山"无疑，平冈山有龙岩山、系龙溪亦无疑。但在杜光庭之前，它们与天师的"平冈化"并没有必然的对等关系，平冈山并不必然就是平冈化，是杜光庭在二者之间画了等号。他结合瞿君居住并飞升于新津平冈山的说法，又在平冈山考察了瞿君祭祀传统后，将平冈山误以为是天师的平冈治，从而将

①　《三洞群仙录》引《仙传拾遗》，《道藏》第 32 册，第 260 页。
②　《元丰九域志》卷七、《方舆胜览》卷六十三："醮坛山，李阿真人修炼于此。"
③　（宋）祝穆编撰：《方舆胜览》卷六十三。
④　（明）曹学佺：《蜀中名胜记》卷八。
⑤　（宋）祝穆编撰：《方舆胜览》卷六十三
⑥　（宋）祝穆编撰：《方舆胜览》卷一百五十七。
⑦　参见王纯五：《天师道二十四治考》，第 263 页。
⑧　《三洞群仙录》引《仙传拾遗》，《道藏》第 32 册，第 260 页。

李阿、瞿君、平冈山、平冈治混同，才有了"灵化二十四"中那样与众不同的记载。

综上，笔者认为，杜光庭的新津说与其说是权威之言，不如说更像一个没有共鸣的孤证。但由于杜光庭在道教方面的贡献和权威，以及在四川的生活经历，越到后世，越容易使人迷信。故而新津一说虽一直有人质疑，却从未被刨根问底。

三、夹江南安平冈治的文本分析和田野考察

笔者认为，平冈治的治地从未有过迁移，一直都在夹江南安。关于夹江南安为平冈治地的说法，目前的研究并没有完全否定，认为这里是平冈治的治地之一，但立论的依据都建立在"迁移说"的基础之上。由于这个思路一开始就以杜光庭的新津说为导向，故对夹江南安的论证从一开始就有一种倾向性，从而导致具体的考察论述有失周全。前人和前文已有的考述兹不赘述，这里仅从文本分析的角度，结合多次田野考察的新证据，从以下三个方面论证：1. 从文本分析可知，平冈治并未迁移；2. 夹江南安"灵泉观"遗址的田野考察和分析；3. 平冈治"紫府洞"遗址的田野考察和洞内石刻材料分析。

1. 从文本分析可知，平冈治并未迁移。目前可见的最早述及平冈治方位的文献为前表所列材料 1 "天师治仪"：

> 第五平冈治。上治参宿，在犍为郡南安县①。

这条材料出自明《道藏》中的《受箓次第法信仪》。《道藏提要》将《受箓次第法信仪》断在明代②，而《道藏通考》则断在中唐③。但二者都认为《受箓次第法信仪》中所包含的署名为"十三世孙、梁武陵王府参军张辩撰"的《天师治仪》是一个特殊的部分。《道藏通考》认为《天师治仪》的正文或不晚于梁武陵王萧纪的卒年，即公元 553 年④。

目前所见的第二个提及平冈治地的材料为北周《无上秘要》：

> 平刚治，上应参宿，昔李阿于此山学道得仙，在犍为郡界⑤。

文中没有说明平冈治具体在犍为郡何处，但中唐王悬河的《三洞珠囊》却详细地记述了它的地理位置和地理特征：

---

① 《道藏》第 32 册，第 223 页。

② 任继愈主编：《道藏提要》，北京：中国社会科学出版社，1991 年，第 984 页。

③ Kristofer Schipper and Franciscus Verellen, eds, *The Taoist Canon: a historical companion to the Daozang* (Chicago and London: The University of Chicago Press, 2004), p. 462.

④ 目前所见的《天师治仪》中还包含一些注文，《道藏通考》认为这些注文出于唐代。参见 Kristofer Schipper and Franciscus Verellen, eds, *The Taoist Canon: a historical companion to the Daozang* (Chicago and London: The University of Chicago Press, 2004), p. 462.

⑤ 《道藏》第 25 册，第 65 页。

平冈治，水，参星。第五平冈治，山在犍为郡南安县，去成都一百里。昔蜀郡人李阿于此山学道得仙，白日升仙也。治应参宿，道士发之，治王二十年。北有三重曹溪，南有持山为志。

按陈国符先生的《道藏源流考》，《无上秘要》与《三洞珠囊》都本于相同的文献，只是前者记述更为简略，《三洞珠囊》更为详细①。《三洞珠囊》记述的地理位置也与《天师治仪》地点相合，故"犍为郡南安县"一说当无疑义。其具体的方位学界已有定论，在今夹江南安乡②，青衣江畔，与千佛岩对面而立。

另外《三洞珠囊》还明确地指出了平冈治的地标："北有三重曹溪，南有持山。"李思聪的《洞渊集》也记录了类似的地标。值得注意的是，即使是采用了杜光庭新津说的《云笈七籤》，也一字不差地记录了"北有三重曹溪，南有持山"这个地理特征。地名也许会变，但地理地貌则难易其形。这个历代不变的地标一方面说明平冈治地未曾迁移，另一方面也证明了这个地标对于确认平冈治地的重要性（关于地标下文将继续分析）。

与与新津相关的地理方志的记载不同，历代夹江的地理方志都提到了平冈治，以及它的两个基本的信息："化山"和"道士常正一"。平冈治所在山中——化山（又名"化成山""依凤冈"），其记载从唐至民国没有间断过。如清嘉庆和民国的《夹江县志》对此山均记述如下：

化成山，又名依凤冈，县西五里，与千佛岩对峙，即化山。天下二十四化山，此居其一③。

其中"天下二十四化山，此居其一"的说法可追溯至《太平寰宇记》，其中"剑南西道三嘉州夹江"中记云：

平羌化山在县西十里。《图经》云天下二十四化，此其一也④。

《太平寰宇记》作于 976—983 年之间。其中提到的《图经》当早于 976 年。其中称"治"为"化"的用法，可推知其最早出于唐高宗李治登基之后。

此外，嘉庆《夹江县志》记载平冈治有"道士常正一"，这个说法目前可追踪到的最早的文献也是《太平寰宇记》，与前述内容位于同一条目之下："道士常正一得道于此山（笔者：即化山），

---

① 陈国符：《道藏源流考》，第 330 页。

② 此前学界对南安县治的位置在夹江还是乐山的问题上比较犹豫。如任乃强先生在其校注版《华阳国志》中认为志中记载的南安在乐山城区。但在其恢复的《蜀志形势总图》中，则将"南安"同"夹江"标注在一起（［晋］常璩撰，任乃强校注：《华阳国志校补图注》，上海：上海古籍出版社，1987 年，第 112 页）。乐山和夹江的本地学者在《乐山古史新探》（成都：四川大学出版社，1991 年，第 102—104 页）认为两汉南安县治在夹江南安乡，因为以乐山城区为中心的岷江区域缺少两汉的古迹，而以今夹江南安坝（包括今南安乡、木城乡）为中心的青衣江流域却有不少两汉古迹，如木城乡汉柏村的汉柏一直保存到"文革"初。

③ （清）王佐纂修，（清）涂崧编辑：嘉庆《夹江县志》，第 44 页；罗国钧监修，刘作铭、薛志清等纂辑：民国《夹江县志》，第 21 页。

④ （宋）乐史：《太平寰宇记》卷七十四。

丹灶履迹犹存。"① 道士常正一不可查，但天师道在四川有被称为"常道"的先例，道士的名字"正一"也显示出其与天师道有紧密的关系，这也更进一步证明了此山与古代天师道的关系及传承至少在唐时仍然存在。另一方面，夹江地方志屡经修编，历经宋、明、清以及民国数易其版，仍保留和沿袭了关于平冈治的一系列说法，可见此处为平冈治之说是依凭着一个真实、悠久的传统，不似穿凿附会之说。

2. 田野证据表明，这里有与杜光庭所说"灵泉化"直接相关的遗址。从实地考察，今夹江南安乡（或称南安坝）白岩村境内的化山就是古平冈治所在的位置。李宽的《灵泉观记》中所提到的灵泉观（亦名千丘观），正在今夹江南安乡白岩村境内的化山之巅。

化山地势险峻，虽两面群山环抱，却有拔地而起、卓尔不群之势。从山脚到山顶坡度甚大，山顶却是一片起伏极缓的坪地。坪地上可见古寺基址，可辨为三重三进院落式建筑。此寺几乎尽毁，仅在原山门的位置有一旧屋残垣，白岩村几位老乡勉强维持其外观门面。门楣上有木匾书"千丘观"，为夹江县图书馆江文远先生在 1996 年考察时所写，后又于 2009 年 3 月 22 日在门扉上按方志注明"千丘观亦名灵泉观"②。观内有"文革"后重塑的几尊完整的神像，以及一尊残缺的塑像斜倚一旁，从屋顶垮落的棚草篾条覆盖其上。据维护寺庙的老乡说，这尊残像是"文革"前即有的老庙中的塑像。因建筑随时有倾覆之危，未能进入详考。

其余二殿全被夷为平地。一殿的基址上为竹林，约三十步长、六十步宽；另一殿则整齐地开辟为茶圃，约九十步长、六十步宽。茶圃、竹林之间砌有条石分隔，据老乡说这些都是旧观的石材。其中一方条石依稀可辨神像轮廓，年代似为久远。（图 1）

由于山顶缺乏水源，故无人居住，连维护千丘观门面的老乡都因此极少登顶。但事实上，以前的灵泉观并无水源之虞。灵泉观遗址稍下的山体一侧，可见一废弃的石拱桥（图 2），不知建于何年。桥身拱高 2—3 米，河床深约一米，宽约三米，可见以前用水并不是问题。顺着河床上溯，即可见夹江十景之首"灵泉"③。灵泉观之得名正是来源于此。灵泉现已干涸。传说内有神奇白蟹，每有水旱，祈祷立应，故被称为"灵泉白蟹"。④ 明李宽的《灵泉观记》中云："灵泉出焉，有观临其上，同甘泉之润，计田千丘"，⑤ 就是对灵泉观和灵泉最准确的写照。

但灵泉观能上溯至何时，始终是个问题。宋陆游《入蜀记》卷六曾述自己"饭于灵泉寺"，从陆游入蜀的路线来看，此灵泉寺确实位于青衣江畔。但更为具体的论证，恐怕只能期待以后文物考古工作的开展。

3. 紫府洞遗迹题刻分析。从史料记载可知，灵泉观并不是平冈治中唯一的建筑，还有诸多与之密切相关的遗迹，而其中最为重要的遗迹就是紫府洞。李宽的《灵泉观记》中提到紧邻灵泉观有仙掌洞，指的就是紫府洞。夹江历代县志⑥均谓此洞为李阿修炼飞升之所。从现场考察来看，紫府洞也位于化山之上，但不在山顶，而位于山顶灵泉观稍下的山体的另一侧，为人工在自然巨岩之中

---

① （宋）乐史：《太平寰宇记》卷七十四。
② （清）王佐纂修，（清）涂崧编辑：嘉庆《夹江县志》，第 64 页。
③ （清）王佐纂修，（清）涂崧编辑：嘉庆《夹江县志》，第 50 页。
④ （清）王佐纂修，（清）涂崧编辑：嘉庆《夹江县志》，第 50 页。
⑤ （清）王佐纂修，（清）涂崧编辑：嘉庆《夹江县志》，第 223 页。
⑥ 如《四川总志》《四川通志》《嘉定府志》《夹江县志》等。

开凿的高两米、阔约一米，深十余米的巨型洞府。洞口上方从右到左凿有斗大的楷书"紫府"，尽管风雨剥蚀严重，仍可辨识。"紫府"二字右边有小字，剥蚀严重，仅可辨"□月建修"，应为修建洞府的时间，惜大部剥落；左边凿有小字"石匠郭□□ 徐□□"。

"紫府"之得名不知始于何时，但很容易让人联想到与天师道有密切关系的上清经派的"存思"之法。目前可考的一则材料是宋代擅长人物画的四川夹江画家勾龙爽，画有《紫府仙山图》，载于画史①，可见此名不晚于宋代。至于"仙掌"的得名，则是因为洞口右边岩壁上有一手掌印记，略大于人手，掌形与五指形状至今可辨，不知如何形成，历代县志谓为李阿飞升时所留②。

洞中可辨识的最早一方题铭如下：

邑令王秬谒真人、祈至道。绍兴乙丑暮春望日③。

绍兴是南宋高宗年号，故可推知为 1145 年。碑文下有塑像，偕两童子拱手作揖状，疑为邑令王秬的塑像。

另外还有一则《仙掌洞赞》④，作于端平乙未，即 1235 年。此文历数化山平冈治各种景观："跨龙门，饮蟹泉，摩仙掌，扣爿灶。"正文之前有序言，提及邑令眉山宋□等一众人，最后两字为"题之"。题刻下面也有一尊塑像，剥落严重，但依稀可辨为一人作揖之状，疑为邑令眉山宋某。

有趣的是，有关宋某的材料又见于洞中另一题刻，且记事颇详备（图3）。文称眉山宋方一家1237 年南下。南下前，他们曾到紫府洞，洞里的常住道士为他们举行了黄箓大斋以保平安，并保佑他们早日还蜀。两年后（1239）宋方果官至通直郎，赐绯鱼袋，并归蜀任府判。如今一切都已灵验，宋方特偕家眷于 1239 年端午回紫府洞还愿，赐紫府洞水田等，并刻碑文以记。文后还有当时化山紫府洞的一位名为"混成"的管事为此撰写的跋。

这些材料表明，至少南宋时紫府洞真人祭祀的香火还是很旺的。不少地方官都来此祭祀、许愿、赐田，并塑像祈福。除紫府洞事务主管外，此地也有常住道士，常行道教斋醮科仪。能否将这个情况推至更早？目前没有直接的证据。但洞中有些题刻看起来侵蚀更为严重，似乎年代更为久远。

洞中南宋张恕实作于宋淳熙二年（1175）的《紫府洞题记》（图4）对确认平冈治的方位最为重要：

世间福地，仙佛多有之，若平冈洞。山左右抱，远而对者如髻如鬟，水沠三，皆来朝，中有洲可耕……⑤

此文先称紫府洞为"平冈洞"，再述其地理物状："水沠三，皆来朝。""沠"是"派"的异体字，指水的支流。意思是洞前可见三条水流。从现场考察来看，站在紫府洞门口，确实可见其北面的青衣

---

① 参见《宣和画谱》卷四，《式古堂书画备考》卷三十二《书二》等。
② 如《四川总志》《四川通志》《嘉定府志》《夹江县志》等。
③ 于紫府洞现场抄录。
④ 现场依稀可辨部分文字，2012 年校注补的嘉庆版《夹江县志》根据题刻抄件增补齐全，题名为"仙掌洞赞"，第 256 页。但正文前的序言没有收入县志，目前依稀可辨"邑令宋……题之"等字样。
⑤ 现场依稀可辨部分文字，另 2012 年校注补的嘉庆版《夹江县志》根据题刻抄件增补齐全，第 255 页。

江滔滔而来，被江中小岛分为三股极大的水流，如三河并流，令人印象深刻（图5）。嘉庆、民国乃至现在的夹江地图上，都如实地记录下了这一地理特征。此种景象与王悬河《三洞珠囊》、张君房《云笈七籤》以及李思聪《洞渊集》中对平冈治"北有三重曹溪"的地理特征的描述何其吻合！

但"南有持（特）山"依然是个悬案。紫府洞大致靠南朝北，要察看其南面的地理情况，只能从紫府洞沿陡峭的山脊登上山顶灵泉观。笔者登顶后，并未见南面有特别的高山。翻看志书、采访当地学者和乡民也未获知有关"特山"或"持山"的任何线索。这似乎也是李思聪删去"南有持山"的原因？此点姑且存疑。但平冈治一直在夹江南安的观点总体上并无大的疑问。总而言之，如果没有事实的支撑，没有地方社会对文化传统的继承，各种说法迟早会灰飞烟灭，难以留下痕迹，如同新津的平冈治一般。

图1 图2

图3 图4 图5

《酆都山真形图》新探

吕鹏志[*]

内容提要：《酆都山真形图》是标示冥间鬼神世界的地图，可能由宋代道流模仿六朝时期出现的《五岳真形图》而创立。本文利用现存有关《酆都山真形图》的道书、墓葬石刻和田野资料，对该图的内容和使用方法作了较为详尽的分析、说明和考释。《酆都山真形图》承袭了《五岳真形图》的绘图法，轮廓大都呈正方形，也有呈矩形者。所有《酆都山真形图》都配有地形注记文字和标题，大部分图还配有说明或念诵文字。《酆都山真形图》的基本功能是超度亡魂和制御鬼魔，主要用于刻石镇墓和道教度亡法事（尤其是黄箓斋）中的破狱或炼度节次。本文在观点、材料、研究方法这三个方面都补正了前人研究的漏误。

关键词：道教　《酆都山真形图》　《五岳真形图》　破狱　炼度

一、引　言

酆都山又称"酆都罗山""罗酆山""罗酆""酆都"，是道教冥间鬼神世界的中心。在现存古代文献中，晋代高道葛洪于公元 317 年撰写完毕的《抱朴子内篇》最早提及"罗酆"[①] 一词。根据现代学者的研究，道教的酆都信仰主要是由东晋南朝时期江南的上清经派创造和确立[②]，至唐代，崇奉酆都北阴大帝的北帝派对酆都信仰续有发展[③]。宋代以降，随着新道法（内丹、雷法、符、咒、诀、罡等）、新道派（天心、神霄、清微、东华、净明等）的涌现和旧道法、旧道派的革新，酆都信仰也发生了一些变化，酆都山真形图的出现就是一个突出的例证。

《酆都山真形图》是标示冥间鬼神世界的地图，可能由宋代道流模仿六朝时期出现的《五岳真

---

　　* 作者简介：吕鹏志，西南交通大学人文学院教授、博士生导师。本文在《世界宗教研究》2017 年第 2 期发表时有删节，此为未经删节的原稿，谨以此稿庆贺四川大学宗教学研究所成立四十周年。

　　① 见《抱朴子内篇·对俗》，参见王明：《抱朴子内篇校释》，北京：中华书局，1985 年，第 52 页。

　　② 参见 Isabelle Robinet，*La révélation du Shangqing dans l'histoire du taoïsme*（Paris，Ecole Française d'Extrême Orient，1984），tome I，pp. 137—138；Sandrine Chenivesse，"Fengdu：cité de l'abondance，cité de la male mort，" *Cahiers d'Extrême—Asie* 10（1998）：287—339

　　③ 参见 Christine Mollier，"La Méthode de l'Empereur du Nord du mont Fengdu：une tradition exorciste du taoïsme médiéval，" *T'oung—Pao* 83（1997）：329—385.

形图》而创立。自学术界发现墓葬出土的《酆都山真形图》之后，始有专门研究此图的论文发表。首先是陈行一在 20 世纪 80 年代末发表了有关江西高安县一座南宋墓的发掘简报，并对其中的出土物"酆都罗山拔苦超生镇鬼真形"石刻做了初步的研究[①]。随后张勋燎结合《道藏》文献和陈行一公布的考古材料，深入考察了《酆都山真形图》的用途、用法、主要宗教意义和时代源流[②]。法国学者桑德琳（Sandrine Chenivesse）发表了一篇有关《酆都山真形图》的英语论文，侧重探讨该图的象征意义和功能[③]。此文参考利用了陈、张发现的考古材料和《道藏》文献，而且还补充了刊于《北京图书馆藏中国历代石刻拓本汇编》但被中国学者忽视的一通出土墓志（详下）。

不过，前人对《酆都山真形图》的研究并非题无剩义。本文对该图做了新的探讨，无论就材料、观点和研究方法而言，都有若干补正旧说之处。

二、原始资料简述

就目前所知，有关酆都山真形图的原始资料有三类。

（一）道书。前揭张勋燎文搜罗利用了明《道藏》中著录《酆都山真形图》的道书，共计七书八图。

1.《太上元始天尊说北帝伏魔神咒妙经》（DZ1412[④]，以下简称《北帝伏魔神咒妙经》）卷六（图 1）[⑤]。

图 1

---

① 参见陈行一，《江西高安南宋墓出土一批道教文物》，《东南文化》1989 年第 2 期，第 64—48、56 页；陈行一、肖锦绣：《江西高安县发现南宋淳熙六年墓》，《考古》1994 年第 2 期，第 185—187 页；陈行一：《〈酆都罗山拔苦超生镇鬼真形〉碑考析》，《江西文物》1989 年第 3 期，第 85—89 页。

② 参见张勋燎：《江西高安出土南宋淳熙六年徐永墓"酆都罗山拔苦超生镇鬼真形"石刻》，载陈鼓应主编：《道家文化研究》第七辑，上海：上海古籍出版社，1995 年，第 300—311 页；又见《江西高安南宋淳熙六年徐永墓出土"酆都罗山拔苦超生镇鬼真形"石刻》，收入张勋燎、白彬：《中国道教考古》，北京：线装书局，2006 年，第 4 册，第 1239—1250 页。

③ 参见 Sandrine Chenivesse, "A Journey to the Depths of A Labyrinth—Landscape: The Mount Fengdu, Taoist Holy Site and Infernal Abyss," In *Mandala and Landscape*, ed. Alexander W. MacDonald（New Delhi: D. K. Printworld, 1997），pp. 41—74.

④ 本文参考的明《道藏》经（用 DZ 标示）采用三家本《道藏》。其编号见 ［法］施舟人原著，陈耀庭改编：《道藏索引——五种版本道藏通检》，上海：上海书店，1996 年，第 258—348 页。

⑤ 《道藏》第 34 册，第 420 页。

张勋燎考证此书应在北宋中叶之后编成，并推测可能成书于南宋初。按，五代宋初刘若拙撰、宋孙夷中编《三洞修道仪》提到北帝太玄道士授"《伏魔经》三卷"，是三卷本《伏魔经》至迟在五代初已经出现。《北帝伏魔神咒妙经》系十卷本，可能就是《太上感应篇》（1233 年后编成）卷一注文参引的《北帝大伏魔神咒》。按 1042 年编成的《崇文总目》卷十著录"《北帝神咒经》十卷"，是此书的编撰年代应在北宋中叶之前。又按此书末附"诵经玄诀"，提到宋初出现的四圣（天蓬、天猷、翊圣、佑圣）真君，故此书的年代上限当不早于十世纪末①。另据笔者研究，此书题署"上清三洞经录碧霄洞华太乙吏欧阳雯受"，"碧霄"系神霄派经典宣扬的"九霄"之一②，"上清三洞经录碧霄洞华太乙吏"当系神霄派道士欧阳雯的箓阶法职③，可见《北帝伏魔神咒妙经》至迟在北宋末徽宗朝神霄派兴起④之前已有流传。

2. 北宋末南宋初宁全真（1101—1181）授、南宋王契真编《上清灵宝大法》（DZ1221，以下简称"宁氏《灵宝大法》"）卷十七"镇禳摄制门·酆都山真形"条（图 2.1）⑤ 和卷三十四"斋法坛图门·狱灯图像章"条《酆都灯图》（图 2.2)⑥。

图 2.1

　① 参见 Poul Andersen，"Taishang yuanshi tianzun shuo Beidi fumo shenzhou miaojing，" in *The Taoist Canon：A Historical Companion to the Daozang*，eds. Kristofer Schipper and Franciscus Verellen（Chicago：The University of Chicago Press，2004），pp. 1189—1190.

　② 参见《高上神霄玉清真王紫书大法》（DZ1219）卷二"神霄玉清大洞秘诀存化真图（箓中）"条，《道藏》第 28 册，第 571 页。

　③ 关于神霄派的箓阶法职，参见《高上神霄玉清真王紫书大法》卷五。其中有云"北帝伏魔洞渊升真箓者，当称高上神霄太平辅化弟子"（《道藏》第 28 册，第 597 页），是神霄派道士受北帝派法箓。

　④ 关于神霄派的兴起，参见 Michel Strickmann，"The Longest Taoist Scripture，" *History of Religions* 17（1978）：331—354.

　⑤ 《道藏》第 30 册，第 815 页。

　⑥ 《道藏》第 31 册，第 5 页。

图 2.2

按，此书卷四十一"斋法符篆门·北酆章"条和卷五十八"斋法宗旨门·破九狱"条均述及破狱过程中使用《酆都山真形图》的方法，与卷三十四的内容直接相关，是应当补充利用的重要材料。

3. 《灵宝玉鉴》（DZ547）卷三十"开明幽暗门·九幽地狱灯"条（图3）[1]。

图 3

此书不署撰人。张勋燎指出南宋道士金允中编《上清灵宝大法》提到"天台编《灵宝玉鉴》"，认为此书系南宋时天台派道士所编。根据劳格文（John Lagerwey）的研究，记载南宋道士白玉蟾（1194－1229，旧说为 1134－1229）语录的《海琼白真人语录》（DZ1307）卷二引用《灵宝玉鉴》的一段文字见于此书[2]，似亦可证此书的编成可能不晚于南宋后期。

4. 南宋金允中（1224－1225 年在世）编《上清灵宝大法》（DZ1223，以下简称"金氏《灵宝大法》"）卷三十七"水火炼度品·灵宝本法炼度符命"条（图4）[3]。

---

① 《道藏》第 10 册，第 346－347 页。
② 参见 John Lagerwey，"Lingbao yujian," in *The Taoist Canon：A Historical Companion to the Daozang*，pp. 1018, 1021.
③ 《道藏》第 31 册，第 597 页。

图 4

按，此书卷三十七"立炼度坛"条（紧随"放水盂，祝白"后的文字）、卷七"洞照幽微品·速度亡魂诀"条、卷十三"济炼幽魂品"、卷三十五"然灯破狱品"均述及《酆都山真形图》的使用方法，卷三十一"奏申文檄品·给散孤魂钱篆关"条提到与"太上生天宝篆""元始灵书中篇"并用的"酆都山真形"，亦可参考利用。

5. 南宋留用光（1134—1206）传、蒋叔舆（1162—1223）编《无上黄箓大斋立成仪》（DZ508，以下简称"《无上黄箓》"）卷四十"符命门·酆都山真形"条（图 5）①。

图 5

按，此书卷二十四"科仪门·九狱神灯仪"条述及《酆都山真形图》的使用方法，亦可参考利用。

6. 北宋末南宋初宁全真授、宋末元初林灵真编《灵宝领教济度金书》（DZ466，以下简称"《济度金书》"卷二六四"符简轨范品（开度通用）·六天策文"条（图6）[①]。

图 6

按，此书卷五十九"科仪立成品（开度黄箓斋）·九炼返生仪·宣六天策文诰"条与《酆都山真形图》相关，卷二八三"存思玄妙品（开度用）·请杖破狱"条，卷二八八"诰命等级品（开度祈禳通用）·摺用封告四十三件"条包括《酆都山真形告文》及其封函格式，亦可参考利用。

7.《灵宝无量度人上经大法》（DZ219，以下简称"《度人上经大法》"）卷六十八"炼度诸符品·酆都山真形"条（图7）[②]。

图 7

此书假托天真皇人撰集，张氏将成书年代断于明初。据劳格文考证，南宋留用光传、蒋叔舆编

① 《道藏》第8册，第298页。
② 《道藏》第3册，第1030页。

《无上黄箓》引述的《灵宝大法》或为此书，可能于宋元之际编成①。唯书中有"大明国某州某县某人"（卷五十五"无上玄元太上生天宝箓"条）字样，当最终成书于明初。按，此书卷六十一"灵宝炼度品·焚酆都山真形"条所录咒文亦见于卷六十八"炼度诸符品"所录"太极真人咒"，亦可资参考利用。

8. 除以上七种道书之外，还可以补充的是收入《藏外道书》的《上清灵宝济度大成金书》（以下简称《大成金书》）②。此书由宋末元初林灵真集、明代周思得（1359－1451）重修，刊印时间为宣德八年（1433），比明《正统道藏》的刊印早二十三年。全书多直接取材南宋宁全真授、宋末元初林灵真编《济度金书》（如本书卷三十至三十二即采自《济度金书》卷二八七至二九一），唯繁简详略不同。其中，卷三十收录"关破狱灯用"的"酆都山真形"（图8）③。

图 8

（二）墓葬石刻。就笔者所知，目前已发现四通墓葬石刻《酆都山真形图》。

1. 前述江西高安县出土南宋淳熙六年（1179）砖室墓中的碑形石刻《酆都山真形图》（图9）。

① 参见 John Lagerwey，"Lingbao wuliang duren shangjing dafa," in *The Taoist Canon：A Historical Companion to the Daozang*，p. 1029.

② 见《藏外道书》，成都：巴蜀书社，1992－1994年，第16－17册。关于《上清灵宝济度大成金书》，参见丁煌：《台北藏明宣德本〈上清灵宝济度大成金书〉初研》，收入丁煌：《汉唐道教论集》，北京：中华书局，2009年，第246－280页。

③ 图8出自台北图书馆藏刊本《上清灵宝济度大成金书》电子版。也参见《藏外道书》第17册，第282－283页。

图 9

　　该石刻高 57 厘米，宽 47 厘米，额题"酆都罗山拔苦超生镇鬼真形"。图左侧刻墓主官职与姓名："宋故正主押官徐永（第行五十二郎）字固道。"所刻文字亦见于前举道书宁氏《灵宝大法》卷十七"镇攘摄制门·酆都山真形"条（见后文所引），在此参稽后者校录如下：

　　太极真人曰：夫修①上清大洞之道及三清②之要，而不识罗山③真形者，七祖不得长谢鬼官，尸血不得荡灭④于胞⑤门也。又名六天策⑥文。丹书、墨书著没者姓名于其侧⑦，以火炀之⑧，则北都⑨解罪，三官赦愆⑩，上升福堂⑪矣。若⑫石刻玄台墓宫⑬，则苦魂受度，简记朱

① "修"，宁氏《灵宝大法》作"授"。
② "三清"，宁氏《灵宝大法》作"三洞三真大法"。
③ "不识罗山"，宁氏《灵宝大法》作"不知酆都山之"。
④ "灭"，宁氏《灵宝大法》作"秽"。
⑤ "胞"，宁氏《灵宝大法》作"胎"。
⑥ "策"，宁氏《灵宝大法》作"玉册"。
⑦ "丹书、墨书著没者姓名于其侧"，宁氏《灵宝大法》作"若度亡，可以丹书真形，墨书诰文及亡人姓名"。
⑧ "以火炀之"，宁氏《灵宝大法》作"火化扬烟于风中"。
⑨ "北都"，宁氏《灵宝大法》作"北帝"。
⑩ "赦愆"，宁氏《灵宝大法》作"释结"。
⑪ "福堂"，宁氏《灵宝大法》作"北堂"。
⑫ "若"，宁氏《灵宝大法》作"以"。
⑬ "玄台墓宫"，宁氏《灵宝大法》作"玄堂台基之宫"。

陵①。学者佩身②，及置堂室③上，万鬼灭爽，幽元④开泰。此文书于上清北玄之阙⑤，以正六纽之分⑥。出《道藏·元始六天制魔经》。

2. 中国国家图书馆藏石刻拓片（编号志 3850）《酆都罗山真形图》（图 10）⑦。

图 10

拓片高 71 厘米，宽 30 厘米，正书。原石出土于江西，据拓片知墓主为"羽化妙行大师万之信"，立石时间为南宋乾道九年（1173）闰正月二十七日。与其他《酆都山真形图》明显不同的是图上部刻有《斗罡图》及"北斗七元""豁落大将军"字样，下刻"酆都山六天宫洞大魔王内讳"。内讳释录如下："酆都山纠绝阴天宫洞大魔王、酆都山泰杀谅事宗天宫洞大魔王、酆都山明晨耐犯武成天宫洞大魔王、酆都山恬照罪炁天宫洞大魔王、酆都山宗灵七非天宫洞大魔王、酆都山敢司连宛屡天宫洞大魔王。"

① "则苦魂受度，简记朱陵"，宁氏《灵宝大法》作"苦魂受度朱陵"。
② "学者佩身"，宁氏《灵宝大法》作"学士佩之"。
③ "堂室"，宁氏《灵宝大法》作"靖室"。
④ "元"，宁氏《灵宝大法》作"原"。
⑤ "北玄之阙"，宁氏《灵宝大法》作"北阙"。
⑥ "六纽之分"，宁氏《灵宝大法》作"六天之纽分"。
⑦ 参见北京图书馆金石组编：《北京图书馆藏中国历代石刻拓片汇编（两宋七）》，郑州：中州古籍出版社，1989 年，第 43 册，第 93 页。

3. 浙江省奉化市文物保护所藏石刻宋楼伉追荐父母《酆都山真形图》并《元始制魔经》[①]。该石刻出土时间和地点不详，高 24 厘米，阔 42 厘米，厚 8 厘米，立石时间为南宋嘉定十六年（1223）三月三日。石刻左、右侧分别刻《元始制魔经》和酆都山真形图。在此附上整理者所绘《酆都山真形临摹图》（图 11），并参稽上举道书《上经大法》卷六十八"炼度诸符品·酆都山真形"条的异文将石刻文字重新校录和标点如下：

图 11

酆都真形（题额）

元始制魔经

酆都山真形刻于酆都，以镇六天。凡制御鬼魔，当朱书白素，悬于斋室之北，则千魔匿影，万鬼灭形。如亡者命经太阴，以石刊真形，安于玄堂之顶，镇御土府，安慰地祇，即使魂神不经六天，迳度南宫。可以青书其形于黄素，朱[②]书亡人姓氏于真形之侧，烈火焚烧，扬灰于青烟之中，即使三官解缚，北帝释愆，魂魄迳生天堂。佩之于心后，或戴之于顶，出入往[③]来，地祇奉迎，万神敬仰。六天落死藉（籍），南宫[④]书生名。千魔束首，万鬼灭形。兆[⑤]无此真形，终不免六天之魔试[⑥]，学道无由成仙。授传之者，对斋七日，歃血以盟玉清。传非其人，六天灭魂，万不得仙。

元始制魔经

嘉定十六年太岁癸未三月初三日，孝子楼伉追荐先考二千三四监元、先妣周氏七七孺人超升仙界。

---

① 参见章国庆编著：《宁波历代碑碣墓志汇编（唐·五代·宋·元卷）》，上海：上海古籍出版社，2012 年，第 236—237 页。
② "朱"，整理者误释为"宋"，兹据《上经大法》改。
③ "往"，整理者误释为"从"，兹据《上经大法》改。
④ "南宫"，整理者误从上句读。
⑤ "兆"，整理者误改为"墓"。
⑥ "试"，整理者误从下句读。

4. 浙江省湖州市博物馆藏南宋嘉熙三年（1239）石刻墓志①。该方墓志长、宽约37.4厘米，厚7.6厘米，中部刊有《酆都山真形图》一幅（图12《酆都山真形图》摹本）。

图12

图下有五言诗一首，凡十六句，多已漫漶不可辨识，末四句为："□灵重宛和，常居千□楼。急宣□□旨，自在天堂游。"志主陈君玉系低级武官，该方墓铭由其子陈应林书。志文转录如下：

考姓陈氏，讳□之，字君玉。世居吴兴乌程旧馆。父良厚，武经大夫，妣宜人钱氏。娶张氏，赠孺人，俱葬乌程妙喜西山。考生于乾道癸巳三月二十二日，卒于嘉熙戊戌十二月十三日，年六十有六。积阶由承信郎至训武郎。历任扬州巡检、行在榷务、华州岳庙、台州崇道观。男应林，乡贡免解进士。女适承节郎钱子忠。孙质，乡贡进士。己亥二月十四日与妣合葬。谨刊酆都山真形并叙梗概，置于宋故考崇道榷院陈公玄堂之上。孝男应林泣血敬书。

（三）田野资料。2011—2012年笔者在赣西北的铜鼓县和修水县实地调查正一派火居道士的法事科仪，收集了他们做各种阴阳法事用的板刻刷印件近二百种。其中，度亡法事使用的《生天宝箓》由十三道文件组成，包括题为"南昌受炼司酆都山真形"的图文一道（图13）②。

---

① 参见郑嘉励、郭勇：《一方刊有〈酆都山真形图〉的南宋墓志》，《南方文物》2006年第4期，第41、31页。
② 参见戴礼辉口述，蓝松炎、吕鹏志编著：《江西省铜鼓县棋坪镇显应雷坛道教科仪》，台北：新文丰出版公司、啬色园，2014年，第1242页。

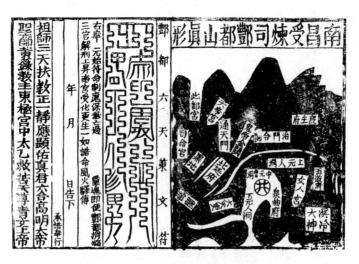

图 13

　　笔者还在该地区收集发表了有关如何填写和使用《酆都山真形图》的口述资料和秘诀①，均可印证或补充道书和墓葬石刻的记载。相对于道书和墓葬石刻这两类"死"资料而言，田野资料可以说是很有价值的"活"资料，有助于我们对研究对象《酆都山真形图》的直观感性认识和把握。

三、图文内容考释

　　《酆都山真形图》的轮廓大都呈正方形，也有呈矩形者。上列三类资料中，道书《北帝伏魔神咒妙经》、宁氏《灵宝大法》和《无上黄箓》著录的《酆都山真形图》呈矩形，其他道书和墓葬石刻、田野资料记载的图皆呈正方形。《酆都山真形图》的轮廓与《五岳真形图》不无相似之处。明《道藏》收载的《洞玄灵宝五岳古本真形图（并序）》假托西汉东方朔编，实际成书年代可能在东晋南朝时期②。此书著录的《灵宝五岳古本真形图》皆呈正方形，可能就是东晋高道葛洪在《抱朴子内篇·遐览》中提到的《五岳真形图》③。此书著录的《洞元④灵宝五岳真形图》则呈横式矩形，可能是东晋末刘宋初《古灵宝经》⑤ 问世以后才出现的新图，因为《古灵宝经》之经题大都带有"洞玄灵宝"字样。比较形制可以看出，正方形《酆都山真形图》明显仿效《灵宝五岳古本真形图》，矩形《酆都山真形图》则仿效《洞元灵宝五岳真形图》，唯将横式改为竖式而已。

　　《酆都山真形图》也承袭了《五岳真形图》的绘图法（也可按现代地图学术语称为"图例"）。《洞玄灵宝五岳古本真形图（并序）》于《灵宝五岳古本真形图》后有说明文字曰："黑者，山形。

　　① 参见戴礼辉口述，蓝松炎、吕鹏志编著：《江西省铜鼓县棋坪镇显应雷坛道教科仪》，第 1036—1052、1085—1086 页。

　　② 关于此书的成书年代，参见吕鹏志：《唐前道教仪式史纲》，北京：中华书局，2008 年，第 58—62 页。

　　③ 参见王明：《抱朴子内篇校释》，第 336—337 页。

　　④ "元"字本应作"玄"，盖避赵宋始祖赵玄朗讳改，此可证《洞玄灵宝五岳古本真形图（并序）》系宋本。

　　⑤ 关于古灵宝经，参见 Ōfuchi Ninji, "On Ku Ling—pao—ching," *Acta Asiatica* 27 (1974): 33—56; Stephen Bokenkamp, "Sources of the Ling—pao Scriptures," in *Tantric and Taoist Studies in Honor of R. A. Stein*, vol. 2, ed. M. Strickmann, *Mélanges Chinois et Bouddhiques XXI* (Bruxelles: Institut Belges des Hautes Études Chinoises, 1983), pp. 434—486; ［日］大渊忍尔：《灵宝经的基础之研究》，收入氏著《道教的经典——道教史的研究其二》，东京：创文社，1997 年，第 73—218 页；王承文：《敦煌古灵宝经与晋唐道教》，北京：中华书局，2002 年。

赤者，水源。白者，是室穴口也。画小则丘陵微，画大则陇岫壮。葛洪谓：'高下随形，长短取象。'其源画神草及石室之处，自是后来仙人等，于其图处，画记之耳。"同书于《洞元灵宝五岳真形图》后亦有说明文字曰："黑者山形，赤者水源，黄点者洞穴口也。画小则丘陵微，画大则陇岫壮。葛洪谓：'高下随形，长短取象。'家有蓄图者，善神守护，其家众邪恶鬼，灾患疾病，皆自消灭也。若上士佩之，则万神皆为朝礼矣。山跌泉脉，源流上下。昔王母授汉武帝本经万余言，在图上。今分为五局，传授禁限，其科严不可得传也。"是《五岳真形图》原本以颜色标示，山黑水赤，洞室或洞穴入口或白（古本）或黄（新本）①。《酆都山真形图》也用同样的方法标示山、水和洞穴，与《五岳真形图》如出一辙。只不过现存《酆都山真形图》皆为黑白图，不能按颜色区分地形②，且图间笔画与《五岳真形图》有差异。

《酆都山真形图》还配有数量不等的文字。

（一）现存所有酆都山真形图都配有图间注记文字

金氏《灵宝大法》卷三十七释"酆都山真形"曰："山形所标天帝宫、鬼帝宫、通天门之类，则其中之宫阙也；上元六洞、下元六宫之类也，则其中之曹局也。共标一十七所，乃宫阙、有司尔。"③金允中明确指出，这些注记文字标示的是酆都鬼神的宫室或办事机构。上引金氏《灵宝大法》前后又有文曰："且如酆都山真形，传流久矣，未尝增损。近浙东人干其侧增黑池者，浙西丁侧又增碜石地狱者，似不必如此增益也。夫增黑池者，不知其意，所据何说。或者又以《仙戒经》所载有十八地狱，而山形内只标一十七所，遂以黑池，凑成一十八所。……狱则不可胜计也。今以曹局而为狱，则大失经旨。况一曹一局之内，所主之狱，又不知其几所。"④按金允中之说，《酆都山真形图》标示的是十七所"宫阙"或"有司"，而非"不可胜计"的地狱。现存各种资料著录的《酆都山真形图》都未标碜石地狱⑤，表明浙西人妄增碜石地狱的做法并未被接受和推行。除墓葬石刻和宁氏《灵宝大法》著录的《酆都山真形图》之外，现存《酆都山真形图》大都标有浙东人增益的"黑池"，且与原十七所凑成十八所，与金允中之说相合。

因为台北图书馆藏刊本《大成金书》电子版著录的《酆都山真形图》比较清晰，在此将其中的十八处地形注记文字罗列如下：（1）天帝宫；（2）北都宫；（3）上通天门；（4）黑池；（5）变生府；（6）洞阴金阙；（7）鬼帝金阙；（8）司命宫；（9）五道府；（10）幽关；（11）六天使者；（12）上元六洞；（13）中元曹局；（14）下元六宫；（15）丈人宫；（16）泉曲府；（17）狱穴；（18）溟泠大神。将其他资料与《大成金书》著录的《酆都山真形图》比勘可知，注记文字大同小异，不同之处主要有以下几端：

1. 部分酆都山真形图不标黑池。前文已述，金氏《灵宝大法》著录的《酆都山真形图》只标十七处地形，不标"黑池"。前举道书中，宁氏《灵宝大法》著录的《酆都山真形图》未标"黑

① 日本平田笃胤原藏卷子本《灵宝五岳真形图》尚存彩绘《五岳真形图》，参见姜生：《东岳真形图的地图学研究》，《历史研究》2008年第6期，第34—51页，以及该期封底彩图1。

② 以致同一地点在不同的酆都山真形图上标示的黑、白色恰好相反。如《济度金书》中的"天帝宫"用白色标示，江西高安墓葬石刻拓本中的"天帝宫"则用黑色标示。

③ 《道藏》第31册，第597页。

④ 《道藏》第31册，第597页。

⑤ 《大成金书》所载《酆都山真形图》后另有《血湖真形图》，上标"碜石之狱"和"血湖之狱"，与金氏所谓"浙西于侧，又增碜石地狱者"并不合辙。

池"。据今人考证，宁氏《灵宝大法》本属浙东天台派著作，传承了天台派四十九品的很多文字内容，但根据金氏《灵宝大法》对天台派的批评作了不少删改。故今本宁氏《灵宝大法》的编纂年代晚于金氏《灵宝大法》，卷二十九出现的"大明国"字样表明在收入明《道藏》时还略有窜改①。笔者由此推测，宁氏《灵宝大法》著录的《酆都山真形图》原本标有"黑池"，但因金氏《灵宝大法》批评"浙东人于其侧增黑池"，不得不将其删除。同样由宁全真一脉传承至林灵真的《济度金书》仍标"黑池"于《酆都山真形图》上，可以佐证浙东天台派确曾新增设黑池。前举道书中，《灵宝玉鉴》亦不标"黑池"，其原因可能与宁氏《灵宝大法》类似。又，《上经大法》和前举四通墓葬石刻的《酆都山真形图》注记皆无"黑池"字样。这些资料可能都是转录《元始六天制魔经》的内容（详下），此经著录的《酆都山真形图》不标"黑池"。

2. 部分《酆都山真形图》的注记文字略有差异或讹误。如"北都宫"，宁氏《灵宝大法》卷三十四作"北都府"；赣西北《生天宝箓》作《此都宫》，"此"盖系"北"之形近误字。"上通天门"，《北帝伏魔神咒妙经》作"天门"；宁氏《灵宝大法》卷十七、赣西北《生天宝箓》作"通天门"。"五道府"，《北帝伏魔神咒妙经》脱；赣西北《生天宝箓》误置于右下方。"鬼帝金阙"，《无上黄箓》作"鬼帝宫"。"黑池"，《无上黄箓》、赣西北《生天宝箓》作"黑地"，"地"盖"池"之形近误字。"上元六洞"，江西高安墓葬石刻作"上元六宫洞"；赣西北《生天宝箓》作"上元人洞"，"人"盖"六"之形近误字。"下元六宫"，前举墓葬石刻皆作"下元六洞"；赣西北《生天宝箓》作"下元人洞"，"人"盖"六"之形近误字；宁氏《灵宝大法》卷三十四、《灵宝玉鉴》作"下元宫"。"中元曹局"，宁氏《灵宝大法》卷三十四、《灵宝玉鉴》作"中元曹"，"局"字疑脱，因宁氏《灵宝大法》卷十七作"中元曹局"；又江西高安墓葬石刻作"中元曹肩"，"肩"盖系"局"之形近误字；又赣西北《生天宝箓》作"中元曹洞"，"洞"字疑涉"上元六洞"而致误。"幽关"，宁氏《灵宝大法》作"幽牢"。"变生府"，赣西北《生天宝箓》作"度生府"。"洞阴金阙"，赣西北《生天宝箓》作"治门令关"，讹误之甚，面目全非。"丈人宫"，赣西北《生天宝箓》作"女人宫"，"女"盖系"丈"之形近误字。"六天使者"，赣西北《生天宝箓》作"大天吏"，"大"盖系"六"之形近误字。

3. 部分《酆都山真形图》标有特殊的注记。中国国家图书馆藏南宋墓葬石刻《酆都罗山真形图》上部所标小图似为《豁落斗罡示意图》②，左右注记合起来可释读为"北斗七元豁落大将军"。在东晋南朝的上清经《洞真上清开天三图七星移度经》（DZ1317）中，"豁落七元"本指豁落七元开关之符，共有七道，用以上开天关使七星移而度人，下绝酆都北帝六宫死炁之根③。据《北帝伏魔神咒妙经》卷一所述，由酆都罗山首领北帝统率摄伏鬼魔的部将之一是"豁落北斗七元大将军"④，石刻注记所指当系此神。明代道书《太上北极伏魔神咒杀鬼箓》（DZ1215）列举太上北极伏魔神咒

---

① 参见 John Lagerwey，"Shangqing lingbao dafa，" in *The Taoist Canon：A Historical Companion to the Daozang*，pp. 1021—1024；陈文龙：《王契真〈上清灵宝大法〉研究》第二章，济南：齐鲁书社，2015 年。

② 类似的斗罡示意图参见宋邓有功编，《上清天心正法》（DZ566）卷五"豁落斗罡"条，《道藏》第 10 册，第 631 页；刘劲峰、易松尧：《萍乡老关镇关帝庙太平清醮》，收入吕鹏志、劳格文主编：《"地方道教仪式实地调查比较研究"国际学术研讨会论文集》，台北：新文丰出版公司，2013 年，第 408 页；戴礼辉口述，蓝松炎、吕鹏志编著：《江西省铜鼓县棋坪镇显应雷坛道教科仪》，第 785、1108—1109 页。

③ 七元符见《洞真上清开天三图七星移度经》卷下"帝召豁落七元符"条，《道藏》第 33 册，第 452 页。

④ 《道藏》第 34 册，第 394 页。

杀鬼箓上的神将吏兵名目，其中有"北极豁落北斗七元大将军，领兵三十万人"①。此神与北极天蓬大将、北极六宫大魔王等领兵数目都是最多的，在北帝派神系中占有重要地位。按，北斗与酆都素来关系密切②。南朝梁陶弘景（456—536）编东晋上清降诰《真诰·阐幽微》称酆都洞室有六天宫，"祸福吉凶，续命罪害，由恬昭第四天宫，鬼官北斗君治此中。鬼官之北斗，非道家之北斗也，鬼官别有北斗君，以司生杀尔。鬼官之太帝者，北帝君也，治第一天宫中，总主诸六天宫。余四天宫，其四明公各在其中。二天宫立一官，六天凡立为三官。三官如今刑名之职，主诸考谪，常以真仙、司命兼以总御之也。并统仙府，共司生死之任也。大断制皆由仙官。鬼官北斗君乃是道家七辰北斗之考官。此鬼一官又隶九星之精，上属北晨玉君。……武王发，今为鬼官北斗君"③。唐末五代杜光庭（850—933）《道教灵验记》卷十二"曹戬天蓬咒验"条假托仙官说："太帝是北斗之中紫微上宫太帝君也。上理斗极，下统酆都，阴境帝君乃太帝之所部，天蓬上将即太帝之元帅也。"④《真诰·阐幽微》及陶弘景注指出北帝君系"鬼官之太帝"，"即今北大帝"，地位高于鬼官北斗。但在杜光庭书中，北斗太帝君"上理斗极，下统酆都"，地位反在北帝君之上。又按，《后汉书·郎领列传》李贤注引纬书《春秋保乾图》称"天帝为北辰"，道书中所见"北辰""北极"皆指北斗而非天文学意义上的北极星⑤。故疑《酆都山真形图》最上方的注记文字"天帝宫"即指北斗太帝君之宫室，墓葬石刻在其右上方所刻注记"北斗七元豁落大将军"则系代表北斗七星并由北斗太帝君统领的大将军。

赣西北《生天宝箓》著录的《酆都山真形图》与其他《酆都山真形图》相比有两处不同：一是缺"狱穴"，相应多一个"北廷府"，疑系传抄刊刻过程中脱漏"狱穴"，临时造一个与"北都宫"近义的"北廷府"凑足十八所。二是"中元曹洞（局）"下多画一个圆圈，中书"井"字。按，明初道法汇编著作《道法会元》（DZ1220）卷二二八《雷府朱帅考邪大法》"促捉诀"条和"立狱法"条皆有类似圈内"井"字，且有说明文字云："右用剑诀就地划一'井'字，化为黑狱，深万丈，阔万里，黑炁冲腾。存狱中枷锁器械备列。"⑥是赣西北《酆都山真形图》圈内"井"字所标示者必系地狱明矣。

上举酆都地形注记名目有一部分可在晋唐道书中找到出处或解释⑦。东晋中叶问世的上清降诰《真诰·阐幽微》最早讲述酆都的鬼神宫室和鬼官衙门。其文云：

> 罗酆山在北方癸地，山高二千六百里，周回三万里。其山下有洞天，在山之周回一万五千里。其上其下并有鬼神宫室，山上有六宫，洞中有六宫，辄周回千里，是为六天，鬼神之宫也。山上为外宫，洞中为内宫，制度等耳。
>
> 第一宫名为纣绝阴天宫，以次东行。

---

① 《道藏》第 28 册，第 522 页。

② 参见 Christine Mollier，"La Méthode de l'Empereur du Nord du mont Fengdu：une tradition exorciste du taoïsme médiéval，"pp. 346—350.

③ 赵益点校：《真诰》，北京：中华书局，2011 年，第 267—269 页。

④ 见罗争鸣辑校：《杜光庭记传十种辑校》，北京：中华书局，2013 年，第 271 页。

⑤ 参见张勋燎：《中原和西北地区魏晋北朝墓葬的解注文研究》，收入张勋燎、白彬：《中国道教考古》第 2 册，第 504—509 页。

⑥ 《道藏》第 30 册，第 424 页。

⑦ 参见叶贵良：《从"北都罗酆"等词看晋唐道教的地狱世界》，《宗教学研究》2012 年第 4 期，第 13—21 页。

第二宫名为泰煞谅事宗天宫。

第三宫名为明晨耐犯武城天宫。

第四宫名为恬昭罪气天宫。

第五宫名为宗灵七非天宫。

第六宫名为敢司连宛屡天宫。

凡六天宫则为鬼神六天之治也。洞中六天宫，亦同名，相像如一也①。

齐梁高道陶弘景注云："此山外宫当是曹局职司，主领文簿；洞中内宫是住止及考谪之处也。今书家说有人死而复生者，并云初北向行，诣宫府考署，或如城阙检课文书，恐此皆是至山上外宫中尔。"② 据《真诰·阐幽微》及陶弘景注，《酆都山真形图》中的"上元六洞"和"下元六宫"③可得确解。据上引文字还可解释两处地形注记：一是"北都宫"，盖因罗酆山又称酆都且处于北方癸地而得名；④ 二是"六天使者"，盖因酆都鬼神被称为"六天鬼神""鬼神六天"或简称"六天"⑤而得名。宋陈葆光《三洞群仙录》（DZ1248）卷四引《天蓬咒序》讲述金甲神人邓紫阳从"北方六天使者"处得获"帝君"赐真形符箓⑥，是"六天使者"当系酆都首领北帝君之差将。

东晋末刘宋初问世的一批古《灵宝经》援取并发展了上清经派的信仰和实践。"泉曲府"最早见于古《灵宝经》之一《元始无量度人上品妙经》（简称《度人经》），其中有云："泉曲之府，北都罗酆。"南齐严东注曰：

北都，玉都也。罗酆，山名也。罗酆之山在天地之北，北海之外，山高二千六百里，内外皆七宝宫室，天地鬼神之所处，三界六天北帝大魔王治乎其中。凡六宫皆六天鬼神之治。洞中有六宫，亦相像如一。下元三品水官结风泽之炁，凝晨浩之精，置下元三宫。第一名汤谷洞泉宫，一号清华方诸宫，总主水帝汤谷神王、九江水府河伯、神仙诸真人、水中诸大神、已得道、过去及未得道有功之魂，受度而升。其宫置左、右、中三府，左号青元灵渊府，右号九冰寒夜府，中号朔单青灵府。簿录并封九河洞室。其下元左宫名清泠宫，一号南水会宫，总主水

① 赵益点校：《真诰》，第265—266页。

② 赵益点校：《真诰》，第266页。

③ 一些晚出道书列出了"下六宫"的名目：第一宫名休明总灵洞天宫，第二宫名玄司重正宗灵天宫，第三宫名统仙升灵希微天宫，第四宫名正真邵气宛司天宫，第五宫名云楼玉纪明天宫，第六宫名崇临赤映云田天宫。见《北帝伏魔神咒妙经》卷一，《道藏》第34册，第396页；《太上北极伏魔神咒杀鬼箓》，《道藏》第28册，第525页。

④ 关于其他道书提到的"北都"，也参叶贵良，《从"北都罗酆"等词看晋唐道教的地狱世界》，第13—14页。

⑤ 道教的"六天"说最早见于《真诰》，除上引《真诰·阐幽微》之外，《真诰·甄命授》还称"道有除六天之文三天正法在世"，明确将"三天"与"六天"对应。按，"六天"说在儒教和佛教中都早已存在。儒教的六天说是东汉经学家郑玄提出的。《礼记·郊特牲》孔颖达疏转述了郑玄的六天说："郑氏谓，天有六天。天为至极之尊，其体只应是一。而郑氏以为六者，指其尊极清虚之体，其实是一。论其五时生育之功，其别有五，以配一，故为六天。"中国学者王宗昱认为，郑玄其实是将天与五方帝融合起来，代表了儒教的祭祀对象，而道教反对六天祭祀，其实就是反对儒教的祭祀传统。佛教中的六天则是指三界中欲界的六天。日本学者小林正美认为，道教的六天说与儒、佛二教的六天都没有关系。目前还没有充分的资料依据来证实王宗昱或小林正美的看法。依笔者之见，道教之所以用"六天"指称鬼神，根本原因有二：一方面是道教受汉传佛教影响，以"天"字指代"神"（梵语为deva）；另一方面是中国古代传统观念中鬼属阴，而"六"在周易的数理中恰恰指代老阴，故道教以"六"统指酆都鬼神。参见吕鹏志：《摄召北酆鬼魔赤书玉诀与灵宝五篇真文——〈太上洞玄灵宝赤书玉诀妙经〉校读拾遗》，《宗教学研究》2010年第4期，第20—30页。

⑥ 《道藏》第32册，第259页。

中万精、蛟龙鲸鲵，入会水母龙门，各五亿万重风泽金刚之炁。其官置左、右、中三府，中号灵宝劫刃府，左号龄劫府，右号长夜寒庭府，主水中万灵。下元右宫名北酆都宫，一名罗酆宫，总主水中积夜死魂谪役之劫。其左府号开度劫量府，右府号泉曲鬼神府，中府号通灵大劫府。下元三品水官三宫，宫统一十四曹，三宫合四十二曹，并治九江洞室，皆自然之号，并统三河、四海、九江、水府一切神灵、已得道及未得道并地上五岳真仙、玉女。常以太岁、甲子、庚申之日，下诣汤谷、清泠、北酆都三宫，校集九府生死簿录。昔天地改运，沦于延康，冥冥无开，飞天启光，于是散晖诸天，受炁洒灵，玄都故云玉都，亦大圣之号。北帝上真治乎玄灵之宫，下有寒冰夜庭，又有八难之场，故曰泉曲府也①。

唐薛幽栖注曰："泉曲府即九幽长夜之鬼府，北都罗酆即酆都，北帝之鬼都，罗酆是北海九幽之山名，鬼都即在罗酆幽山之上者也。"② 唐李少微注曰："此下元右宫也。按《真诰》云北酆在天地之北外癸地，一名酆都泉曲府，酆都右府也。罗酆是北都上山名也，高二千六百里，周回三万里，下有洞天，周回万五千里。内外皆有七宝宫室，有上、中、下三宫，各八狱，合二十四狱，皆天地鬼神所处也。"③

"溟泠大神"最早出自古《灵宝经》之一《太上洞玄灵宝赤书玉诀妙经》（DZ352），卷上"元始灵宝告水帝削除罪简上法"条曰："灵宝某帝，先生某甲，午若干岁，某月生，愿神愿仙，长生不死，三元同存。九府水帝、十二河源、江河淮济、溟泠大神，乞削罪名，上闻九天，请诣水府，金龙驿传。"④ 此即投龙简之一水简告文，随后读简文所念咒文又提到"下告河源、十二泉源、九府水帝、溟泠大神"，可见溟泠大神系水神之一。溟泠大神也见于古灵宝经整理者陆修静编纂的科仪著述，如《太上洞玄灵宝众简文》（DZ410）、《太上洞玄灵宝授度仪》（DZ528）等。

"中元曹局"虽然最早见于宋代道书，出现较晚，但它与"上元六洞""下元六宫"组成的"三元"机构明显仿效了另一部古灵宝经《太上洞玄灵宝三元品戒经》的三元宫府。此经称与上元、中元、下元相配的天官、地官、水官属下共设置九宫九府一百二十曹，其中上元天官置三宫三府三十六曹，中元地官和下元水官各置三宫三府四十二曹。这些宫府曹的职司是主校众人生死罪福功德轻重，于正月十五日、七月十五日、十月十五日集中向上天汇报⑤。虽然《真诰·阐幽微》也将六天宫与三官联系起来，称"二天宫立一官，六天凡立为三官"，但尚未言及"中元"及相关的"三元"说，最早将上、中、下三元与三官搭配起来设立神界机构的是《太上洞玄灵宝三元品戒经》。

《酆都山真形图》上的"五道府"指五道大神（又称"五道将军"）之府邸。五道大神源出汉传佛教，在东晋僧伽提婆译《增壹阿含经》中屡有所见（三国吴支谦译《太子瑞应本起经》、晋竺法护译《普曜经》作"贲识"），系掌管五道（人、阿修罗、饿鬼、畜生、地狱）轮回的冥间神灵⑥。

① 见《元始无量度人上品妙经四注》（DZ87）卷二，《道藏》第2册，第209页。
② 见《元始无量度人上品妙经四注》（DZ87）卷二，《道藏》第2册，第209页。
③ 见《元始无量度人上品妙经四注》（DZ87）卷二，《道藏》第2册，第209页。
④ 《道藏》第6册，第185页。
⑤ 参见吕鹏志：《灵宝三元斋和道教中元节——〈太上洞玄灵宝三元品戒经〉考论》，《文史》2013年第1辑（总第102辑），第151-174页。
⑥ 参见郑阿财讲述：《文献、文学与图像：从敦煌吐鲁番文书论五道将军信仰》（http://www.icabs.ac.jp/iibs/Zheng_abstract_cn.pdf）。

此神很早就被道教吸取，证据是南朝梁陶弘景在《真诰·阐幽微》中注释酆都六天宫时已经提道："此即应是北酆鬼王决断罪人住处，其神即应是经呼为阎罗王所住处也，其王即今北大帝也，但不知五道大神当是何者尔。"① 陶弘景并不了解五道大神的来历，由其注文推测可能是与佛教阎罗王同时转变成为道教冥间神灵的。

《酆都山真形图》上的地形注记"上通天门"殊难索解其意。江西省铜鼓县棋坪镇显应雷坛藏道教科仪抄本《灵宝玄秘》载有填《酆都山真形图》的秘诀，其中有云："东破风雷，南停火翳。西裂金刚，北决溟泠。中开普掠，亡魂出离。七点溟泠大神度（变）生府，鬼帝金阙泉曲府。幽关黑地（池）五道府，上通天门超生路。"② 据此推测，"上通天门"标记的是亡魂出离酆都地狱后超生上天的处所。

《酆都山真形图》上余下的一些地形注记难以考定出处，不过其含义皆易于理解。如"鬼帝金阙"，所指大抵是酆都鬼神首领北帝的宫阙。

宋代以降有些道书（如上举金氏《灵宝大法》、王氏《灵宝大法》、《无上黄箓》等）间或列举所奏神祇圣位，其中包括酆都曹僚圣位，有不少见于《酆都山真形图》。如金氏《灵宝大法》卷五"三界官曹品"条列举上、中、下三界神祇圣位，其中中界包括十几个酆都曹僚鬼官圣位："……北都罗酆山，北太帝君宫，纠绝阴天宫，泰杀谅事宗天宫，明晨耐犯武城天宫，恬昭罪气天宫，宗灵七非天宫，敢司连宛屡天宫，十王真君，洞阴金阙，北都府，司命府，五道府，泉曲府，丈人宫，鬼官北斗，四明真公府，变生府，溟泠大神……中元地官宫，中元九府，共四十二曹三宫。"③（画线部分见《酆都山真形图》）。同书卷三十一"奏申文檄品·酆都曹僚圣位"条和"酆都宫诸府八牒"条具列酆都曹僚圣位，其中见于《酆都山真形图》的有纠绝阴天宫主宰真灵、大煞谅事宗天宫主宰真灵、明宸耐犯武城天宫主宰真灵、恬照罪气天宫主宰真灵、宗灵七非天宫主宰真灵、敢司连宛屡天宫主宰真灵、酆都鬼官司命宫、酆都丈人宫主宰真灵、酆都北都宫主宰真灵、酆都变生府主者、酆都五道府主者、酆都泉曲府主者、酆都溟泠大神。

宋代以降还有个别道书收载酆都图画，画出了《酆都山真形图》标注的部分宫室或有司。如宋代天心派道士路时中编《无上玄元三天玉堂大法》（DZ220）卷二十"生身受度品第二十一·救苦箓式"条所载《酆都图》（图14④）如下：

---

① 赵益点校：《真诰》，第 266 页。
② 参见戴礼辉口述，蓝松炎、吕鹏志编著：《江西省铜鼓县棋坪镇显应雷坛道教科仪》，第 1086 页。
③ 《道藏》第 31 册，第 371 页。
④ 《道藏》第 4 册，第 67—68 页。

图 14

除本文参考的相关原始资料外，目前尚未发现有《酆都山真形图》所标地形名目同时全部出现的古代文献，所以笔者推测《酆都山真形图》的出现可能不早于宋代。

（二）大部分《酆都山真形图》都配有说明或念诵文字

宁氏《灵宝大法》卷十七《镇禳摄制门·酆都山真形》条曰：

> 谨按《元始六天制魔经》，凡授上清大洞之道，及三洞三真大法之要，而不知酆都山之真形，七祖不得长谢鬼官，尸血不得荡秽于胎门也。又曰六天玉册文。以石刻玄堂台基之宫，苦魂受度朱陵。学士佩之，及置于靖室中，万鬼灭爽，幽原开泰。此文书在上清北阙，以正六天之纽分也。若度亡，可以丹书真形，墨书诰文及亡人姓名，火化扬烟于风中，则北帝解缚，三官释结，上升北堂矣。
>
> 度亡烧灰咒
>
> 元始符命，制魔奉行。保举亡魂，度品南宫。酆山消烬，二官解形。散缚闭业，受化更生。随品炼度，上登福庭。
>
> 右咒讫，以舌拄上腭，存身为元始，意诵隐语一遍，思金光满口，双手玉清诀，吹往东北方，放诀，其魂立得上升朱宫，随品受炼，返生福庭。
>
> 《酆都山真形图》（图略）
>
> 度亡告文
>
> 右给付亡过某人，永为身宝。伏愿敬受之后，苦魂受度，简记朱陵，一如告命，风火驿传①。

---

① 《道藏》第 30 册，第 815 页。

　　该条目中，第一段即属说明文字，内容主要是从反面和正面说明《酆都山真形图》的作用及其使用方法。"度亡烧灰咒"和"度亡告文"皆为念诵文字，中间的小字注则是对念"度亡烧灰咒"之后的做法予以说明。

　　其他资料著录的《酆都山真形图》亦配有类似说明或念诵文字，且有与宁氏《灵宝大法》一样注明出自《元始六天制魔经》者。

　　《上经大法》卷六十八"炼度诸符品·酆都山真形"条末引录《元始六天制魔经》，其中开头引录"度亡告文"，但未加标题；后面录"太极真人咒"和"酆都山真形"赞各一首，均不见于宁氏《灵宝大法》；中间有关酆都山真形之功效和用法的一段说明文字与宁氏《灵宝大法》所录出入较大——前者与浙江奉化市文物保护所藏墓葬石刻《宋楼伉追荐父母酆都山真形图并〈元始制魔经〉》几乎相同，后者与江西高安出土墓葬石刻《酆都罗山拔苦超生镇鬼真形》无甚差别。这表明，《元始六天制魔经》在宋代可能有不同的版本流传。

　　《北帝伏魔神咒妙经》卷六假托"太极真人"所说的一段话引录了与宁氏《灵宝大法》和江西高安墓葬石刻相同的一段说明文字，亦注明出自《元始六天制魔经》。其后所引"酆都真形赞"即《上经大法》卷六十八所引"太极真人咒"。

　　《灵宝玉鉴》卷三十《酆都山真形图》下有无题咒文，与宁氏《灵宝大法》所录"度亡烧灰咒"同。其中"赦缚闲业"一句中的"闲"字文义未安，盖系"闭"之形近误字，当据宁氏《灵宝大法》改。《灵宝玉鉴》还在"酆都山真形"图咒之后有说明："右山形，连上题下咒，共作一板，刊之应用。"①

　　《济度金书》卷二八八"诰命等级品·酆都山真形告文"条曰：

　　　　元始六天策文

　　　　山图

　　　　元始符命，制魔奉行，保举亡魂，度品南宫，酆都消烬，三官解刑，赦缚闭业，受化更生，随品炼度，上登福庭，一如告命。

　　　　外封

　　　　元始六天策文告下

　　　　具位姓某承诰奉行谨封

　　　　酆都地狱

　　　　右摺角封如前，方阔五寸，青纸朱书山图，黄纸墨书告文，外封背面书拔度某人灵魂及一切罪爽②。

　　此处所引告文与宁氏《灵宝大法》所引"度亡烧灰咒"相同，由此可知与《酆都山真形图》配

用的"度亡烧灰咒"亦称"酆都山真形告文"。《大成金书》卷三十"颁告符简门·酆都山真形"条亦配有同样的酆都山真形告文,"赦缚闭业"仍误作"赦缚闲业"。赣西北《升天宝箓》著录的《酆都山真形图》亦配有类似的酆都山真形告文("制魔"下夺"奉行"二字),且以"祖师三天扶教正一静应显佑真君、六合高明大帝圣师黄箓教主、东极宫中太乙救苦天尊青玄上帝"的名义告下,文末采用公文套语"承诰奉行"。

江西出土南宋墓葬石刻《酆都罗山真形图》所配念诵文字与上列资料迥异,题为"酆都山六天宫洞大魔王内讳"。内容是列举"酆都山纣绝阴天宫洞大魔王"等六天宫洞大魔王内讳,简称"真形内讳"。按,酆都"六天宫"始见于《真诰·阐幽微》,但《真诰·阐幽微》始终未言及"魔王"或"大魔王",只称"鬼神"或"百鬼"。疑该石刻六天宫洞大魔王内讳与上举其他三通墓葬石刻文字的出处相同,即都出自《元始六天制魔经》,主要证据是石刻内容与经题完全一致。江西高安墓葬石刻有云"出《道藏·元始六天制魔经》",说明现已散佚的《元始六天制魔经》可能曾收入宋代《道藏》,或许就是北宋徽宗统治时期编成的《政和万寿道藏》。

(三)所有《酆都山真形图》都有标题文字

除宁氏《灵宝大法》卷三十四所载《酆都灯图》和江西出土南宋墓葬石刻《酆都罗山真彤图》之外,绝大部分《酆都山真形图》的标题均不冠"图"字,称为"酆都山真形"或"酆都真形",也有在"酆都"之前或"酆都"与"真形"之间加若干修饰字眼的情况。

《酆都山真形图》又称"六天策文"。《济度金书》卷二十六"符简轨范品"著录的《酆都山真形图》即以"六天策文"作为标题,《大成金书》卷三十"颁告符简门"著录的《酆都山真形图》除正题"酆都山真形"之外,又有副标题"元始六天策文",均可证。宁氏《灵宝大法》卷十七称酆都山真形"又曰'六天策文'",《上经大法》卷六十八"酆都山真形"条引《元始六天制魔经》之"太极真人咒"和"酆都真形赞"皆提到"六天策文",上引《济度金书》卷二八八"酆都山真形告文"条将《酆都山真形图》另题为"元始六天策文",《北帝伏魔神咒妙经》卷六和江西高安墓葬石刻《酆都罗山拔苦超生镇鬼真形》皆称《酆都山真形图》"又名'六天策文'",赣西北《生天宝箓》于《酆都山真形图》左侧刻"酆都六天策文符"一道,均可佐证。

四、使用方法解析

根据前述两种版本的《元始六天制魔经》,《酆都山真形图》共有四种使用方法:一是火炀焚烧;二是刻石镇墓;三是佩身;四是悬置斋室。《元始六天制魔经》对每种方法的功能亦有说明,主要是超度亡魂和制御鬼魔。江西高安墓葬石刻自题"酆都罗山拔苦超生镇鬼真形",正好精炼概括了《酆都山真形图》的两方面功能。除《元始六天制魔经》之外,将《酆都山真形图》佩身或悬置斋室的做法未见记载,似乎并不流行。稽考本文列述的三类资料,《酆都山真形图》主要有以下三种用法。

(一)刻石镇墓

前举四通墓葬石刻是《酆都山真形图》刻石应用的明证。江西高安石刻云"石刻玄台墓宫",

浙江奉化市文物保护所藏石刻云"以石刊真形,安于玄堂之顶,镇御土府,安慰地祇",均指刻石镇墓而言。前者谓其作用是"苦魂受度,简记朱陵",后者谓其作用是"使魂神不经六天,迳度南宫",两者文异义同。按,"朱陵"与"南宫"均出自《度人经》,二词所指相同。元陈致虚(字观吾)撰《太上洞玄灵宝无量度人上品妙经注》(DZ91)卷上注云:"盖经中所言朱宫,或言南昌上宫,或言朱陵,或言南宫者,皆离宫也。"① 正因为"朱陵"与"南宫"含义无别,故道书中有二词连称复指的用法,如南宋萧应叟《元始无量度人上品妙经内义》(DZ90)卷二有云"受炼南宫朱陵之府"②,明张宇初《元始无量度人上品妙经通义》(DZ89)卷二有云"度品朱陵南宫"③,皆为其证。

江西出土南宋石刻墓志《酆都罗山真形图》于图下以大字刊刻"酆都山六天宫洞大魔王之内讳",其用意明显是辟鬼镇墓。按,上引东晋上清降诰《真诰·阐幽微》在列举罗酆山洞六天宫名之后续云:

> 世人有知酆都六天宫门名,则百鬼不敢为害。欲卧时,常北向祝之三遍,微其音也,祝曰:"吾是太上弟子,下统六天,六天之宫,是吾所部,不但所部,乃太上之所主。吾知六天之宫名,故得长生。敢有犯者,太上当斩汝形。第一宫名纣绝阴天宫,以次东行第二宫名……"从此以次讫六宫止。乃啄齿六下,乃卧,辟诸鬼邪之气。人初死,皆先诣纣绝阴天宫中受事。或有先诣名山及泰山、江、河者,不必便径先诣第一天[宫]。要受事之日,罪考吉凶之日,当来诣此第一天宫耳。泰煞谅事宗天宫[收]诸煞鬼,是第二天[宫]也,卒死暴亡,又经于此。贤人、圣人去世,先经明晨第三天宫受事④。

石刻墓志刊刻"酆都山六天宫洞大魔王内讳"的做法显然源出《真诰·阐幽微》,唯以"大魔王"称六天宫洞主神盖系取诸晚出道书《元始六天制魔经》的说法(参前文)。前举北帝派道书《北帝伏魔神咒妙经》卷一有云:"其山(按指酆都罗山)中有六洞宫,其洞宫是太一阴洞天宫,每宫周回五千里……名为六天魔王宫。"⑤ 亦为晚出道书称六天宫洞主神为"大魔王"之佐证。

两通江西墓葬石刻《酆都山真形图》左侧分别刻"宋故正主押官徐永(行第五十二郎)字同道""羽化妙行大师万之信",两通浙江墓葬石刻《酆都山真形图》亦在图侧墓志中说明志主姓氏,均与前引《元始六天制魔经》所说相合,后者规定火炀焚烧《酆都山真形图》之前,应"丹书、墨书著没者姓名于其侧"。

四通墓葬石刻的墓主包括文武官吏、士子和道士(按"羽化"讳指道士死亡),表明至迟在南宋时期,《酆都山真形图》已在道门和世俗社会中非常流行。

(二)破 狱

道教度亡法事,尤其多出现在黄箓斋中。宋代以降的黄箓斋仪程复杂,其中有两个节次会用到

---

① 《道藏》第 2 册,第 405 页。
② 《道藏》第 2 册,第 349 页。
③ 《道藏》第 2 册,第 308 页。
④ 赵益点校:《真诰》,第 266－267 页。
⑤ 《道藏》第 34 册,第 393 页。

《酆都山真形图》，一是破狱，二是炼度。先说破狱。

据《无上黄箓》卷一"仪范门·建斋总式第二"条、卷十三"榜牒门·法事节次榜"条、卷三十七"赞道节次门·破狱节次"条，在三昼夜黄箓斋仪程中，破狱系正斋第一日夜举行的法事节次。同书卷二十四"科仪门"包括"九幽神灯仪""九狱神灯仪""五苦回耀轮灯仪"三个条目，其中"九狱神灯仪"条详述"祝九狱灯发符破狱"的仪式过程，此即黄箓斋的破狱节次。所破九狱指东方风雷地狱、南方火翳地狱、西方金刚地狱、北方溟泠地狱、东北方镬汤地狱、东南方铜柱地狱、西南方屠割地狱、西北方火车地狱、中央普掠地狱，总称"九幽"，与酆都十八地狱、酆都八大地狱、酆都三十六地狱、酆都三官二十四地狱并列为主要地狱。法师化身为太一救苦天尊，执策杖，依次焚九狱符幡，破九狱。随后破酆都地狱，在此过程中使用《酆都山真形图》：

> 师灵宝诀，执所怀青玄破酆都符，密念化形咒，同回光符，并焚狱中。再心祝，存灯光成百宝祥光，上达九霄，下彻九地。存化无量天尊，遍入九幽，一切罪魂，俱蒙原赦。师执酆都山真形。掐玉清诀，咒曰：
>
> 元始符命，制魔奉行。保举亡魂，度品南宫。酆山销尽，三官解刑。赦缚闭业，受化更牛。随品炼度，上登福庭。
>
> 咒毕，焚之。以舌拄上腭，存元始在顶中，金光满口，吹灰东北，放诀。众诵破酆都咒，及甘露通真咒。旋绕，师执柳枝水盂洒之①。

法师一边洒柳枝水，一边念最后一段说辞："北帝六宫，盖阳精之不照；朔幽九狱，乃罪爽之所居。非凭上圣之威光，莫启重泉之生路。今者奉为黄箓大斋主某，资荐亡灵某，依科行道，如法然灯……"②

《灵宝玉鉴》卷三十"开明幽暗门·九幽地狱灯"条在载录《酆都山真形图》及其"上题下咒"的同时，亦言及利用符篆和真形图破狱的做法：

> 师先以回光化形符、元始威章、酆都真形，共三道，作一沓，怀于胸前。至破中央狱时焚此符（笔者按，指前文所载"元始回光化形符"），两手玉清诀，擎灰于手中，自己即本来元始，性光化为百宝祥光，内外洞明。上达三天，下通九地。天尊化形十方，救度苦魂，诸狱幽牢，悉为乐土。众魂咸乘妙光，上升天境。吹灰于灯坛中，念前咒（笔者按，指前文所载"化形咒"）三遍，次纳策杖③。

值得注意的是，同书同卷"九幽狱图"条称"九幽曹主罪宪，职任罗酆"，表明九幽与酆都关系密切。不过《灵宝玉鉴》所谓"九幽"指幽冥、幽阴、幽夜、幽酆、幽都、幽治、幽关、幽府、幽光，与《无上黄箓》所说的九幽不同。又，《灵宝玉鉴》在"九幽狱图"条中还指出破九狱只为

---

① 《道藏》第9册，第524页。此文与前引宁氏《灵宝大法》卷十七所载"度亡烧灰咒"及咒后做法大体相同。
② 《道藏》第9册，第524—525页。
③ 《道藏》第10册，第346页。

普度幽魂而设，孝子报亲专荐不必举行破狱之科①，此说亦与《无上黄箓》所谓"正荐亡亲某乙、普荐在会众魂"② 龃龉不合。

《济度金书》卷二八三"存思玄妙品（开度用）·请杖破狱"条述破九狱及酆都诸狱仪程，其中也讲到《酆都山真形图》如何运用。原文曰：

> 破九狱毕，法师掐灵宝诀，（震文）执太一天尊符，念化形咒，化身为无量天尊，众唪《救苦经》，绕狱自东方玉宝皇上天尊起，至径上元始天。法师将怀中所藏破酆都符及回光符，各无量数，付众职对狱焚之，飞灰满室。法师默念：敕唵吽吒哩现光明。（三遍）

> 咒毕，瞑目，存符光与灯光，化成百宝祥光，下烁诸狱，一切罪魂，无不解脱。次焚酆都山形符，念六天策文。次存酆都诸狱，一时焚尽，阴关夜府，悉化光明。次宣白解冤结科。其三涂五苦诸大地狱，准此，不用化形咒③。

引言中将《酆都山真形图》称为"酆都山形符"，有将真形图当作道符使用的意味。所念"六天策文"即"度亡烧灰咒"（或称"酆都山真形告文"，详前所考），与其他道书将"六天策文"作为《酆都山真形图》之别称（亦详前所考）不同。另，同书卷三十二"科仪立成品（开度用）·破狱仪"亦言及破酆都狱法，与卷二八三所述大部分一致，但不焚《酆都山真形图》，亦不念相应咒语。

宁氏《灵宝大法》卷五十八"斋法宗旨门·破九狱"条概述破九狱仪式过程，其中言及《酆都山真形图》的用法："又焚酆都真形一道，吹灰九狱之中，念十方救苦天尊三声，次诵净酆都开业道等咒，洒水旋绕，存用在前。"④

金氏《灵宝大法》卷三十五"然灯破狱品"述破九幽地狱仪程，《酆都山真形图》在其中发挥了重要作用。原文曰："再烧酆都山形一本，吹散其灰随炁，以杖拨开狱灯，见上极高天，下穷厚地，内外洞明，地狱空闲，九狱皆同。都毕，法师回身望阙，上香谢恩而退。"⑤

通常破狱与燃灯仪式结合进行，金氏《灵宝大法》卷三十五"燃灯破狱品"之品题及上引该卷内文所谓"以杖拨开狱灯"可谓明证。宁氏《灵宝大法》亦可证明这一点，且有直接关涉《酆都山真形图》的内容，该书卷三十四"斋法坛图门·狱灯图像章"列述破狱用的各种灯图，包括"酆都狱灯"在内；同书卷四十一"斋法符篆门"由"燃灯章""破狱章""北酆章"三个互相关联的部分组成，"北酆章"有云："宜依酆都山真形，设象然灯，以赎亡者之罪。用诸符命，开泰幽扃，拯拔无间矣。"⑥

不过，破狱与燃灯虽然通常结合进行，但二者却是互有区别的仪式节目。"燃灯"又称"礼灯"

---

① "大凡建九狱，本为普度沉沦之设。若是建小缘，上不礼君王而及寰区，下不度九祖而及六道，区区只度一二之魂，则上帝岂特为一人，而能颁曲赦，悉开九狱，必无是理。地狱未必皆可破，幽魂未必皆可度。而我之立意，无一毫及物之功，岂本科之意也。倘或专荐，止可然灯祝赞，或建九厄灯之类足矣。破狱之科，不必举行，庶免僭渎。"《道藏》第10册，第348页。

② 《无上黄箓》卷十六，《道藏》第9册，第471页。

③ 《道藏》第8册，第493页。

④ 《道藏》第31册，第241页。

⑤ 《道藏》第31册，第573页。

⑥ 《道藏》第31册，第70页。

或"燃灯礼赞",始出东晋末刘宋初古灵宝经之一《太上洞玄灵宝金箓简文三元威仪自然真经》(简称《上元金箓简文》),后为刘宋高道陆修静、唐末五代高道杜光庭继承和发扬①。破狱系宋代灵宝道士新创仪法②,与中古时代的燃灯礼祝仪式在做法上存在若干差异。如燃灯仪式中法师会在灯下祝赞时念及"上照九天福堂,下照九幽地狱"之类的言辞,但只是在意念或观念上照破幽狱,且这样的言辞甚少;破狱却包括法师执策杖、焚符幡(包括《酆都山真形图》)、逐一存破九狱的一系列象征性动作和念唱之文,比较复杂。正因为燃灯与破狱仪式互有区别,所以金氏《灵宝大法》卷三十五"然灯破狱品"在叙述破狱与燃灯结合的仪式时,开首就说明二者有别:"破狱之科,本不与然灯连续。"③另外须辨明的是,据金氏《灵宝大法》等道书的记载,与破狱结合的燃灯仪式较中古时代的燃灯礼祝威仪已发生很大变化。总结起来可以说,破狱通常包含燃灯仪式在内,但燃灯不一定破狱。相应地也可以下结论:《酆都山真形图》用于破狱。前揭张勋燎文简单判定《酆都山真形图》的用法之一是"作道仪灯坛图形使用",即用于燃灯仪式,其说似未分清燃灯与破狱的界线。

(三)炼 度

炼度是宋代新出度亡仪式④,指行仪法师以内炼功夫和外在手段促使亡魂脱胎换骨,受度超生。炼度通常也是黄箓斋重要节目之一,《酆都山真形图》有时会在炼度过程中运用。

据金氏《灵宝大法》卷十六"黄箓次序品·序斋"条和"正斋第三日"条,黄箓斋第三日静夜举行的节目是炼度正荐亡魂。金氏《灵宝大法》卷三十七"水火炼度品"记载了水火炼度仪程,在此过程中运用了多种符命,最后用的是《酆都山真形图》和《生天宝箓》。原文曰:

> 次两手煞文,擎酆都形、生天箓,吹中天炁一口,放箓上,白咒:
> 元始符命,时刻升迁。北都寒池,部卫形魂。制魔保举,度品南宫。死魂受炼,仙化成人。生身受度,劫劫长存。随劫轮转,与天齐年。永度三涂,五苦八难。超凌三界,逍遥上清⑤。

"水火炼度品"在卷末附有"灵宝本法炼度符命",载录了炼度仪式运用的所有符命,包括最后一道符命"酆都山真形"。金允中还对这些炼度符命予以总的详论,对《酆都山真形图》的评论尤详,大意是近人妄增黑池、碎石、血湖之狱,误以《酆都山真形图》所标示者皆为地狱。前文已有节引,兹不复赘。

金氏《灵宝大法》卷十三"济炼幽魂品"记载有施食与炼度结合的仪式,施食与炼度的对象是

---

① 参见王承文:《敦煌古灵宝经与晋唐道教》,第493—506页。

② 金氏《灵宝大法》卷十六《黄箓次序品》"宿启"条有云:"事毕,众官复位破狱。广成(笔者按指杜光庭)无此科,系出灵宝经。"(《道藏》第31册,第431页)今检唐末五代杜光庭著述(如DZ507《太上黄箓斋仪》卷五十六《礼灯》)确无破狱,可见宋代以前破狱尚未出现。按金允中之说,可能破狱是入宋以后"灵宝大法"一系道士的发明。

③ 《道藏》第31册,第571页。

④ 宁氏《灵宝大法》卷五十五:"广成(案指杜光庭)古科无炼度之仪,近世此科方盛。"(《道藏》第31册,第217页)金氏《灵宝大法》卷三十七:"炼度之仪,古法来(未)立。虽盛于近世……是以炼度之符莫非法师自炼度之法。"(《道藏》第31册,第582页)可知宋代以前无炼度之仪,应当是金允中之前的宋代道流造作。虽然东晋末古灵宝经之一《度人经》有"死魂受炼,仙化成人"之说,但并非指宋代道书记载的炼度仪式。参见陈耀庭:《先天斛食济炼幽科》,香港:青松出版社,2010年,第477—478页。

⑤ 《道藏》第31册,第592—593页。

"三涂五道，十类四生一切孤魂"。该仪式须采用符（三道）、降召符、真文（五幅）、酆都山形（三五本）、灵书中篇（十本）、生天箓（十道）、纸钱（三五贴）、净水、烛或灯（随力）、香等物件，越多越好。祝香辞有云："臣拟书行太上生天宝箓、水火真符，印给酆都山形，普行炼化，用济沉魂"，表明《酆都山真形图》在该仪式所用物件中占据相当重要的地位。"济炼幽魂品"载录了炼度用的太上生天宝箓、请真火符、请真水符、酆都山真形符，唯酆都山真形符未载符形，仅用小字注云"已见于《炼度品》（按指上引卷三十七"水火炼度品"）中"①。此处以符称《酆都山真形图》（亦参前文），与同书卷三十七"水火炼度品"将酆都山真形归入"灵宝本法炼度符命"完全一致。

上举包括《酆都山真形图》在内的物件均须在孤魂受三皈九戒之后焚燎，故焚燎辞文有云："今谨焚化生天宝箓、酆都山形、灵书中篇、冥财等用。"同书卷三十一"奏申文檄品·给散孤魂钱箓关"条所录关文可能系与卷十三"炼度幽魂品"相关的文书，其中有云：

> 今有太上生天宝箓、酆都山真形、元始灵书中篇（别有印经，于此间开写，银钱等物，并不限数目），合行给散，须至专行。
>
> 右关六道功曹（法官有平日所用得力将吏，于此添入，请同共监散），当处里域土地等神，引上到坛一切孤魂，将前件符箓经文等物，恭承道力，变化无穷，逐一当坛，尽行给散，务在周备，毋使缺遗，各令率领。事毕，并行发遣，前诣合属真司，证品超度施行。故关②。

金氏《灵宝大法》卷七"速度亡魂诀"条记载有破狱和炼度结合且大大简化的仪式，仪式结束部分运用了《酆都山真形图》：

> 取酆都山真形，火化成灰。咒曰：
>
> 元始符命，制魔奉行。保举亡魂，度品南宫。酆山消烬，三官解刑。赦缚释业，受化更生。随品度炼，上登福庭。
>
> 咒讫，以舌拄上腭，存身为元始天尊，默诵隐语一遍，存金光满口，双指玉清诀，吹纸往东北方放诀，其魂立得上生朱官，随品受炼，乃生福庭③。

可以看出，这里描述的方法与前述破狱仪式中使用《酆都山真形图》的方法基本相同。

《上经大法》卷六十一"灵宝炼度品"记载灵宝水火炼度仪程，其中"焚酆都山真形"是重要节次之一。焚真形图时，要念诵同书卷六十八"炼度诸符品"载录的"太极真人咒"（参见本文第三节）。

《济度金书》卷五十九"科仪立成品（开度黄箓斋）·九炼返生仪"记载名为"九炼"的炼度仪程，其中有节次名曰"宣六天策文诰"，所念诰文即与《酆都山真形图》配用的"度亡烧灰咒"（亦称"酆都山真形告文"，参见本文第三节）。

---

① 《道藏》第 31 册，第 414 页。
② 《道藏》第 31 册，第 557 页。
③ 《道藏》第 31 册，第 387 页。

如前所述，现今赣西北流传的《酆都山真形图》系《生天宝箓》构件之一，题名"南昌受炼司酆都山真形"。按，《道藏》本《海琼白真人语录》（DZ1307）卷一载有南宋高道白玉蟾与弟子留元长的一段问答：

> 元长问曰："尝疑炼度是两件事，不知是否？"答曰："《度人经》云'生身受度'，一也；又云'死魂受炼'，二也。今观朱陵景仙度命箓文有曰：南昌宫所摄二宫，一曰上宫，一曰下宫，上宫主受炼司事，下宫主受度司事。生身在下土，故以下宫主之；死魂升上天，故以上宫主之。总而名之曰朱陵火府，亦曰南昌炼度司，今人所称南昌上宫受炼司。"①

据上引语录可知，归诸"南昌受炼司"的赣西北《酆都山真形图》应当用于炼度仪式。赣西北铜鼓县棋坪镇显应雷坛现在尚能举行五旦六夕度亡超拔科仪，在第五日夜施演节目之一判度超升中会运用包括《酆都山真形图》在内的《生天宝箓》构件十三种，统称为"符箓"②。虽然判度超升与宋代以来兴起的炼度科仪迥异，但所用文书火冶牒、水池牒③明显属炼度文书，可以说判度超升仍存宋元炼度科仪之遗意。在判度超升用的《生天宝箓》构件中，《酆都山真形图》显然是用于炼度的"符箓"之一。前举金氏《灵宝大法》的炼度仪式中使用"太上生天宝箓""酆都山真形"等物件，赣西北流传的《酆都山真形图》在用法上与金氏《灵宝大法》所记颇为一致，不同之处是变成《生天宝箓》构件之一而不是与《生天宝箓》并列。

前举张勋燎文也讨论了《酆都山真形图》在炼度仪式中的运用，但尚有论述不清楚或误解之处。一是误认为炼度用于生人，二是误将刻石镇墓也归诸炼度，三是未辨明礼灯与破狱之异同，误将前者也视为炼度仪式之一种。

关于《酆都山真形图》的使用方法还需说明的是，前述赣西北铜鼓县棋坪镇显应雷坛传承的度亡超拔科仪需预先填写包括《酆都山真形图》在内的符箓十三件。填写步骤和内容系不轻易外传的秘诀，在本文列举的道书和墓葬石刻中均无记载。据显应雷坛藏秘诀抄本《杂录》（戴蓝田抄）"填符箓捷诀"条，填写酆都山真形的方法如下：

酆都山上，东岳🀫，南岳🀫，西岳🀫，北岳🀫，中岳🀫。破幽关🀫，下元洞🀫，泉曲府🀫，溟泠大神🀫，破黑地府🀫，鬼帝金阙🀫，度生府🀫（俱用金光盖）。破井字号：🀫。聚形：🀫（紫景青碧神，玉琅太丹）火（唵吽吒唎）𰀀（八卦）𰀀（东破风雷，南停火翳，西裂金刚，北决溟泠，中开普掠，有间无间）几（大小铁围）厶（狴犴二将，速开狱门）王（天声声声，帅将现形）。又破井中字：🀫🀫🀫🀫🀫🀫🀫🀫🀫④。

① 《道藏》第33册，第112—113页。
② 参见戴礼辉口述，蓝松炎、吕鹏志编著：《江西省铜鼓县棋坪镇显应雷坛道教科仪》，第1036—1043页。
③ 参见戴礼辉口述，蓝松炎、吕鹏志编著：《江西省铜鼓县棋坪镇显应雷坛道教科仪》，第1044—1045页。
④ 参见戴礼辉口述，蓝松炎、吕鹏志编著：《江西省铜鼓县棋坪镇显应雷坛道教科仪》，第1085—1086页。

这是笔者请显应雷坛掌坛人戴礼辉道长用朱笔填写的《酆都山真形图》（图 15）：

图 15

五、结　语

酆都是道教创造的冥间鬼神大本营，充分反映了古人对来世或死后生活的想象。酆都信仰源远流长，《酆都山真形图》既是酆都信仰的集中体现，也是道士与酆都鬼神世界沟通的重要媒介。本文通过道书、墓葬石刻和田野资料的比较互证，解明了《酆都山真形图》的大部分图文内容和使用方法。根据现存有关《酆都山真形图》的原始资料，《酆都山真形图》可能由北宋北帝派道士始创，随后在各种新旧道派中流传开来，一直传行至今，图文内容基本上没有发生什么变化，部分使用方法也被承袭下来。前人研究已发现，中国各地现存道教仪式大都直接承袭了宋代以降融合新道法、密教、民间宗教的新兴道教仪式，又与汉唐时期即中古时代的道教仪式间接相关，本文探讨的《酆都山真形图》可为这一结论补充和提供新的证据。

元代武当山全真、清微传系考略

——兼论"三山滴血派"字谱

周　冶*

内容提要：本文通过梳理元代武当山全真、清微道士的传承谱系，揭示了当时两派混融的情况，且两派法裔事实上使用相同的排辈用字。其用字与"三山滴血派"字谱首句相符，表明武当山在"三山滴血派"形成过程中占有重要地位。

关键词：武当山　全真道　清微派　三山滴血派

武当山地处华夏中部，周环八百余里，历来多有道客羽士在此隐居修行，被道教尊为"第九福地"。传说玄武神（宋代避始祖赵玄朗讳，称真武）曾在武当山修道升真，所以成为真武崇拜的重要道场。由于玄武为北方之神，又具战神的神格，所以受到源自北方的元朝皇帝之青睐，武当山道教遂大盛。

从地理位置来看，武当山地区处于中国南北交通的中路枢纽。由此向西可进四川、汉中，北上可入河南、陕西，东进则至江汉平原，东北沿南襄隘道可达南阳盆地。汉江流经武当山一段称"沧浪水"，由沧浪水溯流而上可至汉中，顺流而下经襄阳即入长江中下游地区。由汉江之均口北行有丹江通道，沿丹水河谷而上，经丹淅，出武关，可进入陕西渭南地区。可见，无论从古代水路还是陆路交通的角度，武当山地区都是"荆襄襟带，雍豫咽喉"。因此，当元朝统一全国后，金代兴盛于北方的全真道、南宋盛行于南方的清微派，在扩大传播范围的过程中，不期然相遇于武当山。本文即意在梳理元代武当山全真、清微两派的传承。

一、元代武当山全真道

元代全真道士在武当山的活动，始于鲁大宥和汪真常。鲁大宥（？—1285），号洞云子，随州应山（今属湖北）人。家世宦族，初入武当山学道，"隐居五龙观，草居菲食四十余年"。元兵破襄

---

*　作者简介：周冶，哲学博士，四川大学道教与宗教文化研究所副研究员、副所长。

基金项目：本文为国家社科基金一般项目"元代阴阳丹道的历史境况研究"（项目编号：13BZJ040）阶段成果。

汉，"去渡河，访道清和真人（尹志平），西绝汧陇，北逾阴山，至元十二年（1275）归（武当）"①，是一位转隶全真的武当道士②。汪真常，名思真，号寂然子，家世徽（治安徽歙县）人，宋丞相汪伯彦（1069—1141）之后。生于安庆（今安徽安庆），嗣全真教法，入武当山兴复五龙宫，任本宫提点③。他们于至元十二年率领徒众修复紫霄、五龙诸宫，各度徒众百余人，为全真道在武当山的发展打下了基础。汪真常之徒张道贵、鲁大宥之徒张守清，皆为元代武当山著名道士。不过他们同时传承清微道法，将放在清微法脉中论述，此不赘。

汪真常兴复五龙宫，在此传留一派徒裔，现有资料未明言他们是否兼传清微法，故论列于此。据揭傒斯《敕赐武当山大五龙灵应万寿宫碑》所述，五龙观毁于宋元之际的战火，"有道之士汪思真（真常）奋然特起，辟草莱，剪榛翳，一举而新之"。后玄教大宗师张留孙将武当道士叶云莱奏闻于朝，世祖召见而崇信其道，"至元二十三年（1286）诏改其观为五龙灵应宫，以希真（叶云莱）主之。居八年而侯道懋继之，又二十年而续道诚等继之"。元仁宗"加赐其额曰大五龙灵应万寿宫，仍甲乙住持"，并于宫内新建玄武殿，由"住山续道诚、张道真、吴明复、邵明庚、李明良先后贤而成之"④。同为揭傒斯所撰《大五龙灵应万寿宫瑞应碑》，记"至正元年（1341）夏，本宫住持邵明庚、李名（明）良节岁计之赢，会檀施之积"，重修玄武殿后玉象阁⑤。以上道士中，叶云莱为清微法嗣，与汪真常没有师承关系，大概由于张留孙和元世祖的原因担任了五龙宫的住持；鉴于五龙宫为甲乙相承的性质，其余诸人似应为汪真常徒裔。这一点，可以从王喆撰《华阳岩浩然子记碑》得到佐证。此浩然子即上述李明良，根据碑记，其师龙岩子林公"乃开山祖师汪君真常之徒，讳曰道富。而先生（李明良）在汪君则为正传嗣孙也"⑥。此碑为王喆根据"其（李明良）徒何仁逊等告述其事而志诸"。据此，可以清楚看到汪真常—林道富—李明良—何仁逊的传系。另外，此碑碑阴落款"至元己卯岁（1339）中元日，教门高士、通玄灵应明德法师、本宫住持提点、重修本岩李明良立石。制授教门高士、崇玄冲道成德法师、主领大五龙灵应万寿宫事、兼领本路诸宫观事邵明庚主盟"⑦，可与揭傒斯所记参证。《白浪双峪黑龙洞记碑》云："至正癸未（1343），（五龙宫）宫副涂德渊遂构祠宇洞之傍，塑圣像以奉之。"⑧则涂德渊也应该在本宫的传承谱系内。此系道士，唯李明良赖王喆之记，略知生平。李明良，家世居于安成（今江西安福）城南兴德乡之阳溪，生于至元丙戌（1286），大德间（1297—1307）入武当，师从林道富，"于是结草作靖，坐忘其中，胁不沾席者十有五年"。吴全节嘉其善，"以为宫（五龙宫）之主席，至元后丁丑（1337）乃复以其名闻于圣天子，降玺书宠嘉而赐以教门高士、通玄灵应明德之号"。他与揭傒斯等名流相友善，"方外老释之士

①　（元）程钜夫：《雪楼集》卷五《均州武当山万寿宫碑》，《影印文渊阁四库全书》，台北：台湾商务印书馆，1986年，第1202册，第63页。

②　南宋武当山五龙观传上清别派。参见丁培仁：《元前道派研究》，成都：四川人民出版社，2014年，第410—413页。

③　《大岳太和山志》卷五，《藏外道书》，成都：巴蜀书社，1994年，第32册，第922页。

④　《大岳太和山志》卷十二，《三洞拾遗》，合肥：黄山书社，2005年，第13册，第461—463页。《藏外道书》第32册所收山志有缺板。

⑤　《大岳太和山志》卷十二，《三洞拾遗》第13册，第465页。

⑥　《大岳太和山志》卷十二，《三洞拾遗》第13册，第474页。《藏外道书》第32册所收山志有缺板。华阳岩隶属五龙宫，参见《大岳太和山志》卷八，《三洞拾遗》第13册，第438页。

⑦　《大岳太和山志》卷十二，《三洞拾遗》第13册，第476页。至元三年（1337）立于五龙宫的《臣下碑》再次强调本宫属"甲乙住持"，且列出邵明庚、李明良二人的职衔、师号，可参。（清）贾洪诏：《均州艺文志》，《石刻史料新编》第三辑，台北：新文丰出版社，1986年，第13册，第511页。同碑又载陈垣编纂：《道家金石略》，北京：文物出版社，1988年，第1191—1192页。

⑧　《大岳太和山志》卷十二，《三洞拾遗》第13册，第478页。此碑为王喆撰于至正四年（1344）十一月。

闻风而师承者尤众"①。其自赞云："假合身躯用墨图，性天朗朗笔难模。上天之载无声臭，此个清光何处无。"②

稍晚于鲁大宥、汪真常，全真高道王志谨也有徒裔在武当山居住过。张仲寿撰《抱元真静清贫李真人道行碑》说，李道元自号清贫子，卫辉路淇州朝歌（今河南淇县）人，四十岁志欲出家，"持钵化饭，云游西秦京兆。于古庙破窑之中，毁炼睡眠，已经年载，心地未明，遂上武当山，投□□□栖云王真人门下袁先生为师。因开石洞工毕，随师往邓州土洞兴缘"。此事在至元二十六年（1289）之前③。

邓志明，曾为峄山（在今山东邹城）仙人万寿宫已故提点李志椿撰《崇德真人之记》④，其署名为"冲寂体真纯一大师、武当山紫霄元圣宫三洞讲经师邓志明"。记云："俾吾全真之教，自古以固存，愈久□明盛者哉！"此碑于至治二年（1322）立石，可知邓氏大约在此前后活动于紫霄宫。

二、元代武当山清微派

南宋时，清微派因黄舜申而大盛，传度弟子百余人⑤。入元后，清微派传入武当山。

据明任自垣编《大岳太和山志》记载："叶云莱，名希真，号云莱子。处州括苍（今属浙江丽水）人也。辛亥年（1251）三月初五日巳时生，唐天师叶法善之族裔。生于建宁（治今福建建瓯），得清微道法之妙，兵迁古穰（治今河南邓县），入武当山。至元乙酉（1285）应诏赴阙。……至元丙戌（1286），钦授领都提点任，武当护持自公而始"⑥。可见，叶云莱出身道士世家，又与黄舜申为同乡，是将清微道法传入武当山的关键人物。《清微玄枢奏告仪》称之为"宗师云莱叶真人"⑦。"刘道明，号洞阳，荆门（今属湖北）人。与叶云莱同师雷困黄真人，授以清微上道，居武当五龙宫……暇则搜索群书，询诸耆旧……笔之曰《武当总真集》（即《正统道藏》所收《武当福地总真集》）。"⑧

张道贵是全真道士汪真常门徒。《武当山志》载："张道贵，名云岩，号雷翁，长沙人。至元间（1264—1294）入武当，礼汪真常为师"，随后又"同（叶）云莱、洞阳（刘道明）谒雷渊黄真人

① （元）王喆：《华阳岩浩然子记碑》，《大岳太和山志》卷十二，《三洞拾遗》第13册，第474—475页。此记李明良行事，皆类全真苦行、内丹修炼、葺治宫观，丝毫不见清微道法的影迹。

② 《浩然子自赞》，《大岳太和山志》卷十四，《三洞拾遗》第13册，第508页。

③ 王宗昱编：《金元全真教石刻新编》，北京：北京大学出版社，2005年，第47页。

④ 陈垣编纂：《道家金石略》，北京：文物出版社，1988年，第763—764页。李志椿出于刘处玄一系，参见《仙人万寿宫重建记》，《道家金石略》，第762—763页。

⑤ （元）陈采：《清微仙谱》，《道藏》第3册，第332页。

⑥ 《大岳太和山志》卷六，《藏外道书》第32册，第922页。参见《古今图书集成·博物汇编·神异典》卷二八六，北京：中华书局，成都：巴蜀书社，1985年，第51册，第62672页。据《武当福地总真集》卷上《武当事实》云："至元二十三年（1286），法师叶希真、刘道明、华洞真承应御前，充武当山都提点，奏奉护持圣旨，累降御香，祝愿祈福。"《道藏》第19册，第648页）似此三人皆有授任，不独叶云莱一人耳。而黄舜申亦曾于至元二十三年应诏赴阙，中间或有联系。（黄舜申事迹，参见《历世真仙体道通鉴续编》卷五《黄雷渊传》，《道藏》第5册，第446页；并参《清微仙谱》之《黄舜申传》，《道藏》第3册，第331—332页。）

⑦ 《道藏》第3册，第609页。

⑧ 《大岳太和山志》卷六，《藏外道书》第32册，第922页。参见《古今图书集成·博物汇编·神异典》卷二八六，第51册，第62672页。

（黄舜申），得先天之道。归五龙宫，潜行利济，门下嗣法者二百余人。得其奥旨（者），唯张洞渊（张守清）焉。终于自然庵"①。可见张道贵是兼传全真与清微的道士。

张、叶、刘等人下传张守清，武当清微法派由此更盛。张守清也兼传全真与清微，先为全真道士鲁大宥弟子。清陈铭珪《长春道教源流》卷七云：张守清，"名洞渊，号月峡叟，宜都（今属湖北）人。幼习举子业，未成弃去，更为县曹掾。年三十一②……闻鲁洞云（大宥）名，投礼出家。洞云传以道要。……后由张云岩（道贵），复得叶云莱、刘洞阳之道。至大三年（1310），皇后闻其道行，遣使命建金箓醮。皇庆元年（1312）春，京师不雨，召守清至，祷而雨。逾年春不雨，祷而雨，又祷又雨。两宫大悦，赐号体玄妙应太和真人。赐虚夷宫额曰天一真庆万寿宫，置提点，甲乙住持。延祐元年（1314），奉旨乘骑奉香还山致祭，管领教门公事"③。程钜夫《均州武当山万寿宫碑》则谓封张守清真人号在至大三年（1310）④。而《玄天上帝启圣灵异录》载封张守清诏书曰："凝真灵妙保和法师……可赐体玄妙应太和真人"，署延祐元年（1314）十月⑤。关于张守清所传行的道法，元明间清微派宗师赵宜真曾说："近世如洞渊张真人，化行四海，独露孤峰，止以爱将神烈一阶授之学士。至于诸阶雷奥与夫炼度奏章等法，虽间有得之者，亦鲜究其旨。"⑥ 在《道藏》所收《清微神烈秘法》中，"师派"于黄舜申之下列"清微冲道使叶云莱、清微冲和使张道贵、冲元雷使张守清、紫玄散吏张守一"，所请神将为上清神烈阳雷神君苟留吉、上清神烈阴雷神君毕宗远⑦，正可与赵说相印证。

张守清门下弟子甚众，著名者有吴中（冲）和、唐中一、刘中和、高道明（中常）、文道可、王道者、黄明佑、汪道一、单道安等。

吴中（冲）和，《大岳太和山志》卷八云：吴文刚，法号中和，"以先师所授清微宗谱、师派仙像献于官府，于是严饬巍巍，列于岩（清微妙化岩）中，历代宗师今得复见焉"⑧。撰于泰定甲子（1324）的《九渡涧天津桥记碑》云："于是洞渊师（张守清）大兴香火之缘，乃命其徒吴冲和于斯涧之阳择地之吉，架岩筑室，截流飞梁，以便朝谒者无深厉浅揭之忧。事未既，而冲和已仙逝矣。其徒彭明德乃继志述事，募四方士庶之资，构此法桥，未逾年而落成。洞渊师扁之曰天津，以配天

---

① 转引自《古今图书集成·博物汇编·神异典》卷二八六，第 51 册，第 62673 页。《大岳太和山志》卷六传文有错板，且中间插入《张全一传》，据陈铭珪《长春道教源流》卷七《张道贵传》和《邓羽（青阳）传》注引《武当山志》（分见《藏外道书》第 31 册第 120、127 页），可知《大岳太和山志·张道贵传》"门下嗣法者二百余人"（《藏外道书》第 32 册，第 923 页）下应接"惟张洞困得其奥旨，于是玄风大阐，宗教自此振矣。宣授玄莹灵妙法师，管领宫事。终于自然庵，修炼大丹而去"（《藏外道书》第 32 册，第 924 页）。而《张道贵传》"然若有不足焉"以下应置于《邓青阳传》"栖栖"（《藏外道书》第 32 册，第 925 页）之后，为"栖栖然若有不足焉"云云，方可补完《邓青阳传》。
② 程钜夫撰《大元敕赐武当山大天一真庆万寿宫碑》记其时为至元二十一年（1284），则张守清生于 1254 年。
③ 《藏外道书》第 31 册，第 120 页。参见《大岳太和山志》卷六，《藏外道书》第 32 册，第 924 页。
④ （元）程钜夫：《雪楼集》卷五，《影印文渊阁四库全书》第 1202 册，第 63 页。此文又载《玄天上帝启圣灵异录》，名《元赐武当山大天一真庆万寿宫碑》，《道藏》第 19 册，第 643 页；又见《大岳太和山志》卷十二，《藏外道书》第 32 册，第 960—963 页。
⑤ 《道藏》第 19 册，第 644—645 页。
⑥ 《道法会元》卷五，《道藏》第 28 册，第 707 页。
⑦ 《道藏》第 4 册，第 136 页。苟、毕二将在《道法会元》中多处出现，特别是在《上清龙天通明炼度大法》中列于"将班"，称"爱将上清神烈阳雷神君苟留吉、上清神烈阴雷神君毕宗远，此二将乃师法中所行爱将，用可随宜"。（《道法会元》卷三十二，《道藏》第 28 册，第 863 页）
⑧ 《三洞拾遗》第 13 册，第 441 页。《藏外道书》有缺板。

一生水之意。"① 两处所记当为同一人，其师承张守清，所传为清微道法。后碑署"洞渊（张守清）嗣孙王明常书丹，凝真冲素洞妙法师、太和宫住持、管领玉虚岩开山提点彭明德鼎建"②，二人皆为张守清徒孙。彭明德任太和宫提点，又因其开复玉虚岩，造构殿宇，故为玉虚岩开山住持。他立有两方《玉虚岩功缘记碑》，其一为至正元年（1341）二月撰，其二为至元三年（1337）九月撰。至正碑云："至顺改元（1330），太和宫提点彭明德复其岩，构其殿宇，奇伟宏丽，结集香火缘。"③ 至元碑云："甲子年，惟太和宫提点彭明德，披荆斩棘，因岩架屋，结香火缘。"④ 在他所兴复的玉虚岩，有"本岩徒弟于仁普，上座欧阳仁真、杜仁德、张仁福、陈仁贵，本岩知岩彭仁可"⑤，应该都是其弟子。

据《启圣嘉庆图序》，唐中一、刘中和二人"充拓师说，作启圣嘉庆图，出相叙事"⑥，辅助张守清编集真武灵异，绘图以传。

高道明，《真庆宫创修记碑》云：真庆宫创修云路一道，张守清"乃举未备，属其徒中常高君道明者继之……中常凤钟道焘，自髫龀时早慕武当，岁及志学，果有所愿，勤心奉教，继志述事，孜孜不倦"⑦。其在《天寿节瑞应碑》落款为"制授清微演庆宣道法师、大天一真庆万寿宫提点臣高道明立碑，至正九年（1349）四月十七日"⑧，可见其嗣清微道法。

文道可，首见于元统甲戌（1334）二月张守清立石的《黑虎岩记》，"本宫（天一真庆万寿宫）徒弟大顶焚修文道可"⑨；又见于至元丙子（1336）八月十五立石的《重修飞升台石路记碑》，其云："本宫（天一真庆万寿宫）有法属，亦太和真人（张守清）门下受业者，体道崇玄明德法师、大顶天柱峰玉虚圣境焚修香火住持提举文道可"，记文作者署"忝眷高明明顿首谨书"，似自陈为文道可弟子辈⑩。后碑称道"我纯阳祖师"，亦可见张守清一系兼传全真之事实。

王道者，见于《燄火雷君沧水圣洞记碑》，碑云：张守清整修该处道路殿宇，"第（弟）以继师，门人甲以受（授）乙，严修精祀，如有王道者，竭力成就，愈臻其极。自王之有秦明德者，亦有至焉"，得"贤豪氏"捐资"以终先业"⑪。由此可见张守清—王道者—秦明德三代传承。

黄明佑，字太霞，潭州（今湖南长沙）人，"礼武当太和张真人（即张守清，宣授体玄妙应太和真人），嗣以清微法派，凡有祷祈，无不感应。既而证道南岩，回风混合之妙，久则功成道毕，

① （明）任自垣：《大岳太和山志》卷十二，杨立志点校：《明代武当山志二种》，武汉：湖北人民出版社，1999年，第172页。参见（明）张恒纂修：《（天顺）重刊襄阳郡志》卷四《天津桥记》，天顺三年（1459）刻本。《藏外道书》《三洞拾遗》本山志有脱漏、错版，以《玉虚岩功缘记碑》前半与本碑后半文字相接，而卷末《九渡涧碑》仅余题目，参见《藏外道书》第32册，第972、975页，《三洞拾遗》第13册，第477、480页。

② （明）任自垣：《大岳太和山志》卷十二，杨立志点校：《明代武当山志二种》，第172页。

③ 《藏外道书》第32册，第971页。

④ （明）任自垣：《大岳太和山志》卷十二，杨立志点校：《明代武当山志二种》，第171页。《藏外道书》《三洞拾遗》本山志所录此碑即与前述《九渡涧天津桥记碑》相混。

⑤ 杨立志据原碑录文，碑今存玉虚岩。（明）任自垣：《大岳太和山志》卷十二，杨立志点校：《明代武当山志二种》，第177页注释33。

⑥ 至大辛亥（1311）赵炜序，另可参见皇庆元年（1312）虞集序、至大辛亥鲍思义序。《玄天上帝启圣灵异录》，《道藏》第19册，第646—647页。

⑦ 《大岳太和山志》卷十二，《藏外道书》第32册，第965页。碑记撰于辛巳岁，即至正元年（1341）。

⑧ 《大岳太和山志》卷十二，《藏外道书》第32册，第965页。

⑨ 原碑今存泰常观，梅莉有录文。参见梅莉：《明清时期武当山朝山进香研究》，武汉：华中师范大学出版社，2007年，第83页。

⑩ 《大岳太和山志》卷十二，《藏外道书》第32册，第968页。

⑪ 《大岳太和山志》卷十二，《藏外道书》第32册，第964页。碑记撰于至元丙子（1336）二月。

而乃拂袖三山，游神八表矣"①。

据《沉香圣像碑》，至元丁丑（1337），善信沈道升等以沉香"雕镂玄帝、圣父、圣母牌座三面"供养，署"提点宫事李道纪、高道明、李道隆记，敕赐大天一真庆万寿宫主领宫事刘道常、黎守中立石"②。高道明已见前述，而天一真庆宫为甲乙相承，故此数人也当与张守清一派相关。

单道安，均州（今湖北丹江口）人，"从南岩张真人（即张守清，创建南岩天一真庆宫）学，精究道法，执弟子礼，殷勤弗怠。真人升举之后，潜藏于叠字峰，屏绝人事，服气养神，固有年矣。洪武初游方，遍览西华、终南诸名山，道化盛行，济人为大，仍居圜堵于重阳万寿宫，以平昔所授（受）玄秘付与门人，厌弃而去。弟子李素希携冠履瘗于五华仙茔"③。其弟子李素希（1329—1421），洛阳人，字幽岩，号明始韬光大师④，但陈铭珪《长春道教源流》引《武当山志》，仅云"号明始"⑤，或当为其派名。

据张宇初《新城县金船峰甘露雷坛记》，汪道一（1301—1353）字朝道，世为龙虎山人，丙子（1336）秋张守清来游龙虎山，曾宿汪家，见而异之，遂"挟入武当，守清授以金丹雷霆秘诀，一语有省。复往武夷，礼蓬头金公野庵卒其业"。后活动于光泽县（今属福建）、新城县（今江西黎川）等地，屡著灵异。癸巳（1353）二月，端坐而化。有徒陈觉坚、卢济川⑥。

三、关于"三山滴血派"字谱的思考

从上文对武当山全真、清微两派传承的梳理来看，由汪真常所开五龙宫一系，道名中出现了"道、明、仁、德"的谱系。同样，张守清以下传承清微派的徒裔，道名中也含有"道、明、仁"的谱系。加上元末明初有李德困者，自幼入陕西重阳万寿宫出家，为全真道士，后礼武当山紫霄宫曾仁智为师，受清微雷法⑦。是为"仁、德"二代相传，且又是全真习清微道法。

这些实例说明，当时武当山的全真、清微两派相互交融，道士多兼传全真与清微，两派法裔确曾统一使用"守、道、明、仁、德"等字命名。据《玄妙观志》卷十二引《梓里尊闻》云："羽流世系，北宗三山滴血派，曰武当，曰鹤鸣，曰龙虎……凡天师门下受职者，法名取'守道明仁德，全真复太和。至诚宣玉典，中正演金科。冲汉通玄蕴，高宏鼎大罗。武当兴愈振，福海起洪波'……为行次。"⑧ 可见，元代武当山全真、清微道士取名用字与"三山滴血派"首句相符。而且，武当列于"三山"之中，派字诗"全真复太和""武当兴愈振"两句，都说明了武当山在"三山滴血派"形成中的重要地位。

但由于资料有限，还有疑窦未明：第一，张守清弟子取名兼采"中""道"字，是否有不同的

① 《大岳太和山志》卷六，《藏外道书》第32册，第924—925页。
② 《大岳太和山志》卷十二，《藏外道书》第32册，第968页。
③ 《大岳太和山志》卷六，《藏外道书》第32册，第925页。
④ 《大岳太和山志》卷七，《藏外道书》第32册，第926页。
⑤ 《藏外道书》第31册，第122页。
⑥ （明）张宇初：《岘泉集》卷三，《道藏》第33册，第225页。
⑦ 《大岳太和山志》卷七，《藏外道书》第32册，第928—929页。
⑧ 《藏外道书》第20册，第511页。

意义？二者的关系如何？第二，黄明佑按字辈当为张守清徒孙，而其传记曰"礼武当太和张真人，嗣以清微法派"，是否有阙略？第三，张道贵、刘道明皆居五龙宫，张道贵为汪真常弟子，符合五龙宫取名用字，刘道明或亦为汪弟子。据张守清传记，其从张道贵受清微法，其排辈按理不应该翻居张道贵之上。第四，《武当福地总真集》卷中记 1270 年代紫霄宫李守冲、契丹女官萧守通、佑圣观赵守节等①，又记元贞乙未（1295）王道一、米道兴铸铜像事②；《大岳太和山志》卷十二《上善池记》有致和元年（1328）紫霄宫陈道明、谢道清等题名③，因缺少明确的师承、派别信息，故前文未论列，但他们的取名符合上述用字，其与张守清等人的关系如何？另外，应该审慎地加以注意的是，虽然前述道士取名用字与"三山滴血派"字谱首句相符，但尚无证据表明元代武当山已经形成"三山滴血派"的完整字谱，这种相符还有可能出自后世的依附与编排。这些问题，都有待材料的充实来解决。

---

① 《道藏》第 19 册，第 656 页。
② 《道藏》第 19 册，第 652 页。
③ 《藏外道书》第 32 册，第 973 页。

道、法的分工
——四川法言坛的法脉及特点

［德］欧福克（Volker Olles）*

内容提要：法言坛是四川地区的火居道派之一。它形成于清末，并流传至今。所谓火居道派，指以斋醮科仪活动为业的在家道士之团体。火居道的范围不限于天师道、正一教。清末、民国间，四川的火居道派（亦称"坛门"）繁多，其中法言坛乃分布很广、影响颇深者。法言坛的主要特点是它与刘门的关系。准确地说，法言坛是从刘门演变出来的，实为刘门的产物。"刘门"两个字代表着儒家学者刘沅（1768—1856）的思想体系及修炼方法，同时又代表着以学术、教育、慈善、宗教活动为具体表现的民间团体。刘门虽然是儒家团体，但它吸收、运用并发展了道教的内丹功及斋醮科仪。本文就法言坛的起源、关键人物、传承、科仪及特点做初步探讨。

关键词：法言坛 刘门 《法言会纂》 《广成仪制》 四川火居道

一、导论：四川刘门与道教斋醮科仪

诞生于四川的刘门既是儒家学派，又是清末、民国期间很有影响的民间团体。刘门本于儒家学者刘沅（字止唐，一字讷如，号清阳、槐轩，1768—1856）的学说、教育体系及修炼方法。清末、民国年间，刘门是四川公民社会的重要组成部分，在当地的学术、教育、慈善、宗教等领域都起过关键作用。刘门的学说还流传到了他省乃至海外。刘门讲究"三教同源"，在个人修炼、教化民众两个方面采取了道教的方法。前者是在道家内丹功基础上发展的"静养功"，而后者为本于道教斋醮科仪的"法言坛"[①]。

"法言坛"一名起于何时，尚不得而知，但法言坛的起源确定无疑是一部书。刘沅和他的入室弟子曾汇集过在四川道教法事中通用的科仪本并加以修改，然后刊行于世，命名为《法言会纂》。

---

* 作者简介：欧福克（Volker Olles），德籍，又名欧理源，德国柏林洪堡大学博士，四川大学道教与宗教文化研究所副研究员。

① 关于刘门的基本特点，参阅拙文《川西夫子论碧洞真人：刘止唐笔下的陈清觉——兼论四川道观与民间团体的关系和互动》，见盖建民主编，周冶、朱展炎副主编：《第四届中国（成都）道教文化节"道在养生高峰论坛暨道教研究学术前沿国际会议"论文集》，成都：巴蜀书社，2015年，第567—581页。详见拙著 *Ritual Words：Daoist Liturgy and the Confucian Liumen Tradition in Sichuan Province*（法言：四川道教斋醮科仪与儒家团体刘门），Wiesbaden：Harrassowitz，2013年，第1—50页。

这部书便是法言坛的起源。《法言会纂》，共五十卷，其编者精选了流行于清末的各种斋醮科仪，以编纂一部又简练又全面的科仪总集。《法言会纂》的内容覆盖着提供给晚清社会的各种宗教仪式服务，其中的法事涉及身心健康、农业生产、传宗接代、消灾免难、人与土地的关系、神灵保佑、驱邪扫荡、丧葬礼仪等方面。除了各种日用法事以外，《法言会纂》的重点在于祭祀、超度祖先和孤魂野鬼。其关怀"亡人"的科仪最多，篇幅也最长。按《法言会纂》的基本结构，一卷含一堂科仪的应用文字及说明①。而原来刘门所举办的法会是由一定数量的科仪（仪式）组成的。

1949 年之前，四川火居（即在家）道士的团体、派别很多，火居道的范围不限于天师道、正一教。当火居道士、为民众做法事的人多有其他主业，而且绝大部分并没有在江西龙虎山受过正一派的法箓。"调查和文献表明，成都地区含附近郊县的火居道已无原来严格意义上的正一道士。"② 清末、民国间，四川的火居道派（亦称"坛门"）繁多，而其中影响最大的两个坛门是法言坛和广成坛。法言坛是从刘门演变出来的。以前，刘门每年举办九次法会。由于刘家掌门人一般不做法事，有火居道士（也都是刘门弟子）专门负责主坛。后来，法言坛继续独立发展，作为火居道派活动于民间并流传至今。

广成坛同样流传至今。广成坛的法脉出自全真教龙门派，其创始人为龙门派道士陈仲远（道名复慧，号云峰羽客，1735－1802）。陈仲远是新津县人，龙门派第十四代传人，乾隆年间活动于青城山，后来在温江县住持道观。出版于 1921 年的《温江县志》有云：

　　羽士陈复慧，字仲远，新津县人。少时，即好黄老学，从汉州老君观道士毛来至③，受玄门奥旨。后来温江，住龙蟠寺，羽化。著有《广成仪制》《连珠集》等书④。

出版于 1933 年的《灌县志》则曰：

　　陈仲远，青城道士也。淹博能文，校正《广成仪制》数十种。清乾隆间，邑人患疫，仲远为建水陆斋醮。会川督巡境，临灌，闻于朝，敕赐南台真人。别号云峰羽客，著有《雅宜集》⑤。

青城山天师洞祖堂所珍藏之《龙门正宗碧洞堂上支谱》载：

　　〔师毛来玉：〕陈复慧，号仲远，住持温江盘龙寺，注（著）有《雅宜集》行世。徒：田本万⑥。

---

①　本文附录有《法言会纂》的详细目录。
②　丁培仁：《近代成都道教活动管窥——从〈八字功过格〉说起》，《求实集——丁培仁道教学术研究论文集》，成都：巴蜀书社，2006 年，第 503 页。
③　陈仲远之师为毛来玉，《温江县志》误作毛来至。
④　民国《温江县志》卷四，见《中国地方志集成·四川府县志辑》，成都：巴蜀书社，1992 年，第 8 册，第 409 页上。
⑤　民国《灌县志》卷十二，见《中国地方志集成·四川府县志辑》，第 9 册，第 353 页上。
⑥　此据《龙门正宗碧洞堂上支谱》影印本。该《支谱》重辑于清光绪二十四年（1898），续辑于民国三十五年（1946）。另参阅卿希泰主编：《中国道教史》（修订本），成都：四川人民出版社，1996 年，第四卷，第 139 页（曾召南执笔）。

这些零星资料表明，陈仲远曾是一位有文采又擅长斋醮科仪的龙门派道士，其主要贡献在于《广成仪制》这部科仪丛书的编纂。如今，四川全真道观举行法事，仍用《广成仪制》中的科仪本。另有民间火居道士，师承陈仲远，沿用《广成仪制》的科仪，所谓"广成坛"是也。广成坛、法言坛两个坛门的形成和发展息息相关。

据民国年间方志记载，法言坛和广成坛曾有各自的重镇。当时，温江县是刘门弟子（亦称"槐轩门人"）众多的地方之一。《温江县志》的编著者从"道教"之条目出发，简介广成、法言两坛，然后直接谈及刘门，并记录了刘门在本县的主要传人：

> 近世羽士建修道场，有两派，一为广成坛，即陈复慧后，一为法言坛，则开派于双流举人刘沅。沅初本儒者，别有得于丹家之传，遂谓玄牝之门即儒之至善，道家修炼即儒之克己，其真窍非遇名师不传。其立教若此，士人从之者颇盛。吾邑胡清妙，字观无，得沅混剖图之传，为刘门高足，周清志亦从之游。唐喆亲炙尤久，喆得其传，以授袁承祖，承祖以授罗育仁[①]。

灌县（今都江堰市）的情况则有所不同。《灌县志》的编著者不但给予火居道本身比较低的评价，他们也不给刘门"抬轿子"。该书《礼俗纪》"道教"条目下提及青城山，然后写道：

> 晚近教徒有不住观而家居者，专以诵经谋衣食。其说不外地狱、天堂，与释氏之下乘绝相类，盖又神仙家之变体矣。道场亦分两派，一广成坛，创于陈复慧，一法言坛，启自刘沅。沅本儒者，别有所得于丹经，谓玄牝之门即儒之至善，道家修炼即儒之克己，牵合附会，亦颇有辞，而吾邑之宗其说者尚少也。
>
> 〔附注〕县属道士、女冠约三百人，不出家者倍之[②]。

灌县是青城山所在地。青城山不仅为古老的道教圣地，自17世纪末以来也是全真教龙门派的重镇。因此，我们可以推测，青城山道教团体的影响，曾有利于广成坛在灌县的传播，而刘门、法言坛在当地的发展空间较小。

1949年以前，刘门每年举办九次法会，统称"九会"。在形式与内容方面，这些法会与道教的传统斋醮科仪活动并没有很大区别，只是儒家伦理、"三教合一"精神表现得更明显。刘门九会有两个重点：一为"荐先"（祭祀、超度祖先），一为"济幽"（超度孤魂野鬼）。对"亡人"的关怀，一方面是儒家"慎终追远"的实践；另一方面，对"凶亡者"而言，为"推仁，推爱"的表现。在刘沅看来，"幽"（鬼神、亡魂）、"显"（人世）两界之间并无真正的区别，所以他在《下学梯航》

---

① 民国《温江县志》卷四，见《中国地方志集成·四川府县志辑》，第8册，第409页上。因为刘沅的祖先在温江居住过，本书卷八（第8册，第479页下—480页下）有刘沅高祖刘坤、祖父刘汉鼎、父亲刘汝钦之传，卷九（第8册，第520页下）有其兄刘濖之传，卷10（第8册，第569页下—570页上）有其母向氏之传。另外，卷九（第8册，第522页上）有周清志之传。
② 民国《灌县志》卷十六，见《中国地方志集成·四川府县志辑》，第9册，第402页下—403页上。

中写道："道犹路也，止此一理，天地人神所共由，故曰道。"①

当时，刘门在成都的核心团体以及郊县与全省其他地区的槐轩门人都会举办法会。法会期间，槐轩门人必须吃素，无法亲自参加法会的门人也得遵守这条戒律。做法事的法言坛道士（亦称"法言坛道友"）包括主坛的高功法师和奏乐的"辅案"，后者大部分非"全职道士"而有其他主业。所用的科仪本都出于《法言会纂》。九会分为为期四天的"五大会"及为期三天的"四小会"。小会以济幽为主，所以也叫"济幽会"，统称"四仲济幽"。下面的表格对刘门九会做简要介绍②。

刘门九会简表

五大会			四小会	
日期（阴历）	名称	特殊活动	日期（阴历）	名称
正月十三日至十六日	上元会		二月初一日至初三日	仲春济幽
四月初五日至初八日	佛祖会	放生	五月初一日至初三日	仲夏济幽
七月十三日至十六日	中元会		八月初一日至初三日	仲秋济幽
九月初六日至初九日	九皇会	礼斗、祈寿	十一月初一日至初三日	仲冬济幽
十月十三日至十六日	下元会			

可见，刘门九会是中国传统宗教、礼制的时间顺序之蓝图。虽然有佛教因素，但九会的基本结构借鉴了道教节日。据文献记载，除了上述九会以外，刘门还举办过其他法会，并且定时祭祀文昌、吕洞宾等神灵③。目前，刘家与老同门每年办一次法会，一般定在阴历七月的中元会，由法言坛道士主坛。

二、《法言会纂》的编纂与法言坛的起源

《法言会纂》一名或许会令人想起汉代儒家学者扬雄（前53—18）之著作《法言》④。其实，《法言会纂》的书名与扬雄之作无关。这里的"法"字应该理解为斋醮科仪的具体方法，在道教研究界一般称之为"法术"。刘沅第廿四孙、天才学者刘咸炘（字鉴泉，号和道人，1897—1932）为整顿法言坛的宗风，曾作《告法言道士俚语》一文。文中，刘咸炘首先阐明"法""言"两个字的含义，以此提供了理解《法言会纂》一名的可靠依据：

这法字是大有来历的，又平常，又奇怪，又要紧，离不得。俗人不知，总说天地间哪有这不近情理的事。他不晓得，天地间只有一个道，道是天地人神所共由，人和神只是一气，全世

---

① 《下学梯航叙》，见《槐轩全书》，成都：巴蜀书社，2006年，第10册，第4006页下。

② 此表格与其他有关九会的信息基于2007年春笔者与刘沅曾孙刘伯毅先生的交谈。为多年以来的支持与协助，笔者向刘伯毅先生表示衷心感谢。详见马西沙：《刘门教与济幽救阳》，马西沙、韩秉方：《中国民间宗教史》，北京：中国社会科学出版社，2004年，卷下，第1026—1027页。

③ 例如，《槐轩杂著》卷二有《文昌会序》，卷四有《延庆寺庆吕子寿存资记》，见《槐轩全书》，第9册，第3400上下；第9册，第3448下—3449上。

④ 关于扬雄这部著作，参阅郭君铭：《扬雄〈法言〉思想研究》，成都：巴蜀书社，2006年。

界不过是感应二字。人的职分，是在遵循这个道来全性事天。只因情欲放恣、名利迷惑，许多人不走这正路上来，而且不信天、不信神了，非拿点效验给他看，这教化便不能行。因此，圣贤仙佛，才传出这些法箓来，救济群生，彰明感应，引人归道。……这法一行，天人就不隔塞了。

教化离了言语，如何行？……既有经书，又把行法的仪文编成科书，都是教人向道，句句是从心坎中流出来、真真实实、殷殷勤勤的言语。但是流传久远，不免杂乱，所以我祖师才做出这一部《法言会纂》。这部书斟酌极细，包括极多，不止是一部仪文叫你依科演唱，不止是对神圣说话，简直是在劝人。……所以这部书是祖师的劝世文，行法的人就是代祖师说话①。

《法言会纂》最晚开始流传于 19 世纪上半叶，而且有不同版本。木刻版本有五册、十册两种，还有手抄本。后者多为法言坛道士所收藏的。《法言会纂》五册木刻版本、刘咸炘编于 1917 年的《启疏订补》及刘门所用《经忏集成》收入《藏外道书》第 30 册内②。《法言会纂》此一版本无日期，大概刊于清末或民初。不过，此版本避康熙皇帝玄烨之讳，把玄字刻成元字，所以刊于清代的可能性比较大。另有刊于民初（1912—1920 年间）的《法言会纂》十册大字本，至今为该坛门高功法师所用③。

《法言会纂》卷首有刘沅撰于 1821 年、樊道恒撰于 1844 年的两篇序。世称"江南才子"的作家、文学和戏剧史论家卢前（字冀野，1905—1951）曾于《槐轩学略》一文中写道："樊道恒，字月峰，双流人。从沅习举业，因病遂巾服，托迹于羽流以济世。尝辑《祈禳科书》，求正其徒，至今浸盛，皆私淑槐轩云。"④ 原来，樊道恒是刘沅的学生，后来自己当了道士。所谓《祈禳科书》指的就是《法言会纂》。因此，樊道恒在编纂、刊行《法言会纂》的过程中起过重要作用，实为法言坛创始人之一，下文还会提及。道光元年（1821），刘沅为《法言会纂》作序。当时，《法言会纂》已在流传，但也许是手抄本，因为其刻本似乎二十多年以后才问世。樊道恒之《叙》作于道光甲辰年（1844），文中谈及募捐、刊刻之事，因此《法言会纂》头一部刻本很可能是当年刊行的⑤。

刘沅、樊道恒序之后有《凡例》及《法言会纂科仪目录》。《凡例》未署作者，但以其内容与修辞来判断，应为刘沅所作。刘沅认为，和尚、道士等神职人员是古代巫祝的继承者。《凡例》有曰：

> 古人祝史，陈信于鬼神，必以礼行之。平日立心制行，必求合乎天理。理者，天地人神所共也。古时祭礼繁重，今世一拜跪而已。琴瑟钟鼓，古制不全，士庶亦不敢用，因而习为苟

① 《告法言道士俚语》，线装本，1929 年刊，第 1b—2b 页。
② 胡道静等编：《藏外道书》，成都：巴蜀书社，1994 年，第 30 册，第 456 页上—728 页下、729 页上—789 页下、790 页上—1059 页上。
③ 大字本的字体最为清晰，笔者藏有影印本。该大字本为扶经堂版本。扶经堂是刘门第四代掌门人刘咸焌开的刻书铺，地点在纯化街延庆寺内。详见徐菲：《关于〈法言会纂〉和法言坛的几个问题——访刘伯毅先生》，《弘道》2011 年第 2 期，第 114—115 页。
④ 卢前：《酒边集》，见《卢前文史论稿》，北京：中华书局，2006 年，第 173 页。
⑤ 据赵均强：《清儒刘沅著作整理及其槐轩学述要》，《蜀学》第三辑（2008 年），厦门大学图书馆藏有《法言会纂》1844 年刻本，见第 191 页。

简。僧道者，古祝史之遗耳，藉经文以通神，冀享祀之不忒，犹是古人祭祀之意①。

从《凡例》中可以窥见法言坛的几个特点，或更准确地说，刘门祖师对法言坛道士的要求。这里再列举两个条目：

> 羽流为人祈禳，必有职号，每据天台品格所载，排编字义为之，但卜笈以决于神。然人神本止一理，理同故气亦相通。果能心正身修，虔共寅畏，何患神明弗知，又何须妄拟职号，干冒召殃？此流俗之谬，不可不正也。然则如何？曰称奉行法事"小兆某人"足矣。
>
> 凡为人祈禳等事，往往用印板预刻文书，临时随事，填写姓名，及为某事。岂知事神全凭恭敬，必敬谨缮写，不可一毫错落，其祈禳人等各事，亦不相同，必文理通顺，叙事周到。若草草了事，不惟无益主家，羽士人等，已干天罚，慎之戒之②。

在"职号"等方面，刘门祖师一概要求法言坛道士保持恭敬、低调的作风。日本学者森由利亚认为，法言坛道士不许用"职号"，并在仪文、文书中不以"臣"自称，意味着他们的资格、神权不同于广成坛等"传统"法派的道士③。只有通过今后进一步的研究，或许能弄清法言坛与其他坛门在这些方面的异同。刘门祖师对法言坛道士的种种要求也有理想标准的成分，而不是法言坛日常实践的写真。但不少见于《凡例》的规矩确实沿用至今。例如，法言坛准备文书（申、表、疏文）时，现在仍有手写的要求。

《法言会纂》的正文分为五十卷，每卷含一堂科仪（法事）的唱、诵词及说明。个别的特殊方法、应用文书以及少量的图解等附于几卷篇末。最后两卷的内容是用于各种法事的文书式。每卷开头题"讷如居士著"。作为刘沅的别号之一，这个名字可能受到了《论语》"子曰：君子欲讷于言而敏于行"④ 这一名句的启发。更重要的是，刘沅选择了自称"居士"，以此表明，自己的身份有别于行法的道士。这里应该指出，《法言会纂》并非刘沅一人所作。因此，"讷如居士著"不能按照字面意思来理解，而是说明，刘沅在该书的编纂过程中，扮演了编辑兼导师的角色。《法言会纂》中的科仪书原来已在道士圈中流传，而且全书的初稿也是道士编的。刘沅则参加过最后的修改与编纂工作，但只有第一序才是刘沅独自撰写的，而且《凡例》很可能也是。另外，《法言会纂》个别的科仪中一定也包括刘沅所撰文字，但其数量无从确定。

要了解编纂《法言会纂》的缘起及过程，最好的出发点还是刘沅、樊道恒所撰的两个序言。刘沅《法言会纂序》有云：

> 乡人有事于祈禳，愚偶至焉。览其科仪，半多鄙诞，心窃憾之。适友人携善本相质，文义较为严明。喜盛世人文蔚起，即方外之言亦有能起而正之者。是羽流之典则即古谊之流传，不

---

① 《藏外道书》，第30册，第461页上。
② 《藏外道书》，第30册，第462上下。
③ ［日］森由利亚（Mori Yuria）：书评：*Ritual Words：Daoist Liturgy and the Confucian Liumen Tradition in Sichuan Province*，by Volker Olles，《道教研究学报：宗教、历史与社会》总第6期（2014年），第373—374页。
④ 《论语·里仁第四》第二十四章；刘沅《四书恒解》上论，上册，见《槐轩全书》，第1册，第188页下。

可以其不急而捐之也。爰书数言以弁之，俾业是术者咸知敬畏天命之实别有本原①。

刘沅以典型的儒士口气评论了"乡人"做法事的情况，认为民间"羽流"（即道士）所用的科仪书鄙俚不堪。只有他学生所搜集的科书还算过关，值得修改、流传。他还认为，道士所用的典籍为古礼之遗风，所以他乐于修正这些科书，并为之作序。上文所提及的"友人"是樊道恒。关于《法言会纂》的起源与形成，樊道恒之《叙》描述了具体情况。

> 恒少事讷如先生，习举子业，缘善病废学，从陶道夫先生游。先生固名士而隐于方外者，尝游青城岭，得炼师陈云峰之传。凡修真养性及利济生民之道，靡弗研览，而尤慨演教羽流为人旱潦疾病，率意而行，多违正法。乃衷辑祈禳科书，得五十卷，名曰《法言会纂》。因贫未经锓行，而先生遂返道山②。

樊道恒是刘沅的门人，后来当了道士。那时樊道恒的师父名叫陶道夫，而之前陶道夫在青城山上得到过"陈云峰"的传授。不言而喻，那位"陈云峰"就是全真龙门派科仪大师陈仲远（陈复慧、云峰羽客）。《法言会纂》的初稿便是陶道夫所搜集、整理的科仪书。由于陶道夫得到过陈仲远的传授，我们可以毫不夸张地说，法言坛的真正鼻祖是陈仲远。樊道恒在《叙》中又讲，《法言会纂》还没刊行的时候，他的师父陶道夫已经羽化了。因而，樊道恒遂"不揣愚昧，捐募刊传"③，使《法言会纂》广为流传。我们可以推测，樊道恒在刘门的同门圈中开展了募捐活动，并且得到了刘家的大力支持。

若欲进一步了解《法言会纂》的编纂历史，刘沅《槐轩杂著》中有两篇值得参考的墓志铭，它们都是刘沅为纪念已故门人而撰写的。《处士樊志陞墓志铭》有曰：

> 慎微樊公，讳志陞，字复元，隐君子也。少读书，通大义，隐于农。好道，泛滥于佛老之徒，久无所得。读《参同契》，而恍然曰："道不外心，心不易制，制心之功，非有实际，奚由而得元妙乎？"乃从野云老人，受养心之学，遂朗然义理，寿考而康，享寿八十二岁。……羽流为人祈禳，及国家零霈等事，均有科仪，芜杂不堪。慎微命子道恒编葺《法言会纂》一书，刊布贻后。愚嘉其有功方外，为之叙言④。

原来，樊道恒奉其父之命，参加《法言会纂》的编纂工作，并将其刊行于世。其父亲樊志陞（1772—1853）是刘沅的同辈，而且很可能在民间当过道士。樊志陞不但为槐轩门人，还拜过野云老人为师。野云老人名叫李果圆，原为刘沅之"明师"。李果圆将道家内丹功传给了刘沅，刘沅在接受了将近八年的熏陶以后，能自己把握并传授具体的修养方法，世称"静养功"⑤。另外值得注意

---

① 《藏外道书》，第30册，第457页上下。
② 《藏外道书》，第30册，第459页上下。
③ 《藏外道书》，第30册，第460页上下。《大字本》作"捐募锓传"。
④ 《槐轩杂著》卷四，见《槐轩全书》，第9册，第3478页上。
⑤ 详见拙著 *Ritual Words*，第23—25页。

的是，按照墓志铭，樊志陞字"复元"。这一"字"或许为全真龙门派的道名，代表龙门派第十四代。不过，青城山的《龙门正宗碧洞堂上支谱》中并不见"樊复元"一名，所以樊志陞至少与碧洞宗无关。但是龙门派的范围不限于碧洞宗，因此我们不能排除樊志陞为龙门派他宗传人的可能性。至于法言坛道士是否按龙门派派诗①起道名的问题，则众说不一。据刘沅曾孙刘伯毅先生和几位法言坛高功法师讲，法言坛的道名不采取龙门派的命名次序。但个别的老法师不以为然，而且自己有龙门派道名，不知是否是一种非主流的做法。

另有《陶元庆墓志铭》值得细看，兹择其要者摘录如下：

> 门人陶元庆，幼攻书籍，长托黄冠，谓丧祭之礼俗多草草，而水旱疾厄祈禳之文，尤罕详尽。乃以羽流遗籍就正于愚，愚嘉其意而许之，今所传《法言会纂》即其所存而愚特增省之者也。为人朴讷，而言动不苟，退迩有祷祀者，求之辄效，呼为"道夫"。晚年颇究存养之学，惜天未假以年，六十有九忽无疾而终，厝于其宅之右②。

陶元庆也是法言坛创始人之一，"道夫"为其道名。他身为道士，既入了槐轩之门，又在青城山得到了科仪大师陈仲远的传授。《法言会纂》的初稿是陶元庆整理的，经刘沅等人修改，而后由陶之弟子樊道恒刊行于世。

据刘伯毅老先生介绍，樊道恒曾将各种各样的科仪书提供给刘沅，然后经刘沅及其门人整理、编选、修订，最终形成了今日所见的《法言会纂》。据刘老讲，在这个编纂过程中，还有刘沅最重要的入室弟子刘芬协助。刘芬字芸圃，生卒年不详，与刘沅并无亲属关系，但刘沅去世以后，他一度当过刘门的临时代传人。卢前《槐轩学略》载：

> 刘芬，字芸圃，崇庆州人。为槐轩入室弟子，沅八子，皆从受业，设教纯化街延庆寺，及门甚盛。又尝主双流景贤书院讲席，不以著述自见。既卒，门弟子奉其功过格式勿失③。

刘芬的名字虽然没有出现在《法言会纂》的序言中，但没有理由怀疑他曾参加过编纂工作。作为入室弟子、有文采的学者，刘芬有充足的资格与理由协助刘沅。

总之，《法言会纂》的编纂过程可分为三个主要阶段：（1）陶元庆（道夫）在青城山得到了陈仲远（云峰）的传授，而后自己搜集道教科仪书。这些科仪书应为陈仲远所校辑、将要编入《广成仪制》的传本。据其墓志铭记载，陶元庆有意在刘沅的指导下纠正这些科书，并获得了刘沅的许可。（2）樊道恒奉其父之命，促成了《法言会纂》的刊行。樊道恒是否亲自参加过编纂工作，则无从得知。看上去，他仅将陶元庆所搜集的科书提供给了刘沅。1821 年，刘沅为《法言会纂》作序。

---

① 全文曰：道德通玄静，真常守太清。一阳来复本，合教永圆明。至理宗诚信，崇高嗣法兴。世景荣惟懋，希微衍自宁。未修正仁义，超升云会登。大妙中黄贵，圣体全用功。虚空乾坤秀，金木性相逢。山海龙虎交，莲开现宝新。行满丹书诏，月盈祥光生。万古续仙号，三界都是亲。

② 《槐轩杂著》卷三，见《槐轩全书》，第 9 册，第 3427 上下。陶、樊二人之墓志铭亦见于民国《双流县志》（1937 年版）卷四，《中国地方志集成·四川府县志辑》，第 3 册，第 763 页上下。

③ 卢前：《酒边集》，见《卢前文史论稿》，第 170—171 页。另参阅拙著 *Ritual Words*，第 30 页。

（3）所有的科仪书经刘沅、刘芬等人编选、修订，便形成了《法言会纂》的定稿。当时，陶元庆已经离开人世。最后，在樊道恒募捐的基础上，《法言会纂》头一批刻本刊行于 1844 年。

《法言会纂》一书、法言坛这个道派，都是刘门的产物。但是，编入《法言会纂》内的科书之底本以及法言坛的法脉，应该追溯到云峰羽客陈仲远。陈仲远所编著的科仪文献众多，其中最有代表性、最重要的成果便是科仪丛书《广成仪制》①。关于《广成仪制》一名的来历，有不同说法，但大部分学者认为，它来源于唐末、五代"宫廷道士"杜光庭（字宾圣，号广成先生，850－933）。杜光庭在道教斋醮科仪文献的保存、整理、编纂、撰著等方面，都做出了巨大贡献，实为一代高道，晚年隐居青城山②。陈仲远或许将自己的编著工作视为杜光庭伟业之续作。归入《广成仪制》内的科仪书包括刻本和手抄本，共有 280 种左右，其刊行时间始于 1824 年，终于 1917 年。《广成仪制》中大部分科仪属于全真教沿用的正一（清微灵宝）派科仪。如今，四川全真道观以及广成坛的民间火居道士仍用《广成仪制》的科仪书。最重要的木刻版本为 1909 年至 1917 年间由成都二仙庵刊行的，但也有一批刊刻于 1855 年的刻本③。因此，从目前所掌握的资料来判断，《广成仪制》木刻版本的刊行时间晚于《法言会纂》刻本之问世（1844）。当时，陈仲远羽化已久。

陶元庆（道夫）怎么继承了陈仲远的法脉，是值得深入探讨的一个问题。陶元庆既然没有龙门派"本"字辈的道名，似乎并非陈仲远（"复"字辈）的正传弟子。尽管如此，陈仲远所校辑的科仪本很明显是《法言会纂》的基础。笔者对《广成仪制》《法言会纂》中的多种科仪本进行过详细比较。《法言会纂》的编著者以不同方式借用了《广成仪制》中相应科仪的风格、方法、结构乃至文字④。不过，《法言会纂》不是《广成仪制》的"节本"。两部科仪丛书虽有明显类似的地方，但不同之处也很多。除了排序与内容的区别之外，《法言会纂》在文风、文理两方面展示出高度的原创性，这无疑是刘沅等刘门编著者所留下的烙印。再者，两部科仪丛书皆成形于 19 世纪上半叶，似乎是同时形成的。所以，《广成仪制》《法言会纂》虽有相同的底本，但二者代表着不同的传统，不同的流派。

据森由利亚先生考证，清代四川全真教道众袭用了正一（清微灵宝）派的传统斋醮科仪，并将其纳入全真教的师承谱系，渐渐地形成了一种有四川特色的全真科仪。其代表作便是《广成仪制》。这些科仪与正一派的传统斋醮并无本质上的区别。值得留意的是，袭用并传授正一（清微灵宝）派的科仪，已成为四川全真道的特征。19 世纪末、20 世纪初，成都二仙庵编纂《重刊道藏辑要》，并附之以陈仲远所编著的《雅宜集》以及陈复烜所编纂的《灵宝文检》《心香妙语》三部科仪文书集。除了这三部科仪文献之外，二仙庵的编者还将一系列四川特有的道教典籍编入了《重刊道藏辑要》，使其进一步本土化。森由利亚先生强调，《重刊道藏辑要》的编纂、刊行与当地知识分子的人脉密

---

① 关于陈仲远所编著《广成仪制》《雅宜集》等清代科仪文献的内容及版本情况，参阅尹志华：《清代全真道历史新探》，香港：香港中文大学出版社，2014 年，第 174－177 页。

② 研究杜光庭最具权威性的专著为傅飞岚（Franciscus Verellen）：*Du Guangting*（850－933）：*Taoïste de cour à la fin de la Chine médiévale*（《杜光庭——中古中国末叶的宫廷道士》），Paris：Collège de France，1989 年。

③ 见尹志华：《清代全真道历史新探》，第 176—177 页。《广成仪制》大部分科仪书已收入《藏外道书》第 13—15 册内，但有的刻本却不见于《藏外道书》。

④ 各种例子散见于拙著 *Ritual Words*，第 80—182 页。

切相关①。因此，《重刊道藏辑要》的编者当中很可能也有槐轩门人②。当时的情况也正是《法言会纂》成形的背景。全真教吸收了正一派的斋醮科仪，集结而成《广成仪制》。而《广成仪制》的科仪再经刘门选编，其成果便是《法言会纂》。

与《广成仪制》比较起来，《法言会纂》只有短短五十卷，显得简明、紧凑，科仪的排列系统、合理，实用性强。赵均强先生认为，《法言会纂》"这部手册简化了道教科仪的仪式申文，删掉了一些不合儒家思想的内容，全书贯穿了以孔孟之道儒化道教的思想"③。总体而言，《法言会纂》的内容的确是道教传统斋醮科仪的简化版。不过，"手册"一词似乎无法概括《法言会纂》的全貌。《法言会纂》有三个主要特点：（1）简单化、标准化。大部分科仪显示出较明显的标准化，是由洒坛、化疏文、诵宝诰等标准程序组成的。在所有的科仪中，画符、"梵文"咒语等方法的运用被缩减到了最低限度。九皇（北斗）、三元等道教传统斋醮中相当庞杂的科仪也被彻底简化了。（2）文义通顺。刘沅及其弟子的修改明显提高了所有科仪的文风。较之《广成仪制》的相应科仪，《法言会纂》的科仪文字在语法、修辞、逻辑等方面通常优于前者。（3）刘家祖系的纳入。刘门掌门人及其他刘家前辈被纳入了法言坛的神谱，作为法言坛的祖师。这不仅人人方便了刘家祭祖活动的长久运作，同时成为法言坛的一大特色。

总结《广成仪制》《法言会纂》两部科仪书之异同，则前者为全真教所组织、开放及包容性大、摄取道教不同流派斋醮科仪的大全，而后者则直接脱胎于刘门，代表着适应刘沅的儒家思想并纳入刘家祖系之简明科仪。《法言会纂》虽然展现出刘门的精神，但同时保存了道教斋醮科仪最根本的特点。法言坛对科仪文书的严格要求以及焚化疏、表、申文的常用仪式与道教最古老、最根本的做法完全吻合。施舟人先生确定，"the sacrifice of writings（文字之供奉）"为道教法事的重要特点之一④。因此，法言坛的科仪在某种程度上保留了道教斋醮科仪最"正宗"的特色。

《法言会纂》的简明性、实用性，无疑是法言坛的成功秘诀之一。1949年以前，法言坛在四川不少地区占了火居道士的绝大部分，尤其在成都以西、以南的郊县，火居道士基本上都属于法言坛。如今，火居道的状况已经有了很大的改观，但法言坛的道场活动在上述区域依然很盛行。总之，刘门这一儒家团体，在近现代四川道教的发展过程中起过十分重要的作用。反过来说，道教的内丹修炼法及斋醮科仪给刘沅的学说及教育体系带来了活力，使得刘门能赢得社会上各界人士的拥戴与支持。

---

　　① ［日］森由利亚（Mori Yuria）："Being Local through Ritual：Quanzhen Appropriation of Zhengyi Liturgy in the *Chongkan Daozang jiyao*（《以斋醮科仪促进本土化——〈重刊道藏辑要〉中所见全真教对正一派斋醮科仪的吸收》）"，见刘迅、高万桑（Vincent Goossaert）主编：*Quanzhen Daoists in Chinese Society and Culture*，1500—2010（《1500—2010年间中国社会、文化中的全真道士》），Berkeley：Institute of East Asian Studies，UC Berkeley，2013年，第171—207页。

　　② 详见拙文《川西夫子论碧洞真人：刘止唐笔下的陈清觉——兼论四川道观与民间团体的关系和互动》，第580页。

　　③ 赵均强：《〈刘门教与济幽救阳〉正误三则——兼与马西沙、韩秉方先生商榷》，《宗教学研究》2009年第2期，第181页。

　　④ ［法］施舟人（Kristofer Schipper）：*The Taoist Body*（道体论），Berkeley：University of California Press，1993年，第90页。

三、法言坛的特点及法脉

《法言会纂》是法言坛的起源与基础。在《告法言道士俚语》一文中，刘咸炘曾清楚地声明："因有这部书，才有这个坛门。"① 可以想象，作为刘沅后裔的刘咸炘，当时不但要整顿法言坛的道风，而且还要强调法言坛道士与刘门的"隶属关系"。事实上，法言坛本身也形成了独立的火居道团体，并产生了有地方特色的支派。据刘伯毅先生讲，刘门曾经颁发过一种"执照"给合格的法言坛道士，但从未建立过管理法言坛的机构。因此，当代法言坛道士只有一部分保留着起源于刘门的"正统"法脉以及传统的作风。

这个法脉在《法言会纂》科仪文的内容中也有体现。刘门历代掌门人以及刘家其他重要人物都编有神号和诰文。神号、诰文明显借鉴了道教法事中通用的名称以及诸真宝诰。以《法言会纂》之《开坛仪》为例，其《藏外道书》版有刘沅（清阳上帝）、沅第一妻（普应天母）、沅父（金华大帝）及沅母（济应仙母）之诰文。每篇诰文的开头为"至心皈命礼"，足见道教典籍用语的影响②。给刘门祖师编神号、诰文这一做法始于何时，尚不得而知。将"清阳上帝"编入神谱，显然为刘沅身后之事。据文献记载，刘沅在世的时候，刘门已有经常举办法会的习惯③。所以，《法言会纂》的编者当时可能已经收录了刘沅之父母的诰文。

法言坛、刘门之间的关系虽密不可分，然而道士团体内部传授知识的方式，在一定程度上确保了法言坛的独立性。一直到现在，法言坛所运用的"法"，也就是科仪的内在功法，仅会在法言坛道士的圈子里秘传。据刘伯毅先生介绍，刘沅以及接下来的掌门人并没有得到"法"的传授，因而不做法事，并且刘门掌门人从未意图干涉道门的内部传授。"法"是师父直接传给徒弟的。跟其他道派一样，法言坛中也出现了以法事为业的家族，也有父子、祖孙间的传授。不过，法言坛道士同样能收异姓弟子，家传并非常规④。

法言坛道士如何学"法"呢？从手诀、手印开始，法的传授方式主要有二：秘传手册、口传心授。"传法"因而可说是法言坛道士内部的事务。值得一提的是，据刘伯毅先生讲，刘沅曾经鼓励过法言坛的高功法师赴江西龙虎山受箓。陶元庆（道夫）及其弟子樊道恒应该受过正一派的法箓，他们的神号可以作证：正一元皇应度七品陶真人、受箓仙官樊真人⑤。

法言坛道士虽享有独立传授的权利，但能有效地行法、传法，仍有一个最根本的条件——修身、体道。具体地说，每位有资格的法言坛道士必须是槐轩门人，必须掌握刘门静养功的修炼方法。《法言学习记录》是一部法言坛的内部手册，其内容为已故法言坛高功曾华聪的教导，由其弟子记录。曾华聪老法师说：

---

① 《告法言道士俚语》，第 1a 页。
② 《藏外道书》，第 30 册，第 466 页上下。
③ 马西沙：《刘门教与济幽救阳》，马西沙、韩秉方：《中国民间宗教史》，第 1026—1027 页。
④ 关于法言坛现状的信息主要基于 2009 年春、秋笔者与刘伯毅先生及几位法言坛道士的交谈。
⑤ 此据张世昭编：《祖师诰文》，1998 年手抄本。

道不高，身不修，则法不灵。

道统法，法依道，道为一，法为二①。

刘咸炘《告法言道士俚语》同样指出：

法是从道发出来的，要能体道有得，才能行法有效。若单说个法字，不讲道字，那法就成个假排场，就不灵了②。

道教对于"三宝"这一概念有若干不同的阐释，例如老子《道德经》第六十七章中的慈、俭、不敢为天下先，或内丹修炼的精、气、神。不过，经教及斋醮科仪中最常见的定义为道、经、师。《法言会纂》中也提及三宝，却一般称之为"道、经、法"③。道、经、法三宝反映出刘门与法言坛的基本传授规则。刘门掌门人以及高水平的门人只能将修炼方法（道）和典籍、仪文（经）传给弟子。作为"经"的组成部分，《法言会纂》本身并不属于秘传的范围，但具体的"法"则仅限于法言坛内部传授。假如一个人愿意成为法言坛道士，第一步就是入刘门，遵守戒条，并炼静养功。之后还得拜一位有经验的法言坛道士为师，向他学科仪的外在（奏乐、唱腔、礼仪）与内在（法）细节。在《法言学习记录》中，曾华聪老法师也明确指出了刘门、法言坛之间的互补关系：

道有师传，法亦有师传。传道者不传法，传法者不传道。这是道、法的分工④。

如今，刘门作为有组织的社团已不复存在，因而当代法言坛道士很可能不再严守传统的传授规则。今天活动于民间的法言坛道士平时以阴法事（丧葬道场）为主要任务。他们当中有高功资格的道士还多以法事为主业。据保守估计，活动于成都以西、以南郊县的法言坛高功法师共有二十位左右，辅案（即普通道士）的数量则无从考察。1949年之前的情况与上述现状大相径庭。据刘伯毅先生回忆，民国年间就成都市区而言，各种级别、资格的法言坛道士（包括高功）有一百多人。

在刘伯毅先生的帮助下，笔者曾总结过法言坛的师承关系，兹列表如下。

① 黄心扬编：《法言学习记录》，1997年手抄本，三台县，第2页。
② 《告法言道士俚语》，第4b页。
③ 例如《申酆都科仪》，见《藏外道书》，第30册，第489页下－490页上。
④ 《法言学习记录》，第2页。

法言坛师承关系表

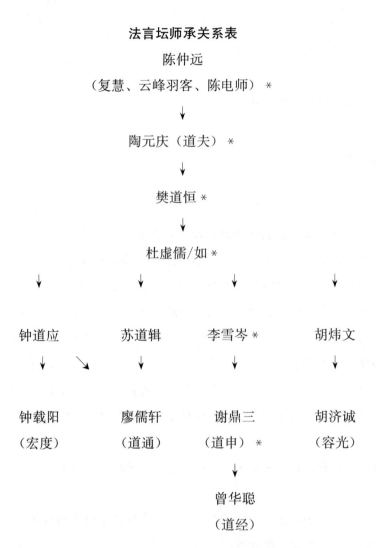

陈仲远

（复慧、云峰羽客、陈电师）＊

陶元庆（道夫）＊

樊道恒＊

杜虚儒/如＊

| 钟道应 | 苏道辑 | 李雪岑＊ | 胡炜文 |

| 钟载阳 | 廖儒轩 | 谢鼎三 | 胡济诚 |
| （宏度） | （道通） | （道申）＊ | （容光） |

曾华聪

（道经）

　　表中带有星号的名字也出现在《祖师诰文》中。这或许意味着，这些传人（从陈仲远到谢鼎三）被认定属于最正统的法脉。由于每位高功法师收了不少徒弟，上面表格内的信息不完整，而仅收录了最有代表性的法言坛传人。除了李雪岑之外，其他人都是以法事为业的道士，他们的道名写在括号中。

　　20世纪三四十年代，钟载阳、廖儒轩、谢鼎三、胡济诚被誉为"成都四大法师"。这些口述史料给笔者提供了初步了解法言坛师承的机会，然而很多问题尚待今后进一步探讨。但目前已能肯定，晚清、民国年间的法言坛曾为四川宗教生活的主力之一。

四、法言坛的基本功课

　　至于法言坛的法会是由哪些科仪组成的，科仪的具体顺序如何，笔者于2007年春请教过刘伯穀先生。据刘先生所提供的笔记，为期四天的大法会的标准功课如下。如果是为期三天的小法会，带有星号的科仪便省略。括号里的卷数说明《法言会纂》中的出处。

大小法会标准功课

第一天：开坛（卷一）—请水（卷二）—净坛（卷三）—祀灶（卷五）—申城隍（卷六）—申十王（卷八）—*申土皇（卷二十九，附加供地祇）—*扬幡（卷七）—申东岳（卷十）—申斗口（卷十一）—申酆都（卷九，附加绕灯）—召亡（卷四十）—召孤（卷四十一）。

第二天：启师（卷十四）—申救苦（卷十三，附加供观音）—*申雷祖（卷十二，附加供天师）—祀文昌（卷十七）—*漂灯（卷四十五）—供东岳烛（卷十）。

第三天：申三元（卷十五）—*供斋（卷二十七）—申斗府（卷十八）—*步罡（卷十九）—礼斗（卷二十）。

第四天：*申太上（卷二十六，或申玉皇、斗姥、佛祖、孔子）—*十王转案（卷四十一）—*颁赦（卷二十八）—劝亡（卷四十二）—断绳（卷四十三）—饯亡赏夫（卷四十四，附加化帛）—施戒（卷四十六）—送圣（卷四十七）。

以上功课表内的科仪与顺序符合刘门对传统法会的要求。如今，刘家与老同门所举办的法会也是按照上述顺序安排的，但他们的功课表把每堂科仪的组成部分分得更细，并且列出所有供香烛的神明与祖师。2009年9月1—3日（阴历己丑年七月十三至十五日），新都县木兰寺举办了中元会，参加法会的同门大约有六十人。法言坛道士共九人，其中四位道士轮流以高功法师的身份行法，而其中一位高功为"主坛"，重点科仪如开坛、施戒、送圣等由他担任。当时的功课表被粘贴在了木兰寺大殿的门上，其内容如下：

逐日功课

十三日

封禁。开坛。请水。祀灶。

申城隍。申十王。申东岳，供朱帅、岳曹。

供斗口。申酆都。召亡，召孤，南宫，朝参，安位。

十四日

启师，供历代师真。供救苦、大士、救苦宫众真。

供文昌、清阳、慈惠、慈愿、大道、刘真、桂香宫众真。供东岳。

启斗，供斗府众真。礼斗，供本命。

十五日

供三元、三元宫众真。劝亡。

申戒城隍。炼亡。饯亡，赏夫，化帛。

施戒。送圣。

圆满功德

法言坛科仪中的"申"字表明，邀请某位神或祖师，并向他（她）升文书，也就是焚化申、表、疏文一函。"供"字则说明，除了升文书之外，还会供奉一定数量的香和蜡烛。十三日以建立道场、邀请阴阳两界的神灵及亡魂为主。召亡、召孤、南宫、朝参、安位，都是召亡科仪的组成部分，是针对祖先、凶亡者及孤魂野鬼的法事。"斗口"指的是先天斗口灵祖。作为法言坛法事中最重要的神明之一，斗口灵祖实为道教护法神王灵官（刘门将其等同于魁星，乃北斗第一星贪狼，或北斗头四颗星；也有说与王灵官有别）。斗口灵祖"总持三界（上、中、下三界），总管利生济死，承上启下，为百神之领袖"[1]。

十四日的重点在于拜祭历代祖师，以及造福活人的法事。在朝拜救苦天尊的科仪中，所供养的神明也包括观音菩萨（大士）。最值得留意的是，在文昌帝君的科仪中，文昌的传统"家族"（桂香宫众真）并非供奉的唯一对象，而是把刘门历代掌门人也列在了文昌的谱系之中。他们是刘沅（清阳上帝）、刘松文（慈惠广佑真君）、刘桭文（慈愿救世天尊）、刘咸烁（三元宫大道星君）及刘咸烡（青华五品玄光延化道尊，简称刘真）。据传，刘沅谢世以后，便充任了文昌帝君的职务，已为当今的文昌，因而刘门历代掌门人也属于文昌的神谱。这无疑是刘门以及法言坛的一大特色。当日的其余科仪以北斗、南斗及当年本命神为祭拜对象。

十五日的重点又转移到了超度亡人的范围内。供奉天、地、水三元之后的法事都以拯救、安顿各类亡魂（祖先、凶亡者、孤魂野鬼）为目的。法会期间，所有的亡人"做客"，有专门的坛位。最后一天的功课包括教导亡人（劝亡）、给他们提供钱财（化帛）并为他们饯行（饯亡）的法事。在这个过程中，陪同亡人并帮他们运送钱财的车夫也得照顾（赏夫）。"炼亡"为"断绳"之别称，是专门针对凶亡者、来源于《广成仪制》的一堂炼度法事[2]。"施戒"是拔度孤魂野鬼的重要科仪。施戒科仪一方面明显受到刘门的影响，有的段落或许为刘沅或其门人所撰，但另一方面又借鉴了收入《广成仪制》内的《铁罐》科仪[3]。这堂法事本来是佛、道二教中常见的"施食炼度"科仪（佛教称"焰口施食"）[4]，可是法言坛的施戒科仪却以讲授戒条为主，让孤魂野鬼受戒、修行并获得解脱。完成了这项重要任务之后，还有简短的"送圣"科仪，然后本次法会便功德圆满了。

---

① 此据刘伯毅先生提供给笔者的笔记。另见拙著 *Ritual Words*，第 91—93 页。

② 《金刀断索解冤亡斋全集》见《藏外道书》，第 14 册，第 797 页上—802 页下；参阅拙著 *Ritual Words*，第 152—158 页。

③ 参阅拙著 *Ritual Words*，第 164—170 页。《铁罐斛食全集》《青玄济炼铁罐施食全集》收入《藏外道书》第 14 册内。另有《全真青玄济炼铁罐施食全集》成都二仙庵 1909—1910 年刻本，未收入《藏外道书》。关于《铁罐》科仪的来历，参阅高万桑（Vincent Goossaert）：*The Taoists of Peking*，1800—1949：*A Social History of Urban Clerics*（《北京之道士——1800 年至 1949 年都市神职人员的社会史》），Cambridge（Mass.）and London：Harvard University Asia Center，2007 年，第 341—344 页。

④ 见吴炳鋕：《漫谈施食炼度科仪》，《中国道教》2001 年第 3 期；另有袁瑾：《佛教、道教视野下的焰口施食仪式研究》，北京：宗教文化出版社，2013 年。后者以仪轨与音乐为主要研究对象。

结语：法言坛的定义与地位

法言坛的科仪生动地表现出刘门与道教之间的互动关系。从 19 世纪上半叶一直到今日，法言坛为四川火居道的重要组成部分，并以脱胎于刘门为主要特点。法言坛的形成虽然离不开刘门，但后来，尤其在刘门失去了原来的社会地位以后，法言坛继续独立地发展，作为火居道派活动并流传于民间。

刘沅及其门人编纂《法言会纂》，为法言坛的形成与发展奠定了基础，对近现代四川的道教无疑做出了重大贡献。近年来，道教研究界里出现了"文士道教"（literati Daoism）一词[①]。那么，刘门是否属于"文士道教"的范围呢？刘沅以及刘门历代掌门人均非道士，反而通通以"儒"自称。刘门毫无疑问是一个儒家团体。然而，"文士道教"的范围并不限于道教教内人士，而是同样包括以"居士"等身份为道教做出贡献的教外文人。刘家及槐轩门人曾重修并经营道教宫观，资助道教法事，通过法言坛发展了斋醮科仪，编纂并刊行《法言会纂》以及道教经典和劝善书。总而言之，刘门的核心社团及关键人物，不仅参与过道教活动，而且在道教的发展过程中起过重要作用。因此，刘门本身虽非"道教"，但在某种程度上确实属于"文士道教"的范围。

为了了解今日法言坛及其分支的分布与现状，笔者打算将来展开更多的田野调查。法言坛曾活动于四川各地，并且演变出了不同的支派。至于外省有无法言坛道士，以及法言坛与其他道派、其他地方的科仪是否有关联等问题，尚待进一步研究。据了解，当今四川的民间道场活动中，有时会出现法言坛、广成坛科仪的混合体。例如，法言坛道士做道场时，偶尔会加入广成坛的科仪，因为主家提出了这方面的要求。这说明，有的科仪，无论是哪个坛门的产物，只要在民间特别受欢迎，行法的道士就会随机应变。因此，有的辅案（普通道士）对法言、广成两坛的常用科仪都很熟悉，都能唱、伴奏。

在三教合一、归本于儒等方面，刘门与创于明代中叶的三一教有不少共同点。三一教创始人林兆恩（字茂勋，1517—1598），福建莆田人，出身书香门第，是有影响的思想家，与刘沅的背景相似。三一教也是从学术团体演变出来的，至今在中国东南部以及东南亚有很多门人和庙宇。三一教也借鉴了道教的斋醮科仪，并发展出不同派别的仪式传统[②]。三一教的科仪作为与佛、道二教平行的仪式体系，在某些地方完全取代了道士、和尚的道场活动，因而三一教的道场是独立于佛教、道教的。法言坛则不然。法言坛虽然脱胎于刘门，但其"法"的内部传授仅限于法言坛道士的圈子。因为刘门掌门人不传"法"，所以法言坛最核心的传授仍由各地道士家族与社团掌握。换言之，"法"的传授是法言坛道士的特权，实属道教的范围。

[①] 关于"文士道教"这一概念，参阅柯克兰（Russell Kirkland）：*Taoism：The Enduring Tradition*（《道教——经久不衰的传统》），New York and London：Routledge，2004 年，第 120—126 页；刘迅：*Daoist Modern：Innovation，Lay Practice，and the Community of Inner Alchemy in Republican Shanghai*（《摩登道——民国时期上海内丹学的创新以及修炼社团》），Cambridge（Mass.）and London：Harvard University Asia Center，2009 年，第 10—15 页。

[②] 关于三一教的科仪，参阅丁荷生（Kenneth Dean）：*Lord of the Three in One：The Spread of a Cult in Southeast China*（《三一教主——一个教门在中国东南部的流传》），Princeton：Princeton University Press，1998 年，第 185—226 页。

三一教的科仪在种类、做法、思想背景等方面，与法言坛的科仪虽有相似之处，但前者的佛教内容较多，三一教祖师在神谱中的地位很高，三教合一的特色更浓。法言坛的科仪则基本上保留了道教斋醮科仪的特点，并未成为三教并重的大杂烩。因此，法言坛属于火居道，为四川火居道派之一。那么，法言坛是否在刘门停止活动以后，才回到了道教的怀抱呢？笔者认为不是。因为综上所述，可以确定，法言坛从未离开过道教的范围。

附录：《法言会纂》两种版本一览表

卷	篇名	大字本		藏外道书 第 30 册
		册	页数	页数
	刘沅 1821 年序	1	1a—2b	456a—458a
	樊道恒 1844 年叙	1	3a—4b	458b—460b
	凡例	1	1a—7b	461a—462b
	目录	1	1a—2b	463a—463b
1	开坛仪	1	1a—21b	464a—469b
2	请水仪	1	1a—7b	470a—472a
3	净坛解秽仪	1	1a—4b	472b—473b
4	行香请水仪	1	1a—10b	474a—477a
5	祀灶仪	1	1a—4b	477b—478b
6	申城隍仪	1	1a—4b	479a—480a
7	扬幡昭告科仪	1	1a—12b	480b—484a
8	申十王科仪	1	1a—14a	484b—488b
9	申酆都科仪	2	1a—10b	489a—491b
10	申东岳科仪	2	1a—16a	492a—496b
10	祈嗣（附）	2	16a—18a	496b—497a
10	安床定魄科仪（附）	2	19a—23a	497b—498b
10	安床祈嗣疏文式（附）	2	23a—24a	498b
10	乌鸡丸等药方（附）	2	24a—25b	499a
10	供东岳烛科仪（附）	2	26a—35b	499b—502b
11	申斗口科仪	2	1a—6b	503a—504b
12	申雷祖科仪	2	1a—10b	505a—507b
13	申救苦科仪	2	1a—8b	508a—510b
14	启师科仪	3	1a—33b	511a—520a
15	申三元科仪	3	1a—12b	520b—524a
16	谢火仪	3	1a—10b	524b—527a

卷	篇名		大字本	藏外道书 第 30 册
17	祀文昌科仪	3	1a－25b	527b－534b
18	申斗府科仪	3	1a－21b	535a－541b
19	步罡转斗科仪	3	1a－8b	542a－544b
20	礼斗科仪	4	1a－26b	545a－552b
20	解除目疾科仪（附）	4	27a－35a	553a－555b
21	生人移度科仪	4	1a－18b	556a－561a
22	移炼除魔科仪	4	1a－7b	561b－563a
23	靖怪科仪	4	1a－15b	563b－567b
23	和冤科仪（附）	4	16a－17b	568a
24	庆九皇科仪	4	1a－12b	568b－572a
25	祝万（圣）寿申玉皇科仪	5	1a－8b	572b－574b
26	申太上科仪	5	1a－9b	575a－577b
27	供斋科仪	5	1a－14b	578a－582a
28	颁赐赦诏科仪	5	1a－24b	582b－589b
29	申土皇科仪	5	1a－9b	590a－592b
30	安谢土府科仪	5	1a－14b	593a－596b
30	招鸟灵法（附）	5	15ab	597a
31	安谢阴宅科仪	6	1a－3b	597b－598a
32	开矿供烛科仪	6	1a－7b	598b－600b
33	祈雨科仪	6	1a－17b	601a－606b
34	祈晴科仪	6	1a－29a	607a－615b
35	瘟醮科仪	6	1a－22b	616a－622b
36	除蝗去螣科仪	7	1a－10b	623a－626a
37	除蝗预申科仪	7	1a－5b	626b－627b
38	驱虫科仪	7	1a－4b	628a－629a
39	开路科仪	7	1a－5b	629b－630b
39	封棺科仪（附）	7	6a－8b	631ab
39	发引科仪（附）	7	9a－10b	632a
40	召亡科仪	7	1a－38b	632b－644a
40	移魂炼魄法（附）	7	39a－45b	644b－646a
40	召孤科仪（附）	7	46a－53b	646b－648a
41	十王转案科仪	8	1a－34b	648b－658b
42	劝亡科仪	8	1a－4b	659ab
43	断绳科仪	8	1a－7b	660a－662a
44	饯亡赏夫科仪	8	1a－12b	662b－666a

续表

卷	篇名	大字本		藏外道书第 30 册
45	漂灯科仪	8	1a—15b	666b—671a
46	施戒科仪	9	1a—91b	671b—698a
47	送圣科仪	10	1a—4b	698b—699b
48	神像开光科仪	10	1a—6b	700a—701b
49	申奏众真启文	10	1a—36b	702a—713b
50	申疏式	10	1a—46b	714a—728b
	启疏订补（补遗）			729a—789b
	祀天师科仪（补遗）		1a—16a	
	申观音科仪（补遗）		1a—8b	

试论陆修静对道教目录学的贡献及其历史地位

杨光文[*]

内容提要：道教是中国传统文化的三大支柱之一，道教目录学则是中国古典目录学的重要分支学科。在中国道教发展史上，南朝刘宋著名道士陆修静因对道教的建设和发展做出重大贡献，从而成为南朝道教的一代宗师，名震朝野，故在道教史上占有相当重要的地位。其所著《三洞经书目录》是中国道教目录学史上第一部成熟的道教目录学著作，是书开创的道教典籍以"三洞"分类的分类法，既具划时代意义，又对后世道教目录学产生了重大影响。因此，陆修静在中国道教目录学史上的贡献与历史地位应当加以研究和肯定。笔者认为，陆修静对中国道教目录学的贡献及其历史地位，完全可与中国古典目录学史上的刘向、刘歆父子和佛教目录学史上的道安相提并论。

关键词：陆修静　道教目录学　"三洞"分类法　学术贡献　历史地位

在中国道教发展史上，南朝刘宋著名道士陆修静为使道教成为完备意义上的宗教团体，其主要贡献有三：一是整顿改造道教组织，二是建立完善道教斋醮仪式，三是搜集整理道教经典和编著道书目录。目前，学术界已对其在整顿改造道教组织和建立完善道教斋仪方面的情况进行了比较全面深入的研究，所取得的成果也不少。相比之下，陆修静在中国道教目录学史上的独特贡献和成就，学界的重视和研究却还有待加强。本文即就此问题试作探讨，以求教于方家。

一

陆修静（406—477），南朝刘宋时吴兴东迁（今浙江吴兴）人，字元德，号简寂，三国时东吴丞相陆凯的后代。据传，其母姚氏怀孕时，有一老媪告之曰："生子当为人天师。""及生之日，蹠有重轮，足有双踝，掌有大字，身有斗文也。"[①]少习儒业，博通坟典，旁及象纬。又性好道术，精研玉书。及长，好方外游，遗弃妻子，入山修道。初隐云梦，继栖仙都。为搜求道书，寻访仙踪，乃遍游名山，声名远播。宋元嘉（424—453）末，修静卖药至京师，宋文帝刘义隆钦其道风，召入

---

　*　作者简介：杨光文，四川大学道教与宗教文化研究所退休教授。

　①　《三洞珠囊》卷八引《道学传》，《道藏》第25册，第348页。

宫内，讲理说法，不舍晨夜，孜孜诱劝，帝服膺尊异之。时太后王氏雅好黄老，降母后之尊，执门徒之礼。后避太初之乱，离京南游。大明五年（461）至庐山，在庐山东南瀑布下营造精舍，隐居修道。宋明帝刘彧即位，思弘道教，泰始三年（467）召见于华林园延贤馆。"先生鹿巾谒帝而升，天子肃然增敬，躬自问道，咨求宗极。先生标阐玄门，敷释流统，并诣希微，莫非妙范，帝心悦焉。"① 于是，明帝便在北郊天印山筑崇虚馆供其居之。在此期间，陆修静"大敞法门，深弘典奥，朝野注意，道俗归心。道教之兴，于斯为盛"②。的确，南朝自陆修静之后，道教确实兴盛一时。

关于陆修静的生平事迹，除正史《宋书》和《南史》中有其传外，另有马枢《道学传》、吴筠《简寂先生陆君碑》（收入《全唐文》卷九二六中）、沈璇《简寂观碑》（收入雍正《江西通志》卷一二〇中），以及《历世真仙体道通鉴》《三洞群仙录》《玄品录》等亦有其传。

陆修静一生著述很多，元刘大彬《茅山志》说他为道教"著斋戒仪范百余卷"。今《正统道藏》洞神部存有《太上洞玄灵宝众简文》《洞玄灵宝五感文》《陆先生道门科略》《太上洞玄灵宝授度仪》《洞玄灵宝斋说光烛戒罚灯祝愿仪》各一卷。另有《灵宝经序》（收入《云笈七籤》卷四中）、《古法宿启建斋仪》（收入《无上黄箓大斋成立仪》中）。又著有《道德经杂说》（《宋史·艺文志》道家及神仙家类著录）、《三洞经书目录》（《道教义枢》卷二）、《陆先生问答道义》《陆先生黄顺之问答》（《道教阙经目录》）《灵宝道士自修盟真立成仪》《三元斋仪》《然灯礼祝威仪》《金箓斋仪》《玉箓斋仪》《九函斋仪》《解考斋仪》《涂炭斋仪》等散见于《无上黄箓大斋成立仪》中。在《通志·诸子类·道家略》中著录有《服御五芽道引元精经》《升元步虚章》《灵宝步虚词》《步虚洞章》等。在唐法琳《辩正论》中，陆修静在佛教方面的著作有《必然论》《荣隐论》《遂通论》《归根论》《明法论》《自然因缘论》《五符论》《三门论》等，而《对沙门记》则见之于《破邪论》中。

在中国道教史上，陆修静和北朝的寇谦之一样，都为道教的建设和发展做出过重大贡献。其著名弟子有孙游岳、李果之等。而孙游岳又传陶弘景，因此，陶弘景是陆修静的再传弟子。所以，陆修静在中国道教史上的地位也就不言而喻了。宋徽宗宣和（1119—1125）间，封其为"丹元真人"。

二

中华优秀传统文化灿烂辉煌，中国目录学历史悠久，源远流长。早在公元前1世纪，刘向、刘歆父子编制《七略》，为我国目录学的发展奠定了基础。此后，历代封建王朝因政治和文化的需要，设立专门机构，搜集、校勘与保管图书，编纂官修书目。至清代，随着学术的兴盛，又经金榜、王鸣盛等著名学者大力倡导，使目录学一度成为"显学"。

其实，简单说来，中国古代目录学就是将群书部次甲乙、条别异同、推阐大义、疏通伦类，"将以辨章学术，考镜源流""欲人即类求书，因书究学"的专门学问。这表明，目录学是一门实践性很强的学科，它既是目录工作经验的概括和总结，同时又要指导目录实践活动。因此，各类书目

---

① 《三洞珠囊》卷二，《道藏》第25册，第306页。
② 《三洞珠囊》卷二，《道藏》第25册，第306页。

即是目录工作的主要成果。而书目的社会功能是揭示和有效地报道文献的基本特征与内容的实质情报。我国古典目录学的优秀传统非常重视对于文献的揭示与报道，注重运用各种方法"辨章学术，考镜源流"。图书是人类知识的结晶，而目录学则是人们寻求人类知识的"金钥匙""导航图"和"定向器"。

我们知道，书目或目录是在人类社会发展到一定阶段，并积累了相当数量的文献后产生的，因此，目录学又是书目或目录实践活动的结果。于是，道教目录学伴随道教的产生和发展应运而生。道教创建于东汉时期，而道教目录学则起始于东晋著名道教学者葛洪（283—343，一说283—363）①。

道教创立之初，其经典并不是很多。到了晋代，道教先后撰述的道经神符已为数不少。据葛洪《抱朴子内篇·遐览》的著录，共有道经神符二百六十一种、一千二百九十九卷（按：葛洪《神仙传》谓有道经一千卷）。只不过，《遐览》所著录的，仅是其师郑隐的藏书，其中有二百多卷是葛洪看过的。从《遐览》所著录道经的情况来看，我们认为，其中存在着明显的遗漏。第一，郑隐在允许葛洪披阅秘笈之前，曾"先以道家训教戒书不要者近百卷"稍示于葛洪，但此"近百卷"道家训诫书却未被《遐览》著录。第二，葛洪自谓，其所著录诸符"皆大符也"，而"其余小小者"则略而未记。另外，据朱越利先生统计，在《抱朴子内篇》中（不含《遐览》）引用的书籍多达一百九十多种，其中大部分为道经仙符，例如《金液经》四卷、《赤松子经》六卷、《神药经》十一卷、《黄石公记》十三卷、《昌宇内记》十一卷、《神仙集》二卷、《王君丹法》四卷、《白泽图》十七卷、《李少君家录》二卷、《老子入山灵宝五符》十一卷、《老子领中符》十五卷等等，《遐览》皆未著录。陈国符先生说："唯斋仪之书，此篇之所不载。《老》《庄》、诸子、医药方，亦未列入。"② 丁培仁先生指出，《遐览》著录的"戒律书仅有《立功益算经》《道士夺算律》两种"③。

上述情况足以表明，《遐览》的著录确有不少遗漏。尽管如此，正是由于葛洪《遐览》对东晋中叶以前的道经进行了首次著录，才使我们今天可以大致窥见晋以前道经的梗概。然而令人遗憾的是，《遐览》所著道书后来大多又已亡佚，现今保存下来的只有十来种了。但是，葛洪及其《遐览》却为道教目录学的产生和发展奠定了基础。

三

从东汉中叶到南北朝时期，道教有了长足的发展。与此同时，道经也随之增多起来，其中最为明显的特点就是，上清和灵宝两个道派都因上清和灵宝经的造作而创立。据《清虚真人王君内传》和《真诰叙录》等记载，上清派在此期间有《上清经》三十一卷，而《上清大洞真经目》所载则为三十四卷，《真诰叙录》或谓"凡五十余篇"。据陆修静《灵宝经目》说，继葛巢甫创灵宝派后，又

①　参见拙文《葛洪与中国道教目录学》（《宗教学研究》2002年第3期）、《试析葛洪〈遐览〉的道教书目特征》（《宗教学研究》2003年第3期）。

②　陈国符：《道藏源流考》上册，北京：中华书局，1985年，第105页。

③　丁培仁：《道教典籍百问》，北京：今日中国出版社，1996年，第219页。

有一些人添造了灵宝经，从而使灵宝经增至五十五卷，间丘方远所著《太上洞玄灵宝大纲钞》谓为五十八卷。据《正一经》和《孟法师录》说，天师道亦有《正一法文》一百卷。由此可见，在东晋后期至南北朝期间，道经的数量确实较之前增加了不少。

然而，道教经书往往多谓由神仙传授，因而大多也就存在着撰者不明、时代不清、真伪相混、颠倒舛错、多无次序等情况，这对道教理论的完善和发展显然不利。因此，对道经进行系统整理，辨别真伪，系统分类，从而编制出科学的道经目录，便是一件非常重要的事情了。继东晋葛洪之后，南朝刘宋著名道士陆修静即是从事这一重要工作的实践者。

我们知道，《灵宝经》传至刘宋时已呈现出相当混乱的状况。陆修静《灵宝经目序》说：

> 顷者以来，经文纷互，似（按，"似"当作"是"）非相乱。或是旧目所载，或自篇章所见，旧目五十五卷，学者宗竟，鲜有甄别。余先未悉，亦是求者一人。既加寻览，甫悟参差。或删破《上清》，或采搏余经，或造立序说，或回换篇目。裨益句章，作其符图。或以充旧典，或别置盟戒，文字僻左，音韵不属，辞趣烦猥，义味浅鄙，颠倒舛错，事无次序[①]。

为弘扬灵宝道法，陆修静不仅撰写了大量的灵宝经书，同时也对当时社会上流行的《灵宝经》一一作了考辨，并于宋文帝元嘉十四年（437）编成了《灵宝经目》。他在奏呈的《太上灵宝授度仪表》中说：

> 即今见出元始旧经并仙公所禀，臣据信者合三十五卷[②]。

由于《灵宝经目》的失传，所以我们对他考订可信的三十五卷真经到底是哪些已很难知道。然而，正是由于陆修静撰写了大量的灵宝斋仪经典和《灵宝经目》的编制，从而使灵宝之教"大行于世"。不仅如此，我们在这里更要特别指出的是，若从中国古典目录学的角度加以审视，陆修静潜心于道教典籍的整理，重视对于道教文献内容的揭示与报道，注重运用各种方法"辨章学术，考镜源流"，致力于道经目录的编制，其实，这本就是道教目录学的主要内涵和宗旨。以此考量，陆修静对道教目录学的贡献很大，他是继葛洪之后的又一位著名的道教目录学家。

继整理灵宝道经和编制《灵宝经目》之后，陆修静又致力于《上清经》《三皇经》的搜集和整理。为求道书，他遍游名山，其足迹南至"衡、熊、湘暨九嶷、罗浮"，西至"巫峡、峨眉"。据《真诰·叙录》说，陆修静南下，立崇虚馆，取杨羲和许谧、许翙所写《黉落符》入馆，可知他搜有上清派的道经。《道教义枢》卷三《三洞义》又谓陆修静亦得《三皇经》文。由于陆修静对当时流传的《灵宝经》《上清经》和《三皇经》皆进行了广泛的搜集与整理，这就为他继续编制道经目录创造了极为有利的条件。于是，继《灵宝经目》问世之后，陆修静又编成了一部在中国道教目录学和道教史上都具有重大影响的著作——《三洞经书目录》。具体说来，《三洞经书目录》的重大学

---

① 《云笈七籤》卷四，《道藏》第 22 册，第 19 页。
② 《太上洞玄灵宝授度仪表》，《道藏》第 9 册，第 839 页。

术贡献和重大影响，就是陆修静开创了以"三洞"著录道书的道教目录学分类法。

所谓三洞，即指洞真、洞玄与洞神三类道经。"洞"就是"通"。《集韵·送韵》说："洞者，通也。"道教认为，三洞"经符"为道之"纲纪"，声称修"此三法皆能通凡入圣，同契大乘"。《云笈七签》卷六曰：

> 《道门大论》云：三洞者，洞言通也。通玄达妙，其统有三，故云三洞。第一洞真，第二洞玄，第三洞神。乃三景之玄旨，八会之灵章，凤篆龙书，金编玉字，修服者因兹入悟，研习者得以还源。故《玉经隐注》云：三洞经符，道之纲纪。

> 又《本际经》云：洞真以不杂为义，洞玄以不滞为名，洞神以不测为用。故洞言通也，三洞上下，玄义相通。洞真者，灵秘不杂，故得名真。洞玄者，生天立地，功用不滞，故得名玄。洞神者，召制鬼神，其功不测，故得名神。此三法皆能通凡入圣，同契大乘，故得名洞也。

> 然三洞所起，皆有本迹。洞真之教，以教主天宝君为迹，以混洞太无元高上玉皇之气为本。洞玄之教以教主灵宝君为迹，以赤混太无元无上玉虚之气为本。洞神之教以教主神宝君为迹，以冥寂玄通元无上玉虚之气为本也。又云：天地是玄义，虚是精义，神是无累之义。此既三洞垂法，从仙达圣，品级转迁之理也。谓修学之人，始入仙阶，登无累境，故初教名洞神神宝。其次智渐精胜，既进中境，故中教名洞玄灵宝。既登上境，智用无滞，故上教名洞真天宝也。通名宝君者，宝是可尊，君是群义，明为群生之所尊仰也。又洞真法天宝君住玉清境，洞玄法灵宝君住上清境，洞神法神宝君住太清境。此为三清妙境，乃三洞之根源，三宝之所立也。今明（按："明"，辑要本作"名"）玉以无杂，就体而名玉清也。上以上登逐用，而名上清也。又修道之人，初登仙域，智用通泰，渐升上清，终契真淳。故以三境三名，示其阶位之始也。通名三清者，言三清净土，无诸染秽。其中宫主，万绪千端，结气凝云，因机化现，不可穷也。

> 又三洞之元，本同道气，道气惟一，应用分三。皆以诱俗修仙，从凡证道，皆渐差别，故有三名。其经题目：《洞神》即云洞神《三皇》，《洞玄》即云洞玄《灵宝》，《洞真》即杂题诸名，或言以教垂文，或以色声著体，并是难思知用，随方立名耳①。

从以上所引资料中，我们就能发现"三洞"分类法的一些理念和特色：一是"三洞"理念渊源于道教"一气化三清"的神学思想，"三洞之元，本同道气，道气惟一，应用分三"，因而"三洞"分类法具有明显的道教神学色彩；二是"三洞"分类法与上清、灵宝、三皇三个道派有着直接的关系，这就是"《洞神》即云洞神《三皇》，《洞玄》即云洞玄《灵宝》，《洞真》即杂题诸名"。三洞分类法不仅使三派经典合为一体，同时也将它们的顺序作了排列："第一洞真为大乘，第二洞玄为中乘，第三洞神为小乘。"三是三洞分类法及其所列顺序与道士修持经法之先后和所得业位相一致。我们知道，修持不同经法的道士各有不同称号，并能得到不同的业位。例如，修持洞神或太清经法者可以成仙人，修持灵宝经法者可以成真人，修持上清经法者则能成圣人。按道门科仪规定，信徒

---

① 《云笈七签》卷六，《道藏》第22册，第31—32页。

入教修道当依次参受经法，不得逾越次序。道门科仪规定修道者参受经法的大抵次序是：先受正一法文，次为洞渊或太玄经法，再次为洞神、升玄和洞玄部经法，最高者为洞真上清经。因此，三洞分类法也具有区分道士品级业位之特色。

只不过，三洞概念和三洞分类法皆有其初步形成和逐渐完善与定型的过程。朱越利先生认为："葛洪《抱朴子》中无三洞说，亦无三分法的迹象。三洞说不会早于葛洪。"① 陈国符先生说："东晋葛洪撰《抱朴子》，尚未有三洞之称。至刘宋陆修静总括三洞，三洞经之名，实昉于此。"② 日本学者福井康顺说："从现存资料看来，三洞说是陆修静所创。"③《中国道教史》的撰者认为："东晋末年'三洞'概念已初步形成，但还很不完备，很不严格。将此概念完善化、定型化，并以之作为经书分类法的，是刘宋道士陆修静。"④ 的确，陆修静是三洞说的集大成者和以三洞说用于道经分类的创始者。

陆修静所著《三洞经书目录》已佚。不过，该书于初唐似乎尚存，唐之释明概和释道世还曾见过，其著中所载修静书目著录之卷数，当是源于是书。但是，有关陆修静《三洞经书目录》著录道经卷数的问题，佛、道二家之说却存在着明显的差异。杜光庭的《太上黄箓斋仪》说陆修静的目录著录了一万八千卷，《道藏尊经历代纲目》称其所著为一万八千一百卷。我们认为，道教所言陆修静书目所著录道经的卷数，当系夸大之词，令人难以置信。而佛教典籍则皆谓其所著道书仅为一千余卷。

北周甄鸾《笑道论》说：

> 陆修静目中见有经书、药方、符图，止有一千二百二十八卷，本无杂书诸子之名⑤。

唐释明概《决对傅奕废佛僧事》谓：

> 爰至宋朝道士陆修静答宋明帝云：道家经书并药方、符图，总有一千二百二十八卷。唯此为正，余者并非⑥。

又唐释道世亦云：

> 宋泰始七年，道士陆修静答明帝云：道家经书并药方、符图等，总一千二百二十八卷。云一千九十卷已行于世，一百三十八卷犹在天宫⑦。

---

① 朱越利：《道经总论》，沈阳：辽宁教育出版社，1992年，第175页。
② 陈国符：《道藏源流考》上册，北京：中华书局，1985年，第1页。
③ ［日］福井康顺：《道教的基础研究》，东京：书籍文物流通会，1958年，第167页。
④ 卿希泰主编：《中国道教史》第一卷，成都：四川人民出版社，1988年，第545页。
⑤ 见《广弘明集》卷九《笑道论》第31、32节。
⑥ 《广弘明集》卷十二，第105页。
⑦ 《法苑珠林》卷五十五，《大正藏》卷五十三，第704页。

由上可知，除"虚目"（唯道教目录学所独有）一百三十八卷外，陆修静《三洞经书目录》所著录实有道经为一千零九十卷，这与《隋书·经籍志》著录道书一千二百二十六卷的数目比较接近，因此，佛教所言数字较为客观、可信一些。至于《三洞经书目录》所著录道经的卷数反倒少于《遐览》的原因，可能是与南齐仅辖江南一隅和陆修静搜集道经有限有关。

由于《三洞经书目录》已佚，因此，我们对其三洞各部所著录道书的具体情况也就不甚明了了。关于洞真部的著录，甄鸾《笑道论》称："按玄都道士所上经目，取宋人陆修静所撰者，目云：上清经一百八十六卷，一百二十七卷已行。始清已下四十部六十九卷，未行于世。"① 这就是说，陆修静《三洞经书目录》洞真部所著录上清经是一百八十六卷，其中的六十九卷（虚目）还"未行于世"。不过，这与《洞玄灵宝三洞奉道科戒营始》卷五《上清大洞真经目》所列上清经篇目三十四卷相较，却也增加了九十四卷（"虚目"六十九卷除外）。

《三洞经书目录》洞玄部所著录道经当是灵宝经，不过到底著录了哪些灵宝经以及其卷数多少，是我们今天难以考知的问题。但我们知道，至刘宋初年，灵宝经已多达五十五卷。陆修静在编就《灵宝经目》（437）之前，曾对当时流传的五十五卷灵宝经逐一进行过考订，而他认为可信的只有三十五卷。就其所谓可信的灵宝经为三十五卷这一情况来说，我们似乎也可以这样判定：洞玄部所著录灵宝经应当是三十五卷，而不可能是五十五卷。道理很简单，我们认为，作为道教目录家的陆修静，应该不会违背目录学的基本原则，绝不会把连自己都认为不可信的道经著录在道教目录学著作中。

另外，据元刘大彬《茅山志》说，陆修静为道教"著斋戒仪范百余卷"。那么，对于这百余卷斋戒仪范著作，在洞玄部中著录了没有呢？这也是我们今天难以确定的问题。但值得注意的是，斋戒仪范是构成宗教的基本要素之一，陆修静作为早期道教的重要建设者，他深知道教的建设和发展，需要建立一套适应其发展的教规教仪，正因如此，他才撰就了那"百余卷"；也正是由于陆修静的重大贡献，才使南朝道教的教规教仪系统建立起来，同时也促进了道教的发展。当然，对其已散失者，则又是另外一回事了。因此，我们认为，洞玄部著录的灵宝经应在三十五卷以上，还应当包括陆修静自撰之"百余"卷（不含其时已散失者）及宋文帝元嘉十四年（437）至泰始七年（471）三十五年间新增之灵宝经。总而言之，陆修静《三洞经书目录》洞玄部所著录的灵宝经，与葛洪所见相比又增加了不少，这也是中国道教发展之必然。

洞神部著录的道书，应是大有、小有《三皇文》和其他召神劾鬼的道经。《三皇文》即《三皇经》，作者不详，传授也不清。据道经记载，仙人王方平授三国帛和小有《三皇文》。其后授受又不明。晋葛玄得小有《三皇文》传郑隐，郑传于葛洪；又鲍靓得大有《三皇文》，亦传葛洪。据葛洪《抱朴子内篇·遐览》说，其师郑隐相当重视《三皇文》。由此可见，西晋时信奉《三皇经》的人已不在少数。另据《三皇文序》称，陆修静亦得《三皇文》，并初传孙游岳，后又传陶弘景。《三皇经》信仰三皇（即天皇、地皇和人皇），重视符文与召神劾鬼，又含斋戒、养生诸术。《太上洞神三皇仪·大有箓图经目》载有《洞神经》十四卷，兹录列于下：

《洞神经》卷第一大有箓图天皇内文；《洞神经》卷第二大有箓图地皇内文；《洞神经》卷

---

① 见《广弘明集》卷九《笑道论》第31节。

第三大有箓图人皇内文；《洞神经》卷第四八帝妙精经上；《洞神经》卷第五八帝妙精经中；《洞神经》卷第六八帝妙精经下；《洞神经》卷第七八帝玄变经上；《洞神经》卷第八八帝玄变经中；《洞神经》卷第九八帝玄变经下；《洞神经》卷第十八帝神化经上；《洞神经》卷第十一八帝神化经下；《洞神经》卷第十二三皇斋仪；《洞神经》卷第十三三皇朝仪；《洞神经》卷第十四三皇传授仪①。

按：《太上洞神三皇仪》一卷，不著撰者，内有符箓，言法师向弟子传授《洞神经》及箓图契券之仪式。《洞神经》又称《大有箓图经目》。唐张万福《传授三洞经戒法箓略说》亦谓："《洞神经》十四卷，陶先生（弘景）所传十三卷。"②所谓《洞神经》者，即凡称老君所传及后世托名老君造作之道经也，"召制鬼神，其功不测"。如前所述，陆修静致力于道书的搜集和整理，并在此基础上编就《三洞经书目录》。因此，我们相信，在《三洞经书目录》洞神部中，他对当时流传于世的《洞神经》应该是作了相应的著录的。但也因《三洞经书目录》的亡佚，对其所著《洞神经》的具体情况包括经名和总的卷数无法确知，有待于我们进一步研究和考证。但从理论上讲，陆修静所著录当比葛洪《遐览》之著录有所增加。

结　语

我国的图书分类工作有着悠久的历史。西汉末年，刘向父子编制的《七略》所反映的分类体系，是我国最早的图书分类法。此后，历代政府都编有反映藏书的分类目录，还有私人编制的分类目录。这些分类目录不仅反映了藏书情况，还能从分类目录中类目的演变，窥视出我国学术文化的发展源流，并为我国的图书分类史和学术文化史的研究提供有力的依据。道教目录学随道教的产生和发展而创立，陆修静是继东晋葛洪之后的另一位道教目录学家，其所著《三洞经书目录》是中国道教目录学史上极为重要的目录学著作。是书所创按道经来源进行分类的"三洞"分类体系，既具划时代意义，又对后世道教目录学产生了重大而深远的影响。《三洞经书目录》对于中国道教目录学的重大学术贡献，完全可与我国古典目录学史上的《七略》、佛教目录学中的《综理众经目录》相提并论。南宋金允中《上清灵宝大法·总序》说："宋简寂先生陆修静分三洞之源，立四辅之目，述科定制，渐见端绪。"③虽"四辅之目"非陆修静所立，但其"分三洞之源"和"述科定制"之功不可没。因此，陆修静在中国道教目录学史上所处的历史地位，同中国古典目录学史上的刘向父子和佛教目录学史上的道安应是大致相同的。虽然《三洞经书目录》已散失，但陆修静对中国道教目录学的贡献及其历史地位应当给予充分肯定。

（本文原载《宗教学研究》2006 年第 2 期）

---

① 《太上洞神三皇仪》，《道藏》第 18 册，第 302 页。

② （唐）张万福：《传授三洞经戒法箓略说》，《道藏》第 32 册，第 186 页。

③ （宋）金允中：《上清灵宝大法·总序》，《道藏》第 31 册，第 345 页。

道教"农道合修"思想考论

盖建民[*]

一、道教"重农""贵农"思想考原

一般认为，道教注重个人修炼与解脱，似乎不大关心世俗生活和生产劳动。然而事实并非如此。道教不仅有着悠久丰富的农学思想，而且也有着尚农、"农道合修"的历史传统和生活实践。道教"重农""贵农"渊源于道家"上农"思想。冯友兰曾就《吕氏春秋》之《上农》篇做过如下分析："从《吕氏春秋》的这种观察，我们看出中国思想的两个主要趋势道家和儒家的根源。它们是彼此不同的两极，但又是同一轴杆的两极。两者都表达了农的渴望和灵感，在方式上各有不同而已。"[①]《吕氏春秋》是一部深受道家思想影响的典籍，其中《上农》《任地》《辨土》《审时》诸篇专论农事，有许多重视农业生产、适时垦殖的论述。例如，《上农》云：

> 古先圣王之所以导其民者，先务于农。民农非徒为地利也，贵其志也。民农则朴，朴则易用，易用则边境安，主位尊。民农则重，重则少私义，少私义则公法立，力专一。民农则其产复，其产复则重徙，重徙则死处，而无二虑。民舍本而事末则其产约，其产约则轻迁徙，轻迁徙则国家有患皆有远志，无有居心。民舍本而事末则好智，好智则多诈，多诈则巧法令，以是为非，以非为是[②]。

这里指出重农不只是获得土地生产之利，更重要的是使农民淳朴易用。重农有助于消除动乱、富国强兵，从这一认识出发，《上农》提出强本抑末、不违农时的重农思想。《任地》《辨土》《审时》三篇则集中论述了各种农业生产技术，包括根据不同土地选择不同的耕作时间、施用不同的耕作方法、精耕细作、因地制宜等。

《吕氏春秋》的农学思想为后来的道教所汲取，唐代道经《洞灵真经》就别开生面地以《农道》

＊　作者简介：盖建民，四川大学道教与宗教文化研究所所长、教育部长江学者特聘教授。
①　冯友兰：《中国哲学简史》，北京：北京大学出版社，1996年，第16—17页。
②　张双棣等：《吕氏春秋译注》，长春：吉林文史出版社，1986年，第915—916页。

为篇名，大量采撷《吕氏春秋》的相关文字，系统论述了"农之道"。

道家"上农"思想，考其源流，实发轫于老子。《道德经》从"小国寡民"的社会理想模型出发，崇尚自然无为的田园生活，主张"节欲"和"节育"，注重人口生产的生态平衡，并反对统治者无休止地向人民课税："民之饥，以其上食税之多，是以饥。"① 老子还猛烈抨击统治者不重视农业生产的行为："朝甚除，田甚芜，仓甚虚；服文采，带利剑，厌饮食，财货有余，是谓盗竽。非道也哉！"② 将不以农为本、追逐财货之利，造成粮田荒芜、粮仓空虚的行为斥之为一种非道行径。另一本深受道家思想影响的著作《淮南子》，也从为治之本在于安民、安民之本在于足用，即为百姓提供衣食的治国"道理"出发，强调勿夺农时：

> 为治之本，务在于安民；安民之本，在于足用；足用之本，在于勿夺时；勿夺时之本，在于省事；省事之本在于节欲③。

勿夺农时对于发展农桑事业极为重要，是中国传统农学宝贵的科学思想总结，这一农学思想在后来的道书中时有论述。

二、道教典籍中的"重农""贵农"思想

《道德经》《吕氏春秋》《淮南子》中所阐发的这些重农思想为后来的道教所汲取，成为道门"农耕之道"的思想渊源，为道教徒确立"农道合修"的修道思想奠定了基础。

道家的重农思想首先在早期道教经典《太平经》中得到充分发挥。《太平经》从"治身安国致太平"的社会政治理想出发，将饮食、男女、衣着视为天下三大急要之事即所谓"三急"。《太平经》卷三十六云："天下大急有二，小急有一。"其中，人以食为天："不饮不食便死，是一大急也"④；男女配对结合繁育后代是社会发展的必要条件："男女不相得，便绝无后世"，"故此饮食与男女相须，二者大急"⑤；衣着对人类生存也是不可缺少的："天道有寒热，不自障隐，半伤杀人。故天为生万物，可以衣之……夫人不衣，故不能饮食，合阴阳，不为其善。衣则生贤，无衣则生不肖也"（同上）。故《太平经》认为饮食、男女、衣着乃天下太平之本，也称"三本"或"三实"，并告诫道："不守此三本，无故妄行，悉得死焉"⑥，"是故古者圣人守三实，治致太平"⑦。《太平经》还本着周穷救急的救世教义，主张"赐饥者以食，寒者以衣"⑧。为此，《太平经》卷三十六还载有"守三实法""三急吉凶法"等法术。然而，三实的基础是农桑之事，要守得住这三实必须重

---

① 《道德经》第七十五章。
② 《道德经》第五十三章。
③ （汉）刘安等编著，（汉）高诱注：《淮南子》卷十四《诠言训》，上海：上海古籍出版社，1989 年，第 152 页。
④ 王明：《太平经合校》，北京：中华书局，1960 年，第 42 页。
⑤ 王明：《太平经合校》，第 44 页。
⑥ 王明：《太平经合校》，第 47 页。
⑦ 王明：《太平经合校》，第 48 页。
⑧ 王明：《太平经合校》，第 230 页。

视农业。《太平经》重农的言论很多，如云"王者（居家）主修田野治生"①"促佃者趣稼，布谷日日鸣之"② 等等，不遗余力地宣扬"下士当理田野，各守其责"③ "夫人各自衣食其力"④ 的思想。其重农思想有许多闪光之处，例如认为种植业是事关国家贫富、天下太平的大事，圣人明君应顺天应时，根据土地的地力状况，选择适宜品种种植，让万物各得其适宜的土壤苗壮成长，从而使天下物产丰富，否则，"不卜相其地而种之，则万物不得成竟其天年"，就会造成国贫民饥、社会动荡，引起天下大乱。又如《太平经》反对酿酒狂饮，珍惜五谷粮食：

真人问曰："天下作酒以相饮，市道无据。凡人饮酒治醉，狂咏便作，或即砍死，或则相伤贼害，或缘此奸淫，或缘兹高坠，被九之害，不可胜记。念四海之内有几何市，一日之间，消五谷数亿万斗，复缘此致害，连及县官，或使子孙呼嗟，上感动皇天，祸乱阴阳，使四时五行之气乖反。如何故作狂药，以相饮食，可断之否？"神人曰："善哉！饮食，人命也。吾言或有可从或不可从，但使有德之君教敕言，从今以往，敢有无故饮酒一斗者，笞二十，二斗杖六十，三斗杖九十……以此为数，广令天下……愚人有犯即罚，作酒之家亦同饮者。"⑤

《太平经》的作者在这里用真人与神人一问一答的形式，表明其反对滥用粮食来酿酒狂饮的立场。因为如果社会上纵酒成风，必然耗费大量粮食，引发诸多社会问题，不利于天下安定："盖无故发民令作酒，损废五谷，复致如此祸患。"⑥ 因此，《太平经》主张用严刑峻法来制止这种"损废五谷"、浪费粮食的行为。与《太平经》这一主张相呼应，张鲁的五斗米道制定了禁酒法令："又依《月令》，春秋禁杀；又禁酒。"⑦ 当然，《太平经》也不是一概反对酿酒，如果是用来治病的药酒，则不在反对之例，故道经中有所谓"家有老疾，药酒可通"⑧ 的说法。

此外，《太平经》还强调合理利用土地资源："有明君国得昌，流客还耕农休废之地，诸谷得下，生之成熟，民复得粮。更奉先祖，鬼神得安。"⑨《太平经》中还有许多禁烧山林、保护植被和水土资源、反对滥伐林木的思想，有其现代意义。

《老子道德经河上公章句》在阐发"治身者爱气则身全，治国者爱民则国安"的道理时，对事关国计民生的农事也表现出相当大的关注，在注文中有不少重农思想。《还淳第十九》注解"民利百倍"一文云："农事修，公无私。"⑩《俭武第三十》则以"农事废，田不修"来说明"师之所处，荆棘生焉"⑪。与此类似，《益证第五十五》也以"农事废，不耕治""五谷伤害，国无储也"注解

---

① 王明：《太平经合校》，第 228 页。
② 王明：《太平经合校》，第 616 页。
③ 王明：《太平经合校》，第 696 页。
④ 王明：《太平经合校》，第 36 页。
⑤ 王明：《太平经合校》，第 215—216 页。
⑥ 王明：《太平经合校》，第 215 页。
⑦ （晋）陈寿：《三国志》第 1 册，北京：中华书局，1959 年，第 263 页。
⑧ 王明：《太平经合校》，第 215—216 页。
⑨ 王明：《太平经合校》，第 584 页。
⑩ 王卡点校：《老子道德经河上公章句》，北京：中华书局，1993 年，第 75 页。
⑪ 王卡点校：《老子道德经河上公章句》，第 121 页。

"田甚芜，仓甚虚"①。这些释文表明了河上公对农业地位的认识：为了实现身国同治的理想，必须重视农业，否则农事不修，必然造成粮食短缺，危及百姓生命，所谓"五谷尽则伤人也"②。天下饥饿也就容易引发社会动荡："则农事废，饥寒并至，故盗贼多有。"③ 所以，河上公疾呼偃兵息武、兴修农田："（治国者）兵甲不用，却走马（治）农田。"④ 唐代道教学者李筌继承了《老子道德经河上公章句》《太平经》的重农思想，也提出"劝民农桑而致富强"的理身治国主张。《黄帝阴符经疏》卷中《富国安人演法章》云："人理性命者必须饮食滋味也……谷者，人之天也。天所以兴，王务农；王不务农，是弃人也。人既弃之，将何有国哉！"⑤ 民以食为天，农桑不兴，谷粮短缺，民不果腹，国家治理便无从谈起。所以，李筌在其另一部兵学著作《太白阴经》中指出国富在粟，国强在兵："国之所以富强者，审权以操柄，审数以御人。课农者，术之事，而富在粟……按兵而劝农桑，农桑劝，则国富"⑥，并且要做到"乘天之时，因地之利，用人之力，乃可富强"⑦。李筌对此还做了进一步解释："乘天之时者，春植谷，秋麦，夏长成，冬备藏。因地之利者，国有沃野之饶，而人不足于食者，器用不备也。"（同上）李筌提出以农强兵富国的主张，鼓励统治者"人主恃农战而尊，三时务农，一时讲武"⑧，实行发展农业生产、奖励农战的战略方针，独具特色。

道教重农思想还可以从《正统道藏》所收录的《刘子》一书中窥见一斑。《刘子》十卷计有《清神》《防欲》《去情》等五十五篇，主要宣传黄老清心寡欲、韬光养晦之旨，并兼有儒、墨、农、名、法、阴阳、纵横、杂诸家之论。《刘子》卷三立《贵农第十一》专篇，云：

> 衣食者，民之本也；民者，国之本也。民恃衣食犹鱼之须水，国之恃民如人之倚足。鱼无水则不得而生，人失足必不可以步；国失民不可以治。先王知其如此而给民衣食，故农祥旦正……⑨

从引文中不难看出，其内容完全反映了农家"以农为本"的思想。《正统道藏》将此带有农家思想的著作收入其中，说明道教对农家思想的重视和汲取。

五代道士谭峭所著道教哲学著作《化书》，在阐述"虚化万物""一切皆化"的道教"化生"哲学思想时，对道教重农思想作了专题阐述。其中有三点值得重视：

其一，主张"我耕我食，我蚕我衣"的重农自养思想。谭峭继承并发挥了《太平经》的"三急"思想，认为"民事之急，无甚于食"。因为人"一日不食则惫，二日不食则病，三日不食则死"⑩。三日不食则死的说法虽然有些夸张，但表明了《化书》对粮食与民生关系重要性的极大重

① 王卡点校：《老子道德经河上公章句》，第 203—204 页。
② 王卡点校：《老子道德经河上公章句》，第 121 页。
③ 王卡点校：《老子道德经河上公章句》，第 221 页。
④ 王卡点校：《老子道德经河上公章句》，第 181 页。
⑤ 见《道藏》第 2 册，第 741 页。
⑥ 张文才、王陇：《太白阴经全解》卷一《人谋上·国有富强篇第五》，长沙：岳麓书社，2004 年，第 24 页。
⑦ 张文才、王陇：《太白阴经全解》卷一《人谋上·国有富强篇第五》，第 24 页。
⑧ 张文才、王陇：《太白阴经全解》卷一《人谋上·国有富强篇第五》，第 285 页。
⑨ 见《道藏》第 21 册，第 737 页。
⑩ （五代）谭峭著，丁祯彦、李似珍点校：《化书》，北京：中华书局，1996 年，第 51 页。

视。粮食是事关民生的大事、急事，但农民辛苦劳作收获的粮食却常常被"七夺"："民事之急，无甚于食，而王者夺其一，卿士夺其一，兵吏夺其一，战伐夺其一，工艺夺其一，商贾夺其一，道释之族夺其一"①，到头来依然过着"缲葛苧之衣""食橡栎之实"的凄惨生活。因此，谭峭疾呼"我耕我食，我蚕我衣"②。这一思想对道教中人形成农道合修传统有很大影响。

其二，认为粮食问题不仅是事关民生的大事，而且是天下"兴亡之机"：

> 疮者人之痛，火者人之急，而民喻饥谓之疮，比饿谓之火，盖情有所切也。夫鲍鱼与腐尸无异，鳏鲮与足垢无殊，而人常食之。饱犹若是，饥则可致。苟其饥也无所不食，苟其迫也无所不为。斯所以为兴亡之机③。

谭峭在《化书》中惯用比喻手法来阐明其深刻的道教哲学思想。他以疮和火来比喻饥饿之痛苦难忍，借鲍鱼与腐尸、鳏鲮与足垢来说明人在饥饿状态下会铤而走险，并进而说明粮食与天下兴亡之关系，十分形象、富有感染力。谭峭还针对世间存在的"食不均"的不平等现象指出：食不均会导致"食之争"，引发社会动乱，所以"能均其食者，天下可以治"④。那么如何才能做到"食均"呢？谭峭继承老子"吾有三宝，一曰俭，二曰慈，三曰不敢为天下先"的思想，云："俭者，均食之道也"⑤；"俭于德可以养虚，俭于视可以养神，俭于言可以养气，俭于私可以获富……是知俭为万化之柄"⑥，强调了中国传统农业文明的俭朴之道。

其三，提出"食为五常之本，五常为食之末"的饮食伦理观。《化书》认为衣食既是生命存在的必要基础，也是社会人伦教化的先决条件：

> 是知君无食必不仁，臣无食必不义，士无食必不礼，民无食必不智，万类无食必不信。是以食为五常之本，五常为食之末。苟王者能均其衣，能让其食，则乾黎相悦，仁之至也；父子相爱，义之至也；饥饱相让，礼之至也……⑦

《化书》将儒家伦理之仁、义、理、智、信"五常"确立的条件归之于"食"："食均则仁义生，仁义生则礼乐序，礼乐序则民不怨，民不怨则神不怒，太平之业也。"⑧ 他还认为"教之善也在于食，教之不善也在于食"⑨。这种观点别具一格，凸显出道教尚农的思想特征。

《洞灵真经》中亦有丰富的"农道"思想。从今本《正统道藏》所收《洞灵真经》的思想内容上分析，其作者是以老庄思想为旨，杂采众家之说，阐述道教理国治身之道，其中特辟专篇《农道

① （五代）谭峭著，丁祯彦、李似珍点校：《化书》，第51页。
② （五代）谭峭著，丁祯彦、李似珍点校：《化书》，第64页。
③ （五代）谭峭著，丁祯彦、李似珍点校：《化书》，第57页。
④ （五代）谭峭著，丁祯彦、李似珍点校：《化书》，第53页。
⑤ （五代）谭峭著，丁祯彦、李似珍点校：《化书》，第61页。
⑥ （五代）谭峭著，丁祯彦、李似珍点校：《化书》，第61页。
⑦ （五代）谭峭著，丁祯彦、李似珍点校：《化书》，第59页。
⑧ （五代）谭峭著，丁祯彦、李似珍点校：《化书》，第61页。
⑨ （五代）谭峭著，丁祯彦、李似珍点校：《化书》，第59页。

篇第八》，汲取《吕氏春秋》之《上农》《任地》《辨土》《审时》中的重农理念，系统阐发了颇具特色的"农道"思想。兹撮要分析如下。

首先，《农道篇第八》开篇即指出"人舍本而事末"的危害性，强调"以茂耕织者以为本教也"。文中云：

> 人舍本而事末，则不一令；不一令则不可以守，不可以战。人舍本而事末则兀（其）产约，兀（其）产约则轻流徙，轻流徙则国家时有灾患……人舍本而事末则好知，好知则多诈，多诈则巧法令，巧法令则以是为非，以非为是。古先圣王之所以理人者，先务农，人农非徒为坠利也，贵行其志也。人农则朴，朴则易用，易用则边境安，安则主位尊……古先圣王之所以茂耕织者以为本教也。是故天子躬率诸侯耕籍田……①

这里所说的"本"即农桑之业，"末"指工商之业。何璨注云："本谓农也，末谓趋浮利也。"②"人舍本而事末"就会导致政令不一、多巧诈、轻易迁徙，使国家出现灾患。所以古代的先哲圣王"以茂耕织者以为本教也"，即以农为治国之本。何璨释《农道篇第八》题云："谷者，人之天；理国之道务以农为本"③，准确点出了该篇的旨要。不难看出，作者在这里是完全引用《吕氏春秋·上农》之语，从正反两个方面说明治理国家必须以农为本的原因。

其次，《农道篇第八》提出农之道关键在于劳动力的投入，"敬时爱日"，不误农时："故敬时爱日，埒实课功。非劳不休，非病不息。一人勤之，十人食之。当时之务，不兴土功，不料师旅。男不出御，女不外嫁"④，以免妨碍农业生产。这一思想也是《吕氏春秋·上农》中"不误农时"思想的翻版。

第三，独具特色的"耕道"思想。《农道篇第八》除了阐述"以农为本"的道理外，还用了相当多的篇幅具体论述了"耕道"："生之者天也，养之者地也。是以稼之容足，耨之容耰，耘之容手，是谓耕道。"⑤"耨"指锄草，"耰"乃锄草的器具，这里所说的"耕道"即指农业生产技术。耕道思想是《洞灵真经》农学思想的精华所在，其内容十分丰富，既有"无失人时，追时而作，过时而止"的适时耕作思想，也有农田整治与耕耘技术思想，以及农田管理与农田生态环境保护的思想。上述农学思想有不少是直接采自《吕氏春秋》的《上农》《任地》《辨土》《审时》，同时作者也作了发挥和演绎，融入了自己的"农道"思想。因此，可以认定《洞灵真经》之《农道篇第八》是探讨道教农学思想的一篇重要文献，值得重视和深入发掘。

---

① 《洞灵真经》，《道藏》第11册，第565页。
② 《道藏》第16册，第748页。
③ 《道藏》第16册，第748页。
④ 《道藏》第11册，第565页。
⑤ 《道藏》第11册，第565页。

三、"农道合修"与道教教义思想

本文提出"农道合修"的命题，理由有三：

其一，道教典籍中本身就有"农道"一词的用法。如前所述，唐代道书《洞灵真经》中即辟有《农道》专篇，尽管这里的"农道"似指"农之道"，但在道门看来，"农之道"也是道门中人修道证道的内容和途径之一。关于这方面的内容，前文已论述，此不复言。

其二，道教重视农桑之业，道门人士"农道合修"有其自身内在的"道理"。因为中国乃农业大国，"民以食为天"、以农为本的传统思想根深蒂固，这些对道教影响甚深；而出于道士自身生存和道教组织发展的需要，也必须重视农桑之业。道士修仙通常选择远离市井的洞天福地，人迹罕至，不事农桑就难以生存，更遑论飞身成仙了。道门虽有辟谷一说，但道士修辟谷之术最初的一个本能动机就是为了应对饥荒不测。受"道人宁施人，勿为人所施"戒律的影响，道门中人以力耕自食为荣，而且道士多农桑子弟出身，力耕与修道并举也是自然之事。

其三，"农道合修"乃道门的历史传统。稽考道教历史，历代农道合修的道门隐士层出不穷，农道合修业已成为一种修道证道、济世利物的道门风范，绵延不绝，至今仍有余音。旧题刘向撰《列仙传》中就记载了不少这方面的仙人隐士。如宋人寇先"以钓鱼为业"，"得鱼，或放或卖或自食之。常着冠带，好重荔枝，食其葩实焉"[1]；又有祝鸡翁者，"养鸡百余年，鸡有千余头"[2]；常山道人昌容，"能致紫草，买与染家，得钱以遗孤寡"[3]；还有食术菖蒲根、饮水不饥不老的高道商丘子胥，"好牧猪"[4]；而济阴人园客因擅长桑蚕之业，身后为乡人设祠供奉，成为桑蚕业的保护神。葛洪所撰《神仙传》也有高道阴长生"治生佃农之业"[5] 和张道陵"退耕于余杭"[6] 的记载。尽管这些难以一一据为信史，但从中我们仍可捕捉到道教贵农、重农的道风和"农道合修"的基本史实。葛洪本人也是农道合修的高道。

四、道教"农道合修"的意义

"农道合修"有宗教本身和科学思想两方面的基本意义。首先，农桑之业事关道俗生计，对道士个人来说是安身立命之本，而对整个道教教团的发展来说，农桑也十分重要，从某种意义上说甚至是立教之基，故"农道合修"的宗教意义显而易见。其次，"农道合修"也促进了道教与农学的融通关系。道门中人积极投身农桑之业，究习农之道理，在农学领域有许多创获发明，其中全真子

① （汉）刘向、（晋）葛洪：《列仙传 神仙传》，上海：上海古籍出版社，1990年，第9页。
② （汉）刘向、（晋）葛洪：《列仙传 神仙传》，第12页。
③ （汉）刘向、（晋）葛洪：《列仙传 神仙传》，第17页。
④ （汉）刘向、（晋）葛洪：《列仙传 神仙传》，第19页。
⑤ （汉）刘向、（晋）葛洪：《列仙传 神仙传》，第26页。
⑥ （汉）刘向、（晋）葛洪：《列仙传 神仙传》，第29页。

陈旉的农学思想在中国传统农学史上就有着重要地位。受篇幅所限，本文仅就"农道合修"的宗教意义展开分析。

张陵、张衡、张鲁祖孙三代在巴蜀、汉中地区以医传教、借医弘道，每一位入道者必须缴纳米五斗，作为对教会的资助，故三张所创的道派被称作"五斗米道"，或径称"米道"；而道徒则称"米巫"，或被统治者蔑称为"米贼"。虽然学术界在"五斗米道"名称的来历上有不同的说法，但早期道派用粮食作为入教的凭信确是事实。道书《要修科仪戒律钞》卷十就指出米对道教组织的重要性："家家立靖崇仰，信米五斗。以立造化，和五性之气。家口命籍，系之于米，年年依会，十月一日，同集天师治。付天仓及五十里亭中，以防凶年。"① 从这些事例中折射出农业对道教组织创兴发展的重要性。"五斗米道"经典《老子想尔注》反对"民不念田"②的行为。张道陵在注释《老子》"国之利器，不可以示人"一文时，特别强调了道人所必须尊奉的一些教诫："道人宁施人，勿为人所施；宁避人，勿为人所避；宁教人为善，勿为人所教；宁为人所怒，勿怒人；分均，宁与人多，勿为人所与多。其返此者，即为示人利器也。"③ 此种宗教伦理必然强化道人重农的思想意识，所以五斗米道主张道人要自食其力，力耕而食，即所谓"陈力殖谷，栽令自足"④。"五斗米道"在创建发展过程中实行"政教合一"的组织形式，"行宽惠"⑤，动员教民耕荒殖谷，从而奠定了其统治巴蜀地区长达三十余年之社会经济基础。

早期道教"农道合修"的传统在后续道派发展中一直传承着，以至于一些道门名士还专门对农桑之业进行研究。例如，据《旧唐书·李淳风传》载，唐代著名道教学者李淳风写有一部农书《演齐人要术》，是书乃对《齐民要术》的推演发挥，因避唐太宗李世民之讳，故名"齐人"。南北朝时期后魏人贾思勰所著《齐民要术》是中国现存最早最完整的古代农学名著，在世界农学史上有着重要价值。李淳风《演齐人要术》虽然现已失传，其农学思想已无从考察，但我们据此仍可以推断李淳风的农学水平不低。

及至宋元，道门"农道合修"的风气已蔚为潮流，宋元兴起的全真道、大道教纷纷以"农道合修"为修行时尚。例如金元之际兴起的新道派大道教，又称真大道，创教人为沧州乐陵人刘德仁，号无忧子。刘德仁于金熙宗皇统二年遇高人授以《道德经》要诀，开始传播大道教。从刘德仁所立的九条教规内容来看，大道教以"农道合修"为基本教规。这九条教规中的第四条为：远势利，安贱贫，力耕而食，量入为用；特别强调"不务化缘，日用衣食，自力耕桑"⑥。现存许多金石碑刻也记载了大道教"农道合修"的特点，如《重修隆阳宫碑》："真大道祖师无忧子之阐教门也，衣取以蔽形，不尚华美，目不贪于色也。祈祷不假钟鼓之音，耳不贪于声也。饮食绝弃荤，口不贪于味也。治生以耕耘蚕织为业，四体不贪于安逸也。纤毫不乞于人。"⑦ 大道教第五祖师太玄真人郦希成也继承了这一传统，在重修隆阳宫时"运石启地，翦荆棘而构屋筑垣，栽枣殖桑而垦田野，载离寒

① 《要修科仪戒律钞》，《道藏》第 6 册，第 966 页。
② 饶宗颐：《老子想尔注校证》，上海：上海古籍出版社，1991 年，第 24 页。
③ 饶宗颐：《老子想尔注校证》，第 46 页。
④ 饶宗颐：《老子想尔注校证》，第 29 页。
⑤ （晋）常璩：《华阳国志》卷二《汉书志》。
⑥ 《大道教延祥观碑》，见陈垣编纂：《道家金石略》，北京：文物出版社，1998 年，第 822 页。
⑦ 陈垣编纂：《道家金石略》，第 823 页。

暑，已成其趣"①。大道教以农道合修为立教之本，主张力耕自养、悯贫救苦。这种教风在金元战乱不断、人民生活极为困苦的年代颇有号召力，正如元代吴澄撰《天宝宫碑》所云："吾教之兴，自金人得中土时，有刘祖师，避俗出家，绝去嗜欲，摒弃酒肉，勤力耕种，自给衣食，耐艰难辛苦，朴俭慈悯，志在利物，戒行严洁，一时翕然宗之。"② 百姓纷纷入教，教门兴盛一时。

综上所述，道教之所以形成农道合修的传统，其内在原因可以归结为：第一，道教教义以"贵生重生""生为第一"为显著特点。生命的存在必须有足够的食物保障，所以从逻辑上分析，道教"重生"必然"贵农"。第二，道门奉行"道人宁施人，勿为人所施"的教戒，主张"我耕我食，我蚕我衣"。《太上洞玄灵宝智慧罪根上品大戒经》也告诫世人："与人君言，则惠于国……与野人言，则劝于农。"③ 道教以力耕自养、利物济世为修行规范，这一宗教伦理对于密切道教与农学的关系起了推动作用。第三，出于扩大教团组织的需要。宗教的发展依赖于寺院经济，随着道教宫观制度的发展与完善，出家入道的道众数量猛增，维持宫观日常生活的开销也日益增大，单靠乞食化缘已难以为继，而力耕自养、农道合修则一方面可以解决道众的生计问题，另一方面还可以通过农桑之业来增强宫观的经济实力，为道教实现济世度人的宗教关怀提供强有力的支持，进而为巩固发展教团组织提供恒久动力，即所谓"创立观院，垦田兴农，以为永久之基"④。《重阳全真集》卷一有《善友问耕种助道》诗："世间凡冗莫相干，清静精研礼念初。慧照时时频剔拔，心田日日细耕锄。增添福炷油休绝，剿剪烦苛草尽除。登宝苗丰功行满，登苗携去献毗卢。"⑤ 第四，道教信徒多来自农家子弟，自幼对农桑之业耳熟能详，具备农道合修的基础和条件。

正是由于上述原因，农道合修的传统在道门中一脉相传，至今在一些宫观中仍有余续。例如四川青城山道教，近现代以来就一直保持着农道合修的传统。此外，一些道门中人在农学领域还颇有研究和建树，特别是全真子陈旉的农学思想在中国传统农学史上有着重要地位，这些都值得学术界同行关注，并进行专题发掘研究。

（本文原载《哲学研究》2010 年第 1 期）

---

① 陈垣编纂：《道家金石略》，第 823 页。
② 陈垣编纂：《道家金石略》，第 828 页。
③ 《太上洞玄灵宝智慧罪根上品大戒经》，《道藏》第 6 册，第 887 页。
④ 《创立兴国观记》，见陈垣编纂：《道家金石略》，第 705 页。
⑤ 《道藏》第 25 册，第 694 页。

宋元明道教"三教合一"思想的发展理路

唐大潮[*]

内容提要：宋元明时期，道教对佛教、儒学的吸收已经进入全面融会贯通的阶段，"三教一家""万善归一"的论调比比皆是，且出现了以倡"三教合一"为宗旨的新道派，表明道教的"三教合一"思想已经发展成型。

关键词：宋元明时期 道教 三教合一

道教的"三教合一"思想是逐步明晰和成熟起来的。就宋元明时期的道教经典及其代表人物的思想来看，"三教一家""万善归一"的论调比比皆是，且这一时期所出现的新道派，基本上都具有倡导"三教合一"的特点。本文试对此时期的道教"三教合一"思想作一点探讨。

在北宋，著名内丹家张伯端在其《悟真篇》序言中说："释氏以空寂为宗，若顿悟圆通，则直超彼岸；若有习漏未尽，则尚徇于有生。老氏以炼养为真，若得其要枢，则立跻圣位；如其未明本性，则犹滞于幻形。其次，《周易》有穷理尽性至命之辞，《鲁语》有毋意、必、固、我之说，此仲尼极臻乎性命之奥也。"又说："教虽分三，道乃归一。奈何后世黄缁之流，各自专门，互相非是，致使三家宗要迷没邪歧，不能混一而同归矣。"[①] 正是从这样的观点出发，他在其内丹理论中，既吸收儒家性命之说，又吸取佛教禅法，以充实其修性内容，认为性、命必须双修，只修性而不修命，就不能"迥超三界""顿超彼岸"。张伯端非常明确地将其合一三教的思想贯穿于内丹修炼法则之中，谓："先以神仙命脉诱其修炼，次以诸佛妙用广其神通，终以真如觉性遣其幻妄，而归于究竟空寂之本源。"[②] 他所作的吟咏内丹的诗禅味十足，被清朝雍正皇帝收入《御选语录·禅宗诗偈》中。张伯端的三教合一思想和内丹理论，被道教南宗四祖及弟子们全部继承，并赋予了更多的儒、释内容。

南宗四祖陈楠主张佛、道不二。他说："人若晓得《金刚》《圆觉》二经，则金丹之义自明，何必分别老、释之异同哉！天下无二道，圣人无两心。何况人人俱足，个个圆成。正所谓处处绿杨堪系马，家家门阃透长安。"[③] 认为释道本无二致。南宗五祖白玉蟾继续高扬"三教合一"的旗帜，

---

* 作者简介：唐大潮，国家"985工程"四川大学宗教与社会研究创新基地学术带头人，四川大学道教与宗教文化研究所教授。
基金项目：本文为教育部人文社科重点项目"宋元明清道教与佛儒关系"阶段性成果。

① 《道藏》第2册，第973页。
② 《道藏》第2册，第1030页。
③ 《修真辨惑论》，《道藏》第4册，第618页。

谓："三教异门，源同一也。"① "道释儒门，三教归一，算来平等肩齐。"② 白玉蟾还把内丹理论与儒学、佛学联系起来，以说明"天下无二道"的道理。他说："夫修炼金丹之旨……炼形以养神，明心以合道，皆一意也。……以此理而质之儒书则一也；以此理而质之佛典则一也。所以天下无二道也。"③ 对于比较儒、释、道高低的观点，白玉蟾批驳道："道分天地，万化总归基；佛在灵山证果，六年后雪岭修持；儒门教温良恭俭，万代帝王师。道传秘诀，佛流方便，忍辱慈悲，大成至圣，岂辨高低？都是后学晚辈，分人我，说是谈非。休争气，三尊一体，瞻仰共皈依。"④ 完全泯灭了三家的界限。

南宋还有许多主三教合一的道教徒和经书，如：《道枢》的作者曾慥，《金丹直指》的作者周无所住，《文始经言外旨》的作者陈显微，希微子王夷等。《道枢》卷三《碎金篇》题下注曰："漆园之玄，竺乾之空，均乎正心，与儒同功。"文内又言："晁文元公曰：教岂有异哉，吾尝贯三教为一焉。……施肩吾既闻道而著《三住铭》曰：心常御气，气与神合。竺乾氏为圆觉之说，曰心息相依，息调心净。吾观其理殊同归欤。"⑤ 《金丹直指》说："教虽分三，道则一也。"⑥ 并对主张三教互异的观点进行辩驳，说："学者根器不等，闻见浅深，各宗其宗，互相是非，皆失其本，殊不知一身本具三教。儒指两教为异端，则自昧本真。岂知无始以来，含一统而无遗哉！故三教皆可入道，特患不得其门而入，有能透彻释、老，岂谓孔圣异哉！"⑦ 王夷在《文始经言外旨·序》中说："愚闻三教鼎立于天地间，如三光在天，相须为明，不可偏废也。"⑧ 《文始经言外旨》在讲空、无我、心、性、道、五常等时，无不把佛理、道论、儒学相杂糅，谓："三教圣人皆主张无意，而不主张无心。"⑨ "三教圣人发明性真，如出一口。"⑩ 夏宗禹说："三教殊途同归，妄者自生分别。"⑪ 萧应叟谓："三教皆由心地发明，儒曰存心，仙曰修心，佛曰明心。……无非令人淑此以复其善。"⑫

金初，中国北方相继出现了太一道、真大道和全真道。这三个新道派，无不以"三教合一"为特征，可谓在三教合一思想指导下的产物。

由萧抱珍创立的"太一道"，由于历史资料较少，因而此派的教理教义不很清楚，但是，从现存资料来看，它仍具有浓厚的三教合一特征。这个道派的道士必须出家，宫观称庵，墓称塔。王恽《秋涧集》卷四十七《太一二代度师赠嗣教重明真人萧公行状》提到，门人李悟真问："何为仙道？"萧道熙答云："做仙佛不难，只依一'弱'字便是耳，曰'弱者道之用'也。"⑬ 以成仙成佛相提并论，透露出佛、道一致的思想。《秋涧集》卷六十一《太一三代度师先考王君墓表》又说："太一教

① 《道法九要序》，《道藏》第 28 册，第 677 页。
② 《鸣鹤余音》卷三，《道藏》第 24 册，第 270 页。
③ 《谢张紫阳书》，《道藏》第 4 册，第 625 页。
④ 《鸣鹤余音》卷三，《道藏》第 24 册，第 270 页。
⑤ 《道藏》第 20 册，第 617—618 页。
⑥ 《道藏》第 24 册，第 91 页。
⑦ 《道藏》第 24 册，第 91 页。
⑧ 《道藏》第 14 册，第 690 页。
⑨ 《道藏》第 14 册，第 713 页。
⑩ 《道藏》第 14 册，第 715 页。
⑪ 《黄帝阴符经讲义·三教归一图说》，《道藏》第 2 册，第 732 页。
⑫ 《元始无量度人上品妙经内义》卷四，《道藏》第 2 册，第 374 页。
⑬ （清）纪昀总纂：《影印文渊阁四库全书》，台北：商务印书馆，1986 年，第 1200 册，第 624 页。

法，专以笃人伦、翊世教为本。"① 反映了与儒家思想相契合的一面。

由刘德仁创立的"真大道教"，据宋濂《文宪集》卷二十八《书刘真人事》载，该派教义和规诫为："一曰视物犹己，勿萌戕害凶嗔之心；二曰忠于君，孝于亲，诚于人，辞无绮语，口无恶声；三曰除邪淫，守清静；四曰远势利，安贱贫，力耕而食，量入为用；五曰毋事博弈，毋习盗窃；六曰毋饮酒茹荤，衣食取足，毋为骄盈；七曰虚心而弱志，和光而同尘；八曰毋恃强梁，谦尊而光；九曰知足不辱，知止不殆。"② 在修行方面，不言飞升炼化之术、长生久视之事。可以看出，这个道派乃是以《老子》为基础，吸收儒学和佛教思想，其教义和戒规的核心是教人清静无为，柔弱谦下，知足守贫；教人忠于君，孝于亲，诚于人，属于儒家道德规范，并以佛教的五戒律己劝人。

由王重阳创立的全真道，其三教合一思想尤为鲜明。王重阳在立教之初就以三教之名建立"五会"，以三教圆融、识心见性、独全其真为立教宗旨，教人诵《般若心经》《道德经》《清静经》和《孝经》。其关于三教合一的言论颇多，如："儒门释户道相通，三教从来一祖风。"③ "心中端正莫生邪，三教搜来做一家。"④ "满坐谈开三教语，一杯传透四时春。"⑤ "三教者，如鼎三足，身同归一，无二无三。三教者，不离真道也，喻曰：似一根树生三枝也。"⑥ 在成仙信仰和修炼理论上，放弃肉体成仙，强调性的修炼，追求"真性"解脱和"阳神"升天。王重阳的这种思想，被他的弟子及全真道徒们全面继承，并加以发展，将儒、释、道三家思想从理论上乃至实践上加以融会贯通。如马钰《赠李大乘兼呈净公长老》诗云："虽有儒生为益友，不成三教不团圆。"⑦《丹阳真人语录》称他"在东牟道上行，僧道往来者，识与不识，必先致拜"⑧。谭处端《水云集》卷上《三教》云："三教由来总一家，道禅清静不相差。"⑨ 刘处玄《仙乐集》卷五《上敬奉三教道众并述怀》云："三教归一，弗论道禅。"⑩ 丘处机谓："儒释道源三教祖，由来千圣古今同。"⑪ 并根据王重阳"吾将来使四海教风为一家"⑫ 的观点，提出"推穷三教，诱化群生"⑬。在《长春真人规榜》中要求全真道士"欲见三教门人，须当平待，不得怠慢"⑭。丘处机也主张抛弃肉体，并谓："天命已定，由人乎哉！"⑮ 这显然是来自儒家的"天命观"，而否定道教的"我命在我不由天"。他还以"清心寡欲为要"来回答成吉思汗问长生久视，以"敬天爱民为本"来回答成吉思汗问为治之方⑯。七真的徒裔继续高唱三教平等、三教同源。王丹桂《草堂集·咏三教》谓三教"同一体，谁高谁下？谁后谁

① （清）纪昀总纂：《影印文渊阁四库全书》第 1200 册，第 794 页。
② （清）纪昀总纂：《影印文渊阁四库全书》第 1224 册，第 456 页。
③ 《重阳全真集》卷一，《道藏》第 25 册，第 693 页。
④ 《重阳全真集》卷一，《道藏》第 25 册，第 696 页。
⑤ 《重阳全真集》卷一，《道藏》第 25 册，第 697 页。
⑥ 《重阳真人金关玉锁诀》，《道藏》第 25 册，第 802 页。
⑦ 《洞玄金玉集》卷三，《道藏》第 25 册，第 580 页。
⑧ 《道藏》第 23 册，第 701 页。
⑨ 《道藏》第 25 册，第 849 页。
⑩ 《道藏》第 25 册，第 438 页。
⑪ 《磻溪集》卷一，《道藏》第 25 册，第 815 页。
⑫ 《金莲正宗仙源像传》，《道藏》第 3 册，第 372 页。
⑬ 《磻溪集》卷五，《道藏》第 25 册，第 835 页。
⑭ 《道藏》第 32 册，第 160 页。
⑮ 《长春真人西游记》卷下，《道藏》第 34 册，第 496 页。
⑯ （明）宋濂等：《元史》卷二〇二《释老传》，北京：中华书局，1976 年，第 15 册，第 4524—4525 页。

先？共扶持邦国，普化人天，浑似沧溟大海，分异派，流泛诸川，然如是周游去处，终久尽归源"①。侯善渊《上清太玄集》卷八《刘老仙问三教归一》云："老子如来孔圣同，世人不晓斗争风，假名三教云何异？总返苍苍一太空。"② 尹志平《葆光集》卷中《劝世》云："道显清虚妙，释明智慧深，仲尼仁义古通今，三圣一般心。"③

除全真门人外，其他道士主三教合一说的也非常多，如：由南宗转入全真的李道纯，其《中和集》就是一部全面融合三教的道教理论著作。他说："《易》云：原始返终，则知死生之说。丹书云：父母未生已前，是金丹之基。释云：未有此身，性在何处？以此求之，三教入处只要原其始，自知其终。"④ "释曰圆觉，道曰金丹，儒曰太极，所谓无极而太极者，不可极而极之谓也。释氏云：如如不动，了了常知。《易•系》云：寂然不动，感而遂通。丹书云：身心不动以后，复有无极真机。言太极之妙本也。是知三教所尚者，静定也，周子所谓主于静者是也。"⑤ "释氏云：不思善，不思恶，正于恁么时，那个是自己本来面目。此禅家之中也。儒曰：喜怒哀乐未发之谓中。道教曰：念头不动处谓之中。此道教之中也。此乃三教只用一个中也。"⑥ "为仙为佛与为儒，三教单传一个虚。"⑦ 太极、静定、中、虚都是三教共传的。李道纯还通过解答释、道可以断轮回、出生死，学儒可以尽人伦、不可了生死的问题，以及释氏涅槃、道家脱胎、三教间似有差别的问题，以说明三教一理。他说："达理者奚患生死耶？且如穷理尽性以至于命，原始返终、知周万物则知生死之说，所以性命之学实儒家正传。穷得理彻，了然自知，岂可不能断生死轮回乎？且如羲皇初画《易》之时，体天设教，以道化人，未尝有三教之分。故曰：皇天无二道，圣人无两心。"⑧ 又说："涅槃与脱胎，只是一个道理。脱胎者，脱去凡胎也，岂非涅槃乎？如道家炼精化气，炼气化神，炼神还虚，即抱本归虚，与释氏归空一理，无差别也。……且如佛云真空，儒曰无为，道曰自然，皆抱本还原，与太虚同体也。"⑨ 因此，"道释儒三教，名殊理不殊"⑩。总之，李道纯在阐述其主张时，或引儒、释之理证道，或引儒、道之理证释，或引释、道之理证儒。他毫不隐讳地说："引儒释之理证道"，就是为了要"使学者知三教本一，不生二见"⑪。杜道坚作《中和集叙》亦云："道之有物混成，儒之中和育物，释之指心见性，此皆同王（疑当作"工"）异曲，咸自太极中来。"⑫

陈致虚也是一个以主张三教合一著称的道士，在解答弟子关于道是"一"还是"三"的问题时，他说："天下无二道也。昔者孔子曰：参乎吾道，一以贯之。老子曰：万物得一以生。佛祖云：万法归一。是以谓三教之道，一者也。圣人无两心。佛则云：明心见性。儒则云：正心诚意。道则云：澄其心而神自清。语殊而心同，是三教之道惟一心而已。……当知此心乃性命之原也，是《中

① 《道藏》第 25 册，第 481 页。
② 《道藏》第 23 册，第 806 页。
③ 《道藏》第 25 册，第 520 页。
④ 《中和集》卷三，《道藏》第 4 册，第 496 页。
⑤ 《中和集》卷一，《道藏》第 4 册，第 482 页。
⑥ 《清庵莹蟾子语录》卷六，《道藏》第 23 册，第 754 页。
⑦ 《中和集》卷四，《道藏》第 4 册，第 506 页。
⑧ 《中和集》卷三，《道藏》第 4 册，第 493 页。
⑨ 《中和集》卷三，《道藏》第 4 册，第 496—497 页。
⑩ 《中和集》卷六，《道藏》第 4 册，第 520 页。
⑪ 《三天易髓》，《道藏》第 4 册，第 527 页。
⑫ 《道藏》第 4 册，第 482 页。

庸》云：天命之谓性。《大道歌》云：神是性兮炁是命。达磨西来，直指明心，见性成佛。是三教之道，皆当明性与命也。孔子曰：一阴一阳之谓道。老子曰：万物负阴而抱阳。六祖教旨示云：日与月对，阴与阳对。是三教之道，不出于阴阳二物之外也。孔子曰：成性存存，道义之门。老子曰：玄之又玄，众妙之门。佛云：无上真实，不妄之门。是云三教各门而同归者也。是以教虽分三，而道则一也。"① 认为儒、释、道三家皆言"一"，故天下没有"二道"；皆论"心"，故此道应从心上下手；然后将三家之言归于性命、阴阳等丹道常用的概念，从而把儒、释、道的教旨都"阐释"成金丹大道。其曰："孔子与佛皆明此道，非别有一道也。……即金丹之道也，佛云摩尼，儒语仁义，道曰金丹。"② 他还直接以金丹铅汞之说来统合三教，云："禅与性合，以土制铅也；金木相投，以铅伏汞也；仁与义施，以直养炁也。故一阴一阳，《易》之道也；离宫修定，禅之宗也；水府求玄，丹之府也。名虽分三，道惟一尔。"③ 既然三教之道为一，那为何教分为三呢？陈致虚认为皆是圣人为了接引众生而开设的方便法门，他解释说："文王孔子相传曰《周易》，明此道也。黄帝老子相传曰金丹，明此道也。释迦达磨相传曰大乘，明此道也。圣人慈悲，方便接引，皆欲世人俱明此道。"④ 从上面的言论可以看出，陈致虚尽力牵合儒书佛典来证成其事，难免有"断章取义"之嫌。这种"六经注我"的解释方式，既是他的特点，也是他的缺点。对于三教中固守门户之见者，他批判说："三教一家，实无二道。其分彼我者，乃是一个盲人鞭骑瞎马而与人较胜负，岂不为明眼底人所笑？"⑤

苗太素的《玄教大公案》也是一部典型的融合三教的道书。该书序文谓其宗旨曰："言言明本，句句归宗，体用一真，圆混三教。"⑥ 其第五十四则云："六通四达全无碍，三教收来一个〇。"⑦

牧常晁的三教合一思想更为彻底，其《玄宗直指万法同归》，首列《三教同元图》，以图的直观形式表达他的三教合一思想。他说，儒、道、释三家的关系，如同"兄弟三人同一父母所生，不幸父母早世（当作"逝"），兄弟离流他国。及其长也，承嗣三家，各变其姓氏"⑧。他在阐述其三教合一思想时，以"太极"这一概念来统三教，谓："夫三家者，同一太极，共一性理，鼎立于华夷之间，均以教育为心也。"⑨ "释氏用之以化天下，复本性；老氏用之以化天下，复元炁；儒氏用之以化天下，复元命。"⑩ 又说："儒氏养之以太极，用之以治天下；老氏养之以太极，用之以存形神；释氏养之以太极，用之以齐生死。"⑪ 又以"三心"来会三教，说："儒曰正心，佛曰明心，老曰虚心。……设曰三心，实一理也。"⑫ 又以"中庸""常住""真常"以通三教，谓："夫中庸，儒者之极道也；常住，释氏之极道也；真常，太上之极道也。因时有古今，道有升降，故体同用异也，非

---

① 《金丹大要》卷七，《藏外道书》第 9 册，第 98 页。

② 《金丹大要》卷一，《藏外道书》第 9 册，第 10 页。

③ 《周易参同契分章注》卷中，《藏外道书》第 9 册，第 258 页。

④ 《周易参同契分章注》卷上，《藏外道书》第 9 册，第 223 页。

⑤ 《金丹大要》卷一，《藏外道书》第 9 册，第 8 页。

⑥ 《道藏》第 23 册，第 889 页。

⑦ 《道藏》第 23 册，第 906 页。

⑧ 《道藏》第 23 册，第 913 页。

⑨ 《道藏》第 23 册，第 913 页。

⑩ 《道藏》第 23 册，第 915 页。

⑪ 《道藏》第 23 册，第 936 页。

⑫ 《道藏》第 23 册，第 937 页。

圣人命理之所以殊焉。"① 故他的结论是："释即道也，道即儒也。……圣人之理一而已矣，非有浅深之间哉！"三教的差别只在于"用之于天下，特施设之不同也"②。所以，"三教不须相抵忤，一元必竟本和同。诗书固是人伦主，释老能参造化功。个里休论非与是，一家门户万家通"③。

南宋高宗时期，还出现了一个名为"净明道"，又被称为"净明忠孝道"的新道派，这个新道派的创建人为宋末元初人刘玉。这个教派的宗旨是什么呢？《西山隐士玉真刘先生传》说："先生之学，本于正心诚意而见于真践实履。不骄亢以为高，不诡随以为顺，不妄语不多言。言必关于天理世教，于三教之旨，了然解悟而以老氏为宗。"④ 刘玉本人谓其宗旨是："别无他说，净明只是正心诚意，忠孝只是扶植纲常。但世儒习闻此语烂熟了，多是忽略过去，此间却务真践实履。"⑤ 可见，刘玉净明道的核心，就是要从宗教实践上把儒学推而广之。当有人问他"世间只存儒教可不可以"时，他回答说："是何言欤？若二氏之教可灭，则天灭之久矣，何至今日？……仙佛自是累劫修积大福大德之人，于救世护生不可谓之无功，未庸轻议之也。"⑥ 故谓："太上之净明，夫子之忠恕，瞿昙之大乘，同此一也。"⑦

明初的道士中，很少有影响的道教理论家，但就是在寥寥可数的几个理论家中，也可看到道教三教合一思想的发展轨迹。如：原阳子赵宜真说："三教同开道义门，心心相契共谁论？如何则被游尘隔，未信涵天宇鉴昏。"⑧ 混然了王道渊在《还真集》卷中以"惩忿窒欲"的观点来阐释他的三教合一思想，谓惩忿窒欲"在丹家则为取坎填离、水火既济之理；在禅家则为回光返照、转物情空之理；在儒家则谓克己复礼、正心诚意之理。以此论之，三教道同而名异，其实不离乎一心之妙也。是以天地无二道，圣人无两心。学人莫以惩忿窒欲四字容易看过，此乃是修真一个枢纽……"⑨ 王道渊还以"三教一理"为题进行阐发，说："道曰金丹，儒曰太极，释曰玄珠，剖三教之道，本来同祖。心存至德，性悟真如，阖辟机关，抽添运用，返照回光复本初。休分别，那些儿妙处，无字称呼。……五气朝元，五常合一，五眼圆明烁太虚。仙儒佛，派殊而理一，到底同途。"⑩ 不仅如此，他还将儒家的五常、忠孝纳入其理论中，作为体道的根本。无垢子何道全也认为，儒、道、释虽然在形貌上有所差别，但从根源上看却是一个。他说："道冠儒履释袈裟，三教从来总一家。红莲白藕青荷叶，绿竹黄鞭紫笋芽。虽然形服难相似，其实根源本不差。大道真空元不二，一树岂放两般花。"⑪

明初最著名的道士要数全真道士张三丰和第四十三代天师张宇初。张三丰对三教合一思想的阐述很有特点，他自谓："予也不才，窃尝学览百家，理综二教，并知三教之同此一道也。儒离此道不成儒，佛离此道不成佛，仙离此道不成仙。……平充论之曰：儒也者，行道济时者也；佛也者，

① 《道藏》第 23 册，第 915 页。
② 《道藏》第 23 册，第 916 页。
③ 《道藏》第 23 册，第 954 页。
④ 《净明忠孝全书》卷一，《道藏》第 24 册，第 631 页。
⑤ 《净明忠孝全书》卷三，《道藏》第 24 册，第 635 页。
⑥ 《净明忠孝全书》卷四，《道藏》第 24 册，第 642—643 页。
⑦ 《净明忠孝全书》卷五，《道藏》第 24 册，第 645 页。
⑧ 《原阳子法语》卷下，《道藏》第 24 册，第 86 页。
⑨ 《道藏》第 24 册，第 104 页。
⑩ 《还真集》卷下，《道藏》第 24 册，第 120 页。
⑪ 《随机应化录》卷下，《道藏》第 24 册，第 139 页。

悟道觉世者也；仙也者，藏道度人者也。各讲各的妙处，合讲合的好处，何必口舌是非哉！夫道者，无非穷理尽性以至于命而已矣。"① 在《大道论·下篇》又说："一阴一阳一性一命而已矣。《中庸》云：修道之谓教。三教圣人皆本此道以立其教也，此道原于性，本于命。"② 以"性命"之说把三家统一了起来。又谓："虚无者，老、释同传之旨也。……孔子毋我，颜子斋心，虽儒家尚如是也，况尔等乎？"③ 将"虚无"作为儒、道、释同传之旨。张三丰还以"正""邪"为标准来区分天下之教，他认为：所谓儒、释、道三教之分，仅仅是由于创始人的不同而异名，并不是真正有三教之别。"古今有两教，无三教。奚有两教？曰正曰邪。奚无三教？惟一惟道。……盖自有孔老牟尼，乃至有孔老牟尼；虽至有孔老牟尼，仍非有孔老牟尼。孔固儒也，老固道也，牟尼固释也，然有所分，故究无所分，故以无所分，故必有所合。故不孔亦不老，不老亦不牟尼，牟尼、孔、老皆名曰道。孔之绝四，老之抱一，牟尼之空五，皆修己也。孔之仁民，老之济世，牟尼之救苦，皆利人也。修己利人，其趋一也。彼世人之别为孔老牟尼者，盖以名分，不察实也；抑以形分，不按理也。……孔老牟尼皆古圣人。圣人之教以正为教，若非正教，是名邪教。儒家杨墨，道家方士，释家妖僧，亦三教也，虽分三教，仍一邪也。是故分三教者愚，分邪正者智。"④ 因此，"学真道之人，无分三教。只要敬重灵药，结为灵丹，则养性存神，见性定神，炼性调神，三教皆合一宗也"⑤。张三丰以"正""邪"区分三教的观点，在他之前还没有人明确提过，此后明清之际的道教徒们则继承了他的这个观点，并加以发挥。张三丰还在他的丹道理论中大量摄入佛理，其《无根树道情二十四首》就是专以佛理来谈内丹修炼。总而言之，把三教圣人相提并论，将三教经书平等对待，大讲忠孝、行善惩恶、修身治国，是张三丰理论的突出表现。

明初正一道天师张宇初也极力阐发三教合一思想。《岘泉集》序言称他"贯综三氏，融为一涂"⑥。张宇初认为："学之大本，存乎性命道德而已矣。夫心统性情，而性禀天命之所赋也。四时五行、庶类万化莫不出乎命，四端五典、万物万事莫不具乎性。然而万殊一本，其理未尝不一焉。"⑦ 因此，"孔李殊途，道本同源"⑧。他认为道教，特别是正一道也是性命之学，无论是儒、释、道，还是诸子百家，都是以"心"为统率的。他说："近世以禅为性宗，道为命宗，全真为性命双修，正一则惟习科教。孰知学道之本，非性命二事而何？虽科教之设亦惟性命之学而已。若夫修己利人，济幽度显，非明性命根基，曷得功行全备。"⑨ 又说："天地之道，其为物不二，在孔孟曰仁义，在释迦曰圆觉，在庄列曰虚无，在荀杨曰权衡，在班马曰文词，流而为千工百艺，不离寸心，特殊途同归，万殊一本也。"⑩ 张宇初还要求道徒们，"凡系本宗科典经书、斋醮道法、词意榜语，必当贯熟该通，潜心究竟，出处语默，修习为常。行有余力，若儒之性理，释之禅宗，更能融

---

① 《张三丰先生全集》，《藏外道书》第 5 册，第 466 页。

② 《张三丰先生全集》，《藏外道书》第 5 册，第 468 页。

③ 《张三丰先生全集》，《藏外道书》第 5 册，第 522 页。

④ 《张三丰先生全集》，《藏外道书》第 5 册，第 516—517 页。

⑤ 《张三丰先生全集》，《藏外道书》第 5 册，第 538 页。

⑥ 《道藏》第 33 册，第 180 页。

⑦ 《岘泉集》卷四，《道藏》第 33 册，第 230 页。

⑧ 《岘泉集》卷五，《道藏》第 33 册，第 236 页。

⑨ 《道门十规》，《道藏》第 32 册，第 148 页。

⑩ 《岘泉集》卷七，《道藏》第 33 册，第 244 页。

通一贯，犹为上士"①。这就是提倡道徒们应将儒、释、道三教视为一体，并使之融会贯通。可见，张宇初实际上是把儒、释、道三教合一作为所追求的最高目标。

从宋至明初，以劝人向善为鹄的，融合了三教伦理道德思想的《劝善书》和《功过格》大量流行于社会，产生了很大的影响。它们以儒家的"天人感应说"，道教的"积善销恶说"和"承负说"，佛教的"因果报应"思想为理论依据，广泛宣扬儒家的道德规范和佛、道二教的宗教伦理思想，劝人们行儒释道三家所倡扬的"善"，戒三家所认为的"恶"。这些《劝善书》和《功过格》的最大特点是儒、释、道三教在道德观念上的高度统一，而其基点则是儒家的"三纲五常"。例如，《警世功过格》谓："心者，万善之源，而百行之所由出也。儒曰正心，道曰存心，释曰明心。心正则不乱，心存则不放，心明则不蔽，三教一理也。"② 又谓："求心之道无他，屏诸幻想，除诸恶念，独置力于伦常而已。盖屏诸幻想则心存，除诸恶念则心明，置力于伦常则心正而不乱，圣贤仙佛不外是矣。"③ 这样，道教的三教合一思想也逐渐向社会推及。

综上可见，宋元明时期的道教对佛教、儒学的吸收已进入全面融会贯通的阶段，表明道教的"三教合一"思想已经发展成型，在社会上的影响也越来越大。

（本文原载《世界宗教研究》2006年第1期）

---

① 《道门十规》，《道藏》第32册，第151页。
② 《藏外道书》第12册，第71页。
③ 《藏外道书》第12册，第71页。

《道德经》"玄同"思想新探

詹石窗　胡瀚霆[*]

内容提要：老子《道德经》是道家道教的核心经典，其中蕴含着丰富的智慧，包含着对宇宙、社会、人生的深刻认识。其"玄同"理念是老子对人生、社会发展所作出的一个理想规划。"玄同"代表着一种人生境界，也是社会发展的美好状态，此中还包含了一整套形上思想意旨与形下修为功夫。"玄同"理念不是无本之木，其深刻的思想渊源可以追溯到上古文字的起源发展与《周易》文化传统。在特定的社会背景下，老子继承了《周易》灌注于"玄""同"之中的理想与精神，经过一番积淀与升华，形成了"玄同"这一理念，规划了一个世界"玄同"的美好愿景，指出了一条通达"玄同"境界的道路。

关键词：《道德经》　《周易》　玄同

"玄同"是老子《道德经》思想中的一个重要理念，也是老子向世人展示的一个通达物我人天的至高境界。在老子《道德经》的思想体系中，"玄同"理念具有一整套形上思想意旨与形下修为功夫。老子还明确提出"塞其兑，闭其门，挫其锐，解其纷，和其光，同其尘，是谓玄同"（五十六章），为世人指出了一条最基本、最实在的超脱世俗、实现"玄同"的道路。

关于"玄同"问题，以往已有学者略做诠释[①]，从各自不同角度对老子的"玄同"思想作了一定的解读，为人们理解老子《道德经》的玄同思想奠定了基础。不过，如何揭示"玄同"的深邃内涵，这依然有待深入发掘。

一、《道德经》"玄同"论的时代背景与思想渊源

老子《道德经》的"玄同"论，是远古先民的智慧结晶。它在特定社会背景下形成，具有悠久的思想渊源。

* 作者简介：詹石窗，四川大学文科杰出教授；胡瀚霆，四川大学道教与宗教文化研究所专职博士后。
基金项目：本文为国家社会科学基金重大项目"百年道家与道教研究著作提要集成"（项目编号：14ZDB118）阶段性成果。

① 例如孙以楷《超越与和谐——老子玄同论解读》，《长安大学学报》2002 年第 2 期；薛华《简释玄同》，《云南大学学报》2004 年第 5 期；唐明邦《老子尊道贵德尚和的"玄同"愿景》，《华中师范大学学报》2007 年第 4 期；李西前《通玄与玄同》，《文艺生活》2016 年第 1 期；陆文荣《以天下观天下：守望"玄同"世界的到来》，《中国道教》2016 年第 5 期等。

（一）肇始周末乱世的时代背景

老子在世之时，值周朝末年，其于周王室任守藏史之官。而此时的周朝王室衰微，其附属的诸侯国却势力强大。诸侯之间相互兼并，其中又强国纷起，互争霸主之位。《史记·周本纪》载："周室衰微，诸侯强并弱，齐、楚、秦、晋始大，政由方伯。"① 因之，彼时之社会动荡不息，战乱连年。至于周朝的"天子"，乱世中的诸侯们既不向其觐献也不朝见，徒有祭祀宗庙的权利和天下共主的虚名，史书称"天子之在者，惟祭与号"②。而称霸的大国则更是"挟天子以令诸侯"。同时，周王室与诸侯家室的内部斗争也异常惨烈。东周自平王以后，王室内部几乎代代都有废嫡立庶、嫡庶互残之事。在诸侯国中，公族子孙与掌权公室、异姓卿大夫与公室的斗争此起彼伏。可见当时天下之混乱，礼乐制度崩塌、道德秩序败坏，社会之安宁已不复存在。

老子目睹自己国家的衰败和"诸侯恣行，淫侈不轨，贼臣篡子滋起"③ 的社会乱象，深刻理解到社会底层人民生活于此乱世中的疾苦，深切体会并且同情着疾苦中的人民对安宁与和平的渴望。作为周代的守藏史官，老子在遍览周室史籍、汲取个中思想精华、融合《周易》关于"玄"与"同"思想的基础上，提出了"玄同"这一理念，开启了世界"玄同"的美好愿景，指出了一条通达"玄同"境界的道路。

（二）发端古远的思想渊源

从语义构成上看，"玄同"一词包含"玄"与"同"的词意。《周易》虽然没有对"玄同"一词的直接表述，但其思想体系中包含了"玄"与"同"的深刻意蕴与独特理解。

从字形结构及源流来看，"玄"为会意字，"玄"与滋、兹、丝同源，甲骨文写作 ，金文写作 。在甲骨文中，"玄"字的构型像在河里漂洗染丝的样子，表示染黑。金文省去河水，只留下一把丝，或在丝上加点，表示悬挂晾晒④。因此，"玄"字的本义为将丝染黑，表示一种颜色。《说文》谓"黑而有赤色者为玄"⑤，即"玄"是黑色略带一点红色。盖"因赤黑色不是单纯色，在色阶上具有一定的模糊性、隐晦性，所以'玄'可引申为幽远义"⑥。因此，《说文》亦谓："玄，幽远也。"⑦ 至《周易》，其思想体系不仅以"玄"代表一种颜色，而且进一步扩充了"玄"的意义内涵。《周易·坤》爻辞曰："上六，龙战于野，其血玄黄。"就字面意义来看，上六爻辞所描述的现象为龙在原野上交合，流出玄黄色交杂之血。此处的"玄"即表示颜色。当然，《周易》并非只是对事物现象的描述，它所建立的是一个包罗万象的符号系统与具有辩证特色的信息处理系统，其卦爻辞所体现的是先民对世界纷繁复杂事物的看法，反映了他们的思想认识和哲学观念⑧。因此，《周易》之《文言》解释《坤》卦"上六"爻曰："阴疑于阳必战。为其嫌于无阳也，故称'龙'焉；犹未离其类也，故称'血'焉。夫玄黄者，天地之杂也：天玄而地黄。"此即是说，"玄黄"是天与地的

---

① （汉）司马迁：《史记》卷四《周本纪》，北京：中华书局，2014年，第1册，第189页。
② （清）阮元校刻：《穀梁传·昭公三十二年》，《十三经注疏》，北京：中华书局，1980年影印版，第2441页。
③ （汉）司马迁：《史记》卷十四《十二诸侯年表·序》，第2册，第647页。
④ 参见谷衍奎编：《汉字源流字典》，北京：华夏出版社，2003年，第139页。
⑤ （汉）许慎撰，（清）段玉裁注：《说文解字》，上海：上海古籍出版社，1988年，第159页。
⑥ 李学勤主编：《字源》，天津：天津古籍出版社，2012年，第340页。
⑦ （汉）许慎撰，（清）段玉裁注：《说文解字》，第159页。
⑧ 参见詹石窗：《易学与道教思想关系研究》，厦门：厦门大学出版社，2001年，第47—61页。

杂糅，天为玄，地为黄。可见，"玄"成了"天"的一个象征符号。于是，"玄"在《周易》思想体系中被注入了"天"所蕴含的精神，成为"天"的象征。

"同"亦为会意字，甲骨文写作 ，金文写作 ，会一声号子四手共同抬起一个井盘放到井口上之意①。其本义为合聚众人之力。《说文》谓："同，合会也。从𠔼从口。"② 至《周易》，其思想体系将"同"与人类的社会秩序连接起来，将"同"的意涵扩充为人与人之关系的和同，并表达出"和同于人"的美好理想。这一思想直接表现在《周易》六十四卦之"同人"卦中。《周易·同人》卦辞曰："同人于野，亨，利涉大川，利君子贞。""野"为原野，比喻与人和同必须处于广阔无私、光明磊落的境界。此卦辞之意为在宽阔的原野和同于人，前景亨通，足以涉越大河巨川之险难，利于君子守持正固。《彖》曰："'同人'，柔得位得中而应乎乾，曰同人。同人，曰'同人于野，亨，利涉大川'，乾行也。文明以健，中正而应，君子正也。唯君子为能通天下之志。"《彖》在这里指出，之所以能"和同于人"，乃是因为柔顺者（六二爻）处得正位且能上应于刚健者（九五爻），而刚健者亦能施行求同之心志。禀性文明且刚健，行为中正又相应，这是君子和同于人的纯正美德。这样的君子才能同天下之志。同时，《同人》卦不仅仅表达了"和同于人"的美好理想，而且正视事实，意识到要实现"同人"的愿望，并不是轻而易举的。因此，卦中六爻分别以"门""宗""高陵""墉""郊"等地点借喻"同人"之时的各种曲折情况，"在'同'与'争'的矛盾中极力揭示出'同人'艰难的本质规律"③。

值得注意的是，《同人》卦下离（☲）上乾（☰），离卦象征火，乾卦象征天。《象》曰："天与火，同人。"此意为天体在上，火性亦炎上，因之而两相亲和。至此，从卦象、卦旨上皆不难看出"同人"包含着"天"的精神。上述"刚健者亦能施行"，即是"乾行"。王弼谓："所以乃能'同人于野，亨，利涉大川'，非二之所能也，是乾之所行，故特曰'同人曰'。"④ 由此可见，"天"的精神于"同人"来说亦有重要意义。换句话说，若要达到"同"所蕴含的、与人和同的境界，就要以"天"的精神为主旨来为人处世，实施"合于天"的行为。

由上述可知，《周易》的思想体系中包含了"玄"与"同"的深刻意蕴与独特理趣，并于"玄""同"二字之中注入了以"天"为内在主旨的一贯精神，又于此基础上表征了实现"同人"愿望之时的曲折情况与"和同于人"的美好理想。老子正是继承了《周易》中的这一精神与理想，并结合自身所处的时代背景作出了更为深刻的建构与发挥。

二、《道德经》"玄同"思想释义

在老子的思想体系中，"玄同"是个体修养所成就的最高境界，也是社会呈现的和谐与完满之状态。为了达到"玄同"这一最完满的社会与人生之境界，老子为之建构了一整套形上思想意旨与

---

① 参见谷衍奎编：《汉字源流字典》，第 186 页。

② （汉）许慎撰，（清）段玉裁注：《说文解字》，第 353 页。

③ 黄寿祺、张善文撰：《周易译注》，上海：上海古籍出版社，2012 年，第 78 页。

④ 刘玉建：《〈周易正义〉导读》，济南：齐鲁书社，2005 年，第 174 页。

形下修为功夫，作为实现"玄同"愿景的基础和路径。此意旨与功夫即构成了"玄同"理念的核心要义。以下，我们从"玄同"的本旨与依归、"玄同"的归向理路与着手功夫以及"玄同"的示现状景三方面予以论析。

（一）"玄同"的本旨与依归

众所周知，老子整个思想体系的根本立足点是"道"与"德"，而"道"与"德"正是"玄同"理念的本旨与依归，支撑着"玄同"这座思想大厦。

1. 以"道"为本旨的形上思想建构

上文已说明"玄""同"二字经由《周易》灌注了作为核心要义的"天"的精神。而"天"的意涵有其发展变化的过程："天"在殷商是至上神的存在。西周至春秋时期，"天"仍然具有宗教至上神的地位。与殷人不同的是，周人在崇拜"天"的过程中，由于主客观存在的一些不吻合等原因，也产生了怀疑与不信任，并开始强调"人事"的作用。至春秋时期，对人事的作用与自身努力的注重则更为突出，但此时仍保留着"天"的神圣性与最高权威性。此时的"天"已经具有了某种"自然化"的特质，但是并没有达到哲学上的自觉与明确意识。在形而上学高度自觉与明确地把"天"自然化，使之从意志主宰之"天"中分离出来，是老子所做的历史性工作[①]。

老子《道德经》第二十五章曰："有物混成，先天地生。寂兮寥兮，独立不改，周行不殆，可以为天下母。吾不知其名，强字之曰'道'，强为之名曰'大'。大曰逝，逝曰远，远曰反。故道大，天大，地大，人亦大。域中有四大，而人居其一焉。人法地，地法天，天法道，道法自然。"王弼言："法，谓法则也。人不违地，乃得全安，法地也。地不违天，乃得全载，法天也。天不违道，乃得全覆，法道也。道不违自然，乃得其性。"[②] 在这里，老子打破"天"作为最高主宰的观念，指出"有物混成，先天地生"，以为最先在与最根本的是"道"。老子在对"道"的特征进行了一番描述后，紧接着指出"天"取法"道"，即"天不违道，乃得全覆"，而"道"则以自然为旨归，"道不违自然，乃得其性"，"道"的本性是自然。不难看出，"玄""同"二字经由《周易》所灌注的"天"这一精神桥梁，其字义内涵在老子《道德经》的思想体系中得到进一步扩充，既保留了原有的思想意涵，又引发出"道"作为其精神本旨。老子正是在以"道"为本旨的形上建构中，通过融合此前《周易》的"玄""同"义理，从而形成了"玄同"的思想体系。在这一逻辑上，"道"无疑是"玄同"的第一义。

另外，老子在论说宇宙本根时，也显示了"道"与"玄同"的关系。《道德经》第一章曰："道可道，非常道。名可名，非常名。无名天地之始，有名万物之母。故常无欲，以观其妙；常有欲，以观其徼。此两者同出而异名，同谓之玄，玄之又玄众妙之门。"王弼曰："两者，始与母也。同出者，同出于玄也……玄者，冥默无有也，始、母之所出也。"[③] 这表明"玄"幽昧深渊、冥默无有，是天地与万物所出之处。在老子的思想体系中，"道"是世界的本源，万物由之所生。如老子所谓："道生一，一生二，二生三，三生万物。"（第四十二章）因此，"玄"就代表"道"。关于这一点，

① 参见王中江：《道家形而上学》，上海：上海文化出版社，2001年，第223—227页。
② （魏）王弼注，楼宇烈校释：《老子道德经注》，北京：中华书局，2011年，第66页。
③ （魏）王弼注，楼宇烈校释：《老子道德经注》，第2页。

张岱年在《中国哲学史大纲》中曾指出："'玄'的观念其实亦即道的观念之变相。"① 继而，从词语的偏正关系来分析，在"玄同"这个词语中，"玄"是对"同"的修饰与说明，又"玄"有"道"的意涵，因而"玄同"之"同"即是到达了"道"之境地的"同"，这体现着一种与"道"合一的境界。盖因"道之为物，惟恍惟惚"，非言语所能描述，老子姑且以"玄同"作为合"道"境界的表达。于此，清宁子明确指出："'玄同'，玄妙齐同，即'道'。"②

2. 以"德"为依归的人生指导

"道"是世界的本源、宇宙的根本规律，它"视之不见""听之不闻""搏之不得"，而"道"的特性在生化天地万物的过程中显现，并足以成为人类行为的准则、生活方式与处世方法。形而上的"道"，落实到物界，作用于人生，便称它为"德"。王弼说："德者，得也。常得而无丧，利而无害，故以德为名焉。何以得德? 由乎道也。何以尽德? 以无为用。"③ 可见，在社会人生层面，"德"就是"道"，它是"道"的人间作用与显现。

《道德经》第五十一章曰："道生之，德畜之，物形之，势成之。"老子这句话就是讲"道"从形而上落实到形而下的过程。万物因"道"而生，由"德"而育，因器物形状形成自身的体态，最后因环境情势而成长。从来源上说，万物是"道"化生的结果，从现存形态上说则是"德"蓄养的结果。总之，"道"与"德"乃是一切事物发生与发展的基本根据。因此，老子又说："是以万物莫不尊道而贵德。"王弼解释曰："道者，物之所由也；德者，物之所得也。由之乃得，故不得不尊；失之则害，故不得不贵也。"④ 以此，"尊道贵德"成为道家道教的核心精神之一。"道之尊，德之贵，莫夫之命而常自然。故道生之，德畜之：长之、育之、亭之、毒之、养之、覆之。生而不有，为而不恃，长而不宰，是谓玄德。"照王弼的说法，"道"与"德"的尊贵，在于不干涉万物的生长活动，不强加外力的限制，而任其自然地生长与发展。"道"生养万物而不据为己有，兴作万物却不自恃己功，长养万物而不以主宰自居，这就是"玄德"。

老子在以"道"为本旨建构了"玄同"理念的形上思想意旨之后，又以"德"作为"玄同"理念在社会人生层面形下行为的指导与依归，基于"道"与"玄"的同一关系，老子特称其为"玄德"。因而，在社会人生层面，"玄德，道也"⑤。藉此，个体"玄同"境界的通达与社会"玄同"理想的实现必将依凭"德"作为生活与社会实践的行为指导。

（二）"玄同"的归向理路与着手功夫

老子建构完"玄同"理念的形上思想意旨与形下行为依归之后，继而为"玄同"境界的实现铺设归向理路，并指出修行切入的着手功夫。有志于求道之人即可凭此通向"玄同"之境。

1. "玄同"的形上旨归理路

"玄同"境界的通达必定是以个体进德修道为基础，由"修之于身""修之于家""修之于乡""修之于邦""修之于天下"这一修德进程的点滴积累，经"以身观身""以家观家""以乡观乡""以邦观邦""以天下观天下"这一进道次第的循序观照，以至于通达人、我、天下的"玄同"境

---

① 张岱年：《中国哲学大纲》，《张岱年全集》第二卷，石家庄：河北人民出版社，1996年，第66页。
② 清宁子：《老子道德经通解》（校读本），北京：宗教文化出版社，2010年，第104页。
③ （魏）王弼注，楼宇烈校释：《老子道德经注》，第98页。
④ （魏）王弼注，楼宇烈校释：《老子道德经注》，第141页。
⑤ （宋）白玉蟾原著，陆文荣统筹，六六道人辑纂：《白玉蟾真人全集》，海口：海南出版社，2015年，上册，第250页。

界。而对于进德修道以归向"玄同"境界的形上理路，老子提出了"玄览""玄通"两个路标。

《道德经》第十章曰："载营魄抱一，能无离乎？专气致柔，能如婴儿乎？涤除玄览，能无疵乎？爱民治国，能无知乎？天门开阖，能无雌乎？明白四达，能无为乎？"老子这一章专讲修身，但值得注意的是："抱一""致柔"属于着手功夫，"营""魄""气"还是形而下的物质，"爱民治国""天门开阖""明白四达"则属于通达"玄同"后之所施用（此两点在后文论述）。"涤除"是指经由形下修为的功夫，渐渐摒除心中杂念，洗净一切欲望，如此内心才能得到光明。而在此之后的"玄览"，正是归向"玄同"形上理路的路标。高亨指出："'览'读为'鉴'，'览''鉴'古通用……玄览者，内心之光明，为形而上之镜，能照察事物，故谓之玄鉴。"① 不难发现，"玄览"即是对形下修为功夫的鉴定与印证。再者，"玄览"也标志着对"道"的洞见与体验。冯友兰说："'玄览'即'览玄'，'览玄'即观道。要观道，就要先'涤除'。'涤除'就是把心中的一切背离大道的欲望都去掉，这就是'日损'。'损之又损'以至于无为，这就可以见道了。见道就是对于道的体验，对于道的体验就是一种最高的精神境界。"② 已知"玄同"是老子对"道"的境界的描述，因此"玄览"也就是对"玄同"的洞见与体验。因而王弼有言："能涤除邪饰，至于极览，能不以物介其明、疵其神乎？则终与玄同也。"③

老子说："古之善为士者，微妙玄通，深不可识。"（第十五章）此之"善为士者"即是得"道"之士。老子在这里对得"道"之士作了总体描述："微妙玄通，深不可识。"与"玄览"即"览玄"一样，"玄通"亦可理解为"通玄"，意味着对"玄"（"道"）的通达。林膚斋《老子口义》指出："此章形容有道之士通于玄。"④ 得"道"之士思想深邃而外人难以认识，乃是因为其灵性微妙，思想深刻，神韵畅达而通于"玄"。正是因为其"玄通"之故，老子也只能以"若冬涉川""若畏四邻""若冰之将释""若朴""若谷""若浊"勉强形容而已。不难发现，"玄通"就是老子对得"道"之士所具有之气象的总述。因此，"玄通"也是"玄同"形上归向理路上的路标，因为，若有人显示出如此这般之气象，那就代表其乃"善为士者"，业已洞见"玄同"。

综上所述可知，个体在进德修道的行进中一点一点地累积，从形下逐渐上升到形上，而正是在形上归向"玄同"的理路上，老子安置了"玄览"与"玄通"这两个路标，以此导向"玄同"。

2. "玄同"的形下着手功夫

"玄同"境界的通达除了形而上的理路，也必定有行而下的着手之处。老子悲悯世人，已将这条通达"玄同"的道路铺好，着手的功夫也是倾囊相授。他毫无保留地说："塞其兑，闭其门，挫其锐，解其纷，和其光，同其尘，是谓玄同。"（第五十六章）而此中之"塞""闭""挫""解""和""同"，就是形下修成的最基本着手处。

个体在形下修持的过程中需要处理两层关系：其一是处理自我存在与自我意识的关系，这是对内而言；其二是处理自我与他人之间的关系，这是对外而言。老子所言"塞""闭"等六字对此皆有所施用。在处理自我存在与自我意识的关系层面，金丹派南宗五祖白玉蟾作了很好的阐述。其所

① 高亨：《老子正诂》，《高亨著作集林》第五卷，北京：清华大学出版社，2004 年，第 59 页。
② 冯友兰：《中国哲学史新编》，《三松堂全集》第八卷，郑州：河南人民出版社，2000 年，第 295 页。
③ （魏）王弼注，楼宇烈校释：《老子道德经注》，第 25 页。
④ （宋）林希逸著，黄曙辉点校：《老子膚斋口义》，上海：华东师范大学出版社，2010 年，第 17 页。

作《道德宝章·玄德章第五十六》言："塞其兑，闭目见自己之目。闭其门，收心见自己之心。挫其锐，观我非我。解其纷，观物非物。和其光，观心非心。同其尘，观空非空。是谓玄同，圣凡一体。"① 在《无源章第四》中，白玉蟾亦细说道："挫其锐，敛神。解其纷，止念。和其光，藏心于心而不见。同其尘，混心于物。"② 总的来说，白玉蟾所表达的是：一个人在自处时，要不视不听，屏除外界的惊扰，聚守精神，使心无旁骛，继而静观自己的身心内外，由之通达"玄同"。这也就是《道德经》中所载之"抱一""日损"，最终进入"圣凡一体"的"玄同"境界。对于老子"塞其兑，闭其门，终身不勤。开其兑，济其事，终身不救"（第五十二章）的警告，白玉蟾阐述道："听乎无听，视乎无视，无为。神若出来，便收来。惟欲是耽，永绝道根。"③

从处理自我与他人之间的关系层面来看，此六字亦是受用无穷之真言。老子先言"塞其兑，闭其门"，此是指出人与人之间因私欲作祟而纷争不断，而"塞""闭"乃处理人我关系的首要之务。河上公曰："兑，目也。使目不妄视。门，口也。使口不妄言。"④ 又曰："塞闭之者，欲绝其源。"⑤ 老子次谓"挫其锐，解其纷"。在人我关系层面，"锐"指锐进，"纷"为结恨。这就是说，当自我的情欲锐进欲为时，应挫止之，使其归于道之无为；当我与人的怨恨结节不休时，应解释之，使其归于道之淡泊。老子再言"和其光，同其尘"。河上公曰："和其光，虽有独见之明，当和之使暗昧，不使曜乱人也。同其尘，不当自别殊也。"而"人能行此上事，是谓与天同道也"⑥。可见，在处理自己与他人的关系时，若能以"塞""闭""挫""解""和""同"作为践行指导，则能通达人我之间的"玄同"。

老子告诉我们，有心向"道"者，当以"塞""闭""挫""解""和""同"为着手处，从内外两方面勤下功夫。通过不断地精进修持，达到内心明静、人我和谐，一切自然通透，如此乃能体证"玄同"之境。相反，开兑、济事，则必将"终身不救"。就其所论，"塞""闭""挫""解""和""同"可谓通达"玄同"境界之修行着手功夫的"六妙法门"。

（三）"玄同"的示现状景

有志于得"道"之士，在形下功夫的积累与形上理路的导向下，最终将体证"玄同"。但这并不意味着有"道"之士的所修所行已经功德圆满、到此为止。前文论述了"道"与"德"的关系，"德"是"道"在社会人生中的落实，因而，个体在体证了"玄同"这一境界之后，必定将其示现于社会人生之中。而"玄同"在社会人生层面的示现乃由"玄德"呈现，其展现为"玄同之人"和"玄同之世"。

"玄同之人"是体证"玄同"境界的人，老子指出"玄同之人"乃是"不可得而亲，不可得而疏；不可得而利，不可得而害；不可得而贵，不可得而贱，故为天下贵"（第五十六章）。《唐玄宗御制道德真经疏》谓："玄同之人，心无偏私，不可得亲而狎之，和光顺物，不可得疏而远之。恬淡无欲，不可得从而利之，处不竞之地，故不可得犯而害之。体道自然，非爵禄所得贵也，超然绝

---

① （宋）白玉蟾原著，陆文荣统筹，六六道人辑纂：《白玉蟾真人全集》，上册，第253页。
② （宋）白玉蟾原著，陆文荣统筹，六六道人辑纂：《白玉蟾真人全集》，上册，第219页。
③ （宋）白玉蟾原著，陆文荣统筹，六六道人辑纂：《白玉蟾真人全集》，上册，第250页。
④ 王卡点校：《老子道德经河上公章句》，第199页。
⑤ 王卡点校：《老子道德经河上公章句》，第216页。
⑥ 王卡点校：《老子道德经河上公章句》，第217页。

累，非凡俗所得贱也。玄同之士，悟理忘言，塞兑闭门，根尘无染，锐纷既解，光尘亦同，其行如此，故为天下之所尊贵也。"① 可见，"玄同之人"塞住了口舌以消争分，关闭了情欲之门，挫损了锋芒毕露的锐气，不心高气傲，不矜奇，不粉饰，随俗同尘；没人能与他亲近，也没人能疏远他；他为了世人而坦荡无求，因而没人能使他贪利；他已超出了生死的假象，不再贪慕荣华与虚名，因而没人能使他受害，也不会使他迷失于贵贱之中。这一切都因他与大道自然合体，消除了对自我的蒙蔽，化去了一切隔阂，超越了世俗的局限，以开阔的心胸与无所偏执的心境对待一切人与物。"玄同"之境是超越现实的，但体证"玄同"之后并不脱离与抛弃现实，"玄同之人"以"百姓心为心"，他和光同俗，凭借着自身对"玄同"的领悟，依凭"玄德"的指导，实践着对社会与人生的改良。他应物而无累于物，功成名遂身乃退，"生而不有，为而不恃，长而不宰"就是他的"玄德"。

　　"玄同之世"是政治昌明、社会和谐的美好状态。在这样一个"玄同之世"中同样有其所体现的"玄德"。《道德经》第六十五章载："古之善为道者，非以明民，将以愚之。民之难治，以其智多。故以智治国，国之贼；不以智治国，国之福。知此两者，亦稽式。常知稽式，是谓玄德。玄德深矣，远矣，与物反矣，然后乃至大顺。"在此，我们有必要先阐明老子所指之"愚"与"智"，因为人们多看字面意思而误以为老子主张愚民政策。在老子的思想中，"愚"代表着纯真与朴实。王弼注曰："愚，谓无知守真、顺其自然也。"② 河上公曰："使质朴不诈伪。"③ 老子本身亦曰："我愚人之心也哉！沌沌兮！俗人昭昭，我独昏昏；俗人察察，我独闷闷。淡兮其若海，飂兮若无所止。众人皆有以，而我独顽似鄙。我独异于人，而贵食母。"（第二十章）而"智"则为机谋智诈之意。王弼曰："多智巧诈。"④ 河上公曰："智多而为巧伪。"⑤ 老子指明，得"道"之人主政，本身不会以机巧智谋来治理国家，也不会让人民使用机巧智谋，而是引导人民保持自身的淳朴与真质。民众之所以难于治理，乃是因为治与被治的双方都失去了内心的本真，而多于机巧智谋。因之上下相互倾轧，自然两败俱伤。于此，老子不仅要求以"道"主政，还主张"绝圣弃智，民利百倍；绝仁弃义，民复孝慈；绝巧弃利，盗贼无有"（第十九章）。因此，以机巧智谋来治理国家，实在是对民众与国家的极大伤害。反之，居高位者依"道"而行，不以虚伪智巧治国，民心自然淳朴，生活安定无争，这乃是国家的福祉。认识了此二者的区别，就懂得了社会国家治理的"稽式"，常守这一"稽式"，就具备了社会政治层面上的"玄德"。如此之"玄德"可谓深厚幽远，它能使民众复归于淳朴，使社会进入和谐大顺的"玄同"妙境。诚如唐玄宗所言："明大道之世，所谓玄同。"⑥ 总括而言，"玄同之世"是以"玄德"为表征，至此人心之智巧已经断迹，彼我之贫富已经消除，世上之阶级已经泯灭；社会的秩序不再扭曲失衡，生命的意义亦不复空洞浮躁，这就是人我同愚、道物并融、天下和洽的大和同。

---

　　① 《唐玄宗御制道德真经疏》，《道藏》第 11 册，第 793 页。
　　② （魏）王弼注，楼宇烈校释：《老子道德经注》，第 173 页。
　　③ 王卡点校：《老子道德经河上公章句》，第 254 页。
　　④ （魏）王弼注，楼宇烈校释：《老子道德经注》，第 173 页。
　　⑤ 王卡点校：《老子道德经河上公章句》，第 255 页。
　　⑥ 《唐玄宗御制道德真经疏》，《道藏》第 11 册，第 762 页。

结　语

综上所述，《道德经》"玄同"思想的渊源可以追溯到上古文字的起源发展与《周易》的文化传统。在特定的社会背景下，老子继承了《周易》灌注于玄同之中的理想与精神，以道为玄同思想的本旨进行形上思想建构，又以德为玄同思想的依归来指导社会人生实践。在形上归向玄同境界的理路上，老子以玄览与玄通为导向玄同境界的路标。而塞、闭、挫、解、和、同，就是形下修持的最基本着手处。个体经由形下功夫的积累与形上理路的导向，最终到达玄同这一最高境界。最后，依道落实于德的逻辑，玄同这一最高境界，必定在社会人生层面呈现出"玄德"的美好景象，表现为玄同之人与玄同之世。

孔德之容，惟道是从
——论道家道德哲学的根基及其特征

陈　霞*

老子讲"孔德之容，惟道是从"①，提出了"德"的根基在"道"。"道"作为"德"的最终根基，不像"天命"那样有主观意志，不具"礼"的规范性，也无"利"的功利性，不依赖于"情"的感召性，而具有超验性和形式性，因而更为根本。

一、关于道德的根基

关于道德的根基，主要有天命、情感、利益、德性、动机等，这些根基都有实质性内容。道家之"孔德之容，惟道是从"，则是将"德"建基于"道"之上。相较之下，"道"作为根基则具有超验性和形式性的特征。

"天命论"是一种神学目的论，曾经在相当长一段时期内作为不可置疑的道德根基。该理论认为在人类社会之外存在着某种形而上的实体——天命。它是人间政治和道德行为的根据，是外在于人的客观价值。既然是客观的，当然就是人人都应当遵从的。在这个前提下，什么是道德的根基基本上不是一个问题。但实际发生的事情却使得人们质疑这个根基，比如周朝取代商朝这个事件。商纣王由于深信"有命在天"，完全无视现实社会的合理要求，造成了"大邦"殷被"小邦"周取而代之的重大变局。春秋时晋国的大夫史墨于是提出"社稷无常奉，君臣无常位"②，春秋后期郑国的子产也论述了"天道远，人道迩，非所及也"③的观点。人们逐渐认识到"天道"与"人道"之间没有必然的内在关联，道德奠基于其上的天命、天志、天道、天意开始动摇。西周已有"天命靡常"的警觉，产生了"以德配天""在德不在鼎""神所凭依，将在德矣"④的思想。人们开始用人能主动作为的"德"去弥补不能左右的"天命"，将"德"的重要性凸显出来。当然，此时"德"

---

*　作者简介：陈霞，中国社会科学院哲学研究所研究员、博士生导师。
① 《老子》第二十一章。
② 《左传·昭公三十二年》。
③ 《左传·昭公十七至十八年》。
④ 《左传·僖公五年》。

虽重要，但"天"的权威并没有被完全否定。皋陶说"天命有德，五服五章哉；天讨有罪，五刑五用哉"①，孔子讲"天生德于予"②，董仲舒声称"仁义制度之数，尽取于天。……王道之三纲，可求于天"③。"天"仍然拥有根据善恶授命的最终权威，以德配天，德还处于从属地位。尽管如此，毕竟在当时的政治生活和行为的根据"天命"之外增加了"德"这个因素，这是一个极其重大的改变。

在外在的超验实体"天命"和形而上的"天道"的基础上，事实之真假与价值之善恶曾经是天然同一的。只要这个超验实体的权威性不受到质疑，道德客观性的根基就是牢固的。但现在，"天命"之外多了一个人世的"德"，"天命"不再是人间道德最终的、唯一的来源，我们丧失了那个客观的、非个人的标准，曾经的道德言辞失去了绝对的权威性。在"天理"失效之后，人们转到现实生活中，转到人自身，转到人的"良知"那里去寻找道德的根据。"国将兴，听于民；将亡，听于神。神，聪明正直而一者也，依人而行。"④ "夫民，神之主也。是以圣王先成民而后致力于神。"⑤ 超验的天和神现在要转而依赖于人，到人这里来寻找决策的依据。到了荀子，他就直接认为道德起源于现实的社会需求，他说："人生而有欲，欲而不得，则不能无求。求而无度量分界，则不能不争。争则乱，乱则穷，先王恶其乱也，故制礼义以分之，以养人之欲，给人之求。"⑥ 道德起源于人类社会，其产生是为了解决人与人之间的混乱。这种认识是一个巨大的转折。

道德内隐于人，孟子（约前 372—约前 289）认为引起道德行为的往往就是人的情感。他讲："恻隐之心，仁之端也；羞恶之心，义之端也。"（《孟子·公孙丑上》）他将恻隐、羞恶的情感作为仁、义的基础，通过扩充这些情感就能成为有德之人。这里，情感成了道德的根基。休谟（David Hume，1711—1776）在区分事实和价值，并断言无法从前者推出后者后，也认为道德是同情心的推广和放大，将"情"作为道德的根基。他说："自私是建立正义的原始动机，而对于公益的同情是那种德所引起的道德赞许的来源。"⑦ 情感作为道德的根基，其优势就是能直接地激发人的行为意愿，理性中的观念则较难引起人的行为。但是，按照情感主义的观点，道德仅仅是情感的表达，目的是唤起对方的支持。于是，进行道德评判就不是一个诉诸理性、要求对方遵循的过程，而是一个诉诸情感以打动对方的过程。在这种情况下，道德争论容易变成宣传、说服、劝导，它消解了道德应诉诸理性规则的普遍性和绝对性⑧。情感是心理的反应，是被动的、依赖性的，有不稳定和主观任意的特点。"情"因经验而引发，任何形式的情感都是附着在经验内容之上的。经验随时在变，而每个人的情感偏好也不相同。同时，"情"只不过是人的一种心理反应，而心理反应是一种自然的行为。把道德行为看成自然行为，道德将完全成为一种依据自然规律的自然事物，而失去作为人

① 《尚书·皋陶谟》。
② 《论语·述而》。
③ 《春秋繁露·基义》。
④ 《左传·庄公三十二年》。
⑤ 《左传·桓公六年》。
⑥ 《荀子·礼论》。
⑦ ［英］休谟著，关文运译，郑之骧校：《人性论》，北京：商务印书馆，1996 年，第 540 页。
⑧ 在现实的道德教育中，康德非常反对利用大家的从众心理去给他人树榜样的做法，去进行情感教育。他把道德教育建基于道德自律上。当人们的理性成熟时，就可以用自己的理性去思考，走出被监护状态。邓晓芒：《康德道德哲学详解》，载于《西安交通大学学报》（社会科学版）2005 年第 2 期，第 47 页。

所特有的能动的本质这一特点①。

自然情感存在种种缺陷，其弊端之一是随着血缘关系的亲疏远近而出现程度、浓度的削减。另外，休谟曾说，人们自然需要的无限与满足这种需要的手段的薄弱和资源的有限之间存在着巨大的差距，这使得人们的自然情感带有一定的自私性。这种自私性就会形成"各人自扫门前雪，休管他人瓦上霜"的冷漠，造成私德过渡到公德的困难。同时，人们希望持续地保持自己的占有物的要求与人们的占有物容易转移之间存在着难以调和的矛盾。更为重要的是，现代社会人口的流动性大大增加，人与人不再局限于传统的熟人社会，人际关系也不能仅仅依靠私德来调节。基于自然情感的道德规范在现代陌生人的社会里如何能够保持其行为规范的约束力呢？在充满陌生人的社会里，各个独立的个体是平等的，其关系更需要公德来进行调节。社会的公德需要建立在公民社会的基础上，它的意识形态基础是公民意识。

除了将情感作为道德的根基外，"利"也常常成为道德的根基。战国时期墨家是当时的显学，墨子（卒年不详，约春秋末期战国初）提出"兼相爱，交相利"的道德原则。他说：

> 凡天下祸篡怨恨，其所以起者，以不相爱生也，是以仁者非之。既以非之，何以易之？于墨子言曰：以兼相爱、交相利之法易之。（《墨子·兼爱中》）

墨家在道德中引入了一个重要因素——"利"，并将"利"与"爱"并举同提，如：

> 天必欲人之相爱相利、此自爱人利人生。（《墨子·兼爱下》）
>
> 利爱生于虑。（《墨子·大取》）
>
> 爱利天下。（《墨子·尚同下》）

这样，"兼相爱"就成了"交相利"：

> 利人者，人亦从而利之。（《墨子·兼爱中》）
>
> 交相爱、交相恭，犹若相利也。（《墨子·鲁问》）

普遍地爱会使天下普遍地得利，使"万民被其利""天下皆得其利"（《墨子·尚贤中》）。在墨家这里，爱、义与利是能够互通的。《墨经》说：

> 爱、利，此也；所爱、所利，彼也。爱、利不相为内外；所爱、所利亦不相为外内。（《墨子·经说下》）

---

① 关于德性与自然的关系，亚里士多德在《尼各马可伦理学》中论证德性既不出于自然也不反乎自然：由于我们接受德性的能力为自然所赋予，所以它不是反自然的；然而它又要通过习惯才能形成，所以又不是出于自然的。亚氏主张通过反复学习而获得德性，以至于德性就像我们的本性一样，这种本性就是我们的第二自然。

《墨经》中给"义"下的定义就是:"义,利也。"在儒家那里彼此对立的"义"与"利"在墨家这里统一了,"义"就是"利","利"就是"义",人们"兼相爱"就是为了"交相利"①。近代的杰瑞米·边沁(Jeremy Bentham,1748—1832)、约翰·斯图尔特·密尔(John Stuart Mill,1806—1873)等哲学家也将"最大多数人的最大幸福"这种功利的计算作为道德的基本原理,根据后果去判别行动的对错。功利主义伦理学认为趋乐避苦是人的本性,最大的善的计算依赖于行为所涉及的每个个体之苦乐感觉的总和。

动机也常常作为道德的根据,典型而深刻的是康德的动机论。"善"对于康德来说是普遍有效的。如果你因一个好的,即普遍有效的动机来行动,那么你的行动就是"负责的",你的行动才能被称为道德的。真正具有道德价值的应出于道德而不仅仅是合于道德。在康德的道德王国里,只有责任和动机,没有情感和后果。

近年来,德性伦理重新赢得关注。规范伦理学主要针对行为是否合乎规范,却没能从整体上、从德性这种内在的品质上去考察人的道德。麦金太尔(Alasdair Macintyre,1929—)重释了源自希腊的德性论。古希腊哲人认为,万物皆有德性。"德性"这一概念最初指的是他物所不具有、仅为其自身所具有的某物的特性、功能、优点。后来,德性一词主要指人的特性,而且获得了道德的含义,成为人所具有的好的品质或能力的指称。德性的产生与人的本性有关。但是,如果把德性等同于本性,那么所有的人都具有德性,德性就成为与生俱来的本性,也就无所谓德性的培养了。亚里士多德于是将本性与德性区别开来,强调人的实践活动和人的自主性。德性源于本性,但不等于本性,德性是在后天的实践活动中把本性中所具有的某种品质加以固化和优化的结果,而这种固化和优化是人自己意愿的产物。如果某物在本性上不具有某一功能,也就不可能具有这方面的德性②。

二、"道"作为道德的根基

老子也大量地谈到了道德问题,并追问道德的根基。在追问道德的根基时,老子否定道德来源于"天"。他说"天地不仁,以万物为刍狗;圣人不仁,以百姓为刍狗。"③"天地不仁",这意味着天地间没有一种客观现成的道德——"仁",也没有主观而有意地化生万物的施"仁"。"道法自然",没有谁有意为之。这就否定了道德是客观事实、一种实际如此的"是"、一种实然。如果道德是客观事实,那就只能是一元的,具有普遍必然性,对所有人都有效。事实是,无论我们确定何种价值,都离不开人的因素,而处于不同时间和空间中的人、人群在什么是道德的问题上总有各种分歧。《列子》说:"天下理无常是,事无常非。先日所用,今或弃之。今之所弃,后或用之。此用与不用无定是非也。"④

于是,当老子提出"天地不仁"时,"是"与"应该"、实然与应然、事实与价值发生了分离。

---

① 陈道德:《墨家"兼相爱,交相利"伦理原则的现代价值》,《哲学研究》2004年第11期,第45页。

② 张传有:《中西德性伦理学比较研究》,《思想战线》2011年第2期,第61页。

③ 《老子》第五章。

④ 《列子·说符》。

关于事实与价值的分离，休谟在《人性论》中说："在我所遇到的每一个道德学体系中，我一向注意到，作者在一个时期中是按照平常的推理方式进行的，确定了上帝存在，或是对认识做了一番议论，可是突然之间，却大吃一惊地发现，我所遇到不再是通常的'是'与'不是'之间的联系词，而是没有一个命题不是由一个'应该'或'不应该'联系起来的……这样一点点的注意就会推翻一切道德学体系，并使我们看到，恶和德的区别不是单单建立在对象的关系上，也不是被理性所察知的。……还将同样确实的证明，道德也不在于知性所能发现的任何事实。"①

道德不来自超验的天，而是不同的人在对某个事实进行分析时根据自己的经验得出的判断。道德与事实无关，不具有事实属性，所以，不存在不以人的意志为转移的道德事实。不管是"自在的善"，还是普遍的道德规则，都不是"事实"，而只属于我们对世界的解释。尼采曾说，人类把价值赋予事物以维护他自己，他创造事物的意义，这样人类就可以给予世界他们自己的解释，但这也同时遮蔽了"存在是混沌"、世界本身没有价值这个事实②。

否定了天命后，老子从肯定的角度明确地提到了道德的根基。他说："孔德之容，惟道是从。"③孔德即人德、上德、美德；"容"，即运作、样态；"是从"有接受、领受、顺应、从属之意。总结起来看，"惟道是从"，即"德"的运作要跟从于"道"、效法"道"。注意，"孔德"不像"道"生一、生二、生三那样是"道"直接演绎出来的，而是人的实践顺从了道，体现了道的精神即为"孔德"。"道"是理念，先于一切具体存在物；"德"是人的实践，是后天的。"道"是这个后天之"德"的根基、尺度、目标和模本。这个根基，不依赖于天命和鬼神，不带有强制性和规范性。相对于具体的要求和规范性的仁、义、礼而言，"道"不完全是经验性、情感性、功利性的，而有形而上学的意味，超验性和形式性是这个根基的重要特征。

首先，"道"具有超验性。将道德的根据放在超验的"道"上，实际上就是放在不可感知和认识的东西上。老子说"道""视之不见""听之不闻""搏之不得"④；"迎之不见其首，随之不见其后"⑤。我们无法用认识"物"的感官、知觉、理性去辨认之，也不能用表达"物"的普通语言去表述之。老子就讲："道之出口，淡乎其无味。"⑥"道"本身就不是一个实体性的、等待被认识的对象。"道""先天地生"，它在经验之前，所以它不是通过对经验的总结而得到的。老子说："上善若水。水善利万物而不争，处众人之所恶，故几于道。"⑦"上善"不是从上帝、从大多数人或整体的人类的利益引申出来的，而是从"道"自身引申出来的，所以"上善"来自"道"的理念世界；"道""独立不改"，能作为尺度的东西一定是独立且稳定的；"道""周行不殆"，它自身是能动的：这些表述表明了"道"的超验性。道德只有超越了具体规范本身的短暂、狭隘，也就是说，只有将道德建立在比具体规范更普遍的根基上，才是合理的。我们很难从现实经验中获得这样的东西，因为经验总是变动不居而有限的。维特根斯坦通过严密的逻辑推导得出这样一个结论："尽管所有的

① ［英］休谟著，关文运译，郑之骧校：《人性论》，第509—510页。
② 顾志龙：《论尼采对社会道德的解构》，《求索》2006年第2期，第151页。
③ 《老子》第二十一章。
④ 《老子》第十四章。
⑤ 《老子》第十四章。
⑥ 《老子》第三十五章。
⑦ 《老子》第八章。

相对价值判断都可以表现为纯粹的事实陈述，但没有任何事实陈述可以是或包含着关于绝对价值的判断。"① 这就否定了将经验事实当作绝对的价值判断的逻辑基础。只有超验的东西才可能作为道德的根据，提供判断的尺度和标准。

"道"虽具有超验性，但其超验性与"天命"的超验性不同。首先，"道常无为""圣人常无心""道法自然"②，"道"没有自己的意志，而天命有意志、有目的、有强制性，直接决定人间事务。道家也不讨论动机的好坏，动机不是支配行动的动力。康德所认为的动机是以先天的绝对命令为前提，对行为者是一种"应该如此"的律令。"道"没有先在的动机，它不以外在的、经验的或实用的东西为目的；它是自在的，接近于"道"的"上善"。"道"具有"无"的特征，所以作为道德的根据，"道"既没有事先的行善的动机，也没有事后对结果的计算，而是自然而然的行为。另外，作为最终根据的"道"虽然具有超验性，但它远不是在彼岸、在超验界，而是"无所不在"地存在于经验之中，在自然界和人世间种种变动不居的情状之中，在万物之中。经验世界在很多情况下都不是清晰明白、界限分明、固定不变的。其中，每一现象都与其他现象千丝万缕地关联着、变化着。在道家看来，永恒的不是无时间性的天道，而是变化着的经验事物。所以"道"并不从外面去规定经验，而是内在地顺随经验。

其次，"道"具有形式性。"德"要效法、跟从"道"，也就是说，"道"对经验世界有所规定。但是，"道"作为道德的最终依据，没有规定具体的条目和内容，而是一个带有形式性质的宽泛法则。由于没有提出具体的道德规范，道家有否定性伦理的特点。它假定"善"是无法确定的，只能否定地说"上德不德"。这种伦理不相信"为"的优先性，而赋予限制干预以优先性。对这条最高法则进行任何实质性的填充，使其具有实质的、经验的内容，那它就不可能再客观、必然而普遍有效了。康德曾提出，成为普遍立法的形式自身才是道德律令的最高原理。康德的绝对命令、道德哲学的基本原理是：你必须要这样行动，即你的行为准则（主观的），成为一条普遍的法则（客观的）③。康德道德哲学的这条绝对命令其实就是一个纯形式，里面也没有规范性内容。这点与"惟道是从"更多地具有形式性上的异曲同工之妙。

虽然具有超验性和形式性，但是"道"作为"德"的根据却是必需的，这有其理论和实践上的可能性与必要性，否则人会陷入相对主义而无所适从，或者陷入虚无主义而走向绝望。除此之外，这条原则也为人类的道德生活发挥着实实在在的多方面作用。

"惟道是从"作为一条形式性原则，它发挥作用的方式不是积极地指出何为善并引导人们践行，而是消极地划界，限制人们逾越这个最基本的界限，防止具体的规范或具体的善声称自己为至善和普遍的善，因为至善已经为这条形式性法则所占据。如果这条形式性法则没有占据至善的位置，任何其他具体的善都可能将自己提升到至善的位置，去享有至善的特权。这样，具体的善就僭越了其有限度的有效性，从而引起善的暴政、极权和强制，引起阿伦特（Hannah Arendt）所说的"美德

---

① ［奥］维特根斯坦著，江怡译：《关于伦理学的讲演》，《维特根斯坦全集》第十二卷，石家庄：河北教育出版社，2003 年，第 2 页。

② 《老子》第三十七、四十九、二十三章。

③ 邓晓芒：《康德道德哲学详解》，《西安交通大学学报》（社会科学版）2005 年第 2 期，第 46 页。

的恐怖统治"①。庄子所言"大乱之本，必生于尧、舜之间，其末存乎千世之后。千世之后，其必有人与人相食者也"②，正预见了具体的善僭越普遍的善所带来的善的暴政。同样，"现代社会所承诺的各种善，如自由、解放、幸福无一不是以至善的名义走向了自身的背反"。"一旦模糊了……形而上学意义上的善（Good）与个别的善（good）的界限，会使某一个单一的向度获得超越一切界限的话语权，从而其逾越自身职能的界限甚至走向其自身的反面，带来整个生活世界的秩序的错位和混乱，并导致难以解决的悖论。"③ 所以，具有形式性而不限于具体德目的"道"占据最高位置，能防止任何德目声称自己为至善，从而避免形成道德专制和道德灾害。

"道"作为形式性原则还能维护社会的开放，避免社会走向封闭而失去活力。"道"虽处于"先天地生""恍兮惚兮"的抽象、模糊状态，却是后天之"德"所规范的社会的参考者、他者和批判者，从而能够与现实社会保持某种张力，使得各种条款、规则、习俗不能最终合围而形成一个封闭的体系，保持了社会的开放性和活力。卡尔·波普尔（Karl Popper，1902—1994）认为，区分封闭性社会文化与开放性社会文化的最终标志是一元化的伦理价值观④。具体、僵化、一元化的条款不能有效地规定混沌、模糊、变动的现实。道德选择的每一步都包含着难以预见和不能事先评估的后果。老子说："祸兮福之所倚，福兮祸之所伏。孰知其极？"⑤ 这种混沌、模糊、不确定的状态是世界的真实状态。只有当道德法则具有形式的性质时，才能帮助人们在具体情景中做出如何行为的决定。至于具体该做"什么"，则是实践智慧的任务。所以，既然从这个世界中不可能推导出客观价值的存在，既然善恶、祸福界限事先没有划定，那么就只能在行动中划定。指引其方向的就是这个形式性的法则。"惟道是从"这条法则不以建立行为的规范为主要任务，没有为我们的行为制定具体准则和规范，而是为行为主体在具体情境下的道德判断保持开放，以便行为者在具体情境中做出恰当的认识、判断，并采取与之相应的行动⑥。

"惟道是从"这条宽泛的原则还有一个优点就是具有极大的包容性、非强制性、普适性、慷慨性。老子提倡"善者吾善之，不善者，吾亦善之"⑦ "常善救人，故无弃人；常善救物，故无弃物"⑧。他反对因社会地位的差异、血统的不同而区别地对待他人他物，也没有君子、小人的划分，不鄙视和拒绝那些哪怕有道德瑕疵的人，显示了极大的宽容情怀。他提出的"杀人之众，以悲哀泣之，战胜以丧礼处之"⑨，即是说战胜后也没有庆功和奖赏，而是一视同仁地哀悼生命的消逝，体现了对战争双方生命的同样尊重和怜悯，体现出道家之德的普适性。老子的三宝之首就是"慈"，他

---

① ［美］汉娜·阿伦特著，陈周旺译：《论革命》第二章，南京：译林出版社，2007年。

② 《庄子·庚桑楚》。

③ 王艳秀：《论"正当优先于善"的道德形而上学前提》，《伦理学研究》2014年第3期；王艳秀：《亚里士多德实践哲学的内在背反及其现代效应——从形而上学与伦理学的关系看》，《道德与文明》2013年第1期，第41页。

④ ［英］卡尔·波普尔著，郑一明等译：《开放社会及其敌人》第一卷，北京：中国社会科学出版社，1999年，第122页。

⑤ 《老子》第五十八章。

⑥ 德国学者沃尔法特（Gunter Wohlfart）认为道家感应性的道德行为没有自我、没有任何理性反应或推理，也没有任何道德原则。这种"感应的"、同情的反应来自自然的"责任"，超越了道德，在道德原则、法律和义务的意义上也先于道德。道家的感应和响应，这种自然的呼应，不仅指向人类，比儒家的"恕"（人类互惠的原则）更原初。它是与理性无关的心灵的感应。Gunter Wohlfart/Tuchan 著，肖涵露译：《道家精神的时代意义——从普遍道德回归道家的"上德不德"》，《道家文化研究》第22辑，第278—280页。

⑦ 《老子》第四十九章。

⑧ 《老子》第二十七章。

⑨ 《老子》第三十一章。

还说"天将救之，以慈卫之""慈故能勇"①，赋予"慈"以极高的价值。他的"生而不有，为而不恃，长而不宰"②，鼓励和辅助万物成为自己，允诺人们追求逍遥、自在、自适的幸福和快乐。因此，老子在提倡"甘其食，美其服，安其居，乐其俗"的稳定与和谐时，还让人去获得"和之至"③的人生幸福。

三、"惟道是从"的形而上学性

超验而有强烈意志的天命作为道德的依据是一种居高临下的命令，给人外在的负担和强制，易于把人沦为受制于外在事物的工具。以情感、利益、德性等来源于人的经验性的因素作为人的行为依据，人会丧失掉目的性的存在本质。并且，人是一种有限性的存在，其经验总是有局限的，不可能形成一个统一和固定的道德观念。单纯以经验为基础建立起来的道德也不能满足道德普遍性的要求。将道德的根据放在经验或情感上无法提供道德的可靠基础，道德于是成为无根基、无原则的漂浮之物，很难成为人们行动的依据。功利主义强调道德的目的是快乐和自由，但以功利为道德的直接目的，反而会在利益争夺中败坏道德，难以带来社会的稳定与和谐。动机论认为，道德是理性的定言命令，凡是理性存在者都应遵循。道德的这种先天性决定了它并不是为了人的快乐而设立的，为了快乐和幸福而行为也不具有道德价值。然而，向往幸福又是理性存在者存在的主要动因。因此，让德行与幸福统一，预设上帝和天国的存在是可能的、合理的。可以说，很多宗教提供给人们的都是德行与幸福一致的境界。

尽管在寻找道德的根基时遇到了种种理论上的困难，我们仍然应该和能够追求最好的生活。只不过这个"好生活"的根基不是所谓的"客观"本质，而是人类通过理性和信仰建立起来的有意义的人生。在这方面，道家将"道"作为道德的根基对我们仍然有着启发意义。

"孔德之容，惟道是从"所要寻求的主要不是一种代替其他价值的新价值，而是设定一种原则，作为价值的出发点和立身之地，以便在形而上学的基础上对价值评价的特征和方式进行批判，为道德标准确立一个合理性的基础。"惟道是从"作为一条宽泛的原则，无目的指向，无动机和后果的考量，没有利益的交换和情感的感召，没有具体的德目和规定，具有普遍有效性和形而上学性。所以，"孔德之容，惟道是从"具有道德形而上学的性质。

（本文原载《哲学研究》2016 年第 3 期）

---

① 《老子》第六十七章。
② 《老子》第五十一章。
③ 《老子》第五十五章。

《道德经》的养生智慧

张　钦*

内容提要：《道德经》中有养生理法，以及养生智慧的心态论与养生原则。本文基本按《道德经》八十一章的顺序，分成三个部分，对其进行简明阐论。（特别说明：本文的解读中有些段落和句子如果联系上下文可能会被认为有"断章取义"的误读之嫌，而本文的确是要"断章"，以取其引申"义"，或养生"义"，唯以根据《道德经》的整体思想言之有理有据为务。）

主题词：《道德经》　养生智慧

司马迁《史记·老子列传》说老子"百有六十余岁，或言二百余岁，以其修道而养寿"。这位我国最长寿的哲人后来被道教奉为太上老君，现代道教徒也尊他为太上道祖。这位伟大的哲人、道的祖师，因其修道养寿而名垂青史。他写下的著名道家祖典《道德经》，成为道家道教后世徒众修行学道、养生摄生最重要的经典。

《道德经》五千余字，以天道自然为本，展演博大深邃的道与德，讲说长生久视的生命之道。其中的养生理法，以及有深刻养生智慧的心态论与养生原则，成为后世道家道教养生思想的不竭泉源。

下面分成三个部分具体展开。

一、养生方法

（一）谷神不死

在《道德经》第六章里，老子提出了"谷神不死"[1]，这是《道德经》八十一章中仅有的一次说到"不死"。从养生的角度，可以解读为"虚神若谷可以不死"，所以"谷"在这里是动词，是针对人之"神"的一种修炼行为。在《老子河上公注》里说："谷，养也。人能养神，则不死也。神谓五藏之神也；肝藏魂，肺藏魄，心藏神，肾藏精。脾藏志。五脏尽伤，则五神去矣。"[2] 这种解说把

---

* 作者简介：张钦，四川大学老子研究院副院长，道教与宗教文化研究所教授、博士生导师。

[1] 陈鼓应：《老子今注今译》，北京：商务印书馆，2012年，第443页。

[2] 《老子河上公注》，《成象》第六。

"神"具体化为五藏神。就笔者的观点，这里的"神"如解读为与身相对的心性、五脏之一的心所藏之"神"则更为接近上下文的原意，根据《黄帝内经》的观点，心主神明，将"谷神"的"神"理解为神明之"神"更为妥当。如果将人分为生理、心理和心灵三个部分，则此处的"神"是指心理和心灵的层面，且心灵的成分更重，因为在《道德经》后面的章节中，谈到了很多心理的修行，而此处老子或更强调虚空心灵可以到达不死之门的可能性，甚或可以引申解读为当人的心灵虚空若谷，则可以超越死亡，达到无有生死的境界；根据下文，则可称这样的境界为"玄牝"之境，而"玄牝"本身则是生生不息的天地之根，是绵绵无尽的生机之源，是混沌大道的生生之门。修道的最高境界就是要到达这个"玄牝之门"。根据老子的思想，"不死"不是指肉身生命的永生，而是指灵性及其创造可能达到的至高境界，因为他说："死而不亡者寿。"①（第三十三章）

在《道德经》第三章中提出的"虚其心，实其腹，弱其志，强其骨"②以及第十六章提出的"致虚极，守静笃"③都可以理解为对"谷神不死"的修行方法的展开。

道教之《清静经》所说的"夫人神好清而心扰之，人心好静而欲牵之"，以及内丹的炼神还虚功法，都是典型的对"谷神"方法的继承和发挥。

（二）外其身而身存

在《道德经》第七章里，老子提出了"外其身而身存"的方法。他说："天长地久。天地所以能长且久者，以其不自生，故能长生。"④此处的长生是长久存在的意思，而他接下来说的"圣人后其身而身先，外其身而身存"，是讲人们尤其是圣人在人群中如何获得成功和生存的策略的。他通过天地不自生而达到长生的道理，告诉人们尤其是圣人要成功且长久地活着，千万不能自私（生），即不能如他在二十四章说到的"四自"，因为"自见者不明，自是者不彰，自伐者无功，自矜者不长"⑤。根据辩证原理，舍身反能得到身，这样即使肉身死了，人们还纪念着他，他的"身"所体悟的道，执着追求的信念、精神、思想以及他的英名就会长久地存在下去。此处是告诉人们"贡献"是长生不朽的不二法门。老子告诉人们，如果学习圣人，"奋不顾身"地修道、行道，反而是对"身"的最大养护。这样的养生方法确实震撼人心，去除偏私的小我，成就无私的大我，就是最后的奖赏："非以其无私耶？故能成其私。"即是因受众人的拥戴而成就了自我的伟业，于人于己皆受益无穷，这样的养生境界确实高迈。

此外，《道德经》第七十五章说："夫唯无以生为者，是贤于贵生。"这个方法更是对"外其身而身存"的进一步阐发，可理解为无心之养是为至养，是"反者道之动"以及"道法自然"思想在养生领域的最高运用。

（三）抱一

在《道德经》第十章和第二十二章里，老子两次提出了"抱一"的养生方法。

在第十章里他提出了："载营魄抱一，能无离乎"⑥的重要命题。根据现代的研究，营与魄即营

---

① 陈鼓应：《老子今注今译》，第 456 页。
② 陈鼓应：《老子今注今译》，第 442 页。
③ 陈鼓应：《老子今注今译》，第 448 页。
④ 陈鼓应：《老子今注今译》，第 444 页。
⑤ 陈鼓应：《老子今注今译》，第 452 页。
⑥ 陈鼓应：《老子今注今译》，第 445 页。

卫与魂魄，代表了人的生理和心理两个方面，可以简明地表达为身与心。这里，老子很明确地提出身心一体不离对于养生的重要意义；同时，此处的"一"还可进一步引申为"道"。那整句就可更深一层地解读为"能做到身心一体且与道合一不离吗？"

在第二十二章里他说："是以圣人抱一为天下式。"① 此处之"一"可理解为"道"的另一表达，在第三十九章里老子说："昔之得一者：天得一以清，地得一以宁，神得一以灵，谷得一以盈，万物得一以生，侯王得一以为天下正。"② 这段文字里有"万物得一以生"，那"抱一"就可更深层地解读为"抱道""抱生"。

晋代道教养生学家葛洪自称为"抱朴子"，他或许是受了"抱一"的启发？因为老子在第三十二章里说："道常无名，朴，虽小，天下莫能臣。"③ 而在第十九章里又直接说"见素抱朴"。"一"与"朴"在这里很明显是指"道"。所以，对于"抱一"的解读，应从两个层面来理解和实践：第一是努力修炼达到身心一体；第二是努力修炼达到与道合一。先从身心一体做起，再到与道合一，均可用"载营魄抱一，能无离乎"来概括。

（四）专气致柔

在《道德经》第十章里老子还提出了另外几个重要的养生方法，以"专气致柔"最为典型。他说："专气致柔，能如婴儿乎？"④ 这简单的九个字，却是关于气的修炼的经典说明。这里涉及至少四个方面的内容：

第一是"专"，此字通假于"抟"，有两解：

1. 按"专"字本义解，为专注、专一；

2. 按"抟"字本义解，为凝聚如团状。

两义相近而略有不同：专者，专注于气，且使气纯一；抟者，使气凝聚，混元如团。

第二是"气"，此气根据后世道家道教的深入发掘，至少包括外气与内气两个方面，也有先天气与后天气的意涵，更深地还指元气、道气。不同层次的修行会有不同层次的"气"的感悟，所"抟"之气亦有不同，但功理一致。

第三是"致柔"，直解为达到柔的状态。这里的柔不是柔软之意（因为"气"本就无形无象），而是指人们在呼吸外气或运行内气时要柔和且绵绵不绝之状态。

第四是"婴儿"，老子特别青睐婴儿，如第二十章"如婴儿之未孩"⑤，第二十八章"复归于婴儿"，第五十五章"比于赤子"等。那么婴儿究竟有何特别呢？在第五十五章中老子说：

> 含德之厚，比于赤子。毒虫不螫，猛兽不据，攫鸟不搏。骨弱筋柔而握固。未知牝牡之合而朘作，精之至也。终日号而不嗄，和之至也。知和曰常，知常曰明，益生曰祥，心使气曰强。物壮则老，谓之不道，不道早已⑥。

---

① 陈鼓应：《老子今注今译》，第 451 页。
② 陈鼓应：《老子今注今译》，第 458 页。
③ 陈鼓应：《老子今注今译》，第 455 页。
④ 陈鼓应：《老子今注今译》，第 445 页。
⑤ 陈鼓应：《老子今注今译》，第 450 页。
⑥ 陈鼓应：《老子今注今译》，第 465 页。

这是一段关于婴儿的经典说明。根据上文，老子认为赤子含德丰厚，自然界的毒蛇猛兽都不会伤害他（她）；赤子充满生机，气和精满，无欲无求，吉祥止止；如果偏离了这种状态，就叫不道，不道就会早早地老去，甚或早早死亡。所以，要长生久视，就一定要向婴儿学习，而学习婴儿最好的办法，就是"专气致柔"，老子很巧妙地将答案藏在了他的问题之中。

"专气致柔"的养生方法，开启了中华道家道教气功养生的先源，当今养生气功的理法大多发端于此。

（五）少私寡欲

在《道德经》第十九章里老子说："见素抱朴，少私寡欲。"① 这段话是讲处世的，也可引申解读为养生方法。关于"见素抱朴"可以参见前面的"抱一"，此处对"少私寡欲"展开研讨。

"少私寡欲"可直接解读为减少私与欲，"少"与"寡"在这里是动词。私与欲者，个人之食色名利欲望之属，包括个人的生理、心理及社会需求。生而为人这些需求当然是必要的，如果适当也是合理的，所以老子只提出"少"与"寡"，并没有不切实际地要求禁绝。老子是基于什么样的目的提出要少私寡欲的呢？

第一应该是从修道的目的出发。因为根据老子的思想，一个修道者一定是俭朴而单纯的、充满奉献精神且不会过分索取的人。在第七十七章老子说："孰能有余以奉天下？唯有道者。"② 在第五十三章他从相反的角度说："朝甚除，田甚芜，仓甚虚；服文采，带利剑，厌饮食，财货有余，是谓盗夸，非道也哉。"③ 同时，一个修道的人，应该是"为学日益，为道日损，损之又损，以至于无为"的人，在这里要损的对象，主要就是私与欲。

第二应该是从养生的角度出发的。身心的过度欲望是老子所鄙视的。在第十二章中他说：

> 五色令人目盲，五音令人耳聋，五味令人口爽；驰骋畋猎令人心发狂；难得之货令人行妨。是以圣人为腹不为目，故去彼取此④。

从上段文字可以很清晰地看出，老子在身心欲望的比较下，更倾向于适当地满足身的欲望。对身的欲望的满足也是越简单越好，最好是能吃饱就很好了，例如他在第六十三章提出要"味无味"⑤。这样一来，从养生的角度，就可以说淡味是大味，无味才是真味、道味。在这章里他更直接地把生理的味觉升华为了心灵的道味。

这个"少私寡欲"的方法，可以帮助我们从减损生理与心理欲望的训练与觉解中，体会与获得心灵境界的提升；同时，也可以从这样的修行中，达到宁静养生的目的。

---

① 陈鼓应：《老子今注今译》，第449页。
② 陈鼓应：《老子今注今译》，第474页。
③ 陈鼓应：《老子今注今译》，第464页。
④ 陈鼓应：《老子今注今译》，第446页。
⑤ 陈鼓应：《老子今注今译》，第468页。

二、养生心态

养生是一个复杂的系统工程，它至少涉及人的生理、心理、社会生活以及人与自然的关系等多个层面，而养生心态是其中非常重要的一个部分。根据《道德经》所述，至少有如下几个主要方面是在养生中应努力做到的心态。

（一）清静知足

在《道德经》第三章里老子说："不见可欲，使民心不乱。"① 见者，"现"也。这句话是老子教育统治者的，原意是不要把激起人民欲望的东西显露出来，民心自然不会骚动扰乱。从养生的角度，可以引申解读为：淫声美色乃破骨之斧锯，远离这些诱惑，自然心地清凉。关于这一点，老子在第三十七章中更直接地说："不欲以静，天下将自正。"② 此处的"天下"可引申解读为人的身心，意为外在的诱惑与内在的欲望都不升起的时候，身心就自然平静正常了。可是，我们生于红尘，如何能完全免俗呢？为解决这一问题，老子提出了"知足"的概念。他说：

> 名与身孰亲？身与货孰多？得与亡孰病？甚爱必大费，多藏必厚亡。故知足不辱，知止不殆，可以长久③。（第四十四章）

他非常严厉地追问了名与身、身与货、得与失的大问题，结论是"甚爱必大费，多藏必厚亡"，对治的方法是"知足""知止"。如果这样，达到的效果有三："不辱""不殆""长久"。养生的重要目标之一就是长久，可见知足对于养生的价值。他还反复地强调："罪莫大于可欲，祸莫大于不知足，咎莫大于欲得。故知足之足，常足矣。"④（第四十六章）在老子看来，没有比不知足更大的祸患了，所以要养生，知足的心态一定要养成。

（二）报怨以德

在这个世俗世界里，不同利益与信仰的群团之间，难免有发生冲突的时候。此时我们应持有怎样的心态呢？从养生的角度又如何来面对呢？

在《道德经》第六十三章老子明确提出要"报怨以德"⑤，并说"轻诺必寡信"，告诫人们谨慎言行，信守承诺，面对他人的怨恨，以德为先，以德服人，不与他人争锋，善待不同于自己甚或反对自己、仇恨自己的人。更进一步地，他在第四十九章中提出："善者，吾善之；不善者，吾亦善之；德善。信者，吾信之；不信者，吾亦信之；德信。圣人在天下，歙歙焉，为天下浑其心，百姓皆注其耳目，圣人皆孩之。"⑥ 在这里老子让我们学习圣人，努力做到"德善""德信"。德者，"得"

---

① 陈鼓应：《老子今注今译》，第 442 页。
② 陈鼓应：《老子今注今译》，第 457 页。
③ 陈鼓应：《老子今注今译》，第 461 页。
④ 陈鼓应：《老子今注今译》，第 461 页。
⑤ 陈鼓应：《老子今注今译》，第 468 页。
⑥ 陈鼓应：《老子今注今译》，第 462—463 页。

也。处理矛盾与纷争，最好的办法莫若得到他在这里指出的"德善"与"德信"，要和谐长久地生存在这个红尘世界，我们还能想出比这更好的办法吗？

就养生而言，和谐的人际关系是心境宁静的重要外在条件。世界卫生组织指出，健康的一个重要指标就是社会关系的和谐，且心理健康的指标之一是对社会和他人不怀敌意。要达到这样的状态，"报怨以德"的心理修炼无疑是非常好的方法之一，也是心理健康要秉持的重要心态之一。

（三）慈俭不争

关于养生的心态，《道德经》第六十七章讲得很全面，可称为"养心三宝"："我有三宝，持而保之：一曰慈，二曰俭，三曰不敢为天下先。……夫慈，以战则胜，以守则固，天将救之，以慈卫之。"①

"慈"者，仁慈、慈爱、慈悲。仁慈，就是仁爱和善；慈爱多指上对下或父母对子女的爱怜；慈悲就是给人快乐、将人从苦难中拔救出来的大慈心。我们对同辈如能仁爱和善，对下一代或自己的属下如能仁慈爱怜，对众生如能慈悲喜舍，那我们的心量将是何等宽广，有这样宽广心量的人当然会有良好的心态。

"俭"者，俭朴、简约。俭朴就是俭省、节约；简约就是简单、单纯。"俭"的美德无论怎样强调都是不过分的。21世纪人类面临的自然与社会的危机很多都是跟人类助长的奢侈浪费的心态分不开的，所以不论从个体还是从社会的角度，提倡"俭"都有极大的价值。从养生的角度，过一种俭朴而单纯的生活对身与心的健康都有帮助。老子在第二十九章说："是以圣人去甚，去奢，去泰。"②

"不敢为天下先"者，即不争强好胜，且要谦逊礼让。这是做人的美德。《易经》之谦卦是唯一六爻皆佳的光明之卦，"君子有终"，即是有谦德之君子万事皆能亨通，善始且善终。秉持这样的心态来养生，对修养者的社会关系之和谐将大有帮助。

以上三点，可总结为养生心态的"三宝"修炼。老子在第七十九章说："天道无亲，常与善人。"③ 这个许诺分量很重。

三、养生原则

根据《道德经》的思想，关于人们在养生中应遵循的重要原则，总结起来有如下几点：

（一）尊道贵德

在《道德经》第五十一章里老子说："道生之，德畜之，物形之，势成之。是以万物莫不尊道而贵德。……生而不有，为而不恃，长而不宰，是谓玄德。"④ 万物从道中诞生出来，又由德来蓄养，慎终追远，以道为尊、以德为贵乃题中之义。但道与德并非是让人们膜拜的神圣之物，尤其蓄养万物的"德"，以其"生而不有，为而不恃，长而不宰"的特性成为万物之灵的人类所应学习和

---

① 　陈鼓应：《老子今注今译》，第470页。
② 　陈鼓应：《老子今注今译》，第454页。
③ 　陈鼓应：《老子今注今译》，第475页。
④ 　陈鼓应：《老子今注今译》，第463页。

追随的目标。老子在第五十九章中非常完整地阐论了"德"对于长生久视的不可替代的意义。他说："治人事天，莫若啬。夫唯啬，是谓早服；早服谓之重积德；重积德则无不克；无不克则莫知其极，莫知其极，可以有国；有国之母，可以长久。是谓深根固柢，长生久视之道。"[①] 如果我们简化一下这一章的文字，从养生的角度可以如是引申解读为：养生一定要"啬"（简而且俭），则称为重积德；重积德则所事无不克成，是谓深根、固柢，长生久视之道。

所以，尊道贵德的养生原则，落到实处就是"啬"（简而且俭）。这一原则，外可以治国，内可以治身，是道尊德贵的具体表达。

（二）闻道勤行

在《道德经》第四十一章老子说："上士闻道，勤而行之；中士闻道，若存若亡；下士闻道，大笑之，不笑不足以为道。……道隐无名，夫唯道，善贷且成。"[②] 进一步地，也可以说，夫唯道，善修乃成。如果要成为上士，听闻了大道就要立刻行动，勤而行之。道是修成的，养生也如此，也需勤而行之方能成就功果。第五十四章老子更明确地说："修之于身，其德乃真。"[③] 不身体力行，如何能洞悉阴阳、斡动天罡、长生久视！所以闻道勤行是养生非常重要的原则之一。

（三）乐生利他

在《道德经》的第八十章里，老子给我们描绘了一个纯朴的社会，从养生的角度，他是在劝勉人们追求一种乐生的境界。

他说："甘其食，美其服，安其居，乐其俗。"[④] 可以想见，如果人人都能以其已有的食为甘，以其已有的服为美，以其已有的居为安，以其已有的俗为乐，而不是相互争竞嫉慕，这样的世道将是何等的祥和！在这样祥和的社会里，身心一定会非常舒畅，其养生的效果自然不凡。即使我们还没有生活在那样祥和的世道，在现有的纷扰的世间，如能修得这样的心态，无疑也有助于我们的身心健康。

在最后的第八十一章里，老子为我们描述了一种伟大的圣人的人格。他说："圣人不积，既以为人己愈有，既以与人己愈多。天之道，利而不害；圣人之道，为而不争。"[⑤] 从修道的角度，他是在提倡一种无私的奉献精神，一种伟大的利他精神，有这样精神的人世间稀有，所以称为圣人。这样的人就是老子所说的"死而不亡"的长生久视的人了，也是人世间能想象的最高最完美的人，而人们养生修道的最高追求，就是要成为这样的人。道教给有这样人格的人一个称号，就是"仙"，成仙证真也就成为道教养生的最高目标。对普通人而言，老子所描述的圣人，并非是永生不死的神仙，但圣人作为养生所追求的至高目标，其人格确然动人心魄，神圣崇高。

综上所述可以看出，《道德经》的养生思想立意高远、广博深邃，其养生理法与原则又非常具体且富有操作性。其理其法为后世道家道教的养生事业奠定了坚实的理论和方法基础。

---

① 陈鼓应：《老子今注今译》，第 467 页。
② 陈鼓应：《老子今注今译》，第 459 页。
③ 陈鼓应：《老子今注今译》，第 465 页。
④ 陈鼓应：《老子今注今译》，第 475 页。
⑤ 陈鼓应：《老子今注今译》，第 476 页。

试析道教神仙形象中的武将色彩

于国庆[*]

内容提要：神仙学说是道教神学体系的核心内容之一，而道教所塑造的神仙形象则直接体现出其神仙学说的种种理念。本文从道教神仙的威武长相、奇妙服饰、百般兵器、神通本领等四个方面展开论述，揭示道教神仙形象中体现出来的武将色彩；在此基础上，探讨分析道教神仙形象之所以具有武将色彩的原因，希望有助于道教神仙学说的研究。

关键词：道教 神仙形象 武将

道教神学理论在发展演化过程中，始终贯穿着一条主线，那就是它的神仙学说。综观道教神仙学说中所塑造出的不计其数的神仙形象，笔者发现了一个非常有意思也非常值得探讨的现象，即相当多的道教神仙形象透露出武将色彩。下面，笔者将对此略做探讨，以就教于方家。

一、道教神仙形象中的武将色彩

道教神仙学说的核心思想之一就是其建立起来的神仙体系。道教神仙体系的形成是一个长期的过程，从汉魏两晋的初创经隋唐的发展直至两宋道教神仙谱系的最终定格，这中间经历了种种人间观念和道门观念加之于上以至于复杂多变的过程。最终基本定型的神仙体系所彰显出来的理论化、有序化和系统化，则充分说明道教的"选神""造神"并非随意编造、任意胡为，而是用理性思维来搭建信仰的完美体现。

换言之，道教所塑造的神仙形象身上寄托着道教的一种理论旨趣。细细分析过后，笔者发现道教内部有一种特殊的倾向，即有为数不少的道教神仙往往被塑造成全身金甲、长相威猛、神通广大，这类神仙更加直观的一种形象则是手持千变万化的兵器。道教为其信仰的神仙所塑造出的类似形象，向我们昭示出这样一种信息，即作为道教内部约定俗成的神仙形象，有相当多的有着传统军事思想影响的痕迹，从而体现出一种武将色彩。下面，我们就一一探讨这种武将色彩的表现。

（一）武味十足的相貌

对于传统的武将形象，《孙子兵法》《六韬》等兵书中已经高屋建瓴地从外在形象和内在心理素

---

* 作者简介：于国庆，哲学博士，四川大学道教与宗教文化研究所副研究员、老子研究院副院长，硕士生导师，《老子学刊》副主编、编辑部主任。

质的角度作了概述："将者，智、信、仁、勇、严也。"① 这些论述一方面点明了将帅所应该具备的心理素质和应战能力等软件和硬件条件，另一方面也透露出将帅在外在形象上也应有一副"勇相"，即要长相威猛，不可文弱，如此才能让人信得过。因此，"勇武"也成为历代选将任帅的标准之一："所谓五才者，勇、智、仁、信、忠也。"②

道教神仙的职能之一便是降妖除魔，出于神仙降妖除魔之能力以及人们的心理预期，这些被称为元帅神将、天兵天将的神仙往往被装扮成威武刚猛的将领，似乎唯有如此，才能在完成镇邪恶、保平安的职责之时让人感觉到踏实和信服。为此，道教在塑造此类神仙形象时便积极主动地借鉴了传统观念中的武将形象。他们认为，凡具备这种威武长相的神仙往往神通广大，对叛乱的妖魔鬼怪具有强大的杀伤力。这种长相约有以下几个显著特点。

一是"长相怪异"。所谓的"怪异"乃是指神仙的长相远远脱离一般人的相貌，这种怪异的形象包括：怪异的面容、怪异的身形以及怪异的身姿。就"怪异的面容"来看，这类道教神仙形象往往被描述成"鬼面"。所谓"鬼面"大致有三个主要特征：怪头披发、獠牙、面非人色③。就"怪异的身形"来看，道教中用来降妖除魔的神仙，其身体形态已经远远超出常人，如一个名叫"南陵火铃使者许仙定"的神仙，其长相是"头如老鸦，鬼质猪足，踏三脚鳖"，显示出非常人的样子④。此外，此类神仙往往高于常人许多，有的甚至高数丈乃至数十、数百千丈⑤；更为怪异的是，他们还比常人多出了许多头、臂、眼，而且能够做出一系列非常人所能及的事情。例如《上清天蓬伏魔大法补遗》中所提及的一位"神仙元帅""四头、八臂、四目、两角"，并且可以"口吐赤气，目出火光"⑥。主要用来降妖除魔的道教神仙之所以被塑造成如此模样，究其原因，应该与传统军事思想有关。因为，在传统军事学中，武将在对敌作战时常常需要"眼观六路，耳听八方"，道教塑造降妖除魔的神仙，恐怕也是想到并借鉴了这一点。就"怪异的身姿"来看，不少神仙往往持有包含某种深意、具备某些神通的手诀，如"宗师大罗班长玉华教主九炁集神董大仙"，其左手所持的是"元帅诀"⑦，"护尺神王"则是用手"结伏魔印"等等。这些诀式的功用或是表明其身份，或是具有隐藏在其中的神通，这当然也是为了降妖除魔这一目的，故"武味十足"。

二是"长相神奇"。道教神仙不仅长得怪异，而且有的还长得相当神奇。道教神仙往往被描述成"善相""福相"，这些所谓的"善相"和"福相"无非是想证明在降妖除魔时，此类神仙能够凭借长相上的先天优势为战争带来预期的好运，从而有利于最后的剪除妖魔。当然，这还只是一种愿望式的。还有一种效用式的长相，那就是有为数相当多的神仙的长相是"天人相"，或者"天罡相""天蓬相""火星相"等等"通天相"⑧。就字义分析，"天"乃是一种符号指代，象征的是最高神力的渊源所在。这样，"天人相"或者"通天相"无非是在暗示，具此长相的神仙可以直接和神力的

① 曹操等：《孙子十家注》卷一《计篇》，《诸子集成》第6册，北京：中华书局，1954年，第7页。
② 《六韬·论将》，唐书文：《六韬·三略译注》，上海：上海古籍出版社，1999年，第56页。
③ 参见《道法会元》卷一三三《太乙真雷霹雳大法》中的有关神仙长相的描述。《道藏》第29册，第649—658页。
④ 参见《道法会元》卷一二二，《道藏》第29册，第584页。
⑤ 《三炁雷霆神位》中把"一炁都大雷王"的长相描述成"高天百亿万丈"。参见《道法会元》卷六十五，《道藏》第29册，第198页。
⑥ 《道法会元》卷一六七《上清天蓬伏魔大法补遗》，《道藏》第30册，第73页。
⑦ 《道法会元》卷一五六《上清天蓬伏魔大法》，《道藏》第29册，第824页。
⑧ 参见《道法会元》卷一三三《太乙真雷霹雳大法》中的有关神仙长相的描述。《道藏》第29册，第649—658页。

最高来源"天"相通，从而保证在降妖的过程中，可以从"天"那里得到无限的神力以及不计其数的神兵神将的支持，这就从质和量上保证了与妖魔对敌的胜利。

（二）武味十足的服饰

道教神仙的武将色彩还充分表现在其所穿的服饰上。首先，道教神仙服饰之中有一种比较常见的服饰，那就是全副金甲[①]。盔有铁盔、金盔、银盔，甲有金甲、银甲、铜甲等等，它们把神仙装扮得可谓威风凛凛、杀气腾腾。按照传统军事学的理论，铠甲乃是传统兵器中非常普遍的一种，在武器分类中属于防守和抵御类兵器。虽然，道教神仙的全副金甲主要是作为一种威风凛凛的威猛相貌的装饰物，但是，通过道教对神仙的这种形象塑造，我们仍旧可以看出此类装扮在神仙与妖魔鬼怪作战过程中的实用性目的。

其次，值得注意的还有衣物服饰上的纹案。借助服饰上的怪异图案服务于战局，是传统军事思想的一个理论亮点。在实际作战过程中，许多将领穿戴的衣服上、持有的盾牌上以及出战时的旗帜上常常画有或是让人敬畏、或是象征战无不胜的种种图案，意图以此来提振己方将士的士气和信心，并同时给对方造成一种心理上的震慑力，从而有利于战争态势按我方期望发展。道教神学的一个重要领域既然是降妖除魔，那么，对传统军事学上的这种思想，自然可以借鉴过来大做文章。

《太一真雷霹雳大法》提及的"六府六司将帅"中，各位神仙分别带的是"雷祖冠"或者"雷冠"，而冠上所画图案五花八门，如鸟、猪、火驴、雉、猿、牛、蛇、龙等等[②]。除此之外，据其他道教典籍记载，道教神仙所穿衣冠上画有的纹案还有狮子、虎豹、犬等等。由此可见，道教神仙衣物上的纹案，以善于搏杀、令人恐惧害怕的动物图案为多，它们或是以耐力著称，或是以忠诚著称，或是以长相可怕著称。这样塑造的目的可能一方面在于它们不仅可以起到提振我方士气和信心的作用，承载着战争中能够帮助主人取胜的愿望；另一方面，服饰上画有此类图案，让敌人在心理上首先感到惧怕，从而可以起到威慑敌人的作用，自然有利于我方取得理想的战果。

（三）武味十足的兵器

道教早期经典《太平经》中便已提及道教神仙所持有的兵器："愿请问一大决，东方之神何故持矛乎？……然，此者，天之象也，物者各从其类。东方者物始牙出头，尽生利，刺土而出，其精象矛，故为矛；其神吏来，以此为节。南方万物垂枝布叶若戟，故其精神而持戟；其神吏来，以此为节。西方为弓弩斧，西方者天弩杀象，夫弓弩斧，亦最伤害之长也；故其神来，以此为节。北方为镶楯刀，北方者物伏藏逃，镶楯所以逃身者也；刀者，小人所服，亦常以避逃以害人，非上君子之有也；故其神来，亦以此为节。中央者，为雷为鼓为剑；中央者，土也，五行之主也，鼓亦五兵之长也，剑亦君子道德人所服也，亦五兵之长也；故中央神来，以此为节。是天地自然实信之符节也。比若人生当有头，应此持其节，实信符传来对，不若此，即非其行神也。应他神妄来对，悉为乱政，久久其治乱难平安，故皆求信符节也。"[③]

道教神仙之所以持有兵器，原因在于，在想象的神仙世界里，"凭借想象，将神灵仙真视为正神，将变异的神灵视为邪祟。正神和邪祟都被人格化，成为正邪两大阵营、阴阳两股势力，互相交

---

① 参见《道法会元》卷一三三《太乙真雷霹雳大法》中的有关神仙长相的描述。《道藏》第 29 册，第 649—658 页。
② 参见《道法会元》卷一三三《太乙真雷霹雳大法》中的有关神仙长相的描述，《道藏》第 29 册，第 650—651 页。
③ 王明：《太平经合校》，北京：中华书局，1960 年，第 299—300 页

战，战场开辟在坛场或者人体内。以正压邪、以阴胜阳或以阳胜阴的过程就是双方交战的过程。为了战胜对方，各种兵器也应运而生"①。当然，这种"应运而生"主要是借鉴和取用传统的兵器，并在此基础上根据神仙世界中特殊的实战需要增添了许多更加神奇的兵器种类。不过从中可以看出，绝大多数的道教神仙都持有一种或者几种用来捕盗除瘟、镇邪驱恶的兵器，这些兵器有时也被称为法器，对鬼神而言，具有莫大的杀伤力。

神仙形象所持有的种类繁多、杀伤力极强的兵器，主要包括三类。

（1）传统兵器。道教神仙持有的兵器②之中，最为常见的乃是传统军事学上被称为十八般兵器的主要兵器以及杵、杖、雷环、玉圭、镶③、铁简、铁索、雷鐄、椎鐄、大石、神尺、铎（铃）、幢、金钟玉槌等等其他类型的长短兵器。除此之外，还有如弓箭、弩、雷珠、弹丸等等抛射类的兵器，以及包括金甲头盔、铁帽、铁冠、金冠、金兜鍪等和手持的盾、牌等在内的防卫类兵器。在冷兵器之外，神仙持有的兵器还有类似于火器的兵器，比如火轮、火车、火炉、火瓶、火帜、火铃等等，真可谓千奇百怪，应有尽有。

由于作战的对象是妖魔鬼怪，故降服它们，仅仅依靠人间的钢铁质的兵器远远不够。为了能够充分地对付妖魔鬼怪，道教又把这些兵器作了神化，比如伏魔刀、降魔杵、消魔智慧剑、火魔剑等等。经过改造，这些兵器已经不仅仅是人间的纯粹的钢铁质的兵器，而变成了法力神通的象征，它们的威力已经远远超出了人间的普通兵器。如《玄天上帝启圣录》中记载的一把名叫"北方黑驰裘角断魔雄剑"的剑，对于此剑，《玄天上帝启圣录》如此论述："此剑，名曰北方黑驰裘角断魔雄剑，长七尺二寸，应七十二候。抚三辅，应三台。重二十四斤，应二十四炁。阔四寸八分，应四时八节。子可佩此，居山修炼，降服邪道，收斩妖魔。"④

（2）取类于自然事物的兵器。道教在借鉴改造传统兵器的同时，把自然界中令人感到恐惧或者是威力巨大的事物拿来应用，并改造成降妖除魔的兵器。比如把日月星辰⑤、风雨雷电、水火山风⑥等自然现象改造成种种具备威力的兵器，以及把某些动物改造成为种种协同神仙作战的伙伴或者说"秘密武器"，比如金龙、火龙、水龙、黑龙、赤龙、巨虬、火犬以及鹰、凤、狮子、白虎、玄龟、大鹏等等。后者具有双重身份，与一般武器相比，它们在降妖除魔时更具有主动攻击性和应变能力，从而能够发挥出更大的作用。

（3）其他类武器。由于道教神仙对付的妖魔鬼怪同样具有法力，出于他们认为的实际作战需要，道教中人以神学理论为依据，充分展开想象，造出了一系列形形色色的其他类兵器，比如符咒、八卦、镜、印、节、诀等等，这些兵器由于有神术作为背后的支撑，故其威力远远超过传统兵器，在对敌作战的实践中收到的效用也远大于传统兵器。

这里顺便指出，不管道教神仙持有哪类兵器，其背后的神术支撑才是最重要的，因为他们的主

① 张振国：《道教神像所持的武器》，《世界宗教文化》2004 年第 2 期，第 34 页。
② 参见《道法会元》卷一三三《太乙真雷霹雳大法》中的有关神仙所持兵器的描述。《道藏》第 29 册，第 649—658 页。下面提到的兵器除个别标注外，均可在上述经中找到。
③ 参见《太上助国救民总真秘要》卷二，《道藏》第 32 册，第 56—58 页。
④ 《玄天上帝启圣录》卷一，《道藏》第 19 册，第 572 页。
⑤ 《太乙真雷霹雳大法》中的"九天奔煞衮日擎天使者徐基"就是"一手托日，一手执月"，即拿日月作为自身降妖除魔之法器。参见《道法会元》卷一三三，《道藏》第 29 册，第 656 页。
⑥ 参见《清微元降大法》，《道藏》第 4 册，第 153—282 页。

要敌人不是一般的普通人类，倘若没有了神术作为背后的支撑，神仙持有的所有兵器的威力势必大打折扣，从而也就根本不可能实现降妖除魔之目的。可见，在道教神仙手持的兵器中，真正让敌方感到恐惧、真正具有杀伤力的往往就是这类兵器背后的神术。

（四）武味十足的本领

道教神仙既然持有各式各样的兵器，那么这就往往意味着他们使用武器的武艺、降服妖魔鬼怪的本领肯定相当高强。（1）道教神仙高超的武艺与其长相有关。道教中为数不少的神仙长有多耳多眼，多头多臂，体貌特征奇异非常，这种"身体构造"为他们施展高强的武艺提供了便利。比如由于长有多手，这类神仙往往能够同时在每一只手中分别持有不同的兵器，于是，每一个神仙个体便可以同时持有许多种不同种类的兵器，而所持的这些不同种类的兵器又恰好构成了一个合理的攻防布局。例如《上清天蓬伏魔大法》中记有一位名叫"祖师九天尚父五方都总管北极左垣上将都统大元帅天蓬真君"的神仙，其拥有"三头六手"，持有"斧索弓箭剑戟"[1] 六种武器，从传统军事学上的兵器分类来看，这些武器包括了长短兵器、射远兵器以及捆绑类绳索等，体现了兵器互补、不同兵种协同作战以求攻防结合、发挥最大效用的理论思路。（2）道教神仙高超的武艺还表现在他们降妖除魔的神通十分广大。他们有的会长啸，有的会喷火，有的会搬山，有的会遁地，有的会腾云，有的会变身，有的会召集千虫百兽，有的会调动仙界兵马……种种神通既是对现实武术武艺的反映和运用，又是道教自身理解和创造的结果，这种创造使得道教神仙形象的武将色彩更加立体和丰富。

除了以上四点所讲之外，这类道教神仙还有另外一个特点，即他们往往并非单独出现，而是常常以一种集体形象出现，换言之，他们身边常常有一些神奇怪异的伴随者，诸如狮、虎、鹰、蛇、獬豸、犬、凤、白猿、大鹏等凶猛动物，以及九头狮子、玄龟、飞龙、火凤、飞马、火犬等某些神化了的灵异仙物[2]。这些伴随者或者是作为神仙的随从，或者是作为神仙出行的坐骑，并在剪除妖魔的战斗中发挥着一定的作用，从而也彰显出神仙形象的"武味"浓厚。因此，可以这样讲，不少道教神仙形象的身上有着明显的武将色彩。

二、道教神仙形象武将化的原因

（一）道教的思想渊源是神仙武将化的前提

其思想渊源首先是作为道教最主要的思想来源的道家学派中的军事思想，其中又以《道德经》中的军事思想最为丰富。《道德经》论及的军事思想已经涵盖了军事学思想体系所应当思考的几个关键问题，比如战争在国家中的地位、战争的性质、战争的战略战术以及如何管理军队等等，《道德经》对这些问题的回答全面而深刻。王明先生在《论老子兵书》中指出："道家与兵家往往相通。"[3] 此后，黄老学派的著作《黄帝四经》《吕氏春秋》和《淮南子》等也在《道德经》的基础上，

---

① 《道法会元》卷一五六《上清天蓬伏魔大法》，《道藏》第 29 册，第 824 页。
② 参见《清微元降大法》，《道藏》第 4 册，第 153—282 页。
③ 王明：《论老子兵书》，《道家和道教思想研究》，北京：中国社会科学出版社，1984 年，第 27 页。

提出了非常具有价值的军事思想。这些思想在转递到道教中去的时候，其内含的军事思想同样渗透于其中，一同被道教所传承。

除了道家思想（包括后来的黄老道思想）之外，道教思想来源中的巫术和方术思想中也含有军事思想的内容。在早期，巫术和方术运用的一大领域就是军事领域，这样就产生了一个长期实践中双方交互影响的问题，换句话说，长期运用于军事战争中的巫术和方术势必受到战争实践和军事理论的影响。脱胎于这些巫术和方术的道教科仪法术中大量充斥着与军事领域相关的内容与思维方式，这一方面说明道教的确是继承了早期巫术的思想观念，另一方面也说明道教认可巫术中与军事相关的内容，并把它们作了进一步地改造和利用。

也就是说，道教的思想来源中存在大量的论兵文献和大量的军事思想，这势必影响到道教塑造神仙时的理论态度。

（二）道人的理论兴趣是道教神仙武将化的推动力

以追求长生不老、飞升成仙为目标的道教历来十分崇尚神仙。值得关注的是，被人所艳羡的神仙固然都能够长生不死，但是从不少神仙的身份特征上看，他们身上时常透露出兵将的色彩。比如黄帝，这位被道教尊崇异常的神仙，道教崇尚他的依据中有相当一部分是他在军事领域取得的有关功绩：战败蚩尤、流传兵书、创作胜敌之术等等。再如姜尚、范蠡、张良、关羽、岳飞等等历史名将均成了道教的神仙，这更加说明道教是非常喜欢兵将色彩的。由此可见，道教在塑造种类繁多的神仙时，有时候便因势借鉴，使其透露出兵将的色彩，如玄武神、雷神、风神、闪电神、火神、山川神等等，这类神仙往往手持各种各样的武器，披挂护身盔甲，身居元帅大将之位，俨然一副战无不胜的样子。这种神仙形象的塑造很明显地说明，道教中有为数不少的道人对传统的军事思想尤其是兵将形象相当感兴趣，以至于他们才用这种形象来塑造自己崇奉的偶像。

此外，为数不少的道门中人有着亲自参加战争的经历，姑且不说历史上由道教组织和领导或者与道教具有紧密关系的各种革命起义，比如黄巾起义、陈瑞和李特起义、孙恩和卢循起义等；也不说在封建王朝更替中积极出谋划策的道门人士，比如唐朝的魏徵、宋朝的陈抟、明朝的刘伯温等等；单说一些著名高道，比如葛洪、陶弘景等等，就有参加实际战争的经历。这说明，关注军事实践和军事理论，既和道教的整体兴趣有关，也和具体的道人自己的经历有关，正是这种集体和个体旨趣的一致促成了道教关注军事思想并创造出了具备自己特色的神仙形象。

（三）传统军事思想影响了道教塑造神仙的过程和理念

系统化、层次化神仙谱系的成型，说明道教在选择哪些神仙进入神谱以及如何塑造这些神仙时是经过深思熟虑的。那么，道教选取和改造神仙的标准是什么呢？笔者认为有相当多的神仙是因为其"武将色彩"而被选中或被塑造的。比如，传统名将关羽、姜太公、张巡、岳飞、伍子胥、钟离权、徐知证与徐知谔、邓遐等人均被道教改造为教内的神仙。

当然，之所以选择做这样的改造，首先是因为他们在报国护民方面体现出来的道德情操，但同时也离不开他们的高超武艺与强大技能。因为历史上精忠报国的人数不胜数，可道教更倾向于把武将色彩很浓的人纳入自己的神仙谱系中。正如《洪恩灵济真君事实》中所指出的："夫为人臣，而功施社稷、泽被生民者，必生为英杰，死为明神，虽百世之下，福佑生灵，阴翊皇化。观知证、知谔，以世胄之裔，事主季世，乃能靖难一方，保全其民，既攻闽中，按甲入境，首除乱兵，脱民锋镝之惨，措之衽席之安，是以人心感激，靡克报称，乃立生祠以祀之。"① 由此可见，具备"功施社稷，泽被生民"之情操和"靖难一方，保全其民"的能力是被道教选择、成为道教神仙的重要条件之一。总之，尽管道教以个体的飞升成仙为目标，但是，保国护民致太平也是其社会理想之一，为此，作为其理论支撑之一的神仙学说也必须对之有所反映，这样武将身份的人成为道教神仙便顺理成章了。

（四）某些道教神仙被塑造成带有武将色彩也与道教建构神仙世界的理论有关

道教建构的神仙世界，是三清神统领下的正邪对立的二元世界，因而需要一批孔武有力、神通广大的神仙来维护这个神仙化了的世界的秩序。而从感官上讲，维护既定秩序往往是威猛武将的职能，而非文弱书生的事情，所以道教在塑造自己的神仙时，一方面出于自身"飞升成仙"的目标而塑造神仙，另一方面也出于维护既定秩序而塑造所需要的神仙。换句话说，道教中的神仙除了具备昭示神仙可羡、可学之功能外，还承担着一个伟大的使命，即维护道教所认可的"太平秩序"，保护这个秩序不被来自其体系之外的妖魔鬼怪所破坏。正如马克斯·韦伯所讲："对于中国的天威来说，古老的社会秩序就是一切。上苍在进行统治时是这种制度的永恒性和不被扰乱的效用的维护者，是受到理性规范统治保障的太平盛世的卫士，而不是或喜或忧的非理性的命运突变的根源。"② 从维护道教认可的秩序出发，道教在塑造自己的神仙时便把眼光投向了传统武将和军事思想，使之在道教神仙的演变成型中发挥了相当重要的功用。

（本文原载《宗教学研究》2010 年第 2 期）

---

① 《洪恩灵济真君事实》，《道藏》第 9 册，第 46 页。

② ［德］马克斯·韦伯著，王荣芬译：《儒教与道教》，北京：商务印书馆，2004 年，第 72 页。

道教护童仪式初探

朱展炎 *

内容提要：道教认为，儿童在成长过程中，除了会遇到正常的疾病之外，还会遭遇到各种灾厄，比如夜啼惊风、邪祟附体、犯煞过关等。在对治此类灾厄时，道士一方面遵循科学规律，积极从医学层面对儿童进行诊治；另一方面，则创立了上章授箓、画符佩印、拜斗禳关等仪式疗法，从宗教医疗的角度来应对上述问题，体现了道教独特的病因论和诊疗观。

关键词：护童仪式　灾厄　关煞　仪式疗法

为保护儿童顺利成长，道教自创立之初就有了诸多护童仪式，如授童子箓、上章、拜斗等，文献当中也保存了许多以"童子""婴童""小儿""保孩""孩童"等命名的符、咒，可见道教对于儿童这一特殊群体的重视。关于护童仪式的研究，学界目前比较侧重于神灵个案研究和区域的田野调查，如对陈靖姑[①]、碧霞元君[②]、花王圣母[③]、金花娘娘[④]、注生娘娘[⑤]等的个案研究，以及对安

---

* 作者简介：朱展炎，哲学博士，四川大学道教与宗教文化研究所副研究员、硕士研究生导师。

① 詹石窗：《临水夫人的道派归属与社会影响》，《中国道教》1997 年第 1 期；陈芳玲：《陈靖姑信仰的内容、教派及仪式探讨》，台南师范学院 2003 年硕士论文；郑志明：《陈靖姑信仰与法派的宗教形态》，《新世纪宗教研究》2004 年第 3 期；叶明生、张帆：《"中国首届临水夫人文化学术研讨会"综述》，《世界宗教研究》2010 年第 6 期等；庄孔韶：《银翅——中国的地方社会与文化变迁》第三章"女神陈靖姑信仰"，北京：生活书店出版有限公司，2016 年。

② 范恩君：《论碧霞元君》，《中国道教》1996 年第 2 期；田承军：《碧霞元君与碧霞元君庙》，《史学月刊》2004 年第 4 期；闫化川：《碧霞元君封号问题的新考辨》，《世界宗教研究》2007 年第 1 期；《碧霞元君封号问题的再考辨——与闫化川先生商榷》，《世界宗教研究》2008 年第 3 期；郑民德：《明清时期的娘娘信仰研究》，《齐鲁师范学院学报》2015 年第 5 期；李俊领：《田野调查所见华北碧霞元君信仰的几个问题》，《民俗研究》2018 年第 5 期等。

③ David Holm（贺大卫）："*The Redemption of Vows in Shanglin*"，王秋桂主编：《民俗曲艺》1994 年第 92 期，第 886—889 页。过伟：《壮族创世大神米洛甲的立体性特征与南方民族"花文化圈"》，《广西民族研究》1999 年第 2 期；杨树喆：《"花"为人魂观与壮族民间师公教的花婆圣母崇拜》，《民间文化》2000 年第 11—12 期；彭谊：《壮族花婆信仰研究》，中山大学 2008 年博士论文；郑芷芸：《花神崇拜在台湾的生命意义与信仰的流传现象》，《台湾民俗艺术汇刊》2011 年第 7 期；翟鹏玉：《对生与环进——花婆信仰中壮族审美发生图式》，云南大学 2012 年博士论文；黄建兴：《师教：中国南方法师仪式传统比较研究》，北京：中华书局，2018 年，第 83—85 页。

④ 郑洪、蓝韶清：《广州金花庙及金花娘娘》，《岭南文史》2009 年第 1 期；贺璋瑢、蔡彭冲：《广府民间信仰中的女神信仰探略》，《世界宗教研究》2016 年第 4 期等。

⑤ 李孟霜：《台湾注生娘娘之研究——以主祀庙宇为例》，台湾大学 2011 年硕士论文；郑素春：《台湾注生娘娘信仰之研究》，《辅仁宗教研究》2013 年第 26 期；李孟霜：《台湾注生娘娘之研究——以主祀庙宇为例》，台湾大学 2011 年硕士论文；许鹤龄：《宜兰民间信仰的生命关怀——以"南兴庙"为例》，《华人文化研究》2017 年第 1 期。

胎①、过关②、还愿③、拜契（认干亲）④、赎魂⑤等仪式的考察，但在道教护童仪式的整体研究和文献梳理方面略显薄弱，相关成果较少，因此有必要对其文献、类型及背后的神学观念作一个初步梳理和总结。

一、《道藏》中的主要护童仪式文献

目前来看，《道藏》中比较完整记载护童仪式的早期文献有《太上三五正一盟威箓》《太上正一盟威法箓》《正一法文太上外箓仪》《太上金书玉牒宝章仪》《赤松子章历》。

《太上三五正一盟威箓》《太上正一盟威法箓》为早期正一派天师道所用的授箓典籍。据萧登福先生考证，二书约在东汉撰成⑥。《太上三五正一盟威箓》六卷，内收二十四阶法箓，对应二十四治炁，其中卷一载有"太上正一童子一将军箓品第一""太上正一童子十将军箓品第二"等授箓时的各类程式、神灵名讳、图像、灵符及保举师、监督师、度师等⑦。《太上正一盟威法箓》⑧ 一部，不分卷，共有十五阶法箓，载有"太上一官童子箓""太上十官童子箓""太上七十五官童子箓"，箓名与《太上三五正一盟威箓》小有区别，相对简略。刘仲宇先生认为《太上三五正一盟威箓》相对而言内容更完整，也更接近原貌⑨。《正一法文太上外箓仪》为正一派天师道早期经典，主要记录正一派祭酒传授道箓及赏罚道民等内容，撰作年代约在汉末魏晋间，涉及童男童女受童子箓的晋升次第和赏罚措施⑩。

《太上金书玉牒宝章仪》，据《道藏提要》⑪《正统道藏书目提要》⑫ 等书考证为南北朝初期天师道所用章仪。全书分为五章，其中"保护婴儿章"为专门的护童科仪。《赤松子章历》为南北朝时

① 宋锦秀：《台湾传统安胎暨"胎神"的观念》《"中央"研究院台湾史研究》1996 年第 2 期；宋锦秀：《妊娠、安胎暨"妊娠宇宙观"——性别与文化的观点》，《台湾史研究》2001 年第 2 期。

② 张业强：《贵州民间魂魄信仰——湄潭过关仪式研究之一》，《贵州大学学报（社会科学版）》2000 年第 6 期；张业强：《贵州民间魂魄信仰——湄潭过关仪式研究之二》，《贵州大学学报（社会科学版）》2004 年第 5 期；黄丽华等：《台南七夕做十六岁活动源起、仪式内涵及转变之研究：以 2011 年活动为例》，《身体文化学报》2013 年第 16 辑；冯智明：《沟通阴阳与修"阴功"：红瑶架桥仪式及其人观研究》，《广西民族研究》2017 年第 2 期；朱展炎：《过关与护花——广西昭平县仙回瑶族乡"作花楼"仪式考察》，《宗教学研究》2017 年第 2 期；罗钰坊：《仪式疗法：土家族过关仪式的医学人类学阐释——以鄂西兴安村为个案》，《贵州民族研究》2018 年第 1 期等。

③ Paul R. Katz（康豹）："Repaying a Nuo Vow in Western Hunan：A Rite of Trans—Hybridity?"，《台湾人类学刊》2013 年第 2 期；孙莉：《求花还愿——广西毛南族"肥套"仪式与音声考察》，《学术论坛》2014 年第 1 期；周佐霖：《毛南族的双重女性意识探析——以傩戏"求花还愿"仪式为例》，《黑龙江史志》2014 年第 15 期。

④ 申小红：《彰显与重塑——佛山盐步老龙礼俗的调查与研究》，《岭南文史》2013 年第 4 期；卡马力提：《哈萨克族认干亲习俗中的"脐带母亲"文化解读》，《北方民族大学学报（哲学社会科学版）》2015 年第 3 期；李虎：《壮族拟亲属关系的研究——以广西马山县伏台屯为例》，厦门大学硕士论文，2018 年。

⑤ 刘枝万：《闾山教之收魂法》，《中国民间信仰论集》，台北："中央"研究院民族学研究所，1974 年；赵巧艳：《侗族灵魂信仰与收惊疗法：一项关于 B 村的医学人类学考察》，《思想战线》2014 年第 4 期；康诗瑀：《湘西仙娘调查访谈录》，《民俗曲艺》2015 年第 189 期等。

⑥ 萧登福撰：《正统道藏书目提要（下）》，台北：文津出版社，2011 年，第 1176—1178 页。

⑦ 《太上三五正一盟威箓》，《道藏》第 28 册，第 426—427 页。

⑧ 《道藏》第 28 册，第 466 页。

⑨ 刘仲宇：《道教授箓制度研究》，北京：中国社会科学出版社，2014 年，第 44 页。

⑩ 萧登福撰：《正统道藏书目提要（下）》，第 1211 页。

⑪ 任继愈主编：《道藏提要》（第三次修订），北京：中国社会科学出版社，1991 年，第 348 页。

⑫ 萧登福撰：《正统道藏书目提要（上）》，第 781 页。

期天师道上章时所应知的相关事项，如章信、章辞、上章之吉凶日、章奏模式等①，其中卷四存有"小儿上光度化章"（有信仪）、"保婴童章"（缺信仪），为比较齐全的保童科仪，章文格式与《太上金书玉牒章仪》基本一致。

约出于唐代的《太上洞玄灵宝护诸童子经》②涉及一些护童的文字表述，强调世人命属北斗本命星官、元辰真君、二十八宿等等，其中提到冲犯天狗天河、天上诸星、三煞六害等神煞，因此需祈请五方童子护命，但没有具体的仪式内容记载。

到了宋元时期，随着天心正法派、神霄派、清微派、净明道等符箓新道派的出现，相关护童的仪式文献明显增多，如《上清骨髓灵文鬼律》《九天应元雷声普化天尊玉枢宝经》《无上玄元三天玉堂大法》《太上助国救民总真秘要》《高上神霄玉清真王紫书大法》《上清天枢院回车毕道正法》《灵宝无量度人上经大法》《邓天君玄灵八门报应内旨》《灵宝领教济度金书》《法海遗珠》等，内容多涉及对治夜啼惊风、吐乳惊吊、护生延命、祈子保胎、禳关度厄等。

大约成书于明初的《道法会元》③为汇集宋元各符箓道派的道法而成。按其法派而言，主要有清微雷法、神霄雷法、天蓬大法、北帝法，其中卷一至卷五十五为清微雷法，卷五十六至一五五为神霄雷法，卷一五六至一七三辑录了很多天蓬元帅的相关法门及仪式，卷二六四至二六八以北帝派的法术为主④。在这部旨在会万法而归元的道书集成中，涉及了许多保护儿童的法术仪式，如卷四十三的"告斗拜延生度厄心章（保婴）"，卷一○一的"雷霆收禁法"，卷一二三的"治小儿诸疾法"，卷一三九的"收小儿五惊法"，卷一五五的"保孩转关煞灶箓式""天君治孩童惊法"，卷二一六的"保小儿灶箓、玄灵延生度厄散祸宝箓"等等，内容非常丰富，是我们研究宋元符箓诸派护童法术仪式的重要文献。

除了以上提到的《道藏》文献外，由清代乾嘉年间全真道士陈复慧汇编的道教丛书《广成仪制》也涉及儿童禳关、祛痘等仪式。陈复慧所编《广成仪制》原貌已难知晓，现收录于《藏外道书》第13至15册的《广成仪制》有刻本，也有抄本，共收书二百七十五种⑤。第13册所收《广成仪制》护童类的科仪书有"禳关祭将全集""禳痘诊全集""禳关度煞全集"⑥，涉及儿童成长过程中常见的三十六种关煞名称、十二洞天宫将军等内容，为我们了解清代四川地区的护童仪式提供了丰富的信息。

二、禳解儿童灾厄的各种仪式

道教作为一种仪式浓厚的宗教，在面对人世各种灾厄时，创制了因时因地、因人因事的各种祈

---

① 萧登福撰：《正统道藏书目提要（上）》，第597页。

② 萧登福撰：《正统道藏书目提要（上）》，第331页。

③ 任继愈主编：《道藏提要》（第三次修订），第588页；萧登福撰：《正统道藏书目提要（下）》，第1188页。

④ 任继愈主编：《道藏提要》（第三次修订），第588页；萧登福撰：《正统道藏书目提要（下）》，第1188—1189页。

⑤ 关于《广成仪制》的编纂、校勘情况，参见尹志华：《清代道士陈复慧、陈复烜编纂、校勘的道教科仪书略述》，《中国道教》2010年第5期。

⑥ 《广成仪制》，《藏外道书》第13册，第416—439页。

禳仪式。在应对各种儿童灾厄时，道教在不同的时期、不同的道派都有不同的仪式。归纳起来，主要有如下几种常见的法术仪式。

（一）上 章

上章，为早期正一道士常见的祈禳仪式。约出于南北朝的《太上金书玉牒宝章仪》中有专门为保护婴儿所作的章仪，该书系四种斋醮章仪汇编而成，记录了正一派道士代人首过祈安、言功、护婴、驱鬼等事项。其中"保护婴儿章"内容如下：

> 谨出臣身中五体真官、功曹吏官各二人，出上仙上灵二官、功曹官各二人……出上明婴儿解厄使者二人，出上真婴儿度厄使者二人……出上元天官赦罪使者二人，出中元地官原考使者二人，出下元水官原愆使者二人，出三官淮济生算使者二人。

> 出者严装显服，冠带垂缨，整其威仪，罗列上下扶助，奏请移告水官门下……今为某息儿某，受生已来，灾厄不息，又恐六天纵逸鬼魔，克伤三官，不拘三凶窃逼……

> 次：祝水度章，弟子跪捧上师，师接进读，勿令炉中烟绝，称名再拜。

> 谨重敕：真官直使，左右书佐……受事仙官，臣谨为某家拜奏婴儿保护大章一通，封置事讫，恐日恶时凶，所启不达，谬悮颠倒，言句差错，乞仙官直使……围绕章行，必令投达，奏章事讫，臣身中功曹使者君将吏兵，悉还臣身中金堂玉室之中……从众妙门而入，缠身绕体，弥纶天地，币绕四肢，经纬百脉，须召复出，随事奉行，一如故事，臣某顿首顿首再拜[①]。

此章仪包含了请神、事由、祈愿、还神等程序，相对于《赤松子章历》中的"小儿上光度化章""保婴童章"而言，程序更繁复，同时还增加了"水度章"，其所请神目包含众多身内神和身外神，以天、地、水三元三官信仰为主，其中天官赐福、地官赦罪、水官解厄，构成了早期道教一套祈福禳灾科仪的宇宙神灵体系，分工明确，秩序井然。

（二）授童子箓

授箓制度为早期天师道吸纳信徒的重要仪式，也是道士获得身份认证的重要手段。据刘仲宇先生考证，天师道的授箓源于盟威，授箓仪式最早由东汉正一盟威道采用，张鲁是天师道授箓仪式的确立者[②]。

早期天师道所授童子箓，按正一盟威箓的规定，最低等级为"太上正一童子一将军箓"，最终到第二十四"太上正一延生保命箓"，逐级而升。其中最低一级的童子箓箓文如下：

> 镇阳平治左平炁，祭酒属金，在彭州九陇县，应虚宿，立春正月节。

> 维某年某岁月朔日辰，某州郡县乡里某乙，本命某，某月日时生，上属北斗某星君，言被五炁神童君召，某乙素以胎生肉人，宿缘有幸，得遇大道，谨赍法信，诣某名山某宫观某法师门下拜受太上正一童子将军箓箓中真吏。受佩之后，一如科法修行，请给，谨状[③]。

---

① 《太上金书玉牒宝章仪》，《道藏》第18册，第320页。
② 刘仲宇：《道教授箓制度研究》，第41—51页。
③ 《道藏》第28册，第426页。

第一部分为箓之属性，二十四阶法箓对应二十四治某炁、二十四节气及二十八宿星野。正文部分为受箓者受箓日、籍贯、出生年月、所属本命星君、度师名字及誓词等要素。刘仲宇先生认为此处因是童子箓，受之者年龄大约是七八岁，誓言就相对简单。童子箓以护身为主，更高级的箓，便与行法驱邪等法相联系，其前面部分仍然是誓言，但比童子箓严厉得多①。

南北朝时期正一法箓也有若干变化，其中童子箓的法位变化在《洞玄灵宝三洞奉道科戒营始》中有所体现："童子一将军箓，三将军箓，十将军箓，箓生三戒文，正一戒文。（七岁八岁或十岁以上受，称正一箓生弟子）"② 对比而言，正一童子箓已有分授法位的新变化③。

除了法位有变化外，受童子箓的年龄也在后世有所改变，如唐末五代杜光庭所撰《道教灵验记》就记载有"贾琼受正一箓验"的故事：

> 成都贾琼年三岁，其母因看蚕市，三月三日过龙兴观，门众齐受箓。遂诣观，受童子箓一阶④。

此则灵验记亦被宋代张君房收入《云笈七籤》中，只不过改了标题为"贾琼受童子箓验"⑤。同一卷中杜光庭亦记载了"赵业受正一箓验"的故事，云"汝六岁时，为有疾，受正一八阶法箓，名为太玄"⑥。从这两则故事看，童子箓的授箓年龄也有三岁、六岁的孩童，而不是到了七八岁才受。此外，赵业的正一八阶箓似乎应该是在受了诸阶童子箓之后升授的，但是考虑到赵业受此箓时只有六岁，似乎不太符合正一道的受箓次第，而囿于杜光庭所载故事过于简短，其中所授缘由不好推测。

三皇派也有自己的童子箓，《太上洞神三皇仪》放在授完三皇经及诸符后，次授予之，可单授，也可顺授，不用另外上章说明⑦。此箓在唐代张万福《传授三洞经戒法箓略说》卷上有记录，不过称之为"金刚童子箓"⑧，内容较为简要，但明显是受到正一道"童子箓"的影响。

（三）书符佩印

画符驱邪乃道教科仪的重要组成部分，多在法事当中配合进行。在《道藏》中，针对儿童最为常见的受惊、夜啼、关煞等现象，道教诸派发展出了不同的符、咒、诀来解决此类问题。

如神霄派对治邪祟、小儿惊风所用的"聚形符"：

> 咒曰：炎帝火铃，雷火将军。炎火速降，烧透鬼心。急急如高上神霄玉清真王律令。
> 右符（指聚形符，笔者注），掐午文，取南炁，朱书黄纸上。烧邪、治病、下鬼胎、鬼食，

① 刘仲宇：《道教授箓制度研究》，第49页。
② 《洞玄灵宝三洞奉道科戒营始》，《道藏》第24册，第757页。
③ 刘仲宇：《道教授箓制度研究》，第83—85页。
④ 《道教灵验记》卷十一，《道藏》第10册，第839页。
⑤ 《云笈七籤》卷一一九，《道藏》第22册，第826页。
⑥ 《道教灵验记》卷十一，《道藏》第10册，第840页。
⑦ 《道藏》第18册，第304页。
⑧ 《道藏》第32册，第186页。

止小儿夜啼及治梦遗①。

在处理收魂、夜惊等问题上，《道法会元》卷一〇一"雷霆收禁法"记载了神霄派的"收禁"道法：

> 收禁病人身中一切邪鬼及小儿夜惊，肿毒，并皆收摄。
>
> 法师丁字立定，面向病人，右手剑诀，于东北地上虚书一井字，存为枯井万丈。噀水一口在井字上面，法师依法存用。即念咒曰：开天门神君（申至亥），闭地户神君（寅至巳），留人门神君（巳至申），塞鬼路神君（亥至寅），穿鬼心神君（午至丑），破鬼肚神君（卯至戌），横金梁神君（申至寅），立玉柱神君（巳至亥），罗四山万邪伏。
>
> 至煞文，念咒曰：一转动天地，二转拨日月，三转震乾坤，四转令五岳，五转号雷霆，六转掣风电，七转号令行。收摄病人身中身左身右祸气邪气、药气毒气、七十二候、二十四气不正鬼神，并皆摄赴吾煞文魁罡之下，无动无作。默诵秘咒：唵吽吽霹雳。摄取病人气一口，剔诀下井中，封盖。谢将而退②。

此道法适合成人及小儿，以收治身中邪鬼为主，包含了法师所行法术的对象、病候、手诀、秘讳、咒语等。

夜啼是小儿成长过程中常见的现象之一，道书对此也有诸多对治方法，其中画符最为常见。如《道法会元》卷二一一"治夜啼"云：

> 三光符用：
>
> 法师令投坛人将瓦一口，去十字路头打碎，捡三角者，秉笔凝神书符。
>
> 背押心印，取三光炁入。令投坛入于灶中，云：张天师传语司命府君，莫令小儿夜啼③。

三光符中所提到的"心印"，为法师本命元辰所对应的北斗七星神讳。

此外，道书中经常见到的还有用于对治小儿受惊、夜啼、关煞等的"九天转煞破关符""铁孩符"，如《道法会元》卷一五五"保孩转关煞灶箓式"之"太上玄灵禳关转煞度厄延生宝箓"，以符、箓的方式一同配合为小孩禳关祛煞，此处之符在《道法会元》卷二一六"九天玄女灶告秘法"中也有保存，不过在行文格式、咒诀内容、符图书写上有很大改良，同时单独添加了对治小儿夜啼的咒语，在天关符的秘讳上也做了改变④。

除常见的书符外，道教还有佩印以禳灾的传统。据《上清天枢院回车毕道正法》卷上所载，常人佩带上清九老仙都印可以对治小儿夜啼、惊风及对妇人有安胎、催生、助孕等神奇功效：

---

① 《高上神霄玉清真王紫书大法》卷十，《道藏》第 28 册，第 637 页。
② 《道法会元》，《道藏》第 29 册，第 443 页。
③ 《道法会元》，《道藏》第 30 册，第 324 页。
④ 《道法会元》，《道藏》第 30 册，第 342 页。

夫上清九老仙都印者，佩之入山，狼虎精怪自伏；遇过江河，风雨顺济。可管天下洞府仙官。若佩其印，兵不能害，虎不能伤……及治小儿夜啼、惊风，及大人诸般疾患，并烧灰，用乳香汤调下，立效。催生下死胎，此印佩之安胎。妇人无子，佩之有孕①。

上清九老仙都印，为正一道上章所用。据《灵宝玉鉴》卷十八"正一章用印式"称："太清正一之道，乃玄元后圣付正一天师，有拜章之仪，用九老仙都印，以太清同生八老，尊是太上为师，故弟子上闻于师，故用九老仙都印。"②

（四）设醮拜斗

星斗崇拜是道教信仰的重要组成部分，其中尤以北斗崇拜为甚。在禳解儿童成长过程中所遭遇的种种关煞、刑克等厄难时，祈禳送星就成了道教非常流行的禳解仪式。关于举行此种仪式的缘由，宋元间灵宝东华派典籍《灵宝领教济度金书》认为："诸世人以庚运未利，星躔凌逼，恐生厄难，遂有祈禳送星之科。盖醮送凶恶星辰，祈恩请福耳。"③

按道教的信仰，人命各有星宿所管，当时运不济，冲犯神煞、星宿时，就需要通过拜斗设醮以祈福禳灾。如《太上洞玄灵宝护诸童子经》云：

凡人居世，命属北斗，七星三台，辅弼华盖，本命星官，元辰真君，二十八宿……众星官属，天地水三官，河姑织女，天河星众，一切神仙。世间男女立身浊世，出入门户，冲突天狗天河、恶星丑宿，致有刑克。……但当虔恳烧香转经，谨请七元真炁童子，流恩降福，为度灾厄……孤神不犯于孩童，河母无侵于幼稚。男女成立，身命延长，南斗添益算之符，北斗落死籍之字④。

按该经的说法，七元真炁童子乃"中天北斗七星之精炁，凡人荫在胎中，七月之时，下降人身，开明九窍，记于姓名，便属管系"⑤。此仪式通过拜斗设醮祈请七元真炁童子、五神童子、十方诸善童子来为小儿及成人度厄解难。

同样，《道法会元》卷四十三所保存的清微派"告斗延生度厄心章（保婴）"也记载了类似的拜斗禳关仪式章文："臣今据某投词，伏念某托佑自天，久遂室家之愿……幸诣儿女之缘，奈刑防关煞之交冲……臣谨谨端肃上奏中央大圣地斗九皇解厄星君、北斗九皇夫人阙下，恭望圣慈允臣急奏，特赐恩命……特为婴孩某赦宥宿生罪业，顺调行限星辰，消三刑六害之灾，解四关九厄之难……次祈旨，命七元童子降注元皇正炁，下注某身中安镇魂神，保固形质……长大成人，利宜父母。"⑥ 从此拜斗文检可知，为保护婴孩顺利成长，过关斩煞，举行告斗仪式是当时民俗活动中比较

① 《上清天枢院回车毕道正法》，《道藏》第 10 册，第 473 页。
② 《灵宝玉鉴》，《道藏》第 10 册，第 276 页。
③ 《灵宝领教济度金书》，《道藏》第 8 册，第 820 页。
④ 《太上洞玄灵宝护诸童子经》，《道藏》第 5 册，第 897 页。
⑤ 《道藏》第 5 册，第 897 页。
⑥ 《道法会元》，《道藏》第 29 册，第 36—37 页。

流行的一种方式，其核心还是源于道教的星斗崇拜。

三、道教护童仪式中的病因论

从举行上章授箓、画符佩印、拜斗禳关等仪式的缘由上看，儿童遭遇病厄的原因以鬼神致祟、刑克星宿、命带关煞居多。以鬼神致祟为例，这一说法在早期道教的病因论中比较流行。究其缘由，当与道教早期的发祥地巴蜀、汉中、东南越人地区"信巫鬼，重淫祀"的传统紧密相关[①]。

在传统医学的发展过程中，巫医、世俗医学对于疾病的成因、诊断技术和治疗方式都有自己的认知。就世俗医学而言，战国和秦汉时期已逐渐形成了专业医者所认可的病因论（以风雨、寒暑、饮食、居处、喜怒、阴阳［房中］等非鬼神因素解释病因）、诊病技术（以诊脉为主）和治病方式（以针灸和药方为主）[②]，从而与巫医传统区别开来。

考察六朝时期的巫医，在病因论上主要有亡魂（主要是厉鬼）作祟、鬼魅作祟、鬼魂凭附、鬼击、鬼神责罚、触犯禁忌，在治疗方法上则有性疗法、政治疗法、厌胜疗法、祷解法、禳除法、探命之术[③]。这一时期的道教医疗体系，除了涵摄巫医、方士医学、世俗医学外，也发展出了自己的一套病因论、诊断论和方法论，如《太平经》中所述之五种致病原因（中邪、神游于外、因恶行而至鬼神谴祟、帝王施政失当、承负他人之祸）、七种治疗方法（守一、善行、善政、祭祀禳解、丹书祝除、方药灸治、服食）等[④]。在早期道士的医疗活动中，其使用或主张的医疗方法，大致是以医者之术（药物与针灸）、养生之术（神仙与房中）、巫者之术（禁咒、符印与厌胜）和道教自创的仪式疗法（首过、上章、斋醮、诵经与功德）为主[⑤]。受佛教因果报应、轮回转世等学说的影响，这一时期的道教在病因论上除了传统的"承负说"外，"业报说"也在经典中多有反映，如《洞玄灵宝太上真人问疾经》中的疾病观及其疗疾方法[⑥]等。

回到道教护童仪式中来看，因鬼神故气、自业感召等原因致儿童遭厄的事例特别多，如《赤松子章历》"小儿上光度化章"中的章辞所云："某即日居某村坊，叩头自列，宿缘有幸，得奉大道，欣庆无涯。但某凡愚，信奉多违，招延考气。顷者已来，有男某，梦想纷纭，恐以不为祥瑞，四支虚弱……臣某谨为某拜请天官上光度化口章一通，上诣太上某宫曹治。"[⑦] 此章辞主要是从信道者反思自身"信奉多违，招延考气"的角度来思考小儿遭厄的因由，因而需祈请正一道法师代为上章，祈求天官护佑小儿健康顺利。六朝时期的《太上洞渊神咒经》卷六中也提到了各种鬼王为祸人间的事，其中就有导致小儿惊啼的：

① 盖建民：《道教医学》，北京：宗教文化出版社，2001年，第44页。

② 林富士：《中国早期道士的医疗活动及其医术考释：以汉魏晋南北朝时期的"传记"资料为主的初步探讨》，《"中央"研究院历史语言研究所集刊》第73本第1分，2002年，第45页。林富士先生称之为"俗世医学"。

③ 林富士：《中国六朝时期的巫觋与医疗》，《"中央"研究院历史语言研究所集刊》第70本第1分，1999年。

④ 林富士：《试论〈太平经〉的疾病观念》，《"中央"研究院历史语言研究所集刊》第62本第2分，1993年。

⑤ 林富士：《中国早期道士的医疗活动及其医术考释：以汉魏晋南北朝时期的"传记"资料为主的初步探讨》，《"中央"研究院历史语言研究所集刊》第73本第1分，2002年。

⑥ 郑志明：《〈洞玄灵宝太上真人问疾经〉的化解身心障碍之道》，《辅仁宗教研究》2012年第24期。

⑦ 《赤松子章历》卷四，《道藏》第11册，第207页。

道言：甲申之旬年中，有鬼王名蒙恬、王翦，各领三万赤鬼，遍行天下。令人斗厉，病下恶痢，面目癰肿，胸满吐下不安，小儿惊啼，官事口舌，犯入刑狱……此皆王翦等鬼王所作。自今以去，蒙恬、王翦等不摄汝下兵者，汝下鬼死尽，鬼王头破作八十分矣①。

蒙恬、王翦均为战国时期秦国著名将领，在道经里被当成鬼王。按唐代王真在《道德经论兵要义述》中所言，蒙恬等秦国将领是因不遵道而行，杀戮太重，故多枉死，不得善终，最后沦为鬼雄②。

结　语

综上而论，道教的护童仪式在历史发展过程中，呈现了如下特点：

第一，道教护童仪式呈现道派化、地域化和多元化的发展特征。从汉魏六朝的正一派、三皇派到宋元时期符箓诸道派的护童仪来看，经历了早期上章、授童子箓到拜斗禳关为主的仪式演变，尤其是清微雷法、神霄雷法的兴起，给道教的护童仪式带来了极大的改变。

第二，道教护童仪式背后浓厚的"鬼神""星命""关煞"等观念是其仪式得以实施的重要神学基础，尤其三刑六害、四关九厄、太岁等命理学中的观念，反映了道教祈禳仪式中普遍存在的"泛煞"③思想，也说明了道教仪式与世俗生活的紧密关系。

第三，在治疗方式上除了吸收传统医学的病因论、诊断技术和治疗方法外，道教还形成了上章授箓、画符佩印、拜斗禳关等仪式疗法。从其性质上看，与世俗医疗相比，可归之于"宗教医疗"范畴中，亦可以纳入"道教医学"的体系里面，是道教"以医传教""借医弘道"④的重要手段，反映了道教"仙道贵生，无量度人"的济度精神。

---

① 《太上洞渊神咒经》，《道藏》第6册，第21页。

② 《道德经论兵要义述》，《道藏》第13册，第640页。

③ 宋锦秀在《台湾传统安胎暨"胎神"的观念》《妊娠、安胎暨"妊娠宇宙观"——性别与文化的观点》等文中谈到了煞、台湾民间信仰中的"泛煞"意识等概念和观点。关于"煞与出煞"，亦可参看李丰楙：《煞与出煞：一个宇宙秩序的破坏与重建》，《民俗系列讲座》，台北："中央"图书馆台湾分馆，1990年。

④ 盖建民：《道教医学》，北京：宗教文化出版社，2001年，第40—58页。

魏晋南北朝道教传授仪中的盟誓

孙瑞雪[*]

　　内容提要：魏晋南北朝时期道教经诀的传授须举行相应的传授仪式，其中心环节就是"盟誓"，师徒间授受经诀必须经过盟誓才具有宗教意义上的合法性。《抱朴子内篇》中的盟誓主要是借鉴、吸收了先秦以来的传统盟誓，即"歃血为盟"等血盟。南北朝以后，上清派、灵宝派以及南天师道对传统的盟誓仪式进行了革新，制作出专门的盟誓仪，称为"登坛告盟仪"。它们还融合世俗学礼制度，以"法信"的形式作为师徒传承的盟誓信物，取代了早期道教的血盟。我们认为传授仪中的盟誓主要有两个方面的功能：一是以盟誓的形式确立师徒传承的合法性；二是在实践层面上尊奉"道""经""师"三宝，并以神圣契约的方式敦促道士遵守道门相关伦理规范。

　　关键词：魏晋南北朝道教　盟誓　歃血　法信

一、引　言

　　道教在魏晋南北朝时期逐渐确立了以师徒制为基础的传承制度，并形成了一套相应的传授仪式，其中一个重要的环节就是进行盟誓。师徒间传授经书、口诀、符箓等都要经过盟誓才具有宗教意义上的合法性。前贤对传授仪中的盟誓已有诸多研究成果[①]，主要集中在传授具体经诀的盟誓文、盟誓仪式等方面。在此基础上，我们所要探讨的问题主要是魏晋南北朝道教传授仪中的盟誓在与传统的世俗礼法的互动过程中，经历了怎样的变革，其在道教师徒伦理体系的建构中起到了怎样的作用。

---

　　* 作者简介：孙瑞雪，四川大学道教与宗教文化研究所副研究员、博士后，硕士生导师。

　　① 有关研究参见：姜伯勤《敦煌艺术宗教与礼乐文明》，北京：中国社会科学出版社，2001 年，第 299—300 页；杨富学、李永平：《甘肃省博物馆藏道教〈十戒经传授盟文〉》，《宗教学研究》2001 年第 2 期；王承文：《古灵宝经与中古道教出家思想的发端》，载于任剑涛主编：《论衡丛刊》第二辑，成都：巴蜀书社 2002 年，第 232—235 页；刘永明：《盛唐时期敦煌的道观问题——兼论经戒传授盟文中的题名方式》，《敦煌学辑刊》2006 年第 4 期；吴羽：《敦煌写本中所见道教〈十戒经〉传授盟文及仪式考略——以 P. 2347 敦煌写本为例》，《敦煌研究》2007 年第 1 期；吕鹏志：《天师道登坛告盟仪——〈正一法文法箓部仪〉考论》，《宗教学研究》2011 年第 2 期，《法位与中古道教仪式的分类》，《宗教学研究》2012 年第 2 期。

二、《抱朴子内篇》中的"歃血为盟"对世俗传统盟誓的继承

从历史源流上来看，盟誓是先秦一种重要的社会制度，对中国社会产生了深远的影响。它在春秋时期最为盛行，并形成了一套成熟的礼仪规范，是各诸侯国处理政治、经济、军事、外交等事务的主要手段。秦汉以后，随着中央集权制度和行政律令制度的推行，盟誓维护社会秩序的功能弱化，但作为一种确立社会关系的契约行为被保留在传统文化中继续展现活力。

从语义上来看，所谓"盟誓"，据《礼记·曲礼下》解释云："约信曰誓，莅牲曰盟。"① 春秋诸侯国盟誓的具体做法，唐人孔颖达注疏"莅牲曰盟"时描述得颇为详细。其云："'莅牲曰盟'者，亦诸侯事也。莅，临也。临牲者，盟所用也。盟者，杀牲歃血，誓于神也。……盟之为法，先凿地为方坎，杀牲于坎上，割牲左耳，盛以珠盘，又取血，盛以玉敦，用血为盟，书成，乃歃血而读书。"② 所谓"誓"，据《说文解字·言部》："誓，约束也。从言，折声。"③ 段玉裁注云："凡自表不食言之辞皆曰誓，亦约束之意也。"④ 可见，按照语义学的解释，"盟誓"一词包含"盟"和"誓"两部分。盟是一个具体的仪式，其本意为"杀牲歃血"；而"誓"则偏向于盟的具体内容，即"誓约"⑤。对道教"盟誓"的解释较为详细的是唐人张万福，他在《传授三洞经戒法箓略说》卷下中分别对"盟"和"誓"做了解释："盟，明也。彼此未信，对神以相明也。……但以凡心易动，神理难明，故须立约以契之，必令通神合道也。"⑥ "誓，制也。以言契心，告神盟也。而自制其情欲，不使放逸，期于会道耳。"⑦ 可见，无论是世俗的盟誓还是宗教的盟誓，都是以神灵的权威，监督人的契约行为。而且道教的盟誓还是中下之士修道必不可少的路径，正如张万福指出的那样："夫上士闻道，勤能行之，不须盟誓以自契也；中士已下，引之则进，排之则退，故须盟誓，制止其心，令不改也。盖圣人大慈之教，勘于合道，既授之以法，又使从科戒，必令不犯，克得道也。所以末代传道，皆须共立盟誓也。"⑧

道教盟誓的历史悠久，早在张道陵创教时期，五斗米道就以盟誓约束信众的日常伦理行为。据葛洪《神仙传》记载，张道陵"以廉耻治人，不喜施刑罚，乃立条制，使有疾病者，皆疏记生身已来所犯之罪，乃手书投水中，与神明共盟约，不得复犯法，当以身死为约"⑨。五斗米道信徒入道要

---

① 李学勤主编：《十三经注疏·礼记正义》，北京：北京大学出版社，1999 年，第 141 页。
② 李学勤主编：《十三经注疏·礼记正义》，第 141—142 页。
③ （汉）许慎撰，（清）段玉裁注：《说文解字注》，上海：上海古籍出版社，1981 年，第 92 页。
④ （汉）许慎撰，（清）段玉裁注：《说文解字注》，上海：上海古籍出版社，1981 年，第 92 页。
⑤ 今人刘伯骥认为孔颖达记录的盟誓仪式还不够全面，他在《春秋会盟政治》中，对《左传》所记录的盟誓进行了重新整理，认为盟誓包括七个步骤，即约会、登坛、发言、歃血、载书、享宴与归胙以及盟后朝聘等。（刘伯骥：《春秋会盟政治》第八章"结盟之形式"，台北："国立"编译馆中华丛书编审委员会，1962 年，第 248—266 页）
⑥ 《道藏》第 32 册，第 196 页。
⑦ 《道藏》第 32 册，第 196 页。
⑧ 《道藏》第 32 册，第 196 页。
⑨ （宋）李昉等编：《太平广记》卷八《张道陵传》引《神仙传》，北京：中华书局 1962 年，第 56 页。

交纳信米五斗，作为入道的信物，象征与神灵结盟，获得道民身份①。而且五斗米道的创始人张陵曾与老子盟誓，因此又被称为"正一盟威天师之道"。魏晋南北朝时期的道教，融合了神仙方术等一些神秘色彩颇为浓厚的内容，传承方式也发生了转变。以葛洪为代表的神仙道教十分注重经诀的秘传，他们将道教的经籍视为元始之炁集结而成，乃神仙所传，非有仙骨者不传。尤其是金丹术、三皇文、五岳真形图等均要登坛歃血为盟，才能传授。《抱朴子内篇》多处提到"盟誓"，如：

> 余师郑君者……余亲事之，洒扫积久，乃于马迹山中立坛盟受之，并诸口诀诀之不书者。（《金丹篇》）②

> 受之者以金人金鱼投于东流水中以为约，嗽血为盟，无神仙之骨，亦不可得见此道也。合丹当于名山之中，无人之地，结伴不过三人，先斋百日，沐浴五香，致加精洁，勿近秽污，及与俗人往来，又不令不信道者知之，谤毁神药，药不成矣。（《金丹篇》）③

> 金液经云：投金人八两于东流水中，饮血为誓，乃告口诀，不如本法，盗其方而作之，终不成也。凡人有至信者，可以药与之，不可轻传其书，必两受其殃，天神鉴人甚近，人不知耳。（《金丹篇》）④

> 金简玉札，神仙之经，至要之言，又多不书。登坛歃血，乃传口诀，苟非其人，虽裂地连城，金璧满堂，不妄以示之。（《明本篇》）⑤

> 道家之所至秘而重者，莫过乎长生之方也。故血盟乃传，传非其人，戒在天罚。（《勤求篇》）⑥

> 此乃是道家所重，世世歃血口传其姓名耳。（《地真篇》）⑦

> 古者仙官至人，尊秘此道（三皇文、五岳真形图），非有仙名者，不可授也。受之四十年一传，传之歃血而盟，委质为约。诸名山五岳，皆有此书，但藏之于石室幽隐之地，应得道者，入山精诚思之，则山神自开山，令人见之。如帛仲理者，于山中得之，自立坛委绢，常画一本而去也。（《遐览篇》）⑧

从以上引文中可见，葛洪一系传授经诀都要举行斋戒、立坛、歃血、委质（绢）、画一⑨等宗教

---

① 五斗米道自创教以来就反对杀牲血祀，但在东晋以后的江南天师道经典中有血盟的记载，大概是受到江南风气的影响。陆修静曾对江南天师道的血祀进行了批判，他在《道门科略》中说："败军死将，乱军死兵，男称将军，女称夫人，导从鬼兵，军行师止。游放天地，擅行威服，责人庙舍，求人飨祠，扰乱人民，宰杀三牲，费用万计，倾财竭产，不蒙其佑，反受其患，枉死横夭，不可称数。"（《道藏》第24册，第779页）
② 王明：《抱朴子内篇校释》，北京：中华书局1988年，第71页。着重号为笔者所加，以下引文相同，故不再重复说明。
③ 王明：《抱朴子内篇校释》，第74页。
④ 王明：《抱朴子内篇校释》，第83页。
⑤ 王明：《抱朴子内篇校释》，第189页。
⑥ 王明：《抱朴子内篇校释》，第252页。
⑦ 王明：《抱朴子内篇校释》，第323页。
⑧ 王明：《抱朴子内篇校释》，第336页。
⑨ "画一"是一种古老的表示遵守契约的仪式，又见于古灵宝经《洞玄灵宝丹水飞术运度小劫妙经》和南朝天师道经典《正一法文法箓部仪》等道经，其中《正一法文法箓部仪》对"画一"的仪式有具体说明，称："画一，左手指天，右手画地，以左手指中央。师便言：'系天师某治，陈昔从大洞弟子某受太一登坛盟券，今依法传授弟子。某甲受此证约，当依真师盟坛大约，不得攻根伐本，指师谤道，泄露灵盟，一旦有违，万殁谢罪，生死沉沦，上告天灵，下禀地祇，中誓贤人，三证灵盟，义不相负，谨共画一为信。"（《道藏》第32册，第203页）

仪式，尤其强调须"歃血为盟"①。由于史料的缺乏，葛洪所说的"歃血"细节如何，我们已无从得知。但中国传统礼法对"歃血"所用牲血有明确的规定。据《曲礼·下》正义曰："盟牲所用，许慎据《韩诗》云：'天子诸侯以牛豕，大夫以犬，庶人以鸡。'"② 从文献记载来看，魏晋南北朝以来道教的"歃血"也遵循此法。如《敦煌残抄本陶公传授仪》云："旧法乃用绢六匹，银六两，代白鸡之盟。"③ 道教外丹经典中所见的"歃血为盟"也多采用"鸡血"，如唐代外丹经典《黄帝九鼎神丹经诀》中有"受之共饮白鸡血为盟"④ 等记载。而葛洪一系对金丹十分推崇，因此我们可以推测，其所谓"歃血"，采用的血液很可能就是"鸡血"。当然，魏晋南北朝的道经中还有其他的血盟方式，如"割臂饮血"也较为常见。因本文讨论的角度主要是道教礼法与传统世俗礼法的互动，此法应属于巫术的血盟仪式，兹不赘述。

"歃血"的做法主要有两种。一种是用手指蘸血涂于口。如《左传·襄公九年》里记载了郑大夫子孔与子蟜的话："与大国盟，口血未干而背之，可乎？"⑤《说文解字》具体解释说："盟者以血涂口旁，曰歃血。"将"血液涂于口"即将口"神圣化"，制造出一种禁忌，不得将经诀轻泄于人。这种涂血的仪式源于古代中国社会曾经非常流行的祭仪——"衅"，其基于血液崇拜的原理，认为血液具有无比神秘的威力。"衅"即是将牲血涂在物体表面，将物象神圣化，从而提升此物自身的威力⑥。《孟子·梁惠王章句上》所记载的"衅钟"之事，汉代赵岐注曰："新铸钟，杀牲，以血涂其衅郄，因以祭之，曰衅"⑦，即为此用法。另一种是"含血"，又引申为"饮血"。如孔颖达在注疏《左传·隐公五年》陈五父"歃如忘"⑧ 时，将"歃血"解释为"含血"。《抱朴子内篇》引《金液经》云："投金人八两于东流水中，饮血为誓，乃告口诀。"⑨ 另外，《黄帝九鼎神丹经诀》《上洞心丹经诀》等外丹经典，亦称传授经诀须"饮血为盟"。因此，我们可以大致推断，葛洪一系在传授仪式中所谓的"歃血"，即"饮血"之意，其意图在于"人为地制造出一种拟定的亲族关系来象征性地表示将同心一体地遵守共同的誓约"⑩。我们知道，受到佛教轮回思想影响之前，道教的善恶赏罚机制主要是"承负论"，即一个人不仅要承担自身行为的后果，还要承受祖先行为的善恶报应，是一种基于血缘关系的报应机制。师徒间传授经诀时举行"歃血"，其行为动机正是通过共饮同一种血液，建立一种拟定的血亲关系，一旦师徒一方违背誓言，另一方也要承担相应的报应。也就是说，通过"歃血"仪式对师徒关系建立起一种人为的血缘关联，使得双方要相互承担对方行为的

---

① 先秦以来的盟誓种类众多，但"歃血为盟"是等级最高的一种，道教的"歃血为盟"，主要见于外丹经典，如《太清经天师口诀》《黄帝九鼎神丹经诀》《上洞心丹经诀》等。
② 李学勤主编：《十三经注疏·礼记正义》，第 142 页。
③ 王卡：《敦煌残抄本陶公传授仪校读记》，载于《敦煌学辑刊》2002 年第 1 期，第 89—97 页。
④ 该经对《抱朴子内篇》多有称引，表明与葛洪一系关系颇为密切。（《道藏》第 18 册，第 795 页）
⑤ 李学勤主编：《十三经注疏·春秋左传注疏》，第 318 页。
⑥ 吕静：《中国古代盟誓功能性原理的考察——以盟誓祭仪仪式的讨论为中心》，载于《史林》2006 年第 1 期，第 83—91 页。
⑦ 《孟子·梁惠王章句上》记载："（齐宣）王坐于堂上，有牵牛而过堂下者，王见之，曰：'牛何之？'对曰：'将与衅钟'。"（清）阮元校刻：《十三经注疏·孟子注疏》，北京：中华书局，1980 年，第 2670 页。
⑧ 李学勤主编：《十三经注疏·春秋左传注疏》，第 107 页。
⑨ 王明：《抱朴子内篇校释》，第 83 页。
⑩ 日本学者清水盛光认为"歃血"是基于血是生命之本的观念，作为人类而言，其最基本的社会关系是亲族关系。由于亲族关系的基础是血缘关系，那么当两个或几个不同的社会集团缔结同盟的时候，结盟起誓的各方共饮同一种血，人为地制造出一种拟定的亲族关系来象征性地表示将同心一体地遵守共同的誓约。[日]清水盛光：《支那家族の构造》第一章"亲族关系の本质と形态"，东京：岩波书店，1942 年，第 29 页。转引自吕静：《中国古代盟誓功能性原理的考察——以盟誓祭仪仪式的讨论为中心》，载于《史林》2006 年第 1 期，第 83—91 页。

后果。

东晋以后，上清经多认为"歃血犯生众之伤，剪发违肤毁之犯"①，也就是说歃血有违慈悲和孝道的精神。因此，其倡导以黄金、布帛等信物代替"歃血断发"的仪式。它们将"歃血断发"等盟誓仪式称为"古法"。系古上清经之一的《洞真太一帝君太丹隐书洞真玄经》云："古者盟誓，皆歃血断发，立坛告天，以为不宣示信人之约也。今自可以金青之陈，以代发肤之体耳。"②《无上秘要》引《黄庭内景经》云："凡受《黄庭经》者，经盟立誓，期以勿泄。古者用玄灵之锦九十尺、金简文凤之罗四十尺、金钮九双以代割发歃血勿泄之约。"③

三、传授仪中的"登坛告盟"与法信制度对早期盟誓仪式的变革

东晋以后，上清派和灵宝派强调经诀的传承须以确立师徒关系为前提。《洞玄灵宝长夜之府九幽玉匮明真科》云："经不师受，五帝无盟，妄披其篇目，罪同窃经之科，考属明法曹。"④ 师徒间授受经诀须举行传授仪式，并完成盟誓，才算是符合宗教礼法。没有盟誓的传授仪式被认为是非法的，要遭受神灵的惩罚。南北朝以后，上清经、灵宝经和南天师道经典中涌现出一批专门的传授仪，成为南北朝至隋唐道教的主要仪式⑤，其中的盟誓仪式被称为"登坛告盟"，是传授仪的主体。《洞真太上八素真经登坛符札妙诀》《太上洞玄灵宝二部传授仪》《太上洞玄灵宝授度仪》《正一法文法箓部仪》等传授仪都对"登坛告盟"有具体的描述。有的道经甚至直接以"登坛告盟"为主题，如《洞玄灵宝三洞奉道科戒营始》著录《上清告盟仪》一卷、《灵宝登坛告盟仪》一卷，《道藏阙经目录》著录《太上传授洞神经法登坛告盟立成仪》等。可以说，传授仪式的合法性正是在"登坛告盟"仪式中完成的，如陆修静在《太上洞玄灵宝授度仪》中将传授仪分为三个部分：灵宝大盟宿露真文拜表出官启奏次第、明日登坛告大盟次第法、言功设斋谢恩仪，"登坛告盟"就是其中的正式环节。一个完整的"登坛告盟"仪式首先要登坛启奏神灵临坛，然后以书面或口头的方式向神灵陈述盟誓的内容，并且以自我诅咒的方式表明自己愿意遵守诺言的决心，最后奏启神灵仪式完成。

"登坛告盟"最核心的部分是师徒各自的宣誓。如《太上洞玄灵宝授度仪》中所著录的盟誓文就包括"师告丹水文"和"弟子自盟文"两部分。一份盟誓文又通常由三个部分组成，首先是盟誓者陈述盟誓的参与人和举行盟誓的原委，师徒均要说明自己来自何处，法位如何，以及授受的对象。然后诵念"经宝"，授经者要向受经者说明受经后应当遵守怎样的戒律。如《太上洞玄灵宝授度仪》"师告丹水文"所述，受经者"当依明科，肃己励躯，精诚勤苦，断绝世缘，唯志大乘，供养朝礼，讲习妙賾，参问有道，导引精研，修斋服御，希求飞腾，尊道敬师，推崇根本，不得喷

---

① 《洞真太上飞行羽经九真升玄上记》，《道藏》第 33 册，第 644 页。
② 《道藏》第 33 册，第 543 页。
③ 《道藏》第 25 册，第 118 页。
④ 《道藏》第 34 册，第 391 页。
⑤ 吕鹏志在《唐前道教仪式史纲》一文中指出，《隋书·经籍志》"道经序"中已将道教的仪式归纳为四种，即传授仪、斋仪、章仪和醮仪。在此基础上，他根据《道藏》提供的史料，提出中古道教的仪式主要有五种，即朝仪、章仪、传授仪、斋仪、醮仪，并认为道教传授仪直接发端于战国时期的方士传统，吸收、借鉴和改造古代盟誓仪式，发展为与传授仪相结合的登坛告盟仪，在早期南方道教的方士传统中尤为流行。（《宗教学研究》2007 年第 2 期，第 1—27 页）

嗃，有面无心，攻伐本根，自造无端。轻慢经宝，皮好胎诞，淫欲贪着，嫉妒恚恨，胸心谄楚，怀毒在内"①。又《正一法文法箓部仪》规定，弟子受经后，"不得耽染色欲，不专正一。一旦受道之后，三十六年，遇贤听传可授之人，不得妄传。不得自欲高位，不崇根本，背向异辞，二心两舌，诽谤师道，攻伐师主"②。与葛洪时候相比，东晋以后的新道派除了要求受经者不得非法泄露秘传的经诀外，尤为强调不得背道叛师，怠慢经宝。我们认为，这是南北朝道教建立以"三宝"为基础的统一伦理理论体系的表现。通过盟誓的方式，要求经诀的持有者履行尊奉道、经、师"三宝"的义务。第三部分是盟誓者引祖先共同鉴证的"自我诅咒"，一旦违背盟誓，自身和祖先皆要遭到神灵的严厉惩罚。《太上洞玄灵宝赤书玉诀妙经》卷下云："亏违天科，中泄真文，生死父母，及得甲身，谢罪四明，风刀万劫，三涂五苦，不敢蒙原。"③又《太清经天师口诀》云："若一朝违科，传非其人，违负漏泄，天帝摈仙，永谢玄路。泰玄仙都，使心迷意乱，万向倾败。九老仙君使精神昏浊，所学无成。太一司箓不上生录，三天司命减算伐年，殃及七祖，受罚于太玄都。"④ 传授仪式是道教组织体系中最重要的形式之一，为确保道法真传，往往盟誓者在"自我诅咒"时，要把自己置身于最险恶的境地，从而增强履行誓言的决心。需要指出的是，盟誓文之所以具有超出世俗礼法的约束力，除了严厉的自我诅咒，其神圣性则是在一系列完整、规范的宗教仪式中实现的。传授仪中的"登坛告盟"正是以具体的仪式建立起与神灵沟通的神圣空间，在神灵的鉴证下达成神圣契约，从而对盟誓者的心理和行为具有普遍的约束力。

上清派和灵宝派对道教早期的盟誓仪式的变革还体现在"法信"的使用方面。从思想源流上来说，道教呈献法信的做法与先秦举行盟誓时需"委质"的基本意图是一致的。所谓"委质"，"质"亦作"挚""贽"。"委质"的用意，据《白虎通·文质》"贽者，质也。质己之诚，致己之悃愊也"⑤注云："执者，所以执以至者，君子于所尊敬，必执质以将其后意。是古人以卑见尊，必有物以将其悃忧为贽，不敢猥亵尊之意也。"⑥《左传·隐公三年》："信不由中，质无益也。"⑦《左传·襄公九年》载楚伐郑，子驷欲与楚国讲和，子孔和子蟜反对说，刚与晋结盟，现在这样做有违盟约，子驷说："要盟无质，神弗临也，所临唯信。信者，言之瑞也，善之主也，是故临之，明神不蠲要盟，背之可也。"⑧盟无质不成，质无信不立，"信"是盟誓的精髓。"委质"的象征意义就在于盟誓者在神的见证下遵守信约。道教方面，呈献盟誓信物在五斗米道时就已经存在，"五斗米道"称谓的由来，其中一种说法就是入道者要向祭酒交纳五斗信米。《三国志·张鲁传》说："从受（张陵）道者出五斗米，故世号米贼。"⑨《要修科仪戒律钞》卷十引《太真科》说："崇仰信米五斗，以立造化和五性之气。家口命籍系之于米。年年依会，十月一日同集天师治付天仓，及五十里亭中，以防凶年

① 《道藏》第 9 册，第 852 页。
② 《道藏》第 32 册，第 198 页。
③ 《道藏》第 6 册，第 204 页。
④ 《道藏》第 18 册，第 787 页。
⑤ （清）陈立著，吴则虞点校：《白虎通义疏证》，北京：中华书局，1994 年，第 355 页。
⑥ （清）陈立著，吴则虞点校：《白虎通义疏证》，第 355 页。
⑦ 李学勤主编：《十三经注疏·春秋左传注疏》，第 74 页。
⑧ 李学勤主编：《十三经注疏·春秋左传注疏》，第 877—878 页。
⑨ （晋）陈寿：《三国志》，北京：中华书局，1982 年，第 1 册，第 263 页。

饥民往来之乏，行来之人不能装粮也。"① 需要指出的是，道教的法信虽然都是世俗之物，但均承载了对于神圣事物的信仰意义："是一种具有宗教意义的象征物，宗教信仰者把这种象征物作为同神进行沟通的媒介物。"② 魏晋南北朝道教盟誓常用"金鱼玉鱼"等法信与水官结盟，据《传授三洞经戒法箓略说》对"金鱼玉鱼"的注解："鱼为阴虫水官之使，传驿文牒诣河侯之所，又断北帝之长簿，奏水官之符状。玉取洁白，入水不渝。金取坚刚，得水柔润。亦取其检口不言，阴潜自处也。"③ 道教认为，天官赐福，地官赦罪，水官解厄，投"金人金鱼"于水，其意图一是将学道者的盟誓告之于水官，若违背誓约将受到惩罚；二是取以金入水，刚柔相济，缄默不言，不得泄露经诀之意。可以说，"法信"是一种物象意义上的盟誓。

据《洞玄灵宝长夜之府九幽玉匮明真科》所述，受灵宝十部妙经须呈献学仙之信、告盟之信、宝经之信等，否则将依照科律遭受惩罚："无信则为贱道，无盟则为轻宝，有违考属左右官曹。……受经之身，先信未佩，后遇贤人，斋信请受，皆当以所受之信，完补先师之限，余者可为身法用，有违考属火官曹。"④ 盟信科律是专门规范盟誓仪式的道经，如《洞玄灵宝长夜之府九幽玉匮明真科》《太真玉帝四极明科经》⑤ 等，对无盟信的传授仪式做出了具体的惩罚规定："太玄都四极明科曰：凡受上清宝经，皆当备信，信以誓心，以宝于道，准于割发歃血之誓。无信而受经，谓之越天道；无盟而传经，谓之泄天宝。传受之人，各慎其负。一犯不得又仙，三犯七祖、己身，并充刀山火乡，二十四狱，三途之中，万劫还充负石之役。玄都中宫女青律文，受者明慎奉行。"⑥

东晋以后，随着道教以师徒授受为基础的传授制度逐渐确立，上清经和灵宝经传授仪中的"法信"还被赋予了新的意义。学道弟子入道或受经时，要向有经之师交纳一定数量的"法信"，以正式确立师徒关系。法信的性质类似于秦汉以来的"束脩礼"⑦，是对道、经、师"三宝"的供养。盟信科律对于"法信"的用途有具体规定，大致包括三部分：一是供奉祖师；二是布施山栖道士和世间穷厄疾病者，"引接于贫贱，使同入道"⑧；三是维持自身生活，据《洞玄灵宝长夜之府九幽玉匮明真科》云："受经法信，当十分折二送祖师，又折二散乞贫人、山栖道士，余信营己法用，烧香然灯，为弟子立功。有违考属三官曹。"⑨《太真玉帝四极明科经》卷五"太玄都中宫女青律文"云："太玄都四极明科曰：凡传上清宝经，受弟子信物，三分散之一分，投山栖以恤穷乏之士，一分供

---

① 《道藏》第 6 册，第 966 页。
② 陈麟书、陈霞主编：《宗教学原理》，北京：宗教文化出版社，2003 年，第 90 页。
③ 《道藏》第 32 册，第 195 页。
④ 《道藏》第 34 册，第 391—392 页。
⑤ 《真诰》卷一及敦煌遗经皆引，本经当不迟于南梁。尾崎正治《四极明科诸问题》认为，本书第一卷问世最早，第三卷稍后，全书成于 6 世纪前半期，为上清经之科律。（朱越利：《道藏分类解题》，北京：华夏出版社，1996 年，第 36 页）
⑥ 《道藏》第 3 册，第 439 页。
⑦ 孔颖达对《礼记·曲礼下》"童子委挚而退"疏云："童子见先生，或寻朋友，既未成人，不敢与主人相授受拜伉之仪，但奠委其挚于地而自退辟之。"又疏云："童子之挚，悉用束脩也。"（李学勤主编《十三经注疏·礼记正义》，第 165 页）罗志田先生《"束脩"我见》一文认为，先秦文献中已出现"束脩"，指的是十脡脯，使用于赐献馈问之类的礼仪性场合；东汉以后，除了十脡脯之义外，还有约束身心或约束修行之义，以及表年齿等。《论语·述而》所谓"自行束脩以上，吾未尝无诲焉"中的"束脩"，应释为"十脡脯"之义，是"挚之最轻者"，孔子要求受教者要奉上束脩，表示对老师的尊敬，和挚见礼有一定渊源，但更重要的是要承认孔子为老师，在某种程度上可以说有原始契约的性质，即正式确立师弟子关系。（《四川师大学报》1986 年第 6 期，第 62—67 页）
⑧ 《传授三洞经戒法箓略说》，《道藏》第 32 册，第 196 页。
⑨ 《道藏》第 34 册，第 392 页。

己法服，一分以为弟子、七祖立功，市香膏之属。故三合成一，其道明也。"①

然而，物象意义上的盟誓也带来了现实操作层面上的一些问题。早期道教传授仪对于法信的规定尚未形成统一标准，这种状况一致持续到隋唐。东晋南朝道经《洞真太上八素真经登坛符札妙诀》对这种情况有所描述，云："凡盟约告灵，各有阶品，山林在世，信物不同，斋集日数多少亦异，结斋投辞，事源随人。"② 传授仪式中使用的法信种类繁多，其中不乏诸如玛瑙、琥珀、黄金、白银、绢帛等贵重之物，即使是富贵之家也不易筹备，一般山居道士更难以承受。《传授三洞经戒法箓略说》指出："若富有之家，幸得力办，未宜准当之。且金钱七宝，天子、储君、皇后、妃主、公王能有，岂凡贱得办也。其金龙玉龙、金鱼玉鱼、金羊玉雁、罗锦之流，又非寒栖所得，皆听以杂物准当。若要令依法，则经道永闭，难于引接耳。又经中法物，自属明灵，须依色目，力营取办。"③ 故世人对传授仪中法信的规格多有变通，随个人财力而定，多少无限，用以"供养法具、绳床坐褥、缘身所有，施道及师，立观度人，写经造像，放赎生命，拯济饥寒，免贱为良，施因宥罪，广行慈救，……各随心力，属在一时，任其所怀，亦无定格"④。但从文献记载来看，滥收法信、贪图私利的现象是存在的，如古灵宝经之一的《太上洞玄灵宝三元品戒功德轻重经》云："古人求心，末世求财，古人非心不仙，末世非财不度。所以尔者，末世贵财而不贵道也，以黄金万斤、仙经一部施于穷山，末世乃当贪取此金，岂贪仙经也？黄金克为身患，仙经克得命长，亦合知如此，只自不能免于悭贪，既自不能免于悭贪，安得为究道耶？故非道弘人，此之谓也。"⑤ 魏晋南北朝时期的宫观，主要经济来源是受经法信和在家信众的供养，以财物作为传道信物的方式一方面能保证宫观基本的生存，但由此带来的弊端也可见一斑。

因此，道经中根据玄都律、女青鬼律和四极明科的规定，以戒律的方式惩罚贪图钱财、滥用法信的行为。《无上秘要》引《洞真高圣金玄经》云："凡经师之受盟物……若私割以自赡，贪滥以为利者，则经师之七祖受长考于地狱，身入风刀。"⑥《太真玉帝四极明科经》称："太玄都四极明科曰：凡为经师传授天宝之信，而三分施散，私营他用，穷乏之士无有拯救之惠，七玄父母无有拔罪之功，己身无有清洁之服，亏神越法，三犯不得又仙，五犯死入地狱，三涂之中万劫还生人道，玄都中宫女青律文，受者明慎奉行。"⑦

结　语

魏晋南北朝时期的道教，将师承置于十分重要的地位，获得、持有及传承经诀的主要途径是师承。如《无上秘要》引《洞真九真中经》云："传授之法，皆师及弟子相授，以崇玄秘。"⑧ 又《洞

---

① 《道藏》第 3 册，第 439 页。
② 《道藏》第 33 册，第 485 页。
③ 《道藏》第 32 册，第 196 页。
④ 《道藏》第 32 册，第 196 页。
⑤ 《道藏》第 6 册，第 885 页。
⑥ 《道藏》第 25 册，第 116 页。
⑦ 《道藏》第 3 册，第 439 页。
⑧ 《道藏》第 25 册，第 112 页。

真太一帝君太丹隐书洞真玄经》云："师受者礼焉。经之传也，从师而受经，受经而用弟子之道也。"① 师承也是修道的门径。系古灵宝经之一的《太上洞玄灵宝真一劝诫法轮妙经》云："师者，宝也。为学无师，道则不成。非师不行，非师不生，非师不度，非师不仙。故师，我父也。子不爱师，道则不降，魔坏尔身。八景龙舆，焉可得驭？太极玉阙，焉可得登？"② 陆修静对天师道的改革亦强调师承的重要性，他在《道门科略》中说："若学不由师，成非根生，不承本，名为无根之草。"③ 与此同时，道教的师徒伦理体系在这一时期也不断丰富，逐渐形成了一套求师问道、尊师之道（包括道士日常事师礼仪、师徒经济关系、道门师友关系等）、为师之道（包括师德与师资），以及一系列与师徒授受相关的传授仪式和禁忌（包括弟子拜师仪式与道法传授禁忌、道士丧葬仪式中的师徒礼仪等）的伦理体系。盟誓对这一体系的建构有十分重要的意义。经诀的传承是实质上对宗教师徒关系的认定，而经诀非盟誓不传。如《无上秘要》引《洞真九赤斑符五帝内真经》云："经非盟而不告。"④ 早期道教师徒经诀传授的合法性主要是以"歃血为盟"等血盟的方式建立起师徒间一种拟定的血缘关联，一旦盟誓的一方违背誓言，另一方也要承担相应的报应，是一种基于承负论的祸福报应机制。东晋以后，上清经、灵宝经以及南天师道经典中师徒间不再具有血缘联系，而是以"登坛告盟仪"和"法信"等世俗与神圣相结合的象征性的盟誓礼仪确立师徒关系，并且"以名定责"，通过盟誓仪式明确师徒各自应承担的义务。不论是建立人为的血亲关系还是以礼仪的方式以名定责，在师徒各自角色承担的义务中，师父对弟子的德行都负有重大责任。若弟子轻易泄露经诀，褒渎三宝，违背道门相关的伦理规范，师父甚至要遭受比弟子更严重的惩罚。这或许也是道教历史上"明师难遇""高徒难寻"，弟子要接受师父重重考验才能获得真传的故事屡见不鲜的重要原因之一。

---

① 《道藏》第 33 册，第 543 页。
② 《道藏》第 6 册，第 171 页。
③ 《道藏》第 24 册，第 781 页。
④ 《道藏》第 25 册，第 112 页。

十一星曜在宋元道教内的多重演化

孙伟杰[*]

内容提要：十一星曜是中西方天文星占学说融合的结果。宋元时，十一星曜信仰在社会上十分流行。道教除保留原有的天文、星命学思想外，随着两者互动关系的深入，十一星曜的称谓、职能渐趋丰富，并在道教的斋醮科仪、符箓道法以及内丹修炼等不同领域流转，逐渐演变为一种象征符号，拓展了十一星曜的宗教文化意涵。

关键词：十一星曜　天文星占术　宋元道教　多重演化

自道教在唐代通过增衍出紫炁、月孛二曜，将域外九曜扩充成十一星曜之后，十一星曜在道门内外的影响逐渐扩大。宋元时，道门对十一星曜的认知和实践程度得到进一步加深。本文通过深入考察宋元道法仪式，将十一星曜的多重面相一一呈现，进而对其演化的原因和方式进行详细说明。

一、星占与禳星仪式中的十一星曜

十一星曜可以区分为日月五星与罗、计、紫、孛两组，按照对日月五星职能的不同认识，我们将采用外来日月五星吉凶说的十一星曜称作"域外十一星曜"，而将采纳中国传统日月五星说，也就是不作吉凶分别的十一星曜称作"本土十一星曜"。这两种十一星曜理论在道教内都有传承，不过随着道教的发展，"本土十一星曜"基本取代了"域外十一星曜"。

约出于唐宋间的《太上洞真五星秘授经》采用的是"域外十一星曜"说。郑樵《通志·艺文略》著录"《灵宝五星秘授经》一卷"[①]，或即此书。此经虽题为"五星"，实则言说祈禳九曜之法。经中九曜星神的装扮已经具备了鲜明的道教特征，并且较为统一，只略在衣着上加以区别。不过九曜星神尤其是五星神所主吉凶仍然延续佛经中的说法，比如木星与喜庆相连："东方木德真君，主发生万物，变惨为舒，如世人运炁逢遇，多有福庆，宜弘善以迎之。"金、火、水、土星与灾厄相关："西方金德真君……如世人运炁逢遇，多有灾怪刑狱之咎……南方火德真君……多有灾厄疾病之尤……北方水德真君……多有灾滞劫掠之苦……中央土德真君……多有忧塞刑律之厄。"[②]

---

　　* 作者简介：孙伟杰，哲学博士，四川大学道教与宗教文化研究所副研究员。
　　① （宋）郑樵撰：《通志》卷六十七《艺文五》，北京：中华书局，1987年，第798页。
　　② 《太上洞真五星秘授经》，《道藏》第1册，第870—871页。

随着道教的发展，十一星曜的域外色彩逐渐淡化，至北宋李思聪《洞渊集》时已融入更多本土星曜学说，经中有关日月五星所主灾祥的理论基本脱离了域外色彩：

日者，太阳之精，人君之象……日为洞阳之官……日之精黑，化生金乌。……一年一周天。……日魂吐九芒之黑，光莹万国。日名郁仪。

月者，太阴之精，皇后大臣之象。……月为广寒洞阴之官……魄精之黑，化生玉兔。一月一周天。……月魄常泛十华之彩，光莹万国。月名结璘。

东方木德星君，木之精。苍帝之子，光照三十万里，径一百里，十二年一周天。

南方火德荧惑星君，火之精。赤帝之子，执法之星。其精下降，为风伯之神。常以十月入太微受事，光照八十万里，径约一百里，二年一周天。

西方金德星君，金之精，白帝之子，主刀兵将军肃杀之威，其精下降为雨师之神。光照七十万里，径一百里，一年一周天。

北方水德星君，水之精。黑帝之子，水德为天心，紫辰之星，正对崑仑之顶处。紫微之宫，即元气之主。其精下降为先农之神，主发生物，光照五十万里，径一百里，一年一周天。

中央土德星君，黄帝之子，其精下降为灵。星之神，光照十二万里，径五十里，二十九年一周天。

罗睺神首星君，主九天之下一切诸恶……逆行天道，顺之则昌，逆之则祸。

计都神尾星君，主九天之下一切罪福，多主疾病困苦之灾。……逆行天道，不显神光。顺之则吉，逆之则凶。

天一紫炁星君……长侍紫微垣门，降人间之百福，添禄算之司。

太一月孛星君，主九天之下一切凶杀。……逆行黑道，顺之则吉，逆之则凶。[①]

此经采用"本土十一星曜"的理论，将日月五星作为主宰天上人间万有生灵的星神。值得一提的是经中所涉及的天文学知识，虽然有关五星光照、直径的描述并不真实，但其关于运转周期的论述与实际的天体运行时间基本一致，这表明道教典籍中的描绘并不完全是凭空杜撰，其中所涉及的天文知识建基于真实的天体运动。此后，"本土十一星曜"在道教内部基本取代了"域外十一星曜"。例如《道门科范大全集》卷四十六提到十一星曜时说："月三珥而天下喜，日再中而帝业隆，岁星明而谷稔国昌，镇星留而邦宁福厚，太白尚义以戒穷兵，荧惑守心乃闻退舍，辰不失行则丰年乐岁，彗成夕见则除旧布新。暗虚为建坠之星，所以为日月之蚀；天乙乃道德之曜，所以制吉凶之宜。"[②] 这些有关十一星曜功能的描述基本是对中国传统星曜学说的继承。

与《太上洞真五星秘授经》差不多同时的《元始天尊说十一曜大消灾神咒经》（简称《十一曜消灾经》）假托元始天尊为青罗真人说念诵十一星曜消灾神咒之法：

---

① 《洞渊集》，《道藏》第 23 册，第 848—849 页。

② 《道门科范大全集》，《道藏》第 31 册，第 862—863 页。

如有五星不顺，凌犯宫宿，照临帝土及诸分野，灾难竞起，疫毒流行，兆民死伤。速令塑绘十一曜形仪，于清净处建立道场，严备香花灯烛，请命道士或自持念《十一曜大消灾神咒经》，一七日，二七日，或三七日，修斋行道，礼念忏悔，即得上消天灾，保镇帝土，下禳毒害，以度兆民，汝宜听信，转转教人受持读诵。青罗真人叩头再拜，上告天尊，伏愿大慈广为宣说。是时，天尊即说十一曜大消灾神咒①。

该经所述祈禳之法与《上开经》中记载的禳星仪轨有着明显的传承关系，只是增加了持念星咒以及念诵时间节点等环节。经中在提及十一星曜咒之余还提到九星和五星咒，由此可以看出十一星曜层层演变的历史进程。此后，念诵《十一曜消灾经》消灾除厄成为道门中一项重要的禳灾仪式，在宋代颇为流行。例如南宋西蜀道士吕元素集、胡湘龙编校的《道门定制》在"消灾拜章功德疏"中记载有："奉为某家，解禳星运刑克照临之灾……各转《太上十一曜大消灾神咒经》一卷。"② 宋李昌龄传、郑清之赞《太上感应篇》亦有引述③。而在宋吕太古集《道门通教必用集》中，解禳阳九百六之灾，兵戈、疾疫、水火、旱蝗、饥馑之厄等都可以通过转诵《太上十一曜大消灾神咒经》来避除祸患④。

宋路时中编《无上玄元三天玉堂大法》卷二十二"禳彗孛法"记载："凡有彗孛妖星垂象，当告禳星符，及诵《灵宝十一曜经》。"⑤ 此处《灵宝十一曜经》很可能指的就是《十一曜消灾经》。《灵宝领教济度金书》曾记载："二景五星七曜斋，本属上清部，以《十一曜消灾经》为祖。按《灵宝四十九品》云：灵宝有二十四司，第五青罗消灾玉司，青罗真人主之。以《十一曜消灾经》为司举治经。然则七曜斋，亦可属灵宝部也。"⑥ 按照此记载，上清、灵宝部都有以《十一曜消灾经》为尊的说法，因此，上文中的《灵宝十一曜经》很可能是《十一曜消灾经》在灵宝部中的别称。

《十一曜消灾经》虽然流传很广，但道门中人对此经咒也有所怀疑，比如《静余玄问》中记载："先生（白玉蟾）告耜（彭耜）曰：尔谓十一曜咒，诚太上所说乎？曰：诚哉！曰：嘻！彼咒中有谓甘石推流伏。然甘德、石申，皆星翁也，却是春秋战国时人。甘石未生，此咒先有，质之于此，岂太上所说耶？"⑦ 白玉蟾在此处对十一曜咒由元始天尊讲说提出疑问，按照他对十一曜的了解，当为点化彭耜的戏谑之言。

在道教禳星仪式中，还会涉及十一曜星君神位的摆放。一般而言，罗、计、紫、孛通常与太阴一起排列在表示"阴"性的右班，比如"开度醮左右班一百二十神位"在摆放时，右班摆放"上清

① 《元始天尊说十一曜大消灾神咒经》，《道藏》第1册，第868—869页。
② 《道门定制》，《道藏》第31册，第712页。
③ 《太上感应篇》，《道藏》第27册，第9—10页。
④ 《道门通教必用集》，《道藏》第32册，第44—45页。
⑤ 《无上玄元三天玉堂大法》卷二十二，《道藏》第4册，第78页。
⑥ 《灵宝领教济度金书》，《道藏》第7册，第41页。《灵宝领教济度金书》原题"洞微高士开光救苦真人宁全真授、灵宝通玄弘教水南先生林灵真编"，宁全真为南宋初东华派祖师，林灵真为元代东华派的主要传人。不过《灵宝领教济度金书》中屡现"大明国"字样，可知此书经过不同朝代的多次修订，其最终完成时间已是明代。此外，南宋宁全真授、王契真纂《上清灵宝大法》"二十四阶玉司"有"青罗消灾玉司正法，青罗真人主之，《十一曜消灾经》为司举"的记载，参见宁全真授、王契真纂《上清灵宝大法》，《道藏》第30册，第671页。
⑦ 《静余玄问》，《道藏》第32册，第412页。同样的内容又被《海琼白真人语录》卷一所收，参见《海琼白真人语录》，《道藏》第33册，第115页。

月府皇华素曜结璘太阴皇君、天乙紫炁道星真君、太乙月孛彗星真君、神首罗睺建星真君、神尾计都坠星真君"等神位①。不过有时神位的摆放并不一定遵循此例,比如在"七曜斋"中,"神尾计都坠星真君、太乙月孛彗星真君"出现在左班,"神首罗睺建星真君、天乙紫炁道星真君"则出现在右班②。而宋留用光传授、宋蒋叔舆编撰的《无上黄箓大斋立成仪》则将十一曜星君全部放在"左班":"太丹炎光郁明太阳帝君、木德岁星重华真君、火德荧惑星执法真君、土德镇星地侯真君、金德太白星天皓真君、水德辰星伺晨真君、罗睺神首建星真君、计都神尾坠星真君、天一紫炁星君、太一月孛星君。"③ 除此之外,还会出现十一曜重复出现的情况,比如《灵宝领教济度金书》的"禳荧惑斋法"④ 位中既有"上清十一曜真皇君"神位,又有"太乙月孛星君"的神位。上述种种有关十一曜神位的不同排序,很可能是缘于斋醮仪式的不同,而之所以会出现十一曜重复出现的情况,可能是为了突出某一星曜的重要性。

不仅如此,禳星仪式中还出现了十一星曜符⑤,此符主要配合"七曜斋"使用,《灵宝领教济度金书》卷二"七曜斋三日节目"中十一曜符的使用时间是在次日晚朝行道时,上十一曜符⑥。同书卷二百九十一记载:"其十一曜符云:⋯⋯惟十一曜则看何星为灾,用其符也。"⑦ 也就是说十一星曜符是依照产生灾害时所主星曜而分别使用以禳灾去害。

二、"四余"说

十一星曜中罗睺、计都、紫炁、月孛又被称为"四余",这一称谓出现的时间相对较晚,大致为南宋初年,而且可以基本确定的源自道教。依笔者所见,较早称罗、计、紫、孛为"四余"的说法出自道教典籍,很显然,"四余"说不同于前文《秤星灵台秘要经》所提到的含义,应该是道门人士对于罗、计、紫、孛的一种新的解释。

在《灵宝领教济度金书》中多次出现"四余"的称号,比如"天一紫炁星君⋯⋯禀太阳之余炁⋯⋯周三十而御历""太乙月孛星君⋯⋯禀夜光之余炁⋯⋯历周九岁""七纬四余""四余四曜星君""历纪四余,名传九执"⑧ 等。其中紫炁禀太阳之余炁、月孛禀夜光(可能是太阴,也可能是星光,待定)之余炁的说法应当引起我们的重视,这种解释不同于通常关于"四余"的解释,详见下文。此外,经中也没有提到罗睺和计都所禀之炁为何。虽然我们很难断定余炁的说法在此经中出现的具体时间,不过至少不会早于南宋。

"四余"之称还出现在《道门科范大全集》卷二十五至卷二十九"祈嗣拜章大醮仪"中,这几

---

① 《灵宝领教济度金书》,《道藏》第 7 册,第 56—57 页。
② 《灵宝领教济度金书》,《道藏》第 7 册,第 72 页。
③ 《无上黄箓大斋立成仪》,《道藏》第 9 册,第 597—598 页。
④ 《灵宝领教济度金书》,《道藏》第 8 册,第 228 页。
⑤ 《灵宝领教济度金书》,《道藏》第 8 册,第 376—377 页。
⑥ 《灵宝领教济度金书》,《道藏》第 7 册,第 41 页。
⑦ 《灵宝领教济度金书》,《道藏》第 8 册,第 567 页。
⑧ 《灵宝领教济度金书》,《道藏》第 7 册,第 638—642 页。

卷全部题为"三洞经录弟子仲励编"。据罗争鸣的研究，仲励所提到的最晚年号为"建炎"（1127—1130）①，该年号是南宋高宗的第一个年号。因此，仲励的生活年代当在此前后。在祈嗣醮仪的章文中提到了"上清四余四曜真君"②的名号，这一名号在《灵宝领教济度金书》中又被称作"上清紫炁、月孛、罗睺、计都四余星君"③。

另外，白玉蟾也曾论及"四余"："夫罗睺乃火之余炁也，计都乃土之余炁也，月孛乃金水之余炁也，紫炁乃木之余炁也。"④ 此段文字出自《海琼白真人语录》卷二《鹤林法语》，该卷为彭耜弟子、白玉蟾的再传弟子林伯谦等人所编，主要记载白玉蟾与彭耜等师徒之间的对话⑤。引文中的"四余"指的是罗睺是火星的余炁，计都是土星的余炁，月孛是金星、水星的余炁，紫炁是木星的余炁。而宋代陈伀集疏的《太上说玄天大圣真武本传神魂妙经注》中论及"四余"时又有不同：

太阳、太阴、天一、太一、黄幡、豹尾之六官，主昼、夜、晦、明、风、雨之六运，乃日曜、月曜、木曜、水曜、火曜、土曜。……紫炁续木曜，配五福，司学业。二十八年纬一周天，主人威仪，貌不恭，意狂俊，夺农时，厥极恶，木带冰雹，罚常雨。月孛续水曜，配宗庙，司祀享。九岁一周天，怒见毛头彗尾，听不聪，情纵急，逆天吋，厥极贫，水祸胗蝥，罚常寒。罗睺续火曜，配勋业，司阳德。一十八年一周天，怒蚀其日月，视不明，心逆舒，弃法律，厥极疾，火掷血流，罚常燠。计都续土曜，配稼穑，司阴德。一十八年一周天，怒则崩摧山川，思不睿，虑妄蒙，侮父母，厌极凶，饥馑流荒，罚常风。……天一司人五福，太一掌人夭横，罗睺惩男，计都戒女，于是六曜之内，日月明分昼夜也。罗计孛紫并暗曜化人迁善，每罚凶人则光现⑥。

依陈伀的注解，月孛是水星的余炁，没有与金星相联系，这与白玉蟾的解释有差异。另外，"四余"又增添了不少新的职能，比如紫炁配五福，司学业；月孛配宗庙，司祀享；罗睺配勋业，司阳德；计都配稼穑，司阴德，等等。"四余"在职能上的增加凸显出其在道教神灵体系中地位的上升。

及至元代，随着天文观测水平的提高，一些道教人士的天文学知识亦得以进一步扩充。元代赵友钦的《革象新书》对"四余"作了全新的数理天文学解析。他指出：

罗睺、计都、月孛、紫气，每日所行均平，并无迟疾。夫罗睺、计都者，是从月交黄道而求月交之终始……罗、计于其间各逆行一度四十六分三十秒，以此数并月行交终之度，即黄道周天之度也。罗、计渐移十八年有余，而周天交初复在旧躔。夫月孛者，是从月之盈缩而求，盈缩一转……以黄道周天之度并孛行数，即月行数也，大约六十二年而七周天。太阴最迟之处

① 罗争鸣：《唐五代小说研究——以杜光庭为中心》，复旦大学 2003 年博士论文。
② 《道门科范大全集》，《道藏》第 31 册，第 814 页。
③ 《灵宝领教济度金书》，《道藏》第 7 册，第 59 页。
④ 《海琼白真人语录》，《道藏》第 33 册，第 120 页。
⑤ 盖建民：《金丹派南宗考论》，北京：社会科学文献出版社，2013 年，第 223 页。
⑥ 《太上说玄天大圣真武本传神魂妙经注》，《道藏》第 17 册，第 94 页。

与其同躔。夫紫气者，起于闰法，约二十八年而周天。……①

此时的月孛已在天文学意义上取代了计都原有的位置。赵友钦精于历算，因此他对"四余"的解释相较其他道经，神学意味相对较少，科学成分相对更多。这一解释被其弟子陈致虚沿袭，并有所增益。陈致虚在《太上洞玄灵宝无量度人上品妙经注》卷下提道：

> 罗、计、气、孛所行无迟疾。罗、计从月，交黄道而求月交之终始；罗、计于其间各逆行一度四十六分三十秒。月孛从月之盈缩而求。紫炁，起于闰法。二十八年十闰，紫炁周十二宫。紫炁，即景星也。史注：景星状如半月，凡见则人君有德，明圣之庆。②

陈致虚在赵友钦的基础上重点对紫炁进行了补充说明。他吸纳《史记·天官书》"景星者，德星也。其状无常，常出于有道之国"的记载，将紫炁定为瑞星之一的景星。唐张守节《史记正义》对《天官书》此句注解到："景星状如半月，生于晦朔，助月为明，凡见则人君有德明圣之庆。"③陈致虚的解释源出于此。赵友钦关于"四余"的解释不仅在教内流传，在教外也多被征引，尤其是明清时期，历家与术家对"四余"多有讨论，甚至引发了一系列的刑狱之祸，黄一农、钮卫星对此多有深论④，此不赘述。

三、雷法、内丹等道法中的十一星曜

站在宗教的视角，十一星曜在其实际的天文学含义之外，更重要的是其在神学层面所体现的宗教意义。也就是说，在信教者眼中，十一星曜是一种象征符号，由于可以与实际的天象保持一定的脱离，因此可以按照实际的需要对其进行不同的诠释和转换，赋予它们不同的内涵。宋代以降，道教新出法派众多，十一星曜也随之被赋予了许多新身份和新象征。

（一）十大星帅

所谓"十大星帅"，指的是十一星曜除月曜之外的其余十曜，其产生与雷法的兴起密切相关。虽然"十大星帅"也使用十一星曜的名号，不过它们拥有新的内涵，与十一曜星君并不相同，这在道教的上章仪式中体现得尤为明显。比如在《道法会元》卷一百四十一"太一天章阳雷霹雳大法"之"传度朝仪"所称法位中，"上清十一大曜"与"太一十大星帅"被分别称引⑤。卷一百四十二"太一天章阳雷霹雳大法行遣部"之"传度检式"之"申状目录"中出现的是"日宫太阳帝君、月

---

① （元）赵友钦撰：《革象新书》卷三，（清）纪昀总纂修：《景印文渊阁四库全书》，台北：商务印书馆，1986 年，第 786 册，第 253 页。

② （元）陈致虚：《太上洞玄无量度人上品妙经注》卷下，《道藏》第 2 册，第 430 页。

③ （汉）司马迁撰：《史记》卷二十七《天官书》，北京：中华书局，1959 年，第 1336 页。

④ 参见黄一农：《清前期对"四余"定义及其存废的争执——社会天文学史个案研究》（上、下），《自然科学史研究》1993 年第 3、4 期。钮卫星：《从"罗、计"到"四余"：外来天文概念汉化之一例》，《上海交通大学学报》（哲学社会科学版）2010 年第 6 期。

⑤ 《道法会元》，《道藏》第 29 册，第 715 页。

府太阴皇君、木德岁星真君、火德荧惑星君、土德镇星真君、金德太白星君、水德辰门星君、神首罗睺星君、神尾计都星君、天乙紫炁星君、太乙月孛星君"十一曜星君的名号，而"文牒目录"中出现的是"大火天羯毒日星帅、木德高林煞访星帅、火德执摩引煞星帅、金德白煞号嗷星帅、水德毒煞翻波星帅、黄发飞烈号瀷星帅、罗林目瞰河魁星帅、神尾游访计门星帅、都游紫炁号门星帅、岁孛烈按黑炁星帅"① 十大星帅名号。据《道法会元》记载，道教内流传着名为"太一十星帅之法"的法术，该法首先由黄帝获得，后来大禹治水，遇到太一十真君传授此法，制服水患。再后来太一祖师虚靖真人（第三十代天师张继先，徽宗时赐号"虚靖先生"）在青城山修炼时，从太一十地灵官之处得到此法，并流传至今②。

关于十大星帅与十一星曜之间的联系，我们还可以从装扮上窥探一二。《道法会元》卷一百三十三"六府六司帅将"条详细记载了十大星帅的名号和装扮，兹举数例如下：

都天霹雳木德高林煞放星帅星嬀，雷冠，上有猪，青衣带，双手执桃子擘破，上有雷炁出。

都天霹雳火德执摩引煞星帅民颊，雷冠，上有火驴，红衣带，执火帜，恶相。

都天霹雳金德白煞号嗷星帅水摽，雷冠，上有雉，白衣，女人相，手抱琵琶朱弦。

都大霹雳水德黑毒翻波星帅叔俊，雷冠，上有猿，女人相，手执簿。

都天霹雳黄发飞烈号浑星帅申伸，雷冠，上有牛，老人相，手执降魔杵，或执锡杖，黄衣。

都天霹雳罗林目瞰河魁星帅陈只，雷冠，上有蛇，恶相，执幢，红衣带。

都天霹雳神尾游访计门星帅天坐，雷冠，上有龙，恶相，执豹尾长枪，绿衣。

都天霹雳都游紫炁号门星帅渊计，道士冠，紫衣，手执金书，天人相。

都天霹雳岁孛烈按黑炁星帅萧卜，披发，白道衣，仗剑选足，恶相③。

从装扮上看，木德星帅（对应木曜）冠上有猪，双手持桃；火德星帅（火曜）冠上有火驴，金德星帅（金曜）冠上有雉，女人相，手抱琵琶；水德星帅（水曜）冠上有猿，女人相，手执簿；黄发星帅（土曜）冠上有牛，老人相，手执锡杖；罗林星帅（罗睺）冠上有蛇，恶相；神尾星帅（计都）冠上有龙，恶相。这些装扮完全借用了十一曜星君的形象，只是由于十大星帅与雷法的关系，所以一般都改戴雷冠。特别的是，紫炁星帅头戴"道士冠"的形象或可为紫炁是由道教发明这一事件提供一丝佐证。

为了配合术的需要，道经中还记载有十大星帅神咒，例如《太上三洞神咒》卷二"雷霆召役诸咒"记载："太阳星帅，持权扶桑。曦轮万里，炬赫东乡。真符飞起，遍撒火光。……天乙紫炁，道曜之尊。解冲释恶，变祸移迤。真符飞起，大法攸行。字彗流星，神勇威灵。威南一叫，声震雷

---

① 《道法会元》，《道藏》第 29 册，第 715 页。
② 《道法会元》，《道藏》第 29 册，第 707 页。
③ 《道法会元》，《道藏》第 29 册，第 650—651 页。

霆。真符飞起，石裂山倾。"① 从中亦可看出十一曜星君影响的痕迹。此外，由于神学诠释的需要，十大星帅的名称并不固定，《道法会元》卷一百三十五"太一天章阳雷霹雳大法"中便记载了一种新的称谓："速召东方木德神、南方火德神、西方金德神、北方水德神、中央土德神、吊门计都神、贞杀罗睺神、执天太阳神、主覆紫炁神、十将灵灵、驱摄列星。"② 几种不同称谓背后体现的是神学解释的实用性，这种实用性的显著特征之一是不固定性与调适性，这和我们通常理解的神圣性所代表的稳固性相辅相成，这一"常"与"非常"的现象值得我们深思。

（二）雷神、祈晴雨、掩日光与十一星曜

雷法自宋代兴起之后，广为诸派所用，以祈雨祈晴、伏魔降妖等。十一星曜也因此被赋予了雷神的身份，转变成为十一雷君。《道法会元》卷一百一十"混沌玄书大法"记载有十一雷君名号③，《法海遗珠》分别记载了十一雷君的法符④。

祈晴祈雨雪是雷法的主要用途之一，十一曜中被用以主宰晴雨的星曜主要是罗睺、计都、和月孛三星，三个星曜有时单独使用，有时相互组合使用。宋代路时中编《无上玄元三天玉堂大法》之"禳旱法"记载了一段祈禳干旱的咒语，其中提到"雨师元隶罗睺星"⑤。此咒又被称为"四溟咒"，在《灵宝领教济度金书》⑥《法海遗珠》⑦《太上三洞神咒》⑧ 等经书中多次出现，并且还化身"电字咒"⑨"水雷咒"⑩ 以召雷祈雨。

除上文提到的"四溟咒"，《道法会元》汇编的诸多符箓道法中记载了不少有关召请罗、计、孛祈晴雨的符咒法令，比如"移潭会龙移海掣雨令"，此令"批付都天星帅罗、计、孛"⑪；"霹雳搜龙震威倾雨令"，此令"付都天星帅月孛遵依"⑫。再比如"太一天章阳雷霹雳大法"之"祈雨行遣"中提到"上申神首隐曜罗睺星君，神尾暗曜计都星君圣前。……催发箕毕翼轸四宿，协心运功，如期降雨"⑬，以及"苟毕符"中出现的"罗睺计都土宿黑"的咒语⑭。这其中提到了罗睺、计都、土宿以及箕、毕、翼、轸星。毕星也称毕宿，是二十八星宿之一，也是中国传统"雨师"形象的一种。毕星主管降雨的起源很早，《诗经》曾称："月离于毕，俾滂沱矣。"东汉应劭《风俗通义》"雨师"条记载："《周礼》：'以槱燎祀雨师。'雨师者，毕星也。"⑮ 道教祈雨法术中以毕星降雨的说法是对传统星宿文化的继承，不过在上述道法中，毕星受到罗睺、计都的节制，这种身份上的差异，表明十一星曜的地位高于二十八宿。

---

① 《太上三洞神咒》，《道藏》第 2 册，第 61—62 页。
② 《道法会元》，《道藏》第 29 册，第 672 页。
③ 《道法会元》，《道藏》第 29 册，第 489 页。
④ 《法海遗珠》，《道藏》第 26 册，第 960—961 页。
⑤ 《无上玄元三天玉堂大法》卷二十二，《道藏》第 4 册，第 99—100 页。
⑥ 《灵宝领教济度金书》，《道藏》第 8 册，第 511 页。
⑦ 《法海遗珠》，《道藏》第 26 册，第 763 页。
⑧ 《太上三洞神咒》，《道藏》第 2 册，第 50 页。
⑨ 《道法会元》，《道藏》第 30 册，第 559 页。
⑩ 《道法会元》，《道藏》第 30 册，第 565 页。
⑪ 《道法会元》，《道藏》第 29 册，第 679 页。
⑫ 《道法会元》，《道藏》第 29 册，第 681 页。
⑬ 《道法会元》，《道藏》第 29 册，第 741—742 页。
⑭ 《道法会元》，《道藏》第 29 册，第 428 页。
⑮ （汉）应劭撰，王利器校注：《风俗通义校注》，北京：中华书局，1981 年，第 366 页。

除了祈晴祈雨雪，《道法会元》卷九十四中的"掩阳光秘咒"（唵聻聻吽吽黑暗天昏摄。太微童子敕，罗睺土宿摄）①、《法海遗珠》中的"掩日诀"（唵罗睺计都土宿摄）② 以及《太上三洞神咒》中的"团云咒"（聻聻吽吽，黑暗天神。天旋地转，日月失昏。罗睺土宿，煞炁飞腾）③ 中出现了罗睺、计都、土宿被用以遮掩阳光的记载。由于罗睺、计都在印度天文学中的原始含义便与日月食相关，此处被用以遮掩日光是其天文学含义在宗教法术中的延伸。

（三）考召、内丹等道术中的十一星曜

除了上述功用，十一星曜还被不同道派赋予了许多身份与功能，这些功能基本上已经脱离了其原始的天文学内涵，更多的只是通过借用十一星曜的名号，将其与道法相结合，因地制宜、因时所需地使用。比如，在《道法会元》的"东平张元帅专司考召法"④"正一吽神灵官火犀大仙考召秘法"⑤"东岳温太保考召秘法"⑥ 中，"罗睺"出现在迷魂法术的咒语中；在《灵宝领教济度金书》中，"罗睺"转而被用在"行神布炁咒水治疼痛咒"中⑦；而在《鬼谷子天髓灵文》中出现的又是"齿神罗睺清元君"的称谓⑧，可见，"罗睺"的身份与职能多有变化，并不统一。再比如宋路时中编《无上玄元三天玉堂大法》中，存思十一曜是"治尸虫"法术的一个重要环节⑨；在《上清北极天心正法》中，"计都"则变身为天心派法术"天心总咒"的一部分⑩。

南宋以降，道教内丹之法盛行，十一星曜因之也出现在叙述内丹机要的口诀、诗词之中。南宋白玉蟾作、留元长编集的《海琼问道集》中载录有《乌兔经》一首，其中提道："嫦娥配罗睺，阳黎妻月孛。"⑪ 金代侯善渊述《上清太玄集》卷五"大张仙问十二颂五言绝句"中有阐述"隐显"之诗："土宿见罗睺，擎天跨火牛。剑光无血污，斩下赤龙头。"⑫ 元代林辕所述《谷神篇》卷上有《大药还丹诗》："啜摸罗睺吞玉玦，温存月孛守珠囊。黄庭炼就金鱼袋，绝胜官封田舍郎。"⑬ 在这些诗文中，月孛、罗睺演化成内丹术语，以隐晦的语言阐述着道教内丹的奥秘。

随着宋元真武信仰的逐渐兴起，十一星曜与真武的关系也逐渐密切。元代道士刘道明编撰的《武当福地总真集》卷下记载有宋嘉祐二年（1057）天中节（端午节），十一曜、北斗等星宿经纬阴阳、功齐天尊之事⑭。在此书之后，约出于延祐元年（1314）至至元二年（1336）⑮ 的《玄天上帝启圣录》卷五"祈应计都"条专门记载了至和三年（1056）八月初一日夜张贵妃祈应计都星君的故

① 《道法会元》，《道藏》第 29 册，第 401 页。
② 《法海遗珠》，《道藏》第 26 册，第 762—763 页。
③ 《太上三洞神咒》，《道藏》第 2 册，第 121 页。
④ 《道法会元》，《道藏》第 30 册，第 587 页。
⑤ 《道法会元》，《道藏》第 30 册，第 386 页。
⑥ 《道法会元》，《道藏》第 30 册，第 564 页。
⑦ 《灵宝领教济度金书》，《道藏》第 8 册，第 245 页。
⑧ 《鬼谷子天髓灵文》，《道藏》第 18 册，第 672 页。
⑨ 《无上玄元三天玉堂大法》卷二十二，《道藏》第 4 册，第 93 页。
⑩ 《上清北极天心正法》，《道藏》第 10 册，第 646 页。此咒又见于《太上三洞神咒》，《道藏》第 2 册，第 70 页。
⑪ 《海琼问道集》，《道藏》第 33 册，第 141 页。
⑫ 《上清太玄集》，《道藏》第 23 册，第 786 页。
⑬ 《谷神篇》，《道藏》第 4 册，第 537 页。
⑭ 《武当福地总真集》，《道藏》第 19 册，第 661 页。
⑮ 杨世泉：《元代道教经典〈玄天上帝启圣录〉》，《中国道教》2004 年第 6 期。

事①。及至明代《许真君玉匣记》，计都星已完全脱离其原本凶恶的身份特征，转而成为人间祈请的福神②。

综上所述，随着道教的发展，十一星曜的天文学本义不断淡化，进而演变为一种象征符号，辗转于不同的道法之中。这一流转变迁过程受多种因素的影响：一方面，十一星曜中的"紫炁""月孛"是后发明出来的星曜，本就缺乏清晰明确的意涵；另一方面，在道教漫长的历史中，不同人物、不同法派对于十一星曜的认知程度也参差不齐，这些因素无疑影响了对十一星曜进行诠释的可能性，因此"象征化""符号化"成为十一星曜在道教内部发展、演变不可避免的结果，也正因如此，十一星曜才可以更加灵活地辗转流传于不同时代。

---

① 《玄天上帝启圣录》，《道藏》第 19 册，第 602—603 页。
② 《许真君玉匣记》，《道藏》第 36 册，第 320 页。

关于《太上玉笈救劫金灯感应篇新注》的几点探讨

李　冀*

内容提要：汇真子所撰《感应篇新注》是清代仅有的以道教"长生"为主旨解释《太上感应篇》的注本。汇真子以儒士的身份为人们勾勒出一个"长生者"与天地宇宙万物相辅相生的神学体系，在这个神学体系中，他号召人们通过行"进道"以"正己"，通过培养内在的"刚强之仁"与"义"以"化人"，由"正己化人"而至"长生"，由"长生"而至天下太平。这一由个体善行渐进至天下太平的神学构想可以看作儒家"修身、齐家、治国、平天下"的另类表述。此外，汇真子利用道教神学手法，以儒士之身份注解《感应篇》，这一现象不仅体现了清代儒士的宗教化转向，同时反映出道教人士对于《太上感应篇》的忽视以及在宗教世俗化的背景下道教发展的停滞与落后。

关键词：《太上玉笈救劫金灯感应篇新注》　汇真子　劝善书

《太上感应篇》全文仅有一千二百余字，其传播规模与《圣经》不相上下，而它流传的主要依托对象是其浩繁的注本。虽然《感应篇》为道教经典，但其注本却鲜有道士参与，清代较为流行的几个本子皆是儒士所作，如惠栋的《太上感应篇笺注》与许缵曾的《太上感应篇图说》。不过惠栋等人皆以儒家经学阐释《感应篇》，较少触及道教思想，《感应篇新注》所折射出的道教注解特色可以说弥补了这方面的空白。可惜目前学界对此书知之甚少，相关研究也尚未展开。

一、《感应篇新注》成书及其篇目解题

《感应篇新注》，全称《太上玉笈救劫金灯感应篇新注》。有学者指出，该书为台湾吴满堂等人乩笔而成[①]。这一观点实际上是由于对 1976 年吴满堂序文误读而引起的。吴满堂在序文中说："天帝敕令汇真子、广野人悬旨降乩于五文昌宫，将《感应篇》阐注，句句缕析真理。亦引经史，亦引典故，因果报应，毫厘不爽，无微不至。阅之，警惕于心，不敢再犯，故书名曰：《太上感应篇新注救劫金灯》。实诚善书中之宝典，渡世之津梁也。爰笔数语，是为序。"[②] 依吴满堂语，该书系

---

* 作者简介：李冀，四川大学道教与宗教文化研究所副研究员。

① 丁培仁编著：《增注修道藏目录》，成都：巴蜀书社，2008 年，第 227 页。

② 《太上救劫金灯·序》，台中：圣贤堂，1992 年，第 1 页。

"天帝"命汇真子和广野人降笔所作。吴满堂的序文后是广野人的序文，广野人说："太上慈悲广大，特将《感应篇》，命汇真子详注阐说太上新注，救劫金灯。"[1] 也就是说，此书实为汇真子所注，并非吴满堂或广野人乩笔而成。那么汇真子又是何许人也？是书又成于何时呢？历史上并没有留下汇真子的相关记载，他除了注解《感应篇》，似无更多的痕迹可寻。不过汇真子注本在清代已然存在，且经历了多次刊印。目前所知最早版本为重庆万福寺于道光元年（1821）所刻[2]，道光元年可以看作此书出现的时间下限，那么其上限又是何时呢？考书内文句，顺治[3]、康熙[4]、乾隆[5]等年号皆在其中，则是书应不早于乾隆时期。此外，汇真子曾引用吴谷人《功过格序》中的"神仙须立三千功，方登紫府；士子偶因一念之错，便堕青云"[6] 之句。吴谷人，原名吴锡麒（1746—1818），号谷人，乾隆四十年（1775）进士，他是清代著名的文学家，尤工骈文。吴锡麒重镌《功过格》时为之作序，《功过格序》后存于其《有正味斋骈体文》中。汇真子引用吴锡麒序文，由此可知，汇真子作注的时间大体在清乾隆晚期至嘉庆时期（1775 年至 1820 年左右）。

汇真子为何将此书称为"太上玉笈救劫金灯感应篇新注"呢？"玉笈"较好理解，即代表玉饰的书箱，《汉武帝内传》有"侍女还，捧五色玉笈凤文之蕴，以出六甲之文"[7] 的说辞，可见"玉笈"象征着尊贵。汇真子将"玉笈"放于"太上"之后，给予读者以充分想象，以此强调《感应篇》来源的神圣性。关于"救劫"，汇真子说："撑持宇宙，挽回劫运，全靠善人，故太上特加所谓二字，虽系承上启下，实以见善人之行难践，而善人之名亦难负也……善人二字，全部关键，合地绅耆，固宜互相振奋，凡有牧民之责者，尤当格外激劝，格外栽培，格外护持，方能挽回劫运而消厄，惟善人能撑持宇宙，挽回劫运。"[8] 汇真子认为善人难当，非一般人可承担起"善人"二字之名号，这是因为"善人"需担起支撑宇宙以及挽救劫运的重担。他劝诫执政者应善待并栽培善人，方可消除厄运，维持宇宙的存在与发展。既然善人可挽救宇宙的劫运，而《感应篇》乃劝善之文，故而汇真子称之为"救劫"之书。关于"金灯"，汇真子说："所谓一灯能除千年暗，一智能破万年愚也。"[9] 灯是光明的象征，明暗相对，明为善、为智慧，暗为恶、为愚笨，灯的光明可以消除黑暗，冲破愚笨，这是"金灯"之谓的缘由。关于"新注"，则是为了与其他《感应篇》注本相区别。清代《感应篇》注本众多，各家注说虽有不同，但绝大部分注本皆采用以儒家伦理为主的解释路径，较少涉及道教内容。汇真子在注文中贯以"长生"与"成仙"的主线，与其他注本不同，这也是"新"之所在。

总之，汇真子利用书名强调了此书与道教的神圣关联，不过该书最初的刊印地却在寺院，即重庆的万福寺。此书在道教界及民间的传播更多地得益于陈玉赞的推崇。咸丰十年（1860），陈玉赞

① 《太上救劫金灯·序》，第 1 页。
② 重庆市新闻出版局编纂：《重庆市志·出版志（1840—1987）》，重庆：重庆出版社，2007 年，第 92 页。
③ （清）汇真子撰：《太上玉笈救劫金灯感应篇新注》，上海：宏大善书局，1920 年，第 54 页。
④ （清）汇真子撰：《太上玉笈救劫金灯感应篇新注》，第 59 页。
⑤ （清）汇真子撰：《太上玉笈救劫金灯感应篇新注》，第 66 页。
⑥ （清）汇真子撰：《太上玉笈救劫金灯感应篇新注》，第 53 页。
⑦ （汉）班固：《汉武帝内传》，北京：中华书局，1985 年，第 13 页。
⑧ （清）汇真子撰：《太上玉笈救劫金灯感应篇新注》，第 23 页。
⑨ （清）汇真子撰：《太上玉笈救劫金灯感应篇新注》，第 5 页。

为此书作序，在序文中自称"都天纠察善神大（一作太[①]）清官兼司道门功过陈玉赞"，也就是说，陈氏乃代天监察人间及道门的神职人员，这是他的自封号。不过，有了这样一个称谓，使得陈玉赞在序文中将道门神职人员的身份特性发挥到极致。他的序文如下：

> 人在天地之气中，天地在人心中。天下善心多，则天清地朗，共享太平；天下恶心多，则天黑地昏，酿成劫运。刀兵盗贼水火瘟蝗为外劫，贪嗔痴爱淫佚骄奢为内劫。内劫无常，外劫有数，然外劫未有不由内劫之积累而成也。故欲消除劫运，先正人心。《感应篇》者，众生之心灯也，遥溯大唐扶桑大会，运逢阳九，又临百六，生灵遭劫者众，诸天圣真，共叹救劫无术。太上曰：吾有《感应篇》，传之下界，但能改恶从善，即可解劫消灾，久久行持，不但免劫，并可成真。爰命金童玉笈取出，众仙遍读，俱稽首赞曰：下民之暗室金灯也，速敕梓潼帝君，飞鸾显示。然读者多视为觉世具文，不知实为救劫要旨。故笈注几满百家，总多隔膜，今汇真子奉太上之命，详注此篇，名为玉笈救劫金灯。虽创其新，实仍其旧。援笔时常有金童在侧，得句即录，注成，众仙批阅，谓议论正大，词旨光明，把群言而毕贯，会三教于一源，洵足以正人心而消劫运。由是异口同声，叹历来所注，以此为第一，汇真子之功，当以亿万计，赞襄者亦与有力焉。旹本命来序，合观全卷，其善条如不欺暗室，与三台北斗，忠孝友悌等章，均发前人所未发，其恶条如保贮险心，与轻蔑天民，认恩推过等章，尤为精警清新，其余较寻常讲解，俱属美善毕臻，急宜广布流传，家喻户晓，一人信从，一人免劫，一家信从，一家免劫，一乡信从，一乡免劫，天下信从，天下免劫。爰弁数语，以为心灯添油之一助，庶人心有长明不灭之灯，而天下无大乱难平之劫乎！是为序[②]。

首先，陈玉赞详述了"太上玉笈救劫金灯"名称的由来，他假意转述"太上"之语，称该篇出自"太上"之手，自"玉笈"中来，具有"救劫"之目的，可点亮人心之灯，消除黑暗，免除天下之乱，故名为"太上玉笈救劫金灯"，这与汇真子所言如出一辙。不过陈玉赞在汇真子"救劫"之说的基础上，进一步将劫运细化。他认为劫运可分为内劫与外劫，外劫为"刀、兵、盗、贼、水、火、瘟、蝗"，内劫为"贪、嗔、痴、爱、淫、佚、骄、奢"，外劫由内劫积累而至。陈玉赞序文成于咸丰庚申年（1860），此年正是中国多灾多难的一年。1860年，英法联军闯入圆明园疯狂地抢劫，为了销赃灭迹，火烧圆明园。清廷先后签订了丧权辱国的《天津条约》和《北京条约》。虽然陈玉赞序文成于庚申仲夏（阴历五月左右），英法联军尚未攻入北京，但仲夏时节，英法联军已经在浙江、辽宁等地登陆，并占领舟山、烟台、大连湾等地，其时西方列强与中华民族之间的矛盾十分尖锐。由于列强的入侵，战争之苦加剧，陈玉赞强调"刀、兵"之劫，反而将"瘟、蝗"等自然灾害排在最后，反映出道教人士在面对家国残败的局面时，渴望免除灾难和企望和平的美好愿景。

其次，陈玉赞不仅神化《感应篇》，他连汇真子一同神化。他说《感应篇》虽有众多注本，却与"太上"的主旨有所"隔膜"，于是"太上"命汇真子详细注解此篇。依陈氏之语，汇真子乩笔

---

① 光绪十九年（1893）崇阳文昌宫本写作"太"。

② （清）汇真子撰：《太上玉笈救劫金灯感应篇新注·序》，第1页。

注解时，常有金童在其左右，注本完成后，该书得到众仙的肯定与赞扬。陈玉赞不仅架构出汇真子与"太上"之间的神秘联系，还进一步称自己作序同样是"奉命"而为，所谓"奉命"自然是依"太上"的旨意行事。陈玉赞这一系列言辞的目的十分明显，他先神化《感应篇》，进而神化汇真子，最后神化自身，并通过汇真子作注与自身作序的行为对此注本的神圣性进行论证。在此背景下，陈玉赞迫切希望此书广泛流传，按他的话是"急宜广布流传，家喻户晓"。因为在他看来，只有人人知晓此书，人人向善，才可免除内劫，进而消解外患，使人们免受"刀、兵"之苦。

事实证明，陈玉赞的序文确实形成了一定的影响力。此后，该书的各个版本几乎都将他的序文列在卷首，目前可知存有陈玉赞序文的本子有光绪十九年（1893）崇阳文昌宫本、民国九年（1920）上海宏大书局本、民国十二年（1923）陕西同善社本、民国二十一年（1932）上海明善书局本。直至今日，仍有道观捐资翻印此书，所依版本多为民国时期北京天华馆本，该本同样留有陈玉赞序文。

根据以上文献记载，笔者以为：《感应篇新注》大体成于清乾隆晚期至嘉庆时期。汇真子将此书题为"太上玉笈救劫金灯感应篇新注"具有明显的目的性：首先，"太上玉笈"四字可使该书与太上老君的关联更加紧密，进一步增强该书的神学特性；其次，"救劫金灯"四字可使读者明确该书对于尘世及个人存在的重要意义，该书所展现的善道是人们摆脱黑暗、趋向智慧与光明的依据，是这个世界消除劫运与存在的本根；最后，"新注"象征创新之义，汇真子利用"新"的道教视角注解《感应篇》，以此吸引读者注意，并与其他注本相区别。在清廷遭受列强入侵的背景下，陈玉赞结合现实，在序文中将《感应篇新注》的神性进一步提升，引导人们相信此书不仅是劝善之书，还是人们免除"刀、兵"之苦的救世良药。

二、汇真子的儒者身份

若仅以书名及陈玉赞序文判断，汇真子注本似与其他"神降"之道书没有区别，不过身为注者的汇真子确是道士吗？

清代《太上感应篇》的注本多引经征事以释文，所引的经多为儒家经典，所征之事多为古今感应事迹。如上文所言，通过《太上玉笈救劫金灯感应篇新注》篇题和陈玉赞序文可知，该书是以道教视角解释《感应篇》的注本。在汇真子的释文中，他常常引用道经及"元始天尊""太上"之语，并杂以"真仙许逊""葛仙翁""三丰张祖"等真人语录，配以"何仙姑""七仙女""王母"等神话传说。也就是说，汇真子所引的经多为道经，所征的事多为道教神话与传说。既然汇真子如此推崇道教，那么他本人是否也是一名道士呢？答案可能是否定的。纵览全书，汇真子的注文并不局限于道言，儒、释思想同样占据一定篇幅，此外，他还将"孔子、佛祖、太上"并提，如他在解释"算减则贫耗"时说："孔子云：君子忧道，不忧贫。佛祖云：一人办心，诸天办供。太上云：修行人有三分真心，上天便有七分护法，三教圣人岂诳语哉！"[1] 此处他将孔子居前，佛祖次之，太上更次

---

① （清）汇真子撰：《太上玉笈救劫金灯感应篇新注》，第3页。

之。又如他在提及"仙"的时候，多"圣、贤、仙、佛"并称，"圣、贤"居前，"仙、佛"反而居后，他说："吾谓并可决为圣、贤、仙、佛之器，予有诗一联云：圣贤都费真心血，庸儒偏多懒骨头。"① 汇真子极力推崇"圣贤"之勤勉，鄙恶庸儒之懒惰，此语虽含对于庸儒的讽刺之情，换一个角度思考，汇真子对于庸儒的讽刺反而表现出他对儒者的劝勉与对圣贤的向往。汇真子虽然没有正式表明自身的身份，却在注文中不经意地透漏出身为儒者的信息。他说："礼曰：'草木黄落，然后入山林，昆虫未蛰不可以火田。'谁谓吾儒，不惜昆虫草木哉！"② 又言："夫博施济众，尧舜犹病，何况吾儒，然随我所处时地，所接人物，但于苦海中，竭诚济度，便是心头常驾一只大慈航也。"③ 汇真子在表述一些观点时，在"儒"前加了"吾"字，可以理解为"我们儒者"，简而言之，他将自身看作儒士。

汇真子并非道士，未入道籍，却不妨碍他以儒者的身份学习道教经典与注解《感应篇》。但是，他身为儒者却为道教宣名，在外人看来，似有不妥。首先，清代道教缺少上层社会的支持，在民间的影响力不断减弱，逐渐处于边缘化的位置。此外，儒道之间总有隔膜，一些人自恃儒者身份而弃各类道书于不顾，惠栋、俞樾等大儒注解《感应篇》的原因之一正是为了让更多儒生阅读与学习此篇，以此改变儒者对待道书的固有观念，这也从侧面反映出儒者心中对于《感应篇》存在着偏见。其次，汇真子即使取了一个"道名"，不过他仍然担心自己的身份并不"正统"，而使他的注本得不到道教界应有的重视。

针对第一点，汇真子以三教融一的观点为道教辩护。他在解释"夫心起于善"时说："想忠恕，念慈悲，思感应，三教圣人共一心。"④ 也就是说，儒家之"忠恕"、佛教之"慈悲"与道教之"感应"皆是三教圣人"善"心的体现。汇真子以"善"统一三教，他认为三教皆善，在这一点上三教无别，既然无别，则没有必要区别对待，弃道而扬儒或弃儒而扬道皆非明智之选。针对第二点，汇真子认为自身这个儒士可能比道士还要正统。他说："释道两教之真传，并非如庙中看香火之僧道也，而亦非庙中之僧道所能知。凡得其真者，其诀与儒之《周易》无异，其理与《大学》《中庸》相符，不必拘定出家修持，此所以有教外别传之旨也。"⑤ 汇真子认为佛道二教的真正传承并非如人们日常所见的寺观里面的僧人与道士的传承形式，想得到真传也并非只有出家修行这一条路可走，还有教外别传的路径。在汇真子眼中，他自身大概走的是教外别传的道路，不过，如他所说，所谓佛道传承的真知与儒家经学学习无异。由此可见，他所得到的"教外别传"也仅是读书明理而已。他说："吾辈读书明理，不能修身齐家，保全一方，能不自愧乎？"⑥ 又说："吾辈宜各俱保全一方真心，今种人沾点小光，不枉读书一场。"⑦ 可见，汇真子的道教知识是通过读书自学而得，他所谓的"真传"也是自身对于道教的一种感悟，并没有得到实际的授业老师的教授。汇真子的注解遇到难处时常常参考《道书全集》，他说："尝考《道书全集》，正月初一为天腊，五月初五为地腊。"⑧ 又

---

① （清）汇真子撰：《太上玉笈救劫金灯感应篇新注》，第 7 页。
② （清）汇真子撰：《太上玉笈救劫金灯感应篇新注》，第 16 页。
③ （清）汇真子撰：《太上玉笈救劫金灯感应篇新注》，第 18 页。
④ （清）汇真子撰：《太上玉笈救劫金灯感应篇新注》，第 75 页。
⑤ （清）汇真子撰：《太上玉笈救劫金灯感应篇新注》，第 66 页。
⑥ （清）汇真子撰：《太上玉笈救劫金灯感应篇新注》，第 8 页。
⑦ （清）汇真子撰：《太上玉笈救劫金灯感应篇新注》，第 8 页。
⑧ （清）汇真子撰：《太上玉笈救劫金灯感应篇新注》，第 72 页。

说："尝考《道书全集》，灶中火名伏龙屎，故不可烧香。"① 《道书全集》刊于明崇祯年间，包括《金丹正理大全》《诸真玄奥集成》《玄宗内典》等书，汇真子所提到的道教文献基本取自此套丛书。

可见，汇真子身为儒士，不仅为道教正名，强调儒释道三教的重要性，希望儒者学习此书；此外他还要为自身正名，说明读书明理也是一种道教的传承，从而避免道教界对此书的忽视。这两点表述反映出当时儒道之间确实存在隔膜与距离，以及汇真子为此书在儒道中间流传所做出的努力与尝试。

三、汇真子的"长生"追求与其神学体系的建构

汇真子儒生的身份使得他在注解道经过程中，自然地表露出浓重的儒学色彩，最有特点的是他对于"长生"的理解。他说："而欲求长生，此就未入道者言也，若已闻道者，欲得长生，又非仅求一己能避，务要正己化人，俾人人能避，所谓一夫不获时，予之辜也。必如此存心，方是圣、贤、仙、佛之胸襟，庶可得其长生。"② 他认为"长生"是对未闻道的人所说的，已经闻道的人则会知晓长生并非是针对自身而言。只有劝导更多的人，使得人人闻道，如此才可以得到"长生"。换句话说，"长生"并非针对个人的，而是针对所有人，只有所有人"长生"，个人才可"长生"。在汇真子看来，"长生"不仅是人类的诉求，它还带有上天对于人类的期盼。他说："上天何以望人求长生，一切仙、佛、圣、神，何以最喜人求长生哉！不知天地以十二万九千六百年为一元，一元有十二会，每会一万零八百年，亥会之后，天地重开重辟，天地究不能自开自辟，全靠长生得道之人，为之赞助。"③ 汇真子认为天地以"元"为时间单位，每"元"有"十二会"，通过十二地支表示，天地在"亥会"之后重新开辟，而天地的开辟全赖长生得道之人的帮助。天地依靠长生者而存，长生者同样依靠救助天地的功德而享受长生之福。他说："故子会一万零八百年，必赖长生者以易道之一阳助天，而天始开；丑会一万零八百年，必赖长生者以易道之一阴助地，而地始辟；寅会一万零八百年，必赖长生者以易道之一阴一阳，助天地生人生物，而人物始生。是以人世一切福德，皆如箭射虚空，力尽还坠，惟长生不死者，能立不朽功德，斯享无量福德。"④ 天地子会之时，长生者以一阳助天；天地丑会之时，长生者以一阴助地；天地寅会之时，长生者以一阴一阳助天地生养人与万物。人与万物全赖长生者的助力而存，同时，长生者也因其功德才可享受福德。长生者与天地万物相互依存，二者组成一个相生相成的共同体。

那么，长生者或善人为何能起到如此重要的作用？或者说善人与宇宙天地的关系又是怎样的呢？汇真子用元气或善气构筑起善人与天地之间的关联，他说："世人都以青青者为天，不知天之气无声无臭，充塞两间，凡自地以上，浮光虚空者，皆虚无之元气，即皆天之元气也，人之气一呼一吸，息息与天地之虚无者相通。"⑤ 又说："惟善气乃人之生气，常与人相生，则与天相生，实与

---

① （清）汇真子撰：《太上玉笈救劫金灯感应篇新注》，第72页。
② （清）汇真子撰：《太上玉笈救劫金灯感应篇新注》，第8页。
③ （清）汇真子撰：《太上玉笈救劫金灯感应篇新注》，第8页。
④ （清）汇真子撰：《太上玉笈救劫金灯感应篇新注》，第8—9页。
⑤ （清）汇真子撰：《太上玉笈救劫金灯感应篇新注》，第1页。

道相生，佑之者，并佑善人，成其生生不已之易道，不难万劫长存。"① 也就是说，天之元气与人呼吸之气相通，且相互影响，人的善气不仅是自身生命存在的依据，同样是天存在的本根，人的善气与天的元气相生相成，生生不已而使得天地长存于世。这就是善人或长生者可以起到决定天地命运作用的缘由所在。正是因为善气将长生者与天地相关联，所以长生者在天地"十二会"之时通过自身之善气与天地之元气相通并施以援手。至此，汇真子建构起天地与长生者共生共存的神学体系，而他建构这个理论体系的目的是为了使人们明晓向善的重要性，向善不仅可使人们通向长生之路，同时可以挽救世界于劫难。

汇真子不仅将个人的"长生"提升至人与宇宙同生的形而上的高度，在形而下的实践中，汇真子还强调人们需要通过"进道"获得长生。他说："欲求长生，必求进道。"② 又说："太上之意，盖以欲求长生，固当避一切大小之过，然避过而不求其进道，终不能得长生。"③ 人们想要获得长生，则需要避免一切过错，但仅仅避免过错并不能长生。他解释道："然欲进道以求长生，须先博学审问，以辨其是非，而后勇往果敢，以决其进退。"④ 也就是说，避免过失与恶行只是长生的必要基础，只有博学审问，明辨是非，而后勇猛与果断地决断进退之路，人们才可得到长生。汇真子的"进道"长生理念并非无的放矢。众所周知，道教以修仙长生为目标，道家则主张清静无为之道。道教的"仙"字本身蕴含着遁于山林之义，而名表面或浅显地理解道家的"无为"思想，则有不作为之义。两者皆与儒者所追求的入世与求功名的理念相抵触。汇真子作为儒者，以强烈的入世和救世的情怀对"长生"理念进行了新的解读与阐发。他把"长生"所表征的个体理念与行为扩充至天地宇宙的共有理念与行为，长生者或仙不再是避世的修行者，而是身担天地宇宙命运的使者。为了进一步培养人们的担当精神，汇真子强调"进道"，他希望好善之士以勇猛的精神行救世之道，这体现了汇真子作为儒士对于道教的劝勉与希冀之情。

四、"天下平"的美好愿景与"仁""义"之道

汇真子利用人们对于"长生"的向往，构建出一个善人与宇宙共存的神学体系，他这么做的目的是实现儒家"天下平"的理想。如前所述，汇真子眼中的善不仅是不犯过错，还是读书、明理、辨是非，这让我们联想到《大学》之道。他还多次提到"齐家"。他说："望同志各自修身齐家，一心挽回劫运，更广劝各依此存心，便是大功善。"⑤ 通过修身、齐家，而后挽回劫运，其实就是"国治"。可见，汇真子将《大学》"八条目"融入他的注本当中。为了实现"国治"，汇真子希望人们抱有远大的理想。他说："物俱受气于天地。是物与我，同似天地为父母。所谓天地万物，本吾一体也。既属一体，吾得其秀而最灵。即当为天地立心，为万物立命，为八荒开寿域，为万世开太

---

① （清）汇真子撰：《太上玉笈救劫金灯感应篇新注》，第24页。
② （清）汇真子撰：《太上玉笈救劫金灯感应篇新注》，第10页。
③ （清）汇真子撰：《太上玉笈救劫金灯感应篇新注》，第10页。
④ （清）汇真子撰：《太上玉笈救劫金灯感应篇新注》，第10页。
⑤ （清）汇真子撰：《太上玉笈救劫金灯感应篇新注》，第8页。

平。"① 人、天地、万物三者本属一体，人与万物如同天地的孩子，而人在万物中最为灵秀，因此，人也应有所担当。汇真子改编了北宋横渠先生的"为天地立心，为生民立命，为往圣继绝学，为万世开太平"的语句，将"生民"改为"万物"，将"为往圣继绝学"改为"为八荒开寿域"。汇真子希望人可以心怀天下万物，为天下开辟"长生"之境，从而创建天下太平之世。不仅如此，汇真子还时常在注文中流露出远大志向，他希望通过善行的流播，创造出一个"极乐世界"。他说："迁善之性，人人各具，个个圆成，故能善其善，乐其乐，以善契善，以善引善，并可劝天下之不善，同归至善。以乐同乐，即以乐导乐，并可挽天下之忧患，转为安乐。方寸中既广大无私，将见顶上祥光，圆满充塞，其善量自遍周寰宇，群生苦海，有不齐化为极乐世界哉！"② 汇真子的愿景是人人向善，进而天下归于至善与极乐之境，使得众生脱离苦海。由此可见，无论是"为八荒开寿域，为万世开太平"的愿景，还是"极乐世界"向往，都体现了汇真子"天下平"的远大志向。

汇真子用"愿……"这样的语句表达了他的美好向往。对于世人，他说：

> 吾愿世人，遇怨而万分难释者，亦当冰消瓦解，方不愧人间一大丈夫也③。
> 吾愿世人，去小人之私心，学君子之公心，将见天下一家，中国一人，联人己为一体，视得失无两心，休戚相关，安危一致，一己之欢乐同人，万人之饥溺犹己，由是而善弥宏者，道弥高，自然一得永得，万无一失，立亿万年之真空不空，然后可以目空一切，合人己得失之见，一扫而空④。

他冀望人们彼此之间消除怨恨，做顶天立地的大丈夫，进而立公心，去私心，安危与共，扫除人己得失之见，最后达到天下一家，中国一体。对于乡邻，他说：

> 惟愿乡党邻里，互相劝戒，勉其勤俭，杜其骄奢⑤。

他希望乡邻之间相互劝诫，鼓励勤俭，杜绝骄奢。对于宗族，他说：

> 愿世人于宗族，敦其雍睦，复令以宗和宗，以亲契亲，互求谊美恩明，普劝天下之攻讦者，皆化为兴仁兴让，庶平章协和之风⑥。

他希望宗族之间消除仇怨，相互友睦，普吹仁让和谐之风。对于执政者，他说：

> 吾愿天下万世之牧民者，各存爱民恤民之心，富教兼施，恩威相济，不使有无业游民，不

① （清）汇真子撰：《太上玉笈救劫金灯感应篇新注》，第 13 页。
② （清）汇真子撰：《太上玉笈救劫金灯感应篇新注》，第 18 页。
③ （清）汇真子撰：《太上玉笈救劫金灯感应篇新注》，第 33 页。
④ （清）汇真子撰：《太上玉笈救劫金灯感应篇新注》，第 19 页。
⑤ （清）汇真子撰：《太上玉笈救劫金灯感应篇新注》，第 44 页。
⑥ （清）汇真子撰：《太上玉笈救劫金灯感应篇新注》，第 30 页。

令有无耻奸民①。

他希望执政者心存爱护、体恤民众的心，奖赏与刑罚相互配合，从而使得天下没有无业游民与无耻奸民。

总而言之，汇真子希望人们树立公心，去除私心，人与人之间、乡邻之间、宗族之间可以相互仁让、友睦，消除彼此的芥蒂与怨恨，在执政者体恤爱民的基础上，实现天下太平的最终目的。

可是，"天下平"的基础是人人向善，个人的向善可以通过自我约束达成，他人的善恶又如何引导呢？也就是说，"正己"可以通过"进道"实现，这已然不易，但是"正己"只是获取长生的基础，"化人"即引导人人向善才是获取长生的最后途径。在"化人"的过程中，人们会遭遇各种非议与挑战，为了坚定人们的信念与化解人们心中的胆怯，汇真子提出了"刚强之仁"与"义士"的概念。他首先强调"仁"和"义"的重要性。他说："夫立天之道曰阴与阳，立人之道曰仁与义。人当义精仁熟之余，有以全其天性之善，则与天合德，人道之浑全，自邀天道之眷顾。"② 汇真子认为仁与义是人之所以称作人的基础，当人具备"仁义"后，方可完满其本善的天性，在德性上与天合一，进而得到上天的眷顾。在"仁"的基础之上，他提出"刚强之仁"的理念。他说："浩然养刚大之气，不息自强之学，刚强二字，原本可全非，然刚强而济之以仁，则宽猛相济，便成大丈夫，刚强而出以不仁，是弁髦之流也，其造罪不难滔天矣。学道者，当以刚强之仁，化天下之不仁。"③ 汇真子吸取孟子"浩然之气"与乾卦"自强不息"之义，提出"刚强之仁"的概念，"刚强之仁"是刚猛与宽容的结合，行"宽猛"之道可化解天下之不仁。何为"义"？汇真子说："义者，人之正路，凡事于公论通得去，便是义。"④ "义"代表人的正路，是公道人心。"义"还是人们修道的关键。他说："盖义所以配道，动偶非义，便阻其修道之程。"⑤ "刚强之仁"可以"化天下之不仁"，而"义"则是维系家国的关键。他说："夫义者，乾坤正气，所以纲维国家，即所以撑持宇宙。天下可百年无圣人，不可一日无义士。故元会至成，义士全无，而天地遂闭。无论天子百官，赏及一义，而众人之义气频生；赏及一非义，而众人之义气皆绥。在滥赏者，必谓吾仅失之厚，亦不为过；岂知非义而赏，是劝天下之人，皆舍义而趋不义，此大乱之阶也。"⑥ 天地皆是元气组成，义蕴含乾坤之正气，而义士是乾坤正气的承载。天地可以无圣人，却不可无义士。若是无义，则无正气而至天地闭塞，由此导致天下大乱。

汇真子深切知晓"化人"的不易，但是为了完成其"长生"体系的建构，他提出了"刚强之仁"与"义"的概念。他希望人们可以通过"刚强之仁"化解天下之不仁，通过"义"所具备的乾坤正气维护正道。"刚强之仁"与"义"都表现出一股强烈的行动力，这种行动力可以打破善人在面对不善之人与恶行时展露的畏惧与怯懦心境，使得善人在自身天地乾坤正气的感召下，化解天下的不善，完成天下至善的光荣使命，进而与天地同寿，实现长生的最终理想。

---

① （清）汇真子撰：《太上玉笈救劫金灯感应篇新注》，第 33 页。
② （清）汇真子撰：《太上玉笈救劫金灯感应篇新注》，第 24 页。
③ （清）汇真子撰：《太上玉笈救劫金灯感应篇新注》，第 31 页。
④ （清）汇真子撰：《太上玉笈救劫金灯感应篇新注》，第 10 页。
⑤ （清）汇真子撰：《太上玉笈救劫金灯感应篇新注》，第 27 页。
⑥ （清）汇真子撰：《太上玉笈救劫金灯感应篇新注》，第 34 页。

综上可知，汇真子的注解行为其实是替道教架构起一条普通人与虚幻的"长生"之间的桥梁，他的目的是以道教"长生"为指引，完成普通人"修身、齐家、治国、平天下"的儒学理想。若分而论之，这纵然是道教经典大众化与民间化对于儒士影响的结果，体现了清代儒士的宗教化转向；不过这一桥梁的建构本应由道教人士完成，而不是由身为儒士的汇真子完成，这又从侧面反映出道教与时代发展之间存在严重的落差，在宗教与世俗不断融合的背景下，道教人士并未紧跟世俗化脚步，并未利用清代帝王所推崇的《太上感应篇》大做文章，从而失去了道教在民间发展的良机。我们知道，清代道教的沉浮与统治阶级密不可分，"近现代道教失去了统治者在政治上和经济上的有力支持"①，这是道教衰落的主因；不过，道教人士在面对中国社会所发生的巨大变革时，其过于保守以及缺乏变通的心态与行为，使其没有及时适应社会发展的脚步，这一点也是造成清代道教衰落的原因之一。虽然《感应篇新注》在陈玉赞作序后得到了多次刊印，不过从该书的流传规模来看，此书并未得到道教界的普遍认同。反观儒释二教，无论是惠栋、俞樾，还是印光法师，都通过注解或助印《太上感应篇》的方式引导人们在日用行为中完成道德自律，进而发扬儒学和佛教思想。印光法师及其弟子对于《太上感应篇》的推崇所产生的影响一直延续至今，部分民间人士竟然是通过佛教徒的讲解进而了解与学习《太上感应篇》这一道教经典，这种现象值得当代道教界深思。

---

① 卿希泰主编：《中国道教史》（修订本）第四卷，成都：四川人民出版社，1996 年，第 210 页。

文昌信仰与传统孝道关系研究

张丽霞*

内容提要：本文主要从文昌信仰的历史演变、文昌信仰与传统孝道的结合以及文昌信仰承载孝道的特点三个方面，对文昌信仰与传统孝道的关系进行考察。文章认为，文昌信仰与传统孝道的结合实则是道教神学与儒家传统孝道的结合。道教神学体系是儒家传统孝道的载体，儒家传统孝道思想则通过道教神学的形式得到强化和贯彻。特别是在明中叶以后社会出现信仰危机时，这种融合儒道宣扬孝道的方式更易于被寻常百姓所接受，在一定程度上弥补了儒家孝道教化功能的不足。

关键词：文昌 道教 儒家孝道

文昌是天上星神、梓潼神张亚子相结合的民间神祇，宋代道教将文昌纳入自己的神灵体系中，成功地将其塑造成主司科举文运、劝善教化的人格神。明代以二月三日为其生辰，进行官方祭祀，成为全国性神祇。伴随着文昌信仰的兴盛，明清时期涌现出了大量托名文昌的劝孝文、劝孝戏曲，逐渐形成了以文昌信仰为中心的劝孝教化机制。由于其融合儒家孝道思想以及道教神学的教化手段，在明中叶以后的士人与寻常百姓中有很大影响，进而影响了整个社会。本文从传统社会核心价值"孝"的视角，拟就文昌信仰与传统孝道的关系展开论述。

一、文昌信仰的由来及其内涵的演变

文昌信仰发端于上古时期的星神崇拜。关于文昌星神的较早记录，《楚辞·远游》记载："后文昌使掌行兮，选署众神以并谷。"东汉王逸注曰："顾命中宫，敕百官也。天有三宫，谓紫宫、太微、文昌也。"[①] 上引虽然对文昌的记载较为粗略，但可以推测早在战国时期，文昌信仰就已经兴起并流传，这时的文昌是天上的星神，是掌领群星的首领。《史记·天官书》对文昌的记载较《楚辞》详细，曰："斗魁戴匡六星曰文昌宫：一曰上将，二曰次将，三曰贵相，四曰司命，五曰司中，六曰司禄。"[②] 文昌，天上星神，位在北斗七星之上，由六颗星组成，称为文昌宫。《晋书·天文志》

---

* 作者简介：张丽霞，哲学博士，四川大学道教与宗教文化研究所专职博士后。

① （宋）洪兴祖撰，白化文等点校：《楚辞补论》，北京：中华书局，1983年，第171页。
② （汉）司马迁：《史记·天官书》卷二十七，北京：中华书局，1959年，第1293页。

《隋书·天文志》皆沿承《史记》云："文昌六星，在北斗魁前，天之六府也，主集计天道。"[①] 由以上所引可知，早期所信仰的文昌为天上的星神。其神格主要以司命为主，掌人的寿夭、祸福[②]。至汉代，民间祀奉文昌星神已成为习俗，据东汉应劭《风俗通义·祀典卷八·司命》记载："谨按：《诗》云：'芃芃棫朴，薪之槱之。'《周礼》：'以槱燎司中司命'。司命，文昌也，司中，文昌下六星也。槱者，积薪燔柴也。今民间独祀司命耳，刻木长尺二寸为人像，行者檐篼中，居者别作小屋。齐天地大尊重之，汝南余郡亦多有，皆祠以腊，率以春秋之月。"[③] 东汉时期，民间所祀司命为文昌第四星，并且已有司命神像出现，时人出门随身携带，居家另作小屋供奉，其地位之尊足可与天地相比。

文昌信仰的起源还与蜀中的梓潼神有关。早期作为星神的文昌，后来因梓潼神信仰的介入而产生变化，至南宋转而以梓潼神张亚子为文昌神，于是文昌由星神转为人格神，职司也由主司命转为主司科举文运。关于梓潼神张亚子，据早期史料记载为梓潼地区所祀之神，因灵验而为民间所尊奉。晋常璩《华阳国志》卷二载："梓潼县郡治有五妇山，故蜀五丁力士所拽蛇崩山处也。有善板祠，一曰亚子，民岁上雷杼十枚，岁尽不复见，云雷取去。四姓：文、景、雍、邓者也。"[④] 早期的梓潼神张亚子是梓潼地区所祀地方神，晋时已立庙"善板祠"[⑤]。张亚子名声的显露与反抗前秦的张育有关。《晋书·苻坚上》载："东晋宁康二年，蜀人张育、杨光等起兵，与巴獠相应，以叛于坚。"张育自号蜀王，"与巴獠酋帅张重、尹万等五万余人进围成都"[⑥]。苻坚遣将邓羌与杨安攻张育于绵竹，张育、杨光二人兵败被杀，此事又见于《资治通鉴》卷一百三。蜀人为纪念张育，在梓潼七曲山修建了张育祠，而其时七曲山另有梓潼神亚子祠，因两祠相邻，后人将两祠神合称张亚子，并称张亚子仕晋战殁，实为晋书所载张育之事[⑦]。因张亚子神迹灵验，故受到帝王的重视，唐玄宗封为左丞相，唐僖宗封为济顺王，宋真宗封为英显王[⑧]。从史料看，梓潼神张亚子由晋至唐，作为梓潼地方神，护国佑民，虽多有灵验，但并不主宰文事，亦和文昌无直接关系。唐宋间，梓潼神开始与文昌相关联，并有文昌帝君的封号，职司亦转为以司科举文运为主。北宋蔡绦《铁围山丛谈》记

① （唐）房玄龄等：《晋书·天文志》卷十一，北京：中华书局，1974 年，第 290 页。（唐）魏徵等：《隋书·天文志》卷十九，北京：中华书局，1973 年，第 532 页。

② 虽然早期的文昌由六星组成，但主司司命。关于司命，春秋战国之时祭祀司命的风气已流行，《周礼·春官·大宗伯》曰："以槱燎祀司中、司命、风师、雨师。"郑玄注曰："司中、司命，文昌第五、第四星。"《礼记·祭法》篇云："王为群姓立七祀：曰司命，曰中溜，曰国门，曰国行，曰泰厉，曰户，曰灶。王自为立七祀。诸侯为国立五祀：曰司命，曰中溜，曰国门，曰国行，曰公厉。诸侯自为立五祀。"所载"王七祀""诸侯五祀"之首均是司命。《楚辞·九歌》有大司命"纷总总兮御阴阳"和少司命"登九天兮抚彗星"两篇，皆言天上星神，清孙诒让以为《楚辞》中的大司命为文昌宫第四星（见清孙诒让撰，王文锦等点校：《周礼正义》，北京：中华书局，1987 年，第 1306 页），王国维亦沿孙诒让之说（见《王国维学术随笔》，《东山杂记》卷一《司命与灶》，北京：社会科学文献出版社，第 6—7 页），可知早期星神文昌是以司命为其主要神格的。关于司命的职能，西汉末谶纬书有较为详细的记载，如《春秋元命苞》云："西近文昌二星曰上台，为司命，主寿。""上将建威武，次将正左右，贵相理文绪，司禄赏功进士，司命主老幼，司灾主灾咎也。""司命举过，灭除不祥。"可知司命主寿、主夭，与人的生死祸福密切相关。

③ （汉）应劭撰，王利器校注：《风俗通义校注》，北京：中华书局，1981 年，第 384 页。

④ （晋）常璩撰，任乃强校注：《华阳国志校补图注》，上海：上海古籍出版社，1987 年，第 91 页。

⑤ 任乃强注"善板祠"即今梓潼县北十八里七曲山之文昌帝君庙，见（晋）常璩撰，任乃强校注：《华阳国志校补图注》，上海：上海古籍出版社，1987 年，第 92 页。

⑥ （唐）房玄龄等：《晋书》卷一一三《苻坚上》，第 2897 页。

⑦ 参阅卿希泰主编：《中国道教》第三卷，上海：知识出版社，1994 年，第 93 页。

⑧ （宋）高承《事物纪原》卷七《英显王》载："神本张恶子，仕晋战死而庙存。唐明皇狩蜀，神迎于万里桥，追命左丞相。僖宗播迁亦有助，封济顺王，咸平中，益率为乱，王讨之，忽有人呼曰梓潼神遣我来。九月二十日城陷，果克，四年州以闻状，故命追封英显王。"

载："长安西去蜀道有梓潼神祠者，素号异甚。士大夫过之，得风雨送，必至宰相；进士过之，得风雨则必殿魁，自古传无一失。"① 引文中梓潼神已与科举文运关系密切，并甚有灵验，说明北宋时梓潼神已主司禄。宋代是道教吸收民间神祇的重要时期，道教为了适应士子求取功名的需要，将梓潼神吸纳进自己的神灵体系中，并以扶鸾的方式撰写了一批冠名文昌的道经。在道经中梓潼神张亚子被尊称为文昌帝君，受天命掌文昌府事及人间禄籍。元延祐初年，明诏天下以科举取士，敕封文昌帝君为"辅元开化文昌司禄宏仁帝君"。至此，梓潼神与文昌神合二为一，文昌主司科举文运的神格也得以完全确立。元以后，文昌成为全国性的大神，特别是明清时期全国各地新建文昌祠、文昌庙、文昌阁，托名文昌的劝善书也大量广泛流行，文昌信仰极盛，这也为文昌信仰与孝道善德教化的结合提供了契机和可能。

二、文昌信仰与传统孝道的结合

文昌信仰与孝相联系始于宋代。自宋代文昌成为道教神灵之后，道教人士通过扶乩降笔的方式撰写了一批文昌帝君的专属经典，如《太上无极总真文昌大洞仙经》《文昌帝君阴骘文》《梓潼帝君化书》《清河内传》《元始天尊说梓潼帝君本愿经》《元始天尊说梓潼帝君应验经》《高上大洞文昌司禄紫阳宝箓》等。这些经书在叙述文昌帝君的历世转化及成道经过时，或多或少都与孝相联系，文昌信仰与孝开始相结合。

作于宋元时期的《文昌帝君阴骘文》②，是借文昌帝君之口训导世人的劝善经典，其劝善内容为："忠主孝亲，敬兄信友，和睦夫妇，教训子孙，毋慢师长"③，主要是以忠孝为核心的封建道德。大约同一时期的《元始天尊说梓潼帝君本愿经》，具体来说亦无非教人忠孝友恭和顺："为人子者，训之使孝，为人臣者，训之使忠，训兄弟以友恭，训夫妇以和顺，训居上者，使待下以情，训治事者，使处心以公。"④ 在这两部经书中，孝与忠、友、恭、和、顺等封建道德条目作为文昌帝君劝善说教的主要内容被提及。

《太上无极总真文昌大洞仙经》和《梓潼帝君化书》是与孝联系较为紧密的两部道教经书。这两部道经力图将文昌帝君塑造成为一位笃行孝道、至仁至孝的大孝子。

撰成于南宋孝宗朝的《太上无极总真文昌大洞仙经》，原题"甘山摩维洞主太玄无上上德真君校正"，凡五卷。考其全文，"孝"字出现多次，其卷二《祝香》说：

> 至心归命礼　元皇天帝二月初三日诞
>
> 桂香宝殿，文昌上宫。九十六生，种善果于诗书之圃；百千万化，培桂根于阴骘之田。自

———————

① （清）纪昀总纂：《文渊阁四库全书·史部·地理类》，台北：台湾商务印书馆，第469册，第682页。

② 关于《文昌帝君阴骘文》的成书时间，清代朱珪在其校定的《阴骘文注》中认为："《阴骘文》有宋郊之事，当作于宋代。"现代日本学者酒井忠夫认为此文乃明代末叶下层士人所作。李刚认为此文仿效《太上感应篇》，是继《感应篇》产生后不久问世的道教劝善书籍，至迟不会晚于元代。此文采用李刚教授的观点。

③ 《阴骘文像注》，《藏外道书》第12册，第431页。

④ 《道藏》第1册，第817页。

雷杼炳灵于凤山，至如意储祥于鳌岫。开人心，必本于笃亲之孝；寿国脉，必先于致主之忠。应梦保生，垂慈悯苦，不骄帝境，玉真庆宫。现九十八化之行藏，显亿千万劫之神异。飞鸾开化，在在建坛；助国救民，人人被德。功存乎儒道释教，职尽乎天地水官，威灵不可度量，功德果难思议，至仁至孝，不乐不骄。大圣大慈大悲大愿神文圣武孝德忠仁王、安乐不动地游戏三昧定慧王、菩萨证果迦释梵镇如来救劫大慈悲更生永命天尊①。

引文中的元皇天帝，即文昌帝君，说他"本于笃亲之孝"，又说"九十六生，种善果于诗书之圃；百千万化，培桂根于阴骘之田""助国救民，人人被德"，说明文昌帝君是一个大孝子，并且历代转世行善，助国救民，旨在把文昌帝君塑造成为"至仁至孝"的孝子形象。身为孝子的文昌帝君还规劝世人力行孝道。托名"北府枢相集福真君"作的《九天开化本愿经序》中说：

凡显名青编而受此经者，岂非欲生之徒，求免兵戈疫疠之苦者钦！予谓受经未善也，必诵之而后可。诵之又未善也，必行之而后可。行者何？孝悌忠顺公恕是也，孝悌忠顺公恕非难，亦惟曰安本分三字而已。吾言如是，可以消劫，疑之信之，吾何有焉②。

文中说受此经的人可以避免兵戈疫疠之苦，接着强调"诵"和"行"，"行"的内容就是"孝悌忠顺公恕"六条道德条目，而"孝"位居首位，体现了孝德在诸德中的重要地位。

《梓潼帝君化书》③（又称《文昌化书》《文帝化书》），全书以文昌帝君为第一人称，叙述文昌帝君自周至晋历代出生、结婚、生子、行善等事。此书也在将文昌帝君塑造为孝子方面颇着笔墨。在叙述文昌帝君历世转化的过程中，与孝相联系的有第七化"宁亲"、第二十三化"孝友"、第三十二化"刑赏"、第七十四化"孝廉"、第九十四化"终亲"。其中比较有代表性的是第七化"宁亲"。其篇首诗云：

母氏劬劳岁月深，风寒暑湿久相侵。

医巫诊视皆无效，针灸频仍殆不任。

剔股和羹偿宿愿，吮疽出血本诚心。

分明夜听天神语，一纪延生表至谌④。

诗后还配有一段相关的故事，大体意思是说文昌帝君的母亲常年劳累，以致积劳成疾，先后请巫觋祈祷和医师诊断皆不见效。于是文昌帝君割下自己身上的股肉熬粥给母亲喝，用嘴吮吸出母亲

---

① 《道藏》第1册，第497页。

② 《道藏》第1册，第499页。

③ 关于《梓潼帝君化书》的成书时间，学术界颇有争议，王兴平在《刘安胜与文昌经》一文中认为前七十三化为刘安胜等人于四川成都飞鸾而出，时间为南宋孝宗隆兴年间至淳熙八年。宁俊伟在《梓潼帝君化书成书年代辨析》一文中推定前七十三化写于北宋，七十四化后为南宋所作，元时重新审定。谢政修在《〈文昌化书〉编纂历程与版本析论》一文中认为《文昌化书》至少经历了三次编纂，前七十三化由刘安胜于1164—1181年飞鸾而出，七十四化至九十四化飞鸾时间介于1181—1194年之间，九十五化至九十七化在1266年之后。

④ 《道藏》第3册，第295页。

身上的疮毒。天神被文昌帝君的孝行感动，延长了他母亲一纪的寿命。不难看出这则以文昌帝君为第一人称"割身救母"的孝亲故事是融合了传统孝道"割股疗亲"的故事创作而成的，而"割股疗亲"是践行传统孝道价值观的一种典型表现。是书以诗、文并行的方式叙述文昌帝君的孝行，在把文昌帝君塑造成孝子方面远较《太上无极总真文昌大洞仙经》更加生动、感人。

忠孝历来是统治者选拔士人的道德标准。因此，道教将文昌帝君塑造成孝子的行为也得到了统治者的认可。南宋理宗景定五年敕曰："朕惟孝悌之至，通于神明，则生为孝子，殁为明神，信矣。神文圣武安福忠仁王，夙著孝行，炳灵西蜀，御患救灾，七曲名山闻天下，而士之发策决科者皆归焉。有孝有德，徽号允昭，邦人有请，宜复其旧，祗承休命，大庇吾人，可依旧封神文圣武孝德忠仁王。"① 因文昌帝君"夙著孝行""有孝有德"，依旧封为"神文圣武孝德忠仁王"。除了文昌帝君本人，文昌帝君的长子、次子、长媳、次媳、长孙、次孙等封号中也带有"孝"字，如宋度宗咸淳五年，封神长子嗣德履孝王，神次子昌德立孝王，神长子妇善助显懿循孝夫人，神次子妇顺助慧懿克孝夫人，神女懿孝夫人，神长孙绍应昭灵至孝侯，次孙承应宣灵顺孝侯，长孙妇淑应绍孝夫人，次孙妇慧应体孝夫人②。统治者敕封文昌帝君及其子孙的封号无疑是对文昌帝君孝子形象的认同。至此，文昌帝君孝子的形象得以完全确立，文昌信仰也从此承载了孝的内涵。

宋元时期文昌帝君孝道教化的对象主要是官僚士大夫阶层。因文昌帝君主管人间儿其是士大夫的功名利禄，所以他说教的对象以官僚士大夫为主。如《文昌帝君阴骘文》开篇就说："吾一十七世为士大夫身，未尝虐民酷吏。救人之难，济人之急，悯人之孤，容人之过，广行阴骘，上格苍穹。人能如我存心，天必锡汝以福。"③ 文昌帝君必在此现身说法，劝谕世人只要能广行阴骘，多积阴德，就会像他那样世世为士大夫之身，得福报。紧接着，该文又列举了古代行善得福报的典故："昔于公治狱，大兴驷马之门；窦氏济人，高折五枝之桂；救蚁，中状元之选；埋蛇，享宰相之荣。"④ 所谓"于公"，系东海郡郯县人，西汉丞相于定国之父，曾任县狱史、郡决曹。《汉书·于定国传》记载了于公为"孝妇"申冤理枉的故事。因其治狱公平勤谨，福报惠及子孙，其子位至宰相，其孙也做了御史大夫⑤。中状元、当宰相，显然是针对文人士子求取功名的急切心理，具有极大的诱惑力。文昌帝君以身作则，为读书人做出表率，并告诫文人士子：要想仕途一帆风顺，就应当广行阴骘，力行孝道。

明清时期，文昌信仰与孝联系更加紧密，主要表现为文昌信仰承载孝道形式的多样化与孝道教化对象的扩大化。就形式多样化而言，首先，明清时期托名文昌帝君的劝孝书大量涌现，如《文帝孝经》《劝孝文》《劝孝歌》《全孝心法》《八反歌》等在社会上广为流传，特别是《文帝孝经》对孝进行了多方面的论述，蕴含了丰富的孝道思想，对当时的社会产生了很大的影响。其次，围绕文昌帝君的劝孝行为在明清戏曲中也有广泛展现。如清黄祖颛《迎天榜》，第二十五出"降鸾"中说道："求母延年，孝行可取，申登甲科，母增延一纪。"⑥ 清钱泳《履园丛话》卷十三"科第类"，下分种

① 《道藏》第 3 册，第 289 页。
② 《道藏》第 3 册，第 292 页。
③ 《阴骘文像注》，《藏外道书》第 12 册，第 431 页。
④ 《藏外道书》第 12 册，第 431 页。
⑤ 详见（汉）班固：《汉书》卷七十一《于定国传》，北京：中华书局，1964 年，第 10 册，第 3041—3042 页。
⑥ （清）黄祖颛：《迎天榜》，康熙本《古本戏曲丛刊五集》，第 31 页。

德、立品、孝感、求签等九目，主要记叙科举与因果报应方面的内容①。清李渔《凰求凤》第十出"冥册"中借文昌帝君之口指出，科场考评首先是德行，"万恶淫为首，百善孝为先"②。类似托名文昌的劝孝戏曲在明清时期不胜枚举，集中体现了文人士子科场命途以孝德为首的道德决定论。再次，文昌信仰与孝的紧密联系从明清时期的文昌碑文中可窥见一斑。高秉醇《麻柳场文昌阁记》云："心之仁孝而垂为训诫者，亦足以感发斯人之善心，俾之鼓舞乎道德之中，以善其俗而成其才材，则斯阁之建宜哉！"③清赛玙《重修文昌宫碑记》云："帝君之教化，与学宫并重，科名本于孝友，德行发为文章，持世训人，班班可考。"④徐辅忠《创修文昌宫碑记》载："予维文昌之神，其所以显化寰中者，无非教忠教孝，使人各敦其天良。若人人皆知乎忠孝，则去其匪彝愆淫之习，还乎敦庞敦厚之风，入为良民，出为良吏，迁善远罪，忽不自知，岂非盛世之乐观，神灵之所愿佑者欤？"⑤就孝道教化对象而言，已广泛深入到社会各阶层。以对当时社会产生深远影响的《文昌孝经》为例，该经借文昌帝君之口，结合儒家的孝道理论与道教的宗教阐释，以四言、五言、七言为基本体裁，对孝进行了详细的论述。明代大学士邱濬在为该经所作序中誉此经为"集众孝之大成，而创千古之子则也"⑥。清代名士方苞评价该经时说："是编所载，通明易晓，虽山农野老，妇人小子，皆能讽于口，入于耳而动于心。"⑦因此经内容明白易晓，所以平民百姓、老幼妇孺皆能传诵，并明其意、晓其理、记于心。可见文昌帝君孝道教化对象已扩展到社会各阶层，在当时社会上的影响广泛且深入。

三、文昌信仰承载孝道的特点

如前所述，宋元之际，经过道教的努力和统治者的支持，文昌信仰被赋予了孝的内涵。在科举取士政策的推动下，明清时期文昌信仰兴盛，文昌信仰与孝的联系更加紧密。而文昌信仰承载的孝道也有其特点。因文昌劝孝文是文昌信仰宣扬孝道的主要形式，并且在明清时期广泛流传于社会各阶层，对明清社会产生了深远的影响，所以本文以文昌劝孝文为中心，对文昌信仰承载的孝道特点进行分析。其特点主要表现为儒道融合宣扬孝道。

文昌劝孝文，考察其内容，多是圆融儒道对孝进行阐释和宣扬。概而言之，其孝论部分取自儒家，其神鬼奖惩部分取自道教。在众多的文昌劝孝文中最为典型的是《文昌孝经》⑧。此经蕴含的孝

---

① 《历代笔记小说大观》，上海：上海古籍出版社，2012年，第335—356页。

② 王学奇、霍现俊主编：《笠翁传奇十种校注》，天津：天津古籍出版社，2009年，第534页。

③ 高秉醇：《麻柳场文昌阁记》，民国《达县志》。

④ （清）罗度修，（清）郭肇林纂，珙县地方志办公室整理：《珙县志 清光绪九年刊本》，北京：中央民族大学出版社，2012年，第251页。

⑤ 徐辅忠：《创修文昌宫碑记》，民国《什邡县志》。

⑥ 《文昌孝经·原序》，《文帝书钞》卷一，光绪壬午年永盛斋刻本，第1页。

⑦ （清）方苞：《文昌孝经序》，《望溪集》外文卷四，清咸丰元年戴钧衡刻本。

⑧ 按，《文昌孝经》，又名《文帝孝经》，托名文昌帝君所作，撰成年代不详，据明代少保大学士邱濬为该经所作序中引用"宋西山真先生"一段话，"西山真先生"即真德秀，南宋后期著名理学家，很多学者就此认为该经至迟当问世于南宋。詹石窗认为《正统道藏》与《万历续道藏》皆不见该书，推测"西山真先生"可能是扶乩降笔所托名的文仙，该书之编纂当在明中叶以后，而于明末盛行。（詹石窗：《文昌信仰与孝道传播及其社会治疗》，载于《中华文昌文化——第二届海峡两岸学术研究论文集》，梓潼县文广新旅局编，2016年，第23页）

道内容较为丰富，并在当时社会上广为流传，影响较大，具有一定的代表性。本文此处以《文昌孝经》为例，对其圆融儒道阐释、宣扬孝道这一特点进行论述。

（一）以儒家孝道思想为核心

自孔孟开始，儒家已有一套绵密的孝道理论，《文昌孝经》的孝道思想基本上取自儒家。全书分为六章，分别为：育子章第一，体亲章第二，辨孝章第三，守身章第四，教孝章第五，孝感章第六。对此六章稍加考察，就可知《文昌孝经》是以儒家孝道思想为核心的。如《孝感章第四》："纯孝本性生，无不备于人。体之皆具足，践履无难循"，即是对儒家孝出于自然之心理论的认同；《辨孝章第三》："养亲口体，未足为孝；养亲心志，方为至孝"，即是对儒家"养口体之孝"与"养心之孝"孝道理论的吸收；同样是《辨孝章第三》："孝治一身，一身斯立；孝治一家，一家斯顺；孝治一国，一国斯仁；孝治天下，天下斯升；孝事天地，天地斯成。通于上下，无分贵贱"，这里继承了儒家孝在政治领域延伸的观点；而《文昌孝经》中涉及的对象：庶母、兄弟姐妹、庶兄弟姐妹、连枝妯娌、叔伯、师友、乡党、君主、天地等，即把孝推向一切人际关系和道德领域的观点则是对儒家孝道泛化理论的认同。

由于《文昌孝经》的孝道思想基本上借鉴的是儒家孝道理论，因此得到了明清时期文人士大夫的赞赏。弘治五年（1492），翰林侍读学十王鏊在为《文昌孝经》所写的跋中指出：

> 文昌先天之孔子也。孔子后天之文昌也。《育子》一章，非即北山生我之诗乎？《体亲》一章，非即色难无违之体乎？《辨孝》一章，非即养口体养心志之辨乎？《守身》一章，非即临渊履冰之守乎？《教孝》一章，非即入孝出弟之教乎？《孝感》一章，非即大德达孝，人无间言之事乎？[①]

王鏊把文昌比作先天的孔子，把孔子比作后天的文昌，无非是想表明文昌帝君的劝孝思想与儒家的一致。为了证明他的观点，作者甚至还把《文昌孝经》的每一章与儒家《孝经》的有关章节相对应。

（二）以道教神学形式阐发儒家孝道思想和保证孝道行为规范的实施

以道教神学的形式阐发儒家孝道思想和保证孝道行为规范的实施是文昌信仰承载孝道的最主要的特点。虽然《文昌孝经》的孝道思想主要借鉴了儒家的孝道理论，但是从操作层面来说，儒家孝道思想主要是通过道教神学形式来实现的。这一特点从根本上与儒家孝道相区别。儒家从一开始就对鬼神之事讳莫如深，儒家始祖孔子便是如此，如《论语》中有"未能事人，焉能事鬼""子不语怪力乱神""未知生，焉知死"等等言论。而道教强调的正是儒家所回避的，道教把鬼神信仰作为孝道规范的载体，是儒家孝道得以广泛传播的神学媒介，也是儒家孝道规范得以践行的神学保障。文昌信仰承载的孝道思想所体现的道教神学伦理特点主要有以下两个方面。

首先，构建以文昌帝君为主体的善恶赏罚机制。

文昌自宋代被道教纳入其神灵体系之后，地位甚高。《历代神仙通鉴》称文昌帝君"上主三十

---

① 《文昌孝经·原跋》，《文帝书钞》卷一，第3页。

三天仙籍，中主人间寿夭祸福，下主十八地狱轮回"①，足见其在道教神灵中的地位之崇高。又，文昌劝孝文是假托文昌帝君的名义降授的劝孝经书，劝孝文中的文昌帝君是孝的创造者、孝道规范的制定者和孝道行为的裁判者。因此，文昌帝君施行孝道教化并对世人的孝道行为进行奖惩是合理的，为世人所接受的。纵观《文昌孝经》全书，都是以文昌帝君的口吻劝诫世人力行孝道，如第一章《育子章》便以文昌帝君的语气训诫世人道："世人不悟，全不知孝。吾今明阐，以省大众。"②如此等等，不胜枚举。这是文昌帝君以孝的创造者和孝道规范的制定者的身份对世人进行苦口婆心地劝孝说教。同时，为了督促世人践行孝道，文昌帝君又是孝道行为的裁判者，根据世人的孝道行为进行赏罚。如《文昌孝经·孝感章第六》借帝君之口曰：

> 吾今行化，阐告大众，不孝之子，百行莫赎；至孝之家，万劫可消。不孝之子，天地不容，雷霆怒殛，魔煞祸侵；孝子之门，鬼神护之，福禄畀之。惟孝格天，惟孝配地，惟孝感人，三才化成。惟神敬孝，惟天爱孝，惟地成孝。水难出之，火难出之，刀兵刑戮，疫疠凶灾，毒药毒虫，冤家谋害，一切厄中，处处祐之。孝之所至，地狱沉苦，重重救拔；元祖宗亲，皆得解脱；四生六道，饿鬼穷魂，皆得超升；父母沉疴，即时痊愈③。

不孝之子，天地不容，雷霆怒殛，魔鬼恶煞用各种灾祸侵袭他；至孝之人，可以得到鬼神的庇佑，消除万劫之灾，上可解脱祖辈，治愈父母的重病，下可庇佑后代，可见孝之为道，功德大矣。文昌帝君作为孝道行为的裁判者，通过对不孝之子进行惩罚、对行孝之家给予奖赏的神学方式来提高世人行孝的积极性。

其次，构建以神灵为主体的孝道监督体系。

为了确保赏罚机制的公正，道教又建构了一个超越世俗社会的以神灵为主体的孝道监督体系。在对儒家封建礼教具有广泛认同感的时代，社会舆论是最好的监督工具，但当人的主体意识觉醒，对儒家的封建礼教产生怀疑时，社会舆论监督就会失去原有的效果。这时，只有"神"的公正性才能确保孝行出自"至诚"之心，只有"神"的权威性才能促使孝道行为得到普遍的遵行。那么，时刻监督世人孝行的"神"是什么呢？《文昌孝经·守身章第四》曰："身有光明，九灵三精，保其吉庆；三尸诸厌，亦化为善。"④可知"九灵三精"和"三尸"是监督世人孝道行为的神灵。"九灵三精"，据《九天应元雷声普化天尊玉枢宝经》记载："天尊言：身有九灵，何不召之？一曰天生，二曰无英，三曰玄珠，四曰正中，五曰子丹，六曰回回，七曰丹元，八曰太渊，九曰灵童，召之则吉。身中三精，何不呼之？一曰台光，二曰爽灵，三曰幽精，呼之则庆。五心烦懑，六脉抢攘，四肢失宁，百节告急，宜诵此经。"⑤该经集注进一步解释说："人身中之本神"即"三尸神"。据《抱朴子内篇·微旨》言："身中有三尸，三尸之为物，虽无形而实魂灵鬼神之属也。"⑥传言三尸神好

---

① （清）徐道撰，（清）程毓奇续，周晶等校点：《历代神仙演义》上册，沈阳：辽宁古籍出版社，1995年，第601页。
② 《文昌孝经》，《文帝书钞》卷一，第1页。
③ 《文昌孝经》，《文帝书钞》卷一，第13—14页。
④ 《文昌孝经》，《文帝书钞》卷一，第10页。
⑤ 《道藏》第2册，第577页。
⑥ 王明：《抱朴子内篇校释》，北京：中华书局，1985年，第125页。

放纵游荡，欲使人早死，故每岁庚申之日，便上天庭奏告司命，诉人罪过错衍。可知"九灵三精"和"三尸神"是寄居在人身体中的身中神。这些身中神"每日在身，各有处所，一身运动，皆神所周"①。人的一言一行、一举一动都会被神灵监督，"一节之孝，冥必登记，在在超生"②。每一件孝的行为，身中神必会登记，并给予奖励；对于不孝之举，神灵也会记录在案，并给予相应的惩罚。

一个人的孝道行为一旦完成，无论是否出自"至诚"之心，无论其性质善恶，立即会被神灵记录，自动转化为超越人伦的制约力量，报应随之而生。世人出于对神灵的敬畏心理，就会自然地在日常生活中自我激励和自我儆惧。这种道教神学化的孝道理论体系所体现的控制力为儒家孝道所不及。因此，在王鏊为《文昌孝经》所写的跋中以其老师邱濬为例，称其"大有功于儒教"③。

明代大学士邱濬"大有功于儒教"的背后还有着深刻的意蕴。明代实行科举取士，由此形成了一个独特的"科举社会"。科举社会的最大特点就是社会流动的频繁，明朝人用"善变"来概括当时的社会。如明朝人江盈科在《雪涛小说·善变》中说道："贫穷而奋，则又变为温饱，为文墨，为簪缨，为富贵；富贵而骄，则又变为歌舞，为鬻贷，为贫穷。"④ 在明代的科举社会下，中下阶层出身的文人可以通过读书仕进，跻身社会上层；而社会贵族也可能因骄奢淫逸，沦落为下层平民。社会的贵贱转换变得迅速，社会上层与下层的界限变得模糊，社会阶层流动加速。加之明代中期以后商业经济的发展，趋名逐利风气盛行，人心不古。在科举和商业的两大冲击下，儒家纲常伦理无疑遇到了前所未有的挑战。按照传统观念，尊卑贵贱是万物固有的定分，不可淆乱。但明中叶以后，封建礼教已趋崩坏，传统封建伦理的控制几乎处于一种失序的状态。明万历年间曾出任礼部尚书的于慎行在描述当时的社会风气时感叹道："乃今风会日流，俗尚日浇，叙位于朝无尊卑之分，征年于乡无长幼之节，即在上之人不能以纲纪法度力挽颓波，况在下者乎？"⑤ 社会伦常的丧失、传统道德体系的破坏于此可见一斑。而如是社会现象在当时的笔记、野史中不胜枚举。在这种情况下，儒家传统孝道也遭到质疑。如晚明赵南星对传统教化二十四孝中的经典故事"王祥卧冰"做了辛辣的嘲讽："卧冰定须冻死，教谁行孝；打开冰亦可取鱼，何必卧也？"⑥ 对牺牲个人生命换取社会道义为特质的传统孝道提出质疑。为了稳定人心，维系社会秩序，就需要更强有力的宗教神灵力量惩罚不道德的行为。

文昌信仰与孝道结合实则是道教神学与儒家传统孝道的结合，道教神学体系是儒家传统孝道的载体，儒家传统孝道思想通过道教神学的形式得到强化和贯彻，在一定程度上弥补了儒家孝道在社会控制力方面的不足。因此邱濬赞《文昌孝经》"大有功于儒教"。

---

① 《文昌孝经》，《文帝书钞》卷一，第11页。
② 《文昌孝经》，《文帝书钞》卷一，第15页。
③ 《文昌孝经》，《文帝书钞》卷一，第3页。
④ （明）江盈科著，黄仁生校注：《雪涛小说·善变》，上海：上海古籍出版社，2000年，第35页。
⑤ （明）于慎行撰：《穀山笔尘》，北京：中华书局，1984年，第190页。
⑥ （明）清都散客著，会因校点：《笑赞》，北京：星云堂书店，1932年，第24页。

结　语

综上所述，文昌本为天上星神，主司命，掌人的寿夭、祸福。唐宋间，文昌与梓潼神相结合，主司禄，掌文人士子的科举文运。宋代，道教将文昌纳入自己的神灵体系后，成功将文昌帝君塑造成为一位笃行孝道、至仁至孝的孝子，并得到了官方的认可，文昌信仰从此承载了孝的内涵，为官僚士大夫阶层所遵奉。明清时期，文昌信仰与孝联系紧密。从形式上来说，托名文昌的劝孝文、劝孝戏曲、蕴含劝孝教化意义的地方文昌碑文等大量涌现；从信仰阶层来说，文昌劝孝教化的对象从宋元时期的官僚士大夫阶层扩展到社会各阶层。文昌孝道为社会各阶层所信仰并产生深远影响的根本原因在于其以道教神学的形式宣扬儒家孝道。其神学形式主要表现为以文昌帝君为主体的善恶奖惩机制以及以神灵为主体的孝道监督体系。

文昌信仰与传统孝道的结合实则是道教神学与儒家传统孝道的结合。文昌孝道通过道教神学形式，阐发、宣扬儒家传统孝道思想和孝道行为规范，在人们充满对鬼神畏惧的灵魂层面，贯彻它的伦理思想。这种强大的孝道教化机制所产生的社会控制力为儒家孝道所不及。特别是明中叶以后，儒家伦理道德在面对社会的新变化而不能做出很好的应对时，文昌信仰在宣扬传统孝道、维护社会秩序方面的作用就显得尤为重要。

民国四川省道教会创立始末初探

金恺文 *

内容提要：自全面抗战爆发以来，为便于战时动员和加强社团控制，国民政府颁布了大量关于人民团体整理和改组的法规和条例，四川各道教会也因之改组。改组筹备工作先从各市、县分会开始，待具一定规模后，于 1946 年 5 月召开改组会员大会，成立四川省道教会。此次改组统一了省、市、县道教会规章制度，完善了地方道教会建设，改变了从前各县道教分会组织松散、性质杂乱的局面，道教界力量得到集中，四川省道教会统一全川道教的特点得到彰显。改组后的四川省道教会一定程度上延续了全国道教总会的理念，注重道教振兴、人才培养、教理研究、教义阐扬。随着女权思想兴起，坤道地位开始受到道教会重视。不过这一过程也暴露出不少问题，如火居道士在道教会的地位较低，地方分会会务停顿或改组受阻，资金运转困难等。但问题的出现也反映出道教会在发挥职能，各种问题有了公开、集中讨论和解决的可能，这种情况在改组之前是很难出现的。尽管国民政府实际期望通过改组，加强道教会的控制，但对于此前并未采取多少主动、有效的措施以完善组织建设的四川道教而言，这次改组是具有积极意义的。

关键词：民国　四川省道教会　改组　困境

本文所研究之"四川省道教会"，是指 1946 年 5 月经改组会员代表大会成立的四川省道教会。该道教会前身，是 1913 年成立的四川道教总分会，曾于 1923 年 2 月改组为四川省道教会支部。目前，有不少关于四川省道教会改组前后的资料，但相关研究却并不多。卿希泰先生主编的《中国道教史》中曾简述四川省道教会改组会议和第三次会员大会的经过[①]。本文以此为起点，借助历史、方志、档案中的一些新材料，研究与该会有关的若干问题，包括改组原因、筹备工作、改组会议、会员大会，以及在该过程中反映出的成都乃至四川道教会组织和理念的革新，与"民权""平等"等新兴思想、地方政府的交流和互动，多少填补了民国四川道教研究在这方面的空缺；在梳理四川省道教会创立始末和揭示该历史事件中不少罕为人知的细节基础上，进一步探究改组的真实动因，以及道教为生存、发展做出的努力和面临的困境，从一个侧面观察传统宗教在社会大变革时期的生存状态，了解其与时代、社会、政治、政府等方面的交互关系与作用，以期对宗教的现实价值利用

---

* 作者简介：金恺文，哲学博士，四川大学道教与宗教文化研究所专职博士后。
① 卿希泰主编：《中国道教史》第四卷，成都：四川人民出版社，1996 年，第 430—432 页。

和管理有所借鉴启发。

一、四川道教总分会的创立与改组前道教会状况

1912年，由北京白云观住持陈明霈等18名道教界代表，在北京发起成立全国道教总会，中国道教首次有了合法的道教会组织。这次道教会的建立，是道教界在国家政治体制剧变时期，为争取自身在新体制下生存和推动道教事业发展做出的努力和革新[①]。为表明道教在新政体下存在的价值和必要性，道教声称其有辅助政治、道德、法律的作用，与国家发展相辅相成[②]。因此道教开始提倡其治世功能和"世间业"，反对脱离现实的个人修仙与保守顽固[③]，并强调了道教的本土性和悠久历史，称道教思想包含指引人类发展的成熟理论[④]。四川道教界紧跟其后，1913年5月，由青羊宫刘教宾、二仙庵王妙生、宝云庵佘至惟、天师洞魏至龄、二王庙李元刚、长生宫周至容、丹达庙吴清照、昭烈庙周宗庸等八大宫观代表，按《道教会宣言书》精神和《道教会大纲》规定，联名发起成立四川道教总分会。自此该会成为四川道教的引领者，成都也成为四川道教改革和事务推进的中心。

该会拟定《四川道教总分会暂行简章》共十二条，基本继承了全国道教总会的理念和制度。该会以统一全川道教，阐扬先圣之玄旨，增进人群之道德为宗旨，对于北京道教总会有协助义务，对四川省各分会有统辖维持之责，会址设在成都青羊宫[⑤]。其中第六条称该会所有组织职员以及职任名数、任期均照北京总会章程办理。每年阴历二月开大会一次，商讨一切事务，选举职员，报告常年经费[⑥]。其对会员的吸纳表现出开放性，第七条称凡道教弟子遵守教规、行为端正，皆得以注册入会。第十二条称四众国民不分界限，有愿研究道教宗旨者，经该会会员介绍得认为会员。不过对于不崇尚道德、不守戒律、违反会章者，会予以批评乃至除籍[⑦]。

该会的经济来源可大致归纳如下：其一是三类会费，会员捐助费，即入会费；特别费，由临时会议议决；常年费，由通省各庙观按收入酌情捐助。其二，第五条指出该会兴办实业，以资助诸山道众衣食之需与道教事业推广，并尽力资助各类慈善、赞助事业。其三，道教会受赞助人支持，包括罗绰、刘枢文、刘咸荣、刘咸焌、朱源、张锡恩、尹昌龄、尹昌治、颜楷、贺龙骧等人，这些社会名流和文人学者在文化、经济层面上对该会有很大支持。对于庙产和社会各界捐助的财产，第九条规定：道教会有保护各庙观财产之责，各类捐助是道教公产，不得私自变卖。若庙产受到侵犯，该会将请求政府或地方长官保护[⑧]。

遗憾的是，目前关于自四川道教总分会成立以来，至其改组为四川省道教会之间的材料甚少。

---

① 卿希泰主编：《中国道教史》第四卷，第426页。
② 《藏外道书》，成都：巴蜀书社，1994年，第24册，第472页。
③ 卿希泰主编：《中国道教史》第四卷，第426—429页。
④ 《藏外道书》第24册，第474页。
⑤ 四川省档案馆，全宗号民国186，目录号01，案卷号1839。
⑥ 四川省档案馆，全宗号民国186，目录号01，案卷号1839。
⑦ 四川省档案馆，全宗号民国186，目录号01，案卷号1839。
⑧ 四川省档案馆，全宗号民国186，目录号01，案卷号1839。

只知总分会于 1923 年改组为四川省道教会支部，1930 年在会长王妙生的支持下成立了成华道教联合会①。造成这一情况的原因，或许是四川在长年军阀混战局面下，政府管理道教不善，道教事务陷于停顿。而随着国民政府成立，国家开始系统地改良和管理宗教，至抗战爆发，政府对宗教加大防范，对社会团体严加控制。因此到了四川省道教会改组前后，相关资料又多了起来。

但不可否认的是，改组以前许多地方道教会组织确呈混乱之象，各会成立时间难以考证，团体性质不一。以成都各县道教会为例，《四川省志·宗教志》载温江、双流、崇庆县于 1912 年、彭县于 1913 年成立道教会②。查彭县确在民国初年成立道教会，由全真龙门派道士李明信负责，会址在原道会司治所之文昌宫，1940 年迁至东门外东林寺③。崇庆县道教会会址最早在城区北外辰居路④。双流县一度在 1928 年成立道教协会，会长陈合源，1936 年由刘玄炘继任⑤。温江县因火居道势力较大，最早的道教会是在 1913 年由火居道士成立的，由官方委派高太明为会长，1940 年由火居道士陈至寅等人改组成立"温江县道教行教公会"⑥。

对比成都、华阳二县道教会成立时间均为 1946 年⑦，作为成都道教的中心地区，竟比上述四县晚了三十余年，这显然与事实不符。事实上，《成都市志·宗教志》是以二县分会改组日期为起点，这一点在档案资料中有印证⑧。同时，《新新新闻》也分别在 1946 年 1 月 15 日、4 月 19 日，报道和预报了成都⑨、华阳⑩一县的改组会议。在成华道教联合会时，已明确提到"成都县道教会会长徐圆德、华阳县道教会会长蒋宗培"⑪ 参与发起成立联合会，说明至迟在 1930 年两县道教会已经成立。文献之所以把时间定在 1946 年，大概也是囿于没有其他具有说服力的时间点，目前未发现 1930 年以前关于两县道教会的任何记载。

二、改组筹备工作与会员大会

从抗战爆发至 1940 年社会部改隶行政院以来，国民政府为适应抗战之需，颁布了大量非常时期的社团法规和条例，目的在于战时动员和严密监管社团活动。其中较重要者有 1940 年的《非常时期人民团体组织纲领》《非常时期人民团体组织纲领实施细则》，1942 年的《人民团体整理办法》《非常时期人民团体训练纲要》《非常时期人民团体组织法》《指导人民团体改组办法》《全国人民团体总登记办法》等，作为团体组织、整理、改组、改选的法规⑫。由于在规定中要求各种职业群体

---

① 成都市档案馆，全宗号民国 0093，案卷号 962。
② 四川省地方志编纂委员会编纂：《四川省志·宗教志》，成都：四川人民出版社，1998 年，第 50—51 页。
③ 四川省彭县县志编纂委员会编纂：《彭县县志》，成都：四川人民出版社，1989 年，第 866 页。
④ 四川省崇庆县志编纂委员会编纂：《崇庆县志》，成都：四川人民出版社，1991 年，第 763 页。
⑤ 四川省双流县志编纂委员会编纂：《双流县志》，成都：四川人民出版社，1992 年，第 811 页。
⑥ 四川省温江县志编纂委员会编纂：《温江县志》，成都：四川人民出版社，1990 年，第 856 页。
⑦ 成都市地方志编纂委员会：《成都市志·宗教志》，成都：四川辞书出版社，1998 年，第 48 页。
⑧ 四川省档案馆，全宗号民国 186，目录号 01，案卷号 1839。
⑨ 《新新新闻》1946 年 1 月 15 日。
⑩ 《新新新闻》1946 年 4 月 19 日。
⑪ 成都市档案馆，全宗号民国 0093，案卷号 962。
⑫ 陈志波：《南京国民政府社团法制研究》，苏州大学博士学位论文，2014 年，第 169—171 页。

必须依法组织团体并依法加入各团体为会员①，道教会因此被迫强制改组。

四川省政府社会处于 1945 年 9 月指出"青羊宫四川省道教会"②组织与现行法规不合，应依照《人民团体总登记办法》第七条之规定筹备改组③，即"主管官署办理总登记时，遇有应依法改选整理或改组之人民团体，除法令另有规定外，应限期令其依法改选，整理改组之"④。因此四川道教界从 12 月起开展筹备工作⑤。不过实际上零散的改组早已有之，只是 1945—1946 年间道教会改组最为集中。如新津县道教会曾于 1937 年改组为分会⑥，理论上应受 1932 年的《修正民众团体组织方案》、1933 年的《修正指导人民团体改组办法》影响；档案资料中最早提到的是 1943 年的彭县道教会，依照《非常时期人民团体组织法》改组；1946 年，安县道教会会务停顿，社会处指令其应依《人民团体整理办法》第一条之规定依法改组整理等⑦。

关于道教会改组筹备阶段的工作，以华阳县的记载最为完整。该会原名华阳县道教会，1932 年经全县城乡道众依法组织成立。1945 年奉省道教会和社会处指令改组，从 1946 年 1 月 20 日起，用时三个月基本整改完毕，称"华阳县道教分会"，会址设在成都市玉皇观街玉皇观，以田明鑫为理事长。职别名称上，过去称会长、副会长、宣传、文书、调查、评议，如今设理事长、常务理事、理事、候补理事、常务监事、监事、候补监事。会员共计 94 人。对职员、会员的登记十分详细，包括职别、姓名、性别、年龄、籍贯、学历、现任职务、住址、是否国民党党员等。

会议于 1946 年 4 月 20 日在玉皇观举行。与会者有社会处赖（鼎立）指导员、华阳县府洪指导员、田明鑫等会员五十余人。首先由主席田明鑫说明大会目的，称"今日选举成立大会，应推选理监事职员，望诸山慎重选出，推动会务，贡献国家社会"。其次由洪、赖、省道教会代表、市道教会理事长、成都县道教分会理事长分别发言、致辞。内容不外团结自治，推动会务，以入世精神服务社会国家等。训话和致辞完毕后，进入大会正题，共分六个步骤：第一经逐条宣读，通过章程；第二选举理监事；第三职员宣誓就职；第四监选员致辞；第五理监事代表发言；第六呼口号。礼成散会。

华阳县道教分会章程共九章二十条，条例结构与前《四川道教总分会暂行简章》基本一致，只是在细节上有许多不同之处。如组织和会议形式发生了很大变化。第九条称本会以会员大会为最高权力机关，在会员大会闭会时由理监事会代行其职权。理事会职权在于对外代表本会，对内处理一切事务；召集会议，执行决议，审核会员资格，办理监事会移付执行事件。监事会的职权在于监察会员履行义务事项、核准经费事项，相当于道教会中的监察机构。同时为应不时之需，可临时设立各种委员会。相应的会议也有所改变，除每年举行一次的会员大会外，每三月举行一次理监事会，每月举行一次常务理事会，临时会按需举行。第十一条规定理监事任期为两年，连选得连任⑧。

理论上讲，各县分会都需要按照如上标准改组，统计会职员情况，记录选举过程，形成并通过

---

① 《非常时期人民团体组织法》（1942 年 2 月 10 日），社会部总务司编印：《社会部公报》1942 年第 5 期，第 1 页。
② 实际此时还未正式改组，但四川省政府社会处已经以"四川省道教会"称之。（笔者注）
③ 四川省档案馆，全宗号民国 186，目录号 01，案卷号 1839。
④ 《全国人民团体总登记办法》（1942 年 3 月 20 日），社会部总务司编印：《社会部公报》1942 年第 5 期，第 55 页。
⑤ 四川省档案馆，全宗号民国 186，目录号 01，案卷号 1838。
⑥ 四川省地方志编纂委员会编纂：《四川省志·宗教志》，第 50 页。
⑦ 四川省档案馆，全宗号民国 186，目录号 01，案卷号 1839。
⑧ 四川省档案馆，全宗号民国 186，目录号 01，案卷号 1839。

章程。待各县基本改组完毕后，再由四川省道教会举行改组成立大会。1946 年 4 月会长赵永安、副会长申宗筠呈请社会处称："现据成都、华阳、郫县、广汉、眉山、灌县、彭县、泸县、阆中、绵竹、崇宁、叙永、蓬安、新繁、南充、屏山、邻水、垫江等县分会先后呈报改组完竣"，因请求在本年 5 月 5 日举行改组大会①。

大会于 5 月 5 日如期举行，为期三天。与会者有各分会代表 13 人，会员 85 人，各机关来宾 12 人，士绅 7 人。5 日，大会公推王伏阳、申宗筠、张圆策三人为临时主席。由申宗筠及各代表致辞，以精诚团结、发展道教为要。随后通过章程并讨论提案，主要是各县分会维护自身利益、持续改组道教会、确定办公地点等事，大会则商讨处理办法②。

提议讨论完毕后，会议投票推选职员。5 日，选出王伏阳等 15 人为理事，候补理事 5 人，监事 5 人，候补监事 2 人。6 日，举行理监事联席会议，公推王伏阳为理事长，申宗筠等 6 人为常务理事，张乾阳等 8 人为理事，原会长赵永安、朱肇修任常务监事，华永桥等 3 人为监事，田圆沛等 4 人为候补理事，陈宗汉、陈教周 2 人为候补监事。会员共计 52 人，大部分属青羊宫、二仙庵道士，及各分会理事长③。

改组后形成《四川省道教会章程》共八章二十七条，也是省道教会在民国时期制订的最后一部章程。其章程结构与前华阳县道教分会基本一致，宗旨、理念大同小异。惟其要者，是此时四川省道教会仍很重视文化教育事业。该会以阐扬道教学术、整饬教规、排除邪异、提倡文化建国为宗旨；以道教经典书籍搜集储备、道教学术文化研究、会员进修训练为务。对道士会员的吸纳具有强制性，第六条规定凡现在寺庙之道教徒悉应加入本会或分会为会员。

第十至十六条规定省道教会以会员大会为最高权力机关，平时以理事会代行其职。会员大会选出理事会、监事会，理事会内部互选常务理事组织常务理事会，监事会互选常务监事组织常务监事会。理监事任期均为两年，连选得连任。应事业之需，可设置各种委员会。第十七至二十一条，说明了会员大会、理事会、常务理事会、监事会、常务监事会的职权。会员大会在每年公历 12 月举行一次，理事会、监事会每六个月开会一次，常务理事会、常务监事会每三个月开会一次。必要时均可举行临时会议。

经费方面最主要的变化，是各分会应负担本会经费，以会员入会基金提留 80％，常年会费提留 60％，其余 20％基金、40％常年费，应造册解汇省道教会储存，于年终会员大会上据实报销。基金的统一管理既提高了办事效率，也有利于道教会的经济收入。

最后，该会制定了来年的三项工作计划。一为组织，拟于本年度完成第一区，附成都市第二至七区，自贡市第十至十三区各县市分会会员证章、会员证书，先制 1000 份，由分会备费领发，限年底内完成。经费由青羊宫、二仙庵垫付。二为宣传，该会将在会内设置图书展览室一所，陈设青羊宫、二仙庵旧藏经籍、图书。三为经费，自筹备改组以来，所有经费均由青羊宫、二仙庵垫付，拟催缴会费以资弥补。因此规定两庙道士应全体加入为会员、职员，并全体缴纳会费，各分会限期

① 四川省档案馆，全宗号民国 186，目录号 01，案卷号 1838。
② 四川省档案馆，全宗号民国 186，目录号 01，案卷号 1838。
③ 四川省档案馆，全宗号民国 186，目录号 01，案卷号 1838。

一月内汇缴会费[①]。

虽然章程规定会员大会于每年 12 月举行，但实际并非如此。第一届第二次会议于 1947 年 6 月 17、18 日，在二仙庵方丈堂召开。《新新新闻》以"川省道教会二次全代会"为题报道了此事，称"各县分会代表报道者，已达一百余人，并收到提案甚多"[②]。17 日上午，由主席、各机关来宾、地方绅耆报告致辞，下午由赖鼎立等 6 人审查提案。18 日作经济和工作概况报告。此时省道教会在经济方面已出现明显困难，为此会议决定将常年费分为四等：会员在 150 名以上者为特等，应缴 12 万元；不满 150 名者为甲等，缴 8 万元；100 名以下者为乙等，缴 6 万元；50 名以下者为丙等，缴 4 万元。

本次会议的多项提议关乎争取道教的合法权益。如江安分会提出保护全川寺庙财产、神像、法器及道教徒身体自由；彭县分会提出全川道众不得任意变卖财产；成都、华阳分会提出取缔旁门左道煽动或假名道士募化，为道教正名。理事杨定一称本年为大选年，依据政策规定各分会限 5 月底必须完成组织登记手续，以便参加选举；并希望联同各宗教团体，呈请立法院修正宗教法规，让各宗教享有同一选举权待遇。可见道教界也希望作为国民参与到选举之中，"国民"和"平等"意识已为道教会管理层所接受，这也是民国各种社会团体建立的初衷。

本次会议仍推王伏阳为理事长；常务理事为申宗筠、张圆策等 6 人；理事由袁理彬、陈永栋等 14 人组成；常务监事为康理怀；监事为杜圆正、陈宗汉等 6 人；候补理事为田圆沛等 7 人；候补监事为祝理成等 3 人。前省道教会会长、该会常务监事赵永安于 1947 年 3 月去世，其职由康理怀继任[③]。

第一届第三次会议，是四川省道教会最后一次会员大会，于 1948 年 10 月 13—15 日，在二仙庵方丈堂召开。主席为王伏阳，社会处唐次斌为指导员，赖鼎立为秘书长。本次会员大会出席人数众多，改组进程趋于完善，42 县分会代表 46 人，职员、会员共 97 人参加。

这一年的工作概况可归为两件事：第一是分会建设。报告中称目前本会各市、县分会改组成立者共 57 县，尚在筹备和来函请示者 38 县。各市、县分会领取证章共 2885 份，会员人数共 2885 人。为指导各县筹备分会，四川省道教会委任督导员 10 人指导筹备工作。第二是试图联合多省成立中国道教会。北平、天津、沈阳、安东四省道教会来函希望联合在北平组织中国道教会，上海市道教会、湖北省道教会也来函表示赞成。四川省道教会复函称极力赞成建立中国道教会，但在时局动乱之中，这一设想并未产生结果。

14 日进行提案表决。组织、人员方面，大会决议拟定道教徒冠巾规则一份，修正道教分会组织通则、会员入会规则、会员选举代表规则、庵观主持规则各一份；严格规定各县道教会章程，必须依据本会呈准社会处组织通则筹备，才能成立分会；依彰明县代表熊圆静提议，由大会颁布清规三十六条；去年委任的 10 名督导员，今年不用再去各分会视察，各分会可视需求酌情增加理监事名额；更换新的职、会员证章、证书，但原证件保留五年有效期，基本会员领取证章、证书，信仰会员只领取证书。此外，赖鼎立提议四川省道教会应申请加入中央文化委员会。庙产方面依然有侵占

---

① 四川省档案馆，全宗号民国 186，目录号 01，案卷号 1838。

② 《新新新闻》1947 年 6 月 17 日。

③ 四川省档案馆，全宗号民国 186，目录号 01，案卷号 1838。

情况，如丹棱县请求退还三相祠田产，崇庆县有乡长打人霸庙等。15 日进行职员选举，尽管王伏阳以经济困难为由再三推诿辞职，但诸多事务不得不由其领导，各县分会也请求其续任，最终王伏阳还是连任理事长一职。常务理事人员未变，理事为刘明清、都明全等 14 人，监事为杜圆正等 7 人，候补理事为田圆沛等 7 人，候补监事为祝理成等 3 人①。

三、四川省道教会的革新与困境

在改组前后，我们可以明显看到四川道教界为了振兴道教和顺应时代潮流，做出了种种改变。而受制于诸多内外不利因素，四川道教始终无法得到理想的发展，包括四川省道教会倡导的部分进步理念，也并未实现。

比如道教的社会教育和道士自我教育方面。早在四川道教总分会创立时就提出：本会统一全川道教，以阐扬先圣之玄旨，增进人群之道德为宗旨②。改组过程中，华阳县分会提出以研究教理、推行教义、阐扬民族道德精神为宗旨，并把教义推行与举办道德学校、发行道德刊物列入具体事项。赖鼎立也希望该会可推动发扬"道教哲学与社会为精神之宗教"③。《四川省道教会章程》以阐扬道教学术、提倡文化建国为宗旨，以发明和宣扬教义为任务④。在第三次会员大会上，唐次斌希望道教界努力团结，向哲学方面研究，造就人才，辅助国家社会。赖鼎立提出四川省道教会应呈请加入中央文化委员会⑤。

同社会教育一样，在四川道教总分会设立之时，道士自我教育的问题就提上了日程。该会简章第四条称：本会集合同人阐扬道教，以《道德》《阴符》《南华》《冲虚》《文始》《参同契》诸经为主，其他诸经、诸子，及汉唐以来著述辅之，或抉发其精微，或推阐其意义。每星期开会讨论一次，以期流通妙法、宏畅玄宗，并专设一道教研究所，应由各城镇乡分会选送学生来所研究，所有开办各费，由本总分会所筹经费项下担任，至学生食学等费，应由各分会自行筹备⑥。四川省道教会在改组前以举办道教训练班为其主要活动之一；改组后，以搜集整理道教经典书籍、道教学术研究、道教清规厘定、会员进修训练为务⑦。

以上种种，反映了民国四川道教始终坚持着全国道教总会建立时以弘扬道教增进社会道德的理念，并且在自我和社会教育方面都呈现出学术化转向。然而四川对于道士的培养似乎并不太成功，这大概也是全国普遍的现象。现有材料中关于道教研究所、道教训练班等教育机构的记载少之又少，所以这些机构成立与否都存在疑问。

在改组过程中形成的一些表格和履历册中，我们发现大部分道教会、职员都有私塾教育背景⑧。

---

① 四川省档案馆，全宗号民国 186，目录号 01，案卷号 1838。
② 四川省档案馆，全宗号民国 186，目录号 01，案卷号 1839。
③ 四川省档案馆，全宗号民国 186，目录号 01，案卷号 1839。
④ 四川省档案馆，全宗号民国 186，目录号 01，案卷号 1838。
⑤ 四川省档案馆，全宗号民国 186，目录号 01，案卷号 1838。
⑥ 四川省档案馆，全宗号民国 186，目录号 01，案卷号 1839。
⑦ 四川省档案馆，全宗号民国 186，目录号 01，案卷号 1838。
⑧ 四川省档案馆，全宗号民国 186，目录号 01，案卷号 1839。

唯广汉县道教分会《指导人民团体组织总报告表》中有不同记载，该会理事长刘信铭从广汉初中毕业，理事刘宗顺曾任军事教官，监事杨至忠初中毕业。更为重要的是，该会常务理事唐诚源毕业于道教训练班，监事周致福毕业于道教院。这也是笔者在已收集材料当中发现的唯一道士毕业于教内教育机构的线索。这条线索某种程度上证明了道教训练班的确存在，但其性质和运行机制仍不得而知。不过可以确认的是，随着科举制的废除和新式学堂的建立，道士的教育背景发生了改变，以往只能在私塾学习，如今可以选择在中、小学读书。

由于教内教育机构不完善，道士的求学之路异常艰难。在学者道士易心莹的求学经历中，并未发现其与所谓道教训练班、道教院等机构有任何关系，反而受吴君可、颜楷等士绅影响较大。可以说，当时四川道教教育的状况不仅缺少成熟的教内机构的支持，也缺少道学知识渊博的教内人士，道士自我教育的良好目标并未实现。在道士学养普遍不高的情况下，许多关于社会教育、道教阐扬的设想自然也无法完成。

随着"女权"和"平等"思想兴起，坤道地位也得到一定提升。第一次会员大会时，会、职员中仅吴至琼1名坤道。1947年，郫县代表等提议各分会代表会员应无乾坤之分，均得当选为代表或职员。在第二次大会的38名职员中，坤道马庆余担任理事。1948年，郫县代表再次提出了同样的提议，白宗贤提案请各县理事长选举坤道职员俾便推动教务，马庆余仍然担任理事一职[1]。在地方分会中，坤道会、职员占比较省会高。华阳县分会12名职员当中有2名坤道，二人共同担任候补理事。94名会员中有35名坤道，为各宫观之住持、知客、经师、香灯、杂务[2]。

平等之中也有不平等，比如全真道与火居道在道教会中的地位。尽管大部分道教会的组建都与全真道有关，但在方志中可以看到个别县道教会是由火居道所创，如成都的新津、温江二县。新津在清代就有道教会组织，由道官制蜕变而来，参与者均为在家道士。1936年由李晓舟担任常务理事，直到1937年改组后才有出家道士入会[3]。温江县火居道士于1913年成立温江县道教会，政府委派高太明为会长，1925年其祈晴祷雨、超度亡魂等仪式被政府视为陋习，下令革除，会务因此停顿，1940年才由广成坛道士重组道教会[4]。

因此在道教的组织建设中，全真道和火居道均有开拓之功，而火居道士在这方面的贡献却并未受到足够重视。在改组中，各地道教会组织建设、规章制度都趋于统一，地方分会和省道教会要职多由全真道士担任。在第一次会员大会中，社会处赖鼎立提出凡外县火坛有特殊参加者，只有选举权而无被选举权[5]。被选举权的丧失，意味着火居道士无缘在省道教会中担任要职，重大事件的决策权和话语权较低。

同时，道教会的组织建设和会务开展也未如章程所描述的那样理想，部分道教会存在会务停顿的情况。如1946年华阳县分会成立大会上，洪指导员提出道众应精诚团结，免蹈从前虚有组织，未曾推动会务的状况。省道教会代表认为各分会起落有其客观原因，虽然正副会长自任职以来未努

---

① 四川省档案馆，全宗号民国186，目录号01，案卷号1838。
② 四川省档案馆，全宗号民国186，目录号01，案卷号1839。
③ 四川省新津县志编纂委员会编纂：《新津县志》，成都：四川人民出版社，1989年，第971页。
④ 四川省温江县志编纂委员会编纂：《温江县志》，第856页。
⑤ 四川省档案馆，全宗号民国186，目录号01，案卷号1838。

力会务，但也未曾忽视，希望今后有所改善以符合政府倡导的标准①，表明政府和道士代表对以往的无所作为都心知肚明。

地方分会建设有时会受到旁门左道阻挠，巴中千佛岩道士王至洁曾因此求助于四川省道教会，称巴中县道庙仅十余座，正教衰微，改组之事罕有道众支持。且巴中旁门左道甚多，王形容为"道教宗风乌糟极点"。其一是高峰山附近书符念咒的道士，以范云峰为教主，占据各地道庙，不研究黄老道学，反以人多势众欺凌宫观道士。其二是三丰道，假三丰祖师飞鸾惑众，并行画符念咒、手舞足蹈、抓病画茶之事。二者皆称自己是青羊宫之真传②。在盐亭县道教会的改组中，王伏阳认为其呈文有异端、哥老会之嫌，故呈请社会处转知盐亭县政府停止道教会活动③。

所幸四川省道教会对于这类问题非常重视，因此盐亭县改组工作被叫停，巴中县也在省道教会协助下于 1937 年 10 月完成改组，推选李明孝为理事长，王至洁为常务理事，会员共 221 人④。在会议中，也时常处理这类问题，如第二次会员大会上，成都、华阳分会均提议取缔左道煽惑、假名募化之伪装道人，并决议由省会呈请政府布告取缔。在第三次会员大会上，合川、眉山分会代表提议对于游动、伪装道士各县分会须严格登记取缔⑤。

经济困难是阻碍道教发展的重要因素。自清末新政以来，随着新式学堂的建立和新兴机关的出现，大量宫观、祠庙、会馆被用作校址和机关单位驻地。在军阀混战时期，庙产持续受到军阀强占和侵吞，道教的经济利益和生存空间受到严重冲击。然而川政统一并未彻底改变这一现象，在四川省道教会的三次大会上，屡见庙产侵占之事。如：华阳分会提出请发还牛王庙铁牛；绵竹分会请求出示保护并严禁滋扰各分会办公地点；德阳分会请求禁止破坏庙宇、神像；江安分会提出保护全川寺庙财产、神像、法器及道教徒身体自由；丹棱县请求退还三相祠田产；崇庆县有乡长打人霸庙之事⑥，等等。尽管如此，庙产侵占事件的集中讨论，却反映了改组后的省道教会在团结道教力量方面起到的核心作用。早在 1930 年，成华道教联合会的联合办事处丹达庙遭到军阀侵占时，该庙道士罗庐静只得孤身与第二十九军军部、成都和华阳县政府交涉；⑦该会所有韦陀堂，为警察南三分驻所租用，在请求该所迁移至隔壁五圣殿后院，并退还所租房屋以作该会阅经阅报处时，只能独自与警察署和市政府沟通⑧，均未得到省道教会的帮助。

在道教会经济本就困难的情况下，还出现了理事长侵吞会费事件。安县于 1944 年 9 月推胡诚隐为理事长，各职员垫款 7000 余元作为办理证章之用。胡诚隐承领名册、公款，称将亲自到省上呈报，但实际上胡并未前往省城，而是携名册、公款停留在离安县 90 余里的茶坪，后携办理证章公款潜逃。县政府、党部多次与胡通信，皆未得到回复⑨。在第三次会员大会上，李宗森提案称荣

---

① 四川省档案馆，全宗号民国 186，目录号 01，案卷号 1839。

② 四川省档案馆，全宗号民国 186，目录号 01，案卷号 1838。

③ 四川省档案馆，全宗号民国 186，目录号 01，案卷号 1839。

④ 四川省档案馆，全宗号民国 186，目录号 01，案卷号 1837。

⑤ 四川省档案馆，全宗号民国 186，目录号 01，案卷号 1838。

⑥ 四川省档案馆，全宗号民国 186，目录号 01，案卷号 1838。

⑦ 四川省档案馆，全宗号 041，目录号 04，案卷号 7558。

⑧ 《成都市市政公报》1930 年第 19 期，第 19—20 页。

⑨ 四川省档案馆，全宗号民国 186，目录号 01，案卷号 1839。

昌县道教会会长张述初吞蚀财物，大会依法将会长撤销，令改组成立分会，另选理事长[①]。

除道士以权谋私外，还有政府职员诈骗会费之事。据崇庆县分会理事长赵太平称，1947 年 11 月，四川省政府派员李汉卿传达批示。李称近日将往省城开会，并告知崇庆县分会应缴纳会费底金 24 万 6 千元，赵遵将款项备妥。随后来报还需补缴四年会费，一共 100 万元，赵立即将剩余款项交给李，之后李便杳无音讯。赵太平得知被骗，故呈请四川省政府令崇庆、大邑两县政府通缉李汉卿。这件事引起了社会部的注意，同年 2 月国民政府部长谷正纲训令："查李汉卿擅用本部名义在外招摇，殊属非是，合行抄发原呈，令仰遵办具报为要。"[②] 这些经济事件都阻碍着四川道教的发展，延缓了地方道教会建设。每一县会费的损失，都会让四川省道教会的经济状况雪上加霜，同时也败坏了道教、道士形象，与重振宗风的愿望背道而驰。

四、结　语

在清末民初国家动荡、道教衰微的情况下，道教会的出现存在多方面意义。如卿希泰先生主编《中国道教史》所言，道教会改变了之前宗派林立、各行其是、没有统一教会组织的局面[③]。从 1913 年的四川道教总分会到 1946 年改组后的四川省道教会，从市、县道教会的章程和活动，到具体的办会理念、会员制度、职位安排、选举制度、会期安排、权利和义务等规定，都可以看到它们对全国道教总会理念和制度的传承。在四川道教总分会建立之时，即以统一全川道教、阐扬先圣之玄旨、增进人群之道德为宗旨。但四川长达二十余年的军阀混战，造成道教并未得到良好发展，道教会的相关资料也是少之又少。南京国民政府成立之后，社会获得短暂安定，宗教管理变得系统化。随着抗战爆发，政府为方便战时动员和社会监控，强制社团改组，道教会组织在政府的带动下重新焕发生机。从改组前后至三次会员大会期间，四川省道教会统一全川道教的特点，得到了超越以往的彰显和确立。

改组的行政过程，大致可以归纳如下。四川省政府社会处指令四川省道教会改组，并派员指导。各县政府监督各县道教会改组，由县政府社会科派员指导。各县道教会改组时，须填写人民团体组织报告表，并附道教会简章、职员履历册、会员名册、会议记录等上交县政府，县政府整理完毕后呈交四川省政府。在各县道教分会基本改组完毕后，由省道教会召集各分会代表，召开省级改组大会。改组中成立了诸多新的道教分会，统一了规章制度，强化了四川省道教会的领导权和抉择权。在三次会员大会中，道教会总结本年度工作，讨论提案，选举职员，制定和修订章程，规划来年工作，这些都有利于四川道教的发展。

"民权""平等"等新兴思想逐渐融入道教会体系之中，"权利""义务"等概念被用于日常事务处理，坤道地位也受到道教会的重视。同时，道教的社会教育和道士自我教育的改革，表现出明显的学术化倾向。学习教理教义，研究和阐扬道教学术和哲学，成为该时期道士培养的主要方向。然

---

① 四川省档案馆，全宗号民国 186，目录号 01，案卷号 1838。
② 四川省档案馆，全宗号民国 186，目录号 01，案卷号 1837。
③ 卿希泰主编：《中国道教史》第四卷，第 425—428 页。

而受自身素质和经济状况所限，上述种种改革并未良好地实现，更出现了一些不利于道教形象的负面事件。

四川省道教会的创立和发展过程，一方面体现了道教为生存和振兴做出的种种努力，组织的完善使得诸多问题有了公开、集中的讨论和解决空间，之前组织松散、制度不一、性质杂乱、会务停顿的状况得到改变，省道教会统一全川道教的职能得到更为充分的体现；另一方面，也应该承认，道教会的改革成果毕竟比较有限，许多构想仅停留在理论阶段，更为明显的是，在 1946 年改组之前，省道教会并未采取多少主动且有效的措施以完善其组织建设，该目标实际是在政府主导下强制完成的，反映出道教内部消极和被动的一面。改组中形成的道教会，恐怕已与最初"振兴道教"的理念相去甚远。承载着振兴重任、被道教界寄予厚望的道教会，多少沦为迎合世俗制度以求得生存的一种组织形式。对上述历史的研究，一定程度上有助于我们理解道教乃至传统宗教在时代变革中的生存状态。

最后需要说明的是，本文偏重在民国这一大的历史背景下，依据现有文献资料，更多的是从外部对这一时期的道教外境做了粗浅分析。而真正要全面深刻地认识这一问题，还有诸多方面需要深入细致的探究，比如道教界内人士对此一变革最真实的心态与观点等。刘咸炘就曾说过："道门之高者，多不屑干时，而贵显者大都败类。"[①]　个学者都持这种观点，那么终日沉浸在宗教氛围中，以"道"为最高追求的道教信仰群体，包括道教会的提倡者和组织者，是否抱有相同态度，这种态度是否左右着他们对世俗事务的价值判断，都是值得深入思考的问题。虽然这些内容并不在本文的论述范围内，但这方面的继续探索与研究，应该会是很有价值的课题。

---

① 刘咸炘：《道教征略》（上），《图书集刊》1946 年第 7 期，第 26—28 页。

分类与感通：道教"物"之观念研究

——以《太平经》《抱朴子内篇》为中心

王　昊[*]

内容提要："物"之原意为分割之意，要想获得关于物的准确知识就必须先划分物与物之间的界限；而由分割必然导致分类，道教对"物"同样有所分类，可大致分为哲学、世俗与宗教三个大的层面，其分类依据乃是阴阳五行、气、神等道教观念，并且经过分类的"物"通过"物类相感"的原则最终统一在道教方术之中，此过程使世俗之物具备了宗教层面上的意义，进一步使人获得了关于"物"的哲学层面的认知，乃至实现"体物知道""得道"成仙之目的。

关键词：物　道　分类　物类相感

李若辉先生在《早期中国的"物"观念》一文中引用裘锡圭先生的说法，认为"物"之初文为"勿"，表切割之义，由切割引发"不纯""不全"，而"纯""全"表毛色纯一之义，继而才有"勿""物"两字在卜辞中用来指用作牺牲的牛的毛色[①]。因分割划清了物与物之间的界限，从而更能看清作为有限性的物之不同种类及各自特征。道教对于物的理解也始于对物的划分，但作为一种宗教，其对"物"的划分标准及结果是什么样的情况，学界对此却缺乏系统研究。比较而言，学界多将目光集中在对道教具体之"物"的研究上，如李远国先生《试论灵幡与宝幢的文化内涵》一文着重论述道教斋醮、法会上所使用的"幡""幢"二物[②]；程群先生在《道教器物的宗教文化精神考察》一文中对道教剑、镜、印等十七种法器做过简介[③]；王育成先生的专著《道教法印令牌探奥》一书，

　＊　作者简介：王昊，哲学博士，四川大学道教与宗教文化研究所讲师。

　①　详见李若辉：《中国早期的"物"观念》，《陕西师范大学学报（哲学社会科学版）》2017年第1期，第6页。
　②　李远国：《试论灵幡与宝幢的文化内涵》，《宗教学研究》2002年第1期，第12页。
　③　程群：《道教器物的宗教文化精神考察》，《文化遗产》2014年第1期，第119—128页。

从样式、形制等方面对道教所用的印与令牌做了专门论述①；另有多种从考古角度论述道教器物的文章②；还有从哲学角度出发对道教之"物"进行论述的文章，如陈霞：《"道物无际"——道教生态哲学纲要》一文在论述道教之"道物关系"时对此有所涉及③。但从"物"之本义出发、以宏观视角来研究道教"物"之观念的文章，笔者尚未见到。本文试图立足于《太平经》与《抱朴子内篇》两部道教经典，来研究道教对"物"的理解以及分类标准，并在此过程中观察不同类别的"物"是如何通过方术与道教长生成仙观念联系在一起的。

一、道教对"物"的三个层面划分

"物"在《汉语大字典》中的解释有 18 条之多，其中对"物"的本义之解释，引《说文》所说："'物，万物也。牛为大物，天地之数，起于牵牛，故从牛，勿声。'按：'物'之本义为杂毛牛。"④ 王国维在《观堂集林·释物》中对许慎"天地之数，起于牵牛"之说予以批判："许君说甚迂曲。古者谓杂帛为物，盖由物本杂色牛之名，后推之以名杂帛。……谓杂色牛三十也，由杂色牛之名固之以名杂帛，更因以名万有不齐之庶物"⑤，可知"物"的原意是指"杂色牛"，后广及杂帛等生活用品，再更进一步指代万物。而这里又涉及一个"杂色牛"究竟是指"颜色"还是"牛"的问题，如汪涛先生指出的那样："甲骨文中所见的颜色词，比较复杂的是'物'字。关于甲骨文中的'物'字的含义，学者们已经有不少讨论。它在一些例子中明确表明祭牲的颜色。可是究竟是指杂色牛，还是黑色牛，学者中存在很大的分歧。"⑥ 前面说过，"物"由原初之切割义，可引申为辨别义，辨别正是对混杂的切割，进一步延伸为祭祀之时用作牺牲之颜色⑦，其结果是将混杂之物分门别类。无论如何，"物"之一词是用来表达祭祀用的深颜色或杂色牛这一点是可以确定的，可见"物"之原义是与古代宗教祭祀联系在一起的。

道教对"物"的理解，基于以上所述"物"之本义并有所深化。如陈霞所说："道教则将'物'进一步发展和分化，分出有生命之物、无生命之物和物质财富以及具体的草木、五谷、金石、芝兰、药物、神物等。"⑧ 这一概括还是比较准确的，笔者在此处将进一步细化道教对"物"的划分，

① 王育成：《道教法印令牌探奥》，北京：宗教文化出版社，2000 年。另有孙以刚：《江南道教胜地三清山出土道家古印》（《东南文化》1992 年第 1 期，第 238 页），刘晓明：《三清山古印考》（《江西社会科学》2001 年第 7 期，第 77—79 页），冯广宏、王家祐：《什邡巴蜀印文考义》（《四川文物》1996 年第 3 期，第 3—8 页）等文章对道教的法印予以关注和解读。

② 如张勋燎、白冰：《中国道教考古》（北京：线装书局，2006 年），较多关注道教造像、石刻等出土材料；程义：《宋真宗天禧二年林屋洞道教投龙遗物简介》（《中国道教》2010 年第 1 期，第 37—39 页）、王育成：《明武当山金龙玉简与道教投龙》（《社会科学战线》1994 年第 3 期，第 148—154 页）着重从考古学角度介绍道教投龙简；王育成：《考古所见道教简牍考述》（《考古学报》2003 年第 4 期，第 483—510 页）着重论述考古发现的道教简牍，等等，都从考古发现的角度来论述道教法器、法物，此处不一一列举。

③ 详见陈霞：《"道物无际"——道教生态哲学纲要》，《宗教学研究》2006 年第 1 期，第 36—44 页。

④ 汉语大字典编辑委员会编纂：《汉语大字典》（九卷本），成都：四川辞书出版社，武汉：崇文书局，2010 年，第 2117 页。

⑤ 王国维：《观堂集林》，北京：中华书局，1959 年，第 287 页。

⑥ 汪涛：《殷人的颜色观念与五行说的形成与发展》，[美] 艾兰（Sarah Allan）著，汪涛、范毓周译：《中国古代思维模式与阴阳五行说探源》，南京：江苏古籍出版社，1998 年，第 267 页。

⑦ 李若辉：《中国早期的"物"观念》，《陕西师范大学学报（哲学社会科学版）》2017 年第 1 期，第 6 页。

⑧ 陈霞：《"道物无际"——道教生态哲学纲要》，《宗教学研究》2006 年第 1 期，第 38 页。

可分为三个层面内容。

（一）哲学层面上的"物"

第一个层面是哲学意义上的"物"，即"万物"、具体的实物。《太平经》卷五十六中表述为"万二千物"："天之法，阳和精为两阳之施，乃下入地中相从，共生万二千物。其二千者，嘉瑞善物也。"① 《抱朴子内篇》卷七"塞难"中的"万物"范围进一步扩展为包含"天地"在内："万物感气，并亦自然，与彼天地，各为一物，但成有先后，体有巨细耳。有天地之大，故觉万物之小；有万物之小，故觉天地之大……天地虽含囊万物，而万物非天地之所为也。"② 此处之"万物"即为"物体的总和""最一般的概念"，即张岱年先生所说之"具体的实物"："物是具体的实物，亦即个体的实物，故称为万物"③。

相较而言，《河上公章句》中对"物"的理解更加深刻，譬如，对"复归于无物"之注释为："物，质也。复当归之于无质。"④ "物"的主要特点是有"质"，所谓"质"，在"恍兮忽兮，其中有物"下注释说："道唯恍忽，其中有一，经营生化，因气立质"⑤；在"无物之象"下注释说："［言］一无物质，而［能］为万物设形象也"⑥。即"道"本身是无形象、无是非的存在，而能够以"气"为根本来生化万物、生成"物质"；而"物"则是客观存在的"物质"，其意义如张立文先生所说："它是各种不同体积、性质、形状的物体的多样性统一，能够被人的感觉所描绘。"⑦

可见，道教也很关注"物"之背后的"道"，如《太平经》卷五十六中所说："夫万二千物，各自存精神，自有君长，当共一大道而行，乃得通流……万二千物精神，共天地生，共一大道而出，有大有中有小。何谓也？乃谓万二千物有大小，其道亦有大小也，各自生自容而行。"⑧ 所谓"大道"即万物之本源及本体，正因为有此"大道"存在，万物方能得以通流、运动；与之相对的则是存在于万物之内的各自之"道"，此"道"有阴阳、大小之分，并非"道"的全体，略同于张岱年先生所说之"德"⑨。由此，可借"物类"之中的各自存在的"道"来体悟"大道"，故而"物"又是道门中人借以悟道的媒介。白玉蟾在阐述关于信道与拜神的辩证关系时说："道本无形，岂因绘形饰像；人须见物，方才随物兴心。"⑩ "道"本来是无形无相的，只有通过可见之"物"这一媒介来认识。明弘治十七年刘达刻本《化书·序》中说："道在天地间不可见，可见者化而已。化在天地间不可见，可见者形而已。盖道者，日用事物当行之理，无物不有，无时不然，所以不可须臾离也。"⑪ "道"遍存于所有事物当中，但又不能直接用感觉器官去认识，而是要通过"物"为媒介。

---

① 王明：《太平经合校》，北京：中华书局，2014年，第226页。

② 王明：《抱朴子内篇校释（增订本）》，北京：中华书局，1985年，第136—137页。

③ 张岱年：《中国古典哲学概念范畴要论》，北京：中国社会科学出版社，1989年，第103—104页。

④ 王卡：《老子道德经河上公章句》，北京：中华书局，1993年，第53页。

⑤ 王卡：《老子道德经河上公章句》，第86页。

⑥ 王卡：《老子道德经河上公章句》，第54页。

⑦ 张立文：《中国哲学范畴发展史（天道篇）》，北京：中国人民大学出版社，1988年，第205—206页。

⑧ 王明：《太平经合校》，第226页。

⑨ 张岱年先生在阐述《老子》第五十一章"道生之，德畜之"时说："道是万物由以生成的究竟所以，而德则是一物由以生成之所以……德是分，道是全。一物所得于道以成其体者为德。德实即一物之本性。"（张岱年：《中国哲学大纲》，北京：中国社会科学出版社，1982年，第23—24页）用在这里，所谓的"大道"则是本体之道，是"全"；随具体物之大小而"亦有大小"之"道"，则是"德"，是"道"的分有，是一物得以"自生自荣"的根本原因，是一物之本性。（笔者注）

⑩ 《道藏》第4册，第796页。

⑪ （五代）谭峭著，丁祯彦、李似珍点校：《化书》，北京：中华书局，1996年版，第76页。

《化书》由此提出体道悟道的途径："是以大人体物知身，体身知神，体神知真，是谓吉人之津"①，即提出物→身→神→真道之认知途径。

（二）世俗之物

第二个层面是世俗之物，包含以下两个方面：

一是财物。《太平经》卷七十三中说："元气恍惚自然，共凝成一，名为天也；分而生阴而成地，名为二也；因为上天下地，阴阳相合施生人，名为三也。三统共生，长养凡物名为财。"② 财物又可包括"三急之物"，即"饮食""阴阳""衣物"，"过此三者，其余奇伪之物不必须之而活，传类相生也"③。"三急"即人们生存所必需之物，其余都归入"奇伪之物"的范畴，是人不必要的生活物资。道教经典在涉及"财物"时，一般会有相应的对财物的态度，即"以财养道"、蠲除物欲等要求。

二是包括人、动物、植物等在内的生物，如谭峭《化书》卷一中所言："物有善于蛰藏者，或可以御大寒，或可以去大饥，或可以万岁不死。"④ 此处之"物"即是生物之义。生物进一步可划分为两部分，一部分是人，另一部分是"人"所效仿的对象——"长寿"之物。首先是"人"："人者，乃中和凡物之长也，而尊且贵，与天地相似。"⑤ "人之为物，贵性最灵。"⑥ 又，"物"特指"圣人"："世人谓圣人从天而坠，神灵之物，无所不知，无所不能"⑦，即认为"人"在所有事物之中无论地位还是灵性都是最尊贵的。其次指"长寿之物"，经中经常将其与"凡物"对举。《抱朴子内篇》卷三中所谓"长寿之物"即"龟、鹤"等寿命长久的动物："天下之虫鸟多矣……而独举龟、鹤有长生之寿者，其所以不死者，不由蛰与飞也。是以真人但令学其道引以延年，法其食气以绝谷，不学其土蛰与天飞也。"⑧ "为道者"需要效仿的便是两者"食气""绝谷"的方法，以期益寿延年。而与"长寿之物"相对的便是"凡物"："如此之久而不死，其与凡物不同亦远矣。"⑨ "其"指"长寿之物"，而"凡物"则是与其相对的有生老病死现象的凡俗之物。

（三）宗教层面上的"物"

第三个层面是宗教意义上的"物"，包含以下几个方面：

一是指神、鬼、精、怪等宗教意义上的存在。"夫神，乃无形象、变化无穷极之物也。"⑩ "神道用，则以降消鬼物之道也。"⑪ "故神应天气而作，精物应地气而起，鬼应人治而斗。此三者，天地中和之疾使，随神气而动作，时而往来，绝洞而无间，往来难知处。"⑫ 这里突出了神之"无形象"与"变化"的两个主要特征，而气的特征是"无形""变化"，神、精、鬼分别与天地人之气相应而

---

① （五代）谭峭著，丁祯彦、李似珍点校：《化书》，第 5 页。
② 王明：《太平经合校》，第 314 页。
③ 王明：《太平经合校》，第 46—47 页。
④ （五代）谭峭著，丁祯彦、李似珍点校：《化书》，第 5 页。
⑤ 王明：《太平经合校》，第 352 页。
⑥ 王明：《抱朴子内篇校释（增订本）》，第 284 页。
⑦ 王明：《抱朴子内篇校释（增订本）》，第 227 页。
⑧ 王明：《抱朴子内篇校释（增订本）》，第 49 页。
⑨ 王明：《抱朴子内篇校释（增订本）》，第 48 页。
⑩ 王明：《太平经合校》，第 452 页。
⑪ 王明：《太平经合校》，第 714 页。
⑫ 王明：《太平经合校》，第 691 页。

生，故区别于一般的"物"，且具备了宗教性质。

二是指三尸、魂魄等道教修炼方术中所涉及的、人之身体内的"物"。"三尸之为物，虽无形而实魂灵鬼神之属也。"[①] "魂魄此之为物至近者也，然与人俱生，至乎终身，莫或有自闻见之者也。"[②] 三尸、魂魄都是与道教修炼相关、有强烈道教特色的"物"。

三是指代存思修炼过程中存思的对象："然或乃思作数千物以自卫，率多烦难，足以大劳人意。若知守一之道，则一切除弃此辈，故曰能知一则万事毕者也。"[③] 此处"思作数千物"即道教存想方术中，观想自己身内的"身中之神"有数千种之多。但葛洪在这里并不提倡这种做法，而是提倡用"守一"的方法，以守"真一"或"玄一"来替代"数千物"。

四指金丹："夫金丹之为物，烧之愈久，变化愈妙；黄金入火，百炼不消，埋之，毕天不朽。服此二物，炼人身体，故能令人不老不死。此盖假求于外物以自坚固，有如脂之养火而不可灭。"[④]

五指药物。姜守诚先生将《太平经》中的药物归为草木类、生物类、金属矿物质和人工合成类三种[⑤]，且与世俗的医药区别开来。在《抱朴子内篇》中，药物可分为炼制金丹的金属、矿物类药物和一般的草木类药物。其一，"九丹诚为仙药之上法，然合作之，所用杂药甚多。若四方清通者，市之可具；若九域分隔，则物不可得也"[⑥]，此处"九丹"即葛洪引《黄帝九鼎神丹经》中所载之九种丹，服之俱可成仙，其所用合丹药物盖为金属、矿物之类，且将此归入到"药物"类。其二，"然后先将服草木以救亏缺，后服金丹以定无穷，长生之理，尽于此矣"[⑦]，可看出炼制金丹类的药物与草木类药物有严格的区分，两者用途亦各不相同，即草木类药物的作用在于"救亏缺"，而金丹类的药物之作用在于"长生"。

综上，其实可以将宗教层面上的"物"概括为两种：

一种是原始宗教"万物有灵论"观念影响下的精、怪等物，道教将其进一步扩展为包括信仰对象之神、存思修养中的身神以及方术修炼中的魂魄等等。需要注意的是，精怪之物在中国古代不仅是道教关注的对象，也是社会文化的组成部分，譬如张华《博物志》中将精怪类也归在"物"中，如其卷九中所言："木石之怪为龙冈象，木之怪为夔魍魉，土之怪为獖羊，火之怪为宋无忌"[⑧] 等等。如江晓原先生评价中国博物学传统时所说："能够容忍怪力乱神，不仅不是这一传统应被批评否定的理由，恰恰相反，这一点可以视为中国古代博物学传统的中国特色。"[⑨] 如此，则道教对精怪等"物"的论述，也是古代博物学关注的对象和中国古代社会文化的有机组成部分。

另外一种是长生成仙观念影响下的人工炼制产物，如金丹、仙药等，其特点是服之可使人长生不死、成仙得道，而这一点正是道教的基本信仰。当然，严格意义上来说，成仙信仰可追溯到先秦时期，而服食药物以成仙也只是一种方术。但是随着《太平经》中"天医神药"、《抱朴子内篇》中

---

① 王明：《抱朴子内篇校释（增订本）》，第 125 页。
② 王明：《抱朴子内篇校释（增订本）》，第 21 页。
③ 王明：《抱朴子内篇校释（增订本）》，第 324 页。
④ 王明：《抱朴子内篇校释（增订本）》，第 71 页。
⑤ 详见姜守诚：《〈太平经〉中的"天医神药"观念》，《锦州医学院学报（社会科学版）》2005 年第 3 期，第 36—40 页。
⑥ 王明：《抱朴子内篇校释（增订本）》，第 84 页。
⑦ 王明：《抱朴子内篇校释（增订本）》，第 246 页。
⑧ （晋）张华著，范宁校证：《博物志校证》，北京：中华书局，1980 年，第 105 页。
⑨ 江晓原：《中国古代技术文化》，北京：中华书局，2017 年，第 210 页。

服食"金丹"以得道成仙等等观点的提出以及道教化论证，将其完全纳入道教义理范畴之内并予以发扬，这些"物"已经被打上道教的烙印，可以认为是道教特有之"物"。

当然，后者除了金丹、药物外还有许多种类，如道教科仪之中使用的"法物"。所谓"法物"，灵宝派经典《洞玄灵宝千真科》中曾予以界定："真人曰：钟磬幡花、炉合帐盖、宝幢经缊之属，此是法物则重；冠履机笏、褐被裙襦衫褶等为什物则轻。"① 即将"物"分为"什物"与"法物"，"法物"包括"钟磬幡花、炉合帐盖、宝幢经缊之属"。在科仪之中用于法事之"物"，亦可看作特属于道教之"物"。

以上可以作为比较完备的对道教"物"之内涵的界定。

二、道教对物进行分类的标准及意义

对"物"进行分割、辨别，其所导致的必然结果是"分类"。清代孔广居在《说文疑疑》中很好地说明了"物"与"分类"的关系："物者，牲畜之吕类也……推而广之，凡天地间形色血气之相类者，俱谓之物。又推而广之，凡大地间一切大小精粗刚柔动静之相类者，亦谓之物。"② 其中的"物"说的即是"物类"，并且说明了世间万物的分类标准，即"形色血气""大小精粗刚柔动静"，只要符合这些划分标准的，均属于同类之"物"。

不同于世俗文化对"物"的分类，作为一种宗教而言，道教有自身独特的分类标准。需要注意的是，道教对"物"进行分类并非为了明晰"物"之边界，获取关于独立存在之物的准确认知，而是认为"物"并非孤立的存在，"物"与"物"之间是相互联系的，这一点可以从道教的分类标准以及"物类相感"思想中看出来。

以《太平经》为例，经中按照一定的分类标准对人类社会中的事物与自然存在的事物进行分类，并且认为正是因为有此分类，才能够实现各类物的兴盛："夫物类相聚兴也，其法皆以比类象相召也。"③

首先，经中按照阴阳、性情、王相休囚废五气等分类方式对人类社会中的事物，主要包括人之性别、性格乃至命运等进行分类："凡天下之名命所属，皆以类相从，故知其命所属。故含五性多者，象阳而仁；含六情多者，象阴而贪。受阳施多者为男，受阴施多者为女。受王相气多者为尊贵则寿，受休废囚气多者数病而早死，又贫极也。故凡人生者，在其所象何行之气，其命者系于六甲何历，以类占之，万不失一也。"④ 分类之目的在于说明个人命运和社会现象，而这就必然牵涉到"物类相感"这一现象："夫王气与帝王气相通，相气与宰辅相应，微气与小吏相应，休气与后宫相同，废气与民相应，刑死囚气与狱罪人相应，以类遥相感动。"⑤ "物类"之间是相互感应的，并非

---

① 《道藏》第 34 册，第 372 页。

② 转引自张立文：《中国哲学范畴发展史（天道篇）》，北京：中国人民大学出版社，1988 年，第 204—205 页。

③ 王明：《太平经合校》，第 288 页。

④ 王明：《太平经合校》，第 438 页。

⑤ 王明：《太平经合校》，第 17 页。

孤立存在之个体；"物类"之所以有不同的现象和分类，是因为其所感应到的"气"的类型不同。并且分类又可用于解释社会不太平的现象："物以类相感动，王治不平，本非独王者之过也。乃凡人失道轻事，共为非，其得过非一也，乃万端，故使治难平乖错也。"① 如此，社会不太平的原因并非单独是"王治"的过患，而是整个人类的行为共同召感的后果，故而要想实现"太平"则必然要求人们整体依"道"行事，如此才不至于"失道轻事"，从而凸显出了经中所述"道"之重要地位。

其次是对自然存在的事物进行分类："万物无动类而生，遂及其后世相传，言有类也。比若地上生草木，岂有类也？是元气守道而生如此矣。"② 万物是按照"类而生"的客观规律而世代相传而"生"的，更明确地说，正是因为万物表现出世代相传而生的现象，所以将可以世代而生的"物"归为同一类别。"类"是抽象思考的结果，其更深一步的原因则是"元气守道而行"，这种分类方式旨在通过对"物类"的考察得出其后所隐藏的"道"，隐含着向道教宇宙生成论中具有本源意义的"道"或"气"③ 复归的意向。

后世道教也对"物类"背后之分类标准进行过探讨，譬如《修真十书·悟真篇》卷二十六所言："有性无形，及乎太极既分，则甲己之气化真土，乙庚之气化真金，丙辛之气化真水，丁壬之气化真木，戊癸之气化真火。此五者，散而为物类也。"④ 又如《紫阳真人悟真篇注疏》卷三中说："真一之精乃天地之母，阴阳之根，水火之本，日月之宗，三才之源，五行之祖。万物类之以生成，千灵承之以舒惨。"⑤ 即，不再局限于早期之"王相休囚废"五气的分类方式，而是"五行之气""真一之精"等更加多样化的方式。

物类相感应的思维方式同样影响深远，如《古文龙虎经注疏》卷下所言："磁石吸铁，隔碍潜通者，磁石之力全者可引数片之铁于器物之外，此物类相感者也。"⑥ 即将磁石之磁场可以隔着障碍物吸起铁片这一物理现象也纳入了"物类相感"的范围之内。又，《张真人金石灵砂论》中说："音声相和，物类相感，有无综贯，阴阳负抱，而道在其中矣"⑦，认为"物类相感"的现象有"道"贯穿其中，"道"不再局限于单一的"物"中，而是在"物类"相感应的、整体统一的关系之中。

可见，无论"物类"的划分标准是什么，其共同点都意在说明"物类"并非独立的存在；相反，正是通过"类"的划分，从而找到了"物"与其背后成因之间的对应关系，并且通过"感应"的方式体现出来。

---

① 王明：《太平经合校》，第35页。

② 王明：《太平经合校》，第21页。

③ 学界之中对《太平经》中的本源论问题存在争议，大致存在三种意见：一是道本原论，如卿希泰先生认为，两者相比较而言，"实际上是把道看成是一个比元气更高更根本的东西"（卿希泰：《〈太平经〉的哲学思想》，《四川师范学院学报（社会科学版）》1980年第1期，第10页）；二是气本原论，如李家彦认为《太平经》中的"元气"具有物质实体性质，并以此"代替了'道'作为万物的本原，并且使其本原物化生出万物的过程由抽象变成具体"（李家彦：《〈太平经〉的元气论》，《宗教研究》1983年第4期，第13页）；三是道气二元论，如杜洪义所言：《太平经》把'道'与'元气'都看成是万物生成不可缺少的内在动因，从而建构了二元的宇宙生成模式。"（杜洪义：《〈太平经〉道论解析》，《宗教学研究》2007年第2期，第48页）

④ 《道藏》第4册，第717页。

⑤ 《道藏》第2册，第926页。

⑥ 《道藏》第20册，第54页。

⑦ 《道藏》第19册，第6—7页。

三、道教"同类相感"思想之应用及目的

如上所述,道教"物"的观念可分为三个层面,然而每个层面上的"物"并非仅具此一个层面的意义,譬如世俗层面上的"财物",当其作为"信物"来使用的时候便具有了宗教层面的意义;而宗教层面上的"金丹"等物,其炼制所需原料也是属于世俗层面的"物"。并且"物类相感"这一思想更是将"物"之世俗层面与宗教层面上的意义联系起来,下面试以"信物"与"金丹"为例来说明这一观点。

首先,所谓"信物",即道教在授受经典符箓及在黄箓斋、投龙简、上章等仪式中用到的物品,主要起着沟通神灵并与神灵订立盟约的作用。如上清派之授受经典仪式中所用信物:"凡受上清宝经,皆当备信,信以誓心,以宝于道,准于割发歃血之誓。无信而受经,谓之越天道,无盟而传经,谓之泄天宝,传受之人,各慎其负。"①"盟"即与神灵订立盟誓的仪式,"信物"是此仪式中必不可少之物。《洞真太上太霄琅书》卷五中将"信物"归结为"上金""紫锦""白素""书刀""明镜"等二十四种,并对此二十四物之大小、重量、用量都作了详细说明②,此处不再详述。

质而言之,道教"信物"之本质仍然是世俗所用之"财物",而道教对于"财物"并非持一味否定的态度。《太平经》卷九十"冤流灾求奇方诀"中认为对待财物应当"故无可爱惜,极以财物自辅,求索真道异闻也"③,财物并不值得爱惜,应当用以"求索真道",这便与"信以誓心"联系起来,所誓之"心"即指精诚求道之心。唐代张万福在《传授三洞经戒法箓略说》中说:"夫神道无形,天理辽旷,幽昧不测,言议莫知,若能精至,便即通感,所以令其赅信用质于心也。心信则轻财,财轻乃贵道,贱财则神明降接,赅命可延,命久年长,神仙可得。"④"神道""天理"本身是形而上的存在,要想与之"感通",则必然要借助"信物","信物"一方面体现着"轻财重道"之心,究其实质乃是建立"人"与其所信仰的"道"之间的联系,从而使人可与神明交接;另一方面,"信物"本身也起着"感通"作用,其主要感通对象为"气"或"神",如用"素丝""五十尺"或"百尺","五应五气、五德、五方,百应百神、百关、百结"。

其次,炼制金丹所需之物是属于世俗层面上的"物",《抱朴子内篇》卷四中说:"九丹诚为仙药之上法,然合作之,所用杂药甚多。若四方清通者,市之可具;若九域分隔,则物不可得也……古秤金一斤于今为二斤,率不过直三十许万,其所用杂药差易具。"⑤炼丹所需之"金"及"杂药"可以在社会稳定时买到,一旦社会不太平、各地交通不便时便很难买到,然而用此世俗之物炼制而成的"金丹"却可以具备"令人不老不死"的宗教性质。实现这一转变则必然依靠炼丹术,其基本指导思想,如盖建民先生所说,是"把五行、五方、五色、五藏等以类比方式相互对立和统一起

---

① 《道藏》第 3 册,第 439 页。
② 《道藏》第 33 册,第 669 页。
③ 王明:《太平经合校》,第 355 页。
④ 《道藏》第 32 册,第 196 页。
⑤ 王明:《抱朴子内篇校释(增订本)》,第 84 页。

来，并以阴阳统摄五行，再以这些对应模型外推各种物质的属性，以此来说明它们的性质和彼此之间的制约关系"①。即将炼丹所需材料按照阴阳五行分类，这些材料在丹鼎之中按照五行生克关系发生一系列反应，最终生成"金丹"。其基本原理是将"金"这类"物"的性质按照"物质性质转移"②论转移到"人"这类"物"上，从而实现长生不死。

综上可知，道教所使用的"物"通常具备双重含义，就物质层面讲，其制作材料本身就是世俗之物，但因为物类之间的相互感通，而其所感通的对象通常具备宗教性质，于是其在应用过程之中便具备了宗教层面的含义。而这个过程通常有人参与，并且成为感通的中心，如使用"信物"的过程便是借助"信物"与气及神灵的感通来体现人之"舍财向道"之心以及对"道"之信仰，并且进一步体现出对哲学层面上"物"的理解，最终实现"体物知道"的目的。

结　论

道教对"物"进行分类并非是为了获得关于"物"的具体知识及了解其本质特征，而是借助分类将"物"与道教之阴阳五行、气、神等观念联系起来，其联系方式便是"物类相感"原则，并且通过"物类相感"使世俗之物具备了宗教层面上的意义；通过"物"在仪式、法术、炼丹等道教活动中的应用，来获得关于"物"的哲学层面的认知，进一步"体物知道"，从而最终实现让人"得道"这一目的。

---

① 盖建民：《道教科学思想发凡》，北京：社会科学文献出版社，2005 年，第 208 页。
② 盖建民：《道教科学思想发凡》，第 211—215 页。

佛教研究

阿赖耶识的真妄及其在修行中的应用

陈　兵*

内容提要：本文对印度佛教经论及中国汉藏佛学诸宗关于第八阿赖耶识性质的说法作了梳理，说明地论师、摄论师、天台宗、慈恩宗、真言宗及藏传宁玛派、觉朗派等，对阿赖耶识的性质，凡有妄、真、真妄和合三种看法，各有其经典依据，其中以真妄和合说较为合理，并对阿赖耶识在修行、开悟中的应用进行了论述，认为见到阿赖耶识与否并不能作为见道、开悟的标准。

关键词：阿赖耶识　真妄　修行　开悟

阿赖耶识，亦译"阿梨耶识""阿黎耶识""阿罗耶识""阿剌耶识"等，玄奘意译为"藏识"，今有译为"仓库意识"者，阿赖耶（ālaya），梵语原意为仓库、储藏、窟宅、执着。从不同的角度着眼，阿赖耶识有"第八识""本识"（一译"根本识""普基识"）"宅识""无没识""一切种子识""异熟识""阿陀那识""初刹那识"（"初一念识"）"不可觉知坚住器识""义识""心"（质多）"心体""识主""心王""丈夫识"等异名。藏传宁玛派、觉朗派佛学以"阿赖耶识"为第八识，而"阿赖耶"则为依如来藏心所起的根本无明。

阿赖耶在《阿含经》中已见提到。至部派佛学，对深层心识的探讨成为重大理论问题之一，建立了"细意识""有分心""根本识""一味蕴""穷生死蕴""果报识""实法我""胜义补特伽罗""异熟果识""根本蕴""非即蕴非离蕴补特伽罗"等深层心识，以解释仅用六识说难以说清的轮回主体和随眠（潜在的烦恼）等问题，实际上都是阿赖耶识的"密意说"。但其说法较显粗糙，与诸法无我之佛法核心义较难调和，不足以圆满解释心识及轮回现象，互相之间也争议不决。后来大乘唯识学依据《解深密经》《阿毗达磨大乘经》《楞伽经》《密严经》等，用第八阿赖耶识来代替部派佛学所立细意识、有分心等，对此识作了精致的论述，建立了以阿赖耶识为本的阿赖耶识缘起论。

阿赖耶识被看作生死、涅槃共同的"所依界"（终极因），用以解释心识结构，建构宇宙模式，说明轮转生死及修行解脱的原理。阿赖耶识不仅关系佛学理论建构，而且攸关修行，可以用来解释和解决修行过程中的各种身心问题，特别与参禅开悟关系密切。修学禅宗、唯识、密教、净土，皆须对阿赖耶识有明确的认识。阿赖耶识还能运用于心理治疗尤其是信仰者、修行者的心理治疗。

因为所依佛经中的说法及修行者各自的体验及对阿赖耶识内容的界定不同，对阿赖耶识的功

---

* 作者简介：陈兵，四川大学道教与宗教文化研究所荣休教授。

能、性质，佛学界的解释并不一致。特别是阿赖耶识的性质是杂染抑或清净，亦即阿赖耶识是真心还是妄心，是一个从南北朝以来一直到今天还争议不决的重大问题。

一、阿赖耶识真妄之三说

关于阿赖耶识的真妄，大体而言，有认阿赖耶识为妄心、真心及真妄和合心三种见解。

（一）认为阿赖耶识属杂染的妄心

此有《阿含经》《解深密经》等经中的佛言为依据。《阿含经》中以阿赖耶为应"断"、"害"、"灭"的生死之本，《本事经》卷三、卷七谓"灭阿赖耶，害阿赖耶，断诸径路，证真空性"；《增一阿含经·如来出现四德经》中佛说世间众生爱、乐、欣、喜阿赖耶。佛陀成佛之初所说偈，有"永离窟宅（即阿赖耶）"义。此阿赖耶释为着落处、依处、窟宅、家、藏，指被末那识执为内在自我的深层心识或心体，乃众生错认的永恒家园。大乘《解深密经》说阿陀那识恒转如暴流，念念生灭无常，属有为法，当然不是真常无为的真心而是生灭无常的妄心了。阿陀那识，唯识学认为乃阿赖耶识的别称之一。

无著《瑜伽师地论》《显扬圣教论》《摄大乘论》等论，皆依《解深密经》等，说阿赖耶识为杂染。《显扬圣教论》卷十七将阿赖耶识与"转依"相对比，说阿赖耶识无常、粗重烦恼所随、为烦恼产生之因，故是杂染。"转依"，在无著书中指佛所证清净心，即阿摩罗识。《摄大乘论》譬喻阿赖耶如幻、阳焰、梦、翳，该论卷一将阿赖耶识的主要功能概括为"摄藏"二字。"摄"为"统摄"、"包括"义，谓此识不仅统摄所储藏的一切种子，而且统摄前七识，统摄心之全体，甚至统摄三界六趣的各种众生，统摄整个世界，为一切现象生起的所依，故得独称为"心"，谓之"所知依"，即一切认识对象之最终所依，并以此识为《阿毗达摩大乘经》偈所言出生死及涅槃一切法的"无始时来界"，亦即"所依界"（梵：asraya dhatu，今译基界、体性基、本始基）。世亲《唯识三十论》说阿赖耶识有三位：在凡夫及阿罗汉、八地菩萨以下的有学位，性属杂染，名阿赖耶识；在阿罗汉、辟支佛及八地菩萨以上、佛地以下，断舍杂染的阿赖耶识之名，其时的第八识只名异熟识，以能摄持异熟果为特性；到佛位，第八识转为清净，名阿摩罗识（无垢识）。

南北朝地论师北道派解释世亲《十地经论》中的"心意识"之"心"为第八阿梨耶识，认为此识为无明妄心，乃万法依持，一切有为法，皆由梨耶缘起，并建立第九识为净识。

摄论师真谛一系也以第八阿梨耶识为妄识、有漏随眠识，依《楞伽经》等，于八识外别立第九阿摩罗识为真常净识。真谛译《决定藏论》卷上谓断灭阿罗耶识，即转凡夫性，灭一切烦恼，证阿摩罗识：

> 阿罗耶识，是无常，是有漏法；阿摩罗识，是常，是无漏法。
> 阿罗耶识为粗恶苦果之所追逐，阿摩罗识无有一切粗恶苦果；阿罗耶识而是一切烦恼根

本，不为圣道而作根本；阿摩罗识亦复不为烦恼根本，但为圣道得道得作根本①。

此说与地论师北道派相合，故摄论师兴起后，地论师北道派后学渐被摄论师同化。摄论师又有阿梨耶识为染净和合之说。

护法系唯识学发挥无著、世亲之说，主张阿赖耶识性属杂染，经正观真如，证得唯识实性，才能转为清净，名曰"转依"。

就功能来说，护法系认为阿赖耶识唯现量故，只储存我法二执及烦恼的种子，而自身并无我法二执，性属无记（非善非恶）。《成唯识论》卷二解释阿赖耶名藏识之"藏"，有能藏、所藏、执藏三义，依次为因、果、自相三相。能藏，谓此识本具储藏功能，能执持诸法种子令不丧失，这是此识的主要功能，故名"一切种识"，此即因相。所藏，谓此识的储藏作用，能令众生轮转生死，承受来世果报，是众生生命相续不断之本，故称"异熟识"，这是此识主要产生的果，即果相。执藏，谓此识具"藏"的功能，被末那识执为内自我，与杂染相互为缘，能摄持因果，这是此识的主要性质，即自相。

天台宗早期取地论师之说，也讲第八阿赖耶识。智颛《金光明经玄义》卷上称阿赖耶识"犹有随眠烦恼，与无明合"，是潜在的烦恼与无明隐藏之处，性属杂染，是菩萨修道所断，故名菩萨识。

密教《大日经·住心品》以阿赖耶识为"无始生死愚童凡夫"所误执为实常自我的"我"相之一，意味阿赖耶识是杂染的。藏传密典中，亦多以阿赖耶识为杂染，如《觉现自现续》有云：

> 阿赖耶识执分别，种种迷识所染污，阿赖耶识无明法。

说阿赖耶识为凡夫染污的无明心，又称"昏昧迷茫识"。《密集》谓"阿赖耶识在最初，无有做作和染污"，空而周遍，唯因无明风动、寻思造作而被污染，此则意味阿赖耶识本性清净或原本清净，而众生现实的阿赖耶识是杂染的。晚近宁玛派大德麦彭仁波切《大圆满直指心性》谓阿赖耶识不知真实，迷昧不明，非明觉不昧、能自见真实本面的"法身"。

（二）认为阿赖耶识为真心

此说也有经言佛语为证，如魏译《入楞伽经》卷七云：

> 阿黎耶识者，名如来藏，而与无明七识共俱，常不断绝，身俱生故。离无常过，离于我过，自性清净②。

说阿赖耶识即是如来藏——众生身中所潜藏的佛果功德，喻如胎中之王子、矿中之金、瓶中之灯。此识本性清净，非无常，本来无我，可谓真心。宋译《楞伽经》卷二说如来藏、识藏（阿赖耶识）"自性清净，客尘所覆故，犹见不净"。《大乘入楞伽经》卷六偈甚至说阿赖耶识"离于能所取，

---

① 《大正藏》第 30 册，第 1020 页，3。
② 《大正藏》第 16 册，第 556 页，3。

我说是真如"。《大乘理趣六波罗蜜经》卷十说"阿赖耶性清净,妄识所熏习"①,当修行成佛证得圆镜智时,如日出云翳,其本有清净性完全显现。《大乘密严经》卷下云:

> 一切众生阿赖耶识,本来而有,圆满清净,出过于世,同于涅槃。譬如明月现众国土,世间之人见有亏盈,而月体性未尝增减。藏识亦尔,普现一切众生界中,性常圆洁,不增不减②。

又说阿赖耶"体净而无垢""坚固不动",为"根本心",不被习气污染,犹如水中月及莲花,虽不离水,而不为水所着,即是如来藏、密严佛土、大涅槃。该经卷下偈还比喻如来清净藏与众生阿赖耶识"如金与指环,展转无差别"。该经还说,阿赖耶识虽然与能熏习的心、境及其所储藏的一切染净种子恒常同时俱在,而"性恒明洁",就像波涛虽然汹涌不息,大海则湛然常住,从不失其水的湿性。通过修行,照破烦恼妄心,本来清净的心性便会全体显现。《金光明经》也有第八根本识即是真心之说,世亲《十地经论》据之解《十地经》(《华严经十地品》)中的"心意识",说阿梨耶识为第一义心、自性清净心,非属于妄心的心意识。

地论师南道派勒那摩提、慧光等,依据世亲此说,认为阿梨耶识乃净识、如来藏、真如,即《楞伽经》所说三类识中的"真识"(汗栗驮),以"妄识"为阿陀那识,以"事识"为前六识。该派传人隋净影寺慧远撰《十地经论义记》,以心意识配八识:心,为第八阿梨耶识,为真识,意为第七阿陀那识,识为前六识,意与识皆属妄识。该书卷一说:"阿梨耶",翻名为"无没识,"此是第八如来藏心,随缘流转,体不失灭,故曰无没"③。慧远《大乘义章》卷三曰:

> 前六及七,同名妄识,第八名真。妄中前六,迷于因缘虚假之法,妄取定性,故名为妄。第七妄识,心外无法,妄取有相,故名为妄。第八真识,体如一味,妙出情妄,故说为真。又复随缘种种故异变,体无失坏,故名为真。如一味药流出异味,而体无异。又以恒沙真法集成,内照自体恒法,故名为真④。

认为阿陀那识为无明痴暗之妄识,阿梨耶识为如来藏自性清净心。然妄识本无体,必依真识而立,故前七识之妄法,实以第八识为其本体。又从体用角度,说真识本体虽平等一味,非因非果,其用却能随缘起灭,具染净之别,故能出生一切万法。妄法非真如之外另有别体,乃系真如不守自性,随缘而成妄,故诸法皆恒常依随真如,如影随形。第八识为佛性,虽是本有,仍需精勤修习,离染显净,方可成佛。吉藏《法华玄论》卷二说:

> 先代地论师,以第八识为佛性,自性清净故,亦名性净涅槃⑤。

---

① 《大正藏》第 8 册,第 912 页,2。
② 《大正藏》第 16 册,第 747 页,2。
③ 《卍续藏》第 71 册,第 436 页下。
④ 《大正藏》第 44 册,第 523 页,3。
⑤ 《大正藏》第 34 册,第 380 页,3。

此当指地论师南道派而言。菩提流支译《金刚仙论》卷五，也有"第八佛性识"等语。慧影《大智度论疏》卷十四说："佛性义据能照，即是阿梨耶识。"①

摄论师中也有说阿梨耶识为真心者，如敦煌文献中，作者不详之《摄大乘论抄》说阿梨耶识虽为诸法之根本依止，若据实，即心真如，亦名不空如来藏。又作者不详之《摄大乘论章》，说阿梨耶识即无没识，有识生灭、识真如二义。识生灭门，能受净熏，终能转依，成应身功德，名为无没。识真如门，终能显了，成就法身，名为无没。地论师南道派至慧远晚年，有摄论化之论释，如慧远再传弟子灵润等，即转习摄论。

天台宗慧思《随自意三昧》中，也依地论师南道派主张，说第八识即佛性、如来藏、自性清净藏，觉了诸法时名自性清净心，乃初心菩萨所用：

> 藏识者，名第八识，从生死际乃至佛道，凡圣愚智未曾变易，湛若虚空，亦无垢净、生死、涅槃，无一无二，虽假名亦不可得，五根不能见。

唐宗密《禅源诸诠集都序》卷一说"八识别无自体，但是真心"，名乾利陀耶。唐译密教经典《金刚顶一切如来真实摄大乘现证大教王经》卷（属金刚界经）云：

> 藏识本非染，清净无瑕秽，长时积福智，喻若净月轮②。

属无上瑜伽部的《佛说大悲空智金刚大教王仪轨经》（即《喜金刚本续》）卷三云：

> 唯一体性最上庄严，为阿赖耶，诸佛宝藏③。

以上都说阿赖耶识乃真心。藏传佛教界也有依据某些密续，说阿赖耶识乃本性清净的心体，被无明烦恼所覆蔽而现为杂染者。如那洛巴《大手印正见论》即说"阿赖耶根本识"为心性、空性本明心的异称之一。

（三）认为阿赖耶识乃真妄和合

此乃南北朝地论师北道派及摄论师的主要观点。地论师北道派创始人菩提流支所译《楞伽经疏》说：阿赖耶识有真、妄二义，真妄不曾相离，真心被妄心熏习而现为一切妄染法。《大乘义章》卷三说，地论师北道派分第八识为真、妄两种，真识名阿摩罗，妄识名阿黎耶。"佛性真心与无明地合为本识，名阿梨耶。"八识的生起，是依真识（阿梨耶）起妄识（阿陀那），依妄识起六事识（前六识），依意识起前五识。阿黎耶义译为"无灭"者，谓其"虽在生死，不失灭故"，其别名有"圣识""第一义识""净（无垢）识""真识""真如识""本识"等，意谓此识中含藏无量佛法，自性真实不妄、清净不染，既是产生佛法的根本，又是产生世间一切虚妄现象的根本。真心与妄心相

① 《卍续藏》第 74 册，第 410 页上。
② 《大正藏》第 18 册，第 314 页，1。
③ 《大正藏》第 18 册，第 596 页，2。

互依持，真心有体有用：本净真心为体，随缘隐显为用，用必依体，如波依水起。在汉传佛教界影响极大的《大乘起信论》分一心为真如、生灭二门，谓依如来藏（心真如）而有生灭心：

> 所谓不生不灭，与生灭和合，非一非异，名为阿黎耶识。

此识"能摄一切法，生一切法"，为摄持、生起世间、出世间一切法的根本。这种功能出于其所具的觉和不觉二义：觉谓此识之体即是绝对平等无差别的"法界一相"、真如，亦即诸佛共证的法身，本来具有如实觉知宇宙真实体性的觉性，名为"本觉"。这种本觉使众生能够反思自身的存在，发心修善学佛，从"始觉""相似觉""随分觉"渐达"究竟觉"而成佛；不觉谓由不能如实觉知真如之绝对唯一（"法界一相"），"不觉心起，而有其念"，成为无始无明，由此能见、能现、能取境界，起念念相续的"业识"（心动）、"转识"（能见相）、"现识"（能现色声等境界）、"智识"（能分别染净）、"相续识（相续不断），这五种识统称为"意"。由这妄染的意之活动，"住持过去无量世等善恶之业，令不失故；复能成熟现在未来苦乐等报，无差违故；能令现在已经之事，忽然而念，未来之事，不觉妄虑"。总之，阿赖耶识尽管具有本觉，却因不觉而成为众生妄染的心识之本，具有处理和成熟善恶业报、令人不自觉地思虑过去未来的作用。其观点接近地论师北道派，故古今皆有人认为其乃地论师所造。净影寺的慧远是地论师南道派，但他的见地其实与北道派相近，其《大乘义章》多处引证《大乘起信论》并予以阐释发挥。

摄论师依印度安慧之说，也主要以阿黎耶识为真妄、染净之和合。真谛立九识说，以阿陀那识为第七识，唯烦恼障我执，属妄识；以阿摩罗识为第九识，为净识、真心、本觉，真如为体；第八阿梨耶识则真妄和合。吉藏《中观论疏》卷七谓摄论师说第八识有真妄二义：有解性义是真，有果报识是妄用。圆测《解深密经疏》卷三说真谛依《决定藏论》立三种阿赖耶识：一解性梨耶，谓能悟解佛性，为成佛之因；二果报梨耶，以众生认识中的一切现象为所缘的对象，指能执持根身、缘起器界，作一切能认识的心识和所认识的世界之本；三染污梨耶，缘真如境起四种错误的理解，为微细法执（执着本非实有者为实有）或无明之本。喻如藏有金的土，既有染污性的、很贱的土，又含藏有清净性的、贵重的金。众生的阿赖耶识只现染污性，如只见土而不见金；佛的阿赖耶识只现清净性，如土已炼成金。

藏传宁玛派有阿赖耶识分三种之说：一无始所依之阿赖耶识，即真性、如来藏；二无记性阿赖耶识，指能摄藏者，略同异熟识；三杂染的阿赖耶识。其说法接近摄论师。

藏传觉囊派《了义海论》等则认为，阿赖耶识乃世俗诸法之根，依他起性所依，然非最终极者，其根（即最终极者）为胜义有、如来藏，因忽而障垢生染，现为杂染习气所依托的阿赖耶识，属烦恼根、有为法，若转识成智，则恢复无为法本面。又说阿赖耶识有识、智之分，为染净之根、根之根，实即一如来藏分位所立之假名，并没有从有为转无为的问题。其看法接近《起信论》。

迦举派《那若六法实修明炬》虽说阿赖耶识为杂染而非法身，犹如浑水不是清水，但又说"无垢心的本质就是阿赖耶识的净分"，则认为阿赖耶识是染净和合的。

二、对阿赖耶识真妄三说之评议

关于阿赖耶识真妄之三说，以第一、第三说为妥当。第一说是从心识结构论、事相的角度，就众生心之现实，判众生的阿赖耶识为杂染。这种说法的难点，是如何解释无明烦恼妄心的根源，回答只能说本来就有，然而从本体论看，本来就有者应该是真常、清净的，唯识学的处理是以本来真常者为真如理，以不如实知真如理为无明烦恼之本。经长劫修行，转杂染的阿赖耶识为清净的阿摩罗识，则成就佛果。其理论虽然甚具改造自心及众生、世界的积极精神，但不无落于有为法之嫌，亦难以满足急求顿证者的宗教需求。

第二是以阿赖耶识纯为清净之说。从佛果角度观察如来藏，较难处理众生被现实杂染的问题。经中说阿赖耶识为真心或如来藏、真如，是从体性论的角度着眼，就此而言，不仅可以说阿赖耶识是真如、本性清净，也可以说一切心包括烦恼皆是真如，小皆本性清净，《般若》等经中即常作此说；但在事相上论，众生现实的阿赖耶识显然是杂染，只能说它潜在有清净性，如金矿与金、金与金指环之喻，矿中虽然潜藏有金，指环虽然是金所制成，但需经提炼、制造，不能说现前的金矿就是纯金、纯金块就是金指环。说阿赖耶识体性清净是对的，但若说它相亦清净，则显然不合理。魏译《入楞伽经》卷七云：

> 如来藏识不在阿赖耶识中，是故七种识有生有灭，如来藏识不生不灭[①]。

明言清净的如来藏识或真心非阿赖耶识。宋译《楞伽经》卷四云：

> 菩萨摩诃萨欲求胜进者，当净如来藏及识藏名[②]。

以如来藏和识藏（藏识）为二。同经卷一以"真识"或"自真相识"为三种识之首，按后文之义并对照另外两个译本，虽然应指藏识的真相、真性，而一般从相用上讲的杂染或染净和合的阿赖耶识，不大能称得起真识。经言：

> 转识、藏识、真相若异者，藏识非因；若不异者，转识灭，藏识亦应灭，而自真相识实不灭。

谓七转识及第八藏识与真相识（即真识）非一非异，若异，则杂染生灭的藏识不能作为七转识的依因，依因必不生不灭故；若不异，则圣者灭七转识，其藏识亦应随之而灭，就完全没有心识了，实则其"自真相识"或真心不灭。《大乘入楞伽经》卷六偈说阿赖耶识为真如后，又说"转依离人、法，是则为真如"，意谓杂染的阿赖耶识净化之后才是真如。将未经净化的阿赖耶识误认为

① 《大正藏》第 16 册，第 557 页，1。
② 《大正藏》第 16 册，第 510 页，3。

即是真如，在修行上可能会产生误导。

第三阿赖耶识真妄和合说，从本体论角度统和前二说，统一性与相、真与妄，提供了为何生起无明烦恼的解释，在理论上较为圆融。若依此说，则生灭的、杂染的阿赖耶识，乃众生身中现实具有，说杂染，乃从其相用、事相而言。从体性讲，则其性本净本觉，即是如来藏、自性清净心、心真如，而这个清净体性，或《楞伽经》所言与藏识、转识非一非异、实常不灭的真识或真相、自真相识，也可以立为第九识、阿摩罗识。《入楞伽经》卷九谓"心意识八种，俗故相有别"——从世俗谛说，心识有八种；又说"八、九种种识，如水中诸波"。《密严经》卷中也说：

> 心有八种，或复有九。与无明俱，为世间因。世间悉是心、心法现，是心、心法及以诸根，生灭流转，为无明等之所变异，其根本心，坚固不动①。

如果立第九识，那只能是"真识"或坚固不动的"根本心"了。此根本心，可溯源于《阿含经》所言"解脱心""涅槃识""涅槃界，亦即《菩萨本业璎珞经》卷二所说无所猗、独无侣、无所在、不变易、无生灭的"涅槃心""无染污识""无为识""住识"。它既然是诸佛所证的果德，那么理应是本来具有的，或曰"元成""本觉"，可以从结构论安立为众生心识结构中本来具有的潜在功能，也可以从本体论、体用论角度看作众生心识的体性。

主张阿赖耶识纯净的地论师南道派早已绝传，隋唐以来，汉传佛教界一般皆依慈恩宗或《大乘起信论》，认为阿赖耶识性属杂染或染净和合。

三、阿赖耶识与开悟、见道

阿赖耶识虽然是染净之根本、所依，然并非如末那识之为见道、开悟的关键。依不讲阿赖耶识的小乘及中观学见地修观，也可以见道、亲证真如。见到阿赖耶识与否，甚至不是区分内外道、大小乘的标准。见道以上的小乘及大乘中观派圣者，也可能不见阿赖耶识；而未见真道的外道，也可能亲见阿赖耶识。南传佛学说在近分定（即初禅未到地）定中，常会落入有分心，这个有分心，即是阿赖耶识的密意说。《楞严经》卷九说识无边处定"唯余阿赖耶识，全于末那半分微细"，意谓此定以一点灵明意识缘广大无边的阿赖耶识为特征。一类经论中说阿赖耶识非外道及声闻、缘觉境界，当是指阿赖耶识的体性及究竟了知阿赖耶识而言。

按：此依隋唐以来通行的阿赖耶识性属杂染或染净和合义，见到阿赖耶识，起码不能作为见道、开悟与否的唯一标准。因为就所见阿赖耶识而言，有性相之分，从相上讲，如《阿含经》及唯识今学所言阿赖耶识，是杂染的，生灭如暴流，并非堪使人获得解脱的法性、真如、出世间法，见到此阿赖耶识，未必见道。护法系唯识学只以亲证诸法二无我性所显真如为见道，以诸法二无我性所显真如为佛性。世间与出世间的区别，唯在无我、自性空，在染污末那之俱生我执是否打破。

———————————

① 《大正藏》第16册，第734页，2。

唐宋以来的禅师们，一般遵循慈恩宗义及《楞严经》卷十破识阴方入菩萨金刚乾慧地之说，认为透过阿赖耶识，才是尽识阴、见心性，多强调在"无明巢窟"——第八识上做功夫，离心意识参，掀翻无明巢窟，迸露真常心体。大慧宗杲禅师曾说：

> 殊不知这猢狲子不死，如何休歇得来？来为先锋去为殿后的不死，如何休歇得！

"猢狲子"喻前六识，"来为先锋去为殿后的"指第八识，出《八识规矩颂》。明憨山谓由破第八识起修，方名真修，其《梦游集》卷八《示玄机参禅人》曰：

> 忽然藏识迸裂，露出本来面目，谓之悟道。

从宋代以来宗门流传的破"三关"说来看，参禅者现量见第八识，一般只是破初关，于念头灭、三际断处，阿赖耶识呈露，亦即南传佛学所谓有分心，藏密所谓母光明，此阿赖耶识未必离杂染，若未离染污末那的执着，即可能堕入外道见。在初关破本参基础上继续参或观，到亲证诸法无我，阿赖耶识亦空，六祖所谓"本来无一物"，才算是初见心性空的一面，宗门谓之"大死大活"，豁破重关，相当于小乘见道。若止于对此所悟真心的保任，只是"随缘消旧业，任运着衣裳"，则可能堕于二乘，古代禅人如此者居多。继续参究或观修，破末后牢关，才算大彻大悟。太虚《曹溪禅之新击节》说得明白：

> 禅宗悟本体禅、主人翁禅，所悟虽亦离言法界，在异生位仍即阿赖耶识、异熟识。前六刹那不生，末那我爱执藏暂现。此若执实，虽悟唯心，不悟无性，或入外道。了幻无性，取无性空，不透末后，或归二乘。进悟无性心源含融万法，乃大彻了。

是故《解深密经》云："阿陀那识甚深细，一切种子如暴流，我于凡愚不开演，恐彼分别执为我。"——执为我，即执为自性，我即自性，未悟无自性，故入外道。然在凡位欲求顿悟，除悟此阿赖耶识，亦别无真体，《楞严经》谓"真非真恐迷"，阿赖耶识虽然不能说就是真心，然离阿赖耶识而求真心，终了不可得。

若依地论师南道派等说，以阿赖耶识为清净如来藏，故见阿赖耶识即是见道、开悟，则此悟须悟阿赖耶识空而不空的体性，而非仅见阿赖耶识之相。若依《起信论》等说，以阿赖耶识为真妄和合，则觑破阿赖耶识之妄而见其真，亦即其体性，方为开悟、见道。若依九识义，以真心为第九识，则见第九识或转第九识为法界体性智，方为开悟、见道，而此第九识，亦即杂染及真妄和合阿赖耶识之真如、体性。总之，不论如何理解阿赖耶识，只有亲证人法二无我所显真如，方为真正开悟、见道，《楞伽经》谓"当依无我如来之藏"，作为"印中之印"、佛法心髓的诸法无我，乃是判别诸乘诸宗见道与否的共同标准。

（本文原载《世界宗教研究》2009年第2期）

杭州灵隐寺冷泉之宗教意蕴生成

段玉明[*]

内容提要：杭州灵隐寺之"冷泉""冷泉亭"是杭州灵隐寺景区的重要景观，自唐以降一直是文人墨客喜爱的游冶之地。之所以如此，除其别具的自然景色外，附着其中的宗教意蕴亦是不容忽视的一大因素。而此宗教意蕴的生成，既有宗教色彩极重的灵隐寺与飞来峰的因由，更有历代文人墨客在形式多样的游冶活动中为其衍生强化的神圣累积。由此昭示，宗教圣迹的形成绝不是一个本然的过程，而是一个逐步圣化的过程。

关键词：冷泉　冷泉亭　灵隐寺　宗教意蕴

言"冷泉"者，实亦言"冷泉亭"，一者因为泉名源于亭名（先有"冷泉亭"而后才有"冷泉"之称），二者因为关系密切（"冷泉亭"实为"冷泉"之标志性符号）。故在本文中，"冷泉"与"冷泉亭"时有互用。

古之名"冷泉"者，不只杭州灵隐寺一处。《大清一统志》卷二十四载："冷泉，在（宣化府）怀安县东北万全左卫城西三里。"卷一〇五载："冷泉，在（汾州府）孝义县西南二十八里，其泉夏冷。"卷一一二载："冷泉，在（平定州）寿阳县南五十里，西流入洞涡水。"卷一一六载："冷泉，在（霍州）灵石县北四十里冷泉镇，东流入汾，其水酿酒颇甘，一名堡中泉。"卷三五三载："冷泉，在（嘉应州）长乐县南四十里，甘洁可灌田百亩。"卷三八四载："冷泉，在（武定）州西六里，其水清洁，寒气彻骨。"卷四〇五载："冷泉，在（土默特）右翼西北二十五里，蒙古名魁屯源，出褪邦图山，南流会大凌河。"卷四〇八载："冷泉，在（乌喇忒）旗西北一百五里，蒙古名魁屯。"名"冷泉亭"者，也不只杭州灵隐寺一处。《大清一统志》卷二九二载："冷泉亭，在什邡县西十里，唐李白有冷泉亭诗。"嵇曾筠等《浙江通志》卷五十一引《大明一统志》曰："丽水县西白云山，山半有冷泉亭，山麓有白云亭。"由此可知，古之名"冷泉""冷泉亭"者，各地多有。尽管如此，杭州灵隐寺之"冷泉""冷泉亭"当是最享盛誉者，从古至今皆是杭州灵隐寺景区的重要景观。之所以如此，除其别具的自然景色外，附着其中的宗教意蕴亦是不容忽视的一大因素。而此宗教意蕴的生成，则有一个衍生强化的过程，值得从事宗教研究的学者跟踪考察。

＊　作者简介：段玉明，四川大学道教与宗教文化研究所教授、博士生导师。

一

田汝成《西湖游览志》卷二十引张君房语："杭州武林山，在钱塘县西南，灵隐寺在其上。寺东有水曰龙源，横过寺前，即龙溪也，冷泉亭在其上；西有水曰钱源，过横坑桥入钱湖。"田氏此节，来源于赵彦卫《云麓漫抄》卷五："张君房《辨钱塘》引《十三州记》云：杭州武林山，高九十二丈，周回三十里，在钱塘县西南十二里，灵隐寺正坐其山。寺之东西溪二水，东龙源，横过寺前，即龙溪也，冷泉亭在其上；西曰钱源，其流洪大，下山二里八十步，过横坑桥入于钱湖，盖钱源之聚瀦也。"吴箕《常谈》引《十三州记》与张君房所引稍有不同："钱湖阔十二丈，周围三十里，在钱塘县西南十里，灵隐寺正坐其山。寺之东西溪二水，源东曰龙源，横过寺前，即龙溪是也，冷泉亭在其上；西曰泉源，其流洪大奔迅激，越下山二里八十步，过横坑桥入于钱湖，盖钱源之聚瀦也。"《十三州记》为北朝阚骃所作，其父曾经为官会稽[1]。无论怎样，"冷泉"本不名"冷泉"而称"龙溪"，应已可知。后假灵隐寺之名，也称"灵隐浦"，梁诗正等《西湖志纂》卷一《冷泉猿啸》曰："冷泉，即石门涧之源，　名灵隐浦，《汉志》所称武林山出武林水是也。"

龙溪改名"冷泉"与"冷泉亭"有关，始于唐白居易。田汝成《西湖游览志》卷十曰："冷泉亭，唐刺史元㲄建，旧在水中，今依涧而立。'冷泉'二字，乃白乐天所书，'亭'字乃苏子瞻续书，今亦亡矣。今扁盱江左赞隶书。"冷泉亭成，白居易受请为其书匾题记，始有"冷泉"之称。冷泉亭的落成，白氏《冷泉亭记》记为"长庆三年（823）八月"，文中叙其因由曰：

> 东南山水，余杭郡为最；就郡言，灵隐寺为尤；由寺观，冷泉亭为甲。亭在山下水中央，寺西南隅，高不倍寻，广不累丈，而撮奇得要地，搜胜概，物无遁形。……杭自郡城抵四封，丛山复湖，易为形胜。先是，领郡者有相里君造虚白亭，有韩仆射皋作候仙亭，有裴庶子棠棣作观风亭，有卢给事元辅作见山亭，及右司郎中河南元㲄最后作此亭。于是，五亭相望如指之列，可谓佳境殚矣，能事毕矣。后来者虽有敏心巧目，无所加焉[2]。

因其依山带水、风光殊胜，唐时先后有官员在灵隐寺景区兴建了虚白亭、候仙亭、观风亭、见山亭、冷泉亭"五亭"，"相望如指之列"。及冷泉亭成，"佳境殚矣"，"后来者虽有敏心巧目，无所加焉"。由此观之，"冷泉"之名应得于"冷泉亭"，而"冷泉亭"之名则未必为白氏的创意，更有可能是建亭者元㲄的功劳。元氏于龙溪之上造亭，名"冷泉亭"，意在强调其临水得寒的感觉，与"观风亭"意在强调立亭受风、"见山亭"意在强调立亭观山的情形一样。白氏受请不过是命题作书作记而已。因亭名水，龙溪遂有"冷泉"之称。且各书并称，白氏当初为亭书匾仅有"冷泉"二字，"亭"字为后来苏轼所补，更易将亭名讹为溪名。

---

① （北齐）魏收：《魏书》卷五十二《阚骃传》。
② （唐）白居易：《白氏长庆集》卷四十三《冷泉亭记》。

冷泉出武林山中，过灵隐寺前，绵延数里入于西湖。刘一清《钱塘遗事》卷一载："冷泉亭正在灵隐寺之前，一泓极为清泚，流出飞来峰下，过九里松而入西湖。"不仅如此，"旧传冷泉深广，可通舟楫"，藉其水阔，元䒭乃将冷泉亭造于水中①。田汝成《西湖游览志余》卷二十三《委巷丛谈》载："冷泉亭，建于唐时。至宋时，郡守毛友者乃拆去之。今所建，又不知起于何时也。"似至宋时，元䒭所建之亭已被郡守毛友拆除，今之所见乃是后人重建。田氏并进一步发挥说："夫冷泉亭之景，白乐天极其褒颂，而毛君以为去之乃佳，好尚不同有如此！"而事实上，毛友拆除之亭并非元䒭所建之亭。潜说友《咸淳临安志》卷二十三记载得非常清楚："冷泉亭，在飞来峰下，唐刺史河南元䒭建，刺史白居易记，刻石亭上。政和（1111—1118）中，僧慧云又于前作小亭，郡守毛友命去之，见后诗序。"而在"诗序"中，毛氏亦称：

> 昔人以为冷泉未极其妙，因加小亭其上。然冷然水光，潋然山翠，以故去者过半。予以谓不必加工，但去其尤赘者，斯善也。如明镜中而加缋画，非不美好，所以为清明者逝矣。拂拭菑翳，旧观复还。

也就是说，毛氏拆除的其实是"昔人"（即僧人慧云）政和年间附加的小亭，而非元䒭所建之亭。故在诗中，毛氏有"亭外安亭自蔽蒙"的诗句。尽管如此，元䒭所建之亭后来的确是被毁了。今天所见之亭已经不在水中，而在岸边。梁诗正等《西湖志纂》卷八《北山胜迹》认为此是毛友所为——"宋郡守毛友移置岸上"，但没有别的材料可以证实。且按毛氏"诗序"，除拆除附亭外，毛氏并无移建的举动。田汝成《西湖游览志》卷十言"今扁盱江左赞隶书"，"盱江左赞"应即时翔，为明成化年间（1465—1487）碧山吟社的主要成员②。那么，移亭于岸至迟不应晚于明成化年间。田汝成《西湖游览志余》卷十《才情雅致》记吴郡王益游灵隐寺，"濯足冷泉盘石上"，与白居易《冷泉亭记》所称之濯足亭中已颇不同。吴郡王益为宪圣太后之弟，当南宋光宗之时，由此推测移亭于岸或者应在南宋时期。及于明末，董其昌复又再书亭匾。梁诗正等《西湖志纂》卷八《北山胜迹》言："'冷泉'二字白乐天书，苏子瞻续书'亭'字，今皆不存。亭匾为华亭董其昌书。"至于董氏仅是补书，还是伴有时人重修或者翻新该亭，则已没有别的材料予以证实。

冷泉并冷泉亭之为景观，一开始即与灵隐寺、飞来峰等合而成区，故梁诗正等《西湖志纂》卷八《北山胜迹》言："冷泉亭，在飞来峰下、云林寺前。""云林寺"是清时灵隐寺的别称。在宋人刘黻的《冷泉亭》诗里，"两峰相对立，佛屋住中央"言灵隐寺，"有水地偏洁，无风心自凉"言冷泉亭，"林虚猿应谷，人定月归廊"言呼猿洞，故名虽曰《冷泉亭》，而吟咏的却是整个灵隐寺景区③。在元人方回的《冷泉亭》诗里，"寺门不须入"之"寺门"即灵隐寺之门，"冷泉如我心"以清凉之心比喻冷泉，"缒萝猿接果"言飞来峰呼猿洞，"龛石佛添金"指飞来峰石窟造像，也是将灵隐寺、冷泉亭、飞来峰合而吟咏的。方氏自注复云："灵隐寺之胜不在寺内，在寺门此亭耳。猿就

---

① （清）梁诗正等辑：《西湖志纂》卷一《冷泉猿啸》。

② （清）朱彝尊：《静志居诗话》卷七《秦旭》。

③ （宋）刘黻：《蒙川遗稿》卷二《冷泉亭》。

手取食，崖凿佛饰金，车马憧憧，皆俗玩也，绝胜其在月明夜静时乎。"① 诸景观中，虽然方氏以为冷泉亭景色最胜——这与白居易的看法不谋而合，尤其是在月明夜静之时，但冷泉亭当与飞来峰、灵隐寺合而成区亦已不言自明。宋高宗时，曾于宫内仿造灵隐寺景区。周必大《文忠集》卷一七四《淳熙玉堂杂记》上载：

> 某常自德寿宫后偶趋传法寺，望见一楼巍然，朝士云太上名之曰"聚远"，而自题其额，仍大书东坡"赖有高楼能聚远，一时收拾与闲人"之诗于屏间，有灵隐寺、冷泉亭。临安绝景去城既远，难于频幸，乃即宫中凿大池，续竹筒数里引西湖水注之，其上叠石为山，象飞来峰，宛然天成，某作端午帖子云："聚远楼头面面风，冷泉亭下水溶溶。人间炎热何由到，真是瑶台第一重。"盖谓此也。

此事亦见于周密《武林旧事》卷四《故都宫殿》："聚远楼，高宗雅爱湖山之胜，恐数跸烦民，乃于宫内凿大池，引水注之，以象西湖、冷泉，叠石为山作飞来峰，因取坡诗'赖有高楼能聚远，一时收拾与闲人'名之。"此次仿造，也是将灵隐寺、冷泉（亭）、飞来峰视为一个整体景区的。按田汝成《西湖游览志》卷十四的记载，此事实在高宗逊位之后。吴之鲸《武林梵志》卷九言："（乾道）八年正月二十八日，（孝宗）车驾幸灵隐，（瞎堂）师于冷泉亭起居。"此之"起居"意谓问安。据此记载，不仅灵隐寺与冷泉亭本为一区，冷泉亭似还应是灵隐寺游冶的接驾之地。

最后，让我们来看一段明人游灵隐寺景区的记载。嘉靖二十年（1541）十月中旬，王立道与友人杨佑等同游集庆寺后，"遂至下天竺，观三生石，坐飞来峰，入飞来洞。洞前即灵隐寺、冷泉亭在焉，洞内外皆錾石为诸菩萨天王像。返，乃宿保俶塔左僧房"②。其游览线路中，灵隐寺、冷泉亭、飞来峰明显即属同一个景区。

二

白居易在其《冷泉亭记》中言其所以喜爱冷泉亭的原因曰：

> 春之日，吾爱其草熏熏、木欣欣，可以导和纳粹，畅人血气；夏之夜，吾爱其泉渟渟、风泠泠，可以蠲烦析酲，起人心情。山树为盖，岩石为屏，云从栋生，水与阶平。坐而玩之者，可濯足于床下；卧而狎之者，可垂钓于枕上。矧又潺湲洁澈，粹冷柔滑，若俗士、若道人眼耳之尘、心舌之垢，不待盥涤，见辄除去。潜利阴益，可胜言哉！

在白氏笔下，冷泉亭首先是一处风光殊胜的游冶之地，同时又是一处自由率性、潜利阴益的清

---

① （元）方回：《桐江续集》卷十三《冷泉亭》。
② （明）王立道：《具茨文集》卷三《游西湖日月记》。

净之地。宋释契嵩在其《镡津集》卷十四中，也有一段游览灵隐寺景区的记载："过合涧、龙迹二桥，自丹崖紫微亭，缘石门洞，趋冷泉亭，至于灵隐寺，流水清泚，崱石环怪，如刻削，乍睹爽然也。"其"乍睹爽然"的感觉，全由清泚水流、刻削怪石的自然景色引发。正是以其独绝的风光与静幽的环境，冷泉亭与灵隐寺、飞来峰合而成区，一直是古代文人墨客喜爱的游冶场所。

自唐白居易始，历代关涉冷泉亭之诗文极多。兹以文渊阁《四库全书》为据，适当参阅别的材料，将自唐至明的有关诗人与作品列表于后（见附表），从中不难发现，古代文人墨客之游冷泉亭，不外以下几项内容。

（一）观　景

古代文人墨客于冷泉亭观景赏时的诗作特多，这里可以举出赵湘的《登杭州冷泉亭》。在此诗中，天竺峰、冷泉亭、呼猿洞、灵隐僧、山光、微雨、秋色、冷石都被诗人尽收眼底，吟入诗中。又如喻良能的《六月晦日同楼少府由钱塘门至上竺，遂游下中竺，憩冷泉亭，涂中记所历》，与前诗略微不同，此诗吟咏的范围更宽，自三天竺而至冷泉亭，一路苍翠，十里花香，末后将重点置于冷泉亭处，反复渲染它的秋凉清润，山泉、明月相与为用。而最不嫌啰唆、详细铺陈其所历所见景观的，应数清人施闰章的《飞来峰至冷泉亭》：

夕宿遵水裔，朝云烂岩阿。奋袂越修坂，缘冈瞰颓萝。林洞就诘曲，石嶙累嵯峨。虚无鹫岭言，窅冥禅客过。丹崖泻土乳，空磴森乔柯。天地成断凿，智巧一何多。层颠睇沧海，下涧涌清波。坐石濯尘缨，睎发凌飞霞。讵争濠濮赏，目寓自为歌①。

类似观景之作大抵多是景观的铺陈描述——"目寓自为歌"，由之带出一些人生感受，如赵湘《登杭州冷泉亭》的"还喜重来或未能"、施闰章《飞来峰至冷泉亭》的"讵争濠濮赏"以及陈与义《夙兴》的"只恐冷泉亭下水，发明白发增叹息"等等。

（二）赏　猿

"冷泉猿啸"是著名的"钱塘十景"之一。据说清时飞来峰中猿猴尤多，"时闻啸声"②。为此，冷泉岸边还有专门的饭猿台，"寺僧旧施食于此"③。立于冷泉亭上可与山中猿猴相亲相狎，这在很多文人墨客的诗中均有描述。如潘阆《酒泉子》之"白猿时见攀高树，长啸一声何处去"、刘黻《冷泉亭》之"林虚猿应谷"、朱继芳之《冷泉亭》"白猿弄清泚"，释善住《冷泉亭》之"猿声吊夕阳"、陈镒《次韵题冷泉亭》之"投果拈白猿"、吕止庵《后庭花·冷泉亭》之"苍猿攀树啼"等等，即都是关于赏猿的描述。而如黄玠《冷泉亭呼猿》、叶颙《月岭猿啼》、高孟升《冷泉猿啸》、张昱《冷泉亭观猿》、郎瑛《冷泉猿啸》等，更是直接以之入题。传说中飞来峰猿猴不仅懂得人的啸呼，时常还会摘果掷人，即所谓的"山猿呼欲应"（黄玠《冷泉亭呼猿》）、"投果拈白猿"云云。

（三）纳　凉

冷泉亭以其地势开敞、景色清幽而成为古时杭州人避暑纳凉的绝好去处，当是顺理成章的事

---

① （清）施闰章：《学余堂诗集》卷四《飞来峰至冷泉亭》。

② （清）梁诗正等辑：《西湖志纂》卷一《冷泉猿啸》。

③ （宋）潜说友：《咸淳临安志》卷二十三。

情。在古代文人墨客的诗中，关于这方面的描写也有很多，如卢同父《冷泉亭》中的"无因可洗人间热，时御清风照影还"、饶节《次韵孙向仲自灵隐归余杭二首》中的"冷泉亭下漱甘凉，十里犹余齿颊香"、梅询《冷泉亭》中的"六月期客游，披襟苦徂暑"、周端臣《书冷泉亭壁》中的"近水苔常湿，无风树亦凉"等等。而如姚勉的《冷泉亭纳凉》则直接将其作为主题，反复张扬冷泉亭的凉爽："人间方鼎镬，个里独冰霜""自是清难浊，能令暑亦凉""惟有兹泉冷，冷中滋味长"。

（四）濯 足

除避暑纳凉外，冷泉亭还有一种十分特别的游玩方式——濯足。唐时冷泉亭建于水中，坐于亭中应可将足浸于水里。故在白居易记中已经有了"坐而玩之者，可濯足于床下"的说法。田汝成《西湖游览志余》卷十《才情雅致》言："吴郡王益者，宪圣太后弟也。……一日，王竹冠、练衣、芒鞋、筇杖，独携一童，纵行三竺、灵隐山中，濯足冷泉盘石上，游人望之，俨如神仙。"张舆《冷泉亭》中也有"濯足寒泉数落花"的诗句。由此可见，冷泉濯足一直是文人墨客的一大雅趣。由于其中暗合的"沧浪之水清兮可以濯吾缨，沧浪之水浊兮可以濯吾足"的传统儒家理念，是故徐集孙《冷泉亭》中有"软红尘里浑如醉，谁识斯泉可濯缨"、王义山《西湖即席和冷泉亭韵》中有"襟期难与凡人道，好和沧浪濯足吟"、释善住《冷泉亭》中有"不知游此者，谁解辨沧浪"的吟咏。在这些类似的吟咏里，濯缨还是濯足已经没有了清浊的分别，尽为超凡脱俗的别样表述。

（五）饮 酒

晚明文人李流芳在其《灵鹫看红叶》诗序中，明确记称"同吴伯霖、邹孟阳、方回、严印持、闻子与小饮冷泉亭"，诗中则有"经旬始载酒""泉光照酒白"等句，证实于冷泉亭饮酒也是古代文人墨客的一种玩法。再往前追，在陆游的《西湖春游》中，已经有了"冷泉亭中一尊酒，一日可敌千年寿"的吟咏。姚勉《游冷泉亭宿四圣观》中则有"昼日追凉到冷泉，晚风呼酒醉湖边""醉中兴懒休归去"，胡仲弓《泛湖晚归式之有诗见寄因次其韵》中有"何时携手同登览，花满乌纱酒满瓶"，方回《乙巳三月十五日监察御史王东溪节宿戒方回、万里饮灵隐冷泉亭》中有"吾生八十重游此，身健犹堪酒一杯"，陈孚《飞来峰》中有"对此一壶酒，玉色翻醉脸"，钱惟善《游冷泉亭》中有"绤绤生凉坐酒醒，暂于树底弄清泠"，说明饮酒于冷泉亭是一种由来已久的文人习俗。

（六）品 茶

既有于冷泉亭饮酒之俗，亦必有于此品茶之俗，这是中国古代文人墨客相生相伴的两种文化雅趣。陈镒《次韵题冷泉亭》之"回憩泉上亭，载瀹山中茗"，应该就是其在冷泉亭中品茶的情形。陈赟《冷泉亭》中的"诗翁欲试先春味，碧瓮呼童远汲还"，也应该就是对在冷泉亭中品试春茶的描述。钱惟善《游冷泉亭》"暂于树底弄清泠"后接"煮茶博士那知味"一句，说明其醉酒后亦在冷泉亭中饮茶。乾隆《竹炉山房试茶》有"一晌思灵隐，冷泉亭上头"[1]的诗句，《焙茶坞》自注为"辛未南巡于灵隐寺冷泉亭上，有观焙茶作"[2]，无不说明冷泉亭本有焙茶、试茶之俗。更早一些，跟随康熙南巡的宋荦在《怀西湖次东坡原韵》一诗中，也有"几日冷泉亭，佳茗手自煎"[3]的诗句。

---

[1] 《御制诗二集》卷五十四《竹炉山房试茶》。

[2] 《御制诗五集》卷二十八《焙茶坞》。

[3] （清）宋荦：《西陂类稿》卷十二《怀西湖次东坡原韵》。

（七）看放水

虽然早期冷泉之水面或者较宽阔，于冷泉亭处尚能积流成镜，但后期的事实应非如此，而需设闸蓄水，由是形成了冷泉亭开闸放水的景观。周紫芝《冷泉亭放闸二首》曰："呼猿洞口水潺潺，忽卷奔流下九天。""万里西兴浦口潮，浪花真似海门高。谁将一夜山中雨，唤作沧江八月涛？"楼钥《观冷泉亭放水》曰："冷泉浅浊使人愁，开板黄波去不休。岸侧细泉穿乱石，始知别是一清流。"范成大《冷泉亭放水》曰："古苔危磴着枯藜，脚底翻涛汹欲飞。九陌倦游那有此，从教惊雪溅尘衣。"《人日出游湖上》曰："放闸冷泉亭，抽动一天碧。平地跳雪山，晴空下霹雳。"陆垕《看放水》："泉声飞出闸，委折绿阴间。"方回《乙巳三月十五日监察御史王东溪节宿戒方回、万里饮灵隐冷泉亭》曰："渊静涛飞亦壮哉，冷泉亭右闸初开。一时变作跳空雪，万众惊闻喷蛰雷。"张之翰《题冷泉亭》曰："板闸放时翻白雪"。陈维崧《水调歌头·送惮南田之钱塘并柬毛稚黄》曰："犹忆冷泉亭上，百道跳珠喷雪，飞瀑挂杉松。"[1] 以上都是关于冷泉亭放水的诗意描写。

除上面带有共性的几项外，个别文人墨客还有一些颇具个性色彩的游玩方式。费衮《梁溪漫志》卷四《东坡西湖了官事》言：

> 东坡镇余杭，遇游西湖，多令旌旗导从，出钱塘门。坡则自涌金门，从一二老兵，泛舟绝湖而来。饭于普安院，徜徉灵隐、天竺间，以吏牍自随。至冷泉亭，则据案剖决，落笔如风雨，分争辩讼，谈笑而办已。乃与僚吏剧饮，薄晚则乘马以归。夹道灯火，纵观太守。

将冷泉亭视为公堂处理公务，唯苏轼一人有此气魄，借此而为冷泉亭添就了一段风流佳话。李心传《建炎以来系年要录》卷一五〇"绍兴十三年九月"载："初，诏户部尚书张澄馆伴北使。……翌日，赐生饩，从例折博。游上天竺寺，赐香。及斋筵冷泉亭，酒果。"于冷泉亭"斋筵"外使，则是南宋王朝发展出来的一项特别礼节，当与自北宋以来礼寺进香的传统外交礼节合而考虑[2]。至于白居易文中提及的卧亭垂钓，则不获见于后来的诗文，应该没有发展成为冷泉亭的游玩方式。

冷泉亭既然是古代文人墨客喜爱的游冶之地，许多离奇古怪的事件于此发生当在情理之中。潜说友《咸淳临安志》卷九十三载：

> 绍兴中，韩郡王既解枢柄，逍遥家居。常顶一字巾，跨骏骡，周游湖山之间，才以私童史四五人自随。时李如晦（晦叔）自楚州幕官来改秩，而失一举将，忧挠无计。当春日，同邸诸人相率往天竺，李辞以意绪无聊赖，皆曰："正宜适野散闷可也。"强挽之行。各假傩鞍马，过九里松。值暴雨，众悉迸避。李奔至冷泉亭，衣袂沾湿，愁坐长叹。遇韩王亦来，相顾揖，矜其憔悴可怜之状，作秦音发问曰："官人有何事萦心，而悒快若此？"李虽不识韩，但见姿貌魁异，颇起敬，乃告以实。韩曰："所欠文字不是职司否？"答曰："常员也。"韩曰："世忠却有得一纸，明日当相赠。"命一史详问姓名阶位，仍询居止处。李逊谢感泣。明日，一吏持举牍

① （清）嵇曾筠等：《浙江通志》卷二七八。

② 段玉明：《相国寺——在唐宋帝国的神圣与凡俗之间》，成都：巴蜀书社，2004年，第233页。

授之曰："郡王送来。"仍助以钱三百千。李遂升京秩，修笺诣韩府，欲展门生之礼，不复见。

来京改秩的李如晦因为丢了举牒，一筹莫展。正是在冷泉亭，让他遇到了位高势重的韩世忠，得其举荐，最后如愿以偿升了京秩。田汝成《西湖游览志余》卷二《帝王都会》载：

> 高宗既居德寿时，到灵隐冷泉亭闲坐。有一行者奉汤茗甚谨，德寿语之曰："朕观汝意度非行者也，本何等人？"其人拜且泣曰："臣本某郡守，得罪监司，诬劾赃，废为庶人。贫无以糊口，来从师舅，觅粥延残喘。"德寿恻然曰："当为皇帝言之。"数日后往，则其人尚在。问之，则云未也。明日，孝宗恭请太上帝后幸聚景园，德寿不笑不言，孝宗奏亦不答。太后曰："孩儿好意招老夫妇，何为怒耶？"德寿默然良久，乃曰："朕老矣，人不听我言。"孝宗益骇，复从太后请其事。德寿乃曰："如某人者，朕已言之，而不效使，朕愧见其人。"孝宗曰："昨承圣训，次日即以谕宰相。宰相谓赃污狼藉，免死已幸，难以复用。然此小事，来日决了。今日且开怀一醉可也。"德寿始笑而言。明日，孝宗谕宰相，宰相犹执前说。孝宗曰："昨日太上圣怒，朕几无地缝可入。纵大逆谋反，也须放他。"遂尽复原官，予大郡。后数日，德寿往，其人曰："臣已得恩命，专待坐下之水，谢恩而去。"

如此劣迹斑斑之人，也是因了冷泉亭的奇遇而得以起死回生，重新做了地方大员。类似奇遇的叠加，为冷泉亭平添了许多神秘的色彩。

三

灵隐寺相传建于东晋，初唐已经颇具影响，宋之问曾经为其留下诗作，并传骆宾王曾经隐于寺中①。经过五代时期的两次扩建，尤其是宋代僧俗的着力推崇，灵隐寺跻身于著名的"禅宗十刹"之一。飞来峰之呼猿洞传说与晋僧慧理、宋僧智一有关。潜说友《咸淳临安志》卷二十三载：

> 呼猿洞，陆羽云：宋僧智一善啸，有哀松之韵。尝养猿于山间，临涧长啸，众猿毕集，谓之"猿父"。又遵式《白猿峰诗序》云：西天僧慧理蓄白猿于灵隐寺，诗云"引水穿廊走，呼猿绕槛跳"。

既是高僧遗种，这些猿猴便被赋予了许多灵异之处，如可以听懂人的召唤，随缘摘取山中野果赠人，等等。更进一步，祝穆《方舆胜览》卷一"临安府"称："呼猿洞，在飞来峰下。其洞有路，可透天竺。"类似神奇的传说，与灵隐寺的影响相得益彰，强化了灵隐寺景区的宗教色彩。冷泉亭位于其间，自其落成即已有了一层特别的神圣特性。藉此特性，冷泉所有的冷凉、清澈都被推向了

---

① （元）辛文房：《唐才子传》卷一。

极致。以此作为背景，冷泉亭的游冶活动不再具有纯粹的娱乐性质，以之为中心展开的一切活动，都会在有意与无意之间被其游客赋予超出本身的宗教意义。

与水的质色相关，冷泉之清澈首先被提升到了带有宗教意味的层次。白居易《冷泉亭记》叙其之所以爱冷泉的因由后，转而结入"矧又潺湲洁澈，粹冷柔滑，若俗士、若道人眼耳之尘、心舌之垢，不待盥涤，见辄除去"，由是遂把平凡的冷泉之水变成了可以洗心涤尘的圣水。与浑浊相对，冷泉的清澈是圣洁的、一尘不染的，"郁郁松杉夹岸栽，一泉辟尽万尘埃"（张之翰《题冷泉亭》），"自是清难浊，能令暑亦凉"（姚勉《冷泉亭纳凉》），故能"洗眼缘净无纤埃"（李处权《陪曾宏父登冷泉亭望飞来峰》），"尽涤平生尘垢心"（王义山《西湖即席和冷泉亭韵》）。所以，冷泉之水不是一般的水，而是箕公所饮之水（卢同父《冷泉亭》），出自天上——"一脉云移出"（释善住《冷泉亭》），故可除垢涤尘、洗心静虑。赵公豫《冷泉亭》之"浮生徒碌碌，谁自涤凡心"，范成大《冷泉亭放水》之"九陌倦游那有此，从教惊雪溅尘衣"，周端臣《书冷泉亭壁》之"一酌野泉香，翛然俗虑忘"，白珽《冷泉亭》之"京洛多风尘，到此一洗空"，都是类似意思的表达。在这类表达中，清澈往往转化为圣域、浑浊转化为俗世，以冷泉亭为中心构成的清凉世界便又与滚滚红尘形成了鲜明的对照，是故周端臣《书冷泉亭壁》有"静听山鸟语，如笑世人忙"、陈镒《次韵题冷泉亭》有"不知尘世中，有此清凉境"的诗句。在王义山《西湖即席和冷泉亭韵》之"襟期难与凡人道，好和沧浪濯足吟"里，作者已不知不觉地把自己抬升到了隐士高贤的位置，而将其他人视为了"凡人"。最有代表性的，要算徐集孙的《冷泉亭》诗："野衲洗心滋味淡，骚人照影利名轻。软红尘里浑如醉，谁识斯泉可濯缨？"一次简单的冷泉亭游冶，到了徐氏的笔下，已经成了自己淡泊名利、超凡脱俗的象征。至于林积的《冷泉亭》："一泓清可沁诗脾，冷暖年来只自知。流出西湖载歌舞，回头不似在山时。"仍是在圣域与俗世的对照之中，把"山下"变成了尘世，变成了染污的表述。白居易的《留题天竺灵隐两寺》："谁教冷泉水，送我下山来"，以质问的口气，表达的则是一种强烈的、不愿入世的情感。到了康熙皇帝的《飞来峰》："冷泉亭子清溪上，谁识源头混混时？"[①] 诗人甚至将冷泉的源头也视为浑浊不堪的了，只有到了冷泉亭一带才变得清澈浸心，更加突出了冷泉亭一带的卓异神圣。

与水的特性相关，冷泉之冷爽也被赋予了特别的宗教意蕴。如果说李处权《陪曾宏父登冷泉亭望飞来峰》之"直疑朱夏落冰雪"与喻良能《六月晦日同楼少府由钱塘门至上竺，遂游下中竺，憩冷泉亭，涂中记所历》之"庚暑此时无一点""水际亭台彻骨凉"更多地还在夸饰冷泉的冷爽，那在赵公豫《冷泉亭》的"泉不因人热，渊源自古今"、姚勉《冷泉亭纳凉》的"惟有兹泉冷，冷中滋味长"、胡助《冷泉亭得炎字》的"一泓澄碧冷，千古涤朱炎"之类吟咏里，我们已经读到了超出冷爽之外的寓意。借助"古今""千古""滋味长"等等用词，在此另附的意蕴之下，与之相对的暑热自然而然地有了烦恼、浮躁等种种含义，并与人间、尘世等等发生了关联。卢同父《冷泉亭》之"无因可洗人间热，时御清风照影还"、周必大《淳熙四年太上皇帝阁》之"人间炎热何由到，真是瑶台第一重"、胡助《冷泉亭》之"若使人心无热恼，此泉安得冷如冰"、姚勉《冷泉亭纳凉》之"人间方鼎镬，个里独冰霜"等等诗句，以及徐渭《冷泉亭》的"畏日炎炎烁太虚，倚栏冰雪冷

---

① （清）梁诗正等辑：《西湖志纂》卷八《北山胜迹》。

生肤。百川万壑非无水，洗得人间热恼无"，字面上虽然都是对人间暑热由之得以清凉的表述，背后却有人间烦恼、浮躁等等得以由之远离的意思在内。陈镒在其《次韵题冷泉亭》中，干脆用"不知尘世中，有此清凉境"的表述明白对举出来。

再进一步，有些作者甚至不顾诗歌体裁的忌讳，直接将宗教理趣嵌入诗中。如在毛友的《拆冷泉小亭》里，"眼界已通无碍物，胸中陡觉有真空""万事须臾成坏里，我来阅世一初终"等都是佛教理趣的直接嵌入。乾隆皇帝的《题冷泉亭子》："不碍静中喧，看取动时定。小坐忘万缘，渌然满清听。"① 更是通篇的佛教理趣陈说。厉鹗的《秋晓入西山访沈丈樗崖于灵隐同游冷泉亭观水兼呈巨公》："一亭静观水石怒，声闻证果醒尘迷"，"山僧小疾示止观，棕鞋不下安禅栖"②，虽然不像乾隆诗作那样通篇直抒佛教理趣，但却把诗歌意象变成了佛教理趣的证说。而如赵师秀《冷泉夜坐》之"清静非人世，虚空见佛心"，陈孚《飞来峰》之"兹山信自佳，恨为缁尘染"，厉鹗《题沈启南冷泉亭图次韵》之"石润林香下夕晖，风中似有磬声微"③，则明显地让我们感受到了一丝宗教的召唤。顺理成章地，即有了李处权《陪曾宏父登冷泉亭望飞来峰》中"恍然若欲学蝉蜕"、饶节《送印大师参灵峰卿老》中"冷泉亭畔腰包去，芝草峰边更问津"之类表达归隐之意的诗句。张靖之的《题飞来峰》："浪说此中曾见佛，却疑深处可通仙。冷泉亭下西风紧，晚借山房一醉眠。"即使属于实况描述，也有一丝归隐的向往深藏其后。冷泉亭已经不是一般的风光点缀，经过历代文人墨客赋予，它已成了灵隐寺景区的一个宗教符号。

最后，再来看一个冷泉宗教意蕴生成极有代表性的例证。宋初，卢同父在其《冷泉亭》诗中首先就飞来峰发问："问山何以名灵隐？"这在很大程度上还是好奇，或者就是诗的一种修辞。至李处权的《陪曾宏父登冷泉亭望飞来峰》，则改变了发问的方向："何年此峰独飞来？"结合飞来峰的名字，中间已经蕴含了一丝禅意。再到胡仲弓《游天竺灵隐》中的"试看孤峰飞不飞"以及《飞来峰》中的"飞来何不飞将去"，便已将之炼成了类似禅宗公案的问话。就冷泉发问，则仅见于苏轼《闻林夫当徙灵隐寺寓居戏作灵隐前》之"不知水从何处来"。苏轼而后，就其冷冽虽有翻新，然却无人就此申发成问。直至明末的董其昌，董氏在前人反复翻炼的基础上，为冷泉亭书写了一副对联："泉自几时冷起；峰从何处飞来？"泉的冷起、峰的飞来，都是绝对无解的质问，与禅宗常见的"如何是祖师西来意"性质相同。通过冷泉、飞来峰的对举双问，董氏为我们翻造出了一副公案似的对联，可以供人反复参究。清末，俞樾夫妇游寺，睹联起兴，俞樾将其改为"泉自有时冷起；峰从无处飞来"；其妻认为不妙，复改为"泉自冷时冷起；峰从飞处飞来"。二人将此事告其次女，其女遂再联曰："泉自禹时冷起；峰从项处飞来"，将大禹治水与项羽拔山的典故引入联中④。这种对答形式完全就是禅宗历史上常见的斗禅再现，原本实在的冷泉（亭）并飞来峰也在此对答形式中转化成了禅宗公案。所以，无论俞氏一家怎样机敏，此一已经翻为公案的对联永远不会有一个共同认可的答案，冷泉并冷泉亭也因之有了更为神秘的宗教色彩。

---

① 《钦定南巡盛典》卷二《题冷泉亭子》。
② （清）厉鹗：《樊榭山房集》卷二《秋晓入西山访沈丈樗崖于灵隐同游冷泉亭观水兼呈巨公》。
③ （清）厉鹗：《樊榭山房集》卷三《题沈启南冷泉亭图次韵》。
④ （清）俞樾：《春在堂随笔》卷一。

附表：自唐至明吟咏冷泉、冷泉亭的诗人与作品

时代	作者	诗题	内容	引文出处
唐	白居易	留题天竺、灵隐两寺	在郡六百日，入山十二回。宿因月桂落，醉为海榴开。黄纸除书到，青宫诏命催。僧徒多怅望，宾从亦徘徊。寺暗烟埋竹，林香雨落梅。别桥怜白石，辞洞恋青苔。渐出松间路，犹飞马上杯。谁教冷泉水，送我下山来。	《白氏长庆集》卷二十三
宋	潘阆	酒泉子	长忆西山山骨瘦，灵隐寺前三竺后。冷泉亭子几经游，三伏似清秋。　白猿时见攀高树，长啸一声何处去？别来几向画图看，终是欠峰峦。	《浙江通志》卷二七八
宋	赵湘	登杭州冷泉亭	天竺峰西月几层，亭孤应忌俗人登。山光晓射闻猿客，泉影秋摇倚树僧。微雨洒台青有点，片云生石冷多棱。斜阳更起题诗兴，还喜重来或未能。	《南阳集》卷三
宋	卢同父	冷泉亭	问山何以名灵隐？山曰当年隐许由。小朵峰前玉镜寒，几回倚杖听潺湲。箕公饮涧非凡水，慧理呼猿是此山。亭角静依金刹古，树身凉卧石栏闲。无因可洗人间热，时御清风照影还。	《西湖百咏》卷下
宋	苏轼	闻林夫当徙灵隐寺寓居戏作灵隐前一首	灵隐前，天竺后，两涧春淙一灵鹫。不知水从何处来？跳波赴壑如奔雷。无情有意两莫测，肯向冷泉亭下相萦回。我在钱塘六百日，山中暂来不暖席。今君欲作灵隐居，葛衣草履随僧蔬。能与冷泉作主一百日，不用二十四孝书中书。	《东坡全集》卷二十
宋	饶节	《次韵孙向仲〈自灵隐归余杭〉二首》其二	冷泉亭下漱甘凉，十里犹余齿颊香。入境自知风俗厚，到家应觉簿书忙。好依名教穷真乐，莫指温柔是旧乡。此理不疑何用卜，谁论篑短与龟长？	《倚松诗集》卷二
		送印大师参灵峰卿老	四海无家一道人，云山未肯便安身。冷泉亭畔腰包去，芝草峰边更问津。	《倚松诗集》卷二
宋	林稹	冷泉亭	一泓清可沁诗脾，冷暖年来只自知。流出西湖载歌舞，回头不似在山时。	《武林旧事》卷五
宋	梅询	冷泉亭	古窦鸣幽泉，苍崖结虚宇。六月期客游，披襟苦徂暑。开窗弄清浅，吹襞疑风雨。不见白乐天，烟萝为谁语？	《宋诗纪事》卷五
宋	晁补之	题袁耕道所收小飞来	藏山常恐负而走，壶中九华安在哉？忆似冷泉亭畔见，为君题作小飞来。	《鸡肋集》卷二十二
宋	毛友	拆冷泉小亭	面山取势俯山中，亭外安亭自蔽蒙。眼界已通无碍物，胸中陡觉有真空。试寻橹响惊时变，却听猿啼与旧同。万事须臾成坏里，我来阅世一初终。	《咸淳临安志》卷二十三

续表

时代	作者	诗题	内容	引文出处
宋	陈与义	夙兴	美哉木枕与菅席，无禁当兴戴朝帻。巷南巷北闻锻声，舍后舍前惟月色。国事无功端未去，竹舆伊轧犹昨日。不见武林城里事，繁华梦觉生荆棘。成败由来几古今，乾坤但可着山泽。西湖已无金碧丽，雨抹晴妆尚娱客。会当休日一访之，摩挲苍藓慰崖石。只恐冷泉亭下水，发明白发增叹息。	《简斋集》卷八
宋	李处权	陪曾宏父登冷泉亭望飞来峰	何年此峰独飞来？群山让秀中崔嵬。神刊天画不可状，仰视孤高摩斗魁。蕴灵产此万珍木，隆霜几度森不摧。异僧一见乃能识，击洞果有猿声哀。灵隐之南天竺北，筑亭结屋初谁媒？直疑朱夏落冰雪，亦恐白昼藏风雷。槛泉清可数毛发，白石齿齿如琼瑰。参差透影微日下，渐沥生籁长飔回。恍然若欲学蝉蜕，洗眼缘净无纤埃。已将缨尘付流水，更以屐齿留苍苔。南丰家世有人物，幅巾藜杖同裴徊。剧谈抵掌共相对，惜无玉酒倾金罍。	《崧庵集》卷三
宋	周紫芝	冷泉亭放闸二首	呼猿洞口水潺潺，忽卷奔流下九天。乞得少陵三峡句，为君题作倒流泉。 万里西兴浦口潮，浪花真似海门高。谁将一夜山中雨，唤作沧江八月涛？	《太仓稊米集》卷二十六
宋	赵公豫	冷泉亭	泉不因人热，渊源自古今。名流耽韵致，智士悦清音。径有烟霞趣，亭无鸟鼠侵。浮生徒碌碌，谁自涤凡心？	《燕堂诗稿》
宋	孝宗	御制冷泉亭诗	一堂虚敞临清沼，密荫交加森羽葆。山头草木四时春，阅尽岁寒长不老。	《方舆胜览》卷一
宋	辛弃疾	满江红·冷泉亭	直节堂堂，看夹道冠缨拱立。渐翠谷，群仙东下，佩环声急。谁信天峰飞堕地，傍湖千丈开青壁。是当年玉斧削方壶，无人识。山木润，琅玕湿。秋露下，琼珠滴。向危亭横跨，玉渊澄碧。醉舞且摇鸾凤影，浩歌莫遣鱼龙泣。恨此中、风物本吾家，今为客。	《稼轩词》卷一
宋	张履信	冷泉亭	水石一栏干，僧归四山静。携琴谱涧泉，月浸夜深冷。	《咸淳临安志》卷二十三
宋	周必大	《淳熙四年太上皇帝阁七言三首》之一	聚远楼头面面风，冷泉亭下水溶溶。人间炎热何由到？真是瑶台第一重。	《文忠集》卷一〇八
宋	喻良能	六月晦日同楼少府由钱塘门至上竺，遂游下中竺，憩冷泉亭，涂中记所历	联舆缓步踏葱苍，十里荷香杂稻香。庚暑此时无一点，秋风明月洒长廊。林间岩洞侵衣润，水际亭台彻骨凉。何处山泉落檐溜，恍疑飞雨晓浪浪。	《香山集》卷十
宋	楼钥	观冷泉亭放水	冷泉浅浊使人愁，开板黄波去不休。岸侧细泉穿乱石，始知别是一清流。	《攻愧集》卷十一

时代	作者	诗题	内容	引文出处
宋	许纶	太上皇帝合春帖子	仙家乐事有常程，不写羲经即道经。春日渐和风渐暖，不妨排比冷泉亭。	《涉斋集》卷十五
		次韵诚斋《寒食日雨中游上天竺》	晴岚羃羃水潺潺，归步花光夹道间。中竺已游游下竺，冷泉亭畔更登山。	《涉斋集》卷十六
宋	范成大	冷泉亭放水	古苔危磴着枯藜，脚底翻涛汹欲飞。九陌倦游那有此？从教惊雪溅尘衣。	《石湖诗集》卷八
宋	杨万里	昌英知县叔作《岁赋瓶里梅花》	梅香不是不寒清，参遍横枝酒未醒。梦入西湖疏影里，觉来失却冷泉亭。	《诚斋集》卷五
		人日出游湖上	放闸冷泉亭，抽动一天碧。平地跳雪山，晴空下霹雳。去时数点雨，归时数片雪。雨雪两不多，山路双清绝。旧腊缘多雪，新年未有梅。殷勤下天竺，隔水两株开。	《诚斋集》卷二十一
		庚戌正月三日约同舍游西湖	树生石上土全无，只见青葱不见枯。好在冷泉亭下水，为渠凭槛数游鱼。	《诚斋集》卷二十八
宋	陆游	西湖春游	灵隐前，天竺后，鬼削神剜作岩岫。冷泉亭中一樽酒，一日可敌千年寿。清明后，上巳前，千红百紫争妖妍。冬冬鼓声蹴场边，秋千一蹴如登仙。人生得意须年少，白发龙钟空自笑。君不见灞亭耐事故将军，醉尉怒诃如不闻。	《剑南诗稿》卷五十三
宋	周端臣	书冷泉亭壁	一酌野泉香，翛然俗虑忘。静听山鸟语，如笑世人忙。近水苔常湿，无风树亦凉。老僧闲似我，清坐到斜阳。	《江湖后集》卷三
宋	赵师秀	冷泉夜坐	众境碧沉沉，前峰月正临。楼钟晴听响，池水夜观深。清静非人世，虚空见佛心。却寻来处宿，风起古松林。	《西湖游览志》卷十
宋	刘黻	冷泉亭	两峰相对立，佛屋住中央。有水地偏洁，无风心自凉。林虚猿应谷，人定月归廊。造物余清供，山栀一树香。	《蒙川遗稿》卷二
宋	姚勉	游冷泉亭宿四圣观	昼日追凉到冷泉，晚风呼酒醉湖边。醉中兴懒休归去，试叩丹房借榻眠。	《雪坡集》卷十二
		冷泉亭纳凉	人间方鼎镬，个里独冰霜。自是清难浊，能令暑亦凉。客迁愁瘴海，妃浴涴温汤。惟有兹泉冷，冷中滋味长。	《雪坡集》卷十三
宋	徐集孙	冷泉亭	山远源深绝市声，许由因此隐方成。一生独喜枕流好，万事何如酌水清。野衲洗心滋味淡，骚人照影利名轻。软红尘里浑如醉，谁识斯泉可濯缨？	《江湖小集》卷十六
宋	罗椅	冷泉亭	老木碧毵毵，幽亭着两三。山飞岌到地，空处遂为岩。古塔开苍藓，清泉滴暮岚。游人莫来此，渠正试春衫。	《江湖后集》卷九

续表

时代	作者	诗题	内容	引文出处
宋	释永颐	月夜游冷泉亭	地灵泉上寺，松壑定深清。独听子规叫，况逢山月明。树藏春洞黑，石拥夜泉鸣，日出喧车马，终非隐者情。	《江湖后集》卷十六
宋	武衍	冷泉亭	鸟语泉声自抑扬，松风时拂药花香。老僧坐足归寮去，替与游人憩晚凉。	《江湖后集》卷二十二
宋	朱继芳	冷泉亭	白猿弄清泚，秋入山骨冷。老僧怯凭栏，忽失袈裟影。	《江湖后集》卷二十三
宋	胡仲弓	泛湖晚归式之有诗见寄因次其韵	晚趁归舟醉复醒，一湖烟水淡冥冥。自怜吟鬓新添白，强学游人去踏青。足迹未经龙井寺，梦魂常绕冷泉亭。何时携手同登览，花满乌纱酒满瓶。	《苇航漫游稿》卷三
		飞来峰	山染西湖水洋青，孤高长对冷泉亭。飞来何不飞将去？空与山僧作画屏。	《苇航漫游》卷四
		《游天竺灵隐三绝》之三	冷泉亭角坐移时，试看孤峰飞不飞。峰自不飞人自醉，暮鸦栖了更忘归。	《江湖后集》卷十二
宋	谢枋得	岱嶂寒泉	岱嶂吞吐云烟迷，山川孤胜小南奇。银河倒泻风雨急，玉龙交战冰霜飞。巨流溅石驾空谷，仰望斯须突起粟。西湖不美冷泉亭，爽利可人清兴足。	《叠山集》卷一
宋	俞桂	冷泉亭二首	步入侵云岭，亭高路恰平。池边幽树古，水底细沙明。无友诗难咏，逢僧话转清。此中真胜地，林寂鸟无声。欲访飞来景，湖头赁小船。白云侵岭下，翠树傍泉边。入寺人须到，深林影自圆。山居相去近，夜坐学参禅。	《江湖小集》卷五十三
宋	曹既明	冷泉亭	朱檐日静轩窗冷，碧嶂云低草树香。山影倒沉波底月，夜阑相对泻寒光。	《西湖游览志》卷十
宋	徐涓	冷泉亭	畏日炎炎烁太虚，倚栏冰雪冷生肤。百川万壑非无水，洗得人间热恼无。	《咸淳临安志》卷二十三
宋	陆垕	看放水	泉声飞出闸，委折绿阴间。此地元无暑。多时不入山。草欹疑石坠，水定见鱼还。难得同龟鹤，游吟半日闲。	《咸淳临安志》卷二十三
元	王义山	西湖即席和冷泉亭韵	石溜寒泉山色阴，我来本不为花寻。愿分一滴清泉水，尽涤平生尘垢心。虚洞迂风桥畔过，急滩泻月水痕深。襟期难与凡人道，好和沧浪濯足吟。	《稼村类稿》卷一
元	方回	冷泉亭	寺门不须入，林硐莹清襟。老树几前代，冷泉如我心。绝萝猿接果，龛石佛添金。别有真天趣，月寒秋夜深。	《桐江续集》卷十三
		《乙巳三月十五日监察御史王东溪节宿戒方回、万里饮灵隐冷泉亭，赋诗五首》之一	渊静涛飞亦壮哉，冷泉亭右闸初开。一时变作跳空雪，万众惊闻喷蛰雷。老鹤远过彭祖寿，巨杉何啻盛唐栽。吾生八十重游此，身健犹堪酒一杯。	《桐江续集》卷二十八

续表

时代	作者	诗题	内容	引文出处
元	释善住	冷泉亭	一脉云移出，流来万古长。冷涵芳树绿，幽带落花香。马迹喧春昼，猿声吊夕阳。不知游此者，谁解辨沧浪？	《谷响集》卷一
元	仇　远	如上人归问浙中友信	何年驻锡下山中，既见匆匆又欲东。燕去鸿来俱是客，云生月落不离空。冷泉亭上参吟畅，飞雪岩前哭老同。方外友朋询近况，为言已作木鸡翁。	《金渊集》卷四
元	白　珽	冷泉亭	灵山本清净，一泉渟其中。灵山孤飞来，此水将无同。山影压不尽，照见天玲珑。分明千尺冰，不独疑寒虫。京洛多风尘，到此一洗空。炎寒无二心，凛有操者风。泊然守空梵，万劫岂终穷。骊山有温泉，虚筑华清宫。	《湛渊集》
元	王　恽	飞来峰	西湖废撤无多景，灵隐庄严有胜幽。扶杖冷泉亭上看，日斜犹为此山留。	《秋涧集》卷三十
元	陈　孚	飞来峰	寒峰插天出，玲珑万菡萏。微风起松际，怪石势摇撼。上有百尺松，幽花缀红糁。野猿忽跃去，滴下露千点。回首冷泉亭，天镜光潋潋。游姬长眉青，娇童两髦髧。平生山水癖，如人嗜昌歜。对此一壶酒，玉色翻醉脸。路逢老祝发，绛袍金光闪。兹山信自佳，恨为缁尘染。置之且复醉，天竺鼓䣓䣓。	《陈刚中诗集》卷一
元	周　权	冷泉亭	昔人来自天竺国，缥缈孤云伴飞锡。天风吹落凝不去，化作奇峰耸空碧。至今裂峡余云髓，桂冷松香流未已。翠光围住玉壶秋，不放晴雷度山趾。道人宴坐无生灭，炯炯层胸照冰雪。夜深出定汲清泠，寒猿啼断西岩月。	《此山诗集》卷五
元	张之翰	题冷泉亭	郁郁松杉夹岸栽，一泉辟尽万尘埃。秋声入枕琴筑响，月影上阶图画开。板闸放时翻白雪，石栏润处长青苔。乐天旧记今犹在，不为兹亭也合来。	《西岩集》卷八
元	黄　玠	冷泉亭呼猿	俯石瞰寒东，饮之不盈升。照影忽自笑，相看面如冰。摇摇松树枝，山猿呼欲应。渐老筋骨疲，爱尔解飞腾。	《弁山小隐吟录》卷一
元	虞　集	画猿	冷泉亭下呼常到，巫峡舟中听更愁。老石枯藤还见汝，因怀经处思悠悠。	《道园学古录》卷四
元	胡　助	冷泉亭得炎字	静定烛豪纤，山僧看不厌。一泓澄碧冷，千古涤朱炎。流出仙源远，飞来佛国兼。香尘那有污？润物本无嫌。	《纯白斋类稿》卷七
		画猿	长臂黑猿栖鹫岭，攀藤接果捷于风。冷泉亭上僧归后，长啸一声明月中。	《纯白斋类稿》卷十四
		冷泉亭	飞来峰下一泓澄，倒影虬龙荫古藤。若使人心无热恼，此泉安得冷如冰。	《纯白斋类稿》卷十七
元	李孝光	冷泉亭	寒濑乱方折，倒景荡晴宇。滥觞侧江流，盈缩见寒暑。下土方旱暵，神物闷霖雨。水上有佳人，不得与之语。	《五峰集》卷五

时代	作者	诗题	内容	引文出处
元	陈镒	次韵题冷泉亭	我游灵隐山，木落素秋景。廓然得遐观，万象分驰逞。古石啮水痕，寒山荡云影。投果拈白猿，扪萝陟苍岭。回憩泉上亭，载渝山中茗。浊根已疏雪，至味方隽永。不知尘世中，有此清凉境。缅怀白使君，千载名不冷。摩挲石上诗，岁月发深省。	《午溪集》卷一
元	于立	姚子章人回骑从在杭即欲渡江一见途中得书闻已归玉山中遂成怅然因寄	闻住西湖十日还，冷泉亭下水潺湲。钱塘东去直到海，于越南来总是山。情逐断猿明月夜，兴随孤鸟白云间。玉山池馆花无数，应待幽人一破颜。	《玉山名胜外集》
元	吕止庵	石庭花·冷泉亭	湖山曲水重，楼台烟树中。人醉苏堤月，风传贾寺钟。冷泉东，行人频问：飞来何处峰？苍猿攀树啼，残花扑马飞。越女随舟唱，山僧逐渡归。冷泉西，雄楼杰观，钟声出翠微。渔椰响碧潭，王孙徒翠岚。玉勒黄金镫，红缨白面骖。冷泉南，踏花归去，夕阳人半酣。塔标南北峰，风闻远近钟。佛国三天竺，禅关九里松。冷泉中，水光山色，岩花颠倒红。鸭头湖光明，蛾眉山岫青。罗绮香尘暗，池塘春草生。冷泉亭，太平有象，时闻歌笑声。	《御定曲谱》卷二并其他
元	钱惟善	游冷泉亭	绤绤生凉坐酒醒，暂于树底弄清泠。煮茶博士那知味？觅句宾王尚有灵。石上白云终日湿，洞中瑶草四时青。我来不宿空归去，夜梦庐山漱玉亭。	《江月松风集》卷十
元	叶颙	月岭猿啼	树头清啸两三声，纸帐梅花睡欲成。唤醒冷泉亭上梦，岭云飞动月初明。	《樵云独唱》卷四
元	李祁	题猿	冷泉亭上呼嫌少，巫峡舟中听厌多。白发老人秋梦短，月明孤馆奈君何？	《云阳集》卷二
元	周巽	奉陪苏参政、杨御史宴冷泉亭。苏公有诗，次韵呈上	涧水泠泠冰雪流，波涵瓦影一亭幽。坐临石磴瑶琴响，环绕山门玉带留。白傅风流碑尚在，苏公文采句难酬。醉来倚树漱寒碧，洞口元猿吟未休。	《性情集》卷五
明	高孟升	冷泉猿啸	冷泉亭外松千树，时有老猿啼树间。逐侣出云风动壑，呼儿入洞月横山。晓空蕙帐人初去，秋入荷衣客未还。清响不同巴峡怨，时时袅袅和潺潺。	《西湖游览志余》卷十二
明	张昱	冷泉亭观猿	旧从巫峡看猿挂，此日山中复见之。黠与樵苏争堕果，捷于风雨下高枝。月沉夜涧魂先断，风搅霜空叫转悲。应记往年梅岭事，玉环付与老僧持。	《可闲老人集》卷三
明	张舆	冷泉亭	小朵峰峦拥翠华，倚云楼阁是僧家。凭栏尽日无人语，濯足寒泉数落花。	《西湖游览志》卷十

续表

时代	作者	诗题	内容	引文出处
明	张靖之	题飞来峰	舞岫翔峦势薄天，岩崿空敞欲飞悬。诗穷翰墨题难尽，画绝丹青趣不传。浪说此中曾见佛，却疑深处可通仙。冷泉亭下西风紧，晚借山房一醉眠。	《西湖游览志余》卷十三
明	郎瑛	冷泉猿啸	冷泉亭下北山陲，曾见雌雄共引儿。惯听山僧朝说法，能随木客夜吟诗。松坡日暖人游后，蕙帐风寒鹤怨时。惆怅遗音无处觅，竹鸡啼老野棠枝。	《御选明诗》卷九十一
明	陈赞	冷泉亭	一勺尝来冰齿寒，亭前终日响潺湲。灵源泻出穿西涧，别派分来绕北山。饮水黄猿携子至，窥鱼白鹭比僧闲。诗翁欲试先春味，碧瓮呼童远汲还。	《西湖百咏》卷下
明	李流芳	灵鹫看红叶期，沈无回不至。同吴伯霖、邹孟阳、方回、严印持、闻子与小饮冷泉亭。解后，邵古庵、江邦申分韵得山字	故人红叶下，频期来此山。经旬始载酒，惆怅不同攀。解后惬心赏，欢焉开客颜。寒岩爱晚气，移席临溪湾。泉光照酒白，木叶上衣斑。况接隐者论，暂令人意闲。	《檀园集》卷一
明	王稚登	冷泉亭	暮瀑浮花急，春流饮鹿浑。潺湲一片雨，终日在山门。	《浙江通志》卷二七七

格义之学的兴衰及其佛学背景的演变

哈　磊*

内容提要：作为一种解经方法，格义用儒道经典中的概念来解释佛经术语，为佛教概念的普及提供了便利，但其在方便理解的同时也出现了背离佛教思想的倾向。随着道安等人提出的"附文求旨"的解经原则的确立，加上建立在《阿含》《毗昙》《般若》等经论之上的佛教概念体系的建立和佛教内在理解路径的畅通，格义也就失去了存在的价值而逐渐淡出中国佛教的视野。

关键词：格义　事数　解经原则　阿含经　毗昙学　佛教概念体系

引　言

佛教于东汉传入中国，到隋唐时期，即与儒家、道家并列而为中国文化的主流，佛教融入本土文化的成功是不言而喻的。佛教是如何融入中国本土文化的呢？学术界长期以来有依附黄老、佛儒一致等种种说法，但是佛教的融合采用了什么样的具体途径，世人却一直不甚明了。

1933 年陈寅恪先生发表了《支愍度学说考》一文，认为格义"为我民族与他民族二种不同思想初次之混合品"，对六朝及此后的中国思想影响深远[①]。此文发表后，在学术界产生了广泛、深远的影响，汤用彤先生在其《汉魏两晋南北朝佛教史》[②] 及《论格义——最早一种融合印度佛教和中国思想的方法》等论著中，对此说也有所继承和发挥。之后，格义之说和儒道思想影响中国佛教论几乎成为学术界的主流观点，日本学者甚至以"格义佛教"来指称鸠摩罗什入华之前的汉魏两晋佛教乃至整个中国佛教。然而，格义与佛教思想体系的关系及格义的兴衰与汉魏两晋佛教的演进之间的关联，学术界的考察却相当不足。加上格义之学的讨论本身也还存在诸多疑点，本文即结合格义之学的佛教背景的演变，对以上几个方面略加申述。

* 作者简介：哈磊，哲学博士，四川大学道教与宗教文化研究所教授，研究方向：佛教义理与佛教史。
　基金项目：本文为国家社科基金项目"南北传《阿含经》注释比较研究"（项目编号：14BZJ009）的前期成果。

① 陈寅恪：《金明馆丛稿初编》，北京：三联书店，2001 年，第 171、173 页。
② 汤用彤：《汉魏两晋南北朝佛教史》，北京：北京大学出版社，1997 年，第 166—169 页。

一、事数的所指及其与禅数之学的关联

关于格义的诸多讨论，主要立足于下面这段文字，这也是现存佛典中对"格义"加以明确阐释的主要文献：

> （竺）法雅，河间人。凝正有器度。少善外学，长通佛义。衣冠士子，咸附咨禀。时依门徒并世典有功，未善佛理。雅乃与康法朗等，以经中事数，拟配外书，为生解之例，谓之格义。乃毗浮、昙相等，亦辩格义，以训门徒。雅风采洒落，善于枢机。外典佛经，递互讲说。与道安、法汰，每披释凑疑，共尽经要。后立寺于高邑，僧众百余，训诱无懈。雅弟子昙习，祖述先师，善于言论，为伪赵太子石宣所敬云①。

竺法雅以佛经中的"事数"来与外书相比拟、对照、匹配，作为帮助学生理解佛经的例证。文中的"外书"与上文"世典"同义，当然是指儒家五经与道家《老》《庄》之类的著作。文中的"事数"指的是什么呢？《高僧传》认为此是不言而喻的，因此未加解释。陈寅恪先生曾引《世说》中"殷浩大读佛经，皆精解，而不解事数"之例，以刘孝标注中"事数"是指五蕴、十二入等佛教术语来解释之②。

但陈先生此说显然有失察之处：如果殷浩果能"大读佛经""皆精解"，怎么会不能理解"五阴""十二入"等佛教最基本的概念？况且在东晋时期，正是《阿含经》等小乘经典译出不久，讲解仍然盛行的时候；再者，五根、五力、七觉支等术语，不仅小乘经典常用，在《般若》《法华》《涅槃》等大乘经典中，也是极为常用的概念，"大读佛经""皆精解"之殷浩，岂能不解这些概念？显然殷中军所不能解之"事数"，并非刘孝标所言基本概念之类的"事数"。

事实上，不仅殷浩不解"事数"，连魏晋佛教的领袖道安大师也时有不能理解的"事数"：

> 有悬事悬数，皆访其人，为注其下③。

道安所言"事数"，即竺法雅所言"事数"，所谓"悬"，即"悬而未解"。因为印度阿毗昙（论典）不断传来、译出，各自立论且用语不尽相同，故博学深究如道安者，也时有不解之事数，殷浩不解，自属平常。

汤先生在《论格义》中也曾结合中国佛教流传的情形，尤其是安世高所传禅数之学来理解事数：

---

① （南朝梁）释慧皎撰，汤用彤校注：《高僧传》，北京：中华书局，1992年，第152—153页。
② 陈寅恪：《金明馆丛稿初编》，第169页。
③ 出自《四阿𨢔暮钞序》，道安法师所作。《四阿𨢔暮钞》属犊子系贤胄部论典，《三法度论》为其别译。载（南朝）释僧祐：《出三藏记集》，北京：中华书局，1995年，第340页。

阿毗昙是"阿毗达磨"（Abhidharma 对法）的［另一种］音译，"数"即"事数"或者"法数"；因此，"禅数"就是在指［关于］"禅"（Dhyana）的"事数"或"法数"。这里所说的"阿毗达磨"可能是按照［原书］"本母"（Matrka）的安排，也就是都依据"事数"或"法数"的一系列次第分部再分部的①。

汤先生将禅数理解为关于"禅的'事数'或'法数'"。禅数其实也可以理解为禅和数，禅即指禅经，数即指阿毗昙。因为说一切有部以阿毗昙来指导一切禅修与宗教实践，所以在魏晋时期，"禅数之学"与有部之学是同义语。

因此，格义之学中的"事数"，不仅包括佛教的基本概念和阿毗昙中的重要术语、概念、范畴，也包括《阿含》《般若》等大小乘佛经中的重要术语和概念。如道安法师在《十法句义经序》中所说：

> 自佛即幽，阿难所传，分为三藏。篡乎前绪，部别诸经，小乘则为《阿含》。四行中，《阿含》者，数之藏府也。阿毗昙者，数之炬数也……是故《般若》启卷，必数了诸法，卒数以成经②。

《阿含经》作为释迦佛最初所说之教法，奠定了佛教概念的基础，阿毗昙则从诸多角度深入分析、解说相关概念，并由此建立了极为严密的佛教概念体系，这种概念体系，也为《般若》等大乘佛教所沿用。因此，了解事数成为理解佛法的基础。由于佛经之事数牵涉面甚广，加上不同译者用语往往差别甚大，因此，通释各种"事数"，借助中国固有文化之相似观念来理解佛教，以帮助学僧、信众对佛教基本概念产生较为明了、确定的理解，也就成为学习佛法的基础工作。这是法雅格义之学开展的基本背景。

二、格义的开展方式及其局限

由于魏晋时期除佛经注释外，本土佛教著述尚不发达，如后世所习见的佛法概论、佛教史、佛教辞典之类的普及性著作都尚未面世，对佛教基本概念的学习缺乏适当的途径，造成了僧俗弟子学习佛法的重大困难，"时依门徒……未善佛理"，表达的正是这种情形。为初学者提供一种普及佛教知识、迅速理解和掌握佛教概念的方法，就成为当时佛教界十分急迫也相当困难的任务。竺法雅之格义，提供的正是这样一种普及佛教基本概念的方法。它特别针对文化素养高、传统学问有良好基础（世典有功）的弟子，而不是普遍适用于一切佛教僧俗。格义通过分析佛教概念与相关儒道概念

---

① 汤用彤：《理学·佛学·玄学》，北京：北京大学出版社，1991年。论文结合毗昙学来讨论格义，与《汉魏两晋南北朝佛教史》的观点有所不同。

② （南朝）释僧祐：《出三藏记集》，第369－370页。

的相似、相近之处，从而帮助弟子借助熟悉的儒家、道家的观念来了解、理解佛教概念。通过这种方式，消解了弟子对佛教概念的陌生感，拉近了印度文化与本土信众的心理距离，以促成对佛教重要观念的初步理解和接受，对于佛教在中国本土的传播起到了相当正面的影响。可能这种方法比较受听众的欢迎，在当时产生了广泛的影响，并且开始流行。

关于经中事数与儒道重要概念的匹配、解说的具体方法，传世文献未见记载。陈寅恪先生在《支愍度学说考》中曾以后世僧俗常用的会通儒学的概念为例，试图说明格义的具体开展方式，如《颜氏家训》之五戒与五常、《魏书·释老志》佛法僧之"三归"与"君子三畏"、智者《仁王经疏》引伪经《提谓波利经》之五戒与五常、五脏、五方的匹配等数种[1]。

其实三归、五戒之外，如果要想建立基本的佛教概念体系，所需选择的佛教核心概念必在百种以上，其所匹配的儒道概念，也应大体相近，甚或过之。见于各种经注、经序的对应概念，如四大与五行，安般（念出入息）与守意，禅定与守一，性空与本无，佛教之无为法与儒道之无为、诸禅之超越与心斋、坐忘，无学与逍遥，一切种智与圣人之心，等等，诸多术语想必多在格义的视野之内，限于文献所乏，已无从知晓其具体的会通方式了。

通过格义会通儒道思想，这是现象，其实质何在？陈寅恪先生认为是"取外书之义，以释内典之文"[2]。这个观点合乎史实，但是这个表述本身包含两层意思："取外书之文，以释内典之义"；"取外书之义，以释内典之文"。表述看似差别不大，其实关注的焦点已经发生了实质性改变。在第一层意思里，理解佛教事数是行为的目的，儒道思想的会通只是手段；而在另一层意思里，儒道思想通过格义，改变了、替代了佛教思想而进入了佛教思想体系之内。细究陈先生之意，似乎多主后一层意思。将这一观点放大，就是通过格义，印度佛教"中国化"了，日本学者所主张的"格义佛教"的观念，就建立在这个观点上。

当然，作为格义之学的提倡和实践者，竺法雅的用意在第一个层面，但他的意愿并不能保证格义在理解佛教时不会发生从第一层意蕴向第二层意蕴的转向、异化。或者说，它必然会发生从第一层向第二层的转向。因为格义方法的立足点，正在于佛经与儒道经典中的相似性。这种教学方法以"求同"为主要价值取向，"外典佛经递互讲说"的目的，即在于具体分析、发现二者之间的共同之处。当学习者更多地关注和习惯于发现佛教与儒道的相似、相近之处时，佛教思想的独特性，佛经超越于儒道经典的独特价值，就会被习惯性地忽略、漠视，学习者甚至彻底丧失发现二者之间本质差异的能力。当这种情形发生时，即意味着佛教已被完全改造成了另一种世间学问。这显然背离了格义是为了帮助理解佛法而趋向解脱、觉悟的最初愿望。

三、附文求旨的解经原则的确立

任何一种思想、学说，都会存在内部和外部两种理解指向。内部理解重在探寻思想、学说的言

---

① 陈寅恪：《金明馆丛稿初编》，第 170—171 页。
② 陈寅恪：《金明馆丛稿初编》，第 172 页。

说意趣、内部结构、论证方式、思想依据、逻辑关系等各个方面的内容；外部理解则重点考察该学说与相关学说之间的异同、各自的特质与优长、解决问题的不同路径、各自的学术源流等方面的问题。格义在面对佛教概念的理解难题时采用了外部理解的取向，它充分利用了固有资源以求得对佛教概念的迅速理解，理解变形、失真是它的主要缺陷。

与格义重在融通和发挥的思想方式不同，魏晋佛教还存在着一种更为流行、更为重要的理解方式——"附文求旨"。这种方法以佛经译本为根据，通过文本来理解经典的意旨，反对对经文作自由理解与发挥，要求立论要有可靠的依据。僧叡《喻疑》认为，这种方法的倡导者是自己的先师道安法师：

> 附文求旨，义不远宗，言不乖实，起之于亡师①。

由于中国佛教的思想基础主要建立在汉译佛经上，因此获得对佛经文本的正确理解就成为学习佛教最为重要和优先的事情。《高僧传》中相关事例甚多，如竺法雅"与道安、法汰，每披释凑疑，共尽经要"，《僧先传》"（与道安）共披义属思，新悟尤多"等；《出三藏记集》中如《阴持入经序》（道安）"遂与（竺法济、文昙讲）折槃畅碍，造兹注解"，等等。以上诸例中，都采用了"附文求旨"式的理解方式。

由于汉译佛经重译、异译、经钞甚多，不同文本的对比、研究就成为读经的重要方法。著名者如支恭明《合微密持陀以尼总持三本》、道安《合放光、光赞略解》、支道林《大小品对比要钞》、支愍度《合维摩诘经》等等，这些"合本""对比"，皆立足于佛经文本，运用客观、严密、深入的对比、分析方法，以求获得对佛经文本的准确理解。如支愍度《合维摩诘经序》所言：

> （支恭明、竺法护、竺叔兰）此三贤者，并博综稽古，研机极玄。殊方异音，兼通关解。先后译传，别为三经。同本、人殊、出异。或辞句出入，先后不同。或有无离合，多少各异。或方言训古，字乖趣同。或其文胡越，其趣亦乖。或文义混杂，在疑似之间。若此之比，其涂非一。若其偏执一经，则失兼通之功。广披其三，则文烦难究。余是以合两令相附。……瞻上视下，读彼案此。足以释乖迁之劳，易则、易知矣②。

支愍度之合本的考察，不仅审察译者，同时还考察经文顺序的差异、内容的多寡、用语文异义同、文异义违、文义混杂（与佛教主旨矛盾）等多个方面。考察之外，又形成了方便读者阅读的"合校本"，使读经有法可依，文句易懂。这里文义混杂被列为重要的考察项目，在"疑似之间"是说译文的语句看起来像是佛教的思想，但其思想又有值得怀疑的地方。即使翻译者著名如"敦煌菩萨"竺法护、译经古老如支越之所译，仍然不免成为审查的对象。对于"疑似之语"，则必深究而穷责，务使除疑，以合佛经之旨。

---

① （南朝）释僧祐：《出三藏记集》，第 234 页。
② （南朝）释僧祐：《出三藏记集》，第 310－311 页。

合本之外，"附文求旨"的要求也多见于译经，尤其是道安所主之译经：

> （竺佛）念乃学通内外，才辩多奇。常疑西域言繁质，谓此土好华。每存莹饰文句，灭其繁长。安公、赵郎之所深疾。穷挍考定，务在典骨。既方俗不同，许其五失胡本①。出此以外，毫不可差②。

上述文字反映了道安、赵政等人对译经的认识和态度：译经的目的在于消除语言障碍，全面、如实地传译梵本佛经的思想。对于竺佛念删略佛经、修饰文句的态度和行为，道安、赵政等人深为不满，不仅对译文严格要求，而且还对译文与梵本的异同进行了全面、细致的考定。如：《增一阿含经》，道安与法和、僧略、僧茂四人检校四十日；《鞞婆沙》道安亲自助校三十四日；《阿毗昙》译出，道安检校后，要求重译，译出后又夜以继日地检校核对，"夙夜匪懈四十六日，而得尽定"，删除没有梵本依据的"游字"达四卷之多③。

对于经文之旨的探究，严密、深入更是远远超过了对译文的检校。道安法师不仅每年讲《放光般若》两遍，持续了二十年，还撰写了多种与《般若》相关的著作，如《光赞折中解》一卷、《光赞抄解》一卷、《放光般若折疑准》一卷、《放光般若折疑略》二卷、《放光般若起尽解》一卷、《道行经集异注》一卷、《道行指归》等。著作之外，还有多种《般若经》序，这些著作、经序，提供和创立了很多种解释佛经的方法，如选注、注解、集注、经钞、指归、科判（起尽解）、定论（折疑准）等，完善和丰富了佛经阐释的原则和方法。尽管这些成果有些是出于道安晚年之作，但其中体现的崇重胡本、精研译经、附文求旨的解经原则、方法，却是一以贯之的。在这里，译经不仅是阅读、理解的对象，同时也成为评判佛经的种种阐释和理解的标准④。当以佛经义旨来审视格义时，格义的缺陷也就清晰地呈现出来了：

> （释僧先）游想岩壑，得志禅慧。道安后复从之，相会欣喜，谓昔誓始从。因共披文属思，新悟尤多。安曰："先旧格义，于理多违。"先曰："且当分析逍遥，何容是非先达？安曰："弘赞理教，宜令允惬。法鼓竞鸣，何先何后？"⑤

建立在佛经文本上的义理，体现出了佛教独特的世界观和人生智慧，它与儒道之间的差异是显而易见的，这是佛经内在逻辑的必然呈现。"先旧格义，与理相违"——以儒道思想为途径所理解的佛经之意，与佛经的本义，在很多地方是相矛盾的。这是道安法师质疑格义的关键所在。批评格

---

① 见《出三藏记集》卷八，《摩诃钵罗若波罗蜜经钞序》，道安法师所作，指出胡（梵）本佛经与汉译佛经在语法、文风、表述方式等方面的五个差别，成为后世译经的指南。
② （南朝）释僧祐：《出三藏记集》，第374—375页。
③ 分别见于释道安：《增一阿含经序》《鞞婆沙序》及《阿毗昙序》，载释僧祐：《出三藏记集》，第339、382、377页。
④ 太虚大师将此原则概括为"宗经"，并认为其与本佛、博约、重行并列为中国佛教的四大精神特质。
⑤ （南朝梁）释慧皎撰：《高僧传》，第195页。

义不再仅仅是妄议先辈的问题，它与维护佛教思想的正确与纯洁直接相关①。因此，当格义的根本缺陷经道安法师揭示后，其退出佛教思想的主流也就是必然的趋势了。

四、经论的译传日趋完备

自东汉佛教传入，至道安法师在关中译经之前，数百年间虽然佛经传译不绝，但所译多属零章短制，即使汉魏两晋最受重视的般若、毗昙两系，译传也很不完整：《小品》先后八译、《大品》先后三译，仍然歧义纷出；阿毗昙部虽极受重视，但数百年流行的，也仅是安世高所译阿毗昙的片段。大部经、论，尤其是毗昙的译传，道安法师实开其端。

前秦建元十八年（382）起，道安法师主持，鸠摩罗佛提、昙摩难提、僧伽跋澄等印度、西域译师先后参与，竺佛念等人传译，赵政、释法和、昙景等人佐助，先后译出了《阿毗昙心》十六卷、《阿毗昙抄》十四卷、《阿毗昙八揵度》（《发智论》的异译本）二十卷、《鞞婆沙阿毗昙》十四卷。

以上四部合计六十四卷，从卷数上来说并不算多，但却是中国佛教史上第一次系统、全面地译介阿毗昙，使汉地的佛教学者第一次看到了佛教三藏中论藏的基本面貌。建元十九年八月，十四卷《鞞婆沙》译出，道安序曰：

> 余欣秦土，忽有此经。挈海移岳，奄在兹域。载玩载咏，欲疲不能。遂佐对校一月四日。然后乃知大方之家富，昔见之至夹也。恨八九之年，方窥其牖耳。愿欲求如意珠者，必牢庄（装）强伴，勿令不周仓若之实者也②。

大部毗昙的翻译，让道安法师深切地认识到了此前数百年间译经的真实成绩：译经六百七十五部、八百四十八卷，传习讲说数百年，汉地对印度佛教的了解，依然非常贫乏，经论所能企及的深度和广度，竟然还是出乎我们的认识和理解范围之外，一部《鞞婆沙》已经完全映照出了汉地佛教界对于全体佛法的理解和思考，仍然处于极其局限和狭隘的境地。对于已届72岁高龄的安公来说，这次译经的冲击力可见一斑。

如果说《鞞婆沙》的译出还带有些许失落的话，那么《阿毗昙八揵论》的译出，则几乎使安公沉醉：

> （八揵度论）其为经也，富莫上焉，邃莫加焉。要道无行而不由，可不谓之富乎！至德无妙而不出，可不谓之邃乎！富、邃洽备故，故能微显阐幽也。其说智也周，其说根也密，其说

---

① 与格义相辅而行的另一种净化佛教的方式是判定佛经中的疑伪经，道安依印度佛教之精神，根据精究博览经论之所得，而定本土伪撰经文二十六部、三十卷，括清了佛教思想与本土依附之论的界限。安公判定疑伪经的精神和原则，也被僧祐、法上、智升等历代目录学大师所继承，成为树立佛教正见、批判讹误之学说、维护佛教思想纯净性的重要途径。

② （南朝）释僧祐：《出三藏记集》，第382页。

禅也悉，其说道也具。周则二八，用各适时。密则二十，迭为宾主。悉则昧、净，遍游其门。具则利钝，各别其所以。……周揽斯经，有硕人所尚者三焉：以高座者，尚其博。以尽漏者，尚其要。以研机者，尚其密……其将来诸学者，游盘于其中，何求而不得乎！①

与中土此前所译诸经论相比，《阿毗昙八捷度》的内容是空前丰富的，其讨论的法义是空前深邃的，其讨论的范围是极为全面的。由于此时四部《阿含》尚未译出，此论为时人打开了一座无比丰富的佛法宝库。道安法师所述诸要旨中，如八种法智、八种类智、二十二根、诸禅、三昧、十不净、四种根器等说法，虽然在此前译经中或有所论及，但如此全面深入的论述则是第一次。对于法师来说，它提供了全面丰富的学问；对于修行解脱的人来说，它指明了修行解脱的要领；对于喜好深入研究人来说，它提供了精密、深入的分析方法。在道安法师看来，它几乎是一座无所不备的宝山。

除了四部阿毗昙，同时译出的还有《中阿含》《增一阿含》等经藏：

> 此年有阿城之役，伐鼓近郊，而正专在斯业之中。全具二《阿含》一百卷，《鞞婆沙》《婆和须蜜》《僧伽罗刹传》。此五大经，自法东流，出经之优者也。……此岁夏出《阿毗昙》，冬出此经。一年之中，具二藏也，深以自幸！但恨八九之年，始遇斯经，恐韦编未绝，不终其业耳。若加数年，将无大过也②。

据经序，《中阿含》六十卷，514825字，收二百二十二经，此前《中阿含》之单译经仅六十八经，为全经的三分之一。《增一阿含》四十一卷（通行本改译为五十一卷），收四百七十二经，此前单译经仅二十三经，不足全经的百分之五。二部《阿含》不仅篇幅巨大，收经众多，极大地扩展了小乘经藏的容量，更重要的是，这是《阿含经》第一次被完整地介绍到中国，汉地第一次完整、全面地了解《阿含经》的结构、内容、主题以及关于禅修、解脱等各个方面的佛说。经藏、论藏之外，加上比丘、比丘尼戒本，实际上佛教的经律论三藏，经安公之手，已经规模初具了，中国佛教从此不再需要借助儒道思想来推测、揣摩印度佛教了，依据初告成形的《阿含》、毗昙等经论体系，通过佛教的内在理路来思考和理解佛教的路径已经完全畅通，格义之学就此渐渐退出了佛教思想的大舞台。

五、毗昙学对中国佛教概念体系的奠基和净化功能

毗昙学和般若学是汉魏两晋佛学的两大主流，毗昙在很长一段时间里，甚至比般若更为盛行：

---

① （南朝）释僧祐：《出三藏记集》，第376—377页。
② （南朝）释僧祐：《出三藏记集》，第339、340页。

《阿含》者，数之藏府也。《阿毗昙》者，数之苑薮也。其在赤泽，硕儒通人，不学《阿毗昙》者，盖阙如也。

符坚之末，（僧伽跋澄）来入关中。先是大乘之典未广，禅数之学甚盛。既至长安，咸称法匠焉。①

毗昙学继承了释迦佛说法严密、深入的特点，并加以体系化。它把概念分为世俗谛（sammti-sacca）和究竟谛（paramatthasacca，第一义谛）两大类，前者指日常语言概念，后者指已分析到最小化的毗昙概念，所有分析都在毗昙概念基础上展开。比如人（补特伽罗）必须分解为色法、心法两部分，色法（物质）部分再细分为地、水、火、风四大及由四大所构成之物质。心法（精神）部分再细分为受、想、行、识四部分，对人（有情、生命体）的讨论在此分类基础上展开，这是五蕴的分析。另外还有十二处、十八界等分析方式，《坛经》称之为"三科"。在此基础上，再从依据有漏无漏、有为无为、善恶无记等法义分析，分析角度有数百种。以《鞞婆沙》"十章门"为例：

色法、无色法，可见法、不可见法，有对法、无对法，有漏法、无漏法，有为法、无为法，过去法、未来法、现在法，善法、不善法、无记法，欲界系法、色界系法、无色界系法，学法、无学法、非学非无学法，见断法、思惟断法、无断法，四谛，四禅，四等，四无色定，八解脱，八除入，十一切入，八智，三三昧，三结，三不善根，三有漏，四流，四扼，四受，四缚，五盖，五结，五下分结，五见，六身爱，七使，九结，九十八使②。

通过上述分析方式，对五蕴、十二处、十八界等一切物质和精神现象、世间和出世间法、智慧、烦恼、禅定、解脱等进行了严密地分析，甚至包括佛及其种种功德。下面以讨论格义时最受关注的、学者通常认为融入道家思想的"无为"概念为例，对此分析方法略做说明：

有为法者、无为法者。问曰：何以故作此论？答曰：断计我人意故，现大妙智故。断计我人意者：此是有为法。无为法非是我。现大妙智者：若行智、成就智，彼以此二句，知一切法。谓此俱摄一切法，具足一切法。是谓断计我人意、现大妙智故，作此论。有为法、无为法者：有为法云何？答曰：十一入及一入少所入。问曰：无为法云何？答曰：一入少所入。问曰：何以故说有为法、无为法？答曰：谓堕生、老、无常是有为。谓不堕生、老、无常是无为。或曰：谓兴衰法，有因、得、有为相是有为。谓非兴衰法、无因、得、无为相，是无为。或曰：谓转世、作行、受果、知缘是有为。谓不转世、不作行、不受果、不知缘是无为。……尊者婆须蜜说曰：有为相云何？答曰：堕阴相，是有为相。重说曰：堕世相，是有为相。重说曰：灾患相，是有为相。无为相云何？答曰：不堕阴相，是无为相。重说曰：不堕世相，是无为相。重说曰：不灾患相，是无为相。重说曰：不忧戚相，是无为相。重说曰：不愁、无尘、

---

① （南朝）释僧祐：《出三藏记集》，第369、522页。

② 尸陀槃尼撰：《鞞婆沙》，僧伽跋澄译，《大正藏》第28册，东京：大正一切经刊行会，1934年，第439页上栏。

安隐相，是无为相。广说有为、无为，法处尽①。

本品开篇即说明讨论有为法（samskrta）、无为法（asamskrta）的目的：一是为了消除关于自我、其他生命实体存在的错误见解，认为一切物质和精神现象中，都没有所谓的自我或灵魂存在，有造作、生灭之故，称为有为法。无为法则与虚妄的自我无关。二是以道智、成就智了知一切法、具足一切法。这是本品的宗旨。

本品关于有为、无为的分析，结合十二入来展开，认为十二入中，十一入及法入的一部分，属于有为法，只有法入的一小部分属于无为法。之后，即列举了关于有为法和无为法的种种不同说法，最后引婆须蜜阿罗汉的观点来裁定异说：有聚积特征的是有为法，有三世等时间特征的是有为法，有灾难、隐患的是有为法。无为法的特征与此相反：没有聚积的特征，没有时间的属性，没有灾难和过患，没有忧虑和悲伤，没有忧愁，不受物质和精神现象的污染（无尘），安稳（而不变异）是无为法的特征。

这里对无为的讨论始终与有为相联系而展开。在本论的其他地方也会从择灭无为②、有余涅槃、无余涅槃的角度讨论无为，这是将无为法看作修道之果，此时之无为相当于四谛中的灭谛。因此，在《鞞婆沙》中，所有关于有为、无为的讨论，都是与五蕴、十二入、十八界、四谛、三十七道品、九十八结使（烦恼）等整个佛法概念体系相联系的，所有的分析也都在此体系之内展开。这也是整个毗昙学分析概念、法义时所共同采用的方式。

当时的印度佛教有三大概念体系：以《阿含经》为基础的小乘佛经概念体系；奠基于《阿含经》的阿毗昙学的事数体系；奠基于这两个概念体系而有重要理论差异的《般若》等大乘佛经概念体系。尽管这三个体系在当时都尚未系统地传入中国，但每个系统都已有不少经典著作得到了翻译和传习。当《鞞婆沙》译出后，有部的色法、心法、心所法、心不相应行法、无为法之五位法的结构体系随即为中国僧俗所了解，关于诸法因缘的分类之六因、四缘之说，也被中国佛教界所了知。这些代表毗昙学思想结构最高成果的内容介绍到中国后，中国佛教遂依据此前所译之大小乘经论，通过五蕴、十二处、十八界、四谛、八正道、六波罗蜜、一切智、道种智、一切种智等一系列汉译佛教概念，初步建立了自己的概念体系。这个概念体系一方面指导僧俗学习、理解经论，一方面培养佛教的思维方式，同时也发挥着对中国佛教思想的纠偏、校正和纯洁化的功能。

因此，当道安法师在使用毗昙学的分析方法时，他不会仅仅依据概念、术语进行联想和发挥。他会清楚地认识到"无为而无不为""自然"的概念无法从因缘、所缘缘等六因、四缘的角度加以分析和讨论。当无为作为诸法的本性、本质性特征而呈现时，它不是任何行为方式或心理取向，也不是二者的结果，无所得是对无为的最简单的表述。再者，从毗昙的角度来看，《老》《庄》《周易》的所有讨论都建立在世俗谛上，概念的内涵和外延都没有像究竟谛那样加以清晰界定，很难进行精密、深入的分析。因此尽管道家的无为、有无、自然等一系列思想与佛教有一些相似性，但这些概念确实已无法融入奠基于毗昙学的整个中国佛教的概念体系之中了。借用《大智度论》的"蛇行常

---

① 《大正藏》第 28 册，第 464 页上栏、中栏。
② 通过思维的抉择而断除一切烦恼，称为择灭无为，《鞞婆沙》中译为数缘尽。见本论卷七、八。

曲，入竹筒则直"的比喻来说，格义之学常曲，入毗昙等佛教概念体系的竹筒就不能再变形、扭曲了。

结　语

格义作为一种讲经方法，适应时代的需要而出现，它通过会通佛教与儒道概念的方式，解决了佛教知识的普及问题，也产生了背离佛教根本精神的不良倾向。因此立足于佛经文本的"附本求旨"的解经原则作为格义方法的反对者，而为众多的僧俗所接受。随着大部的《阿含经》和《鞞婆沙论》的译出，中国佛教的视野大开，对佛教的认识和理解都发生了巨大的变化。在此前流行的毗昙学的基础上，通过接纳新译毗昙论典，中国佛教的概念体系初步建立，而新译毗昙提供的极为多样的分析方法，则丰富了中国佛教的内在理解途径，通过儒道思想来理解佛教从此变得不再合适，格义也就渐渐淡出了中国佛教的视野。

（本文原载《四川大学学报（哲学社会科学版）》2017 年第 1 期，收入本书时略有修改）

水陆仪起源的理论思考

李 翎*

内容提要：随着图像学研究在历史与艺术史学科的深入，水陆画进入学者研究的领域。由此产生的一个问题是：在中国流行于宋代的水陆仪与保存下来大量明清的水陆画的起源在哪里？笔者针对目前有关水陆仪是源于佛教还是道教的说法，论证以祭祖度亡为目的水陆仪与水陆画的源头可能是中国传统的道教文化，而不是来自印度的佛教。

关键词：水陆仪 水陆画 祭祖 道教 佛教

引 言

宗教美术研究，从 20 世纪初的艺术欣赏性研究，转向 21 世纪的图像学研究。这种转变的结果就是学者将目光从精美的艺术品，转向并不太精致的民间性宗教绘画。人们关注作品所携带的图像学意义超过了其表达的艺术性，这是图像学研究不同于艺术性研究的主要特点。由此，一向冷门的民间工匠的水陆画进入了学者的视野。但是，水陆画内容上的丰富性和复杂性，不同于组织性寺观的"正统"图像。这就引发一些学者在这类图像研究上进入一个思路上的误区。对于水陆画的研究，目前的讨论分歧在两个问题上：一是水陆画的起源、二是水陆画源于佛教还是道教。

一、水陆仪是什么？

通过文献记载来看，至少从宋代开始，中国的佛寺、道观流行着一种度亡施食法会，佛、道皆称之为"水陆法会"。水陆法会是什么？水，指的是水中的亡者；陆，指的是地面上的亡者。水陆法会就是在一些特别的时间里，为那些死于水中或陆地上的亡者进行超度和施食，主要用于祭祀祖先和各种鬼怪。在举行仪式时，要请神、降鬼、摆放祖先（亡者）牌位。因此，这个仪式的一个特点就是除了诵仪文、唱腔和"舞蹈"外，还需要有请降诸神鬼的图像。神鬼图像，从形式上大致可分为两类，一种是可移动的板画、卷轴、小画片，另一种是不可移动的寺观壁画。晚唐两宋时，寺

---

* 作者简介：李翎，四川大学道教与宗教文化研究所教授。

观建筑群中往往单建一个水陆院，或者将弥陀院作为水陆院，在此绘制诸鬼神画壁和举行施度法会。

笔者参加过几次现代寺庙、道观举行的水陆法会，结果令人非常失望，那就是诸神图像几近消失。现在佛教的水陆仪，在一般寺庙中几乎不再使用图像。道教也只简单地摆放三清（有的仅是单清），然后再加一个鬼王（救苦天尊），如果是正一派的话，会再摆放张天师的像。云南剑川的法会，只在结界的地方悬挂一些简单的图像，降神时法师手持符术，在空中书写神的名字即可。至少在清代甚至民国时还存在的丰富的水陆图，变成了历史的陈迹。这引发了笔者的一个思考：在水陆仪或者说在宗教文化中，图像的意义到底有多大？通过今天的调查，可以让我们对宗教图像在仪式中的重要性进行重新思考。讨论这个问题的意义何在？笔者认为，其重要意义，在于思考中国神鬼文化是如何发展与变化的，在宗教活动中仪式与画像哪个重要，以及何时何者变得更重要的问题。

二、水陆仪的起源

（一）理解中国宗教现象

讨论水陆仪的起源，事实上就是搞清楚水陆仪的本质，这样，才能弄清这个仪式的源头与佛、道的关系，而不能仅仅通过历史传说和现存文献，因为文献也会说谎。

研究中国的宗教文化现象，自然要把水陆仪放在广义的道教里面去讨论。它反映的是"道"与"术"在宗教活动中的辩证关系。从宗教的角度来说，中国两千多年的宗教文化史，主要就是道教与佛教的演变史。道教或是显流、主流，或是巨大的潜流，一直深深影响着中国文化在不同时期的发展。虽然，从教界和世俗的角度看，佛教是显学，道教比较沉寂，但忽视道教的影响，将无法真正了解中国的佛教。现在学者的研究方向出现的一个问题是，一些学者执意认为水陆仪源于佛教，一些学者则认为水陆仪是道教的，在图像上孤立地去分辨是道教水陆画还是佛教水陆画。学者之所以这样做，是由于一个明显的现象：在佛教相对兴盛的地区和来自佛寺的实物，水陆画的主尊以佛像为主，比如河北、山西、陕西等地区的寺院壁画；而在道教兴盛的地区，比如四川、湖南、福建的水陆画则以道教神为主。这样区分佛、道有没有意义？笔者认为意义不大。研究水陆文化，尤其是唐宋变革之后的中国宗教现象，学者时刻要提醒自己把握的一个事实是：中国人的世界观原本就是人、鬼、神杂居的世界观，佛菩萨与天官地鬼，对于普通人来说，都是这个世界的神鬼，他们是没有宗教界限的。庞杂的地方信仰系统，将佛、道、地方诸神全部纳入其中。这时你看到的佛不再是佛教意义上的如来，你看到的千手千眼观音也不再是佛教密宗意义上的千手千眼观音。如果以什么经或仪轨的对应来研究这种具有地方性质的"术"，显然费力不讨好，也不能正确解读这些神鬼图像在地方信仰中的真正意义。

对于水陆画的研究，当然最令人不解的是所谓"南水陆""北水陆"的划分。所有的地方道术、神像样式，都有地方特征。中国如此之大，并且也不是一个狭长的地理分布，只以南北来分，显然会产生歧义，它完全不同于学者型的禅学南北分宗理论。在遍地神鬼的宋明时代，一个村庄、一个乡镇，甚至一条街道与另一条街道的神像都会存在差异，如何以南北分之？比如河北怀安的昭化寺水陆壁画与南宋宁波出口到日本的样式几乎相同，而郑振铎收藏的水陆版画与宝宁寺和昭化寺的壁画又不同①。各地区的时空概念与文化现象是非常复杂的。就像无法回答"佛像是什么样的"一样，我们只能说初唐广元的佛像样式或盛唐长安的佛像样式。"道"与"术"的关系是辩证的，同时，道相对稳定，而术会产生丰富的变化。

在水陆仪式盛行的地方，其神祇会体现出非常浓郁的地方特色，也就是说一些地方、家族神怪可以随时加入其中。如何根据一个什么"仪"来套用活生生的地方神画呢？这个问题涉及目前几乎空白的古代画工作业方式的研究。由于话语权的问题，这些民间工匠常被文人所不齿，古代中国工匠的工作状况、生活状况、传承方式的记载几乎是空白。我们只能想象当时作坊中的画稿可以保留较长的时间，可以保持某类图像在某种程度上的稳定性。但另一个问题是民间作坊很多，流动性很强，一个作坊中的画工可以在西安画壁，也可以流动到成都。画工之间保守自家图像不外流的特点，以及随时补充破损图像的随意方式，也使画像即使在同一个区域也不会相同并不断地产生变化，某个委托者特殊的个人诉求也会使画工的神像组合产生变更。比如到了明代，五通神已经进入山西的水陆画中，妈祖也出现在北京的水陆画中。但这种流通现象也不是绝对的，比如福建泉州一带水陆画中经常出现的扶箕和杯筊形象就没有在四川等地发现，至少可以说不流行。所以，现实的宗教现象非常复杂，不会有一个标准去套用，要具体图像具体分析。

（二）中国佛教的"道教化"

中国封建社会变革于唐宋，日本学者"唐宋变革论"的提出不仅使我们能够清楚地看清政治、经济的变革，还可以发现非常显著的宗教变革。如果以目前学界的共识来说，佛教经过六七百年的发展，在唐代之后就彻底中国化了，那么就有一个问题：什么是"中国化"？从历史上看，中国的古代哲学、历史文献、科学技术以至于"迷信活动"，都可以纳入广义的道教范畴。严格地说，中国本土的道教是没有边界的，中国人的世界观、价值观、鬼神观就是道教形成的土壤。历史上幸存下来的各类文献，从广义上讲，都可以归入道藏的范畴。中国民间广泛活跃的宗教活动，也可以说是广义的道教多神崇拜的不同形式。因此，抛开精致的知识分子佛学，所谓的佛教中国化，毋宁说是"道教化"。这种远离知识分子玄学式的普及化了的民间佛教，在宋代之后，其核心已经道教化。如果一个农夫说他是信佛的，很可能他是道教徒，他的神龛中供奉的是太上老君、龙王、孙悟空和一个抱着童子的观音娘娘，民间生动的宗教崇拜活动大多只是套着佛教的外壳。传统贵族式的宫观道、丹道，也演变为民间大众广泛参与的生老病死式的宗教关怀。中国自汉代以来，各路佛道神鬼，经过洗牌，在宋代之后，重新建立了一个新的神鬼系统，佛陀、菩萨已经不再是外来的佛教圣者，而是中国的神明。明代成书的《封神演义》②、《西游记》③等小说很好地诠释了宋代以来民间对这种神鬼世界的整顿与重新排序。今天的学者再用佛教、道教来归类庙中所示神像，是非常不明智的。这些神像表现的就是中国人的神鬼世界，很难说是佛教或道教的。并且依笔者对佛教的认识，大乘佛教中许多的佛、菩萨本身就非常可疑、来路不明。如果想说明水陆仪中一些神像与佛教

---

① 参见郑振铎收藏明刻本《水陆道场神鬼图像》，收录于上海古籍出版社编：《中国古代版画丛刊二编》第二辑，上海：上海古籍出版社，1994年。

② （明）许仲琳：《封神演义》，北京：中华书局，2009年。

③ （明）吴承恩：《西游记》，北京：人民文学出版社，2005年。

的渊源的话，首先要弄清佛教史和造神史，看清他们是佛教的还是婆罗门教的，因为这两个教派在印度完全不同，但许多后来出现的佛教神却来自婆罗门教。因此，笔者认为，目前学者对于水陆仪研究出现的偏颇，可能是由几个因素导致的：一是文献话语权误导；二是忽视了文献保存的偶然性；三是学者自身知识结构的局限，即一叶障目。当然，我们不能做到全知全能，只能尽量扩大自己的知识领域，如果固执地在一个单纯的领域内去解析中国宗教艺术、自说自话，则无效且非常危险。

中国本土的道教，通过不断吸收当地的传统和各时代文化而产生了不同时期的各种"道"。广义的道教，反映了中国人的世界观与多神崇拜的宗教观。佛教不断本土化的过程，事实上就是不断"道化"的过程。佛教在初期与传入中国之后的一个显著变化，就是佛陀初创佛教的去仪式化，却在进入中国后变得越来越强调仪式。宋代之前的道教科仪，主要用于皇家祭祀，包括祭祀天、地、山神、祖先等，这个领域原本是佛教无法涉及的。但是从晚唐之后，佛教开始涉足皇家祭仪，而这些仪式的灵感来源，就是宋代由宫廷走向民间的各种道教科仪。这些佛教新仪式在中国的出现，完全背离了原始的佛陀之教，只是为了迎合日渐文盲化的广大中国信众，吸引更多求神拜佛的香客。笔者认为佛、道的这种相互转化、借用关系，是由如下原因所导致的：

其一，之前专注道的知识分子，宋以后大部分由理论构建转向实修，在当时主要就是"丹道"的流行和阐述精致的内丹理论，服务性科仪减少。一般性理论兴趣的消失和高道的隐修，使精英式的道教玄学，向民间简易的神仙显灵"术"转化。民间几乎是文盲的道士用于建房垫土、生子做寿等科仪的文本，由于供、需两方面文化程度较低，理论性越来越少，有的甚至胡乱反抄一些佛教的仪文来应付斋家。因此，文人在编辑《正统道藏》时当然不会关注或收录这些民间道士作法使用的科仪文本，当然包括一些水陆仪本，这些本子往往只在民间流通。《正统道藏》更倾向于收录道教正宗理论：内丹玄学。道教在理论和经藏方面的这种"沉寂"给了善于弘法的佛教极大的"独享"空间。于是，我们看到的是佛教僧人或居士以佛教语境书写的水陆科仪。但是很难说，这些佛、道杂融的仪本是道士还是僧人在使用，或者兼而用之。但是从存留文献记载的内容和方式看，这类所谓佛教水陆仪非常的道教化。所以，这种话语权只反映了表面的现象，对于这些水陆仪文进行分析后，可以清楚地看到道教科仪的本质。

其二，传统文化下的中国文人，以往多关注道教，如服食、求仙或隐逸。可以说中国古代知识分子的生存之道基本处于道教系统的背景中。但是社会的变革让这些以前是道教圈了中的文人，分裂出一部分或脚踏两只船地开始崇信更加新鲜的外来佛教，这种随着外来佛教进入的大量佛经，其中所包含的虔诚信仰精神和传教的力量，让中国文人倍感新奇。"崇外"是文化的普遍现象，也是宗教心理学的基本特征，即远方的，等于有力量的、灵的①。人们在对本土传统宗教文化感到厌倦和缺乏吸引力的时候，往往会投身到一种新的文化中，并且在投入时，会片面夸大外来文化的优点，以唤起一种活力。但不能忽视的一点是，"佛教提倡的宗教生活、奉献精神与中国本土的宗教价值观相去甚远"②，它吸引着好奇的文人，同时有着强烈道教文化背景的文人，无意间也在"审

① 参见［英］玛丽·道格拉斯著，黄剑波、卢忱、柳博赟译，张海洋校：《洁净与危险》，北京：民族出版社，2008年，第119—141页。

② 参见［美］巴瑞特著，曾维加译：《唐代道教——中国历史上黄金时期的宗教与帝国》，济南：齐鲁书社，2012年，第5页。

改"着佛教，以适应中国士人的口味。文人队伍由道教向佛教的部分转移，是佛教科仪文献在宋之后道教化和大量佛经注疏出现的主要原因。

其三，中国人宗教观的包容性，并不排斥外来的佛教，但其本土强大的文化，使外来佛教深入扎根于本土的同时，也融入本土的礼拜体系中。佛道之争在中国存不存在？当然存在，但它只限于精英高层，而且是在非常少数的高僧高道之间。这些高级僧道往往可以出入宫廷，左右帝王。佛道之争主要是非常少数的僧道为了在皇帝面前争宠、得到势力和利益而进行的较量。由于他们会有各自的僧团和道团，从而促成了佛教与道教在士人或一些乡绅中间的盲从性对立。但对于民间，比如工匠画匠，他们可以画佛菩萨，也可以画神仙鬼怪。甚至有的士人，如苏轼、赵孟頫可以在佛道间游走。中国人宗教观的特点是包容性，对于佛菩萨和道教鬼神都是包容的，神佛像可以相处一殿，照拜不误，甚至会给佛菩萨一个完全道教化或本土化的出身。这种包容性，是佛教在中国不断"道化"的社会学背景。

（三）水陆仪的起源

1. 佛教说还是道教说

以上，我们讨论了研究水陆文化可能需要首先考虑的几个问题。下面来谈水陆仪的源头到底是佛教还是道教。如前所说，这个问题对于中国宗教文化现象来说，本来无须多费笔墨。但许多学者目前纠结于这个问题，并且由于宗教感情和知识结构的关系，都在自说自话，所以有必要在这里澄清一下水陆仪式的来源。

如佛教仪文所示，佛教僧人编造了梁武帝发明水陆法会的故事，为进一步加强这个故事的可信性，又编造了唐代瑛禅师对于水陆仪的重视。但是所有相对可靠的历史文献都指明这个特别的宗教活动可能始于唐末五代，广泛流行于宋以后。1007 年宋真宗"梦"神人授意建"黄箓道场一个月"。从中国文化传统来看，这一个月，非常有可能是农历七月，即中国传统所谓的"鬼月"。同时这也似乎告诉我们，这个持续一个月的道场，有可能是非常高规格的一次掺杂着祭祀佛道诸鬼神、类似后来水陆仪一样的斋会。水陆仪在宋代开始盛行，寺庙、道观都将这类法会称之为"水陆"。道教在唐代之前具有宫廷性质的传统"黄箓斋仪"，由于其烦琐性和过度的神圣性，被民间以祭祀"水""陆"鬼怪的简单仪式所代替。但是除了佛教关于水陆起源的传说和保存下来貌似佛教的水陆仪本之外，佛经、道藏都没有直接的"水陆仪"记载。只是一些水陆仪使用的图像，主尊往往是佛，但是由此，并不能说明水陆仪起源于佛教。被学者普遍用来证明水陆是佛教的最早材料是《益州名画录》对画家张南本的记载：中和年间（881—885）"僖宗驾回之后，府主陈太师于宝历寺置水陆院，请南本（张南本）画天神地祇、三官五帝、雷公电母、岳渎神仙、自古帝王，蜀中诸庙一百二十余帧，千怪万异，神鬼龙兽，魍魉魑魅，错杂其间，时称大手笔也。至孟蜀时，被人模塌，窃换真本，鬻与荆湖人去。今所存，伪本耳。（伪本于淳化年遭贼搓劫，已皆散失）"①，但事实上这个记载是有问题的。首先，文献并没有明确说这些画是佛教的水陆。其次，从张南本所画的人物来看，完全是道家或者说是中国传统的鬼神而不是佛教的佛、菩萨。虽然画在一个"寺"的水陆院中，但是，并不能由此断定这堂水陆画就是佛教的。四川的佛寺非常道教化，有时候观也可以叫寺。由此

---

① 参见（宋）黄休复撰：《益州名画录》卷九，第 9a、9b。此印本收录于日本 1987 年《早稻田文库》。

涉及的另一个材料，就是所谓"眉山水陆"的原始材料，即 1093 年苏轼写的《水陆法像赞》。事实上，我们也并不能由此确定苏轼所赞是佛教还是道教的水陆画。但是可以明确的一个事实是，宋代的四川，是一个道教极为昌盛的地区，而这种昌盛源于四川非常远古即流行的鬼神信仰，我们可以通过《山海经》找到这个传统。而道教一向注重科仪，即道、术不分家。道教科仪的主要目的大部分是祭祀天地和祭祖，所以"水陆仪"非常可能是由祭祀天、地、水三官而衍生的祭祖神鬼活动。当然，天神不在鬼列，对地、水之鬼的祭祀正是水陆法会活动的核心。水陆法会的核心意义是祭祀祖先和各类亡灵，祭祖和鬼神文化是道教的传统而不属于佛教。虽然后汉出现了佛教的崇拜祖先类《孝子经》《报父母恩经》，但这些佛经的"翻译"非常可疑。当然，最大的疑问是佛教的水陆文献，佛教僧人将水陆仪的起源附会到梁武帝身上，因为大家都知道他是一个崇佛弃道的皇帝。但是，假如这个仪式与梁武帝有关，要注意这个皇帝的"弃道"，这说明梁武帝最初是信道的，但为什么在继位的第三年"弃道"，学者猜测很多，目前尚没有明确资料说明。但一个事实是佞佛的梁武帝，却一直保持着与高道陶弘景的友谊。所以，我相信，梁武帝倡行的佛教中，一定夹杂着大量道教的内容与形式；也很有可能，梁武帝借用他熟悉的道教祭祖和度亡之法，在佛寺中举行过类似的法会，这大约正是传说的由来。至于水陆仪是否源于这个弃道崇佛的怪皇帝，是另外一个问题。

水陆仪的另一个特点，正像从东汉张道陵开始时使用的方法一样，即仪式结束后要将使用的箓图烧掉。火，是水陆仪的一项重要内容，即使是佛教的水陆仪，在仪式尾声的时候，也要举行盛大的过火仪式，即将一些供奉鬼神的衣服、纸马和食物一把火烧掉。用火是中国的宗教活动或者说是祖先崇拜性宗教的传统。火是将世俗之物传递给彼岸和亡者的唯一途径，清明时节或先人祭日时，我们每个人大约都用这个方式给祖先送过冬衣或钱物。

烧，道教称过火，是道教仪式中非常令人瞩目的现象。为什么要用火？中国道教思想的核心是"易"，也就是"变"，变化是中国先哲对宇宙万物最朴素的认识。"变"也是所有修炼者的目的，只有变才能"成仙"达到"不死"。来自蝉在地下蜕变而飞升的灵感，早期，至少汉代的术士就认为，"土"和"火"可以"易形""炼形"和"结胎"，这是达到"不死"之境的必须过程。所以，道教文化非常注重土与火的使用。水陆仪中，无论佛教还是道教，一项重要的仪式是利用火将一些供品和符咒烧掉，而这在佛陀之教中原本是被禁止的[①]。对比佛、道的不同，清楚佛教在中国的改变有多大，必须了解释迦牟尼创立的佛教是什么。佛陀之教的根本理论认为人生是苦，认为世间的一切都在"败坏"，也就是"变"，佛陀认为这种变是一切"苦"的根本来源。所以，为了摆脱变化无常之苦，佛陀教授了一种修持功夫，就是修持面对"变"可以不悲不喜无分别的清静心，达到这种境界就可以不必遭受无尽的轮回之苦。佛教的最高境界是追求将一切看"空"，《摩奴法典》[②] 所反映的印度人的生活法则，是当人们在完成一切世俗任务，即学习、成家、赚钱之后，就要出家修行，以"枯槁"肉体使灵魂永恒。佛教也吸收了这一理论，认为一切看空、灵魂永恒就是成佛。事实上，佛教追求的是"不变"，这正与道教追求的"变"完全相对。因此，作为婆罗门教分支的改革派佛陀之教，在吸收了一部分婆罗门理论的同时，也摒弃了许多，比如佛教摒弃了婆罗门教烦琐的

---

① 佛教中密教的护摩仪式，往往被学者认为是佛教使用火的证据，但这完全是婆罗门教的方式，不在佛陀之教内。笔者也注意到这个问题，即密教与佛教的关系，这是另外一个非常大的课题。

② ［法］迭朗善译，马香雪转译：《摩奴法典》，北京：商务印书馆，1985 年。

仪式，将这些仪式也认为是虚幻的、"变"的一部分，自然也禁止使用婆罗门教僧人最常使用的火仪，所以佛教一开始并没有用火的传统。当然，佛教密教的护摩、烧符、诵咒治病，已经很难说是佛教的东西，更准确地说是婆罗门教的法宝，它们在许多思想和理论上与中国的道教可以沟通。虽然传统印度文化也强调祭祀祖先的重要，但佛教并没有吸纳这个理论，而是强调了印度传统的因果报应观念，即自己为自己的未来负责。而道教一直以来强调"性""命"双修，即重视今世的肉体，而这个性命可以通过祖先的保佑得到福寿，因此祭祀天地鬼神和祖先亡灵非常重要。所以，水陆仪从根本上不是佛教的。

佛教进入中国，直到今天有 2000 多年的历史，可以说这 2000 多年是在质疑中走过来的，虽然也有灿烂的时候，但总体来说，它的立足和发展比较艰难。我说的艰难指的是，佛教为了适合中国知识分子的口味，进而适合老百姓的口味，只能不断地改变自己，不断地调整自己原来的尺度。所以非常可悲的是，在这种调整和所谓的弘扬过程中，外来佛教的权威感和神圣性一直在一点一点地丧失。最终以佛教在唐代的中国化和世俗化完成在中国的妥协和蜕变，这就是我们在唐宋之后看到的所谓中国佛教。所以，如前所述，与其说佛教的中国化，不如说是佛教的道教化，理解中国思想史是解释佛教中国化的最好途径。

通过大量记载的水陆仪材料来看，水陆仪式可能最早出现在四川，这是非常自然的。四川在历史上一直是道教的根据地，唐代中原盛行的精英道教和宫廷道教文化也通过唐皇多次入蜀而官民结合。所以当时在四川，乃至长安和洛阳一带的中原，流行的水陆仪式应大致相同。但是随着地区性鬼神的不断加入，到明代以至于清代、民国时期，水陆仪和水陆画呈现出更加丰富的地方性。所以，可以确定，晚唐具有浓厚道教文化的四川地区是水陆仪发生和传播的中心。

2. 从话语权看水陆仪的起源

元代对于道教文献的销毁，使我们只能听到佛道之争中佛教的声音。于是，道教抄袭佛教成为一直以来学界的普遍认识，其实这是非常片面的。王卡先生在讨论敦煌道教文献"道教法术对于佛教的影响"时，非常系统而客观地重新评价了佛道关系，可以让我们更加清醒地认识到道教对于佛教的巨大影响[1]，笔者在此无须多言。从目前保存的文献来说，水陆仪的话语权属于佛教。但是这个文献晚到宋代，之前并没有佛教经典记载此事。于是，这就导致一些学者通过印度的无遮大会发掘水陆的来源。这其实是一个思路和方法问题，只要谈到佛教，中国学者的习惯是一定要在印度找到一个对应的源头，其实不然。最典型的例子是饶宗颐先生的一篇大作，关于伊朗—印度不死药对中国不死药的影响[2]。我想说的是，饶先生的这篇文章非常有功力，但是方向错了。考虑这类问题时，我们要从人类学和思想史的意义上理解文化和宗教行为的发展，就像印度的婆罗门教与中国的道教相似得如同一个东西，但它们确实产生于自己的土壤。同样，对于死亡的恐惧和不死的追求，是古老文化的共同特征，不死和不死药在许多文化中都存在，就像阴阳观念存在于许多文明系统中一样。印度古老的婆罗门教与中国传统的道教，本质上都具有原始多神教的性质。全世界的原始宗教在许多方面是相同的，但这中间并不存在谁影响谁的问题，它是人类共同的文明足迹。比如《摩

① 参见王卡：《敦煌道教文献研究》，北京：中国社会科学出版社，2004 年，第 56—61 页。
② 饶宗颐：《塞种与 SOMA——不死药的来源探索》，《中国学术》2002 年第 4 期。

奴法典》中记载了许多祭祖仪式，这是非常自然的祖先崇拜，笔者也读到有中国学者以此来讨论"盂兰盆"的起源。但是种种迹象表明，佛教的盂兰盆非常有可能是偷换了中国传统鬼月祭祖的概念。盂兰盆与水陆仪的关系，后面我会提到。回到印度无遮大会的问题上。首先，无遮大会的概念，基本来源于玄奘对于公元 7 世纪印度宗教现象的描述，而之前没有更充分的材料描述。一个不容忽视的问题是，印度的佛教大约在公元 3 世纪以后呈现衰落之势，到玄奘访问印度的 7 世纪，许多佛教圣地已经成一片废墟了，而且越来越多的学者同意，印度佛教的灭亡不是因为伊斯兰教，而是来自本土印度教对它的打击，伊斯兰教对于佛教最后灭亡的作用只是雪上加霜，而不是本质原因。不仅如此，婆罗门教，也就是这时被称之为印度教的古老宗教，在玄奘时代已经复兴为印度宗教的主流。无遮大会，按玄奘的说法虽然是佛教辩法大会，但考虑到印度当时的文化背景，这时的佛教大会肯定杂入了比之前更大量的印度教仪式，不排除在无遮大会上可能使用了印度教的一些祭祀形式，但法会的主体是辩法而不是祭祀，这是根本的不同。水陆仪的宗旨和全部过程是祭祀亡灵鬼怪，所以，无遮大会与水陆仪在意义上无法衔接。一些看似合理的链接，可能没有任何实质上的关系。因为任何相似的事物，在不同的文化中想要找到一个共同点，只要你奋力去找，可能都会找到。但这并不能证明它们之间就有必然联系，要考虑许多文化因素在其中的作用。包括考虑原始多神教有许多共同点、佛教在印度是没有仪式的等因素，这一点对学者在研究中找到正确的思路非常重要。所以，水陆仪可能与无遮大会的某些仪式有些相像，但事实上没有关系。

现存两份有关水陆仪的文献是《法界圣凡水陆胜会修斋仪轨》和《天地冥阳水陆仪文》（以下简称《法界》《天地》）。13 世纪，南宋僧人宗鉴撰写《释门正统》，将仪文中关于水陆法会起源于梁武帝的说法收入其中，此说由是成为佛教"正统"。两个水陆仪文也都如是说，甚至还可笑地说到因为唐代一个叫瑛禅师的神遇，使失传的仪文再度流行。显然这是中国上层佛道斗争中佛教僧人的一贯伎俩，编造神话、推广神话，为当时的佛教造势，以对抗道教，这是显而易见的。而始见于北宋尊式所提到的"水陆"一词，其语境显然与水陆法会并不是一码事，而且尊式使用的这个词，很有可能来自道教传统。

现存的《法界》，日本学者将之收于《卍续藏》，这个本子由宋末元初浙江福泉寺僧人志磐撰写，经明代修订。另一个文献《天地》是没有入藏的明印本，由北宋杨谔撰写，北宋绍圣二年（1095）宗颐向对其进行过一些删增，明代也再次印行。

是否收入藏存在偶然性，与其是否重要无关，但这两个本子非常有趣。《天地》本显然是俗人也有可能是道士编写的，编得比较早，至少在 1095 年前已经完成。并且按序中所说，这个本子当时在四川非常流行，明代再次得到印行。另一个本子比此本晚至少 150 年以上，由一个见于记载的浙江天台僧人所写，明代也再次得到印行。在当时四川非常流行的前者，很难说只用于佛寺。晚出的《法界》，非常明确的是佛教僧人编写的，这里尤其要注意的是天台宗僧人。这个由隋代智者大师所创、以《法华经》为中心的著名学派，它的影响由上层知识分子而广被民间，并且衍生出各种流行于民间的忏仪，其仪式不乏道教色彩，由宋末元初浙江天台派僧人撰写水陆仪本非常正常，其中加入大量道教内容，或者直接改编自四川流行的道教仪本也理所当然。虽然，从文本看，这个仪式形式上是由僧人在执行，但是从行文和内容上看，完全是一派道家行为。从开始的降神、请城隍等，完全运用了道教的存思、请神之法，与佛教完全无关。所以宋末元初，四川地区佛教强烈的道教化以及江南地区道教的流行使僧人志磐无意识地运用了道教的方式，或者干脆就是直接整理的一个佛教面貌的道教科仪文献。正如日本学者大渊忍尔对敦煌道教文献的观察所得：在敦煌石窟寺中保存的很多道教抄本原本是被当作佛经收藏的①，僧人使用道教文本，道士使用佛教科仪，是宋代之后民间宗教活动的一个普遍现象，也是中国宗教文化不设边界特点的一个反映。

另外一个背景就是南宋末、元初是全真道大行其事的黄金时代。全真道是儒、释、道的混合教派，在这种背景下，很可能这类仪文原本就是全真道的本子，经过佛教僧人的改动变成我们今天看到的类似《法界》或《天地》的佛教面貌。事实上佛教借用道教的例子非常多，这可以通过敦煌文献得到证实，最明显的例子是唐代观音信仰中对于符咒的大量使用，如 S. 2498/or. 8210 就是一个使用观音符治病、救难产的长卷②，片面强调道教抄袭佛教是非常不公道的。从目前的《道藏》来看，收录的基本都是"正统"的道教文献，用词、神名非常具有道教性。那种流行于民间科仪活动的佛道混合仪文，完全不见于《正统道藏》。如前所说，考虑到四川佛教的道教化以及宋代之后中国宗教的变革，可以说，这样一种科仪文献被归入佛藏或归入道藏并不能说明水陆仪的来源。但是，文献内容要比表面重要得多，阅读仪文内容让我们看到的真相是，在整个僧人主持仪式的过程中，反映的都是道教的方式和祭祖、度亡的本质。

至此，我们还要强调水陆是佛教的吗？或者说水陆可能起源于佛教、水陆仪式是道教模仿佛教的吗？

3. 对佛教盂兰盆节的质疑

最后要说的一个问题是佛教的盂兰盆节，之所以谈这个话题是因为在盂兰盆节时，佛寺会举行盛大的水陆仪，而《佛祖统记》正是将梁武帝首发"盂兰盆斋"作为水陆仪之始。早在西晋或东晋就存在的《佛说盂兰盆经》似乎更是将水陆仪归入佛教系统最重要的证据③，但是这其中存在很大的疑点。

盂兰盆节，从文献记载来看，南朝时就比较盛大了，这大约正是后人将水陆仪附会到佞佛的梁武帝身上的原因。一般来说这个节日就是佛教寺院举行水陆大法会的日子，主要内容是施食和度亡。这样一个施食和度亡的节日被归为佛教的节日，并且恰巧又是中国传统鬼节的那一天，是非常有意思的事。与此相关的其他问题暂不讨论，宗懔在《荆楚岁时记》中记录此事时并没有提到"水陆法会"这个词，只提到七月十五这一天"奉盆"，并且"僧尼道俗奉盆供诸寺"④的抄写，也存在"供诸寺"还是"供诸仙"的不同版本等，这些都值得关注。另外以《佛祖统记》的记载来说，假定梁武帝在当年举行过盛大的祭祀仪式，但那个盛大的仪式被记录为"盂兰盆斋"。斋仪，原本是道家的仪式，与道家传统的"天厨"观念有关，是以食物祭祀鬼神的方式，所以这个早期的"盂兰盆斋"非常有意思地将佛道两个概念放在了一起。以下，笔者只从时间上来质疑这个佛教节日。

众所周知，盂兰盆节是中国的僧人自唐代开始就执行的三个月夏安居结束后的七月十五日举行

---

① 参见［日］大渊忍尔著，隽雪艳、赵蓉译：《敦煌道经目录编》（上），济南：齐鲁书社，2016年，第9页。

② 参见 LiLing and MaDe: Avaloktesvara and the Dunhuang Dharani Spells of Salvation in Childbirth. Translated by Ilia Mozias and Meir Shahar. 收录于 Yael Bentor and Meir Shahar Edited: Chinese and Tibetan Esoteric Buddhism. Brill2017. pp. 339－351.

③ 日本学者在编辑藏经时将《佛说盂兰盆经》定为西晋竺法护所译，但在南朝梁僧祐的《出三藏记集》中却定为失译，现在一些学者也认为其是伪经。总之，这是一部存在很多疑点的佛经。

④ （南朝梁）宗懔撰，宋金龙校注：《荆楚岁时记》，太原：山西人民出版社，1987年，第57页。

的施食祭祀活动，而这个时间正是中国传统的中元鬼节。这个秋收时节，人们舒展了劳作一年的身体，可以坐下来享受美食，一轮生命结束，万物在秋收之后，进入寂静的休息阶段。当然，在人们享受自己的劳动成果之前，最重要的活动是祭祖，要把崭新的收成首先献给祖先，这个活动叫"尝新"。所以，七月十五，乃至整个七月是中国人特别的日子。美国学者太史文先生非常敏锐地察觉到安居结束与农时的关系，并提道：这个时候正值满月、季节交替、秋收、祖先转生，一切都在过渡到新的形式，与万物更始相一致①。

安居的缘起，据《四分律》卷三十七"安居犍度"记载：佛在舍卫国时，有六群比丘于夏月游化，结果暴风雨将僧人的衣钵、坐具、针筒冲走了，这件事受到世人的讥笑，笑话比丘们在大雨天里还到处游走。于是，佛便制定了"结夏"的戒律，即在夏天雨季的三月，要安居，不再游走乞食，同时思考自己在这之前游走时所犯的过错。据说这是佛教安居的滥觞。安居之制，并非佛陀的创造，原是印度古来旧习，印度其他教派的僧侣都有夏安居的习俗，通过《四分律》卷三十七"诸外道法尚三月安居"可知。按印度的气候，夏季降雨频繁，不能游方乞食。因此佛教比丘在经历了被雨水冲走物具的事情之后，为避免再受"外道"的讥笑，也实行了雨季安居。按早期律典，在这个时间，僧人自己会寻找一个安静场所，接受饮食卧具供养，忏悔游行中所犯的罪业，并专注于策励道业。三月期尽，自恣日后再分散各地，游行教化。《四分律删繁补阙行事钞》卷上之四记：以四月十六日为安居之始日，七月十五日为终日，翌日为自恣日。《摩诃僧祇律》卷二十七则以七月十五日为自恣日，也就是安居结束于前一天的七月十四；《大唐西域记》卷二、卷八所举之安居期为五月十六日至八月十五日。安居时间的差异，可能是由于古代印度不同地区历法的时间不同导致的，但大致属于一个时间段。当然，对此玄奘也有解释，他说印度以星计月，不会因地区不同而有差错，这个安居时间对应中国的农历就是五月十六至八月十五，别的说法是错的②。由此，可以发现两个重要问题：一是安居结束的时间，无法刚好与中国七月十五的鬼节衔接；二是安居结束后，玄奘以及之前没有任何材料提到跟着有一个大型的佛教祭祖度亡法会。

从以上记载看，佛陀虽然制定了安居之法，但并没有提到之后要举行重大的施食饿鬼活动，这完全符合佛陀之教法。而且，目前没有发现这个《佛说盂兰盆经》的梵文或巴利文本。

以笔者在印度生活的经历看，现在的印度无论4月、5月还是6月，完全无雨，而且非常炎热、干燥如火，5、6月因为高达摄氏50度的炎热连蚊子都消失了。印度的雨季，始于6月底，大概可以持续两三个月，即7、8、9三个月。这个时候，因为雨水的清凉，蚊子"复活"，会传播登革热。这个雨水时间，事实上与中国的大部分地区非常相似，即通常的暴雨来临是在阳历8、9月，即阴历七、八月。玄奘《大唐西域记》记安居结束于中国农历八月，那么就与笔者现在的经历一致。从纬度来说，印度的气候或者说雨季，从佛陀时代到现在，即使变化也不会相错两三个月，只能说雨水的多少产生一些变化而已。可是，为什么古代佛教文献记载的坐夏是从4月开始呢？并且从《四分律》来看，4月虽然气候火热，但安居显然不是为了避暑而是避雨，可是四五月根本无雨。那么问题出在哪？一个在印度尼赫鲁大学学习了7年的中国僧人告诉我，这也是他的疑问，来到印度后

得到解决。因为古代的印历与中国的农历，基本相差两三个月！4月正是中国的六七月！所以，如果按印度历安居始于4月至7月结束，对应中国的农历则是六、七月始，结束于九月左右，正是现在的阳历8—10月。对此，玄奘在《大唐西域记》卷八关于"菩提树"的内容中也提道：在菩提伽耶有肉舍利，每年在如来大神变之日将之示人，这个时间是印历十二月三十日，对应中国农历是正月十五。按玄奘的说法，中印古历，相差在两个月左右。如此，安居结束、自恣日之后的时间，与《盂兰盆经》所说的七月十五盂兰盆节完全对不上。并且通过文献看，至少在玄奘去印度的时候，还不知道印度有个盂兰盆节与佛教安居结束后的活动有关。

所以，从时间上看，印度佛教的安居与中国盛行的盂兰盆节，在时间的衔接上肯定有问题。笔者的结论就是，所谓失译的晋本《佛说盂兰盆经》，正如历史上许多学者认识的那样，非常可能是一部伪经。盂兰盆节，不过是为了适应中国人的口味，借用中国传统的中元鬼节，以佛教的名义，在七月十五日广施饿鬼一并饭僧的重大法会。

三、水陆仪的研究方法

当我们说水陆仪属于佛教或道教时，实际上就触及这个活动的起源问题。考察一个宗教活动的起源，一定要从它所反映的原始意义着手，而不是从后期变异的现象上进行讨论。水陆文化，界于道教与民间宗教的边界，对于中国水陆文化的研究，不能简单地使用文献考据或宗教图像志的对应办法，金维诺先生提倡的佛教艺术研究中的"图典还原"方法显然也不适合。水陆仪是一个活态的文化，"变"和鲜明的地方性是它的本质特征；同时，水陆仪虽然古代在宫廷、明清以来在民间都广泛流行，但是宫廷或贵族的使用并不代表它就是正统宗教。从严格意义上来说，正统道教中的高级知识分子，并不屑于这种理论层次较低的"术"，所以不能以正统道藏或严格的道教理论来对应。从宗教学和人类学的角度进行思考可能更容易理解水陆文化的复杂性。同时，在对于水陆图像进行解读时，要把握一个有节制的度。这中间涉及宗教的仪式与艺术的辩证关系问题。比如，将自己换位为一个宗教信徒，当我们进入一个寺庙或殿堂时，第一次甚至第二次可能会仔细看一下里面供奉的相对陌生的圣像。但是，想想，我们来庙堂的目的是什么？当然是参加仪式，即寺观的法会。那些壁画和圣像在经过一次、两次的观摩后很快就失去新鲜感和吸引力，周期性进行的各种仪式才是吸引我们来到庙堂的主要原因。在仪式进行中，参会者基本上是循着法坛上法师的腔调而进行不同的礼拜，没有人再去观看画像[①]。并且，相对于更重视圣像的佛教，道教对于图像的重视程度很低。请神、降鬼的关键在于符的使用和正确的名字。仪式上摆放的神鬼画像，更多的时候使用者是法师，而不是礼拜者。当然，斋主如果祭祀自己的祖先，一个写着名字的牌位比画像更重要。这也正是现在寺观作水陆法会时少用或不用图像的原因，并不是因为这些画像躺在博物馆。因为如果需要，画工可以绘制新的神像，就像古代工匠所做的那样。所以，仪式与圣像，哪个更重要，何时何者变得更重要，要具体分析。所有的宗教在初期都是禁像或无须圣像的，后来大多都出现了对圣像

---

① 关于庙堂仪式与图像的观看，非常感谢北京大学魏正中教授，在与他的对话中他的一些观点启发了笔者对于这个问题的思考。

的使用，但是圣像在仪式中有多重要，是我们作为宗教艺术研究者要时刻关注的问题。因为对这个问题的忽视，会导致在解释图像时，尤其是对水陆仪式这类理论层次较低的圣像的解读，过度关注自己的逻辑而不是宗教的逻辑，从而丧失节制。

历史遗存，尤其是文献，对于今天的我们，很难据此判断它记载的是当时的真实文化还是作者或委托者的好恶。比如，一个古老文献的性质是什么，就涉及我们在使用它时的态度和节制程度。最典型的例子是《山海经》，弄清材料的性质，才知道如何利用文献。书写文献的作者是什么立场、作者是在一种什么情况下撰写等一系列问题都要考虑，这是对于现存历史文献而言；同时还要考虑到，找不到记载并不等于那些事情没有发生。以二十四正史来说，它不会样样都记，而不见于记载的事件并非没有发生过，记载的偶然性以及文献得以保存下来的偶然性都要考虑进去。

结　语

综上所述，水陆科仪，本质上是道教的活动，是道教宫廷性的祭祖、度亡仪式的民间化和普及化，是道教传统对于祖荫观念的强调，它与佛教、印度教都没有直接的关系。之所以留下来的文本看似佛教文献，其实是唐宋之后佛教的世俗化，即佛教道教化的一个结果，是中国唐宋变革后，中国人神鬼观念在这一仪式中的体现。具体来讲，水陆仪的起源与道教古老的天、地、水祭祀关系更近。辨清水陆仪起源于佛教还是道教，目的是厘清事实，理解中国的宗教现象。只有弄清这个宗教现象，才可以在正确思路下进行深入研究。

隋唐时期的涉医僧人与他们的中医学实践

王大伟*

内容提要：隋唐时期是中国古代社会的一个高峰，作为外来文化的佛教也在此时逐步完成中国化。这时的佛教僧人，有的具有非常高明的医术，如在中医典籍中出现的日济、文梅、谢道人、蔺道人、鉴真等，都是此时医僧的代表。此时的中国虽与域外的文化交流非常繁盛，但在中医典籍中所记的这些涉医僧人，其行医方式却几乎都为中医。同时，这些僧人能出现在中医典籍中，表明当时的中医界已经认可了他们的医术和学术，将他们纳入了医学界的范畴。中医文献的编者在选取相关人物时，就已经做出了一定的筛选，他们将符合中医标准的人物编入文献中，而排除了那些在僧史等文献中出现的有神秘色彩的涉医僧人。

关键词：隋唐时期 涉医僧人 中医学实践

隋唐时期是中国古代社会的高峰，此时无论国力还是文化，都有了绝对的自信和优势。隋唐时期的中国佛教，在接受印度佛教的基础上，已经逐步进行乃至完成了佛教中国化的过程，中国佛教在这一时期，也逐渐达到完善。此时的某些佛教僧人中，有的尤其擅长医学，他们或利用医学传法，或成为当世名医。这些涉医僧人中，有些人因在医学上的特长，而被记录到中医典籍或其他文献中，他们成为有确切行医记录的医生，其中某些人，还有着域外医学的背景。隋唐时期更是古代中国医学史上，中外医药交流最频繁的一个时期，此时异域医药之丰富，堪称"炫目"，如有学者曾考证："尤其是在 8 世纪上半叶那万邦来朝的时代——吐火罗国曾经几次献'异药'，波斯王子亲自献'香药'，迦湿弥罗'间献胡药'，罽宾国献'秘方奇药'。到了 9 世纪，当商业渠道有所改变时，吐蕃也曾经遣使献'杂药'。"① 这时的涉医僧人众多，有的来自异域，有的是中国本土培养，

---

* 作者简介：王大伟，哲学博士，四川大学道教与宗教文化研究所研究员。

基金项目：本文为 2017 年国家社科基金重大招标项目"汉传佛教僧众社会生活史"（项目编号：17ZDA233）与 2013 年国家社科基金重大招标项目"（多卷本）中国寺观文化史"（项目编号：13&ZD079）之阶段性成果。

① ［美］薛爱华著，吴玉贵译：《撒马尔罕的金桃》，北京：社会科学文献出版社，2016 年，第 454—455 页。

他们为中华医药文化的发展，同样做出了贡献。目前学界对隋唐时期涉医僧人的研究已有一些成果[①]，但在这些讨论中，往往更重视从史料中发现这些人物的涉医事迹，却忽视了他们具体的医学实践，但若没有实际的医疗行为做支撑，实际又很难发现这些古代僧人在医学上到底有什么样的贡献和特色。所以，本文不仅整理隋唐时期的涉医僧人，还对他们的医学实践进行论述。

一、隋代的涉医僧人

隋代国祚虽短，但其地位却极特殊："作为一个过渡性的时代，隋朝可谓承前启后，由此出发可比较中立地观察前后的历史，既能全面地总结之前的魏晋南北朝，又可以为理解其后唐朝的出现做出铺垫。"[②] 隋代也有一些涉医僧人，他们的事迹散见于《千金方》《医心方》《外台秘要》等文献中，透过这些僧人的医疗事迹，我们可窥测隋代僧人在医学上的成就。

（一）僧匡及彻公

僧匡及彻公属于疑似活动于隋代的僧人，在《医心方》卷二《诸家取背俞法第二》中记有"僧匡及彻公"取俞穴的位置："风门，第三节。心俞，第七节。膈俞，第八节。脾俞，第十二节（又云十六节）。胃俞，第十一节。小肠俞，第十二节……"[③] 虽然在《佛医人物小传》一书中，定二人为隋代医僧[④]，在《隋书·经籍志》中，也记有《释僧匡针灸经》一卷，但这恐怕仅能说明此二人的生活时代可能在魏晋与隋之间，还不能完全断定他们就是隋代人，隋代因其历史短暂，故当时的绝大多数人可能都生活在两个时代之间。在《医心方》中特别提到这两个人的取穴法，也说明他们的针灸之法有自己的特色而被世人所知。

（二）日济阇梨的"王不留行散"

《千金方》及《外台秘要》都收入有一首"王不留行散"："又王不留行散，主痈疽及诸杂肿溃皆服之。亦疗痈肿不溃苦困无赖方。野葛皮半分、五色龙骨五两、王不留行子二升，（《千金方》用三合，《翼》云一升）、桂心一两、当归二两、干姜一两、栝楼末六合。右七味，为散，食讫温酒服

---

① 学界对涉医僧人的研究，已有一些成果，也有专论对"僧医"这个主题进行学术综述，如李红的《中国古代僧医综述》（兰州大学 2008 年硕士学位论文），对中国古代涉医僧人所从事的活动进行了讨论，并将视角扩展到藏传佛教医学教育等领域，研究角度属历史学，未有中医学方面的讨论。付爽的《魏晋南北朝隋唐时期佛教医僧研究概述》（《亚太传统医药》2015 年第 24 期），对魏晋隋唐时期涉医僧人的研究成果进行了一些整理，这篇文章写作比较扎实，很有借鉴价值。勾利军、付爽的《唐代周边区域来华医僧的籍生地与驻锡地分布》（《唐史论丛》2013 年），该文从历史地理学的角度入手，讨论外来医僧的来源分布问题。李熙灿的《佛教史话：唐诗中的医僧》（《中国传统文化》2015 年第 3 期），从唐代诗文入手，多方面讨论了唐代医生的治疗手段及交游等情况，考察得很有意义。丕谟《历史上医僧行医生涯散录》（《法音》1993 年第 11 期），其撰写是依据史料改编成通俗文本，具有一定启发意义。在著作方面，有傅芳、倪青编的《佛医人物小传》（厦门：鹭江出版社，1996 年），该书是比较早对佛教中涉医人物进行整理的著作，为日后开展研究，打下了基础。另外对佛教医学人物进行整理的著作，还有陶晓华、廖果编的《佛医人物传略》（北京：学苑出版社，2014 年），该书整理了大量中国古代涉医的僧人事迹，在资料收集方面有一定的贡献，但在研究方面却牵涉不多。李建民主编的《从医疗看中国史》（北京：中华书局，2012 年）中，收有刘淑芬女士之《唐、宋时期僧人、国家和医疗的关系——从药方洞到惠民局》一文，对唐宋时期的官方医疗与僧人医疗，从历史学的角度展开了详细讨论，很有参考价值。另外，还有一些论文，也涉及对医僧的讨论，如 C. Pierce Salguero, *Translating Buddhist Medicine in Medieval China*（University of Pennsylvania Press，2014），这部著作也对中古时期涉医的一些僧人有一些讨论和介绍。

② ［日］气贺泽保规著，石晓军译：《绚烂的世界帝国：隋唐时代》，桂林：广西师范大学出版社，2012 年，第 20 页。

③ ［日］丹波康赖撰，高文柱校注：《医心方》，北京：华夏出版社，2011 年，第 66 页。

④ 傅芳、倪青编：《佛医人物小传》，厦门：鹭江出版社，1996 年，第 17 页。

方寸匕，日三，以四肢习习为度，不知渐渐加之。此浩仲堪方。隋日济阇梨施行，实为神散，痈肿即消，极理安稳。"① 从这段材料来看，这位名为日济的隋代僧人，应经常用这个方子为痈疽患者治病。从介绍来看，似乎此方的主要功效是促使痈疽成熟并溃破，方中君药为王不留行，用量也最大，其效用在《神农本草经》中称其"治金疮，止血，逐痛，出刺，除风痹"②。后世医家用王不留行，主要用其"利血分""通血脉"的功效，不过从《神农本草》所记的药物作用来说，这个方中所用的也许正是其"出刺"之效。在笔者看来，方中另一个比较重要的药物是"野葛皮"，此药用量仅"半分"，换算下来，仅相当于现代的 3.3 克③。"野葛"原名"钩吻"，《神农本草经》称其："一名野葛，味辛，温，有大毒。治金疮，乳痉。"④ 沈括对《千金方》《外台秘要》等书中所记的野葛是否为钩吻是比较存疑的："钩吻，《本草》一名野葛，主疗甚多，注释者多端，或云可入药用；或云有大毒，食之杀人……闽人呼为钩莽，亦谓之野葛。岭南人谓之胡蔓。俗云断肠草。此草人间至毒之物，不入药用。恐《本草》所出，别是一物，非此钩吻也。予见《千金》《外台秘要》药方中，时有用野葛者，特宜仔细，不可取其名而误用，正如侯夷鱼与鱼同谓之河豚，不可不慎。"⑤ 不过李时珍在《本草纲目》中，还是确定了钩吻有"野葛"之异名，实际指的就是断肠草："（时珍曰）此草虽名野葛，非葛根之野者也……广人谓之胡蔓草，亦曰断肠草。"⑥ 李时珍的考辨还是比较严谨的，他针对这味药，特别强调其"又访之南人"，说明他曾亲自访问过南方人对此药的认识。从李时珍的论述来说，《神农本草》中用的野葛皮，正是钩吻，而"王不留行散"中用野葛皮的用意，应还是中医法象医学的理论，以野葛皮治肌肤之痈疽。而此药用量很少，且以散剂方式服药，以温酒下药，这也符合《神农本草》对此药"不入汤"的要求，以酒之热性走于肌肤，助药性的发挥，每次摄入少量有毒成分，也规避了一次大量服用的中毒反应。

（三）惠通道人的"芫花散"

孙思邈在《千金方》中收有一个"芫花散"，此方是由 64 味药物组成的一个极大复方："芫花、桔梗、紫菀、大戟、乌头、附子、天雄、白术、莞花、狼毒、五加皮、莽草、王不留行、栝蒌根、栾荆、踯躅、麻黄、白芷、荆芥、茵芋各十分；石斛、车前子、人参、石长生、石南各七分；草薢、牛膝、蛇床子、菟丝子、狗脊、苁蓉、秦艽各四分；藜芦五分；薯蓣、细辛、当归、薏苡仁、干地黄、芍药、杜仲、厚朴、黄耆、干姜、山药、山茱萸、桂心、吴茱萸、黄芩、防己、五味子、柏子仁、远志、蜀椒、独活、牡丹、橘皮、通草、柴胡、藁本、菖蒲、茯苓、续断、巴戟天、食茱萸各二分。"⑦ 对这个方子，孙思邈的评价颇高，也正是通过孙思邈的介绍，才知道这个方子是从一个僧人那里流传出来的："论曰：遐览前古，莫睹此方，有高人李孝隆者，自云隋初受之于定州山僧惠通道人，此后用之大有效验，秘而不传，但得其药，其方不可得而闻。始吾得之于静智道人，将三纪于兹矣，时俗名医未之许也，然比行之，极有神验。其用药殊不伦次，将服节度大不近人

① （唐）王焘撰，高文柱校注：《外台秘要方校注》，北京：学苑出版社，2011 年，第 826—827 页。
② 马继兴主编：《神农本草经辑注》，北京：人民卫生出版社，2013 年，第 85 页。
③ 相关的换算标准，可参考高学敏、钟赣生主编：《中药学》（上册），北京：人民卫生出版社，2000 年，第 113 页。
④ 马继兴主编：《神农本草经辑注》，北京：人民卫生出版社，2013 年，第 247 页。
⑤ （宋）沈括撰，胡道静校注：《梦溪笔谈·补笔谈》卷三，北京：中华书局，1957 年，第 333—334 页。
⑥ （明）李时珍撰，刘衡如、刘山水校注：《新校注本〈本草纲目〉》卷十七，北京：华夏出版社，2011 年，第 840 页。
⑦ （唐）孙思邈著，高文柱校注：《备急千金要方校注》卷十二，北京：学苑出版社，2016 年，第 393 页。

情，至于救急，其验特异，方知神物效灵，不拘常制，至理关感，智不能知，亦犹龙吟云起，虎啸风生，此其不知所以然而然，虽圣人莫之辨也。故述之篇末，以贻后嗣，好学君子详之，非止救物兼深，抑亦庶几于博见矣。"① 从中可见，这个方子出自隋初的惠通，并传给李孝隆，孙思邈是从静智道人那里得来的，从名字来看，静智也可能是个僧人。此方应属于急救方，而且似乎并未得到社会中其他医生的认可，但从其个人的使用来说，此方似乎功效颇著。

此方中的组成，颇有几位毒性较强的药物，如芫花、大戟、乌头、附子、天雄、莞花、狼毒、踯躅等。如此，孙思邈强调"但服此药者，丸及散等并得，惟不得作汤"②。这恐怕也是考虑到散剂更容易控制有毒药物使用剂量的缘故。另外，在孙思邈看来，此方能有显著功效，与其"吐下"的作用很有关系，但这可能也是因毒药的作用才有如此之效，如他说："病在膈上，久冷痰癖，积聚症结疝瘕，宿食坚块，咳逆上气等一切痼结重病，终日吐唾，逆气上冲胸喉，此皆胃口积冷所致，三焦肠间宿冷，以成诸疾。如此例，便当吐却此等恶物，轻者一度下，转药令吐却；若重者，三五度下之令尽。"③ 这个方子属于《千金方》中"万病丸散"的首方，其组成之复杂是罕见的，如果此方真的为惠通所传，那么也有可能是他在面对病人突发急症或久病迁延等情况下，所创或所学的一个救急之方，而且根据孙思邈从静智处得来这个方子来推测，此"芫花散"也有可能是在隋代及唐初的僧人中流传的。

（四）文　梅

文梅应是生活在南北朝与隋代之间的僧人，关于他的记载非常少，明代文献中称其为隋代人，如："《梅师方》，隋广陵僧人，号文梅，善疗瘴病，医杂证。悉说单方，其效甚速，人咸集，相传曰《梅师方》云。"④ 清代王宏翰所编的《古今医史》承袭此说，这也构成了后世对文梅其人的基本了解。目前能看到的《梅师方》，绝大多数保留在《证类本草》中，据笔者粗略统计，目前在《证类本草》中约有158方。其他古代医药文献中收录了《梅师方》者，也多为宋代医书。李时珍称僧深与梅师是同一人，也有学者认同李时珍的观点。如李时珍在《本草纲目》中，条列《引据古今医家书目》时提道："《梅师集验方》《深师脚气论》（即梅师）。"⑤ 认同此观点的相关考察有韩国正之《深师、梅师及其著作考》⑥。不过刘衡如、刘山水两位先生在校注中，并不认同此说，他们根据《外台秘要》并未引用梅师方药，认为梅师可能生活在王焘之后，另外他们比较关键的依据是："唐慎微《续证类》亦深师、梅师并举，皆可为深师非梅师之明证。"⑦ 笔者认为韩国正的考证猜测性内容居多，实际并无确凿的证据可说明两者为一人，故出于谨慎的考虑，还是将两者视为两人。

收录在《证类本草》中的《梅师方》，有个非常明显的特色，这就是单方很多，在这158方中，居然有95个方是单方。随举几例，如："《梅师方》治火丹毒水，调芒硝涂之；又方：治一切疹以水煮芒硝涂之；又方：治伤寒发豌豆疮未成脓。研芒硝，用猪胆相和，涂疮上，立效。"⑧ 再如：

①　（唐）孙思邈著，高文柱校注：《备急千金要方校注》卷十二，第395页。
②　（唐）孙思邈著，高文柱校注：《备急千金要方校注》卷十二，第393页。
③　（唐）孙思邈著，高文柱校注：《备急千金要方校注》卷十二，第394页。
④　（唐）徐春甫编集，崔仲平、王耀庭主校：《古今医统大全》卷一，北京：人民卫生出版社，1991年，第54页。
⑤　（明）李时珍撰，刘衡如、刘山水校注：《新校注本〈本草纲目〉》卷一，第13页。
⑥　韩国正：《深师、梅师及其著作考》，《中医中药》2012年第8期。
⑦　（明）李时珍撰，刘衡如、刘山水校注：《新校注本〈本草纲目〉》卷一，第13页。
⑧　（唐）唐慎微撰，尚志钧等点校：《重修政和经史证类备急本草》卷三，北京：华夏出版社，1993年，第77页。

"《梅师方》治心腹胀坚，痛闷不安，虽未吐下欲死，以盐五合，水一升，煎令消，顿服。自吐下，食出即定，不吐更服。又方治金中经脉伤皮及诸大脉，血出多，心血冷则杀人。宜炒盐三撮，酒调服之。又方治蜈蚣咬人痛不止，嚼盐沃上及以盐汤浸疮，极妙，其蜈蚣有赤足者螫人，黄足者痛甚。又方治热病，下部有虫生疮，熬盐绵裹熨之，不过三度差。"① "《梅师方》食狗肉不消，心下坚，或膜胀口干，忽发热妄语。煮芦根饮之。"② 单方往往生活化色彩比较浓，很像是在日常生活过程中形成的效验方。另外，由于《证类本草》关注的要点，在于本草学方面的内容，所以，作者在选取方药时，也会侧重于具体药物的使用，而不是药物的配伍。故这部本草所用的《梅师方》，很可能是选取其中的某些单方。但即使如此，《梅师方》依然是一部非常善于运用单方的著作，由此可以推测，文梅本人所懂的医学知识，也许就是从民间学习或收集而来的，如他用盐水催吐的方法，就很有日常生活色彩，恐怕也是民间救急的经验之谈。

笔者通过梳理这几位僧人的医疗事迹可发现，他们的医学特色都很明显，否则也难以进入《千金方》《医心方》的视野。而且有的僧人，明显有着异域医学的背景，如惠通的"芫花散"实际就是受到异域医学影响而出现的大复方，属于孙思邈收集的"万病丸"类药物的范畴。如陈明先生认为："印度药方与中医药方在组成方面的一个共同特点是：杂取来自植物、动物、矿物等多味药品。不同之处在于，中医药方有'君臣佐使'的制方法度。"③ 芫花散这个方子，应该是中印医学方药配伍思想的糅合，可见某些隋代僧人已经接受了域外医学知识并利用起来。这其实也是汉代以来，在丝绸之路背景下中印文化交流的重要表现。其他的隋代涉医僧人，他们或针灸之法特异，或大量收集民间验方，都可谓在医学上有特殊能力的医家。这些人虽然在历史上的名声不显，但却为推动中古时期中医学的进步贡献了力量，并增添了特色。

二、唐代的涉医僧人

（一）谢道人与《天竺经论眼》

在《外台秘要》中记载了谢道人撰有一部《天竺经论眼》："《天竺经论眼》序一首，龙上道人撰，俗姓谢，住齐州，于西国胡僧处授。"④ 这几个字简单交代了谢道人曾去过西域，并跟随胡僧学习的基本情况，但真实与否实未可知。从《外台秘要》所收的这部著作的内容来看，其中提到了"四大""金篦"等有域外色彩的名词，但后面收录的一些药方，又几乎都为传统中医的方剂配伍模式。李时珍《本草纲目》征引的书目中，有"谢道人《天空经》"的记载，笔者怀疑此处"空"当为"竺"。如果此说成立的话，那么《天竺经论眼》恐怕只是《天竺经》的一部分，也就是"论眼"的部分。可作为辅证的是，在《本草纲目》中还记有："陇上谢道人《天竺经》：风虫牙痛，枸杞根

---

① （唐）唐慎微撰，尚志钧等点校：《重修政和经史证类备急本草》卷四，第 101 页。
② （唐）唐慎微撰，尚志钧等点校：《重修政和经史证类备急本草》卷十一，第 317 页。
③ 陈明：《敦煌出土胡语医书〈耆婆书〉研究》，台北：新文丰出版公司，2005 年，第 216 页。
④ （唐）王焘撰，高文柱校注：《外台秘要方校注》卷二十一，第 695 页。此处"龙上"，在不同版本中，也写为"陇上"。

白皮，煎醋漱之，虫即出，亦可煎水饮。"① 这个记载在《外台秘要》中是没有的，从中可见，谢道人的《天竺经》恐怕是涉猎比较广泛的一部医学著作，而并非仅仅限于眼科。

这部著作结合了域外医学知识的证据，还在于其提出了"脑流青盲"的观点："故目有条贯，以示后人，皆苦眼无所因起，忽然膜膜，不痛不痒，渐渐不明，经历年岁，遂致失明。令观容状，眼形不异，唯正当眼中央小珠子里，乃有其障，作青白色，虽不辨物，犹知明暗三光，知昼知夜。如此之者，名作脑流青盲，都未患时，忽觉眼前时见飞蝇黑子，逐眼上下来去，此宜用金篦决，一针之后，豁若开云，而见白日。针讫宜服大黄丸，不宜大泄，此疾皆由虚热兼风所作也。"② 所谓"脑流青盲"，也称为"脑脂下流"，在《秘传眼科龙木论》中，对内障的成因也有相同的看法："皆因脑脂流下，肝气冲上，瞳仁内有翳如水银珠子，不辨人物，宜令金针拨之。"③ 这种将外科手术与内服汤药结合起来治疗眼疾的方式，明显有着异域文化的背景。如有学者总结道："印度眼科在视觉疾患方面主要是从晶状体等'四膜'健康与否来考虑，其结果自然是长于外治（包括拨内障法的产生），但在其他原因（如眼底疾患等）造成的视觉障碍方面则一筹莫展，只能归之于超自然的病因……可以说经过在手术疗法上取长补短，中医眼科始见较明显的发展，形成了药物（内治与外治）与手术并重的格局。"④ 在谢道人的记载中，术后服用"大黄丸"，中医文献中大黄丸的种类颇多，未详其具体配方。但在《外台秘要》所收的十一首"眼暴肿痛方"中，有一首"大黄汤"，其方为："大黄四两；芍药五两；细辛、甘草（炙）各四两；黄芩二两。"⑤ 此方中，大黄得细辛、炙甘草之制，恐怕不见得会大泄，很可能这就是谢道人所论的大黄丸方。

（二）蔺道人与《仙授理伤续断秘方》

蔺道人依然是一位事迹几乎不显的僧人，据《仙授理伤续断秘方·序》的记载："此方乃唐会昌间，有一头陀，结草庵于宜春之钟村，貌甚古，年百四五十岁，买数亩垦畲种粟以自给。村氓有彭叟者，常常往来其庐，颜情甚稔，或助之耕。一日，彭之子升木伐条，误坠于地，折颈挫肱，呻吟不绝。彭诉于道人，道人请视之，命买数品药，亲制以饵。俄而痛定，数日已如平时。始知道人能医，求者益众。道人亦厌之，乃取方授彭，使自制以应求者，且誓之以无苟取，毋轻售，毋传非人。由是言治损者宗彭氏。彭叟之初识道人三十许，今老矣，然风采无异前时。问其姓名，曰：蔺道者。问其氏，曰：长安人也。始道人闭门不通人事，人亦少至……谓彭传其治损诸方，因易其村曰巩。道人有书数篇，所授者特其最后一卷云。"⑥ 关于这部著作的成书年代，有学者存疑，如袁文彬、王暖之《〈仙授理伤续断秘方〉成书时间献疑》（《中医药文化》1985年第2期）、杜纪鸣之《蔺道人当属子虚乌有先生》（《中医文献杂志》2003年第4期）等，讨论多从唐代药物名称、疾病名称等角度，认为这部书不是唐代出现的，而是后世编制，蔺道人其人也未必为确定的人物。关于这些观点，笔者认为，前代著作被后世重新编排是很常见的现象，更改前人著作的内容，或者将古名变

① （明）李时珍撰，刘衡如、刘山水校注：《新校注本〈本草纲目〉》卷三十六，第1419页。
② （唐）王焘撰，高文柱校注：《外台秘要方校注》卷二十一，第697页。
③ 葆光道人等编：《秘传眼科龙木论》卷一，北京：人民卫生出版社，1958年，第7页。关于"脑脂下流"的研究，可参考范家伟：《大医精诚：唐代国家、信仰与医学》，台北：东大图书公司，2007年，第192—207页。
④ 廖育群：《古代印度眼科概要及其对中国影响之研究》，《自然科学史研究》1998年第1期，第20—21页。
⑤ （唐）王焘撰，高文柱校注：《外台秘要方校注》卷二十一，第700页。
⑥ （唐）蔺道人撰，王育学点校：《理伤续断方》，沈阳：辽宁科学技术出版社，1989年，第1—2页。

更为当时的名称，也是经常出现的。所以，不能因此就彻底否定这部著作的大体成书年代。另外，从今天所掌握的文献来看，对蔺道人的记载，只存在于这部著作的序中，并没有其他材料足以完全否定这部著作为蔺道人所传。所以出于谨慎起见，还应该视其为唐代所出。

从这篇序可知，蔺道人可能受到会昌灭佛事件的冲击，隐居在宜春农村。由于这部著作被视为中医外科的第一部专著，对如何整骨、清创、麻醉、复位、固定、外敷用药、内服用药等方面都有记载，所以关于这部著作在中医学方面的研究，还是比较多的，如有论述总结道："该书学术思想源于《内经》和《难经》，以气血学说为立论依据，继承了葛洪、孙思邈、王焘等骨伤科方面的学术成就。书中所载的 10 首外用方和 36 首内服方汇集了唐以前骨伤科疾病辨治过程中处方用药的经验及成就。随着人们对《仙授理伤续断秘方》方药研究的逐步深入，它在骨伤科疾病诊治过程中的应用也在日益拓展。"① 鉴于对其方药的研究较多，笔者在此也就不过多讨论了。

（三）《医心方》中的几处鉴真和尚方

唐代高僧鉴真（687—763）的医学成就已被许多成果讨论过②。在《唐大和上东征传》中，记载了他第二次东渡时带的香药，有"麝香、沉香、甲香、甘松香、龙脑、香胆、唐香、安息香、栈香、零陵香、青木香、熏陆香、荜茇、诃黎勒、胡椒、阿魏、石蜜、蔗糖"③。这些香药中的绝大多数都产自域外，鉴真有意将其带往日本，说明这些香药都属于其使用的范围。同时，这些香药也出现在唐人的用药里，有学者统计："外来香药所治疗的疾病范围也非常广泛。唐人在治疗肺痨、疟疾、霍乱、天花、麻风、痢疾等传染性疾病，以及恶核毒肿、金疮、诸疮等外科疾病中使用了较多的外来香药。此外在呕吐、腹胀、痞疾等消化器病，眼病、耳病、牙齿病等五官科疾病，咳嗽、心痛、脚气、精神类疾病中，也使用了外来香药。"④ 可以说，外来香药在唐代进入中医药的视野，已经成为比较普遍的现象。鉴真也完全有可能利用这些并不那么容易获得的药物治病，故特意将这些药物带到日本。

在《医心方》中，保留了几首鉴真方：

《鉴真方》治心痛方：大验（酽）酢半升，切，葱白一茎，和煎顿服，立愈⑤。

今按：紫雪方，鉴真云：若脚气冲心，取一少两，和水饮之。又可服红雪五六两。又诃黎勒丸良⑥。

鉴真服钟乳随年齿方：石钟乳，其味甘温无毒，年廿者服二两，乃至五十服五两，六十以上加至七两。各随年服之，吉。四十以下人，一两分为两服，五十以上，一服一两，两别和面三两，搅溲面硬，溲作博饦，以五升铛中煮五六沸即熟，和酒令汁尽服之，竟以暖饭押之，七

---

① 朱葛馨、王红、沈凌：《〈仙授理伤续断秘方〉方药研究进展》，《山东中医杂志》2015 年第 5 期，第 397 页。

② 相关的研究可参考马伯英等：《中外医学文化交流史》（上海：文汇出版社，1993 年）、周瀚光主编：《中国佛教与古代科技的发展》（上海：华东师范大学出版社，2014 年）、薛克翘：《佛教与中国古代科技》（北京：中国国际广播出版社，2011 年）等，这些著作都提到了鉴真的医学成就，及其在日本留下的《鉴上人秘方》（已佚）等，鉴真在医学上有很高的造诣，是可以确定的。

③ ［日］真人元开著，汪向荣校注：《唐大和上东征传》，北京：中华书局，1979 年，第 47 页。

④ 温翠芳：《中古中国外来香药研究》，北京：科学出版社，2016 年，第 281 页。

⑤ ［日］丹波康赖撰，高文柱校注：《医心方》卷六，第 152 页。

⑥ ［日］丹波康赖撰，高文柱校注：《医心方》卷六，第 185 页。

日以来，忌如药法①。

　　若脚气冲心，取一小两（紫雪方）和水饮之。若心战冲，取半小两令消已，水下亦得。若有风痛，时时服之，如前理丹石。若丹发头痛，身体急，或寒热不能饮食，即取一两加少芒硝，和水饮之。若热痢，亦如前。若天行热病，亦如前。若欲痢者，加之一倍，空腹服之。若邪气者，渐渐服即并可也。《鉴真方》②。

　　鉴真的这四首方，有两首涉及"紫雪方"的使用，按《千金翼方》的记载："紫雪，主脚气毒遍，内外烦热，口生疮，狂叫走，及解诸石、草药毒发，卒黄等瘴疫毒，最良方：金一斤；寒水石、石膏、磁石各三斤，并碎。右四味，以水一石煮，取四斗，去滓，内后药。升麻壹升；玄参一斤；羚羊角屑、青木香、犀角屑、沉香各五两；丁香四两；甘草八两，炙。右捌味，㕮咀，于汁中煮取一斗，去滓，内硝石四升，朴硝精者四升，于汁中煎取七升，投木器中，朱砂粉三两，麝香粉半两，搅令相得，寒之二日，成于霜雪，紫色，强人服三分匕，服之当利热毒，老小以意增减用之，一剂可十年用之。"③此方更早出现在《肘后备急方》中，属于备用的救急成药。鉴真对这个方的使用，应该已非常熟悉，他大多将此方用在火毒炽盛，伴有心衰、神智发狂等症状时的急救。从鉴真这四首方来看，他所处的时代，"服食"之风依然存在，他也未能免俗对"服钟乳"的肯定。针对"脚气冲心"的问题，在笔者看来，这很可能是足部浮肿、湿毒内蕴所致的热邪炽盛、内陷心包，属于温病的范畴。鉴真认为"诃黎勒丸"也可用于这类症状，《普济方》收有一"诃黎勒丸"方，比较接近治疗此类病症的方药："治常服乳石，补养过度，复酒肉热麦不绝，脚气常发服，此效：诃黎勒皮到、大黄到炒、槟榔到各三两；木香二两；大麻仁别研三两；甘草炙二两半；朴硝三分；枳壳去穰麸炒二两半。右为末，炼蜜丸如梧桐子大，每服四十丸，渐加至五六十丸，温熟水下，日三服。常令通利。"④这个方子中的大黄、麻仁、朴硝等，都是泻下药，可见，此方是以"泻法"缓解体内热毒积聚的问题。为了防止过度泻下，以诃黎勒收涩，炙甘草缓和其他药物的峻性。鉴真认为诃黎勒丸也可治疗脚气冲心的症状，估计也是以泻法来对治热毒攻心的症状。而且从《普济方》的记载来看，此方也的确是用于治疗脚气发作的方剂。

三、余　论

　　笔者在选取中古时期涉医僧人时，首先考虑到这些人是否有"医学实践"，这是出于有别于单纯历史学范式研究的目的。从中医学来说，对一个医学人物的研究，我们需要了解这个人是如何辨证和遣方用药，就算文本中没有记载其辨证的过程，但基本的用药情况还是需要的。如此，我们才能较有把握地判断这个人是否真有医学背景。正是在这个思路影响下，笔者选取了一些中古时期有

①　[日]丹波康赖撰，高文柱校注：《医心方》卷六，第410页。
②　[日]丹波康赖撰，高文柱校注：《医心方》卷六，第413页。
③　（唐）孙思邈著，高文柱校注：《千金翼方校注》卷十八，北京：学苑出版社，2016年，第383页。
④　（明）朱橚撰：《普济方》卷二百六十二，《影印文渊阁四库全书》第755册，第643页。

明确医疗行为的僧人进行了研究，通过这些研究，发现了如下一些问题。

医学文献中记载的某些比较知名的涉医僧人，他们的个人介绍却往往非常少，上文所论的文梅、谢道人等都有类似的情况。这说明，对中古时期的医家来说，他们更关注的是其他医者的医学实践，而对这些医者本人的经历则兴趣不大。同时，这些在医学史上留名的僧人，却在僧史中没有记载。这表示僧史所关注的僧人，往往是名僧、高僧、异僧，而这些涉医的僧人，他们的名气还没有足够吸引僧史作者，或这些涉医僧人，在当时的佛教界，也只是世俗社会中的普通僧人，他们对医学比较擅长或喜欢，还不足以引起僧史作者的注意。

就这些涉医僧人的医学知识来说，他们几乎都是中医。中古时期外来文化的活跃，一直是学界关注的重点。僧人是传播这些异域文化的重要载体，但从笔者目前的研究和仅就医学方面的情况来说，在中医典籍中所记的这些僧人，从他们的用药情况来看，几乎都是中医，他们的域外背景并不明显。虽然根据某些材料可推测，他们比同时代的其他中医具有某些特长，但其实依然无明确的证据显示他们曾受过外来医学的影响。如果笔者的推测准确的话，那么这正说明传统中医学，具有内化其他医学知识的特点。同时，这些僧人能出现在中医典籍中，表明当时的中医界已经认可了他们的医术和学术，将他们纳入医学界的范畴。如此，也就解答了为什么这些涉医僧人的医疗方式，几乎都表现得和普通中医没什么差别，这是因为中医文献的编者在选取相关人物时，就已经做出了一定的筛选，他们将符合中医标准的人物编入文献中，而排除了那些在僧史等文献中出现的有神秘色彩的涉医僧人。

大手印得见及行持之心理分析

——以《大乘要道密集》所载大手印文献为例

尹 立[*]

内容提要：本文在当今学者对大手印研究的基础上，结合现代深层心理分析和佛教传统唯识学理论，对《大乘要道密集》中所见之大手印修行，以及由此涉及的一般直面自性的佛教心地法门修行，尝试做出心理学的解读，指出大手印修行的关键是引发心识自体分的凸现，达到心识的自证自知。

关键词：大手印 自证分 证自证分 心理分析 唯识学

一、大手印及其得见

大手印乃梵文 Mahamudra 的意译，意为大印；藏译曰差珍（Chagchen），意为大手印。《大手印明点续》云："手喻空智，凡所执持，悉为手之功能。凡所显现，即是空之妙用。印喻印记，决定义也。由空所显诸法，决定不出于空。轮王敕令，自本法理，以印印之，谁能逾越。生死涅槃，本来是空，以觉觉之，莫非正智。大者，谓更无深广殊胜，有过于此。而综合诸法，惟此为最高无上，故名大手印。"[①]

大手印属无上瑜伽部密法，现代著名佛学家陈兵先生在《大手印导论》中说："大手印是藏传密法的心髓，它直承印度晚期瑜伽成就诸师之传，以简易明了的诀要，总摄一乘佛法之见、修、行、果，指示涅槃妙心，与禅宗心地法门甚为相近，而更多摄引初学的方便。"[②] 并总结大手印依教理可分为根、道、果三大手印；依大手印之教授导引方便之不同，又分为实住大手印、空乐大手印及光明大手印，认为"三种大手印，就入门方便而言，虽有顿渐显密之别，就证悟自性光明而言，实际无二"[③]。

陈兵先生指出，大手印作为无上瑜伽最高心地法门，以得大手印见为唯一入门处。所谓了义的

———————————

* 作者简介：尹立，哲学博士，心理分析博士后，四川大学道教与宗教文化研究所讲师。

① 刘锐之：《诸家大手印比较研究》（上册），香港：密乘出版社，1981年，第5页。
② 陈兵：《自在之行——佛法正道论》，北京：华夏出版，2010年，第277页。
③ 陈兵：《自在之行——佛法正道论》，第281页。

大手印见，亦名"俱生智见""法身见"，谓众生心性本来具足，内心外境一切诸法，皆是此心性本体之显现，不须别修断舍，本来解脱，本来是佛，与禅宗"即心即佛""触类是道"的见地同属心性法门。得此大手印"决定见"，意味着必须由自己亲身经验而获得从心底里确认心性绝对如此、无丝毫疑惑的牢固见地，而这种见自心明体、证自性光明经验的获得，除了学习经教作为一般性的基础，在实际中，更需要各种方便手段才能契入此超言绝相、不可思议之自心境界。依于行者不同根基，陈兵先生总结出大手印得见的五种方便法门：依止上师加持而得见、依密诀调心而得见、依诀依教观心得见、依止观门得见、依秘密门修咒气脉点而得见[①]。

　　本文以上述陈兵先生的研究为基础，对大手印最为核心的得见及得见后的修行进行现代心理分析意义上的进一步剖析，从佛教唯识学理论入手，力图说明大手印所见之自心明体或心性光明究竟为何物，何以这种得见心性的经验又不可言说，大手印得见后任运自然、无修无证的行持究竟是何含义等问题，以廓清当今大手印理解中由于知识结构不同和语言的歧义性差异所导致的神秘模糊的想象和投射性的附会谬解，彰显大手印清晰实在的心理内含。作为一种探索性研究，其中不当之处，还求斧正于方家。研究所依据之大手印文献，主要集中于《大乘要道密集》卷四介绍的二十种大手印著作，其中多为修法口诀之记录，包括了渐法和顿法以及对治失道与留难等修法，皆出果海密严寺玄照国师惠贤传，同寺沙门惠幢译。《大乘要道密集》可称汉译藏传密典小全书，乃萨迦祖师八思巴为了向元朝皇室传授密法，用汉文写就的无上瑜伽部密法汇纂。其中所载大手印修行诀要，"乃晚近所出大手印诸法本的渊源"[②]。

二、大手印得见之心理分析

（一）得见的心理本质：自证分的凸显

1. 得见"不可言说"之辩

　　现实中，人们通常会把大手印得见与禅宗开悟相提并论，如陈兵先生认为，大手印得见"刹那亲见明体，得宗门所谓的解悟乃至证悟"[③]。一般人们都以为，此二者同是达到或进入了一种自见本心本性的不可思议的神秘的经验状态，并从此走在了本心的道路上，而这种状态又是不可言说的，所谓"言语道断，心行处灭""拟议即乖"。如法尊法师译《八大手印》云："离能所见不可说，即不可说谁能解。"[④] 而这种通常所认为的不可言说、不可思议的开悟或得见经验，正是我们这里所要分析的。

　　所谓不可思议、不可言说，实则已经在思议、言说，否则何以知晓此事不可言说？"不可言说"本身即是言说的内容。去言说一个不可言说的东西，本身即是自我矛盾的悖论，就此看来，似乎传统的佛教开悟是在有意识地让自己处在一个费力不讨好的矛盾的行为之中。所以，要么言说"不可

---

① 陈兵：《自在之行——佛法正道论》，第 282—284 页。

② （元）八思巴著，俞中元、鲁郑勇评注：《〈大乘要道密集〉评注》，西安：陕西摄影出版社，1994 年，第 9 页。

③ 陈兵：《自在之行——佛法正道论》，第 285 页。

④ 法尊法师译：《八大手印》，百度文库 https://wenku.baidu.com/view/26c3fa22aaea998fcc220e1a.html，2019 年 7 月 28 日。

言说"是觉者最终的一个愚蠢的行为，要么是现代学人对"不可言说"一词依照个人经验进行了附会性谬解。

人们一般均处在能所、主客对立的状态中，对所有事物现象的认识也都是从自己这种存在状态出发来理解的。在能所、主客对立的状态中，所有的言说必然是有对象、有所指的，因此在现代人看来，当一个人在说"不可言说"之时，必然是指某种不可言说的东西——在开悟或得见中，或是不可言说的境界，或是不可言说的感觉。于是人们就企图去追求或理解"不可言说"所指的某种境界或感觉，而这样一种对"不可言说"的解读或追求恰是与佛法所要求的"泯灭能所的绝待"状态背道而驰的。因为即使是希望描述或表达这种没有主客对立状态的做法，依然是落在了能所主客对立的状态里，更不要说去追求达到这种状态的努力了。对于已经达到了泯灭主客、能所的开悟的觉者来说，认为他依然是在描述一个对象化的东西——不论这种东西是一种感觉还是境界，实际上已经否认了他泯灭能所的状态，已经无意识地按照现代人自己的标准又把这位开悟的觉者放在了一个主客对立的非觉悟状态里。因此，把"不可言说"理解为在描述某一对象的这种解读方式，事实上本身也落在了自己没有觉察的自相矛盾的状态里。如果开悟的觉者"不可言说"的表达并不是像现代人投射性理解的那样，是在描述某个东西或对象，那么该如何理解这种"不可言说"的说辞呢？结合佛教唯识学和现代深层心理分析的发现，或许可以对这种"不可言说"做出一种合适的诠释。

2. 见心自性——自证分凸显

禅宗六祖慧能明确指出，所谓自性，即是藏识。如《坛经·付嘱品》云："自性能含万法，名含藏识。若起思量，即是转识。"① 进一步从唯识学角度看，任何一个属于转识的表层意识念头或感受，不论其内容如何，都处在见相二分对立的状态，而这种见相二分对立的念头或感受内部所深藏的使见相二分得以呈现的内部动力和来源，即是作为见相二分共同来源的含藏识的自证分。如《成唯识论述记》云：

> 由识自体虚妄习故，不如实故，或有执故，无明俱故，转似二分；二分即是相及见分，依识体起。由体妄故变似二分，二分说依自证而起，若无识体二分亦无，故二分起由识体有。
> 诸识自体即自证分。由不证实有法执故，似二分起即计所执②。

一般情况下，表面意识状态下的见相二分使人处于一种主客、能所对立的二元状态下，即使能够反省到自己所处的这种主客对立的二元状态，这种反省本身依然是一种主客、能所对立的状态，只不过这时对象成了自己，也即唯识学所描述的见分之自见作用。见分的自见并不是见相二分的来源，只是见分的另一种运用方式，即把见分自己当作对象来观察或认识，所以依然是一种见相对立的二元状态。如《成唯识论述记》所说：

> 识自证分与相应法见分同缘，缘自见分。……识等见分与相应法亦定同缘，亦自缘见分。

① 《大正新修大藏经》，台北：中华电子佛典协会 CBETA Online，经号 T2008，《六祖大师法宝坛经》第一卷，第 361 页。
② 《大正新修大藏经》，台北：中华电子佛典协会 CBETA Online，经号 T1830，《成唯识论述记》第一卷，第 242 页。

亦缘自证分，与相应法见境齐故，然与自证作用各别。自证唯内缘，更不别变。其见分自缘等，亦更别变。然相分摄，与相应法同外取故。……此义虽胜然稍难知①。

在心念的活动中，见分的这种自见作用对于调整表面意识感受有非常重要的作用：当意识感受中见分过于追逐相分，沉迷于相分不能自拔，而无法停止妄想的情况下，自见作用可以使见分的对象由外景转成见分自身，即把注意的对象转换成追逐对象后所引发的感受，使感受本身成为关注的对象。这样，由于注意力的转变，对外在境相的追逐就会降低，由追逐对象所引发的烦恼妄想就会逐渐缓解，以至于中止不现。但这并不意味着外境对于主体的吸引从此消失，主体对于外境的无明痴迷并没有改变，只是由于注意力的转变，这种吸引或迷恋不再呈现出来而已。另一方面，由于见分的自见作用，当主体能够自见到自己的这种痴迷和追逐的感受，就有可能对之进一步的体会、思考和反省，从而使自己有可能发现这种妄想发生的内在的心理根源，觉察到妄想的生发之处，或按唯识学所说，见相二分的所依——识的自体分。自体分本身所具有的自我了知的自证功能，在不自知的或者说无明状态下，被投射为追逐对象的能力（见分）和觉察到这种追逐状态的能力（见分自见）。一旦主体觉察到妄想赖以发生的内在根源之时，之前被投射出去的了知能力由于觉察到自己赖以发生的根源，这种投射便不再需要，被妄想投射所隐藏的自我觉知能力和作用便呈现出来，便回到了自体分自己觉知自己的自证状态，此即所谓证自证分的呈现。

证自证分的作用，即自证分的自我觉知和了达，是一种自己领悟自己的自我领悟，是一种非对象性的领悟，因而它的表达是自我呈现性的，而非指向性的，即所谓"不可言说"的。所以当"不可言说"被言说时，乃是证自证分得以呈现、自证分自我证知时的自我表达。作为一种语言表达，它并非是指向一个对象，而是指向自身。世间所有对象性的语言、思维在这里都失去了意义和作用，唯有自证自知。故云："言语道断，心行处灭""拟议即乖，不可言说"。如《成唯识论述记》卷二云：

> 如证自证，缘自证时，自证所量，证自证分，为其能量；即此自证，亦为量果，能返缘故②。

（二）开悟或得见方法之心理分析

根据以上分析可以看到，大手印法门得见或禅宗开悟的根本，即是通过各种方便手段，使行者打破见相二分妄想不息的循环，使自证分的自我了悟功能呈现出来，即使投射为外在对象性追求的内在欲望中潜藏的自我了知的作用呈现出来，如此便是证自证分的行相。

古来明心方法虽然很多，但从使自体分得以显现、自证功能得以回归启用的基本心识原理来看，总的说来不外三类：

一是于日常妄想，见相互缘的状态中，禅师或上师恰当有力的外缘，顿然截断妄想众流，使投

① 《大正新修大藏经》，台北：中华电子佛典协会 CBETA Online，经号 T1830，《成唯识论述记》第八卷，第514—515页。
② 《大正新修大藏经》，台北：中华电子佛典协会 CBETA Online，经号 T1830，《成唯识论述记》第二卷，第100页。

射为见相的自体分在动态中兀然呈现，从而得以自证自知。用现代深层心理学的语言来说，就是行者欲望主体和欲望对象的循环被意想不到地打断，欲望背后潜藏的无明妄想动力在欲望的发作中兀然凸显，从而有一种无可言说的自我领悟和明了——禅宗不可思议的棒喝公案即属此类，令行者在防不胜防、不可思议中遇见自己本来的面目。禅门此类公案俯首即拾，不胜枚举。如《五灯会元》中记载：

> 盐官安国师法嗣关南道常禅师襄州关南道常禅师，僧问："如何是西来意？"师举拄杖，曰："会么？"曰："不会。"师便打。师每见僧来参礼，多以拄杖打趁。或曰："迟一刻。"或曰："打动关南鼓。"而时辈鲜有唱和者①。

其次，利用见分的自见作用，先使行者放弃对一切所见之相的攀援，处在一种仅有自我觉知的自见状态之中，这时禅师或上师再通过恰当合适的手段，打破行者自我攀援的自见状态，使自体分得以兀然呈现，自证自知。如大手印"呸"字法即是此类。《椎击三要诀》云：

> 最初令心坦然住，不擒不纵离妄念，离境安闲顿时住，陡然斥心呼一—"呸"（pat），猛利续呼"也马火"（梵文惊叹语），一切皆无唯惊愕，愕然洞达了无碍，明澈通达无言说，法身自性当认之，直指本相第一要。②

此正与禅门宗师之大喝同一旨趣。但需辨别的是，一般人会直觉地以为被大喝后出现的感受，即所谓无念心地，即是心性本体。实则无念心地只是见相攀缘突然停顿但并没有中断的状态，利用这个停顿引发下面自体分的呈现才是大喝的目的所在，故接着有"猛利续呼'也马火'"之句。殊为可惜的是，现实中大多数学习、研究、修习大手印、大圆满者，均把大喝后的无念心地当作心之本体加以体认，导致了修行方向的根本性错误，使大手印成为保持觉受的禅定修行，丧失了佛法觉悟自心的本来面目。如现代学者刘锐之即是这样介绍大手印得见的特点：

> 初学者，有由乐明无念诸功力，遮盖本元自面，当揭去此等功力之皮壳，则自性之相，方可赤裸呈出，是为智慧由内明朗者也。揭去之法云何？谓将生乐明无念之力，及现喜乐愉快等相时，要力念方便能摄及般若能断之密语，二者相合，猛然从上落下，即万缘放下，但即保持本妙明净之常照体性，自不应更有何者之分别观察，是故大手印，乃大圆满胜慧法门中，最极殊胜之以心修心上上善巧方便，实与禅宗有别也③。

当然，这种把瞬间的感觉当作本妙明净之常照体性的做法，确与禅宗"如人饮水，冷暖自知"

① 《卍续藏经》，台北：中华电子佛典协会 CBETA Online，经号 X1565，《五灯会元》第四卷，第 37 页。
② 巴珠仁波切著，释满空译：《椎击三要诀》，大圆满法网 http://www.dymf.cn/index.php? a=show&c=index&catid=255&id=11112531&m=content，2016 年 8 月 18 日。
③ 刘锐之：《诸家大手印比较研究》（下册），第 16—17 页。

的智慧自觉大异其趣，实不可相提并论。禅宗著名的"明上座本来面目"公案所昭示的，方才是佛法自识其心的本意：

> 惠能云："汝既为法而来，可屏息诸缘，勿生一念，吾为汝说。"明良久。惠能云："不思善，不思恶，正与么时，那个是明上座本来面目？"惠明言下大悟。复问云："上来密语密意外，还更有密意否？"惠能云："与汝说者，即非密也。汝若返照，密在汝边。"明曰："惠明虽在黄梅，实未省自己面目。今蒙指示，如人饮水，冷暖自知。"①

仔细分析公案就会发现，既然慧能已明确说明"与汝说者，即非密也"，可见前面"明上座本来面目"并不是在告诉慧明去确认某一个具体的感觉或境界，而恰恰是在启发慧明暂时平息下来的妄想背后，支撑妄想的自体分的呈现。进一步，按照唯识学观点，八识心与心所法皆是识之自体分，某一自体分因机缘凸显而自证自知，并非所有自体分全部呈现，故有得入处而起修之说，如此方可理解慧能教导慧明"汝若返照，密在汝边"的含义。这种悟后起修绝不似自此以后"保持本妙明净之常照体性，自不应更有何者之分别观察"的所谓保持觉受的大手印修行。

最后，行者在缺乏有力的外缘助益情况下，一般则是首先要断除对一切相分的攀援，获得自见状态下的清净甚至空白心地，然后靠自力观察：或者于前念已灭后念未生的空白地仔细体会观照，觑破自见的空白假象，使自证分呈现。如《温萨耳传大手印》所云：

> 由如是修习，引生等至体，一切无障碍，澄净而光明，色像皆非有，寂静若虚空，……近代修行者，多数雪山中，说此是将佛，手授之教授。法幢则说是，初业所修习，住心胜方便，见心世俗体。今于心性法，如何能认识？……即住前定中，而起微细识，犹如湛净水，有小鱼游行，审谛观修者，士夫之自性②。

或者在自见的清净心境中仔细思维，寻觅自见的主体之心，当"觅心了不可得"之时，自见的妄想便有可能兀然崩塌，自见遮蔽的自证分兀然呈现。但亦有可能将"觅心了不可得"的心空感受当作所谓"心体"，落入新的执着。《土观宗派源流》对大手印的理解即属后者，把无实之心当作特殊之心体：

> 显教之大手印，是就心体之上，专一而住，修无分别，令成住分。如是成就安住所缘之心，明明了了，即应寻觅此心为在身内？或在身外？遍处寻觅，心之体相了不可得，尔时决定此心无实。用此无实，在已成特殊之心体上，专一而住③。

或者在清净心境中按照教理如理思维作意，说服自己放弃最后的自见妄想，而使自证分得以呈

---

① 《大正新修大藏经》，台北：中华电子佛典协会 CBETA Online，经号 T2008，《六祖大师法宝坛经》第一卷，第349页。
② 宗喀巴著，法尊法师译，陈兵传授：《温萨耳传大手印》法本，未刊行。
③ 土观·洛桑确吉尼玛著，刘立千译：《土观宗派源流》，拉萨：西藏人民出版社，1984年，第41页。

现。如《金刚庄严续》所云：

> 心观六分尘，析为十方已，此明了法义，心净最无垢。过去未来心，如是无所得，无二无
> 无二，虚空亦无住。如是观察已，一切众生空，是无垢瑜伽，想自心无体[①]。

另外，对于愚痴过重，无法当下放弃外在相分的执着之人，则通过满足其对相分贪求的方法，缓解外在相分对见分的诱惑和吸引，使行者可以放弃对相分的攀援，而进入自见的状态，而后再进行上面凸显自证分的过程。无上瑜伽的生起圆满次第其实都是这种性质的准备工作。如《恒河大手印》云：

> 劣慧异生未堪善安住，可于明点气脉诸要门，以多支分方便摄持心，调令任运安住于
> 明体。

三、大手印之行的心理分析

大手印得见后方可修行，修亦称定，谓依所见而修光明定或大手印定，亦即禅宗所谓悟后起修。

按照唯识理论，心之义为集起，为诸多心、心所法之集聚，心之见相二分与自证分的说法只是从心的总体角度的概括描述，实则每一心所法都有其自体分。如《成唯识论述记》云：

> 所言似贪、信等者是何？总心聚中贪信等法，亦别变似贪、信等现，以义说之总别、聚
> 异。谓总心自能似二现，即心自证分，似自见、相二。俱时贪等自体分，亦现似贪等各二现
> 义。故其总许心聚之中，心所亦在其中。然但说心变似二现，说心所法似贪等现，以心胜故，
> 不过染。净二位中故。其无记法有顺染者，有顺善者，故此总言亦摄无记。……又解心所不离
> 心故，许心自体既似二现，如是心所自体分染者，似贪等二现；自体分净者，似信等二现。离
> 自体及所似贪等外，无别染、善法[②]。

故行者最初开悟得见只是得以呈现自己最表层妄想来源的心之自体种子分。虽然自体分的自证自知作用使他由此而在见地上明了后面修行用功作用之处，诸多心、心所法的自现自明仍需要一个过程，只是这一过程不再是一个对象性的有为的认识、改变、塑造过程，而是一个非对象性的内明、自明过程，是一种非对象性的修行，一种无修之修。

---

① 陈兵：《自在之行——佛法正道论》，第 284 页。
② 《大正新修大藏经》，台北：中华电子佛典协会 CBETA Online，经号 T1830，《成唯识论述记》第七卷，第 475 页。

无修之修的关键在于见相所依的自体分能够呈现，即自体分的自知自证功能能够得以起用，实现证自证分的结果。任何有意造作的起心动念，不论善恶、好坏、动静，作为自体分投射的见相的妄想循环，其实都是对自体分自知自证功能的误用和遮蔽，只有舒坦的、放纵的、任运不造作的心理状态才能不妨碍自体分的呈现。另一方面，虽然不主动有意造作，心识依然会被内藏的各种无明习气种子所推动，自动呈现出各种见相对立的妄念和烦恼，由于没有意识的事先有意造作，烦恼妄想会如其本然，不加任何修饰地显现出来。但同时，由于得见经验所带来的对心之自体分之确信，自体分所变现出来的逐相的见分更易于产生自见作用。自见作用虽然缓解了见分对外相攀援的焦灼，但依然处在自我攀援的内部对立紧张当中。也同样由于得见经验产生的对心自体自知自证的确信，行者这时会再次放弃这种已经产生的意识的自我觉察或自见，并有意识地让自己再次处在一种任情绪流动的任运状态里。但此时的任运已经与最初自见作用尚未发生时的任运迥然不同，由自见所引发的自我觉知功能已经作为无意识的觉察背景存在于任运的情绪流动过程中。随着见相二分的充分自由流动和展开，自体心识种子变现为见相二分的具体缘起过程逐渐暴露，并自然呈现在无意识的觉察背景之中，直至最后，见相所蕴含的无意识动力，即自体分种子兀然凸显，同时无意识的背景觉知也兀然清晰，自体分的显露和自知同时现行，自证自知，离言离相，证得证自证分。

此任运无修阶段的修行，首先要做到心的任运，《大乘要道密集》所载大手印修行要诀，主要是对此任运的描述和指导。如《大手印静虑八法》云：

> 如积柳絮，随风到处，自性缓然。行人亦尔，随缘到处，纵放身心。
> 秤金衡斡，极是纤细，切要委曲，如或急秤，或值于风，不见分限。行人亦尔，为显真心，放荡自心，寻求胜缘，若遇违缘，便应弃舍①。

《大手印顿入真智一决要门》云：

> 真如之理无修治，自心不整应纵放。离此别无有禅定，此外更无超胜者②。

《新译大手印顿入要门》云：

> 禅定正体者，谓心直如枪直，若枪邪曲，用不的中，须要端正。修习行人亦复如是，一切善恶、邪曲、妄念都不思量，绝诸妄想，寂绝而住，称顺本心。师曰："心不整则自明，水不动则自澄，道不谬则自近，果不缘则自证也。"③

虽有心之任运，但接下来大手印无修之修仍有可能流入歧途。一是追逐任运带来的良好感受，以感受为目的，误以为是在保持所谓见道状态，并以为如此可以达到究竟涅槃。其典型表现可见于

---

① 《大正新修大藏经》，台北：中华电子佛典协会 CBETA Online，经号 T2008，《六祖大师法宝坛经》第一卷，第 9 页。
② 《卍续藏经》，台北：中华电子佛典协会 CBETA Online，经号 X1565，《五灯会元》第四卷，第 519 页。
③ 《卍续藏经》，台北：中华电子佛典协会 CBETA Online，经号 X1565，《五灯会元》第四卷，第 521 页。

《大乘要道密集》之《心印要门》一文中：

> 身离作务，语离谈说，意离思念，自性清净，应依真空无念而住。当此之时，心无所缘，亦无所思，善恶、邪正都莫思量……内心清净，无本离根而安住，则如树无根，故无身；无身，故无枝；无枝，故无梢；无梢，故无叶；无叶，故无花；无花，故无果，世间果报必不发生。然此安中无念是化身，无生是报身，超意是法身，法尔清净是自性身也①。

实则，这种方法在实际行持中，由于不可能时时真正做到泯绝诸想，为保持所谓任运觉受，就会力图以开悟或得见经验来消解任运时的情绪波动带来的不安，因此也不可能真正任运，其实质还是在以自己追求美好感受的妄想附会所谓"任运"的含义。

另一种歧途则是以对心念的以觉知为目的而任运，即所谓念起即觉的自我觉知性的保任。一方面允许心念自由流动，另一方面保持一种对念头的观照觉知状态，自谓前者为任，后者为保。实则是在保持一种自我觉知的感受状态，并冠之以"默照"之称，而与曹洞宗之"默照禅"大相径庭。这种观念头的修法，作为一种意识造作，久之会产生紧张和僵硬，并会阻碍心念自由地任运流动，事实上也是一种对任运修行的附会性认识。

真正的"默照禅"，当如宏智正觉禅师《默照铭》所云：

> 默照之道，离微之根；彻见离微，金梭玉机；正偏宛转，明暗因依；依无能所，底时回互；饮善见药，摘涂毒鼓；回互底时，杀活在我；门里出身，枝头结果；默唯至言，照唯普应②。

这种在静默中惊天动地、了察生死因果的觉照，才真正是佛法内明觉悟的智慧体现。只是能够在静默中大死大活，并了知其因因果果，实在不是现代纷繁妄想的不安心灵所能理解和承受得了，故有以上依据字面意思对默照的附会。依照《默照铭》所描述的境界，默照而能觉了生死因果，非有极其沉静的心境、极其灵敏的觉受和极其广大的胸襟，则无法承受其默照过程中带来的心灵震撼和动荡。因此把默照生死的因果轮回有意无意地转化成观照自己川流不息的念头，也就很容易理解了。即便是在当时，默照禅也因其字面意思为诸多士大夫所曲解误用，故有人慧宗呆对默照禅的极力排斥。他在答陈季任书中说：

> 近年以来，有一种邪师说默照禅，教人十二时中是事莫管，休去歇去，不得作声，恐落今时，往往士大夫为聪明利根所使者，多是厌恶闹处，乍被邪师辈指令静坐却见省力，便以为是，更不求妙悟，只以默然为极则③。

---

① 《卍续藏经》，台北：中华电子佛典协会 CBETA Online，经号 X1565，《五灯会元》第四卷，第 522 页。
② 《大正新修大藏经》，台北：中华电子佛典协会 CBETA Online，经号 T2001，《宏智禅师广录》第八卷，第 101 页。
③ 《大正新修大藏经》，台北：中华电子佛典协会 CBETA Online，经号 T1998A，《大慧普觉禅师语录》第二十六卷，第 924 页。

比较《默照铭》内容可以发现，实则大慧宗杲只是批判了对默照禅的误用而已。

而在大手印诸多任运修行的教授中，能够些许与默照禅接近、指出其中内明之道的汉文文献，目前所知，仅仅限于宗喀巴所造、法尊法师翻译的《温萨耳传大手印》。如其中云：

> 由是修习故，随六识现境，审观彼现相，即能见其性，说随现能知，是正见宗要。总谓自心等，随现皆不执，决了彼体性，则当常修习①。

虽然较之一般大手印教授，《温萨耳传大手印》已经觉悟到了任运修行中了自心知因果的本质，但其所呈现出的深度和境界，与《默照铭》相比，可就相去甚远了。

---

① 巴珠仁波切著，释满空译，《椎击三要诀》，大圆满法网 http：//www. dymf. cn/index. php？a＝show&c＝index&catid＝255&id＝11112531&m＝content，2016 年 8 月 18 日。

善念·善生·善行天下——遂宁观音文化史研究

吴　华[*]

内容提要：遂宁观音传说由来已久，历史传说、古迹道场、信仰群体俱全。考察遂宁的观音文化，理清其线索，认识其价值，具有重要的学术价值。本文主旨有三：第一，从善念的观念史角度厘清遂宁观音传说的起源与构成，通过前辈学者的讨论认识遂宁观音传说在倡导善念上的重要作用；第二，从善生的社会组织演变中发掘遂宁观音香会传统的历史价值与社会影响；第三，从善行天下的文明交流史层面提炼遂宁观音文化在文明互鉴中的典范意义。

关键词：善念　善生　善行天下　遂宁观音

一、遂宁观音文化研究的学术史

遂宁观音传说由来已久，历史传说、古迹道场、信仰群体俱全。因此，考察遂宁的观音文化，理清其线索，认识其意义，具有重要的学术价值。本文主旨有三：第一，从善念的观念史角度厘清遂宁观音传说的起源与构成，通过前辈学者的讨论认识遂宁观音传说在倡导善念上的重要作用；第二，从善生的社会组织演变中发掘遂宁观音香会传统的历史价值与社会影响；第三，从善行天下的文明交流史层面确定遂宁观音文化在文明交流互鉴中的典范意义。

对遂宁观音进行学术性研究，既要立足于遂宁本土的观音传说历史渊源考察，也要从宗教立场上的佛教实践进行探析。著名观音学家李利安先生认为观音文化在中国由三大体系组成，即汉传佛教的观音信仰、藏传佛教的观音信仰和汉族地区民间的观音信仰。遂宁观音文化是融合了汉传观音信仰和民间观音信仰的文化现象，呈现出强烈的民俗性特征。[②] 中央民族大学邢莉教授则认为观音信仰在四川遂宁地区有一个本土化和女性化的过程。她依据唐代以来遂宁地区对广德寺主持克幽禅师是马郎妇观音的传说、遂宁特色的妙善公主传说，以及广德、灵泉二寺的文物古迹，观音庙会所展演的活态仪式等，认为遂宁民众对于观音文化的建构依托于川中地域的生态环境、宗教文化、历

* 作者简介：吴华，四川大学道教与宗教文化研究所副研究员。

② 见李利安：《序三：观音因缘启宏著，福地呈祥唱梵音》，普正法师：《观音道场　千年福地：中国遂宁观音文化研究》，北京：宗教文化出版社，2010年。

史语境和民众的思维逻辑，显示了观音信仰鲜明的地域文化特征①。刘辉先生的《中国观音与人文遂宁》与《观音圣地　史迹文脉》则通过搜集大量的资料，从历史遗址到文物古迹，从史料记述到千年民俗，显示了遂宁观音信仰产生的原创性、经历的长期性、信奉的普遍性、活动的独特性和影响的广泛性②。刘长久教授曾从观音信仰的缘起传播、观音道场的形成谈到遂宁的观音道场和观音民俗文化，提出遂宁之发展需要着眼灵泉寺和广德寺，建议遂宁市以古今不衰的观音民俗文化作为切入点，打造"西部观音道场"③。米光碧先生主要从促进旅游角度谈如何对观音故里进行开发，烘托观音民俗文化旅游的氛围，提升遂宁的文化内涵和城市形象④。姚昌华围绕"观音文化与和谐社会"的主题，对遂宁如何更好地发挥观音文化在构建和谐社会中的作用提出了对策建议，为其他地方在和谐社会建设中如何发挥民俗宗教的积极作用提供了参考⑤。王洪波的《四川遂宁广德寺历史沿革》在实地考察和文献研究的基础上，针对当今学术著作、历史文献中关于广德寺现存部分的记述进行了整理分析，尝试探析了广德寺的基本布局及其演变过程⑥。

从以上作品可见，对于遂宁的观音文化，不管是在观音传说的历史演变层面，还是在寺庙殿宇的器物层面，或是在探讨遂宁观音民俗文化的社会影响层面，均有了初步的研究。遂宁观音信仰由来已久，观音信仰之所以在遂宁生根发芽，并非无根之木、无源之水，而是在历史长河之中伴随着众多观音显圣传说以及当地民众的热心参与而构建出来的社会现象。从文化史角度来看，对遂宁观音文化的研究既属于佛教中国化的题中之义，有利于更好地认识佛教如何从印度式的宗教嬗变为具有中国本土特色的民俗；也属于区域文化史的研究范畴，有利于认识社会民众的思想观念与群体组织的实践演变。

二、善念：遂宁观音传说的起源与构成

遂宁观音传说的起源时间已不可考，然而根据民谣、传说以及历史记载，则可大致推知其流传的时间以及其中隐含的社会观念，而这些社会观念可以基本反映自古以来遂宁市民对于观音信仰的诉求。在这个层面上来看，有必要参考观念史研究的方法进行探析。

"传统的儒释道诸观念作为古典时代的思想遗产，它们并非作为不变的实体流传后世，而是被新型知识分子附加上通过其他来源得到的'新知'而获得了新的意蕴，形式上仿佛是原先隐藏着的意义被突然发现，如打开一口尘封已久的箱子看到祖宗留下的宝物，而在观念的发展史上，也许就是解释学所谓'视界融合'的开始。"⑦ 由于遂宁民间流传的观音传说故事基本上是由本土作者根据

① 邢莉：《观音信仰在四川遂宁地区的传播——兼谈观音信仰在四川遂宁地区的本土化及女性化特色》，《民俗研究》2010年第2期，第172—188页。

② 刘辉：《中国观音与人文遂宁》，成都：巴蜀书社，2011年；《观音圣地　史迹文脉》，成都：巴蜀书社，2015年。

③ 刘长久：《从观音信仰说起——兼及遂宁市对观音民俗文化资源的开发》，《中华文化论坛》2004年第2期，第43—48页。

④ 米光碧：《让"观音故里"名扬四海——关于打造"观音故里"旅游名片的调查与建议》，《四川统一战线》2006年第8期，第36—37页。

⑤ 姚昌华：《观音文化与和谐社会——以四川省遂宁市建设中国观音故里为例》，浙江大学硕士学位论文。

⑥ 王洪波：《四川遂宁广德寺历史沿革》，《山西建筑》2009年3月，第28—29页。

⑦ 高瑞泉：《观念史何为？》，《华东师范大学学报》（哲学社会科学版）2011年第2期，第9页。

唐宋以来的观音本传和《香山宝卷》进行相关改动而非原本呈现，在此过程之中就不可避免地产生多重融合，甚至是直接把观音——即妙善公主一家或实或虚地描述成是从西域南迁至遂宁定居。在调动民众的观音信仰需求的同时，本地产生了一批与观音有关的传说、民谣、圣迹。这些融合了观音信仰的本土产物，又互相交织着共同构成了一个多面向的观音信仰群体，并在唐宋以后逐渐得到官方的认可，乃至于在地方官所代表的精英群体的推动下，得到了朝廷的恩赐认可。所以遂宁的观音传说起源，应是受到了观音本传和《香山宝卷》的影响，大致可判断是在宋代以后萌芽的。

再者，根据遂宁流传最为广泛之民谣所唱："观音菩萨三姊妹，同锅吃饭各修行。大姐修在灵泉寺，二姐修在广德寺；只有三姐修得远，修到南海普陀山。"以这首民谣为代表的歌谣传说文本一方面代表了遂宁本土的观音信仰之浓厚，另一方面也反映了当地百姓对于观音信仰的个人诉求、家庭诉求。曾有学者评价这些歌谣，认为其故事："本来就是虚构的，不可当真，但足以看出观音信仰在遂宁的广泛影响。"[①] 笔者相信，在求真务实的层面上，后人难以确认这些民谣的真实程度，但是从其作为民谣、传说的性质来看，却可以让我们在观念史层面得到起码三点认识：

其一，该民谣塑造了多个观音形象，即认为观音有三姐妹，而且三姐妹的前两位还在遂宁本地的寺庙修行，这是比较独特的人物安排。这个安排也说明了一个道理，那就是遂宁本土对于观音文化的接受与改造。不管观音的原始起源在哪里，但是在改造者心里，观音就是遂宁本地人，因此理所应当地应该安排在遂宁本土的重要寺庙修行。

其二，大姐、二姐和三妹分别在灵泉寺、广德寺与普陀山修行，这个细节安排可以基本反映创作民谣的社会背景在普陀山成为观音圣地以后。而根据《普陀山志》对普陀山的记载，则其成为观音圣地大概始于宋代初期[②]。另根据于君方教授的研究，普陀山成为全国及全世界观音信仰的朝圣中心，过程缓慢，且相当晚近才出现；其发展始于 10 世纪，16 世纪渐成气候，18 世纪以后才达到巅峰[③]。所以，我们前面对遂宁观音传说的推测大致是可信的。加之，"观音从初传中土一直到唐末（618—907），都被视为男性，艺术造像也是如此。然而，到了宋代（960—1279）初期，大约在 11世纪前后，有些信徒将观音视为女性神祇，于是开始出现了女性观音像，可能是在元代（1206—1368）才完全转变为女性。自明代，也就是十五世纪以来，观音已经被视为不折不扣的女性，并如此被描绘着"[④]。所以，遂宁的观音传说应有可能是在明代中叶以后才出现的，并在遂宁当地广泛传播。

其三，根据三地出场顺序的编排，可以大致推断出当时灵泉寺的影响力在广德寺之前，或者民谣创作者更为亲近灵泉寺。

在传统佛教经典之中，观音菩萨发大悲心，为了众生而循声救苦。然而，在妙善的传说中，妙善并非为有情众生而自我牺牲，而是为了救父而奉献自己的双手、双眼作为药材[⑤]。对于这一转变，杜德桥提出：妙善传说作为观音菩萨起源的故事，实际上是作为一个佛教观念在中国传统社会中适

① 刘长久：《从观音信仰说起——兼及遂宁市对观音民俗文化资源的开发》，《中华文化论坛》2004 年第 2 期，第 43—48 页。
② 王和平：《从档案史料看普陀山道场的兴衰》，《浙江档案》1989 年第 12 期。
③ 于君方著，陈怀宇、姚崇新、林佩莹译：《观音：菩萨中国化的演变》，北京：商务印书馆，2012 年，第 355 页。
④ 于君方著，陈怀宇、姚崇新、林佩莹译：《观音：菩萨中国化的演变》，北京：商务印书馆，2012 年，第 17 页。
⑤ 于君方著，陈怀宇、姚崇新、林佩莹译：《观音：菩萨中国化的演变》，北京：商务印书馆，2012 年，第 318 页。

应不同的阶层而演变成型的，其中不同的社会行为和社会观念对这些传说的写本产生了一定的诱导和制约作用，当然这个过程描述了民间传说向各种体裁过渡的过程①。在遂宁的观音传说中，妙善公主有了适应遂宁本土的身份，以及由此身份而延伸的种种传说。然而，如果据此认为遂宁就是观音故里的话，恐怕难以服众②。普正法师的书里也对"观音故里"这一称呼进行了回应，他认为："考察遂宁观音信仰，必须从魏晋以来佛教在中土传播过程中，观音菩萨信仰逐渐中国化的大视野来着眼，庶几可免坐井观天。"③虽然普正法师在他的书中也提到，如果从观音信仰由外族输入遂宁，并在遂宁开始或部分完成了其"中国化"的嬗变过程，然后再输出到中国其他地方的话，遂宁方可称之为"中国观音故里"。决定这一传说真实与否的关键，就要看遂宁是否在观音成为中国民俗信仰中最为人所熟知的一位女性神祇中起到了关键性的作用。而要寻找证据就要考察佛教经由四川传入中国的路线问题。只是，除了本土传说以外，我们几乎难以觅及其他地方流传的关于遂宁观音的传说。所以，当前我们对遂宁观音文化的考察，也就不能以此为历史之事实，而只能主要在社会影响层面的观念史上进行——发掘传说背后合理的社会属性、道德属性。对这些属性进行一个考察，反倒能够让我们更为清晰地看出，观音文化及其信仰的核心就在于对善念的倡导。

遂宁观音传说，与本土人民群众的生活息息相关。考察关于遂宁观音各种民谣、传说的内容，不管是对于观音出身的描述，还是对于遂宁本土的介绍性歌谣，都可以发现其中始终贯穿着对于普适价值——善念的提倡。也可以说，遂宁本土的观音传说④，其实就是一部部内容丰富、情节精彩、贴近生活的劝善书。对善理念的倡导，是中国传统文化中的精华，其中结合了个人的生命礼仪、家族的维持繁衍以及社会的道德伦理。不管是正统佛教庙宇对观音的信仰，还是在民俗层面上对于观音进行创作与传播，在本质上都是一个劝人积德行善、积善成佛⑤的修行过程。这个过程的出现在历史脉络上与两个历史现象有关：

第一，明清劝善运动的兴起。段玉明教授曾对佛道教劝善理念及其运动做过系列研究。他认为，佛教的劝善理念虽然不一定直接导致了宋元以降劝善运动的形成，但对其产生了巨大的影响是不会错的⑥。将其分析关照于遂宁本土，正可见此效果。因此，遂宁观音传说的起源与构成离不开整个社会对于善念的坚持与践行。

第二，从明清以后俗文学的流传，我们也可以看出，遂宁观音传说产生的背景是结合了多重因素而进行的。或者可以说，遂宁本土的传音传说，是在传统佛教观音信仰的基础上，结合了明清俗文学的传播载体，形成了以传说、民谣等形式为主的善书教化方式。

也许，从这两个角度来认识遂宁的观音文化，可以让我们有一个更为清晰的线索，而这个线索的核心理念就在于对善的坚持。从善的观念的演变来看，其不仅继承了传统宗教的教化思想理念，而且在传播形式上突破了传统的口头宣传、碑刻记载，在明清以后印刷术发达之后，更是得到充分

---

① ［英］杜德桥著，李文彬等译：《妙善传说——观音菩萨缘起考》，台北：巨流图书公司，1990年。

② 刘长久：《从观音信仰说起——兼及遂宁市对观音民俗文化资源的开发》，《中华文化论坛》2004年第2期，第48页。

③ 普正法师：《观音道场 千年福地：中国遂宁观音文化研究》，北京：宗教文化出版社，2010年，第127页。

④ 古代传说见《广德寺志》，成都木鸟文化传播有限公司，2008年，第656—666页；普正法师：《观音道场 千年福地：中国遂宁观音文化研究》，北京：宗教文化出版社，2010年，第77—83页、第103—119页。

⑤ 段玉明：《积善成佛：一种生活禅的实修路径》，《宗教学研究》2015年第3期。

⑥ 段玉明：《佛教劝善理念研究》，《云南社会科学》2005年第5期。

的推广。因此，传统的佛教文化进一步融入市民的社会生活之中，并成为他们日常生活的重要组成部分。遂宁观音文化的演变正是在这一过程之中得到了展现，独具民俗特色的香会组织在遂宁逐渐兴盛起来，结合了政治、经济、文化的香会文化反过来也促进了民众对于观音的信仰。

三、善生：遂宁观音香会传统的历史价值与社会影响

在佛教的信仰体系之中，有多个重要时间节点与观音菩萨有关。如每年农历二月十九日是观音菩萨的诞辰日，六月十九日是观音菩萨得道日，九月十九日是观音菩萨涅槃日。在这三个重要时间点，一般寺院都要举行隆重的法会，以及由此延伸开来的各种庆祝活动。如在遂宁，灵泉寺和广德寺等庙宇就都要举办盛大的观音节，俗称香会节。这类活动作为佛教节庆的一部分，满足了民众对于观音信仰的诉求，至今长盛不衰。

至于遂宁观音文化节的起源，普正法师经过细致的考察研究，认为可能肇始于明代中叶，历经清朝、民国，而至今日。在乾隆年间遂宁知县李培峘有诗："二月和风初应律，击鼓吹竽市填溢。已见邻封迎驾来，还看仕女倾城出。青纱蒙首朱丝縈，旃檀执炉心明诚。幡幢璎珞路不绝，万口喃啰同一声。发始灵泉终广德，大众微尘动瑶阙。"目前，遂宁香会节已由传统的进香还愿、祈佑求福、诵经礼拜、慈善救济等佛教法会活动，渐次加入了诸如杂技、歌舞、戏曲、武术等娱乐项目。这些活动形式的丰富，一方面增加了香会节期间的节庆气氛，另一方面又寓教于乐。香会节期间还包含各类商业贸易活动，不仅可以促进地方的经济繁荣，又有感恩于观音菩萨的慈悲而达到德化社会的作用。所以，普正法师认为遂宁香会节是一个集佛教信仰、娱乐表演、旅游观光、商业流通、民间技艺、文化体育等为一体的大型综合性社会活动①。

遂宁二月的香会，由于接近正月，又在清明之前，正是农闲时候，所以时间最长，从正月初一至三月初三，历时两月有余。其朝拜团队，根据记载，既有来自省内周边的南充、内江、自贡、宜宾、泸州、达县、绵阳、广元、德阳、成都等近百市县，也有来自云南、贵州、陕西、甘肃、湖南、湖北等地的民众，他们自发组织"朝山进香会"，虔诚徒步来遂宁朝拜观音菩萨②。

二月十五至十九期间为正会阶段，是香会的高潮期。吴安邦、李运焕的文章中提到，在正会期间，遂宁各界人士的行会、帮会都会组织各自的"朝山会"，并且做好轮流朝山的准备。"尤以经济富裕的绸缎、布匹、土布、百货、药材、土货、干杂、铁货、棉织、针织、刺绣、服装、鞋帽等行业的陈设阵容最为讲究，简直是一个比一个阔绰，一帮比一帮绚丽。"③ 在朝山的仪式之中，有一定的时间次序安排，如虽然在香会节上各行各业都要组织朝礼广德寺和灵泉寺，但是还要分大朝和小朝。小朝是每年都有，大朝则是数年一次。朝山会的阵容，最多可以达到400多人。对于朝山会的阵容，吴安邦、李运焕的文章也做了一些铺陈：

① 释普正：《对遂宁香会节的现代思考》，收于《广德寺志》，成都木鸟文化传播有限公司，2008年，第679页；另见普正法师：《观音道场 千年福地：中国遂宁观音文化研究》，北京：宗教文化出版社，2010年，第16页。
② 吴安邦、李运焕：《闻名遐迩的遂宁二月香会》，收于《广德寺志》，成都木鸟文化传播有限公司，2008年，第588页。
③ 吴安邦、李运焕：《闻名遐迩的遂宁二月香会》，收于《广德寺志》，成都木鸟文化传播有限公司，2008年，第589页。

一般帮会起码有两面大旗在前面开道，上绣'××朝山会'，后跟几组锣鼓；接着是八面或十二面缎绣"朝山进香"四个大字的锦旗，无数飘带彩幡紧接，后跟锣鼓；又接并排"肃静""回避"两面木牌，后跟二十四柄锡制仪仗，日月牌，护卫銮驾、圣驾，后跟珍珠伞、万民伞。有木制精漆贴金的字，有缎绣的各种图案。之后，围鼓队、乐队交叉相接。彩旗、彩宝龙、彩狮、笑面和尚。在多人对演的民间高跷舞蹈中，杂以唢呐及锣鼓。随后是人群簇护的数匹彩马（又称摆马），马上由富家儿童装扮为帝王将相、文武官员和各种英雄人物。他们穿戴华丽的服装，有的英姿勃勃，有的温文尔雅，在他们红润的脸蛋上，洋溢着喜悦和骄傲的神情，使观众歆羡而向往。接着是八至十多架屏台，每台四人或八人抬着。屏台四角有铁桩，上面扮演着传统折子戏，如"八仙过海""临江宴""五台会兄""柳荫记""白蛇传"等片段。总之，一台比一台精彩，鲜艳夺目。中间锣鼓紧连助兴，最后是灵官大神，手执九节钢鞭，耀武扬威，怒目圆睁，意在护卫着朝山队伍的一切安全。最尾又有锣鼓伴随，朝山队伍长达几条街①。

上面的这段描述形象而生动，然而，如果仅仅从阵容来认识朝山会，则会丢失朝山习俗中具有重要核心凝聚力的灵魂，也就是朝山会之所以组织起来的核心。这个核心就是善生。在农耕社会之中，通过信仰观音、朝拜观音、祈愿风调雨顺、家庭幸福以及生儿育女等，都是民众希望善生的体现。人们对于观音信仰神圣性的确立与依赖，即来自对善生的追求。朝山会虽然装扮成古代帝王的巡礼形式，但是离不开的是朝山的神圣性，这也是所有宗教活动之中最为核心的部分。

在上面描述之中，除了介绍到政治的影响以外，并没有体现任何神圣性的内涵。然而，这并非现实。这一点宗性法师曾告知笔者说：在开导旗之后有引香师，在朝山队之中充当引路、主法的角色。每到一个关键的地方，如过河上桥之际，引香师就要念一段赞文。或者朝礼之中，在茶店歇脚饮茶，从喝茶、还茶到谢茶，引香师都要念一段赞文赞礼店家，祝福和乐升平②。然而，可惜的是，我们现在已难以获知这些赞文的具体内容。宗性法师曾提到这些香会的组织者往往是地方社区的退休老人，他们在退休以后，积极参与民俗文化，调动地方民众的朝山积极性，为社会伦理道德的弘扬作出了不可磨灭的贡献。如果在国家注重宗教文化的同时，市县有关部门能够积极培育一些地方上（如乡镇、街道办等）的宗教工作联络员，引导民俗信仰的正规化、合法化发展，对于国家社会的稳定，当有一定的促进作用。

关于近代以来遂宁香会节的发展状况，可以从《广德寺志》所收录的数篇文章以及普正法师的著作中略窥一二。

如1924年川军师长陈国栋部驻扎遂宁，就开始在广德寺二月香会期间举办擂台比武。1926年，四川边防军总司令李家钰驻防遂宁，更是在广德寺二月香会之前便发出练兵习武、发扬国术的号召，责令县长马光主持擂台比武大会。时间由二月初一日开始，至二十五日结束。参加比赛的人员

---

① 吴安邦、李运焕：《闻名遐迩的遂宁二月香会》，收于《广德寺志》，成都木鸟文化传播有限公司，2008年，第588—591页。

② 宗性法师口述，2014年10月2日于文殊院方丈室。特此注明致谢！

涵括了边防军部队和遂宁县属四十八个乡场的武术人员，并函邀蓬溪、潼南、安岳、乐至、射洪、简阳、资阳、新津、邛崃、蒲江、双流、三台、成都等市县武术拳师。每天远近观众达数千人次。[①]从这两处记载可以看到，遂宁的香会节在近代以来结合了时代特色，增加了比武的内容。这一内容的增加，当是受了清末民国国内外政治社会环境的影响。在当时，国力凌弱，常受外侮，加之民国期间四川军阀混战，习武以练兵自然成为各军阀争权夺地的重要举措。然而，除了在香会节上增加武术竞技以外，更为重要的是，以李家钰为代表的军政界顺应经济的发展趋势，在香会期间组织了劝业会。（详见胡光翰针对遂宁香会所写的《二月香会的劝业会》[②]）。劝业会与擂台比武结合起来，成为遂宁香会节的重要特色内容，并具有了巩固政治、活跃经济、促进民生等层面上的积极意义。所以，在1935年川政统一以后，第十二区行政督察专员公署仿效了李家钰的办法，通知所属九县于香会期间，将农工商各业土特产品齐集广德寺举办展销品评比活动。遂宁香会节的这些活动，逐渐丰富而精彩，并从单一的宗教信仰民俗活动，逐步走进了百姓生活。而地方政府利用香会节促进行业交流、物资流通，对经济的活跃也起到了不可代替的重要作用。因此，这些活动直到抗日战争爆发后才停止[③]。

蒋含光先生在回忆民国遂宁香会节时，提到遂宁商界曾有一种说法："城里的香会节，就像农村的秋收一样，只要这个节一过，城里人一年的吃穿便不愁了。"[④] 这一说法估计不无根据，然而应主要表现的是大朝之时。如他说："到了大朝时，各地来参观者，将街道挤得水泄不通。这时商店也就大做其生意，进入了丰收季节。好多城市平民单靠卖香、蜡、纸也可赚够一年的生活费用。"[⑤]

根据蒋先生的文章，这一说法更是突出体现在了1946年的香会节上。由于抗战期间社会动荡不安，大量市民被疏散到乡下。在兵荒马乱之际，又因日本大轰炸，国民党抓壮丁，土匪抢人之事时常发生，遂宁的香会节因此而冷淡下来。到1945年日本投降了以后，人们以为天下从此太平，所以到遂宁朝山的热情就喷薄而出，蒋先生就详细记载了其情形：

> 这一年的香会节开始得特别早，从元宵节以后，便已有人流不断向遂宁城流来。遂宁街上、灵泉寺、广德寺已经十分热闹，几条大街上已开始听到朝山锣鼓的声音。到了二月初，路上的人流开始由原来的单线变成了双线或三线并行了。到了接近二月中旬，路上的人流便再也分不出线来了，远远望去就像一条人河不断向前涌。这条人流从广德寺起至西门入城，再往顺城街、小北街到城隍庙，然后往遂州公园绕出大北街，直到油坊街出城过河到灵泉寺，形成这样一个大环型，从早到晚终日不息，一路上香烟缭绕，锣鼓喧天，旗旌蔽空，念佛声不绝，天天都是这样地流动。到了正会那几天（二月中旬）人更多了。原来还可以看到流动的人群，这

---

① 李国梁：《广德寺二月香会的擂台比武》，收于《广德寺志》，成都木鸟文化传播有限公司，2008年，第592—594页。
② 胡光翰：《二月香会的劝业会》，收于《广德寺志》，成都木鸟文化传播有限公司，2008年，第587页。
③ 胡光翰：《二月香会的劝业会》，收于《广德寺志》，成都木鸟文化传播有限公司，2008年，第587页。
④ 蒋含光：《活跃商贸的一次盛会——记1946年遂宁香会节》，原载《遂宁市文史资料选辑》（第7集）1992年7月，后收于《广德寺志》，成都木鸟文化传播有限公司，2008年，第542页。
⑤ 蒋含光：《活跃商贸的一次盛会——记1946年遂宁香会节》，原载《遂宁市文史资料选辑》（第7集）1992年7月，后收于《广德寺志》，成都木鸟文化传播有限公司，2008年，第542—543页。

时简直无法流动了，街上路上的人真正是水泄不通了，人们都互相紧紧地挤着，慢慢地向前移动①。

在特定时期，由于民众过度压抑的日常生活在和平使者的感召下得到了充分的释放，因而朝礼圣地，瞻仰圣迹，祈福息灾，就成了民众的职责以及应尽的义务。所以，蒋先生在这里的描述并非无稽之谈，他把特定时期人们对于神圣世界的渴望，以比喻的方式、素描的方式生动地表现出来，以"人流""人河""单线""双线""三线"等简简单单的词语传达了民众对于和平的渴望之心，以及抗战胜利之后的喜悦之情。这一年的香会由于从二月初延续到了三月底，遂宁城内的商家自然喜获丰收，笑逐颜开。

从善生的社会组织演变中发掘遂宁观音香会传统的历史价值与社会影响可以看出，传统香会蕴含了丰富的历史价值，并产生了重要的社会影响。

首先，教化普通民众。在神道设教层面上，香会的组织者、朝山团队的成立，以及地方精英的推动，使得香会节成了地方社会中的一个重要的教化平台。他们利用民众对于观音菩萨的信仰，传播各种因果故事，催化善念的萌芽，推出善生的生活理念。朝圣路上有各种逸闻，如鼓乐比赛是在比套路、比喜庆，念佛比赛则是比念得多、念得好等等。这些比赛由于结合了朝圣的神圣因素，所以一方面表现的是各自的虔诚之心，另一方面挑战也是为了学习提高。然而不管怎么样，对于观众来说，却是享受了原生态的趣味表演。这个恰好也展示了中国传统之中的"娱乐与教化为一体"的教化理念②。

其次，构建伦理道德。佛教的劝善理念集中于其五戒十善之中。在香会节期间，朝山人群被笼罩在佛教的神圣氛围之中，各种因果故事在这个神圣场域表现得更为集中，从而形成了浓烈的伦理教化氛围。

最后，发展社会民生。在这个层面，除了地方政府在香会节期间举办劝业会、擂台赛等活动以外，还有很多民众自发形成的行业活动。或许是香会节期间的朝圣促成了商业灵感的迸发，具有本地特色的农业、手工业得到发展。据记载："永川周十爷来遂宁赶会，看到有利可图，迁来遂宁传授烧广沙罐技术；横山乡的王明山从成都学会织板巾技艺，回遂发展了针织业务；还有大足、安岳、乐至、射洪、合川等县手工业者，来遂发展竹扣、木梭、角梭、梭滚、沙管、打板等纺织器材，以及各种日用品和其他时髦商品，丰富了香会节的内容。"③

四、善行天下：遂宁观音文化在文明互鉴中的典范意义

杨伯明先生曾言："以菩萨为乡亲，延大士为邑人。"④ 此语可谓道出了遂宁观音文化在文明互

---

① 蒋含光：《活跃商贸的一次盛会——记1946年遂宁香会节》，原载《遂宁市文史资料选辑》（第7集）1992年7月，后收于《广德寺志》，成都木鸟文化传播有限公司，2008年，第543—544页。

② 语出宗性法师，2014年10月2日于文殊院方丈室。

③ 吴安邦、李运焕：《闻名遐迩的遂宁二月香会》，收于《广德寺志》，成都木鸟文化传播有限公司，2008年，第590页。

④ 见杨伯明：《序二：以菩萨为相亲，延大士为邑人》，普正法师：《观音道场 千年福地：中国遂宁观音文化研究》，北京：宗教文化出版社，2010年。

鉴中的典范意义。文明的互鉴，在于承认对方的文明，并在鉴赏层面上进行对等的交流学习，比一般的文化交流略胜一筹①。这个思想理念的提出，既是对古代大同思想的当代演绎，也是对费孝通的"各美其美，美人之美，美美与共，天下大同"的和谐观以及方东美先生"共命慧"思想的进化。从西方一神教背景下亨廷顿的文明冲突论到今日东方传统宗教的文明互鉴论，更是文明交流史上的一大跨越。

遂宁观音文化在文明互鉴中的典范意义，在于遂宁地区不仅把妙善公主当作乡亲，在此基础上修筑道场，雕刻塑像，推广传说，而且还承认了其他地区的观音文化，如对于普陀山观音道场、陕西铜川大香山等不同观音道场的尊重。从这个层面认识遂宁的观音文化，方能体现其典范意义。

以观音传说为起源依据，以千年香会为传承纽带，以社区民众为教化对象，遂宁的观音形象脱胎于佛教历史，深耕于民俗社会，演绎了永不谢幕的历史长篇，述说着中华文明的扬善积德传统。在新时代，能否继续秉承善念、善生、善行天下的观音文化理念，既决定了地方民俗文化的生存延续问题，也是当前遂宁打造现代观音文化名城的重要考量标准。

（本文原载《世界宗教文化》2016 年第 6 期）

---

① 宗性法师口述，2014 年 10 月 2 日于文殊院方丈室。

基 督 教 研 究

近代中国人《圣经》观念考述

陈建明 *

内容提要：据统计，自 1814 年到 1949 年 136 年间，英国、美国、苏格兰三家圣经公会和中华圣经公会在中国销售各种《圣经》约 3 亿册，其中大部分是单行本。近代中国不同阶层、不同信仰的人是如何理解《圣经》的呢？过去对这一问题的研究甚少。笔者认为按照对待《圣经》的态度可分为三类人群，即 1. 信奉者；2. 虽不信奉但也不排斥者；3. 坚决排斥者。除了基督徒将《圣经》视作信仰的准则外，非基督徒的一般民众对《圣经》的理解可分为四类，即 1. 将《圣经》视作异端邪说；2. 将《圣经》的教训作为革命的指南；3. 将《圣经》作为丰富中国语言文学的范本；4. 将《圣经》作为汲取人道主义的源泉。本文主要探讨中国非基督徒民众对待《圣经》的看法。

关键词：《圣经》　基督教　中国

从 1807 年基督教新教传教士马礼逊（Robert Morrison）来华到 1949 年期间，中文《圣经》在中国的翻译出版十分活跃。按汤因的统计，自 1814 年到 1952 年共 138 年间，英、美、苏三家圣经公会销售《圣经》总数为 279351752 册（1814—1940 年，其中《新旧约全书》2003231 册，《新约全书》6610794 册）；中华圣经公会销售总数 14070614 册（1914—1950 年，其中《新旧约全书》544012 册，《新约全书》618491 册）。两者相加，总共 293422366 册①。这近 3 亿册的《圣经》大部分是单行本，全本的《圣经》只占到极少的比例。

有机会接触《圣经》的中国人除了基督徒，还有一大批非基督徒。尽管有梁发、王韬、席胜魔、吴耀宗等一批人因接触和学习《圣经》而信奉了基督教，"基督将军"冯玉祥和张之江更是竭力宣扬推广《圣经》的典范，但基督教信徒占总人口比例始终都比较低。本文没有讨论中国信徒对待《圣经》的态度和理解，而着重分析非基督徒对待《圣经》的理解和态度，仅在涉及非宗教信仰的层面时提到基督徒。

---

* 作者简介：陈建明，"四川大学 985 工程"宗教与社会研究创新基地学术骨干、四川大学道教与宗教文化研究所教授。
① 汤因：《中华基督教圣经事业史料简编》，《协进》1953 年第 9 期，第 48 页。

一、将《圣经》视作异端邪说

当基督新教来到中国并进行传播之时，中国社会占统治地位的意识形态仍然是儒家思想，士大夫均奉儒学为正统。《圣经》的内容许多地方与中国传统文化和习俗大相径庭，因而遭到士大夫的抵制和抨击。这种情形从晚明即已开始了，到晚清仍然在继续，并更为猛烈。

1. 对《圣经》所记耶稣的来历和神性表示怀疑。清代杨象济（1825—1878）是个好论经世之学的文人，他在阅读《圣经》后对耶稣的出身表示怀疑，写道："论耶稣必先论耶稣之所自出。今其书云，自取肉身于贞女马利亚氏。夫童女受孕，千古第一怪事，然则耶稣者有母而无父，其本身之来历已属暧昧不明，其余更可知矣！"① 在反洋教风潮中出现的《辟邪实录》之《杂引篇》中对耶稣的降生和代世人赎罪的说法也不相信，指出："上帝之子，何假人生？人既有罪，何为代赎？"② 《湖南阖省公檄》则怀疑耶稣的神性，以为："天之所降，天必护之。乃耶稣在世，仅三十余年，即为巴斗国王钉死，身且不保，而谓其鬼可福人，此不待智者而知矣！"③

2. 对《圣经》所载耶稣行的神迹加以否定，指为邪法。《湖南阖省公檄》提出耶稣凭治病救人的行为就被称为圣人是不可取的，这样的神迹中国古已有之："乃考其所述，不过能医。夫徒能医即为圣人，则扁鹊、华佗等之能起死回生者皆圣人矣！况且天下甚大，耶稣一人能救几何？"林昌彝（1803—?）则将耶稣的行为比作中国道家的法术："迹其生平，最夸者，医病救人。然动割人肉，邪法也。又曾以七饼折为徒众三千人食，亦不过如道家搬运之术，其他别无功德，乃敢称为造天之主，谬谓天地民物皆为所造成者。"④

3. 对天堂地狱之说的批判。《湖南阖省公檄》指出："彼教言一切罪过，惟天主一人可赦，凡入其教者，悉升天堂。无论苍苍之表，谁见其有天堂？即有之，而不问良莠，概登其中，上帝何启宠纳侮之甚耶？"⑤ 光绪年间进士、任过知县的王炳燮（生卒年不详）认为："天堂地狱之说，始于佛书。其事有无，从无实据。纵使有之，亦必忠臣孝子义夫节妇，举凡正直无邪之人，方得升天。其无父无君、不忠不孝、淫乱邪伪、奸恶欺诈之人，必入地狱。以理言之，固如是也。今天主教窃取佛书之说，以惑愚人曰：能奉教者，死登天堂；不奉教者，皆入地狱。……是佛之言天堂地狱，尚有劝善惩恶之意。而天主教则专借其说以诱人从教。"⑥

4. 否认末日审判的可能性。晚清副贡生出身、曾做过官府幕僚的梁廷枏（1796—1861）在所著《耶稣教难入中国说》中，介绍了基督教的《圣经》、教义、教规及历史。他对于《圣经》记载的末日审判表示怀疑道：地球的空间有限，不足以容纳所有等待审判的灵魂，如果确有最后的审

---

① 杨象济：《洋教所言多不合西人格致新理论》，葛士濬辑：《皇朝经世文续编》卷一一二。杨象济，浙江秀水人，字利叔。咸丰举人，好论经世，工文章。长期为督抚幕客。

② 绅民公刊：《辟邪实录》，转引自吕实强《中国官绅反教的原因》，台北："中央"研究院近代史研究所，1985年，第38页。吕氏所据《辟邪实录》为署名饶州第一伤心人编辑，不署真实姓名，无刊印地点和年代，仅有"绅民公刊"字样。

③ 《湖南阖省公檄》，同治元年。王明伦选编：《反洋教书文揭帖选》，济南：齐鲁书社，1984年，第2页。

④ 林昌彝：《辟邪教议》，《小石渠阁文集》卷一。林昌彝，侯官人，字惠常，道光进士。

⑤ 《湖南阖省公檄》，同治元年。王明伦选编：《反洋教书文揭帖选》，济南：齐鲁书社，1984年，第2页。

⑥ 王炳燮：《上协揆倓艮峰中堂书》，《毋自欺室文集》卷六。王炳燮，元和人，字绅斋，光绪进士，官至直隶知县。

判，为什么迟迟不进行，也没有指明审判的时间？"天果将来有齐集审判之日，是生人类自此终，灵魂之躯自此始矣。无论审判不知迟至何代而后举，而自耶稣至今，已千余年矣，何以一行审判乎？"①

除了对《圣经》的内容表示不可信外，一些文人还拒绝参与协助传教士翻译《圣经》的工作。如管嗣复（？—1860）是上海名士，与传教士有交往，曾与传教医生合信（Benjamin Hobson）合译《西医略论》《内科新说》《妇婴新说》三本西医著作。1859 年，当美国传教士裨治文（Elijah C. Bridgman）邀请他翻译《旧约》时，他"以教中书籍大悖儒教，素不愿译，竟辞不往"。他还对王韬（1828—1897）说："吾人既入孔门，既不能希圣希贤，造于绝学，又不能攘斥异端，辅翼名教，而岂可亲执笔墨，作不根之论著、悖理之书，随其流、扬其波哉。"② 可见，管嗣复虽接触西学，但仍站在儒教的立场对待基督教的《圣经》翻译活动。

从上述言论可以看出晚清一部分士大夫对于《圣经》及其教义所持的否定态度。

清末民初追随孙中山革命者虽不乏基督徒，但也有对基督教持激烈反对态度的人，朱执信（1885—1920）③ 即其中代表人物之一。1919 年底，朱执信在上海《民国日报》发表《耶稣是什么东西》一文，专门批判剖析以各种形态呈现的耶稣，从而涉及对《圣经》的评价。他说："基督教《新约》中所谓最可靠者，就是共观福音书，《马太》《马可》《路加》三种。"但古代的福音书流传到现在已经变样了，因为"古代的福音书，只有抄本，不完个全的。那些僧侣，占住一个教堂，就随意可以增删经典"。由于各行其是，互不承认，"等到热心的皇帝看不过眼了，就召集各院的僧侣，开一个会议，把所有的《圣经》一部一部、一条一条用多数来定他的真伪，这已经是可笑极的了"。他对《圣经》所讲到的耶稣人格下的结论竟然是："耶稣是口是心非、褊狭、利己、善怒、好复仇的一个偶像。"④ 朱执信所论基本上否定了《圣经》的价值。

在中国人中也有早年信了基督教，以后受到民族主义、进化论、无神论影响，而放弃基督教信仰，否定《圣经》的。如中国共产党人车耀先（1894—1946）⑤ 早年曾为川军军官。1921 年，他在驻扎四川简阳县城时结识福音堂牧师聂生明，由此阅读新旧约《圣经》，成了基督徒。1927 年，车耀先以基督教四川教友代表的身份赴上海参加"基督教东亚和会"，因受白种人代表歧视愤而退会。从此，他经常揭露帝国主义对基督教的利用行为。1928 年 10 月，车耀先加入中国共产党，他在《自誓诗》中写道："幼年仗剑怀佛心，放下屠刀求真神。读破新旧约千遍，宗教不过欺愚民。"⑥ 这表明他对基督教和《圣经》不再相信。

① 梁廷枏：《耶稣教难入中国说》，1844 年刻本。梁廷枏，广东顺德人。字章冉。副贡生，咸丰时赐内阁中书，加侍读衔。通史学，善诗文，精于韵律。

② 方行、汤志钧整理：《王韬日记》，北京：中华书局，1987 年，第 92 页。管嗣复，江苏南京人，字小异，其父管同是桐城派重要人物。

③ 朱执信，广东番禺人。出身于封建士大夫家庭，1904 年留学日本，次年加入同盟会，辛亥革命后任广东军政府总参议等职。1920 年奉孙中山之命赴广东策动驱逐桂系军阀，9 月在虎门炮台遇难。

④ 朱执信：《耶稣是什么东西》，载《朱执信集》下集，北京：中华书局，1979 年，第 638—641、645 页。

⑤ 车耀先，四川大邑人。1913 年弃商从军。1921 年 27 岁时在简阳福音堂成为基督徒。1928 年 10 月加入中国共产党，1930 年任川西特委军委委员。1931 年发起组织反帝爱国的成都市基督教改进会，提出自立、自传、自养口号，创办刊物《改进》。1940 年 3 月，被国民党逮捕。1946 年 8 月 18 日，在重庆"中美合作所"被秘密杀害。

⑥ 《车耀先纪念文集》，本书编委会编印，四川成都，2002 年，第 1 页。

二、将《圣经》作为革命的指南

　　《圣经·旧约》反映了希伯来民族反奴役、反侵略的悲壮历史,《圣经·新约》则记载了许多犹太下层人民反抗压迫、反对社会不公,提倡民主、平等、爱国的呼声。这些内容鼓舞了中国人民反帝反封建的斗争勇气。利用民间宗教或者谶纬之说发动农民起义在中国历史上屡见不鲜,但利用西方基督教的《圣经》教训造反则是从太平天国革命开始的。道光十六年（1836）春天, 20 多岁的洪秀全（1814—1864）到广州参加府试考秀才,一天他在街上接受了传教士散发的一本小书,书名叫《劝世良言》。这是一本宣传基督教教义的中文通俗读物,作者是上文提到的梁发。

　　1843 年,洪秀全又一次考试失利,大病一场,并在梦中见到异象。他将异梦与《劝世良言》相互印证,发现这本小册子原来是"上帝"特意赐给他的,是"一切真道的基础"。洪秀全极为推崇这本书,如有人借读,他就严嘱他们不可窜改或污损。他说,书上写着:"耶和华的言语正直,凡他所作的尽都诚实。"（《旧约·诗篇》33:4）[①]于是他决定皈依"上帝",并按他自己的理解自行洗礼,表示清除罪恶,弃旧从新。他向亲友"宣讲拜偶像之罪恶及信拜真神上帝之要",并为冯云山（1815?—1852）和洪仁玕（1822—1864）施行"洗礼"。洪秀全受《劝世良言》的影响,主要有两点: 1. 上帝是主宰一切的独一真神,其他一切神佛菩萨偶像都是邪神妖魔。2. 一切人都是上帝的子女,都是平等的。可见,《劝世良言》选录的部分《圣经》及阐发的基督教义对洪秀全改变人生信仰产生了巨大影响。第二年春天,洪秀全和冯云山前往广西山区"宣传真道"。

　　洪秀全对于《圣经》非常尊崇。1847 年 3 月,洪秀全与洪仁玕前往广州,在传教士罗孝全（Issachar Jacob Roberts）主持的教堂里研习《圣经》。冯云山则在紫荆山创立了拜上帝会,有教徒 3000 余人,奉洪秀全为领袖。洪秀全将"赴广州时得获新、旧遗诏《圣书》……对众人选读经文""谆谆劝告人真心信仰真理"[②]。拜上帝教的主要教义来源于对《圣经》教训的改造和附会,同时杂糅了中国民间信仰和皇权主义思想以及民间巫术。1853 年太平天国定都天京,洪秀全下令大量刻印《旧遗诏圣书》和《新遗诏圣书》,以及收有他本人诏旨的《真命诏旨书》,作为太平天国典籍颁行天下。洪秀全还将郭氏译本中的《创世记》《出埃及记》和《马太福音》作为应试生员的参考本。据说"太平天国"中的"天国"二字,就是采用了郭士立《圣经》译本中《马太福音》中的"天国"（the Kingdom of Heaven）一词。

　　其实,洪秀全并非真正意义上的基督徒,他也没有正确完整地理解基督教教义,但他的确受到《圣经》影响,利用和改造基督教义发动了一场轰轰烈烈的农民起义,冲击了中国传统文化,建立起地上的太平天国。利用《圣经》教训发动革命不只是洪秀全,在以后的中国民族民主革命中还有许多案例,不过更多地表现为以耶稣为人格榜样去救国、救民。

　　《圣经》告诉人们,耶稣为拯救苦难的人类在世上奔走,身心交瘁,最后以自己被钉死在十字

---

　　① ［英］吟唎著,王维周译:《太平天国革命亲历记》,上海:上海古籍出版社,1985 年,第 31 页。
　　② 中国史学会主编:《太平天国》,上海:上海人民出版社,1957 年,第 4 册,第 735 页;第 6 册,第 824 页。

架这一伟大的自我牺牲而永远赎了人类的罪孽。耶稣成为中国革命者不惜牺牲自己为大众谋利益的榜样。孙中山（1866－1925）在香港西医书院读书时经常与教友"互相研讨耶稣与革命之理想"，他们认为"耶稣之理想为舍己救人，革命之理想为舍己救国，其牺牲小我，求谋大众福利之精神，原属一致"①。孙中山从《圣经》中拾取耶稣牺牲精神以鼓励教友投身革命事业的用心是很明确的。《旧约》记载摩西和约西亚先后领导希伯来民族（后来衍生出以色列民族）摆脱奴役，长期游牧，最后进入迦南美地（今巴勒斯坦）。孙中山年轻时"读《旧约》至摩西导引以色列族出埃及到迦南乐土记，眉飞色舞，拍案大叫，我孙逸仙岂不能令我汉族脱离鞑虏而建新国乎?"② 1924 年他在《勉中国基督教青年》一文中还引用《圣经》中的这段故事激励教友说："夫教会之入中国，既开辟中国之风气，启发人民之感觉，使吾人卒能脱异族专制之羁厄，如摩西之解放以色列人于埃及者然。以色列人出埃及而后，犹流离困苦于荒凉沙漠间四十年，而必待约西亚以领之，而至迦南之地。"他希望基督教青年会"担负约西亚之责任，以救此四万万人民出水火之中而登之衽席之上"③。在孙中山看来，《圣经》、基督教与革命不但不矛盾，而且有相通之处。1904 年春孙中山赴美国向华侨宣传反清革命，同时也不失时机地向美国人民呼吁同情。5 月，他在旧金山向美国公众发表演说道："我们夺取广州的计划是失败的，但我们仍然满怀希望。我们最大的希望是，把《圣经》和基督教教育作为一种传递手段，向我们的同胞转送通过正义的法律所可能得到的幸福。"④

1936 年 8 月，号称"基督将军"的冯玉祥（1882—1948）在江西庐山牯岭参加了退修会的活动。冯玉祥讲道时，主要以"基督徒爱人救国的责任"为题，指出耶稣的死，正是为了救国而牺牲。冯玉祥以《圣经·约翰福音》第 11 章 47—53 节为证，说明耶稣之死，乃为国而牺牲了生命。该段经文说："独不想一个人替百姓死，免得通国灭亡，就是你们的益处。"⑤ 在国难当前之际，基督徒必须牺牲，不计成败，为救国而努力⑥。冯玉祥回到南京后，在查考《圣经·创世记》时，出于科学的理由，不太接受创世神话，但是，当他读到以色列民族被压迫的历史时，因其与中国的情况相似，而深感认同⑦。抗日战争期间，冯玉祥认为耶稣革命的精神是推动反侵略战争的重要动力，作为教会的信徒，要"效法耶稣的革命精神，是如何伟大，是和强权奋斗，为公理而牺牲"⑧。

在抗日战争时期，许多教会学校以圣经中的摩西、大卫、以斯帖等以色列民族英雄的事迹为题材编演戏剧，宣传抗日思想，收到良好效果⑨。即使是主张无神论的中国共产党人，如陈独秀（1879—1942）、恽代英（1895—1931）、车耀先等人对于《圣经》中耶稣的牺牲精神也是持赞赏态度的。

① 王宠惠：《追怀国父述略》，《革命先烈先进阐扬国父思想论文集》第 1 册，台北：各界纪念国父百年诞辰筹备委员会，1965 年。
② 崔沧海：《史烈士与基督教信徒合作革命之信史》，《真光杂志》二十五周年纪念特刊号，1927 年 6 月。
③ 《孙中山全集》第十一卷，北京：中华书局，1986 年，第 537、538 页。
④ 《孙中山全集》第一卷，北京：中华书局，1981 年，第 240 页。
⑤ 基督徒革命家徐谦在表明自己的基督教救国主义时，也引用了这段经文，作为基督徒必须救国的根据。
⑥ 邢福增：《基督信仰与救国实践——二十世纪前期的个案研究》，香港：建道神学院，1997 年，第 293—294 页。
⑦ 中国第二历史档案馆编：《冯玉祥日记》，1936 年 12 月 28 日，第 4 册，第 865 页；1937 年 1 月 13 日，第 5 册，第 13 页。南京：江苏古籍出版社，1992 年。
⑧ 《冯玉祥日记》，1938 年 3 月 13 日，第 5 册，第 409 页。
⑨ 陈忠：《圣经的全文汉译与它在中国的社会影响》第六辑，章开沅、马敏主编：《基督教与中国文化丛刊》，武汉：湖北教育出版社，2004 年，第 286 页。

三、将《圣经》作为丰富中国语言文学的范本

《圣经》在文学上有很大的成功，行文流畅，语言简洁，结构精致，在技巧上大量运用象征和比喻。中文译本尽量保留了这些特点，特别是 1919 年印行的和合本《圣经》促进了中国新文学语言的建设和白话文的发展，不但满足了中国教会的需要，而且成为中国白话文运动乃至新文化运动的先锋。

许多现代中国作家、诗人，不论是否信仰基督教，都有阅读、购买《圣经》的经历，汲取《圣经》故事的精髓进行创作：鲁迅（1881—1936）一生中多次购买《圣经》，并在日记中作了记载；他相当熟悉《圣经》，常在作品中引用《圣经》故事。巴金（1904—2005）曾为翻译工作参阅中外不同版本的《圣经》，拥有渊博的知识，因此"福音影响于巴金的笔法和思想是很大的，他在自己的写作中，曾引述了许多福音的地方……"① 郭沫若（1892—1978）在留日期间为解除精神苦闷，把《圣经》当日课诵读，他曾说："《新旧约全书》我都是读过的，而且有一个时期很喜欢读，自己更几乎到了要决心去受洗的程度。"② 虽然，他最终没有信仰基督教，但在其作品中经常引用《圣经》中的典故，甚至在 1942 年发表文章希望从事文艺的人至少把汉译《圣经》翻阅一两遍③。沈从文（1902—1988）从湘西到北京随身带着两本书——《史记》和《圣经》，他从中学会了文学叙事和抒情技巧与风格。他一生都推崇《圣经》，到了 20 世纪 80 年代仍然每天都读《圣经》④。周作人（1885—1967）借《圣经》学习外语，并因此对基督教产生了感情。朱自清、曹禺（1910—1996）、冰心（1900—1999）都较早接触了《圣经》。其他尚有许多事例，不可胜数。

《圣经》对中国现代新文学具有积极意义。1941 年，朱维之（1905—1999）在其《基督教与文学》一书的导言中说："中国固然已有悠久的文化历史，有特殊的、丰富的文学遗产；但那只是旧时代底贡献，祖宗底努力。现在我们成了新世界底一环时极需新的精神，新的品格，新的作风，来做新的文学贡献，新文学中单有异教的现实面是不够的，我们更需要基督教底精神原素。"⑤ 他还指出：基督教在"五四运动"以前，对中国文学最大的贡献是《圣经》的翻译和出版，以 1919 年 2 月印行的《国语和合本圣经》为代表；"五四运动"以后对中国文学最大的影响是圣歌的翻译出版，以 1936 年《普天颂赞》的编译印行为代表⑥。1942 年，郭沫若也撰文指出："耶稣教的《圣经》对于中国的文学，不用说是现代文学，似乎也不能说没有影响……无论直接或间接，新、旧约在中国的现代文学上是有着很大作用的。"⑦ 事实的确如此，在中国新文化运动中，许多并非基督徒的中国作家对《圣经》推崇备至，那是因为《圣经》的文学魅力对他们构成了巨大的诱惑。他们阅读《圣

---

① ［法］明兴礼著，王继文译：《巴金的生活与著作》，香港：文风出版社，1950 年，第 164 页。
② 郭沫若：《双簧》（1936 年），《郭沫若全集·文学编》第十卷，北京：人民文学出版社，1984 年，第 95 页。
③ 《关于"接受文学遗产"》（1942 年 8 月 8 日），《郭沫若文艺论文集》，香港：艺文出版社，1984 年，第 31 页。
④ ［美］金介甫著，符家钦译：《凤凰之子：沈从文传》，北京：中国友谊出版公司，1999 年，第 172 页。
⑤ 朱维之：《基督教与文学》导言，上海：上海书店，1992 年，第 6 页。
⑥ 朱维之：《漫谈四十年来基督教文学在中国》，《金陵神学志》第二十六卷第 1、2 期合刊，1950 年 11 月。
⑦ 《关于"接受文学遗产"》（1942 年 8 月 8 日），《郭沫若文艺论文集》，香港：艺文出版社，1984 年，第 30 页。

经》虽然有寻求情感寄托的一面，但更多的是为了解学习基督教方面的文化和语言知识。

在现代文学的语言建设方面，中国作家从《圣经》中获益匪浅。沈从文坦言自己初学写作时主要靠白话《圣经》，在反复阅读中，他"得到极多有益的启发，学会了叙事抒情的基本知识"，并"喜欢那接近口语的译文""和部分充满抒情诗的篇章"①。朱自清认为："近世基督教《圣经》的官话翻译，也增富了我们的语言。"②郭沫若认为白话《圣经》对现代汉语的影响几可与佛经翻译对古汉语的影响比肩："我知道翻译工作绝不是轻松的事体，而翻译的文体对于一国国语或文学的铸造也绝不是无足轻重的因素。让我们想到佛经的翻译对于隋唐以来的我们中国的语言文学上的影响吧，更让我们想到《新旧约全书》和近代西方文学作品的翻译对于现行的中国的语言文学上的影响吧。"③艾青（1910—1996）不少诗歌直接取材于《圣经》，如1933年创作的《一个那撒勒人的死》，描述了耶稣被叛徒出卖和被处死的情景。他的许多诗歌、诗论都引用了《圣经》的故事和成语典故④。据不完全统计，巴金的作品中采用《圣经》题材或引用典故多达63处以上，直接渊源于《圣经》的词汇、名句不可胜数⑤。

周作人是新文学先驱人物，对于《圣经》与中国新文学的关系有较为深刻的见解。他在1921年发表的《圣书与中国文学》一文中谈及了白话《圣经》汉译本的积极作用。他说："我记得从前有人反对新文学，说这些文章并不能算新，因为都是从《马太福音》出来的；当时觉得他的话很是可笑，现在想起来反要佩服他的先觉：《马太福音》的确是中国最早的欧化的文学的国语，我又预计他与中国新文学的前途有极大极深的关系。"⑥周作人在经过一番比较之后，得出《圣经》汉译本对于新文学语言建设的借鉴意义：

> 前代虽有几种语录说部杂剧流传到今，也可以备参考，但想用了来表现稍为优美精密的思想，还是不足。有人主张"文学的国语"，或主张欧化的白话，所说都很有理：只是这种理想的言语不是急切能够造成的，须经过多少研究与试验，才能约略成就一个基础；求"三年之艾"去救"七年之病"，本来也还算不得晚，不过我们总还想他好的快点。这个疗法，我近来在圣书译本里寻到，因为他真是经过多少研究与试验的欧化的文学的国语，可以供我们的参考与取法。……白话的译本实在很好，在文学上也有很大的价值；我们虽然不能说怎样是最好，指定一种尽美的模范，但可以说在现今是少见的好的白话文⑦。

新文学中的赞美体、祈祷体等文学样式，也是受《圣经》有关文体影响而产生的新抒情文体。1936年《普天颂赞》的问世，标志着中国教会编纂赞美诗的新纪元，出版后成为国内最负盛名、销路最广的一本赞美诗集。中国现代著名作家许地山（1893—1941）在燕京大学期间，曾参加教会活

① 沈从文：《从文自传》，北京：人民文学出版社，1981年，第135页。
② 朱自清：《新诗杂话》，北京：三联书店，1984年，第69页。
③ 郭沫若：《浮士德简论》，罗新璋编：《翻译论集》，北京：商务印书馆，1984年，第335页。
④ 张志春：《艾青与〈圣经〉》，《延安大学学报》（社会科学版）1990年第1期，第37页。
⑤ 董必严：《巴金与圣经》，《江淮论坛》1988年第2期，第80页。
⑥ 周作人：《圣书与中国文学》，《小说月报》第十二卷第1号，1921年，第7页。
⑦ 周作人：《圣书与中国文学》，《小说月报》第十二卷第1号，1921年，第6—7页。

动，并参与基督教文字工作。其中《神佑中华歌》是他按着英国国歌的格律填词而作。在编辑《普天颂赞》时，许地山以他所创作的这首诗寄投，由杨荫浏（1899—1984）谱了中国曲调，调名《美地》，于是这首诗歌也就有了新的形式和乐谱，表达了中国信徒的爱国热忱。中国基督教文学中亦不乏祷诗，如冰心的《晚祷》、梁宗岱（1903—1983）的《晚祷》、闻一多（1899—1946）的《祈祷》、穆旦（1918—1977）的《祈神二章》以及王独清（1898—1940）的《圣母像前》等都是祈祷体的风格。

关于《圣经》对中国新文学的影响，当代学者刘丽霞有详尽的论述，她认为："概括起来，《圣经》作为一种异质资源，在新文学中主要表现为以下几点：一是对《圣经》语言和意象的引入和移植；二是对《圣经》所体现的基督精神的认同与体现；三是对《圣经》文体的借鉴和吸收。"① 这些看法是笔者所赞同的。

四、将《圣经》作为汲取人道主义精神的源泉

提倡仁慈与爱是《圣经》的核心教义，《圣经》中蕴含着丰富的人道主义精神。当耶稣进入耶路撒冷时，法利赛人试探耶稣，问他最大的诫命是什么，耶稣回答说："你要尽心、尽性、尽意爱主你的神。这是诫命中的第一，且是最大的。其次也相仿，就是要爱人如己。"② 耶稣和保罗是福音人道主义的奠基者，他们告诫人们"天国近了，你们要忏悔""信仰至善的上帝""选择爱的生活""与上帝交往的内在性"，这四个思想核心是爱，爱构成福音人道主义的核心③。这些教训也引起了中国人的注意。

周作人认为："现代文学上的人道主义思想，差不多也都从基督教精神出来。"在《旧约》里古代的几种纪事及预言书的思想还稍严厉，而略迟的几篇著作如《约拿书》就显示出"高大宽博的精神"。篇末记载耶和华说道："这蓖麻……一夜发生，一夜干死，你尚且爱惜，何况这尼尼微大城，其中不能分辨左手右手的有十二万多人，并有许多牲畜，我岂能不爱惜呢？"周作人认为上帝的慈悲思想在《新约》中表现得更加突出，《马太福音》中登山训众的话，便是适切的例子。耶稣对使徒们说："你们听见有话说：'以眼还眼，以牙还牙。'只是我告诉你们，不要与恶人作对。"（5：38—39）"你们听见有话说：'当爱你的邻居，恨你的仇敌。'只是我告诉你们，要爱你的仇敌，为那逼迫你们的祷告。"（5：43—44）周作人认为："这是何等博大的精神，近代文艺上人道主义思想的源泉，一半便在这里。我们要理解托尔斯泰、陀思妥耶夫斯基等的爱的福音之文学，不得不从这源泉上来注意考察。"④

前面说过，喜爱《圣经》的中国作家大多不是基督徒，他们是如何汲取《圣经》中的人道主义

---

① 刘丽霞：《〈官话和合本圣经〉的成功翻译及其对中国新文学的影响》，《南京师范大学文学院学报》2005 年第 3 期，第 89—95 页。

② 《马太福音》22：37—39；《马可福音》12：29—31。

③ 杜丽燕：《爱的福音——中世纪基督教人道主义》第四章，北京：华夏出版社，2005 年。

④ 周作人：《圣书与中国文学》，《小说月报》第 12 卷第 1 号，1921 年，第 5 页。

精神的呢？原来，在《圣经》中有三类最为动人的意象：一是伴随原罪而来的人世间浩大无边的苦难意象；二是为拯救人类命运赎补人类罪恶而被钉上十字架的献身意象；三是以彼岸天国为代表的光明意象。正是这些意象从文化上而不是从教义上给了中国现代非基督徒知识分子以心灵的和创作的感动。例如在诗人艾青的诗歌中，最为出色、最为动人且又反复出现的也是这三类意象：苦难、献身与光明①。再看巴金，他的世界观同宗教是对立的，但他对《圣经》悉心研读，并借以抒发自己的思想感情，大致有这样几个方面：1. 巴金主要作品几乎都贯串有信仰和光明的基调，《圣经》的语言、热情和幻想成为隐喻、烘托这一基调的手段。2. 他一方面批判《圣经》宣扬泛爱，排斥任何复仇的宽恕思想；另一方面又吸取《圣经》里诅咒人世间的邪恶和苦难，张扬善战胜恶，爱战胜仇的精神力量。3. 化用《圣经》里崇高的爱人、助人和自我牺牲的伦理道德②。

可以说，"爱"和"怜悯"是中国知识分子体验最深、表现最丰富的内容。除作家外，新文化运动的领军人物陈独秀也认为基督教是"爱"的宗教，它关注社会现实和人生，耶稣的博爱、牺牲、宽恕精神是基督教的根本教义。1920 年 2 月，陈独秀发表了《基督教与中国人》一文，文中写道："我以为基督教是爱的宗教，我们一天不学尼采反对人类相爱，便一天不能说基督教已经从根本崩坏了。基督教底根本教义只是信与爱，别的都是枝叶。"他并不信奉基督教的基本神学观点，却十分推崇《圣经》中耶稣基督的人格理念。他提出："基督教底'创世说''三位一体说'和各种灵异，大半是古代的传说、附会，已经被历史学和科学破坏了，我们应该抛弃旧信仰，另寻新信仰。新信仰是什么？就是耶稣崇高的、伟大的人格和热烈的、深厚的情感。"他将耶稣所教的人格、情感归纳为三点，即崇高的牺牲精神、伟大的宽恕精神、平等的博爱精神。他在引用大量《圣经》的章句说明这三点后，做结论道："这就是耶稣教我们的人格，教我们的情感，也就是基督教底根本教义。除了耶稣底人格、情感，我们不知道别的基督教义。这种根本教义，科学家不曾破坏，将来也不会破坏。"③

陈独秀写这篇文章的时候，正在参与筹建中国共产党。作为马列主义的信仰者，他是不会相信宗教的。但是，陈独秀通过对基督教的研究，结合当时中国社会麻木不仁的境况，认为可以用耶稣的人格来改变这种状况。中国基督徒教育家吴雷川曾评价陈独秀说："我觉得在反基督教运动的文字中，只有陈独秀氏所说的最为明通，他的态度也最为诚恳。……我们看了他这两篇文字的大意，可知道他对于教会是致深愤慨，而对于耶稣的人格和耶稣的教训则十分敬佩——他在《基督教与中国人》那篇文章里曾引了许多耶稣宝贵的训言——他的持论是平允的。我想：他虽然不是一个基督徒，他却真能了解基督教与将来的中国必有密切的关系，他是一个有志于改造社会的人。"④

中国伟大的平民教育家陶行知在年轻时即受洗成为基督徒。陶行知的宗教信仰很淡薄，但他却十分推崇耶稣的牺牲、博爱、服务精神，将自己的一生奉献给下层民众的教育。

以上论述基本勾画出了近代中国人对《圣经》的理解和态度。将《圣经》视作异端邪说加以抵制者，在晚清主要是封建士大夫，在民国时期主要是新式知识分子和革命党人。共产党人提倡无神

---

① 张志春：《艾青与〈圣经〉》，《延安大学学报》（社会科学版）1990 年第 1 期，第 40 页。
② 董必严：《巴金与圣经》，《江淮论坛》1988 年第 2 期。
③ 陈独秀：《基督教与中国人》，《独秀文存》，合肥：安徽人民出版社，1987 年，第 279、283、286 页。
④ 吴雷川：《基督教与中国文化》，上海：青年协会书局，1936 年，第 142、144 页。

论，当然也不会信仰包括基督教在内的各种宗教。将《圣经》视作信仰的准则予以遵从者无疑都是虔诚的基督徒，他们来自社会的各个阶层。利用《圣经》进行革命活动者既有真基督徒（如孙中山），也有假基督徒（如洪秀全）。借鉴《圣经》的文体和意象丰富中国语言文学者和从《圣经》中汲取人道主义精神者，基本上都是作家和文人。他们大都没有基督教信仰，却常常表现出"基督精神"①。这样一来，按照对待《圣经》的态度可分为三类人群，即 1. 信奉者（基督徒）；2. 虽不信奉但也不排斥者；3. 坚决排斥者。从总体上看，中国人对待《圣经》的态度是逐渐趋于友好的。

末了，需要说明的是：近代中国新教翻译出版的数量庞大的中文《圣经》对中国社会造成了多大的影响，究竟有多少中国人涉猎过《圣经》，这些我们都无法作详细的统计，但从一些个案中仍然可以看到近代中国人对《圣经》的理解和态度。本文基本上反映的是"文化人"对待《圣经》的理解和态度。这是由于近代中国普通百姓识字的很少，无法直接阅读《圣经》；也正由于这个原因，他们读经的感受亦缺乏记载，只得付之阙如。

（本文原载《社会科学研究》2007 年第 6 期）

---

① 关于这个问题可以参考杨剑龙：《旷野的呼声——中国现代作家与基督教文化》，上海：上海教育出版社，1998 年。

天主教新自然法伦理学

林庆华[*]

新自然法伦理学（New Natural Law Ethics）是 20 世纪 60 年代天主教梵蒂冈第二届大公会议后出现的最重要、最有影响的伦理神学派别之一。该学派的主要代表人物有：美国圣玛丽山学院（Mount Saint Mary College）杰曼·格里塞（Germain G. Grisez，1929—2018），英国牛津大学、美国圣母大学（The University of Notre Dame）约翰·芬尼斯（John M. Finnis，1940— ），加拿大多伦多大学圣米彻尔学院（St. Michael'College，University of Toronto）约瑟夫·博伊尔（Joseph J. Boyle，1942—2016），美国天主教大学若望·保禄二世婚姻与家庭研究所威廉·梅尔（William E. May，1928—2014）和美国普林斯顿大学罗伯特·乔治（Robert P. George，1955— ）。新自然法学派是在继承中世纪基督教神哲学家托马斯·阿奎那的有关学说，并在批判其他伦理理论的基础上形成的，体现了梵二会议更新伦理神学的精神。他们阐述的基本道德原理既忠实于圣经和天主教的传统，又吸收了当代学者的伦理洞见。

一、"自然法理论"释义

新自然法学派首先对"法""自然的""自然法"这三个重要概念做了解释。从伦理的意义上说，所谓"法"，系指做正确选择的标准，是评价人类行为是善或恶、正确或错误、值得欲求或不可欲求、正直或卑劣的准则。因而"法"就是人们做选择和行为的一般指导，是人们行动时必须遵从的有约束力的基本原则或规范，是评价人类选择和行为之道德性质的标准。

"自然的"一词，其主要含义是：（1）人类行为的原则或规范，是指导性的、规定性的，它们先于由个人的决定、群体的选择或社会习俗的任何安排。因而，不管它们如何被违背、被蔑视，都是不能废除的，即它们是客观的东西，而不是人制定的。（2）人类行为的原则或规范，比实在法、社会习俗和惯例更高级，它们为评价和赞同、正当地拒绝实在法、习俗或惯例提供前提，是人们制订社会法律的基础或标准，是评判实在法是否公正或有效力的最终依据。（3）人类行为的原则或规范是理性的客观要求，理智的和合理的思维、选择和行动必须符合这些要求。

"自然法"是自然法理论中最重要的一个概念。按芬尼斯的说法，"自然法"指论述基本人类

---

* 作者简介：林庆华，四川大学道教与宗教文化研究所教授、博士生导师。

善、正确选择的一般要求以及从这些要求推导出来的具体道德规范的一整套命题。具体地说，"自然法"包含三个内容：表明人类繁荣兴旺的基本形式是应追求和实现的善的一组基本实践原则；一组实践理性的基本方法论要求，这些要求区分开道德上正确的或错误的行为方式，从而使人得以表达；一套普遍的道德标准。博伊尔指出，自然法是一整套基于人性的理性的普遍规定，它们是所有人都可认识的道德原则和行为标准。自然法是理性的指令，是人的道德生活和道德判断的基础。按罗伯特·乔治的理解，自然法是一系列为行动提供基本理由的道德规范和实践原则，它由三套原则构成：第一套是最基本的实践原则和最普遍的道德原则，这些原则指导人的选择和行动指向作为人类幸福或繁荣兴旺的构成部分的基本人类善；第二套是一系列对道德最基本原则做出具体说明的居间原则，是一系列实践理性的方法论要求，这些具体的说明或要求区分开正确的和不正确的实践思维，并为区分合理的和不合理的行为提供标准；第三套是指一些具体的道德规范，它们要求或禁止某些可能的具体选择方式。因而，自然法是一套基于人性和基本人类善的永恒不变、普遍适用的客观道德原则和规范，这些原则和规范适用于所有人，适用于一切时代，适用于任何情况。从性质上说，自然法是人们通过正确运用理性就可以发现的，每个正常人天生就能够理解和认识自然法的基本原则或根本要求。

从上面的分析中可以看出，自然法理论是研究人的选择和行为对错的一般道德理论。罗伯特·乔治说，自然法理论是"一种关于为正确的实践推理和道德判断奠基的原则的批判性的、反省性的学说"。[①] 该理论要确定为行为提供基本理由的基本人类善，确定选择这些善的道德原则和规范，确定使道德上善的人和团体做正确选择的美德，并解释和捍卫自由选择的可能性。因此，一个完整的自然法理论"既包括实践的（即规范性的、规定性的）命题，这些命题确定某些选择、行为和意向是合理的或不合理的，善的或恶的，正确的或错误的，被许可的、被禁止的或被要求的；也包括关于实践命题的真理性、客观性和认识论根据及与其规定相一致的自由选择的真正可能性的理论的（即描述性的）命题"[②]。自然法理论是研究基本人类善、道德原则和道德规范的学说，其根本任务是确定人类行为正确或错误的最普遍标准。

二、自由选择、人类行为和良心

新自然法学派声称，其理论探究的目的是为基督徒的生活和行动提供一整套基本的道德原则和规范。为了理解基督徒的生活和道德，首先需要思考自由选择的存在，因为自由地选择的行为是人类生活的核心。而人们能做自由选择是以区分善恶判断的良心为前提的。

（一）自由选择

新自然法理论是以人能够做自由选择这一观念开始的。按天主的肖像和模样受造的人拥有自由选择的能力，"人是属于他们自己的，即受他们自己控制或支配的动物。他们的选择和行为，是他

---

① Robert P. George, "Natural Law Ethics", in Philip L. Quinn and Charles Taliaferro（eds.）, *A Companion to Philosophy of Religion*. Oxford: Blackwell Publishers, 1997. p. 460.

② Robert P. George, "Natural Law Ethics", p. 461.

们自己的选择和行为，而不是别人的选择和行为"①。正因为人有做自由选择的能力，他们才能过符合真理和自己愿望的生活。在自由选择中，人成了其自我的创造者，这是天主教信仰及其传统的一个核心真理。

按新自然法学派的看法，自由选择是做选择或不做选择、决定做这一事情或决定做那一事情的抉择。格里塞说："自由选择是决定做这而不是做那，或者决定做这而不是不做这。"② 芬尼斯说："在其核心的强意义上，自由选择是对两个或更多在理性上有吸引力而又不兼容的可选择的抉择中接受其中一种，因此只有选择本身才确定哪一种抉择被选择和追求。"③ 博伊尔和威廉·梅尔说："当一个人从一系列实际的抉择中挑选其中一种时，他或她就是做自由的选择。当人们自己的选择确定了他会挑选哪一个可获得的抉择时，一个选择就是自由的。"④ 罗伯特·乔治也说道："自由选择是在两个或更多个开放的实践可能性之间的选择。"⑤ 自由选择是人们在两种或两种以上的可能抉择中选择其中一种的行为。

在新自然法学派看来，自由选择是一种"精神性实在"。选择是意志的一种行为，是人自我内部的一种倾向。就是说，自由选择在外部是观察不到的，它是在人心中做出的决定。因此，自由选择不是具体的行为或物理性的过程，"作为自我创造的自由选择，它们超越物质性的世界。它们不是世界中的事件或过程或事物，必须把它们与执行选择的具体行为区别开来"⑥。作为精神性的实在，自由选择不受空间、时间或其他物理条件的限制。如果选择受条件的限制，它们就不是人们自己的自由的行为。

新自然法学派强调，自由选择的存在是重要的，因为，它与信仰行为有紧密的联系。天主教信仰及传统认为，人与天主的交流是天主主动发出的邀请，天主并不强迫人们接受其邀请，而是让人自由地选择与他交往或不与他交往。天主不愿人成为奴隶、木偶或机器，而是想使他们通过选择而成为他真正的朋友。就此而言，具有自由选择的能力是人们信仰的必要前提。

自由选择是人类尊严的基础。"尊严"指人内在的价值及其因肖似天主而拥有的高贵地位。人的尊严从本质上说源于并且在于人具有自由选择的能力。自由选择是人之所以为人的重要标志。其他的一切东西，比如植物或动物，就没有自由选择这种能力，唯独人拥有这一能力，它昭示着人作为人的崇高尊严和高贵的地位，人因有自由选择的能力而表明他是行为的主人。

自由选择是一个"存在性原则"。只有当人们自由地选择他所做的事情时，他所做的行为才是他自己的行为；而只有当他自由地选择去做某一行为时，这一行为才能够是善或恶的行为。正是通过自由选择，人才能使自己成为道德上善的或恶的人。自由选择是道德善或道德恶的根源。

自由选择是影响人的自我身份的最重要因素。它可以培育人，决定他的道德身份，成为善或恶

① William E. May, *An Introduction to Moral Theology*. Huntington, Ind.: Our Sunday Visitor, 1994. p. 26.

② Germain Grisez and Russell B. Shaw, *Fulfillment in Christ*. Notre Dame: Notre Dame University Press, 1991. p. 19.

③ John Finnis, "Natural Law and Legal Reasoning", in Robert P. George (ed.), *Natural Law Theory: Contemporary Essays*. Oxford: Clarendon Press, 1992. p. 136.

④ Ronald Lawler, Joseph M. Boyle and William E. May, *Catholic Sexual Ethics*. Huntington, Ind: Our Sunday Visitor, 1985. p. 68.

⑤ Robert P. George, *In Defense of Natural Law*. Oxford: Clarendon Press, 1999. p. 116.

⑥ Germain Grisez, "A Contemporary Natural—Law Ethics", in William C. Starr and Richard C. Taylor (eds.), *Moral Philosophy: Historical and Contemporary Essays*. Milwaukee: Marquette University Press, 1989. p. 136.

的人，即成为具有好品质或坏品质的人。所谓"品质"，即个人的整合的、基本的个性，这一个性被认为是做进一步选择的意向。好的品质是一种行善的意向，是美德，是人们持续地做善的选择并执行这种选择的趋向；坏的品质则是一种作恶的意向，是恶习。具有好品质的人是完善的人，他不但会做正确的事情，而且很可能会一贯地容易做正确的事情。

在新自然法学派看来，正因为人们所做的事情是由他自己决定的，他的行为是自由选择的结果，所以他必须对其行为及行为的后果负道德的责任。自由选择是人类道德责任的根源。自由选择是一条责任原则，是人们必须担负道德责任的必要条件。

（二）人类行为

自由选择是人自我内部的一种意向，这种意向的执行就表现为人类行为。人类行为是人的自由选择的外在表达，是通过对自由选择的执行来构成的，自由选择及执行选择一起构成的整体就是人类行为。新自然法学派从三个方面来说明人类行为。首先，人类行为是以实现基本人类善为目的的活动。目的是设想中的事实状态，它们先于人类行为而存在，是人们试图在行动中追求和实现的目标。这些目的或目标被称为"基本人类善"，它们是引发人们行为的根本理由，"人们对基本人类善的兴趣……是实现任何目标的欲望之基础"[①]。其次，人类行为是由情感和智慧所引发的活动。所谓"情感"，指被人们体验和感知到的各种现象，包括欲望、愉快、仇恨、愤怒、厌恶、害怕、消沉等等内心状态或倾向。尽管动物也有诸如此类的倾向，但动物活动和人类行为是有区别的，前者是本能和经验的模式化，而后者则显示出了人类特有的智慧。例如，人类不仅能学会使用手边的工具，而且还能创造性地解决问题，而动物则没有如此的智慧。最后，人类行为是意志和理性共同引发的活动。人是具有自我意识的主体。意志就是这一主体的一种能力，它是人们对善的领会与欲求。作为具有自我意识的主体，人们会考虑到他自己以及其他人的幸福，会努力使自己按理性行事，想方设法适当地控制情感，从而实现预期的目的。因而人类行为是一种受理性控制的活动。

新自然法学派追随天主教的一般伦理传统，也认为行为的对象、行为的目的和行为的环境是判断人类行为道德性的三大因素。其中行为的对象是意志所选择的善或恶，行为的目的是行为者的动机或意志想达到的目标，行为的环境是人们做具体行为时的特殊因素。只有当这三个因素都是善的时候，某一行为在道德上才是善的；如果这三个因素中的任何一个是恶的，那么整个行为在道德上就是恶的。新自然法理论强调，行为的对象是人类行为道德性的首要根源，人们对行为进行道德评价，首先要看行为者所选择的对象，它在确定人类行为的道德善性或恶性方面具有最为重要的地位。

（三）良　心

人类行为是人们自由选择的、出于意愿所产生的行为，而自由选择是以知道哪些选择是善的、哪些选择是恶的为前提的。人们区分善恶选择的判断就是"良心"。新自然法学派指出，良心是人们"对道德真理的意识"，即对正确或错误的选择或行为的基本判断。据格里塞的考察，在犹太教一基督教传统中，良心概念是逐渐出现的。在犹太教的《圣经》（即基督教的"旧约"）中，希伯来

---

① John Finnis, Joseph M. Boyle and Germain Grisez. *NuclearDeterrence, Morality, and Realism.*. Oxford：Clarendon Press，1987. p. 288.

文没有"良心"一词，区分正确与错误的工作常由"心"（heart）来进行。"心"这个词与情感因素并没有联系，它指的是人内在的自我，这个自我具有思想、判断和意欲的功能。旧约特别强调，当"心"受到天主的启示或教导而充满智慧的时候，它就能恰当地对正确和错误做出判断，并依此判断去行动。"良心"一词是在新约中出现的："几时，没有法律的外邦人，顺着本性去行法律上的事，他们虽然没有法律，但自己对自己就是法律。如此证明法律的精华已刻在他们的心上，他们的良心也为此作证，因为他们的思想有时在控告，有时在辩护。"（《罗马人书》2：14—16）。所谓刻在每一个人心上的"法律的精华"，就是天主教传统中说的作为道德原则或规范的"自然法"，良心"作证"就是人们根据自然法对自己的所作所为的道德性进行判断。阿奎那说，良心是人们在应该选择什么这一问题上的最后判断，它判断某一行为在道德上是正确的，或者是错误的。因而，良心是人们关于应该做什么、不应该做什么的判断，是人们对道德真理的意识。

良心是人们对于其行为道德善恶性所做的最终判断，因而人有道德的义务按良心行事，做人最终认为应当去做的事情。在此，服从良心的义务是绝对的，即使人们服从良心的命令会使他遭受巨大的损失，或不能获得重要的利益，他也必须按良心去行动。一切行动都应该服从良心的指导，不按良心行事在道德上总是错误的。

任何判断都是人们试图发现真理的结果。然而，由于种种原因，具体问题又十分复杂，因而良心判断就难免有产生错误的可能。从该受谴责的角度看，有两类错误的良心。第一类是无过错的、不可责备的良心。人总是会犯错误的，但他有可能不知道错误，也无法防止错误的产生。即使如此，人们也应该服从错误的良心，而且在这样做时，他不应该有任何的罪疚感。第二类是应受责备的错误良心。这类良心是可以避免的无知所造成的。在这种情况下，我们仍然应该服从它，因为违背良心的行为是错误的行为。但在服从这类错误良心时，我们不能开脱自己的过失，相反，必须为自己的错误及其后果负责任。

新自然法学派指出，造成错误良心的原因很多，主要的有：对基督及其福音的无知、他人留下的坏榜样、受情感的控制、拒绝接受教会的权威和教导、缺乏爱德等等，这些都会成为良心判断产生错误的根源。但是，错误总是难免的，最要紧的不是不犯错误，而是在犯了错误后要努力克服或改正这些错误。

三、实践理性的第一原则与基本人类善

根据新自然法理论，人类生活和行为的原则和规范是以基本人类善为基础的，基本人类善是伦理探讨的起点。

（一）实践理性及其第一原则

新自然法学派把理性区分为理论理性和实践理性，认为它们是理性的两种不同能力，是两种不同的思维形式或类型。理论理性理解事物的本质，其目的是为了获得关于实在或客观世界的真理；而实践理性是为人们应当如何行动提供实际的指导。理论理性和实践理性的最大区别是各自的结果不同。一方面，理论理性的结果表现为理论知识，如历史知识、自然科学、形而上学等，这些知识可以用"是"来表示，如"人是有理性的动物"。要检验理论知识的真理性，必须考察表达这些真理的命题是否与实在（客观事实）相符合：如果符合，命题就为真；如果不符合，命题则为假。另一方面，通过实践理性而产生的命题是实践知识。实践知识不用"是"而用"应是"或"应做"来表示，如"应当追求善"。实践知识不能通过考察与实在的符合来检验其真理性，"实践知识不能通过其与已知东西的符合而拥有其真理性。相反，一个实践命题要通过预期实现与此命题相符合的可能行为，并通过引导人的行为指向此实现，才是真的"①。

新自然法学派指出，在决定采取某一行动时，我们首先需要实践理性基本原则的指导。实践理性的第一原则是"应行善、追求善，应避免恶"。此处所说的"善"是本体论意义的善，不仅指道德上善的东西，也指能够使人得到完善的东西；而"恶"指善的缺乏，指使人的存在达不到完善或圆满的东西。因而，实践理性的第一原则本身还不是道德原则："它并没有在道德上确定什么是善的，什么是恶的。甚至不道德的选择及其合理化均依赖这一原则，因为不道德的选择不是荒唐的；尽管对它的论证是不合理的，但它们是可理解的。第一实践原则所提供的是实践思维的基础。"② 人类所有的实践反思，不管它所导致的是道德上善的行为，还是恶的行为，都是以第一实践原则为前提的。实际上，实践理性的第一原则支配着所有人的实践思维，好人和坏人在思考可以做什么时同样会使用这些原则。

（二）基本人类善及其种类

在新自然法学派那里，"基本人类善"是其理论体系中的关键概念，因为基本人类善是实践理性第一原则指导人类行为朝向的目标，是人们做道德判断的出发点，是道德原则和道德规范的基础。阿奎那曾列举了一些基本人类善，即生命、生命的繁衍及其教育、真理的知识、友谊等等。新自然法学派在发展阿奎那思想的努力中试图确定所有的基本善。

基本人类善（basic human goods）又称人类幸福、人的福祉，人类繁荣兴旺的基本形式、基本价值等等。首先，基本人类善是人的圆满存在的组成部分。基本人类善不同于人所需要的外在的东西。外在于人的财富和其他东西因其对人有用而拥有价值。在《旧约》中，人得到祝福常被理解成天主对人的许诺：满仓的粮食、大群牲畜、坚固的城墙，等等。这些外在的东西是人能够拥有和使用的，它们可以维持人的生存需要和安全需要，但其本身并不属于人的圆满的组成部分，既不能保证人在肉体、理智和文化方面的圆满，也不能保证人在存在或道德方面的圆满。与这些东西不同，基本善不是人拥有的外在的东西，而是人的内在组成部分："它们不是我们努力去获得和拥有的外在于我们的东西；它们是我们人性的组成方面，是告诉我们人类能够成为什么的蓝图的因素。"③ 人类善是使人得到圆满、使人性得到实现的东西，正是这些基本善构成了人自我的圆满。它们是为着其本身的缘故而被追求的，其本身是有价值的东西，不是达到其他目的的手段。

新自然法学派认为，善可区分为工具善和基本善。工具善是人们在行动时达到其他目的的手段，许多善都只是工具善。例如，降低胆固醇消灭细菌都是人们行动的理由，它们之所以是善，仅

---

① Germain Grisez, Joseph M. Boyle and John Finnis, "Practical Principles, Moral Truth, and Ultimate Ends", *American Journal of Jurisprudence* 32（1987）. p. 116.

② Germain Grisez, *Christian Moral Principles*. p. 179.

③ Germain Grisez and Russell B. Shaw, *Fulfillment in Christ*. p. 54.

仅是因为它们对生命安全和身体健康有好处。其实，作为人们行动的理由，降低胆固醇和消灭细菌都预设了一个基本的前提，即：生命（包括身体的完整和健康）是一种应该得到保护与促进的善。也就是说，对生存、身体的完整或健康方面的获益前景可以成为人类行为的最终理由。在新自然法学派看来，通过持续提问有关实施自由选择的行为的问题，如"为什么我们该那样做？""你为何那样做？"等等，我们最终会发现一些做出选择或采取行动的终极理由，这些理由就是基本人类善："人总会结束思虑而开始行动，因此我们不可能无穷尽地一直沿着作为行动理由的善回溯下去。所以很显然，存在着不需要进一步理由的行动理由；这些就是善……我们称这些善为基本善。"① 基本人类善是人类行为的最终理由。

新自然法学派把基本人类善分为三类，一类是"实在性的善"（substantive goods），另一类是"存在性的善"（existential goods），还有一类既是"实在性的善"又是"存在性的善"。

"实在性的善"是第一类基本人类善。之所以称某些人类善为"实在性的"，是因为这些善不涉及人的选择，选择并不包含在这些善的定义中。例如，病人的健康状况为医生的选择提供了理由，但病人的健康并不包括在医生的选择中。因而，实在性的善不是经由思虑和选择才出现的，它们是独立存在的，不依凭任何别的东西。作为人类行为的最终理由，实在性的善不依赖于人的任何选择或行为，不管我们承认不承认，它们都客观地存在着。每一个人在追求它们之前就拥有这些实在性的善，"我们每一个人都有这些实在性的基本善的每一种，它们是自然的恩赐，是文化遗产的一部分"，在我们能理解它们是善之前，它们就存在着，而且能被人们培育和加强，也能把它们传递给他人②。

实在性的善分为三种。第一种是"生命和身体的福祉"（life and bodily well being）。人的生命本身有许多不同的方面，包括身体的健康和完整性、安全及生命的繁衍和教育。生命是一种使作为肉体存在的人得到圆满的基本善。第二种实在性的善是"真理的知识以及对美的欣赏"（knowledge of truth and appreciation of beauty），这些使作为理智存在的人得到圆满的善。第三种实在性的善是"工作和娱乐活动"（work and play），这些是使同时作为肉体的存在和理智的存在、又作为文化的创造者和拥有者的人得到圆满的基本善。在新自然法学派看来，这三种实在性的善是与人性的内在复杂性相对应的，"作为有生命的东西，人是有机实体。生命本身——其维持和传递、健康和安全，是一种基本善"；"作为有理性的东西，人能够认识实在和欣赏美，以及强烈地促进其认识和感觉能力的东西。知识和审美体验是另一种基本善"；"同时作为有理性的东西和动物，人能够通过以其自己的肉体自我开始，使用实在的东西去表达意义和服务于目标，来改变自然界。这种赋予意义和创造价值能够得到各种不同程度的实现。它们为着其自身缘故的实现是另一种基本善：在工作和娱乐中的某种程度的卓越"③。人性的复杂性是实在性的善的多样性的基础：有机体对应于"生命和健康的身体"，理性对应于"真理的知识和对美的欣赏"，既是动物又有理性对应于"工作与娱乐活

① Germain Grisez, Joseph M. Boyle and John Finnis, "Practical Principles, Moral Truth, and Ultimate Ends", p. 103.

② John Finnis, *Moral Absolutes*：*Tradition, Revision, and Truth*. Washington, D. C.：Catholic University of America Press, 1991. p. 42.

③ Germain Grisez, Joseph M. Boyle and John Finnis, "Practical Principles, Moral Truth, and Ultimate Ends", *American Journal of Jurisprudence* 32（1987）. p. 107.

动"。

人是一个由欲望和理智、肉体和心灵等等因素组成的复杂有机体，整合这些因素及使它们相互之间保持和谐是人的完善的一部分。人也是会思考和进行选择的行为者，在行为中他必须避免或克服各种个人的和人际的冲突。人还是社会性的动物，他会追求各种形式的社交活动。保持和谐、避免冲突、追求友谊等等目的，新自然法学派称之为"存在性的善"。这些善之所以被称为"存在性的善"，是因为对它们的定义涉及人的选择，它们可以通过人的自由选择来实现或被阻碍，从而使人成为道德上善或恶的人。

存在性的善一共有四种。第一种是"自我整合"（self-integration）。人的不同方面或不同因素彼此会产生紧张或冲突，而人们都极力想消除这些紧张和冲突，从而获得内在的和谐。自我整合就是能够做自由选择的行为者内部的所有部分之间的和谐，是人的判断、情感与选择之间的和谐。第二种存在性的善是"实践理智或真实性"（practical reasonableness or authenticity）。紧张或冲突会存在于个人的道德反思、自由选择与执行选择的行为之间。实践理智或真实性就是道德反思、自由选择及其执行之间的和谐，是人的选择与判断之间的一致，是人的行为真实地表达出人内在的自我。第三种存在性的善是"友谊和正义"（friendship and justice）。每一个人会在自己与他人的关系中体验到紧张和冲突的状况，并会以各种方式去克服这些紧张或冲突，从而确立自己与其他人之间的和谐。此时所寻求的善就是友谊和正义。正义和友谊不仅指人与人之间的关系，也指个人与群体、群体与群体之间的正义与和平，甚至包括民族与民族、国家与国家之间的和谐关系。最后一种存在性的善是"宗教或神圣"（religion or holiness）。这是人与实在意义和价值的来源之间的和平，是与天主的友谊或和谐。

在这四种存在性的善中，新自然法学派特别讨论了宗教之善。宗教之善指人与天主的友谊与和谐。格里塞等人指出，天主是存在的，他是偶然事物的终极因。其中有一个关于天主存在的证明是这样的：我们发现自己存在于一个事物凭自身不能存在的宇宙中，这些事物不是必然的存在，而是偶然的存在，这些偶然的存在必须依赖必然的存在才能存在，因而一定存在一个终极的存在。终极的存在不依赖于其他任何东西，它是自存的、自足的，是其他一切事物的原因。这个终极因就是作为创造者的天主。总之，被造物是偶然的存在，而造物主是必然的存在，是被造物得以存在的原因或根据，是其他任何事物之存在的终极源泉。

作为偶然存在的终极源泉，天主也是人类行为的合作者。新自然法学派解释说，在自由选择的行为中，人们均希望通过该行为而获得某一或某些预期的利益。获得利益是人类行为的重要动机，且要通过行动来实现，但这一实现不可能预先得知。而且，在行动中，人们总是期望实现最好的东西，但行动的结果有赖于各种各样的因素。因此，获得所企求的利益是人们的预期，但人们并非必然会成功地获得所企求的利益。当人们的努力有结果时，他可以说是自己运气好，也可以把获得的利益作为礼物来接受，认为是天主的护佑和仁爱才使自己的工作有了成果。所以，"对于那些承认意义和价值的具有位格的超人源泉这一实在的人而言，人的每个行动都是在与那个看不见的超人源泉的合作中执行的，这个超验源泉被理解为既引导人指向人自己的圆满，又帮助人达成这一圆满。"① 如果没有天主的合作，单靠人自己的努力是无法达到圆满的。

在新自然法学派看来，贯穿人一生的目标就是在神人的合作关系中维护和促进与天主的和谐，因而宗教应该成为人一生的承诺。之所以如此，主要有三个理由。第一，人与天主的和谐是一种不言自明的善，在与天主的合作关系中遵循他的指引将会维护并促进这一和谐。第二，天主的指导可以确保人类个体和团体达到他们自己的圆满，使他们得到幸福与繁荣兴旺。因而人应将一切都托付给天主，并永远寄望于与他的合作。第三，假如人们能一贯遵循天主的所有指导去行事，他的生命就会成为整合的完整生命，并且他所做出的每一个选择都会以与天主的和谐为唯一的终极目的。

在新自然法学派的理论中，婚姻也是一种基本的人类善。人分为男女两性，他们可以自由地选择结婚，追求夫妻结合所带来的好处，以及完善这一结合的为人父母之益。格里塞分析了《圣经》的婚姻观。他首先指出，《圣经》中关于创造的两种记载都表明，婚姻是一种基本善。根据第一种记载，男人和女人是按天主的肖像一起被创造的，且被祝福要生育繁多。根据第二种记载，天主先创造男人，但又看到男人独孤不好，于是从男人的身体部分（肋骨）创造了女人，并把她带到男人面前，男人立即确认这个女人是他合适的伴侣，是他自己的一部分。《圣经》作者总结道："所以男人要离开他的父母，依附他的妻子，成为一体。"（《创世记》2：24）格里塞对此说道，展示父母职责和家庭生活的一男一女的永久合一是一种基本人类善，不过这种善不同于其他善，因为它既是实在性的善，它实现了男人与女人相互补充、生养并教育孩子的自然能力，又是存在性的善，通过选择，男人和女人在婚姻中相互交付自己，彼此作为配偶，并在这些行为中承诺要履行婚姻与家庭生活的一切责任和义务。婚姻是一种基本的人类善，它不是达到其他目的的工具。

四、道德第一原则、责任模式和道德规范

在新自然法学派看来，"应行善、追求善，应避免恶"这个实践理性的第一原则表达了基本人类善与相关行为之间的内在联系，即在思考可以做什么事情时，人们不能完全无视其所涉及的善（或恶）。但此原则尚不是道德原则，因为它还没有确定哪些选择或行为是道德上善的或恶的。为了区分正确的选择或行为与错误的选择或行为，人们还需要道德原则和道德规范的指导。

（一）道德第一原则

新自然法学派提出，道德的基本要求是："人们必须选择和追求某些人类善，同时他又必须保持对他现在并不追求的善的欣赏、开放和尊重。"② 这一关于道德基本要求的表述，实际上是对行为的道德性与基本人类善之间的关系的说明。它既要求人的行为必须以追求基本善为目标，又要求人们尊重所有基本善，并保持向所有基本善开放。言下之意，尊重所有基本人类善的行为是正确的行

---

① Germain Grisez，Joseph M. Boyle and John Finnis，"Practical Principles，Moral Truth，and Ultimate Ends"，*American Journal of Jurisprudence* 32（1987）. p. 144.

② Germain Grisez and Joseph M. Boyle，*Life and Death with Liberty and Justice*. Notre Dame：University of Notre Dame Press. 1979. p. 364.

为，而违背任何一种或几种基本善的行为则是错误的行为。此处所谓的道德的基本要求就是道德第一原则。

道德第一原则有神学的和哲学的表述。先说其神学表述。格里塞指出，《圣经》、阿奎那及梵二会议文献均提供了关于道德第一原则的神学表述。首先，《圣经》对道德第一原则的表述即爱的诫命：爱天主在万有之上，爱邻人如爱自己。符合爱天主、爱邻人这一诫命的选择就是善的选择，违背爱天主、爱邻人这一诫命的选择就是恶的选择。圣保禄写道："除了彼此相爱外，你们不可再欠人什么，因为谁爱别人，就满全了法律。其实'不可奸淫，不可杀人，不可偷盗，不可贪恋'及其他任何诫命，都包含在这句话里：就是'爱你的近人如你自己。'"（《罗马人书》13：8—9）在保禄看来，爱满全法律，因为爱人者会避免对邻人的伤害，他会寻求邻人的善（《罗马人书》13：8—10）。爱意味着履行一个人在盟约塑造而成的团体中的责任。因此，道德的基本原则"爱天主爱邻人"是有实质性内容的。

其次，阿奎那同样肯定，爱的双重诫命——"应爱主你的天主，应爱你的邻人"——是自然法的首要原则和道德的第一原则，十诫的道德戒律是作为结论从第一原则推导出来的，因而博爱诫命是所有其他戒律的基础。这一道德原则对接受福音的真理，并希望按此真理生活的人来说是重要的，它是基督徒所有生活和行动的指南。

最后，梵二会议文献对道德基本原则也有一个神学的表述。文献指出，人的活动是重要的，因为这些活动不仅增进了人的物质福利和科学技术的发展，而且也使人本身得到了发展。文献特别强调，人之"所是"比人之"所有"更重要，人类圆满的实现比人们拥有任何种类的财富都重要。因而，"人类活动的准绳是：应遵循天主圣旨，使所有活动适应人类真正福利，并让私人及团体培育和玉成其使命"[①]。也就是说，人类活动应该以整体的人类圆满为目标，道德上善的行为就是与此目标相符合的行为，恶的行为就是与此目标不符合的行为。

在新自然法学派看来，以宗教语言表述的道德第一原则——"应爱主爱人"的双重命令——可以以更为哲学化的语言表述为："在自愿为了人类善而行动及避免违背它们的东西时，人们应当选择并以不同的方式欲求那些，且仅仅是那些对它的意欲与朝向整体人类圆满的意愿相符合的可能性。"[②] 这一哲学方式表述的道德第一原则试图表明，道德判断是如何根据对基本人类善的选择而做出的。人做选择有两种方式：第一种方式是，人们把所选择的特定善视为仅是对范围更广的善的参与。如此做选择的人会把他选择的善看作是更大整体的一部分，并且会考虑到此善与该整体其他因素的和谐整合；第二种方式是，他把正在实现的特定善看作是全部的善。新自然法学派指出，根据第一种方式做出的选择是正确的，因为人们在选择中愿意尊重所有的基本人类善，对所有的基本人类善都持开放的态度；而根据第二种方式做出的选择是错误的，因为这些选择忽视、轻视、疏忽、破坏或阻碍一些基本人类善。尊重所有基本善并对它们开放的行为是正确的行为，忽视、破坏或阻碍任何基本善的行为是错误的行为。

关于"整体人类圆满"，在新自然法理论中，它有两层含义：第一，从否定方面说，"整体人类

---

① 《天主教梵蒂冈第二届大公会议文献》（上），上海：天主教上海教区光启社，1998 年，第 196 页。

② Germain Grisez，*Christian Moral Principles*，p. 184.

圆满"本身不是一种基本善，不是构成人的圆满存在或繁荣兴旺的组成要素，因而它不像基本善那样是人类行为的最终理由。"整体人类圆满"也不指个人的自我实现，不是个人欲望的满足。自我实现和欲望的满足是有限的目标、具体的目的。"整体人类圆满"也不是各种善或善的具体实例的某种更大范围的综合，因而它不是至善，不是在基本善外的最高善。第二，从肯定方面说，"整体人类圆满"指所有人和所有团体的善，是在整个人类共同体中的所有人的所有善的实现。所谓"人类共同体"，不是指某个有限的团体，它包括所有的人：过去的人、现在的人以及未来的人。还有，"整体人类圆满"是一个人们有待在天主之国中才会实现的理想，因而是人们能够朝向但又永远不可能通过努力达到的东西。虽然整体人类圆满是一种理想，是一个在历史中无法达到的阶段，但它不是一个与真正人生毫无关系的美好空想，相反，它"是一个最切实际的理想，因为朝向整体人类圆满的意愿……是道德的标准；而在与朝向整体人类圆满的意愿不一致的意愿中，我们是不道德的"[1]。道德第一原则要求人的行为符合整体人类圆满的理想。我们必须选择那些与该理想相一致的行为，避免那些违背该理想的行为。"道德第一原则告诉我们，在选择（和其他意愿）时，人们总应该根据朝向整体人类圆满的意愿去意愿。人们不能选择'整体人类圆满'本身，但他能够以符合热爱这一理想的方式去做选择。"[2] 正因为整体人类圆满是人的行为所追求的理想，所以可以把道德第一原则简写为"人们应当追求整体的人类圆满"。

（二）责任模式

道德第一原则为区分行为的对错提供了一个最一般的标准，但尚未具体说明哪些行为是正确的，哪些行为是错误的，即没有说明哪些选择或行为尊重基本人类善，符合整体人类圆满的理想，因而这一原则本身不能对我们此时此地应该做什么提供明确的指导。为了确知某些选择或行为是否符合道德的基本要求，我们还需要一些居间的原则（intermediate principles），即居于道德第一原则与指导人们做选择的具体道德规范之间的原则。这些原则比道德第一原则明确，但又比具体道德规范普遍。新自然法学派称这些居间原则为"责任模式"，它们是对道德第一原则的明确说明，是道德第一原则的具体化。责任模式共有八个。

1. "不应该让感受到的惰性阻止追求可知的善。"因惰性情绪而不去做能够做的善事，这是一种极端不负责任的态度，因为这种态度会导致人们对善未做积极回应。为了人类善而行动是我们的责任，惰性情绪不应阻止我们追求基本善。

2. "不应该让热情或急躁强迫，而自我主义地追求可知的善。"持有个人主义态度的人会单独行动，他在行动时没有恰当考虑公共行为的必要性。尊重所有基本善的人会承认，他对其他人有许多特殊的义务，他必须促进和尊重人的所有善，必须与他人合作，协同努力，以实现所企求的善。为其他人或团体而行动是人应尽的道德责任和义务。

3. "不应该选择去满足情感的欲望，除非这欲望是人们追求或者达到一种可知善的一部分，而不是满足欲望本身。"完全由本能或情感支配的生活是一种低于人的生活，在这种生活中，人们根据一时的念头、欲望、习惯或对一个具体目标的偏好而不是根据理性去行动。人的生活应该是根据

---

① Germain Grisez and Russell B. Shaw, *Fulfillment in Christ*. p. 80.

② Germain Grisez and Russell B. Shaw, *Fulfillment in Christ*. p. 86.

理性去行动的生活。如果人的行为仅仅是为了满足欲望，他就会成为欲望的奴隶。因而该责任模式的要求是，人不能由本能的欲望来支配，而应由理性来支配。人们必须理智地行动。

4. "不应该选择根据情感的厌恶去行动，除非这是避免除在忍受这种厌恶中所体验到的内在紧张状态外的某种可知的恶所需要的。"有时候，由于有一些消极的情感，如对某一事物的厌恶、过于谨慎、对痛苦的恐惧、希望逃避别人的批评、对可能障碍的忧虑等等，人们会选择不去行动或停止行动，或者选择以不合理的方式行动。根据这些消极情感行事，会阻碍人们对基本善的追求，从而妨碍基本善的实现。

5. "在回应不同人的不同情感时，人们不应该出于自愿地偏爱任何人，除非这种偏爱是由可知的善本身所要求的。"该模式涉及偏爱或公平。所谓"偏爱"，是一种情感，这种情感会使人倾向于对他喜爱的善和人采取一种优先态度，而对陌生者和敌人则较少关注，甚至有敌意的态度。偏爱常被人认为是自私和歧视他人的一种行为，它让人的选择由个人的喜好和厌恶来决定。此模式要求我们，在行动中不要偏爱我们自己，也不要偏爱那些与我们有亲密关系的人。相反，我们任何时候都必须考虑所有的人类善，不仅考虑我们自己以及与自己亲密的人的善，而且也要考虑其他人的善。

6. "人们不应该以干扰更完美地享有可知的善或避免可知的恶的方式，根据与该善（或恶）的经验方面有关的情感去做选择。"有时候人们会意识到，他所做的事情会与服务善或避免恶的可能方式相抵触，但出于想实现某种程度的满足或使恶劣的处境得到某种缓和，他会以不恰当的行为替代较恰当的行为。这实际上是一种自我欺骗，它并没有真正解决存在的问题，其最终结果是阻碍基本人类善的实现。

7. "人们不应该让敌意推动而自愿接受或选择破坏、毁灭或阻碍任何可知的善。"愤怒、仇恨或憎恨等消极情绪会使人采取不理智的行动，这会阻碍基本善的实现。因此，本责任模式禁止因敌意而引起的复仇这样具有破坏性的行为。它告诉我们：伤害人是没有好处的，更多的伤害、暴力不仅不会消除已经带来的创伤，还会带来更多的敌意和仇恨。

8. "人们不应该让对任何可知善的一种实例的较强烈欲望推动，通过选择破坏、毁灭或阻碍任何可知善的另一种实例的方式去追求它。"该模式意味着，我们必须尊重所有人类善的每一种实例，不要为了一种善而故意损害另一种善。也就是说，我们不能以作恶的手段去获得好的结果或防止某种恶的产生。

根据格里塞的观点，上述八个责任模式是从基本道德原则中推导出来的，都是"人们应该以与整体人类圆满的理想相符合的方式去生活"这一道德第一原则的表达，它们不仅为人们判断某一行为的道德善性或恶性提供了比较具体的标准，而且"这八个责任模式一起，共同塑造着一个人的生活朝向整体人类圆满之理想"①。

还需指出的是，责任模式与美德具有紧密的关系，美德体现责任模式。责任模式是具体说明道德第一原则的命题，它们先于选择和行为而存在。在格里塞看来，当自我的所有方面以道德上善的承诺整合起来的时候，美德就是作为一个整体的品质的诸方面。人的承诺确立的是一个人的存在性身份，而以道德上善的自我整合起来的整个品质就是美德，"一种美德不是其他东西，它只是通过

---

① Germain Grisez and Russell B. Shaw, *Fulfillment in Christ*, p. 96.

根据从相关的责任模式推导出来的相关的道德规范来做出的选择和承诺而得以整合起来的人的品质的一个方面"①。所以，"既然这样的品质是由符合道德第一原则和责任模式的选择所塑造而成的，那么美德就体现责任模式"②。也就是说，责任模式会把一个人塑造成为一个具有良好品质的好人，因而，良好的品质就是责任模式的体现和表达。例如，始终如一地做公正选择并执行这些选择的人就是一个公正的人，即一个拥有公平或正义美德的人。反过来，根据公平准则生活也会使一个人成为公正的。其实，在人的实际生活和实践中，道德责任和美德不是截然分开的、各自独立的道德标准，相反，它们是互为影响的，责任模式会塑造人具有良好的道德品质，良好的道德品质反过来又会促使人们更好地遵守责任模式。

（三）道德规范

责任模式是我们能够决定某一行为的道德性的规范性原则，因而是人们过好生活的指南。但新自然法学派认为，为了判断某一特定行为的道德性，人们还需要更具体的道德规范的指导。

依新自然法学派的观点，一个具体的道德规范是这样一个命题，它把某一种类的行为描述为错误的、善的、义务性的或许可的。道德规范可以从责任模式中推导出来。推导的过程可以分为两步。第一步考察人类行为的意愿，即审查某一行为的自愿性与基本善有怎样的关系，比如，人们是否是出于敌意、厌恶或破坏某种基本善而行动。第二步是，考察这些关系可以用哪些责任模式来解释。从这两个前提出发，人们就可以对该行为的道德性做出判断，即形成一个具体的道德命题，说明做该行为在道德上是错误的、善的、义务性的或许可的。可见，责任模式是道德规范的基础，道德规范是从责任模式推导出来的。从道德原则和责任模式，我们可以推出具体的道德规范，如禁止故意选择杀害无辜者的规范、禁止通奸的规范，等等。

按新自然法理论，大多数具体道德规范都不是绝对的，因为这些规范必须根据基本人类善、道德第一原则及责任模式一起来确定，这样就难免会产生例外的情况。如果人们对某一具体行为的细节有更多的了解，他就会发现，对该行为的道德属性的判定可能会产生变化，比如从错误的变为善的，从善的变为义务的。

对于新自然法学派来说，也有一些道德规范是绝对的，不管环境如何变化，不管行为者的主观动机或目的是什么，它们都是没有例外的。这些道德规范之所以是绝对的，是"因为它们涉及这类行为，以至于实施这些行为的意愿就是违背一个责任模式。任何环境的变化或者额外的信息都不能改变这一点"③。例如，不得故意杀害无辜者这一道德规范就是一个绝对的、无例外的规范，因为杀人行为是违背生命之善的行为，是道德第一原则、第七及第八种责任模式所排除的具体行为，在任何情况下都不允许有例外。

新自然法学派表示，《圣经》、神学传统和教会训导都相信，存在着一些绝对的道德规范。首先，《圣经》肯定，存在绝对道德规范。比如，耶稣在论婚姻时说道："梅瑟为了你们的心硬，才准许你们休妻，但起初并不是这样。如今我对你们说：无论谁休妻，除非因为姘居，而另娶一个，他就是犯奸淫；凡娶被休的，也是犯奸淫。"（《玛窦福音》19：8—9）这意味着，通奸总是且必定是

---

① Germain Grisez and Russell B. Shaw, *Fulfillment in Christ*. p. 84.
② Germain Grisez, *Christian Moral Principles*. p. 192.
③ Germain Grisez and Russell B. Shaw, *Fulfillment in Christ*. p. 117.

错误的，因而不管境遇如何，都是不允许的。其次，基督教神学传统也强调存在绝对道德规范。奥古斯丁认为，人的意愿和目的在判断行为的道德属性时具有重要的地位，但他又指出，有些事情本身是明确错误的，不管出于什么善的原因、善的目的、善的意愿，都是不可以做的。不得偷盗、不得通奸、不得撒谎等等就是这样的绝对道德规范。最后，天主教教会的不同训导同样指出，不得故意杀害无辜者、不得通奸、不得离婚后再婚、不得奸淫、不得人工避孕、不得在实验室产生人的生命等等，都是无例外的绝对道德规范。例如，梵二会议在《论教会在现代世界牧职宪章》中就谴责了一些其本身是错误的行为："各种杀人罪、屠城灭种、堕胎、用药物催人安死及恶意自杀等危害生命的恶行；损害肢体完整、虐待身体及心灵的酷刑、企图迫害人心等侵犯人格完整的恶行；非人的生活条件、任意拘留及放逐、奴役、娼淫、妇女及幼童买卖等贬抑人格尊严的恶行；将工人只视作赚取利润的工具，而不以拥有自由及责任感的人待承之侮辱人格的工作条件。这一切及其他类似的种种都是可耻的、有辱文明的罪孽。"① 由此可以看到，《圣经》、神学传统和教会训导都说明绝对道德规范是确实存在的。

新自然法学派继承了《圣经》、神学传统和教会的学说，一致承认存在着绝对的道德规范。他们断言，内在地恶的行为——即在任何环境下或任何善良的意愿都无法证明是正确的行为——是存在的，因而不依赖于文化、历史或环境因素的具体道德规范是存在的。绝对道德规范所禁止的行为是不管环境或意愿如何都是恶的行为。

在实际生活中，遵守绝对道德规范的要求也是爱天主爱邻人的表现。绝对道德规范是涉及永远不能选择的行为种类的规范，之所以不能选择这些行为，是因为它们牵涉到违背一种或多种基本人类善。格里塞指出："既然这些善是人的圆满存在的方面，所以违背它们的意愿就是与爱天主、爱邻人或爱与天主和邻人相共融的自我对立的。既然天主是绝对的善，所以爱他的人只会意欲善，而永远不会意欲去破坏、损害或阻碍按天主的肖像受造的人的存在或圆满存在的任何部分。"② 例如，亵渎天主总是错误的，因为这违背了对天主的爱；直接杀害无辜者和人工避孕总是错误的，因为它们损害、破坏或阻碍了另一个人的存在，因此就违背了对邻人的爱；手淫、通奸和同性性行为总是错误的，因为在这些行为中，人们是把自己的身体看作工具，这种对待身体的方式违背了只有在与邻人的共融中才会实现的自爱。不遵守绝对道德规范是不爱天主、不爱邻人的表现。爱是基督徒生活的指南，爱的生活就是遵守所有道德原则和规范（包括绝对道德规范）的生活。

从根本上说，承认绝对道德规范之真理性是高度重视人类尊严和人际关系的表现。博伊尔和威廉·梅尔都一致地认为："绝对道德规范保护着人生命中最宝贵、最持久和最有价值的东西。"在此意义上，坚持绝对道德规范是人道主义的体现，"真正的爱要求必须关心和尊重人，这种尊重和关心绝对排除某些种类的行为，即损害人、操纵人或蔑视人的真正尊严的行为"③。新自然法理论是一种神学的人道主义理论，它要求人既必须关怀个人的和所有人的基本善，又必须在行动中依赖天主。接受绝对道德规范是人们抵制世界日益世俗化的一个重要途径。

---

① 《天主教梵蒂冈第二届大公会议文献》（上），第189页。

② Germain Grisez, "Are There Exceptionless Moral Norms?", in Russell E Smith (ed.), *The Twenty—fifth Anniversary of Vatican II: A Look Back and a Look Ahead*. Braintree, Mass.: The Pope John Center, 1990. p. 123.

③ Ronald David Lawler, Joseph M. Boyle and William E. May. *Catholic Sexual Ethics*. Huntington, Ind: Our Sunday Visitor, 1985. p. 90.

费奥伦查的女性主义《圣经》诠释 *

田海华

在 20 世纪下半叶，《圣经》学者呈现了诸多来自边缘的声音。其中声音最为响亮者，非女性主义者莫属①。因为，它揭示了《圣经》文本中蕴含的男性主导而女性从属的性别模式，同时，提出了改变男女不平等的政治诉求，成为西方民权运动的重要部分。而在第三世界，女性主义同后殖民主义密切相关②。在 20 世纪末的女性主义研究中，我们注意到两个不同的发展趋势。第一阶段关注妇女信息的搜集，将女性人物与作者带到视野的中心③。这一做法常被称为是建构"她的故事"（her-story）。这样的研究，倾向于关注孤立边缘的妇女历史，视之为一个特别的与不同的主题，但在无意中加固了男性与女性之间模式化的分别。于是，由妇女史而引发的转变，是对文本中意识形态与修辞进行的批判。这是女性主义发展的新阶段。它"追问诸如性别差异的等级观念，是如何被建构或被合法化"④。在这种叙述话语中，性别的概念显著突出。它不仅指涉社会或文化的建构，而且，视"性别是指涉权力关系的一种主要方式"⑤。实际上，现代女性主义者提出了更为复杂的观念。比如，有的质疑男性与女性这种基本的两极分类，认为这无论在历史上还是生物学上，都不具有普遍性⑥。性别被视为一种行为表述的概念，也就是说，是扮演男或女角色的活动的概念⑦。还

---

　　* 本文为教育部人文社科基地重大课题"《圣经》诠释的历史与方法"的阶段成果（项目编号：13JJD730004）。

　　① 女性主义作为一种社会与智性运动，发端于欧洲启蒙运动。女性主义者是指那些寻求消除妇女的从属性与边缘化的人。他们一致批判男性至上，坚持性别角色是社会的建构，而非与生俱来。女性主义的"根本经验"，在于妇女意识到文化的"共同观念"、主流观念、科学理论以及历史认知都是以男性为中心，即带有男性偏见，而且，否认这是客观的，认为是意识形态化的结果。这一突破性的经验不仅引起失望与愤怒，而且也获得一种可能与力量。女性主义的分析常用的范畴是父权制（patriarchy）、男性中心主义（androcentrism）与性别二元论（gender dualism）。在种族主义、社会等级制以及殖民主义更为宽广的语境中，女性主义扩展为妇女主义（womanism），包括所有的妇女在内，而不局限于白人女性。女性主义诠释的方法主要包括：关注涉及妇女的文本、进行意识形态的批判以及历史重构的批判性言辞范式。参 Elisabeth Schüssler Fiorenza, "Feminist Hermeneutics", *Anchor Bible Dictionary* vol. 2 (New York: Doubleday, 1992), pp. 783—791.

　　② 关于二者之间的内在关系，参 Gale A. Yee, *Poor Banished Children of Eve: Woman as Evil in the Hebrew Bible* (Minneapolis: Fortress Press, 2003). 另参 Kwok Pui-lan, *Postcolonial Imagination and Feminist Theology* (Louisville: Westminster John Knox Press, 2005). 另参 Musa W. Dube ed., *Postcolonial Feminist Interpretation of the Bible* (St. Louis: Chalice Press, 2000).

　　③ John W. Scott, *Gender and the Politics of History* (New York: Columbia University Press, 1988), pp. 18—21.

　　④ Ibid., p. 4.

　　⑤ Ibid., p. 42. 另参 Joan W. Scott, "Gender: A Useful Category of Historical Analysis", in *American Historical Review* 91 (1986), p. 1067.

　　⑥ Thomas Laqueur, *Making Sex: Body and Gender from the Greeks to Freud* (Cambridge: Harvard University Press, 1990).

　　⑦ Rosi Braidotti, "What's Wrong with Gender?" in Fokkelien van Dijk-Hemmes and Athalya Brenner eds., *Reflections on Theology and Gender* (Kampen: Kok Pharos, 1994), pp. 49—70.

有人认为"性别是支持异性恋观念的一种父权制的阴谋"①。此外，对于那些不接受欧美妇女经验与价值的人（比如非裔美国人、拉丁裔与亚裔等）而言，有关女性主义的话语就更为复杂。

在 20 世纪 80 年代和 90 年代的女性主义《圣经》诠释学家当中，最具影响力的《圣经》学者，非伊丽莎白·舒斯勒·费奥伦查（Elisabeth Schüssler Fiorenza）莫属②。她是哈佛大学神学院的讲座教授，为女性主义《圣经》诠释与神学的领军人物。"她的胆识、仁慈与持守，帮助了众多的人，不论是学术圈内或者是圈外，使他们对过去、当下与未来有了新的理解。"③ 她早期的著作，如同戴利（Mary Daly，1928—2010），呈现了对传统的女性主义目标的投入，主张妇女实现诸如"自主性""自由"以及"自我决定"。虽然她从未放弃过这些目标，但是她后来的作品有所转向。显而易见，她的成熟作品深受欧洲批判的诠释学理论的影响，同时也受到解放神学与政治神学的影响。因此，对她而言，"寻索历史与根源，既不是好古，也不是怀旧，而是政治的"④。她强调历史批判与重构的意义，同时，她也留意后现代主义思潮及其动向，并一如既往地表现出批判性，因为她担心妇女们在接触后现代的时候，它会在个体"作用"中侵蚀她们的信仰⑤。但是，她的女性主义思想同后现代思想有共通之处，那就是对政治与社会处境之影响的关注，以及将"性/性别"同种族与阶级议题相结合的方式⑥。因此，在她后期一系列的著述中，"主人统治"（kyriarchy）成为她的制度性敌人⑦。她的理论诉求不仅要深刻地探讨同男性中心主义纠缠不清的种族、阶级以及其他形式

---

① Ibid.，p. 63.

② 费奥伦查在女性主义《圣经》诠释领域成就非凡，倍受众多学者的致敬与爱戴。2003 年，在其 65 岁生日之际，有三部编著出版，特别纪念她对《圣经》女性主义诠释与神学的卓越贡献。参见 Shelly Matthews, Cynthia B. Kittredge and Melanie Johnson-Debaufre eds.，Walk in the Ways of Wisdom：Essays in Honor of Elisabeth Schüssler Fiorenza（Harrisburg：Trinity Press International，2003）；Jane Schaberg, Alice Bach and Esther Fuchs, on the Cutting Edge：The Study of Women in Biblical Worlds, Essays in Honor of Elisabeth Schüssler Fiorenza（New York：Continuum，2004）；Fernando F. Segovia ed.，Toward a New Heaven and a New Earth：Essays in Honor of Elisabeth Schüssler Fiorenza（New York：Orbis Books，2003）.

③ Jane Schaberg, Alice Bach and Esther Fuchs, "Preface", in idem, *On the Cutting Edge：The Study of Women in Biblical Worlds，Essays in Honor of Elisabeth Schüssler Fiorenza*（New York：Continuum，2004），p. vii.

④ Elizabeth S. Fiorenza, *But She Said：Feminist Practices of Biblical Interpretation*（Boston：Beacon，1992），p. 101. 在《话语的力量》中，费奥伦查指出：《圣经》学术研究已经成为可公开解释的，而且，要明确有力地表达《圣经》知识，即支持而非诋毁一种激进的民主思潮。参 Elizabeth S. Fiorenza, *The Power of the Word：Scripture and the Rhetoric of Empire*（Minneapolis：Fortress Press，2007）. 沿袭以上的观点，费奥伦查在其《民主化〈圣经〉研究》中，为了创造一个解放的空间，提倡对《圣经》研究进行激进的自我民主化理解，认为《圣经》研究不仅要表达《圣经》民主化的影响与作用，而且对研究生进行《圣经》教育的教学实践，也要被民主化。参见 Elizabeth S. Fiorenza, *Democratizing Biblical Studies：Toward an Emancipatory Education Space*（Louisville：Westminster John Knox Press，2009），p. 1.

⑤ Elizabeth S. Fiorenza, *Discipleship of Equals：A Critical Feminist Ekklesialogy of Liberation*（New York：Continuum，1994），p. 284.

⑥ 她通过"性/性别系统"去分析、理解与界定父权制，认为父权制就是男人主导与剥削妇女的社会结构与意识形态，这遍及在历史记载里。参见 Elizabeth S. Fiorenza, *But She Said：Feminist Practices of Biblical Interpretation*（Boston：Beacon Press，1992），pp. 105-114.

⑦ "主人统治"是费奥伦查杜撰出来的一个新词，最早出现在《但她说》中。相较而言，她认为这个词的意义更为宽广，超越了"父权制"（patriarchy）中男性对女性的压迫。她指出，这个词是希腊语"主人"（kyrios）与"统治"（archein）的组合，是指涉主导与从属、统治与压迫的交叉而多元的社会结构的一种复杂的金字塔体系。它包括性别歧视、种族歧视与经济不公正，以及其他主导性的等级制的形式。参见 Elizabeth S. Fiorenza, *But She Said：Feminist Practices of Biblical Interpretation*（Boston：Press，1992），pp. 8, 117. 费奥伦查认为，通过压迫的相互作用的多重结构，占主导的社会文化与宗教体系构成了主人统治。主人统治的民主，是由性别、种族、阶级、宗教、异性恋与年纪分层的，具有结构性的定位。费奥伦查对主人统治的结构性特征进行了描述。参见 Elisabeth S. Fiorenza, "Introduction：Exploring the Intersections of Race, Gender, Status and Ethnicity in Early Christian Studies", in Laura Nasrallah, Elisabeth Schüssler Fiorenza eds.，*Prejudice and Christian Beginnings：Investigating Race，Gender，and Ethnicity in Early Christian Studies*（Minneapolis：Fortress Press，2009），pp. 9-15. 费奥伦查对主人统治的批判，渗透在她的女性主义神学中，将其同性别、宗教与基督教的反犹主义等范畴联系在一起。参见 Elisabeth S. Fiorenza, *Transforming Vision：Explorations in Feminist The * logy*（Minneapolis：Fortress Press，2011）.

的偏见问题，而且要针对所有的男女，其最终目的是要实现教会与社会的转化。费奥伦查对《圣经》女性主义诠释的重要贡献与理论建树主要体现在以下几点，即对《圣经》妇女史的重构、怀疑的诠释学以及男性为主流的学术之弊端。

一、《圣经》妇女史的重构

费奥伦查出生在罗马尼亚，当时适逢二战爆发之际。为躲避战乱，她随父母举家迁移至德国南部。她在那里度过了童年时代，并接受教育。她自小目睹了战争所带来的困苦与社会巨变。这样的经验，反映在她的著作里，表现出对穷困者与弱势人群持续的关注。20 世纪 60 年代初，她在乌兹伯格（Würzburg）完成了神学方面的课程与学术训练。通常，这些都是为男性候选人所预备的，而她成为那里完成全部神学与教牧课程的第一位女性，并出版了她《被忘却的伙伴》（Der vergessene Partner）一书[①]。虽然她具备申请博士学位奖学金的资格，可是她的导师施奈肯堡（Rudolf Schnackenburg）以女生不会在神学研究领域有前途为由拒绝了她的申请。她由此转至明斯特（Münster）大学。1970 年，她以一篇论及《新约》小祭司身份的优秀博士论文，获得《圣经》研究方面的博士学位[②]。这一被拒绝的经历，使她意识到自己"被边缘化"的性别身份。随即，为了寻求教职与发展，她来到美国。在探讨妇女牧养的《被忘却的伙伴》中，虽然费奥伦查没有直接质疑父权制的体制及理论框架，但是她已经有了重要的方法论的应用，包括德国《圣经》历史批判方法与诠释学模式，而且，重要的是，她的女性主义思想已经在发展，批判的意识在日益滋长。她积极参与美国女性主义宗教研究，1983 年，她最具影响力的著作《以她为念》（In Memory of Her）出版，副标题是"对基督教起源的一个女性主义神学的重构"[③]。该著影响深远，不仅英文初版得以再版，而且已被译成近二十种其他语言文字出版。

一开始，费奥伦查对"三个方法论议题进行了理论探讨：神学诠释学、男性为中心的语言与文本，以及女性主义历史的著述"。[④] 在该著的开篇，费奥伦查指出："探讨《圣经》的历史诠释与《圣经》时代妇女史之女性主义重构之间的关系，就进入了一个理智与情感的雷区。人们必须追溯

---

① 该著的副标题是"妇女在教会中专职牧养的基础、事实与可能性"。参见 Elizabeth. S. Fiorenza, *Der vergessene Partner*: *Grundlagen, Tatsachen und Möglichkeiten der beruflichen Mitarbeit der Frau in der Heilssorge der Kirche* (Düsseldorf: Patmos Verlag 1964).

② 这些早期的生平事迹与经历，记录在赛果瓦（Fernando F. Segovia）对费奥伦查的访谈里。参见 Fernando F. Segovia, "Looking Back, Looking Around, Looking Ahead: An Interview with Elisabeth Schüssler Fiorenza", idem ed., *Toward a New Heaven and a New Earth*: *Essays in Honor of Elisabeth Schüssler Fiorenza*, pp. 1—30.

③ 在导论中，费奥伦查交代了书名的由来。据《马可福音》第 14 章第 9 节记载，在耶稣受难前，一名妇女用上等的香膏浇在他身上。耶稣说："我实在告诉你们，普天之下，无论在什么地方传这福音，也要述说这女人所做的，以为纪念。"费奥伦查认为出卖耶稣的人，其名字喻户晓，而这个忠实的信徒，她的名字却被遗忘。费奥伦查指出这名妇女先知性的行动并没有成为基督徒之福音知识的一部分，甚至，她的名字也不为我们所知。而且，在其他福音书卷里，这一故事被调整，使之更适合父权制的口味。作为一个女性基督徒，费奥伦查认为，如果一个虔诚跟从耶稣的妇女不被纪念的话，那么，就无法宣扬基督教的福音。参见 Elisabeth S. Fiorenza, *In Memory of Her*: *A Feminist Theological Reconstruction of Christian Origins* (New York: Crossroad, 1983), pp. xii-xiv. 因此，她指出解放的女性主义诠释学的任务，是要重新阅读《圣经》文本，"不仅要将妇女的故事复原给早期基督教，也要重新宣称这个历史是属于女与男的历史"。参见 Ibid., p. 14.

④ Elisabeth S. Fiorenza, "Critical Feminist Historical-Jesus Research", in Tom Holmén and Stanley E. Porter eds., *Handbook for the Study of Historical Jesus*, vol. 1 (Leiden: Brill, 2011), p. 528.

与揭示历史释经与系统神学的原则之间的矛盾与紧张，由《圣经》的'历史批判'释经的前景所引发的回应与情感之间的矛盾与紧张，学术作品与社会政治力量及处境之间的关系，所谓价值中立的科学考察与'辩护性的'学术研究之间的关系。"① 费奥伦查清醒地意识到了从女性主义的视角进入《圣经》的历史与神学世界会引发的思想冲突与危机。但她无所畏惧，敏锐地指出："男性为中心的文本与文献，不能反映历史现实，不能报道历史事实，也不能告诉我们真实发生的一切。因为，男性为中心的文本就是早期基督教的来源，它植根于父权制文化的神学解释、论证与选择。这样的文本，必须依据其自身的时代与文化而被历史地评价，并依据女性主义的价值标尺而被神学地评估。"② 在《以她为念》的第三章，费奥伦查探讨了女性主义历史重构的模式，认为女性主义者若不能对父权制文本进行历史的重构，那么历史的"真实发生"就会问题重重。

费奥伦查一向重视历史批判方法在女性主义《圣经》诠释中的重要性。她的历史批判与重构，是以《新约》故事中的象征例子开始的，她的书名也由此而来。她认为在《马可福音》这个令人痛苦的叙述里，一名妇女以其特别的敏锐，领悟了视耶稣为弥赛亚的意义："然而，依据《马可福音》，那些最主要的男性使徒，并没有理解耶稣的这个受难的弥赛亚身份，他们拒绝它，并最终抛弃耶稣，而那些从加利利追随耶稣到耶路撒冷的妇女使徒，突然以真正使徒的面貌出现在受难的叙述里。她们才是耶稣真正的追随者……她们理解他的使命，不是去统治，也不是君王似的荣耀，而是 diakonia，即'服事'（可 15：41）。因此，这些妇女是作为真正的基督徒牧者与见证者而出现的。那个《马可福音》中以一种先知的标志性行动命名耶稣的无名妇女，是真正使徒的典范。"③ 如此，不难理解，费奥伦查为什么以这个无名女性使徒的故事开启她的历史重构。

作为一种学术与知识寻索，女性主义研究驱动了一场革命。它促使由男性为中心的世界观与叙述框架，实现向对世界、人类文化与历史进行女性主义理解的范式转移。费奥伦查指出："由于男性为中心学术研究将男人视为科学知识的典范主体，而将妇女界定为'他者'或者是男性学术的客体，因此，女性主义的学术研究坚持对我们的语言与知识框架的重构，如此，男女才能成为探索知识的主体。"④ 她认为：这种以男性为中心的学术研究，"仅将男性经验视为人类经验，而且，固执己见地认为其知识话语与学术框架，仅由统治阶级的男性视角所决定"⑤。因此，费奥伦查指出，对这一世界与历史进行女性主义建构的范式转移，不仅挑战了既有的男性学术研究的知识框架，而且也质疑了他们对客观性与价值中立的宣称。为了实现这一目的，费奥伦查诉诸于历史批判方法，记念过去曾经发生的，历史地重构与呈现《圣经》的文本与世界。费奥伦查认为"性别"不能直接等同于"性"，但是，二者又不能相互分离，因为有关"性"的规范化的语言在持续，体现着不同的社会与文化建构。在这一基本的概念上，她与激进女性主义者戴利存有分歧。仅此就能明白，费奥伦查为什么会质疑戴利等激进的女性主义者所主张的分离主义的女性主义。同时，她也深深质疑所

---

① Elisabeth S. Fiorenza, *In Memory of Her: A Feminist Theological Reconstruction of Christian Origins*, p. 3.

② Ibid., p. 60.

③ Ibid., p. 14. 费奥伦查对 diakonia（服事）作出了批判的女性主义神学的回应，参见 Elisabeth S. Fiorenza, *Changing Horizons: Explorations in Feminist Interpretation* (Minneapolis: Fortress Press, 2013), pp. 213—222.

④ Elisabeth S. Fiorenza, "Remembering the Past in Creating the Future: Historical-Critical Scholarship and Feminist Biblical Interpretation", in idem, *Bread Not Stone: The Challenge of Feminist Biblical Interpretation* (Boston: Beacon Press, 1984), pp. 106—107.

⑤ Ibid., p. 107.

谓的性别本质主义，譬如法国女性主义对妇女身体之象征进行心理分析的理论。就其自身而言，她出生时是个天主教徒。尽管她对父权制的神学建制提出了激烈的反省与批判，但是她并没有因此放弃天主教徒这个与生俱来的身份与权利，她坚持包容性的女性主义，而非排他性的，这一点与戴利完全不同。

费奥伦查敏锐地意识到，历史著述就是重构的过程，同时，她也看到历史学家的观念与其兴趣目标之间的差距。她认为："对历史的一种批判的女性主义理论与修辞范式，承认对世界的一切呈现，都要考虑到我们自身的历史文化处境，以及我们在权力关系中被卷入的方式。"[①] 但是，她拒绝后现代思潮中的新历史主义，反对"总体历史"的观念，坚持"历史知识的暂时性与多元性"[②]。虽然她强调历史编纂的推理性，但是她坚信单个主体的自由。她不断提醒我们，知识具有被体现与被处境化的性质，而且，我们需要对历史学家之立场保持一种自由与开放的认可。尽管如此，她拒绝屈服于后现代思潮针对意识形态之质问的相对主义。她坚持认为妇女的传统是可以被重构的，但是，她质疑确定性、乐观主义与科学权威。她的历史分析同其女性主义志趣与神学信仰紧密相随。她指出："妇女不仅遭受并抵抗父权制的压迫，而且，她们借助于灵智（Spirit Sophia）的权能而言说与行动。我们需要对妇女的记忆，因此，女性主义的回忆诠释学（hermeneutics of remember-ancc），要在历史的缄默中追寻她们的生命及其声音的微弱回响。"[③] 这些女性的言语、故事与事迹，碎片般地散落在《圣经》中，而回忆的诠释法，就是要将它们整合串联起来。同时，她使我们相信，对妇女历史的文本殖民化（textual colonization），鼓励我们去探索过往反抗压迫的斗争模式。她认为："对父权制殖民化的经验与分析告诉我们，妇女是而且通常是历史的主体与发生作用者。妇女及其他受欺压者已经塑造了文化与宗教，尽管男性为中心的记载并没有提及我们的存在与作品。"[④] 在她女性主义历史重构的著述里，历史学与文本诠释学相得益彰，交相辉映。她坚持历史重构的可能性，但是她慎而为之，因为她意识到诠释与政治的志趣会渗透在作品中。

二、怀疑的诠释学

在《面包非石头》中，费奥伦查提出了怀疑的诠释学（hermeneutics of suspicion）。这成为她女性主义释经的重要特色。她认为："《圣经》女性主义，同传统历史批判的《圣经》研究有相违之处，因为后者宣称整全、客观与价值中立。但是，考虑到女性主义《圣经》诠释的社会政治处境与公共义务，为了给公共学术讨论与历史评价呈现对《圣经》文本与历史的一种可选择的诠释，女性主义《圣经》诠释必须运用历史批判的方法。为此，我们必须发展一种怀疑的诠释学，将之应用于现代学术的历史和《圣经》著述的话语中。这种女性主义的怀疑的诠释学，将男性为中心的文本理

---

① Elisabeth S. Fiorenza, *But She Said：Feminist Practices of Biblical Interpretation*，p. 91.
② Ibid.，p. 87.
③ Elisabeth S. Fiorenza, *But She Said：Feminist Practices of Biblical Interpretation*，p. 101.
④ Ibid.，p. 86.

解为男性的具有选择性的表达，它们通常表述并维护了父权制的历史状态。"[①] 同时，她将怀疑的诠释学描述为："不是要假定女性主义的权威与《圣经》真理，但其出发点是假设《圣经》文本及其诠释是男性为中心的，充当着服务于父权制的功能。由于绝大多数的《圣经》著述都归于男性作者，而且教会与学术圈中的大多《圣经》诠释者都是男性，因此，这样的假设是可以被证明的。"[②] 对费奥伦查而言，怀疑的诠释学是传统的赞同诠释学的对立者，因为后者将《圣经》视为宗教经典而进行顺从的阅读，预设《圣经》文本的永无谬误和真理的宣称，并对之深信不疑。

在《但她说》里，费奥伦查将父权制视为一个重要的分析范畴，明确地描述了怀疑的诠释学的目标："通过识别文本及其诠释的男性为中心的父权制的特征与动态，试图探讨文本中所描述的解放或压迫的价值与远景。由于《圣经》文本是在父权制的文化里以男性为中心的语言而被著述的，因此，怀疑的诠释学不会只因中心人物是妇女，而将马大和马利亚的故事作为女性主义的解放文本，并由此展开。相反，它试图考察文本如何并为何建构了这两名妇女如此的故事。"[③] 在此，费奥伦查以《新约》为例，说明了这一方法策略的辩证张力。她不惧《圣经》文本中男性为中心的叙述话语的存在，强调怀疑的诠释学不只是"否定的"，更是探讨文本中"解放或压迫"因素的一种方法。因此，她看到了抵制"解放"的读者及其阅读的困境，因为这些读者是由父权制认识论建构的，而恰巧是他们揭示了《圣经》陈述的压制性的含意。费奥伦查利用唯物主义、妇女主义以及第三世界对父权制的分析，将之视为包括阶级、种族与殖民主义在内的多种压迫的一种互相交织的系统。她试图"重新概念化父权制，将之作为女性主义神学与《圣经》诠释的一个重要的启发式的概念。如此，不同妇女群体所受压迫的复杂的内在结构就会显露出来，而不是被二元的性/性别系统的父权制意识形态所遮掩"[④]。她没有将"父权制"视为一个具体化的本质主义的术语而弃之，而是将它看成一个"倍增压迫的金字塔"，将它的意义复杂化、多元化与多样化。

在严格意义上，费奥伦查认为"父权制"并不等同于"大男子主义"。因为，前者所压迫的不只是妇女，只是妇女被推至众多压迫的低端，受种族、阶级、教育所限而处于劣势。她认为"主人统治"是描述制度性敌人的一个更为恰当的词，因为，它受到"最高统治者"而非所有"父亲"的辖制，而这正是苦难的主要源泉。她称呼妇女为女/男人（wo/men），认为她们处于众多压迫的多重网络之中，而她们中的一部分人，显示出与受压迫的男人们共有的东西[⑤]。在《分享她的话语》中，费奥伦查关注交流模式的语言，以及"男性主人为中心的"（andro-kyriocentric）语言，进一步扩展了她怀疑的诠释学之边界。她指出："怀疑的诠释学没有发掘或揭示历史或神学真理的任务，但具有清理男性主人为中心之语言的意识形态运作的任务。从语法上来说，男性为中心的语言并不

---

① Elisabeth S. Fiorenza, *Bread Not Stone：The Challenge of Feminist Biblical Interpretation*, pp. 107—108.

② Ibid., p. 15.

③ Elisabeth S. Fiorenza, *But She Said：Feminist Practices of Biblical Interpretation*, p. 57.

④ Ibid., p. 115.

⑤ 费奥伦查以父权制的希腊民主的传统为例，指出西方社会与家庭并不是男性的，而是由父亲统治的父权制，更确切来说，是主人统治，因为拥有财富的精英男性，有权统治那些附属和依赖于他们的人。参见 Elizabeth S. Fiorenza, *But She Said：Feminist Practices of Biblical Interpretation*, p. 117. 而关于"女/男人"的用法，参见 Elizabeth. S. Fiorenza ed., *The Power of Naming：A Concilium Reader in Feminist Liberation Theology*（New York：Orbis Books, 1996）, p. 8.

是个符号的封闭系统，而是在历史与社会意义上被建构的。"① 通过分析语言、文本与话语形成的转向，她强调文学表达能力的重要性及其对父权制的塑造。因此，费奥伦查将父权制界定为内在交织的各种压迫相互作用的一个系统，从而突出它的社会政治维度。由此，她疏离对妇女的本质主义理解，转向她所谓的"妇女—教会"（women-church）或"妇女召会（*ekklēsia*）② 这一激进的民主空间。这是个矛盾而又多样的女性主义叙述话语的所在地。

　　费奥伦查对《圣经》女性主义的持久贡献，在于她对女性主义释经方法进行了分类，并看到了各种女性主义批判的差异与分歧。同时，她的选择不是非此即彼，即要么拒绝《圣经》，要么赞成，她创建了一个具有包容性的丰富多元的平台。通常，一个追随怀疑的诠释学的读者，其立场是悖论式的。在费奥伦查有关诠释学的分类里，其方法论的意义，表现在她对"非此即彼"模式的否定，而对"兼容并蓄"模式的支持与倡导③。在 20 世纪 90 年代初期，费奥伦查基于解构与建构的范畴，对她早期的研究进行了总结④。融合各种女性主义诠释学，而不是因为支持某些而拒绝与排斥另一些，其重要性不可低估。虽然，费奥伦查也会对她不赞成的女性主义学者提出批评，但是，在她的作品里，她试图综合不同的进路，并统一激进的视野。从过往她以普遍的性别等级制的概念去认识压迫，到她将压迫理解为阶级与种族的特定的权力丧失的表现，这样的转向，将她怀疑的诠释学带到了一个新的层面，让 少发展了她"妇女召会"这一激进的民主概念。在 20 世纪 90 年代中期，费奥伦查用唯物主义的激进概念表述她的诠释学，关注女性主义批判的社会场景，关注多义与自相矛盾的叙述话语，同时，也关注社会转化与政治行动的议程。"妇女召会"这一想象的空间，是要维持"为转化社会与宗教的男性主人统治的制度话语而斗争的批判实践。这一理论空间与意义框架，力图取代女性主义人类学对'妇女'或'阴性'的建构，取而代之的是一种政治的建构。这同

---

　　① Elisabeth S. Fiorenza，*Sharing Her Word*：*Feminist Biblical Interpretation in Context*（Boston：Beacon Press，1998），p. 90. 对费奥伦查而言，女性主义《圣经》诠释本身，就是个寻求解放而进行斗争的平台。参见 Ibid.，pp. 76—80.

　　② "妇女召会"的概念出现在《以她为念》的最后一章，题为"上帝的父权之家与妇女召会"。她在该著的后记里，对这一概念进行了界定与澄清。她指出它"不是一个宗教与民权政治的概念。它意指自由公民的真实集会，自由公民聚集在一起，决定其自身的精神与政治事务。由于妇女在父权制的教会中，无法决定她们自己的神学与政治事务，而她们自己的百姓—妇女—妇女召会，就是一种未来的希望，正如在今天成为现实"。参见 Elisabeth S. Fiorenza，*In Memory of Her*：*A Feminist Theological Reconstruction of Christian Origins*，p. 344.

　　③ 在《以她为念》中，她将《圣经》诠释的模式分为四种：教义的模式、实证主义的历史释经、对话的诠释学的诠释之模式、解放神学的模式。参见 Elisabeth S. Fiorenza，*In Memory of Her*：*A Feminist Theological Reconstruction of Christian Origins*，pp. 4—6. 而在《面包非石头》里，费奥伦查提出了三种《圣经》诠释的范式：教义的范式、历史的范式、形式与编修批判的对话的多元模式。参见 Elisabeth S. Fiorenza，*Bread Not Stone*：*The Challenge of Feminist Biblical Interpretation*，pp. 10—15. 在《但她说》里，她的女性主义《圣经》诠释的策略模式包括：修正主义的诠释、文本与翻译、想象的识别、妇女作为《圣经》的作者与诠释者、历史诠释、社会文化的重构、意识形态的书写、妇女成为诠释的主体与社会政治的场景。同时，她提出了女性主义诠释的一种批判模式，即批判的女性主义修辞模式。参见 Elizabeth S. Fiorenza，*But She Said*：*Feminist Practices of Biblical Interpretation*，pp. 21—50. 在《修辞与伦理》中，基于后现代的语境，她重新命名了她的诠释范式：教义与基要主义范式、科学与历史范式、诠释学的与后现代范式、修辞与解放的范式。参见 Elisabeth S. Fiorenza，*Rhetoric and Ethic*：*The Politics of Biblical Studies*（Minneapolis：Fortress Press，1999），pp. 31—56 在《智慧之道》中，费奥伦查的四种女性主义诠释方法是：矫正的诠释方法、历史重构的方法、想象的诠释方法与觉悟启蒙的方法。参见 Elizabeth S. Fiorenza，*Wisdom Ways*：*Introducing Feminist Biblical Interpretation*，pp. 135—164. 在《民主化〈圣经〉研究》里，她重新描述并命名了《圣经》研究的四种范式：宗教的神学的经典范式、批判的科学的现代范式、文化的诠释学的后现代范式与解放的激进的民主范式。参见 Elizabeth S. Fiorenza，*Democratizing Biblical Studies*：*Toward an Emancipatory Education Space*，pp. 63—84.

　　④ "在《面包非石头》中，我就提出了女性主义《圣经》研究必须解构《圣经》诠释的主导范式，同时，也必须依据批判的修辞而建构它们。批判的修辞将《圣经》文本与传统理解为一种活生生的、变化的传承，它不会合法化父权制的压迫，但是能够滋生信仰群体的解放实践。"参见 Elizabeth S. Fiorenza，*But She Said*：*Feminist Practices of Biblical Interpretation*，p. 5.

时是个历史的与想象的政治宗教的现实，已经部分得到实现，但依然要为之而斗争"①。在此，她将怀疑的诠释学激进化，进行了唯物主义的修正，使其重点由《圣经》文本，转移至社会行动与政治担当。

三、男性为主流的学术之弊端

尽管女性主义《圣经》诠释已经成为一个学术研究领域，并获得学界认可，但是，费奥伦查注意到了男性对《圣经》女性主义之学术与评价话语体系的控制。她认为："在女性主义学者的作品获得认可的漫长旅程中，由男性学者指示或教导妇女学者如何去理解女性主义，最终是个具有讽刺意味的扭曲。"② 因为，这个争取认可的旅程，始于对费奥伦查所谓的男性为主流之学术研究机制与知识系统的反抗性分离与疏远。女性主义学术引发的问题之一，是学者的性别与其洞察之有效性之间的联系。对男性学者而言，把女性主义进行改造并力图重申他们在《圣经》研究中的学术权威，是对女性主义知识之意义的歪曲。费奥伦查不断警醒我们，男性为主流的学术具有很强的反弹性，同时指出父权制卷土重来和利用女性主义知识的风险的存在。费奥伦查批判学术领域的"主人统治"。她犀利地指出：欧美男性精英的普遍主义的主人为中心的修辞，不是要强化男性的主导，而是要将至高无上的"白人父亲"合法化为普遍的主体。男性为主流的等级制的话语，提供了各种"获取意义"的框架，解放的话语必须提供对"常识"之假设的分析，而这些假设不仅阐明压迫的精心安排，而且也说明了一种激进的社会与宗教的可能性③。

早在19世纪80年代，费奥伦查就指出过男性对《圣经》研究的主导与操控。在当时的情形下，人们倡导客观科学的知识，而作为知识主体与客体的性别，鲜少受到关注。她认为："女性主义的宣称，同传统历史批判的《圣经》研究之主张背道而驰，后者自诩为整全的、客观的与价值中立的。"④ 而在20世纪90年代，随着对那些致力于意识形态批判的学者的认可日益增长，讨论的议题由大男子主义的（masculinist）客观性，转化为对女性主义理论的吸纳与利用。期间，《圣经》研究与宗教研究中的女性主义学术，尤其处于一种危险的境地，因为，男性基本上主导了学院与制度结构。即使女性主义学者投入到试图改变这些结构的斗争中，但是她们被遮蔽了，因为她们常常必须依从父权制的当权机构所制定的评价标准。针对于此，费奥伦查指出："女性主义的《圣经》诠释，承担着同父权制的学院以及想要改变与转化她们的《圣经》宗教进行部分'协作'的风险……宗教方面的妇女研究，为了建立她们的叙述话语，常被迫进行妥协，因为，评级为优秀的学术

---

① Elisabeth S. Fiorenza, *Jesus*：*Miriam's Child*，*Sophia's Prophet*：*Critical Issues in Feminist Christology*（New York：Continnum，1994），p. 27. 在这一著作里，她将迦克墩信经（Chalcedonian Definition）视为是不可救药的"主人为中心的"（kyriocentric）的典范，并坚持认为她的女性主义神学不是基于"历史的耶稣"，而是基于"女/男人为了主人统治的转化而进行的斗争"。参见 Ibid.，p. 48.

② Esther Fuchs，"Points of Resonance"，in Jane Schaberg，Alice Bach and Esther Fuchs eds.，*On the Cutting Edge*：*The Study of Women in Biblical Worlds*，*Essays in Honor of Elisabeth Schüssler Fiorenza*，p. 10.

③ Elisabeth S. Fiorenza，"Introduction：Exploring the Intersections of Race，Gender，Status and Ethnicity in Early Christian Studies"，pp. 13－16.

④ Elisabeth S. Fiorenza，*Bread Not Stone*：*The Challenge of Feminist Biblical Interpretation*，p. 107.

标准是由欧美男人所制定的。"① 由此，她认为那些受过专业训练的妇女，要想在学术与教会机构中生存，就要在话语与实践上有所勾结。她接受这种故意而为之付出的代价，因为那是用来作为一种生存策略，或者是颠覆父权制知识体系的一种手段。但是，她不将他们的性视为危险的而进行拒绝，因为，她很清楚地运用和详述有关男性的理论，可以帮助她们建立对女性主义的敏感性。相反，她指的是一种"新的"认识论，将自己伪装成超越了所有的性别二元论。她提醒当今女性主义学者：对后现代之父的依赖，会将我们退回到对男性学术与"主人统治"进行奉承的立场上。她指出："男性为主流的学术，很少承认女性主义者能够提供可选择的同样有效的知识，尽管这种知识基于一种不同的确认过程。因此，男性为主流的学院，继续坚持女性主义的作品应该受到盛行的学术标准的评估。"② 在各种神学院与世俗学院有关宗教研究的课堂上，她指出，女生数目的增长并没有引起结构与机制上的改变，男性为主流的学术群体，继续监督和管辖着他们各自学科的话语边界。因此，这自然地促使男性生产的知识成为规范的，或普遍。针对于此，费奥伦查呼吁一种转变，即从一种支配的教学范式转变为激进的平等的范式，使女学生在她们寻求权力与声音的过程中获得力量。这有助于女性主义学者创造抗衡性的话语，而不再依赖于教学的支配与控制，使之成为一种教导性的范式③。在后现代的语境里，后现代之父，诸如德里达（Jacques Derrida）、福柯（Michel Foucault）、巴特（Roland Barthes）和拉康（Jacques Lacan）等，其作品与观点，被众多的女性主义批评家所引述。但是，他们对女性特质的建构依然受到质疑。实际上，欧洲大陆男性的后现代思潮的兴起，同女性主义批判的兴起具有平行性。费奥伦查不仅质疑生物学意义上的性别起源理论，而且质疑将普遍的女性特质视为不可避免的修辞与隐喻的永恒传说。她指出："这种本质主义的欧美话语，依然将妇女视为男人的他者，它不仅没有被女性主义理论所中断，而且还常常被它所合并。"④

在《分享她的话语》中，针对自己受惠于诠释学的男性伟人这一点，费奥伦查拒绝评价自己的作品。尽管在适当的时候，她承认并信任男性作者的原始资料，但是她抵制对男性世系之排他性的强调。通过特有的明晰与坚定的态度，她提出一个母性的谱系，并视之为女性主义的策略模式。她认为："通过参照男性为主流的《圣经》诠释学，而建构女性主义诠释学的谱系，或者，跨越诠释学之'大父'的迫使就范，女性主义学者继续同男性主人统治的沉默进行协作，并边缘化女性主义的理论成果，从而使之继续处于危险之中。"⑤ 尽管女性主义《圣经》诠释已经进入了《圣经》研究领域，但是，决定谁会获得奖项，以及谁的书被出版的学术评价的程序，大多掌控在男性手中。女性主义学者需要获得男性为主导的教授们的认可，甚至，为了获得认可与晋升，女性主义的教授们继续依赖于男性为主流的同僚与行政人员。男性学者对女性主义知识之生产手段的持续掌控，意味着这种知识被诠释为另一种素材，要被搅拌并烩入《圣经》研究之大锅中。这样的状态，不可能使女性主义成为一种转化整个《圣经》研究领域的手段，使之成为一个在伦理上有担当、在制度上可

---

① Ibid. , p. 184.
② Elisabeth S. Fiorenza, *Sharing Her Word*：*Feminist Biblical Interpretation in Context*，p. 45.
③ Ibid. , p. 46.
④ Elizabeth S. Fiorenza, *But She Said*：*Feminist Practices of Biblical Interpretation*，p. 136.
⑤ Elisabeth S. Fiorenza, *Sharing Her Word*：*Feminist Biblical Interpretation in Context*，p. 73.

以独立的领域，从而在社会作为与学术研究上具有价值[1]。在《修辞与伦理》中，费奥伦查也看到了当前《圣经》女性主义的困境，即不能改变现状，不能"为了寻求建立一个公正而福祉的世界，去批判地表述公共政治话语，以及各种个体的问题"[2]。就当前而言，正如费奥伦查所说："对修辞方法与理论的学术讨论，被稳稳地停靠在男性为主流的学术话语中，它将女性主义的作品边缘化为意识形态的。"[3] 因此，只有当修辞批判接受女性主义批判，将之视为一个平等的伙伴，女性主义研究才能实现学术话语的自我转变，才能改变剥削与非人化的社会关系。

四、结 语

在《以她为念》出版二十年后，费奥伦查对关于基督教起源的概念化表述进行了总结性的探讨，同时，重申一种修辞的伦理重构。她阐释了女性主义理论对基督教起源之论争的贡献，并进一步澄清了她在《以她为念》中的观点，包括重构模式与批判原则[4]。费奥伦查指出：《以她为念》所重构的，并非是乐观主义的真实的史学，而是平等主义的基督教起源之可能，即男女"平等的使徒身份"[5]。她坚持认为，"基督教起源"的叙述话语，不能仅集中于对历史之耶稣的寻索，将历史的耶稣视为一个男性的克里斯玛式的领袖人物，简单地关注于文本，而应当重视产生这些文本的人们，批判地选择解放的空间，抵制男性/主人为中心的文本与话语框架，揭示其政治意涵以及教会神话。她依旧宣称："女性主义对平等主义之可能性的重构的历史模式，能够将早期基督教运动的起源，放置在一个更为宽广的文化与宗教的历史框架中。这使人们追溯解放的认识与运动之间存在张力与斗争，而这样的认识与运动，一方面受到有关平等的激进的民主逻辑所启发，另一方面，受到古代社会与宗教中占支配的主人统治结构的激发。"[6] 自始至终，费奥伦查都在寻求解放的范式，呈现潜藏的"真理"或权力。在这一过程中，费奥伦查不仅融会了文本诠释学与解放神学，而且批判地参照了福柯的概念[7]。她始终将《圣经》诠释看成一种解放的批判实践，努力寻索平等与解放的可能[8]。

费奥伦查对《新约》文本进行了深入细微的探讨，为我们提供了一种具有说服力的"批判的女性主义解放"（critical feminist liberation）的远景。她的重构作品"不仅探讨《圣经》的意义，而

---

[1] Esther Fuchs, "Points of Resonance", p. 12.

[2] Elisabeth S. Fiorenza, *Rhetoric and Ethic*: *The Politics of Biblical Studies*, p. 193.

[3] Ibid., p. 91.

[4] Elisabeth S. Fiorenza, "Re-Visioning Christian Origins: *In Memory of Her* Revisited", in Kieran J. O'Mahony ed., *Christian Origins*: *Worship*, *Belief and Society* (Sheffield: Sheffield Academic Press, 2003), pp. 225—250.

[5] Ibid., pp. 242—243.

[6] Ibid., p. 245.

[7] Elisabeth S. Fiorenza, "Re-Visioning Christian Origins: *In Memory of Her* Revisited", pp. 225—233. 关于费奥伦查的女性主义与福柯理论之关系，参见 David A. Kaden, "Foucault, Feminism, and Liberationist Religion: Discourse, Power, and the Politics of Interpretation in the Feminist Emancipatory Project of ElisabethSchüssler Fiorenza", in *Neotestamentica* 46/1 (2012): 83—104.

[8] Elisabeth S. Fiorenza, *Changing Horizons*: *Explorations in Feminist Interpretation* (Minneapolis: Fortress Press, 2013), pp. 194—212.

且要使《圣经》研究变得有意义"①。她在诠释学上的历练，使女性主义《圣经》诠释进入更为宽广的时空，并且充满社会政治关怀。她不仅关注妇女的境况，而且也关注诸如反犹主义与散居移民这样的议题。同时，她不再拘泥于天真地释经，而是愈来愈多地与世俗女性主义进行交战，这使她能够在更为广阔的女性主义视野中看到自己《圣经》研究的意义。费奥伦查始终如一地呼吁《圣经》女性主义的一种自我超越的方式，即由弱小与边缘，成为拥有权力者。这一目标的实现，不是要摈弃前者，而是要拥有和张扬它。她对个人社会场景的理论性运用，也是她包容性之辩证诠释学的呈现。她所坚持的怀疑的诠释学，同其重构的诠释学之间存有张力，同时，她持守局内与局外的双重身份。这些反而弱化了她去实现所寻求的目标②。此外，她的"妇女召会"被认为具有乌托邦的特征，而她的理论被称为女性主义的乌托邦主义（feminist utopianism）③。她对解放与平等主义的重构被视为乌托邦，或神话④。但这恰恰表明：在文化与社会生活中，父权制的影响是如何的根深蒂固，而寻求女性解放的事业，又是如何的长路漫漫。但无论如何，在这条路上，费奥伦查无疑是个先行者，是个大智大勇的领军人物。

（本文原载台北《汉语基督教学术论评》2014 年第 17 期）

---

① Elisabeth S. Fiorenza, *Jesus and the Politics of Interpretation* (New York: Continuum, 2000), p. ix.

② Esther Fuchs, "Points of Resonance", p. 18.

③ Elizabeth A. Castelli, "The *Ekklēsia* of Women and/as Utopian Space: Locating the Work of Elisabeth Schüssler Fiorenza in Feminist Utopian Thought", in Jane Schaberg, Alice Bach and Esther Fuchs, *On the Cutting Edge: The Study of Women in Biblical Worlds, Essays in Honor of Elisabeth Schüssler Fiorenza* (New York: Continuum, 2004), pp. 36－52. 但是，费奥伦查在《但她说》中，认为妇女召会具有"既济"（already）与"未济"（not yet）之间的张力，指出将现代"女权运动所构想出来的妇女教会"看成是"早期平等者的基督教使徒身份"之延续，那才是一个"过分天真"的建构。参见 Elisabeth S. Fiorenza, *But She Said: Feminist Practices of Biblical Interpretation*, pp. 5－6.

④ David A. Kaden, "Foucault, Feminism, and Liberationist Religion: Discourse, Power, and the Politics of Interpretation in the Feminist Emancipatory Project of Elisabeth Schüssler Fiorenza", p. 100.

帝国汪洋中的"孤岛":
从清代四川看天主教在汉地的农耕社区

张丽萍 郭 勇[*]

内容提要:本文通过对文献资料的发掘和实地考察,整理出清代四川天主教社区分布情况,归纳出教徒社区形成的三种模式:宗族繁衍型社区、乡邻同化型社区、教点扩张型社区,探讨整合社区的伦理、宗教、经济和政治的原则和方法;从历史上的民教纠纷中,提炼出教徒区与世俗社会在宗教上的对抗;通过几个典型案例,看教徒区在清朝时期的稳定性与脆弱性;特殊背景下壮大起来的天主教社区,在改变了小群体的信仰的同时,也在制造社会的动荡与内部的撕裂。

关键词:清代 四川 农耕社会 天主教 教徒 社区

一、帝国乡村的异化

(一)"非我族类"的村落

清代,在四川的天主教,并没有因为朝廷的禁教和民间的反教而夭折:在 1750—1800 年的 50 年中,尽管教会的存在是非法的,但是,教徒的人数增长了 10 倍[①]。在 1860—1910 年的 50 年中,尽管四川是教案频繁发生的地方,教徒的人数又在 5 万人的基数上增长了 3 倍。据四川洋务局统计,1909 年全省有 14 万天主教教徒[②]。四川天主教信徒主要分布在川东的渠县、达县,川西平原的邛州、崇庆州,川南的西昌、叙府,以及川北的广元等地。80% 的信徒集中在全省 112 个州县中的 30 多个州县,而这些州县的人口密度大多处于全省的中下水平。有关资料显示,在 1900—1910 年间,全川有 55 个州县每个最多只能找到三四个教徒[③],与此同时,28 个州县却分别拥有 1000 到

---

* 作者简介:张丽萍,四川大学道教与宗教文化研究所教授、博士生导师。

① 参见 [法] 沙百里(Charbonnier)著,耿升、郑德弟译:《中国基督徒史》(histoire des chrétiens de chine),北京:中国社会科学出版社,1998 年,第 199 页。书中记载,1756 年四川有 4000 名教徒、2 名中国司铎,1802 年达到 4 万名教徒、16 名中国司铎。

② 据巴县档案《天主教川南教区创立记录》记载,1858 年川西北教区教徒 2.9 万,川东南 2.1 万,不包括四川主教区管辖下的西藏教区 1.9 万。四川省档案馆编:《四川教案与义和拳档案》,成都:四川人民出版社,1985 年,第 17—18 页。

③ 1899 年 2 月 4 日《光若望与北京主教樊国梁(Pierre Marie Alphonse Favier)通信》,载四川省档案馆编:《四川教案与义和团档案》,第 571 页。

4 万人不等的教徒。（见表及表注）

　　大多数信徒以小社区形式住在一起，法国传教士的著作中称这些社区为"教徒区"（chretiantes）。相对来说，天主教在四川的市民社区极少出现，而主要以农耕社区形式出现——这个以出产大米、生丝、猪鬃、桐油闻名的内陆省份，被人恰如其分地形容为一个大农村，信教人口多数为农民，教堂也因此在乡村者多、在城市者少，进入民国后，一些城市逐渐出现了天主教的市民社区，如成都平安桥街、江津麻纱市街形成了"教友一条街"。18 世纪，中国神父李安德（André Li）在四川传道期间，其日记中所载的乡村社区有 130 个，多数社区的成员只有 50—80 人，一些边远社区有教徒 500 多人①。19 世纪中叶，法国传教士描绘的乡村社区，往往拥有上千人的教徒，建立有教堂、书院、医馆等，社区历史有的可以追溯到康熙年间。1902 年一位传教士向川南主教光若望（De Guebriant）通报了金堂县一个教徒区的浩劫："有一千五六百教徒被屠杀，幸存者不到二百人。"② 这个社区的历史可以追溯到 1700 年白日升（Jean Basset）神父和梁弘仁（da La Baluère）神父的组建。

四川省天主教教徒主要聚居州县及乡村社区一览表③

州县	教徒人数	所属主教区	乡村社区
渠县	38114	川东南	柏林场、李渡场、郑家湾
达县	10100	川东南	明月场
邛州	8825	川西北	高埂镇、牟礼镇、宝林乡
广元县	6000	川西北	杨老堡
宜宾县	5800	川南	横江场、火地沟
丰都县	3555	川东南	大堡场陈家湾
西昌县	3500	川南	德昌、锅盖梁
安县	2760	川西北	秀水镇
江津县	2830	川东南	油溪镇圣宗坪
安岳县	2681	川东南	天林场、永清场、王家寨
江安	2550	川南	大渡口、张山坝
崇庆州	2460	川西北	黄家坝
绵州	2460	川西北	柏林场
酉阳州	2100	川东南	小摇坝
大足县	2100	川东南	马跑场
射洪县	1800	川西北	钱家坪
合江县	1600	川东南	兴龙场
彭县	1500	川西北	白鹿场、两河口、龙兴场

　　① 参见罗伯特·安特蒙：《18 世纪四川的中国籍天主教神职人员》，林治平主编：《基督教在中国本色化》，北京：今日中国出版社，1998 年，第 110 页。

　　② 1902 年 8 月 9 日《光若望 3 号通报》，载《四川教案与义和团档案》，第 810 页。关于 1902 年金堂苏家湾教徒死亡人数，另有说法为 300 人。刘乾隆：《义和团炸毁舒家湾天主堂的前后》，载孙成君：《金堂文史》，成都：巴蜀书社，1990 年，第 275 页。

　　③ 根据 1910 年四川洋务局统计、传教士著作、书信以及地方史志整理。

续表

州县	教徒人数	所属主教区	乡村社区
华阳县	1475	川西北	银家坝
总计：19 个州县	102210		

（二）天主教社区同汉民社会的落差和分离

19 世纪的百年间，四川人口估计在 2000 万—5000 万之间，居帝国省份的前列，全境拥有 56 万平方千米的土地，面积大如法国。在这个数据的映衬下，5 万—14 万的教徒及其以乡村为单位的社区，好比是隔离下的"鲁滨逊"和汪洋围困中的小岛。虽然，教徒们世居本土，姓名、言语、衣冠与本地百姓无异，却因为信教带来了与主流社会的巨大落差并与主流社会相分离——一方面教徒区以"另类"自居，另一方面也被主流社会视为"非我族类"。造成这种情况的原因，除了天主教团体内部具有的高度统一的权利架构以及天主教教义中关于启示性、独一性、排他性等实质性教义带来的高度自治、高度独立之外，也许还有正统意识形态对"另类"缺乏包容性，以及主流社会与"另类"社区之间缺乏相互磨合的时间。

1. 主流农耕社区的大同小异

四川是一个以汉民为主的移民省份，同族聚居、同籍聚居的习性，形成一个个以村落为单位的农耕社区。由于地理气候对人的作用和人口构成中的移民基因，不同的社区之间很自然地表现出语言、风俗、习惯上的差异。在这片广袤的土地上，既有盆地、山地、平原等地域文化带来的区别，也有土著、客籍等移民文化带来的区别，在不同社区之间，往往是"风俗不同，情性各异"①，如四川有 30 多个客家人聚居区，形成客家"风俗岛""方言岛"；通用西部官话的四川人，也是县县有"土音"。

众多的差异，并没有淹没民众之间互为"同类"的基本认同。在汉文化的辐射下，他们具备了同质文化下的共性：（1）以安土重迁、入乡随俗的草根性格表现乡土认同性，大多数移民在定居后，风俗习惯往往是"半从其籍，半随乡俗"②；（2）以酬神赛会、跳神打醮等民俗活动表现信仰多元性，折射出四川人"崇拜神佛""喜谈报应"的性格；（3）以归宗祭祖、尊师敬儒等礼仪表现出伦理上的同一性，家家户户所供奉的五字牌位——天地君亲师，即便在低俗无耻、道德败坏的愚民心中也保持了它的神圣。

2. 特立独行的天主教社区

在汉民社会的夹缝里，一些代表了异族、异教文化的另类社区仍然此消彼长，主要表现为：汉人聚居区内的异族和异教社区，如成都"满城"就是一个拥有 2 万满人的"旗民社区"，又如成都以北 18 千米的回族及回教聚居点，从明到清当地建有 8 座清真寺。此外还有汉人中的秘密宗教社区，即官方所称的"邪教"传习点，如白莲教、红灯教在乡村的活动地点。

天主教社区具有异族、异教、"邪教"的多种背景，从不同时期对它的称谓中就有所反映：信奉它的人曾经被官方定罪为"传习邪教"，又被民间讥讽为崇拜"鬼教"，指责教徒"信洋教""习

---

① （清）黄廷桂等修：雍正《四川通志》"卷首·序"，雍正十一年刻本。

② （清）福伦修，（清）胡元翔、（清）唐毓彤纂：《南溪县志》，清同治十三年刻本，四川大学图书馆收藏。

法（国）教"。接受天主教教义的四川土著，以神父、会长为头领，聚集在乡村教堂秘密传习，当其还处于弱不禁风的时候，就以不畏强权、不避危险的精神与正统社会对峙：以独尊圣教、独拜一主表现其信仰的唯一性，以谨守十戒、不守礼教等表现与正统意识形态的对立。对信仰多元的鄙夷，与传统伦理的鸿沟，让他们背负着"忘本灭亲""礼教败类"的骂名，承受着"天主邪教，诡正乱俗，最为人心风气之害，迭奉谕旨严禁查办"的宗教迫害[①]。在弛禁天主教后，从地下转为公开的教徒区，更加以自为一体、自我管理表现出与平民社会的疏离，他们受司铎管理，不受乡团、保甲的约束，又招来"刁抗官长""无父无君"的指责。

二、天主教社区的形态与凝聚力

（一）教徒区形成的雏形

从 1640 年天主教入川到 1911 年，以传教士的眼睛来观察，天主教在四川的发展基本上划分为三个时期：烛光时期（1640—1724）、黑暗时期（1724—1842）、光明时期（1860—1911）。显然，传教士所谓的"光明时期"，却最是令国人不堪回首的时期，因为历史在那一时期留下过深重的孽债和忏悔。但是，人们却会怀着惊奇看待"烛光时期"外国神甫的游历和传教，他们的言论和举止给四川人民带来了一些新鲜和奇异；也会带着某种敬重看待"黑暗时期"中国籍神职人员、平信徒和修女的布道和殉道，看他们在禁教的煎熬中传播平等和博爱的精神。

1724—1842 年间，四代皇帝推行的禁教政策，以嘉庆实施得更为彻底，意图斩草除根，务求一蘖不留。在总督申大辟之条、严连坐之罪、开自新之路的"惩劝兼施"之下，常常有"教首"被砍头示众、发配为奴、戴枷游街，一些教徒因为恐惧而"改邪归正，据实呈悔"[②]。

躲过追捕的中国神甫，在四川的边远山乡"潜藏煽惑"，他们奔走劳碌，致力于济贫、讲道，使教义薪火相传。而信徒中，有"抗不改悔"者，有"阳悔阴奉"者，以不同的方式保存了教会在乡村的活动据点，并伺机组织秘密社团。这些在 100 多年逆境下表现出的被颂扬为"信德"的忠诚，来自身份低微的村民对入"天堂"而"得救"的渴望，来自天主教平等博爱的主旨与移民心理的契合，来自地下教会对教内兄弟姐妹的眷顾与团结——有关"无论贫富人等，一入此教，便情同骨肉"的恩德与情谊[③]，给予了迁移到异乡的人们一种归属感和社区感。值得注意的是，禁教时期对外国传教士的驱逐，成就了中国神甫、平信徒对天主教在中国的大众化的传布，成就了他们以殉难者的事迹激励软弱者，以首领的威望召唤失散教友的团体精神，包括接受"背教者"的忏悔，让他们重归社团。

李安德的日记，就是天主教社区从废墟中重建的见证：1756 年，当他在长寿县葛栏桥寓居时，看到的是一个残破不堪的教徒区："在 1746 年前，（葛栏桥）教友之多，已上千数之谱。不幸因风

---

① 巴县档案：嘉庆十五年十一月二十五日《重庆府尊饬实力查禁天主教札》，四川省档案馆收藏。
② 巴县档案：嘉庆十五年十一月二十五日《重庆府尊饬实力查禁天主教札》，四川省档案馆收藏。
③ 《嘉庆十年五月初二日御史韩鼎奏折》，转引自方豪：《中国天主教史人物传》，北京：中华书局，1988 年，第 146 页。

波及缺少神父之故，多已背弃圣教。即或未背教者，亦全不明圣教道理也。"① 然而 1758 年 9 月，他十分高兴，金堂县的教友团体使他深感安慰："金堂的教友团体 50 年前由白日升神父和梁弘仁神父组建，由穆天尺（Mullener）主教和陆迪仁（Maggi）神父发展。之后的二十多年，稗草的种子藉着人性中不可宽容的恶进入了良田，混进了好种子里，接着便起了迫害的风暴，粉碎了地上的团体，使得葡萄株遭毁而干枯，贫瘠一片。今年，一切开始发芽、生长、开花。六个月里，广施仁爱的天主祝福了福音传播者们，天降甘甜雨露，滋润腐朽的心灵，天主的仁慈使二十几位男女老幼得以重生，700 个人领受了忏悔圣事，抛弃他们的罪错，他们中的 500 人领受了圣体而饱沃身心。六七个家庭的近一百个成员重新回到了天主教会的怀抱，脱离了偶像崇拜，几个背教者重新归向了天主……"② 李安德日记中所提到的教会团体，位于距县城 50 里的苏家湾，苏家湾一带现在保存了 1766—1789 年间"司铎""会长""贞女"及教友之墓，李安德的墓葬也至今尚在。从李安德墓碑文及民国《金堂县续志》可知，苏家湾教堂在 17 世纪末 18 世纪初即已建成，以教堂为中心的教徒达数百户，人数达上千人，其中的苏姓家族为地方望族。

显然，皇上的谕旨和四川总督的禁令在乡村被打了折扣。在金堂、江津、渠县等地的一些教徒区，有的兴建经堂，而不掩人耳目；有的高声唱经，声彻云汉；有的聚众庆贺瞻礼，场面壮观；有的因不堪迫害而集体上省城衙门喊冤……这些事件都发生乾隆、嘉庆时期。当然风险是巨大的，在被告发和察访后，教徒区都被捣毁，而教徒也受到惩罚。

从非法的地下社区转为合法的公开社区，则是咸丰年后。教徒由"违禁传习"一变成为"奉旨习教"，不仅朝廷无查禁之语，而且地方有保教之责，平民无阻扰驱逐之理，随着教堂、书馆等宗教信标的恢复和兴建，传统信教点扩大为规模化、完备化社区，一些新兴教区也迅速崛起，有后来居上的势头。

（二）天主教社区形成的几种模式及其案例

1. 从族谱和碑文看宗族繁衍型社区——以宗族姻亲关系结成的同族社区

清代的入川移民，多系家族迁移、定居，同族聚居的现象很普遍，很多以姓氏所冠地名，就是宗族聚居的反映。天主教就有不少的宗族聚居区，如巴县的黄家坝、董家湾、张家坝，渠县的万家坪、王家湾，绵州的王家湾等，以同姓同宗的教友众多而闻名。

因宗族聚居而形成的同族社区，都有清晰的宗族下传、外延的特征。早在乾隆时期，移民中就出现合家习教的家族，如巴县档案中记载的天主教碑文，何家从乾隆时期"合室老幼大小去左道而向真，咸受神洗之恩于开蜀之士鉴牧穆若翰"③。根据碑文所列的人名、辈分、姻亲关系来看，三代共 37 人，信教者在下传子孙之外，还旁传至女婿、外甥等支系。

由于有家长制度和宗法制度的维持，同族社区具有血缘亲和、代代传习、信德坚实的三个特点。乐至县人刘嗣坤，自祖父信教后，"合族共祖奉教"，共计 70 余人，1807 年刘家"开堂传经，只是合族子弟，并无外姓"④。

---

① 古洛东：《圣教入川记》，成都：四川人民出版社，1981 年，第 95 页。
② "基督教生活网"：《四川李安德神父（1692—1775）的教理宣讲》。
③ 《嘉庆二十三年巴县禀》，载《四川教案与义和拳档案》，《四川教案与义和团档案》，第 8 页。
④ 巴县档案：《道光四年刘嗣坤供词》，四川省档案馆收藏。

古洛东神甫（Gourdon）通过考证教徒族谱，在邛州、梁山、江津等州县找到了不少教徒世家。清末民初，邛州的教徒人数居川西之首，他们以董、江、宋、孟等家族为代表。追根溯源，董姓家族自清代康熙时信教以来，到民国初年已历十一代；江、宋、孟、朱等家族，分别历十代或九代。[①] 据调查，这一带所建的教堂，也多以姓冠名，如邛州高埂镇的"董圣堂"、牟礼镇的"吴圣堂"，宝林乡的"易圣堂"等，至今邛崃的天主教徒多达 11000 多人。这类世代信奉天主教的家族，成为天主教在乡村的基石，他们恪守教规、信仰始终如一，出了不少神职人员，有的还成为著名人物，如渠县的刘瑞廷。

经过二三百年的家族繁衍，有的同族社区规模惊人。大足县马跑场的刘姓家族，自 1780 年信教以来，到清末刘姓在教者约一千人，华芳济（Pere Fleury）神父描写道："马跑场，距龙水镇三十里，教民聚族而居，俨然一大村落焉。"[②] 马跑场的从教人数占全县的一半，且教堂宏伟，并设有书院，成为全县天主教的中心。

2. 从圣宗坪等案例看乡邻同化型社区——以乡邻同化形成的同乡社区

清代四川的移民，由于"插占土地"的关系，哪里有闲地即定居该处，有较大的随意性和自主性；加之移民们性格上不合群，异姓之间往往分散居住，这与北方或江南的乡村有一定的区别，杂姓聚居的"蜂巢型"村落相对较少。据我们考察，由异姓结成的教徒社区，除了个别系教徒在移民过程中"因缘相聚"外，其他多系在定居后，通过感化和同化，信教人群由一姓发展到多姓，又通过教内的联姻，相互呼应、声援，在方圆数里乃至十多里的范围，使天主教在当地远近皆闻。

"因缘相聚"的例子见于安岳县的流河浦，清初两家教友各自从湖广、贵州入川，分居于此地的黄家沟、高屋基，两处相距约十里。民国初期，两处有教徒 1200 名。

江津圣宗坪是众多乡邻同化型社区的一个缩影。18 世纪中叶，李安德有过在圣宗坪传教的经历，而光大教会者则是该地的骆氏家族。《骆氏族谱》载，1695 年骆家在原籍江西即已信教，定居四川后，得闻白日升讲道，"常存信德，始终不变"，不仅家族内出了 7 位司铎，还感化本地的外姓人家，"因富有资财，威振一方。于是外姓之家乐与之结秦晋好，或因姻亲之故而奉教者颇不乏人"。在骆家的带领下，教友共同在圣宗坪捐资兴建教堂和神甫住所，并常常有神甫来巡视，成为周边州县教徒的活动中心。骆家由于人丁滋长、耕地不足而析产而居，或者二次迁移，使天主教在他乡开枝散叶。[③]

3. 从杨老堡等案例看教点扩张型社区——以教堂为基地向外蔓延而成的同教社区

这种社区直接表现为传教士的"本堂区"。它是教会合法化后的产物，也是前两种社区进化的结果。1901 年巴黎国外布道会（MEP）在四川拥有教堂 221 所、学校 425 所、医院 10 所、药房 180 所，在这些宗教信标的周围，往往聚集了本县大多数的教徒，可以说，一所教堂就是一个天主教社区的标志。

这种社区大体上可以分为两类：一是由传统教点发展起来的社区，以广元的杨老堡为代表。杨老堡的典型价值，就在于教会在此苦心经营达 280 年之久。1860 年前，川西北信教人数较多的地方

---

① 古洛东：《圣教入川记》，第 68—70 页。
② 《华司铎被俘记》，上海天主教《汇报》174—190 号，上海图书馆收藏。
③ 古洛东：《圣教入川记》，第 74—76 页。

仅有三处，一是崇庆县黄家坝，二是绵竹县城，三是广元的杨老堡。根据文献记载，1700－1815年，博方济（Mgr. Pottier）、李安德以及四川代牧主教徐德新（Defresse）等，均有在杨老堡秘密传教的事实。该地李姓教徒最多，徐德新从李姓教友中选取一位，赴马来西亚深山郎修院，这位教徒后来升为神甫，在贵州传教。在朝廷开禁后，有林方济（林真厚）、穆路一（then mas）等传教士驻杨老堡教区，信徒人数和教区规模有了迅速扩大，1895年修建了"老经堂"，购买了田地、房产。根据林方济的法文日记，他在1893年来此教区，传教长达十年之久。他走遍了周围乡村，经过他亲自授洗的婴儿有200人，当地教友人数增长率为5％，而同期法国的增长率为2％。他认为："天主教处在复兴时期，中国处在危急关头，列强在中国得势，中国的外交处处失败，再加上天旱、农业歉收、战争、盗匪横行，老百姓处于这种境地，当然想信教，找到教会做他们的避难所。"[①] 从1902年后，开始有中国神甫派驻在杨老堡，这是教会的兴旺时期，教外人入教，田产可以免附加税，还能打赢官司，加之社会动荡，因此入会不信教的大有人在。从清末到民国期间，在广元4000—6000人不等的教徒中，有超过一半的人集中在杨老堡。

一是新兴社区。在前文图表"四川天主教主要聚居州县一览表"中位列前十位的丰都，1860年前没有教徒活动的踪迹，却在传教士进入后，教徒从零发展到三千多人，前后时间不过30多年。不少教徒社区是在开禁后发展起来的，距彭县70里的白鹿场就是这类社区的典型。当时川西主教洪广化（Pinchon）准备在白鹿场的白鹿顶开办修院，看中的就是该地的清苦和封闭。从1885—1932年，以白鹿顶为中心，先后建立起天主堂、无玷书院、邻报书院、神哲学院，开办有炭厂、磨坊、仓库等，成为川西教区的天主教活动中心。根据统计，"白鹿顶天主堂占有土地1万亩以上"[②]。教会的慈善、传教士的人品，给贫困山区的百姓以巨大的震撼，并因此归化为教徒。根据老教民的回忆：传教士生活十分清苦，副食均为自己种的蔬菜。假日期间会看到传教士手提钓鱼竿，身带一把盐，外出钓鱼，就地捡柴烤食。而教会所施的小恩小惠也让教民感恩戴德，如租田让教徒耕作，租房给教徒居住，遇天灾教徒还可免交和少交租谷，甚至没有配偶者也帮助配给，据调查这种"配偶婚"在白鹿场有20对。白鹿场的教徒在清末达1000多人，为全县之首。

（三）凝聚社区的力量与方法

在天主教社区的运作过程中，伦理的、宗教的、经济或政治的方法和原则，都为社区带来凝聚和稳固的力量。

1. 伦理性力量。血缘、姻亲、邻里等伦理关系，使社区表现出父诏子、兄勉其弟的亲密无间，表现出姻亲、邻里的同心协力，将社区共建为一个坚固的堡垒。

2. 宗教性力量。天主教徒对外既能不畏强御，对内又有集中权力的组织。严密的教阶制是教徒所尊崇的，在禁教时期，每个社区的人像过节一样，庆祝司铎的到来；在开禁以后，敢于见官不拜的教徒，更加虔诚地叩拜在神甫的脚下。每个社区都共同推举一人为会长，以管辖社区事务，当司铎不在时，由会长主持崇拜，很多时候会长也为人付洗，在边远乡村尤为普遍。自上而下的权利架构，以及紧密的内部组织，为团结社区提供了强有力的保证。

---

① 杨蜀湘：《广元天主教与名人王良佐》，载《广元市文史资料》第1辑，中国人民政治协商会议四川省广元市委员会文史资料委员会，1988年，第217页。

② 吴康零主编：《四川通史》第6册，成都：四川大学出版社，1993年，第34页。

3. 经济和政治的力量。利害趋同的现实和对未来祸福的共同预测，是凝聚社区的经济基础。对普通村民来说，"教徒"是一个经济性的符号——布施的黄谷，子弟免费入学，婚礼、丧事由教堂和教友帮助举办等等，这些令外人眼红的福利，都与教徒身份相连，很多被称为"米教徒"的新教徒，正是基于教会的恩德，发展出他们对教会的忠诚和教友间的弟兄姐妹情谊。与"教徒"身份相伴随的"教民"身份，则是一个政治性的符号，在与平民的纠纷中，"教民"们有信心期望得到来自外国神甫的有力保护，而社会带给"教民"的群体仇视，则促使他们结成一个政治联盟。

三、天主教社区的对外关系

（一）内部的小空间与外部的大环境

一些封闭型天主教社区，因为高山大河的阻隔，脱离了与教外社会的冲撞可能。而民教共处的半开放型的社区，它们与教外社会之间仅仅隔着一道"竹篱"，隔离和自闭是无效、徒劳的，和睦与安分是偶然的、间断的。

四川民、教社区之间的冲突，早在1810年就开始明朗化了，渠县的多个教徒区遭到百姓的抢劫、焚烧，而官府又采取了"冤上加冤"的手法——对上告的教徒施以酷刑，有11人被充军①。开禁以后，从皇帝的谕旨到官方文告，其口吻深仁厚泽，无可挑剔：教民虽信奉外国之教，仍系"中国赤子""民教均须恪守约章，各安本分"，地方官办理民教纠纷事件，"只分良莠，不分民教"②。

官方文告中可疑地将"民"与"教"相对立，反映了大众潜意识中的正邪观念。所谓的"民"，其实都直接或间接地附从佛教、道家或者其他宗教，这些"民"通常也是以"三教弟子""神拳附体"之类的口号反"教"。对于民教结仇，官方也存在一些相互矛盾的说法，一方面认为民教结仇多系民间寻常词讼，与宗教无关；另一方面却不断警告仇教灭教有违圣旨，自信中带着惊恐，既借词否认仇教灭教的紧迫性和危险性，又为"民教结仇，祸结莫解"而惶惶不可终日③。

为什么四川教案不休？四川果真风气刁蛮？而仇教者则质问：为什么蓄意与天主教为难？"况中华亦有回教，别夷生理，并未滋非"④，难道是因为天主教祸害一方？回答这些疑问的方法很多，包括政治的、文化的、法律的角度，但我们只选取宗教上的矛盾，从小社区与大社会两方之间的"逆反心理"加以讨论。

天主教本系"劝人为善"，作为社会中的少数群体，多数教徒也在努力表现他们的和平与宽忍，赢得了非教徒对他们的好感，在迫害和危难中，教徒常常会得到邻居的救济和帮助。在一些反教激烈的地方，平民也承认"天主老教"尚知安分。在"教民"人少的地方，民、教之间也少有结仇，

① 古洛东：《圣教入川记》，第83页。
② 光绪八年十二月八日《川东道转发钦差大臣李鸿章处理西阳教案告示札》，载《四川教案与义和拳档案》，第356页。
③ 根据光绪二年九月十三日《华阳县晓谕团民告示》所记，关于民教结仇，文中称："查同治三年三月奉到钦命总理各国事务衙门咨案开：川省办理交涉民教已结未结各案，多系民间寻常词讼。两造内虽有奉教之人，实与教务无干。"（《四川教案与义和团档案》，第310—315页。）
④ 光绪十二年六月八日《光绪十二年六月八日巴县何杨氏冤状》，载《四川教案与义和拳档案》，第417—422页。

如新宁县"教民甚少，其与平民尚称和睦，是以交涉之案不多"①。

置身于异教社会的包围圈中，教徒们因为自身势力的柔弱通常采用社区自闭的方式，既向外宣示他们在信仰上的独一、非他，同时也阻止外人对其信仰的干涉和亵渎，与异教社会采取不相干、不沟通、不调和的态度：如教徒们绝不踏入异教的神庙，也阻止外人进入他们的圣堂，曾经因此激怒了一帮童生而酿成"营山教案"；他们的礼拜诵经等宗教仪式，也禁止外人窥看，这又成为外人散布流言的一个土壤，传言越是下流无耻，中国人越是相信。而另一方面，当天主教在一方一地壮大后，因为得势，又会从自闭转为扩张：如教徒人多势众的马跑场、龙水镇等地方，有的捣毁路边"打清醮"的祭台，有的在定亲后又以非教徒不娶为由，威逼平民信教，有的不顾乡规民约，"逢戊之日，违禁犁田"②，有的大肆抨击平民的"偶像崇拜"。

华阳县一位县令在文告中埋怨说："本县又访闻昔年习教之民，礼拜诵经，至今安分，近来习教之民，恃强霸恶，慭不畏法。"③ 言辞中反映出社会主流意识矛盾心理的转换，对于天主教从单个习教发展为群体习教，从对弱者的同情变为对强者的压制。教民群体一旦表露出与平民社会的不公平、不同步，就会激起民愤，如"经堂高过寺庙"引起的嫉妒，就会上升到民族仇恨的高度。1902年，饥荒席卷四川各地，此时的苏家湾教区却别有气象，教徒们在教堂可以得到免费午饭，还兴高采烈地领取救济的谷物，成为苏家湾教堂遭嫉恨的一个原因④。平民们会以种种手段来蔑视教徒的信仰，如在路上画十字取乐，对告解妇女进行人身羞辱，在教堂四周污秽破坏，强令教徒摊派迎神赛会的费用等。

（二）"孤岛"与"孤岛心理"

如果说在咸丰前，天主教社区是被朝廷以法的名义消灭，在这之后，则是被义民以道义的名义攻击——在"同为中华赤子"的劝谕下，不断有教堂被焚烧，百姓的逐教运动也从来没有停止过。正是在这样的环境下，进一步成就了天主教社区的"孤岛心理"——他们抱定一损俱损、荣辱与共的决心，承受着外力击打，外部对他们的打击面愈广，其内部的团体性、坚忍性愈深。1898年的"大足教难"，"众教民坚持信志，难中无背教之一人，难后无温怨之一言"⑤，天主教徒历危险而贞固如恒，受逼迫而视死如归的精神，不避危害的坚忍毅力，实在令人惊叹。

无论小社区具有多大坚韧度和抗击打能力，也无法阻止它在大空间下的虚弱和战栗。1898—1903年间，成群结队的教徒被赶跑，一个个社区被毁灭。抢劫与焚烧，一日之间将马跑场夷为平地。面对平民的暴力攻击，抵抗是逃跑之外的唯一选择，尤其是像苏家湾这样有高墙、火炮保护的教区。然而苏家湾的浩劫则证明抵抗不仅是徒劳的而且是恐怖的，延续了几代人的教民群体，一夜之间进了坟场，苏氏家族被杀绝，到现在该地只有苏家湾的地名和苏氏墓碑，再无姓苏的人户⑥。

（三）各安生业的憧憬

由鸦片战争带来的"宽恕条约"，是天主教与清廷交恶以后"和解"的开端，正因为和解本身

---

① 巴县档案：光绪三年八月四日《重庆府转饬按照新宁县所禀办理教案札》，四川省档案馆收藏。
② 同治元年五月二十七日《法国天主教川东教区主教移文》，载《四川教案与义和拳档案》，第27页。
③ 光绪二年九月十三日《华阳县晓谕团民告示》，载《四川教案与义和团档案》，第310—315页。
④ 刘乾隆：《义和团炸毁苏家湾天主堂的前后》，载孙成君：《金堂文史》，第274页。
⑤ 刘乾隆：《义和团炸毁苏家湾天主堂的前后》，载孙成君：《金堂文史》，第276页。
⑥ 《华司铎被俘记》，上海天主教《汇报》174—190号，上海图书馆收藏。

带着强烈的仇恨和不信任，注定会带来令人痛苦的反复。蒋梦麟在《西潮》一书中说："慢慢地人们产生一种印象，认为如来佛是骑着白象到中国的，耶稣基督却是骑在炮弹上飞过来的。"

当民间的反教演变成皇族授意下的排外，热血的"拳民"最终成为列强和官府联合绞杀的"乱民"，曾经默许或热衷于反教的士绅被眼前的景象惊呆了：浩劫中被屠杀的平民远远超过教民，分摊到每个人头上的赔款也用于教堂的重建、教徒的抚恤——苏家湾、马跑场也在重建中得到复兴。极端的灭教手段的失败，为"和解"找到了一个理由。当"拳乱"平息后，传教士各归其总堂，发现气氛已经大不一样，有的地方开始派代表请求传教士至当地开教堂、办学校，同时要求入教者也多了起来①。

血腥的教案，警醒着教会与教徒。天主教从入川发展到 20 世纪初，能有此等光景，教会本应更加感恩，更加谦虚，谨慎自守：在对待异己和异教时，能以德报怨而不仗势凌人，能有真正的宣道而无不义的逼迫；在行事作风上，能放弃欧化气焰而与中国的道德相协调，与民众相接近，以寻求社会的同情和援助。

四、对天主教社区的一点评估

天主教社区的形成，对天主教会来说，是其在四川生根、发芽的良好土壤所带来的巨大潜力和价值，具有持久性、示范性、基地性的意义。但是，人们往往判定它们带给四川和四川社会的，更多的是对国人的刺痛和对社会的撕裂。特殊背景下壮大起来的天主教社区，在改变小群体的信仰和生活的时候，的确也在制造社会的动荡和内部的撕裂。

"基督徒是一帮弱智、愚昧、低俗而道德败坏的刁民，只有他们这样的下等人才会相信那些歪理邪说。"这些话虽然是 1800 年前瑟尔苏（Celsus）所说②，而对"刁民"的评判，也延续到近代中国。诚然，在近代的教徒中，有许多是入教不久的新教徒，他们入教的动机和行为，远不比非教徒高尚，但是人们却不应该完全忽视另一点：在被教堂安置、收罗的人群中，不少是被社会遗弃、被社会敌视的人，他们没有尊严，因为他们的贫穷、无知以及道德败坏，他们得不到同情，而是让他们自生自灭。

村妇村夫们以信教为手段，从洋教士那里去寻求救济和"保护"，在"哀其不幸，怒其不争"之余，难道不应该有一点反躬自问吗？张汝钊在《佛教与耶教的比较》中说："孤儿院、济良所、医院、青年会等组织，皆耶教徒为我们发轫；鳏寡孤独之救济，痴聋喑哑之教养，耶教徒亦给我们莫大之助力。常见有许多贫寒家庭，得耶教为之教育其子弟，今皆变成为中产阶级，甚至有为达官贵人者。故其恩德入人之深，犹非他教所能望其项背也。"③

中华文明中并不缺乏平等、博爱的理想，中国人也不缺乏慈善、谦虚的美德，然而却在封建制度、封建文化的桎梏中，显得麻木不仁。平等的精神，互助的美德，从教徒及教徒区发散出去，给

---

① 中华全国基督教协进会编：《中华归主》，北京：中国社会科学出版社，1993 年，第 459—460 页。

② Bainton, R., *Early Chritianity*, Van Nostrand Company, 1960, pp. 115－123.

③ 张汝钊等：《佛教与耶教的比较》，台北：大乘出版社，1980 年，第 33 页。

权力阶层、地方势力和一般民众带来的冲击是巨大的，也许这就是天主教社区这样的新群体、新宗教在近代社会所起到的进步作用之一。

（本文英文版为比利时鲁汶大学南怀仁文化研究会第八届国际学术研讨会论文，原文载《宗教学研究》2005 年第 3 期）

混现代的表层与深层含义

—— 兼评王建疆先生的 "别现代理论"

查常平

内容提要：中国当代艺术文化中的 "混现代"，具有表层的与深层的含义。其表层含义是现代性、现代性、后现代性、另现代性的融合，其深层含义意味着种种关系的混杂。笔者利用自己创建的 "世界关系美学" 理论，分析以上海双年展为代表的混现代性出现的混乱的审美世界图景，批判性地反思了现代性转型所遭遇的时代困境。由于王建疆先生以 "别现代" 来称谓这种 "混现代" 的表层含义，本文进而评述了他的 "别现代理论" 的优劣。

关键词：混现代　世界关系美学　别现代理论

在实然的意义上，今天以中国当代艺术为表象的汉语文化，究竟具有什么样的本质规定性呢？显而易见，它是一种不同于以西方现代资本主义为代表的线性现代性为特征的规定性，而是一种混杂的乃至叠加的 "混现代性"。所谓 "线性现代性"，指西方无论是社会还是其文化，都经历了一个从前现代、现代、后现代到 "另现代" 的历程，而且基本上呈现出 "线性" 演变的特征[②]。它是 "一部断代史"，一部在前现代、现代、后现代与 "另现代" 之间彼此具有明确界线的历史[③]。对此，从如下关于后现代主义的概述中可见一斑：后现代主义，"旨在批判和超越现代资本主义的 '现代性'，即资本主义社会内部占统治地位的思想、文化及其所继承的历史传统；提倡一种不断更新、永不满足、不止于形式和不追求结果的自我突破的创造精神；为彻底重建人类现有文化，探索尽可能多元的创新道路。显然，后现代主义并非单纯是一种 '无中心' 的、'游牧式' 的语言论述；它是但也并非单纯是一种文化诉求，更不是体系化的理论知识；而是超越传统语言论述和反传统理论

---

　　* 作者简介：查常平，四川大学道教与宗教文化研究所基督教研究中心教授，《人文艺术》主编。

　　② " '另现代' 是在全球化的时代对现代性的重新定义，强调个人在时间、空间与媒介中的文化漫游经验和多种可能性。所以，这种区别于现代性的世界图景逻辑重构行动，需要从政治、经济、文化等多向关系的角度来理解。如果说 20 世纪的现代主义主要是一种西方文化现象，如果说后现代主义产生于多元文化主义与身份的观念，那么，'另现代性'，就是不同文化与地理方位的主体之间互相协商的结果，表现为一种全球文化语言的方式。'它去除一个中心，只能是多语的。另现代性，以文化转译为特征。群岛与其类似的岛屿、星座与星群，代表着另现代的功能模式。' 其中，艺术家只是一个频繁参与交流的旅行者。他们以符号与图式呈现着当代人流动的、变幻的生存经验。一种在空间与时间中由线组成的旅行图式（journey－form），一种物质化的轨道而非目的地，一种 '长亭更短亭'、处处是归程的过程，一种漫游的而非固定时空的表达，布里沃将这些看成是 '另现代' 艺术创作的标志。" 参见查常平：《中国先锋艺术思想史》第二卷《混现代》，上海：上海三联书店，2017 年，第 337 页。

　　③ 王建疆：《别现代：空间遭遇与时代跨越》，北京：中国社会科学出版社，2017 年，第 4 页。

知识的文化革新实践活动"①。在这里，后现代主义所包含的"后现代性"与传统的"现代性"之间的关系，是超越者与被超越者的关系。前者在超越后者的过程中把后者相对化，进而把自己绝对化了。在后现代主义者的理想社会中，"再也不存在以人为中心的'自然/社会'的二元对立世界，同样也不存在人类生活世界中的'道德/非道德'、'真理/谬误'和'美/丑'的对立生活模式"②。

一、混现代的表层含义

和这种线性现代性的发展路径相反，笔者将中国当代艺术文化的实然特征命名为"混现代"。"中国当代艺术，目前继续陷于'混现代'，即前现代、现代、后现代、另现代彼此混淆的创作旋涡，在整体上产生了一种'混现代'的艺术文化景观。当然，'混现代'，并不是一种'现代性'的现象，而是一种现代中国社会转型中的特定文化现象。因为，它本身没有自己的规定性。其'混合性'，源于这个时期的'现代性'的未充分展开，源于其在制度层面的前现代综合征与拖累症，源于生活在其中的国人甚至包括部分知识分子对于'现代性'的普世性的怀疑，进而产生出某种地方现代性（local—modernity）的乌托邦幻想。不过，我们也可以看到'混现代'文化的某种显著标志，一种物质主义与肉身主义互相礼赞的景观。"③ 这是笔者 2010 年最初论述"混现代"这个概念的文字，更是一种关于混现代的表层含义的描述。

在长时段的意义上，中国当代艺术的发生，"以华夏族群五千年来的社会转型为宏观的历史背景。这种社会转型，在普遍的社会史意义上意味着从前现代向现代的转型，在特定的短时段意义上意味着该族群正在经历的'混现代（mixed—modern）'的洗礼、挣扎，即遭遇将前现代性、现代性、后现代性、另现代性混合起来的一个'混现代'的历史时代。正是因为这样，我们才能理解为什么中国的先锋艺术图景呈现出前所未有的多样性、丰富性，其在否定的意义上则是一种混乱的杂多样态"④。现代社会以文化自由化、经济市场化（工业化的完成）、政治民主化为标志，后现代社会以城市化、消费化、信息化为标志，另现代社会以人类化、个人化、精神化为标志。

在中时段的意义上，这种社会文化的转型，在中国历史上有三个标志性事件。1840 年，中国清朝政府和英国发生鸦片战争，随后签订《南京条约》，上海等五处口岸被迫开放自由贸易。这意味着封闭多年的完全前现代的中国向世界被动打开了大门；1900 年，清朝政府和八国联军因义和团运动交战后签订《辛丑条约》，"门户"继续被动开放；到 21 世纪，伴随全球化的发展，部分学者提出西方世界正在开始一个被称为"另现代"的全新时期，全球化研究、新新人类、生态艺术随之成为显学。所有这些都强烈地影响着中国这样的发展中国家。这也是国人从被动到主动地融入世界，参与和建构全球化的过程。21 世纪以来，中国当代不少艺术家的作品、艺术展览，大都呈现出混现

---

① 高宣扬：《后现代论》，北京：中国人民大学出版社，2005 年，第 96 页。作者还分别从历史、社会、文化诸范畴讨论了"后现代"如何从"现代"中诞生出来，见该书第 19—63 页。

② 高宣扬：《后现代论》，北京：中国人民大学出版社，2005 年，第 97 页。

③ 查常平："混现代"的艺术文化景观》，《中国百老汇 上层》2010 年第 12 期，第 60—65 页。后来收入笔者的《中国先锋艺术思想史》第二卷《混现代》，上海：上海三联书店，2017 年，第 412—415 页。

④ 查常平：《中国先锋艺术思想史》第一卷《世界关系美学》，上海：上海三联书店，2017 年，第 20 页。

代的表层含义的特征。笔者以此对它们展开诠释，最终按照这样的观念编辑出版了《中国先锋艺术思想史》第二卷《混现代》①。

二、混现代的深层含义

人的生活世界是由七重关系生成的，人对于每重关系的理解都是对于其生活世界的一个向度的认识，人以每重关系为视点互动地诠释其他六重关系，进而生成人的、多向度的世界图景逻辑。这就是笔者关于世界关系美学的基本规定。其对应的方法论为：整全的理解、分层的阐述、互动的诠释。笔者曾经把世界关系美学之论题总结为："这些关系的互动进而生成为世界图景逻辑。当把这种世界图景逻辑应用到当代艺术的批评中，我们就会发现当代艺术对人实际上表现出了独特的语言性、时间性、个人性、自然性、社会性、历史性、圣神性诸方面的呈现。其结果生成为真正的世界关系美学，就是以世界关系图景为对象的感性学。"② 在《中国先锋艺术思想史》第一卷《世界关系美学》中，笔者以中国先锋艺术为研究个案，对之加以整全的理解与分层的阐述。至于"互动的诠释"之方法论，即以每重关系为基点诠释其他六重关系，这贯穿在部分文章的写作中。

迄今为止，历届上海双年展的主题与作品，其实都是"混现代"之表层与深层含义的恰当例证。第一届上海双年展的主题为"开放的空间"（1996），内容却并无"开放性"，限定于具象、表现、抽象风格的油画艺术样式；第二届的"融合与拓展"（1998），展示的是作为中国传统文化象征形式的水墨艺术的最新状态；第三届所谓的"海上·上海——一种特殊的现代性"（2000），继续沿着艺术媒介的策展思路，将作品选择扩展到油画、国画、版画、雕塑、摄影、装置艺术、录像艺术、媒体艺术和建筑等方面。这三届，都是围绕传统的艺术媒介打转，单就主题而言和双年展本有的先锋性的批判精神毫无关系。在根本上，它们遵循的是前现代的、顺从性的、反批判的思维逻辑。

第四届的"都市营造"（2002），关注中国在都市化进程中遭遇的乡村与都市、传统与现代、本土与全球、保护与发展等难题。第五届的"影像生存"（2004），其主题英文为 Techniques of the Visible，关注艺术与制像技术的关系，展现影像的历史与影像对人类生存状况的影响。作为一种艺术媒介，影像是后现代社会的产物。策展人的问题意识，还停留在西方社会 20 世纪 70、80 年代。第六届的"超设计"（2006），倡导艺术家以"设计作为材料"的观念进行艺术创作，探究设计与个

---

① 2012 年，笔者撰写了《混现代中人的迷失追寻：金江波　焦兴涛》《混现代中人的异化偶像》《"混现代"的异乡——评刘芯涛》（参见《中国先锋艺术思想史》第一卷《世界关系美学》，第 269—290 页。其最初分别发表于《中国百老汇　上层》2012 年第 10、8 期，第 85—87、82—85 页；《人文艺术》第 11 辑，贵阳：贵州人民出版社，2012 年，第 19—23 页）。2013 年，笔者还撰写了《混现代中公共艺术界的正义秩序》《"混现代"："时代肖像：当代艺术三十年"展中的时代肖像》两文（参见《中国先锋艺术思想史》第二卷《混现代》，第 418—439 页。其最初发表于《中国百老汇　上层》2014 年第 1—2 期，第 68—73 页；2013 年第 11 期，第 68—73 页）。目前见到的直接回应文章，有夏可君：《"混现代"的艺术文化景观：查常平的中国当代艺术批评观》（《人文艺术》第 17 辑，上海：上海三联书店，2018 年，第 169—173 页）、罗乐：《世界关系美学视野下的"混现代"迷题——评〈中国先锋艺术思想史〉第二卷〈混现代〉》（《人文艺术》第 17 辑，上海：上海三联书店，2018 年，第 174—185 页）。

② 查常平：《中国先锋艺术思想史》第一卷《世界关系美学》，上海：上海三联书店，2017 年，第 52 页。另见查常平：《中国当代先锋艺术思想史——艺术史的写作与关系美学》，《当代中国思潮》2016 年第 4 期，第 291 页。

人生活、社会理想和历史计划之间的关系。这在某种意义上源于现代社会主体自觉的哲学思想。第七届的"快城快客"（2008），复制第四届的策展理念，更是为了响应 2010 年上海世博会的宣传口号"城市，让生活更美好"，双年展的文化先锋性几乎丧失殆尽。第八届的"巡回排演"（2010），企图定义巡游与回归、排布与推演这些观念，依然停留在展览的策划和展开过程中，似乎在艺术语言方面有所推进。不过，这难道不是每个策展人需要具备的基本功吗？何况，从展出的作品看，中国大部分艺术家的作品，大多停留在对展览形式的思考层面。双年展的社会批判性进一步萎缩。第九届的"重新发电"（2012），源自上海双年展的迁址、上海当代艺术博物馆的创建、世博会"城市未来馆"的改造项目，反思现代工业遗址在城市生态构建中的再生利用，由此延伸出共同体中成员的共生关系意识。不过，世博会遗址迅速被更换为城市房地产开发项目，就是对于这三届双年展关于城市化反思的最佳反讽。一个所谓国际性的双年展，在十余年时间里要么停留于关注展览本身，要么以上海这个城市所发生的事件为主题关怀，其视野的狭隘可见一斑，在观念上基本上和 21 世纪另现代的全球化思潮无关。

第十届的"社会工厂"（2014），一会儿强调艺术家的知识生产，一会儿强调当代艺术的社会关系生产，其主题含混不清。第十一届的"何不再问？正辩、反辩、故事"（2016），再问在人人关系的多元集体生活中"代际之间、行动的形式之间、知识体系之间、故事叙述的方式之间""我们是什么和我们能成为什么之间"的可能性，[①] 似乎是上届策展观念的延续。至于第十二届的"禹步Proregress"（2018）主题，按照主策展人夸特莫克·梅迪纳（Cuauhtémoc Medina）的阐释："得与失、开放与恐惧、加速与反馈的不断混合，不仅印证着我们这个前行与回望并峙的时代，其深层的悖论色彩更是赋予了这个时代特殊的感性。在此语境下我们看到，当代文化已然成了一个被过剩与无力、僭越与压抑、社会行动和虚无主义印证并折射的现场。而当代艺术，则是由社会不同力量碎片制作而成的奇物，它是当下矛盾性的见证。它将不同维度的纷争、焦虑映射并转化成为主体经验的方法，帮助身处矛盾之中的当代主体适应当代生活里相悖而行的各种力量。本届上海双年展提供了一个深度挖掘当代艺术社会角色的构架。"[②] 它侧重于矛盾中的人与自我的关系，同时又偏向当代艺术社会角色的探究。不过，没有理想的思维向度，何来对于观众感知力的提升？

对于即将开幕的第十三届的"水体"（2020）主题而言，策展人安德烈斯·雅克表示："从细胞到人，到人与人的连接；从管道到腮室，到实验室，到气候变化，本届双年展的灵感来自于这些跨种群的联盟。从一次呼吸到一个生态系统的构成，我们是如此地相互连接，相互依赖，相互牵动。面对全人类共同经历的挑战，本届上海双年展将通过挖掘多样的流通和交融形态，证明人与人的关联和不可分隔。"[③] 这再次回到了第十、十一届关于人人关系的相关性的策展观念。

如果以世界关系美学的视角审视这个所谓国际性的上海双年展，其主题二十四年来勉强涉及人与语言（第一、二、三、五、六、八届）、人与自我（第十二届）、人与社会（第四、七、九、十、十一、十三届）的关系，至于人与时空、人与自然、人与历史、人与神圣这些关系，基本上无明确的涉及与回应。而且，每届双年展中的不少作品，其对于观念和关系的表达都处于混乱、混杂、混

① http：//www.shanghaibiennale.org/cn/exhibition/year _ topic/92.html，2020 年 9 月 5 日检阅。
② http：//www.shanghaibiennale.org/cn/exhibition/year _ topic/104.html，2020 年 9 月 5 日检阅。
③ http：//www.shanghaibiennale.org/cn/page/detail/308cw.html，2020 年 9 月 5 日检阅。

沌的审美状态。这正是对于混现代特征的注释，同时也揭示出混现代的深层含义即人所处的世界关系图景逻辑的混淆，更是源于历届上海双年展的策展人对应然的世界关系图景逻辑的整体上的无明。

再论"混现代"的表层含义，王建疆先生以"别现代"来命名。"别现代是对现代、前现代、后现代杂糅状态的概括，而别现代主义却是对现代性的批判，是对别现代的超越。别现代是现实，别现代主义却是价值倾向。别现代主义与别现代之别就是别中之别，是超越与被超越之别。正是这种别中之别和超越之别，构成了别现代理论的既告别虚妄不实的现代性又期许和建构别样的真实的现代性的有机整体。告别虚妄不实的现代性，是对现代性和人类共同价值的认可；构建别样的现代性，又是与西方现代性的同中有异，从而构成中国现代性的特点。"① 在笔者看来，王建疆的"时间的空间化理论"，很好地解释了形成"混现代"或"别现代"的现实。"别现代中现代、前现代、后现代既和谐共谋又内在分裂的结构功能和矛盾运动，以及主导性力量的出现，构成了别现代的阶段性特征，这就是和谐共谋期、对立冲突期、和谐与冲突交织期、自我更新超越期。"② 他的这种"别现代时期的四阶段论"，预设了别现代主义如何否定别现代进入现代性阶段的可能性③。但是，他对于这种"否定"最终如何进入"自我更新超越期"，在政治观上存在浪漫主义的想象。正是在这点上，笔者认为：他的别现代理论，未曾自觉到"混现代"的深层含义，未曾深究其中所内含的本真现代性的难题。

(2020 年 9 月 15 日第一稿，9 月 18 日定稿)

---

① 王建疆：《别现代：空间遭遇与时代跨越》，北京：中国社会科学出版社，2017 年，第 6 页。
② 王建疆、阿列西·艾尔雅维茨等：《别现代：话语创新与国际学术对话》，北京：中国社会科学出版社，2018 年，第 159 页。
③ 王建疆：《别现代：空间遭遇与时代跨越》，北京：中国社会科学出版社，2017 年，第 14—15 页。

少数民族宗教研究

四川石棉县尔苏人宗教习俗调查

钱安靖*

内容提要：唐宋以降，川西南大渡河下游地区居住着一群汉称"西番"、自称"尔苏"的居民。据说"尔"为"白"，"苏"是"人"之意。尔苏人自称"白人"，其宗教信仰主要是他们固有的原始宗教，不过这种原始宗教已被纳入本波教系中。烧趼子为石棉县尔苏人纪念祖先的一种宗教祭祀活动。通过这种宗教活动，依稀透露出尔苏先民来源迁徙的史影。此活动及其传说与对尔苏人语言系属调查研究的科学论断不谋而合。本文着重介绍四川石棉县蟹螺乡尔苏人烧趼子的宗教习俗。

关键词：石棉县 尔苏人 烧趼子

1986 年 8 月中旬，我们到四川省石棉县蟹螺乡调查尔苏人的宗教习俗。参加此次调查的有原四川大学宗教学研究所马庆川同志。石棉县蟹螺乡文化站站长王福有担任翻译，并安排有关调查事宜，特志谢忱。

四川石棉县的尔苏人比较集中地聚居于该县蟹螺乡。此乡位于县西大渡河南岸。松林河从甘孜州九龙县湾坝、洪坝向东北流来注入大渡河，蟹螺乡在松林河东岸。该乡历史上称下八堡，又称下凉山，居住尔苏藏族，汉称"西番"。1986 年蟹螺乡总人口 4120 余人，其中尔苏藏族 2000 余人，彝族 1000 余人，汉族 1000 余人。尔苏人主要居住在乔白路、银定虎、雅寨、田坪、蟹螺、拱背湾、木耳、盟种、俄足、塔姑营、集中等 11 个堡子，以蟹螺堡子的尔苏人为最多，有 40 余户、300 余人。

烧趼子为蟹螺乡尔苏人纪念祖先的一种宗教祭祀活动，有别于汉族之焚冥纸钱，在每年农历八月十一日到十九日举行。各堡子的具体日期不尽一致，蟹螺堡子则在八月十二日至十四日举行。此次我们适逢其会，有幸应邀参加，因爰笔记之。

烧趼子又称"还山鸡"节，有一般与盛大之别。如当年堡子中无人为去世的老人做开路安灵的宗教祭祀活动，则该年的节日就比较一般。届时每家煮糯米饭，舂糍粑，将瓦板木（从前尔苏人和彝族人均用瓦板盖房故名）劈成三、四寸长的小签，由当家男子将木签、猪膘、糍粑、糌粑面（玉米粉）、酒一壶、核桃若干个放在一簸箕内，顶到堡子附近山上祖先灵牌石前进行祭祀，在石上燃瓦板签，抹猪油，撒糌粑面，酹酒，祈求祖先保佑。祭毕将供品顶回家中，家人团聚，吃肉饮酒，欢乐一日。祭祀仪式简单，规模不大，较为一般。

---

* 作者简介：钱安靖，四川大学道教与宗教文化研究所荣休教授。

如堡子中当年有人为去世的老人开路安灵，则这户人家的祭祀活动便与全堡各户的烧赙子结合起来。因尔苏人聚族而居，一个堡子即一个家族。如一个堡子居住两个家族的人，则此二族也是姻亲，当某家人为其老人做开路安灵的宗教法事时，其他人家必前往襄帮。到开路安灵活动即将结束时，全堡子各户除十六岁以上的妇女外，都着节日盛装，集合整队，顶着事先准备好的各种祭品，到堡子附近山上祖先灵牌石前烧赙子祭祖。从开路安灵到烧赙子须请涉巴和书阿数人念经作法三日，规模盛大。

1986年8月蟹螺堡子尔苏人农民王玉清为其岳父母开路安灵。按尔苏人习俗，人死后即火化安葬，但不一定开路安灵。何时开路安灵，须请涉巴算死者生辰，如虎年，属狗、虎、马的人才能开路安灵；兔年，属猪、兔、羊的人才能开路安灵。1980年是虎年，与王玉清岳父母的生辰属相相合，故决定为其做开路安灵的祭祀活动。

据涉巴汤国安介绍，当地尔苏人开路安灵的宗教活动由来已久，远在其始祖"普日巴"及其子"茨子托""洛敏其"时代即已开始并沿袭至今。尔苏人认为，人死是其魂魄被魔鬼缠捉的结果，老人去世安葬后，子孙必须为他们开路安灵，否则灵魂没有归宿，不能到祖先灵位处就座。

烧赙子也是有根据的。传说尔苏人最早住在邛州西海，那时是蜀汉丞相孔明主政时代，尔苏人与汉人以邛州南桥为界，互不相扰。后来尔苏人与汉人发生纠纷，此事闹到孔明那里去了。孔明威望高，善计谋，派兵来打，尔苏人走投无路，逃往峨眉山、贡嘎山（在康定、泸定之间）安营扎寨。众人商量对策，一筹莫展，不知会被赶到哪里，东西南北分散，不能会合了。为了日后认亲戚家门，须决定一种辨认之物。在当时情况下，决定以一种塔状石为记，凡家中供有此石者，即为同族。此石尔苏语称"足"。

此后尔苏人认真准备了一次对付孔明的战争。首领规定每个寨堡的人都必须带武器打仗，到了约定时间，但见山头烽烟起，便同孔明作战。这一仗打了一天多，尔苏人又失败了，退到山间一水箐处。首领通知每家人将瓦板劈成木签，于晚上掌灯时分，在每只羊角上捆一对瓦板签火把，把羊赶到山野各处。此时孔明正调动兵马，准备围歼尔苏人。当晚火把遍山野，孔明一看，以为尔苏人的援兵到了，乘夜出战，于是下令退兵，这样尔苏人才定居下来。

尔苏人为了纪念首领和祖先出奇制胜，决定用燃瓦板签向祖先烧赙子。历史上的那场仗发生在农历八月十二日到十九日，故烧赙子也定在这几天。不过当年打仗燃瓦板签是捆在羊角上，后来烧赙子是将瓦板签放在代表祖先的一张小石板上。这种石板须从山上或河中挑选洁净的，置于寨堡附近山上安置祖先灵位处和家中墙洞内。从安放之日起，凡家有祭祀活动，均须在石上洒鸡血、沾鸡毛、酹酒、抹糌粑面，表明尔苏人不忘祖。

此次王玉清为其岳父母开路安灵和为祖先烧赙子，请了四个涉巴和一个书阿，从八月十二日午后开始，紧张地进行准备。首先用红黄蓝白黑的布和线扎两个灵牌，插于装满粮食的两个升子中，供于堂屋内。在堡子附近野外搭一个能容十余人的棚，作为在野外供灵牌、摆供物和念经之所。其次，从山上砍回一根有三至九台枝丫的杉杆，插于棚子附近，象征为主家老人开路安灵做法事。还要插一根有茅草的竹竿于棚后，用以阻止孤魂野鬼，使不致前来干扰。再次，从山上或河中挑选六块石头做开路安灵的灵牌石，每个亡灵三块，放在棚子附近，经过作法念经后，一块送到坟墓前，一块拿回家中供奉，一块送到堡子附近山上，供于安置祖先灵位石的适当地点。

涉巴们还为亡人的儿女亲戚赶制开路安灵的麻吕旗以表怀念。这种旗子是用印有藏文的红白布做的。按尔苏人的习惯，儿孙送红旗，女儿和其他亲戚送白旗，旗上写明时间、送给谁以及谁送的。旗子插于棚附近。这样，准备工作基本就绪。

八月十二日晚，王玉清家灯火辉煌，人们纷纷涌向他家。时堂屋一侧桌上安放其岳父母的灵牌，堂屋正中大桌上放羊肝、羊心、糌粑、核桃等供品，燃檀香。大桌上方位坐着四个涉巴和一个书阿。大桌的其他方位坐寨堡中的老人。接着开路安灵的祭祀活动正式开始。

首先，掌坛涉巴起立，向家神通白，说明为谁开路安灵，请家神不要惊恐怪罪。接着，在羊皮鼓和铃铛声中，几个涉巴和书阿轮番赞唱王玉清岳父母生前的功劳苦绩，唱毕，将两个灵牌和供品等搬到野外棚内，涉巴和书阿随带法器，打着羊皮鼓到野外的棚里祭祀作法和念经，演唱的主要内容是为什么要开路安灵及其由来，念经通宵达旦。

次日（八月十三日），涉巴和书阿继续在野外棚内念经作法，午后将王玉清岳父母的两块灵牌石分别送到他们的墓地；两块灵牌石拿回家中，当晚在家做安灵碗法事；还有两块灵牌石次日举行烧赙子仪式时，带到堡子附近山上，安放在祖先灵位石的适当地方。

晚上，涉巴和书阿念经作法，将王玉清岳父母的两块灵牌石安放于堂屋，表示他们在家中有了灵位。涉巴打羊皮鼓，演唱人是怎么老的、父母养儿育女的苦情等等，教育青年人要尊敬老年人，儿女应当对父母尽孝。唱词后面介绍，兹不赘。

演唱毕，涉巴做安灵碗法事。时王玉清全家跪地，涉巴通白神灵说，他们为老人开路安灵尽了孝，从此老人在家中有了座位，祈求祖先神灵和老人保佑子孙发达、人畜兴旺、大吉大利、有吃有穿，用敬神的糌粑面（玉米粉）撒向他们。此时主人的家门房族和亲戚邻里为了表示参加此次祭祀活动吉祥如意，大家彼此向对方脸上抹玉米粉，一时群情活跃，祭祀活动达到高潮。时过午夜，大家尽欢而散。第三日（八月十四日）为全堡子举行烧赙子祭祀的一天，王玉清家与其他人家基本一样，所不同的是他家除用簸箕装祭品顶到堡子附近山上外，还须将其岳父母的两块灵牌石带到堡子附近山上，按辈分高低安放在祖先灵牌石处，表示他们在山上祖先灵位处有了座位。

当日早饭后，每户男主人燃檀香，将猪膘、糌粑、玉米面、酒、核桃、瓦板签等，经熏香烟解秽后，放到簸箕里，用头顶到山路上集合整队，按辈分和年龄大小排列先后次序，除十六岁以上的妇女外，皆着节日盛装，上山祭祀祖先。人们行进在陡峭曲折的山间小道上，蜿若一条长龙，向山上祖先灵位处进发。

蟹螺堡子的尔苏人有40余户、300余人，汉姓有唐、汤、江、杨、朱、兰、王、苏八姓，但以尔苏人的姓氏而论，则只有"袍信""涉巴"二姓。"袍信"一姓的人，即堡子中唐、汤、江、杨、朱、苏各汉姓的人；"涉巴"一姓的人，乃堡子中汉姓王的人。由于蟹螺堡子的尔苏人只有两姓，故山上安放祖先灵牌石分为两处，在灵牌石附近各有一株大树，树下特别安放一巨石（"足"）作为一姓祖先的象征。

人们到达山上祖先灵牌石场地后，即将祭品陈列于各家灵牌石前。此时涉巴念经通白，燃檀香，将王玉清岳父母的新灵牌石熏烟解秽，按辈分放入祖先灵牌石行列，并在石上燃瓦板签。接着，每家都纷纷在自己祖先灵牌石上燃瓦板签。此时人们不断饮酒欢呼，并鸣枪数响。

然后，涉巴分别到两棵大树下的大石前，向祖先通白，并向大石酹酒，说明此两姓尔苏人从何处至此地插占为业，如今子孙后代多少，祈求祖先保佑子孙兴旺发达、和睦相处。每家人均在祖先灵牌石前下跪，涉巴将玉米粉撒在他们身上，以示祖先保佑他们丰衣足食、无灾无难。

对于第一次上山烧赙子的人，包括客人在内，每家都给他一点糌粑吃和酒喝，以表示欢迎和优待。对于十六岁以下的小姑娘，每家也给她们糌粑或馍馍吃，以示爱抚和优待。

第三天上山烧赙子的祭祀活动约大半天结束。

八月十三日晚，王玉清为其岳父母做开路安灵法事时，涉巴汤国安击鼓演唱了几则唱经，兹介绍如下：

其一

母亲怀胎九个月，婴儿呱呱坠地上，父母操劳勤抚养，盼望婴儿快成人。

跋山涉水出门去，放牧种地打柴火，吃一口来省一口，为免儿女受饥饿。

天旱时节吃水难，庄稼歉收粮短缺，父母忍饥又挨饿，省下粮食留儿女。

有时遇到美味食，吃到嘴边不下咽，想方设法妥收藏，带回家中喂儿女。

父母操劳实在苦，儿女逐渐长成人，子女须当牢记住，父母苦情不可忘。

其二

父母恩情如何报？生前须当要孝顺，去世开路安灵位，须颂生前养育恩。

世间一切要分离，生离死别寻常事，母鸡走了留小鸡，鹰将鹰雏抛一边。

羊与羊羔分路了，人要谢世离人间，上有三家要分离，下有四户也离别。

此地住有彝汉藏，迁来迁去要分离，兄弟姊妹要分路，有死路来有活路。

世间一切总无常，倏忽变化难逆料，尽管人生有短长，父母之恩永不忘！

其三

母亲用奶喂孩子，自己吃的是草根，从前有个傻男人，以为妇女吃得好。

若非顿顿酒肉饭，她的奶汁从何来？剖开妻子肚腹看，果然吃的是草根。

父亲劳累难喘气，盘家养口为儿女，高山密林他常去，挖药打猎拣野果。

深沟陡坡他走遍，掘土撒种忙收割，冬天积雪冰成柱，他在雪中甚忙碌。

父母辛苦养儿女，恩深情重大如山，传扬教育后代人，山高海深说不尽。

其四

父母劳累一辈子，省吃俭用了此生，披筋挂柳不蔽体，草头木根也下咽。

自己挨冻又受饿，儿女个个皆长成，好儿好女爱父母，知道报答养育情。

父母教训记心上，勤劳生产敬双亲，待人接物有礼貌，尊老爱幼不纷争。

有的儿女不懂事，父母教训他不听，好吃懒做不务正，哪管父母怎安生。

兄弟姊妹他不管，家门亲戚如路人，劝人要当好儿女，不负双亲一片心！

（本文原载《宗教学研究》1997 年第 2 期）

瑶族社会中道教文化的传播与衍变

——以广西十万大山瑶族度戒为例

张泽洪[*]

内容提要：瑶族度戒是瑶族道教的传度仪式。本文分析瑶族度戒蕴涵的道教思想，考察瑶族度戒十戒戒条的道经根据，认为瑶族度戒是道教授箓的传承和衍化。瑶族度戒源于早期正一道的授箓科仪，瑶族度戒仪式中的诸多道教因素，反映出瑶族宗教道教化的特质。道教在瑶族社会传播，与瑶族文化相结合而发生衍变，通过在瑶族社会具有深远影响的度戒可以得到说明。度戒作为瑶族吸取道教思想而形成的仪礼，在瑶族社会中发挥出的宗教功能，具有深刻的人类学意义。

关键词：瑶族道教　度戒仪式　授箓科仪　人类学

瑶族具有悠久的历史和灿烂的文化，瑶族的宗教深受道教影响。中国现代对瑶族宗教的研究，始于 20 世纪 20—40 年代的西南边疆民族调查。我国早期的人类学家杨成志、江应樑、梁钊韬对广东北江瑶人、粤北乳源瑶人的调查，徐益棠对广西象平间瑶民的调查等，都曾关注瑶族的宗教信仰问题，在其论著中得出瑶族宗教已经道教化的结论。瑶族宗教的度戒，又称为度身、度法、过法、斋刀、打道箓，是瑶族青年男子必经的宗教仪式。度戒在瑶族宗教中颇具特色，国内外研究瑶族宗教的论著，几乎都要谈到[①]。20 世纪 50 年代进行的广西瑶族社会历史调查，由著名人类学家杨成志教授主持，在当时条件下尽可能收集了瑶族宗教信仰的材料，其中包括瑶族度戒的内容，这是有关瑶族度戒最重要的记录。《广西瑶族社会历史调查》作为田野成果的汇编，已于 20 世纪 80 年代相继整理出版，至今为国内外学者所重视。当代瑶族学者张有隽指出："几乎是全民性的挂灯、度戒活动，也是瑶族宗教信仰的特质之一。"[②] 本文对度戒做如下探讨。

---

[*]　作者简介：张泽洪，四川大学道教与宗教文化研究所教授、博士生导师。

①　瑶学历来受到国内外研究者的重视，法国学者雅克·勒穆瓦纳（Jacques Lemoine）博士于 1982 年在泰国曼谷出版《瑶族神像研究》（YAO CEREMONIAL PAINTINGS）。日本上智大学白鸟芳郎教授于 1969 年 11 月至 1974 年 2 月，三次赴泰国西北部调查山地民族。于 1975 年在东京讲谈社出版《瑶人文书》，1978 年出版《东南亚山地民族志》。日本国立民族学博物馆竹村卓二教授致力于瑶学研究，他于 1981 年在东京弘文堂出版《瑶族的历史和文化》。道教仪式专家施伯尔（K. M. Schipper）博士也关注瑶族道教的问题，他于 1972 年出席第二届国际道教学术会议，提交的论文是《瑶族宗教大师的典礼仪式述评》。美国道教学者斯特里克曼博士（Michel Strickmann）1979 年发表论文《瑶族中的"道"：道教与华南地区的汉化》，认为在南宋统治的后五十年间，《天心正法》仪礼在南方广泛传播。

②　张有隽：《瑶族宗教信仰的人类学意义》，《广西民族学院学报》1996 年第 3 期，第 98—103 页。

一、瑶族度戒与道教授箓的关系

广西十万大山山峦起伏，山高林密，地处亚热带，濒临北部湾，每年台风侵袭，雨量充沛。对生息在大瑶山的瑶人和瑶族社会来说，度戒是瑶族宗教的重要活动，瑶族族群各支系的男子年届十五六岁时，都要举行度戒仪式。瑶族男子一生有三大事：度戒、婚姻、烧灵，而度戒尤为重要。度戒的师男经历此人生关口，其社会角色和地位发生转化，从此可以结婚成家，获得参加社会活动的权力，这是度戒在世俗人生方面的意义。度戒作为瑶族社会通行的过渡仪式，还具有意蕴深沉的宗教意义：师男死后将名列仙籍，灵魂可以进入神仙世界，象征超凡脱俗之宗教境界的升华；受戒又是道位晋升的阶梯，只有受戒者才能学习道公、师公的法术，取得传道度人的法师资格[①]。

道教在创立、发展的各个时期，都重视在少数民族中传播大道。在中国南方少数民族中，瑶族是受道教影响最深的民族，在早期道教传播的魏晋时期，瑶族的先民就已接受了道教[②]。早期正一道的授箓，是道教吸纳道民、传播教义的主要形式。早期正一道向瑶族先民传播大道，其吸纳种民的授箓仪礼，衍化为具有瑶族特色的度戒仪式。瑶族道教能绵远传承、沿袭不替，有赖全民性度戒活动形成的宗教传统。早期正一道授箓的教义思想，成为瑶族度戒的理论根据。

生活在广西十万大山的瑶族认为：受戒者死后能升天成仙，不度戒者死后将变成野鬼。此度戒成仙思想来源于道教。《洞玄灵宝课中法》说："生无道位，死为下鬼。"[③] 按照早期正一道的教义，只有受箓者才能获得道位。瑶族度戒要授予师男（茶山瑶称为辛恩）法名，有法名才能载入家先单，享受子孙的祭祀供奉。因此，瑶族青年经历度戒，就意味着获得了道位，成为道教的长生种民。道教的所谓种民，就是皈依大道的人[④]。而按照道教的经法制度，种民必得正一法箓的传授。道教曾盛行一种阅箓仪，仪式中随品请出箓中神兵，通过检视种民佩受的正一法箓，以显示其保护受箓者的法力。《正一修真略仪》论受经箓的意义说："世人受道经戒，佩服箓文，纵未能次第依法修行，亦已不为下鬼，轮转不灭，与道有缘。"[⑤] 道教宣称正一法箓是奉道者应持之典和修真入道之阶梯。

广西十万大山瑶族解释度戒说：度戒者有神兵保护，不怕邪魔侵袭；不度戒是白身人，没有神兵保护。度戒仪式中师公要授给师男"神兵"，这些神兵书写在传授的法箓中，从此成为师男家庭的保护神。广西大板瑶就认为："只有度过身的人，才有神兵保护，又可以借神兵救人。"[⑥] 挂灯仪式有挂三灯、挂七灯、挂十二盏大罗灯的不同级别，瑶族认为挂灯级别越高，所得的神兵越多，人就越能抵御邪魔的进攻。不同级别的挂灯仪式，授予不同数量的神兵。对此，国外学者有不同解

① 本文有关瑶族道教的论述，多参考广西壮族自治区编辑组《中国少数民族社会历史调查资料丛刊》修订编辑委员会：《广西瑶族社会历史调查》（南宁：广西民族出版社，1987 年）第一、六、九册中宗教部分的资料，特此说明。

② 张泽洪：《中国南方少数民族与道教关系初探》，《民族研究》1997 年第 6 期，第 92—99 页。

③ 《道藏》第 32 册，第 229 页。

④ 张泽洪：《早期正一道的上章济度思想》，《宗教学研究》2000 年第 2 期，第 22—29、110 页。

⑤ 《道藏》第 32 册，第 175 页。

⑥ 《广西瑶族社会历史调查》第 6 册，第 633 页。

释。法国学者雅克·勒穆瓦纳认为：挂三台灯可以得到三十六神兵，挂七星灯可以得到七十二神兵，两种地位的"度师"分别得到六十和一百二十神兵[①]。日本学者白鸟芳郎则认为：瑶族的第一次挂灯仪式，可以得到三十名神兵；参加第二次挂灯仪式，可以得到六十名神兵；第三次则有一百二十名[②]。挂灯所得神兵数量的不同，实际是不同支系的瑶族族群度戒传承变异所致。如云南金平瑶族的度戒，"挂三灯，男子可得三十五兵马保护，女子可得二十四兵马保护；若挂七灯，男子可得七十五兵马保护；女子则得三十五兵马保护；若举行度戒更不同，男子举行可得一百二十兵马保护，女子则得六十兵马保护"[③]。挂十二盏大罗灯称为度戒，度戒又称为抛牌。道教传授的正一法箓中有将军吏兵，其职责是保护受箓者。《太上三五正一盟威阅箓醮仪》说："将军吏兵，各有主职，保护臣某身形，安神养性，长调宫府，三尸堕落，众灾消灭，内除疾病，外却衰形。"[④] 道教的正一法箓分为二十四阶品，每种法箓可以慑服不同的鬼神。

道公经书《持索度戒科》认为：受戒者可以名列仙籍，超凡入圣，救苦济世，消灾度厄[⑤]。瑶经中有关度戒功能的阐述，都可以在道经中找到根据。在早期道教经典中，对授箓的意义有明确的阐述。《正一修真略仪》说："修真之士，既神室明正，然摄天地灵祇，制魔伏鬼。随其功业，箓列品仙阶，出有入无，长生度世，与道玄合。故能济度死厄，救拔生灵，巍巍功德，莫不由修奉三洞真经、金书宝箓为之津要也。"[⑥] 道教以济世度人为最大功德，瑶族认为度戒后可以救人，度戒是获得济度能力之津要。

瑶族度戒的一些仪格，也深受道教斋醮科仪的影响。瑶族受戒的师男，在一个月前就要进入"吃良"阶段。"吃良"期间要学习道经，接受瑶族道经的教义思想熏陶，还有"净身"的斋戒修持。净身要求不行房事，每天要洗澡一次。在正式举行度戒（称为"良度"）仪式期间，师公及师男全家人都须斋戒吃素。瑶族师男度戒前的"净身"，是道教斋戒方法的传承。道教在举行斋醮仪式前，法师、施主必行斋戒以清洁身心。早期正一道在三会日举行的厨会就有修斋的规定。南北朝道经《老君音诵戒经》说："厨会之上斋七日，中斋三日，下斋先宿一日。斋法素饭菜，一日食米三升，断房室，五辛生菜诸肉尽断，勤修善行，不出。"[⑦] 瑶族度戒师男"吃良"期间，要守斋吃素，在专门的房间里独自静思养性，不能外出见生人。师男遵守禁忌的斋戒期，其意义是用一段"空白"期间作为隔离，以使过去的时间与即将来临的新阶段间隔开来。在"空白"期间，专辟小屋让师男居住，并对其进行成年训练。师男在小屋隔离的生活，象征着新旧两阶段的隔绝，守斋吃素则表示村寨与个人都清净。通过这种象征手法，使新阶段不与旧阶段混淆，总之是恪守道教守斋

① ［法］雅克·勒穆瓦纳撰，覃光广、冯利译：《瑶族的宗教：道教》"瑶族神像研究"，《民族译丛》1987 年第 2 期，第 41—47 页。此文同时有李增贵编译的《瑶族的历史和道教》，发表在《广西民族研究》1987 年第 3 期。
② ［日］白鸟芳郎：《瑶人文书与祭祀仪式》，载［日］白鸟芳郎编著、黄来钧译：《东南亚山地民族志》，昆明：云南省历史研究所东南亚研究室，1980 年，第 47 页。
③ 宋恩常等：《云南苗族瑶族的社会历史调查》"金平县城关镇黑浪（老街）瑶族度戒调查"，昆明：云南民族出版社，1982 年，第 152 页。
④ 《道藏》第 18 册，第 281 页。
⑤ 瑶族丧葬中的接神驱鬼仪式，有"开天门"的仪节，此仪节为度戒者举行，瑶族认为凡度身者，死后得以开天门，即揭开屋顶瓦三条，让死者灵魂由屋顶透光处上升天堂。庞新民：《广东北江瑶山杂记》，《历史语言研究所集刊》第二本第四分，北平：1932 年，第 501 页。
⑥ 《道藏》第 32 册，第 175 页。
⑦ 《道藏》第 18 册，第 212 页。

"不出"的传统。《太上正一阅箓仪》说：受正一法箓的道士、种民，"须清斋入靖"①，靖是早期正一道修斋的靖室。瑶族师男"吃良"期间静思的小屋，其实就源于道教靖室的传统。就持守斋戒的时间来说，根据斋醮规模的大小，斋期也有长短的不同。《元始天尊说玄微妙经》说："受者斋百日，或五十日，或三十日，或二十一日，或十日，或七日，唯必可教精心信真者，当传授守三元之真，用二帝之符，登五斗之道者，是地真之上道也。"② 道教的斋是内斋其心，外斋其形；戒是内持其志，外持其形。瑶族师男的净身斋戒，也具有道教斋戒的精神意蕴。瑶族师男斋戒的文化意义，是象征平常日子与神圣日子的分开，世俗事务与神圣境域的分开，通过分隔两个不同境界或领域的斋戒，象征师男与旧的社会地位的脱离。

瑶族的度戒要选择吉日，日期由度戒师公决定，一般多选择在冬季，尤其是过年以前。道教的传度仪式，也要择定吉日举行。《上清骨髓灵文鬼律》卷中说："诸传度正法，听以甲子庚申、三元八节、五腊本命日，奏名跪受。"③《太上正一阅箓仪》说：凡受正一法箓，常选择甲子、庚申、本命、三元、五会、五腊、八节、晦朔等日，这些日期天气告生，万善惟新，天神尽下，地神尽出，水神悉到。瑶族度戒选择吉日的习俗，显然受道教传度须择吉日的影响。

瑶族举行度戒仪式要设坛，这是道教设箓坛授箓的科法。度戒仪式请师公十一人主持，即堂师、送兵师、斋兵师、跨教师、卜崇师、金头师、银头师、继缘师、卜给师、证明师、参度证明师等。瑶族道经的仪式文书，有请高家师、李家师、禄家师、袁家师、冯家师、朱家师、黄家师、刘家师、孔家师、奉家师的词文，这是泛指临坛诸师的词文。道教授箓由八大师主持，按其职责分为三师五保，《正一威仪经》说正一受道威仪："皆须立三师五保，监临授度，检察得失。"④ 主度三师是保举师、传度师、监度师；五保是五个都讲师，职责是辅助证盟度戒。广西十万大山山子瑶称度戒三师是保举师、引教师、掌牒师，与正一道授箓主度三师职责相同。广西十万大山茶山瑶的度戒，有度师、祖师、引进、地师及四位法老⑤，也与道教八大师的位格相一致。

广西山子瑶是保留本族群传统文化较多的支系，其戒道与戒师的区别，除法事仪格程式不同外，师、道两派的法名也各成体系。道公授予的法名取"经""寅""道""妙""玄"五字，按辈份轮换，此为"道运"法名；师公授予的法名取"胜""显""应""法""院"五字，亦按辈份轮换，此为"师运"法名。两派法名都取之于道教教义。道教各门派传承系谱，也是从道经中选取法名。《正一威仪经》说正一受道威仪："登坛付授已，便令弟子冠带法服，传其位号。弟子称位号，朝本师及太上十方也。"⑥ 在瑶族度戒仪式中，师男身穿红色法服，接受师公道法的传授。道法传授最重要的是法印，师、道两派传授的法印名称不同，道公传授给弟子的是玉皇印，师公传授给弟子的是上元印。道教的授箓仪式也要传授法印，法印是道教行法的凭信。《正一威仪经》说正一受道威仪："当诣师奉受都章毕印，四部禁炁，不受之者，奏章行符，禁制方术，神炁不从，关启不闻。受之

---

① 《道藏》第 18 册，第 286 页。
② 《道藏》第 2 册，第 12 页。
③ 《道藏》第 6 册，第 914 页。
④ 《道藏》第 18 册，第 253 页。
⑤ 苏德富、曹之鹏、刘玉莲:《四论道教文化与茶山瑶民间文化之关系——茶山瑶的成年礼》，载张有隽主编:《中国各民族原始宗教资料集成·瑶卷》，北京:中国社会科学出版社，1998 年，第 405 页。
⑥ 《道藏》第 18 册，第 253 页。

者，符章禁祝，莫不如言。"① 道教的法印种类很多，各道派坛庙都有法印，各种科仪使用的法印有所不同。正一授箓的法印是都章毕印。瑶族度戒的法印名称，是按师、道两派崇奉的神灵取名。《灵宝玉鉴》卷一《用印论》说："至于随箓之印，却在法官临事，审权宜而用之也。"② 瑶族度戒法印名称的变通，实际上有道教经法的根据。

瑶族度戒授予师男法名的同时，还要传授给师男阴阳戒牒两份。阴牒由师公、道公宣读毕，当场焚烧，以示神灵天鉴；阳牒由师男保存，死后焚烧随葬，届时阴阳合牒，以示至死遵守戒律。在师公、道公为度戒者做"开亡"仪式时，要焚烧度戒阳牒，表示受戒者已脱离尘世，可持阳牒升入仙境。元无名氏《湖海新闻续夷坚志》卷一《授箓感应》记载：邵武军有一妇人，曾到龙虎山参授九真妙戒箓。此妇人后来死去，不料半日以后还魂，叮嘱家人将所授经箓焚化，才得以升天而去。这则志怪故事，倒是真实反映出道教焚箓的科法。按照正一道授箓的教义，道士羽化之后，须将法箓焚烧，亡魂才会升入仙界，得道成真。瑶族焚烧阳牒的做法，显然来自道教科法的传统。

瑶族度戒中最具特色的是挂灯。度戒的程序分挂三盏灯、七盏灯、挂十二盏大罗灯、加职、加太五级。日本学者竹村卓二将度戒分为挂灯、度斋、加职、加太四个等级③。张有隽《十万大山瑶族道教信仰浅释》认为：十万大山板瑶挂灯仪式，实际分为挂三星、挂七星、挂九星、挂十二星四等④。挂三盏灯是安放三盏有柄的台灯，仪式中师男围绕三盏灯祈禳；挂七盏灯是点燃七星烛台，以象征天上的北斗七星。挂灯仪式中受戒的师男，掌灯坐于厅堂中，由师公一人念诵瑶经，法师数人绕灯作法证盟。法国学者雅克·勒穆瓦纳指出：度戒者具有经济实力，可以直接挂大罗灯，以此代替通过前两个等级⑤。而大罗灯的取名，来自道教经典中的大罗天，那是三界诸天之上的神仙境界。

瑶族挂灯与道教星斗崇拜有关。广西大板瑶《盘王歌》有抽三台灯的神唱，神唱《良愿酬书》说："三台七星护命银灯。"⑥ 三台指北斗三星，主管延年增寿，降福消灾。道教有点三台七星灯的法术，并有"三炁成台，七炁成斗"之说⑦，这是瑶族挂三星灯、七星灯的道法根据。瑶族《盘王歌》中有抽七盏灯的神唱，第七盏灯的唱词是：

> 抽起破军第七盏，七星照扶小师男。
> 庐山九郎来教法，师男释受法根源⑧。

瑶族度戒的挂七星，来自道教星斗主人生年命的思想。《正一威仪经》说正一受道威仪："当诣师奉受二十八宿七星符箓。不受之者，诸天星官，不降尔身，延年保命，天官不依，请召不降。受

① 《道藏》第 18 册，第 253 页。
② 《道藏》第 10 册，第 142 页。
③ ［日］竹村卓二：《社会与宗教仪式》，载［日］白鸟芳郎编著，黄来钧译：《东南亚山地民族志》，第 49 页。
④ 张有隽：《瑶族宗教论集》，南宁：广西瑶族研究学会，1986 年，第 12 页。
⑤ ［法］雅克·勒穆瓦纳：《瑶族神像研究》，见［法］雅克·勒穆瓦纳著，覃光广、冯利译：《瑶族的宗教：道教》，《民族译丛》1987 年第 2 期，第 41—47 页。
⑥ 《广西瑶族社会历史调查》第 9 册，第 383 页。
⑦ 《上清北极天心正法》，《道藏》第 10 册，第 647 页。
⑧ 《广西瑶族社会历史调查》第 6 册，第 642 页。

之者，名上天官，保命延年，祈请星官，立依所言，得道升仙，天门自开。"①《太上赤文洞神三箓》说："凡授，逢七日夜，焚香点七星灯礼拜。"② 挂灯以象征天上的星辰，所以又称为星灯。《太上洞神太元河图三元仰谢仪》记载道教的题灯，在二十八宿、七曜、北斗九皇各悬所属之灯。瑶族挂灯的科法，是道教悬灯科仪的衍变。瑶族度戒的挂灯，将度戒与灯仪融汇一坛，丰富了度戒仪式的内容。度戒仪式是用以表达、实践以至于肯定道教信仰的行动，而道教信仰又反过来强调了仪式，使度戒的仪式行动更富意义。道教斋醮的灯仪自成一类，瑶族挂灯与道教灯仪的关系，值得专题讨论。总之，度戒作为瑶族道教的传度仪式，其渊源就是道教的授箓。

二、瑶族十戒条文源自道教经典

瑶族社会的度戒仪式，来自早期正一道授箓的传统。清代以来瑶区的地方志，多记载瑶族青年受箓之事。清姚柬之《连山绥瑶厅志》卷四《风俗》载："瑶道自为教，亦有科仪，其义不可晓。学优者则延诸道为受箓，受箓者服朱衣。"民国凌锡华《连山县志》卷五《瑶俗》记载瑶族儿童聪颖者，从瑶道士学科仪，"受箓者得衣朱衣，髻缠朱布，称为一郎、二郎、三郎"。瑶族道教科仪文书说："宝箓恩师度，威仪太上传"③，"三清殿上，部箓众兵"④。可见在瑶区文献与瑶族文书中，仍然明确记载有瑶族授箓之事。瑶族社会一般称授箓为度戒，是因为授箓仪式中的重要仪格是宣戒，因此瑶族习称授箓为度戒。

在瑶族的传度授箓仪式中，要向受箓者宣示戒律，这是传度授箓的重要内容。瑶族度戒仪式的宣示戒律，是道教传度科仪必不可少的项目。《上清骨髓灵文鬼律》卷下说："诸应传度弟子，肘步投师。师升坛说戒，露刺饮丹，分镮破券，以誓盟言。次与诀目符文，宣示真诰，跪受官职、印剑之类。"⑤ 瑶族的度戒分戒师、戒道，分属师公、道公的经法传统，瑶族青年可以既戒师又戒道，也可以仅选择其中一种。如果是接受两种经法传统，则通常是戒师、戒道结合进行，由师公、道公同坛举行传度法事。传度的戒律又称为戒箓，是受戒者遵守宗教道德的条文。《洞玄灵宝课中法》说："箓者，戒录情性，止塞愆非，判断恶根，发生道业，从凡入圣，自始及终，先从戒箓，然始登真。"⑥ 道士受度的法箓，被视为通灵的信物，受箓道士须终身佩带，才能随时得到神灵的佑护。瑶族师男应遵守的十条戒律，书写在佩带的阳牒中，并由师公盖上法印。广西十万大山山子瑶戒道的十条戒律是：

> 第一戒者敬让，孝养父母，（不能）不忠不孝，不义不仁，常行尽节君师，推成万物，此谓初真妙戒；

---

① 《道藏》第 18 册，第 252 页。
② 《道藏》第 10 册，第 795 页。
③ 《飞章炼度赞材楼十方忏悔科》手抄本。
④ 《广西瑶族社会历史调查》第 9 册，第 419 页。
⑤ 《道藏》第 6 册，第 914 页。
⑥ 《道藏》第 32 册，第 229 页。

第二戒者克于君，此谓特念；

第三戒者不杀，慈救众生，以克滋味，常行慈惠以及昆虫，此谓持真妙戒；

第四戒者不淫，正身处物，节真秽慢，灵气常行，密物节无使所犯，此谓守真妙戒；

第五戒者不得偷盗魍魉，谗毁贤良，露才伤能，常称人善事，不自诋其功，此谓修真妙戒；

第六戒者不嗔，凶怒凌人，不得贪财无厌，积不赦，常行节俭，无慢无恤贫穷，此谓修身妙戒；

第七戒者不许诈，贼害众生，常行利躬，布种阴阳，度济群生，谓成真妙戒；

第八戒者不骄，傲忽至真，不得交游非贤看秽，不果胜色，栖集幽关，此谓得真妙戒；

第九戒者不义，奉戒傅，饮酒过蹉，食肉常禁，调和气性，专露清虚，此谓登真妙戒；

第十戒者看经而不得，轻急言笑，观相真宝，内外相应，克勤诵念，举动非亲①。

瑶族戒道、戒师的戒律都是十条，但条文内容不同，广西十万大山瑶族戒师的十条戒律，因脱漏错讹之处甚多，这里暂不予讨论。瑶族戒道的十条戒律，来自道教的十戒仪格。十戒是道教最基本的戒条，由于道派传授的不同，十戒的名目繁多，条文也略有差异。在《道藏》的洞真、洞玄、洞神部戒律类经典中，有关戒律的道经有数十种，戒条最多者达一千二百条，其中有些戒目，又有内容不同的戒条。云南文山瑶族度戒的十戒条文，与广西山子瑶度戒的十戒条文不尽相同，这说明瑶族度戒的十戒戒条，因不同的族群支系而内容有别。

道教的十戒，由于详略得当，简便易记，应用最为广泛。不仅传度科仪要宣示十戒，道教各种斋法醮仪，在科仪仪格中都有奉受十戒的内容。瑶族度戒十条戒律的内容，直接来源于道教的九真妙戒，《太上九真妙戒金箓度命拔罪妙经》记载了九真妙戒戒条，并借元始天尊之口说："汝等若能受持金箓白简、九真妙戒、长生灵符、救苦真符，当消九幽大罪。……受持九真妙戒，金箓宝符，兵灾静息，妖恶自屏，天人称悦，忻国太平。"②瑶族文书有白箓敕牒，或许与金箓白简有关。南宋宁全真《上清灵宝大法》卷八收录的九真妙戒是："一者敬让，孝养父母；二者克勤，忠于君主；三者不杀，慈救众生；四者不淫，正身处物；五者不盗，推义损己；六者不嗔，凶怒凌人；七者不诈，陷贼害善；八者不骄，傲忽至真；九者不二，奉戒专一。"③《元始符命救苦真符告命》说："此九真妙戒，拔度功德，上生天堂，一如告命。"④明周思得《上清灵宝济度大成金书》卷三十四有一份九真戒牒，牒文中书写了九真戒条，并称九真戒"为登真之户牖，作济死之津梁"⑤。云南文山瑶族十戒中的第三戒是："不得隐经瞒教，九真妙戒"⑥，这是训诫师男当上戒师以后，要用九真妙戒教育下一代。明代用黄绢朱篆的救苦真符，在符背书写九真戒文，盖上北帝火铃印，用青缯密封，

① 张有隽、邓文通、李增贵、李崇友、李广德：《十万大山山子瑶社会历史调查》，《广西瑶族社会历史调查》第6册，第291页。本文作者对原文重新标点，并对个别错讹字、异体字进行了校补。

② 《道藏》第3册，第408页。

③ 《道藏》第30册，第719页。

④ 《道藏》第30册，第121页。

⑤ 《藏外道书》，成都：巴蜀书社，1995年，第17册，第431页。

⑥ 吴天婉：《云南文山瑶族度戒舞刍议》，《民族艺术研究》1993年第1期，第37—42页。

再装入锦囊，受箓道士佩带终身。当代道教正一派的授箓仪式，是按照龙虎山张天师授箓的《天坛玉格》科本。《天坛玉格》是明清正一道授箓的科仪经典，该经有多种版本流传于世，其中内容较全面的是光绪二十八年（1902）朱鹤卿录写本，五十三代天师张洪任为此经撰序。《天坛玉格》中有箓生尊奉"三皈九戒"的内容。三皈即皈依道、经、师三宝。九戒的戒条是：

> 一者克勤，忠于国家，是念真戒；
>
> 二者敬让，孝养父母，是初真戒；
>
> 三者不杀，慈救众生，是持真戒；
>
> 四者不淫，正身处物，是守真戒；
>
> 五者不盗，推义损己，是保真戒；
>
> 六者不嗔，凶怒凌人，是修真戒；
>
> 七者不诈，贼陷良善，是成真戒；
>
> 八者不骄，傲忽至真，是得真戒；
>
> 九者不二，奉道专一，是登真戒①。

将瑶族度戒的十戒戒条与九真妙戒比较，十戒条文中前九条戒律出自九真妙戒，并对九真妙戒条文有进一步的诠释，内容更适合瑶族社会的情况。增加的第十条戒条是有关读经的规定，瑶族道教重视瑶经的传授，师男在度戒的"吃良"阶段即要闭门读经，有的师公能背诵科仪行用的全部经文。其中值得注意的一点区别是：九真妙戒的第一戒条"一者克勤，忠于国家"的内容，在瑶族十戒中改成第二戒条；而九真妙戒第二戒条"二者敬让，孝养父母"的内容，却被立为瑶族十戒的第一戒条。这种条文秩序的改变，具有深刻的人类学意义。古代瑶族山居游耕，处于相对封闭的社会里，敬老养老的伦理道德更为重要。瑶族地区具有法律意义的石牌条文，将"有事要行老"列为第一条，乡约中将"不得忤逆不孝，藐犯尊长"列为第一禁②。瑶族度戒的十戒戒条，具有不成文法的性质，度戒师男必须严格遵守，十戒戒条尊老的价值取向，与石牌乡约是完全一致的。度戒戒律条文的这种前后改动，反映出瑶族社会的道德价值观念。十戒戒条将瑶族社会的价值观，通过神圣的度戒仪式灌输进师男的心智中，这说明宗教信仰确是一种象征系统，瑶人借以表达他们对社会生活、人生存在的理念与理想，并借这种抽象的理念肯定瑶族社会的秩序与安慰个人的心理。

瑶族度戒也有与道教授箓不尽相同的内容，其中一些法术的传授就具有瑶族宗教的特点。据广西十万大山山子瑶师公神唱《五台川光唱》，师男要学的法术有刀山法、勒床法、犁头法、度灯法、五台法。而广西山子瑶师公神唱《才文川光唱》，师男要通过十种法术，即云山法、刀山法、盐埠法、勒床法、火砖法、犁头法、油锅法、岩堂法、七吉法、阳山法。这十种南方少数民族中常见的巫术，旨在让师男接受危险、痛苦的考验。现在山子瑶由师公主持的度戒，师男只受云山法一种考验。云台分天官七品云台、地官五品云台、水官三品云台，其天地水三官不同的等级，又具有道教

---

① 张泽洪：《道教斋醮符咒仪式》，成都：巴蜀书社，1999年，第233页。

② 蒲朝军、过竹主编：《中国瑶族风土志》，北京：北京大学出版社，1992年，第257、276页。

天地水三官信仰的意蕴。通过从云台上坠落这种具有象征意义的表现，表示师男已脱离凡胎、成为仙童从天而降。美国象征人类学大师维克多·特纳（Victor Turner）在仪式研究中，曾提出所谓"阈限"的理论，他认为在宗教的领域中，要跨进一个新境界或走进一个新里程，一定要经过一项仪式，这个仪式有如一道阈限，通过后即能达到新境界①。瑶族度戒仪式就是师男人生的阈限，而云台法可谓是阈限的关键。师男受云台法考验的宗教意义，是师男翻下云台、灵魂死而复生，已经不是原来意义的人。这种法术的传授和考验，在道教经典和科仪中没有例证，可以认为是保持瑶族族群原有文化特色的宗教法术。

结　论

瑶族度戒仪式中保留有诸多道教因素，说明瑶族在中国南方少数民族中，是受道教影响最深的民族。在道教向南方少数民族的传播中，授箓在瑶族社会中衍化为度戒仪式。全民性的度戒活动绵远传承，促成了瑶族宗教的道教化，是瑶族社会宗教传统形成的重要因素。早期正一道授箓的教义思想，成为瑶族度戒的理论根据。瑶族戒道的十条戒律，来自道教的十戒仪格。《十万大山山子瑶社会历史调查》说："度戒活动究竟是由于道教的传入引起的，还是由瑶族社会的某些因素——例如许多民族曾盛行过的孩子成丁仪式发展而来的，或是两者兼而有之，尚待进一步研究。"② 本文的初步考察可以说明：瑶族的度戒源于道教的授箓仪式。但与道教授箓不同的是，瑶族度戒具有成年礼的文化意义，这就是道教文化在瑶族社会传播过程中发生的衍变。瑶族度戒作为成年礼的仪式，又与世界上许多民族的成年礼有着不同的特色。瑶族青年在度戒仪式中，要经历民族历史传统教育，自觉信守度戒中传授的教义。度戒具有表示旧阶段过去、新阶段来临的仪式象征意义，经历度戒仪式的瑶族青年，其宗教和世俗人生都发生质的变化。师男被公认为本族群的真正后代，在世俗方面拥有选举和被选举为村社头人（瑶老）的权利。度戒不但使师男终身记得他已是成年的人，有他的责任义务，也教导进入成年阶段应有的角色扮演，以及如何与他人相处，这是很具人类学意义的设计。

瑶族度戒是宗教色彩颇浓的人生仪礼。20 世纪初年荷兰学者范瑾尼（A. Van Gennep）所著《生命礼仪》，称这种仪式为"通过"的仪式。假如没有这种仪式的帮助，个人及其关联的社群，将不容易从旧的生命阶段进入另一新的阶段。仪式的功能使其所承载的内容在心理上和人际关系上顺利地通过，这是宗教仪式在个人生命阶段所产生的重要意义。度戒仪式有使师男调适心理的功能，度戒使师男的社会身份发生转变，促使他修改自己的心理行为模式，以适应瑶族社会赋予他成人的责任与义务，这就是度戒所体现出的宗教仪式适应的功能。瑶族度戒仪式中师男的斋戒，实际上是一种象征的手法，用人为的隔绝来代表生命阶段的分开，使新的与旧的不再纠缠，因此给予心理上的准备与缓冲，这就是瑶族度戒蕴涵的人类学意义。瑶族度戒仪式还具有整合瑶族社会的功能，足

① ［英］维克多·特纳、伊迪斯·特纳：《宗教庆典仪式》，载［英］维克多·特纳编，方永德等译：《庆典》，上海：上海文艺出版社，1993 年，第 254—264 页。维克多·特纳《象征之林》《仪式过程》《人类社会的象征行为》等书对"阈限"有详细论述。
② 《广西瑶族社会历史调查》第 6 册，第 289 页。

以使瑶族社会的道教传统递代传承。美国人类学家柴普（E. Chapple）和孔恩（C. Coon）认为，仪式的意义除去对个人之外，对社会整体的作用也应看重，因此他们在"通过礼仪"之外，进一步提出"加强礼仪"的理论，以说明仪式对加强社群关系、整合社会群体的重要性①。宗教仪式在很多情况下可以作为整合社群的手段，瑶族的度戒不仅是师男个人的仪式，全村寨成员也成为仪式的对象，瑶人集体参与以接纳社会新成员，通过度戒仪式的宗教伦理教育，其整合瑶族社会的功能至为明显。

在研究瑶族道教时，应该注意到这样一个基本事实，就是瑶族在道教传入之前，已具有本民族的原始宗教信仰。瑶族道教是本民族原始宗教与道教相融合的产物，因此瑶族道教又具有与正统道教不同的特质，其中保留了瑶族原始宗教信仰的一些内容。在中国南方少数民族中，各民族传统宗教都不同程度受到道教影响，而瑶族传统宗教道教化的趋势至为明显。本文选取道教色彩最浓的瑶族度戒作为个案，旨在说明历史上宗教文化在各民族间的交流，在信仰的层面将促进各民族的共通性和认同感，有助于中华民族多元一体文化格局的形成，从而增强中华民族的向心力和凝聚力。

（本文原载《民族研究》2002 年第 1 期）

---

① 李亦园：《人类的视野》，上海：上海文艺出版社，1996 年，第 247—248 页。

中国西南少数民族茅山教文化内涵探析

廖 玲*

内容提要：中国西南少数民族茅山教，是以法术祈禳度人的民间宗教派别。西南少数民族地区传承的民间宗教，大致有梅山教和茅山教两大流派，且都与道教有着千丝万缕的联系。因此，茅山教在南岭走廊的传播，茅山教与间山教的关系，茅山教的宗教特质和法术特点，茅山教蕴含的道教文化元素，是深化西南少数民族宗教研究中值得探讨的问题。

关键词：茅山教　西南少数民族　道教

西南少数民族地区信仰茅山教的族群，有瑶族、壮族、苗族、畲族、土家族、仡佬族、仫佬族、毛南族等，以文化圈的理论视野来透视分析，则信仰茅山教的文化圈包括湖南、广西、广东、贵州、云南、四川等地区。茅山教在西南地区传播范围广，影响的族群多，对南岭走廊茅山教传播及文化内涵的考察，有助于细化和深度推进中国西南少数民族宗教的研究。

一、西南各族群民间信仰的茅山教

茅山教是西南少数民族宗教中传承绵远的教派，茅山教长期影响着西南地区各族群的精神生活。1930 年春庞新民赴广东北江瑶山调查，所撰《广东北江猺山杂记》载瑶族神坛和师公，说巫者"自称为'茅山教'"①。这是学界关于瑶族茅山教的最早记载。广西金秀唐兆民在 1934 年至 1939 年间考察金秀大瑶山，所撰《傜山散记》载大瑶山宗教说，他们的"教门"也各有不同：有的叫作"师公"，有的叫作"道公"，有的是"梅山教"，有的是"茅山教"。师公和道公，在长毛瑶族中最多；梅山和茅山两教，则在过山瑶族中最多②。

在广西大瑶山瑶族社会中，茅山教与梅山教并存于瑶族村寨。1951 年中央民族访问团访问瑶山，在调查报告中提道："瑶民最信仰茅山教，每人头上都留有一束头发，不舍得剃下。"③ 据 20 世纪 50 年代广西瑶族社会历史调查的统计资料，金秀四村茶山瑶总人口 816 人，师公、道公占总人

＊ 作者简介：廖玲，哲学博士，四川大学道教与宗教文化研究所副研究员，主要研究中国西南少数民族宗教。
① 庞新民：《广东北江猺山杂记》，《历史语言研究所集刊》第 2 册，北京：中华书局，1987 年，第 500 页。
② 唐兆民：《傜山散记》，台北：新文丰出版公司，1980 年，第 70 页。
③ 当时瑶族男子普遍蓄发。赵砚球：《三拜世纪老人赵福才》，北京：《中国民族》2006 年第 8 期，第 50—51 页。

口的 11.86%[①]。

在广西壮族社会中，茅山教道公的法事活动称为文坛，坛场张挂道教"三清"神像，道公做法事时头戴道冠，身着绣有八卦、太极、八仙的青道袍，道公做丧事超度亡灵，要"破地狱"[②]。广西仫佬族茅山教的道法接近于汉族道士的道法，茅山教常作"追鬼""追花""翻犯"等法事。茅山教发师十余人为一坛，有自成系统的门师祖，专门为人治病[③]。仫佬族的上刀山、过火海，就是茅山教传度弟子的仪式。

西南的畲族信仰茅山教，传说是畲族祖先蓝千七郎从江西带来。畲族民间传说图腾祖先龙犬学法茅山，畲族《祖图》长卷第 22 图是龙麒投奔茅山法主学道的图像[④]。畲族"请神"的宗教仪式，要请到茅山法主衙前[⑤]。西南少数民族茅山教尊奉的茅山法主，被认为是传说中的茅山掌教之人。畲族茅山教的大型"招兵"仪式，多在农历十二月廿四日以前举行，两天两夜的"招兵"仪式用来纪念祖公驸马王。畲族传说祖公驸马王赴茅山学法之后，开始统领各路兵马行济世度人之事[⑥]。

茅山教的法事活动，民间习称为跳茅山。跳茅山用以驱邪治病，有赤足踩炭火而不伤，穿铁铧而不损等神异。清代以来的广西、广东地区，茅山教在民间的活动很活跃。清同治《浔州府志》载当地医病习俗说：疾病多延请道士许福，或禳星拜斗。又有所谓茅山教者，装扮女人插花舞剑，名为"跳鬼"[⑦]。清咸丰《兴宁县志》卷十《风俗志》载广东兴宁民间习俗说：病鲜服药，信巫觋，鸣锣吹角咒鬼，令他适，名曰"跳茅山"[⑧]。清光绪《平南县志》卷八《舆地略·风俗》载：疾病，多延请道士许福，或禳星拜斗。又有所谓演茅山法者，巫扮女人，插花执剑，屈一足作商羊舞，撞钟击鼓以助之，名曰"跳鬼"[⑨]。民国《河池县志》卷二《舆地志·风俗》载：山居客籍人，喜酬，喜乐神，每届迎茅山教于家，设坛作法，亦戴面具，演诸谐剧[⑩]。所谓山居客籍人、客民，大致指从中原地区迁徙的汉族移民，客籍人尤其崇拜茅山教，相信茅山教法术可以辟邪却病，这反映出茅山教历史上是从中原地区传入的。历史上流播于西南地区的茅山教，民间一般将之视为道教的一派，且影响不止限于少数民族，在西南汉族人中间同样有广泛的流播。民国《桂平县志》，卷三十一《风俗》说："邑内道教有二：一正一道教，名三清教；二茅山教，名三元教。"[⑪]广西南宁在清末民国初有道馆 30 多个，分本地道教、茅山教、巫教、古剧三元教等派别[⑫]。清光绪至民国初年，柳州

① 国家民委《民族问题五种丛书》编辑委员会、《中国民族问题资料·档案集成》编辑委员会编：《中国民族问题资料·档案集成》第 5 辑《中国少数民族社会历史调查资料丛刊》第一一〇卷《民族问题五种丛书及其档案汇编》，北京：中央民族大学出版社，2005 年，第 419 页。

② 如广西金秀茶山瑶道公跳神的穿灯舞，来回穿梭于摆在地下的四盏莲灯，有为亡魂超度升天，进地狱开光引路之意。余晋良主编：《龙州县志》，南宁：广西人民出版社，1993 年，第 708—709 页。

③ 袁炳昌、冯光钰主编：《中国少数民族音乐史》（上册），北京：中央民族大学出版社，1998 年，第 742 页。

④ 王伯敏主编：《中国少数民族美术史》第四编，福州：福建美术出版社，1995 年，第 199 页。

⑤ 刘守华主编：《张天师传说汇考》，武汉：华中师范大学出版社，2009 年，第 43—44 页。

⑥ 中国人民政治协商会议广东省梅州市委员会学习文史委员会：《梅州文史》第 7 辑，1994 年，第 234 页。

⑦ （清）魏笃修，王俊臣纂：（同治）《浔州府志》，清同治十三年（1874）刻本。

⑧ （清）仲振履原本，张鹤龄增修，曾士梅增纂：（咸丰）《兴宁县志》，民国十八年（1929）铅印本。

⑨ （清）裘彬、江有灿修，周寿祺纂：（光绪）《平南县志》，清光绪十年（1884）刻本。

⑩ 黄祖瑜修，黎德宣撰：（民国）《河池县志》，民国八年（1919）铅印本。

⑪ 黄佑梅等修，程大璋等纂：（民国）《桂平县志》民国九年（1920）粤东编译公司铅印本。

⑫ 南宁市地方志编纂委员会编：《南宁市志·文化卷》，南宁：广西人民出版社，1998 年，第 706 页。

茅山教建有道馆 1 处，柳州茅山教又名梅茆教①。民国时期广东郁南县的都城有莫道馆、谈道馆，建城有陈道馆和曾道馆，都是由属于茅山教系统的道士主持。清代民国时期两广遇丰稔之年的秋冬之际，城乡各在神祠建醮赛会。如广东始兴县每年十月，"请先天师人或茅山教师在荒郊中建厂，演法事，预祈来岁收获丰稔"；冬月，"或先天师人，或茅山教师，各聚众会，谓之建万人缘"②。

在神道设教的中国古代民间社会，认为茅山法可以驱鬼的观念颇为盛行。清慵讷居士《咫闻录》之"吴洪"条载："适街西有徐道士演茅山法，延之至台，设坛诵经作法。左顾右盼，取木牌拍桌，连响三声，见一蓬头鬼蹒跚而来。道士将鬼用手一提，装入纸瓶，携之屋后，埋之而去。"③清屈大均《广东新语》卷六《神语》"绿郎"条说"广州女子年及笄"多有犯绿郎以死者，以师巫茅山法治之④。民国《柳城县志》卷四《民事·风俗》载："病人有请茅山教驱鬼者，凶恶之状尤属不伦。"⑤清代地方志不乏道士行茅山法的记载。

清代岭南地区的竹枝词，吟诵驱邪禳鬼的跳茅山，反映茅山教在民间社会的影响。清陈一峰《会昌五里塔》竹枝词曰："吹角呜呜苦吓人，一番捉扬病魔身。相传本是茅山教，深夜时闻召鬼神。"⑥茅山教师手执牛角，或吹或歌或舞以娱神。清蔡湘澜《齐昌竹枝词》曰："驱符遣箓女巫班，十丈高台列炬环。法鼓金铙深巷里，万人争看跳茅山。"生动描述了茅山教筑高台，法师在云楼跳茅山的盛况⑦。清陈坤《岭南杂事诗钞》竹枝词曰："红灯闪闪角频吹，夜跳茅山禳代医。不药本为中治法，病魔几见辟灵祇。"⑧有病之家跳茅山，延请道士逐鬼，是民间尚巫习俗的反映。

二、西南少数民族茅山教的法术

茅山教在民间以擅长法术著称，行各种祈禳之法以济世度人。西南无论是少数民族还是汉族地区，茅山教的法术仪式都较为盛行。在清代地方文献的记载中，社会风俗部分多述及茅山教，可见其法术活动已衍化成民俗。清末民初，广西河池县壮族的捉龙求雨，要请茅山教法师举行仪式。地方每遇旱灾之年，要请茅山教法师到雨神庙祈雨。茅山教法师吹牛角、念咒语、施法术，捉拿龙神以祈求降雨⑨。

茅山教以经文符箓跳神作法、驱祟治病而活跃于民间。西南少数民族地区巫术色彩浓郁的"上刀山""过火炼"大醮会，由擅长法术的茅山教法师主坛。广西山子瑶信奉茅山教，家有病者请茅

① 民国时期，柳州道士设道馆在家中，并以自己姓氏作为馆名，如苏道馆、李道馆、祝道馆、覃道馆等。这些散居民间的火居道士，都束髻蓄发，娶妻生子。他们不带徒弟，大多传子传孙。柳州市地方志编纂委员会编：《柳州市志》第七卷，南宁：广西人民出版社，2003 年，第 121 页。

② 《古今图书集成·历象汇编岁功典》第八十二、八十八卷，清陈梦雷编纂：《古今图书集成》：北京：中华书局；成都：巴蜀书社，1985 年，第 3 册，第 2547、2603 页。

③ （清）慵讷居士著，陶勇标点：《咫闻录》，重庆：重庆出版社，1999 年，第 57 页。

④ （清）屈大均撰：《广东新语》，北京：中华书局，1985 年，上册，第 217 页。

⑤ 何其英等修，谢嗣农纂：（民国）《柳城县志》民国二十九年（1940）铅印本。

⑥ 钟山、潘超、孙忠铨编：《广东竹枝词》，广州：广东高等教育出版社，2010 年，第 361 页。

⑦ 钟山、潘超、孙忠铨编：《广东竹枝词》，第 415 页。

⑧ 雷梦水、潘超等编：《中华竹枝词》，北京：北京古籍出版社，1997 年，第 2818 页。

⑨ 《壮族百科辞典》编纂委员会：《壮族百科辞典》，南宁：广西人民出版社，1993 年，第 365 页。

山法师驱鬼。清张渠《粤东闻见录》卷上《好巫》，记载清乾隆年间粤东民间茅山教的仪式：又一种名跳茅山者，击鼓鸣金，合吹牛角，呜呜作鬼声。书符咒水，日夕不休。醻酒刲牲，结幡焚楮，所费不赀①。《粤东闻见录》生动记录了粤东民间茅山教的仪式，可见西南地区茅山教以法术见长。在西南地区民间宗教的分类中，因为茅山教擅长法术的特点，理所当然被视为巫教之类。民国《昭通县志稿》卷六《宗教》说：巫教……有茅山、雪山等法。男曰端公，人家有患疾病者，辄延至家祈禳之，锣鼓喧阗，名曰跳神②。

贵州思南县土家族"闹丧歌"，有"'赵侯'会使茅山法"的唱词③，此赵侯就是茅山教的赵侯三郎。

瑶族茅山教传法有十考验，显示茅山教重视法术的传承。广西山子瑶茅山教度戒者的十种考验，要通过十种法术关口，即云山法、刀山法、盐埠法、勒床法、火砖法、犁头法、油锅法、岩堂法、七吉法、阳山法。这十种西南少数民族中常见的巫术，旨在让度戒者接受危险、痛苦的考验。其中刀山法、岩堂法在仪式中最常运用。刀山法又称上马山法，由受戒者赤足爬上刀梯；岩堂法，又叫过火炼、过火龙，即赤足走过一丈多长的炽热火堆④。茅山教的诸种法术科仪，民间又称之为茅山科。叶明生认为茅山科法术的特点，在于民间普遍认为"茅山是邪法"，在师公"过法"传度时列入"十戒"之内⑤。

茅山教的咒语、口诀、书符、画讳、手诀等法术融摄了道教元素。茅山教有茅山法主诀，过山瑶常用的筊卦占卜称为茅山卦，占筊卦时卦师念诵咒语，请茅山师父查看疾病原因。茅山卦多用于占问疾病、人畜失踪、东西遗失，久寻不见等问题⑥。清吴荆园《挑灯新录》之《术自侮》载："连城县南里林某，少喜邪术，曾上茅山学法。能隐身，来去无形；又能念咒召鬼神。"⑦ 鄂西土家族傩坛《解法咒》曰："天甲甲、地甲甲，吾是茅山第一家，茅山洞中扯匹丝茅草，只见生来未见老。有人识得这根草，百般邪法都解了。"⑧ 这段《解法咒》的词文，是土家族茅山教在咒语中融入本族群社会生活内容的典型案例。

西南受道教影响的民间巫师，多宣称所学法术是茅山法。宋洪迈《夷坚志》支志庚卷第六《谭法师》条载："里中谭法师者，俗人也，能行茅山法，虽非道士而得此称。"⑨ 民国《益阳县志稿》卷九《方外·仙释》载："魏公，佚其名，新化人，幼习茅山法，吞刀吐火，善治跌打损伤。"⑩ 史

---

① （清）张渠撰，程明校点：《粤东闻见录》卷上，广州：广东高等教育出版社，1990年，第49—50页。
② 原文为"端工"改为通常的"端公"。卢金锡修，杨履乾、包鸣泉纂：（民国）《昭通县志稿》，民国二十七年（1938）铅印本。
③ 秦朝智：《思南县土家族"闹丧歌"》，向零、余宏模、张济民主编：《民族志资料汇编》第九集《土家族》，贵阳：贵州省志民族志编委会，1989年，第265页。
④ 方台法是受戒者爬上一丈多高的四方台，从方台上翻身而下；盐埠法，即以生盐放入眼里，并以七口细针穿背；勒床法，受戒者睡上铺满利刺的床上；火砖法，即用脚踏烧红了的砖头；犁头法，即用口含烧红的犁头；油锅法，即用手伸入煮沸的油锅内摸物。铁木尔·达瓦买提主编：《中国少数民族文化大辞典：中南、东南地区卷》北京：民族出版社，1999年，第305页。
⑤ 叶明生：《闽台张圣君信仰及法主公教之宗教传统探讨》，陈志明、张小军、张展鸿编：《传统与变迁：华南的认同和文化》，台北：文津出版社，2000年，第150页。
⑥ 盘金华：《瑶族育棉支茅山卦初探》，张有隽主编：《瑶学研究》第4辑，南宁：广西民族出版社，1997年，第543页。
⑦ 张兵主编：《五百种明清小说博览》，上海：上海辞书出版社，2005年，下册，第1221页。
⑧ 曹本冶主编：《中国传统民间仪式音乐研究·西南卷》，昆明：云南人民出版社，2003年，第252页。
⑨ （宋）洪迈：《夷坚志》，北京：中华书局，1981年，第3册，第1180页。
⑩ 张翰仪、李裕掌纂修：（民国）《益阳县志稿》，民国三十一年（1944）稿本。

籍方志中关于学茅山法、行茅山法的记载较多，反映出历史上赴茅山学习道法的真实历史。清纪昀《阅微草堂笔记》滦阳续录二载："有学茅山法者，颇治鬼魅，多有奇险。"[①] 清俞樾《右台仙馆笔记》卷五载广东民间的跳茅山说："其法用道士数人，设斋坛，悬神像，诵经忏，皆如常仪。既毕，则布楼梯一具，每级缚利刃，刃皆上向，道士赤足踏其锋，拾级而登。如是数次，谓之上刀山。乃以铁弹一，铁链一，置烈火中烧之使红。道士口含红铁弹，手捋红铁链，久之，投入冷水中，水犹鬶然，即以此水为病人洗面。道士又自刺其手出血，涂病者两太阳穴及两掌心，以去内邪。又燃两炬，入病者室中，弹药末少许，訇然一声，满室皆火光，谓之发火粉，以去外邪。"[②] 民国《来宾县志》上篇《人民·风俗》载民间祭祀建醮习俗说："年丰人乐，每秋冬间咸就乡中神祠建醮赛会，大都用土巫，资力稍厚乃延聘法术高者，俗号为茅山教。设坛植幡，主办执事诸人皆斋戒，择吉入坛，随术士朝夕讽咒朝拜，或三日，或五日、七日，乃至九日，至简者一昼夜。事毕，杀牲祭神，谓之'散醮'。亦有饮宴分胙，间有盛举，则作刀山、火炼诸法术。所载上刀山"作法者赤足登案，攀刀拾级而升。……足下踏纸钱十余层，按刃上悉断，纷纷飞下。"而过火炼则"大呼从釜上火中超越踏炭疾趋过之"[③]。对上刀山、过火炼法术的细节记载颇翔实。清代民国时期常举行"上刀山""过火炼"的大醮会，是民间驱邪纳吉颇具观赏性的仪式活动。

西南少数民族茅山教，其授职传度称为茅山传法。茅山传法在山坡上传授，选择清吉向阳的山顶，此谓之"采山"。茅山传法仪式中授法师步罡唱道："跟师三年学得艺，行行手艺出状元。茅山学得真妙法，十方门下救良民。"[④] 而茅山学法的唱词说："弟子进殿齐跪下，抬头看见法王尊。闻听茅山传法教，特来学法救凡民。自从弟子辞别你，茅山传法显威灵。"[⑤] 法师辞别各路神灵之后，授法师鸣角，招请道教科仪经书中的东方青帝九夷兵、南方赤帝八蛮兵、西方白帝七戎兵、北方黑帝五狄兵、中央黄帝三秦兵。"五方兵马附吾身，茅山传法走如云。"[⑥] 云南瑶族《法书》之《迎接茅山兵马唱用》说："一声鸣角成花花，茅山洞里请师爹。二声鸣角成扬扬，茅山法殿请师娘。"[⑦] 贵州德江土家族傩坛的茅山传法，接法弟子说道："奉法天师在上，弟子前来茅山学法，望天师传法。一请天师降临，二请天师坐殿，三请天师开教传法。"[⑧] 贵州石阡傩堂内戏《开路将军》说："只有我今年纪小，茅山学法见老君。玉皇见我很灵敏，金钩提笔上天霆。"[⑨] 贵州铜仁傩坛传法，师徒问答茅山学法时间，何年立开法门，徒弟回答"龙汉元年七十二人茅山学法，七七四十九年方度一人"[⑩]。贵州省德江县稳坪乡黄土村土家族冲寿傩《祭兵学法》的科仪，分为祭兵赏将、茅山学法两部分。学法弟子唱道："七十七夜走不到，八十八夜到茅山。闻听茅山传法教，特来学法救

① （清）纪昀著，孙致中等校点：《纪晓岚文集》，石家庄：河北教育出版社，1995 年，第 2 册，第 516 页。

② 《续修四库全书》编委会：《续修四库全书》，上海：上海古籍出版社，2002 年，第 1270 册，第 480 页。

③ 翟富文纂修：（民国）《来宾县志》，民国二十六年（1937）铅印本，第 226—227 页。

④ 《德江傩堂戏》资料采编组：《德江傩堂戏》，第 552 页。

⑤ 王秋桂、庹修明：《贵州省德江县稳坪乡黄土村土家族冲寿傩调查报告》，财团法人施合郑民俗文化基金会，1994 年，第 278 页。

⑥ 贵州省德江县民族宗教事务局编：《傩韵：贵州德江傩堂戏》，贵阳：贵州民族出版社，2003 年，下册第 750 页。

⑦ 徐祖祥：《瑶族的宗教与社会——瑶族道教及其与云南瑶族关系研究》，昆明：云南人民出版社，2006 年，第 34 页。

⑧ 贵州省德江县民族宗教事务局：《贵州德江傩堂戏》，贵阳：贵州民族出版社，2003 年，下册，第 750 页。

⑨ 铜仁傩文化博物馆：《铜仁傩文化文集》，铜仁：铜仁傩文化博物馆，1993 年，第 158 页。

⑩ 铜仁傩文化博物馆：《铜仁傩文化文集》，第 187 页。

凡民。"①

畲族坛场案侧置一龙头祖杖，象征盘瓠王茅山学法的法杖②。畲族《高皇歌》唱道："当初天下精怪多，茅山学法转来做。救得王民个个好，行兵动法斩邪魔。"③ 西南地区民间认为茅山教受道教影响深，对女性疯痴、狐狸作祟、山魈迷人、恶煞伤人等，就要用茅山法对治④。

三、西南少数民族茅山教与闾山教的关系

西南少数民族茅山教的法术，与江南的闾山教关系密切。闾山教属于正一道的支派，在福建、江西、湖南、广东、台湾南部的民间道教多为闾山派，尤以福建、台湾地区闾山教最为盛行。该派擅长符道法，行用的法术被称为闾山法。广西瑶族茅山教的《茆山科全书》《度戒科》，都记载茅山教请师要请到闾山门下，所请祖师有闾山九郎、陈林李氏、茆山法主。闾山九郎为闾山教法主，陈林李氏即临水三夫人（陈靖姑、林九娘、李三娘），茆山法主李三郎为闾山教护法神，这反映出两派神灵的交融关系。在闾山教一些道坛科仪本中，将茅山写为茆山⑤，并有"闾茆二洞"之说。浙江景宁余公岱畲族迎神仪式的"祭筵"科仪祈请降临的神祇中，就有"闾茆二洞祖本二师"⑥。广西瑶族祭祀文书《番扛语》，有"白驴山茆山法"之语⑦，将闾山法与茅山法并称。

闾山，在西南各族群科仪本中，又载为驴山、芦山、庐山、吕山。茅山教的信仰元素中有闾山教的成分，其实是历史上不同道教派别在少数民族地区传教的结果⑧。福建闾山教请神要请"闾山张九郎、横山张七郎、蒙山张十郎……茅山法主"⑨。

赣南地区敬天酬神、祈禳求福的武法事，祈请的神灵中包括茅山法主，敕章开始自称"闾山法院""阳平大衙"⑩。科仪文书中的阳平大衙是道教机构，阳平指早期道教二十四治中的阳平治。阳平治在道教科仪经书中有着特殊地位。道教科仪经书称谨奉请阳平治都功治箓，道士奏章称系天师阳平治左平炁，南北朝道经《正一出官章仪》说"泰玄都正一平炁系天师阳平治左平炁臣某"⑪，唐代道经《金锁流珠引》卷二十四《伏虎使龙禁蛇法》称"阳平治左平炁总领门下大都功"⑫，道教有

① 王秋桂、庹修明：《贵州省德江县稳坪乡黄土村土家族冲寿傩调查报告》，第 278 页。

② 安徽省地方志编纂委员会编：《安徽省志·民族宗教志》，北京：方志出版社，1997 年，第 111 页。

③ 国家民委《民族问题五种丛书》编辑委员会、《中国民族问题资料·档案集成》编辑委员会：《中国民族问题资料档案集成》第 5 辑《中国少数民族社会历史调查资料丛刊》第一一八卷《民族问题五种丛书及其档案汇编》，第 648 页。

④ 陈志明、张小军、张展鸿编：《传统与变迁：华南的认同和文化》，台北：文津出版社，2000 年，第 150 页。

⑤ 民间科仪本的茆山，为茅山的异体字。

⑥ 沈毅、陈孟嘉：《浙江景宁畲族余公岱迎神习俗活动》，上海民间文艺家协会、上海民俗学会编：《中国民间文化·地方神信仰》，上海：学林出版社，1995 年，第 41 页。

⑦ 《广西瑶族社会历史调查》第 9 册，第 442 页。

⑧ 朱洪、马建钊：《李工坑村畲族"招兵"节活动纪实》，广东省民族研究学会、广东省民族研究所编：《广东民族研究论丛》第 7 辑，广州：广东人民出版社，1995 年，第 5 页。

⑨ 杨彦杰主编：《长汀县的宗族"经济与民俗"》下册，国际客家学会、法国远东学院海外华人资料研究中心，2002 年。

⑩ 刘劲峰：《崇义上堡的民间道教文化》，刘劲峰主编：《赣南宗族社会与道教文化研究》，国际客家学会、法国远东学院海外华人资料研究中心，2000 年，第 223 页。

⑪ 《道藏》第 18 册，第 278 页。

⑫ 《道藏》第 20 册，第 466 页。

"二十四治会阳平"之说①。

在西南少数民族茅山教的信仰系统中，有闾山、茆山、横山三山之说，颇类似于道教茅山、阁皂山、龙虎山三山符箓说。福建闾山教同样有"闾茆横三山"，福建闾山教师公说持龙角、执师铃之形象为"三山"，即头为"闾山"、左手执师铃为"横山"、右手执龙角为"茆山"②。龙岩闾山教《大香供》述拜请三山法把说："江州府闾阳县中座行营推鬼官、闾山三官神九郎，左典横山七金主，右典茆山二郎神。"③ 三山也有闾山、茅山、龙虎山之说，温州鼓词《南游传》就说："一声龙角响弯弯，芦山茅山龙虎山。"④

民国《霞浦县志》卷三十八载王师公元丰五年某日遁入海滨鱼潭水潭中，冬至日忽由三洲村门嘴鼻上岸，"云自闾山归，手《闾山法册》一卷，自是呼风祷雨，鲜不立验"⑤。传说闾山在闽江之底，唯精通闾山正法者才能看到。畲族有《闾山神》经书一卷，该经讲述畲族始祖龙麒在闾山学驱邪降魔法术，行"做功德""打鬼""拔伤""念咒""破地狱""破血湖""度关"等法事⑥。畲族做功德道场的"焚牒书"科仪中，要焚烧亡故仙师生前的"度身二十四牒书"，其中有一牒记载过闾山、茅山。

粤东、粤北的道教属茅山教闾山派，据谭伟伦、苏桂等的调查，粤北阳山、连山、连南等地民间打醮法事分文、武二坛，其中"打醮的义坛是佛教无疑，而武坛则属闾山"⑦。此说将闾山教视为茅山教下的一派，但闾山教与茅山教关系确乎密切。在西南一些族群的民间传说中，闾山学法与茅山学法的故事并行不悖。闾山教尊崇的陈林李氏，有上茅山学法除妖的传说。闾山教奉许真君为祖师，传说陈靖姑学法于许真君，因此神通广大，法力高强，斩妖除魔，庇护人民。《三教源流搜神大全》卷四《大奶夫人》记载陈靖姑往闾山学法，得闾山洞王女传度驱雷破庙罡法⑧。《闽都别记》第二十二回《杞莲能言书堂结缡，靖姑避婚闾山学法》陈靖姑曰："吾乃下渡陈靖姑。去闾山学法。"……那江在闾山麓下。潮汐通舟。并无大桥。法门在于都市。"⑨ 这里描写的闾山，其长江边的记载，颇似庐山的地貌。

四、西南少数民族茅山教的道教元素

历史上属于大传统的道教沿南岭走廊传播，在西南少数民族中经历文化涵化的过程，最终形成

① 南北朝道经《老君变化无极经》说："二十四治会阳平，主者资籍户言名。"《道藏》第 28 册，第 373 页。

② 叶明生：《闽台张圣君信仰及法主公教之宗教传统探讨》，陈志明、张小军、张展鸿编：《传统与变迁：华南的认同和文化》，台北：文津出版社，2000 年，第 150 页。

③ 叶明生：《共生文化圈之巫道文化形态探讨——福建闾山教与湖南梅山教之比较》，《宗教学研究》2005 年第 4 期，第 118—124 页。

④ 永嘉《曲艺志》编审小组，金崇柳编纂：《南游记》，兰州：甘肃人民出版社，2008 年，第 113 页。

⑤ 刘以臧修，徐友梧等纂：（民国）《霞浦县志》，民国十四年（1925）修，十八年（1929）铅印本。

⑥ 吕立汉主编：《丽水畲族古籍总目提要》，北京：民族出版社，2011 年，第 64 页。

⑦ 谭伟伦、曾汉祥：《阳山、连山、连南的传统社会与民俗·总论》，谭伟伦、曾汉祥主编：《阳山、连山、连南的传统社会与民俗》，国际客家学会，2006 年，第 39 页。

⑧ 佚名：《三教源流搜神大全》，上海：上海古籍出版社，1900 年，第 183 页。

⑨ （清）里人何求：《闽都别记》，福州：福建人民出版社，2012 年，上册，第 92 页。

融大传统与小传统为一体的茅山教。西南少数民族茅山教的名称，与江南道教名山茅山有关。茅山教尊奉玉清、上清、太清等神灵，仪式中所用经书的特点，显示茅山教更多保持着正统道教的元素。广西瑶族茅山教道公经书有 30 多种，其中《玉皇经》《度人经》《炼度科》《血湖经》《道德经》《黄庭经》等名称与《道藏》几乎相同。《遵典经》记载三洞经书的品目有：《玉清圣境洞真经》十二部，《上清真境洞玄经》十二部，《太清仙境洞神经》十二部①，此洞真、洞玄、洞神各十二部的分类，完全是《道藏》三洞经书的分类方法。西南少数民族茅山教使用"道经师宝"法印，明代道经《道法会元》卷二百一十说："未受箓者，奏申关牒通用道经师宝印。"② "道经师宝"的法职印式，显示出西南少数民族茅山教的道教传统。

傩祭是古代驱疫降福、禳灾纳吉祭仪的遗风。西南少数民族傩坛有茅山教一派。贵州思南傩坛茅山教传说师祖马法纪学太上老君上坛法，因授教于茅山而称茅山教③。西南少数民族傩坛受道教影响最深，傩坛掌坛师具有道士化特征。学界称之为道教化傩坛，其实是儒、释、道、巫相结合的少数民族宗教表现形态④。贵州道真仡佬族傩坛的唱词说："太上老君骑白马，羊角山前出现身。老君降下茅山法，开坛启教一时辰。"⑤ 此太上老君羊角山前现身，是道经中太上老君点化唐高祖故事的改写。唐代道经《太上太清天童护命妙经》说武德元年（618）二月二十三日，太上老君"须发皓白，素衣乌冠，乘白马，骏尾及蹄皆赤，现晋州羊角山"。此太上老君出现点化唐高祖的故事，在《历代崇道记》《犹龙传》等多部道经中都有生动叙述。

贵州德江傩堂戏《开坛》的《报门》科仪，法师声称："风吹茅草扫地开，吾从茅山学法来。"⑥ 傩坛《请茅山李老君》咒语云："奉请茅山李老君，香烟吹动鬼神惊。"⑦ 这些茅山学法的唱词、咒语，反映了少数民族傩坛受道教影响。傩坛掌坛师的《师坛图》，也崇祀"茅山启教"⑧。德江傩堂戏《祭兵》科仪说李老君住茅山："茅山有个李老君，天开皇榜传正教，我要学炼仙妙法，将法拿来治瘟癀。"⑨ 科仪拜请的八位法主中，第一法主为张天师，第二法主李老君为茅山启教第七主。德江土家族傩戏有茅山教过法、傩祭茅山桥、傩缘傩祭鸾驾茅山桥等法术，其名称就凸显出茅山教科法的特点。

民间相传茅山教神通广大，法力无边。湖南沅陵县胡宅雷坛十四代传人胡法秀，曾用茅山法求雨缓解沅陵大旱而名声大震。相传胡宅雷坛祖师去茅山学法，迄今已传承五百二十余年⑩。《闽都别记》第六十三回《王璘信谗自诛宗族，广智媚妖邪化纸人》载闽清袁广智"去茅山学法，至金陵句

①　《十万大山山子瑶社会历史调查》，《广西瑶族社会历史调查》第 6 册，第 285 页。

②　《道藏》第 30 册，第 317 页。

③　思南县民族事务委员会编：《思南傩堂戏》，贵阳：贵州民族出版社，1993 年，第 6 页。

④　钱莤指出："所谓道教化傩坛，就是指这一类。各地巫师傩坛的名称各不相同，有茅山教、梅山教、师公戏、道公戏、端公戏、庆坛等等。"钱莤：《傩俗史》，桂林：广西民族出版社，上海：上海文艺出版社，2000 年，第 77—78 页。

⑤　冉文玉：《冲傩——来自巴渔傩坛的报告》，贵州省道真仡佬族苗族自治县民族宗教事务局主编：《芙蓉古度》2000 年第 1 辑；《道真仡佬族苗族自治县民族民间历史文化集刊》《道真仡佬族苗族自治县民族民间历史文化集刊》，2000 年，第 21 页。

⑥　贵州省德江县民族宗教事务局编：《傩韵：贵州德江傩堂戏》，贵阳：贵州民族出版社，2003 年，上册，第 25 页。

⑦　张劲松著：《中国鬼信仰》，北京：中国华侨出版公司，1991 年，第 145 页。

⑧　吴应仕：《傩堂戏与道教》，曲六乙、陈达新主编：《傩苑——中国梵净山傩文化研讨会论文集》，北京：中国戏剧出版社，2004 年，第 341 页。

⑨　李华林主编：《德江傩堂戏》，贵阳：贵州民族出版社，1993 年，第 158、159 页。

⑩　金承乾：《七甲坪巫傩文化刍议》，湖南省艺术研究所：《沅湘傩文化之旅》，长春：时代文艺出版社，2000 年，第 50 页。

容县，上句曲山，投入华阳洞，与茅山真人为徒。传授三年期满，辞出茅山门回闽"①。广西仫佬族《装身学法》科仪，法师装身扮作陈林李氏学法，运用各种手诀和罡步表现陈林李氏赴茅山学法，途中历尽艰险到达茅山学得道法的过程②。总之，西南各族群都有茅山学法的不同传说，可视为各族群法师学道的历史记忆，也是西南少数民族学习道法的象征表现。

受道教影响的西南少数民族，多称其宗教传统来自茅山。我们知道茅山是道教上清派祖庭，从南朝齐梁至唐宋是茅山道教宗风兴盛的时代，茅山道教在社会上的影响最为深远。《太平广记》卷四十五《瞿道士》载："黄尊师，修道于茅山，法箓绝高，灵应非一……茅山世传仙府，学道者数百千，皆宗黄公。"③西南少数民族信奉的茅山教，是历史上道教在西南地区传播的结果。茅山教的得名直接来源于茅山道教的社会影响，是唐宋时期茅山道教兴盛的历史大势所致。

元世祖在平定江南以后，命第三十六代天师张宗演主领三山（茅山、龙虎山、阁皂山）符箓，茅山法箓始归于龙虎山张天师的万法宗坛。因此，道教的茅山宗也尊崇龙虎山张天师。西南少数民族茅山教自称其教源自茅山，说明该教派传入在张天师主领三山符箓之前。西南少数民族茅山教名称的由来，应是唐宋以来茅山道教在江南社会传播影响的结果。由此可知传承久远的西南少数民族茅山教，是少数民族原始宗教与道教相融摄的教派。茅山教作为少数民族传统宗教，既保存了少数民族原始宗教的特质，又融摄了神学宗教道教的元素，在比较宗教学上具有重要的研究价值。

结　语

自秦汉以来中华民族多元一体格局已经形成。历史上随着西南各族群在南岭走廊的迁徙，道教得以在西南广大地域内传播而形成茅山教，这是道教影响西南少数民族的历史大势所致。茅山教在长期历史进程中对西南各族群产生影响，是中华民族多元一体格局在宗教文化上的反映。茅山教流播的核心地区是湘、黔、桂、粤，而川、滇、赣、闽等地是影响边缘地区，由此形成法术特色明显的茅山教文化圈。西南少数民族茅山教的法术体系与闾山教关系最为密切，与梅山教并峙而成为西南少数民族最有影响的教派。这种植根于小传统的民间教派形成史很难在史籍中找到直接的证据，但我们推测可能源于历史上不同道教门派传教的影响。或许与历史上不同时期道教的传播有关，在西南少数民族的宗教系统中，出现茅山教、梅山教、闾山教等教派名称，其实是道教与少数民族宗教互相渗透的结果。总之，西南各族群的茅山教是南岭走廊道教传播与文化涵化的产物。本文对茅山教多元文化内涵的考察，为揭示大传统与小传统宗教文化的互渗，为拓展西南少数民族宗教研究内容提供了新的视角。

① （清）里人何求：《闽都别记》，福州：福建人民出版社，上册，第 235 页。
② 《中国民族民间舞蹈集成·广西卷》编辑部，仫佬族自治县人民政府编：《仫佬族舞蹈》，1988 年，第 34—35 页。
③ （宋）李昉等编：《太平广记》，北京：中华书局，1961 年，第 1 册，第 281 页。

族群变迁与信仰内涵

——"南诏铁柱"信仰及族群关系研究

何正金[*]

内容提要：云南省大理州弥渡县是白族传说中的"白子国"故地，也是彝族腊罗支系的主要分布区域之一，明清以来这里又是汉族屯垦的重要区域。南诏铁柱庙位于弥渡县境内，庙中铁柱铸造于南诏时期，一千多年来受当地白、彝、汉等各族祭祀崇拜。在不同历史时期，南诏铁柱的信仰内涵各有侧重，受到特定历史条件下族群关系的影响。从族群关系对信仰内涵的影响来研究南诏铁柱，是突破对其已有认知的有益尝试。

关键词：南诏铁柱　信仰内涵　族群变迁

南诏铁柱庙位于弥渡西山脚下，主殿神龛供奉铁柱。按铁柱铭文记载，该柱铸造于南诏建极十三年。现代学术视野下对南诏铁柱的研究始自方国瑜，但他主要侧重对铁柱铭文在历史纪年方面的考察，对铁柱信仰本身并不关注[①]。此后，汪宁生《云南考古》[②]、李昆声《云南文物古迹》[③] 等对南诏铁柱也只有约略记录，并没有做深入探讨。

徐嘉瑞始对南诏铁柱的渊源进行了深入研究，在他看来南诏铁柱与印度阿育王铁柱一样，为"安禅制龙"的佛教纪念柱，武侯立柱、张乐进求立柱等皆为后起之说[④]。陈润圃虽不同意"安禅制龙"之说，但也认同铁柱为佛教信仰产物[⑤]。同属外来说，杨延福则注意到了南诏铁柱与中原文化的关联。他援引秦汉宫廷铜柱、马援铜柱、许逊铁柱等与南诏铁柱相比较，认为世隆建柱"姑无论其用意属何，而它是仿之中原汉制是很可能的"[⑥]。与外来说不同，本土学者张昭持本土起源说。他

---

* 作者简介：何正金，四川大学道教与宗教文化研究所专职博士后。

基金项目：本文为教育部人文社会科学重点研究基地项目"滇西北多元宗教历史与现状研究"（项目编号：15JJD730001）阶段性成果。

① 龙云、周钟岳、赵式铭等纂修，刘景毛、文明元、王钰等点校：(民国)《新纂云南通志》卷八十八，昆明：云南人民出版社，2007年，第5册，第165—167页。

② 汪宁生编：《云南考古》，昆明：云南人民出版社，1980年，第144—145页。

③ 李昆声编：《云南文物古迹》，昆明：云南人民出版社，1984年，第144—145页。

④ 徐嘉瑞著，李家瑞校：《大理古代文化史稿》，北京：中华书局，1978年，第254—256页。

⑤ 陈润圃：《南诏铁柱辨正》，杨世钰、赵寅松主编：《大理丛书·考古文物篇》卷九，昆明：云南民族出版社，2009年，第4706—4707页。

⑥ 杨延福：《全国重点文物——南诏铁柱》，见杨延福：《南诏大理白族史论集》，昆明：云南民族出版社，2004年，第47—64页。

认为晋宁石寨山储贝器有"杀人祭柱"场面，而当地彝族的"丁郎刻木"祖先崇拜和"叫地脉"社神崇拜皆与彝族先民的"树崇拜"密切相关。"树崇拜"逐渐演变为"柱崇拜"，而"南诏铁柱"是对这一系列文化链的继承①。

除以上研究外，陆续又有学者对南诏铁柱进行了讨论②，但对其渊源的考察皆不出以上研究成果。根据前人的研究，我们认为南诏铁柱的渊源显然有外来文化的影响，但也不可忽视本土先民已有的祭祀传统。需要指出的是南诏铁柱自铸造以来，其内涵并非一成不变，甚至蒙世隆立柱之初，就与其最初的文化源头产生了差异。族群因素是影响其信仰内涵变化的重要因素，自南诏大理国以来，铁柱庙周边的族群关系经历了多次变迁。不同时期的族群关系曾不同程度地左右着对其内涵的诠释，对其"流变"的考察值得深入探讨。

一、南诏大理国时期的铁柱信仰内涵

从元郭松年《大理行记》来看，在元代有人认为铁柱"乃昔时蒙氏第十一主景庄王所造""号人尊柱"，有人则认为乃"武侯所立"③。考虑到传说与信仰的长期积累性，这两种说法的出现不会晚于大理国时期，甚至可追溯到南诏时期。这两种说法本质上反映了本土与外来两种不同的解读路径，事实上，南诏铁柱信仰背后所展现的族群与文化的碰撞和交融在南诏大理国时期就已存在。

（一）立柱祭天——整合族群关系的仪式

现存南诏铁柱其柱头为当代维修时所造，难以反映南诏时期的历史原貌，《南诏图传》与南诏铁柱同为南诏晚期历史文物，图传所绘铁柱较能反映唐代原貌。该图中铁柱柱身为圆柱体，柱头为覆笠形器，顶立一鸟。从晋宁石寨山"杀人祭柱"储贝器来看，祭祀柱为蟒蛇缠绕，场面血腥。这说明即便云南当地原有祭柱传统，但在南诏时期形式业已发生了巨大变迁，这一变迁受外来文化的影响巨大。从中原史书记载的昆仑铜柱、马援铜柱等来看，由于缺少实物和详细描绘，难以从外观上判断其与南诏铁柱的关系。同时期的武则天"天枢"铜柱，据《资治通鉴》记载为八面体而非圆柱体，且"下为铁山，周百七十尺，以铜为蟠龙麒麟绕之；上为腾云承露盘，径三丈，四龙人立捧火珠，高一丈"④，其繁复华丽与南诏铁柱差异较大。除此以外，中原地区鲜有能与之对比的铁柱实物。相反，在外观上南诏铁柱与印度阿育王柱更为接近。现存印度阿育王柱约有十五根，既有石质，也有铁质。从保存完好的劳里亚·南丹加尔石柱来看，该柱柱体为圆柱，柱头为覆钟形，顶部

① 张昭：《浅论"南诏铁柱"崇拜是早期山地民族树崇拜的传承》，见张昭：《彩云乡里话古今》，昆明：云南民族出版社，2005年，第244—250页。

② 李惠铨、王军：《〈南诏图传·文字卷〉初探》，《云南社会科学》1984年第6期，第96—106页；李惠铨：《〈南诏图传·画卷〉新释二则》，《思想战线》1985年第4期，第90—94页；王丽珠：《彝族祖先崇拜研究》，昆明：云南人民出版社，1995年，第36页；盛代昌：《南诏铁柱与彝族祭柱关系考述》，巍山彝学会编：《巍山彝学研究》（第一辑），巍山：巍山彝学会，1996年，第7—13页；温玉成：《〈南诏图传〉文字卷考释——南诏国宗教史上的几个问题》，《世界宗教研究》2001年第1期，第1—10页；安琪：《从〈南诏图传·祭柱图〉看"南方佛国"的神话历史》，《云南社会科学》2015年第1期，第86—92页。

③ （元）郭松年撰，王叔武校注：《大理行记校注》，昆明：云南民族出版社，1986年，第12页。

④ （宋）司马光：《资治通鉴》卷二〇五《则天顺圣皇后中之上》，北京：中华书局，1976年，第14册，第6502—6503页。

蹲立狮子①。而在《大唐西域记》中载有十六处阿育王柱，皆为石柱，柱头亦为覆钟形，且顶部多为狮子、马、牛或相轮等佛教纪念物②。《南诏图传》所绘铁柱其覆笠形柱头外延较阿育王柱突出，且覆笠下有尊托。除此以外，与印度阿育王柱在圆柱柱身、倒覆型柱头、柱顶动物装饰等方面有高度相似性。

但从内涵上看，南诏铁柱绝非佛教纪念柱。《大唐西域记》所载阿育王柱皆立于佛塔、佛寺周边，作为其附属物存在，而南诏铁柱为独立祭祀柱。南诏铁柱柱头装饰鸟《南诏图传·文字卷》称其为蒙氏自家"主鸟"③，并无佛教含义。且《文字卷》明确说"祭天于铁柱之侧"④，"祭天"乃是先秦时期华夏各族普遍存在的祭祀内容。魏晋时期，南中各族已有明确的天地神明崇拜记载，《华阳国志·南中志》载，诸葛亮为夷人作图谱："先画天地、日月、君长、城府；次画神龙，龙生夷及牛、马、羊……"⑤图谱在当时有巫画的含义，"天"作为首个崇拜对象出现，说明其在南中各族信仰当中的重要地位。唐代以来，云南地区仍流行祭天，如《新唐书·吐蕃传》载，云南蛮酋"以情输虏，杀知古，尸以祭天，进攻蜀汉"⑥。南诏铁柱与中原地区昆仑铜柱在"祭天"内涵上关系密切，《神异经·中荒经》载昆仑铜柱又称"天柱"，柱上有大鸟名希有，其翼左覆东王公，右覆西王母⑦。大鸟、男女二神结构与《南诏图传》主鸟及其铁柱庙长期存在的男女二神祭祀结构关系密切。至于"天尊柱"的说法，道教称其尊神为"天尊"，佛教有时也称佛为"天尊"⑧，但佛教天尊的概念在民间并不流行，"天尊柱"的说法极有可能是受道教影响而提出的，但或许只是借用了"天尊"的名号来表达"祭天"的内涵。祭天是当时包括乌蛮与白蛮在内多个族群共有的信仰，蒙世隆极有可能利用这一信仰来整合族群关系。

南诏后期，其内部最重要的族群关系是乌蛮与白蛮的关系。从世隆立柱的地点来看，弥渡白崖本为白蛮聚居地，《南诏图传》称"臣保行即是白崖乐进求张化成节内人也"⑨，可见白蛮张氏的地望在弥渡白崖，张氏在白崖所建白子国对白蛮及其后裔白族来说意义非凡。南诏时期，勃弄川（今弥渡）为南诏"六睑"之一，《蛮书》卷五载，勃弄川"东西二十余里，南北百余里，清平官已下官给分田悉在。南诏亲属亦住此城（白崖城）旁。其南二十里有蛮子城，阁罗凤庶弟诚节母子旧居也"⑩。南诏政权将大量乌蛮王室亲属安置于勃弄川，对威服白蛮群体有重要意义。且弥渡北为渠敛

---

① 酉代锡，陈晓红：《失落的文明：古印度》，上海：华东师范大学出版社，2003年，第122—123页。

② 一在"劫比他国"，见（唐）玄奘撰，章撰点校：《大唐西域记》卷四，上海：上海人民出版社，1977年，第102页；一在"室罗伐悉底国"，同书卷六，第126页；一在"室罗伐悉底国"，同书卷六，第127页；一在"劫比罗伐窣堵国"，同书卷六，第133页；一在"劫比罗伐窣堵国"，同书卷六，第134页；一在"腊伐尼林"，同书卷六，第137页；一在"拘尸那揭罗国"，同书卷六，第141页；一在"拘尸那揭罗国"，同书卷六，第145页；一在"婆罗疷斯国"，同书卷七，第150页；一在"鹿野伽蓝"，同书卷七，第150页；一在"摩诃婆罗邑"，同书卷七，第169页；一在"吠舍厘国"，同书卷七，第161页；一在"波咤厘子城"，同书卷八，第173页；一在"波咤厘子城"，同书卷八，第175页；一在"摩伽陀国"，同书卷九，第202页；一在"摩伽陀国"，同书卷九，第214页。

③ 李霖灿：《南诏大理国新资料的综合研究》，台北："中央研究院"民族学研究所，1967年，第41页。

④ 李霖灿：《南诏大理国新资料的综合研究》，第41页。

⑤ （晋）常璩撰，刘琳校注：《华阳国志校注》，成都：巴蜀书社，1984年，第364页。

⑥ （宋）欧阳修、宋祁：《新唐书》卷二一六上《吐蕃上》，北京：中华书局，1975年，第19册，第6081页。

⑦ （汉）东方朔撰：《神异经》，北京：中华书局，1991年，第27—28页。

⑧ 如隋慧远《无量寿经义疏》谓："今曰天尊。是佛异名。"见《大正新修大藏经》，台北：财团法人佛陀教育基金会出版部，1990年，第37册，第100页。

⑨ Chapin, Helen B, Yunnanese Images of Avalokitesvara, Harvard Journal of Asiatic Studies, Vol. 8, No. 2（Aug., 1944），pp. 131—186.

⑩ （唐）樊绰撰，向达校注：《蛮书校注》，北京：中华书局，1962年，第124—125页。

赵，地近洱河，为王、杨、李、赵等白蛮大姓杂居之地；西为蒙舍川，乃南诏王室发源地，蒙舍乌蛮聚居地。弥渡白崖城北行八十里至龙尾城，西行七十里至蒙舍城，与两地有密切的地缘联系。铁柱庙本身就位于弥渡到蒙舍川的古道之侧，其特殊的族群与地理因素是选择在此立柱的重要原因。另外，《南诏图传》对乌蛮与白蛮关系的微妙诠释值得注意。画面中白蛮张乐进求处于主祭位置，体量较其他祭祀者高大；南诏蒙氏作为乌蛮贵族与其他部落首领处于陪祭的位置；但画面中主鸟落于蒙氏右肩，蒙舍乌蛮又较其他祭祀者重要。该图题记记录了祭祀者的身份信息①，从其族属来看，既有白蛮，也有乌蛮。张、杨、段、赵、李、王等皆为白蛮大姓；蒙氏为蒙舍诏乌蛮，施氏极有可能为施浪诏乌蛮。可见，白蛮首领的数量远远多于乌蛮贵族。画面虽然描绘的是六诏时代诸部落祭天的场景，未必是真实历史的再现，但其反映的却是南诏后期乌蛮与白蛮的真实力量对比。

由此可见，世隆所立铁柱是多元文化融合的产物。其外观与印度阿育王柱更为接近，但其信仰内涵深植当地先民对"天"的崇拜，又与中原昆仑"天柱"内涵相通。而南诏后期乌蛮与白蛮则是蒙世隆借立柱所意图整合的族群关系，南诏铁柱和《南诏图传》同时在南诏晚期出现绝非偶然。

（二）立柱纪功——马援铜柱到诸葛铁柱的嬗变

元郭松年《大理行记》载南诏铁柱有"武侯所立"的说法。历史上诸葛亮南征并未涉足滇西，但诸葛亮的影响逐渐在云南全境扩散，在南诏以前就已传播到了滇西地区。《隋书·史万岁传》称史万岁远征至勃弄川（今弥渡）周边时，曾见有诸葛亮纪功碑②。又《蛮书》卷二载诸葛亮曾在永昌筑城，在唐代仍有神祠遗存③。同书卷六又载永昌西北有诸葛武侯城。城中神庙"土俗咸共敬畏，祷祝不阙。蛮夷骑马，遥望庙即下马趋走"④。可见在南诏时期，滇西地区就已流传着诸葛亮征服永昌的说法，诸葛亮受到当地各族的崇拜。到大理国时期，云南当地仍十分崇拜诸葛亮，宋洪迈《容斋随笔》卷四载，李顺乱蜀时，辛怡显曾出使南诏。至姚州泸水，地方官说诸葛武侯曾告诫："非贡献征讨，不得辄渡此水；若必欲渡，须致祭，然后登舟。"宋民"乃知南夷心服，虽千年如初"⑤。此时，云南地区已建立段氏大理国政权，但《容斋随笔》仍沿用南诏旧称。这说明即便在"宋挥玉斧"后，在云南地方政权割据一方的情况下，中原文化仍有强大的影响力。南诏、大理国时期兴盛不衰的诸葛亮崇拜，是产生"诸葛铁柱"说法的信仰基础。

另一方面，诸葛亮崇拜之所以与铁柱发生关联与"马援铜柱"等传说在西南地区的流行密切相关。《后汉书·马援列传》李贤注引《广州记》说，东汉伏波将军马援平定交趾后，曾"立铜柱，为汉之极界也"⑥。但史中所记马援铜柱的地望并不一致：晋《广州记》说在交趾；唐《蛮书》认为在唐安宁城；唐《通鉴》认为在林邑南二千余里之奔浪陀州；唐《岭表录异》认为在唐爱州；宋《方舆胜览》认为钦州有一，左、右江各有其一⑦。这表明"马援铜柱"传说在唐宋时期广泛流传于今越南及广西、贵州、云南等地。具体到云南地区，《蛮书》卷一说安宁城乃"后汉元鼎二年伏波

① Chapin, Helen B, Yunnanese Images of Avalokitesvara, Harvard Journal of Asiatic Studies, Vol. 8, No. 2（Aug.，1944），pp. 131—186.

② （唐）魏徵：《隋书》卷五十三《列传第十八》，北京：中华书局，1982 年，第 5 册，第 1355 页。

③ （唐）樊绰撰，向达校注：《蛮书校注》，北京：中华书局，1962 年，第 50—51 页。

④ （唐）樊绰撰，向达校注：《蛮书校注》，第 159—160 页。

⑤ （宋）洪迈撰，孔凡礼点校：《容斋随笔》，北京：中华书局，2005 年，第 56 页。

⑥ （南朝宋）范晔：《后汉书》卷二十四《马援列传》，北京：中华书局，1965 年，第 3 册，第 840 页。

⑦ （宋）周去非撰，杨武泉校注：《岭外代答校注》，北京：中华书局，1999 年，第 405 页。

将军马援立铜柱定疆界之所"①。《新唐书·南蛮传》载何履光"取安宁城及井，复立马援铜柱"②。"唐标铁柱"也极有可能是受马援铜柱影响而构筑的③。从马援铜柱到唐标铁柱，铁柱明显具有纪功或证明领土归属的含义，这是诸葛亮信仰与铁柱崇拜产生联系的关键。由此也可以看出，即便同一时期，云南地区的铁柱内涵也并不是单一的。

"诸葛铁柱"的说法与马援铜柱传说在西南地区的流行，以及唐王朝在云南的立柱行动密切相关。诸葛亮与马援、何履光、唐九征等都有军事征服当地族群的经历，有关他们的传说在民间传播的过程中极易发生混淆。但诸葛亮最终取代了马援、何履光、唐九征等成为最常被提及的立柱主角，这与自蜀汉以来诸葛亮崇拜在云南地区的深厚信仰基础密不可分。蒙世隆所立铁柱作为硕果仅存的铁柱实物，在历史演变的过程中逐渐成为诸葛铁柱传说的唯一承载物。由此可知，在南诏、大理国时期，弥渡铁柱为武侯所立的说法具备了产生和流传的基本条件，以至于元郭松年在《大理行记》中将其记录在案。但这种说法在当时并不如明清时期影响巨大，因其建构的痕迹太过明显，中原官吏和士绅还没有认识到其裨益教化的价值，郭松年因此否认其历史真实性，这一说法直到明清时期才受到重视。

二、元明清时期铁柱信仰内涵的流变

以白族为主体的大理国建立后，蒙舍蛮逐渐徙居山林，丧失了在该地区的话语主导权。元明清以来，大量汉人开始进入该地区，族群关系再次发生改变。曾经强盛的白族进入阵痛与蜕变时期，新迁入的汉人则在寻找立足边疆的信仰寄托，而中原王朝也在寻求在该地区统治合法性的解释。南诏铁柱的信仰内涵在族群关系的变动下随之发生流变。

（一）铁柱禅让——遗民心态与白国谱系的建构

元李京《云南志略·诸夷风俗》载："故中庆、威楚、大理、永昌皆僰人，今转为白人矣。"④可知在元代这一沿线的平坝地区还有大量白族。弥渡坝区地当大理府门户，元明时期仍有大量白族居住，到清末则基本融入当地汉人之中。元明时期，当地白族对南诏铁柱信仰内涵的诠释仍占主导地位。

元代大理段氏政权遭受重创，但仍维系了在大理地区的世袭统治。大理段氏的世袭统治实亡于明，明朝是白族文化阵痛与蜕变的重要时期。清师荔扉《滇系·典故系》载："自傅、蓝、沐三将军临之以武，胥元之遗黎而荡涤之，不以为光复旧物，而以手破天荒，在官之典籍，在野之简编，全附之一烬。"⑤《记古滇说集》《白古通记》与《南诏野史》等一系列地方野史在这一时期出现绝非偶然，乃是白族遗民缅怀故国的真实写照。这一系列史料构建了一个完整的白国传承谱系，而铁柱禅让是这一谱系中的关键一环。

① （唐）樊绰撰，向达校注：《蛮书校注》，第1页。
② （宋）欧阳修、宋祁：《新唐书》卷二二二上《南蛮上》，第19册，第6270页。
③ （宋）欧阳修、宋祁：《新唐书》卷二一六上《吐蕃上》，第19册，第6081页。
④ （元）李京撰，王叔武校注：《云南志略辑校》，昆明：云南民族出版社，1986年，第86页。
⑤ （清）师荔扉纂：《滇系》卷七，《丛书集成续编》第237册，台北：新文丰出版公司，1988年，第499页。

元张道宗《记古滇说集》载，汉武帝时"仁果肇基白崖，尚创业之祥于兹，遂以地号国曰白"。蜀汉诸葛亮平定南中后，"回兵白崖，立铁柱以纪南征，改益州郡曰建宁，以仁果十七世孙张龙佑领之"。到了唐代，张仁果三十三代孙张乐进求"因祭铁柱，见习农乐有金铸凤凰飞上左肩，乐进求等惊异之，遂逊位"①。张仁果、张龙佑那、张乐进求是白子国从汉至唐三位代表性的国君。而蒙氏细奴逻（习农乐）因祭铁柱继承了白子国的法统。倪辂《南诏野史》也有细奴罗得国的类似记载，并称其所建之国为"大封名国"②。而《南诏图传》中称南诏为大封民国。"封名"即"封民"，"封"字古音读如帮，与白的辅音相同，封人国即白人国③。《白国因由》直言："有细奴罗者出，遂为白国王"④。在《南诏图传》中只说祭天，只字未提"铁柱禅让"，而在元明时期白族主导的叙事中，铁柱禅让的说法最终明确，且南诏被认为是白族建立的国家，张蒙禅让被解释为同一族群内部的继承关系。事实上，这一谱系将白国的渊源推向了更为久远的时代。明李元阳隆庆《云南通志》卷十六《羁縻志》载"白国始末"，称西海阿育王将次子"封于苍洱之间"，尊阿育王"为白国之鼻祖也"⑤。倪辂《南诏野史》引《白古记》称阿育王名为膘苴低，生低蒙苴。苴生九子，其中五子蒙苴笃为南诏蒙氏之祖，八子蒙苴颂为白子国张氏之祖⑥。在这里阿育王神话与九隆神话相融合，张氏与蒙氏皆被视为阿育王后裔。而大理段氏也被认为是"白人"⑦，而"白人，古白国之支流也"⑧。这样，自阿育王以来，张氏白子国、蒙氏南诏国、段氏大理政权均被视为承接有序的白族政权。

这一时期对铁柱禅让的强调超越了南诏时期铁柱祭天的内涵，成为本土族群对南诏铁柱信仰内涵的主要解释。另外，白国谱系也试图通过"崇报武侯"之说整合诸葛铁柱崇拜，但证明白国谱系的传承才是其核心所在。南诏铁柱是白国谱系中张蒙禅让的核心，因其有实物存在，是整个白国谱系征信于人的重要凭证。但白族群体对白国谱系的态度并非完全一致，反映了历史记忆建构的复杂性。如保存在铁柱庙中的《故安人车氏墓铭》碑文载："自蜀汉武侯，建铁柱，封张氏为酋长，以杨氏为武将，宰守斯土。迄蒙段继立，杨氏韬略传家。元世祖驾至大理，赐杨氏明珠、虎头、金牌，掌僰爨军。"⑨ 车氏为元梁王之后，乃蒙古贵族。铁柱邑杨氏为白蛮大姓，历代显贵，到明代仍担任要职。车氏嫁与杨氏后，按白族取名风俗在名字中加入佛、菩萨名号，称为车观音金。碑文推崇武侯建柱之说，对"铁柱禅让"却只字不提，淡化自白子国以来本土政权的影响，反映了部分成为中原王朝统治阶级的白族群体对白国谱系的回避态度。

（二）神道设教——官方意识形态下的诸葛铁柱

明代以来，弥渡地区有大理卫、洱海卫、蒙化卫的屯户戍守，景东卫亦在弥渡建立屯仓。嘉靖《大理府志》卷二《地理志》载："岭之南，田多人稀，皆知勤生力本，然任气好斗。白崖、迷渡聚

① （元）张道宗：《记古滇说集》，民国三十年（1941）辑玄览堂丛书影印明嘉靖刻本。
② （明）倪辂辑，（清）王崧校理，（清）胡蔚增订，木芹会证：《南诏野史会证》，昆明：云南人民出版社，1990年，第21页。
③ 方国瑜：《关于白族的名称问题》，杨堃等：《云南白族的起源和形成论文集》，昆明：云南人民出版社，第15页。
④ 《白国因由》，方国瑜主编：《云南史料丛刊》第十一卷，昆明：云南大学出版社，2001年，第161页。
⑤ （明）李中溪纂：（隆庆）《云南通志》卷十六，民国二十三年（1934）龙氏重印本。
⑥ （明）倪辂辑，（清）王崧校理，（清）胡蔚增订，木芹会证：《南诏野史会证》，第21页。
⑦ （清）曹春林编：《滇南杂志》卷十七，《中华文史丛书》第110册，台北：华文书局，1969年，第613页。
⑧ （清）范承勋、吴自肃纂：（康熙）《云南通志》卷二十七，清康熙三十年（1683）刻本。
⑨ （明）杨森撰：《故安人车氏墓碑》，杨世钰主编：《大理丛书·金石篇》卷二，北京：中国社会科学出版社，1993年，第
46页。

落如一小县。"① 可见明代弥渡聚落规模仍较小，屯垦空间还很大。但清代以来，随着屯垦的深入，弥渡地区流民杂处的情况日渐突出。康熙《大理府志》卷十二《风俗》载："迷渡百货丛集，流民杂处，力田者利归商人，而土著日贫。经商者尚刁诈，而狱讼繁兴，民风由此其敝也。"② 经过磨合与调适，弥渡地区的大部分土著白族都融入汉人移民之中。清师荔扉在《建宁杂诗》中称："白爨遗踪已就湮，青山无语对红尘。他年果作先贤传，何处能寻土著人。"③ 可见在清中期以后，弥渡坝区已经基本看不到白族，只留下对白族历史的追忆。

随着明清时期弥渡地区族群关系的变化，早在南诏大理国时期孕育的"诸葛铁柱"传说逐渐受到中央王朝的大力推崇。隆庆《云南通志》卷十二《祠祀志》载："铁柱庙在州南百里白崖川，武侯擒孟获立铁柱纪功，后人建庙。蒙化、景东、洱海、赵州等处军民咸祀之。"④ 对汉族军民而言，诸葛铁柱具有强烈的政治象征意义，又有莫大的心灵慰藉功能，无论官方还是民间都对其推崇备至。

明清时期，地方官吏是推崇"诸葛铁柱"说的主力。如赵州儒学学正司钧曾作《白崖》诗："六诏咽喉地，群蛮割据雄。彩云通汉使，铁柱启南蒙。戎马当年竞，车书此日同。昔称白子国，不复有殊风。"⑤ 是追慕武侯功绩的代表之作。明清地方官员基本以"神道设教"的方式来利用诸葛铁柱裨益教化。但地方官员中也有不同意见，如大理府通判黄元治曾作《过铁柱观》诗并序，在序言中他否认弥渡铁柱为武侯所铸，但他不否认武侯立柱的历史，只不过"碑与铁柱并失其处"。同时，他也抨击民间祭祀世隆及其象征物铁柱，认为民间"私尊酋隆而托武侯之迹，以愚乡人，淫祀相沿习而不察"，作为违背王朝礼制的淫祀亟宜毁之。在不承认南诏大理国等地方政治传统的立场上，黄元治与其他主政大理的官员态度一致。只不过绝大部分官员采取"神道设教"的积极立场，利用"武侯铁柱"以裨教化，而非如黄元治那样激进。

当地绅士的立场与地方官员相近，明清以来有大批绅士都曾赋诗歌咏"诸葛铁柱"⑥，其中既有落籍当地的中原汉人，也有深受汉文化影响的白族文人。如弥渡谷际岐曾作《建宁铁柱》诗三首。谷际岐先祖为落籍弥渡的中原汉人，本人曾参与校勘《四库全书》。在诗序中他说："州志谓此地宜饷武侯，而土人□以孟获祀□，有贤及司当更正之。"他认为诸葛铁柱为蒙氏重铸，应当崇祀武侯，当地绅士与官吏应当承担起"正名"的责任。深受汉文化影响的白族绅士群体与前者观点基本一致，如乾隆年间赵州白族举人韩锡章曾作《铁柱辨》一文，在不到三百字的考辨中，他极为推崇诸葛铁柱，说诸葛亮"立铁柱以纪降虏之绩，与伏波相埒"，并认为"武侯历南中，遗迹多有。即如吾邑建宁城、诸葛寨、孔明垒、天威径诸胜不一而是。则铁柱为武侯所立固不待辨"⑦。另一方面，他极为反对民间对南诏君王进行崇祀。他说："蒙酋龙伪号景庄皇帝，与蒙诏天子同为淫祀。夫酋龙于唐数为边愚，但一臣寇耳，何得代□庙食乎？"与韩锡章的激进态度相比，清末浪穹白族文人

---

① （明）李中溪纂：（嘉靖）《大理府志》，大理白族自治州文化局编：《云南大理文史资料选辑》，大理：大理白族自治州文化局，1983年，第70页。

② （清）李斯佺修，（清）黄元治纂：（康熙）《大理府志》，清康熙刻本。

③ 赵寅松主编，杨锐明、盛代昌、刘丽选注：《历代白族作家丛书·师范卷》，北京：民族出版社，2006年，第115页。

④ （明）李中溪纂：（隆庆）《云南通志》卷十二，民国二十三年（1934）龙氏重印本。

⑤ （清）程近仁修，（清）赵淳纂：（乾隆）《赵州志》，清乾隆元年（1736）刻本。

⑥ 有费学仁《铁柱庙怀古》，萧霖《昆弥怀古》，张雯《孔明故垒》，金涵《怀孔明故垒》，张端孙《昆弥岭》等作品。

⑦ （清）陈钊镗修，（清）李其馨纂：（道光）《赵州志》，民国三年（1914）重印本。

杨琼《铁柱歌》在处理武侯与世隆关系上更趋于调和的态度。《铁柱歌》一方面颂扬了武侯立柱的功德，说诸葛亮"功成立柱镇外服，百千余年形犹厖"；另一方面也隐约表达了对白子国及南诏国的追慕，"岂知其先十一世，祭柱即以雄蛮邦"，对世隆续修的功德也有所赞扬，说他"或者前此柱倾圮，续为修之增敦庞"[①]。

当诸葛铁柱的说法被地方官员与绅士倡导，成为官方解释话语时，在民间，铁柱庙的部分本土神灵则被汉族移民所接受。据乾隆《赵州志》卷三《祀典》记载，清初官方曾毁世隆塑像而改祀武侯[②]。但从《铁柱庙记功德碑序》来看，道光年间铁柱庙又开始祭祀世隆。据民国《弥渡县志稿》卷九《礼俗志》记载，民国时铁柱庙仍然在祭祀世隆。这表明世隆作为神灵已超越族群的界限，被汉族社会所接纳。究其缘由，用《铁柱庙记功德碑序》的话说："景庄王生而神异，受封驰灵有由然矣。功施万姓，庙食千秋固其宜也。"[③]

从本土族群视野来看，铁柱禅让之说试图强调有一个传承有序的白国谱系，但这一谱系也试图通过崇报武侯之说整合影响日增的诸葛铁柱崇拜；从中央王朝的角度来看，虽不承认南诏大理国政治传统的合法性，大力推崇诸葛铁柱之说，但汉族社会最终却也接受了对蒙世隆等本土神灵的崇拜。族群的变迁与交融是理解这一系列变化的重要线索。

三、近代以来铁柱信仰内涵的诠释

大理国建立以来，蒙舍蛮在该地区的话语权逐渐被白族削弱。明清时期，中原汉文化的涌入使这一族群的话语权进一步被削弱。作为蒙舍蛮后裔的彝族腊罗巴支系自丧失在该地区的核心地位后，一直生活在包括弥渡与蒙化（今巍山）交界在内的广阔山区。南诏铁柱庙背靠弥渡西山，腊罗巴一直对其祭祀不绝，但腊罗巴对南诏铁柱信仰内涵的诠释长期受到忽视。近代以来，该地族际关系又为之一变，当地白族完全融入汉族，彝族腊罗巴则保持了相对独立的文化风貌，坝区汉族与山区彝族成为弥渡当前最主要的两大族群。当地彝族对南诏铁柱的诠释越来越受到关注。

（一）神话与历史——彝族腊罗巴祖先谱系的建构

弥渡西山彝族自称腊罗巴，彝语意为崇拜龙虎的人。他们自称是造地男神"阿腊"和造天女神"罗拔"的后代。弥渡腊罗巴至今流传的铁柱神话传说大致可分为两大类型：第一类与彝族先民母系社会末期的原始自然崇拜息息相关；另一类则与彝族父系祖先崇拜密不可分。

有两则铁柱起源神话反映了原始自然崇拜的内涵，其中一则说：彭姑与施荣为一对情侣，彭姑不慎掉落一枚绣花针，后长成一棵铁树，当地居民为此建庙祭祀。据说铁树一直长到天宫，即将戳破天宫时，玉帝下令将其劈断。后来太上老君帮助重建铁柱宫，用劈断的铁树根做柱子，柱顶压老

① 赵寅松主编，杨云飞选注：《历代白族作家丛书·杨琼卷》，北京：民族出版社，2006年，第104页。
② （清）程近仁修，（清）赵淳纂：（乾隆）《赵州志》，清乾隆元年（1736）刻本。
③ 《铁柱庙记功德碑序》，杨世钰主编：《大理丛书·金石篇》卷五，北京：中国社会科学出版社，1993年，第43页。

君炒药的金锅，并命金缕神鸟蹲在柱顶，以防其再长①。另一则神话则说：弥渡毗雄江边上住着老两口，某年地震，老妇织布的纺锤震落变为铁柱，村民于是建庙祭祀。不久再次发生地震，铁柱、庙宇和老人都消失不见。后来村民在老尖山丛林中发现了铁柱，却不见老人。众人将铁柱迎回，又建庙祭祀，还在铁柱旁塑了两位老人的像②。这两则神话虽情节有异，但都有相同的叙事结构。铁柱在两则神话中都有沟通天地、定立乾坤的作用，且铁柱都经历了折损与重铸的过程；铁柱均与树有密切的联系，前者表现为铁树变铁柱，后者表现为在丛林中找到铁柱；两则神话的主角均为一对男女（彭姑与施荣、毗雄江老夫妇），女性的地位突出，铁柱均由女性的附属物（绣花针、纺锤）幻化而成。

铁柱通天镇地的作用，在多部彝族神话与史诗中均有表现。弥渡腊罗巴《开天辟地》神话中，阿腊男神用四根巨大的蒿枝撑住天地，倮拔女神在蒿枝上涂满花粉，太阳点燃花粉，将蒿枝烧硬，成为撑天柱③。姚安彝族史诗《梅葛》中也有用老虎的四根大骨做撑天柱的说法④。除用蒿枝代替虎骨外，《开天辟地》与《梅葛》中的撑天柱并无二致。凉山彝族史诗《勒俄特依》中有通天铜铁柱，它是沟通天地的媒介。居木吾吾通过它与天上女神滋俄尼拖开亲，二者成为彝族的祖先⑤。在弥渡腊罗巴的创世神话中阿腊和罗拔作为天神，生下两兄妹，并让他们结为夫妻，成为腊罗巴的祖先。天地开亲与兄妹成婚是母系氏族社会向父系氏族社会过渡时期的典型神话类型，上述两则关于弥渡铁柱起源的神话便脱胎于这一类型。神话中男女主角演变成了彭姑与施荣、毗雄江老夫妇。女神在神话中的崇高地位仍得到保留，她们是铁柱形成的关键。《神异经·中荒经》中的昆仑铜柱、西王母与东王公男女二神结构在形式上与该类神话有相通之处，早期西王母凌驾于东王公之上的显赫地位也与该类神话相似，且昆仑铜柱"天柱"的内涵也与之相当接近。当地彝族的铁柱起源神话说明，南诏铁柱实际上仍遗存了部分自世隆立柱时就已存在的"天柱"内涵。

而腊罗巴另一类铁柱传说则强调父系祖先神的谱系，这类传说明显与元代以后白族建构的白国谱系相关。在这一叙事模式下男性祖先神超越了女性神的地位，且"天柱"的内涵在淡化，祖先神的象征逐渐凸显。弥渡彝族地区流传的《九龙王与铁柱庙》⑥是这类传说的典型范本。

传说弥渡牛街有一女子（阿琼）打鱼，翻船后怀孕，生下九子。后来神龙认小子为子，赠其龙珠，小子得龙珠，逼退山妖水怪，百姓遂推其为九龙王。今弥渡牛街彝族仍供奉九龙王，铁柱庙也曾在侧殿供奉九龙王夫妇。这则神话脱胎于滇西地区广泛流传的九隆神话，滇西各族大都追述九隆为其祖源。九龙王信仰的确立取代了母系祖先神的地位，从此父系祖先神崇拜成为主流。据说在三国时期，九龙王世系下出了孟获。诸葛亮念其为龙裔，封其官职。孟获遂建铁柱，崇报武侯。孟获

① 毕行川讲述，韦明记录：《小河淌水的传说》，白庚胜主编，张彤、杨红琼本卷主编：《中国民间故事全书》"云南·弥渡卷"，北京：知识产权出版社，2013年，第202—205页。

② 佚名讲述，张昭记录：《铁柱庙》，白庚胜主编，张彤、杨红琼本卷主编：《中国民间故事全书》"云南·弥渡卷"，第89—91页。

③ 阿尼讲述，韦明、毕行川记录：《开天辟地》，白庚胜总主编，张彤、杨红琼本卷主编：《中国民间故事全书》"云南·弥渡卷"，第89—91页。

④ 云南省民族民间文学楚雄调查队整理：《梅葛》，北京：人民文学出版社，1960年，第10—13页。

⑤ 冯元蔚译：《勒俄特依》，成都：四川民族出版社，1986年，第93页。

⑥ 邓襄武讲述，韦明记录：《九龙王与铁柱庙》，白庚胜总主编，张彤、杨红琼本卷主编：《中国民间故事全书》"云南·弥渡卷"，第31—35页。

的妻子为祝融夫人，也曾是铁柱庙供奉的重要神灵。传说孟获后人舍龙在苴力称王，死后由其子独逻（细奴逻）继位；同时期白蛮张乐进求在白崖称王。后来细奴罗经过"铁柱禅让"取代了白国。

这一传说将九隆神话、孟获传说、蒙氏建国传说等建立起谱系关系，使南诏铁柱的信仰内涵打上了彝族祖先崇拜的深刻烙印。在腊罗巴早期的自然崇拜叙事中，铁柱本身通天镇地的作用是传说的核心；而在父系祖先神的叙事下，从九龙王、孟获到蒙氏的祖先传承谱系才是核心。

腊罗巴建构的这一祖先谱系与白国谱系差异明显，其保留了更多九隆神话的风貌，追认九龙王而非阿育王为始祖。另外该谱系没有将张氏白国和段氏大理国纳入其中，但却在其谱系中增加了孟获的位置。白国谱系很少提及孟获，而在腊罗巴祖先谱系中孟获却是重要的一环，孟获取代白蛮龙佑那成为与诸葛亮并举的腊罗巴祖先形象。事实上孟获作为铁柱神是当地彝族的重要崇拜对象，如漾濞石坪奉孟获为"铁柱将军"，号称"十方大圣点苍昭明镇国六圣灵帝"。

由于立场不同，对"铁柱禅让"的阐释成为两大谱系争议的焦点。白国谱系认为南诏为白人之国，禅让是同一族群内部的传承；而彝族祖先谱系认为蒙氏是彝族，张蒙政权的交替实为彝族对白族的征服。在彝族中诗《黑七腊白》中白王就曾数次刁难细奴逻，禅让过程并非一帆风顺。而《蒙舍战白王》更加突显了南诏与白子国的矛盾。传说南诏王想要攻打白崖国，当时有民谣说："若要白王江山倒，除非羊角而开花。若要白王江山倒，除非日出东来月出西。"南诏王通过计谋和法术打败了白王，最终将其迁到宾川去做大王[①]。

（二）空间与仪式——彝汉族群关系的调适

腊罗巴对铁柱信仰内涵的阐释还对铁柱庙的庙宇空间构筑产生了重要影响。20世纪90年代，铁柱庙进行了大规模重修，重修后的铁柱庙殿堂明显分为前后两个院落，其供奉的不同神灵恰恰与弥渡当前的族群格局相暗合。前院是彝族祭祖的重要场域，院落以铁柱大殿为核心，两侧为张仙殿和三爷殿，南侧还有一小殿"爱苤殿"。这一院落为铁柱庙的早期建筑群，保留了众多本土神灵殿堂。铁柱大殿除供奉铁柱外，不再供奉其他神灵；张仙殿供奉的张仙传说是孟获的军师；三爷殿供奉的三郎太子是土主神的部将；爱苤殿供奉爱苤老爹与爱苤老奶。

"爱苤"神男女二神的结构类型可追溯到腊罗巴开天辟地传说中的男神阿腊与女神罗拔。这一结构经历了多次流变，施荣与彭姑、毗雄江老夫妇、九龙王夫妇、孟获夫妇、细奴逻夫妇和蒙世隆夫妇等均与之有密切联系。而今"爱苤"泛化为腊罗巴对祖先的称呼，被认为是其祖先神与歌神。院中左侧有一株古榕树，是腊罗巴树神崇拜的象征，据说原来铁柱庙共有四棵古榕树，与腊罗巴神话中四棵撑天的蒿枝神柱有某种对应关系。

后院与前院相比，其祭祀的诸神明显从中原汉地引入。铁柱庙后院以三皇殿为核心，圣母殿在其侧，土主殿偏居耳房。三皇殿供奉伏羲、神农、黄帝；圣母殿奉三霄圣母，送子观音，"痧、麻、痘、疹"及十二属等神；土主殿供奉山神、土地、文武财神。值得一提的是土主殿，该殿虽称土主殿，但与彝族传统的土主信仰关系不大，是典型的汉族山神土地信仰。但民间又称该殿为"猫猫殿"，猫猫即指老虎，说明其在名称上还遗存有部分彝族图腾崇拜的痕迹。

---

① 李性之、凹佩讲述，盛代昌记录：《蒙舍战白王》，白庚胜总主编，张彪、杨红琼本卷主编：《中国民间故事全书》"云南·弥渡卷"，第212页。

当前铁柱庙的祀神格局是当今弥渡族群关系的一种反映，源自彝族和汉族的神灵信仰受到彝汉双方的共同崇拜。而白族在铁柱庙的文化符号随着白族融入当地汉族而逐渐淡化，白国谱系中占重要地位的张仁果、张龙佑那、张乐进求并没有成为当前铁柱庙供奉的神灵。目前仅能在铁柱庙照壁新绘制的《南诏图传·祭铁柱图》中找到张乐进求的存在，且其作为白族祖先神的形象已渐趋淡化。

除了庙堂建筑反映的神灵格局外，对仪式的观察同样值得注意。清末弥渡名士李菊村用"芦笙赛祖，毡帽踏歌"概括腊罗巴的祭祖仪式。打歌是弥渡西山腊罗巴的主要祭柱仪式，如民国《弥渡县志稿》卷八所言："土人则沿古来祭柱习俗，每于农历正月新春，停止农作，捐柴置酒。迎神赛会，打歌作乐，以铁柱庙为报赛之所，打歌三日，以祈一年清吉。"[①] 关于打歌祭祖的具体流程，民国《弥渡县志稿》卷九载："当正月十四日即早至铁柱庙领歌，杀羊为牲，焚化香纸。次日，又复来打歌，是晚回村，下秋千、标杆，虔送出村。以此庶可一年清吉，六畜兴旺。"[②]

中华人民共和国成立后，腊罗巴到铁柱庙打歌祭祖的活动一度中断，本世纪初才逐渐恢复。恢复后的打歌祭祖程序与民国时期基本相同。以弥渡西山小甲板村为例，正月十五日先祭"铁柱老祖"，再祭祖宗（爱苤老爹、爱苤老奶），然后祭树神（铁柱大殿前古榕树）。祭铁柱老祖时需先占卜，卦象吉利方可打歌。打歌绕铁柱时有次序要求，先左转五圈，再右转五圈[③]。当地腊罗巴认为只有在铁柱庙领歌后，一年中其他时节才可以打歌。领歌活动有时也被称作"迎铁柱老祖归山"。在腊罗巴看来，"领歌"与"接祖"有密切关系。其中一则领歌词的大意为："我们来到铁柱庙，来拜老祖宗。这几年没有来拜老祖宗，因为我们去拜祭坛了。今天来接老祖宗，回去照看我们。"腊罗巴在铁柱庙领歌后，一般将其寄放在村中的神树下，其他节日即可在此领歌，无须再到铁柱庙。

需要指出的是除彝族外，汉族洞经会及其他民间信仰团体也是铁柱庙会的重要参与者，但在官方对外宣传上并不强调这一点。事实上，除正月十五"打歌祭祖"外，在平时周边汉族才是铁柱庙最主要的祭祀群体，汉族民间信仰团体常在此举行朝斗会、关圣会、灶君会等宗教节会。这种有所侧重的宣传与目前当地的族群关系、民族宗教政策及其相关的经济文化动因密切相关。彝族目前是弥渡少数民族中占绝对优势的族群，历史上受中原文化贬低的彝族传统文化，如今是当地重要的文化遗产和文化名片，彰显彝族腊罗巴与南诏铁柱的关系是当地的必然选择。这些因素促使彝族祖先崇拜体系下的打歌祭祖文化成了目前南诏铁柱信仰内涵的主要解释。

结　语

从南诏铁柱信仰内涵的演变轨迹可以看出，只有将各种南诏铁柱传说置于特定的历史情境中，

---

① 张志、张朴、杨翙清等纂：(民国)《弥渡县志稿》，杨世钰、赵寅松主编：《大理丛书·方志篇》卷九，北京：民族出版社，2007年，第762页。

② 张志、张朴、杨翙清等纂：(民国)《弥渡县志稿》，杨世钰，赵寅松主编：《大理丛书·方志篇》卷九，第768页。

③ 张昭：《弥渡县新街镇小甲板彝族村民俗活动调查录音采访记录》，见张昭：《彩云乡里话古今》，昆明：云南民族出版社，2005年，第197—208页。

对其信仰内涵的准确把握才能在"流变"的过程中得以实现。当前，"打歌祭祖"在当地政府与本土文化精英的助推下逐渐成为南诏铁柱最为鲜明的文化符号。此举与南诏官方推崇"祭天"说、明清中央王朝推崇"诸葛铁柱"说相较，其背后的产生机制是一致的。但官方主导的说法又非绝对排他性的解释，每个时代总能在不同程度上存在着相异的表达。族群的变迁、话语权的掌控是影响南诏铁柱信仰内涵最终呈现的关键因素。

进一步说，祭天信仰、圣贤崇拜和祖先崇拜之间实际上并不存在着不可逾越的鸿沟，甚至在同一历史时空下也可能有不同层面的呈现。当代彝族腊罗巴虽然将祖先崇拜作为对铁柱信仰内涵的主导性解释，但这一内涵并非完全与其他原有的内涵无涉。从其建构的彝族腊罗巴祖先谱系来看，明显可观察到其与元代以来白国谱系的联系。且该谱系通过孟获置换龙佑那，从而通过"崇报武侯"说实现了对诸葛铁柱说法的整合。而从腊罗巴铁柱起源神话来看，铁柱"祭天"的内涵也并未完全消失，在其铁柱起源神话中我们仍然可以看到其与昆仑铜柱的关联和南诏时代祭天内涵的遗续。

基于以上理由，在目前彝汉族群关系相对稳定且国家民族宗教政策既定的前提下，未来很长一段时间内将会继续凸显彝族腊罗巴"打歌祭祖"的主要内涵。但铁柱崇拜的其他内涵也不会立刻消失，特别是由于铁柱庙周边汉族信众的客观存在，他们对铁柱信仰形态的影响也不可忽视。截至发稿前，铁柱坪的民间信仰团体就表示近年有在天柱大殿雕塑"铁柱老祖"金身的打算。未来南诏铁柱将在不同族群间的宗教信仰、文化遗产保护及历史文物维护等方面寻求新的平衡。

宗教美学研究

审美：从美学判断到宗教判断

——论道家道教美学思想之嬗变

潘显一[*]

内容提要：从先秦道家到葛洪神仙道教之间，其美学思想有个宗教化的逐渐转化过程。汉代《河上公章句》《想尔注》《太平经》的美学思想，如反"感性"的审美观、反具象的"道美"说、反"浮华"的文艺论，就典型地反映了这种转化。研究这种转化，可将美学思想史上道家、道教一脉贯串起来，也会使中国美学思想史更为丰富。

关键词：《老子河上公章句》《想尔注》《太平经》　道美

美学史家讲先秦道家美学思想以老、庄为代表，而道教美学思想则往往推迟至以晋葛洪为代表，且以后即无道教一脉线索可寻。对比佛教美学思想当前在美学史上的地位和受重视的程度，不禁为土生土长的中国道教美学思想之未有应有位置而慨叹。而先秦道家美学思想与葛洪神仙道教美学思想之间，至少还有三种典籍可以证明从道家美学到道教美学的发展和过渡：一是黄老道的《老子道德经河上公章句》，二是古天师道的《老子想尔注》，三是太平道经典《太平经》。关于《太平经》的美学思想，笔者已有系列论文发表[①]，故不赘述。

一、反"感性"的审美观

中外美学家特别是宗教思想浓厚的美学家，都强调灵与肉在审美和美感中的区别和对立。

19 世纪法国著名哲学家、美学家库申（Victor Cousin，1792—1867）认为："美的情感与欲望相去甚远，甚至于互相排斥。""美的特点并非刺激欲望或把它点燃起来，而是使它纯洁化、高尚化。""真正的艺术家善于打动心弦，而不愿眩惑五官，他描写美在于激发我们的情感；如果做到把情感提升为热情，他就获得艺术上最大的成功。""所以美感是一种特别的情操，正如美的概念是一

　　＊　作者简介：潘显一，哲学博士，四川大学道教与宗教文化研究所教授、博士生导师。
　　①　见《社会科学研究》1999 年第 1 期《〈太平经〉文艺美学思想探要》，《西南民族学院学报》1999 年第 1 期《论〈太平经〉的"寿—美"思想》，台湾《宗教哲学》季刊 1998 年第 4 期《〈太平经〉的生命美学》宗教学研究、1998 年第 3 期《论〈太平经〉的伦理美学思想》以及四川人民出版社 1997 年出版之拙著《大美不言》。

个单纯的概念一样。"① 富于宗教情感的老托尔斯泰甚至说，"生理上的作用"不是"美感作用""没有艺术存在"，而作品对"生理的效果"也"不是艺术效果"②。

此前一千多年，中国黄老道家学者河上公就强调生理上求"声色"满足，再好的艺术品也会使人适得其反。河上公将这种辩证美学观点改造为宗教美学的艺术美"绝对有害"论，从养护身心的规则来解说老子关于艺术美鉴赏问题，反映了道教将道家朴素唯物的、辩证的艺术美学论，巧妙地改造为"道教"的宗教的绝对美学观点的过程。河上公先将"五色""五音"排斥于艺术美鉴赏之外，同时直接把它们等同于内容萎靡或黄色的东西。为什么"五色令人目盲""五音令人耳聋"呢？河上公认为，"五色"就是"贪淫好色，则伤精失明（不能视无色之色）"，有伤求道者的道德；而"五音"都让人心神不定，所以"好听五音，则和气去心，不能听无声之声"，失掉了接收"天籁"的心性基础③。参照后来据说为张天师所作的《想尔注》对"五色""五音"的看法，就可见河上公解老子《道德经》的说法对后来的道教有多么大地影响了。《想尔注》认为"五色"会使人"目光散故盲""五音""非雅音也，郑卫之声，抗净伤人，听过神去故聋"④。这种说法，不但说明《想尔注》的思想包括美学思想的重要来源是《河上公章句》，且宗教化程度更高；同时也说明，《想尔注》与《太平经》为同时代产生的道经，这从它们都反对"郑卫之声"就可见其汉儒的影响和时代的烙印。

怎样才能做到"五色""五音"不妨道心呢？河上公认为，总的要求是做到老子所说的"致虚极，守静笃"，即要按照"得道之人"的要求去做，"捐情去欲，五内清静，至于虚极"；要"守清静，行笃厚"⑤，要做到老子所说的，"涣涣兮若冰之将释"，即"涣者解散，释者消亡"，要自我消解，也就是自我修炼，"除情去欲，日以空虚"⑥。具体做法是，按老子所说，"塞其兑，闭其户，终身不勤""开其兑，济其事，终身不救"。河上公的解释是，要努力"（使）目不妄视""使口不妄言""人当塞目不妄视，闭口不妄言，则终身不勤苦"；否则，"开目视情欲""益情欲之事""祸乱成也"⑦。从宗教化的修身养性来说，自外于纷乱的尘世，自放于人世间的一切物质享受和物质需求之外，是非常必要的；而抛弃一切"情""欲"以及一切杂念，要点就在于必须修炼到能够主动闭目塞听，注意力只投向自己的内世界，只关心个人的修和养。这样，一切通过感官感触的东西，包括审美范畴的东西如"五色""五音"，都可能被当作"妄"和"祸"的根源，被排斥在"道人"的视听之外。

二、反具象的"道美"说

在庄子那里，代表宇宙万物的"天地"体现了至高的"道美"，但是，"天地有大美而不言"，

---

① 《西方美学家论美和美感》，北京：商务印书馆，1980年，第230—231页。
② 《西方美学家论美和美感》，第264—265页。
③ 王卡点校：《老子道德经河上公章句》，北京：中华书局，1993年，第45页。
④ 饶宗颐：《老子想尔注校笺》，香港自印本，1965年，第15页。
⑤ 王卡点校：《老子道德经河上公章句》，第62页。
⑥ 王卡点校：《老子道德经河上公章句》，第58页。
⑦ 王卡点校：《老子道德经河上公章句》，第199—200页。

"大美"是无法用言语表达，也无法用感官直接感受的。本来，从美学原理说，美本身的主观性特点和非抽象性特点是既矛盾又统一的，绝对的客观的美，可以说本身就无法抽象出来，无法超越感性去直接把握，也是不存在的。因此，反过来讲，"道"以及"道—美"的本体，也难以通过感官直接把握，难以用理性化的语言作抽象的、理论的描述。

河上公基于对"道"的本质之解释的需要，提出了新的哲学概念"一"，并将它作了宗教化美学的解释。"一"，是"道"之"要"，也是"道"之"妙"，体现了"道"之"美"及其美学特点。他解释老子所说的"故常无欲，以观其妙"时还比较哲理化。他说："妙，要也。人常能无欲，则可以观道之要，要谓一也。一出布名道，赞叙明是非也。"① 老子所谓"妙"，从语源学角度说，本来就具有"美"的含义。而河上公将"妙"解为"要"，又将"要"解为"一"，亦即"一"乃"道要"和"道妙"（"道—美"）的意思。因此，讨论"一"，既是在讨论其哲学核心之"要"，又是在讨论其美学核心之"妙"和"大美"，甚至还涉及对其伦理核心"是非"的讨论。应当指出，河上公提出的"一"，已经不是一般"理论"意义上的新概念，我们不可简单地将它定性为唯心主义，而是要进一步去探索其宗教化本质，还要深入地去探讨其美学史价值。

河上公提出，"一者，道之所生，太和之精气也"②。所谓"太和之精气"，从哲学角度说，就是"道"生之"一"的宗教化表达；从美学角度说，就具备了最高意义的"和谐"（"太和"）之美。换言之，即大美来自这种"太和"形态，来自这种最高的和谐。从这个意义上说，河上公在美学史上的一大贡献，就是早在两千年前就提出了"道"的"和谐即美"。

河上公进一步解释"一"所体现的最高的和谐之美的特点，即其非具象性。他倾向于从美学的角度解释老子提出的"夷、希、微"说："无色曰夷""言一无采色，不可得视而见之"；"无声曰希""言一无音声，不可得而闻之"；"无形曰微""言一无形体，不可抟持而得之"。还说："夷、希、微""不可致诘者，夫无色、无声、无形，口不能言，书不能传，当受之以静，求之以神，不可诘问而得之也"③。很清楚，河上公将老子的"夷、希、微"作为"一"的审美特点，无色、无声、无形，是对"一"之和谐美的抽象。《想尔注》说："夷者，平且广；希者，大度形；微者，道（炁）清，此三事欲叹道之德美耳。"又说："此三者淳说道之美。"④ 显然，它是用平常人都能够想象和感受的形象的、审美的东西（平、广、大、清等），来比喻"夷、希、微"所体现的"道"之美学本质——"德美"，河上公归结为抽象美，《想尔注》比之为形象美，表面看南辕北辙，实际上殊途同归。因为，河上公偏于哲理化，而《想尔注》侧重审美性，大家讲的是同一个内容，都是从审美角度切入的。

在进一步深入讨论"一"的审美特点的时候，河上公也直接使用美学语言。他解释老子的"绳绳不可名"时说："绳绳者，动行无穷极也。不可名者，非一色也，不可以青黄（赤）白黑别，非一声也，不可以宫商角徵羽听，非一形也，不可以长短大小度之也。"而且，"一无形状，而能为万

---

① 王卡点校：《老子道德经河上公章句》，第2页。
② 王卡点校：《老子道德经河上公章句》，第34页。
③ 王卡点校：《老子道德经河上公章句》，第53—54页。
④ 饶宗颐：《老子想尔注校笺》，第17—18页。

物作形状也";"一无物质,而(能)为万物设形象也"①。这明显是"准宗教"的说法,基本上保持了《老子》本经的哲学、美学的言语特点。"青黄赤白黑""宫商角徵羽""长短大小",应该是属于美术、音乐、雕塑或建筑艺术之类艺术美学的"语言"范畴。河上公强调不能用平常一般的艺术审美感知方式去把握"一"之美,其假设和前提其实就是把"一"划归到他的美学范畴当中,强调的是"一"之美的特殊性。《想尔注》对老子的同一句话的解释,明显更倾向于宗教意味,更富于针对性和"排他性"。它说:"道至尊,微而隐,无状貌形像(象)也;但从其戒,不可见知也。今世间伪伎指形名道,令有服色名字、状貌、长桓(短)非也,悉邪伪耳。"② 这就是说,真正的"道"和"道美",是没有形态、色彩、声音的,不是用平常人的感官能够把握的,更不是"邪伪"之"道"或"伪伎"所塑造的、用于供人膜拜的、像人那样的神灵形象。人工塑造的神灵形象,哪怕十分令人敬畏,但既不能引起"道"的联想,也不是最高的"道"之"德美"。可见,《想尔注》不是一般所说的反对偶像崇拜,而是反对将"道美""德美"具象化、庸俗化。

三、反"浮华"的文艺论

任何审美活动都有自己的审美评价原则和标准,黄老道的河上公和天师道的《想尔注》也是这样。他(它)们反对"滋美之华辞",反对"邪文",并非行文之偶然,而是阐扬其道家道教美学观的必然。河上公阐释老子"信言不美,美言不信"的观点,说是因为"信(言)者,如其实也""不美者,朴且质也";而"美言者,滋美之华辞""不信者,饰伪多空虚也"③。意思是,真话总是不那么漂亮,而漂亮话则往往是经过伪装修饰的虚假。那些"滋美之华辞",是"饰伪多空虚"的,应该加以反对。美,不在于形式的华丽优美,而在于内容的真实。这不是一般的反对形式美,而是反对华美形式所掩盖的虚伪不真的内容。至于为何不谈"信言"是否也能做到"美",是否也能出之以"华辞",则是因为河上公是在以"章句"形式解释《道德经》,而不是一般意义上的立论或驳论所应顾及。再如,河上公说:"绝仁之见恩惠,弃义之尚华言。""绝巧者,诈伪乱其真也。"④ 这也是将"华言"与丢掉了"仁义"相联系,将"巧"的形式美与"诈伪"的、"乱其真"的内容相联系。

河上公将这种对立思想扩展到他的"政治美学"领域,流露出他之所以反对"华辞""华言"的政治的社会的原因,即他所说的"智慧之君贱德而贵言,贱质而贵文,下则应之以为大伪奸诈"⑤。自以为聪明的人君看重"文""言"之美,必然会鄙薄乃至丢掉美德和善良本性,给"大伪奸诈"留下可乘之机。同时,人"君"的言传身教也会潜移默化地使社会风气、社会伦理道德发生改变,有时是为人"君"者所不愿意看到的改变,即所谓"君信不足于天下,下则应君以不信也。

---

① 王卡点校:《老子道德经河上公章句》,第 307 页。
② 饶宗颐:《老子想尔注校笺》,第 18 页。
③ 王卡点校:《老子道德经河上公章句》,第 75—76 页。
④ 王卡点校:《老子道德经河上公章句》,第 73 页。
⑤ 王卡点校:《老子道德经河上公章句》,第 95 页。

此言物类相从，同声相应，（同气相求），云从龙，风从虎，水流湿，火就燥，自然之数也"①。这里所讲的"声""气"感染说，即是一种艺术美学技巧论，用以比喻他的政治美学技巧论。"信"，即真和诚，是政治学的标准，也是美学的标准。

后来的《想尔注》更直接将"邪文"与"真道"相对立，显露出其宗教立场和政治目标的鲜明性。它说："真道藏，邪文出，世间常伪伎称道教，皆为大伪不可用。何谓邪文？其五经半入邪，其五经以外，众书传记、尸人所作，悉邪耳。"②它对"邪文"的定义或规范，实际上包括天师道所用经典之外的一切文字、文章、文学作品。它认为世俗之"五经"，已经"半入邪"，之所以没有被全盘否定，大约只是因为其道德伦理还有可取之处。而"五经"以外，包括号称"道教"的"伪伎"，更是不合"真道"的邪门歪道、胡说八道。它甚至直截了当地将以"孔书"为代表的儒家典籍文章，作为与正宗"道文"相对立的东西，将老子的"孔德之容，唯道是从"解释为"道甚大，教孔丘为知；后世不信道文，但上孔书，以为无上；道故明之，告后贤"③。在这里，"道甚大"其实就是对"道美"的评价。"甚大"之"道"，其实是包含了孔丘之"知"的，仅仅推崇孔丘，就会因小失大、以偏概全，以至"不信道文"。

河上公和《想尔注》提出，"浮华"的"邪文"无"道美"，也"不足以教民"。河上公针对俗世之"圣智""仁义""巧利"之文章，说这三种"文不足"就是"文不足以教民"，既无"素""朴"之美，也不能当作评价的原则，因此，用来教化世人的东西，"当抱素守真，不尚文饰也"④。河上公还将"政教礼乐之学"对立于"自然之道"，认为"政教礼乐之学"学得愈多，就会"情欲文饰日以益多"，妨碍"为道"。他解老子"为学日益，为道日损"时说："学，谓政教礼乐之学也。日益者，情欲文饰日以益多。""道，谓自然之道也。日损者，情欲文饰日以消损也。"⑤这里的"乐"以及"情欲文饰"，从一般意义来理解，自然包括审美的因素。反对它们，却并非反对一般意义的审美活动，而是反对那些有妨"自然之道"的世俗的"礼乐"和"情欲文饰"，即儒家的、俨然有庙堂之尊的"乐"和"文"。《想尔注》也对此发表了更为激烈的意见。它说，此"三事"，乃"天下大乱之源。""欲演散之，亿文复不足，竹素不胜矣。""故令属此道文，不在外书也。撰说其大略，可知为乱原。"⑥这种"邪文"为何会出现且泛滥？《想尔注》解释说，乃因为"道绝不行，耶（邪，下同）文滋起，货赂为生，民竞贪学之，身随危倾"。因此，"当禁之，勿知邪文，勿贪宝货，国则易治。上之化下，犹风之靡草。欲如此，上要当知信道"。如果"上信道不倦，多知之士，虽有邪心，犹是非，见上勤谨，亦不敢不为也"。它将非"道"的"邪文"看作是祸国殃民的根源，这不能不说是相当激烈的政治内容方面的判断。

河上公和《想尔注》都认为，必须去除"浮华"的"邪文""邪学"，方能得道之美。河上公解"绝学无忧"时说，"绝学不真，不合道文"，所以，"除浮华则无忧患也"⑦。这里所说的必须"除"

① 王卡点校：《老子道德经河上公章句》，第76页。
② 饶宗颐：《老子想尔注校笺》，第24页。
③ 饶宗颐：《老子想尔注校笺》，第29页。
④ 王卡点校：《老子道德经河上公章句》，第186页。
⑤ 王卡点校：《老子道德经河上公章句》，第79页。
⑥ 饶宗颐：《老子想尔注校笺》，第26页。
⑦ 王卡点校：《老子道德经河上公章句》，第79页。

去的"浮华"之"学""文",就是指非"道"的一切世俗之"学""文",包括儒家的"章句"之学。《想尔注》在讨论"绝学无忧"和"唯阿"问题时说:"未知者复怪问之,绝邪学,道与之何?邪与道相去近远?绝邪学,独守道,道必与之;邪(疑衍——笔者)道与邪学甚远,道生邪死,死属地,生属天,故极远。"① 对于老子《道德经》中最有兴味的美学命题"美—恶(丑)"差异论,河上公采取改"美"为"善"的办法,即改为"善之与恶,相去若何",然后解释为"善者称誉,恶者谏净,能相去何如?疾时恶忠直,用邪佞也"②。这是从善恶伦理和人格差异方面着眼。对此,《想尔注》不改动老子《道德经》原字句,只是将"美"解为"善",将"恶"(本义为"丑")解为"不善",它说,"未知者复怪问之,欲知美恶相去近远,何如道与邪学近远也?今等耳。美,善也。生故属天,恶死亦属地也",也同样达到了以"善"解"美"的目的③。当然,"善"总是美好的。应该说,伦理判断相较于审美判断,从学者到老百姓都更容易理解和解释。河上公还强调,道人应该"不尚(华)言",要"去彼华薄,取此厚实"④。在这里,他一方面阐明了"浮华""华薄"之"文""学"即"邪",另一方面强调了必须除去"浮华"的"邪文""邪学"方能得"道美"。河上公还说,讲究浮华"文""学"的统治者,是很令人担忧、令人害怕的,"(道)人所畏者,畏不绝学之君也",因为他"近令色,杀仁贤",对道和道人很有威胁。而"欲进学为文",也会使"众人""淫放多情欲",损害人们的求道之心⑤。既然浮华的"文"和"学"有如此糟糕的作用,河上公认为还不如"绝圣制作,反初守元""五帝画象,苍颉作书,不如三皇结绳无文"⑥。干脆,连"五帝画象""苍颉作书"都一起扔掉,回到上古"结绳"记事的时代,更能使人回归"素朴"状态。当然,这样用"内容"(浮华)代替一切,在审美领域往往会走向荒谬。其实,美对于人生自有它的价值。正如当代美学家朱光潜所说,"实用的态度以善为最高目的,科学的态度以真为最高目的,美感的态度以美为最高目的",而"人性是多方面的,需要也是多方的。真善美三者具备才可以算是完全的人""真和美的需要也是人生的一种饥渴——精神上的饥渴""美是事物的最有价值的一面,美感的经验是人生中最有价值的一面"⑦。

总之,从以上三个方面可以看出,先秦道家美学传统经过河上公、《想尔注》(及《太平经》)的二重双向改造,即学者化改造和民间化改造,已经成为他们以及后世道教美学思想的基础和框架,其中关于"道美"的抽象性、审美的非感性和反对"浮华"文风等思想,都被后世道教所继承、改造。这也体现了河上公在中国道教史及美学史上的位置。

---

① 饶宗颐:《老子想尔注校笺》,第 26 页。
② 王卡点校:《老子道德经河上公章句》,第 79 页。
③ 饶宗颐:《老子想尔注校笺》,第 27 页。
④ 王卡点校:《老子道德经河上公章句》,第 150—151 页。
⑤ 王卡点校:《老子道德经河上公章句》,第 79 页。
⑥ 王卡点校:《老子道德经河上公章句》,第 75 页。
⑦ 朱光潜:《谈美》,合肥:安徽教育出版社,1997 年,第 18—20 页。

试论道家道教的虚静之美

史冰川 *

内容提要：道家的"虚静"思想，是从悟道的角度出发，要求排除主观爱憎、是非成见，以及一切伤害心性的因素，保持空灵的心境。道教的审美意蕴秉承了老庄的虚静思想，将空灵的审美情趣与对道的体验和心性炼养结合起来。修道就是修心，内心虚静，道性自然会显现。这种对"道"观照的虚静心理，不但是一种修道心态，也可看作是一种审美心态：主体对皆含道性的万物进行审美观察时，内心首先要保持澄空虚静，才能体悟到对象的美，因而修道的过程也是体验美的进程。"虚静"之美，是指审美者或者美的创造者在虚静心态下，由外物触动而引起主体虚寂宁静的美感。

关键词：道家　道教　虚静　审美

对道士清净生活和成"真"成"仙"自由境界的向往是吸引人们慕道的最初因素。"仙风道骨"的道士及其生活和宗教文化如道教的诗词、音乐、绘画中处处展现了空灵、自在、和谐的审美体验，散发着浓郁的审美气质，它的非功利性和自由性赋予了它极高的审美格调，而这一切都源于对万物中所蕴含的"道"的认识。道家－道教对美的看法、欣赏和体验，就展示在这一认识过程中，它包括了审美心态、审美格调以及可达到的审美境界等方面。

一、何谓"虚静"之美

（一）"虚静"的内容和审美心态

由于"道"虚空无形、无欲、无为，不可言说，因此，人的视听感官根本无法把握，老子认为"道"只有在"致虚极，守静笃""涤除玄览"之后才能用直觉来感知，即清除后天的习染欲望，让内心变得像镜子一样清净纯明才可以感受到。庄子对"道"的体悟与老子一脉相承，他说："彻志之勃，解心之谬，去德之累，达道之塞。贵富显严名利六者，勃志也。容动色理气意六者，谬心也。恶欲喜怒哀乐六者，累德也。去就取与知能六者，塞道也。此六者，不荡胸中则正，正则静，

---

* 作者简介：史冰川，哲学博士，四川大学哲学系与宗教所党总支书记、副研究员。

静则明，明则虚，虚则无为而无不为也。"① 去除名利荣辱的观念、七情六欲的欲望以及知识和技术能力，内心虚静空灵，才能与"道"体之虚相应，从而入于道的境界。这就是道家思想中的虚静思想。

所以，道家的"虚静"思想，是从悟道的角度出发，要求排除主观爱憎、是非成见，以及一切伤害心性的因素，保持空灵的心境。庄子言："且夫失性有五：一曰五色乱目，使目不明；二曰五声乱耳，使耳不聪；三曰五臭薰鼻，困惾中颡；四曰五味浊口，使口厉爽；五曰趣舍滑心，使性飞扬。此五者，皆生之害也。"② 忽略掉一切感受，用"心斋"③ 的方法，通过虚己虚物而后达到至清至静的心态，并以"坐忘"④ 的形式直接领悟"道"之虚无。

道教的审美意蕴秉承了老庄的虚静思想，将空灵的审美情趣与对道的体验和心性炼养结合起来。南宗祖师张伯端甚至认为，心与道是"体"与"用"的关系，心就是道的本源，修道就是修心，主张直接向心内体验。但人因为有欲望和妄想，所以受到牵绊和限制，不能感受到逍遥自在、与道合一的真趣与快乐，所以，只有忘掉尘情俗事，甚至忘掉自己的身体，将注意力集中于内心，道性自然会显现。

张伯端的弟子白玉蟾则认为道与心为一体，且都无形无相，不可以通过惯常的感官去认识，只有用直觉去感知。"道之在心，即心是道。"⑤ "至道在心，即心是道。"⑥ "夫心者，澄之不清，挠之不浊，近不可取，远不可舍，寂然不动，感而遂通。"⑦ 他进一步说明："即心是道也。故无心则与道合，有心则与道违。惟此无之一字，包诸有而无余，生万物而不竭。"⑧ 道虚静无相，泽被万物，故"无心"才可以与道合，有任何想法、欲望都是"有心"，都是与道相违的。

从以上的分析中可以看出，这种对"道"观照的虚静心理，不但是一种修道心态，也可以看作是一种审美心态：主体对皆含道性的万物进行审美观察时，内心首先要保持澄空虚静，才能体悟到对象的美，因而修道的过程也是体验美的进程。

所谓"虚"就是要化掉外在耳目感知所引起的各种纷扰，以及内在精神活动中的支离分析和判断等束缚，虚廓心灵，使心性至虚极，达到"空无"的寂静状态。由于荡涤了"有"的羁绊，主体精神获得了无限的自由，就可以体悟大美。可见，提高人的审美能力，也就是不断提升审美心态，向着至虚至静的方向发展。

这种"虚静"的审美心态不但是欣赏、体悟美的一种心境，也是创造美的心理特征。如雕塑、绘画或者诗词创作，必须清除俗心杂念，使得内心宁静专一，以自己的天性待物，才可创造出鬼斧神工的杰作。

《庄子·达生》篇中讲述了一个名为"庆"的善于木工雕刻的人是如何进行创作的：

① 《庄子》。
② 《庄子》。
③ 《庄子》。
④ 《庄子》。
⑤ 《修真十书上清集》，《道藏》第 4 册。
⑥ 《海琼白真人语录》卷三，《道藏》第 33 册。
⑦ 《修真十书上清集》，《道藏》第 4 册。
⑧ 《海琼问道集》，《道藏》第 33 册。

梓庆削木为鐻，鐻成，见者惊犹鬼神。鲁侯见而问焉，曰："子何术以为焉?"对曰："臣工人，何术之有! 虽然，有一焉。臣将为鐻，未尝敢以耗气也，必齐以静心。齐三日，而不敢怀庆赏爵禄；齐五日，不敢怀非誉巧拙；齐七日，辄然忘吾有四枝形体也。当是时也，无公朝，其巧专而外骨消；然后入山林，观天性；形躯至矣，然后成见鐻，然后加手焉；不然则已。则以天合天，器之所以疑神者，其是与!"[①]

在这个故事中，"庆"为了在木头上雕刻花草虫鱼等装饰图像，首先静心斋戒多日，不损耗神气，从无心于功名利禄，到无心于是非美恶，最后忘掉自己的四肢形体，进入虚静的最高层——忘我的境界。然后，他入山林观察自然界鸟兽的神情状态，找到了合适的鸟兽情状，并将其画在鐻上，再开始雕刻。这种让自己的天性合于物（虫鱼）的天然神态的创作过程，便是主客合一的创造，因而才会有"合天"之作。可见，"虚静"使心灵摆脱了局部的干扰和束缚，从而为创造提供了无限的空间，同时也成就了精神的更大自由。这也就是《庄子·知北游》所说的"汝斋戒，疏瀹而心，澡雪而精神"。

这一"虚静"思想也反映在后世的文艺审美论中。西晋文学理论批评家陆机曾在《演连珠》中说："有常音，故曲终则改；镜无畜影，故触形则照。是以虚己应物，必究千变之容；挟情适事，不观万物之妙。"指出在创作的前期，作者必先虚己待物，使得内心保持虚静，便可感知万物"千变之容"的美妙。刘勰也在《文心雕龙·神思》中说："陶钧文思，贵在虚静，疏瀹五藏，澡雪精神。"表明了虚静的心态是进行自由想象和创造的基础和精髓。

（二）"虚静"之美的基本定义

所谓"虚静"之美，是指审美者或者美的创造者在虚静心态下，由外物触动而引起主体虚寂宁静的美感。此时，心性从被观之物中体会空无一切的感觉，进入到一种静谧、清幽的境界中。

"虚静"之美乃是以"道"化人思想中的虚静思想在审美中的体现，由物之"虚无"引起审美者心之空寂。对"虚无"的体验具有使人趋向于道的作用，由于它不着于任何的形相、声色，故很难用语言、文字或者图像来表达，比如表现得道之人的精神气象的"道"像就很难描绘。

道像要体现出"道人"的特有气质，既要有轻盈之态又不可失之轻浮，既要有厚重之气又不可失之重浊，用任何形象来塑造都不能准确地反映道的空灵美感。故清和真人尹志平说："凡百像中独道像难为，不惟塑之难，而论之亦难。则必先知教法中礼仪及通相术，始可与言道像矣。希夷大道，视之不见，听之不闻。声色在乎前，非实不闻不见，特不尽驰于外而内有所存焉；耳而谓实不见闻，则死物也。如内无所存而尽驰于外，则是物引之而已。道家之像，要见视听于外而存内观之意，此所以为难。"[②]

这样的境界从茅山宗道士张雨留下的诗文中可窥见一斑：

吴下多名淄，上人特贞素。粤从西涧滨，遂枉南山步。秋澹水容寂，岑连岚光注。悬知露

① 《庄子·达生》。
② 《清和真人北游语录》卷二，《道藏》第33册。

草深，及门方易屦。何必有待游，一往自成趣①。

好为山泽游，矧此灵鹫屿。松枝蕴曲盖，草带解悬组。空岩收经坐，塔像为宾主。羊何会当来，摘著付烹煮。予心本无待，聊以阅众甫②。

当一切世事皆不能牵其心，动其情，便可在在云水之中感受清净无忧的审美意境。

（三）"美"的本质

在老子的哲学思想中，"道"是宇宙万物的根本，对它的定义是："有物混成，先天地生。寂兮廖兮，独立而不改，周行而不殆，可以为天地母。吾不知其名，强字曰道。"③ 但是从外面来观察，它却"视之不见""听之不闻""抟之不得"，是"无状之状，无物之象"的。

从美学的角度来看，此道是天地间不言的大美，其"淡然无极而众美从之"，同时道又寓于万物之中，因此对万物中道性的整体觉悟，才是对道的审美观照。这一至美，其本质是虚无的，也是不可言说的，然而却是"众妙之门"，无时无刻不在创造着万物之美，而且卓然独立。正由于虚无，才可以使人不再感受到"有"的牵绊，从而使内心油然而生出空灵、自在以及和谐的美妙感受。

所以，作为基础的"虚静"之美，其本质在于消解了主客的"对立"。对于虚静的体验，可使得审美主体摆脱世间功名、欲望等外在的羁绊，达于"无己"的状态，从而破除对事物的执着。

（四）"虚静阴柔"的审美风格

主体的虚静心态决定了审美风格也是虚静阴柔的。如道教音乐中的《步虚辞》，它是道士《课诵》仪式音乐的一种，根据南朝刘敬叔《异苑》的记载："陈思王（曹植）游鱼山，忽闻空里诵经声，清远遒亮，因使解音者写之，为神仙之声。道士效之，作步虚声。""其章皆高仙上圣朝玄都玉京，飞巡虚空所讽咏，故曰步虚。"这种若众仙缥缈于虚空的歌颂之音，清丽淡雅，听之顿觉一种虚静、不受物累的轻松美感。

"此曲只应天上有，人间能得几回闻"的仙乐，其格调柔和，发音顺势而来，其动如云、如风、如水之至柔，如雁过长空之无痕；其静如渊之无声，造就出一种虚静阴柔的美感，原因就在于"道乐的虚静柔和是由多种音乐要素的综合运动构成的，如旋律性格的偏柔偏静，邻音环绕的级进旋法，旋线的平滑柔和，轻微渐变的发展方式，节奏的自然适意、平静顺畅，速度力度的平衡自然等"④。

另外，道教的建筑多选择在幽静的山林中，易于使人内心平和；道教壁画中的神仙画像，常用圆光来表现仙人，线条圆润流畅，色彩浓淡相谐，宁静飘逸。这些都显示了道教艺术柔和清雅的格调。

---

① 张雨：《赠惠山僧天泽二首》第一首，《句曲外史贞居先生诗集》卷二。
② 《谢康乐宴坐图》，《句曲外史贞居先生诗集》卷一。
③ 《道德经》第二十五章。
④ 蒲亨强：《阴柔清韵——道教音乐审美风格论》，《中央音乐学院学报》1998 年第 1 期。

二、体验"虚静之美"的途径

事物的美无处不在，而我们却往往发现不了，关键的原因就在于我们的内心充满了种种的烦恼和欲望，无法与外在的美景相契合，因而既感觉不到此美，更无法享用美所带来的乐趣。《清静经》说："夫人神好清而心扰之，人心好静而欲牵之。常能遣其欲而心自静，澄其心而神自清，自然六欲不生，三毒消减。所以不能者为心未澄，欲未遣也。"① 所以要提高审美能力必须从审美者的心性修养开始，使其达到清净。无论是作为审美者或美的创造者如画家、音乐家、诗人等，唯有提高审美能力，才能发现、欣赏和创造美。而提高此能力的关键在于升华审美主体的心性。

因此，为了体验和达到虚静的境界，要求审美者在体验美的时候，心中不着一切，或者由外力（如图画、诗歌、风景、音乐等）将主体引入到一种空旷、悠闲、清净的意境。"清则净，虚而明，无上清虚之境，谓之净明。"② 也就是说，内心清净无染，虚旷灵明，像镜子一样，任万事万物迁变于前，而了无痕迹留下。这种清静境界也是悟道的前提。此方法可称为"止"法，它包括外安身、内净意两个过程。

（一）外安身

外部环境的幽静能够使人隔绝相对严重的干扰。人的身体安静下来，内心才有休息的机会。所以，道教的宫观多选择建在山林中，那里远离尘嚣，空气清新，是采药炼丹、呼吸吐纳的理想场所，为道士修行的首选之地。

南宗代表人物白玉蟾认为，修性首先要从环境开始："盖人心无质，运之有境，境净则心明，心明则行洁，行洁则可以交神灵，心明则可以会天道。"③ 当人还未得道时，适宜的环境会有利于静心澄意，也就有利于修行、得道。郑思肖在《太极祭炼内法》及《太极祭炼内法议略》中多次提及"静室"："今既静坐，只当于静室静坐……"④，"书宝箓，亦当于静室中无人往来冲撞处，静坐一时……"⑤。王重阳甚至采取更加决绝的方法——自凿墓穴。全真教主王重阳最初弃家别业，隐居终南山修炼，在暗无天日的墓里度过了两年的修炼时光。"先生（指王重阳）初离俗，忽一日自穿一墓，筑冢高数尺，上挂一方牌，写王公灵位。字下深丈余，独居止二年余。"⑥ 王重阳通过自居坟墓这种形式抛弃外在的虚假，而保留内在的真实，"活中得死"，将尘世生活的一切连同肉体一同埋葬，体验死亡的感觉，进而超脱生死，让精神永存。在《活死人墓赠宁伯功》的诗中，王重阳对此举做出了解释："活死人兮活死人，自埋四假便为因。活死人兮活死人，活中得死是良因。"⑦ 这种特殊的环境让王重阳有许多的体悟，如："墓中阒寂真虚静，隔断凡间世上尘。"⑧ "墓中观透真如

① 《太上老君常说清静妙经》，《道藏》第 11 册。
② 《净明忠孝全书》，《道藏》第 24 册。
③ 《海琼白真人语录》卷三，《道藏》第 33 册。
④ 《太极祭炼内法议略》卷中，《道藏》第 10 册。
⑤ 《太极祭炼内法议略》卷中，《道藏》第 10 册。
⑥ 《重阳全真集》卷二，《道藏》第 25 册。
⑦ 《重阳全真集》卷二，《道藏》第 25 册。
⑧ 《重阳全真集》卷二，《道藏》第 25 册。

理，吃土餐泥粪养尘。"① "白云接引随风月，脱得尘劳出世尘。"② 与世隔绝的环境非常有利于修性，因此，他教育出家的道徒修道首先应住庵，断绝与尘世生活的往来，从外在条件上清静身心，"凡出家者，先须投庵。庵者，舍也，一身依倚。身有依倚，心渐得安，气神和畅，入真道矣"③，而且道庵的建设必须简洁朴素，不得奢华浪费④。

全真弟子深受这种观念的影响，例如："丘处机于蟠溪隐居六年，复又龙门隐居七年；马钰"在终南，居于环堵，飙腿赤脚，并无火烛相，仅六年矣"⑤；谭处端曾于洛阳朝元宫诛茅拾砾，葺庵而居；郝大通则在赵州古桥下打坐达六年之久；全真七子中的孙不二也不例外，过着云游生活。七大弟子均实行苦修，从形式上断绝一切欲望。

居于幽静之地以后，开始修炼前，还要让眼、耳、鼻、舌、身等感官清净下来，"须沐浴清斋，洁净衣服，漱荡口腹，令内外清虚，口无余味，腹无余荤，眼无余秽，体无余尘，淡泊清虚，惟道为身"⑥，均强调了外在寂静对于静心修性的重要作用。

（二）内净意

外净只是为内心的清静创造条件，最终的目的和修炼的核心还是要达到心性的清静，如果只有外净而没有内净，那么即便是在远离尘世的山林仍然会乱心，会被美景所迷。因此，"先须识道后隐于山，若未识道而先居山者，见其山必忘其道。若先识道而后居山者，造其道必忘其山，忘山则道性怡神，忘道则山形蔽目。是以忘山见道，人间亦寂也。见山忘道，山中乃喧也"⑦。故"隐山者，不可以山之乐而殢其心，不可以心之乐而殢其山。山自山也，心自心也"⑧。隐居山林者既不应执着于尘俗之境，也不应执着于山林之境。

此后，还要从内心去除对于世俗人情的迷恋。王重阳在诗词中说："白为骸骨红为肌，红白装成假合尸。昨日尽呼重阳子，今朝都看伴哥儿。别躯异体皆非悟，换面更形总不知。世上枉铺千载事，百年恰似转头时。"⑨ "嬉游外景日相亲，每到中宵睡里真。七魄乐随魔鬼转，三尸喜逐耗神津。心猿紧缚无邪染，意马牢擒不夜巡。四假身躯贩白昼，算来何异寐时人。"⑩ 世上的美色财产，都是因缘和合的，不值得追逐，若任随"心猿""意马"那样去生活，而不重视自己的真如本性，很快就会迷失自己。因此，他提出修道的要义在于不可顺乎人情世俗："修行切忌顺人情，顺着人情道不成。奉报同流如省悟，心间悟得是前程。"⑪ "立身之本在丛林，全凭心志，不可顺人情。"⑫ 他把世人所珍视的财产、声色、妻儿等事情一一觑破，认为这些都是枷锁，妨碍人成道，只有把家室之累都抛去，才能让身心了无挂碍。他说："般般俱是妄，物物尽皆空。妻女千斤铁，儿孙万秤铜。

---

① 《重阳全真集》卷二，《道藏》第 25 册。
② 《重阳全真集》卷二，《道藏》第 25 册。
③ 《重阳立教十五论》，《道藏》第 32 册。
④ 《第五论盖造》，《重阳立教十五论》，《道藏》第 32 册。
⑤ 《洞玄金玉集》卷八，《道藏》第 25 册。
⑥ 《太极祭炼内法议略》卷下，《道藏》第 10 册。
⑦ 《海琼白真人语录》卷三，《道藏》第 33 册。
⑧ 《海琼白真人语录》卷三，《道藏》第 33 册。
⑨ 《重阳全真集》卷二，《道藏》第 25 册。
⑩ 《重阳全真集》卷二，《道藏》第 25 册。
⑪ 《重阳全真集》卷二，《道藏》第 25 册。
⑫ 《重阳立教十五论·论盖造》，《道藏》第 32 册。

怎知投黑暗，尚自骋般红。恶业常穿积，良因怎得蒙。"①

俗情已除，还要时时除掉心中的杂念："大凡行法之士，未消得峻责鬼神，且要先净除了自己胸腹间几种魑魅魍魉，则外邪自然熄灭矣。所谓魑魅魍魉者，只是十二时中贪财好色邪僻奸狡胡思乱量的念头，便是也。剿除此祟，先要勇猛决烈无上之道，因此成就，况行法哉？所以道是能治内祟，方可降伏外邪。若是不能清荡内祟的人，纵有些来小去灵验，天心终是未印可，更思异时身谢之后，却有执对的事来也。"② 只有除掉"内祟"，才有可能无"外邪"入侵。在此基础上继续努力，做到心中没有丝毫尘意，不为世俗人情所扰，便达至空灵净明之境界，人之真心就会显露。"如金如玉又如珠，兀兀腾腾五色铺。万道光明俱未显，一团尘垢尽皆涂。频频洗涤分圆相，细细磨措现本初。不灭不生闲朗耀，方知却得旧规模。"③

三、虚静恬淡的审美境界

经由上述方法，再来体验的时候，就会去掉一切尘心，超越世俗的得失、悲喜，经验由体"虚静"之道带来的审美境界。刘处玄真人说，"常乐道性之无余，厌身世之有余。我无喜则无忧，人有欢则有愁。悟恬淡，得之真常；迷声色，失之幻梦。至静性廉。至静，则尽于物也；性廉如莲，不着于火也。达道之人，居尘不染，在欲无欲。磨开宝镜，应物之形影，何碍有一等不达中边，悟道之萤耀，认至静，弃有着无，有取舍之妄想，分别高下，夸得道之妙。"④ 没有欲望则无失望，没有欢喜则无忧愁，没有执着则无放弃，没有声色之欢则自然无幻梦迷失，故只要做到弃俗情，悟恬淡，得至静，就会居尘不染。

这一清净的境界，在《清静经》中有着精湛的论述："内观于心，心无其心。外观于形，形无其形。远观于物，物无其物。三者既悟，唯见于空，观空以空，空无所空，既无无无，亦无无无既无，湛然常寂，寂无所寂，欲岂能生，欲既不生，即是真静，真静应物，真常得性，常应常静，常清静矣。"⑤ 所以，真正虚静的境界是无心之美的境界，正如丘处机所感受到的："西山爽气清，过雨白云轻。有客林间坐，无心道自成。"⑥ 这是超越富贵、寿夭、得失的，是乘物游心，燕处超然，心境空明，涵纳万有，但万有又不在心里留下任何痕迹的境界。

① 《重阳全真集》卷二，《道藏》第25册。
② 《净明忠孝全书》，《道藏》第24册。
③ 《重阳全真集》卷二，《道藏》第25册。
④ 《黄帝阴符经注》，《道藏》第2册。
⑤ 《太上老君说常清静妙经》，《道藏》第11册。
⑥ 《长春真人西游记》卷下，《道藏》第24册。

"逍遥"与"无待":从道家到道教的审美时空

李 裴[*]

内容提要:道教延续先秦道家,尤其是庄子以来的中国古典美学对于时间、空间的思考,并与其长生久视、飞升成仙的宗教目标联系起来,将对生命价值的追寻落实到对道的永恒探求之中。无论是"白日升天"还是"山林隐化",无论是缩地装天的道术还是文学瑰丽的想象,都共同讲述着一个打破或者超越时空有限性的梦想。在审美的时空里,修道者逍遥遨游,实现并完成了自我。在改变时间与空间的努力中,在实现从"人"到"仙"的跨越中,呈现出神圣的超越的无与伦比的审美境界。

关键词:道家 道教 审美时空

时间和空间是人类认识世界的两种维度。《淮南子》曰:"往古来今谓之宙,四方上下谓之宇。"[①]"往古来今"是时间过程,"四方上下"是空间状态。审美意义上的时空观体现着人对自身价值意义和自身所处位置的自觉探寻,构成了中国古代审美观念中的核心内容。

先秦道家中,庄子对时空问题的理解最为深刻,在《逍遥游》中,他化身鲲鹏,"水击三千里,抟扶摇而上者九万里"[②],通过瑰丽的想象,转化生命的形式,突破身体所处的空间困境,以达到"乘物以游心"[③] 的境界。对精神上的逍遥与无待的追求,使庄子对于时空的认识脱离了一般意义上的对客观世界的认知,而成为一种审美价值观的体现。自此,中国古典美学思想便尤为关注如何超越时间的有限性(生死),如何挣脱空间的束缚(包括物质欲望),换句话说,即如何超越有限走向无限,实现心灵的绝对自由。

东汉道教产生以后,在继承庄子思想的基础上,从道论到修道实践,从道法到道术,在其不断致力于长生成仙的过程中,不断地超越时空的有限性,将对生命价值的追寻践行到对道的永恒探求中。道教关于时空的哲学思考,法术内涵中的时空变换,道教文学作品中对于仙境的描述和想象

* 作者简介:李裴,四川大学道教与宗教文化研究所研究员、博士生导师。

基金项目:本文为 2014 年度教育部人文社会科学重点研究基地重大项目"道教环境美学思想史研究"(项目编号:14JJD730004)阶段性成果,并受四川大学中央高校基本科研业务费研究专项(哲学社会科学)项目——杰出青年基金项目(项目编号:SKJC201003)资助。

① (汉)高诱注:《淮南鸿烈解》卷十一《齐俗训》,(清)纪昀总纂修:《景印文渊阁四库全书》,台北:商务印书馆,1986年,第 848 册,第 628 页。

② (晋)郭象注:《庄子》,《景印文渊阁四库全书》,第 1056 册,第 4 页。

③ (晋)郭象注:《庄子》,《景印文渊阁四库全书》,第 1056 册,第 4、26 页。

等，共同编织着打破或者超越时空有限性的梦想。在审美的时空里，修道者逍遥遨游，实现并成就了自我。

一、"道"性与"身体"

先秦老子的哲学思想体系以"道"为核心建立，其义博大精深。道是"天地之始"，也是"万物之母"，是"玄之又玄，众妙之门"[①]。"视之不见名曰夷，听之不闻名曰希，搏之不得名曰微。……是谓无状之状，无物之象，是谓惚恍。迎之不见其首，随之不见其后。"[②]它看不见、听不着、摸不到，无形无象，无始无终。在空间意义上，道广大虚无，浑然为一；在时间意义上，道无首无尾，延绵不绝。这样一个超越时空的存在，是万事万物的来源，是天地间永恒的规律，从这个意义上讲，修道者见道、体道、修道、悟道，最终与道合一，就是在追求一个突破自身有限性，与道性相比附相一致的梦想。而这个梦想，在道教而言，一言以蔽之，就是从身心两方面对于时空有限性的超越。

事实上，先秦道家中，老子和庄子对于身体，并不持否定态度。老子曰："吾所以有大患者，为吾有身，及吾无身，吾有何患？"[③]这是在强调身体物质欲望的危险性，强调身体与心性之间的关系。庄子虽然讲"齐生死"，但并不意味着生死的差别就不存在，闭目塞听就能逃避，而是要客观地看待生死问题，把它们作为一个顺应大化的自然的过程。《庄子·知北游》云："生也死之徒，死也生之始。"[④]庄子所追求的逍遥无待是精神上的自由，但这并不能改变生死的规律："死生，命也。其有夜旦之常，天也。人之有所不得与，皆物之情也。"[⑤]因此，只能视死如归，向死而生。这是庄子的境界，但这并不妨碍庄子在寓言里讲保身、全生的道理。所谓"道与之貌，天与之形，无以好恶内伤其身"[⑥]，他以藐姑射之山"不食五谷，吸风饮露""乘云气，御飞龙"的神人[⑦]和"其寝不梦，其觉无忧，其食不甘，其息深深"[⑧]的古之真人为范，教导人们"缘督以为经，可以保身，可以全生，可以养亲，可以尽年"[⑨]，更提出"人之生，气之聚也。聚则为生，散则为死"[⑩]、"通天下一气耳。"[⑪]

黄老道家秉持身国同治的思想理路。在老庄"道""气"论的影响下，《管子》以"精气"为万物的本原，认为有精气存于其中的身体，表现出外在的安适和光彩。"心全于中，形全于外，不逢

---

① （魏）王弼注：《老子道德经》，《景印文渊阁四库全书》，第1055册，第138—139页。
② （魏）王弼注：《老子道德经》，《景印文渊阁四库全书》，第1055册，第144—145页。
③ （魏）王弼注：《老子道德经》，《景印文渊阁四库全书》，第1055册，第144页。
④ （晋）郭象注：《庄子》，《景印文渊阁四库全书》，第1056册，第107页。
⑤ （晋）郭象注：《庄子》，《景印文渊阁四库全书》，第1056册，第37页。
⑥ （晋）郭象注：《庄子》，《景印文渊阁四库全书》，第1056册，第34页。
⑦ （晋）郭象注：《庄子》，《景印文渊阁四库全书》，第1056册，第7—8页。
⑧ （晋）郭象注：《庄子》，《景印文渊阁四库全书》，第1056册，第36页。
⑨ （晋）郭象注：《庄子》，《景印文渊阁四库全书》，第1056册，第20页。
⑩ （晋）郭象注：《庄子》，《景印文渊阁四库全书》，第1056册，第107页。
⑪ （晋）郭象注：《庄子》，《景印文渊阁四库全书》，第1056册，第108页。

天菑，不遇人害，谓之圣人。"① 这个"圣人"的含义不是儒家"人伦之至"②"止于至善"③ 的道德完备之人，也不是老子所说"圣人不仁，以百姓为刍狗"的那个统治者，而是形神俱足、更接近于庄子笔下合于"天德"的得道之人。因为有了精气的和畅流行，"冥冥乎不见其形，淫淫乎与我俱生"④ 的虚无广大之道与物质性的精气在人体中得以完美地打通，后世中医养生理论和道教"炼精化气、炼气化神、炼神还虚、炼虚合道"的修炼思想也由此奠定了基础。《黄帝内经·素问》曰："上古有真人者，提挈天地，把握阴阳，呼吸精气，独立守神，肌肉若一，故能寿敝天地，无有终时，此其道生。中古之时，有至人者，淳德全道，和于阴阳，调于四时，去世离俗，积精全神，游行天地之间，视听八达之外，此盖益其寿命而强者也，亦归于真人。"⑤ 从中医养生的角度进一步发挥了庄子的思想。

道教创立后，一直试图从修炼的角度去超越时空的有限性。这里的修炼是身心双重意义上的，这里的"身体"也并不仅仅指肉体意义上的存在。所谓"修道即修心"⑥、"性命双修"，当然，在体道的意义上，身心本就是一体的。"人所难以逃脱的时空拘限，在身体透过某种工夫修养后，却能够达到对时空限制的解离。而解离时空限制的身体，更难以用一个单一的'肉体'或'躯体'的观念来观看，因为身体已经是体道的一部分了，它已完成其更深刻意义了。"⑦

唐代道教学者张志和在一个寓言故事里讲道："天如帐，胡悬乎其上？地如坛，厥下乎何安？"⑧ 天地虽广大，却都依靠别的东西维持着，这种有限和有待，使其不能达到完全自由的状态。但充斥于天地之间的"空无"，即"道"，却是长久而永恒的，它"无内无外，无西无东……先天地不见其初，后天地不知其久"⑨。故道教弃"暂有"而取"长无"，在对道的体认中，超越了时、空的有限性。当人意识到时空的无限性时，便从现象界进入了本体界，自觉的审美才能得以发生，而这时的时空便不仅仅是对自然宇宙的认知，而是一种审美观的体现。

"至小至大者莫甚乎空，至无至有者莫过乎道。"⑩ 道之"空"与"无"是最永恒的存在，是"长无"，而空间意义上的"有"是"暂有"，甚至是假象。这一点，就人的物质生命而言，体现得最为明显，也最为深刻。人的生命是有限的，而世俗中人追名逐利，到头来所能占有的东西也是有限的、暂时的。生命的短促和不可逆转突出了人生的悲剧性和追求全身、保身的迫切性。马钰在受王重阳点化时，曾"一夜梦立于中庭，自叹说：'我性命有如一只细瓷碗，失手百碎。'言未讫，从空碗坠，惊哭觉来"⑪。这种惊惧、痛哭，真实地再现了人对于死亡的恐惧，对脆弱的"暂有"之生命的爱惜。而悟道之后，才发现"暂有"的物质生命与永存的"长无"之道相比，根本不值一提。

① （唐）房玄龄注，（明）刘绩补注，刘晓艺校点：《管子》，上海：上海古籍出版社，2015 年，第 330 页。
② 《孟子·离娄上》，（宋）朱熹撰：《四书章句集注》，北京：中华书局，1983 年，第 282 页。
③ 《大学》，（宋）朱熹撰：《四书章句集注》，北京：中华书局，1983 年，第 3 页。
④ 《管子》，第 327 页。
⑤ 《黄帝内经·素问》卷一，《景印文渊阁四库全书》第 733 册，第 11 页。
⑥ 《大道论·心行章》，《道藏》，第 22 册，第 908 页。
⑦ 周翊雯：《从〈庄子〉到〈庄子注〉的身体观研究——以"身体工夫"为研究核心》，台湾成功大学博士学位论文，2010 年，第 7 页。
⑧ 《道藏》第 21 册，第 718 页。
⑨ 《道藏》第 21 册，第 718 页。
⑩ 《道藏》第 21 册，第 721 页。
⑪ 《渐悟集》卷上，《道藏》第 25 册，第 455 页。

在体悟到时空之无限性的同时，也真正体悟到"道"之真谛。刹那开悟，由惊转喜，"痛感自我生命的存在，痛感自我与最高存在的同一"①，这种由极度痛苦到极大快乐的心灵震撼能够带来巨大的审美感受和生命体验。在自由的时空里，心与物、人与道交织缠绕，相互呼应，意趣深长。

二、"白日升天"与"山林隐化"

由人间到仙境的时空转变，在道教传统的成仙方式——"白日升天"与"山林隐化"中表现得最为突出。

道教的仙境，"金阶玉为堂，芝草生殿旁"②"万树琪花千圃药"③"有长年之光景，日月不夜之山川，宝盖城台，四时明媚，金壶盛不死之酒，琉璃藏延寿之丹，桃树花芳，千年一谢；云英珍结，万载圆成"④。要实现从人间到仙境的空间转换，必须要有特殊的媒介和座驾。或"驾六龙，乘风而行"，或"行四海……乘云而行"⑤，或"吞舟涌海底，高浪驾蓬莱"⑥，或"身骑飞龙耳生风，横河跨海与天通"⑦。其高妙难测，冥远幽深，相对于人间而言，是个遥远、神秘而隔绝的所在。美轮美奂的仙境极人地吸引着历代寻仙求道、渴望永恒之人。他们最常用的突破时空局限性、突破生死有限性的方法，就是"升天"和"隐化"。

白日升天在道教是无上高深之术，也是最难达到的境界，往往需要借助金丹之力。比如彭祖就曾告诫采女："欲举形登天，上补仙官，当用金丹，此元君太一所服，白日升天也。"⑧ 历代道教仙话，如《列仙传》《神仙传》《续仙传》《墉城集仙录》《历世真仙体道通鉴》等，都记载有大量修道者白日升天的事迹，以为后世垂范。"升仙而去"⑨ 的彭祖，"列数十火而升"⑩ 的啸父，《续仙传》中所记的"飞升一十六人"⑪"乘赤龙而升天"的茅君⑫以及"同八公升天，乃弃置药鼎，鸡犬舐之，并得轻举"⑬ 的淮南王刘安……古往今来，升仙者众。而仙传中大量的升仙故事，甚至被等同于史实。据《绍兴府志》载："（刘纲升仙地）在四明乡皂荚坞。与其妻樊夫人并升仙，其蜕骨合葬"。其后有北宋孙应时诗云："刘樊蝉蜕此登仙，老木当年已插天。"⑭ 而关于唐代女真谢自然飞升

① 皮朝纲：《禅宗美学史稿》，成都：电子科技大学出版社，1994年，第11页。
② （魏）曹操：《气出唱》三首，（明）张溥：《汉魏六朝百三家集》卷二十三，《景印文渊阁四库全书》第1412册，第573页。
③ （唐）曹唐：《小游仙诗九十八首》之二，《全唐诗》卷六四一，第7346页。
④ 《恒真人升仙记》，《道藏》第5册，第513页。
⑤ （唐）曹唐：《小游仙诗九十八首》之二，《全唐诗》卷六四一，第572页。
⑥ （晋）郭璞撰：《游仙诗》：《文选》卷二十一，《景印文渊阁四库全书》第1330册，第493页。
⑦ （唐）李白撰：《元丹丘歌》，《全唐诗》卷一六六，北京：中华书局，1960年，第1717页。
⑧ 《神仙传》卷五，（晋）葛洪撰，胡守为校释：《神仙传》，北京：中华书局，2010年，第15—16页。
⑨ 《道藏》第5册，第67页。
⑩ 《道藏》第5册，第66页。
⑪ 《道藏》第5册，第77页。
⑫ 《道藏》第5册，第182页。
⑬ 《历世真仙体道通鉴》卷五，《道藏》第5册，第137页。
⑭ 《浙江通志》卷二三八《陵墓四》，《景印文渊阁四库全书》第525册，第428页。

后唐德宗连发两道诏书的轰动事件，《舆地碑纪目》《四川通志》等均有记载，称"唐诰刻在金泉山"①，明代《蜀中广记》亦有关于"唐诰刻"②的记载。

神仙世界缥缈，举形登天极难。因而，除了白日升天，山林隐化也被视为主要的成仙途径。笔者曾撰文指出："山"是中国文化中重要的文学意象和文化母题，是信道者远遁人世、通过修炼而向道复归的场所，也是与神仙相遇、等待接引之地，甚至"山"本身就是仙境。"山中遇仙"是道教文学传统中一个重要的模式，更是中国古代普遍的文化经验③。对于古人而言，高山、丘陵是最接近于天、接近于神灵的所在，也是最有可能突破生死限制，实现时空自由的阶梯。《淮南子》云："昆仑之丘，或上倍之，是谓凉风之山，登之而不死。"④《山海经·海外南经》中郭璞有注云："有员丘山，上有不死树，食之乃寿；亦有赤泉，饮之不老。"⑤"山"作为神圣空间的特性，使它拥有了超凡脱俗的审美意趣。

《释名·释长幼》曰："老而不死曰仙。仙，迁也，迁入山也。"⑥宋代道书《三洞修道仪》称："（大洞部道士）功行圆满，与弟子告别，造素木车一乘，弟子亲侍驾，旋扫车迹，入所在名山修行，至山门谷口方焚此车，从此师一向修金阙后圣飞升之道。此出三界也，永不入世间也。"⑦这样的入山仪式象征着入山者与人世完全隔绝，山门谷口俨然是通向神圣时空的关卡，由此所造成的空间、时间的变换意味着由凡到仙脱胎换骨的根本性转变。又《道藏》正一部收《三洞道士居山修炼科》，该书详细列举服气、服符、绝谷等修炼方法，其意仍在"与神灵交通，飞仙升腾"⑧。空间的改变，使求道者窥探到不死之谜，而生命时间的延长甚至永恒，即是道教所追求的成仙。

空间的改变往往带来时间的改变。《神仙传》中费长房随壶公学道，"自谓去家一日，推之已一年矣"⑨。吕恭入太行山采药，遇仙人授秘方，于山中停留两日，而人间已历二百年⑩。十五岁的牧羊少年皇初平被道士带入金华山中四十余年，拥有了变羊为白石的神通，后其兄寻弟入山，"共服松脂茯苓，至五千日，能坐在立亡，行于日中无影，而有童子之色"⑪。这个故事在《历世真仙体道通鉴》中另有一个相似的版本："成君平者，长沙郡人也。年十五，兄使牧鹅羊。忽遇一仙翁，将入东华山。兄后寻至山中，见君平，因问所牧鹅羊何在。君平指白石曰：此是也。遂驱起，令随兄去。旬日却还山下，复化为石。今犹存焉。因名此山为鹅羊山。"⑫所谓"山中方一日，世上已千年"，人的生命与时间息息相关。从开始到终结，"时间构成了一个人最深层存在意义上的向度"⑬。而时间的流逝是单向的，一去不返。但对于宗教而言，一般意义上的时间序列是可以借助神圣时间

① 据（宋）王象之撰：《舆地碑纪目》卷四《顺庆府碑记》。又据《四川通志》卷二十六《古迹·顺庆府·南充县·古碑记附》。

② （明）曹学佺：《蜀中广记》卷二十七，《景印文渊阁四库全书》第591册，第343页。

③ 参见李裴：《从文化符号到环境美学：论道教视域下"山"的美学特征》，《宗教学研究》2015年第2期，第41—45页。

④ 《淮南鸿烈解》卷四《坠形训》，《景印文渊阁四库全书》第848册，第545页。

⑤ 《山海经·海外南经》注第38"不死民"条，袁珂译注：《山海经全译》，贵阳：贵州人民出版社，1991年，第196页。

⑥ （汉）刘熙撰：《释名》卷三，《景印文渊阁四库全书》第221册，第397页。

⑦ （宋）孙夷中撰：《三洞修道仪》，《道藏》第32册，第168页。

⑧ 《道藏》第32册，第584页。

⑨ 《道藏》第5册，第309页。

⑩ 《道藏》第5册，第46页。

⑪ 《道藏》第5册，第41页。

⑫ 《历世真仙体道通鉴》卷五，《道藏》第5册，第139页。

⑬ ［罗马尼亚］米尔恰·伊利亚德著，王建光译：《神圣与世俗》，北京：华夏出版社，2002年，第34页。

来打断和中止的，道教徒入山而隐化的意义由此显现出来。

三、道术与文学中的时空转换

道教修道者所上升与隐化的"天"和"山"，代表着与人间截然不同的另一个时空。而实现这种时空转化，则主要凭借道教法术。道教法术是一个庞大的系统："'道术'泛指一切神仙家的方术，凡预言吉凶祸福旁达、修炼成仙以及各种神奇异能都包括于中……至宋以后，道门中使用道法一词，方集中于各种神秘的呼风唤雨、变化随心的法术。"① 众所周知，世界上客观存在的具体事物都是具有时空有限性的，而道教之法术以葫芦装人、宝瓶捉鬼、缩地装天等等，则是通过改变正常的时空序列，来实现对时空有限性的超越。

传说壶公施存从九灵先生学缩地装天之术，并传于东汉费长房，"将一壶可容二升之器，以包罗大罗天之下太极之中世界"②。费长房"尝与客坐，使至市市鲊，顷刻而还。或一日之间，人见在千里之外者数处"③。道术可缩地脉千里，"往往甚速于飞空"④。《金锁流珠引》并载葫芦装天的详尽步骤，装得天地枢机的葫芦中别有一番洞天，日时间流逝缓慢，人的寿命自然得到延长。对了道教而言，"阴阳可以召，五行可以役，天地可以别构，日月可以我作"⑤。至于搬运物体、改变空间位置，更是不在话下。正如刘仲宇先生在《道教法术》中所描述的，通过道法、道术，"山可移，海可运，至于将千里外的云雨雷电搬至身边，都非难事"⑥。口中可出铜盘⑦，腹中可藏乾坤。甚至无形之物，如"梦"，也可以通过法术进行传递，具体方法是"闭目仰卧，存彼处，则梦到彼，见彼所人如自身到，彼所人梦亦见矣。相与语，论事无不通"⑧，即通过存想，与他人产生意念上的沟通。这些具有浪漫主义色彩的神奇道术在以游仙诗、仙传、传奇、道化剧为代表的历代文学作品中得到了最大程度的渲染和加强。

唐代道教诗人吴筠写道："九龙何蜿蜿，载我升云纲。临眄怀旧国，风尘混苍茫。依依远人寰，去去迩帝乡。上超星辰纪，下视日月光。倏已过太微，天居焕煌煌。"⑨ 在奇幻、超脱的仙境中，诗人挥别凡尘俗世，乘龙扶摇而上，越过日月星辰，飞向神圣而瑰丽的天宫。据《全唐诗》记载，唐元和十二年（817），虢州湖城天仙乡吴清之妻杨监真"因病不食，每静坐入定，四月十五夜忽不见。十七日，县令自焚香祝请，四更，从牛屋上归。自云：乘鹤到华山仙方台，见尊师，念父在，请归。女冠驾鹤送来。得受仙诗五首"。其中"道启真心觉渐清，天教绝粒应精诚""摄念精思引彩霞，焚香虚室对烟花"等诗句，就是描写通过辟谷、存思等道教法术，幻化出"道合云霄游紫府"

---

① 刘仲宇著：《道教法术》，上海：上海文艺出版社，2002年，第10页。
② 《太玄金箓金锁流珠引》卷十七，《道藏》第20册，第439页。
③ 《道藏》第5册，第309页。
④ 《太玄金箓金锁流珠引》卷十七，《道藏》第20册，第439页。
⑤ （五代）谭峭撰：《化书》，《道藏》23册，第594页。
⑥ 刘仲宇：《道教法术》，上海：上海文艺出版社，2002年，第376页。
⑦ 事见《酉阳杂俎》所载《续齐谐记》，见《唐五代笔记小说大观》（上），上海：上海古籍出版社，2000年，第743页。
⑧ 《道藏》第10册，第743页。
⑨ （唐）吴筠撰：《游仙诗》，《道藏》第23册，第666页。

的神奇景象。修道者由此实现了由平凡琐碎的人间通往缥缈瑰丽的仙境的转变①。

唐宋传奇故事中，也有大量通过道术改变生死、转换时空的描写。例如，《长恨传》中，蜀道士能"游神驭气，出天界，没地府"②；《无双传》中，茅山道士"有药术。其药服之者立死，三日却活"③；《玄怪录》中，刘法师被仙人带至山中无人之境，"至一石壁，削成，高直千余仞，下临无底之谷，一径阔数寸。……以指扣石壁……遂划然开一门，门中有天地日月"④，俨然另一个时空。

被王国维称为"巨擘"⑤的明代戏曲家汤显祖，其"临川四梦"——《牡丹亭》《紫钗记》《邯郸记》《南柯记》中，唯《邯郸记》立意在"仙"。《邯郸记》在唐代沈既济传奇小说《枕中记》、元杂剧《黄粱梦》的基础上演变而来，敷演道教神仙吕洞宾度化卢生故事。主人公卢生自跳入枕中起，便进入吕仙为他营造的梦境，先后经历了建功立业、封妻荫子等人生旅程，直至八十有余撒手归西。梦醒后，旅店的黄粱米饭还未煮熟。卢生自此悟道，随吕洞宾而去。主人公梦里的时空，浓缩了现实的世俗人生，代表着对于生命目的与意义的终极拷问。与"临川四梦"的其他三梦一样，《邯郸记》虽侧重在"仙"，但始终围绕一个"情"字。纷繁世间事，万般总是情。于道教而言，情有独钟的是对于生命价值与意义的探求，是对永恒之"道"的信仰。在对道法、道术的修炼、践行中，在超越时空有限性的梦想中，寄托着令"生者可以死，死可以生"的"一往而深"的真情⑥。

综上所述，道教延续先秦道家，尤其是庄子以来的中国古典美学对于时间、空间的思考，并与其长生久视、飞升成仙的宗教目标联系起来，在其超越时空有限性的诸种努力中，在从"人"到"仙"的跨越中，构造出神圣的超越的无与伦比的审美境界。与道合真者逍遥遨游，"独与天地精神往来，而不傲倪于万物"⑦，在对自身位置与意义的隽永追寻中，在无限广袤而绵延不绝的时空里，实现并成就了自我。

①（晋）葛洪撰，胡守为校释：《神仙传》，北京：中华书局，2010年，第9759页。

② 鲁迅：《唐宋传奇集》，哈尔滨：北方文艺出版社，2006年，第64页。

③ 鲁迅：《唐宋传奇集》，第94页。

④《玄怪录》卷三，见《唐五代笔记小说大观》（上），上海：上海古籍出版社，2000年，第390页。

⑤ 王国维：《宋元戏曲史》，北京：中华书局，2010年，第155页。

⑥（明）汤显祖：《牡丹亭记题词》，《文章辨体汇选》卷三六三，《景印文渊阁四库全书》第1406册，第440页。

⑦（晋）郭象注：《庄子》，《景印文渊阁四库全书》第1056册，第165页。

宗教学理论研究

再论中国化马克思主义宗教观

陈麟书 *

[编者按] 2005 年，方立天先生在《中国社会科学》2005 年第 4 期上发表《论中国化马克思主义宗教观》一文。文章对中国化马克思主义宗教观的四方面基本内涵：宗教本质观、价值观、历史观、适应观分别进行论述，归纳出中国化马克思主义宗教观的十个创新性观点，指出其具有重大理论意义和实践意义。方立天先生的文章在宗教学领域产生了重大影响，这些年来，围绕这一问题的理论探讨不断深入。陈麟书先生的文章《再论中国化马克思主义宗教观》，是作者对在新的境遇中如何认识中国化马克思主义宗教观以及宗教的本质等问题进行的进一步探索。

关于中国化马克思主义宗教观的问题，在方立天先生《论中国化马克思主义宗教观》一文中，已做了较为全面系统的论述，本文只是提出一些还需要讨论的问题，以及一些值得进一步深入探讨的问题。

第一个问题是，中国化马克思主义宗教观是封闭性的还是开放性的？

封闭性的中国化马克思主义宗教观，只局限于根据具有中国特色社会主义的实际情况来研究；而开放性的研究，不仅要兼顾国际性的宗教问题，还要把国外有益的创新研究成果纳入中国化的范畴。本文主张以开放性的态度来研究中国化的马克思主义宗教观，这样才能把特殊性和普遍性结合起来，在更高层次上发展马克思主义宗教观。例如，作为世界神学家之一的孔汉思提出的关于人性是判断宗教好坏的标准的观点，就可以纳入马克思主义宗教观。这表明中国化的开放性，即：立足中国，放眼世界。这样的中国化，才能具有国内外更为广阔的认同性。

第二个问题是"适应论"问题。

在我国的社会主义条件下，宗教适应社会主义社会的这个"适应"，纯粹是政府具有强制因素的引导，还是其中有历史的必然性因素？这要从唯物史观的理论高度论述这个问题。唯物史观的基本范畴是：经济基础和上层建筑、社会存在和社会意识、阶级和阶级关系问题。宗教是社会上层建筑的一部分，对经济基础虽具有相对的独立性，但归根结底是由社会经济基础决定的，所以宗教迟早要随着经济基础的变化而变化，这是被整个宗教史所证明了的。政治是社会上层建筑的核心，宗教作为信仰文化虽然有其相对独立性，但也必然迟早会随着社会政治的变化而与之相适应。这也是

---

* 作者简介：陈麟书（1928—2018），四川大学道教与宗教文化研究所荣休教授。

被整个宗教史所证明了的。既然如此，宗教也会由此而发生变化，并与经济基础和作为上层建筑的政治相适应。因此，应该根据境遇不同与时俱进地、实事求是地来研究宗教的"适应论"，这是确立马克思主义宗教观中国化的基本前提。引导宗教去适应社会主义社会，是中国化马克思主义宗教观必须研究的重大问题，使中国的宗教能够自觉地沿着发挥其积极因素的功能性作用的方向前进。所以，"适应论"应该从整体性的宗教历史的发展变化过程中充分地予以理论上的说明，这也是中国化马克思主义宗教观研究的重要课题。

第三个问题是宗教历史观问题。

宗教发展变化的总趋势问题，是宗教历史观的重要课题，也是中国化马克思主义宗教观不能回避的问题。那么，应该怎样具体地来说明宗教发展变化的总趋势呢？本文认为，宗教发展变化的历史至今大致经历了三大基本阶段及形态的变化，这就是：自然宗教、神学宗教、道德宗教。

自然宗教是人类先民在自然力量压迫下的产物，既是人类先民全民性的信仰文化，也是人类文化进化的起点。自然宗教的信仰文化渗透到先民的经济、政治、军事和日常生活的各个方面。这种自然宗教的信仰文化本身具有特定的人为因素，是整个先民的信仰文化，也是人类文明进化的起点。

神学宗教是自然力量以及社会力量压迫的产物，也是文明社会的产物。神学宗教具有很强的人为因素，其中就包括阶级因素，所以恩格斯把它称为人为宗教。在阶级社会中，国家机器利用宗教来统治被剥削、被压迫阶级，为统治阶级的利益服务，而被剥削、被压迫阶级也可能利用宗教来反抗统治阶级。上述情况说明，宗教本身并没有阶级性，不同的阶级都可以运用宗教的力量来为自身利益服务。按照孔汉思在《世界伦理构想》中所指出的：符合人性的宗教就是好宗教，不符合人性的宗教就是坏宗教，即使同一宗教也有这种两面性，而在不同历史阶段宗教的功能性作用也是有所变化的。

在当今时代，世俗化的道德宗教已经出现，它以宣扬宗教道德为宗旨，否认神创论。以中国的人间佛教为例，其宗旨就是以佛教的道德观念来引导人们扬善去恶。其实这种"无神"的宗教观念古已有之，佛教自释迦牟尼创教起便否认神创论。现代西方正在兴起的巴哈伊教，以实现世界大同为目标，上帝观念只是一种爱的象征而已。费尔巴哈所提倡的"爱的宗教"，康德所主张的理性的道德的宗教，正是现代宗教发展的总趋势。爱因斯坦说得更为确定，他认为现在的宗教已经发展到道德宗教阶段。扬善去恶的宗教道德是宗教最有积极意义的部分，这在中国已被纳入社会主义精神文明的范畴。

第四个问题是宗教本质论问题。

宗教的本质是什么？恩格斯在《反杜林论》中有个经典表述："一切宗教都不过是支配着人们日常生活的外部力量在人们头脑中的幻想的反映，在这反映中，人间的力量采取了超人间的力量的形式。"这一表述对自然宗教和神学宗教来说是完全正确的，但对于当代出现的道德宗教，以及非神创论的宗教，如佛教和道教，还需要做进一步的探讨。如何来确定宗教的本质？从逻辑学的角度来讲，宗教本质的概念的外延必须放大到能够包容一切不同类型的宗教。这是突破以往经典性马克思主义宗教观所必须具备的逻辑要求，只有这样，马克思主义宗教观的中国化的创造性才能体现出来。我国目前的社会境遇是具有中国特色的社会主义社会，因此必须随着境遇变化与时俱进地、创造性地发展马克思主义的宗教本质观。

宗教不仅是一种思想信仰，而且还是一种社会实体，与此同时，宗教实际上也是一种文化现象，这是为大家所公认的。本文认为，把宗教的本质不妨界定为信仰文化实体较为妥当，这是一个外延空间很大的概念，正是由于此，可以把各种不同类别的宗教都包容在内，同时也能够按照境遇的变迁，与时俱进地对宗教进行各种不同的创造性的立论。这就既肯定了经典的马克思主义宗教观，又可以在境遇变迁过程中与时俱进地发展马克思主义宗教观。

宗教不仅是一种具有群众性的信仰文化，而且也是中国传统文化的一部分。把宗教纳入文化的范畴不仅适用于中国的实际情况，也同样适用于国际的实际情况：第一，自美国《独立宣言》以来，政教分离已成为国际性的定局，这是宗教神权统治终结的重要标志，宗教的张力已经受到了特定的限制，宗教信仰自由，并已成为个人私事；第二，1993年世界宗教议会通过的《走向全球伦理宣言》，其核心思想是人性、人道、人权，而对神性、神道、神权只字未提，这是宗教道德化的一个重要历史性标志，而且实际上已经出现了道德宗教这种新的历史形态。

马克思主义宗教观的中国化，应根据宗教的基本历史形态的个性特征来做出不同判断。我们不妨将自然宗教界定为图腾崇拜的信仰文化实体，将神学宗教定为神创论的信仰文化实体，将道德宗教定为人本性伦理的信仰文化实体。综合起来，其共性特征就是它们都属于信仰文化范畴，只是历史形态、历史本质和历史功能有所不同而已。

论宗教系统

陈耀庭 *

现代宗教科学在蓬勃发展中，大量的宗教学著作对于什么是宗教，什么是宗教的本质和作用等等问题做出了许多回答，本文是用系统哲学来认识宗教的一种尝试。

"马克思主义的全部精神，它的整个体系要求人们对每一个原理只是（α）历史地，（β）只是同其他原理联系起来，（γ）只是同具体的历史经验联系起来加以考察。"这样一种讲究整体、历史、联系和实践的哲学的真理性，已经为无数的科学成果所证明，并且极大地加强了人们改造世界的能力。人们已经不再把大千世界中的事物看成是彼此割裂的凝固的堆积物，而是看成一个统一的，在相互关联中变化的系统。而任何系统又是由其包含的不同要素组成，不同的要素形成一定的结构层次，既表现出历时的纵向联系，又处在共时的横向联系之中。运用这样一种科学的系统方法来认识宗教，就能够比较完整地反映出宗教的复杂而多层次的内容以及它同其他事物的相互关系，也能够加深我们对宗教的作用和发展的认识，提高我们处理宗教问题的能力。

一、宗教既是社会系统的要素，又是包含复杂结构的系统

我们生活在其中的世界是丰富多彩的。宏观地观察世界，可以将其区分为自然界和人类社会两大系统。人类社会又可区分为经济、政治和精神三个系统，当代的宗教仅仅是人类社会精神系统中的一个要素。宗教同精神系统中的其他要素，如法律、道德、哲学、文艺等等既有密切的关系，又由于它所包含的内容及其结构方式的特殊而与之相区别。正由于自然界和人类社会，社会的经济、政治和精神系统间都存在着密切联系，因此，宗教同较高层次上的自然界系统以及社会的经济、政治等系统都存在着一定的联系。（见图一）

---

* 作者简介：陈耀庭，上海社会科学院宗教研究所原所长、研究员。

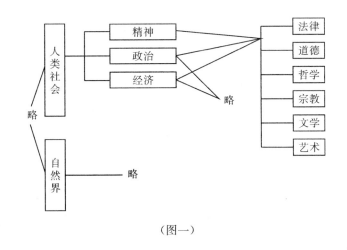

（图一）

微观地看待成熟的宗教，它又是一个复杂的系统。任何宗教至少可以区分为宗教教徒、宗教组织和宗教思想三个小系统。在宗教徒这一小系统中又有群众教徒、专业教徒两大类。其中群众教徒系统又由无数个教徒群所组成，直至分解为社会宗教活动的最基础的细胞——教徒，他们以宗教作为精神依托，但并不以它谋生。其中有些人也可以成为社会上著名的宗教领袖，如居士、护法和执事等。专业教徒系统也分解为无数个专业教徒群，直至社会宗教活动的代表人物——宗教领袖，如主教、法师、天师等。在宗教组织系统中又有团体式和寺观式两类，两类宗教组织在组织职能方面均略有区别，但在组织教徒进行活动方面都是同样的。宗教教义思想无疑是一种唯心的世界观，在漫长的历史发展进程中，宗教教义思想和唯心主义哲学有过联系，然而，由于宗教思想与宗教仪式的联系，因而呈现出与唯心主义哲学完全不同的面貌。当然，在宗教仪式的系统中又包含着丰富的要素，如礼拜仪式、偶像崇拜、庙堂建筑等等。（见图二）

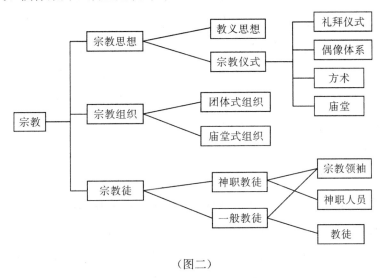

（图二）

宗教系统内部的三个小系统不是相互割裂的，而是有着密切的关系。宗教组织是由宗教徒组成的，宗教思想既支配宗教徒，又为宗教徒所丰富发展着。一定数量的教徒按照一定的组织形式在宗教仪式中崇拜神灵、信仰教义，这就是我们看到的宗教系统在社会生活中作为一种实体出现的面貌。（见图三）

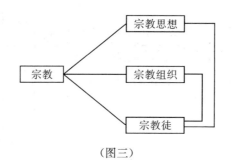

（图三）

宗教不仅和精神系统的各分支有联系，而且同自然界和社会的经济政治系统也有密切关系。正是由于自然界存在着令人发生畏惧或迷惑的现象，才使人产生了依赖感以及产生或接受了对之膜拜的教义思想和礼拜仪式；也正是由于人类社会中生产力还不够发达，以及一定的社会关系给人带来的灾难和痛苦，才使人们对社会产生敬畏和不解的迷惑。当然，任何宗教徒又都是某个国家、地区和某一民族的成员，随着民族文化和民族心理素质的历史形成，也使该民族的宗教形成了与其他民族的宗教不同的某些特点。

在思想史上，人们给宗教下过许多定义。从系统哲学的角度分析，人们可以发现，某些宗教的定义都仅仅是宗教系统中部分内容的反映，仅仅关系到宗教系统中的个别要素及其结构方式。

有人说宗教"是一种对看不见的超人力量的信仰"，"是信仰上帝的专门系统，包括一组牵涉到上帝以及它同人和宇宙关系的教义"，这些定义仅仅概括了宗教教义思想系统的一些内容，并没有勾勒出宗教作为社会实体的面目。

有人说宗教是"一套以神话作说明的宗教仪式"，"真正的宗教是对于上帝的感觉和体验"，这种说法只反映宗教徒的心理和认识的内容，作为宗教的定义都嫌狭隘。

对于宗教的本质，人们的分析也是各不相同的。有人说："宗教是一种对理想生活的价值的探索，并且借助于它达到理想的生活。"但是，马克思指出："宗教里的苦难既是现实的苦难的表现，又是对这种现实的苦难的抗议。宗教是被压迫生灵的叹息，是无情世界的感情，正像它是没有精神的制度的精神一样。宗教是人民的鸦片。"① 这两种说法显然是针锋相对的，问题是怎样认识"本质"。恩格斯引用过黑格尔的名言"在本质中一切都是相对的"论述"本质"的真实性质，认为"正和负，它们只是在它们的相互关系中才有意义，而每一个对自己说来是没有意义的"②。因此，系统的本质是由要素及其结构方式即关系决定的，从不同的角度分析系统的多种要素及其结构方式必然导致多种对于系统的"本质"的认识。从这个意义上说，宗教也是多"本质"的。在阶级社会中，信仰宗教的既有统治阶级，又有被统治阶级。统治阶级的宗教徒在生活上养尊处优，他们在宗教中不仅寄托对未来生活的追求，也依靠宗教规范自己的统治生活。而被统治阶级的宗教徒在宗教中确实寄托了在自然界和社会的异己力量支配下无能为力的抗议和叹息。如果这些都是宗教的麻醉的本质，那么宗教的麻醉本质不仅有不同的内容，而且也只是宗教系统中部分要素及其联系的反映。承认宗教的麻醉的本质并不能也不应该否认宗教可能存在的其他本质。而且，从系统哲学来看待本质，任何本质又是相对的、一定条件下的本质。因此，脱离宗教系统的多种要素和多种结构方

① 《马克思恩格斯选集》第一卷，北京：人民出版社，1965 年，第 2 页。
② 《自然辩证法》，《马克思恩格斯全集》第二十卷，第 555 页。

式，认为宗教的本质只能是麻醉人民的鸦片，并且把 19 世纪中叶在德国所做的一种本质分析推衍为永恒的不变的本质分析，这不能不认为是一种形而上学的观点。

以系统方法来认识宗教，任何宗教都是由宗教徒、宗教组织和宗教思想组成的社会实体，是人类社会的精神系统的一支。它既反映着自然界和人类社会给人带来的苦难，也寄托着宗教徒对于现实苦难的抗议和哀叹以及对于理想生活的希望和追求。在不同的历史时期，宗教对于社会的进步产生过促进或者阻碍的不同作用。

二、宗教系统在不断演化中

我们生活在其中的世界正在不断演化着。自然界和人类社会都处在永恒的生灭之中。这是一个人们眼前都能看到的事实。无论是自然界还是人类社会，演化都是有规律的，但又不像人那样是有意志的。因此，系统的演化只能是其要素及其结构方式间运动的结果。宗教系统作为人类社会的精神系统中的一种，同法律、哲学等精神系统一样也都处于演化的过程之中，这也是一个普遍的事实。同时，它的演化也不是人的"意志"的表现。宗教系统的发生、发展、壮大和衰亡等演化过程，是在一定条件下它的要素以及要素间结构方式运动的结果。

就"一定条件"而言，宗教系统的演化和人类社会其他系统的演化有密切的关系。恩格斯指出："13 世纪至 17 世纪发生的一切宗教改革运动，以及在宗教幌子下进行的与此相关的斗争，从它们的理论方面来看，都只是市民阶级、城市平民，以及同他们一起参加暴动的农民使旧的神学世界观适应于改变了的经济条件和新阶级的生活方式的反复尝试。"[①] 改变了的经济条件和生活方式使宗教的神学世界观产生了适应性的改变，改革旧内容，增加新因素，其标志就是在当时的社会历史条件下，宗教改革运动以及披着宗教外衣的改革运动的发生。恩格斯没有进一步剖析"改变了的经济条件和新阶级的生活方式"怎样导致宗教系统的演化，但是他说过基督教"是在新宗派、新宗教、新先知数以百计地出现的时代，以一种我们完全不知道的方式在巴勒斯坦产生的"[②]。这里的"新宗派、新宗教、新先知"只能理解为宗教系统中多种要素的新变化。经济条件和生活方式的改变使宗教的多种要素演化出了新的成分，也正由于这些新成分的发展壮大以及与旧成分之间的斗争造成了宗教系统的运动，才使"改变了的经济条件和新阶级的生活方式"发生了导致宗教系统演化的实际作用。在这里，导致宗教系统演化的既是社会的条件，又是宗教内部的运动，是外因通过内因起作用，既不应该看作是某个宗教领袖或者反宗教领袖的意志作用，也不能看作只是外部社会条件的作用。

就宗教系统内"要素间及结构方式间运动"而言，宗教的三个子系统也在随社会的发展而演化着。宗教教义思想在适应生产力的发展、生产关系的变革、社会矛盾的变化中不断增加新的内容；宗教组织在适应社会生活方式的改变中不断进行调整改变；宗教徒系统内新的群众教徒和专业教徒

---

① 《法学家的社会主义》，《马克思恩格斯全集》第二十一卷，第 546 页。
② 《启示录》，《马克思恩格斯全集》第二十一卷，第 11 页。

的增加、旧的淘汰以及宗教领袖的涌现和消失等等，所有这些都是宗教系统发生演化的体现。宗教系统的三个要素的演化是相互关联的。宗教的教义思想和礼仪的改革是宗教徒的需要，其中有些是宗教领袖对教徒的改革创造加以集中的结果。宗教组织的调整又是为了适应新的生活条件下宗教徒的生活习惯，也体现了宗教教义思想或仪式改革的成果。因此，宗教系统的三个要素之间，在一般情况下，对系统发展起关键作用的只能是宗教徒。另外，宗教教义思想、礼拜仪式以及宗教组织一旦形成，往往又会成为民族和民俗文化的一种形式，能相对稳定地绵延连续下去。它们的改革只能依靠作为民族成员之一的宗教徒这一最活跃的要素才能实现。宗教徒为了适应变化了的经济条件和生活方式，提出了变化宗教的要求，在宗教思想和宗教组织中克服了它们的相对稳定性，改革宗教系统的各要素使之协调于新的变化了的社会条件，结果导致宗教发生了演化，这就是人们看到的宗教系统演化的面貌。恩格斯指出过："基督教同任何大的革命运动一样，是群众创造的。"[1] 广义地理解这里的"群众"是指全社会的创造，狭义地理解当然是指宗教徒为了适应社会条件和生活方式的变革而像革命运动一样创造了基督教。但是，不论采用何种理解，指的都是活生生的"人"。

宗教徒作为活生生的"人"，同自然界以及社会的政治经济等要素都有密切的关系，这是因为宗教系统本身是一个开放系统。宗教徒和非宗教徒尽管有着信仰的差异，但是，作为"人"的基本需要却是相同的，也就是他们"必须能够生活"，"为了生活，首先就需要衣、食、住以及其他东西"[2]。不论是宗教徒还是非宗教徒都必须在社会生活中确定自己的地位，并且由此决定他们的物质生活以及他们的包括国家、法律、哲学、道德、艺术观点的精神生活，当然也决定着他们的宗教生活。不同阶级的非宗教徒可能有不同的宗教观，而不同阶级地位的宗教徒的国家观、政治观、道德观可能有更大的不同。正如宗教观念必须由物质生产的方式来解释一样，宗教徒的宗教观也只能由他的阶级地位和物质生活方式来解释。宗教徒之所以成为宗教系统中最活跃的，也正是由于他们反映着社会的物质生产和精神生产的最新要求。把宗教徒理解为不食人间烟火、和人类生活格格不入的"异人"是不符合事实的，把宗教徒描写成除了"天堂"毫不关心人间的国家、政治、社会经济等生活的"超人"也是不符合宗教系统的客观事实的。历史上有关宗教"异人"和"超人"的记载无不曲折地反映着当时社会生活中存在的种种问题。

宗教系统的演化是有规律的，但其规律并不是宗教系统的意志。宗教徒是宗教系统演化中最活跃的因素，但是宗教的发展并不取决于宗教徒的自由意志。人们可以按照已经认识的规律，创造一定的条件促进或者阻碍宗教系统的演化，却不能随心所欲地扩大宗教或消灭宗教。有一种说法叫"社会主义不需要宗教"，如果这是一种哲学语言，那是哲学的谬误。因为，社会主义社会并不像人那样是有意志的，而且生活在社会主义社会中的人的"意志"并不能就代替社会发展的规律，更何况生活在中国的社会主义社会中还有众多宗教徒，他们并没有"不需要宗教"的意志，除非把他们排除在社会主义社会中允许有意志的人之外。如果这是一种文学语言，那么它仅仅表现出这位诗人的愚妄，因为被诗人斥为"不需要"的东西并不因为诗人意志的自我扩张而不复存在。

---

① 《启示录》，《马克思恩格斯全集》第二十一卷，第11页。
② 《德意志意识形态》，《马克思恩格斯选集》第一卷，第32页。

三、构成宗教徒的最重要因素是宗教心理

生活在社会中的宗教徒和非宗教徒的最主要的区别在于是否有宗教心理。宗教徒之所以成为宗教徒，是因为他们有非宗教徒所没有的信仰。恩格斯曾经指出过人的宗教心理的内容和形式特点，他说："一切宗教都不过是支配着人们日常生活的外部力量在人们头脑中的幻想的反映，在这种反映中，人间的力量采取了超人间的力量的形式。"① 人间的内容和超人间的形式就是人的信仰心理的特点。从宗教系统的内部结构来考察，由于宗教徒的活动是宗教思想、宗教组织得以存在的根据，而人的"宗教心理"又是宗教徒要素构成的最重要原因，因此，可以一般地认为"人的宗教心理"是宗教系统中最基本、最简单和最初的方程式。"人的宗教心理"潜藏着宗教系统的全部内容，也孕育着宗教系统的整个演化过程。"人的宗教心理"的产生是宗教系统历史发展的起点，宗教系统的最后终结可能也就是"人的宗教心理"的终止。

人的宗教心理并不是孤立的纯粹的内心体验，它和自然界、人类社会系统等有着密切的联系。马克思说过："在宗教中，人的幻想、人的头脑和人的心灵的自己活动对个人发生作用是不取决于他个人的。"② 自然界给予人类的灾害，生老病死给人带来的伤痛，人在社会关系中的困惑以及社会弊病给人带来的苦难，这些都是宗教存在的社会原因，然而这些原因之所以成为宗教系统赖以存在的原因，正是由于它使宗教徒产生了对于这些不可控制的异己力量的"依赖感"和持续的畏惧感。在同样的异己力量面前，有人成了宗教徒，有人却没有，其主要差别正在于他们的心理上是否有"依赖感"形成。费尔巴哈说过："只有依赖感才是表明和解释宗教的心理根源和主观根源的唯一正确而普遍的名称和概念。"③

人畏惧的异己力量可以是自然界系统的，也可以是人类社会系统的。然而，人的畏惧心理作为心理系统的要素，同样随自然界和社会的发展在演化之中。经验表明，人发生依赖感和畏惧心理的频率同异己力量的数量多少和对人控制力量的大小成正比，人的依赖感和畏惧的程度同人对自然界和社会系统的认识和控制程度成反比。恩格斯在《家庭、私有制和国家的起源》中指出，人类社会的氏族制度时期，"人类差不多完全受着陌生的、对立的、不可理解的外部大自然的支配，这也就反映在幼稚的宗教观念中"④。即：全民信仰万物有灵，崇拜一切不可理解的自然现象和自然体，企图依靠巫术来沟通人神的往来关系，祈求神灵的恩赐和保护，等等。但是，随着社会的发展，人对于自然界的支配程度逐渐提高，人的依赖感和畏惧心理的内容和程度也有了很大的变化。与氏族时期的全民信仰宗教相比较，不信仰宗教的人或者信教不坚定的人也逐渐增多。不论是当代的社会主义社会还是资本主义社会，人们对于异己力量产生依赖感和畏惧心理的范围比起各自的过去都有所缩小，因此，当代人产生宗教心理的机会也相对地趋于减少。

① 《反杜林论》，《马克思恩格斯选集》第三卷，第 354 页。
② 《1844 年经济学哲学手稿》，《马克思恩格斯全集》第四十二卷，第 94 页。
③ 《宗教本质讲演录》，《费尔巴哈哲学著作选集》下卷，北京：商务印书馆，1984 年，第 533 页。
④ 《马克思恩格斯选集》第四卷，第 94 页。

人的任何行为都扎根于人本身固有的动因之中，也就是扎根于人的需要之中，因此，人的需要也是人的心理活动的原动力。一个人的需要是多种多样的，不同的人又有不同的需要，并且形成一定的层次。费尔巴哈说过："没有需要，便没有依赖感。"① 需要之所以和依赖感挂上钩，就是因为人的"意志与能力之间、愿望与获得之间、目的与结果之间、想象与实际之间、思维与存在之间的对立或矛盾"②。当人们只是在意志、愿望和想象中能够不受限制和无所不能，而在能力、获得和实际上只是有条件和有所不能的时候，当人们只能在想象中破除"对立或矛盾"并且因而对某种力量产生依赖和崇拜的时候，需要就会导向宗教。从宗教心理来分析，宗教的出发点及其最后根据是人的幸福欲。今天的宗教徒都处在复杂的社会关系之中，他们对于幸福的追求，有企图实现而无法实现的部分，这就可能产生"依赖感"，也有依靠自己的力量而能实现的一部分，由此，有些人也自然会产生对生活的"自主感"。他们既是宗教徒，幻想着"超人间的力量"，同时又是普通人，把握着人间的现实利益。因此，有宗教心理的宗教徒同时又具有非宗教的心理活动。一个宗教徒在社会生活中同非宗教徒一样具有完全相同的思维能力和社会活动能力。宗教徒生活的多元化，为宗教生活和一般社会生活之间的交流提供了基本条件。社会思想对于宗教教义思想持续的影响，社会的风俗习惯对于宗教礼仪的影响，社会文化对于宗教文化的影响，以及宗教思想、文化对于社会思想、文化发展的影响和渗透，无一不是通过宗教徒的多元化的思想和生活而产生的。另外，宗教徒的劳动实践的本身又是对幻想中的超人的恩赐观念的限制，他们在生活中的人与人的关系的本身又是对寄托于神灵的宗教感情的限制。因此，人的社会生活的多元化以及社会关系的多层次性客观上必然从思想上和感情上限制人的宗教心理的滋长。人的现实生活的物质需要作为一种心理的驱动根源必然导致宗教徒在现实世界中寻找一种实际的满足。对于像汉民族这样有务实特点的民族，在现实世界中宗教徒寻求真正的实惠更是普遍的心理特点。近几年中，我国的个别地区出现了宗教徒数量的暂时增长，其原因十分复杂，而主要的也只能是当今社会生活中某些让人产生畏惧心理和依赖感的条件有所增长的缘故。随着社会主义制度的优越性充分展现，政治生活的健康，物质生活的改善，精神生活的充实，导致人们产生宗教心理的社会条件逐渐减少，我国宗教系统在社会主义时期的演化就会趋于正常。以为宗教系统会无限制膨胀的看法，无疑是对于宗教系统最基础的方程式，即人的宗教心理缺乏科学的分析，以及对于社会主义社会的健康发展缺乏信心的缘故。

四、关于宗教系统工程

宗教系统关系到千百万教徒的社会实体能否加以管理，或者需不需要管理，这既是一个理论问题，更是一个实际问题。在中国宗教发展史上，随着宗教逐渐成熟和系统化，封建朝廷早就设置专官，建立机构，掌管宗教事务。就我国社会主义阶段的实际情况而言，事实上对于宗教系统的管理过去存在着，现在也进行着，今后还会继续下去。

---

① 《宗教本质讲演录》，《费尔巴哈哲学著作选集》下卷，第 580 页。
② 《宗教本质讲演录》，《费尔巴哈哲学著作选集》下卷，第 462 页。

宏观地观察宗教系统以及对它的管理，是为了把系统工程的方法应用于构筑宗教系统工程。当然，这里的"工程"丝毫不是"建筑物"或"机器"的意思。宗教系统工程作为一种社会工程，除了运用自然科学发展的理论成果以外，最终还将可能使用电子计算机来处理宗教系统内的某些现象和关系。但是，在目前的条件下，宗教系统工程的设计主要是让我们对宗教系统以及其系统间的关系做出层次性分析，构筑出符合实际的严密的体系结构，保证宗教系统的健康发展以及宗教信仰自由政策的完满落实，使系统与系统、部门与部门、层次与层次之间互有联系而又互相区别，既界限分明，不重叠交叉，又不相互抵牾、相互违反。因此，就其研究方法而论，目前仍然是经验性的。其成果仍然只能是理论的构想。我认为，对于宗教系统的管理，大概有以下内容：

第一，宗教徒和宗教组织在爱国爱教思想指导下管理本教的事务。例如，开展宗教活动，安排教职人员，团结联系教徒，开放寺庙教堂，经营宗教产业，培养青年教徒，出版宗教书刊，同国内外宗教界的朋友进行友好往来等等。

第二，作为执政党的中国共产党，加强爱国统一战线，认真贯彻执行"长期共存，互相监督""肝胆相照，荣辱与共"的方针，团结爱国的宗教界人士，对于全国和各地、各时期的宗教政策及其落实重点做出决策。

第三，作为国家权力机关的人民代表大会制定有关宗教的法律、法令和制度。宗教工作机构掌握宗教现状及宗教政策落实的情况，监督政府机关对宗教信仰自由政策的贯彻执行，督促和帮助宗教政策的全面落实。

第四，作为国家权力机关执行机构的政府，设立了宗教事务部门，或者在民族事务机构中设立了管理民族宗教的部门。它们在宪法和有关法令的指引下，按照宗教信仰自由政策，接受人民代表大会的宗教工作机关的督促和帮助，吸收政治协商会议的批评建议，执行宗教信仰自由政策，尊重宗教界人士对宗教系统的管理，与宗教界人士平等协商、合作共事，密切联系信教群众，帮助广大宗教徒走爱国爱教、遵纪守法的道路，等等。

第五，政治协商会议作为我国政治体制中的爱国统一战线组织，是我国各民族、各阶层、各党派、各人民团体、各界人士和一切爱国力量共同协商有关国家大事、有关方针政策等许多工作和问题的重要组织。它既是宗教界爱国人士同党和政府有关宗教管理部门的干部直接协商、沟通关系、取得协调的渠道，又是宗教界人士发挥监督作用，调查情况，帮助政府和各爱国宗教组织共同落实宗教政策，在国家政治生活和现代化建设中发挥作用的一种形式。因此，它在我国宗教界爱国人士中一直有很高的威信。

宗教系统的存在和演化是有自身客观规律的。宗教系统演化的基本特点，是稳定性、排他性和社团性。稳定性指宗教系统一旦形成，宗教徒信奉的宗教教义以及神灵偶像能稳定相当长时期。即使是分属于不同阶级的宗教徒在同一宗教内其信仰内容有相当差别时，其宗教形式仍能保持不变。从这个意义上说，宗教系统的有序变化是缓慢的、渐变的，并且往往是不为人察觉的。另外，宗教系统作为一个实体是由信仰相同的宗教徒所组成的，因此形成了一定的社团性。不同宗教的信徒对于异教往往持有排他情绪。因此，中国历史上也曾多次出现过全局性的佛道斗争，尽管中国历代统治阶级中的大多数执行三教共存的政策。宗教系统这种稳定而排他的有序演化的特点至今仍然保持着。对于宗教系统的管理就只能使宗教系统有序演化，而保持宗教系统的有序演化又只能尊重这些特点。如果我们轻率地改变宗教系统的稳定性或社团性，企图用外部力量想当然地发动所谓宗教内部的改革，或者主观地企图扩大或消灭宗教都会造成宗教系统盲目发展的恶果。另外，如果有人从宗教外想轻率地插手宗教系统内的事务，改变宗教系统的结构，也会造成破坏宗教系统有序演化的恶果。只有"宗教信仰自由"政策才是保护宗教系统有序演化，努力创造演化的客观条件直至终结的唯一正确的政策。这一基本政策反映了宗教徒和非宗教徒作为社会公民争取平等的愿望，也反映了人们已经认识到宗教系统只能按照自身的演化规律而不是在外力干预下演化的客观必然性，它符合宗教系统有序演化的客观要求，能保证宗教系统健康地而不是盲目地发展直至消亡。

国家政权机关对宗教系统的管理，是宗教系统接收到的最主要的最直接的外来信息。当然，"信息"不能仅理解为"情报"和"消息"，而应该理解为宗教系统和其他系统间互相联系的一种形式。向宗教系统输入的信息对于它的演化具有至关重要的意义。在党的十一届三中全会以后，我国的宗教事务机构包括在民族事务机构中的宗教部门，向宗教系统输入了大量健康的信息，并且在宗教系统和其他系统之间发挥着重要的调节作用，取得了大量成绩。其主要表现在：督促检查并落实国家关于宗教工作的文件；检查并推动和宗教有关的房地产、工厂企业、文管和园林等企事业单位，尊重宗教界的正当利益；协助各宗教团体恢复并且开展工作；宣传党的宗教政策；了解情况，研究问题，交流宗教工作经验，等等。在宗教事务机构和宗教系统的关系中，宗教系统无疑应当接受领导。因为，正确的领导给予的"信息"都有助于宗教系统的稳定而有序的发展。但是，在从1957年到1966年期间，宗教系统曾逐渐成为宗教事务部门加以限制、削弱的目标。"左"的做法导致了干扰和破坏宗教系统稳定发展的严重后果。历史的经验和教训都告诉我们，国家政权机关对宗教系统的管理应该把出发点和落脚点放在使全体信教和不信教的群众联合起来，把他们的意志和力量集中到建设现代化的社会主义强国这个共同目标上来。而争取、团结和教育宗教界人士，正是这一正确管理的前提条件。爱国的宗教界人士绝大多数拥护党的领导和社会主义制度，他们同广大的宗教徒有十分密切的精神联系，宗教徒生活离不开他们，而且他们又都较有知识以及有广泛的国内外社会联系，特别是在某些少数民族中，爱国的宗教界人士往往是民族的历史和文化的代表人物。尊重他们，让他们有主持自己的宗教活动的权力，能按照宗教教义和传统管理宗教，使广大宗教徒团结在他们周围，是保护宗教系统有序演化的关键。如果不尊重宗教界人士对宗教系统的管理，必然会挫伤宗教界人士的爱国积极性，使宗教系统成为所谓"官办宗教"，干扰宗教系统的有序演化。当宗教徒不再团结在爱国的宗教界人士周围时，就有可能被别有用心的人引领到不健康的宗教生活中去。另外，除了以削弱宗教系统为目标的包办代替外，随着党的宗教政策的落实，又有一种过于热心插手宗教内部事务的倾向，这就从另一方面干扰了宗教信仰自由政策的落实。政府主管宗教事务机构的干部如果能够深入理解党对宗教问题的基本观点和基本政策，深入认识宗教系统的客观规律，密切地联系信教群众，同宗教界人士平等协商、合作共事，就能有效地管理宗教系统。

党的统一战线部门和人民代表大会的宗教工作机构同宗教系统的关系，政府的宗教事务部门同宗教系统的关系，政治协商会议的宗教工作机构同宗教系统的关系，这四种关系应该是有区别的。党的统战部门应该在高层次上着重于从理论和政策方面掌握宗教系统发展的趋向，制订决策，团结爱国的宗教界人士，关心和督促政府事务部门具体落实宗教信仰自由政策。目前有些地方把党的统战部门和政府宗教部门的宗教工作混同起来，变决策为事务，变督促为操办的情况是不适当的。作为国家权力机关的人民代表大会和爱国统一战线组织的政治协商会议的宗教工作机构，进行了大量的调查研究工作，前者制订有关法律、法令和规定，后者提供大量建议、咨询意见和情况，推动了党的宗教政策的贯彻落实工作。党政系统和社会各界都来关心宗教系统的稳定而有序的发展无疑是贯彻落实宗教信仰自由政策的大好事，但是，有关宗教政策的落实事事都由"四大条"（即四个部门）同时出马，不是同时出马就办不成事，这只能是近几年的特殊情况。长期地让不同层次的系统在同一层次上重复工作，就会出现互相扯皮或者相互推诿的现象。统战、人大和政协的宗教工作的机构，从理论和政策的高度，从法律制定等不同方面，保护宗教系统稳定而有序地发展，调节宗教系统和其他社会生活系统间的关系，有力地指导和组织社会各部门，包括政法、宣传、文化、教育、科技、卫生部门以及工会、共青团、妇联等人民团体的群众都来尊重公民的宗教信仰自由的权利，了解宗教和宗教徒，这些恐怕是更为迫切而重要的事情。只有分工负责，密切配合，才能保护宗教系统的有序发展。

宗教系统最基本的要素是人的宗教心理，植根于人的"依赖感"和"需要"。这种宗教心理既是成熟的系统宗教的基本要素，也是一些初级的无系统的流传于民间的迷信活动的起点。诵经、拜佛、烧香、礼拜、祈祷、弥撒、受洗等等都寄托着宗教徒的"依赖感"和"需要"；驱鬼治病、扶乩通神、相面揣骨、占卦算命、阴阳风水等等也都寄托着迷信者的"依赖感"和"需要"。从这个意义上讲，宗教徒和迷信者的"心理"是相通的。对于一些并不依附于宗教的迷信违法活动，国家制订了法律给予惩治和打击，必须依法给予取缔处理。另外，在某些情况下，正当的宗教活动也可能会和某些迷信活动一时纠缠在一起。对于这些现象，放弃管理、无所作为的态度是错误的，但是根据宗教系统发展演化的特点，这种"管理"必须适当而有分寸，那就是，除了触犯刑律的以外，一般都应该依靠宗教界爱国人士，发动宗教徒自己动手鉴别和抵制比较稳妥。这样既可以提高广大宗教徒遵纪守法、爱国爱教的觉悟，又不易为别有用心的人播弄是非、混淆是非，不致伤害一般信教群众的宗教感情。另外，随着我国国际交往的日益扩大，宗教界对外联系的日益发展，国际宗教特别是帝国主义宗教势力，也企图利用各种机会进行渗透活动。在这种情况下，既要积极开展宗教方面的国际友好往来，又要坚决抵制外国的敌对宗教势力的渗透，除了有国家安全部门的坚决打击外，也要依靠宗教界爱国人士的高度警觉和严密监视。宗教界的爱国人士在宗教系统的管理工作中，要接受党的领导，坚持爱国爱教的方向，不断协调和"四大条"宗教工作机构的关系，注意充分发挥宗教组织的作用，有计划地培养和教育年轻一代的爱国宗教职业人员，在教义思想和宗教活动中，主动适应社会主义社会新生活的要求，发扬宗教的积极方面，抑制其消极作用。从宗教系统演化的特点以及历史的经验教训来看，对于宗教系统的管理的最优方法是，让输入宗教系统的各种信息都通过宗教系统中最活跃的要素，即宗教徒，特别是他们的代表人物，即宗教界爱国人士，发挥作用。

（本文见载于《宗教》1986 年第 1 期；《上海社会科学院学术季刊》1986 年第 2 期；《宗教学论文集 1979—1994》，南京大学出版社；法文《Cahiers d'Extceme-Asie》1988 年第 4 期）

释 "酓"

丁培仁 *

内容提要：商代卜辞中常见"酓"字。诸家或不释，或作"酒"，或释为"饮"。笔者认为，"酓"与"饮"是两个字，当释为周代传世文献所见"裸"，其义通作宗教祭祀之一种的灌祭。此字见于甲骨文，表明商代已有灌祭。

主题词：裸　灌祭

商代卜辞中常见"酓"字。诸家或不释，或作"酒"，或释为"饮"。郭沫若在 1938 年《驳〈说儒〉》一文中引《殷虚书契》前编卷三 27 页七片："癸未王卜贞：酒酓日自上甲至于多后，衣。亡它自尤。在四月，惟王二祀。" 28 页一片："□□王卜贞：今由巫九咎，其酒酓日〔自上甲〕至于多后，衣。亡它在尤。在〔十月〕又二。王稽，曰大吉。惟王二祀。"此文在编《郭沫若全集》时收入①，表明其晚年观点未发生改变。后一条，《甲骨文字典》第 626 页引《前》3·28·1："……王卜贞，今祸，巫九□□，其饮酓日……至于多毓衣亡。""由"当为"祸"，"多后"为"多毓"。后就是王，"多后""多毓"互通。后来学者或从郭沫若，引作"酒"，如引《南明》47 "甲午贞，乙未酒高祖……"云云。这个"酒"，形如酓。康殷亦将"酓"作为"酒"字，说分楷作酒，彡变为三点水，篆反讹为水形②。李学勤指出不一定就是酒字③，当是对此而言。

卜辞中另有"酒"字。徐中舒主编的《甲骨文字典》"酉"条，引《佚》199："……辰卜，翌丁巳，先用三牢羌于酉用。"释义云，读为酒，为酒之祭④。"酉"像酒坛或尊，当是"酒"的本字（金文如三年瘐壶"酒"亦作"酉"，只是于其字加数点表示液体）。《甲骨文字典》另有"酒"条，所引"甲子卜，宾贞：卓酒在病不从王……""酒"二侧从水、中酉，是一个形声兼会意字。酉、酒乃同源字，后来"酉"专用于地支名，酒之一义便废而不用了。正如"申"是"电"之本字，后来"申"专用于地支名，闪电一义便废而不用（金文如此鼎有作为"神"者，"申""神"同源）。"酓"应是与"酉""酒"同源连属的另一字。陈梦家《殷墟卜辞综述》多按此字形引作"酓"，如：

---

* 作者简介：丁培仁，四川大学道教与宗教文化研究所荣休教授。

① 郭沫若：《郭沫若全集·历史编》，北京：人民出版社，1982 年，第 1 册，第 437 页。
② 康殷：《文字源流浅说》"酉"条，北京：荣宝斋，1979 年，第 500—501 页。
③ 王宇信：《建国以来甲骨文研究》，北京：中国社会科学出版社，1981 年，第 83 页。
④ 徐中舒：《甲骨文字典》，成都：四川辞书出版社，2003 年，下册，第 1601—1602 页。

乙巳酓，明雨，伐既雨，咸伐亦雨……（《乙》6664）

酓宜，伐百羌。酓宜羌。（《金》393）

乙未酓高且亥〔羌□牛□〕，大乙羌五牛三，且乙羌□牛□，小乙……羌三牛二，父丁羌五牛三。（《明续》477）

惟河燎先酓。先高且燎酓。（《京津》3916）

酓于丁，燎十小牢，卯十勿牛。（《上》24•3）

惟今日酓大庚大戊中丁，其告□。（《甲》1581）

其又妣丙罘大乙酓，王受又。（《甲》1609）

其罘酓大庚爽，惟勿。（《粹》334）

壬寅卜，其桒年于示壬爽罘酓，兹用。（《佚》892）

六月甲申工册其酓羽。下旬甲午酓羽上甲。（《上》10•9）

十月又一甲戌妹工册其冒。下旬甲申冒酓祭上甲。（《续》1•5•1）

乡酓于成。（《林》1•13•7）

羽（翌）丁未酓中丁，易日。（《元》96）

丙午卜□贞：三且丁罘且丁酓，王受又。（《佚》260）

丁巳卜，行贞：小丁岁罘大丁岁酓。（《河》336）[①]

酓是一种祭，所引"酓"字有的配合燎、告、羽、罘、册、乡等其他祭。"伐羌"是用羌作人牲，与卯牛皆血祭，跟酓配合祭祀祖先。"告"就是祰祭，"乡酓于成"，"乡"即"肜"，均祭名。但陈梦家后文引《前》"饮于河"一条，当是他认为"酓"就是"饮"字。后来，《甲骨文字典》便释为"饮"。其"饮"条引《邺》1•32•4："丙寅卜，甲戌饮祄岁春雨。"解字云："象人俯首吐舌捧尊就饮之形，为饮之初文。"又说，字形在卜辞总每有省变，或省作乡，故形似酒。因此推论"酓"为饮酒形之省。其释义：一，荐酒之祭，举例《粹》76："贞来辛酉饮王亥。"《前》7•5•2："戊午卜宾贞：饮桒年于岳河夒。"三，饮也。并引《菁》4："王占曰，有祟，八日庚戌，有各云自东宧母昃，亦有出虹自北饮于河。"[②] 在《甲骨文字典》其他字条目凡涉"酓"字皆引作"饮"。仁按，《菁》4"饮"字确如《字典》所说，"象人俯首吐舌捧尊就饮之形，为饮之初文"，但与释义一、二举例之"酓"字形判然有别，"酓"恐非《菁》4类型"饮"字之省。

笔者认为，"酓"与"饮"是两个字，当释为"祼"；如皆释为"饮"，很多地方是说不通的。例如《甲骨文字典》上引《前》7•5•2讲的是以祼祭祈年于岳、河、夒，若释为"饮"，是神饮、还是人饮？都很难讲通。又如《甲骨文字典》所引：

于春饮，王受又（祐）。（《戬》22•2）

其又父己肆……惟莫（暮）饮，王受（祐）。（《邺》1•40•9）

① 陈梦家：《殷虚卜辞综述》，北京：中华书局，1988 年，第 246、267、339、351、353、374、382、382、382、393、394、411、423、425 页。

② 徐中舒：《甲骨文字典》，下册，第 986 页。

惟莫（暮）饮。（《存》1·1937）

甲午王卜贞：作余饮朕㭒饮，余步从侯喜正（征）人方，上下敤示，受余又（重复符号，有祐），不咠戈祸，告于大邑商……在祸。王□曰，吉在九月，遘上甲□唯十祀。（《通》592）

惟十牢有五，饮大甲。（《前》1·5·5）

甲寅饮，翌上甲，王廿祀。（《甲》668）

丙子卜，㱿贞：乎言（告）饮河，燎三犊三羊，卯五牛。（《粹》47）

丙子卜，㱿贞：勿善饮河。（《后上》24·10）

……巳卜，旅贞：父丁岁惟农（晨）饮。（《遗》848）①

其例甚多。"饮大甲"，当然可作使动用法去理解，释为使大甲饮。然而这分明是祭祀祖先。凡此种种，均释为饮，却感觉十分别扭。而解释作裸祭，则上下文皆顺。《戬》22·2是说于春裸祭，商王受祐。《邺》1·40·9是说于暮裸祭，商王受祐。《遗》848则是晨裸。《通》592是商王自卜贞，因此说用裸祭，神接受，自己才有祐。《前》1·5·5当为裸祭大甲，方讲得通。《粹》47、《后上》24·10皆言裸河，即后世所谓"把酒酹滔滔"。若释为饮，难以读通，尤以"饮河"为甚。以上皆作动词，释"酒"更不通。这就说明，解字尚须根据上下文，否则，不依语境，是无法准确把握语义的。

酌，周代作"裸"，西周金文如鲜盘已出现"裸"字，此件藏于美国旧金山亚洲美术博物馆，铭共五行："惟王卅又四祀，唯五月既望戊午，王在荞京，禘于昭王，鲜蔑历，裸王璋，裸玉三品、贝廿朋，对王休，用作子孙其永宝。"②"荞"即丰镐二京之"丰"。而"酌"亦有继续使用者，如麦尊有"荞（丰）京酌（裸）祀"文③。许慎《说文》当是据周代传世文献解字云："裸，灌祭也，从示果声。"段玉裁注说："《诗毛传》曰：裸，灌鬯也。《周礼注》曰：裸之言灌，灌以郁鬯。谓始献尸求神时，周人先求诸阴也。"又说："此字从果为声，古音在十七部。《大宗伯》……注两言裸之言灌，凡云之言者，皆通其音义以为诂训，非如读为之易其字、读如之定其音。"就是说，裸、灌音义皆通。其例如《国语·周语》所载，周惠王十五年，有神降于莘，王使太宰忌父帅傅氏及祝、史奉牺牲、玉、鬯往献于虢，虢公亦使祝、史至周请土。"王裸鬯。"韦昭注曰："裸，灌也。"《周礼·春官·大宗伯》说："大宗伯之职，掌建邦之天神、人鬼、地示（祇）之礼，以佐王建保邦国。以吉礼事邦国之鬼神示，以禋祀祀昊天上帝，以实柴祀日月星辰，以槱燎祀司中、司命、风师、雨师，以血祭祭社稷、五祀、五岳，以狸埋沉祭山林州泽，以疈辜祭四方百物。以肆献裸享先王，以馈食享先王，以祠春享先王，以禴夏亯享先王，以尝秋享先王，以烝冬享先王。以凶礼哀邦国之忧。"裸，即灌祭也。《周书·洛诰》曰："王入太室裸。"孔颖达疏云："王以圭瓒酌郁鬯之酒以献尸，尸受祭而灌于地，因奠不饮，谓之裸。""鬯"已见于卜辞，即浸过香草的酒。《礼记·郊特

---

① 徐中舒：《甲骨文字典》，第58、319、62、99、513、218、220、222、226、257页。

② 参见李学勤：《〈中日欧美澳纽所见所拓所摹金文汇编〉选释》，《四川大学学报丛刊》第十辑《古文字研究论文集》，1982年，第44页。

③ 麦尊《殷周金文集录》不载，兹据孙作云《说"天亡簋"为武王灭商以前铜器》所引，《文物参考资料》1958年第1期，第30页。

牲》："周人尚臭（嗅），灌用郁鬯，灌以圭璋。"《礼记·祭统》："夫祭有三重焉：献之属莫重于裸，声莫重于升歌，舞莫重于武宿夜。此周道也。"《论语·八佾》记载："子曰：禘自既灌而往者，吾不欲观之矣。"表明孔子所处春秋时代，禘祭亦行灌礼（在周代，禘祭是祭祖宗的礼，春秋时代犹然①）。《周礼·春官·司尊彝》又说："春祠夏禴，裸用鸡彝、鸟彝。"《说文》："彝，宗庙常器也。……《周礼》六彝：鸡彝、鸟彝、黄彝、虎彝、蜼彝、斝彝，以待裸将之礼。""裸将"见于《诗·大雅·文王》："商之子孙，其丽不亿。上帝既命，侯于周服。侯服于周，天命靡常。殷士肤敏，裸将于京。厥作裸将，常服黼冔。王之荩臣，无念尔祖。（毛传：荩，进也。无念，念也。）无念尔祖，聿修厥德，永言配命，自求多福。殷之未丧师，克配上帝。宜鉴于殷，骏命不易。……"冔，据《士冠礼》，是殷冠。陈梦家说，此是记殷士戴了殷人的冠，为周王行裸尸之礼。到春秋时代，则沦为民间的相礼者，并引《檀弓》"殷士"，《士丧礼》与《既夕礼》"商祝"为证，属于殷士阶层的一种末路。徐中舒持相似观点，认为周初除作册用殷人外，祠祭先祖也要殷人助祭，并引此《文王》诗"殷士肤敏，裸将于京……"为证。释云："此言穿戴殷人冠服的祭司，在京，即周宗庙所在地，为周王举行裸将之礼。裸同灌，灌鬯于地以降神，将劝神饮食………"② 如此，裸祭应沿袭自商代，只不过商代卜辞作"酻"，会意兼指事（酉与彡会意，而彡又是表示液体倾斜灌注的指事符号），更带象形表意意味；周代的"裸"则是形声字。商代卜辞中"酻"从酉从彡，彡象液体，或在左或在右，皆表示将酒倾灌于下（或地或水），祭地、河、岳、祖宗等均可用，适用范围颇广。试以商代卜辞为据，举例如下（周初卜辞数量有限，未见酻或裸③）。

1. 祭祀祖宗

贞，甲辰，裸大二，贞又（有）祸。癸卯卜，翌甲辰，大甲三。甲寅，央贞：□其祸。（《合集》672 正，第 1 册第 163 页。"大二"疑指大甲、大乙。）

丁巳卜，□（某贞人）贞：裸帚（妇）好，祝于父乙。贞，勿羊□酒于父乙，□卯三牢。（同上 712，第 180 页。仁按，"酒"字亦见于 536。此酒或与裸祭有关。）

王今贞来，乙亥，裸祖乙十有五，卯十牢（从羊）。（同上 892 正，第 232 页。）

辛巳卜，央贞：来乙未，裸唐，五牢。（1301，第 334 页。唐，当即成唐。）

壬戌卜，来……（四字模糊）且辛（祖辛），五牢，裸于大。（1482，第 354 页。）

□子卜，央贞：有（侑）于且辛（祖辛），于告（祰）裸，十牢。（1653，第 2 册第 374 页。）

……乡（饗）父乙，至于商，裸。（2199 正，第 451 页。商最初指商丘，此或即卜辞所谓大邑商。）

---

① 《礼记·王制》："天子诸侯宗庙之祭，春曰礿，夏曰禘，秋曰尝，冬曰烝。"《春秋》定公元年："经元年……九月，大雩。立炀宫。"《左传》："昭公出故，季平子祷于炀公。九月，立炀宫。"杜预注云："炀公，伯禽子也。其庙已毁。季氏禘之，而立其宫。书以讥之。"是孔子所处时代禘之例。

② 徐中舒：《周原甲骨初论》，《四川大学学报丛刊》第十辑《古文字研究论文集》，1982 年，第 11 页。

③ 1976 年 2 月发掘。发掘简报，见《文物》1079 年第 10 期。卜甲和卜骨共 17275 片，其中有字卜甲共 292 片，共计字 903 个，合文 12 个。见陈全方《陕西岐山凤雏村西周甲骨文概论》，《四川大学学报丛刊》第十辑《古文字研究论文集》，第 306、308 页。另参王宇信《西周甲骨探论》一书。徐中舒认为，周原甲骨绝大部分皆为文王时代遗物。

贞，祼母庚。贞，王其有曰（告）父乙。（2281 正，第 462 页。）

贞，乎（呼）子安祼于有匕（妣）。鼎（贞）有□。（3171 正甲，第 552 页。）

贞，王不尪祼示又（佑）？贞，示弗又（佑），王不祼？有（侑）且乙（祖乙）。王占。贞之五，十月降至。（10613 正，第 4 册第 1558 页。此当是与焚巫尪配合祭祖。①）

□午卜，夬贞：翌丁未，□。贞，勿于列（从辛从刀）宗祼？八月。（13547，第 5 册第 1908 页。）

……于南室祼□。（13557，第 1911 页。）

辛未卜，内贞：日惟羊（祥）。六月。有来。辛未卜，㱿（贞）：王惟有于□，祼于王亥。辛未卜，㱿（贞）：今来甲戌，祼王亥。（14732，第 5 册第 2100 页。）

癸亥卜，王贞：勿祼？翌夜，（祼）于父寅，在三月。（19771，第 7 册第 2569 页。）

辛酉卜，又（侑）且乙（祖乙），廿牢。辛酉卜，又且乙，卅牢。甲子，三祼大甲。（19838，第 7 册第 2581 页。）

父己，二牛。且辛（祖辛），二牛。己酉卜，示且丁（祖丁），子（巳即祀）酒。（22184，第 2862 页。此酒当与祼有关。）

癸酉卜，出贞：有（侑）于庚丁，惟翌乙亥祼。六月。（22742，第 8 册第 2952 页。）

甲戌卜，彭贞：祼彡（肜）大乙，王弗宾？癸亥卜，彭贞：其祼肜，王亡又（无佑）？（27107，第 9 册第 3346 页。）

告（祰）母午、戊、且丁（祖丁）、大乙，祼。母先祼（此三字下残）。（27145，第 9 册第 3349 页。大乙即成唐。）

……卜……其又（侑）中宗且乙（祖乙），祼，弗母。（27244，第 9 册第 3362 页。）

十目，二父祼。上甲祼，王叟（受）又（佑）。于父己、父庚既祭，翌祼。于□（此字模糊）祼，于朕又（佑）。大告（祰）。辛丑卜，公辇□（模糊）今日祼。王□□（字模糊）。（27416，第 3385 页。）

勿？告（祰）五至父甲。其至日岁祼。卜祼，立（位）于翌日。兹用。惟今夕祼。告，惟小牢。（27454，第 9 册第 3390 页。）

贞，辇匕辛（妣辛），其禘日祼。（27548，第 3403 页。）

……夕祼，受又（佑）。王受（又）于宗。（30309，第 10 册第 3703 页。）

……祝。丙午贞，祼匕（妣），册祝。（32285，第 10 册第 3939 页。）

其夕告（上甲）。三牛。并弗受又（佑）？己巳贞，并□，伐□方，受又（佑）。祼凹于上甲。（33042，第 11 册第 4069 页。按同页 33043，也是"其夕告上甲"。第 4077 页 33082、33084 并为示上甲。）

丁卯贞，于庚午祼小甲于兕。（33273，第 11 册第 4106 页。）

韦贞：祼于且辛（祖辛）。（39584，第 13 册第 4918 页。）

---

① 尪似黄，据唐兰说当是"尪"的本字。裘锡圭进一步指出，此与焚巫尪有关，见其《说卜辞的焚巫尪与作土龙》，文载胡厚宣主编：《甲骨文与殷商史》，上海：上海古籍出版社，1983 年，第 25 页。

庚申卜，即贞：翌辛酉，气（迄）祼。翌日旬自上甲衣（殷）至于多毓，亡尤。三月。癸丑卜，□贞：迄祼□（自）大乙，衣（殷）至（于）多毓，亡蚩。（《合集》40922，第13册第5104页。）

癸丑卜，行贞：翌甲寅，后且乙（祖乙）岁，朝祼。（《库》1025）

乙酉卜贞，来乙未，祼悚于祖乙。十二月。（《林》2·11·1）

父己界父庚祼。（《粹》313）

……子卜贞，王其又礿于文武帝，升其各夕又戢于来乙丑……祼，王弗每。（《续》2·7·1）

其遘上甲，史（使）祼。（《人》1784）

癸亥卜，遘祼，宜伐于大乙。（《京》3974）

庚午贞，王其再朋于祖乙，燎三牢，卯……乙亥祼。（《邺》3·45·12）

丁巳卜，行贞：小丁岁界矢岁祼。（《文》336）

于来日己祼妣己。（《人》1791）

己亥卜，殻贞：祼妣庚……（《铁》46. 1）

己巳卜，行贞：王宾雍己匕岁祼，亡尤。（《存二》609）

辛卯卜，亘贞：肜课于上甲，亡蚩。（《粹》107）

丙午卜，中丁岁并祼。（《掇》1·41）

庚子卜，夬贞：协其祼于祖辛，铸（祷）、侑、勺（礿）、岁用。（《佚》887）

2. 祭祀土（社）、四方、岳、河

癸卯卜，祼莘。乙巳，自上甲廿示，一牛，二示羊，土（社）燎，四戈豕，四巫豕。（以下字模糊。）丙辰卜，享羊，二伐。壬戌卜贞，王夜享羊。……（《合集》34120，第4243页。）

辛卯卜，乡（？从土，右跪坐状，疑是社祭）五祼，其又（佑）于四方。（《合集》30394，第3713页。）

辛卯卜，郊肜祼其又于四方。（《南明》681。《南明》680又有"辛卯卜□□乡祼其又于四方。"）

庚申卜，出贞：令邑并祼河。（《文》362）

丙子卜，殻贞：乎言祼河，燎三豬三羊，卯五牛。（《粹》47）

丙子卜，殻贞：勿善祼河。（《后上》24·10）

戊午卜，宾贞：祼，莘年于岳、河、夔。（《前》7·5·2。夔是殷人传说的祖先。）

贞：勿辛未祼岳。（《粹》34）

唯岳先祼。（《存》11749。）

于岳宗祼，又雨。（《甲》779）

3. 雨旱、祈年用祼

　　贞……有雨。卜王……祼。贞，乎（呼）舞于兹。（《合集》1140，第 2 册第 313 页。）

　　……甲子卜，其萃雨于（雩）东方。成辛，祼，典若。于丁卯祼南方。（《合集》30173，第 10 册第 3686 页。）

　　三用。甲午卜贞，祼。甲辰正（征）。癸卯，又上甲。（32041，第 10 册第 3899 页。）

　　丙申卜，㱿贞：来乙巳，祼下乙。王占曰，祼唯有杀，其有设。乙巳祼，明雨，伐既雨，咸伐亦雨。也卯鸟星。（《乙》6664）

　　乙卯卜，㱿贞：来乙亥，祼下乙，十伐有五，卯十牢，二旬有一日，乙（亥）祼，雨。（《合》173）

　　戊戌贞，祼，萃禾（求年）。辛卯卜，又（侑）妣壬、癸，牢。（《合集》33327，第 11 册第 4115 页。）

4. 田猎、逃亡

　　己酉卜亡。辛卯卜，亘贞：四祼于……（《合集》1185，第 318 页。）

　　……贞，翌甲辰，祼，既自田。（同上 1195，第 321 页。）

5. 征伐

　　丙午卜，㱿贞：登人三千乎？（据 6173，三千，乎伐□方。）　　丙午卜，㱿贞：翌丁未祼。（据 6173，丁未，祼庚丁。易日。仁按"庚丁"似祖丁与祖庚。）（《合集》6172，第 3 册第 907 页。）

　　癸巳卜，㱿贞：登人，乎（呼）伐邛，受。□□卜，㱿贞：翌辛未，令伐邛方，受。□□卜，㱿贞：翌丁未，祼中丁。易日。（《合集》6174，第 908 页。）

　　其夕告（上甲）。三牛。并弗受又（佑）？己巳贞，并□，伐□方，受又（佑）。祼凹于上甲。（《合集》33042，第 11 册第 4069 页。按同页 33043，也是"其夕告上甲"。第 4077 页 33082、33084 并为示上甲。）

6. 求福祈平安

　　贞，王衣（殷）安，翌日。贞，王咸祼供，乃安□（从舟）。（《合集》9524，第 4 册第 1380 页。）

　　癸未贞，惟翌日甲申，祼。勿福？（34547，第 11 册第 4309 页。）

7. 配合血祭

王今贞来乙亥，祼祖乙十有五，卯十牢（从羊）。（《合集》892 正，第 232 页。）

丁未卜，完（贞）……甲亥，祼。……在十岁……有五卯……十牢八……（《合集》896 正，第 237 页。）

丁未卜，㱿贞：祼□（妣?），岁十二，十牢。……乙元祼二乙，十岁有五，卯十牢，四。

乙卯卜，㱿贞：来乙元，祼二人，十岁有五，卯十牢，二犬。有（又）一日，乙□（元）祼，雨。五月。（《合集》903 正，第 243 页。904 正有用祼祭"且匕"即祖妣。"二乙"似指大乙、小乙。）

丁亥卜于翌戊子，祼，三豕，庚寅用。四月。（《合集》1526，第 358 页。）

□□卜，□贞，祭六人。庚辰卜，出贞：卅牛，三祼。（《合集》22600，第 8 册第 2938 页。"祭"从手执肉献于示，即是杀祭。）

甲午贞，乙未祼高且（高祖）亥（下残），大乙，羌五，牛三；且乙（祖乙），羌（下残）；小乙，羌三，牛二；父丁，羌五，牛三。亡尤，兹（用）。（《合集》32087，第 3908 页。）

贞，亡用羌、酉（酒）于且乙（祖乙）？勿卯代？（《合集》32122，第 3913 页。）

甲申卜贞，祼萃六，上甲十示又（侑）二牛，小示六羊。（34116，第 4242 页。）

癸卯卜，祼萃。乙巳，自上甲廿示，一牛，二示羊，土（社）燎，四戈豕，四巫豕。（以下字模糊。）丙辰卜，享羊，二哉。壬戌卜贞，王夜享羊。……（34120，第 4243 页。）

戊申卜，□（象血溅几案）祼。贞，牢。（40392 正，第 5040 页。）

……祼，翌岁。十月。□卯，有（侑）于母辛，三牢，□（似册，二矢向下，似射杀）一牛，羌十。乙巳，有（侑）于母辛，牢有七牛。八。（《合集》40912，第 5103 页。）

庚申卜，祼自上甲一牛，至示癸一牛，自大乙九示一牢，杝示一牛。（《人》2979）

……卜出贞，大史其祼，告于血室。十月。（《六中》248）

　　以上举例，祼用于祭祀祖宗最多。还有些不知何种场合、为何目的用祼，如《合集》894："贞甫（?）乙酉，祼。贞于聿，乙巳祼。"896 正："丁未卜，完（贞）……甲亥，祼……"10302 正甲："五日甲子，允祼，有设于东。"（设，据于省吾说，指陈设祭物。）25935："丙戌卜，大贞：于来丁，大吏（事）易日。"34544："己丑贞于林，十月祼。"39697："戊午卜，古贞：祼，小子乡（飨）。"等等。商周时代，"国之大事，在祀与戎"①。"大事"即祭祀，"易日"犹言改日。正如前述，祼常常配合其他种祭，如《合集》27107："甲戌卜，彭贞：祼、肜大乙，王弗宾？癸亥卜，彭贞：其祼、肜，王亡又（无佑）？"27145："告（祰）母午、戊、且丁、大乙，祼。母先祼……"等等。

　　此外，商代卜辞也偶用"蘿"字，例如：

———————————

① 《左传》成公十三年。

贞：王藿河，若。（《文》366）

……往藿河，不若。（《乙》1719）

"藿"无氵旁，也是"灌"的通假字。彭裕商《卜辞中的"土""河""岳"》一文指出，此字通裸，唯典籍之裸皆为裸享先王先祖，卜辞则又及于河。实则，卜辞田猎等亦裸。彭裕商又引一条"酓河"的卜辞，说"此为以酒祭祀，酓之彡盖象酒滴之形。"[1] 实即后世"裸"字。正如上引，裸还用于土（社）、岳、宗等祭祀场合。

综上所述，商代卜辞中"酓"不宜释为"饮"，释为"酒"更非，其应释为周代传世文献所见"裸"，其义通作祭祀之一种的"灌"。裸、灌双声（gu），古音当同。段玉裁说，裸、灌音义皆相通，可互换用是没有问题的。或说"裸"谓以果之硬壳为盛酒器，盛鬯灌地以祀神。但《周礼·春官·司尊彝》分明说"春祠夏禴，裸用鸡彝、鸟彝"，《说文》亦言彝是宗庙常器，"《周礼》六彝：鸡彝、鸟彝、黄彝、虎彝、蜼彝、斝彝，以待裸将之礼"，未说用果之硬壳为盛酒器，这在商代卜辞中也寻索不到案例。可见"果"非义符，而是声符。但卜辞中的"酓"未有声符。前人为何没有释"酓"为"裸"呢？可能是因为同一字不同形，字形变化太大。然而商代甲骨文也有一字多形的，如巳、祀、異、子等同用为一字，故酓、裸为同一字也不足为怪。从酉从彡变化为从示从果，是从象形味极浓的会意兼指事字演变为形声字，应当说是符合汉字演变趋势的。我们知道，今日汉字有约百分之七十都是形声字，正是这种汉字演变的结果。

2019 年 3 月 22 日稿

---

[1] 彭裕商：《卜辞中的"土""河""岳"》，《四川大学学报丛刊》第十辑《古文字研究论文集》，第 218 页。

新修订《宗教事务条例》蕴含的法治精神及践行路径

闵　丽[*]

内容摘要：建立健全公民宗教信仰自由权利的法律保障与规范体系，是法治国家处理宗教事务的主要方法和重要标志；新修订《宗教事务条例》是一部蕴含法治理念及法治化治理原则的法律文献，其颁布与实施，标志着我国宗教治理法治化建设迈入实质性阶段；建立健全与法治精神相契合的宗教工作运行机制、信教公民合理诉求的表达机制，以及《条例》实施成效的跟踪调查与信息反馈机制，是践行新修订《条例》法治精神的有效路径。

关键词：新修订《宗教事务条例》　法治精神　践行路径

新修订《宗教事务条例》（以下简称新修订《条例》）作为一部蕴含法治理念及法治化治理原则的法律文献，是在我国推进国家治理体系和治理能力现代化、实施全面依法治国方略的背景下，针对现阶段我国宗教治理面临的新情况、新问题与新挑战，在 2004 年颁布的《宗教事务条例》基础上通过修改、完善而形成的。在新时代中国特色社会主义法治建设进程中，探讨践行新修订《条例》法治精神的有效路径，有助于推进我国宗教工作法治化进程。

一、宗教治理法治化的本质特征

新修订《条例》的颁布与实施，是我国宗教工作法治化建设进程中的重要里程碑。所谓法治化，是指以民主为基础，以依法办事为核心，以规范公共权力和保障公民合法权利为目的的社会治理机制建构过程。法治化治理具有以下本质特征：其一，逐步实现"法制的民主化"和"民主的法制化"。制定相对完备的法律体系，是实现法治化治理的前提。而公民在法律制度形成过程中的广泛参与意见表达，以及法律对公民合理诉求的制度保障，是法治国家立法的依据与目的。其二，国家权力制约机制的形成和良性循环。宪法和法律一旦形成，便具有最高权威性。法治政府权力的取

* 作者简介：闵丽，哲学博士，四川大学道教与宗教文化研究所教授、博士生导师。基金项目：本文系国家社科基金一般项目《新修订〈宗教事务条例〉与我国宗教治理现状研究》阶段性成果、教育部人文社科重点研究基地 2009 年度重大项目《宗教政治学》结题成果的"热点问题"之一（项目批准号：2009JJD730004）、四川大学 2017 年中央高校基本科研业务费研究专项项目《中国宗教工作法治化建设的制约因素及其对策研究》研究成果。

得与行使，必须受到宪法和法律的严格约束。依法行政、秉公执法的体制机制的建立健全，是法治国家的重要标志和制度保障。上述特征表明，法治化治理是一种内含民主、平等、人格尊严等价值理念，充分保障民意表达和民众权利、限制公权力滥用的现代国家治理方式。目前，在中国社会不断开放、利益主体日益多元化的背景下，如何充分反映广大民众的各种诉求，保障其根本利益，平衡不同社会群体之间的利益关系，解决"人民日益增长的美好生活需要和不平衡不充分的发展之间的矛盾"①，是执政党和政府面临的重要任务。而法治化治理因其具有尊重和保障人权的价值诉求、追求公正的价值表达、限制公权力滥用等基本精神，最能体现目前我国社会所需的道德诉求、行为规范原则和民意，能够有效防范或化解社会现代化转型过程中因发展不平衡、不充分所导致的各种矛盾，因而应该作为执政党和政府工作理念而注入到具体的管理制度之中，实现国家治理法治化。事实上，为顺应我国社会现代化转型要求，彰显中国特色社会主义国家性质，早在20世纪90年代后期，"建设社会主义法治国家"便已成为我国《宪法》规定的一项基本原则②。

将法治理念及法治化治理原则引入政府宗教工作，必然形成其特有的管理目的、管理目标和管理方法，即充分尊重和保障信众宗教信仰自由权利，构建尊重和保障信众精神文化需求的法律制度，及其与之相适应的管理方式。宗教治理法治化的真实意蕴在于，从宪法与法律的高度，承认并保障公民宗教信仰自由权利，限制和约束官员个人意志对政府宗教工作的干预。党的十八届三中全会、四中全会先后提出的"推进国家治理体系和治理能力现代化"这一改革总目标，以及"全面推进依法治国，建设中国特色社会主义法治体系，建设社会主义法治国家"的治国方略，为我国政府宗教工作树立了全新的价值标准和管理目标。运用法治思维和法治手段管理宗教事务，已成为各级党政部门的重大任务。在这一背景下出台的新修订《条例》，法治精神必然内含其中，并通过保障与规范信众宗教信仰自由权利的具体法规表现出来。

二、新修订《宗教事务条例》蕴含的法治精神

新修订《条例》是一部蕴含法治理念及法治化治理原则的法律文献。这一判断以《条例》修订过程中的公民参与情况及其新增内容为依据。

第一，宗教团体及社会各阶层人士的意见和诉求得到较充分的表达，"法制的民主化"程度有所提高。《中华人民共和国宪法》第一章第一条和第二条规定，中华人民共和国是人民民主专政的社会主义国家，一切权力属于人民。人民依照法律规定，通过各种途径和形式管理国家事务、经济和文化事业、社会事务。我国《宪法》的相关准则，提供了《宗教事务条例》修订程序的规范性原则。据此，为保障宗教界人士和社会各阶层的意志能够得到充分体现，宗教界呼吁强烈、社会普遍

---

① 《决胜全面建成小康社会，夺取新时代中国特色社会主义伟大胜利——习近平同志代表第十八届中央委员会向大会作的报告摘登》，《人民日报》2017年10月19日第2版。

② 1996年3月17日，第八届全国人民代表大会第四次会议批准的《中华人民共和国国民经济和社会发展"九五"计划和2010年远景目标纲要》正式提出"依法治国，建设社会主义法治国家"方略。1999年3月15日，第九届全国人民代表大会第二次会议通过《中华人民共和国宪法》第十三条修正案，在《宪法》第五条增加一款，明确规定："中华人民共和国实行依法治国，建设社会主义法治国家。"执政党的依法治国方略由此上升为宪法中的一项基本法律原则。

关注的问题能够得到有效解决，2016 年 6 月，国家宗教事务局根据习近平总书记在全国宗教工作会议上的讲话精神，拟定了《宗教事务条例（修订草案）（送审稿）》，并报送国务院法制办公室。随后，国务院法制办公室广泛征求各省级人民政府、各全国性宗教团体、宗教界人士、相关学者及社会公众对修订草案（送审稿）的意见[①]。在多次征求、反复调查与修改的基础上，确立了新《条例》的逻辑框架与具体内容。各界民众在《条例》修订过程中的广泛参与，强化了《条例》修订的民意基础，显示了"法制的民主化"特征。

第二，信教公民的合理权利在《条例》修订后的新增条规中得到保障，"民主的法制化"程度有所提高。宗教活动的开展有赖于人、财、物等基础性条件。是否建构相应的法律制度，提供必要的资源保障，保证信教公民开展宗教活动所需的基本条件，是判断公民宗教信仰自由权利是否得到尊重的重要依据。新修订《条例》的诸多新增条规，体现了对信教公民基本权益的尊重。具体而言，其一，新修订《条例》以法律形式明确了宗教财产权属及具体权益问题。例如，新修订《条例》第四十九条规定，宗教团体、宗教院校、宗教活动场所对依法占有的属于国家、集体所有的财产，依照法律和国家有关规定管理和使用；对其他合法财产，依法享有所有权或者其他财产权利。第三十二条规定，地方各级人民政府应将宗教活动场所建设纳入土地利用总体规划和城乡规划。第三十四条规定，风景名胜景区内的宗教活动场所、宗教教职人员和信教公民的合法权益受法律保护。第三十九条规定，宗教教职人员有依法参加社会保障并享有相关权利。第五十五条规定，宗教团体、宗教院校或者宗教活动场所的房屋被征收时，可以选择货币补偿、房屋产权调换或者重建。上述条款为长期处于争议状态的宗教财产权属问题，提供了解决与处置的法律依据，明确了宗教活动场所的合法用地保障、宗教教职人员的社会保障等问题。其二，新修订《条例》明确了宗教团体、宗教院校和宗教活动场所的法人资格。该《条例》第二章第七条规定，宗教团体的成立、变更和注销，应依照社会团体管理的有关规定办理登记。第二十三条规定，宗教活动场所经所在地政府宗教事务部门审查同意后，可到民政部门办理法人登记。第三章第十四条规定，宗教院校可按照有关规定申请法人登记。上述条规确认了宗教团体、宗教院校、宗教活动场所的法人资格，它们的法人民事主体地位因此得到承认与保障。其三，新修订《条例》增加"宗教院校"一章内容，就宗教院校的申报与审批、应具备的条件、校址与校名变更、培养目标、学制与办学规模等问题作出具体规定，为有序培养宗教人才、传承宗教文化提供了法律保障，有助于克服宗教专业人才短缺、宗教传承后继无人的问题。

上述情况表明，《条例》新规给信教公民及其宗教活动提供了人、财、物等方面的法律支持，信教公民的宗教信仰自由权利藉此得到制度层面的承认与保护。而建构信教公民合理诉求的法律保障体系，即"民主的法制化"过程，是法治国家治理宗教所采用的主要方式。当然，在切实保障广大宗教教职人员和信教公民合法权益的同时，新修订《条例》也针对宗教财产的正当用途、宗教团体的税务登记与纳税义务等问题，提出了规范化管理办法。"保护"信教公民的宗教信仰自由权利，与"规范"宗教团体的法人民事主体行为，正是法治国家通行的"权利"与"义务"对称原则的

---

① 冯玉军：《行动中的〈宗教事务条例〉——中国宗教事务管理调查及其法律评价》，《西北民族大学学报（哲学社会科学版）》2015 年第 2 期，第 1—38 页。

体现。

第三，内含法治理念的宗教工作机制在新修订《条例》中已初步形成。用法治手段处理宗教事务，尚需建立健全与法治精神相契合的宗教工作运行机制。所谓宗教工作运行机制，即执政党和政府为处理宗教事务而设计的工作系统及构成要素之间相互作用的过程与方式。其中，构成要素主要包括国家性质、管理组织、政策法规、治理目标等。这些要素的职能各异又互为条件，并按特定组合方式运行，由此呈现出不同时期的宗教事务管理特点。具体而言，在《条例》修订之前，我国宗教管理的组织机构作为治理体系中的行为主体，包括各级党委统战部门，以及中央、省、市、县四级人民政府的宗教事务管理机构。其中，党委统战部具有领导职能，政府宗教事务局接受党的领导、执行党的决议，依法进行管理；在政府管理系统内，国家宗教事务局与各省、市、县宗教事务局之间具有指导与被指导的关系。政策法规是我国宗教工作机构所遵循的管理原则和管理对象所遵守的行为规范，主要包括处理宗教事务的基本方针及其相关法律规定。宗教工作的目标，即是促进宗教与社会主义相适应，发挥宗教在建构和谐社会中的积极作用。从上述情况看，由组织机构、政策法规等要素构成的我国宗教工作机制，包含了管理学强调的管理主体、对象、规则、目标等必要元素，因而在形式上具有相对的完整性、规范性等特点。但是，具备这些特点的制度安排并不一定带来理想的治理成效。如果忽略治理环境和管理对象的新动向，即使形式完备的管理制度也会因管理目标定位不准确、管理手段不恰当等问题而难以达到预期效果[①]。在社会开放度日益提高的今天，以"管控"为特征的上述宗教工作机制，在预防和抵制各种非登记宗教及其团体的形成与蔓延等问题上，其效果不尽如人意。有鉴于此，在宗教治理法治化建设过程中，必须建构具有"引导"和"规范"职能的宗教工作机制。在这种历史背景下修订与实施的《条例》，其宗教治理目标、治理机构、治理规则等具体规定，即宗教工作机制的构成要素及其相互作用的过程与方式，其"引导"和"规范"职能必然得到强化。例如，其一，从治理机构之间的横向关系看，新修订《条例》明晰了诸多行政部门的管理职能：第一章第六条第二款规定，包括宗教工作部门在内的县级以上人民政府其他有关部门，在各自职责范围内依法负责有关行政管理工作。本章本条第四款规定，各级人民政府应当听取宗教团体、宗教院校、宗教活动场所和信教公民的意见，协调宗教事务管理工作，为宗教团体、宗教院校和宗教活动场所提供公共服务。上述规定表明，除了政府宗教事务部门具有直接管理职责外，政府其他职能部门（如民政、土地规划、文化、旅游、公安、司法、财税、新闻出版、广电等）在宗教工作中也具有相关管理职责。其二，从治理机构之间的纵向关系看，新《条例》修正了原《条例》中关于县级人民政府为宗教工作基层单位的规定，明确提出，乡级人民政府作为政府基层组织，应当做好本行政区域的宗教工作，村民委员会、居民委员会应依法协助人民政府管理宗教事务。新修订《条例》关于宗教治理机构横向与纵向关系的上述规定，不仅强化了政府相关职能部门在宗教工作中的职责，规范了宗教工作的行政许可、监管与处罚等程序，而且扩展和延伸了宗教工作在社会基层的监管层级，改变了政府宗教工作在广大农村的缺失状况，为全面规范化管理宗教事务提供了组织保障。

从本质上看，具有"引导"和"规范"职能的宗教工作机制的形成，与承认宗教团体、宗教院

---

① 闵丽：《我国宗教事务管理制度调整优化刍议》，《宗教学研究》2015 年第 1 期，第 249 页。

校、宗教活动场所的法人资格这一法规之间，具有内在关联性。因为，新修订《条例》明确了宗教团体、宗教院校及宗教活动场所的独立法人资格①，由此从法律上承认其独立的民事主体地位，赋予其依法享有法人的民事权利，因而与其他社会团体及法人一样，也应接受政府各职能部门的规范化管理，以免遭"社会另类组织"的政策性限制②。可见，修订后的新规之间互为条件，自成一体，贯穿着保护、引导、规范、服务等法治化治理理念。这种"引导"而非"管控"型的工作机制③，能够克服多年来困扰我国宗教工作的突出问题，较好地体现了习近平总书记关于做好党的宗教工作，关键要在"导"上想得深、看得透、把得准，牢牢掌握宗教工作主动权④的思想。

三、有效贯彻落实新修订《宗教事务条例》法治精神的路径思考

新修订《条例》已于 2018 年 2 月 1 日正式实施。如何有效执行其各项法规，发挥其治理效能，成为政界、宗教界和学界面临的重要问题。笔者认为，蕴含法治精神的新修订《条例》，难以在传统宗教工作方式中得到有效贯彻实施。在新时代中国特色社会主义法治建设进程中，建立健全体现法治精神的宗教工作运行机制、信教公民对宗教工作的监督机制，以及新修订《条例》实施成效的跟踪调查与反馈机制，是新修订《条例》法治理念能够得到贯彻落实的有效路径。

第一，完善与法治精神相契合的宗教工作运行机制。在宗教治理法治化理念、原则与目标已经确立的情况下，作为宗教治理主体的党政相关部门，其工作运行机制是否符合新修订《条例》法治精神的内在要求，是直接影响新修订《条例》实施成效的关键。事实上，在承担宗教治理任务的相关党政机构之间，目前尚存在权限与职责有待进一步明确，其工作机制法治化程度有待进一步提升的情况。例如，新修订《条例》第一章第六条规定，直接管理宗教事务的机构是各级政府宗教事务部门和各级相关行政职能部门。而中共中央第十九届三次全体会议通过的《深化党和国家机构改革方案》第十四条规定，将国家宗教事务局并入中央统战部，由中央统战部统一管理宗教工作，不再保留单设的国家宗教事务局。调整后，中央统战部在宗教工作方面的主要职责是贯彻落实党的宗教工作基本方针和政策，研究拟订宗教工作的政策措施并督促落实，统筹协调宗教工作，依法管理宗教行政事务，保护公民宗教信仰自由和正常的宗教活动，巩固和发展同宗教界的爱国统一战线等⑤。该项调整方案体现了中央对宗教工作的高度重视，有利于执政党宗教工作重大决策的贯彻落实。在这种情况下，省级、市级、县级和乡级政府宗教事务部门是否需要归并到相同层级的党委统战部

---

① 《宗教事务条例》（2004 年版）没有明确宗教团体、宗教院校和宗教活动场所的法人资格。

② 《中华人民共和国民法通则》第三十六条规定，法人是指"具有民事权利能力和民事行为能力，依法独立享有民事权利和承担民事义务的组织"。换言之，法人可以拥有自己的财产，并以自己的名义对外独立进行活动、与其他人订立契约、对他人提起诉讼或应讼。

③ 例如，新修订《条例》第四章第三十五条规定，信教公民有进行经常性集体宗教活动需要，尚不具备条件申请设立宗教活动场所的，信教公民代表可向县级人民政府宗教事务部门提出申请，县级人民政府宗教事务部门征求所在地宗教团体和乡级人民政府意见后，可以为其指定临时活动地点。

④ 习近平总书记在 2016 年 4 月召开的全国宗教工作会议上的讲话。见《发展中国特色社会主义宗教理论，全面提高新形势下宗教工作水平》，《人民日报》2016 年 4 月 24 日第 1 版。

⑤ 中共中央印发：《深化党和国家机构改革方案》，2018 年 3 月。

门？政府宗教事务部门（或民族宗教事务部门）原有的工作职能如何分解？各种具体的事务性工作（如行政许可的申请、审批、监管、处罚等）由什么职能机构完成？这些问题如果不能得到及时回应，宗教工作便可能出现无序状态。笔者认为，鉴于国家治理现代化与宗教工作法治化建设需要，应在中央及地方统战部门的统一领导与协调下，进一步明晰和强化民政、公安、司法、土地规划、建设、文化、旅游、财税、新闻出版、广电等各级职能部门的职责，以保护信教公民与宗教组织的合法权益，规范其信仰行为，维护国家安全和宗教信仰领域的秩序。

第二，建立健全宗教团体与信教公民对宗教工作的意见表达与监督机制。作为宗教工作的对象，宗教团体及信教公民对新修订《条例》的认知、认同与遵行程度，是甄别新修订《条例》实施成效的一个标尺。宗教工作属于群众工作，信教公民也是执政党执政的重要群众基础。是否密切联系信教群众，倾听其意见和建议，接受其监督，直接关系到执政党的执政基础是否牢固的问题。对此，应建立健全相关职能部门与宗教团体、信教公民之间的信息沟通与互动渠道，强化各宗教协会在信众与党政相关部门之间的桥梁作用，及时了解和解决信教群众的合理诉求，接受信教群众的监督，以避免言路不畅所导致的各种矛盾。这种"从群众中来，到群众中去"的工作方法，符合我国宗教工作法治化建设的内在要求，可有效提升新修订《条例》的实施成效。

第三，建立新修订《条例》实施成效的跟踪调查与信息反馈机制。新修订《条例》作为国家治理体系与治理能力现代化建设的重要成果，自 2018 年 2 月 1 日开始实施之后，其成效考评问题便逐渐凸显出来。根据党的十八届三中全会提出的"建立科学的法治建设指标体系和考核标准"要求，应构建新修订《条例》及其法治精神践行成效的评估指标体系，采用实证方法跟踪调研其实施过程，全面、客观、科学地分析其实施成效、制约因素及其成因，科学测度其践行成效与新时代我国宗教治理法治化战略目标的吻合度，为消除新修订《条例》实施阻力而提供科学依据。

结　语

宗教治理法治化的本质特征，以及《宗教事务条例》修订的必要性、精神实质及其实现路径问题，是我国宗教工作法治化建设进程中无法绕行的重大理论与现实问题。深入研究这些问题，有助于深刻领悟中国宗教工作法治化的思想意蕴和发展趋势，推进我国宗教管理制度的改革创新。因此，研究这一问题的理论价值和现实意义势在必行。

（本文原载《宗教学研究》2018 年第 2 期）

马克思论印度教社会与"东方学家"的印度观批判

邱永辉*

内容提要：本文通过梳理卡尔·马克思对印度教和印度教社会的论述，以"东方学家"的学术研究和对印度教的误读为参照，从宗教社会学的角度分析马克思及其学派的研究方法和特色，尝试提出自己的学术认识。本文认为，马克思的"人类社会"与东方学家的"欧洲中心论"，在研究目的和学术态度上形成鲜明对比；马克思对于印度宗教实践、印度教社会的种姓制度和村社制度与英国殖民的关系的论述，提出了传统宗教文化与现代化的关系的命题，为宗教社会学的学术建构做出了重大贡献；马克思关于"社会中的宗教"的研究路径和相关论述，对于研究印度宗教文化和理解当代印度，具有重要的启发和指导意义。

关键词：印度教　马克思　东方学家

卡尔·马克思毕生关注英国对文明古国印度的殖民统治，发表了一系列有关论述，其中 1853 年 6—7 月写作的《不列颠在印度的统治》和《不列颠在印度统治的未来结果》[①]，是有关"印度问题"的总结性论述。这两篇文章概括了英国对印度殖民统治的政策、策略及其恶果，对印度的历史发展和英国统治的未来结果进行了预测。从文章的标题即可大致推断，马克思所集中关注的是不列颠对印度的政治统治和经济剥削及其后果，直接论述印度宗教的文字很少，此为包括该两文在内的马克思对印度的论述历来不受宗教研究者重视的原因。近期笔者重新阅读马克思对印度的论述，特别是仔细阅读上述两文，旨在从宗教社会学的角度梳理马克思有关印度教社会的论述，分析其研究方法和理论建构的特色，并通过与所谓"东方学家"，即与马克思同时代的西方学者的印度宗教文化观进行比较，尝试提出自己的学术认识。本文认为，马克思对印度教社会的研究和论述，对印度宗教文化研究者颇有启发意义；对于宗教社会学的研究者而言，其系列洞见至今仍具学术指导意义。

* 作者简介：邱永辉，四川大学南亚研究所、道教与宗教文化研究所研究员，博士生导师。
基金项目：本文是国家社会科学基金重点项目"印度宗教与政治的关系研究"（项目批准号：14AZJ008）的研究成果。

① 《不列颠在印度统治的未来结果》写于 1853 年 7 月 22 日，载于 1853 年 8 月 8 日"纽约每日论坛报"第 3840 号。署名卡尔·马克思。原文是英文。中译文载《马克思恩格斯全集》第九卷，第 246—252 页；《不列颠在印度的统治》写于 1853 年 6 月 10 日，载于 1853 年 6 月 25 日"纽约每日论坛报"第 3804 号。署名卡尔·马克思。原文是英文。中文译文载《马克思恩格斯全集》第九卷，第 143—150 页。本文所引马克思文字，均出于中央编译局第 2 版。

一、马克思论印度教和印度教社会

马克思生活的时代，在印度起源并曾经辉煌的佛教已经衰亡，外来的伊斯兰教正经历与印度传统宗教的冲突与融合，印度社会的主流宗教是印度教①，印度人民大多遵循着印度教的生活方式。印度传统宗教信仰历来被称为"永恒的法"或"吠陀的法"，被定义为"印度的历史和传统"，而研究经验也已证明，理解印度宗教的钥匙就是理解印度历史和社会。虽然马克思对印度教的论述很少，但对于印度的历史发展和社会特征的认识，也应视为其对"印度教社会"的认识和论述。

（一）马克思论印度教

卡尔·马克思无意当中给印度教下了一个"宗教学"意义上的定义，他直言是从印度社会看宗教，亦是从印度宗教看社会："从社会方面来看，印度斯坦（是）一个淫乐世界和一个悲苦世界——这样奇怪地结合在一起的现象，在印度斯坦的宗教的古老传统里早就显示出来了。"②

马克思对印度宗教传统的认识是直观的，即看到印度教是一种"奇怪的结合"："这个宗教既是纵欲享乐的宗教，又是自我折磨的禁欲主义的宗教；既是崇拜林伽的宗教，又是崇拜札格纳特的宗教；既是僧侣的宗教，又是舞女的宗教。"③

马克思笔下的印度教生活方式，是令人痛心的"消极"和"迷信"，并产生了野性、盲目和放纵的破坏力量。马克思指出："我们不应该忘记，这种失掉尊严的、停滞的、苟安的生活，这种消极的生活方式，在另一方面反而产生了野性的、盲目的、放纵的破坏力量，甚至使惨杀在印度斯坦成了宗教仪式。我们不应该忘记：这些小小的公社身上带着种姓划分和奴隶制度的标记；它们使人屈服于环境，而不是把人提升为环境的主宰；它们把自动发展的社会状况变成了一成不变的由自然预定的命运，因而造成了野蛮的崇拜自然的迷信，身为自然主宰的人竟然向猴子哈努曼和牡牛撒巴拉虔诚地叩拜，从这个事实就可以看出这种迷信是多么糟践人了。"④

从卡尔·马克思论述印度教的寥寥数语可见，他既无意当中给印度教下了一个"宗教学"的定义，又没有被印度教的"淫乐"和"悲苦"的"奇怪地结合"所迷惑，更为重要的是，马克思对印度教的批判指向，从一开始便是"社会"——传统的社会制度，如村社制度和种姓制度等，显示出其宗教批判与社会批判相互关联的研究路径。

（二）马克思论印度教社会

马克思首先注意到，传统印度教社会有一部"被征服"的历史，英国人到达印度时的形势，即是英国人征服印度的有利形势："大莫卧儿的无限权力被他的总督们打倒，总督们的权力被马拉特

---

① 关于印度教的名称、定义和发展历史及相关分析，参见邱永辉著《印度教概论》第二、三、四、五章。社会科学文献出版社 2012 年。

② 卡尔·马克思：《不列颠在印度统治》，《马克思恩格斯选集》第九卷，第 143—4 页。

③ 卡尔·马克思：《不列颠在印度统治》，《马克思恩格斯选集》第九卷，第 144 页。林伽（Linga）即男根，是印度教的主神之一"湿婆"的象征。札格纳特（Juggernaut）是印度教另一主神"毗湿奴"的化身。

④ 卡尔·马克思：《不列颠在印度的统治》，《马克思恩格斯全集》第九卷，第 149 页。据该页下"译者注"：哈努曼是印度传说中的神猴，后来被奉为印度教的毗湿奴的化身。撒巴拉是神牛，在印度教中被奉为财富和土地之神。

人打倒，马拉特人的权力被阿富汗人打倒；而在大家这样混战的时候，不列颠人闯了进来，把所有的人都征服了。"① 马克思的隐喻在于，印度教社会也许具有宗教上的统一意义，但却长期缺乏政治经济上的团结与统一。因此，整部印度历史就是一部外来人、外来部族和外来宗教团体不断进入印度并与土著印度人不断融合的历史，征战持续不断，直至英国殖民者的到来。

在紧接着的论述里，马克思找到了印度"被征服"的真正原因："既然在一个国家里，不仅存在着穆斯林和印度教徒的对立，而且存在着部落与部落、种姓与种姓的对立；既然一个社会完全建立在它的所有成员普遍的互相排斥和与生俱来的互相隔离所造成的均势上面，这样的一个国家，这样的一个社会，难道不是注定要做侵略者的战利品吗？"② 依据马克思的描述，此时的印度教社会是一幅充满对立、排斥和隔离的图景。值得注意的事实是，马克思所提及的"大莫卧儿"王朝，是由伊斯兰教信仰者占据统治地位，但在最高统治下的基层社会，在广大农村，在未被莫卧儿纳入势力范围的地方，即在印度的大部分地方，在印度社会的各个方面，却还是沿袭着历史的惯性，即沿袭着印度教社会的政治经济和文化制度。此时的印度教社会，进入了一个由少数穆斯林占据统治最高层的社会阶段，而莫卧儿皇帝奥朗则布所推行的迫害印度教徒的政策——包括重新对印度教徒征收人头税、取消伊斯兰封建主欠印度教商人的债务、没收印度教神庙的土地等，加剧了印度教社会的分裂，使得任何抗英联盟均不可能建立，为英国殖民者轻松占领印度创造了有利条件。

马克思更为关注的，是英国征服印度和对印度进行殖民统治的后果。马克思指出："英国在印度要完成双重的使命：一个是破坏性使命，即消灭旧的亚洲式的社会；另一个是建设性的使命，即在亚洲为西方式的社会奠定物质基础。"③

马克思的这一论述，即是著名的"双重使命"理论，这一理论已经被印度历史的发展所证实。北京大学林承节教授分析"双重使命"理论认为："英国的侵略对印度社会经济的发展起到了极大的破坏作用，不仅破坏了农业、手工业、商业的正常发展，而且，更重要的，它的统治是长年累月地从印度抽血的过程。"至于"建设性的使命"，即"必然要用资本主义的手段来改造印度"，是为英国的征服和剥削印度服务的④。

在有关"印度议题"收尾时，马克思表示他"不能不表示一些结论性的意见"：

第一，"资产阶级文明"对印度宗教的利用，使其极端的伪善和野蛮本性暴露无遗。马克思写道："当我们把自己的目光从资产阶级文明的故乡转向殖民地的时候，资产阶级文明的极端伪善和它的野蛮本性就赤裸裸地呈现在我们面前，因为它在故乡还装出一副很有体面的样子，而一到殖民地它就丝毫不加掩饰……当他们以保护'我们的神圣宗教'为口实反对法国革命的时候，难道不是同时就在印度禁止宣传基督教吗？他们为了从朝拜奥里萨和孟加拉的神庙的香客身上榨取钱财，难道不是把札格纳特庙里的残杀和卖淫变成了一种职业吗？这就是维护'财产、秩序、家庭和宗

———————————

① 卡尔·马克思：《不列颠在印度统治的未来结果》，《马克思恩格斯全集》第九卷，第246页。
② 卡尔·马克思：《不列颠在印度统治的未来结果》，《马克思恩格斯全集》第九卷，第246页。
③ 卡尔·马克思：《不列颠在印度统治的未来结果》，《马克思恩格斯全集》第九卷，第247页。
④ 林承节：《印度民族独立运动的兴起》，北京：北京大学出版社，1984年，第45—46页。

教'的人的面目！"①

　　第二，印度被毁灭是世界现存生产制度所产生的有机的结果，人类的进步需要"伟大的社会革命"。马克思写道："印度是一个大小和欧洲相仿、幅员 15000 万英亩的国家，对于这样的一个国家，英国工业的毁灭性作用是显而易见的，而且是令人吃惊的。但是我们不应当忘记：这种作用只是全部现存的生产制度所产生的有机的结果……只有在伟大的社会革命支配了资产阶级时代的成果，支配了世界市场和现代生产力，并且使这一切都服从于最先进的民族的共同监督的时候，人类的进步才会不再像可怕的异教神像那样，只有用人头做酒杯才能喝下甜美的酒浆。"②

　　综上，马克思写作《不列颠在印度的统治》和《不列颠在印度统治的未来结果》，是出于对英国殖民统治下的印度人民的深切同情，对印度社会及其分裂状况的深切关注，以及对印度未来发展的美好期望，充分体现了其政治经济学说的要义和历史唯物主义的思想，其中有关宗教、传统宗教社会的论述并非重点。但是，从上述梳理即可发现，马克思对印度教的论述，特别是对英国能够成功殖民印度的原因分析，即对印度教社会的解剖，对于宗教与文化、宗教与社会的研究却是独具一格且意义重大的。对此，笔者将在本文第三部分尝试进行分析。

二、"东方学家"的印度观

　　随着欧洲和亚洲之间交往的增多和贸易的增长，一批欧洲学者和传教士也增长了对亚洲文化的兴趣，他们在学习印度语言（特别是梵文）的同时，开始了对古典传统文献的系统性整理，继而从不同的方向进行研究。对印度的大部分研究是被所谓"东方学家"（Orientalist，或译东方学学者）完成的。"东方学家"作为一个群体，大约形成于 18 世纪晚期。按照著名研究者爱德华·赛义德（Edward W. Said）的定义，"东方学家"指称的是以"对东方进行主导、建构和建立权威"的西方方式进行研究工作的学者，即一些用心理的、政治的、社会的、宗教的制度化结构，对"东方"表达其西方文化优越性的学者，其学术思想和论证被统称"东方主义"③。相比之下，由于印度拥有更悠久的历史和更多元的宗教，也由于不列颠在印度有着更长的殖民经历和更大的利益诱导，"东方主义"在印度也就拥有一段长期的、强而有力的发展史，而"印度教"的研究及其成果则成为其主要载体之一。从马克斯·缪勒（Max Müller，1823—1900）在东印度公司的支持下组织翻译《东方圣书》，到马克斯·韦伯（Max Weber，1864—1920）的专著《印度宗教——印度教和佛教的社

---

　　① 卡尔·马克思：《不列颠在印度统治的未来结果》，《马克思恩格斯全集》第九卷，第 251—252 页。据该页下"译者注"：奥里萨（东印度）的札格纳特庙是崇拜印度教大神之一毗湿奴—札格纳特的中心。庙里的僧侣受到东印度公司的庇护，从群众的朝山以及从举行豪华的祭祀中取得很大的收入。在群众朝山时，他们鼓励靠庙生活的女人卖淫，而在举行祭祀时，则有一些宗教狂热者自杀和自我摧残。

　　② 卡尔·马克思：《不列颠在印度统治的未来结果》，《马克思恩格斯全集》第九卷，第 252 页。

　　③ Edward W. Said, Orientalism. Penguin Books, 1978. p. 3. 赛义德认为，"东方学现象是整个西方的隐喻或缩影，实际上应该用来代表整个西方。"这即是说，西方为了确定自我，便拿东方作为"非我"来作对照。正是由于东方代表着非我，西方才得以确定自己之为自己，所以东方乃是西方理解自己的过程中在概念上必有的给定因素。

会学》①，对于印度教及其社会的研究，在各类宗教研究著作中占据着重要地位。

（一）"世界宗教模式"框架中的印度教

印度教是人类社会最古老的宗教之一，但我们今天所用的"印度教"，即英文的 Hinduism 这一词汇，却是迟至到 1829 年才出现的，其最早的写法是 Hindooism。实际上，"印度教"一词的出现并非偶然。至今为止的宗教学者研究，仅发现"摩尼教"（Manichaeism）这一术语出现在 17 世纪，而其他对某种宗教的命名均未早于 19 世纪：佛教（Buddhism）1801 年，印度教（Hindooism）1829 年，道教（Daoism）1839 年，儒教（Confucianism）1862 年等②。

建立"世界宗教"的框架并在此框架下将印度宗教进行归类，是"东方学家"的一大杰作，其核心的问题是建立宗教"模式"（类型）并将世界不同的宗教归入不同的模式之中。马克斯·韦伯在其专著《印度宗教——印度教和佛教的社会学》及其他研究著作中，提出了宗教的"理念类型"（Ideal Type），将世界上的宗教划分为四种理念类型：出世禁欲主义、入世禁欲主义、适应现世类型（中国儒教）和逃避现世类型（印度教、佛教、道教等）。他认为印度教属于冥想式的神秘主义，是对现世的绝对逃避。

"印度教"这一名称是欧洲人的创造，后来成为印度人应对外来殖民者的宗教——基督教的消极结果。这就是为什么一些印度教徒和教团组织认为，"印度教"一词反映了代表西方殖民利益的"东方学的建构"，他们呼吁对东方学家们的策略保持警觉，并不时地对诸如"印度教"等具有东方主义内涵的词汇提出批评。在建立"世界宗教"框架的过程中，虽然西方的"东方学家"创造了"印度教"这个词汇，并基本确定了所指称的对象，但在以后的研究中，学者们也都注意到，印度教的特殊性和复杂性注定了必须使用印度独特的、与生俱来的词汇所表述的概念。他们也提醒人们，阅读有关印度教的书籍资料的西方读者，首先必须从已经建立起来的、以基督教为参照的"宗教"概念中解脱出来。换句话说，研究印度教的学者和阅读印度教书籍的读者，首先要做的便是"解构"西方学者特别是欧洲东方学家的"宗教"理论。

（二）印度教社会形象的殖民主义塑造

"东方学家"建构印度教的时期，是印度次大陆被殖民压迫的历史时期，也是印度历史文化任由西方学者解读和误读的时期，"东方学家"对印度教的"塑造"与印度的殖民地经历，因此有着千丝万缕的联系。这不仅是因为"印度教"这一词汇是殖民统治时期形成的，还因为对印度教的定性和宗教学意义上的"研究"，也始于殖民地时代的"东方学者"。因此，"印度教"早已被打上了深刻的殖民地烙印。

大体而论，西方殖民者和西方学者对印度教及其社会文化的看法，可以分为两派，即"厌恶派"和"浪漫派"，即一些人对印度宗教文化竭力贬低，另一些人则推崇备至。这两种极端的认识对"东方学家"的研究也有着深刻的影响。

对印度教及其社会文化的"厌恶派"，首先是欧洲基督教传教士。他们最初在使用"印度教"

---

① 马克斯·韦伯关于世界各大宗教的研究著作，收录在他死后出版的《宗教社会学论集》中。该论集内容包括：第一卷基督教、儒教和道教，第二卷印度教和佛教，第三卷古代犹太教。其中第二卷由 Hans H. Gerth 和 Don Martindale 两位教授翻译成英文出版，题目为：The Religion of India, the Sociology of Hinduism and Buddhism. The Free Press of Glencoe, 1962.

② 在宗教学的兴起过程中，建构"世界宗教"模式至关重要。参见［加］威尔弗雷德·坎特韦尔·史密斯著，董江阳译：《宗教的意义与终结》，北京：中国人民大学出版社，2005 年，第 132 页。

这一词汇时，强调的是他们所见的"土著宗教"的黑暗方面，称其为"充满迷信的信仰"和"肮脏的行为"。大多数欧洲殖民者对印度及其宗教文化的蔑视和不屑一顾的态度，反映在 19 世纪 30 年代主持印度教育改革的麦考利男爵的话中：欧洲一个好的图书馆里的一架书，顶得上印度和阿拉伯的全部本土文献。温斯顿·丘吉尔甚至评价印度"是一个有着野蛮宗教的野蛮国家"①。

对印度教及其社会文化充满浪漫幻想的，多为"东方学家"。他们对于印度古代社会的赞美，在很大程度上也是出于对西方社会发展方向的怀疑，特别是对工业革命及随之产生的变革结果的怀疑。将印度的过往历史和文化理想化，在某种意义上说也是企图在欧洲以外找到一个乌托邦。对于他们中的许多人来说，这种理想社会应当存在于东方古代文化之中。19 世纪最著名的东方主义学者马克斯·缪勒给自己取的梵文名字 Moksha Mula（根本解脱），就是以印度古典文化为自己理想的身份认同的典型代表。"东方学家"以外，也有其他欧洲"学者"和文学艺术家，亦属于极端浪漫派。法国小说家安德烈·马尔罗认为："印度……属于我们灵魂所附的古老东方。"② 阿瑟·叔本华认为："基督教的《新约》应该来自印度，因为这个国家有着人类最温雅和善的文明。"③

从更大的知识和文化范围来说，研究印度教的学者，需要寻找历史上的印度在知识领域的辉煌成就。印度的宗教和神秘主义思想，则可以确定为是不会对殖民统治造成威胁的领域，因而得以突出地展现于世。马克斯·韦伯的《印度宗教——印度教和佛教的社会学》，被称为自《新教伦理与资本主义精神》以来最奇妙的著作。该书利用以印度教经典的面目出现的文献资料（这类文献多由婆罗门祭司编纂，其影响也限于印度教社会上层和城市中心地区的人们），为了让印度教适应他的理念类型，误解了印度教的一些道德法则，贬低了印度教与基督新教相似的一些文化特征，甚至忽略了一些基础性的原始资料，这些不足或失误限制了他关于印度教的理论的普遍性。因此，一些"印度学家"（Indologist）几乎完全否定该书，认为该书不仅矛盾重重，而且在总体上太过概念化④。

殖民主义不仅"主宰"了印度教的研究，而且这种主宰对印度的态度与观念的根本性影响，还给世人造成了一种强烈的印象，即以印度为代表的"东方"与以英国为代表的"西方"之间，存在巨大的鸿沟——印度是宗教的，西方是理性的；印度是精神的，西方是物质的，如此等等。

除此之外，"东方学家"还留下了一系列"刻板式"（Stereotype）概念。这些殖民时期形成的固定概念，后来被印度老一辈的印度民族主义史学家所因袭，成为一套僵化的公式，研究印度宗教文化的人往往自觉或不自觉地沿用或坚持这种公式，并把它当成现实。据印度史学家罗米拉·塔帕尔（Romila Thapar）考察，关于印度的社会历史和宗教文化，西方学者留下的、影响较大的"刻板式"概念主要有："雅利安种族论""印度社会发展停滞论""印度崇神思想阻碍进步论""亚细亚生产方式论"等⑤。下面以"雅利安种族论"为例，说明印度宗教史的殖民主义写作造成的混乱，远远超出了印度和学术研究范围，且影响至今。

---

① ［印］拉玛昌德拉·古哈：《丘吉尔的印度演讲》，《印度教徒报·星期日增刊》2005 年 6 月 5 日。
② ［法］安德烈·马尔罗：《忧郁的热带》，潘卡季·米什拉编：《心中的印度》，纽约：古典书局，2005 年，第 172 页。
③ ［印］阿玛蒂亚·森著，刘建译：《惯于争鸣的印度人：印度人的历史、文化和身份论集》，上海：上海三联书店，2007 年，第 117 页。
④ Hermann Kulke, Kings and Cults: State Formation and Legitimation in India and Southeast Asia. Manohar, 1993, p. 240.
⑤ 参见［印］罗米拉·塔帕尔著，施尧伯译：《历史与偏见》，《南亚研究》1981 年第 2 期。

（三）宗教史的殖民主义写作——吠陀雅利安问题

"东方学家"所造就的若干"刻板式"概念之一，18世纪以来"东方学"写作所造就的流行主题之一，就是雅利安种族、雅利安文化是印度文明的基础。

此概念和主题的提出者是马克斯·缪勒。作为寻找印度宗教"起源"的最早努力，马克斯·缪勒在学习和研究梵文的同时，产生了对雅利安人及其文化的极大热情，进而产生了梵语文化和希腊文化共享印欧故乡和共同祖先的著名理论，并随之对雅利安人创造的吠陀文献及文化给予极高的评价。马克斯·缪勒的基本看法，即外来的、操印欧语言的雅利安人，造就了印度历史上最富有创造力的时期，此后影响了几乎所有后继的欧洲学者（无论他们是历史学者还是宗教学者），也影响了19世纪许多印度本土的思想家。因此，在欧洲和印度的大多数教科书中，印度教的开始被确定在"雅利安人到来"之时，这即是说，当一群雅利安人从他们的欧洲故乡跨越高加索和伊朗后，于公元前2000—前1500年进入兴都库什山，并于公元前1400—前1200年之间创作了最早的圣歌《梨俱吠陀》，印度宗教传统才得以开始。

欧洲学者提出"雅利安人入侵论"，其最大贡献者是法国人阿比·杜波斯（Abbe Dubois，1770—1848）。他在印度度过了整整40年（1792—1832）光阴，其间收集了大量有关印度教徒的习俗和传统的资料，他用法语写作的卓稿被英国东印度公司购买，后译为英文于1897年出版，这即是著名的《印度规矩、习俗和仪式》一书。

"雅利安种族论"的创始人马克斯·缪勒高度赞扬阿比·杜波斯的著作，称其为"值得信赖的权威，将永保其价值"，并进一步论证了雅利安文化的重要意义。马克斯·缪勒认为，雅利安种族是印度文化和欧洲文化的创始人，古代印度的梵语、宗教、神话、哲学、法律是世界上最优秀的，也是与欧洲文化最接近的。使"雅利安人入侵论"，深得信赖的重大发现，是许多欧洲学者得出的有关欧洲语言与梵语的关系的结论，即印欧母语论。希腊语与梵语非常接近，印欧语是后来梵语、希腊语、拉丁语、凯尔特语、伊兰语和吐火罗语的根源。随着欧洲语言与梵语之间近亲关系的确定，学者们天然地认定，现代印度人的那些操梵语的祖先，一定可以在印度至西欧间的某地找到，这个中间地区也许是德国北部或斯坎地那维亚，也可能是南部俄罗斯大草原或帕米尔高原。总之，他们正是从这些地方进入了古印度的旁遮普地区。他们进一步推测，吠陀时期的这些印度人是半游牧战士。后来，当印度河流域文明遗址，即哈拉巴和摩亨觉—达罗被发掘出来时，他们又推测，这些城市是被入侵的雅利安人所摧毁的，而领导摧毁这些城市的，则是"城市毁灭者"，即"吠陀"经典中的战神"因陀罗"。他们进一步推论说，在摧毁了黑皮肤的土著人所建造的城市后，雅利安人将自己的宗教和种姓制度强加给了这些土著居民。

"雅利安种族论"和"雅利安人入侵论"产生于19世纪，但它再次成为一个学术争论的热点问题，则是在近30年。自20世纪80年代以后，这些论点遭遇到印度民族主义史学家和印度教民族主义宗教学家的挑战。雅利安人问题，不仅涉及一些基本的但却是难以考证的历史事实，还涉及印度的宗教文化"包容主义"或"多元主义"问题，更涉及古典印度文化是本土文化还是外来文化这一敏感问题。围绕"雅利安种族论"和"雅利安人入侵论"，印度教徒及印度学者开始了对欧洲殖民主义的批判。他们认为，雅利安人入侵印度是19世纪后期一些欧洲学者的"发明"，是"殖民使命"的结果，即是外国殖民征服者凭空臆想的结果。空想的原因是，满脑子欧洲中心的殖民者只能猜想，印度所存在的较高程度的一切东西，都必然是源于这个落后国家之外的先进地区。正因为"雅利安人入侵论"是基于"纯粹的推测"，至今仍没有任何考古的或文献的证据可以支持这种推测。

印度史学家罗米拉·塔帕尔通过研究从史前史到现代史的发展，驳斥了"雅利安种族论"。她认为，语言学家们的错误在于把语言与种族等同起来。印度文化的起源应当追溯到哈拉巴文化，不应只到吠陀文献；哈拉巴城市的毁灭，是由于生态原因。"恒河流域出现的文化有好几种，没有一种可以确证为雅利安文化，人种也不能确证是雅利安种族。雅利安人是一种语言和文化的集体，并不是一个独特的种族。"[①] 总之，"雅利安种族这一概念就是违反印度传统的……种族不是而且也显然不可能是区别雅利安人与非雅利安人的标准，因为无论在科学意义上还是在通俗意义上，种族这个概念都是近代欧洲的产物"[②]。

印度国内外对于"雅利安"问题的争论，不仅是学术争论，而且带有明显的意识形态特征。在梵语中，"雅利安"的意思是"高贵的"或"可敬的"，如果这些自称"高贵的"人，即被欧洲学者称为雅利安人的人，是"外来者"并且在征服的过程中使自己的语言文化逐渐控制了印度河流域文明的印度人，即印度土著居民，那么"传统的"、至今享有崇高地位和尊严的、语言复杂的、神话丰富的、哲学和神学发达的印度文明，其创造者究竟是印度这片神圣土地上的儿女，还是世界别的地方的"赠礼"？如果"雅利安人"才是"高贵的"，那土著印度人、犹太人、吉卜赛人等等，是否应当被认定为"劣等种族"进而成为必须被清除的"杂质"（犹如阿道夫·希特勒所做的一样）？这些问题的政治意味之浓厚，明显可见。

三、马克思的洞见与"东方学家"的印度观批判

印度教是一个十分庞大的体系，基于笔者对印度教的认识，对印度教的研究，远不只是对一种宗教学说、宗教仪式、宗教现象和宗教制度的研究，更是对一种"积累的传统"和对众多"个人的信仰"的综合研究[③]。从宗教学的角度看，"东方学家"作为一个学术群体对于印度宗教文化的研究做出了巨大的贡献。虽然与其他学术团体一样，"东方学家"也有历史局限性，但作为当时走在学术最前沿的学者，他们对印度语言和宗教文献的研究，为"印度教"的建构奠定了学术基础，是功不可没的。相比之下，马克思虽然没有研究印度语言和历史文献，他对印度宗教的观察和对印度教社会的论述却独具慧眼，不仅展现了社会学之马克思学派的独特路径，其洞见对于今天的印度宗教和社会的研究，仍具启发和指导意义。

（一）马克思的"人类社会"与东方学家的"欧洲中心论"

卡尔·马克思对于印度的研究，是其毕生所从事的资本主义社会研究和指导无产阶级革命运动之一部分。在东方国家中，印度是最早沦为西方资本主义的殖民地而与资本主义联系在一起的，因

---

① 参见陈洪进：《罗米拉·塔帕尔的史学思想》，《南亚研究》1981 年第 2 期。
② ［印］罗米拉·塔帕尔撰，施尧伯译：《历史与偏见》，载《南亚研究》1981 年第 2 期。
③ 邱永辉：《印度教概论》，北京：社会科学文献出版社，2012 年，第 37 页。

此自然成为马克思最感兴趣、论述较多的东方国家。马克思对印度教社会的论述，是基于解放全人类的共同理想之"人类社会"研究的一部分，而"东方学家"展露无遗的"欧洲中心论"，则是站在近代胜利者的立场上对历史文化的诠释。按照"西方中心论"的传统文化观，西方文明的"优越"不仅体现在工业革命和文艺复兴运动之后的近现代，而且根植于过去，因此西方统治世界乃历史必然。

按照马克思的理解，印度次大陆地区向来都是世界文明的重要组成部分，在英国殖民者到达之前，莫卧儿帝国掌控着亚欧之路上最富饶的贸易带和经济带，英国人的到来和殖民统治，破坏了一个古老陈旧的印度社会，还未进行真正意义上的改造工作。推而广之，西方资本主义及其文明，在为人类社会做出了可观贡献的同时，也为全世界了带来诸多问题。正如马克思总结英殖民统治时所说："印度失掉了他的旧世界而没有获得一个新世界，这就使它的居民现在所遭受的灾难具有了一种特殊的悲惨的色彩，并且使不列颠统治下的印度斯坦同自己的全部古代传统，同自己的全部历史，断绝了联系。"①

马克思力图从物质与精神、生产力与生产关系、资本主义与殖民主义等方面，全面选取史实，以其唯物史观，实事求是，合乎逻辑地勾勒出一段符合世界格局的历史。这与"西方中心论"简化人类文明复杂的历史进程，将西方的强盛归功于文化和种族的优越，把西方统治世界描绘成一幅"命中注定"的画卷，形成了鲜明的对比。

（二）传统宗教文化与现代化

马克思对于宗教社会学的贡献之一，是对于印度宗教实践、印度教社会的种姓制度和村社制度与英国殖民的关系的论述，并由此提出了传统宗教文化与现代化的关系的命题。另一位社会学家马克斯·韦伯在《新教伦理与资本主义精神》里，提出了同样的命题。从此，解释印度的宗教文化、哲学伦理对于政治经济发展的作用，就深刻地影响着社会学家的研究。

从古代到英国殖民统治之前，印度从来没有建立过大一统的王朝，使南亚次大陆联合起来的，从来就不是政治经济权力，而是宗教文化。时至今日，印度最大的优势和最大的问题，都来自多元宗教文化方面。从宗教在历史上所扮演的角色看，印度是一个十分独特的国家，这种独特性使得社会学家在解释其社会经济的发展现状和前景时，更多地考虑到其经济长久停滞的"根源"，更多地注意那些长期被忽视的社会准则、文化、信仰、心理和社会互动状况。社会学家比较一致地认为，虽然宗教文化不能解释印度的一切，但如果缺少了宗教文化方面的解释，则不能真正理解印度的许多方面。

卡尔·马克思和马克斯·韦伯的理论，以及后续学者的学术研究，成就了现代化理论的两大派别。马克思主义学派认为，经济、政治和文化是紧密相关的，一个社会的经济发展决定其政治和文化特征；韦伯学派认为，文化决定着经济和政治生活。这两个派别的争议至今仍在继续，但它们在一个关键点上是一致的，这就是社会经济变化是前后一贯、协调一致的，因此也是可以以预言的模式进行的。中国作为一个国家政治力量十分强势的国度，与印度作为一个宗教文化力量十分强大的国度，正好提供了不同的但又是最经典的发展模式。韦伯认为中国是不可能实现现代性的，现在的

---

① 卡尔·马克思：《不列颠在印度的统治》，《马克思恩格斯全集》第九卷，第145页。

问题是，中国实现了但又是在不具备源于欧洲那套理性的环境下实现的，在理论上还需要提炼和整理。从这个意义上说，马克思对于印度社会、政治和经济特征之间的关系的研究，他所发现的主要特征并推知其他主要特征的存在，不仅有助于我们更好地理解印度和印度模式，也可以启发我们在比较视角下总结中国现代化模式的经验教训。

（三）宗教的社会功能探讨

随着印度社会在 1947 年独立后的进步，无论是西方学界对印度宗教的"厌恶派"还是"浪漫派"，都面临着"质疑派"的挑战。特别是 20 世纪 80 年代以后印度在信息技术领域取得成功，宝莱坞电影在海外大受欢迎，印度社团在发达国家变得更加富有和显赫，这一切使西方观察家发现了"浓郁的宗教文化与骇人的贫困景象并存""敬神与渎神在印度似乎总是联系在一起"，而"一些印度哲人将贫困归因于人们在前世犯下的错误，灵魂转世的信条似乎可以让人们忽视现今的贫困悲苦，甚至成为一些人安于贫困的精神支柱"。

与此同时，"浪漫派"学术研究在印度产生了一种特别的效应，即驱使许多印度人从一些特殊的成就中寻找尊严和骄傲的源泉，其中主要包括"印度在精神领域的所谓卓尔不群，以及具体宗教实践的突出的重要性。欧洲猎奇主义者的诠释和赞扬，在印度获得了确实堪称众多的心怀感激之情的听众"[1]。出于对殖民者蔑视印度传统文化的反抗，大多数印度人更能接受的自我形象，是一个独一无二的和超凡脱俗的超自然文明体，并因此宣称"只有印度才能理解物质主义的虚幻"，"今天的人类正面临一场全球性危机，只有印度才能化解它。印度能够解释生命的轮回和万物的融合，指引人类通往超意识的道路"[2]。欧洲人的赞美助长了某些印度人的文化自恋和文化傲慢，自认印度是天生的"世界导师"。对此，阿玛蒂亚·森解释说："长期的殖民统治极大地摧毁了人们的自信心，故而对这样的评价（即欧洲人对印度的浪漫诠释或赞扬）尤为喜欢。"[3] 印度知识分子反思并批评说，在过去的一百多年中，由于印度没有力量与英国的技术优势竞争，印度的价值观是"精神的"（欧洲的价值观是"物质的"），这一观点也"被一部分印度思想家采纳了，并且成为对印度知识界的一种安慰"[4]。

面对上述两方面问题，学习马克思对印度宗教与社会的论述，对学术研究是有所助益的。马克思论述印度社会及社会中的宗教，既没有对印度宗教不屑一顾，更没有对宗教对社会的影响充满浪漫幻想。马克思的关注重点，是宗教因素造成的印度社会的分裂和印度教社会存在的社会制度对社会团结造成的损害。除了对村社制度的批判外，马克思还评估"种姓制度是印度进步和强盛道路上的基本障碍"[5]。马克思认为，正是这些宗教实践和社会制度损害了印度社会的团结，造成了印度的混乱，使得印度长期存在穆斯林和印度教徒、部落与部落、种姓与种姓等种种对立，这样的混战给英国的入侵和征服提供了条件，这个教训值得吸取。

通过回顾马克思早年的研究和论述，一些研究者对印度的扭曲理解和对印度正在发生的事件的

① ［印］阿玛蒂亚·森著，刘建译：《惯于争鸣的印度人：印度人的历史、文化和身份论集》，第 61 页。
② ［美］爱德华·卢斯著，张淑芳译：《不顾诸神：现代印度的崛起与发现》，北京：中信出版社，2011 年。
③ ［印］阿玛蒂亚·森著，刘建译：《惯于争鸣的印度人：印度人的历史、文化和身份论集》，第 120 页。
④ ［印］罗米拉·塔帕尔著，林太译：《印度古代文明》，杭州：浙江人民出版社，1990 年，第 3 页。
⑤ 卡尔·马克思：《不列颠在印度统治的未来结果》，《马克思恩格斯选集》第九卷，第 250 页。

误读，便可找到原因。学者误读印度的原因之一，是单纯从宗教的角度去观察印度，而没有将"社会中的宗教"纳入观察和研究，对印度的纯精神化的看法，与印度有如此众多的贫困人口、印度正在崛起等等复杂现象，不能解释自洽。印度社会仍然笃信宗教，崇尚精神性，在某些方面甚至充满迷信色彩，宗教冲突、教派仇杀和对宗教少数派的打压仍然严重，这一切使得印度的宗教因素将在相当长的一段时间里严重制约该国的发展，印度因此也无法有效保持政治和社会的稳定。为此，马克思曾经提醒过的，宗教冲突和社会分裂造成的被征服后果，应当记取。

（本文原载《世界宗教研究》2017 年第 5 期）

《中国道教史》（四卷本）完成结题并出版发行

澧 渝

  《中国道教史》（四卷本）系国家哲学社会科学"六五"至"八五"重点科研项目，由卿希泰教授主编，著名学者王明先生为本书顾问，四川大学宗教学研究所承担编写，历时十二年，于 1995 年 11 月全部完成，并由四川人民出版社分别于 1988 年 4 月、1992 年 7 月、1993 年 10 月、1995 年 12 月出版发行。

  本书为一部道教通史性著作，约二百万字，共十四章，分为一、二、三、四卷。第一卷包括《导言》及第一章，道教产生的历史条件和思想渊源；第二章，早期道教经书的出现和民间道教的兴起；第三章，道教在魏晋时候的分化和发展；第四章，道教在南北朝的改造和充实。第二卷包括第五章，道教在隋至盛唐时候的兴盛与教理大发展；第六章，道教在安史之乱以后至五代十国时期的曲折前进；第七章，道教在北宋的复兴和发展。第三卷包括第八章，道教在金与南宋的发展、改革及道派分化；第九章，道教在元代的兴盛与道派的合流；第十章，道教在明中叶以前的发展和贵盛。第四卷包括第十一章，道教在明后期至清嘉道间的衰微；第十二章，道教在鸦片战争以后至民国时期的进一步衰落及其在民间的日趋活跃；第十三章，道教在新中国建立后的新生及其在港、澳、台地区的传播和发展；第十四章，道教在世界各地的传播和影响；《附录》，海外对道教的研究。此外，每卷末都有《大事记》《神仙、人名索引》《名词术语索引》《引书索引》及《后记》。

  全书以马克思主义唯物辩证法为根本指导原则，坚持实事求是、具体问题具体分析，客观总结了道教发生、发展和演变的历史规律，对道教自身的发展与道教同政治、经济、文化、思想等各方面的关系都进行了广泛的研究和探索，坚持史论结合，努力挖掘和正确评价道教文化在中国文化史上的意义；全面地总结、分析了道教思想的基本特征和它的教理教义、道规仪范、修炼方术等等；创造性地建立了中国道教史研究的学科体系，以道教本身发展的历史进程为基本线索，提出了不同于以往的道教历史分期；通史与专史结合，以道教产生、改革、宗派衍化为纲，以著名道教人物、主要道教经籍为目，剖析了各宗派发生、发展的历史必然性，论述了道教著名人物的事迹和思想；探讨了道教同儒、释的相互关系，阐发了它对中国古代化学、天文学、医药学、养生学、气功学以及中国古代学术思想发展的意义。总而言之，全书是以马克思主义基本原则为其"望远镜"和"显微镜"，对道教这一繁复的历史状况进行了全面的剖析，给人们提供了一幅道教发展史的全景图，不仅吸收了前人的研究成果，而且还集中总结了中华人民共和国成立以来中国道教学术研究的最新成果。史料翔实，内容丰富，独抒己见，成一家之言。

  四卷本《中国道教史》的出版，其理论、学术价值及实践意义均是重大的，不仅填补了道教学术研究的一大空白，也正如萧萐父、唐明邦两教授在评介本书第一卷时所说：它的出版将使"在国际上喧嚣一时的所谓'道教研究中心不在中国'的论调不攻自破"，并对道教学术研究的深入发展，对中国传统文化的深入研究，以及弘扬我国优秀传统文化，为社会主义现代化建设服务等方面都具有十分重要的价值和深远的历史意义。本书第一卷刚一出版，即引起了学术界的重视，在国内外都产生了很大的影响，《光明日报》、中华书局《出版工作》和《宗教学研究》等报刊均发表了书评。1989 年 11 月获四川省委和省政府优秀图书一等奖，1991 年 10 月获全国"光明杯优秀哲学社会科学学术著作"二等奖。美国教授俞检身正在将此书译为英文在美国出版（已译完《导言》及前三章）。今年 1 月 3 日他在给主编卿希泰教授的信中说："今悉《中国道教史》第四卷将于今年出版，您及贵所同仁完成了这有历史性的学术大事，要好好庆祝一下才是。全世界做道教学术的学者们，都应向你们鞠躬道贺。"国际性的学术刊物 *Journal of Asins Studies*，Vol. 52，May 1995 亦刊登了《中国道教史》四卷本出版的消息。

现在将国内专家学者对《中国道教史》的结题鉴定意见刊载于下，以飨广大读者。

国家社会科学"六五"—"八五"规划
重点项目结题鉴定组专家评审意见

组长：任继愈

《中国道教史》四卷本，约二百万字，系国家社科"六五"至"八五"重点项目，历时 12 个春秋，完满达到项目设计要求，并由四川人民出版社出版发行。经过专家审阅，一致同意结题。同时，认为该著作有如下一些特点：

一、始终坚持以马克思主义的辩证唯物主义和历史唯物主义为指导原则，贯彻实事求是的精神，对具有 1800 多年历史的中国道教的产生、发展和演变作了全面勾勒，对道教发展史作了科学分期，提出了研究道教史的方法论，建构了道教史研究的基本框架，并从理论上阐述了研究道教的意义。

二、该论著是一部通史性的道教史专著，作者们既注意从宏观上来把握规律，又注意微观的研究，通史与专史结合，从而揭示了道教历史发展的规律。

三、资料翔实，取材精审，博而不滥，条理清晰，系统完整，首尾一贯。在占有大量第一手原始资料的基础上，对大量资料进行甄别鉴定，去伪存真，注意史料与观点、史与论的结合，言之成理，持之有据，许多观点发前人所未发。

四、本书将道教史与思想史、文化史进行综合研究，指出道教在中国传统文化中应占的地位，评述道教在各方面的贡献，不仅在道教研究方面有独到之处，而且对其他宗教，以及文学、史学、哲学等学科也有重要的参考价值，对我们今天吸取中国传统文化精华具有重要现实意义。

总之，《中国道教史》论著，不仅填补了国内学术研究的空白，且在国际道教学术研究界亦产生重大影响，它代表了当今我国道教学研究所达到的水平。正如有的专家指出的那样："《中国道教史》四卷本，是一部划时代的传世之作。后之研究道教史者，可以超过它，绝不能绕过它。它是一个里程碑，标志了中国道教史研究的艰苦历程，代表了改革开放时期中国道教学术研究的辉煌成果和最高学术思想水平。"

当然，该论著也有一些不足，有些问题还需要进一步研究。这部书已达到原来的编写目标。

一、任继愈教授鉴定意见

道教与中国佛教、儒教并称中国的三大宗教，这三教长期以来成为中国传统文化的主要支柱。

由于历史的原因，学术界对儒佛两教研究得多，对道教研究得少，中国道教史这一方面还处于空白状态，已出版的中国道教史都不成系统，也不全面。卿希泰主编的《中国道教史》四卷出齐，填补了一项空白，对学术界是有开创的功劳。

关于中国道教史，前人研究成果不多，可资借鉴的更少，编写这样一部大书，难度很大，著者克服了困难，完成了编写计划，成绩值得肯定。

从第一卷到第四卷，我都看过，一卷比一卷成熟，书编成后，同时也培养了一支研究道教的专家学者队伍，也是一项成绩。

这部书坚持马克思主义的指导原则，消化了大量原始资料，取材精审，博而不滥，条理清晰，系统完整，首尾一贯。与海内外已出版的同类著作相比，优点显著，足以反映我国道教研究的水平。

这部书的出版除了充实了道教研究外，对其他宗教以及文学、史学、哲学诸学科也有重要的参考价值。此书会经得起时间的考验的。

由于主观客观条件的限制，本书还有进一步深入研究的余地。

道教与佛教在我国差不多同时兴起，佛道二教互相渗透、吸收的地方有很多，除了道教独有的内容外，佛道二教共同的地方也有很多，道教受佛教影响更多一些，这部书阐述得不充分。

道教与儒教关系更深，越到后期，道教向儒教靠拢的趋势越明显。道教后期还有一些未被政府承认的流派转入地下，这些流派和著作都有待于进一步开发。作为我国第一部完整的道教史，这部书已经达到原来编写的目标。进一步研究，是以后的任务。

鉴定人：任继愈（北京图书馆馆长、教授）

1996 年 2 月 15 日

二、黄心川教授鉴定意见

道教是我国固有的民族宗教，我国对道教的研究，中华人民共和国成立前基础薄弱，中华人民共和国成立后由于对宗教问题存在着"左"的倾向，加之起步较晚，因之一直处于十分凋零的地步，但在日、韩、美、法等国对道教的研究十分火热，他们编出了为数众多的《道教史》。以卿希泰同志为首的作者们克服众多困难，写出了我国具有民族特色的《道教史》。这部书前后跨越 1800 多年的历史，对道教的史前信仰、起源、发展、高峰、周折、传播等等整个过程做了系统的、全方位的阐述，填补了道教史上很多方面的空白，富有创造性。这部书有如下的一些特点：

1. 坚持历史唯物主义和科学的观点。对道教史上出现的神话、理论、派别、人物、方术、斋醮、科仪、政教关系、三教关系等等进行了批判的阐述，在分析上述内容时一般能联系当时的社会政治条件和文化、科学背景，特别是与统治阶级的复杂关系、连续不断的农民起义运动联系起来进行考察，把悬挂在天国的宗教问题还原为现实的社会政治问题，对于道教史上出现的一些南北派别，它们的合并与分化，从政治、社会角度给予正确的合乎历史发展的解释；

我国过去谈道教史者常常存在着教外的伐异之争（与儒释之争）和教内的门户之见，本书的作者们力求避免这些偏颇，给予公允、客观和实事求是的解释，纠正了国外学者对道教的无限夸张或虚无主义观点。另外，作者们还引用当代自然科学的成就对道教的炼丹、黄白术、医药、天文星象等等给予了正确的评价，肯定了道教在历史上对科学做出的贡献；

2. 全书援引的资料极为全面、丰富，不仅对大量的道藏、佛藏诸书，一般史籍、考古文物、碑铭、民间传说等等进行了对勘、甄别、鉴定，使之由表及里，去伪存真，另外，还发掘大量新的资料、考古遗迹、文物，因之整个研究有坚实的基础和比较可信的结论；

3. 注意大陆、港台现状的研究，填补了过去我国对周边国家（朝、韩、越、欧美）研究的空白，不仅可以了解道教向国外传播的动态，也可以纠正一些国外学者对道教研究的歪曲与误解，有着一定的现实意义；

4. 道教史跨度长，内容芜杂，宗派林立，要把 200 万字的大书有机地组合起来确是一件难事，但在作者的精心安排下，大致可以看出统一的体例，篇章之间的有次序的结合，形成了一个既多元而又完整的结构，这也可以说是成功的方面。

当然也有一些问题可以商榷。例如个别历史上的宗派专题安排的篇幅较多（可能舍不掉资料），给人以繁复芜杂的感觉，对儒释道三教之间某些实质关系（如宋明理学）分析得还不够深入，对道教对中国民间宗教的影响介绍得不够，当然这些问题在一本通史中不可能都加以解决。

总之，这是一本成功的著作，在国内外学术界已经产生了相当影响，我很高兴见到这样的著作。

鉴定人：黄心川（中国社科院亚太研究所教授、中心主任）

1996 年 1 月 5 日

三、方立天教授鉴定意见

卿希泰同志主编的《中国道教史》四卷本是我国第一部规模最大、篇幅最长、水准最高的道教史，是我国宗教史研究的极为可喜的成果。

作者历时十二个春秋，默默耕耘，先后论述了中国道教的诞生、发展、演变，直至在中华人民共和国成立后的现状；分析了众多派别的历史及其特征；叙述了教义教理、科仪斋醮、方技方术等内涵，洋洋近 200 万言，为学界贡献出鸿篇巨制，嘉惠士林，功莫大焉！

全书的可贵之处，首先是始终以马克思主义的历史唯物主义和实事求是为原则，从历史实际出发去分析道教现象，并全面地揭示道教在历史上的复杂的正负作用。

其次，作者阅读大量道教著作和有关著作，处处引用第一手原始资料，同时又注意资料与观点的结合，史与论的结合，从而使全书内容充实、丰满，而又有深度、高度。

再次，全书注意道教与儒佛之间的关系，从中国古代三大文化思潮的互动态势中论述道教的思想演变和历史发展，由此也凸现出本书的思想意义与学术价值。

无论从道教研究的广度来说，还是从道教研究的深度来说，本书都可说是开拓性的著作，在中国道教史的研究与撰写方面，确实是一部里程碑式的著作。事实上该书也已引起广泛的注目与好评，香港学者评论说："这是质量均优的中国民族宗教史。"（台湾辅仁大学《哲学与文化》廿二卷第十期）

当然如此巨大的工程难免在少量细节上出现缺陷（包括排印、校对的问题），这是不难在再版时修正的。

鉴定人：方立天（中国人民大学哲学系教授）

1995 年 12 月 31 日

四、唐明邦教授鉴定意见

道教在中国土生土长，有漫长发展历史。中国人编写的道教通史，一直空缺着，倒是海外学者研究中国道教，起步早，成果多，甚至法、美、日等国，争当道教研究中心，不把中国放在眼里。任继愈先生曾经感叹道："由我们国家提供材料，让外国人去出成果，这是国家的耻辱，民族的耻辱。"卿希泰同志及他领导的研究所，忍辱负重，刻苦研究，披荆斩棘，奋力开拓，终于写出洋洋巨著《中国道教史》。有此巨著，足以振耻，快哉！

这是在马克思主义指导下完成的辉煌巨著，它贯彻唯物史观历史与逻辑一致的原则，分四大发展时期，全面系统地总结了道教发展的历史规律，创立了宏伟的道教史研究框架，具有很高的科学性。

这是一部宏观与微观结合，通史与专史结合的科学著作。道教历史悠久，宗派林立，人物繁多，著作浩如烟海，本书既能提纲挈领，做宏观把握，创立通史大纲；又对不同宗派及其分支，历史人物及著作，做细致剖判，有类专史。宏微相间，巨细不遗；通专结合，纲举目张，实堪称当代道教史研究之伟构。

本书将道教同思想史、文化史熔于一炉，构成一部百科全书式的著作。道家和道教在中国思想史、文化史上都有特殊地位、独到贡献，本书不只从宗教史角度，厘定道教的宗派、仪轨、道术，更从思想史、文化史角度，评述道教在各方面的贡献。不少观点发前人之所未发，令人耳目一新。

总之，《中国道教史》四卷本，是一部划时代的传世之作，后之研究道教史者，可以超过它，绝不能绕过它。它是一个里程碑，标志了中国道教史研究的艰苦历程，代表了在改革开放时期中国道教学术研究的辉煌成果和最高学术思想水平。

鉴定人：唐明邦（武汉大学哲学系教授）

1996 年 2 月 3 日

五、王家祐教授鉴定意见

本书导言总述了这一划时代佳作的研究成果。在"道教史分期"中，提出了道教分期的研究论断，分期得当、论断正确。例如论南、北天师道，民间宗教的转变和贵族化，宗派纷起，近代秘密宗教特点，等等，皆为分期特征做了明确的论断。在"研究道教史的意义"中，用马恩思想方法分析了道教的作用，论证了道教在今天建设两个文明中的重要和研究的必要。在"研究道教史的方法"中分析宗教本质，"从具体的实际出发""把正确与错误区分开来，而不能笼统地一锅煮"（15页）。体现在具体叙述中，如葛洪的思想两重性、宗教往往是为统治阶级服务的等皆分析精当，辨正有力。《导言》结尾是一段精要的指导性的论述："总而言之，马克思主义的方法，是我们研究道教史最根本的方法。我们在研究中国道教史的时候，应该而且必须以马克思主义理论为指导，才能在复杂的事物面前，按照事物的本来面目去认识它们，从迷离混沌的状态中发现规律性。"全书体现了此项宗旨。

当代著名教授王明《序》云："本书是开拓性的科研成果，史料翔实，观点鲜明，文笔晓畅，有自己的特色，在双百方针下繁荣了学术。读后可得丰硕的专业知识和历史线索的深刻印象。"我完全同意王明教授的正确评定。

全书精审的考订与论证太多。例如：论寇谦之与崔浩，考订《阴符经》的作者（四章一节），张陵世系及史迹的订正（二卷五章三节），尤其是对重要经典的考证与简洁的精要撮述为本书一大优点、特色和重要研究成就。例如对唐代经典《玄珠录》《坐忘论》《玄纲论》《黄帝阴符经疏》的深研浅出的论述皆具有高水平的哲学思想史根底；对杜光庭的专研（六章二节），论内丹与彭晓（六章七节），论陈抟（七章四节）等做到了去粗取精、去伪存真的分析。第三卷讲南、北宗，非通人不能悟此天人之学而以通俗出之。第四卷近现代研究具有开辟性新论，写王常月、闵一得、陈清觉、刘一明、傅金铨，皆前此绝少的新研究成果。十二章述当世海外道教，发挥了爱国主义，宣扬祖国优秀古代文化。本书是划时代的、具有指导性的道教研究成果，堪称佳作名著。

鉴定人：王家祐（四川省博物馆研究员）
1996 年 2 月 4 日

六、隗瀛涛教授鉴定意见

卿希泰教授主编的国家社科基金"六五"至"八五"重点科研项目《中国道教史》四卷本，200 余万字，是一项以马列主义为指导思想的开拓性大型科研项目，一部新的中国道教通史。该专著时间跨度长（道教自产生以来已有 1800 余年历史），涉及面广（包括海外对道教的研究），且原有基础薄弱，研究难度是很大的。卿希泰等学者，用 12 年时间，旁征博引，潜心研究，协力攻关，终于完成了我国第一部道教通史巨著。该书史料翔实、体例严整、观点明确、文笔畅达，实为我国社科基金项目之重大优秀成果。

道教是我国土生土长的传统宗教，是我国文化遗产的重要组成部分。本书对道教发展史做了科学的分期，从理论上阐述了研究道教的意义，并提出了研究道教史的方法论，新意盎然，珠玑迭现；对弘扬民族优秀文化，促进海内外学术交流，贯彻党和国家宗教政策、统战政策皆有重要的学术与现实意义。

卿希泰教授，采取老、中、青结合组建编写队伍，通过实际的研究工作，言传身教，培养了一批中青年道教研究专家，既出了高质量的学术成果，又出了人才，二者兼得。这是一项宝贵的科研育人的经验。

本课题已完满地达到申报书中有关成果的设计要求，建议结题。

鉴定人：隗瀛涛（四川大学历史系教授、四川省文史馆馆长）

1996 年 2 月 7 日

七、陈德述教授鉴定意见

以卿希泰教授为主编的《中国道教史》是一部开拓性的大型的学术专著，填补了我国学术思想史上的空白，高质量、高水平地达到了"成果设计要求"。

《中国道教史》运用马克思主义的立场、观点和方法，对道教的起源、演变、发展的历史，在各个历史时期的特点，与儒学佛教的关系，在我国文化史上的地位，均做了详尽的、系统的、全面的分析。

《中国道教史》资料丰富，论据翔实，资料与观点做到了有机的统一，每一结论都有其历史资料作依据，具有科学的实证性。同时，在论证分析方面，做到了历史的和逻辑的统一，因此，是一部很有学术价值的著作。

这部大型的学术成果，对弘扬我国优秀传统文化具有重要的价值，也对进行爱国主义教育和社会主义精神文明建设具有重要的意义。

鉴定人：陈德述（四川省社会科学院哲学所研究员）

1996 年 2 月 15 日

八、邓星盈社长鉴定意见

四卷本《中国道教史》，不仅是新中国成立以来我国第一部全面、系统地研究中国道教发生、发展的历史过程的多卷本专著，而且可以说，它是本世纪研究中国道教的历史的顶峰之作。它的完成，填补了我国学术界在这一领域研究的一个重大空白。

此项研究成果，自始至终坚持了以马克思主义为指导，遵循了党的基本路线，诚如王明先生在该书序言中所说："这是一项以马克思主义为指导思想的开拓性的大型科学研究工作。"

此项研究成果，是四川大学宗教学研究所全体同仁从 1983 年起直至 1995 年，历经了 12 个寒暑，兢兢业业、辛勤研究的结晶，其项目实施，完全达到了项目申请书中有关成果的设计要求。

在本项目的研究过程中，作者参阅了数以千计的文献、书籍及其他原始资料，所使用的资料翔实、可信、准确和完整。

本项目的研究运用马克思主义辩证唯物主义和历史唯物主义，以史实为根据、史论结合的方法，按照道教本身发生、发展和衰微的历史过程来进行研究和叙述，这种实事求是的方法具有科学性和可靠性。其中提出来的理论、观点，及其概括出来的道教发展历史之线索与逻辑，具有开拓性和独创性。

本项目的完成，具有在理论上填补了重要空白之意义。而且，有鉴于中国道教在中国历史上对中国社会的政治、经济、哲学、文学、艺术、音乐、化学、医学、药物学、养生学、气功学以及民俗、民族关系和农民运动等各个方面的重大影响，因此，此项目的完成，对于研究中国上述各方面的历史以及整个中国史，都具有重要意义。

鉴定人：邓星盈（四川人民出版社社长、编审）

1996 年 3 月 5 日

（本文原载《宗教学研究》1996 年第 3 期）

道教学研究的里程碑

——评四卷本《中国道教史》

王知非

80 年代末，笔者第一次拜读卿希泰先生主编的《中国道教史》（四卷本）的第一卷，从其《序》（著名学者王明先生所作）、《导言》始，即被这部 40 余万字的大部头著作所震撼。这还只是一种文化学的"感受"。当几年后再通读出齐的四大卷《中国道教史》，更被这部历时十二载、熔铸了所内外老中青几代专家学者心血的皇皇巨著所感动。笔者在反复研读、叹为观止之余，掩卷沉思，觉得收获良多，且不限于道教史研究本身。故不揣浅陋，敢以拙笔涂鸦，冒昧评论之。

一、工程浩大，鸿篇巨制，蔚为壮观，是四卷本《中国道教史》一大特点

作为本土传统宗教，道教所包含的中华民族传统的文化、思想的内容是极为丰富和繁杂的。要描述和清理道教一千八百年兴衰显隐、海纳百川式的发展史线索，确非雕虫小技可为。已故王明先生有言："道教的内容，杂而多端。自从原始道教的形成到神仙道教的发展，不仅各种道派孳乳很多，教义教理、科仪斋醮、方技方术等名目也是十分繁富。教理教义，包含哲学、社会政治、伦理等思想；科仪斋醮，与道教自身活动的规模和方式密切相关；方技方术，也是开展活动的重要手段。"因而，"写一部中国道教史，涉及的文化知识面很广，头绪也颇纷繁"（《序》第 1—10 页）。道教历史漫长，道派繁多，教理教义在各个时期变化很大，道教经典又浩若烟海、鱼龙混杂，考校工作量极大，前人可供参考的研究成果又不多。这些，无疑给该书的作者增加了非常大的困难。然而，通观四卷巨著，该书作者不但没有被这些困难所阻，反而举重若轻，游刃有余，将近两千年的道教史详略得当、条理清晰、系统完整地反映出来了，而且形成了全书在整体和局部上都常常自成一说，考订细致又富于创新精神的特点。

作为我国第一部完整的道教史，填补这方面的空白，本身就具有里程碑意义。这部 200 万字的道教通史，分为四大卷，共十四章。第一卷除《导言》之外，凡四章 23 节，44 万字，论述了道教产生的历史条件和思想渊源，从汉末民间道教的兴起，写到道教在南北朝的改造和充实。第二卷起隋唐道教大发展，迄北宋《道藏》和《云笈七籤》，凡三章 21 节，65 万字；第三卷起金、南宋"全真道"创立，迄明中叶《正统道藏》修竣，凡三章 19 节，44 万字；第四卷起明后期《万历续道

藏》，直至 1994 年道教在中国大陆及港澳台地区的状况和道教在世界各地的传播和影响，凡四章 21 节，50 万字。从全书所涉的纵向时间、横向地域、文化广度、思想深度看，从十二章 84 节的宏伟结构及点面结合的论述方法看，从各卷末附录的《大事记》《神仙人名索引》《名词术语索引》《引书索引》《海外对道教的研究》等引用资料之广富看，都堪称道教史研究上的里程碑式巨著。这部巨著，实际上是纵跨"六五""七五""八五"的国家社科规划重点研究项目的最终成果。与其研究总工作量相比，作者、研究者的人数少，十二年来每个人都是"超量"工作的。作为"基础研究"，国家投入不多，故这部巨著的问世，靠的是作者对弘扬中华民族优秀文化的热心和为打破"道教在中国，道教研究在外国"的僵局而脚踏实地的奉献精神。

二、以马列主义为指导，作历史唯物主义的研究，代表中国当代道教学研究最高水平

在第一卷中，最直接而集中地表达作者思想的是《导言》。它开宗明义地阐述了该书独有的、以道教本身的历史发展为线索而不是通常的以朝代的更替为线索的断代方式，以及与此相关的全书的结构方式和编写体例。这正是这部道教史在学术上、思想上的主要贡献之一，也体现出一种学术思想上的"实事求是"精神和创新精神。《导言》还从道教与社会、政治的关系，道教与儒释等社会的、学术的思想的关系，道教与中国古代文学艺术的关系，道教与中国古代科技的关系等方面，论证了道教及其思想对于一千多年来中国人的社会生活、意识形态、传统文化的多方面的、深刻的影响。这正是今天研究道教的现实的、文化的意义。《导言》还专门解说了该书的研究方法，旗帜鲜明地表明了坚持辩证唯物主义、历史唯物主义观点和方法的理论原则立场，坚持"对于具体情况作具体分析"这一"马克思主义的活的灵魂"的原则立场。这是全书的总纲，也是全书之所以能达到较高的学术水平、思想水平的原因。

全书坚持用历史唯物主义的观点、科学的观点分析道教的产生、发展、兴衰历史，既把道教放在中国的历史和文化的长河中来考察，又把它当作有强烈中国传统特色的文化系统和意识形态来研究。这部道教史对道教为何会在汉末以民间宗教的形式产生并得到统治者或压制或支持的分析（第一卷），对道教在李唐王朝、赵宋王朝的支持下得到发展的深层社会和政治原因的阐发（第二卷），对全真道在金宋元时期产生发展的历史契机和社会必然的叙述（第三卷），对道教在明中叶后逐渐衰微和"鸦片战争"后在民间化、"世俗化"方面的发展以及造成这种衰微和发展的原因——经济关系、阶级关系和政治文化等方面的深刻变化的描绘（第四卷），都相当深刻、准确。它对一千八百年道教史上出现的神话、理论、派别、人物、方术、斋醮、科仪、音乐、美术、文献、政教关系、三教关系等进行了批判和分析，并联系当时社会、政治条件和文化、科学背景，以及道教与统治阶级和历代农民起义的种种复杂关系进行考察，对历史上不断出现的道派及其分分合合，从其社会政治的根源上做出了合乎历史实际、历史规律的解释。正是这种"史论结合"的方式，既继承了中国古代史家"知人论世"的优秀传统，又坚持了正确的学术思想路线，将这部大书的学术成果和思想成果扩展到了更大的范围和更高的层次。

三、探"源"溯"流"相结合，"历时性"与"共时性"研究相结合，有很强的"思想史"特色和民族化风格

从第一卷起，这部大书就十分注意探索道教的既民族化又"杂而多端"的思想文化渊源，探索道教文化对于一千多年来中国人的思想意识、伦理道德、人品人格、行为方式、科学精神、审美倾向、信仰文化等方面的影响，准确地把握并描述了道教在中国传统文化中的地位和价值。第一卷第二章对《太平经》极为复杂的宗教神学思想的分析，一方面注意到它包含的传统的朴素的唯物的、辩证的思想因素，另一方面又突出它的"太平世道"的政治设想中朴素的民主意识，及其与宗教的社会理想之间的矛盾和冲突，对其中的精华和糟粕进行了得当的"扬弃"处理，显示出学术思想上的高屋建瓴。

也许正是主编的这种对道教"思想史"研究的兴趣使然，这部著作始终都很注意对道教思想及其发展作纵向的"史"的和横向的"比"的考察。第二卷第五章对隋至盛唐时期道教的兴盛和教理的大发展作"历时性"描述的时候，既注意到勾勒道教诸主要教派的产生与发展线索，注意突出主要道教学者如成玄英、李荣、王玄览、吴筠、李筌等对道教思想理论的发展所做出的贡献；同时又注意到经过他们系统化、学术化的道教宗教思想，如哲学思想、伦理思想、养生思想等，对当时社会思想所起到的重要作用；并且将张万福整理道教经籍而对保存古籍所起的积极作用、孙思邈医道双修对祖国传统医药学所做出的伟大贡献，"黄冠子"李淳风在数学、天文、历法方面所取得的巨大成就，与当时科学文化状况联系起来考察评论，充分肯定了道教学者为我国古代科学文化的发展所做出的不可忽视的贡献。第二卷第七章还辟专节介绍以北宋道教学者陈抟和他的《易龙图》等著作建构的象数体系，客观地分析其所包含的辩证思想因素和事物可变化的积极的思想成果，并交代了这个象数体系的思想渊源，描述了它对当时和后世哲学、文化思想（包括儒、释思想）的巨大影响，从宗教思想文化的角度，填补了哲学史、思想史研究中的一些空白。这些，同时得力于该书作者主动对历史所作的"共时性"研究。

这种"共时性"研究，还体现在这部大书十分注意对于道教作为特定时代的一种宗教化意识形态的研究，注意道教思想与同时代主流思想之间的复杂关系和交互影响。特别对道教与儒、释的交绥和交融历史的考察，更体现出这部著作对中国古代思想史研究的热衷，体现出学术研究的实事求是、客观公允的科学态度和严谨作风。过去治道教史者，常常避免不了有教内的门户之见或教外的伐异排他心理，对道教与儒、释之间的竞争、相互排斥又相互吸收的事实，及其深层的政治、社会、文化、思想方面的原因，不是出以己见、爱屋及乌，就是党同伐异、语焉不详。而这部四卷本道教史，从魏晋南北朝的道、佛之争起，就十分注意对宗教竞争和思想交锋的叙写。如第一卷第四章，写到北方的道教，既客观地记述了北魏太武帝和北周武帝以政治手段压制佛教的历史事实，又深入地分析了当时佛、道斗争所包含的深刻的社会、政治、文化因素；写到南方的道教时，既叙述了儒、释之间的激烈斗争，又突出了以顾欢的《夷夏论》为代表的道—儒思想联盟对外来佛教所采取的学者式外柔内刚的排斥态度，及这场争论的深层政治、文化原因和背景分析。该章同时又阐述

了当时道、佛之间逐步加强互相吸收和融合的事实，通过大量的文献资料证明了道教兼收并蓄以求发展，佛教逐步中国化以拓展市场，最后都在竞争中磨砺和丰富了自己的历史事实。更重要的是，该章将三教之间的斗争和融合提高到各教对于"中国传统文化"的不同态度和做法的高度来认识，从而避免了就事论事的浅陋和顾此失彼的尴尬，令人耳目一新。

这样的叙述和阐发，还可见于第二卷第六章对唐武宗的"废佛"、周世宗的"扬道抑佛"政策的分析，见于第七章对宋徽宗崇道废佛及北宋道教、佛教关系的分析，见于第三卷第九章对元代的释、道斗争与道经被焚及其原因的分析，见于第十章专节对明代"三教融合"的深入发展的分析，见于第四卷第十一章对清代宗教政策对释、道两教的不同态度的分析，甚至还可见于第十一章鸦片战争之后统治者的抑道政策和第十二章日本侵略者占领下的台湾道教的地下发展等等。该书的一个重要思想是：宗教（包括道教）问题从古至今都是民族问题、文化问题，同时也常常是政治问题。因此，写道教史必须站在爱国主义的立场，立于历史唯物主义的高度，以"古为今用"为学术研究的着眼点，才能真正把握历史规律，使学术研究有助于今天的社会主义精神文明建设。通观全书，作者的这一思想已经基本实现。

四、引证和考订精当，多用第一手资料，总结当代道教学最新研究成果，又有全新拓展和发现

正如许多本行专家学者所评论的那样，四卷本道教史站在当前学术高度对历来的道教史研究进行了总结和吸收，从而使其研究的广度、深度都得到最大程度的增加，使其研究成果明显具有"集大成"特点，居于国内领先水平。同时，该书作者群体各有所长、学有专攻的特点和长处得到充分发挥，在全书四卷十二章的撰述中，常有他们自己最新研究成果的展现。比如，对道教的产生和发展作"社会学""政治学"的考察，是这部书很有特色的一条逻辑线索，也是它深化主题、联系现实的一种独特形式。各卷都有对当时宗教政策、政治与精神需求的分析，阐释"出世"的道教何以常常得到统治者极大的重视。又如，对道教宗教哲学思想的阶段性发展的研究，该书一方面吸收了当代既有成果和结论，另一方面又在行文中融入了不少新的发现和新的结论。第二卷第五章、第六章、第七章有关道教学者的思想介绍和新出道经内容的分析当中，就将当代道教哲学研究的新成果与该书作者的新的发现、新的探讨、新的收获结合起来，使这些章节展现出得风之先的风采和广博深入的气度。所以，任继愈先生才认为，这部书"代表了我国道教学研究所达到的水平""对学术界有开创的功劳"（见《宗教学研究》1996年第2期）。

在体现作者们新的研究成果方面，值得提起的还有对道教内丹思想与修炼法门的许多新的发现和收获。如第二卷第五章对张果内丹学说的介绍，第六章对彭晓为代表的唐末五代内丹思想、内丹术发展的阐述，第七章对钟离权、吕洞宾、陈抟、林太古、曹仙姑、张伯端等的代表性内丹著述及丹法的较为系统的分析评价，第三卷第八章对南宋内丹术的盛行发达、内丹道派的形成发展的勾勒，第十章对明代中叶以前内丹学说的进一步发展原因的探索，第四卷第十一章、第十二章对明代后期到清末民初数百年间以陆西星、刘一明、傅金铨、李西月、黄裳直至陈撄宁为代表的各派各种

内丹学术进行的有点有面、重点突出的描述等等。这些分散在各卷各章的道教内丹学的发生发展历史及其代表人物、著作的介绍，如果单独成书，显然可以成为一部有相当篇幅的言之有物、别开生面的内丹学专史。这种各成体系又有机统一于整个道教史的专史，还可以提炼出好多种，如道教哲学思想史、道教社会政治思想史、道教养生学史、道教科学技术史、道教文献学史、道教文学艺术史等等。这充分说明这部道教史内容之丰富，体系之庞大。

这部巨著还有一个明显的特点是所引用的资料特别丰富多彩。其对于大量的道经、佛藏、一般史籍、考古文物、建筑碑铭、民间传说等等进行了考校、甄别和鉴定，做了大量"去粗取精、去伪存真"的工作，并且收罗、发掘了许多新的文献资料、考古发现、文物遗迹、当代宗教信息等等，极大地丰富了该书的内容和思想，为其主题的实现打下了坚实的基础。全书使用的多为原始资料，出处详明，少有二三手引文。这不但为以后的道教学研究提供了研究线索、保存了许多原始资料，也为我国的道教学研究在优良学风的培养和学派的形成上树立了榜样、开辟了道路。

从这几个方面看，这部二百万字的著作的完成和出版，的确称得上划时代的事件。虽然，它也还有可以进一步完善之处，如某些章节内容的繁简详略的安排还可更为集中，对儒释道三教关系的分析还可以更深入一些，因写作出版周期较长、篇幅过大而导致一些排校问题，等等，这些可在再版时修改解决的问题，应该说基本上不影响它的整体质量。笔者相信它的作者将会有更多的高质量成果问世。

（本文原载《宗教学研究》1996 年第 3 期）

专家评《宗教观的历史·理论·现实》

林述栋

  《宗教观的历史·理论·现实》一书共 50 万字，是"八五"国家哲学社会科学基金重点研究项目的最终成果，四川联合大学宗教学研究所陈麟书教授是该项目的课题负责人，是该书的主编，副研究员石衍丰为副主编。在该书出版之前，由四川省社会科学规划处并经国务院社会科学规划办公室同意，1996 年初，特邀七位专家学者对该书书稿做出了个人鉴定意见和鉴定结论。任继愈教授和戴康生研究员采取通信鉴定，其余五位专家则以个人鉴定和会议鉴定相结合的方式，最后对书稿做出了鉴定结论。该书于 1996 年 7 月由四川大学出版社正式出版，在该书付印之前，根据专家个人鉴定中所提出的具体意见已做出了相应的修改。专家鉴定一致认为，该书具有"全""新""简"的特点，博大而不失精深，是具有重要现实意义的优秀学术专著。现把各位专家的个人鉴定意见和鉴定结论一并发表，以便更广泛地征得同行和读者的意见、建议和批评。

  本书共分四编二十章：第一编，宗教观的历史：第一章"中国古代宗教观及其历史影响"；第二章"西方宗教观发展的历史进程"；第三章"马克思恩格斯的宗教观"；第四章"列宁和普列汉诺夫宗教观的历史特征"；第五章"中国共产党人宗教观的历史进程"。第二编，宗教学的基本理论：第六章"宗教研究的方法问题"；第七章"宗教现象的多相属性"；第八章"宗教功能的社会作用"；第九章"宗教现象的客观规律性"；第十章"宗教的诸社会关系"。第三编，"当代宗教和社会主义"：第十一章"宗教和空想社会主义"；第十二章"宗教与社会主义"；第十三章"社会主义国家宗教问题的实践经验"；第十四章"宗教与社会主义社会相适应相协调的问题"。第四编，"宗教和当代社会"：第十五章"当代宗教的世俗化问题"；第十六章"当代社会的新宗教运动"；第十七章"当代原教旨主义"；第十八章"现代西方神学"；第十九章"现代西方宗教思想"；第二十章"现代宗教的传播方式"。

一、任继愈教授鉴定意见

  书稿作者贯彻了历史唯物主义观点方法，系统地考察了宗教观的历史、理论、现实。由于作者具有多年教学和科研经验，内容比较充实，观点比较稳妥，章节安排也比较合理，繁简得当，条理明晰，是大学中适用的教学专著，是近年来少见的一部好教材。

  全书对宗教的历史、理论的发展，提供简明的线索，使读者便于掌握，文字表达简要通畅，逻辑性较强。

第十四章"宗教与社会主义相适应相协调的问题",作者结合我国建设社会主义实际,吸收过去正反经验,写得较为充实。

"宗教与当代社会"部分,政策性强,不易掌握,作者立论有据,体现了作者的政策水平和科学水平。

这部书稿已达到编写设计的标准和要求,值得向社会推荐,公开出版。

鉴定人:任继愈(北京图书馆馆长、教授)

1996 年 3 月 20 日

二、卿希泰教授鉴定意见

陈麟书教授所承担国家"八五"社科规划重点项目《马克思主义宗教理论和无神论研究》,现以《宗教观的历史·理论·现实》的书名出版,全书 20 章,全面系统地阐述了宗教观的历史发展和宗教学的基本理论,探讨了宗教与社会主义以及宗教与当代社会诸方面的问题,最后以中西方宗教信仰模式的比较作为全书的结束语。该书坚持了以马克思主义的基本原则为指导,在理论概括上能大胆地创新,把宗教观的历史、理论和实践融为一体,发前人所未发,结构新颖,资料翔实,观点鲜明,文笔晓畅,读后使人能获得很多的启发,具有重要的学术价值和现实意义,完全符合该项目申请书中的有关成果的设计要求,圆满完成了该课题的任务,应予充分肯定。

鉴定人:卿希泰(四川联合大学宗教学研究所名誉所长、教授)

1996 年 2 月 20 日

三、戴康生教授鉴定意见

陈麟书教授主持的书稿《宗教观的历史·理论·现实》,篇幅较大,我浏览了一遍,细读了部分章节。总的印象是:全书坚持了以马克思主义为指导,内容充实,超过了原项目设计;资料翔实,言之有据,理论能联系实际;史论结合,分析中肯,立论基本正确,体现了作者扎实的学术功底;文字流畅,表述清楚。总之,是一部有关宗教的学术性、知识性较强的理论专著。

该书稿比之于近年来国内有关著作,有以下几个特点及长处:

1. 全。该书稿以宗教观为主线,内容涵盖了古今中外宗教的历史、理论与社会实践的重大问题,时间、空间跨度大。特别是用了一半的篇幅论述了当代宗教的关键问题,时限直到 1994 年,有强烈的时代感。例如,书中第五章、十三章、十五至十七章、二十章,谈到许多当代中国宗教原则问题及当代世界宗教发展的特点、趋势,别的书中尚未系统提出,而这又是人们十分关注的有现实意义的问题。

2. 新。该书稿在框架结构及部分内容上给人以较新的感觉，特别是结合了宗教学与宗教社会学的研究成果，从多角度多层面，在理论上进行大胆的科学探索，有些提法不落俗套，颇有新意（如第七章至九章、十六章），给人以启迪。这也反映了作者具有可贵的开拓精神及理论勇气。

3. 简。该书稿内容丰富但又十分简洁。如第三至五章，写得既全面又重点突出，简明清楚，很不错。此书的读者对象若是大学生及宗教工作者，那是十分合适的，会给予许多知识，起到了教科书的作用。

该书稿也有某些不足。如面面俱到，在一些地方只是点出，有引申不透之感。书稿名，尚可斟酌。宗教观的历史与理论，说得通，若说宗教观的实践，则有些牵强。社会中复杂的宗教现象，绝非是某种宗教观的简单的实践问题，何况，在当代社会中许多宗教观的形成乃是大量宗教实践的总结与提升。书中某些个别概括与提法，也可商榷。如第 422—423 页中，提出伊斯兰宗教激进主义按表现形式可分为三种，其中改革主义（主张、着眼点、手段、社会基础等）与宗教激进主义是有别的，不能笼统地说成是其表现形式之一；第 424 页提出伊斯兰复兴主义，认为他们在"法律审判方面"如何如何，这段话可能有误，与事实相反。引用《古兰经》要核对原文，如 291 页 7 行"土恩的"，不是"恩土的"；296 页倒 9 行，原义是"大地确定真主的"；417 页 14 行，"伊斯兰教法"，不要说成"回教律法"等；再有 313、335 页，有关"类型"的概括提法，建议再推敲一下。

我认为，目前我国宗教的理论研究，还远落后于实践的发展与社会的需要，该书稿的完成，能填补这方面的不足，具有较强的理论意义与现实意义，希望它早日问世。

鉴定人：戴康生（中国社会科学院世界宗教研究所副所长、研究员）

1996 年 2 月 6 日

四、陈德述研究员鉴定意见

《宗教观的历史·理论·现实》这部著作对宗教观的历史、宗教学的基本理论以及与社会主义、与西方社会的关系进行了深入的、全面的、系统的分析论述，同时还分析论述了在科学技术高度发达的情况下，宗教发展的趋势以及它在社会生活、国家政治进程中的作用和地位，因而是一部很有现实价值的学术专著。

这部著作，本着实事求是的、辩证分析的方法，对宗教的历史观、理论与实践进行了公正的科学的客观的评价，既克服了"左"的观点，又坚持了马克思主义的立场，从而能够树立起人们对宗教的正确看法，利于克服在宗教问题上的"左"的或右的错误观点。

更重要的是，这部著作从更广阔的视野证明了我国宗教政策的正确性和正确执行这些政策的极端重要性，同时也为我们正确认识一些国家的内部问题以及一些重大国际问题提供了一些文化的依据。

这部著作，资料翔实，论证清楚，文字简洁。

此书在付印前，应该加强校对，有错漏字，有的章节还有不通的不规范的句子。

鉴定人：陈德述（四川省社会科学院哲学与文化研究所研究员）

1996 年 2 月 6 日

五、徐铭教授鉴定意见

本书研究的对象，既涉及宗教的历史又涉及现实，是国内宗教学界都十分关注的大课题。它的写作有三大困难：第一，它是一个宏观宗教学问题，需要有对世界宗教史的深刻理解；第二，它必须面对有关当代宗教的各种思潮及流派，需要涉猎与之有关的大量著述；第三，它涉及有关宗教与社会变迁问题的一系列理论，需要有很强的理论思维能力。我们看到，这些困难都被作者成功地克服了。他们运用现代跨学科的社会科学研究方法，对宗教学理论、当代宗教进行了深入的探讨，阐发了许多精辟的见解。

该书共四编，二十章，既有严密的理论探讨和思辨，又有对当代世界宗教的评述，做到了熔理论与历史、现实于一炉。该书的构架是相当完备的。以往人们叙述宗教多偏重于宗教的起源、世界三大宗教和我国当前的宗教问题等方面，而对当代宗教和社会主义、宗教和当代社会等方面则注意不够。该书用二分之一的篇幅对当代宗教进行了深刻的研究，从而弥补了既往同类著作中存在的缺陷。

该书在评价宗教学中的观点是非曲直时，坚持以社会实践作为检验的标准，而不以人或书本为标准。比如宗教功能的社会作用问题是长期争论不休的热点问题，作者经过研究认为："宗教具有神圣化的功能、世俗化的功能和实体化的功能。宗教功能的社会效应越高，它的社会生命力就越强。当某些宗教的历史形态，因不能适应社会的需要而失去其社会效应时，它的生命力也随之而消失"。这种独到的论点，精辟的概括，在各章各节随处可见。

本书用 30 万字的篇幅，以新的视角考察了社会主义国家的宗教问题及当代新宗教运动、伊斯兰宗教激进主义，在宗教学界，实不多见。它为当代宗教研究的进一步发展开拓了广阔前景。作者对于社会主义国家宗教问题的实践经验的回顾与反思，以及新宗教运动的比较研究，紧贴当代世界与我国现实生活，给人以深刻的印象和许多的启迪。从这个意义上可以说，此书不仅具有重要的理论意义，也具有重要的现实意义，并赋予本书毋庸置疑的学术价值。

当然，作为对宗教学的探索，本书也有需要进一步完善的地方。比如，全书缺一个对宗教观的历史理论实践全貌认识的总体论述，因而在理论性的宏观把握上显得薄弱。此外，对宗教思想信仰却没有专题探讨，不能不说是一个缺憾。

综观全书，在深度和广度上超过目前国内现有研究的水平，是一部有新的构架、有丰富的资料、有严密的分析、有独到见解的拓新之作。

鉴定人：徐铭（西南民族学院民族研究所教授）

1996 年 2 月 10 日

六、孙善玲副研究员鉴定意见

本书将宗教观的历史、理论、实践共构一体，涉及宗教学理论、宗教史、宗教现象、当代宗教、宗教比较等诸研究领域，涵盖古今中外。这是一项集体研究项目，由陈麟书教授主持，集中了多位学者在各自专业的研究成果。因此，本书涉及面虽广，但对具体问题的论述每有精辟独到之处。博大而不失精深，是本书显著的特点。

一般对宗教观的研究，讲西方多，讲中国少；讲古人多，讲今人少。本书反其道而行之，重点探讨中国宗教观的历史，重点探讨近现代乃至当代人物的宗教观。其中既有对"天""天命""上帝"等具有中国特色的宗教观念的探讨，也有对中国传统文化中佛、道各家宗教观以及少数民族原始宗教的信仰观的探讨。作者均为上述研究领域的专家，其中多有独到见解，是为宗教观历史研究的精华。上述研究，自古至今，由中及外，中外对比，视野广阔，具有创新的意义。

对宗教的基本理论，本书没有作面面俱到的论述、人云亦云，而是紧扣现实，对前人未曾涉及或涉及不深的几个主要问题进行了理论的探讨和概括，对今后宗教学的研究无疑具有指导性。

特别要强调的是本书对当代宗教深切关注。当今世界，现代化、科学化、理性化是潮流。宗教作为上层建筑的一种，如何协调自身以便适应现代社会变化不居的各种条件，从而求得自身的生存发展，这是当代宗教学研究的主题。本书采用最新最权威的资料来源，力求把握当代宗教发展脉络以及它的未来走向。

笔者认为：该项研究成果使用最新资料，以马克思主义为指导，运用现代科学研究手段，对宗教观的历史、宗教学理论和当代宗教问题进行深入细微的研究。该研究成果在上述研究领域有突破创新，具有科学性，对如何认识当代宗教并引导宗教与社会主义相适应具有理论的指导意义。

鉴定人：孙善玲（西南民族学院民族研究所宗教研究室副研究员）

1996 年 2 月 17 日

七、都淦教授鉴定意见

这是一部全面、系统、深入研究宗教问题的专著。它概述了宗教观的历史发展，特别是系统地阐释了马克思主义经典作家和中国共产党人宗教观的思想精髓，并以之作为指导，密切联系实际，论述了马克思主义宗教学的基本理论，分析了当代宗教和空想社会主义以及具有宗教色彩的社会主义流派的关系，特别是总结了社会主义国家在处理宗教问题上的实践经验，并对宗教与社会主义相适应、相协调的问题作了规律性的探讨，对宗教在当代社会的表现、形态、地位、作用等，从意识形态与政治运动的角度作了深入剖析。全书观点明确，理论性强，资料丰富、翔实，结构谨严。特别是在坚持马克思主义宗教观基本理论的指导下，结合历史与现实，实事求是地探讨宗教的地位和作用，不仅充实了马克思主义意识形态学说的内容，而且对正确认识和处理宗教问题提供了科学依据，有重要的理论意义和应用价值，是不可多得的一项重要科研成果，完全可以通过鉴定。

鉴定人：都淦（四川省社会科学院政治学研究所教授）

1996 年 2 月 4 日

八、包世芳主任鉴定意见

陈麟书教授主编的《宗教观的历史·理论·现实》一书，是"八五"国家社科基金重点项目的最终成果。该书以马克思主义的唯物史观为指导，分别从宗教观的历史、宗教学的基本理论、宗教和社会主义、宗教和当代社会等方面进行了详尽和系统论述，内容丰富，资料翔实，是一部较优秀的学术研究专著。

该书的突出优点是：一新。全书理论结构新颖，既对中西方自古至今大跨度的宗教观发展变化的历史作了分析总结，又对宗教基本理论作了创新的理论概括，也对现代社会宗教现象的热点问题进行了论述，把宗教观的历史理论和实践融为一体，富有新意。

二全。对宗教学的基本理论，论述较为全面。书中详尽论述了研究宗教的方法论、宗教的诸多属性、宗教现象发展变化的规律性、宗教功能的社会作用、宗教的诸社会关系等问题，对宗教学的基本理论做出了高度的理论概括。

总之，该书既有理论深度、学术经验，又有重要的现实意义。它对进一步研究宗教现象和制定宗教政策具有参考价值。

鉴定人：包世芳（四川省社会科学规划办公室主任）

1996 年 2 月 6 日

鉴定组鉴定意见

由陈麟书教授领衔、主持研究的国家"八五"社科重点课题"马克思主义宗教理论和无神论研究"的最终成果《宗教观的历史·理论·现实》一书，经任继愈教授、卿希泰教授、戴康生研究员、陈德述研究员、徐铭教授、都淦研究员、孙善玲副研究员、包世芳处长等专家的鉴定，认为该书完全符合甚至超过该项目申请时的设计要求：1. 该书在马克思主义指导下，对宗教观的历史发展、宗教学的基本理论、宗教与社会主义、宗教与当代社会的诸方面的问题，都进行了全面、系统的论述；特别是还详细论述了在科学技术高度发达的情况下，宗教的发展趋势以及它在社会政治生活中的地位和作用，最后以中西方宗教信仰模式的比较作为结束语，因此，该著作具有重要的理论价值和现实意义。2. 该书有以下的特点：第一，全。该书以宗教观为主线，内容涵盖了中外宗教的历史、理论与社会现实的重大问题，时间、空间跨度大，特别是用了一半的篇幅，重点探讨了当代人的宗教观，时限直到 1994 年；该书不只探讨一般的宗教历史，还包括宗教学的方法论、宗教的诸多属性、发展规律、社会作用等。第二，新。该书大胆开拓创新，在结构和内容上都有新颖之感，在理论上进行了大胆的探索，发前人所未发。对具体问题的论述每有精辟独到之处，博大不失精深；第三，简。内容简明、简洁。3. 该书本着实事求是的、辩证分析的方法，对宗教的理论与现实的诸多问题予以公正客观的评价，既坚持了马克思主义，又克服了"左"的或右的错误观点。该书资料翔实，理论性强，观点鲜明，言之有据，史论结合，分析中肯，论证清楚，文字简洁流畅。4. 该书重视理论联系实际，有重要的现实意义和使用价值。该书的研究成果具有科学性，对如何认识当代宗教，并引导宗教与社会主义相适应具有理论的指导意义。该书总结了社会主义国家在处理宗教问题上的实践经验，从纵横两个方面证明了我国宗教政策的正确性和正确执行这些政策的极端重要性。同时，还为我们正确认识有些国际政治斗争提供了宗教历史文化的背景，对今后宗教学的研究具有指导作用。5. 专家们还对该书的个别不足之处，提出了修改的建议。该书出版之前，已作了相应的修改。

总之，专家们对该项基金的研究成果，持完全肯定评价。

鉴定组负责人：陈德述（四川省社会科学院哲学文化研究所研究员）

1996 年 3 月 26 日

（本文原载《宗教学研究》1996 年第 4 期）

读《道教斋醮符咒仪式》有感

王家祐

近读张泽洪君《道教斋醮符咒仪式》，掩卷之余，感慨良多，故提笔挥毫，一抒胸襟为快。

改革开放廿年来，百废俱兴，国运昌盛。中华传统之道教研究，始由禁区转为热门。道教是中国土生土长的宗教，此已属人所共知的常识。中国的根柢全在道教，鲁迅此说亦发人深思。自昆仑西王貘部族以九星订四季，开创原始农业生产，华夏先民已萌生宗教观念。五千年前早有五斗米巫，传说之西王母凤族，高居于龙（姬）虎（姜）部落之上。巫道仪轨亦显现于秦汉，周穆王、汉武帝崇尚仙道，与西山神女频繁往来，此为月母执天道之母系部族。昆仑独柱之原始巫道，与道家黄老稷下之学融合，乃有张陵道巫一气之天师道兴起。故东汉天师道之发生，实肇始于昆仑河源。

纵观中华文明之历史，宗教之产生、发展、兴亡，自有其客观必然，非一纸封条可强行禁锢。批之、判之，无助于宗教观念之根除。听任对神灵之诚信，对偶像之迷恋，诉感情之倾心，寄贞心于天堂，亦非社会治政之良方。唯有深入实际，研讨宗教之要义，了解其历史与现实真相，方能定政策、益社会、澄心态。

四川大学宗教学研究所的师生们，凭巴蜀道教发源之地利，多年致力于道教研究，于道教学大有建树，可谓成绩斐然。一部《中国道教史》定鼎华夏，普受学林之重视；主办的《宗教学研究》内容丰富，为道教研究者所瞩目。

回首廿年来的道教研讨，学人兴趣多集中在道教历史、哲学、人物等方面，涉及斋醮、科仪、符咒者，犹如凤毛麟角，于此类道法传统，能如实客观分析者太少。道教的斋醮科仪法术，崇之者事近迷信妄作，贬之者视若垃圾废物。对斋醮科仪之思想意蕴，既少深入理解；对建斋设醮之法会坛场，更欠实践考察。于是乎隔靴搔痒，言之空洞，骂为巫觋。诸如此等观点方法，定难获道教斋醮之正确认识。

张泽洪博士治道教学多年，以马恩辩证法观点，用历史唯物论方法，精审地从时间、空间，详细分析了道教斋醮科仪符咒的真实。作者运用宗教学的理论，全面考察了道教斋醮之源流，建构起科仪格式的理论，展现科仪历史之实况，可称博大功深。此书洋洋25万字，正文共分四章，述及道教斋醮仪式的源流及其影响，道教斋醮科仪的坛仪格式，道教斋醮仪式分析，斋醮科仪思想及其宗教功能，给人以耳目一新之感。附论斋醮科仪中的焚香，尤有真知灼见。

吾开卷阅读之余，时时感叹作者引证之广博，辨析之精审，思路之缜密，文笔之流畅。对道教常行的黄箓仪、施食炼度、投龙简仪、礼灯科仪、授箓传戒，作者皆能纵横捭阖，广征博引史籍道经，予以详尽的阐述分析。道教宏大铺陈的坛仪法式，丰富细腻的科仪内容，确乎令人叹为观止。

在通读全书之后，对道教丰富的祭祀经典，完备的科仪格式，深邃的文化意蕴，更有深切之感受。

长江后浪推前浪，江山代有人才出。川大宗教所堪颂，济济多士更堪赞！

（本文原载《中国道教》1999 年第 5 期）

道教医学研究的可喜突破

——评介盖建民博士《道教医学导论》

李养正

20 世纪 50 年代至 60 年代初期，我曾听陈撄宁先生讲授"静功""仙学"与《黄帝内经》，初悉道教养生学与我国传统医学有密切关系。而后，在同道教界师友交往中，更确知道教很重视医药卫生之道，不少高道深谙医药之学。这既是出于自身保健养生需要，也是出于济世利人、修道积德的愿念。这同道教信奉的"重生贵德"的教义密切攸关，长时期以来，已成为道教优良传统的内容之一。历代有不少高道（如葛洪、陶弘景等）成为著名医药学家，为我国医药学发展，做出过巨大贡献。我对道教医药学知识甚少，只是觉得它形式多样、方术多端、蕴涵丰富、特征突出，应当得到行家的发掘、整理和辨析良莠，以求发扬精华。然而，长期以来，相当多的学人受形而上学思维方式的影响和束缚，片面、抽象地强调宗教与医学冲突、对立的一面，不做实际考察而轻忽其存在。有许多中国医药学史著作或文章在论及历代著名医药学家时，对董奉、葛洪、鲍姑、陶弘景、王冰、刘完素、孙思邈等人，往往有意或无意不提及其"道士"身份和其"道医"特征。这在客观上无异于抹杀道医的存在。近年来，虽偶见有零散文章论及道教医学，却未见有较全面、系统的著述问世。去年底，我参加在广东罗浮山黄龙古观举行的"道家文化国际研究会"，听到了卿希泰教授的高足盖建民博士所作关于"道教医学"的学术演讲，继之又细读了他所著《道教医学导论》（中华道统出版社 1999 年出版）。作者用丰富而翔实的资料，论证了道教医学体系的存在，指出道教医学是中华传统医学的一个重要流派。这显示了作者实事求是、勇于探索的科学精神。

《道教医学导论》一书以史立论，史论结合，用史料稽考和统计分析相结合的研究方法，具体考察了道教医学产生的渊源及其演变发展的历史轨迹，对道教医学的概念内涵、道教义理色彩、独特医学模式以及符咒方术的底蕴，都作了深入辨析；还从哲学研究的角度，探讨了道教与传统医学发生关联的内在逻辑，阐明了道教崇尚医学的原因及"道教医学"形成的道教哲学基础；并对我国传统学术思想、思维模式在道教义理、修仙方法论的建构和发展中的作用进行了独到研究。

全书分为五大章，另有附录文稿数篇。在其"引言"中，作者就道教医学概念进行了辨析，阐明了道教医学研究的旨趣；第一章"以医传道——道教医学流派的肇始和初步形成"，着重就道教医学的源流、道教"以医传教""借医弘道"的创教模式、魏晋南北朝道教名士对传统医学的融摄与增益等问题进行了史料考析和疏证；第二章"道医辈出——道教医学流派的发展与兴盛"，着重描述道教成仙模式的转换及其对道教与医学关系的影响，隋唐道教医学的勃兴，宋元道教医学的发展；第三章"汇入大海——明清道教医学流派的新走向"，分别就明清道教与医学关系发展之特点、净明道与传统医学及明清之际丰富多彩的道教医学养生著作等几个方面进行考述，勾勒出明清道教医学与传统医学相互融合的发展态势；第四章"方术与科学——道教医学体系及其特点"，着重就道教医学的特征及道教符咒治病术的医学底蕴、道教医学模式及其现代意义，进行了详尽的研究和探讨；第五章"双向互动——道教与中国传统医学的内在关系机制"，从哲学研究的高度探讨了两者之间发生关联的内在逻辑，从"援医入道"和"援仙入医"两个方面概括总结了道教与中医学互融互摄、相互促动的双向互动机制，在此基础上，作者从历代道医统计分析、中医典故与道教医学、民间"医神""药神"崇拜这几个角度论述了道教医学流派的社会影响及其在中华传统医学文化史上的地位。

全书资料丰富翔实。作者在道教与传统医学两个方面下了很大的功夫搜集资料，从浩如烟海的道教原典和医籍中发掘、钩沉出大量有价值的道教医学史料，其中特别注意对原始第一手资料进行梳理和认真辨析。书中大量的史籍疏证、考引反映了作者驾驭资料、综合分析的能力和素养。作者在论述过程中还注意引证考古学、医学科学研究的新成果，将道教医学置于中华传统文化的大背景之下进行全面考察和审视，使全书颇具深度和厚度。当然，本书在某些方面还存在不足和缺陷，个别论述还需作进一步推敲，书中对道教医学现代价值的挖掘尚嫌不够。总的看来，作者勇于探索，在道教医学研究领域中取得了创造性的成果。

该书为我们提供了一幅比较完整的道教医学画面，有力地论述了道教医学流派在中华传统医学文化史上的地位和影响，对学术界过去长期忽视乃至否认道教医学流派存在的学术是非，给予了彻底澄清，拓展了道教学研究的新领域。此书堪称是我国第一部系统研究道教医学的学术专著。

读完此专著，我多年的悬念得到落实，自感深受启发，获益匪浅。道教是一种重生贵术的宗教，其养生延命文化（包括道教医学）确属道教优良传统的重要内涵。在加强道教自身建设，全面提高道众素质，自觉发扬道教优良传统的今天，这正是道教界所要特别加以探索、发掘、把握和发扬的道教文化中的积极因素。关注并吸收此书的有益见解与对道教医学内容的客观介绍，我以为可以增进道教界对发扬道教优良文化的认识与对道医知识全面、系统的具体了解，从而有益于树立和践行道教以其养生文化为社会服务的信心。读后兴奋之余，略抒浅识以为评介，供道教界师友参考。

（本文原载《中国道教》1999 年第 6 期）

Ritual Words: *Daoist Liturgy and the Confucian Liumen Tradition in Sichuan Province*.
Wiesbaden: Harrassowitz, 2013
（Abhandlungen Für dir Kunde des Morgenlandes, 83）
Xviii＋253 p.

Vincent Goossaert （高万桑）

This short but dense book is a fascinating and very innovative contribution to the field of Chinese religion. Olles, who has been conducting both historical and field-based research on local religion in Sichuan for a number of years, had come across a Chengdu-centered modern religious movement, Liumen 刘门, in his previous works on Daoist sacred sites. He thus decided to devote a full-fledged monograph (the first ever in any language) to the topic, focused on its liturgy, but based on a compr ehensive understanding of this movement in all its dimensions. Ritual Words is the result of this project, nurtured by many years of intense research in the central Sichuan plain.

Liumen started as the teachings of a charismatic scholar (but nonetheless examination failure), Liu Yuan 刘沅 (1768－1856). Like many other late Qing intellectuals, Liu combined a claim to Confucian orthodoxy with strong interest in Buddhist and Daoist self-cultivation, devotion to salvational deities (such as Wenchang), and a genuine interest in Daoist ritual. He mostly taught and published his interpretation of the classics, but also developed a self-cultivation regimen for his disciples. He furthermore engaged, together with like-minded Daoist priests, in revising local liturgical manuals. This resulted in a comprehensive, well-edited, rationally organized ritual canon which he had printed and published (a rare case in Daoist history where liturgical texts are normally hand-copied) under the title of Fayan huizuan 法言会纂. Daoist priests affiliated with the Liumen organization used this canon as a basis for their performances. Before 1949, the Liumen ran a large (but not exclusivist) organization with temples, presses, charities and schools, all presided by patriarchs from the Liu family. This was disbanded after 1949, and householder priests practicing the Fayan liturgy are now merely one subtype of Daoist ritual specialists in the Chengdu plain, but they do maintain connections with the present-day heirs of the Liu family. In other words, the connections between learning, ritual, and social organization have much loosened but not altogether disappeared.

Ritual Words begins by telling the story of Liu and his movement (introduction), then discusses the place of ritual within Liumen (chapter 1), before systematically describing the contents of the Fayan huizuan (chapter 2), ritual by ritual, following the texts but providing many field observations for those rituals that are still commonly practiced. This provides a very welcome overview of the whole ritual repertoire of this tradition, which lays much emphasis on the salvation of the dead but covers the whole range of Daoist liturgy (offerings to the gods, both Celestial and local; healing). The close textual analysis of the Fayan huizuan shows that its compilers used various sources, including the famous (but understudied[①]) Sichuanese codification Guangcheng yizhi 广成仪制. What other sources were used remains a topic for future research.

Ritual Words looks unassuming as a book, with its carefully stated aims and caveats, but it actually represents a new direction for the history of modern Chinese religion. First, it shows in full detail the very intricate relationship between Daoism, Confucianism and the new religious movements of the late Qing and Republican period. Olles himself, in both introduction and conclusion, proposes elements of both resemblance and dissemblance with other modern syncretic movements such as the Sanyijiao 三一教 of Fujian (I have come across similar comparisons by Republican-era Chinese writers). I would like to add that Liumen can also be understood as one mode (among many) of elite amateur Daoism that was ubiquitous in many parts of China before 1949. Contrary to what traditional historiography would have us think, large parts of the late imperial and modern middle and upper classes were actively engaged with Daoism, in both its individual (self-cultivation, morality) and collective (ritual, cults, charity) dimensions. Spirit-writing cults (that often, like Liumen, promoted morality, learning, and simplified ritual) were a major part of such elite amateur Daoism, and indeed interacted with Liumen (Olles mentions spirit-writing, albeit it was apparently not a prominent practice within Liumen). Elites who engaged with Daoism would as a rule attempt to "reform" it, and Liu Yuan's rewriting of existing liturgical manuals to increase their literary quality is typical of that attitude, and so are many of his condescending comments. It remains that Fayan liturgy is squarely Daoist, and even has prominent exorcistic elements. This is not Confucianism with a Daoist touch, but the manifestation of a rich and complex religiosity that fully encompassed both Confucianism and Daoism. And, in pre-1949 Sichuan, such a religiosity

---

① See however the work of Mori Yuria 森由利亞: "The Chongkan Daozang jiyao and the Ritual Manuals Compiled by the Quanzhen Daoists in Sichuan" (in Liu Xun & Vincent Goossaert, eds. Quanzhen Daoism in Chinese Society and Culture, 1500—1950, Berkeley: IEAS, in press); "Chūkan Dōzō shūyō to Shinchō Shisen chiiki no shūkyō 重刊道藏輯要と清朝四川地域の宗教" (in Okazaki Yumi 岡崎由美, ed. , Chūgoku koseki ryūtsūgaku no kakuritsu: ryūtsū suru koseki, ryūtsū suru bunka 中國古籍流通學の確立:流通する古籍? 流通する文化, pp. 339—401. Tokyo: Yūzan shuppan, 2007); "Shinchō Shisen no Zenshinkyō to Tenshidō girei 清朝四川の全眞教と天師道儀禮——『廣成儀制』太清章をめぐって" (in Kobayashi Masayoshi 小林正美, ed. , Dōkyō no saihō girei no shisōshiteki kenkyū 道教の齋法儀禮の思想史的研究. Tokyo: Chisen Shokan, 2006).

was not an oddity; it was mainstream.

Second, Ritual Words proposes elements of a history of ritual in modern China, which is a ground-breaking approach. While studies of ritual (and Daoist ritual in particular) are numerous, they hardly ever consider the question of ritual change during the modern period. While admittedly Fayan huizuan as a published, comprehensive and fully extant canon is almost a unique case, it opens windows on how liturgy was continuously compiled (including to accommodate new deities, new ideas, new demands), modified and diffused during the nineteenth and twentieth century. [1]

Finally, like all ground-breaking books, Ritual Words is not closed on itself but opens on new research perspectives. This reviewer in particular would love to see other scholars follow on Olles's footsteps and explore other (and related) aspects of local religious culture of the Chengdu plain, to see how Liumen fits within the local religious system-just as Kenneth Dean showed how the Sanyijiao fits within the religious system of Putian (Fujian). [2] Olles has shown that the Chengdu plain has all the potential (including written sources and living traditions) of becoming a new site for local history that could renew the paradigms defined by existing studies conducted in south and southeast China.

The formal qualities of the book match the originality of its contents: the language is precise and compelling, meticulously edited (unlike some other volumes in the same series), and very use-fully supported by good quality photographs (and facsimile of original documents). This is a both enjoyable and important book that every scholar of Chinese religion and modern history should read closely.

Vincent Goossaert, Ecole Pratique des Hautes Etudes

---

[1] The only comparable research I know of is that conducted by Lai Chi-tim on the history of Daoist ritual in Hong Kong: see Lai Chi-tim 黎志添, ed.: Xianggang daotang keyi lishi yu chuancheng 香港道堂科仪历史与传承 (Hong Kong: Zhonghua shuju, 2007). See also Lai Chi-tim 黎志添, Yau Chi-on 游子安 & Wu Zhen 吴真: Xianggang daojiao: lishi yuanliu jiqi xiandai zhuanxing 香港道教: 历史源流及其现代传型 (Hong Kong: Zhonghua shuju, 2010).

[2] Kenneth Dean & Zheng Zhenman: Ritual Alliances of the Putian Plain (Leiden: Brill, 2010, 2 vols).

云南道教研究的新突破

——《道教与云南文化——道教在云南的传播、演变及影响》评介

侯 冲

云南地处中国西南边陲，在这里居住有 26 个民族，其中汉族和瑶族、白族、纳西族、彝族、阿昌族等少数民族都有相当数量的人信奉道教。但是，由于"资料尤为罕觐"（方国瑜先生语），有关道教在云南的研究一直较为冷落。民国时期编修《新纂云南通志》，道教考部分缺略。20 世纪 80 年代编纂《云南省志·宗教志》，道教部分基本上是前人单篇论文的改写和调查资料的分类汇编，并不能称为学术性的研究。尽管有数篇论文发表，也都因为缺乏系统的书面材料和受研究者本身道教学素养的限制，取得的成绩十分有限。云南大学历史系郭武教授花数年功夫所著《道教与云南文化——道教在云南的传播、演变及影响》（2000 年 1 月云南大学出版社出版，以下简称《道教在云南》），集其研究云南道教之大成，对云南道教进行了多视角、全方位的考索，实现了云南道教研究的新突破，在云南宗教史研究、云南文化史研究和中国道教史研究领域有较大的意义。

《道教在云南》全书三十余万字，分八章，在全面、系统、深入考察道教在云南传播和发展的历史的基础上，分别从道教与云南儒释及民间宗教、道教与云南少数民族宗教、道教与云南民俗、道教与云南文学艺术、道教与云南风景名胜等方面对道教在云南的演变及影响作了阐述。卷首有中国道教史专家卿希泰先生和云南地方史、民族史专家林超民先生序，卷末附录《云南高道传》。卿先生与林先生在序文中都已对郭武教授的成就作了充分肯定。就我个人看来，《道教在云南》有如下几个特点：

一．具有较强的专业性。学术研究是一项有较强专业性的工作。没有本门的专业知识基础，就不能系统应用专业知识来创新发展，更不能进而掌握该门专业发展的脉络和趋势。对于宗教研究来说也是一样，如果没有基本的宗教专业知识，所得结论往往似是而非。著者出自卿希泰先生门下，有较高的道教史素养，已有《道教历史百问》《全真道祖王重阳传》等专著出版。这就保障了本书是专业性的研究成果。事实上，也正是由于著者有较高的道教史素养，所以才在云南常见古代文献资料中游刃有余，寻绎出魏晋南北朝时期云南文化中浓重的道教色彩，指出道教对云南文化影响之所在，所以才在全真道元代甚至唐代传入云南等伪说至今仍盛行的背景下，通过对相关史料的分析考辨，提出全真道明初传入云南这一令人信服的观点。尤其是著者对元代全真道入滇诸说的辩驳，使用确凿可考的中国道教史资料，通过对吕洞宾及宋德方生平事迹的考述，恢复了历史的本来面目，为云南道教史研究走上正轨奠定了基础。可以说，《道教在云南》一书的专业性，是此前云南

道教研究相关论述无法相比的。

二、将云南道教研究放在云南与中原文化关系网中进行探讨。道教是中国土生土长的宗教，是中国传统文化有机的重要组成部分。道教传入云南，正是中原文化影响云南文化的表现形式之一。因此，研究云南道教尤其是云南道教史，如果不以同时期中国道教史的发展状况为背景，不将云南道教放在云南与中原文化关系网中进行探讨，就难免以点代面，以偏概全。《道教在云南》对道教在云南传播和发展历史的全面梳理，宏观上以中国道教史在不同历史阶段的特点为背景，微观上以云南地方史料的考证辨伪为基础，一方面将云南道教史的发展放在大的历史背景之下进行观照，凸显道教传入云南并在传播发展过程中所具有的特殊性，另一方面通过对道教在云南的具体历史发展和在民族地区嬗变的论述，为中国道教史提供特殊而具体的范例，充实了中国道教史的研究。就这个意义上来说，该书不仅是一本成功的地方道教史著作，对中国道教史的研究也将产生较大的补益作用。而且在方法论上，也可以为我国地方宗教史的撰写提供一些借鉴。

三、重视对资料的搜集与发现，立论多发前人未发。由于专攻中国道教史，因此著者在论及中国道教史时引述广博，论证有理，可以不论。需要指出的是，著者在论及道教在云南的传播、发展和影响时，搜罗广博，引述众多。除专门的道教典籍外，所引资料不仅有大量明清时期编修的云南地方史志，还有中华人民共和国成立后尤其是 20 世纪八九十年代新修志书；不仅有大量民族社会历史调查资料，有国内报刊发表的相关论文，还有著者亲自到临沧、鲁甸等地搜集的调查材料。与此前研究道教较少查阅云南地方典籍，对前人和国内外同行的成果视而不见，仅依据实地调查就撰文著书相比，著者显然对资料的搜集与研究十分重视。也正因为这样，《道教在云南》不仅提出了不少新观点，而且每一种观点无不有丰富的资料为佐证。如根据《徐霞客游记》探讨明代云南道教的存在状况，利用《金盖心灯》等书探讨云南鸡足山道教"西竺心宗"支系，通过彝族古代创世神话探讨道教与彝族的相互影响，论述道教在云南彝族中的嬗变，借助古代文献资料论述道教对云南文学艺术的影响，都可以说是著者广泛搜集史料，研究史料并提出新观点的典型例证。

四、集著者数年研究云南道教之心得，是云南道教研究的里程碑。据笔者所知，在著《道教在云南》之前，由于立志研究云南道教，著者自 1991 年以来，曾先后参加了《云南宗教知识百问》《云南宗教史》等书相关专题的编撰工作，并有十余篇相关论文发表在内地及港台学术刊物上。与不少云南道教研究论述只是前人研究成果的简单改写相比，《道教在云南》尊重前人成果，但又在道教学素养上、在方法上、在资料上超过了前人，已不是简单地集云南道教研究之大成，而是在对云南道教历史及道教对云南民族文化的影响分专题有系统、深入和全面的认识后，集著者数年云南道教研究之心得编著的，具有开创性的意义，是云南道教研究的里程碑。

当然，金无足赤，人无完人。书也是一样，《道教在云南》尽管填补了云南道教史和云南文化史研究上的空白，也仍然存在不足甚至沿袭前人错误之处。

长期以来，由于云南道教研究被忽略和研究力量相对薄弱，道教在云南的发展和影响及其与云南文化的关系一直未得到应有的系统的认识。而且由于云南特殊的地理环境和民族文化氛围较浓，不少人研究云南古代文化，或者缺乏科学的求真精神，或者出于某些动机而过分依凭神话传说，大都忽略考辨史料源流，但其立论却往往有较大影响，成为风行一时的观点。《道教在云南》作为第一本系统论述道教在云南的传播、发展及影响的学术著作，涵盖面较广，尽管著者作了不少考证辨伪的工作，也不得不引用前人的一些论述，而且在引述前人著述时，也屡屡能指出前人研究中失真的部分，但一些地方仍难免沿袭前人的观点，从而落入前人窠臼，如以杜光庭为道教南诏时期在云南有活动的佐证就是如此。另外，由于缺乏必要的研究经费，难以深入云南各地进行实地考察，只能以前人调查的材料为基础，而前人撰写的调查材料往往存在错误和不足，并不能尽信，故不少立论仍有待进一步充实和完善。

　　总之，作为第一部系统论述道教与云南文化的具有较高学术价值的著作，《道教在云南》尽管有不足之处，但瑕不掩瑜，它的出版，填补了云南文化史、云南宗教史研究的空白，实现了云南道教研究的新突破，将促进我们更好地研究和认识云南文化史和宗教史。对于中国道教史研究而言，《道教在云南》也是一部不可多得的有较高学术水平的著作。

《道与化：道家道教以"道"化人思想研究》序

卿希泰

　　道教是以"道"为最高信仰的中华民族的传统宗教，其思想虽然杂而多端，但追根溯源，以先秦老庄为代表的道家学说乃是它最为主要的理论基础。因此，史冰川博士所著《道与化：道家道教以"道"化人思想研究》一书，抓住这样一个基本特点，以"道"论来梳理庞杂的道教思想，从而建立一个精简的、易于为现代人所了解和掌握的"道"化体系，这将是弘扬道教文化的一个可行途径。

　　纵览全书，发现作者对于以"道"化人思想的研究有许多独到的见解，结合现代科学知识，从"道"与"化"的角度来发掘老庄之道的深层内涵和现代意义，这将有利于进一步推动老学的研究；在此基础上以"道"论来梳理庞杂的道教思想，提炼出以"道"化人的主要思想和方法，然后，以此"道"化理论衍生出以德、仁、术、美"化"人理论，构建了道教以"道"化人的思想体系，自成一家之言，从中反映出作者深厚的哲学思辨素养和严密的逻辑思维能力。本书资料翔实，论点鲜明，用语精练，结构严整，是当前道家道教研究中一部难得的力作。

　　在本书即将付梓之际，我感到由衷的高兴，应史冰川博士的邀请，乐之为序。

卿希泰
2011 年 12 月 20 日于川大

《道与化：道家道教以"道"化人思想研究》序

潘显一

与先秦道家相比，道教从东汉末年正式立教开始，就展现了宗教教团领袖与信徒之间的密切的"师""徒"关系；隋唐以来，道教更突出了作为本土宗教特别强调的以"道"教化众人的思想和实践，道教的宗教思想文化成为社会主流思想文化之一，而道教学者也成为文化的传播者和教育培养"神仙"理想人格的教师和导师。道教之"教化"作用及其社会性，由此可见一斑。史冰川博士的这本专著，即试图以"道"论角度来归纳概括道教的宗教思想核心，进而从若干层面上分析和总结道教以"道"化人思想体系，清理出作为中国传统文化主干之一的道教在"教化"的领域对中国古代文明有何作用，对我们今天文明的建设和教育体系又有何借鉴意义，这正是这本专著的最重要的价值所在。

该专著先从道家—道教之"道"的"体""相""用"三方面来理解、解释"道"本身，再从本源上去探索"道"与"化"的关系，从哲理上理清道教"教化"思想的根据和支撑。虽然该专著也对道家—道教之"道"的"体"和"相"作出了自己的阐释，然而其立足点和论证的目标还是在于"道"之"用"上："从用而言，道虽无名无功，但却生发、泽被万物，其用无所不至，无所不能，这便是道之无用之大用。"（该书语）按照这个"无所不至，无所不能"的作用逻辑，以"道"来"教化"众生便是有可能的，也是必须要"用"的。该专著之所以将谭峭的《化书》的理论逻辑借用为自己的论证逻辑，显然是对其《道化》章的解释相当认同，也有意于对其后各章之"化"论在模仿基础上再做创新。该专著以这样的方法入题，既需要对道家—道家思想的深入理解，也需要牢牢把握自己论证的目标和遵循自己的逻辑。在对道教之"道"的论述已经达到今天这样普及和众说纷纭的情况下，敢于这样独辟蹊径地自成一说，作者的学术胆识和创新的欲望，亦可称道。

该专著在之后进入关于道教以"道"化人的各个板块和层面的论证时，行文就显示出一种如鱼得水的流畅和得心应手的愉悦。首先，专著探讨道教将早期的"长生久视"之道，向那不生不灭的至"道"的境界转化，探讨修道的手段、途径、目标，探讨得道的真仙和神圣不但要"身与道合"，在身心和行为方面都达到至高至妙契道的境界，更应该从"理论"上弄明白，无论心斋、坐忘、有无观法、老子"三宝"法等等诸法，均可以百川归海、殊途同归，"道通为一"，臻于至道。这正是人可成仙的原因，也是以"道"化人、以"道"修身的根本。这部分，是整个专著的"文眼"或轴心。这需要对道教之"道"比较深入的理解和准确把握才能做到。

其次，专著在"以德化人"一章中，将道教的以"德"化人之"道""德"关系，直截了当地解释为"体—用"的关系，征引古人对《道德经》的阐释——"道非德无以显，德非道无以明"，认为"德"就是"道"在万物中的具体显现，是由"道"所赋予的万物之性，即"物得以生谓之德"。这里将道教看重生命、重生而恶死的特点，与先秦道家庄子的"齐生死"区别开来，进而推知"德"的内在是无为的，表象是和谐的，故以"德"化人就是通过"啬""无为"等等方式达到完全的和谐，进入到上德之德，也就是得"道"的境界。而其后的"以仁化人"章，则分析了道教怎样将儒家强调的"仁爱"往道教的宗教伦理上靠，认为道教的"仁化"，就是通过爱人利物改变人的身心状况，达到谭峭所谓"太和"之得道的境界。总之，道教的伦理思想，通过其宗教化的阐述，就成为道教教化众生和道人修炼自我的工具和准则。该专著花了两章的篇幅所阐释的，也的确是道教的"教育思想"的核心之一，对我们从"教化"角度理解道教有提纲挈领的作用。这虽然是讨论道教思想时关于其伦理思想的"常规"论题，但是，以什么样的伦理标准来"教化"人、塑造人，无疑是任何教育体系所必须预设的"前提"。

再次，该专著将"术"和"美"作为道教"化人"的途径和工具，并且分两章来分别论述，也是其理论的创新和构思的巧妙之所在。如果说道教文学艺术的确能够从内容和形式的结合上，在给人以审美愉悦的同时，也能给"众生"以道教思想的潜移默化，那么，说道教"以'美'化人"也是言之成理的。何况，道教自汉末以来的传教实践、"教化"实践，在不同时期都实际上促进了中国古代文学艺术的内容和题材的丰富、形式和体裁的创新，而历朝历代好多文学家、艺术家本身就是官方的、民间的道教人物。当然，该专著以精练的篇幅阐述、总结的道教的美学思想的特色，也说明了道教其实一开始就具有我们现在称为"美育"的思想意识。特别值得指出的是，专著还赞成谭峭的"术化"观点，认为"术"既是修道的方法、手段和技巧，又是"修"和"化"的主要内容和必由的阶梯，因此，学道"术"也可以起到"教化"之功效。道教的这个观点，与其以"美"（即文艺）化人的观点，逻辑上是一致无二的。同时，道教的这个观点，其实与儒家历来的美育、体育的思想相通，也可以看出其与隋唐以来道教有意识地沟通儒、释，采取多形式、多渠道的传教化人度世的实践分不开。这是专著最有创见的部分。

总之，专著相当全面和完整地勾勒了道教的"教化"思想，让我们对道教思想文化的了解又多了一个方面和角度。专著立足于浩瀚的道教典籍的发掘、梳理，用典翔实，论证严密，逻辑清晰，语言流畅清新，展现了作者较为扎实的专业基础和踏实学风。选题的现实感，基于写作的历史感；研究古代文化能够"进得去"，探讨其学术的、文化的价值还要能够"出得来"，正是这部专著及其作者的功力和水平所在。对年轻学者来说，这的确难能可贵，可喜可贺。特为之序。

潘显一

2011 年 6 月 6 日端午节于四川大学竹林村见道斋

问学无遗力　书卷聚菁华

——詹石窗主编《百年道学精华集成》述评

李怀宗*

中国共产党"十八大"以来，我国大力传承中华优秀传统文化，发掘中华优秀传统文化的丰富内涵，为构建和谐社会提供富有特色的借鉴，将弘扬中华优秀传统文化的愿景提升到了崭新阶段。道家和道教之"道"文化是中国传统文化的重要构成部分，在历史上做出了突出贡献，因此谈及传统文化必然不能离开道学。

近期由四川大学道教与宗教文化研究所教授委员会主席、四川大学老子研究院院长、中国哲学和宗教学研究的著名学者詹石窗教授担任总主编的《百年道学精华集成》出版问世，这是汇集精选20世纪初到21世纪初道学研究最重要成果的大型丛书，为该领域内一个世纪以来标志性成果，具有重大历史意义，值得庆祝。

一、体系宏大，内容丰富

《百年道学精华集成》共分为十辑，也即该丛书在整体上将其内容分为十大模块。具体为：第一辑《历史脉络》（六卷），该辑选编的是论述道家与道教发展历史的相关文章；第二辑《神仙信仰》（六卷），该辑选编的是论述道家与道教的神仙理念、神明谱系的有关文章，涉及了中国社会神仙信仰的各个层面；第三辑《人物门派》（三卷），该辑选编的是论述道家与道教人物的文章，"人物"是指在道学形成与发展过程中那些具有重要建树或者在生活实践中产生过独特作用的杰出者，"门派"则既包括道家不同阶段的思想流派，例如老庄学派、黄老学派等，也包括东汉以来的道教组织，例如五斗米道、太平道、灵宝派、全真道等；第四辑《大道修真》（八卷），该辑选编的是论述道家与道教在传统医学养生理论与实践方面的文章，涉及内容包括大道修真的文化渊源、发展轨迹、哲学思考、基本原则、重要理念，大道修真与中医的关联性、道家道教的心理调适智慧，大道修真思想的历史影响及其现代价值、道家道教经典及人物的医学养生思想以及各种具体养生技术，如内外丹与服食、导引、行气、存思、辟谷、房中术等；第五辑《思想大要》（五卷），该辑选编的

* 作者简介：李怀宗，哲学博士，现为宜宾学院政府管理学院讲师。

是论述道家道教基本思想的文章，力图使研究者和读者更好地掌握道家道教在思想上的密切传承关系，同时了解各自的思想侧重点；第六辑《经籍考古》（四卷），该辑选编的是论述道家与道教经典及考古资料的文章。"经籍"，即文献典籍。该辑收入的文章侧重从文献学角度进行考察，主要探讨道家道教经籍的文献学价值，某一时期道学经典之建构，某部经典发生的时代、年代及作者等。该辑还选入多年来学者们有关道学考古的文章，包括地下发掘之道家文物分析，道教令牌、神像、书契等考证；第七辑《道门科技》（四卷），该辑选编的是论述道家与道教的科学技术成就方面的文章，选编旨在展现道学对中国乃至世界科技文明的积极贡献与作用；第八辑《礼仪法术》（四卷），该辑选编的是论述道家与道教关于仪式典礼、生活仪轨以及法术方面的文章；第九辑《文艺审美》（六卷），该辑选编的内容为论述道家道教在文学艺术方面建树的文章；第十辑《道学旁通》（四卷），该辑选编论述道学与中国各个层面的相互关系的文章。道家与道教在长期发展过程中，不仅构建了自身庞大的思想文化体系，且渗透于中华文化的各个领域之中，《道学旁通》选择学者们探讨道学与诸子百家关系，道学与中国古代政治、经济、军事、教育、慈善等方面问题之文章。

中国历史上对道经的分类有多种，从三洞四辅的七部分类法到十二类，再到后来三十六部分类，体现了分类方法和思路从简单到复杂、由单一向多样发展的趋势，这也是历史发展过程中道经本身数量逐步增加和内容逐渐杂多的情况反映。《百年道学精华集成》在尊重道学文献传统分类前提下，开启了新的分类方法，即将道学研究的文献成果分为十大门类，这既是应近百年来道学经典文献研究趋向的需要而产生，也是道学发展的历史与逻辑相统一的体现。十辑五十卷，数千万字，内容囊括道学的所有领域，堪称体系完备，内容丰富精彩。

二、原则条贯，架构缜密

《百年道学精华集成》在编纂过程本着"把握全局，抓住重点，突显特色，制作精品"的十六字方针一贯到底。

"把握全局"即是在制定该丛书框架的时候从"道学"的整体出发，全面了解道学的发展历史、基本内容，尤其是对近百年来道学研究的各个领域、各个方面有通盘的掌握。

"抓住重点"即是基于道学内容以及"精华"标准而提出来的。作为中华文化的重要组成部分，道学具有相当广阔的领域，涉及自然、社会、人生的诸多问题，近百年来的研究也是丰富多彩的。《百年道学精华集成》既充分注意反映不同领域的研究成果、发展态势，也把握了道学自身的重心以及学术界历来关注的核心议题。

"突显特色"是对"抓住重点"的进一步深化。《百年道学精华集成》工作团队充分意识到抓住特色的重要性，因此在选编论文时即着重于那些能够凸显道学思想内涵、个性特征的作品。这种思路既体现在整体架构上，也贯彻在各辑遴选之中。就整体架构而言，十大部类都寄托着道学文化敬畏生命、关爱生命、养护生命的思想情怀；就各辑遴选而言，编纂者更是将道学生命意识化为审度的目光，无论是历史脉络的梳理、人物门派的论说、经籍内涵的发掘，还是礼仪法术的论说都贯注了此等文化自觉。

"制作精品"是《百年道学精华集成》的总体定位。所谓"精品",首先是从原创意义考虑的。也就是说,在选编时即严格把住入选关口。为此,项目首席专家提出了四项要求,即创新性、学术性、普适性、实用性。所谓创新性,指的是文献资料有新发现、文章内容有新见解、研究方法有新特点;所谓学术性,指的是论述问题有理有据、引证合乎规范、分析遵循逻辑;所谓普适性,指的是选编时在内容上尽量注意相近专业学者以及广大爱好者的需求;所谓实用性,是指文章论述有助于人们解决某个理论问题、实践问题,能够对人们的现实生活有所帮助。这四个方面确立了论文选入标准,保障了编纂的基本格调。其次,"精品"意识也贯彻在具体编纂过程中。近百年来的道学研究文章发表在众多报纸杂志、会议论文集中,其体例不一,丛书不可能在注释、参考文献等方面做到完全一致,基于尊重原作、原出版物的精神,该丛书在编纂时不改变原有文章体例,但对明显的排印错误则予以更正;对选入的作品在行文上做严格的校对,保证入选文章的准确性。

三、精诚团结,呕心不殆

《百年道学精华集成》是集体智慧的结晶,是工作团队辛勤合作的成果,是相关人员努力付出的体现。该丛书的工作团队人员数量多、涵盖领域广、学术水平高。工作团队包括:顾问委员会11人,理事委员会12人,学术委员会37,编纂委员会28人(个别人员与前面有重合),编校人员数十人,总计百余人。该团队成员中有的资历深厚、学高德绍,有的业务功底扎实、在道学领域内著述丰富,还有一大批有志于道学研究的中青年学者。团队中不但有国内学者,还有来自法国、日本、美国和韩国的海外学者参与,有助于推动全世界范围内道学的广泛交流与合作。从这个角度看,《百年道学精华集成》不但是中国的,也是世界的。

《百年道学精华集成》的总主编詹石窗教授系四川大学老子研究院院长,长期从事道学领域的学术研究。作为博士生导师,他默默耕耘于三尺讲台,在培养道学专门人才方面数十年来不遗余力,可谓桃李满天下。作为当前国内外道学研究领域内的知名专家及权威学者,詹石窗教授发表文章数百篇,出版著作数十部,以詹教授领衔的《百年道学精华集成》工作团队堪称优秀,保障了工作流程的正常顺利开展。

《百年道学精华集成》的编纂构想,始于2007年。一批志同道合的学者与道教界人士联合起来,查阅文献,编修索引,讨论方案,形成计划。此后不久,这项工作得到了福建福清石竹山道院、上海城隍庙、厦门朝天宫与三官道院的大力支持。2009年,《百年道学精华集成》的编纂计划成为国家社会科学基金重大项目、教育部哲学社会科学研究重大课题攻关项目、国家"985工程"四川大学宗教哲学与社会研究创新基地重大项目、教育部人文社会科学重点研究基地四川大学道教与宗教文化研究所重大项目、厦门大学道学与传统文化研究中心重大项目,各方面资源的组合,有力推动了项目的实施。直到2018年3月,《百年道学精华集成》正式出版问世,历经12个年头,终于修得正果。这期间团队所有人员付出巨大精力和努力,奉献了青春和热血。试想,五十卷几千万字的成果要从近百年来浩如烟海的数万篇论文中精选出来,并且要经过仔细审阅、爬梳别抉、引证、校对、布局、排版,对于每一位团队成员来说这是何等漫长的岁月,何等艰辛的工作,要付出何等的心血啊！因此，我们可以说，《百年道学精华集成》也是工作团队的青春见证！

　　《百年道学精华集成》大型丛书，顺应时代呼唤和学术需要而产生，它填补了这一时代的空白，堪称该领域的标志性成果。它是百年来道家道教研究学术成就的系统总结和多维展示，有助于世人全面了解道学思想文化体系，推进道学研究向前发展；有助于道学实践功能的发挥，为构建和谐社会服务；有助于海峡两岸乃至海外华人社会的文化传承、思想互动；有助于提升中华民族文化软实力，推动国际文化交流。其对于坚持走中国特色社会主义道路过程中的理论自信和文化自信建设都不可或缺，功不可没！

（本文原载《老子学刊》第 12 辑，巴蜀书社 2019 年版）

道教话语体系的阐释与建构

——评陈耀庭著《道教神学概论》*

褚国锋

近代以降，面对汹涌而来的现代化浪潮，中国道教经历了曲折的发展历程。一般认为，道教在这一时期基本处于被动适应的地位[①]。不过，研究表明，部分地域的道教在中国社会的现代化历程中，也曾采取过积极有效的应对措施，并取得了一定成效[②]。但就总体而言，中国道教自20世纪80年代以来才迎来了发展黄金时期，有人认为："到20世纪末21世纪初，道教的恢复工作总体上大致已经完成了。"[③] 从21世纪初开始，道教接着步入黄金时期的第二个阶段。这个新阶段亟须解决诸多新老问题，包括道教与现代社会相适应、道教与其他宗教的对话、道教在全球的传播，等等。

面对诸多问题，学术界和道教界皆认为需要革新。"道教要转化为现代的世界宗教，就必须实现系统的宗教革新，及时改变自己的宗教形式，适应现代人的思想水平、社会活动方式和生活习惯。"[④] 那么，面对道教这一构成复杂的宗教实体与文化系统，革新应当从何着手？理论和实践告诉我们，宗教观念的革新居于核心地位，余者均为宗教观念的外化。因为，宗教观念的明晰度直接影响着信众及非信徒对宗教的认知与接纳。自道教的历史视之，每一次道教大发展均伴随有道教新思

---

* 说明：陈耀庭教授著《道教神学概论》，有两种版本。一种是繁体字本，由香港青松出版社出版于2011年；一种是简体字本，由北京宗教文化出版社出版于2016年。两种版本的内容略有差异。本文对《道教神学概论》的评述，依据简体字本。作者褚国锋，四川大学道教与宗教文化研究所2017级博士研究生。

① 相关研究成果不少，多将其归结于外部因素。刘一皋的专文则从近代中国社会发展演变的历程观察道教转型问题，采取更为实证化的历史研究方法来研究教内教外的材料，既分析了外部原因，也剖析了道教内部问题，认为"道教的发展问题，仍然需要在道教内部寻找答案。"刘一皋：《建筑在沙粒上的现代性——近代中国道教转型的艰难》，王新生主编：《宗教与东亚近代化》，南京：江苏人民出版社，2018年，第76—122页。

② 例如，刘迅教授对河南南阳玄妙观的一系列研究成果令人信服的证实了这一点。［美］刘迅：《全真广学：清末南阳的玄妙观、道士行动与现代改革》，黎志添主编：《十九世纪以来中国地方道教变迁》，香港：三联书店，2013年，第383—416页。David A. Palmer, Xun Liu, eds., *Daoism in the Twentieth Century：Between Eternity and Modernity*, Berkeley and Los Angeles：University of California Press，2012.

③ 陈耀庭：《巩固道教恢复成果，抓住道教发展时机——对近年来中国道教发生的变化的几点看法》，《弘道》2013年第4期（总第57期），第1页。关于中国道教在这一时期的恢复与发展的具体状况，还可参见 Lai Chi Tim, "Daoism in China Today, 1980—2002." *The China Quarterly* 174，2003，p. 413—427. 卢国龙主编：《宗教在文化战略中的地位和作用》，北京：中国社会科学出版社，2014年版，第232—346页。路易斯·科姆加西（Komjathy, Louis）《道教：解惑的导引》（*Daoism：A Guide for the Perplexed*），"第三章 当代中国道教"，英文版，英国伦敦布卢姆斯伯里学术出版社，（London：Bloomsbury Academic）2014年，201—225页。

④ 胡孚琛、吕锡琛：《道学通论：道家·道教·丹道》（增订版），北京：社会科学文献出版社，2004年，第273页。

想的积累与创建，理论反过来促进道教的发展①。从道教的现状来看，尽管宫观道教处于近代以来的发展黄金时期，但是缺乏与时代相适应的教义思想体系。相较其他宗教，道教的教义思想直接制约了道教的竞争力②。是以，道教革新的关键在于道教思想层面的变更，即建构适应当代社会的道教话语体系。

一、创发之作：《道教神学概论》简述

在学术界和道教界重构道教思想的诸多尝试中③，道教神学逐渐成为一股潮流，应者日众。作为道教神学的力倡者，陈耀庭教授的《道教神学概论》堪称该领域的代表作。该书于 2011 年推出繁体字版，由香港青松出版社印行。2015 年，该书作为上海城隍庙和香港蓬瀛仙馆联合推出的"当代视角下的道教神学丛书之一"，由宗教文化出版社印行简体字修订版。

《道教神学概论》是对"道教神学"的系统阐发。作者的阐述从界定道教开始。他所谈的道教是"有无数信徒信仰的道教，有宫观和神像，有无数信众在烧香、叩拜、诵经、礼忏的道教，而不是一个人或者几个人关起门来，在书斋里自己体验'觉悟神性'的道教，也不是算卦、算命、扶乩、看风水的道教"④。在这一界定中，对于大道的觉悟和对神仙的崇拜是统一的，同时，道教徒祭拜神仙的活动和对神性的觉悟活动也是统一的。继而作者又对"神学"这一术语进行了说明，指出神学不是基督教的专利。广义的神学可被理解为各种宗教的有神论思想体系的全部内容。当代基督教神学都承认各种宗教都有自己的神学，道教使用神学亦是应有的题中之义⑤。而后，作者从道教有神论思想体系的核心概念"道德"出发，推演出了"道教神学"的定义。

所谓"道教神学"，作者认为"道教神学是道教的有神论思想的全部内容"⑥。就全部内容的结构而言，"道教神学是以'道'和'德'为核心，以神为道德的体现，以天道、地道、人道和鬼神之道为四个基本要素组成的有神论的思想体系"⑦。就道教有神论思想的全部内容而言，道教神学思想又可划分为若干门类，包括道德神学、创世神学、神仙神学、社会神学、自然神学、灵魂神学、道士神学、经籍神学、斋醮神学、修炼神学、伦理神学、教团神学及其他神学⑧。作者在绪论中，在对于道教和道教神学予以界定以后，接着从第一章至第十一章依次对道教神学的各门类内容加以详细阐述。

《道教神学概论》全书行文晓畅，深入浅出，是一部优秀的导论性著作。尽管作者自称其研究

---

① 可参见陈耀庭：《道教教义创建和发展过程中的四次变化——各家对东汉、魏晋南北朝、唐宋和金元时期的道教教义变化论说的综述》，中国道教协会道教文化研究所等编：《道教教义的现代阐释：道教思想与中国社会发展进步研讨会论文集》，北京：宗教文化出版社，2003 年版，第 64—93 页。

② 关于道教教义与社会和时代相适应的问题，可参见陈耀庭：《加强道教教义思想的研究，适应迅速发展变化的时代——从〈病科学〉说起》，《中国道教》2000 年第 6 期，第 25—27 页。

③ 自 2000 年以来，先后出现了"生活道教""平安道教""生命道教"等较有影响的提法。

④ 陈耀庭：《道教神学概论·绪论》，北京：宗教文化出版社，2016 年，第 5 页。

⑤ 陈耀庭：《道教神学概论·绪论》，第 12 页。

⑥ 陈耀庭：《道教神学概论·绪论》，第 13 页。

⑦ 陈耀庭：《道教神学概论·绪论》，第 13 页。

⑧ 陈耀庭：《道教神学概论·绪论》，第 17—27 页。

的结果皆是"出自道教""为了道教"和"面向道教"，其写作本书的目的在于"给道教的教义思想有个明确的定位和较完整的概述，为培养和造就当代'高道'做个垫脚的铺垫"①，但是，读者通览全书，都会感到耳目一新，对其开放性、包容性与创发性印象深刻。从宗教学的视角来看，"道教神学"的提出本身就是对"宗教是文化"的"泛文化论"的超越。本书把握住了道教神学这一道教的核心部分，从道教最本质的信仰维度入手，彰显了道教思想、道教行为、道教组织和道教信仰者的宗教性。鉴于《道教神学概论》具有的重要意义，笔者拟从以下三个方面，对此书予以评述。

二、术语辨析：基于学术史的考察

（一）作为国际术语的"道教"和"神学"

道教（Taoism/Daoism）是中国的本土宗教，但是道教早已随着华人移居海外和中外文化交流，传播到了海外。而道教学研究也逐渐成为国际显学，甚至被誉为"中国学诸领域中国际化程度最高者之一"②。

神学（The Ology）则在历史上很长时期内同基督教密不可分，过去就有人将其理解为"基督教的神学"。不过，客观地分析历史，神学发展经历了古典神学、犹太神学、基督教神学和其他宗教神学四个阶段③。伴随全球化进程的加速，世界各大宗教之间的交流与对话日益频繁，在神学的含义中，基督教神学已然成为各种宗教神学中的一种。"从宏观角度看，神学并非基督教的专利。神学几乎可以说是人类努力的普遍尝试，而基督教神学只是其中的一种表达方式而已"④。目前，除基督教神学之外，还有佛教神学（Buddhist The Ology）⑤、伊斯兰教神学（Islamic The Ology）⑥、印度教神学（Hindu The Ology）⑦、儒家神学（Confucian The Ology）⑧等其他宗教神学在被广泛讨论。

由此可知，"道教"与"神学"都是国际通行学术术语，并不存在争议。

（二）"道教神学"的学术史回顾

考察道教研究学术史，海外学术界较早将道教与神学联用的，当属日本学者小柳司气太所著

---

① 陈耀庭：《道教神学概论·序言》，第 1 页。

② 赵益：《六朝隋唐道教文献研究》，南京：凤凰出版社，2012 年版，第 1 页。关于海外道教学研究的情况，可见陈耀庭：《道教在海外》，福州：福建人民出版社，2000 年版。

③ ［芬兰］黄保罗：《汉语学术神学：作为学科体系的基督教研究》，北京：宗教文化出版社，2008 年，第 17—24 页。

④ ［美］格兰茨、奥逊著，陈玉棠译，刘平校：《谁需要神学?》，上海：同济大学出版社，2012 年，第 26 页。

⑤ Roger R Jackson and John J Makransky, eds. *Buddhist Theology*: *Critical Reflections by Contemporary Buddhist Scholars*, Richmond, Surrey: Curzon 2000.

⑥ Tilman Nagel, *The history of Islamic theology from Muhammad to the present*, Princeton, NJ: Markus Weiner Publishers, 2010.

⑦ José Pereira, *Hindu theology*, Delhi: Motilal Banarsidass, 1991. Kiyokazu Okita, *Hindu theology in early modern South Asia*, Oxford: Oxford University Press, 2014.

⑧ Yong Huang, "Confucian Theology: Three Models", *Religion Compass* 1, 4 (2007), pp. 455—478. 中国基督教界亦有人讨论儒家神学。田童心：《儒家神学新议》，香港：中国国际文化出版社，2005 年。田童心：《儒家基督徒神学：儒家神学的二次重建》，Academic Press Corporation，2012 年。

《道教概说》①。该书于 20 世纪 20 年代被译为中文，第三篇题为"道教之神学及教理"，内容包括鬼神、经典之由来、方术、延命和伦理②。20 世纪 80 年代，日本著名学者福永光司在其研究中明确使用"道教神学"一词③。法国学者施舟人亦使用"道教的神学"，认为道非神却可生育神，道教的神学理论蕴含着一些进步的新神学境界。④

就笔者所见，中国学术界在 20 世纪 60 年代已开始使用"道教神学"一词⑤。该词被广泛使用则大约是在八九十年代。从 1989 年至 2002 年，王树勋⑥、朱越利⑦、胡孚琛⑧、石衍丰⑨、吕锡琛⑩、郭武⑪、何光沪⑫、牟钟鉴⑬、刘固盛⑭等学者均使用过道教神学一词。上述学者当中，高树勋把道教神学单列为一个研究专题，划归其下的多为讨论道教神仙信仰的论文。胡孚琛教授曾对道教神学展开较为详细的分析。他认为宗教神学体系是"非理性的神秘信仰主义和理性的教条主义的结合体"⑮，道教神学既有作为宗教神学的基本特征，又有中华民族的民族特性⑯。《新编简明哲学百科辞典》曾对道教神学予以界定，认为"道教神学又称道教哲学，即是道教本身关于理论体系的学问，或从道教立场出发对道教教义理论体系的阐述和论证"⑰。这个说法将道教哲学等同于道教神学，具有一定的代表性。同时期，道教界也有使用道教神学一词⑱。

---

① 该书中译本初版于 1927 年。傅代言编译：《道教概说》，上海：中华书局，1927 年。另有陈彬龢译本。[日] 小柳司气太著，陈彬龢译：《道教概说》，上海：商务印书馆，1930 年。

② [日] 小柳司气太著，陈彬龢译：《道教概说》，上海：商务印书馆，1930 年，第 70—92 页。

③ 福永光司先生在多篇论文中使用道教神学一词，其中两篇文章已有中译文。[日] 福永光司著，石衍丰译：《何谓"道教"？——"道教"一词考和道教神学同儒、墨、佛之关系》，《宗教学研究》1983 年第 3 期，第 85—92 页。原文发表于 1982 年。[日] 福永光司著，钦伟刚译：《中国宗教思想史》（上、中、下），分别载于《宗教学研究》2008 年第 4 期，第 122—137 页；2009 年第 2 期，第 145—163 页；2010 年第 4 期，第 156—172 页。原文发表于 1990 年。

④ [法] 施舟人：《道教的现代化》，郭武主编：《道教教义与现代社会国际学术研讨会论文集》，上海：上海古籍出版社，2003 年，第 12—14 页。该文亦载于林国雄主编：《金钱价值的两仪论》，慈惠堂出版社，2004 年，第 375—383 页。

⑤ 中国哲学史教学资料汇编编选组编：《中国哲学史教学资料汇编（魏晋南北朝部分）》（下册），北京：中华书局，1964 年，"关于东晋南北朝的道教神学"，第 344—346 页。

⑥ 王树勋：《1900—1988 道教学研究论著论文索引》（内部油印本），武汉大学哲学系资料室，1989 年，第 8—13 页。

⑦ 朱越利：《从〈山海经〉看道教神学的远源》，《世界宗教研究》1989 年第 1 期，第 119—129 页。朱越利编著：《道教答问》，北京：华夏出版社，1993 年，第 10—14 页。朱越利教授在为乐爱国著《中国道教伦理思想史稿》所写的"序"中，亦提及"道教是用道教神学强化儒家伦理道德的实践"。见该书"序"第 2 页。

⑧ 胡孚琛：《魏晋神仙道教——〈抱朴子〉内篇研究》，北京：人民出版社，1989 年，"第四章 魏晋时期的道教神学"，第 123—182 页。

⑨ 石衍丰：《浅谈道教神学与传统文化》，《上海道教》1990 年第 3—4 期。

⑩ 吕锡琛：《道家、方术与王朝政治》，长沙：湖南出版社，1991 年。吕锡琛：《道家道教与中国古代政治》，长沙：湖南人民出版社，2002 年。

⑪ 郭武：《论道教初创时期的神学思想》，《四川大学学报》（哲学社会科学版）1993 年第 2 期，第 51—56 页。郭武：《从〈太平经〉和〈老子想尔注〉看道教神学的创立》，《上海道教》1993 年第 4 期。

⑫ 何光沪等编著：《方方面面说宗教》，北京：中国华侨出版社，1995 年，"神，宗教信仰的依托——道教神学"，第 144—145 页。

⑬ 牟钟鉴：《中国道教》第二章"三、道教神学的奠基人——葛洪"，广州：广东人民出版社，1996 年，第 51—61 页。

⑭ 刘固盛：《宋元老学研究》，成都：巴蜀书社，2001 年，"第二章 宋元老学的传衍与发展 第二节 老学对道教神学的偏离"，第 33 页。

⑮ 胡孚琛：《魏晋神仙道教——〈抱朴子〉内篇研究》，第 155 页。

⑯ 胡孚琛：《魏晋神仙道教——〈抱朴子〉内篇研究》第四章第三节"道教神学概说"，第 154—165 页。

⑰ 张腾霄等主编：《新编简明哲学百科辞典》，北京：中国卓越出版公司，1990 年版，第 374—375 页。

⑱ "道教在其形成和发展的过程中，吸收了阴阳五行家、道家、儒家等学说，把鬼神崇拜、神仙方术与古代哲学思想中的唯心主义结合起来，使其信仰带有理论色彩，构成了内容复杂的道教神学。"中国道教协会研究室编：《道教史资料》，上海：上海古籍出版社，1991 年，第 413 页。

2002 年，陈耀庭教授在《今天的道教神学——从刘一明说起》[①] 一文中，正式提出了构建道教神学体系的设想。该文发表之后，陈耀庭教授的主张在道教界[②]和学术界[③]均产生了一定影响。2011 年，《道教神学概论》繁体字版正式印行。该书的观点逐渐在学界引起广泛的关注。例如，游斌教授依据该书对道教神学的分类，认为"几乎在任何一个神学要素上，道教都可以与其他宗教进行相互启发的比较性对话"[④]。同一时期，其他学者也有从别的进路讨论道教神学的[⑤]，或从宗教神学的角度重新考察道教历史[⑥]。其中，余平教授在其专著《神仙信仰现象学引论——对几部早期道经的思想性读解》当中，对西化的神学概念进行了反思，明确使用道教神学一词，并指出"由《抱朴子内篇》所开显或建构的神仙信仰的神学形态，从根本上讲，既是最原始的道教神学形态，也是整个道教神仙信仰所能抵达的最完备的神学形态"[⑦]。该书是其博士论文[⑧]的修订版，很可惜未曾注意到学界对道教神学的讨论。

要而言之，伴随研究的深入，道教神学愈发受到学术界的关注。"道教有神论思想教义思想的恢复和重新构建，这应该是道教研究的前沿问题之一，是关系道教全局和道教研究全局的大问题。"[⑨] 在不远的将来，关于道教神学的讨论与研究会更加广泛而深入。

（三）基督教神学的借鉴意义

如前所述，神学已走出基督教的窠臼，不过，基督教神学作为一个相当完备并创新不已的思想体系，可以为其他宗教的神学研究提供充分的借鉴。陈耀庭教授在《道教神学概论》一书的开卷处明言，此书"不是要崇洋媚外，跟着别的宗教后面人云亦云"[⑩]，但是，在笔者看来，陈耀庭的著作并不排斥以基督教神学研究的成果作为参照系，而且，笔者以为，他对"道教神学"的阐发还可以从基督教神学研究中得到更多的启发和思辨支持。

以神学家、哲学家麦奎利教授为例，他在其名著《基督教神学原理》一书中，将神学定义为一种学问："它通过参与和反思一种宗教信仰，力求用最清晰和最一致的语言来表达这种信仰的内容。"[⑪] 神学所依据的是某种历史性团体的特定信仰，所进行的是对这种信仰的语言表达。构成神学

---

① 该文载于《弘道》第 12 期（2002 年），第 34—39 页。该文亦被收入会议论文集。陈耀庭：《道教的神学及其时代特点——以刘一明的〈道书十二种〉为例》，郭武主编：《道教教义与现代社会国际学术研讨会论文集》，上海：上海古籍出版社，2003 年，第 43—54 页。

② 丁常云：《关于道教神学思想建设问题的三点思考》，《上海道教》2003 年第 4 期，第 15—17 页。

③ 罗燚英：《早期神话和信仰与汉唐道教的神仙世界》，中山大学博士论文，2009 年，指导教师：王承文。

④ 游斌：《专题引介：道教－基督教对话与比较经学》，游斌主编：《比较经学》第七辑（2016），北京：宗教文化出版社，2017 年版，第 5 页。

⑤ 魏小巍：《一种可能的道教神学：基于体验的道教信仰研究》，《弘道》2009 年第 1 期（总第 38 期），第 17—23 页。

⑥ 如刘屹在其博士论文中明确使用了"道教神学"一词，详见刘屹：《敬天与崇道——中古经教道教形成的思想史背景》，北京：中华书局，2005 年，第 302 页。王承文：《论隋唐道教统一的宗教神学理论基础》，严耀中主编：《唐代国家与地域社会研究：中国唐史学会第十届年会论文集》，上海：上海古籍出版社，2008 年，第 266—279 页。刘屹：《中古道教神学体系的建构与发展——以元始天尊的"至尊性"和"佛陀化"为中心》，香港大学《东方文化》第 42 卷 1—2 期，2009 年，第 75—91 页。

⑦ 余平著：《神仙信仰现象学引论——对几部早期道经的思想性读解》，成都：四川大学出版社，2015 年，第 156 页。

⑧ 余平：《汉魏晋神仙信仰的现象学诠释——对几部早期重要道经的纵深解读》，四川大学博士学位论文，2006 年，指导教师：李刚。

⑨ 陈耀庭：《关于道教研究的前沿问题（代序）——在四川大学道教与宗教文化研究所成立 35 周年庆典上的主题演讲》；盖建民主编：《回顾与展望：青城山道教学术研究前沿问题国际论坛文集》，成都：巴蜀书社，2016 年，第 8 页。在该文集中收录有李远国《前沿在线：道教神学、神系与图像的研究》（第 531—545 页），李远国亦将道教神学视作研究前沿课题之一。

⑩ 陈耀庭：《道教神学概论》，北京：宗教文化出版社，2016 年，"序言"，第 1 页。

⑪ [英] 约翰·麦奎利著，何光沪译：《基督教神学原理》，上海：上海三联书店，2007 年版，第 1 页。

的普遍要素通常有六种，即经验、启示、经典、传统、文化及理性等①。只有当这六种要素被合理组合之时，神学才既能满足它所力图忠实表达之信仰的要求，又能适应它在具体历史文化环境下所要面对的对象之要求。"当神学偏离它的源泉太远，或当它与崇拜和道德的其他表达方式分离时，它便蜕变成了空洞和枯燥的争论。它一旦脱离活生生的环境，以一种人为的方式依附于某些形式的分析，将毫无意义。"② 用麦奎利的观点来看陈耀庭先生对道教神学的建构，也正如此说。道教神学根植于道教这一宗教实体和现世信仰，它正是通过对现存道教信仰及累积的传统之反思而延展开来，力图对道教的教理、教义等进行清楚明白的说明。这意味着道教神学的提出及其存在意义就在它同道教这一宗教母体的联系之中。是以，道教神学必须被置于道教的信仰背景与信仰实践中去检验与理解。

道教神学尽管是宗教文化自觉的体现，但依照麦奎利的观点，神学思想中的文化因素意味着没有任何终极的神学。"神学的工作需要反复进行，因为它的论述是受到文化制约的，所以当文化模式发生改变时，它也就需要重新诠释了。"③ 神学家最大的危险是在启示与世俗文化之间失去平衡，"为现代性而现代化，让启示适应时代的情绪，把它的内容融合在文化形式之中，使它从属于文化，用它来为文化习俗和文化理想罩上迷人的神圣光环"④。如何维持平衡，如何正确对待传统而非先入为主地对传统进行有机拣选，亦是道教神学建构过程中应该时刻保持警醒与注意的问题。

三、三重意义：解释·对话·传播

陈耀庭教授对道教神学的探索与构建经历了一个较长的过程。自 2002 年正式提出构建道教神学的主张，到 2016 年《道教神学概论》（简体字版）面世，其间经过十余载的时间。在此期间，陈耀庭教授钻研经籍，同海内外学者、道教界人士、信众及道文化爱好者广泛交流，初步确立了道教神学的基本框架，为后续研究奠定了扎实基础。作者自认为此项研究是对"明清时期和民国以来道教信仰内容以及发生的变化做出历史总结"⑤，希望能为道教实体健康发展、道教信众幸福生活和中华优秀传统文化继承和发展等做出贡献⑥。

自学理而言，笔者认为道教神学建构具有三重意义。

（一）解释

道教历史悠久，流派纷呈，经籍众多。历代至今，经整理面世的道经合集便有《道藏》《道藏辑要》《藏外道书》《敦煌道藏》《中华道藏》《三洞拾遗》《庄林续道藏》《道藏精华》等，道教研究的专著和论文也以较快速度在增加。面对卷帙浩瀚的道教经籍和多元复杂的道教思想传统，如何予

---

① ［英］约翰·麦奎利著，何光沪译：《基督教神学原理》，第 4 页。
② ［英］约翰·麦奎利著，何光沪译：《基督教神学原理》，第 10 页。
③ ［英］约翰·麦奎利著，何光沪译：《基督教神学原理》，第 12 页。
④ ［英］约翰·麦奎利著，何光沪译：《基督教神学原理》，第 18 页。
⑤ 陈耀庭：《巩固道教恢复成果，抓住道教发展时机——对近年来中国道教发生的变化的几点看法》，《弘道》2013 年第 4 期（总第 57 期），第 7 页。
⑥ 详见陈耀庭：《道教神学概论·绪论》，第 34—37 页。

以系统整合和有效解读是构建道教神学的一大难题，何况道教思想还衍生有众多的历史文化积淀。借用史密斯的话来说，累积的传统"构成了所要探讨的那一社团以往宗教生活的历史性的积淀：寺庙、圣典、神学体系、舞蹈模式、律法及其他社会体制、习俗管理、道德法典、神话等；指的是任何能够从一个人、一代人传递给另一个人、另一代人的东西以及任何能够为历史学家所观察到的东西"①。

《道教神学概论》一书充分整合道教思想及其衍生资源，将其概念化、理论化和系统化，纳入道教神学系统，称道教神学"以'道德'为核心，从'天地人鬼'等四个方面，展开了它的有神论思想体系的全部内容，形成了有序的神学结构体系，回答了道教面对的天上地下的所有问题"②。因此，道教神学体系立足现实，承接历史，对道教实体的各个要素皆有所论述，例如思想、组织、宗教徒等，揭示了他们之间的紧密联系与互动关系。

在处理多元传统、现实需求和个体信仰的关系时，作者牢牢把握住了三大原则，即信仰认同、文化认同和社会认同。所谓"信仰认同"，指的是恢复道教信仰的有神论面貌。所谓"文化认同"，指的是道教作为中华传统文化的重要一支，道教神学可在传统文化的当代革新中发挥作用，有助于中华优秀传统文化的当代发展。所谓"社会认同"，指的是道教神学对于中国和世界的重大现实问题提供自身的回答③，解决信徒迷惑，指导道教实体的活动，使得道教能够更好地服务社会，贡献力量。

根据上述三大原则，作者通过对道教实体构成要素、道教经典、道教历史和社会实际的考察与解释，成功构建了一个意义系统和话语体系。一种理想的神学理论，应当扎根于自身宗教传统，既可以充分解释自己，又能有效引领宗教实体，满足宗教组织的发展、宗教信徒的生命安顿及社会和谐等需求，展示其具有的信众群体意义、信徒个体意义和社会公共意义。当然，这些意义的获得与满足都依赖于神学解释的力度与深度。作为第一次构建的道教神学是否符合这一标准，还有待实践的检验和完善。

（二）对话

《道教神学概论》的第二重意义在于提供了一个开放的、可沟通的话语体系，能够有效促进道教内部、道教与其他宗教以及道教与社会之间的对话。可以认为，这三个层面的对话是道教神学从理论建设走向实践运作，并在实践中自我完善的必由路径。

1. 道教内部对话

各大宗教皆由多个宗派构成，道教亦不例外。依地域来划分，道教内部对话包括两大板块。其一，中国内地及港澳台地区道教的内部对话。当代中国道教由全真和正一两大教派构成，而两派的内部又各有支派。与之相应，道教内部的教义教理、思想观念等等也是各有侧重，有时人们会听见多种声音。此种状况是历史、地域和传承等多种因素共同作用的结果，必须予以正视。陈耀庭教授

---

① ［加］威尔弗雷德·坎特韦尔·史密斯著，董江阳译：《宗教的意义与终结》，北京：中国人民大学出版社，2015年，第334页。

② 陈耀庭著：《道教神学概论·绪论》，第17页。

③ 早在2001年，陈耀庭教授便提出了道教神学应该回答的52个社会问题。见陈耀庭：《今天的道教神学——以刘一明的〈道书十二种〉为例》，《弘道》第12期，第38页。最近，陈耀庭教授又做了补充，将其扩展为70个社会问题。

对此有着清醒认识，认为两派之间应该相互尊重，相互融合，共同发展①。

其二，中国本土道教与海外道教的对话。中国本土之外，东南亚、欧洲、北美等地区均有道教的传播和存在。海外道教徒可依种族而划分为华人信众和其他种族信众。宗教传播的历史经验告诉人们，道教无论传播到海外何地，皆需要适应当地的社会文化。海外道教唯有"本地化"，方可生存于斯、扎根于斯。海外道教在本地化过程中，必然要自我变革，要吸纳当地社会的思想、文化和民俗因子，从而呈现不同于中国本土道教的面貌。以新加坡道教为例，新加坡道教是道教本地化较为成功的个案②。它改变了中国道教的宗派化、地域化等传统，建立联合的宫观，创新出适应本地民众需要的拜太岁科仪③，吸纳非道教神祇和道教神祇一起奉祀④。新加坡道教的一些革新成果，后来再由海外传回中国，对于中国本土道教的发展有积极的影响。伴随中外道教界之间日趋密切的往来⑤，中外交流必然产生双向效果⑥，对于中外道教交流的新经验应该给予重视和总结。在这个意义上，中国本土与海外道教的对话尤为必要。从多元宗教文化并存与互动的角度而言，海外道教对道教神学的需求度或许更甚于中国本土道教。

道教神学作为一个新提出的话语体系，如果想获得道教内部的采用和流通的认可，首先就要在道教内部开展对话和沟通。因为，这既是道教界的自我认识，也是自我整合。唯有道教神学的话语体系得到统一，对外一个声音，才有望同其他宗教或社会思想体系进行深入对话。

2. 跨宗教对话

在历史上，道教早就同其他宗教开展了对话和交流，其中就包括佛教、摩尼教、景教等⑦。景教即基督教聂斯托利派，唐代时传入中国。当时的道教处于鼎盛时期，故而景教借用道教术语来翻译其基督信仰的主要概念⑧。及至基督教第三次和第四次入华，彼时中国国力和道教面貌同唐代迥异，尤其是道教神学思想开始滞后，缺乏活力，因此，在与基督教又一次相遇时，道教基本处于失语状态⑨。20世纪下半叶，伴随全球化进程的加速，世界各宗教间的对话成为潮流。1978年之后，

---

① 陈耀庭：《相互尊重，相互融合，共同发展——全真道和正一道互动关系初探》，《全真道研究》第一辑，济南：齐鲁书社，2011年版，第68—84页。

② ［新加坡］林纬毅：《新加坡道教的本土化历程》，郑筱筠主编：《东南亚宗教研究报告：东南亚宗教的转型与创新》，北京：中国社会科学出版社，2016年，第37—55页。该文对新加坡道教的本土化历程予以了梳理和介绍，但文中错疏亦不少，引用时需要特别注意。

③ 详见新加坡韭菜芭城隍庙、香港蓬瀛仙馆编著：《拜太岁二集——新加坡韭菜芭城隍庙拜太岁仪式》，北京：宗教文化出版社，2012年。

④ 如新加坡洛阳大伯公宫便是一个典型，该宫除供奉道教神灵外，还有地藏殿、兴都殿（供奉象神）、巫教拿督公等，融华印巫三族宗教文化于一宫。

⑤ 可参见汪桂平：《2013年道教发展与走向世界》，邱永辉主编：《中国宗教报告2014》，北京：社会科学文献出版社，2014年，第69—82页。

⑥ David A. Palmer, Elijah Siegler. *Dream Trippers: Global Daoism and the Predicament of Modern Spirituality*, Chicago: University of Chicago Press, 2017. 该书分析了当代欧美道教信众对中国道教的影响。

⑦ 有关佛道对话的研究较多，可见张广保、杨浩主编：《儒释道三教关系研究论文选粹》，北京：华夏出版社，2016年。牟钟鉴：《儒道佛三教关系简明通史》，北京：人民出版社，2018年版。有关道教与摩尼教之关系，可见刘屹：《唐开元间摩尼教命运的转折》，《敦煌吐鲁番研究》第9卷，北京：中华书局，2006年，第85—109页。

⑧ 关于景教借用道教术语的问题，可见聂志军著：《唐代景教文献词语研究》，长沙：湖南人民出版社，2010年，第249—256页。

⑨ 关于这一时期道教与基督宗教关系的研究成果正在逐渐增加。例如，何建明：《近代基督教来华对道教的挑战——兼论多元处境中的道教文化发展问题》，郭武主编：《道教教义与现代社会国际学术研讨会论文集》，上海：上海古籍出版社，2003年，第102—124页；肖清和：《批判与改造：明末清初天主教与道教文化的相遇》，*Journal of Sino—Western Communications*，2，2010，p. 118—130.

道教逐渐与各宗教展开对话。海外道教因所处环境而交流较多，例如新加坡道教是新加坡宗教联谊会中相当活跃的一员，同九大宗教之间的交流相当密集①。中国香港地区则以成立于1978年的"香港六宗教领袖座谈会"为典范。香港道教同其他五大宗教交流沟通，服务社会。目前，香港中文大学设有"香港六宗教领袖座谈会"历史文化资料库②。中国澳门地区、上海等地的道教亦有较多交流。交流中，道教界和学术界都有参与。就目前状况坦诚而言，道教界从宗教思想层面同其他宗教展开对话，还是十分可贵且不大容易的事情③。因为，当代道教在对话中依然处于乏力状态，其原因很大程度上是道教缺乏一个权威的、开放的、易于沟通的话语体系。道教神学无疑可以弥补道教的这一短板，有助于道教同其他宗教在"神学"这一共通的核心议题上展开交流，分享各自的思想积淀和文化观念，吸纳彼此的精神灵性资源。道教和其他宗教的对话可以发挥双重作用：一方面增进各宗教间的了解，改善和消除过去儒生和传教士强加于道教的愚昧、落后和迷信的既定形象④；另一方面则有助于道教讲述自身故事，例如道法自然、以柔克刚、多元和谐、养生延寿、生态保护等方面的理念。

3. 道教与社会的对话

道教是社会中的一个实体，社会则是无数实体要素组成的共同体。道教在社会中与其他思想文化和社会实体要素之间有着密切关联。道教与社会之间的对话，涉及政治、经济、科技、文化、教育等多个现实层面，是一个深层次的、全方位的议题。从道教社会功能的角度视之，道教和社会对话的关键在于道教如何适应时代和社会的需求，在服务社会的同时实现自我觉醒与完善。换言之，道教和社会的对话首先要回答自身具有怎样的功能的问题。对此，陈耀庭教授结合道教立教宗旨、历史经验以及当代需求，将道教的社会功能界定为六个方面，即"中华文化的守护剂，民族感情的凝聚剂，伦理秩序的稳定剂，社会矛盾的稀释剂，物欲奢侈的清静剂，身心健康的养护剂"⑤。这六个方面也正是《道教神学概论》的社会神学、道士神学、修炼神学、伦理神学和教团神学等多个章节要回答和尝试回答的问题。概论的这些回答都是初步的和指导性的，其内容应该在对话实践中得到检验、充实和完善。

（三）传 播

随着国家的开放，四十年来，中国道教也参与到了国际文化交流当中，开展了许多对外活动。于是，有人就提出了道教作为普世宗教的可能性⑥，也有人主张道行天下，在海外建立道教协会，还有人以传道为名，出洋跨海。这些主张和努力的出发点都是积极的，但是传播一种宗教比起想当然要复杂得多。历史上，道教曾有过向外传播的良好机会。例如，初唐至盛唐时期的国力和国际形

---

① 相关情况可参见《薪火相传——新加坡道教总会青年团的缘起与发展》，《狮城道教》第47期，2016年，第4—7页。

② "香港六宗教领袖座谈会"历史文化资料库 www.crs.cuhk.edu.hk/csrlhk/background。

③ 1978年至今，道教与基督宗教对话的成果慢慢出现。例如，费月仁著，王剑凡译：《现代中国文化中基督教与道教的相遇、论辩、相互探索》，罗秉祥、赵敦华编：《基督教与近代中西文化》，北京：北京大学出版社，2000年，第398—447页；何除、林庆华主编：《基督教与道教伦理思想研究》，成都：四川大学出版社，2006年；游斌主编：《比较经学》第七辑（2016），北京：宗教文化出版社，2017年。

④ 王东杰对近代道教的污名化有着较为详细的分析。见王东杰：《近代道教之污名及其净化》，《学术月刊》2008年第4期，第142—162页。

⑤ 陈耀庭：《发挥社会功能，树立正信形象——从两种不同评价说起》，《弘道》2014年第3期（总第60期），第12页。

⑥ 如丁培仁：《道教：一种可能的普世宗教的选择》，《弘道》第13期，第1—9页。

势都为道教的向外传播提供了机会，但是，道教并没有走向普世的道路，反而由于自身的局限性，回到了故步自封的保守道路上①。近代以来，道教随着华人迁徙而走向全球，其信众亦增加了来自其他种族的成员。若自地域分布和信众构成而言，道教或可称为"世界宗教"。但其实际影响力，尤其是思想文化的影响力，距离普世宗教的资格还差得很远很远。对此，陈耀庭教授有着格外清醒的认知。他坦言道教具有普世价值，但还是民族宗教，"道教的普世价值寓于道教的民族性和时代性之中，道教走向世界的步伐只能是融合交流"②，道教目前还肩负不起行天下和通天下的职责③。换言之，当代中国道教的海外传播属于主动传播，不同于既往的"请出型""交流型"和"带出型"④，若无人才、财力和外文经典科仪等准备则很容易传播失败而不了了之。

在笔者看来，道教神学将会有助于道教在海外的有效传播。相较于以往，道教神学至少为传播提供了一个可以被了解的话语体系。当人们通过道教神学推开道教的大门后，如果道教神学体系完备、论证严密而内涵丰富，针对普世疑难，能够令人信服，这样一个"可以了解—令人信服—使人接受"的过程，就是一个传播的过程。系统的道教神学应该在这个过程中发挥重要作用。当然，道教的传播是一个系统工程。在传播道教以及传播中国传统文化的工作里，还需要有长远的规划、可行的方案、献身的道士、外语的经典、充沛的财力等等多方面条件的支持。

道教神学还有助于道教在世界文化领域获得话语权。道教蕴含着丰富的价值理念，在一定程度上有助于克服当今世界的病症，诸如生态危机、心灵危机、文明冲突等。通过道教神学这一理论工具，将这些源自中国经验的理念予以重新提炼和表达，能够使其更好地为国际社会所接受。大道的普世理念应该就包含在道教神学之中。

四、白璧之瑕：文献·定义·立场

（一）文　献

《道教神学概论》一书征引教内教外的众多文献，对其进行了准确而精当的诠释，充分体现了作者驾驭材料的功力。在道教文献部分，有多处标注引自《道藏要籍选刊》。《道藏要籍选刊》出版于1989年，嗣后并未再版。从全书体例统一和便利读者查阅的角度而言，《道藏要籍选刊》的引文改为三家本《道藏》当更为合适。

（二）定　义

"道教的自然神学"这一提法有其合理性，单看陈教授的定义则理解并无障碍。因为，作者的

---

① 刘屹教授对道教在唐代前期与周边国家地区的交流和传播有着详细考论。参刘屹：《唐前期道教与周边国家、地区的关系》，韩金科主编：《98 法门寺唐文化国际学术讨论会论文集》，西安：陕西人民出版社，2000 年版，第 780—789 页。

② 陈耀庭：《巩固道教恢复成果，抓住道教发展时机——对近年来中国道教发生的变化的几点看法》，《弘道》2013 年第 4 期（总第 57 期），第 11 页。

③ 陈耀庭：《在四川大学"青城山道教学术研究前沿问题国际论坛"上的总结发言》，盖建民主编：《回顾与展望：青城山道教学术研究前沿问题国际论坛文集》，成都：巴蜀书社，2016 年，第 857 页。

④ 历史上道教海外传播的三种方式系陈耀庭教授的界定，见陈耀庭：《道教在海外的传播》，陈耀庭著：《陈耀庭道教研究文集》（上卷），上海：上海书店出版社，2015 年，第 380—384 页。

"自然神学"得名于《道德经》"人法地，地法天，天法道，道法自然"①，这显然是由道教圣典而来的，可纳入"神圣神学"的范畴。不过。如果从西方视角来看，则易产生误解。因为，在西方，"自然神学"一般指"全然属于哲学的、不依赖任何宗教信仰的神学"②，而"神圣神学"或"神性之学"则指"教义体系，其根本原则来自宗教信条……信条是经由解释从圣书中提炼出来的"③。所以，笔者认为，对此类容易混淆的概念还需要扩大视野，进行更细致的界定工作。

"公共神学"是当代颇有影响力的一种西方神学思潮。所谓"公共神学"乃是"在社会、政治、经济全球化及人类文化多元化和科技化的生活世界处境中，对基督信仰的人类文明建构做出反思和神学建构的尝试"④。公共神学的代表人物斯塔克豪思强调神学的现世和公共维度，以神学去引导公共生活的道德和灵性结构⑤。但"公共神学"正如"神学"一般，并不意味着只属于基督宗教，其他宗教也有关于公共生活的思想与传统。陈耀庭教授亦提到了"公共神学"，是指"为了让神学教材能够被社会大众包括不信仰道教的人士所了解而编写的神学教材"⑥。同样一个"公共神学"的概念，两相比照，是否可以说道教的"公共神学"只是一种为了使道教进入公众视野而提供的最初步的教材，距离公共空间、公共领域及公共生活中的大众需求尚有很大距离。笔者认为，道教神学应有更大的视野，可以进一步发掘适合公共需求的思想资源，扩展与深化"道教公共神学"的内涵。

再如书中对海外道教神灵的论述，认为海外"道教神灵关心和管辖的还只是当地华人。……道教神灵在海外充当的只是一名大使或者领事的角色"⑦。此说强调了道教神灵民族性的一面，没有关照到道教神灵与海外其他种族信众之间的关系，似可再加以研究完善。

（三）立 场

如前所述，基督教神学是道教神学的一个重要参照系。道教神学在建构的过程中，不仅要汲取其成功经验，也当注意其所面临的问题。在笔者看来，立场问题是需要预做考量的课题之一。

基督教神学在当代中国呈现出多元的发展局面，有"中国神学""汉语神学"和"学术神学"等表述⑧。其中，"中国神学"是由中国教会推动的"实践神学"；"汉语神学"则是由基督徒学者所倡导的，得到了教外学者的积极参与，被视作"处境神学"之一员；"学术神学"⑨则是当代中国基督教研究的新径路，其主体为从事基督教研究的学者，体现的是"学术性"，而非"认信性"。因立场与关注点的不同，教内人士与教外人士在基督教神学探讨上存在诸多争议。

同基督教研究相似，目前中国道教研究有教内教外两支队伍，学者群体占据研究的主导地位。道教神学的建构可能会在教内人士与教外人士这两个不同群体之间展开，那么这两个群体该如何携

---

① 陈耀庭：《道教神学概论》，第 129 页。
② 陈嘉映等译：《西方大观念》（第二卷），北京：华夏出版社，2008 年，第 1534 页。
③ 陈嘉映等译：《西方大观念》（第二卷），第 1534 页。
④ 谢品然：《开放的文本：圣经学和公共神学关系的初探》，香港：CABSA 研道社，2009 年，第 82 页。
⑤ 谢志斌教授对斯塔克豪思的学说有着系统解读。可见谢志斌：《公共神学与全球化：斯塔克豪思的基督教伦理研究》，北京：宗教文化出版社，2008 年。
⑥ 陈耀庭：《道教神学概论·绪论》，第 25 页。
⑦ 陈耀庭：《道教神学概论》，第 290 页。
⑧ 相关论述参见卓新平：《基督教与中国文化的相遇、求同与存异》，香港：香港中文大学崇基学院，2007 年，第 145—150 页。该书后有出简体字版，书名有所变更。卓新平著：《基督教与中国文化处境》，北京：宗教文化出版社，2013 年，第 100—103 页。
⑨ 关于"学术神学"的详细论证，见卓新平：《学术神学：中国当代基督教研究的一种新进路》，金泽、邱永辉主编：《中国宗教报告（2008）》，北京：社会科学文献出版社，2008 年，第 130—156 页。

手并进？怎样才能尽可能避免因立场差别所产生的阻力？笔者认为，这些问题将在一定程度上影响到道教神学建设的进程。

结　语

任何一种宗教的神学体系的建构均非易事。《道教神学概论》作为道教神学建设的奠基之作，提供了一个立意宏大的道教神学理论架构，具有毋庸置疑的学术意义和现实价值。诚然，该书作为一本开拓性的导论著作，在部分地方难免有论证不够详尽的缺憾，相信它们会在修订版中得到完善。

在该书之后，由上海城隍庙和香港蓬瀛仙馆共同主持的《当代视角下道教神学丛书》将会陆续出版一系列著作，将从各个专题对道教神学予以论述，使道教神学的各个子系统变得相对充实和丰富。可以预计，这套丛书会将道教神学思想研究推向新的高度，对道教的文化自觉、文化自信与文化建设起到引领作用，从而为道教适应社会主义社会、坚持宗教中国化方向提供理论支撑，也为道教的普世宗教之路提供指南，有力地促进中国道教这一宗教实体的转型与升级。

（本文原载《弘道》2018 年第 1 期）

说古今道经 谈百家精藏

——《道藏说略》简评

徐 菲

朱越利先生主编的《道藏说略》一书，由北京燕山出版社于 2009 年 6 月隆重推出。这是一部材料丰富、立论公允、融贯古今、集百家之长的关于《道藏》研究的鼎力之作。《道藏说略》是全国古籍整理出版规划领导小组"十一五"重点规划项目，同时也是北京市新闻出版局古籍整理出版重点项目。《道藏》是中国传统文化的宝库之一，对《道藏》的研究一直是国内外道教研究学者关注的重点，对道教的研究更是离不开《道藏》。《道藏》对于研究中国文史哲、中医药学、中国古代科技等，也都是很重要的史料。该书系统地反映了道教研究学者对《道藏》研究的思考和工作。反过来，这些思考和工作，透过这些文章，又可以看出他们之间的连贯性质，从而表明研究者在关于《道藏》研究方面的思想认识及其发展线索。

朱越利先生毋庸置疑地早已成为弘扬中华优秀传统文化、进行道教研究的"大家"。在《道藏》的研究上，朱先生经过多年的艰苦努力，开辟了《道藏》研究的新空间，确立了他在道教研究领域的不可替代的历史地位。朱先生著有《道经总论》《道教要籍概论》《道藏分类解题》《道教答问》等，还主编了《海外道教学译丛》《今日中国宗教》《中国道教宫观文化》《当代中国宗教禁忌》《少数民族宗教信仰与禁忌》；译著《道教》（第一卷）、《真诰校注》；合译《道教》（第二卷）；合著《道教学》《道藏提要》等。朱越利教授的治学态度和文化观，与时俱进、放眼未来的前瞻性，都令人敬仰。细读《道藏说略》之后，笔者受到启迪，感触颇深，对《道藏》有了更进一步的认识。现不揣谫陋，略述心得。

一、雅俗共赏，通俗性与学术性的完美结合

朱越利先生在前言中提到了出版社邀请作者的标准："一、撰稿人必须是学术界德高望重、名实相副的专门名家；二、撰稿人在某经或某史的研究方面有专著出版或专文发表，并为学术界高度认可；三、撰稿人必须是活跃在教学与科研第一线，非常了解年轻学子的现状，并洞悉他们的特点，以期在撰稿时体现出针对性。"朱先生同时认为，出版社的三条标准，就是要保证国学基础读物的学术性和高品位。具体地说，就是要保证提供的知识是重要的、准确的、完整的和新鲜的，提

供的指导是正确的和一流的，同时还要深入浅出。只有研究得比较透彻，才能把复杂的知识和深奥的道理用几句大众语言讲出来，使人一听就明白。《道藏说略》是按照这三条标准选邀作者的。此书的作者都是研究道教的学者，绝大多数活跃在科研或教学的第一线，许多人站在学术的前沿。因此，《道藏说略》不仅便于学习和使用，而且也等于为青年学子开列了一张道教学老师的名单，学子们可以照着名单寻师求教。

本书每个篇目的结尾，大部分附有建议阅读书目和主要参考书目。王卡先生的《敦煌道经说略》，在篇末建议的阅读书目有陈国符的《道藏源流考》（中华书局，1962 年）、王卡的《敦煌道教文献研究》（中国社会科学出版社，2004 年）、日本大渊忍尔的《敦煌道经目录编》（东京，福武书店，1978 年），还列举了主要的参考书目，分为图版影片资料和目录索引资料两个部分，里面不但包括了一些专著和工具书，还有学术论文。每篇《道藏说略》的作者，都列有本专业领域的书单，为读者提供了学习的方向和学习的捷径。

本书是一部学术著作，同时也具有科普性质。其坚持了学术研究的基本方法，诸如重视《道藏》中史料和逻辑相结合，注重历史研究与当前研究现状的成果相结合，注重整体把握和具体分析相结合等。但在阐述过程中，本书中晦涩、生僻的用语几乎没有出现，即使出现也一一作了通俗性的解释。这套书的表达通常都是比较简短的，篇幅也不会太长，但是不等于肤浅，其文字是以高度概括性为特征，用言简意赅的语言反映事实的实质和主要方面，起到画龙点睛的效果。《道藏说略》的简洁是以精练为前提的，因此它的信息量很大。概括，需要对大量的材料进行分析、甄别，需要去粗取精、去伪存真。《道藏说略》一书巧妙地做到了学术与通俗性相结合，使得严谨的学术研究能够被非专业人士所读懂，这种介绍《道藏》的写法是有巨大的启示意义和价值的。

二、收放自如，全面性和概括性的双重体现

一部《道藏说略》应该怎么写？对这个问题的回答肯定会反映学者对研究《道藏》的不同看法。对《道藏》多样化的研究是十分值得鼓励跟肯定的。尤其是现在，建立社会主义和谐文化，大力发扬中国的传统文化，鼓励实证精神，重新发掘和解释《道藏》，进行自下而上的逐级历史重构显然有着重要意义。但是这种细致的从下至上的研究并不与在宏观层次上的重新思考和研究《道藏》相矛盾。对于《道藏》的研究工作，也应该收放自如，同时具有全面性和概括性的双重性质，从宏观和微观两条线索入手来。《道藏说略》一书正是贯彻了这一原则。

本书的开篇，是朱越利先生写的《〈道藏〉总说》，历史地、概括地、清晰地给我们梳理了《道藏》的特点、价值、分类等基本脉络。作者对文章进行了精心的编排，从六个部分依次论述，分别是《道藏》的特点和价值、悠久的《道藏》编撰史、《道藏》独特的分类法、自成体系的道经目录、藏外道书和续修《道藏》、《道藏》研究的部分成果。作者先从道经的内涵和外延说起，从狭义和广义两个方面介绍《道藏》里的基本分类和内容。作者认为，《道藏》中的道经继承了中国传统的神仙信仰、道家哲学、数术、巫术、鬼神观念、自然崇拜、儒家思想、宗法宗教、佛教教义等内容，采用了数十种古代文体。从内容到形式均以中国传统文化为主干，并融合有外来文化，这个是《道

藏》的第一个显著特点；内容广博，形式多样，是《道藏》的第二个显著特点；子书所属派别的多元化是《道藏》的另一显著特点。接下来，从《道藏》的宗教价值、《道藏》保存了不少珍善本、保存了道教对儒佛二教产生影响的资料、保存了大量道教史料、保存了大量文学艺术史料、保存了大量医药科技史料等六个方面来认识《道藏》的价值，宏观上谈论了《道藏》的特点和意义。接下来朱先生以明代为基点为我们展示了《道藏》的悠久编撰史。在我们大家对《道藏》的内容和形成的历史有了一个基本的认识的时候，朱先生又用他渊博的知识、平实的语言，使我们感觉身处道教知识的学堂上，聆听教授将深奥的以前认为晦涩难懂的《道藏》知识铺陈开来。从《道藏》独特的分类，讲到三洞四辅的含义；从自成体系的道经目录，延伸到道藏道书和续修《道藏》的一系列成果；从《道藏》研究的部分成果到《道藏》重新分类，作者用宏观和微观两条线索，收放自如地给我们上了一堂生动的《道藏》总说的课程。

三、融古纳今，历史性和时代性的共同演绎

对《道藏》的研究不是僵死的过去式的分析，而应是立于历史和时代的基座之上的出场视域探索。《道藏说略》以开阔的视野，从纵、横两个维度讨论并系统而全面地阐释了多年来学术界对《道藏》研究的主要成就。《道藏说略》将关于《道藏》研究的现有成果几乎罗列殆尽，其目的就是让大家对《道藏》有个基本的认识和概念，这个是编写《道藏说略》的基本大前提。其全面性是与《道藏》范畴的大前提密切相连的，赋予了《道藏说略》这套知识载体宽广的知识面，使得它在解惑释疑、便捷查询和快速提供知识信息等方面发挥了独到的作用。这就要求在《道藏说略》这套书里面，不但有前人研究的成果，更要展现近期《道藏》研究的现状，需要容纳古今，在书中有历史性和现实性的双重体现。

例如李远国教授撰写的《神霄经说略》，首先就提到了神霄经的研究状况，梳理了近十年学术界对神霄派及其经典的研究成果，列举了学者们的专著以及研究的内容和主要成就。如文中提出，卿希泰教授撰《道教神霄派初探》，认为道教神霄派形成于两宋之际，与天师道、上清派有关系，吸收了东南沿海地区的雷神信仰及其相关法术并加以系统化、理论化。主要创派人物有王文卿和林灵素。林灵素曾获宋徽宗宠信，因而神霄派大振，形成一股新的道教势力。王文卿一系在南宋以后特别兴盛，王传朱智卿、熊山人、平敬宗、袁庭植、上官氏、邹铁壁等人，邹传莫月鼎等人，莫传金善信等人，其雷法在南方有众多的信徒。李丰楙教授先后撰有《道教神霄派的形成和发展》《宋元道教神霄派的形成和发展》《邓志谟〈萨真人咒枣记〉研究》《邓志谟〈铁树记〉研究》等，对神霄派的形成、发展、影响作了分析，并对有关萨真人与王灵官的生平事迹作了详尽的研究。文中还提到了刘仲宇教授撰《神霄道士王惟一雷法思想探索》、张钦教授撰《论神霄派的宇宙观与保神养心的内丹思想》、李远国教授的专著《神霄雷法——神霄派沿革与思想》等，并详细描述了对王惟一的研究。接下来，李远国教授开始介绍神霄派的一些情况以及神霄经的历史由来，并对一些神霄经进行分类，以及做简单的作者和内容方面的介绍。其古今结合的叙事方法，完成了对神霄经的整体介绍，并对神霄派的历史演变和研究现状做了完美的演绎。

四、开阖驰骋，交叉性和互补性的多项提升

对《道藏》的研究应该是一种开放式的研究。"开放"有多种意义，可以是观察对象和研究方法的多元，也可以是对不同阐释概念和历史叙事模式的开放。以研究对象而论，对道经的研究不仅是对《道藏》的梳理，还应该让更多的藏外道书走入人们的视野。以研究和阐释方法而论，传统的辨伪、断代、考据仍然是不可缺少的基本手段，历史的辩证的方法以及社会学等理论又不断提供了新的观察角度。开放式的《道藏》研究也可以看作是各种方法和理论的并存和互动，互动的结果是研究内容和观念上的不断丰富，以及研究者日益扩大的交流和辩论，由此增加道教研究的内在复杂性和张力。所以，无论是对单个道经的个案研究，还是对道教某个派别的梳理，都不应该排除宏观的开放式的思考。《道藏说略》就是不断结合新的材料和观念，对现存的叙事模式进行反思和更新。这就是本套书里面体现的"开"与"阖"，是一种对《道藏》研究的新视角。

《道藏说略》的"开阖"，可以从目录中寻得端倪。上册的目录依然是把《道藏》的内容当作一个独立的体系进行研究，沿用原始《道藏》分类的方法，加上现代的一点革新，就形成了上册的目录。从《〈道藏〉总说》《敦煌道经说略》《藏外道书说略》，再到《洞真部道经说略》《洞玄部道经说略》《洞神部道经说略》，还有四辅的一系列道经，最后是《名山宫观志说略》和《科仪类道经说略》等。这样的写法分类是以"阖"的方式展现出《道藏》的基本概况。相对应的下册的"开"是对上册运用整体系统的打破，以超越旧有的分类进行叙述和整合。下册的《神霄经说略》《净明经说略》等都是对《道藏》重新整合研究的成果。在上下册中，完成了对《道藏》的解读和历史性的重构。

重构的同时，也补充了道教史的内容。例如郭武教授撰写的《净明经说略》，以时间为线索，分别介绍了南宋、元代、明清以来的净明道经典。辅之以开头的是，先提及净明道的兴起与"净明经"的出现，交代了相关的历史背景，从时间和空间两个方面入手进行解读，使净明道的历史在道教发展的历史长河中更加的丰满、清晰、真实。

《道藏说略》为我们进行了历史的解读与重构，虽然不能说这些重构事无巨细、毫无遗漏地反映了《道藏》的方方面面，但是，它以一种新的方式洞开了一片天地，引领我们进入《道藏》的神奇领域。

（本文原载《社会科学研究》2010 年第 1 期）

地方视域下的近代佛教史书写

——评吴华《民国成都佛教研究（1912—1949）》

邵佳德*

　　相对于历代的佛教史研究，近代佛教史的探索起步较晚。但近代佛教的发展深处社会、政治、宗教等环境的变革之下，呈现出纷繁复杂的样貌，并影响到当代佛教的发展，值得深入讨论。1990年代以来中文学界对民国佛教的研究逐渐增多，大多数论著采取了综合性、整体化的宏大叙事进路，或是将焦点集中在一批重要僧人和居士身上，进行哲学史、思想史的考察，为我们理解近代佛教发展奠定了基础。

　　但近代佛教史中仍有大量的面向和复杂性尚未被揭示出来。区域史和社会史进路是推进现有研究的重要方式。首先，社会史的方法可以补充思想史、哲学史的研究成果。思想义理的发达固然象征佛教的兴盛，但佛教除了理论之外还有生活方式和社会组织的层面。社会史的调查关注地方社会、经济、文化等背景，并将研究视角更多地放在普通僧人和信众的宗教实践上。其次，可以丰富近代佛教的研究对象。康豹（Paul Katz）认为在一个地方宗教社群中，由神职人员、政府官员、地方精英和普通信众四个群体组成宗教活动的网络，仅关注僧人留下的史料就有落入僧团单方叙事陷阱的危险。第三，区域性研究的深入可能冲击宏大叙事的佛教史研究。从地方视角入手，可发展出一套新的佛教史研究话语，取代基于"国家"的叙述方式，建立新的研究范式和解释体系，从而补充甚至修正从通史性研究中获得的知识。

　　吴华博士的《民国成都佛教研究（1912—1949）》一书就是采用区域社会史方法深化近代佛教研究的最新尝试。成都是民国时期的西南重镇，佛教流传历史悠久，其近代发展亦值得重视。丹麦建筑学家艾术华（Johannes Prip-Moller）曾于1929—1933年间在中国搜集各地佛寺材料，四川是其搜集史料最集中的地区之一。他在1937年出版的《中原佛寺图考》（*Chinese Buddhist Monasteries：Their Plan and its Function as a Setting for Buddhist Monastic Life*）一书中展示了大量成都宝光寺、文殊院等佛寺的建筑构造、僧人活动和佛教法器等内容，透过黑白老照片依稀可以看到当时成都佛教的盛况。《民国成都佛教研究》的付梓无疑将成都乃至西南佛教的研究推进了一大步。

　　该书主体分为内外两篇共七章：第一到三章为内篇，旨在从佛教义理弘化、佛教教育发展和佛教团体变革说明僧团内部如何自我调适以应对近代的变局；第四到七章为外篇，分别从佛教慈善、

---

　　* 作者简介：邵佳德，南京大学哲学系宗教学系。

汉藏交流、地方精英和太虚佛教革新的角度论述成都佛教弘化利世的面向。这样的章节安排与作者对近代佛教的认识有关，作者认为神圣建构、文化传播、社会组织、人才培养、公益慈善方面的社会调适过程，构成了近代佛教复兴运动的面向（第 224 页）。透过以上章节，作者描绘了佛源、能海、隆莲、王恩洋、蒙文通、蒋特生等僧人、学者、居士在成都的弘法活动，介绍了佛学社、维摩精舍、四川省佛教会、僧侣救护队等组织的架构和事业，立体展示了成都佛教在近代佛教复兴中的面貌和地位。当然作者也意识到此种分章只是权宜之计，并不表示佛教的内部调适和外部弘化是分裂的（第 26 页）。

作为一部地方佛教史，本书的研究方法有其独到之处。作者采用了区域社会史的研究进路，认为民国佛教的研究不仅仅是单纯的佛教史话题，而是一个在近代史上具备广泛意义的社会历史文化问题（第 225 页）。作者借鉴了微观史学和人类学的"深描"等方法，力图通过对所涉人物和事件的翔实记录，展示具有历史现场感的"地方性知识"（第 28 页）。

现有的佛教区域史研究日渐丰富，但往往沿袭了传统佛教史写作的既定模式，因而未对其造成太大的冲击，大多论著仅在整体史的基础上选取一个区域，依照时间顺序再爬梳一遍该地区的佛教材料。这样的区域研究虽然在处理对象上涉及地方，但在研究方法上还是全局式的，只是整体史在地方上的一个例证或注脚。区域史研究的学者反对将区域性研究置于全国性研究的附庸地位，指出了微观研究本身的重要意义：在对一种因素或一组因素的宏观研究中，研究者很难对不同因素间的假定联系提出本质性的疑问，而区域史研究通常检视了一个特定地区的"全部历史"，从而有可能对不同因素间的关系提出新问题，避免把某一历史过程中发生的一些联系套用到另一个历史过程中去。本书作者亦强调了其借鉴"微观史学"的方法考察成都佛教，认为区域社会史的研究目的，是通过对区域社会发展的历史透视，观照整体社会，为深入研究整体结构提供说明（第 28、29 页）。也就是说本书范围虽局限在成都佛教，但作者希望借由此一斑窥得整个民国佛教的真实全貌，甚至挑战现有的佛教史论述，可以说具备相当的理论和方法自觉。

本书的史料搜集堪称完备，除参考了目前所出版的各类佛教报刊和地方报刊外，还运用了未刊的档案材料。近代佛教革新的一大成绩就是积极应用现代媒体弘法传教，因此民国时期留下了大量佛教内部的刊物可供当代学者参考。经影印出版的这部分史料为研究者提供了极大的便利，但同时我们应当注意到此类史料因出自僧人（且多为改革派僧人）的叙述视角，所以有时立场难免单一甚至偏颇。辅以地方报刊以及政府档案，可以让我们从更多元的角度审视近代佛教。此外作者对于国内外二手研究也多有参考、对话，书末民国成都佛教的相关附录亦极具史料价值，足以嘉惠学林。

除了研究方法和资料，本书另有两点重要意义值得特别一提。正如段玉明先生在序言中所提，民国成都佛教作为一个边缘城市的样本，应有其特殊的研究价值。依笔者浅见，这种特殊性集中表现在两点：一是抗战时期川地作为大后方，各界人员和机构迁入给地方佛教社群带来新的影响；二是成都的地理位置决定了其在沟通汉藏佛教方面的天然优势，汉藏交流是关系近代佛教密宗发展及政教关系的重要环节。

就第一点来说，作者并未按时间顺序单列抗战时期的章节，但在讨论维摩精舍的成立、僧人爱国慈善活动和太虚佛教改革时已经注意到成都佛教在抗战时期的活跃性。在全国政要、各界精英和工厂、高校等内迁的潮流中，成都佛教的本有特点和僧俗流动带来的全新影响在此交汇，这是考察佛教如何成为地方和国家之间不同势力博弈场域的很好样本，也可看到不同地域和身份的僧俗人士对佛教发展的不同看法（如太虚与袁焕仙的差异），可惜作者未就此类问题太多着墨。因此对于成都作为边缘都市能给近代佛教史提供何种独特经验这一问题，作者在结论中并没有给出十分明确的答案。笔者并非质疑成都佛教作为研究对象的独特价值，但区域佛教研究不应该是先划定地理范围，而是相反的，先要追问我们何以认为这样的划定是合理的，此种划定能突显何种独有的历史经验。近代佛教的义学复兴、僧教育崛起以及佛教会成立等特点，在江浙、上海表现可能更显著，成都的案例并不特别。但成都等地在全面抗战爆发后的社会状况，正可以将佛教置于地方和国家之间以及政商军学各界人士中深入讨论，从中更易看出作者划定此研究范围的理由。

就第二点说，作者单立一章考察了民国汉藏交流中的成都角色，认为成都不仅仅是一个既凝聚各方力量，又向全国各地发散的中心枢纽，更是一个培育汉藏人才的孵化基地（第181页）。由此向我们阐明了成都佛教在近代藏密复兴运动中的作用，以及地方佛教发展在中央边疆和宗教政策中的地位，这正突显了近代成都佛教边缘的地理位置与中心的政教角色间的张力。从这一点来说，研究成都佛教有其不可替代的意义。

此外，关于太虚革新计划在成都的实践，作者认为尽管没有完成其"建立中国现代佛教住持僧"基地的目标，但也使成都成了佛教革新中区域规划的典范。太虚的作用不仅在于保存寺庙，还在于为成都佛教教育提供了新的思路（第212页）。作者强调太虚与成都佛教间的交流，是站在佛教"衰落"与"复兴"的叙事立场上，认为革新带来了佛教的复兴。Holmes Welch 通过细致深入地研究近代佛教在僧人、居士、宗派、出版、教育、政治、外交等方面的变革，并结合对于大量民国僧人的访谈，已经反思了"复兴"的论述。他认为所谓佛教的"衰落"是被夸大的叙述，故而不少改革举措根本不必要，甚至走错了方向，只能与复兴的目的背道而驰。他对于太虚等改革者的消极态度未必客观，也受到过 Donald Pittman 等人的批评。但他对于民国佛教"衰落"的反思近年来逐步被西方学界所接受，比如 Erik Schicketanz 就认为清末民国以来佛教的"衰落"论述是在末法思想、亡国危机、民族主义、中日交流等多重背景下产生的复杂话语，Francesca Tarocco 和 Vincent Goossaert 等人也都认为佛教徒对于危机和衰落的描述只是僧团内部固有的对于纲纪松弛的警示劝诫，作为一种说辞的性质大于事实。尽管如此，太虚于近代佛教革新的重要性仍不言而喻，但区域研究似乎更应该看到地方人士对佛教发展的不同主张，以及佛教革新计划在地方实践中的实际成效。现在的研究已经开始逐步看到改革计划在基层中的局限。龚隽和赖岳山通过挖掘档案提供的一个案例，表明即便是在汉藏交通的关键地域，太虚利用边疆事务来推进佛教发展的努力还是很受限，其在中央政府那里所受的合法性待遇和信任度均比较有限，相较于章嘉、喜饶嘉措等民族、宗教领袖，其影响力都显得不足。

作者在本书开头就引段玉明先生的论断说：如果将清末成都的寺街邸市在地图上标示出来，那将是一个非常细密的经济交流网络（第1页）。事实上对于民国佛教，我们已经有丰富的了解和地图数据，辅以现代 GIS 技术完全可以实现在地图上标示寺庙。如果作者能够首先交代民国成都寺僧的规模、分布等状况，再通过地图清楚标注，便可更直观清晰地讨论佛教在地方社会中的作用。当然这是吹毛求疵的要求，但作者若有继续地方佛教研究的计划，或许值得一试。

总结来说，本书是近年来民国佛教史研究的一部上乘之作，从地方视角出发审视了成都的佛教经验，对于更深入认识成都佛教乃至近代佛教多有启发。沿着作者开拓的边缘城市佛教社会史的研究路径，后人可以继续在边陲与中心、地方与中央、保守与革新等交错的视野下推进佛教史研究。如果综合目前已有的关于上海、北京、南京、广州等地的近代佛教研究，未来重新拼绘一张完整而又全新的近代佛教图景将十分值得期待。

（本文原载孙英刚主编《佛教史研究》第二卷，台北新文丰出版股份有限公司，2018 年版）

世界关系美学的逻辑——论一种整全的美学

毕聪聪*

摘要：美学是一种以审美活动为核心的精神样式，世界关系美学则是审美活动以世界为背景，并将自身关系性地呈现其中而造就的精神样态。因此，世界关系美学，可以说是精神自我的关系化：它将自身融于审美活动，并借此构建了一个由审美活动、审美主体、审美对象构成的美学范畴。在现象层面，不同的审美活动、审美主体、审美对象因自身的差别性得到根本规定，即世界关系美学的现象实在性；在超现象层面，不同的审美活动、审美主体、审美对象则因承受终极信仰的恩诺获得了神圣与超越的特性，这便是世界关系美学的超现象实在性。也就是说，世界关系美学的整全特性不仅表现为对象上对全部现象界关系的涵盖，更是对终极信仰的承认与追寻，后者补全了单独的人言逻辑。在这个意义上，世界关系美学既是人的价值逻辑，又属于终极信仰的圣言逻辑。

关键词：世界关系美学、逻辑、整全

在当代艺术的发展进程中，关系美学的出现无疑为艺术理论或美学理论整体增添了浓墨重彩的一笔。关系美学以关系性为核心，阐述了美学视域下人人关系的绝对重要性。在对话伦理和对话政治极为繁荣的当下世界，关系美学以取消艺术家和艺术作品独断地位的方式宣称美学关系的实质是主体间的人与人的关系[1]，着实为艺术理论的转向提供了新的可能性。关系而不是主体，主体间的关系而不是主客体之间的关系了审美活动的中心。世界关系美学在既有关系美学的基础上，将现象世界的诸种关系纳入同一个世界关系图景，并跳出单一的人人关系的藩篱，将其纳入人言关系、人时关系、人我关系、人物关系、人人关系、人史关系、人神关系等七种关系。[2] 七种关系涵盖了现象世界的种种表象，并把艺术的边界拓展到世界的边际。于是，一种整全的、在终极信仰之下的、植根于此世的美学诞生了，这就是查常平提出的世界关系美学。

一、"世界关系美学"作为概念

"世界关系美学"作为一个概念术语或复合名词，从字面上看，是世界、关系、美学三者的连

---

* 作者简介：毕聪聪，四川大学道教与宗教文化研究所 2017 级硕士生。
[1] Nicolas Bourriaud, *Esthétique relationnelle* (Dijon：Les Presses du réel, 2001), 18.
[2] 查常平：《中国先锋艺术思想史》第一卷《世界关系美学》，上海：上海三联书店，2017年，第2页。

结。在汉语语境中，自然而然地会被理解成一种以世界关系为研究对象的美学理论。在这个意义上，世界关系美学如同其他的美学理论、科学理论、法学理论一样，被规定成一种理论，而不是一种方法或范式，也不是广泛意义上的人的言说。因此，这些理解并未切中世界关系美学的核心，即世界关系美学本质上是神言之下的人言，是人对表现为普遍差别性关系的神言的回应。所以，以适当的顺序理解"世界关系美学"这一概念的含义是必要的，因为实际上，世界关系美学既是实体性的、知识性的美学理论，也是审美活动可运用的范式或方法，更是在此世具化并呈现了的普遍的人言。世界关系美学在不断打破自身的词语规定性。

首先，我们要做的就是明确"世界关系美学"概念三要素——世界、关系、美学各自的内涵，因为在不同的话语体系中，拥有同一名称的概念可能具有迥然不同的含义。在查常平的话语体系中，无论是世界、关系还是美学，都有着独特的含义，三者因终极信仰的缘故，在世界图景中相遇。所以，理解"世界关系美学"这一整体，其前提是知晓各个要素的具体含义。

第一便是世界。按照查常平的说法，世界是关系性的世界，而且仅有一个世界，那就是在时间中绵延、在价值中分别的世界[①]。在时间中绵延意味着，世界包含了时间的历史；在价值中分别意味着，世界可以价值逻辑的形式呈现。也就是说，世界既是那个实在的自然世界，也是被人言说的价值世界，更是人生活在其中的生活世界。这样，世界在不同的话语体系中便具有了不同的内容。在《历史与逻辑》以及《人文学的文化逻辑》中，查常平从历史世界和逻辑世界两个方面言说此世界，意在表明人与神始终在这一世界中相遇。而在"世界关系美学"中，世界则是全部艺术实现的场所和审美事件发生的背景，人以艺术的方式栖息其中。展开言之就是，时间历史论所指的世界是由物理时间、生命时间、生理时间、心理时间、社会时间、历史时间构成的，是以时间—历史形式呈现的世界；而价值逻辑论中的世界则是由物理价值逻辑、生命价值逻辑、生理价值逻辑、心理价值逻辑、社会价值逻辑、历史价值逻辑构成的价值—言说世界。除此之外，在世界关系美学中，世界以内部要素相关的形象呈现：语言、时间、个人、自然、社会、历史、上帝等七个因子[②]相互关联，在构成完整的世界图景逻辑的同时，呈现了关系化了的世界。这样，人生活于其中的生活世界，便不只是烦、恼、畏、生、死掺杂其中的生活化的世界，而是诸象衍生其中并由终极信仰观照的宏大且有所依托的世界。在这个意义上，存在论所说的"在世"，指的就不仅是人要在此世界中"在"，而且要以我思、我爱、我为（分别对应科学与形上、伦理与艺术、美学和宗教等文化实体）的方式"活"。

第二则是关系。根据世界关系美学理论，"关系"既是在世者[③]的存在样式，又是世界存在的图景。前者指的是，在世者总以与他者相关的方式存在，无论是同样作为主体的其他施动者（agent），还是作为纯粹客体的物和环境，在世者总以他者对自身的规定成全自身对他者的规定。在这个意义上，无人、无物可脱离全部的关系。"在人所生活的世界关系图景中，人必然要和基本的世界生成因子遭遇。在基督教的传统里，世界意味着由上帝所创造的受造物，意味着由语言、时

---

① 查常平：《历史与逻辑：作为逻辑历史学的宗教哲学》，成都：巴蜀书社，2007年，第137页。
② 查常平：《中国先锋艺术思想史第一卷 世界关系美学》，上海：上海三联书店，2017年，第50页。
③ 不使用"此在"的原因是，"在世者"这一概念保留了非人他者存在的可能性和合理性。在非人他者中，亦可能存在对应的艺术、宗教和伦理。

间、个人、自然、社会、历史互动生成的最大共同体。作为'最大的'的共同体，万物无一不在其中；作为'生成'之结果，指世界本身是在时间中不断地生成着，由各种发生着的事件构成，并互相影响。"① 相对应的后者，则阐释了人视野下的世界图景。世界以人为中心，不断扩展着与人相关的关系世界的边际。这些关系交织在艺术的范畴中，就形成了世界关系美学的图景②。这样，世界关系美学建立的以人为中心的世界关系图景就完成了，人与世界七因子的关系，就成了美学言说世界的逻辑。这里，"关系"拥有了"向度""维度"的含义，它消解了个体"自在"的边界，打开了"共在"的向度，因而也就能构成抽象的图景逻辑。世界图景逻辑，指的正是由世界的这些生成因子互动构成的逻辑关系图式③。世界关系美学于是在世界图景逻辑基础上进行自身的言说。

当然，查常平的这种言说方式，即将关系作为世界的本质或生存样式的核心，并不罕见。在系统哲学时代，黑格尔（G. W. F. Hegel）和怀特海（Alfred North Whitehead）早已做了相关的尝试，只不过二者并没有将关系描述为上述七种关系，而是分别描绘成绝对精神与自我的关系，以及表现为过程的世界有机体内部的演化关系④。实际上，查常平也承认，他的这种言说方式借鉴了蒂利希（Paul Tillich）的"相互关联法"。这种方法，把人类生存处境中的问题和基督启示的信息中内含的答案相互关联起来⑤。因此，这里我们要注意的是，"关系"一词在世界关系美学中，具有丰富的含义："世界关系美学"中的"关系"，意味着人处于世界关系图景的中心，且关系—事件—言具有根本的同一性。具体言之就是，"上帝所承诺的终极差别即言、即逻辑，人所承受的终极差别即人的言、即价值"⑥。终极差别作为一切有无的根本规定，以差别性相关的方式将一切有无联系起来，这种差别性的相关、相关性的差别就是关系。关系的实现或现在状态（现实性）是事件，一如佛教所说的"缘起"⑦。于是，世界关系美学的诞生就有了基础，因为"价值是人关于世界的差别性规定，逻辑是上帝关于世界的差别性规定。在背靠终极差别这一点上，价值与逻辑关联为价值逻辑。人借终极差别对世界加以价值论言说，构成价值逻辑的使命"⑧。世界关系美学作为美学和宗教的价值逻辑实体之一，在与世界相关中成就了自己。

第三是美学。美学的定义有很多种，纵观整个美学史，有关美的定义比比皆是，对美学的定义也琳琅满目。例如，鲍姆嘉通（Alexander Gottlieb Baumgarten）就把美学定义成"作为感性认识的科学"⑨，而克罗齐（Benedetto Croce）则认为"美学是表现活动的科学"⑩。至于其他以"艺术"

---

① 查常平：《中国先锋艺术思想史》第一卷《世界关系美学》，上海：上海三联书店，2017 年，第 50 页。

② 具体表达为：人与语言的关系，涉及当代艺术中的人言向度；人与时间的关系，涉及当代艺术中的人时向度；人与自我的关系，涉及当代艺术中的人我向度；人与自然的关系，涉及当代艺术中的人物向度；人与历史的关系，涉及当代艺术中的人史向度；人与上帝（终极实在）的关系，涉及当代艺术中的人神向度。见查常平：《中国先锋艺术思想史》第一卷《世界关系美学》，上海：上海三联书店，2017 年，第 51 页。

③ 查常平：《中国先锋艺术思想史》第一卷《世界关系美学》，上海：上海三联书店，2017 年，第 50 页。

④ 分别参考：黑格尔：《精神现象学》，先刚译，北京：人民出版社，2013 年；怀特海：《过程与实在（卷一、二）》，周邦宪译，贵州：贵州人民出版社，2006 年。

⑤ 查常平：《新约的世界图景逻辑》第一卷《引论：新约的历史逻辑》，上海：上海三联书店，2011 年，第 27 页。有关蒂利希的"关联法"，参见当页脚注部分。

⑥ 查常平：《历史与逻辑：作为逻辑历史学的宗教哲学》，成都：巴蜀书社，2007 年，第 135 页。

⑦ 求那跋陀罗译：《杂阿含经》，北京：华文出版社，2013 年，第 501 页。

⑧ 查常平：《历史与逻辑：作为逻辑历史学的宗教哲学》，成都：巴蜀书社，2007 年，第 135 页。

⑨ ［意］克罗齐著，王天清译：《美学的历史》，北京：商务印书馆，2015 年，第 61 页。

⑩ ［意］克罗齐著，王天清译：《美学的历史》，第 1 页。

替代"美学"进行论述的美学家、哲学家就更多了，比如哈特曼（Geoffrey Hartman）就认为："艺术不追求美，而追求某一内容的最好的表现。"[①] 在黑格尔的美学体系中，艺术的内容是理念，艺术的形式则是诉诸感官的形象；且艺术到了最高阶段必然与宗教相关。这些与美相关的看法和理念，的确从各个层面扩展了美学理论的宽度和深度。令人遗憾的是，在众多的美学理论中，关注美学深度的美学理论始终是少数，而把美学与终极信仰本质联系起来的更是少之又少，这便是为何世界关系美学的目的之一就是拓宽美学理论的向度和深度。"美学在当今学问形态中的处境，说明了旧美学的根本问题所在：因为一切科学的、伦理的美学都不是本真的美学，一切形上的、艺术的、宗教的展示都不可能构成本真美学的言说。美学无明于自己作为学问形态的差别性，沦入无对象、无语言、无使命的境况中；在旧美学中，只有宗教美学更接近于本真的美学，它们同以生命意志为存在本源，同以指使语言为话语方式，其使命共同带有活动性含义。"[②] 这里，科学的、伦理的美学指的正是被拓宽广度而未被拓宽深度的旧美学，世界关系美学正要在此基础上复兴以宗教为主要言说对象的宗教美学，并在此基础上跨越到本真美学的范畴。"宗教美学和本真美学的差别在于：前者的对象是彼岸世界的生命意志，后者为此岸世界的生命意志；前者以顿悟性指使语言为话语方式，后者以直觉性指使语言为方式；前者着重于人的生命意志在存在中的信仰，后者强调人的生命意志在存在中的超越。"[③] 这样，人在承受终极信仰的承诺时，发现并感受到了本真自我，由此不再把彼岸作为对象，而作为此岸生长的方向。生长性而非现成性的美学一旦诞生，生命意志就可以在审美活动中实现自我的超越。超越性的实体文化形态，就是所谓的先锋艺术。先锋艺术，因对前卫艺术的超越，达到了"超越之意向"的程度，它们是超前卫（trans-Avant-garde）艺术。每个时代，前卫艺术都企图在水平向度上超越相应的艺术样式；而先锋艺术即超前卫艺术的努力则表现为垂直向度、思想的向度[④]。先锋艺术要求在一个相对长的时段中深度地展开艺术所表达的观念，因而属于世界关系美学的言说范畴。这样，美学就成了始终与终极信仰相关的美学，审美活动也成了始终在终极信仰承诺下的、生命意志在与终极信仰的相遇中发现自身的活动。美学在世界中于各个关系向度中展开，这就是作为美学理论的世界关系美学。

其次，我们还要明确"世界关系美学"概念三要素的顺序，因为不同的解读顺序决定了此概念在内涵上的偏重，且对概念核心要素的阐明支撑着整个词语的诠释体系。若"世界关系美学"被表达为"关系世界美学""美学世界关系"或"关系美学世界"，它也就有了对应的其他含义。所以，世界关系美学在文字顺序上如此表达，实际上已蕴含了其内在的逻辑。一方面，正如上文所言，"世界关系美学"作为一种承受神言的人言，是人在艺术层面，通过审美活动和思考活动对终极信仰的回应。这种回应将自身实体化为指使人行动的艺术理论或知识，意在描述并教导人在艺术实践中实现回应上帝的作为。所以，在人言的层面，尤其是文字表述的层面，世界关系美学以知识性规定自身，将自身描述为美学，实际上就是将自身规定为实体性的人言。因为唯有"人言"可以如此表述自身，而"关系"或"世界"绝不会也不能将自身限制在人言之中。这样，"世界关系美学"

---

① ［英］鲍桑葵著，张今译：《美学史》，桂林：广西师范大学出版社，2001年，第383页。
② 查常平：《人文学的文化逻辑：形上 艺术 宗教 美学之比较》，成都：巴蜀书社，2007年，第230—231页。
③ 查常平：《人文学的文化逻辑：形上 艺术 宗教 美学之比较》，第231页。
④ 查常平：《中国先锋艺术思想史》第一卷《世界关系美学》，第49页。

的称呼，就是作为人言的世界关系美学对自身言说性质的呈现和重述。另一方面，在"世界关系美学"这一概念中，"关系"这一要素是绝对的核心。除却"关系"在根本上是"逻辑"且将自身表达为言这一点，在修辞学上，"关系"也是这一复合名词的核心。如上文所述，若我们将世界关系美学仅视为一种美学理论，那么作为研究对象的"世界关系"就应当是此美学理论的中心。正是"世界关系"而不是"关系"或"表现"，使这一美学理论与其他美学理论区分开来。而在"世界关系"这一概念中，"世界"又是修饰性或说明性的，它所依附的载体是"关系"。也就是说，对于"世界关系"的理解，要么是将世界的本质认定成关系性的，那么世界本身就是关系的构成，二者根本同质；要么认为世界是关系运转的背景，关系于世界中展现自身，世界成为图景的修饰。在这两种解释中，"关系"都处于中心词汇的地位。所以，美学于世界中以关系性的方式呈现自身或与美相关的关系事件（关系、言、事件是同一的）于世界之中具象为知识性的美学都可成为"世界关系美学"的具体解释。这样，世界关系美学就得到了合适的解读。

最后需要注意的是，在理解世界关系美学时，我们不能忽视其与逻辑历史论的密切关系。因为，逻辑历史论以宗教哲学的方式建构了整个世界图景逻辑的原型。无论是世界关系美学中七个向度的关系言说还是考察历史文本时采取的四种角度——语言观、时间观、止义观、信仰观，它们都基于历史－时间世界和价值－逻辑世界这两种原初观念图式。也就是说，逻辑历史论以逻辑的方式进行了自身的叙述，世界关系美学也需要得到逻辑性的解读①。这里的逻辑，是逻各斯（λóγos）意义上的逻辑，它包含了神言、人言、方法等诸多含义。然而，为了更加清晰直观地论述世界关系美学，下文将采用非言说性的、非存在性的，即现代逻辑的方式，对其进行类比性的诠释。这样，世界关系美学的逻辑言说就得到了补充。

二、"世界关系美学"作为逻辑函项

世界关系美学作为逻辑函项意味着，在更大的符号系统或言说体系中，世界关系美学能够以逻辑常量或逻辑变量的身份置入其中。这一置入事件发生的直接后果是，世界关系美学不再以平面或直面的方式呈现于人，它引申出了另外的视角与结构。其中，具体的审美现象以分身凸现的方式凝聚为实体性的审美主体、审美对象以及与此相关的审美情感、艺术作品等，而关系性的审美活动则以背景置入的方式退场到全部关系的范畴中，此全部关系的范畴就是人言范畴，即人的逻辑的范畴。这样，世界关系美学在人言范畴中就是退却性的，这一退却拉开了神言的帷幕。因此，作为逻辑函项的世界关系美学实际上是谦卑的，它不以自身的言说替代终极信仰的言说。

更进一步，根据世界关系美学在整个逻辑图景中的不同身份——作为逻辑常量或逻辑变量，人

---

①　查常平认为，世界图景逻辑批评是关于人的存在性批评，人的存在样态决定世界图景逻辑批评的前设。因此，人在经验论、先验论和创造论上的自我理解，实际上就是人进行世界图景逻辑批评的前提。对于世界关系美学而言，此前提同样适用（查常平：《世界图景逻辑批评的基础——人文批评的逻辑前设》，《都市文化研究》2016年第1期，第51—65页）。而按照笔者的看法，人进行批评的基础不只呈现在经验论、先验论和创造论上，而且体现在人的理解—语言—书写之中。其中既包括经验论、先验论、创造论甚至终末论等系统性理解，也包含非理性的、零碎的、反复无常的观念和看法。系统性理解具有理智层面的优势，但不能也无法代替其他理解方式。

们可以把世界关系美学看成两种迥然不同的实体，即因内容而自存的常项实体和因形式而自存的变项实体。两种实体都意味着世界关系美学在更大的逻辑图景下得到了既有意义的剥离和再规定，也就是实体意义边界的消解和去规定。

在人言逻辑中，按逻辑常量或逻辑变量这一标准，世界关系美学可分为作为知识系统的世界关系美学以及作为审美方式的世界关系美学两种。前者指的是，"世界关系美学"作为一种美学理论，与其他任何美学理论一样，都属于美学知识的范畴。在提供知识的意义上，"世界关系美学"因其特有的知识内容和知识结构确立了自身的实在性。也就是说，任何提倡七重关系的美学观点都可以纳入其中。相对应地，后者指的则是，"世界关系美学"作为一种独特的审美方式，其目的不在于提供特定的知识，而在于不断将审美对象纳入自身之中。不同的人以相同的方式，即世界关系美学的方式，进行不同的审美活动，其结果仅是不同审美活动或审美事件的发生。在这之外，没有作为共相实体的审美知识或审美经验的产生。这样一来，被置入世界图景中的世界关系美学就因背景的规定性拥有了自身的规定性：依靠知识整体得来的知识性和依靠纯粹关系形式得来的事件性。世界关系美学由此成为人言逻辑的函项，与此相伴的则是作为其他常项的如物学、人学、宗教学等等。

而在神言逻辑中，世界关系美学，则可被对应看作作为上帝恩典物的世界关系美学以及作为人对上帝承诺的承受和回应的世界关系美学。前者作为常量，意在通过自身的存在赞颂上帝恩典的伟大与荣耀。美的发现与认知，在此作为上帝存在的证据，以感和知的形式宣扬上帝存在的真理；后者作为变量，意味着人对上帝承诺的承受和回应不再囿于感官感觉的接受和理性的证明，人以世界关系美学的方式进行审美，就是对终极信仰的追寻。在这个意义上，世界关系美学的实践就是一种祈祷、一种膜拜、一种朝圣，它在向往终极信仰的过程中，不断探索由其而来的美景。于是，世界关系美学在神言中被荣耀了，它与宗教、伦理共同成为属人的、必不可少的、在世者的精神样式。

三、"世界关系美学"作为逻辑形式

世界关系美学作为逻辑形式意味着，在某一符号系统或言说体系中，世界关系美学能够以逻辑原则或推导过程的身份置入其中。此时，世界关系美学就不再是被解释或被运用的逻辑常量或逻辑变量，而是解释者和运用者本人。也就是说，正如绝对精神的辩证运动一样，被言说的历史在绝对精神中以历史的方式言说绝对精神；作为逻辑形式的世界关系美学，此时脱离了被言说者或被言说物的范畴，转而成为诸关系现象的推动者和决断者。世界关系美学，因此可以被理解为美学以关系性的方式言说世界。在这种关系之下，世界成了美学视域下的关系世界。这便是作为逻辑形式的世界关系美学。

具体而言，世界关系美学的逻辑形式又可分为两种：关系—事件—言的同一逻辑和差异—现象—分化的衍生逻辑。前者意味着，在世界关系美学看来，一切审美活动和人的关系事件的发生在本质上是同一的，它们都是神言之下的普遍被言说者、被造者；后者则意味着，在世界关系美学的体系里，一切有无都是终极信仰按自己的意志，以一定的次序和规则创造的，这个次序就根源于差别性的分化衍生逻辑。时间界、价值界分类并行，人凭关系性，与多层次、多结构的一切被造物或造物主发生关系。这样，横向的关系－事件－言的同一逻辑，使诸关系事件在同质的基础上具象化、类化为人具有的七类关系；而纵向的差异－现象－分化的衍生逻辑，则使整个世界与终极信仰重新联系起来，并在终极信仰的承诺下，获得自身存在的意义和根本规定。于是，在横纵之间，人与上帝相遇的追寻得到了指引，这一指引就是作为行动逻辑（审美原则）的世界关系美学。

在上文中，我们已简单描述了关系－事件－言的同一逻辑，它的主要功能是指明一定范畴内诸事物的相关性和同一性。因为关系的实现或现在状态（现实性）是事件，事件在存在意义上无法脱离关系。考察佛教的"缘起"理论可以得知，此世之在者无不以关系之在作为自身存在的根本规定，在者即关系中的在者。海德格尔（Martin Heidegger）将之表述为："因缘乃是世内存在者的存在，世内存在者向来已首先向之开放。"① 也就是说，此世之在者必然无法先天地超越非关系的范畴，得窥神圣存在的奥秘。所以，关系实际上就是存在的规定，也因此是事件本身。因为没有在者是非关系性的，"缘起"之"起"，指的就是事件的发生。谈到在者的关系性，我们不得不提及萨特（Jean－Paul Sartre），因为萨特似乎建立了一种非关系性的存在：自在的存在存在② "这意味着存在既不能派生于可能，也不能归并到必然。必然性涉及理想命题之间的关系，而不涉及存在物的关系。一个存在的现象永远不可能派生于另一个存在物，因为它是存在物。这正是我们所谓的自在的存在的偶然性。但是自在的存在同样不能派生于一种可能。可能是自为的结构，就是说，它属于另一个存在领域。自在的存在永远既不能是可能的，也不能是不可能的，它存在。当意识说存在是多余的（de trop），就是说意识绝对不能从任何东西中派生出存在，既不能从另一个存在，也不能从一种可能，也不能从一种必然法则中派生出存在的时候，它用人类形态的术语表明的正是这点。自在的存在是非创造的，它没有存在的理由，它与别的存在没有任何关系，它永远是多余的。"③ 这里，存在的多余指明了存在的非关系性。然而，我们要清楚的是，存在不是在者，在者也不是存在，存在甚至不可在人言中被完整且清晰地说明。自在的存在之所以是其所是，是因为一切与存在相关的关系只能作为其内涵和表现，而不是根本的规定。存在的根本规定若有给予者，那便是超越存在的终极神圣。所以，能被清晰地言说的存在一定是自为的存在④，比如作为意识的存在，而意识的存在是关系性的，即使这种关系在萨特眼中是反身性的。"意识是这样一种存在，只要这个存在暗指着一个异于其自身的存在，它在它的存在中关心的就是它自己的存在。"⑤ 这样，为人所言说、所分享的存在实际上就是自为的、关系性的存在。这便是为何世界关系美学，如海德格尔所说，也必须先天地依据于我们称为"在世界之中"的这一存在建构来看待和领会此在的这些存在规定⑥。实际上，世界关系美学涉及的七重关系或七个向度，如前文所说，正是以"此在"为中心建立起来的。

除此之外，我们还要讨论差异－现象－分化的衍生逻辑，此逻辑既是一切有无的逻辑，也是神言的逻辑。考察《创世记》，我们可以得知，神言创世的规定性正源自差异。上帝看光是好的，于

---

① ［德］海德格尔著，陈嘉映、王庆节译：《存在与时间》，北京：三联书店，2014年，第98页。
② ［法］萨特著，陈宣良等译：《存在与虚无》（修订译本），北京：三联书店，2014年，第26页。
③ ［法］萨特著，陈宣良等译：《存在与虚无》（修订译本），第26页。
④ 自为的存在被定义为是其所不是且不是其所是。见［法］萨特著，陈宣良等译：《存在与虚无》（修订译本），第25页。
⑤ ［法］萨特著，陈宣良等译：《存在与虚无》（修订译本），第21页。
⑥ "人是领会中的此在"，这领会就是知悟的关系。［德］海德格尔著，陈嘉映、王庆节译：《存在与时间》，第62页。

是上帝就把光和暗分开（《创世记》1：4）；上帝就造了穹苍，把穹苍以下的水和穹苍以上的水分开（《创世记》1：7）。二者表达的都是神言对世界的本质规定：非上帝之物因非上帝而成了自己。至于这些规定的源头则是超越世界的上帝的言本身，是"光"，是上帝于世的启示——造物的启示和灵魂的启示。作为"光"、"启示"的"言"，其基础正是超越关系的存在的超前性。上帝说："要有光，就有了光"（《创世记》1：3），这一存在判断以言说的方式表达了"在性"。"要……于是……"的结构，在事件范畴的表达是伦理，在形上范畴的表达则是对存在的命令，施令者正是上帝。因此，一切有无凭着与上帝的根本差别使自身呈现为分别的实体，进而又把彼此间的差别视为自身持存的根本规定。由此，世界的诞生和演化由差别性开始，最终成就了作为时间－历史世界和价值－逻辑世界的现实世界。具体而言，在物理时间中，时间绵延以体向的维度展开；在生命时间中，时间以纵向绵延为前景，以横向的、内向的绵延为后景；在生理时间中，时间以横向绵延为前景，以纵向的、内向的绵延为后景。生命时间从物理时间内分身以纵向绵延为前景，生理时间从生命时间中分身以横向绵延为前景，心理时间从生理时间中分身以内向绵延为前景。所谓社会时间，无非是在承受着无数内向绵延的心理时间之积。社会时间是精神生命以共在的方式在他人中生成的时间相。历史时间的绵延向度是指向终极信仰的，是文化生命以同在的方式在人类中生成的时间相[1]。相对应地，在人言以差别性规定的价值逻辑世界中，我们将各种个别价值逻辑依照承受者在场的必然性，划分为物理价值逻辑、生命价值逻辑、生理价值逻辑、心理价值逻辑、社会价值逻辑和历史价值逻辑[2]。这样，差别性衍生世界诸现象的过程就完成了。世界关系美学强调的因"差别性"绝对差别，又因"差别性"绝对相关的世界之中的关系，其根基正是存在于神与人之间的绝对的关系性差异，这一人神之间的绝对差别是神与"一切非神"之间的差别的根本规定。人不能达致神的辩证，衍生出了人所见、所感之物与神之间的差异，也就有了世界与神的差异，全部世界图景呈现出的物相与事相与神以及它们彼此的差异。人不能绝对地言说上帝，而上帝能绝对地言说人，这就是神言与人言之间的差别，也是上帝与非人之物的关系。在这个意义上，神言与人言的对立展开了整个历史的逻辑，也展开了全部美学的逻辑。

事实上，差异－现象－分化衍生逻辑的言说方式并不是无根由的。在 19－20 世纪的哲学家、神学家中，我们能看到诸多类似思想的印记。例如，柏格森（Henri Bergson）的绵延概念在其生命创化论中就起着类似"根本差别性"的作用。柏格森认为，生命的进程是以连续性创造的方式进行的，连续性创造的本质就是时间上的绵延，是诸实在之间的绝对异质。"虽然生命以不可预见形式的连续性创造在我们眼前展开，却对我们毫无效用：因为观念总是执着于那个形式，总是以为不可预见性和偶然性仅仅是表面现象，是我们自身无知的外部反映。据说：那些被感觉为连续历史的东西，将会分裂成一系列相继的状态。"[3] 这种观念对秩序、普遍（généralité）[4] 和重复的偏爱，在吉尔·德勒兹（Gilles Deleuze）那里受到了重点的批评，于是差异本身被凸显出来。"因此，重复的

① 查常平：《历史与逻辑：作为逻辑历史学的宗教哲学·引言》，成都：巴蜀书社，2007 年，第 8 页。
② 查常平：《历史与逻辑：作为逻辑历史学的宗教哲学·引言》，第 10 页。
③ ［法］柏格森著，肖津译：《创造进化论》，北京：华夏出版社，1999 年，第 31 页。
④ 这里的普遍（généralité）不是重复（répétition），普遍一般包括性质层面的相似和性质层面的一致（l'ordre qualitatif des ressemblances et l'ordre qualitatif des equivalences）。见 Gilles Deleuze, *Différence et Répétition* (Paris: Presses Universitaires de France, 2000), 7.

出现如同丧失了概念的差异，重复逃离了持续无定义的差异概念。"① 在实在世界，是差异以人为阻断（blocage Artificiel）和自然阻断（blocage naturel）的方式对世界进行了规定。除此之外，列维纳斯（Emmanuel Lévinas）也用"他者"概念阐明了差异的社会内涵，它将主体间的看似对等关系转化为"非对称关系"，并将他者的绝对差异和他者与自身的绝对关联扩展到整个社会关系的层面。他者不再只以亲密关系的形式出现，取而代之的是以邻人的形象登场。对于列维纳斯而言，邻人总是实存的、与我相伴的他者。在我的居所旁，是邻人的居所；在我的工作地，有邻人行动；隐士遁世之处，山野小贩途经；流浪者所到之地，尽是邻人的陌生面庞。无论邻人以何种形式出现，以何种亲密程度或冷漠的关系与我关联，我总是处于邻人之旁；甚至在最亲密的关系中，也有邻人共享着类似的欢愉。因此，邻人作为一种旁观的他者，而不是类比的自我，与我发生着联系，并呈现出形态各异的表情，最终汇聚成他者的面孔。而在列维纳斯之后，德里达（Jacques Derrida）也强调了延异（différance）② 在形上、语言和文本世界中的基础地位，他和列维纳斯都认为，反对差异的同一就是形而上学的暴力③。这样，系统的差异学说就在形上、语言、社会、自然、人自身之中形成了。

当然，在宗教或者神学方面，以差异关系为基础的神学思想也不缺乏，罗森茨维格（Franz Rosenzweig）、马丁·布伯（Martin Buber）和卡尔·巴特（Karl Barth）等人都以差异关系解读了人、自然与上帝。罗森茨维格通过论述"有限"和"无限"、"有"和"无"的张力关系，证明了差别性对事物本质的规定。他认为上帝是真正无限④、非规定性、极其丰富的；与此同时，作为"自然"的世界同样是无止境的构型的生产者和不知疲倦的内在于它（指存在）的"精神"的生产力⑤。这样，上帝就是绝对差别的，而世界和人分别分享了部分的差别性。马丁·布伯区分"我—你"和"我—它"的关系，所指明的也是差别关系下人与不同对象拥有不同的关系。上帝与人的相遇是我你之间的面见，而人与物的关系，则是我它之间的指使与给予⑥。到卡尔·巴特的时候，人便因与上帝根本相异而绝对地远离，人永远无法达致上帝。唯独通过十字架上的基督，人才得窥上帝恩典的奥秘⑦。所以，在神学史中，差异—现象—分化衍生逻辑是既有的。过程神学强调的"双极有神论"⑧ 在自然神学的意义上很好地详细解释了由差别性规定的世界的过程与延续。一切持续个体都是由瞬时的"经验事态"系列地组织而成的群集⑨。这样，差异—现象—分化衍生逻辑便有了足够的依据。

结论：世界关系美学的整全

在上文中，我们已经提到了世界图景逻辑的诸多思想依据。这里，使世界关系美学得以整全的

---

① Gilles Deleuze, *Différence et Répétition* (Paris：Presses Universitaires de France，2000)，23.
② 延异（différance）概念区别于差异（différence）概念，它的含义可以理解为"欲望的延迟"和"差异比较"的综合。
③ Jacques Derrida, *L'Ecriture et la différence* (Paris：Éditions du Seuil，1967)，pp. 117—137.
④ "真正的无限"超越被言说、表现为语词的"无限"，根本上是去规定性。
⑤ ［犹］罗森茨维格著，孙增霖、傅有德译：《救赎之星》，济南：山东大学出版社，2013 年，第 42—43 页。
⑥ ［德］马丁·布伯著，陈维纲译：《我与你》，北京：三联书店，2002 年。
⑦ Karl Barth, Helmut Gollwitzer, *Church Dogmatics*：*A Selection* (New York：Harper & Brothers，1962).
⑧ 包括物质极和精神极。
⑨ ［美］大卫·雷·格里芬著，周邦宪译：《复魅何须超自然主义：过程宗教哲学》，南京：译林出版社，2015 年，第 7 页。

正是世界图景逻辑在美学方面对人神关系的强调和说明。整全，意味着完整的成全。完整，则是终极信仰之下的、承受终极信仰并与终极信仰相关的关系性的完整。阿奎那（Thomas Aquinas）重述的美的三要素——完整、比例与光彩①，也正是美学自我呈现的内在规定。世界关系美学将自身置于终极信仰之下，使人从生存②走向存在，从存在走向位格，从位格迈向生命的彼岸，不仅为人的整全提供了方法论上的凭靠，而且使自身有所依。具体而言，美学以直觉性指使语言为话语方式，将人的生命意志向生存意志指使。生存意志又向存在意志指使，人最终得以反抗虚无③。对虚无的反抗不仅是人的生命意志的内在冲动，也是美学的存在目的之一。费奇诺（Marsilio ficino）认为，美学的目的之一就是使人的灵魂靠近上帝，"灵魂在不明所以中受获，被牵引，往上升，直到与上帝合一"④。柏克（Edmund Burke）通过论述美与崇高对立且深远的关系表明，美学的目的不是制造或指引人去寻找美的快感，而是在惊诧、畏怖、敬意和尊重中寻找超越的崇高⑤。所以，正如席勒（Friedrich von Schiller）所言，快乐和戏谑的天赋只能让我们知觉美的意识，而寂静而肃穆的天赋则使我们体认对崇高的意识⑥。于是，美的自由在美的在下承受中整全了。

这样一来，世界关系美学实际上在三个维度实现了美学的整全：1. 概念定义上的整全；2. 逻辑函项上的整全；3. 逻辑形式上的整全。其中，概念定义上的整全主要涉及语言诠释的方面，逻辑函项上的整全主要表现为知识维度上的扩展，逻辑形式上的整全则关涉神学与美学结合的视野。当我们以深度概念分析的方式解读世界关系美学时，世界关系美学就不再仅是一种知识概念、指称一种美学理论，它消解自身的概念边界，以指使性语言的方式引领着人的言说和审美。于是，与法国艺术评论家尼古拉·布里沃（Nicolas Bourriaud）提出的关系美学（Esthétique relationnelle）相比，世界关系美学显然涵盖了更多的范畴。前者认为，"艺术活动构成一种游戏而非不变的本质，其形式、方式和功能根据时代和社会背景而变化"⑦，因此，关系美学指向的始终应是当下的人—人关系，而不是艺术活动、艺术家和艺术品。世界关系美学在人—人关系之外，同时强调在垂直和纵深的关系向度上呈现整体艺术图景，不再囿于人与人或人与艺术家、人与艺术作品之间的横向关系，完成了美学关系的内容上和形式上的整全。这样，美学与神学便在向上的维度上相遇了。基督教神学视野下的整全，是从创世至终末的世界进程；相对应的美学视野下的整全，则表现为生命意志对这一世界进程的整体体验。美学，以世界为背景，以整全的关系体验关系之间的整全，便是整全的世界关系美学。

----

① 至于美观（species）或美（pulchritudo），则相似圣子所特有者，因为美要求三点：第一点是完整或完美，因为凡有所减损者，就因而是丑陋的；第二点是应有相称的比例或合和；第三点是光彩，因此，彩色鲜明者就说是美的。见［意］托马斯·阿奎那著，周克勤等译：《神学大全》第 1 册，台南：碧岳学社，高雄：中华道明会，2008 年，第 567—568 页。

② 此处的生存指的是生命本能式的生存，而不是日常生活式的生存。

③ 查常平：《人文学的文化逻辑：形上 艺术 宗教 美学之比较》，成都：巴蜀书社，2007 年，第 236 页。

④ Marsilio Ficino, *Platonic Theology*，Volume 5：Books *XV—XVI*，（Cambridge：Harvard University Press，2005），p. 257.

⑤ Edmund Burke, *A Philosophical Enquiry into the Origin of our Ideas of the Sublime and Beautiful*（Oxford：Oxford University Press，1756），Ⅳ. 7.

⑥ Friedrich Schiller, *Aesthetical and Philosophical Essays*，Vol. 1，（London：Forgotten Books，2012），p. 126.

⑦ Nicolas Bourriaud, *Esthétique relationnelle*（Dijon：Les Presses du réel，2001），p. 11.

"理解印度教的钥匙"

——《印度教概论》述评

吴　华*

　　《印度教概论》一书，是中国社会科学院世界宗教研究所当代宗教研究室主任邱永辉研究员的新成果，由社会科学文献出版社 2012 年 3 月出版。邱永辉自 1980 年代初期以来，就专注于印度教与当代宗教的研究，其著作《现代印度的种姓制度》《印度世俗化研究》《印度宗教多元文化》等彰显了作者在研究中的坚持与创发，而其新作《印度教概论》更被誉为"理解印度教的钥匙"。

　　我国对于印度教的学术研究，历来较为薄弱，虽然前有季羡林、金克木、徐梵澄等大家，后有巫白慧[①]、黄心川[②]、黄宝生[③]、蒋忠新[④]、段晴[⑤]、葛维钧[⑥]、朱明忠[⑦]、尚会鹏[⑧]等教授的著译与贡献，但是正如邱永辉所说的："从信众人数的角度来说，拥有约 9 亿信仰者的印度教，是现今世界上仅次于基督教和伊斯兰教的第三大宗教。长期以来，中国人对印度教十分陌生，中国宗教学者对印度教所做的介绍和研究，亦嫌不够。"（《印度教概论》，第 2 页，以下引此书只注页码）不说是世界第三大宗教，光凭作为亚洲龙象的邻国来说，我们就不能忽视印度教的研究。老子《道德经》中所形容的"邻国相望，鸡犬之声相闻，民至老死不相往来"的小国寡民理想早已不适合这个世界的生存法则。印度国家庞大，人口众多，发展迅速，借助 IT 产业的经济发展已跻身世界前列。一个国家的主要宗教，是影响其国民心态的重要来源。作为主导心灵的宗教思想，更是了解一国社会经济、政治政策、文化产业、道德习俗等不可或缺的方面。关于印度教研究的重要性，就此可窥一斑。虽然邱永辉审度研究对象而提出："以印度教的悠久、深厚和复杂，将这个课题交给任何人都是要冒风险的"（第 413 页），但是她的研究成果终究还是博得了国家哲学社会科学基金项目评审专家的优评（第 405 页）。

　　纵观全书，通过翔实的历史文献考证与人类田野调查的实证相结合，深入、系统地研究解读，

---

　　*　作者简介：吴华，四川大学道教与宗教文化研究所副研究员。

①　巫白慧著有《印度哲学》《印度哲学与佛学》（英文版）等。
②　黄心川著有《印度近代哲学家辨喜研究》《印度哲学史》《印度近现代哲学》等。
③　黄宝生著有《印度古典诗学》《梵语诗学论著汇编》等。
④　蒋忠新著有《民族文化宫图书馆藏梵文〈妙法莲华经〉写本：拉丁字母转写本》《旅顺博物馆藏梵文法华经残片 影印版及罗马字版》等，译《摩奴法论》等。
⑤　段晴著有《于阗语的无量寿经》（德文版）、《波你尼语法入门》等。
⑥　葛维钧著有《印度文明》《列国志：印度》等。
⑦　朱明忠著有：《奥罗宾多·奥士》《印度教概览》《印度教：宗教与社会》等。
⑧　尚会鹏著有《印度文化史》《种姓与印度教社会》《印度文化传统研究：比较文化的视野》等。

全方位论述了印度教的强大生命力与影响力。其内容虽然述及异邦的古老传统宗教，然而读来生动感人而亲切，使读者对于印度教乃至于目前宗教学界关心的种种问题有了充分的理解。全书近五十万字，在结构编排之上共分五编，亮点突出，特色明显。下面结合笔者的研读，略加评述。

第一，构思巧妙，融历史性与社会性为一体。

作者首先高屋建瓴地在序编之中，以"印度教的写作问题"与"印度教定义问题"统摄全书。

由于印度教的发展从来就不是作为一种单独的宗教而存在，作为被西方学者以国家命名的宗教传统，注定了这个国度的宗教天生地带有社会复杂性与历史长期性，这两种性质正是此宗教难以准确定义的原因所在。然而，不首先定义则无法进行学术研究，因此，各国学者根据自己的研究给出了各自的定义。针对种种定义，邱永辉给出了恰恰相反的路子，她在《印度教概论》中首先展示的是"无定义状态下的印度教"，在她的研究中，印度教千姿百态，各有特色，既相互矛盾，又并行不悖，而且，更重要的是，学者的定义难以囊括真实真正的印度教徒的生活实际。所以，作者认为回顾过往研究以及回归现实的宗教实体，对于现代人理解印度教更有价值。

作者梳理了种种对印度教的描述性定义，如榕树论、丛林论、海绵论等，然后总结了印度教的八个主要特征：1. 吠陀的和婆罗门的权威；2. 梵我如一；3. 轮回和因果报应；4. 不杀生；5. 三位一体；6. 人生四阶段；7. 解脱之道；8. 种姓规则。针对这八个特征，作者认为，对印度教来说，它们既不是普遍的，也不是根本的。因为在印度教的实践中，一个人可以是一个优秀的印度教徒，但也可以同时不相信上述所有学说，或只相信其中的一些。由于无论是直观的还是抽象的角度，无论是从哲学的还是实践的角度，都无法完美地总结印度教的主要特征，因而也无法给予一个准确的定义（第25页）。邱永辉认为，由于印度教本身是排斥一切定义的，其"无定义"状态便是印度教的常态，或最佳状态。在这一问题上，她着重从生活方式和多信仰体系指出：一方面，印度教是一种生活方式而非神学体系。达摩指的是关于个人和社会的一切物质的和精神的生活中，现实性和渴望的一整套理论与实践。在印度教徒看来，达摩与生活同样广泛，也许可以称为生活方式。另一方面，印度教是多个信仰体系，而无共同信条。印度教只是西方学者赋予的一系列极其丰富多样的事实的一个总称，是一个"宗教的家庭"，具有大量的、成分各异、参差不齐的传统。包容了各种不同的思想和实践，产生了大量许多方面差异巨大的传统，其累计形式逐渐成为人们所知的"印度教"（第29—32页）。

其次，在对印度教进行考察的纵向历史研究之中，选取关键事件重点论述。

在第一编的印度教史论中，作者以古代、中世纪、近现代的历史分类为线索，针对不同时期的印度教重大问题进行论述。例如：印度河流域文明时期的宗教与吠陀宗教还有婆罗门教时期的宗教；中世纪时伊斯兰教进入后的印度宗教与巴克提运动，并涉及了令人棘手的教派主义与中世纪印度宗教史；近现代英属印度的印度教改革；圣雄甘地的印度教；印度政教关系的现状，即世俗政治与印度教民族主义等诸多关键事件。

最后，以比较宗教学的横向共时性研究作为贯穿全书的宗旨。

此方法主要分理论与实践两部分展开。在理论编中，作者分别从印度教的经典、哲学、伦理学三个部分进行论述，梳理了印度教的经典《天启经》《圣传经》、其他教派文献和大众文献以及宗教文献传统，并分别从宗教与哲学、印度教哲学体系与吠檀多哲学三个部分论述了印度教的哲学问题。作者指出印度教认为人类在精神方面必然是"万流归海"。

而在实践编之中，作者讲了印度教的祭仪，瑜伽和教派。在仪式部分，主要描述了吠陀祭祀、弥曼差仪式主义、阿笈摩仪式、节庆；然后进入瑜伽部分的讨论，主要讲了瑜伽的形成与发展历史，分别介绍了四种瑜伽，最后对瑜伽作为一种精神实践的学问进行了阐发。关于印度教的教派，作者着重分析了毗湿奴派、湿婆派、萨克塔派，同时简单介绍了其他主要派别。

尾编的主题是"印度教与世界"，主要讲了印度教在世界的扩散，包括印度教在南亚、东南亚、中国、欧美等地的发展，以及探讨了印度教的未来发展问题。邱永辉认为："具有宗教精神的印度教徒具备了把宗教教条与自由思想、统一性与多样性结合起来的特殊能力。在全球化的今天，有识之士正在努力为一个终极统一的'世界共同体'打下基础，印度教在此过程中可以提供宝贵的财富；其兼容并包的历史和终极统一的理念，其多元统一精神和世界眼光，为现代社会制度和物质主义思维的分裂性后果，提供了可资借鉴的见解和重要的制衡力量。"（第350页）

第二，强烈的问题意识与宗教史观的视域融合。

《印度教概论》各个章节中都包含着作者强烈的问题意识，表达了作者对印度教研究的透彻理解与比较研究意识，书中闪光点颇多，尤其集中于每一章的概论之中，犹如珍珠缀于项链之上显得格外耀眼。作者说："草写书稿期间，我满足于一章 节地概述印度教，满足于对各章的相关内容进行'概论'，以表明自己的研究心得……"（第405页）这种满足不是其他的，正说明了作者对该领域已达到庖丁解牛的地步，驾轻就熟地引领读者观察着这一独特的宗教文化。比如其中的"东方学"的印度教历史及其书写、理解伦理学说与质疑道德实践、从《吠陀》到《薄伽梵歌》、论印度教的密教问题、论仪式的神圣、迈向未来的印度教等。

关于印度教的伦理问题，作者通过印度教中的"达摩"理论与业报轮回理论进行剖析。邱永辉认为对印度教社会中伦理学说与道德实践的矛盾，需要从多角度进行理解和探讨。她认为从广大的道德体系来进行理解有三种主义，即人道主义（人与人打交道时的道德）、兽道主义（关于人、兽和其他生物的道德，"怜悯一切众生"）、神道主义（人与神沟通时的道德。神在矿物中处于睡眠状态，在植物中处于梦境，在动物中苏醒。只有在人的存在中，神才能展现自我，而自我显现的完全，则是神人合一）（第246页）。笔者对于这三种主义的理解是：不是每一个人、每一种生物都能体会到神性的存在，只有通过身心的训练，即瑜伽修行，达到用心体会无形力量的时候，人才可能有进一步认识神的力量。而这种力量并不一定是所谓的神仙才具有的，中国传统义化之中讲究的"感而遂通"，可能是通过外界的感受与心灵的合一、人我的合一、人与自然社会的合一，从而获得某些超常的能力。

在面对传统历史文献、宗教文献的同时，作者试图把握印度教在传统与现代、宗教与社会方面所敞开的张力，轻松地指引读者进入到印度教的探索之中，与其发展历史进行深层次的对话。

第三，新见迭出，具备开拓进取的创新精神。

在书中，作者提出了不少新颖的见解，如对于"吠陀问题"的理解、关于"印度教哲学问题"等；又比如在讲到中世纪印度宗教史时，关于"'穆斯林'入侵问题""'改教'问题""'冲突'与'融合'问题"等。作者提出："印度宗教文化多元格局的形成史证明，历史不仅有宗教战争与帝国征服，更有相互交流、增益与分享，后者可能是历史隐而不显的部分，但绝不是可以采取狭隘简化的方式加以全然忽略的部分。印度教徒与穆斯林的关系史,更多的是一种'内部的'矛盾冲突和改革,改革、交流、调整、融合才是主旋律。"(第107页)

同时,作者还创设了一些新概念,比如"累积的传统""多元宽容"等。邱永辉指出,所谓"累积的传统"不仅指那些看得见的有关宗教生活的历史积淀(如寺庙、经典、神话、神学体系、习俗惯例、道德法典等),也指历史学家可以观察得到的、能够从一代人传递给另一代人的东西。虽然宗教仪式、神话传说、习俗等都随着时代与社会的变迁而一直在改变,但那些传统文化中最核心的思想和原则,那些涉及政治、民族、宗教、社会、文化、法律等方方面面的思想和原则,则是绵延不绝的。作者认为从"普化的、散开的宗教"视角来观察中国社会的各种现象时,便可发现原本杂乱无章存在于民间生活之中的仪式、风俗、信仰以及诸多俯拾皆是的神秘活动,即我们称为"民间信仰"的东西,实际上是中国宗教的重要组成部分(第36—39页)。

关于中印两国在宗教信仰方面的对比研究,作者首先认为,中国和印度"累计的传统"并非始于某一个特定的时间或地点,也没有可以认定的创始人;其次也是更为重要的是,中国和印度的"累积的传统"均是一个"集合体";再次,作为"累积的传统"的一部分,印度宗教和中国宗教的地位都是独特的,是与国家、社会、政治不可分离的;最后,作者指出,由于中印文明展现出的指导思想总体而论是整体论、相对论和宽容论,因此在宗教塑造方面,中国走出了一条"多元通和"的道路,印度则走出了一条"多元宽容"的道路。

总体而论,该书线索分明、重点突出、见解深刻、分析透彻、视域开阔,融学术性、社会性、时代性于一体。书中处处彰显着作者厚积薄发的精湛功力,也突显了作者所希望借以表达的对于"整体社会事实"的思考。作者以独特的写作方式,展示印度教清晰明了的轮廓架构,其具体的精致阐述,以及在宏观的概论之中对关键问题的微观深描,读来让人耳目一新。在书中,邱永辉一方面严谨地梳理与论证关于印度教的种种重点问题,另一方面也在比较研究东方宗教,反思中国宗教传统以及世界其他宗教的相关问题。或许可以说,通过阅读《印度教概论》,获得的是作者对于当前宗教学热点问题的思考,相信这对于很多人来说是一种无比的享受。虽然以《印度教概论》为名研究印度教,但阅读本书,却犹如跟随作者穿梭于世界宗教学术文化之丛林,大饱眼福。

(本文原载《世界宗教研究》2012年第5期,收入本书时略有修改)

华西基督教文献资料的开拓之作

徐丙三 *

近代来华传教士和中国基督徒曾留下大批档案、文书、报刊、书籍等文字资料，这批文献不仅包含传教内容，而且涉及大量近代中国政治、经济、文化等方面的信息，无论对基督教史还是中国近代史其他领域的研究，都具有不可估量的价值。有学者甚至将其与明清档案、甲骨文、敦煌文献、居延汉简相提并论，称之为第五大文献发现，这一评价虽然不乏夸大的成分，但足以表明该文献的重要性。这批文献数量十分庞大，然而其中相当一部分的基本信息尚不为人知，利用率非常有限。陈建明教授新近推出的《近代基督教在华西地区文字事工研究》一书，正是这一领域的开拓之作。

这部五十余万言的巨著，系统梳理了近代基督新教华西文字事工的基本状况，通过考察华西基督教文字事工的目的、兴起与发展，出版机构的建立与运作，出版物的内容和发行模式，全面分析了华西基督教文字事工的问题、特点与社会影响。该书分上下两编，上编以时间为纲，以 1912 年和 1937 年为节点，将华西基督教文字事工划分为三个发展阶段，详述每个阶段的文字事工的情况和特征；下编重点探讨华西文字事工的地域性特征、运作方式、问题与影响。

这部著作在史实建构方面相当成功。作者地毯式地搜集了海内外各地图书馆、档案馆及地方文史部门所藏的大批原始文献，其史料基础非常坚实。这些资料中，作者除详尽爬梳了《教务杂志》《中华基督教年鉴》《差会年鉴》《中华归主》等重要的基督教基本史料外，还挖掘了许多华西地区的特色史料，其中相当一部分很少被人利用，乃至于有些完全不为学界所知。比如存在于华西四十余年的英文报刊《华西教会新闻》，以卷帙浩繁和内容丰富著称，是研究近代华西基督教史和地方社会最重要的文献之一，堪与《教务杂志》相提并论，但学界对前者使用率与后者不可同日而语。作者将所搜集的文献考镜源流、甄别比较，最终清晰地架构起华西基督教文字事工的发展脉络，其系统性和完整性远超以往的相关研究。该书对近代华西教会主要的出版物有详细的介绍和分析，有助于学界对这些资料的开发和利用。

该书并非仅仅关注基督教出版物本身，而是用大量篇幅介绍华西基督教出版机构的兴衰和运行机制，并将文字事工的命运与时代变迁和华西基督教发展特征紧密结合，这是以往同类著述研究的薄弱之处。就图书发行机构而言，作者分时段介绍了广学会、圣经公会、华英书局、圣教书会等重要基督教出版机构在华西的发展进程，并辅助以大量的图表和照片，填补了学界对近代基督教出版

---

* 作者简介：徐炳三，华中师范大学中国近代史研究所副教授。

机构在华西研究状况的空白。该书第五章还专门探讨华西基督教出版事工的策划手段、发行促销方式、作者读者群、资金来源等，既有基督教文字事工的主体，又有制度上的运行机制，展现出一幅动态的基督教文字事工的运作图景。

这部著作的另一大特点，是它注重揭示华西基督教文字事工的地域性特征。作者认识到华西地区的少数民族人口众多，基督教出版物不可能脱离当地的民族环境。当时许多少数民族没有文字，传教士在少数民族知识分子的配合下，成功研制出苗文、傈僳文、景颇文、佤文、拉祜文、彝文等文字，对于民族融合和文化传播具有重要意义。传教士进而将《圣经》翻译成各种文字发放于各地，对于基督教在华西地区的植根和少数民族知识水平的提高，具有重要的推动作用。华西很多基督教出版物具有明显的地方特色，以《华西教会新闻》为代表的一批期刊，深受地域文化的浸淫，关注当地问题，反映华西社会状况，是历史与文化研究的重要参考资料。抗战时期，成都成为全国基督教文字事工的中心，肩负起为大后方教会提供文字作品的重任，其转折与演变的历程值得关注。该时期华西基督教出版物大都持维护民族独立、反法西斯侵略的爱国主义立场，在宣传抗战方面做出了应有的贡献。

书中不乏独到见解。作者指出，华西基督教文字事工与世俗出版业相比效果有限，且自身存在许多问题与不足，但它对华西社会的文化建构发挥了潜移默化的影响，尤其在中外文化交流方面的意义尤其深远。对于西方传教士和中国基督徒的文字创作，不能简单地斥为帝国主义文化侵略的工具。从客观效果上看，华西基督教文字事工为西方文化在华西地区的传播起到了积极的桥梁作用。

近代基督教会所遗文献卷帙浩繁、价值巨大，对这批文献进行整理、介绍、编目、编纂等基础性工作显得尤为重要。陈建明教授多年来致力于此，《近代基督教在华西地区文字事工研究》一书只是其远景研究计划的一部分。据了解，作为近代中国基督教出版史研究的领军人物，陈教授将趁热打铁、再接再厉，联合学界同仁继续整理全国基督教文字事工文献，并展开规模宏大的研究。可以预言，此系列著作的问世必将大大推进中国基督教史的研究。

（本文原载《中华读书报》2014 年 7 月 2 日第 10 版）

后　记

　　庚子岁，恰逢先师卿希泰先生创建四川大学宗教学研究所 40 周年，循学界 5 年或者 10 年一庆的惯例，我们打算届时邀请海内外学人和本所毕业生再次欢聚蓉城。去年岁末开始，所里就紧锣密鼓地开始筹办宗教所建所 40 周年的学术庆典活动，以文会友，出两本纪念性文集，一本是《四川大学宗教学研究所成立 40 周年同仁文存》，一本是《四川大学宗教学研究所成立 40 周年同仁文录》。我和周冶副所长商量给出版社报选题时，按照当下时髦的做法是要取一个比较响亮的正标题，以博人眼球。本人没有什么文学细胞，思索了很久，想起学生时代很喜欢读的苏东坡的一首诗《和子由渑池怀旧》：

> 人生到处知何似，应似飞鸿踏雪泥。
>
> 泥上偶然留指爪，鸿飞那复计东西。
>
> 老僧已死成新塔，坏壁无由见旧题。
>
> 往日崎岖还记否，路长人困蹇驴嘶。

　　所以当时就想化用"泥上偶然留指爪"来形象地描绘宗教所 40 年来在卿先生等老一辈学者带领下走过的艰难创业历程与辉煌成就，以"雪泥鸿爪"作为书名，报给出版社。

　　后来，在征求所里美学专业教授的意见时，包括史冰川书记在内，都认为"雪泥鸿爪"虽然有多重意境，但似乎有点"凄美"之感，与 40 周年的喜庆日子不太搭调。于是乎，余又请教了几位行家备选了七八个有典出的雅名，经与所里的老前辈陈兵先生、杰出教授詹老师等人商议，最后确定了两个书名：一是《了然不惑：四川大学宗教学研究所成立 40 周年同仁文存》，另一本是《惟贞不惑：四川大学宗教学研究所成立 40 周年同仁文录》，陈兵先生也欣然题签。

　　卿希泰先生是我国著名的宗教学家和道教学泰斗，是四川大学文科杰出教授和"985 工程"宗教与社会研究创新基地的首席专家，也是四川大学哲学系的创办人，40 年前又创办了我国高校第一个宗教学独立的专业研究机构——四川大学宗教学研究所，为本所第一任所长。在卿老的带领下，在四川大学历届领导的关心支持下，特别是学术界同仁的鼎力支持下，经过几代学人的拓荒和持续坚守，四川大学的宗教学学科建设和人才培养取得了长足进步，可谓硕果累累。孔夫子虽云"四十而不惑"，但如何才能真正做到不惑，老夫子似乎语焉不详。面对纷纷扰扰的世界，要保持一颗不惑之心，在道家看来，不外乎有内外两种超越之道。对内而言，澄神明达而"了然"；对外而言，秉持正道正行而"惟贞"。澄心守正，内外兼具，方能超越。故我们以《了然不惑》和《惟贞不惑》为书名，将 40 年来四川大学宗教所同仁（包括曾经在本所工作过的学者和兼职博导）的代表作、学术评论以及成果目录汇编成册，从而展示四川大学宗教学术团队 40 年的成长脉络；我们更希冀通过这些代表作，能够管中窥豹，进而梳理川大宗教所的"师法"与"家法"，这也是我们编辑这两部同仁文存和同仁文录的初心。

　　在书稿的编辑过程中，得到了宗教所同仁和各位专家的大力支持。朱展炎副研究员花费了大量时间，承担了两部书稿的具体编辑校对工作；余晓红老师负责提供卿老文稿的照片与文字介绍；同仁文录资料承蒙所办相关人员提供，特别是余晓红老师、陈建明教授和科研秘书杨雯做了大量前期工作，在此一并致谢。

盖建民谨记
庚子岁端午日于四川大学文科楼宗教所